第八册

册府元龜

中華書局影印

册府元龜第八册目録

册府元龜

巡按福建監察御史臣李嗣京　訂正

知長樂縣事　臣　夏允彝　參閱

知建陽縣事　臣　黄國琦　較釋

學校部一

總序

古者家有塾黨有庠術有序國有學然則有虞氏之米廩夏后氏之序商之瞽宗周之頖宮皆學也又云夏曰校商曰序周曰庠故樂正崇四術立四教順先王詩書禮樂以造士王太子王子群后之太子卿大夫元士之適

子國之俊選皆造焉周官小司徒之職師氏掌以三德三行教國子保氏掌養國子以道乃教之六藝又春官大司樂掌成均之法以治建國之學政而合國之子弟大胥掌學士之版以待致諸子小胥掌學士之徵令而比之太師教以六詩六德六律籥師掌教國子舞羽歙籥皆其事也秦置博士掌通今古漢興武帝初置五經博士掌教弟子國有疑事掌教問對本四百石升比六百石初文帝欲廣遊學之路論語孝經孟子爾雅皆置博士至是遂罷傳記博士平帝元始中立學官郡國曰學縣道邑侯國曰校校學置經師一人鄉曰庠聚曰序序庠置孝經師一人後漢光武愛好經術立五經博士凡有一十四人太常差次總領焉取聰明有威重者一人爲祭酒秩六百石建武五年乃脩起大學稽式古典中元元年初建三雍宮明堂辟雍靈臺也至明帝親行其禮靈帝光和初置鴻都門學魏文帝黄初中立大學置春秋穀梁博士晉承魏制置博士十九人武帝咸寧四年初立國子學以教生徒而隷屬大學定置國子祭酒博士各一人助教十五人以教生徒博士皆取履行清淳通明典義者若散騎常侍中書侍郎太子中庶子以上皆得

召試元帝初減國子祭酒博士助教爲九人大興中又置周易儀禮公羊博士末年增國子儀禮春秋公羊博士各一人合爲十一人後又增爲十六人不復分掌五經而謂之大學博士秩六百石孝武太元中損國子助教爲十員宋國子祭酒若不置學則助教唯置一人明帝泰始中以國學初置總明觀眞儒文史四科科置學士各十人正令史一人書令史二人幹一人門吏一人典觀吏二人齊高帝建元中有司奏置國學祭酒准諸曹尚書博士准中書郎助教准南臺御史選經學爲先居其人難備給事中以還明

經者以本位領其下典學二人三品准太常主簿户曹各二人五品白簿治禮吏八人六品得學醫威儀各二人其夏慶學有司奏省助教以下又有聰明觀祭酒一人掌治五禮大始六年以國學慶初置永明三年國學建遂省梁國子祭酒人班第十三比列曹尚書又置國子博士二人爲九班助教班第二又置大學博士八人班第三又置五經博士各一人陳國子祭酒秩中二千石品第三博士品第四秩千石國子助教大學博士竝品第八秩六百石律學博士秩品亦同後魏道武始建都邑便以經術爲先立大學

置五經博士大武又別起大學於城東獻祖又立郡學置博士二人助教二人後詔大郡立博士二人助教四人次郡立博士助教各二人中郡立博士一人助教二人下郡立博士助教各一人孝文改中書學爲國子學建明堂辟雍及遷都雒邑又立國子大學四門學宣武又詔營國學樹小學於四門國子祭酒本第四品上後增爲從三品國子博士從第五品上後增爲第五品國子助教五人從七品大學博士第六品後降爲第七品大學助教第八品中四門博士第九品律博士第六品中後降爲第九品上比齊國

子寺掌訓教胄子祭酒一人從三品又置工曹五官主簿録事等員博士五人品第五助教十人大學博士十人從第七品助教二十人從第九品四門博士二十人正九品上亦有助教二十人後周依周禮建六官之職春官大學博士下大夫四命助教及小學博士上士三命皆國子監之屬官也祭酒無聞焉武帝又立露門學隋國子寺開皇中隷太常祭酒一人屬官有功曹主簿録事各一人統國子大學書筭學各置博士國子大學四門各五人書筭各二人助教國子大學四門各五人書筭各二人仁壽初罷國子

唯置大學煬帝改大學爲國子監初置司業一人丞三人唐置國子監祭酒司業之職掌邦國儒學訓導之政祭酒一人司業二人屬官有丞主簿録事府史亭長掌固等員國子博士二人掌教文武官三品以上及國公子孫從二品以上曾孫之爲生者屬官有助教學生典學廟幹掌固等員大學四門亦然大學博士三人掌教文武五品以上及郡縣公子孫從三品曾孫之爲生者四門博士三人掌教文武七品以上及侯伯子男之爲生者若庶人子爲儁士生者國子直講四人掌佐博士助教之職專以經術講授而

巳律學博士一人掌教文武官八品以上及庶人子
之爲生者以律令爲專業格式法例所兼習之屬官
有助教學生典學書學生等員書學筭學亦然書學
筭學各博士二人竝掌教文武官八品以下庶人子
之爲生者以書筭自武德初以國子學隷太常寺又
省國子司業及丞貞觀初改國子寺爲監六年復置
國子司業一人龍朔二年改國子監爲司成館祭酒
爲大司成司業爲少司成博士爲司成宣業又於東
郡置國子監其學生於兩京教授咸亨初年改司成
館復爲國子監大司成復爲祭酒少司成復爲司業

本一員至太極初年加一員光宅初改國子監爲成
均監祭酒爲成均祭酒長安四年國子監始置直講
馬神龍初改成均監復爲國子監成均復爲祭酒天
寶九年置廣文館領國子監進士業者博士助教各
一人五代因之教化之本學校爲先振古以來歷代
而下莫不愼擇能者以居其任業專所以世守師嚴
然後道尊馳辨彰乎洽聞抗議明乎適變考論章句
則折理惟精刊定闕疑則伏膺罔倦因祖述而綴舊
學次甲乙而總郡綱小道可觀靡不覃究用被國獎
實耀儒林若乃自負好勝爭名忌前亦著於篇以示
徵艾凡學校十有五門

選任　世業

選任

自漢承秦弊宗尚經術求稽古之士重學官之選歷
代而下雖廢置或異而授受之際未嘗輕焉覬其延
登鴻碩優隆體貌崇其位著厚其祿廩豈徒兄大官
之食重高門之地而已亦將以發揮典籍申明治具
顧有益於風教耳非夫大雅宏達博聞彊識究先王
之法言蘊專門之素業式可莫二籍甚有聞卽何以
稱法師之望恢教授之業敷暢先儒之微旨誘掖方

來之儁士以丹青帝載而化民成俗者哉
漢叔孫通薛人秦時以文學待詔博士
張生濟南人受尚書於伏生文帝時爲博士
賈誼雒陽人河南守吳公爲廷尉薦言誼年少頗通
諸家之書文帝詔以爲博士
韓嬰燕人推詩人之意而作外傳數萬言文帝時爲
博士（孫商至武帝亦爲博士）
董仲舒廣川人以治春秋景帝時爲博士進退容止
非禮不行學士皆師遵之
胡母生字子都齊人治公羊春秋爲景帝博士與董

仲舒同業
轅固生齊人以治詩景帝時爲博士
食子公河南人受韓生詩於同郡蔡誼昭帝時爲博
士
長孫順淄川人受韓詩於昌邑王中尉王吉爲博士
韋賢字長儒魯國鄒人篤志於學兼通禮尚書時人
號稱鄒魯大儒徵爲博士
嚴彭祖字公子東海下邳人與顔安樂俱事眭孟孟
弟子百餘人唯彭祖安樂爲名繇是公羊春秋有嚴
顔之學彭祖爲宣帝博士

施讎字長卿沛人爲童子從田王孫受易王孫爲博
士復從卒業宣帝時少府梁丘賀薦讎結髮事師數
十年（從結髮爲童子即從師學著其早也）賀不能及詔拜讎爲博士
江公瑕丘人受穀梁春秋及詩於魯申公傳子至孫
宣帝時沛人蔡千秋能說穀梁爲郎中戸將綰會千
秋病死徵江公孫爲博士劉向以故諫大夫通達待
詔受穀梁欲令助之
周慶丁姓二人（姓名也）宣帝時待詔保官（少府屬官也）詔五
經名儒太子太傅蕭望之等大議殿中平公羊穀梁
同異慶姓皆爲博士

王式字思翁東平新桃人受詩於免中徐公及許公
式爲昌邑王師昌邑廢式得減死歸家後東平唐長
賓沛褚少孫應博士弟子選詣博士摳衣登堂頌禮
甚嚴（摳衣謂以手內舉令離地也）諸博士驚問何師對曰事式皆
素聞其賢共薦之詔除下爲博士（下除官之詔也）
張素安字幼君山陽人與唐長賓褚少孫事王式皆
爲博士繇是魯詩有張唐褚氏之學長安門人陳劉
許晏亦爲博士
殷嘉東海人姚平河東人乘孔（乘姓也音食翰切）河南人受
易於京房成帝時皆爲博士繇是易有京氏之學

士孫張字仲方平陵人受易於五鹿充宗爲博士
孟嘉字長卿東海蘭陵人善爲禮春秋授后蒼疏廣
世所傳后氏禮疏氏春秋皆出孟嘉嘉後舉孝廉爲
郎曲臺署長（曲臺殿名署者主供其事）
歐陽生字伯和千乘人受伏生尚書爲博士其子世
世相傳至曾孫高子陽爲博士高孫地餘長賓以太
子中庶子授太子後爲博士論石渠
林尊字長賓濟南人事歐陽高爲博士論石渠
周堪字少卿齊人與孔霸俱事大夏侯勝霸爲博士
堪議官令論於石渠經爲最高

張山拊字長賓平陵人事少夏侯建爲博士論石渠

后蒼字近君東海郯人事夏侯始昌始昌通五經蒼亦通詩禮爲博士

後漢牟長字君高樂安臨濟人少習歐陽尚書不仕王莽世光武建武初大司空宋弘特辟拜博士

洼丹（洼音圭）南陽育陽人也世傳孟氏易學義研深易家宗之稱爲大儒建武初爲博士

丁恭字子然山陽東緡人（東緡今兗州金鄉縣）習公羊嚴氏春秋恭學義精明教授常數百人州郡請召不應建武初爲博士

高詡字季回平原般人世傳魯詩建武初爲符離長去官後徵爲博士

李封魏郡人建武初鄭興陳元傳春秋左氏學時尚書令韓歆上疏欲爲左氏立博士范升與歆爭之未決陳元上書訟左氏遂以封爲左氏博士

張興字君上潁川鄢陵人習梁丘易建武中辟司徒馮勤府舉孝廉爲博士

張玄字君夏河內河陽人少習春秋顏氏兼通數家建武中舉孝廉爲郎會顏氏博士缺玄試策第一拜爲博士

戴憑字次仲汝南平輿人習京氏易年十六郡舉明經徵博士

伏恭字叔齊琅邪東武人明齊詩建武中爲劇令青州舉爲尤異太常試經第一拜博士

甄宇字長文北海安丘人習嚴氏春秋教授常數百人建武中爲州從事徵拜博士

桓榮爲議郎會歐陽尚書博士缺光武欲用榮叩頭讓曰臣經術淺薄不如同門生郎中彭閎揚州從事皐弘帝曰俞往汝諧

周澤字穉都北海安丘人少事公羊嚴氏春秋建武末辟大司馬府署議曹祭酒數月徵試博士

董均字文伯犍爲資州人習慶氏禮建武中舉孝廉辟司徒均博通古今數言政事明帝永平初爲博士

魏應字君伯任城人少好學詣博士受業習魯詩明帝永平初爲博士

李育字元春扶風漆人也（漆縣今幽州辛平）少習公羊春秋沉思專精博覽詩傳知名大學章帝建武元年衛尉馬廖舉育方正爲議郎後拜博士詔與諸儒論五經於白虎觀

楊倫字仲理陳留東緡人習古文尚書和帝元初中

郡禮請三府並辟公車徵皆辭疾不就後特徵博士
周防字偉公汝南汝陽人師事徐州刺史蓋預受古文尚書經明舉孝廉拜郎中撰尚書雜記四十萬言安帝初太尉張禹薦補博士
魏邯鄲淳一名竺字子叔博學有文章文帝初爲五官將博延英儒亦宿聞淳名因啓淳欲使在文學官屬中會臨淄侯植亦求淳太祖遣詣植及文帝即位以淳爲博士
蘇林字孝友陳留人博學多通古今字戰漢末爲五官將文學甚見禮待黃初中爲博士帝作典論所稱

蘇林是也
蜀來敏字敬達義陽新野人涉獵書籍善左氏春秋漢末入蜀嘗爲劉璋賓客先主定益州署敏典學校尉
許慈字仁篤南陽人師事劉熙善鄭氏學治易尚書三禮毛詩論語漢末自交州入蜀時魏郡胡潛亦在益土先主定蜀承喪亂歷紀學業衰廢乃鳩合典籍沙汰衆學慈潛並爲博士
尹默字思潛梓潼涪人通諸經史又專精於左氏春秋先主定益州領牧以爲勸學從事子宗傳其業爲博士
晉曹志字允恭魏陳思王植之子少好學以才行稱武帝時歷樂平章武趙郡太守咸寧初詔曰甄城公曹志篤行素履達學通識宜在儒林以弘胄子之教其以志爲散騎常侍國子博士後遷祭酒
杜夷字行齊廬江灊人博覽經籍百家之書靡不畢究元帝爲丞相教曰今大義頹替禮典無宗朝廷滯義莫能攸正宜特立儒林祭酒官以弘其事處士杜夷棲情遺遠確然絶俗才學精博道行優備其以夷爲祭酒夷辭疾未就又除國子祭酒

謝沉字行思博學多識明練經史康帝即位朝議七廟迭毁乃以大學博士徵以質疑滯
范弘之字長文安北將軍汪之孫雅正好學以儒術該明孝武時爲大學博士
宋徐廣字野民好學尤精百家數術無不研覽初仕晉孝武帝以廣博學除爲秘書郎校書秘閣增置職僚轉員外散騎常侍郎領校書如故
江湛字徽深文帝元嘉末爲左衛將軍時收選學職以太尉江夏王義恭領國子祭酒湛領侍中何攸之領博士

南齊王儉初仕宋爲秘書丞初孝武好文章天下悉以文采相尚莫以專經爲業儉弱年便留心三禮尤善春秋明帝泰始六年置總明觀於儉宅開學士館以總明四部書充之又詔儉以家爲府及武帝永明三年以丹陽尹領國子祭酒儉子騫騫子承其後皆爲祭酒

張緒字思曼長於周易言精理奧見宗一時高帝建元末初立國子學以緒爲太常卿領國子祭酒武帝時累遷太子詹事永明七年竟陵王子良爲司徒領國子祭酒帝敕王晏曰吾欲令司徒辭祭酒以授張

緒物議以爲如何子良竟不拜以緒領國子祭酒

梁孔休源字慶緒齊末舉秀才爲竟陵王西邸學士梁臺建與劉之遴同爲大學博士當時以爲美選

伏暅字玄曜臨海太守曼容之子幼傳父業仕齊爲鄞令高祖天監初兼五經博士與吏部尚書徐勉中書侍郎周捨總知五禮事出爲永陽內史復徵爲國子博士復爲豫章內史徵拜黃門侍郎領國子博士

嚴植之字孝源少精解喪服孝經論語及長遍治鄭氏禮周易毛詩左氏春秋天監二年判後車騎兵參軍事四年初置五經博士各開館教授以植之兼五經博士六年遷中撫軍記室參軍猶兼博士

賀瑒字德璉舉明經楊州祭酒俄兼國子助教大學博士天監四年初開五館以瑒兼五經博士

明山賓爲治書侍御史右軍記室參軍掌治吉禮時初置五經博士山賓首應其選後以東宮新置學又以山賓居之俄以本官兼國子祭酒

崔靈恩清河武城人遍通五經尤精禮傳初仕後魏爲太常博士天監十三年歸國高祖重其儒術累遷步兵校尉兼國子博士後爲長沙內史還除國子博士

盧廣范陽涿人少明經有儒術天監中歸國拜國子博士遍講五經尋遷員外散騎常侍博士如故

沈峻字士高吳興武康人好學遍游講肆遂博通五經尤長三禮初爲王國中尉稍遷侍郎並兼國子助教僕射徐勉奏峻兼五經博士於館講授後爲華容令遷除員外散騎侍郎復兼五經博士

孔僉會稽山陰人通五經尤明三禮孝經論語講說並數十徧歷官國子助教三爲五經博士太清亂卒於家僉子叔玄頗涉文學官至大學博士

陳沈文阿字國衞父峻以文學名於梁氏文阿少習

父業研精章句察孝廉爲梁臨川王國侍郎累兼國子助教五經博士文帝時遷通直散騎常侍兼國子博士

鄭灼字茂昭東陽人仕梁爲西省義學士孝元承聖中除通直散騎侍郎兼國子博士高祖世祖之世累遷中散大夫兼國子博士

沈德威字懷遠梁末遯於天目山篤學無倦遂治經業文帝天嘉初授大學博士轉國子監助教每自學還私家講授尋遷太常丞兼五禮學博士

顧越字思南說毛詩旁通異義尤善持論梁末補五

經博士敬帝紹泰元年遷國子博士文帝以越篤學厚遇之除給事黃門侍郎又領國子博士

後魏梁越字玄覽博綜經傳無所不通國初以爲禮經博士道武以其謹厚舉動可則拜上大夫命授諸皇子經

李訢爲中書學生聰敏機辨彊記明察初李靈爲文成博士諮議崔浩選中書學生器業優者爲助教浩舉其弟箱子與盧度世李敷三人應之給事高讜子祐尚書段霸兒姪等以爲浩阿其親戚言於恭宗以浩爲不平聞之於太武太武意在於訢曰云何不取

幽州刺史李崇老翁兒也浩世曰前亦言訢合選但以其先行在外故不取之太武曰可待訢還箱子等罷之訢爲太武所識如此遂除中書助教博士

張偉字仲業學通諸經太武時與高允俱被辟命拜中書博士

索敞字巨振燉煌人爲劉昞助教專心經籍盡能傳昞之業涼州平入國以儒學見拔爲中書助教博士

平常字繼叔研綜經籍安貧樂道不以屢空改操後爲中書博士

穆弼涉獵經史孝文初定氏族欲以弼爲國子助教

弼辭曰先臣以來蒙恩累世比較徒流實用慙屈孝文曰朕欲敦厲冑子故屈卿先之白玉投泥豈能相汚弼曰既遇明時恥沉泥滓

祖瑩范陽人爲中書學生孝文召入令誦五經章句竝陳大義帝嗟賞之瑩出後孝文戲盧昶曰昔流共工於幽州北裔之地那得忽有此子昶對曰當是才爲世生以才名拜大學博士

劉芳爲通直常侍孝文詔以芳經學精洽超遷國子祭酒

董徵字文發頓丘衛人從博陵劉獻之徧受諸經數

年之中大義精練講授生徒大始末爲四門小學博士

隹景儁梗正有高風好古博涉以經明行修徵拜中書博士

北齊李鉉字寶鼎渤海南皮人撰定孝經論語毛詩三禮義疏及三傳異同周易義例東魏末舉秀才除太子博士文宣天保初詔鉉與殿中尚書邢邵中書令魏收等參知禮律仍兼國子博士時詔北平太守景業西河太守綦母懷文等草定新廟録尚書平原王高隆之令鉉與通直常侍房延祐國子博士刁柔

參考得失尋正國子博士

刁柔字子溫渤海人綜習經史尤留心禮儀高祖令教授諸子文宣天保初除國子祭酒博士

張買奴平原人經義該博諸儒咸推重之歷大學博士

邢峙字士峻河南鄭人通三禮左氏春秋天保初郡舉孝廉授四門博士遷國子助教又拜國子博士

張雕中山北平人徧通五經尤明三傳廢帝乾明初除國子博士瑯琊王嚴求博士精儒有司以雕應選時號得人累遷國子祭酒

馬敬德河間人少好儒術留意於春秋左氏舉秀才中第乃請試經業問十條並通擢授國子助教遷太學博士後主天統初除國子博士武平初拜國子祭酒

孫靈暉長樂武彊人舉秀才射策高第後以儒術甄明擢授太學博士累遷潼郡太守天統中勅令朝臣推舉可爲南陽王綽師者吏部尚書尉瑾表薦之徵爲國子博士授南陽王經

劉軌思渤海人説詩甚精天統中任國子博士

鮑秀詳渤海人甚明禮兼通左氏春秋諸儒稱之天

統中爲太學博士

張思伯河間樂城人善説左氏亦治毛詩章句以二經教齊安王廓武平初拜國子博士

後周沈重字德厚吳興武康人專心儒術博覽群書尤明詩禮及左氏春秋初仕梁高祖高祖置學官以崇儒教中大通四年乃革選以重補國子助教大同二年除五經博士

盧誕仕西魏爲散騎常侍太祖以誕儒宗學府爲當世所推乃拜國子祭酒

薛慎爲太祖丞相府墨曹參軍太祖於行臺省置學

取丞郎及府佐德行明敏者充生悉令日理公務脫就講習先大經後子史又於諸生中簡德行純懿者侍讀書慎與隴西李伯良辛韶武功蘇衡譙郡夏侯裕安定梁曠梁禮河東裴舉薛同榮陽鄭朝等十二人竝應其選又以慎為學師以知儒生課業

樊深字文深講習五經晝夜不倦太祖置學於東館教諸將子弟以深經學通贍儒者推其博物後除國子博士六官見拜太學助教遷博士

蕭撝字智遐博觀經史雅好屬文武帝時為上州刺史及入朝屢置露門學士帝以撝與唐瑾元偉王褒

等四人俱為太學博士

熊安生字植之博通五經專以三禮教授北齊河清中穆休之奏為國子博士武帝入鄴令隨駕入朝至京勅令於大乘佛寺參議五禮宣政元年拜露門博士下大夫

樂遜字遜賢西魏廢帝二年太祖召遜教授諸子講孝經論語毛詩及服虔所注春秋左氏傳授大學助教閔帝元年治太學博士轉治小師氏下大夫宣帝大象中又為露門博士

隋房暉遠字崇儒當山真定人治三禮春秋三傳詩書周易當以教授為務北齊南陽王綽為定州刺史聞其名召為博士周武帝平齊搜訪儒俊暉遠首應辟命授小學下士及高祖受禪太常卿牛弘每稱為五經庫吏部尚書韋世康薦之遷太學博士後為國子博士

王頍初仕後周武帝引為露門學士每有議決多頍所為高祖開皇初授著作佐郎於國子講授會高祖親臨什奠祭酒元善講孝經頍與相論難詞義鋒起善往往見屈高祖大奇之超授國子博士

馬光字榮伯武安人尤明三禮為儒者所宗開皇初

高祖徵山東義學之士光與張仲讓孔籠竇士榮張里奴劉祖仁等俱至竝授太學博士時人號為六儒

褚輝字高明吳郡人以三禮學稱於江南煬帝時徵天下儒術之士悉集內史省相次講論輝博辨無能屈者於是擢為太學博士

唐徐文遠雒州偃師人傳覽五經尤精左傳隋開皇中累遷太學博士大業初擢授國子博士時人稱文遠之左氏為一時之最

陸德明蘇州人陳宣帝大建中大徵四方名儒講于承光殿德明年弱冠往預焉後帝禎明中為國子助

教煬帝嗣位以爲秘書學士大業中廣召明經之士
四方至者甚衆遣德明與魯達孔褒俱會門下省共
相駁難無出其右者授爲國子助教高祖武德中補
太學博士太宗貞觀中拜國子博士
孔穎達字仲達冀州衡水人隋大業初舉明經高第
授河南郡博士煬帝徵諸郡儒官即還東都令國子
秘書學士與之論難穎達爲最補太學助教太宗在
藩引爲秦府文學館學士及即位擢授國子博士貞
觀六年累除國子司業歲餘遷太子右庶子仍兼國
子司業與諸儒議曆及明堂皆從穎達之說十二年

拜國子祭酒
司馬才章魏州貴鄉人父烜博涉五經善緯候才章
少傳其業隋末爲郡博士貞觀初太宗謂侍臣曰隋
末學者凋喪儒教凌遲唯陸德明徐文遠爲儒玄壹
與二三年間相次殂殁豈有後進之士經業優洽而
未深用者乎因徵才章及王玫王恭俱拜爲博士才章
爲國子助教王恭爲太學博士
蓋文懿貝州宗城人武德初爲國子助教時高祖別
於秘書省置學教授王公之子以文懿爲博士貞觀
中除國子博士

許叔牙少精于毛詩禮記尤善諷詠貞觀初累授晉
大學兼侍王讀書字遷太子洗馬兼崇賢館學士
仍兼侍讀
馬嘉運繁水人專精儒業貞觀十一年召拜太學博
博王文
羅道綜少爲太學生勤於學業高宗末爲太學博士
褚無量字弘度杭州鹽官人尤精三禮及史記中宗
朝累除國子博士遷司業兼脩文館學士以母老請
停官歸侍玄宗在東宮召拜國子司業兼皇太子侍
讀及即位兼遷國子祭酒

歸崇敬字正禮蘇州吳人天寶初以經業擢第頻授
四門助教轉博士司業德宗建中初又拜國子司業
馬伉京兆人少有經學累登五經秀才及博士三史
科德宗貞元中爲皇太子及諸王侍讀憲宗元和初
拜國子祭酒後爲散騎常侍復領太學
史迴文宗太和初爲四門館助教四年閏十二月國
子監以迴及處士成子野蓋餘慶梁德方前越州參
軍彊嗣徽等皆通經術准長慶元年赦書節文得以
薦聞請勅所在州府給將服許傳遞至都與太學諸
生講說仍乞委中書門下更加搜訪如有此比准敕

赴延從之

周田敏初仕漢乾祐中爲戶部侍郎兼國子祭酒時桑維翰執政時或有不悅敏者言未有學官兼丞郎者又言敏長于經義唯學官最稱職維翰乃去戶部侍郎秖爲祭酒加簡較右僕射尋而復除右丞兼判國學

世業

自夫子之以詩禮授伯魚而有趨庭之訓其後漢武表章六經始立博士開弟子員設科射策勸以官祿學者寖盛蓋獲利之使然爾故有父子講習以著專門之稱世家祖述以成傳業之美莫不達章句之要精詁訓之說克纘前緒見推當時以至歷世祚之遐邈不墜其素風誨生徒以蕃熾益廣乎遺教名家獨出蔚爲儒宗稽古擅譽以階榮爵蓋韋賢有言斥嬴金之非寶夏侯立論謂朱紫之可拾斯不誣矣

漢孔光字子夏孔子十四世之孫孔子生伯魚鯉（名鯉字伯魚先言其字者孔子自謂語系示尊其先也）鯉生子思伋伋生子上白白生子家求求生子真箕箕生子高穿穿生順順爲魏相順生鮒鮒爲陳涉博士死陳下鮒弟襄爲孝惠博士長沙太傅襄生忠忠生武及安國武生延年延年生霸字次儒霸生光馬安國延年皆以治尚書爲武帝博士安國至臨淮太守霸亦治尚書光位至丞相

士孫張字仲方受易於五鹿充宗官至給事家世傳業

兒寬受尚書於孔安國而歐陽大小夏侯氏學皆出於寬寬授歐陽生子世世相傳至曾孫高子陽爲博士（名高字子陽）高孫地餘長賓以太子中庶子授太子後爲博士論石渠地餘少子政爲王莽講學大夫繇是尚書世有國氏學寬位至御史大夫

韓嬰孫商宣帝時爲博士涿郡韓生其後也以易徵待詔殿中曰所授易即先太傅所傳也嘗受韓詩不如韓氏易深

滿昌字君都通詩禮爲詹事家世傳業

瑕丘公受穀梁春秋及諸於魯申公傳至子孫爲博士

徐良字游卿受大戴禮爲博士家世傳業

夏侯勝其先夏侯都尉從濟南張受尚書以傳族子始昌始昌傳勝勝又事同郡簡卿兒寬門人勝傳從兄子建繇是尚書有大小夏侯之學勝位至太子太

傳
儒仁字秀卿受大戴禮爲大鴻臚家世傳業
韋賢治詩事大江公及許王大江公卽瑕江公也又治禮至
丞相傳子玄成以淮陽中尉論石渠後亦至丞相玄
成及兄子賞以詩授哀帝繇是魯詩有韋氏學
王中受嚴彭祖春秋爲元帝少府家世傳業
尹更始授左氏傳取其變理合者以爲章句傳子咸
官至諫大夫長樂戶將
劉向爲中壘校尉子歆爲黃門郎河平中受詔領校
尉哀帝初卽位大司馬王莽舉歆宗室有才行爲侍

中大夫遷騎都尉奉車光祿大夫幸貴復領五經卒
父前業
後漢眭丹世傳孟氏易建武初爲博士
高詡曾祖父嘉以魯詩授元帝仕至上谷太守父容
少傳家學哀平間爲光祿大夫詡以任爲郎中世傳
魯詩後爲博士
耿况以明經爲郎子弇少好學習父業袁山松書曰弇少學詩[illegible]明說有權謀
曹褒字叔通父充治慶氏禮慶晉字孝公爲東平太傅受禮于后蒼號慶氏禮
建武中爲博士褒少篤志有大度結髮傳充業博

雅疏通尤好禮事褒位至侍中
徐防祖父宣爲講學大夫以易教授王莽父憲亦傳
宣業防少習父祖學位至太尉
鄧甫德爲開封令學傳父業
陳元父欽習左氏春秋王莽從欽受學以欽爲厭難
將軍元少傳父業爲之詁訓鋭精覃思至不與鄉里
通
歐陽歙自歐陽生傳伏生尚書至歙八世皆爲博士
伏湛字惠生瑯琊東武人九世祖勝字子賤所謂濟
南伏生也湛父理爲當世名儒以詩授成帝爲高密

太傅別自名學爲高密王寬傳也寬武帝玄孫廣陵王胥後也湛性孝友少
傳父業教授數百人成帝時以父任爲博士弟子初
自伏生以後世傳經業湛子翕翕子光光子辰辰子
無忌無忌亦傳家學博物多識順帝時爲侍中永和
元年詔無忌與議郎黃景校定中書五經諸子百家
藝中書內中之書也
桓榮受朱普學章句四十萬言浮辭繁長多過其實
及榮入授顯宗減爲二十三萬言榮子郁復刪省定
成十二萬言繇是有桓君大小太常章句郁敦厚篤
學傳父業以尚書教授門徒有數百人郁中子焉能

傳其家學焉孫典字公雅復傳其家業以尚書教授潁川門徒至數百人一云伏氏自東西京相襲爲名儒以取爵位而桓氏尤盛自榮至典而世宗其道父子兄弟代作帝師受其業者皆至卿相顯于當時榮位至太常少卿

鮑永少有志操習歐陽尚書于昱少傳父學客授於東平位終兗州牧

劉軼字君文父昆受施氏易於沛人戴賓教授弟子常五百餘人軼傳父業門徒益盛位至亦正

鄭衆字仲師從父授左氏春秋子安世亦傳家業爲長樂未央廐令

伏黯以明齊詩改定章句作解說九篇位至光祿勳子恭少傳黯學除劇令擧尤異太常試經第一拜博士以父章句繁多乃省減繁辭定爲二十萬言

薛漢世習韓詩父子以章句著名漢少傳父業教授常數百人建武初爲博士當世言詩者推漢爲長

袁安祖父良習孟氏易安少傳良學安子敞及京亦傳易經教授京作難記三十萬言京子彭字伯楚少傳父業彭弟湯字仲和亦傳家學諸儒稱其節多歷顯位安位至太尉

甄宇習嚴氏春秋教授常數百人位至太子少傳傳業子普普傳子承承講授常數百人子孫傳學不絕

劉丕傳學號爲通儒子寵少受父業以明經擧孝廉

李郃字孟節漢中南鄭人父頡以儒學稱官至博士郃習父業遊太學通五經善河雒風星當世稱之

宋意字伯志父京以大夏侯尚書教授至遼東太守意少傳父業

楊震字伯起少好學受歐陽尚書於太常桓郁震中子秉字叔節少傳父業兼明京氏易博通書傳常隱居教授秉子賜字伯獻亦傳家學篤志博聞常退居隱約教授門徒震少子奉奉子敷教志傳聞議者以

爲能世其家敷早卒子衆亦傳先業震位至太尉

孔奮少從劉歆受春秋左氏傳弟奇博通經典作春秋左氏刪刪定其義也奮晚有子嘉官至城門校尉作左氏說云說猶今之疏也

牟長習歐陽尚書爲博士子紆又以隱居教授門生千人

曹曾從歐陽歙受尚書門徒三千人位至諫議大夫子祉河南尹傳父業教授

崔駰通詩易春秋子瑗字子玉早孤銳志好學盡能傳其父業年十八至京師從侍中賈逵質正大義逵

善待之賓憲爲車騎將軍辟騶爲掾
賈逵父徽習左氏春秋兼習國語周官又受古文尚
書於塗惲學毛詩於謝曼卿逵悉傳父業弱冠能誦
左氏傳及五經本文以大夏侯尚書教授雖爲古學
兼通五家穀梁之說自爲兒童常遊太學不通人間
事位至侍中
楊統曾祖父仲續代修儒學以夏侯尚書相傳
郎顗父宗學京氏易能望氣占候顗少傳父業後拜
郎中辭不就
翟酺四世傳詩酺好老子尤善圖緯天文曆筭位至

將作大匠
張酺少從祖父充受尚書能傳其業又事太常桓榮
勤力不怠聚徒以百數位至太尉
孔僖二子長彦好章句學季彦守其家業門徒數百
人官至臨晉令
馬日磾字翁叔馬融之族子少傳融業以才學進與
楊彪盧植蔡邕等典較中書歷位九卿遂登台輔
蜀許慈字仁篤治易尚書三禮毛詩論語子勛傳其
業復爲博士
尹默字思潛從司馬操宋仲子等受古學皆通諸經

史子宗傳其業爲博士
吳虞翻太常時爲騎都尉翻初立易注奏上曰臣聞
六經之始莫大陰陽是以伏羲仰天懸象而建八卦
觀變動六爻爲六十四以通神明以類萬物臣高祖
父故零陵太守光治孟氏易曾祖父故平輿令成纘
述其業至臣祖父鳳爲之最密臣亡考故日南太守
歆受本於鳳最有舊書世傳其業至臣五世
晉王愆期父接官至征虜將軍嘗注公羊又撰列女
後傳愆期流寓江南緣父本意更注公羊又集列女
後傳云傳云

范宣光善三禮嘗以講誦爲業子輯亦以講授爲事
宣以太學博士散騎郎並徵不就
宋杜坦祖預注春秋左氏傳坦與弟驥傳其家業坦
位至左將軍
南齊裴昭明河東聞喜人祖松之大中大夫父駰南
中郎叅軍昭明少傳儒史之學爲太學博士
梁明山賓爲國子博士卒其子興道亦傳父業歷官
太學博士
諸脩父仲都善周易天監中脩歷官五經博士脩少
傳父業兼通孝經論語

范縝字子眞尤精三禮爲中書郎國子博士卒官子
胥字長才傳父學起家太學博
賀瑒字德璉會稽山陰人祖道立善三禮爲尙書三
公郎連康令瑒少傳家業爲五經博士子革字文明
少通三禮及長徧治孝經論語毛詩左傳
賀琛伯父瑒爲世碩儒授經於琛高祖聞琛學術召
見文德殿與語悅之謂僕射徐勉曰琛殊有世業仍
補王國侍郎俄兼太學博士
孔僉通五經尤明三禮歷官國子助教三爲五經博
士子叔玄頗涉父學官至太學博士僉兄子元素又

善三禮有盛名
司馬筠字貞素博通經術尤明三禮累加左丞出爲
始興內史卒官子壽傳父業亦明三禮歷官尙書祠
部郎出爲曲阿令
沈峻爲五經博士卒子文向傳父業尤明左傳太清
中自國子助教爲五經博士
陳杜之偉字子大吳郡錢塘人家世儒學以三代傳
門父規良奉朝請之偉有逸才七歲受尙書稍習詩
禮畧通其學十五遍觀文史儀禮故事時輩嘉其早
成累遷大中大夫

顧越字思南吳郡鹽官人所居新坡黃堈世有鄉校
繇是顧氏多儒學焉越少孤以勤苦自立說毛詩旁
通異義梁世補五經博士
賀德基字承業世傳禮學祖文發父淹仕梁俱爲祠
部並有名當世德基於禮記稱爲精明居以傳授累
遷尙書祠部郎德基雖不至大官而三世儒學俱爲
祠部時論美其不墜焉
後魏李曾少治鄭氏禮左氏春秋以教授爲業三辟
功曹並不就子孝伯少傳父業綜群言孝伯兄祥字
元善學傳家業鄉黨宗之

江式字法安陳留濟陽人六世祖瓊字孟琚晉馮翊
太守善虫篆詁訓永嘉大亂瓊棄官西投張軌子孫
因居涼土世傳家業祖彊字文威後魏太延五年涼
州平內徙代京上書三十條各有體例又獻經史諸
子千餘卷繇是擢拜中書博士式少傳家學兼著作
郎
劉獻之饒陽人善春秋毛詩每講左氏盡隱公八年
便止云義例已了不復須解孝文幸中山詔徵典內
校書固以疾辭四子放古愛古參古修古並傳父詩
北齊馬敬德河間人少好儒術負笈隨大儒徐遵明

學詩禮畧通大義遂留意於春秋左氏爲諸儒所稱累授助教博士侍講東宮子元熙字長明傳父業兼事文藻累遷散騎侍郎待詔文林館後主武平中皇太子將講孝經有司請擇師友帝曰馬元熙朕師之子可令教兒儒者榮其世載

顏之推字子介琅琊臨沂人父勰世善周官左氏累湘東王諮議參軍之推早傳家業博覽群書無不該遍湘東以爲國佐常侍

後周盧辯字景宣范陽涿人累世文學父靖太常丞辯少好學博通經術舉茂才爲太學博士以大戴禮

未有解詁辯乃注之其兄景裕爲當世碩儒謂辯曰昔侍中注小戴今爾注大戴庶纂前修矣

隋包愷字和樂東海人其兄愉明五經悉傳其業爲國子助教

庾秀才爲太史大中大夫藝術精通子質後爲大夫今質子儉亦傳父業兼有學識

唐顏籀字師古琅琊臨沂人祖之推仕北齊爲黃門侍郎有盛名父思魯少以學業稱武德初秦府記室參軍事師古少傳家業博學群言多所詳練尤精詁訓善屬文累遷秘書監弘文館學士卒

許孟容京兆長安人父鳴謙究通易象官至撫州刺史孟容少以文詞知名舉進士後究王氏易登科授秘書省較書郎

蔣乂字德源祖瓌太子洗馬開元初弘文館學士父蔣明累遷國子司業集賢殿學士代爲名儒乂史官吳兢之離孫幼便記覽弱冠博通群籍史才尤長宰相張益見而奇之署集賢小職

冊府元龜

巡按福建監察御史臣李嗣京　訂正
知閩縣事臣曹粤臣叅閱
知建陽縣事臣黃國琦較釋

學校部二

教授

自仲尼反魯刪定六藝然後學有所宗儒術以之振矣雖復哲人其萎微言遂絕而達者斯衆傳授寖廣漢氏而下師訓彌盛素業所守乃專門而靡雜禀教殊指或名家而別出岐分派散増華竝騖蓋有爵位

通顯譽望克治風詠推美山林傾慕徒衆輻輳不遠千里名籍包舉或踰於萬數以至肥遯求志杜門却掃其於傳道誨人未嘗倦也茲所謂拳拳服膺循循善誘達教學之旨爲丘門之篤說者焉

卜商字子夏衞人孔子既沒居西河教授爲魏文侯師

澹臺滅明事孔子既以受業南遊至江從弟子三百人設取予去就名施於諸侯

商瞿字子木魯人受易孔子商瞿生也瞿音以授子庸姓矯名庇字子庸庇音必子庸授江東馯臂子弓馯姓也音韓子弓授燕

周醜子家子家授東武縣虞子乘子乘授齊田何子裝及秦禁學易爲筮卜之書漢獨不禁故傳授者不絕

漢田何以齊田徙杜陵號杜田生高祖用婁敬之言徙關東大族故何以舊齊田氏見徙時未爲杜陵蓋史家本其地追言也授東武王同子中雒陽周王孫丁寬齊服生皆著易傳數篇田生授丁同周王孫丁寬服生四人而四人皆著易傳也子中王同字也中讀曰仲同授淄川楊何字叔元元光中徵爲大中大夫齊即墨城姓即墨名城至城陽相廣川孟但爲太子門大夫魯周霸莒衡胡莒人姓衡名胡也臨淄主父偃皆以易至大官要言易者本之田何

丁性字子孫從魯榮廣受詩春秋爲中山傳

申章昌字曼君楚人申章姓從丁性受學爲長沙太傅

丁寬字子襄梁人從田何受易授同郡碭田王孫王孫授施讎孟喜梁丘賀繇是易有施孟梁丘之學寬景帝時爲梁孝王將軍

王臧蘭陵人從魯申公受詩通事景帝爲太子少傅

施讎字長卿沛人沛與碭相近讎爲童子從田王孫受易後讎徙長陵田王孫爲博士復從卒業與孟喜丘賀竝爲人謙讓常稱學廢不教授及梁丘賀爲少府事多乃遣子臨分將門人張禹等從讎問讎自

匪不肯見賀固請不得已乃授臨等於是賀薦讎結髮事師數十年（從結髮爲童子郎從師學者其早也）賀不能及詔拜讎爲博士讎授張禹琅邪魯伯伯爲會稽太守禹至丞相授淮陽彭宣沛戴崇子平崇爲九卿宣大司空禹宣皆有傳魯伯授太山毛莫如少路（姓毛名莫如字少路）琅邪邴丹曼容著清名莫如嘗山守此其知名者也繇是施家有張彭之學

孟喜字長卿東海蘭陵人也父號卿（時人以卿呼之若言公也）善爲禮春秋授后蒼疏廣世所傳后氏禮疏氏春秋皆出孟卿孟卿以禮經多春秋煩雜乃使喜從田王

孫受易喜授同郡白光少子沛翟牧子兄（兄讀曰況）皆爲博士繇是有翟孟白之學

梁丘賀字長翁琅邪諸人也以能心計爲武騎從大中大夫京房受易房淄川楊弟子也（自別一京房非焦延壽弟子爲課吏法者或書字誤耳不當爲京房）房出爲齊郡太守賀更事田王孫賀傳子臨亦入說爲黃門郎中甘露中奉使問諸儒於石渠臨學精熟專行京房法琅邪王吉通五經聞臨說喜之時帝選高才十人從臨講吉乃使其子郎中駿上疏從臨受易五鹿充宗授平陵士孫張仲方（士孫姓張名仲方字）沛鄧彭祖子夏齊衡咸長賓張爲博士至楊州牧家世傳業彭祖眞定大傳咸王莽講學大夫繇是梁丘有士孫鄧衡之學

京房受易梁人焦延壽（延壽其字名貢）延壽云嘗從孟喜問易會喜死房以爲延壽易卽孟氏學翟牧白生不肯皆曰非也至成帝時劉向較書考易說以諸易家說皆祖田何陽叔丁將軍大誼畧同惟京氏爲異黨焦延壽獨得隱士之說（黨讀曰儻）孟氏不相與同房授東海殷嘉河東姚平河南乘弘（乘姓也音食反證）皆爲郎博士繇是易有京氏之學位至魏郡太守

費直東萊人也（費扶味反）治易爲郎長於卦筮亡章句徒

以彖象繫辭十篇解說上下經琅邪王横能傳之

伏生名勝濟南人爲秦博士孝文時求能治尚書者天下士有聞伏生治之欲召時伏生年九十餘老不能行於是詔太常使掌故朝錯往受之（衛宏定古文尚書序云生老不能正言不可曉也使其女傳言教錯齊人語多與潁川異錯所不知者九十二三畧以其意屬讀而已）秦時禁書伏生壁藏之其後大兵起流亡漢定伏生求其書亡數十篇獨得二十九篇卽以教於齊魯之間齊學者繇此頗能言尚書山東大師亡不涉尚書以教伏生教濟南張生及歐陽生是後魯周覇維陽賈嘉頗能言尚書（嘉者賈誼之孫也）

孔安國有孔氏古文尚書以今文字讀之因以起其家逸書得十餘篇尚書茲多於是遭巫蠱未立於學官安國爲諫大夫授都尉朝（朝名都尉姓）而司馬遷亦從安國問故遷書載堯典禹貢洪範微子金縢諸篇多古文說都尉朝授膠東庸生庸生授清河胡常少子（少子常字）

歐陽生字伯和千乘人也事伏生授兒寬寬又授業孔安國歐陽大小夏侯氏學皆出於寬寬授歐陽生子世世相傳至曾孫高爲博士繇是尚書世有歐陽氏學

林尊字長賓濟南人也事歐陽高爲博士授平陵平當梁陳翁生翁生家世傳業繇是歐陽有平陳之學翁生授琅琊殷宗楚國龔勝而平當授九江朱普公文上黨鮑宣宣爲司隸較尉徒衆尤盛知名者也

高相沛人也治易與費公同時其學亦亡章句專說陰陽災異自言出於丁將軍傳至相相授子康及蘭陵母將永康以明易爲郎永至豫章都尉

夏侯勝其先夏侯都尉從濟南張生授尚書以傳族子始昌始昌傳勝勝又事同郡簡卿（簡音姦）簡卿者倪寬門人勝傳從兄子建又事歐陽繇是尚書有大小夏侯之學位至太子太傅

周堪字少卿齊人也與孔霸俱事大夏侯勝堪授牟卿及長安許商字長伯牟卿爲博士霸以帝師賜爵號褒成君傳子先亦事牟卿繇是大夏侯有孔許之學位至光祿勳

張山拊字長賓平陵人也（拊音膚）事小夏侯建爲博士授同縣李尋鄭寬中少君山陽張無故子儒信都秦恭延君陳留假蒼子驕無故善脩章句小夏侯說文恭增師法至百萬言（言小夏侯求所說之文不多而秦恭又增益故至百萬言也）

申公名培魯人也少與楚元王交俱事齊人浮丘伯

受詩漢興高祖過魯申公以弟子從師入見於魯南宮呂太后時浮丘伯在長安楚元王遣子郢與申公俱卒學（郢即郢客也）元王薨郢嗣位立爲楚王令申公傅太子戊戊不好學病申公（病苦也）及戊立爲王胥靡申公（胥靡相係而作役）申公愧之歸魯退居家教終身不出門復謝賓客（身既不出門是業弟子共他賓客來者又謝遣之不相見也）獨王命召之乃往弟子自遠至受業者千餘人申公獨以詩經爲訓故以教亡傳（說其指不爲解說之傳）疑者則闕弗傳蘭陵王臧從爲詩申公弟子以百數申公以詩春秋授而瑕丘江盡能傳之及魯許生免中徐公（免中邑名也）皆守

學教授

韋賢治詩大江公及許生（大江公即瑕丘江公也以其下博士江公故稱大）又治禮傳子玄成及兄子賞以詩授哀帝繇是魯詩有韋氏學

王式東王新桃人事免中徐公及許生式為昌邑王師山陽張長安（長安名也）先事式後東平唐長賓沛褚少孫亦來事式張生唐生褚生皆為博士繇是魯詩有張唐褚氏學

張生兄子游卿為諫議大夫以詩授元帝其門人琅邪王扶陳留許晏繇是張家有許氏學初薛廣德亦

事王式以博士論石渠授龔舍

轅固齊人也以治詩孝景時為博士諸齊以詩顯貴皆固之弟子也昌邑太傅夏侯始昌最知名

后蒼字近君東海郯人也事夏侯始昌通五經蒼亦通詩禮授翼奉蕭望之匡衡衡授琅邪師丹伏理斿君頴川滿昌君都君都為詹事治高容太傅家世傳業繇是齊詩有翼匡師伏之學滿昌授九江張邯琅邪皮容皆至大官徒衆尤盛說禮數萬言號曰后氏曲臺記受沛聞人通漢子方（聞人姓也名通漢字子方也）梁戴德延君戴聖次君沛慶普孝德號大戴聖號小戴繇是禮有大戴小戴慶氏之學普授魯夏侯敬又傳族子咸大戴授琅邪徐良游卿家世傳業小戴授梁人橋仁季卿楊子榮子孫（子孫子榮之字也）家世傳業繇是大戴有徐氏小戴有橋楊氏之學蒼官至少府

韓嬰燕人也景帝時為常山王太傅韓生推詩人之意而為外傳數萬言其語頗與齊魯閒殊然其歸一也淮南賁生受之（賁音肥）自是之後而趙燕閒言詩者繇韓生韓生孫商為武帝博士孝宣時涿郡韓生其後也以易徵待詔殿中曰所受易即先太傅所傳也嘗受韓詩不如韓氏易深太傅故專傳之司隸校尉

蓋寬饒本授易於孟喜見涿韓說易而好之即更從受焉

趙子河內人也（王欽若等曰趙子史不載其名）事燕韓生授同郡蔡誼誼授同郡食子公與王吉食生授太山栗豐吉授淄川長孫順繇是韓詩有王食長孫之學豐授山陽張就東海髮福皆至大官徒衆尤盛

毛公趙人也治詩為河間獻王博士授同國貫長卿長卿授解延年延年授徐敖敖授九江陳俠繇是言毛詩者本之徐敖

胡母生字子都齊人也治公羊春秋為景帝博士與

董仲舒同業仲舒著書稱其德年老歸教於齊齊之言春秋者宗事之公孫弘亦頗受焉而董生爲江都相弟子遂之者蘭陵褚太東平嬴公廣川段仲溫呂步舒（遂謂名位成達者）太至梁相步舒丞相長史唯嬴公守學不失師法爲昭帝諫大夫授東海孟卿魯眭孟孟爲符節令坐說災異誅

嚴彭祖字公子東海下邳人也與顏安樂俱事眭孟孟弟子百餘人唯彭祖安樂爲明質問疑誼各持所見孟曰春秋之意在二子矣孟死彭祖安樂各顓門教授（顓與專同門言各自名家）繇是公羊春秋有嚴顏之學彭祖

授琅琊三中爲元帝少府（中讀曰仲）家世傳業仲授同郡公孫文東門雲

顏安樂字公孫魯國薛人眭孟姊子也安樂授淮陽泠豐次君（泠音零）淄川任公繇是顏家有泠任之學始貢禹事嬴公成於眭孟疏廣事孟卿廣授琅琊筦路（筦亦管字也）禹授潁川堂谿惠（姓堂谿也）惠授太山宜都都與路又事顏安樂故顏氏復有筦宜之學路授孫寶爲大司農豐授馬宮琅琊左咸徒衆尤盛宮至齊郡太守丞

瑕丘江公受穀梁春秋及詩於魯申公傳子至孫爲博士武帝時江公與董仲舒竝仲舒通五經能持論善屬文江公吶於口（屬之欲切吶古訥字）上使與仲舒議不如仲舒而丞相公孫弘本爲公羊學比輯其議卒用董生（比次也輯合也比頻寐反輯與集同）於是上因尊公羊家詔太子授公羊春秋繇是公羊大興太子既通復私問穀梁而善之其後浸微（浸漸也）唯魯榮廣王孫皓星公二人受馬廣能盡傳其詩春秋高才捷敏與公羊大師眭孟等論數困之（孟卉窮屈也）故好學者頗復授穀梁沛蔡千秋少君梁周慶幼君丁姓子孫（姓丁名姓字子孫）皆從廣授千秋又事皓星公爲學最篤宣帝時說穀梁上

善穀梁說擢千秋爲諫大夫給事中後有過左遷平陵令復求能爲穀梁者莫及千秋上愍其學且絕乃以千秋爲郎中戶將選郎十人從受汝南尹更始翁君本事千秋會千秋病死徵江公孫爲博士劉向以故諫大夫通達待詔受穀梁欲令助之江博士復死乃徵周慶丁姓待詔保宮（保宮少府之屬官也本名居室）使卒授十人自元康中始講至甘露元年積十餘歲皆明習乃召五經名儒太子太傅蕭望之等大議殿中平公羊穀梁同異各以經處是非時公羊博士嚴彭祖侍郎申輓（輓者晩也）伊推宋顯穀梁議郎尹更始待詔劉向周

慶丁姓竝論公羊家多不見從願請內侍郎許廣使者亦竝內穀梁家中郎王亥各五人（使者請當時詔遣監議者也內謂引入以形也公羊家旣請內許廣而使者因竝內王亥也）議三千餘事望之等十一人各以經誼對多從穀梁繇是穀梁之學大盛慶姓皆爲博士（周慶丁姓二人也）姓授楚申章昌曼君（姓申章名昌字曼君）尹更始又受左氏傳取其變理合者以爲章句傳子咸及翟方進琅琊房鳳

朱雲爲槐里令後不仕居鄠田教授擇諸生然後爲弟子九江嚴望及望兄子元子仲能傳雲學皆爲博士

房鳳字子元不其人也（琅琊之孫也其音基）爲五官中郎將時光祿勳王龔以外屬內卿（卿成太后兄也內卿光祿大夫治中官）與奉車都尉劉歆共校書三人皆侍中歆曰左氏春秋可立哀帝納之以問諸儒皆不對歆於是數見丞相孔光爲言左氏以求助光卒不肯唯鳳龔許歆遂共移書責讓太常博士大司空師丹奏歆非毀先帝所立上於是以龔等補吏龔爲弘農歆河內鳳九江太守如江博士授胡嘗嘗授梁蕭秉君房繇是穀梁春秋有君胡申章房氏之家張蒼爲東平侯及梁太傅賈誼京兆尹張敞大中大夫劉太皆脩春秋左氏傳誼爲左氏傳訓故授趙人貫公爲河間獻王博士子長卿爲蕩陰令（蕩陰河內縣也蕩音湯）授清河張禹長子（非成帝師張禹也）禹與蕭望之同時爲御史數爲望之言左氏望之善之上書數以稱說後望之爲太子太傅薦禹于宣帝徵禹待詔未及問會疾死授尹更始（禹先授更始）傳子咸及翟方進胡嘗授黎陽賈護李君哀帝時待詔爲郎授蒼梧陳欽子佚以左氏授王莽至將軍而劉歆從尹咸及翟方進授繇是言左氏者本之賈護劉歆

王吉兼通五經能爲騶氏春秋以詩論教授好梁丘賀說易令子駿受焉漢興傳齊論者王吉少府宋畸

（居宜切）御史大夫貢禹尚書令五鹿充宗膠東庸生唯王陽名家（王吉字陽子謂之王陽）傳魯論詩者嘗山都尉龔奮長信少府夏侯勝丞相韋賢魯扶卿前將軍蕭望之安昌侯張禹皆名家張氏最後而行於世位至諫議大夫

董仲舒少治春秋孝景時爲博士下帷講誦弟子傳以久次相授業或莫見其面蓋三年不相窺園其精如此位至膠西相

薛廣德以魯詩教授楚國龔勝舍事師焉位至御史大夫

㳿廣字仲翁少好學明春秋家居教授學者自遠方至位至太子太傅

韋賢爲人質朴少欲篤志於學篤厚也兼通尚書以詩教授號鄒魯大儒位至丞相

後漢劉昆少好習禮容平帝時受施氏易於沛人戴賓王莽世教授弟子嘗五百餘人每春秋享射常備列典儀以素木瓠葉爲俎豆桑弧蒿矢以射菟首詩小雅瓠葉詩序曰刺幽王棄禮而不能行故思古人之不微薄廢禮焉詩曰幡幡瓠葉采之亨之君子有酒酌言嘗之有兔斯首炰之燔之君子有酒酌言獻之昆慨禮之廢故引以瓠葉爲俎實射則歌菟首之詩而爲節也每有行禮縣宰輒率吏屬而觀之王莽以昆多

聚徒衆私行大禮有僭上心乃繫昆及家屬於外黃獄尋莽敗得免既而天下大亂昆避難河南負犢山中郡國志河南郡有負犢山建武五年舉孝廉不行遂逃教授於江陵光武聞之即除爲江陵令子軼字君文傳昆業門徒亦盛

洼音圭丹字子玉世傳孟氏易至王莽時嘗避世教授專志不仕徒衆數百人建武初爲博士作易通論七篇世號洼君通

觟陽鴻姓觟陽名鴻也以孟氏易教授有名稱位少府

任安字定祖廣漢緜竹人也少遊太學受孟氏易兼通數經又從同郡楊厚學圖讖究極其術時人稱曰欲知仲桓問任安又曰居今行古任定祖學經還家教授諸生自遠而至除博士不就

伏湛更始立爲平原太守時倉卒兵起天下驚擾而湛獨晏然教授不廢

伏恭湛之兄子也太常試經第一拜博士遷太常太守敦修學校教授不輟繇是北州多爲伏氏學

任末字叔本蜀郡繁人繁縣故城在今益州新繁縣也少習齊詩遊京師教授十餘年爲郡功曹以病免

薛漢字公子淮陽人世習韓詩教授嘗數百人建武

初爲博士當世言詩者推漢爲長

杜撫字叔和犍爲武陽人也少有高才受業於薛漢定韓詩章句後歸鄉里教授沉靜樂道舉動必以禮弟子千餘人其所作詩題約義通學者傳之曰杜君法云位至公車令

楊仁建武中詣師學習韓詩數年歸靜居教授爲閬中令卒於官

魯恭少習魯詩後拜魯詩博士繇是家法學者日盛

魯丕性沉深好學孳孳不倦遂杜絶交遊不荅候問之禮士友嘗以此短之而丕欣然自得遂兼通五經

以魯詩尚書教授爲當世名儒後歸郡爲督郵功曹
所事之將無不師友待之
曹褒父充持慶氏禮傳褒又傳禮記四十九篇教授
諸生千餘人慶氏學遂行於世褒位至侍中
鮑永少有志操習歐陽尚書子昱少傳父學授官於
東平
馮豹好儒學以詩春秋教麗山下鄉里爲之語曰道
德彬彬馮仲文位至尚書
桓榮少習歐陽尚書事博士九江朱普普卒榮奔喪
九江因留教授徒衆數百人莽敗天下亂榮抱其經

書與弟子逃匿山谷雖常饑困而講論不輟後復官
授江淮間位至太常
范升傳孟氏易以授楊政而陳元鄭衆皆傳費氏易
其後馬融亦與其傳融授鄭玄玄作易注荀爽又作
易傳自是費氏興而京氏遂衰位至聊城令
楊政字子行京兆人也少好學從代郡范升受梁丘
易善說經書京師爲之語曰說經鏗鏗楊子行教授
數百人官至左中郎將
張興習梁丘易以教授建武中舉孝廉爲郎謝病去
復歸聚徒後辟司徒馮勤舉爲孝廉相遷博士永平
初遷侍中祭酒十年拜太子少傅顯宗數訪問經術
既而聲稱著聞弟子自遠至者著錄且萬人爲梁丘
家宗著於南錄十四千卒於官子魴傳興業位至張掖屬
國都尉
魏滿字叔牙習京氏易教授位至弘農太守
孫期字仲彧濟陰成武人也少爲諸生習京氏易古
文尚書家貧事母至孝牧豕於大澤中以奉養遠
人從其學者皆執經壟畔以追之司徒黃琬特辟不
行
牟融習大夏侯尚書東海王良習小夏侯尚書沛國

桓榮習歐陽尚書榮世習相傳授東京最盛扶風杜
林傳古文尚書林同郡賈逵爲之作訓馬融作傳鄭
玄注解繇是古文尚書遂顯於世也
歐陽歙字王思安樂千乘人也自歐陽生傳伏生尚
書至歙八世皆爲博士歙爲汝南太守在郡教授數
百人濟陰曹曾字伯山從歙授尚書門徒三千人位
至諫議大夫子祉河南尹傳父業教授又陳留陳弇
字叔明亦授歐陽尚書于司徒丁鴻
牟長少習歐陽尚書拜博士稍遷河南太守免長自
爲博士及在河內諸生講學者嘗有數千餘人著錄

前後萬言

宋登少習歐陽尚書教授數千人位至潁川太守

張馴少遊太學能講春秋左氏傳以太夏侯尚書教授位至司農

孔僖字仲和自安國以下世傳古文尚書毛詩僖子季彥守其家業門徒數百人位至臨晉令

鄭衆傳周官經後馬融作周官傳授鄭玄玄作周官注玄本習小戴禮後以古經較之取其義長者故爲鄭氏學玄又注小戴所傳禮記四十九篇通爲三禮焉位至大司農

楊倫少爲諸生師事司徒丁鴻習古文尚書爲郡文學掾去職講授於大澤中弟子千餘人位至大中大夫

楊寶習歐陽尚書哀平之世隱居教授

包咸少爲諸生受業長安師事博士右師細君（姓右師）習魯詩論語王莽末歸去鄉里於東海界爲赤眉所得遂見拘執十餘日咸晨夜誦經自若賊異而遣之因任東海立精舍講授位至鴻臚寺卿

魏應字君伯任城人也少好學建武初詣博士受業習魯詩閉門誦習不交僚黨京師稱之後歸爲郡吏舉明經除濟陽王文學以疾免官教授山澤中徒衆常數百人後拜五官中郎將應經明行修弟子自遠方至著錄數千人

衛宏字敬仲東海人也少與河南鄭興俱好古學初九江謝曼卿善毛詩乃爲其訓宏從曼卿受學因作毛詩序善得風雅之旨於今傳於世後從大司空杜林更受古文尚書爲作訓旨時濟南徐巡師事宏後從林受學亦以儒顯繇是古學大興位至議郎

董春少好學究極聖旨後還歸立精舍遠方門徒學者常數百人諸生每升堂講鳴鼓三通橫經捧手請

問百人追隨上堂難問者百餘人

董均字文仲犍爲資中人也習慶氏禮事大鴻臚王臨累遷五官中郎將常教授百餘人

丁鴻授歐陽尚書於桓榮嗣封陵陽侯閉門教授後代成封爲少府門下繇是益盛遠方至者數千人彭城劉愷北海巴茂九江朱張皆至公卿

樊儵刪定公羊嚴氏春秋章句世號樊侯學教授門徒前後三千餘人弟子潁川李脩九江夏勤皆爲三公

丁恭習公羊嚴氏春秋恭學義精明教授常數百人

州郡請召不應後爲侍中祭酒
周澤字穉都北海安丘人也少習公羊嚴氏春秋隱居教授門徒嘗數百人位至太嘗
甄宇字長文北海安丘人也清静少欲習嚴氏春秋教授嘗數百人宇傳業子普普傳子承承講授數百人諸儒以承三世傳業莫不歸服之位至太子少傅
樓望少習嚴氏春秋爲左中郎將教授不倦世稱儒宗諸生著録九千餘人
程曾受業長安習嚴氏春秋積十餘年還家講授會稽顧奉等數百人嘗居門下著書百餘篇皆五經通

難又作孟子章句爲海西令卒於官
張玄字君夏河內河陽人也少習春秋顏氏兼通數家法建武初舉明經補弘農文學遷陳倉縣丞清淨無欲專心經書方其講問乃不食終日及有難者輒爲張數家之說令擇從所安諸儒皆伏其多通著録千餘人
李膺爲烏丸較尉以公事免官還居綸氏教授嘗千人（綸氏縣屬潁川郡故城金陽城縣是也）
李育扶風人也少習公羊春秋州郡請召育到輒辭病去嘗避地教授門徒數百位尚書令

頴容博學多通善春秋左氏傳師事太尉楊賜初平中避亂荊州聚徒千餘人劉衛以爲武陵太守不肯起
謝該字文儀南陽章陵人也善明春秋左氏傳爲世名儒門徒數百千人位至議郎
蔡玄字叔陵汝南南頓人也學通五經門徒嘗千人其著録者萬六千人徵辟並不就
賈逵字景伯尤明左氏明帝令逵自選公羊嚴顏諸生高才者二十人教以左氏（嚴彭祖安樂俱受公羊春秋故曰嚴顏之學）與簡紙經傳各一通（竹簡及紙也）逵還衛士令永平八年

乃詔諸儒選高才生受左氏穀梁春秋古文尚書毛詩由是四經遂行於世皆逵所選弟子及門生爲千乘王國郎朝夕受業黃門署學者皆欣欣羨慕焉
張酺永平九年明帝爲四姓小侯開學南宮至五經師酺以尚書教授位至司徒
魯丕拜趙相門生就學者嘗百餘人關東號之曰五經復興魯叔陵
李恂少習韓詩教授諸生嘗數百人位至武威太守
楊康好學嘗在外黃大澤教授門徒
郅惲理韓詩嚴氏春秋後客居江夏教授後爲甚長

免官又避地教授
寔明好經學通書傳以尚書教授舉孝廉位至清河
太守
李章習嚴氏春秋經明教授位至琅琊太守
劉茂習禮經教授常數百人位至侍中
索盧放以尚書教授千餘人位至諫議大夫
夏恭習韓詩孟氏易講授門徒常千餘人舉孝廉早
卒
鍾浩世善刑律以詩律教授門徒千餘人爲郡功曹
後公府辟召皆不就

劉淑少好學明五經遂隱居立精舍講授諸生常數
百人位至侍中虎賁中郎將
檀敷舉孝廉連辟公府皆不就立精舍教授遠方至
者常數百人桓帝時博士徵不就
王良字仲子東海蘭陵人也少好學習小夏侯尚書
王恭時寢病不仕教授諸生千餘人
吳祐爲河間相自免歸家不復仕躬灌園蔬以經書
教授
郭林宗博通墳籍以黨事起遂閉門教授弟子以千
數

劉焉居陽城山積年教授舉賢良方正辟司徒府
董扶字茂安少從師學兼通數經善歐陽尚書又事
聘士
楊厚究極圖讖遂至京師遊覽太學還家講授
廖楊傳習韓詩歐陽尚書教授常數百人州郡公府
辟召皆不應就
摯恂以儒術教授隱于南山不應徵聘名重關西馬
融從其遊學博通經籍
馬融才高博洽爲世通儒教養諸生常有千數涿郡
盧植北海鄭玄皆其徒也弟子次以相傳鮮有入其

室者融位議郎
鄭玄北海人也造太學受業師事京兆第五元先始
通京氏易公羊春秋又從東郡張恭祖受周官禮記
左氏春秋韓詩古文尚書因涿郡盧植受扶風馬融
融門徒四百餘人升堂進者五十餘生玄自遊學十
餘年乃歸鄉里家貧耕於東萊學徒相隨已數百人
靈帝末弟子河內趙商等自遠方至者數千徵大司
農不就
盧植少與鄭玄俱事馬融能通古今好學研精而不
守章句終辭歸闔門教授位至尚書

皇甫規拜郎中託疾免歸以詩易教授門徒三百餘
人積十四年
賈洪字叔業京兆新豐人也好學有才而特精於春
秋左氏傳建安初仕郡舉計掾應州辟州中自參軍
以下百餘唯洪與馮翊嚴苞交通材學最高洪歷守
三縣令所在輒開除廐舍親授諸生
國淵字子尼師事鄭玄後與邴原管寧等避亂遼東
淵篤學好古在遼東嘗講學於山巖士人多推慕之
繇是知名
蔡衍少明經講授以禮讓化鄉里仕至議郎
冊府元龜　學校部　教授　卷之五百九十八　二十三
張奐陷黨罪禁錮時禁錮者不能守靜或死或徙奐
閉門不出養徒千人著尚書記難三十餘萬言位至
太嘗
邴原字根矩北海人黃巾之難避地遼東積十餘年
自反國土於是講述禮樂吟詠詩書門徒數百服道
數十時鄭玄以傳學洽聞經解典籍故儒雅之士集
馬原亦以高遠清白頤志澹泊口無擇言身無擇行
故英偉之士向焉是時海內清議云青州有邴鄭之
學
魏趙典少篤行隱約隱猶靜也約儉也博學經書弟子自遠
方至典學孔子七經河圖雒書內外藝文靡不貫綜受業者百有餘人位至尚書令
吳虞翻爲騎都尉翻性疏直數有酒失坐徙交州雖
處罪放而講學不倦門徒嘗數百人
徵崇河南人隱於會稽躬耕以求其志好尚者從學
所教不過數人輒止欲令其業必有成也
闞澤州里先輩丹陽唐固亦修身積學稱爲儒者著
國語公羊穀梁傳注講授嘗數十人位至中書令侍
中太子太傅
晉續咸字孝宗爲劉琨并州從事中郎性孝謹敦重
履道貞素好學師事京兆杜預專以春秋鄭氏易教
冊府元龜　學校部　教授　卷之五百九十八　二十四
授嘗數十人博覽群言高才善文論
宋纖燉煌效穀人也隱居於酒泉南山明究圖緯弟
子受業三千餘人後前京張祚徵爲太子太傅
杜夷博覽百家筭曆圖緯靡不畢究寓居汝潁之間
十載足不出門年四十餘始還鄉里閉門教授生徒
千人位至國子祭酒
皇甫謐字士安博綜典籍沉靜寡欲有高尚之志故
終身不仕門人摯虞張軌牛綜席純皆爲晉名臣
劉巘少篤學傳通五經聚徒教授嘗有數十辭武陵
王睥爲會稽太守太祖欲令巘爲睥講除會稽郡丞

學徒從之轉衆瓛姿狀纖小儒學冠於當時京師士子貴遊莫不下席受業性謙率通美不以高名自居遊詣故人唯一門生持胡床隨後主人未通便坐問答住在檀橋瓦屋數間上皆穿漏學徒敬慕不敢指斥呼爲青溪竟陵王子良親往修謁七年表世祖爲瓛立館揚烈橋故主第給之生徒皆賀瓛曰室美豈爲人哉此華宇豈吾宅哉幸可詔作講堂猶恐見害也未及徙居遇病子良遣從瓛學者彭城劉繪順陽范縝將除於瓛宅營齋及卒門人受學並弔服臨送

南齊樓幼瑜字季亦聚徒教授不應徵辟

吳苞字天蓋濮陽鄄城人也儒學善三禮及老莊宋泰始中過江聚徒教學冠黃葛巾竹麈尾蔬食二十餘年隆昌元年詔曰處士濮陽吳苞棲志窮谷秉操貞固沉靜味古白首彌厲徵太學博士不就始安王遥光右衛江祏於蔣山南爲之館學者咸歸之以壽終

沈驎士字雲禎隱居餘不吳差山講經教授從學者數十百人各營屋宇依止其側驎士重陸機連珠每爲諸生講之

梁周弘正累遷國子博士時於城西立士林館弘正居以講授聽者傾朝野焉

王承爲中書門下侍郎兼國子博士時膏腴貴遊咸以文學相尚罕以經術爲業唯承獨好之發言吐論造次儒者在學訓諸生述禮易義

張綰爲豫章內史綰在郡述制旨禮記正言義四姓衣冠士子聽者常數百人入爲御史中丞大同末城西開士林館聚學者綰與右衛朱异太府卿賀琛遞述制旨禮記中庸義

賀瑒爲國子博士於學講授生徒常數百人

沈峻博通五經傳峻業者有吳郡張及會稽孔子雲

官皆至五經博士

賀瑒爲步兵校尉領五經博士瑒於禮尤精館中生徒常數百弟子明經對策至數十人

諸葛璩琅琊人也居京口璩性勤於訓誘後生就學者日至居宅狹陋無以容之太守張仄爲起講舍

虞僧誕會稽人以左氏教授聽者亦數百人其該通義例當時莫及

伏曼容初爲宋中散大夫宅在瓦官寺東曼容施高坐於聽事有賓客輒升高坐爲講說生徒數十百人

卞華字昭丘爲安成王功曹參軍兼五經博士聚徒

教授華博涉有機辨說經析理爲當時之冠

何佟之爲國子傳士永元末京師兵亂佟之嘗集諸生講論孜孜不怠

孔子袪初爲長沙嗣王侍郎兼國子助教講尚書四十九篇聽者嘗數百人

皇侃爲國子助教於學講說聽者數百人

許懋字昭哲少孤好學爲州閭所稱十四入太學受毛詩且領師說覆講坐下聽者嘗數百人仕至中庶子

陳袁憲字德章尚書左僕射樞之第也幼聰敏好學

有雅量梁武帝修建庠序別開五館其一館在憲宅西憲嘗招引諸生與互談論每有新義出人意袁同輩咸嗟服焉後入隋爲晉王府長史

戚衮年十九梁武帝勑策孔子正言幷周禮禮記義衮對高第仍除楊州祭酒從事史就國子博士宋懷方質儀禮義懷方北人自魏攜儀禮禮記疏秘惜不傳及將亡謂家人曰吾死後戚生若赴便以儀禮禮記義本付之若不來卽宜隨屍而殯爲儒者推許如此

沈德威爲太學博士轉國子助教每自學還私室以講授道俗受業者數百人率皆如此

王元規遷南平王府限內參軍王爲江州元規隨府之鎭四方學徒不遠千里來請道者嘗數十百人爲國子助教東宮學士自梁代諸儒相傳爲左氏學者皆以賈逵服虔之義

孫瑒鎭郢州嘗於山齋設講肄集玄儒之士冬夏資奉爲學者所稱

張譏性恬靜不求榮利嘗閑逸所居宅營山池植花果講周易老莊而教授馬吳郡陸元朗朱孟博一乘寺沙門法才法雲寺沙門惠休至眞觀道士姚綏皆

傳其業位至東宮學士

後魏劉模爲中書博士與李彪爲寮並相愛好至於訓導國胄甄明風範遠不及彪也

索敞字巨振以儒學見拔爲中書博士篤勤訓授肅而有禮京師大族貴遊之子弟皆敬憚威嚴多所成益位至尚書牧守者數十人皆受業於敞敞遂講授十餘年

馮元興魏郡肥鄉人學通禮傳有文才年三十三還鄉教授嘗數百人

李郁爲國子博士自國學之建諸博士率不講說朝

夕教授唯郁而已謙虛寬雅甚有儒者之風
劉昞字正明燉煌人父寳以儒學稱昞年十四就博士郭瑀弟子五百餘人通經業者八十餘人
高允傳通經史爲征南從事中郎府解還家教授受業者千餘人
後魏李會趙郡人孝伯之子也曾少治鄭氏禮左氏春秋以教授爲業
劉蘭武邑人性聰敏讀左氏五日一遍兼通五經先是張吾貴以聰辯過人其所解說不本先儒之旨唯蘭推經傳之繇本注者之意參以緯候及先儒舊事

甚爲精悉自後經義審皆繇於蘭蘭又明陰陽博物多識故爲儒者宗瀛州刺史裴植徵蘭講書於州城南館植爲學主故生徒甚內稱焉又特爲中山王英所重英引在館令教其子熙誘略等蘭前後數十成業者衆多
北齊張思伯河間樂城人也善說左氏傳爲馬敬德之次撰刊例十卷行於時亦治毛詩章句以二經教授齊安王廓武平初爲國子博士
鮑季詳弟長宣兼通禮傳武平末爲任城王揩丞相掾嘗在京教授貴遊子弟齊亡後歸鄉里講卒於家
張買奴平原人經義該傳門徒千餘人諸儒咸推重之名聲甚盛歷太學博士國子助教
後周樂遜爲太學博士治小師氏下大夫自譙王儉以下並行東脩弟子之禮遜以經術教授甚有訓導之方武帝保定中頻加賞賜遷遂伯中大夫詔魯公與畢公賢等俱以束修之禮同受業焉天和中出爲湖州刺史秩滿還朝拜皇太子諫議復在露門教授皇太子增邑一百戶
樊深講習五經爲千謹府參軍事令在館教授子孫
熊安生長樂阜城人專以三禮教授弟子自遠方至

者千餘人乃討論圖緯捃摭異聞先儒所未悟者皆發明之齊河清中陽休之特奏爲國子博士安生既學爲儒宗當時受其業擅名于後者有馬榮伯張黑奴竇仕榮孔罷劉焯劉炫等皆其門人焉
隋何妥爲國子博士出爲龍州刺史時有負笈遊學者妥皆爲講說教授之
房暉遠治三禮春秋三傳詩書周易嘗以教授爲務遠方負笈而從者動以千計南陽王綽爲定州刺史聞其名召爲博士
蕭該篤學尤精漢書包愷兄愉明五經愷傳其業又

從王仲通受史記漢書尤稱精究大業中爲國子助教于時漢書學者以蕭包二人爲宗聚徒教授著錄者數千人卒門人爲起墳立碣焉

爲光爲太學博士初教授三河間門徒千數至是多負笈後入長安

劉焯信都昌亭人以儒學知名舉秀才射策甲科直門下省侍除員外將軍與楊素牛弘等於國子共論古今滯義後因國子釋奠與劉炫二人論議深挫諸儒諸儒或懷妬恨遂爲飛章所謗除名爲民於是優游鄉里專以教授著述爲務孜孜不倦然懷抱不廣

又嗇於財不行束修者未嘗有所教誨時人以此少之

劉炫河間人與著作郎王劭同修國史俄直門下省兼於內省考定群言炫雖遍直三省竟不得官後除殿內將軍坐事除名歸于家以教授爲務

王孝籍以博覽群言徧治五經開皇中召入秘書助王劭脩史劭不之禮在省多年而不免輸稅孝籍奏於吏部尚書牛弘弘亦知其學業而竟不得調後歸鄉里以教授爲業終于家

唐秦暐字仁先晉陵無錫人也明尚書春秋兼通史傳隋煬帝召爲秘書直學士後還家以講爲務

王方慶年十六爲趙王府行參軍嘗就記室任希古受史記漢書能盡其業

冊府元龜

冊府元龜
巡按福建監察御史臣李嗣京　正
分守建南道左布政使臣胡維霖　訂
知建陽縣事臣黃國琦　較

學校部三

侍講　講論

侍講

夫六藝之文先王所以明天道正人倫致治之成法也自漢氏之罷黜百家崇尚經術制祿位以勸學者延儒生而備清問雖復禁庭沖邃廣內嚴而通經

之士得以方領矩步侍講清燕稽古之力不亦榮乎魏晉而下以迄於唐從容延對延訪大義蓋不乏其人焉逮於元和之末始建學士之職列於內署恩禮尤重自非強記博識待問而不匱守道而無邪又曷能啓廸丕訓述宣帝猷順美而規失陳言以諷令者焉

漢兒寬治尚書武帝時爲侍御史見帝語經學帝說之從寬問尚書一篇擢爲中大夫寬有俊才初見武帝語經學帝曰吾始以尚書爲樸學弗好及聞寬說可觀乃從寬問一篇

梁丘賀瑯琊人從京房受易宣帝時爲都司空令坐事論免爲庶人待詔黃門數人說教侍中爲請侍中說經爲教授以召賀賀入說帝善之

韓商嬰之孫宣帝時爲博士以易徵待詔殿中日所受易即先大傳所傳也

班伯少受詩於師丹成帝時大將軍王鳳薦伯宜勸學召見宴昵殿誦說有法拜爲中常侍帝方鄉學鄭寬中張禹朝夕入說尚書論語於金華殿中詔伯受焉旣通大義又講異同於許商遷奉車都尉數年金華之業絕出

班游博學有俊材爲右曹中郎以選受詔進讀羣書

於天子前讀書

後漢桓榮習歐陽尚書光武召榮令說尚書甚善之拜爲議郎每朝會輒令榮於公卿前敷奏經書帝稱善曰得生幾晚因拜榮爲博士車駕幸大學會諸博士論難於前辯明經義特荷賞賜建武末爲大常明帝即位乘輿嘗幸大常府令榮坐東面設几杖會百官天子親自執業每大射養老禮畢輒引榮及弟子升堂執經自爲下說乃封榮關內侯

榮子郁以父任爲郎明帝以郁先師子甚見親厚嘗召中論經書和帝即位爲長樂少府復入侍講經郁

授二帝恩寵甚篤

樓望少習嚴氏春秋明帝永平初爲侍中越騎較尉入講省内

張興習梁丘易永平十六年拜太子少傅明帝數訪問經術既而聲稱著聞弟子自遠至者著錄且萬人

譙瑛玄之子善說易授明帝爲北宮衛士令

丁鴻年十三從桓榮授歐陽尚書自明帝永平十年詔徵鴻至即召見說文侯之命篇頃之拜侍中後章帝詔鴻與廣平王羨及諸儒樓望成封桓郁賈逵等論定五經同異於北宮白虎觀使五官中郎將魏應

主承制問難侍中淳于恭奏上帝親稱制臨決

賈逵爲郎章帝立降意儒術好古文尚書左氏傳建初元年詔逵入講北宮白虎觀南宮雲臺帝善逵說

召訓習韓詩爲騎都尉建初中侍講章帝

包咸爲大鴻臚習論語授顯宗子福亦以論語授和帝

魏應經明行修建初四年爲五官中郎將章帝甚重之數進見論難於前特授賞賜時會京師諸儒於白虎觀講論五經同異使應專掌問難侍中淳于恭奏之帝親臨稱制如石渠故事

桓焉郁中子也順帝即位拜太傅錄尚書事復入授經禁中

蔡玄順帝時爲議郎講論五經同異甚合帝意

趙典少篤行隱約（隱猶靜也約儉也）博學經書弟子自遠方至桓帝建和中四府表薦（四府太尉司徒司空大將軍府也典性明達志節清亮州舉茂才以病辭太尉黃瓊舉有道方正皆不應桓帝公車徵對策爲諸儒之表）徵拜議郎侍講禁内

桓彬爲議郎建和中入侍講禁中

楊賜爲越騎較尉建寧初靈帝當受學詔太傅三公選通尚書桓君章句宿有重名者三公舉賜乃侍講

於華光殿中（雒陽宮殿名）

劉寬建寧初徵拜大中大夫侍講華光殿遷侍中賜衣一襲

荀悅爲黃門侍郎獻帝頗好文學悅與荀彧及黃門侍郎董遇少府孔融侍講禁中旦夕談論

魏劉邵爲散騎常侍齊王正始中執經講學賜爵關内侯

黃瓊爲太常和平中選入侍講禁中

淳于俊爲博士高貴鄉公甘露元年四月幸大學問諸儒曰聖人幽贊神明仰觀俯察始作八卦後聖重

之爲六十四立爻以極數凡斯大義罔有不備而夏有連山商曰歸藏周曰易易之書其故何也儁對曰包羲因燧皇之圖而制八卦神農演之爲六十四黄帝堯舜通其變三代隨時質文各繇其事故易者變易也名曰連山似山出内氣連天地歸藏者萬物莫不歸藏於其中也帝又曰若使包羲因燧皇而作易孔子何以不云燧人氏没包羲氏作乎儁不能答帝又問曰孔子作彖象鄭玄作注雖聖賢不同其所釋經義一也今彖象不與經文相連而注連之何也儁對曰鄭玄合彖象於經者欲所學者尋省易了也帝

曰若鄭玄合之於學誠便則孔子曷爲不合以了學者乎儁對曰孔子恐其與文王相亂是以不合此聖人以不合爲謙帝曰若聖人以不合爲謙則鄭公何獨不謙耶對曰古義弘深聖問奥遠非臣所能詳盡帝又問曰繫辭云黄帝堯舜垂衣裳而天下治此庖羲神農之世爲無衣裳但聖人化天下何殊異爾邪儁對曰三皇之時人寡而禽獸衆故取其羽皮而天下用足及至黄帝人衆而禽獸寡是以作爲衣裳以濟時變也帝又問乾爲天而復爲金爲玉爲老馬與細物並耶儁對曰聖人取象或遠或近近取諸物遠

則天地講易畢復講尚書帝問曰鄭玄云稽古同天言堯同於天也王肅云堯順考古道而行之二義不同何者爲是博士庾峻對曰先儒所執各有乖異臣不足以定之然洪範稱三人占從二人之言賈馬及肅皆以爲順考古道以洪範言之肅義爲長帝曰仲尼言唯天爲大唯堯則之大美在乎則天順考古道非其至者也今發篇開義以明聖德而舍其大更稱其細豈作者之意邪對曰臣奉遵師説未喻大義至於折中裁之聖思次及四嶽舉鯀帝又問曰夫大人者與天地合其德與日月合其明思無不周明無不

照今王肅云堯意不能明鯀是以試用如此聖人之明有所未盡邪峻對曰雖聖人之弘猶有所未盡故禹曰知人則哲惟帝難之然卒能改授聖賢緝熙庶績亦所以成聖也帝曰夫有始有卒其惟聖人若不能始何以爲聖其言惟帝難之然卒能改授蓋謂知人聖人所難非不盡之言也經云知人則哲能官人若堯疑鯀試之九年官人失序何得謂之聖哲峻對曰臣竊觀經傳聖人行事不能無失是以堯失之四凶周公失之二叔仲尼失之宰予帝曰堯之任鯀九載無成汨陳五行民用昏墊至於仲尼失之宰予言

行之間輕重不同也至於周叔之事亦尚書所載皆博士所當通也峻對曰此皆先賢所疑非臣寡見所能究論次及有鯀在下曰虞舜帝問曰當堯之時洪水爲害四凶在朝宜速登聖賢濟斯民之時也舜年在既立聖德光明而久不進用何也峻對曰堯咨嗟求賢欲遜巳位岳曰否德忝帝位堯復使岳揚舉仄陋然後薦舜薦舜之本實繇於堯此蓋聖人欲盡衆心也帝曰堯既聞舜而不登用又時忠臣亦不進達乃使岳揚仄陋而後薦舉非急於用聖恤民之謂也峻對曰非臣愚見所能逮及於是復命講禮記帝問

曰太上立德其次務施報爲治何繇而教化各異皆修何政而能致立於德施而不報乎博士馬炤對曰太上立德謂三皇五帝之世以德化民其次報施謂三皇之世以禮爲治也帝曰二者致化薄厚不同將主有優劣邪時使之然乎炤對曰誠繇時有樸文故化有薄厚也

晉鄭冲初仕魏爲司空及高貴鄉公講尚書冲執經親授與侍中鄭小同俱被賞賜

荀顗字景倩仕魏爲侍中爲少帝執經拜騎都尉賜爵關內侯

庾峻爲諫議大夫嘗侍文帝講詩中庶子何邵論風雅正變之義峻起難往反四坐莫能屈之

徐邈博涉多聞孝武帝始覽典籍招延儒學之士邈年四十四始補中書舍人在西省侍帝

車胤爲中書侍郎孝武帝嘗講孝經僕射謝安侍坐尚書陸納侍講侍中卞耽執讀黃門侍郎謝石吏部郎袁宏執經胤與丹陽尹王混摘句時論榮之

宋袁粲泰始中爲中書令領丹陽尹六年明帝於華林園茅堂講周易粲爲執經

梁伏曼容字公儀初仕宋明帝好周易集朝臣於清

暑殿詔曼容執經素業風采帝嘗以方嵇叔夜使吳人陸探微畫叔夜像以賜之

朱异爲揚州議曹從事史兼太學博士高祖自講孝經使异執讀後爲右衛將軍於議賢堂奉述高祖孝經義及就講朝士及道俗聽者千餘人爲一時之盛時城西開士林館以延學士异與左丞賀琛遞日述高祖禮記中庸義

孔子袪兼中書通事舍人高祖撰五經講疏及孔子正言專啓子袪簡閱羣書以爲義證事竟敕子袪與右衛朱异左丞賀琛於士林館遞日執經累遷通直

正員郎舍人如故後召入壽光殿講禮記義高祖善之拜員外散騎侍郎

賀瑒爲太常丞有司舉治賓禮召見説禮義高祖異之詔朔望預華林講

陳張譏初仕梁補國子正言生武帝嘗於文德殿釋乾坤文言譏與陳郡袁憲等預焉勑令論議諸儒莫敢先出譏乃整容而進諮審循環辭令温雅帝甚異之賜裙襦絹等仍云表卿稽古之力累遷士林館學士簡文在東宮出士林館發孝經題譏論議往復甚見嗟賞自是每有講集必遣使召之

後魏崔浩明元初爲博士祭酒嘗授明元經書

燕鳳爲黄門侍郎行臺尚書甚見禮重明元世與崔玄伯封懿梁越等入講經傳出議朝政

孫惠蔚初爲皇宋博士侍講東宮及宣帝卽位仍在左右敷訓經典自冗從僕射遷祕書丞

崔僧淵入國坐兄弟徙於薄骨律鎮太和初得還孝文聞其有文學又閑佛經善譚論勑以白衣賜講幘入聽於永樂經武殿

董徵爲四門小學博士宣武詔徵入遥華宮令孫惠蔚商以六經

崔光爲車騎大將軍熙平元年二月大師高陽王雍等奏舉光授孝明帝經

胡國珍爲中書監與高陽王雍等輔政後與崔光俱授孝明經侍直禁中

馮元興爲侍讀尚書賈思伯爲侍講授孝明杜氏春秋於式乾殿元興嘗爲摘句儒者榮之

封隆之爲侍中東魏靜帝詔爲侍講除吏部尚書

賈思同爲黄門侍郎與國子祭酒韓子熙並爲侍郎授靜帝杜氏春秋

竇瑗西魏出帝時爲廷尉卿及釋奠開講瑗與散騎

嘗侍温子昇給事黄門侍郎魏季景通直散騎常侍李業興並爲摘句

北齊李繪初仕東魏爲高邕從事靜帝於顯陽殿講孝經禮記繪與從弟騫裴伯茂魏收盧元明等俱爲錄議繪素長筆札尤能傳授綴辭詞義簡舉可觀

張雕武成帝時爲散騎常侍會侍講馬敬德卒乃入授經書帝甚重之以爲侍讀與張景仁並被尊禮同入華光殿共讀春秋加國子祭酒假儀同三司待詔文林

後周辛公義爲太學生太和中武帝詔入露門學令

受道義每月集御前令與大儒講論數被嗟異時輩慕之

隋宇文敳爲太子庶僕率開皇中文帝嘗親臨釋奠敳與博士論議詞致清遠觀者屬目帝大悅顧謂侍臣曰朕今者覩周公之制禮見宣尼之論孝實慰朕心於是頒賜各有差

元善爲國子祭酒文帝嘗親臨釋奠命善講孝經於是敷陳義理兼之以諷諫帝大悅曰聞江陽之說更啓朕心善初仕周武帝太子宫尹賜爵陽縣公

唐陸德明武德中爲太學博士高祖幸國子學時徐

文遠講孝經沙門惠乘講般若經道士劉進喜講老子詔德明難此三人德明雅有詞致論難鋒起三人皆爲之屈高祖稱曰儒玄佛義各有宗旨徐劉釋等並爲之傑德明一舉而蔽之可謂達學矣賚帛五十疋

孔穎達太宗貞觀中爲給事中太宗問曰論語云以能問於不能以多問於寡有若無實若虛何謂也穎對曰聖人設教欲人謙光已雖有能不自矜大仍就不能之人求訪能事已之才藝雖多猶以爲少仍就寡少之人更求所益已之雖有其狀若無已之雖實其容若虛非惟士庶也帝王之德亦當如此夫帝王內蘊神明外須玄默深不可測廣不可知故易稱以蒙養正以明夷莅衆若其位居尊極炫燿聰明以才凌人飾非拒諫則上下情隔君臣道乖自古滅亡莫不繇此也太宗深善其對後拜國子祭酒太宗幸國子學親觀釋奠穎達講孝經右庶子趙弘智問之曰夫子門人曾閔俱稱大孝而云獨爲曾說不爲閔說何邪答曰曾孝特優門人不能逮也制旨駁之曰朕聞家語云昔曾皙使曾參鉏瓜而誤斷其本皙怒援大杖以擊其背曾子仆地絶而後蘇孔子聞之告門

人曰參來勿內既而曾子請焉孔子曰舜之事父也使之嘗在側欲殺乃不可得小箠則受大杖則走今參於父委身以待暴怒陷親於不義不孝罪莫大焉繇斯而言孰愈於閔子騫也穎達不能對太宗又謂侍臣曰諸儒各生異意皆非聖人論孝之本旨也夫孝者善事父母自家形國忠於其君戰陣勇朋友信揚名顯親此之謂孝俱在經典而論者多離其文迥出事外以此爲教勞而非法何謂孝之道

趙弘智爲陳王師永徽二年十二月高宗命弘智於百福殿講孝經召中書門下三品及弘文館學士國

子學官並令預坐弘智演暢微言備陳五孝之義學生等難問連環弘智酬應如響帝謂弘智宜畧陳此經要道以補不逮對曰昔者天子有爭臣七人雖無道不失天下微臣顓愚願以此言奉獻帝甚悅賜絹二百疋名馬一匹

上官儀爲弘文館學士顯慶五年六月高宗御齊聖殿引儀及呂才直學士李玄植道士張惠元李榮黃玄歸及名僧等於御前講論命李玄植登講坐發易題呂才李榮等以次問難數揚經義移時乃罷

褚無量杭州鹽官人也初爲國子博士時玄宗在春

宮召拜國子祭酒兼皇太子侍讀玄宗卽位爲右散騎常侍復爲侍讀以其年老每隨仗出入特許緩步又爲造腰轝令內給事舁於內殿

馬懷素爲光祿卿開元三年十月制曰春卿入講道盛儒學德璉賦詩義均師友光祿卿馬懷素靜專動直資忠履信詞賦成於鼓吹典墳富於泉海絕韋斷精重席待問豈止本仁祖義行先王之道故亦謙退謹密多君子之風朕以聽政之餘嘗思稽古之對俾遷近侍潤滋鴻業可左散騎常侍仍每日入朝侍讀

薛放憲宗元和末爲兵部郎中充皇太子侍讀穆宗卽位拜工部侍郎集賢殿學士雖事任非劇而恩顧轉隆又轉刑部兵部二侍郎禮部尚書兼學士如故

韋處厚元和末爲戶部郎中知制誥穆宗卽位以處厚爲司勳員外郎史館修撰路隨並充翰林侍講學士召入太液亭命分講毛詩關雎尚書洪範等篇訪以禮體處厚等演經義以廣規諷之道從容開納賜酒果而罷

崔郾寶曆初以諫議大夫充翰林侍講學士郾奏曰陛下授臣以侍講今八朢矣未嘗召訪經義臣內慚尸素外愧臣僚敬宗答曰朕機務稍閒當召卿請益

宋申錫少孤貧有文學寶曆二年轉禮部員外郎尋充翰林侍講學士申錫自策名及在朝行清慎介潔不起黨與長慶寶曆之間時風嚚薄朋比大扇及申錫備用時論以爲激勸

張仲方爲諫議大夫太和元年三月文宗召仲方與給事中高重中書舍人鄭澣度支郎中許康佐對並以將選侍講學士故也是月以澣守本官康佐爲駕部郎中並充翰林侍講學士

丁公爲禮部尚書太和三年四月充侍講學士

鄭覃太和五年爲翰林侍講學士每入見必以厚風

俗黜朋比再三言之
李仲言太和八年十月自國子監四門助教爲國子周易博士充翰林侍講周易學士
高重開成七年十月以國子祭酒充翰林侍講學士詔令每月一日十日入院不絕本司當務
梁吳藹爲崇政副使太祖乾化二年自右散騎常侍遷刑部侍郎與宣徽副使左散騎常侍李珽並充侍講學士

講論

易之麗澤有講習之象記之函丈著學問之規蓋古

之方聞通經之士固有詳考同異辯析理趣以駕說傳道者矣自漢之表章六經爲制祿位儒先間作議論蠭起以至備對上前侍詔清禁揚摧義訓發明體要本乎師授濟之口辯譬難交致精悍靡屈逮於羣居州處較練墳籍迭宣其奧賾雅彰於鴻博或微言特出迴折於異端或移書具存聿垂於嘉話斯皆賛聖師之遺範爲學者之所宗焉

漢轅固以治詩孝景時爲博士與黃生爭論於上前黃生曰湯武非受命乃殺也固曰不然夫桀紂荒亂天下之心皆歸湯武湯武因天下之心而誅桀紂桀紂之民弗爲使而歸湯武湯武不得已而立非受命而何黃生曰冠雖敝必加於首履雖新必貫於足何者上下之分也今桀紂雖失道然君上也湯武雖聖臣下也夫主有失行臣不正言補過以尊天子反因過而誅之代立南面非殺而何固曰必若云是高皇帝代秦卽天子之位非邪於是上曰食肉不食馬肝未爲不知味也言學者毋言湯武受命不爲愚遂罷

韓嬰孝文時爲博士武帝時與董仲舒論於帝側其人精悍（悍勇銳）處事分明仲舒不能難也

瑕丘江公爲博士武帝時江公與董仲舒並仲舒通

五經能持論善屬文江公吶於口（吶古訥字）帝使與仲舒議不如仲舒而丞相公孫弘本爲公羊學比輯其議卒用董生於是帝因尊公羊家詔太子受公羊春秋繇是公羊大興

劉歆字子駿哀帝時與父向領校祕書歆嘗白帝左氏春秋可立帝令歆與五經博士講論其義諸博士或不能置對（並不與歆意同故不肯立其學也置對置辭以對也）歆因移書太常博士讓之曰昔唐虞既衰而三代迭興（迭互也）聖帝明王累起相襲其道甚著周室既微而禮樂不正道之難全也如此是故孔子憂道之不行歷國應聘自

衛反魯然後樂正雅頌各得其所修易序書制作春秋以紀帝王之道及夫子没而微言絶七十子終而大義乖重遭戰國棄籩豆之禮理軍旅之陳籩豆盛食之器也以竹曰籩以木曰豆孔氏之道抑而孫吳之術興陵夷至於暴秦燔經書殺儒生設挾書之法行是古之罪以古事爲是者即罪之道術繇是遂滅漢興去聖帝明王遐遠仲尼之道又絶法度無所因襲時獨有一叔孫通畧定禮儀天下惟有易卜未有他書也至孝惠之世乃除挾書之律然公卿大臣絳灌之屬咸介胄武夫莫以爲意至孝文皇帝始使掌故朝錯掌故官名也從伏生受尚

書尚書初出於屋壁朽折散絶今其書見在時師傳讀而已詩始萌芽言如草木之初生天下諸書往往頗出皆諸子傳説猶廣立於學宫爲置博士在漢朝之儒惟賈生而已謂賈誼至孝武皇帝然後鄒魯梁趙頗有詩禮春秋先師前學之師皆起於建元之間當此之時一人不能獨盡其經或爲雅或爲頌相合而成泰誓後得博士集而讀之故詔書稱曰禮壞樂崩書缺簡脱朕甚閔焉時漢興已七八十年離於全經固已久矣言廢絶已久不可得其眞也及魯共王壞孔子宅欲以爲宫而得古文於壞壁之中逸禮有三十九書十六篇天漢之後

孔安國獻之遭巫蠱倉卒之難未及施行及春秋左氏丘明所修皆古文舊書多者二十餘通藏於秘府伏而未發孝成皇帝閔學殘文缺稍離其眞乃陳發秘藏校理舊文得此三事以考學官所傳經或脱簡傳或間編脱簡遺失之簡編謂舊編爛絶就更以之前後錯亂也間音古莧反傳問民間則有魯國相公趙國貫公膠東庸生之遺學與此同抑而未施此乃有識者之所惜閔士君子之所嗟痛也往者綴學之士不思廢絶之闕苟因陋就寡分文析字煩言碎辭學者罷老且不能究其一藝罷讀曰疲究竟也信口説而背傳記是末師而非往古至於國家

將有大事若立辟雍封禪巡狩之儀則幽冥而莫知其原幽冥謂暗昧也猶欲保殘守缺伏恐隅見放僻之私意而無從善服義之公心或懷妬疾不考情實雷同相從隨聲是非抑此三學以尚書爲備當時學者謂尚書惟二十八篇不知本有百篇謂左氏爲不傳春秋豈不哀哉今聖上德通神明繼統揚業亦閔文學錯亂學士若兹雖昭其情猶依違謙讓依違言不專執樂與士君子同之故下明詔試左氏可立不遺近臣奉旨銜命將以輔弱扶微與二三君子比意同力冀得廢遺比合也經藝有廢遺者冀得興立之也比音頻寐反今則不然深閉固距而不肯試猥以不誦絶之猥苟

（也苟不誦習之不欲絕去此學）欲以杜塞餘道絕滅微學夫可與樂
成難與慮始此乃衆庶之所爲耳非所望士君子也
且此數家之事皆先帝所親論今上所考視其古文
舊書皆有徵驗外內相應豈苟而已哉夫禮失求之
於野古文不猶愈於野乎（愈勝也）往者博士書有歐陽
春秋公羊易則施孟然孝宣皇帝猶廣立穀梁春秋
梁丘易大小夏侯尚書義雖相反猶並置之何則與
其過而廢之也寧過而立之（過猶誤也）傳曰文武之道未
墜於地在人賢者識其大者不賢者識其小者（論語孔子
弟子子貢之言也識記也一日記）今此數家之言所以兼包大小之

義豈可偏絕乎哉若必專已守殘（執已所偏見苟殘缺之文）黨同
門妬道真（黨同師之學妬道藝之真也妬與妒同）違明詔失聖意以陷
於文吏之議甚爲二三君子不取也其言甚切諸儒
皆怨恨是時名儒光祿大夫龔勝以歆移書上疏深
自罪責願乞骸骨罷及儒者師丹爲大司空亦大怒
奏歆改亂舊章非毀先帝所立帝曰歆欲廣道術亦
何以爲非毀也哉

後漢范升爲博士尚書令韓歆上疏欲爲費氏易左
氏春秋立博士詔下其議建武四年正月朝公卿大
夫博士見於雲臺帝曰范博士可前平說升起對曰
左氏不祖孔子而出於丘明師徒相傳又無其人且
非先帝所好無因得立遂與韓歆及大中大夫許淑
等互相辯難日中乃罷

魏王弼好論儒道辭才逸辯齊王時爲尚書郎與鍾
會論議以校練爲家然每服弼之高致何晏以爲聖
人無喜怒哀樂其論甚精鍾會等述之弼與不同以
爲聖人茂於人者神明也同於人者五情也神明茂
故能體沖和以通元五情同故不能無哀樂以應物
然則聖人之情應物而無累於物者也今以其無累
便謂不復應物失之多矣弼注易潁川人荀融難弼

大衍義答其意白書以戲之曰夫明足以尋極幽微
而不能去自然之性顏子之量孔父之所預在然遇
之不能無樂喪之不能無哀又常狹斯人以爲未能
以情從理者也而今乃知自然之不可革足下之量
難以定乎胸懷之內然而隔逾旬朔何其相思之多
乎故知尼父之於顏子可以無大過矣弼注老子爲
之指略致有理統著道略論注易往往有高麗言大
原王濟好譚病老莊嘗云見弼易注所悟者多

管輅字公明冀州刺史裴徽辟爲別駕齊王正史九
年舉爲秀才輅辭徽徽言丁鄧二尚書有經國才略

於物理不精也何尚書神明精微言皆巧妙巧妙之志殆破秋毫君當慎之自言不解易九事必當以相問比至雒宜善精其理也輅言何若巧妙以攻難之才游形之表未入於神夫入神者當步天元推陰陽探玄虛極幽明然後覽道無窮未暇細言若欲差次老莊而參爻象愛微辯而共浮藻可謂射侯之巧非能破秋毫之妙也若九事皆至義者不足勞思也若陰陽者精之已久輅爲何晏所請果共論易九事九事皆明晏曰君論陰陽此世無雙時鄧颺與晏共坐颺言君見謂善易而語初不及易中辭義何故也輅

尋聲答曰夫善易者不論易也晏含笑而讚之曰可謂要言不煩也因請輅爲卦輅既稱引鑒戒晏謝之曰知機其神乎古人以爲難交疏而吐其誠今人以爲難君今一面而盡二難之道可謂明德惟馨詩不云乎中心藏之何日忘之時平原太守劉邠清和有思理好易而不能精與輅相見意甚喜歡自說注易向訖也輅言今明府欲勞不世之神經緯大道誠富美之秋然輅以爲注易之急急於水火水火之難登時之驗易之清濁延於萬代不可不先定其神而後垂明思也自旦至今聽採聖論未有易之一分易安可注也輅不解古之聖人何以處乾位於西北坤位於西南夫乾坤者天地之象然天地至大爲神明君父覆載萬物生長無首何以安處二位與六卦同列乾之象彖曰大哉乾元萬物資始乃統天夫統者屬也尊莫大焉何繇有列位也邠依易繫辭諸爲之理以爲注不得其要輅尋聲下難事皆窮析曰夫乾坤者易之祖宗變化之根源今明府論清濁者有疑疑則無神恐非注易之符也輅於此爲論八卦之道及爻象之精大論開廓衆化相連邠所解者皆以爲妙所不解者皆以爲神自說欲注易八年用思勤苦歷

載靡寧定相得至論此才不及易不愛久勞喜承雅言如此相爲高枕偃息矣欲從輅學射覆輅言今明府已虛神於注易亦宜絕思於一蓍靈蓍者二儀之明數陰陽之幽契施之於道則定天下吉凶用之於術則收天毫纖微未可以爲易也邠曰以爲術者易之近數欲求其端耳若如來論何事於斯留輅五日不遑恤官但共清談邠自言數與何平叔論易及老莊之道至於精神遐流與化周旋清若金水鬱若山林非君侶也邠問輅易言剛健篤實輝光日新斯爲同不輅曰不同之名朝旦爲輝日中爲光又魏郡太

守鍾毓清逸有才難輅易二十餘事自以爲難之王
精也輅尋聲投響言無留滯分張爻象義皆殊妙毓
卽謝輅
晉顧榮與紀瞻共破陳敏後瞻爲尚書郎與榮同赴
雒在塗共論易太極榮曰太極者蓋謂渾沌之時曚
昧未分日月含其輝八卦隱其神天地混其體聖人
藏其身然後廓然旣變淸濁乃陳二儀著象陰陽交
泰萬物始萌六合闔拓老子云有物混成先天地生
誠易之太極也而王氏云太極天地愚謂未當夫兩
儀之謂以體爲稱則是天地以氣爲名則是陰陽今

若謂太極爲天地則是天地自生無生天地者也老
子又云天地所以能長且久者以其不自生故能長
久一生二二生三三生萬物以資始冲氣以爲和原
元氣之本求天地之根恐宜以此爲準也瞻曰昔庖
義畫八卦陰陽之理盡矣文王仲尼係其遺業三聖
相承共同一致稱易準天無復其餘也夫天淸地平
兩儀交大四時推移日月輝其間自然之數雖經諸
聖孰知其始吾子云曚昧未分豈其然乎聖人人也
安得渾沌之初能藏其身於未分之內老子先天之
言此蓋虛誕之說非易者之意也亦謂吾子神通體
解所不應疑意者直謂太極極盡之稱言其理極無
復外形外形旣極而生兩儀王氏指向可謂近之古
人舉至極以爲驗謂二儀生於此非復謂有父母若
必有父母非天地其孰在榮遂止
宋周續之字道祖少有孝行晉末居廬山布衣蔬食
終身不娶高祖踐祚復召之乃盡室俱下帝爲開館
於東郭外招集生徒乘輿降幸並見諸王問續之禮
記傲不可長與我九齡射於矍圃三義辯析精與稱
爲多通
南齊陸澄武帝永明元年轉度支尚書尋領國子博

士時國學置鄭王易杜服春秋何氏公羊糜氏穀梁
鄭玄孝經澄謂尚書令王儉曰孝經小學之類不宜
列在帝典乃與儉書論之曰易近取諸身遠取諸物
彌天地之道通萬化之情自商瞿至田何其間五傳
年未爲遠無訛雜之失秦所不焚無推壞之弊雖有
異家之學同以象數爲宗數百年後乃有王弼王濟
云弼所悟者多何必能頓廢前儒若謂易道盡於王
弼方須大論意者無乃仁智殊見且易道無體不可
以一體求屢遷不可以一遷執也晉大興四年太常
荀崧請置周易鄭玄注博士行乎前代于時政由王

庾皆才儁神清能言玄遠捨輔嗣而用康成豈其妥
然泰元立王肅易建以在玄弼之間元嘉當學之始
玄弼兩立逮顏延之爲祭酒黜鄭置王意在貴玄事
成敗儒今若不大弘儒風則無所立學衆經皆儒惟
易獨玄玄不可棄儒不可缺謂宜並存所以合無體
之義且弼於注經中已舉繫辭故不復別注今若惠
取弼易則繫說無注左氏泰元取服虔而兼取賈逵
經註服傳無經雖在注中而傳又有無經者故也今
留服而去賈則經有所闕捨杜預注傳王弼注易俱
是晚出並貴後生杜之異古未如王之奪實祖述前

冊府元龜　學校部　講論　卷之五百九十九　二十五

儒特舉其過又釋例之作所弘惟淨穀梁泰元舊有
糜信注顏益以范甯糜猶如故顏論閏分范注當以
同我者親嘗謂穀梁劣公羊爲注者又不盡善竟無
及公羊之有何休恐不足兩立必謂范善便除糜世
有一孝經題爲鄭玄注觀其用辭不與注書相類按
玄自序所注衆書亦無孝經儉答曰易體微遠實貫
羣籍施孟異聞周韓殊旨豈可專據小王便爲該備
衣舊存鄭允同來說元愷注傳超邁前儒若不列學
官其可廢矣賈氏注經世所罕習穀梁小書無俟兩
注存糜畧范率繇舊式凡此諸義並推論疑孝經非
鄭所注僕以此書明百行之首實人倫所先七畧藝
文並陳之六藝不與蒼頡凡將流之也鄭注虛實前
代不嫌意謂可安仍舊立置

梁劉杳高祖天監初爲太學博士宣惠豫章王行參
軍者少好學博綜羣書沈約任昉以下毎有遺忘皆
訪問焉嘗於約坐語及宗廟犧樽約云鄭玄答張謂
爲畫鳳凰尾婆娑然今無復此器則不依古杳曰此
言未必可安古者尊彝皆刻木爲鳥獸鑿頂及背以
出內項魏世魯郡地中得齊大夫子尾逆女器有犧
尊作犧牛形晉永嘉賊曹嶷於青州發齊景公冢又

冊府元龜　學校部　講論　卷之五百九十九　二十六

得此二尊形亦爲牛象二處皆古之遺器知非虛也
約大以爲然約又云何承天纂文奇博其書載張仲
師及長頸王事此何出杳曰仲師長尺二寸惟出論
衡長頸是毗騫王朱建安扶南以南記云古來至今
不死約即取二書尋檢一如杳言

伏挺天監初除中軍參軍事居宅在潮溝於宅講論
語聽者傾朝

後魏陳奇與河澗邢祐同召赴京祕書監游雅引入
祕書省與奇論典誥至易訟卦天與水違行雅曰白
葱嶺以西水皆西流推此而言易之所及自葱嶺以

東耳奇曰易理縣廣包含宇宙若如公言自葱嶺以西豈東回望兑哉奇執義非雅每如此類雅性護短因以爲嫌

冊府元龜

冊府元龜　學校部　講論　卷之五百九十九　二十七

册府元龜

延按福建監察御史臣李嗣京　正
分守建南道左布政使臣胡維霖　訂
知建陽縣事　臣　黄國琦　較

學校部　四

師道

夫師嚴道尊民乃貴學束修受業人知向方是故傳先聖之訓有在三之重焉若乃列徒著籍而摶喻不倦升堂窺奥而請益彌堅心志旣通行業增廣道之所在義亦至焉故有廬墓盡哀去官行服或詠嘆其

至德或撰集其緒言或罔避嚴刑上章以訟其枉或不敢受爵讓封以歸其功或藐是亷遺窴身以全受或罹於刑辟冒禁以收瘞是皆誠發於衷義形於外足以報師資之德敦風教之本誠士大夫之懿行哉

孔子之喪門人疑所服無喪師之禮子貢曰昔者夫子之喪顔淵若喪子而無服喪子路亦然請喪夫子若喪父而無服尊師也出謂有所之適二三子皆經而出然則凡吊服加麻者出則變服群居則經出則經群謂七十二弟子相謂朋友服子夏曰吾離群而索居

孔子葬魯城北泗上孔子冢去城一里冢塋百畝冢南北廣十步東西十三步高一丈二尺冢前以瓦甓爲祠壇方六尺與地平本無祠堂冢塋中樹以百數皆異種魯人世世莫能名其樹者民傳言孔子弟子異國人各持其方樹來種之孔子塋中不生荆棘及刺人弟子皆服三年三年心喪畢相訣而去則哭各復盡哀或復留唯子貢廬於冢凡六年然後去弟子及魯人往從冢而家者百有餘室因命曰孔里世世相傳以歲時奉祀孔子冢而諸儒亦講禮鄉飲大射於孔子冢

顔淵字子淵魯人孔子弟子也淵喟然嘆曰喟嘆聲仰之彌高鑽之彌堅言不可窮盡瞻之在前忽焉在後言恍惚不可爲象夫子循循然善誘人循循次序貌誘進也言夫子正以此道進勸人有次序博我以文約我以禮欲罷不能旣竭吾才如有所立卓爾雖欲從之末繇也已言夫子旣以文章開博我又以禮節約我使欲罷而不能已極我才矣其有所立則又卓然不可及言已雖蒙夫子之善誘猶不能及夫子之所

冉求魯人孔子弟子爲季氏宰將師與齊戰於郎克之季康子曰子之於軍旅學之乎性之乎冉有曰學之於孔子季康子曰孔子如何人哉對曰用之有名播之百姓質諸鬼神而不憾求之至於此道雖累千社夫子不利也康子曰我欲召之可乎對曰欲召之則毋以小人閒之則可矣

端木賜字子貢衛人孔子弟子也子貢曰夫子之文章可得而聞也章明也文彩形質見可以耳目聞夫子之言性與天道不可得而聞也性者人之所受以生也天道者元亨日新之道深微故不可得而聞

也公孫朝公孫朝衛大夫問於子貢曰仲尼焉學子貢曰文武之道未墜於地在人賢者識其大者不賢者識其小者莫不有文武之道焉夫子焉不學文武之道未墜落於地賢與不賢各有所識夫子無所不從學而亦何嘗師之有無師不從故無常師叔孫武叔語夫子於朝魯大夫叔孫州仇武謚曰子貢賢於仲尼子服景伯以告子貢子貢曰譬之宮墻賜之墻也及肩窺見室家之好夫子之墻數仞不得其門而入不見宗廟之美百官之富得其門者或寡矣七尺曰仞夫子之云不亦宜乎夫子謂武叔叔孫武叔毀仲尼子貢曰無以為也仲尼不可毀也他人之賢者丘陵也猶可

踰也仲尼日月也無得而踰焉人雖欲自絕其何傷於日月乎多見其不知量也言人雖自絕棄於日月其何能傷之乎適足自見其不知量也陳子禽謂子貢曰子為恭也仲尼豈賢於子乎子貢曰君子一言以為知一言以為不知言不可不慎也夫子之不可及也猶天之不可階而升也夫子之得邦家者謂為諸侯若卿大夫所謂立之斯立道之斯行綏之斯來動之斯和其生也榮其死也哀如之何其可及也綏安也言孔子為政故其立教則無不立道之則莫不興行安之則遠者來至動則莫不和睦故能生則榮顯死則哀慟

孟嘗君請學於閔子使車往迎閔子曰禮有來學無往教致師而學則不能禮往教則不能化君所謂不能化君也臣所謂不能化臣也於是孟嘗君曰敬聞命矣明日祛衣請受業

漢于定國為廷尉乃迎師學春秋身執經北面備弟子禮

孫寶字子嚴潁川鄢陵人也鄢音偃以明經為郡吏御史大夫張忠辟寶屬欲令授子經更為除舍除謂修飾掃除也設除偫謂豫備器物也偫音丈犯也寶自劾去忠固還之固者謂再三留之心內不平恨其去也後置寶主簿寶徒入舍祭竈請比鄰忠陰察怪之使所親問寶前大夫為君設除大

舍子自劾去也欲為高節也今兩府高士俗不為主簿子既為之徒舍甚悅何前後不相副也寶曰高士不為主簿而大夫君以寶為可一府莫言非言大夫以為寶適可為主簿其府中之人不以為不當也士安得獨自高前日君男欲學文而移寶自近文禮書也禮有來學義無往教道不可詘身詘何傷且不遭者可無不為況主簿乎言士不遇知巳則當屈辱無所不為也忠聞之甚慚

揚雄字子雲蜀郡成都人為郎久次轉為大夫雄少從嚴君平游學成而仕京師顯名數為朝廷在位賢者稱君平德

侯芭鉅鹿人嘗從楊雄居受其太玄法言雄卒芭爲起墳喪之三年

許商從周堪受尚書四至九卿號其門人沛唐林子高爲德行平陵吳章偉君爲言語重泉王吉少音爲政事齊㚖欽幼卿爲文學依孔子弟子顏回以下爲四科也㚖音推王莽時林吉爲九卿自表上師冢大夫博士郎吏爲許氏學者各從門人會車數百兩儒者榮之欽章皆爲博士徒衆尤盛

云敞平陵人師事同縣吳章治尚書博士章坐王莽子宇腰斬初章爲當世名儒教授尤盛弟子千餘人

莽以爲惡人黨皆當禁錮不得仕宦門人盡更名他師敞時爲大司徒掾自劾吳章弟子收抱章尸歸棺斂之京師稱焉車騎將軍王舜高其志節比之欒布表奏以爲掾薦爲中郎諫大夫

後漢孔奮字君魚少從劉歆受春秋左氏傳歆稱之謂門人曰吾已從君魚受道矣言魚之道已過於已也位至武都太守

杜林扶風茂陵人初爲郡吏光武徵拜侍御史林少好學時稱通儒京師士大夫咸推其博洽河南鄭興東海衛宏等皆長於古學興嘗師事劉歆林旣遇之欣然言曰林得興等固諧矣使宏得林且有以益之及宏見林闇然而服濟南徐巡始師事宏後皆更受林學林前於西州得漆書古文尚書一卷常寶愛之雖遭艱困握持不離身出示宏等曰林流離兵亂常恐斯經將絶何意東海衛子濟南徐生復能傳之是道竟不墜於地也古文雖不合時務然願諸生無悔所學宏巡益重之於是古文遂行又曰衛宏少與河南鄭興俱好古學初九江謝曼卿善毛詩乃爲其訓宏從曼卿受學因作毛詩序善得風雅之旨今傳於世後從大司空杜林更受古文尚書爲作訓旨時濟南徐巡師事宏後從林受學亦以儒顯繇是古學大興于世

桓榮少習歐陽尚書事博士朱晋至王莽篡位乃歸

會朱普卒榮奔喪九江負土成墳榮門徒常四百餘人何湯爲高第明帝始立爲皇太子選求明經乃擢榮弟子豫章何湯爲虎賁中郎將以尚書授太子光武從容問湯從音七容反本師爲誰湯對曰事沛國桓榮帝即召榮令説尚書甚善之拜爲議郎桓榮門徒何湯字仲弓以明經嘗授太子推薦榮榮拜五更封關內侯榮嘗言曰此何仲弓之力也

歐陽歙字正思傳伏生尚書爲汝南太守在郡教數百人徵爲司徒坐贓千萬下獄

汝南高獲字敬公與光武有素舊師事歙歙下獄當斷獲冠鐵冠帶鈇鑕詣闕請歙又諸生守闕爲歙求

哀者千餘人至有自髡剔者平原震禮年十七聞獄
當斷馳之京師行到河內獲嘉縣自繫上書求代歙
死書奏而歙已死
楊政字子行京兆人從博士范升受易光武時升嘗
爲出婦所告坐繫獄政乃肉袒以箭貫耳抱升子潛
伏道傍候車駕而持章叩頭大言曰范升三娶惟有
一子今適三歲孤之可哀武騎虎賁懼驚乘輿引弓
射之尤不肯去旄頭又以戟义政傷胷政猶不退哀
泣辭請有感帝心詔曰乞生師（乞讀曰氣）即尺一出升政
繇是顯名

鍾興汝南人少從丁恭受嚴氏春秋爲左中郎將光
武詔定春秋章句以授皇太子及宗室諸侯從興授
章句封關內侯興自以爲無功不敢受爵光武曰生
教訓太子及諸王侯非大功邪興曰臣師丁恭於是
復封恭而興遂固辭不受爵
任末蜀郡繁人少習齊詩爲郡功曹後奔師喪於道
物故臨命勑兄子造曰必致我尸於師門使死而有
知魂靈不慚如其無知得土而已造從之
鄭弘會稽人爲郡督郵舉孝廉弘師同郡河東太守
焦貺楚王英謀反發覺以疏引貺（疏書也）貺被收捕疾
病於道亡沒妻子閉繫詔獄掠考連年諸生故人懼
相連及皆改變姓名以逃其禍弘獨髡頭負鈇鑕詣闕
上章爲貺訟罪明帝覺悟即赦其家屬弘躬送貺喪
及妻子還鄉里弘繇是顯名拜爲騶令
樂恢字伯奇京兆人爲尚書僕射數上疏言竇憲兄
弟稱疾乞骸骨歸鄉里憲風厲州郡迫脅恢飲藥死
弟子縗絰輓者數百人衆庶痛傷之
趙康字叔盛南陽人隱于武當山清淨不仕以經傳
教授同郡朱穆爲侍御史時年五十乃奉書稱弟子
及康沒喪之如師穆尊德重道爲當時所服

延篤字叔堅南陽人爲平陽侯相以師喪棄官奔赴
五府並辟不就
姜肱字伯淮博通五經兼明星緯士之遠來就學者
三千餘人再徵不就及終弟子陳留劉操追慕肱德
共刊石頌之
張霸字伯饒蜀郡人就長水校尉樊儵受嚴氏公羊
春秋遂博覽五經諸生孫林劉固段著等慕之各市
宅其傍以就學焉
廉范京兆人受業事博士薛漢後辟公府會漢坐楚
王英事誅故人門生莫敢視獨范往收斂之吏以聞

明帝大怒詔范入詰責曰辟龔與楚王同謀亂天下范公府掾不與朝廷同心而反收斂罪人何也范叩頭曰臣無狀愚戇以爲漢等皆已伏誅不勝師資之情當萬坐帝怒稍解問范曰卿廉頗後邪與右將軍褒大司馬丹有親屬乎范對曰褒臣之曾祖丹臣之祖也帝曰倠卿志膽敢爾因貴之繇是顯名

孫期少爲諸生習京氏易古文尚書遠人從其學者皆執經隴畔以追之司徒黄琬特辟不行終於家

謝夷吾爲會稽督郵太守第五倫甚重其道德轉署主簿使子從受春秋夷吾待之如師弟子之禮時或

游戲不肯讀書便白倫行罰遂成其業

庾扶汝南平輿人習韓詩歐陽尚書教授數百人公府辟召皆不應太守謁烺先爲諸生從扶學後臨郡未到先遣吏修門人之禮又欲擢扶子弟固不肯當然因號爲北郭先生

李郃字孟節爲司空辛門人上黨馮胄獨制服心喪三年時人異之

孔昱字元世魯國人爲議郎補雒陽令以師喪棄官卒於家

劉祐字伯祖中山人學嚴氏春秋小戴禮古文尚書仕郡爲主簿郡將小子嘗出錢付之令市買果實祐悉以買筆書具與之因白郡將言郎君年幼可入小學而但傲很遠近謂明府無過庭之教請出授書郡將爲使子就祐受經五日一試不滿呈限白决罰遂成學業

李固字子堅官至太尉爲梁冀所誅露尸於四衢令有敢臨者加其罪固弟子汝南郭亮年始成童游學雒陽乃左提章鉞（章謂所上章也鉞斧也）右秉鈇鑕詣闕上書乞收固屍不許因往臨哭陳辭於前遂守喪不去夏門亭長呵之曰李杜二公爲大臣不能安上納忠而

興造無端卿曹何等腐生公犯詔書干繫有司乎亮曰亮含陰陽以生戴乾履坤義之所動豈知性命何爲以死相懼亭長嘆曰居非命之世天高不敢不跼地厚不敢不蹐耳目適宜視聽口不可以妄言也梁太后聞而不誅董班南陽人少游大學宗事固聞固死乃星行奔赴哭泣盡哀遂守尸積十日不去梁太后桓帝憐其義烈聽許送喪到漢中赴葬畢而還二人繇此顯名三公並辟班遂隱身莫知所歸又弟子趙承等悲嘆不已乃共論固言迹以爲德行一篇（固所授弟子潁川杜訪汝南鄭遂河內趙承等七十二人相與哀歎悲憤以爲眼不復瞻固形容耳不復聞固

嘉訓乃共論集德行一篇王成爲李固門生固誅下郡收固二子皆受害少子燮年十三其姊文姬乃告成曰君執義先公有古人之節今委君以六尺之孤李氏存滅其在君矣成感其義乃將燮乘江東下入徐州界內令變名姓爲酒家傭而成賣卜於市各爲異人陰相往來燮從受學酒家異之意非常人以女妻燮燮專精孝經學十餘年聞梁冀既誅而災眚屢見明年史官上書宜有赦令又當存錄大臣寃死者子孫於是大赦天下並求固後嗣燮乃以本末告酒家酒家具車重遣之皆不受遂還鄉里追服後成卒燮以禮葬之

感傷舊恩每四節爲設上賓之位而祠焉

荀淑字季和潁川人爲當途長去職還鄉里當世名賢李固李膺等皆師宗之淑卒李膺時爲尚書自表師喪二縣皆爲立祠又云淑有高才王暢李膺皆以爲師

劉爲江夏竟陵人也魯恭王後也少任州郡以宗室拜郎中以師祝公喪去官司徒祝恬也

羊弼爲博士何休師之先是博士李育作難左氏四十事又以公羊義難賈逵往返皆有理證育卒休與弼追述育意以難二傳作公羊墨守左氏膏盲穀梁廢疾又休注公羊云何氏學有不解者或曰休辭受於師乃宣此義不出於已此言爲允也

包咸會稽人習魯詩論語太守黃讜署戶曹史欲召咸入授其子咸曰禮有來學而無往教禮聞來學不聞往教也讜遂遣子師之

樓望字次子少習嚴氏春秋爲左中郎將諸生著錄九十餘人及卒門生會葬者數千人儒家以爲榮

鄭玄字康成北海人西入關因涿郡盧植事扶風馬融融門徒四百餘人升堂進者五十餘生融素驕貴玄在門下三年不得見乃使高業弟子傳受於玄玄日夜尋誦未嘗怠倦會融集諸生考論圖緯聞玄善

籌乃召見於樓上玄因從質諸疑義問畢辭歸融喟然謂門人曰鄭生今去吾道東矣玄自游學十餘年乃歸鄉里家貧傭耕東萊學徒相隨已數千人黨錮解時玄年六十弟子河內趙商等自遠方至者數千及卒遺令薄葬自郡守以下嘗受業者縗絰赴會千餘人門人相與撰玄荅諸弟子問五經依論語作鄭志八篇其門人山陽郗慮至御史大夫東萊王基清河崔琰並著名於世玄位大司徒

魏王朗字景興東海郯人以通經拜郎中除菑丘長師太尉楊賜賜薨棄官行服

夏侯惇沛國人年十四就師學人有辱其師者惇殺之繇是以烈氣聞後終大將軍

王肅字子雍爲中領軍散騎常侍薨門生縗絰至者以百數

蜀譙周字允南巴西人以門人文立爲顔回陳壽李密爲游夏羅憲爲子貢至晉文王爲魏相國封周爲陽城亭侯晉室踐祚拜騎都尉

晉王裒字偉元城陽人隱居教授三徵七辟皆不就門人爲本縣所役告裒求屬令裒曰卿學不足以庇身吾德薄不足以廕卿屬之何益且吾不執筆已四

十年矣乃步擔乾飯兒負鹽豉草屨送所役生到縣門徒隨從者千餘人安丘令以爲詣已整衣出迎之裒乃下道至土牛傍磬折而立云門生爲縣所役故來送别因執手涕泣而去令即放之一縣以爲恥

霍原字休明燕國人以賢良徵不到山居積年門徒百數後爲王浚所害懸其首諸生悲哭夜竊尸共埋殯之遠近駭愕莫不寃痛之

孔沖會稽人爲豫章太守東陽人許孜年二十師事沖受詩書禮易及孝經論語學竟還鄉里沖在郡喪亡孜聞問盡哀負擔奔赴送喪還會稽蔬食執役制服三年

祁嘉酒泉人博通經傳精究大義西游海渚教授門生千餘人張重華徵爲儒林祭酒性和裕教授不倦依孝經作二九神經在朝卿士郡縣守令彭和正等受業獨拜牀下者二千餘人張天錫謂爲先生而不名之竟以壽終

郭瑀字元瑜敦煌人少有超俗之操東游張掖師事郭荷盡傳其業精通經義雅辯談論多才藝善屬文荷卒瑀以爲父生之師成之君爵之而五服之制師不服重蓋聖人謙也遂服斬衰廬墓三年瑀隱于臨

松薤谷太守辛章遣書生三百人就受業焉

南齊劉瓛字子珪沛國人少篤學聚徒教授除步兵校尉不拜姿狀纖小儒學冠于當時京師士子貴游莫不下席受業性謙率不以高名自居之詣於人惟一門生持胡牀隨後主人未通便坐問答住在檀橋瓦屋數間上皆穿漏學徒敬慕不敢指斥呼爲青谿焉竟陵王子良親往修謁表武帝爲瓛立館以楊烈橋故主第給之生徒皆賀瓛曰室美豈爲人哉此華宇豈吾宅耶幸可詔作講堂猶恐見害也未及徙居遇病子良遣從瓛學者彭城劉繪順陽范縝將厨于

馘宅嘗齋及卒門人受學並弔服臨送
梁張充武帝時爲國子祭酒長於義理登堂講說皇
太子以下皆至時王侯多在學執經以拜充朝服而
立不敢當也
諸葛璩字幼玫琅邪陽都人世居京口璩幼事徵士
閔康之博涉經史復師徵士臧榮緒著書稱璩有發
擿功方之壹蓬後舉秀才不就
嚴植之爲步兵參軍士高祖天監四年初置五經博
士各開館教授以植之爲五經博士植之館在潮溝
生徒嘗百數植之講五館生必至聽者千餘六年遷

中撫軍記室參軍猶兼博士七年卒於館植之自疾
後不受廩俸妻子因乏既卒喪無所寄生徒爲市宅
得成喪焉
後魏劉獻之博陵饒陽人善春秋毛詩每講左氏盡
隱公八年便云義例已了不復須解繇是弟子不能
究竟其說孝文詔以典內較書徵之固以疾辭時中
山張吾貴與獻之齊名海內皆曰儒宗吾貴每一講
唱門徒平數其行業可稱者寡人之著錄數百而已
皆通經之士於士有識者辨其優劣
嘗爽字仕明河內人宣武時戎車屢駕征伐爲事貴

游子弟未達學術爽置館温泉之右教授門徒七百
餘人京師學業翕然復興爽立訓甚有勸罰之科弟
子事若嚴君馬尚書左僕射元贊平原太守司馬真
安著作郎程靈虬皆是爽教所就崔浩高允並稱爽
之嚴教獎厲有方允曰文翁柔勝先生剛克立教雖
殊成人一也其爲通識歎服如此爽不仕時人號爲
儒林先生
徐遵明字子判講孝經論語毛詩尚書二禮不出門
凡經六年又撰春秋義章是後教授門徒蓋寡久之
爲盛每臨講坐必持經執疏然後數陳其學徒至今

寖以成俗遵明講學於外二十餘年海內莫不宗仰
孝莊永安中遵明爲亂兵所害出帝永熙二年遵明
弟子通直散騎常侍李興表曰臣聞行道樹德非求
利於當年服義履仁豈邀恩於沒世但天爵所存果
致式閭之禮民望攸屬終有祠墓之榮伏見故處士
兗州徐遵明生在衡泌弗因世族之基長於原野匪
乘雕鏤之地而託心淵曠置情恬雅處靜無悶居約
不憂故能垂簾自精下帷獨得鑽經緯之微言研聖
賢之妙旨莫不入其門戶踐其堂奧信以稱大儒於
海內擅明師於日下矣是故聆聆四方知音之類延

首慕德跋踵依風每精廬暫闢杖策不遠千里束修
受業編錄將踰萬人固已企盛烈於西河擬高蹤於
北海慕奇好古受容尊賢罷吏游梁紛而成列遵明
以碩德重名首蒙禮命曳裾雅步餐同置醴黄門李
郁具所知明方申薦奏之恩遽全守墊之志潛居樂
道遂往不歸故北王入維之初率土風靡遵明確然
守志忠槩不渝遂與太守李湛將誅叛逆時有邂逅
受上凶險至誠高節湮没無聞朝野之士相與嗟悼
伏惟陛下遠應龍序俯執天衷每端聽而忘昃嘗坐
思而候曉雖微功小善片言一行莫不衣裳加室玉

帛在門況遵明冠蓋一時師表當世溘焉冥没旌紀
寂寥逝者長辭無論榮價文明叙物敦厲斯在臣託
迹諸生親承顧盼惟伏膺之義感在三之重是以越
分陳愚上箇幄座特乞加以顯謚追以好爵仰申朝
廷尚德之風下示學徒稽古之利若宸監昭回曲垂
矜採則荒墳千載式貢生平卒無贈
李謐涿郡人傳通諸經周覽百氏初師事小學博士
孔璠數年後璠還就謐請業門生爲之語曰青成藍
藍謝青師何嘗在明經
隋蕭該蘭陵人尤精漢書撰漢書音義包愷東海人
兄愉明五經愷傳其業又從受史記漢書尤稱精究
大業中爲國子助教于時漢書學者以蕭包二人爲
宗匠聚徒教授著錄者數千人愷卒門人爲起墳立
碣焉
唐王義方泗州漣水人博通五經爲侍御史坐彈中
書侍郎李義府左遷萊州司戶秩滿家于昌樂聚徒
教授母終遂不復求仕及卒門人何彥先員半千制
師服三年喪畢而去
陽城爲國子司業有薛約者嘗學於城狂躁以言事
得罪竄連州客無根蒂吏蹤跡求得之城家城坐吏

於門與約飲食訣别涕泣送上郊外德宗聞之以城
爲黨罪人出爲道州刺史人學生魯郡李賞等二百
七十人詣闕乞留經數日吏遮止之疏不得上

冊府元龜

巡按福建監察御史臣李嗣京訂正
分守建南道左布政使臣胡維霖叅閱
知建陽縣事臣黄國琦較釋

學校部

辯博　恩奬

辯博

易曰學以聚之問以辯之傳曰強學以待問蓋夫六藝之富九流之廣有先聖之微旨有羣儒之精義非窮理盡性覃思研幾不能臻其閫非原始要終聞一

知十不能闡其流故有設齋以升抵掌而論俾夫前訓洞開諸生景附誠儒門之標表士林之規矩也然則詞有枝葉垂誡禮經學無師法見嗤先哲苟辯而不違於道博而無陷於野則可以博道駕說爲縫掖之所宗矣

漢朱雲字游魯人也年四十從博士白子友受易又事將軍蕭望之受論語皆能傳其業是時少府五六充宗貴幸爲梁丘易自宣帝時善梁丘氏說元帝好之欲考其異同令充宗與易家論充宗乘貴辯口（乘因也言因藉貴尊之權也）諸儒莫能與抗皆稱疾不敢會有薦雲者召入攝齊登堂（齊衣之下裳）抗首而請音動左右（抗舉也）既論難連拄五鹿君（拄刺也距也）故諸儒謂之語曰五鹿岳岳朱雲折其角（岳岳長角之貌）繇是爲博士

後漢戴憑汝南平輿人光武時郡舉明經徵試博士拜郎中公卿大會羣臣就席憑獨立世祖問之對曰博士說經皆不如臣坐居臣上是以不得就席帝即召上殿令與諸儒難說憑多所解釋帝善之遷侍中後正旦朝賀百寮畢會帝令羣臣能說經者更相難詰義有不通輒奪其席以益通者憑遂重坐五十餘席故經師爲之語曰解經不窮戴侍中

賈逵字伯通能誦左傳及五經本文以大小夏侯尚書教授自爲兒童常在太學不通人事諸儒爲之語曰問事不休賈長頭明帝時爲郎與班固並較秘書

李育爲博士章帝詔與諸儒論五經於虎觀育以公羊義難賈逵往返皆有理證最爲通儒

鄭玄字康成受業於馬融獻帝時大將軍袁紹摠兵冀州遣使要玄大會賓客玄最後至乃延升上坐玄身長八尺飲酒一斛秀眉明目容儀溫偉紹客多豪俊見玄儒者未以通人許之競設異端百家互起玄依方辯對咸出問表皆所得未聞莫不嗟服紹舉玄

茂才表爲左中郎將

魏樂詳高祖黃初徵拜博士十餘人學多褊又不熟悉惟詳五業並受其或難質不解詳無慍色以杖畫地牽譬引類至忘寢食

嚴榦特善春秋公羊司隸鍾繇不好公羊而好左氏謂左氏爲大宮而謂公羊爲賣餅家故數與榦共辯長短繇爲人機捷善持論而榦吶口臨時屈無以應繇謂榦曰公羊高竟爲左丘明服矣榦曰直故吏爲明使君服耳公羊未肯也

晉賀循爲太常朝廷疑滯皆諮之於循循輒依經禮

而對爲當世儒宗

宋周續之字道祖高祖召之爲開館東郭外招集生徒乘輿降幸幷見諸生問續之禮記傲不可長與我九齡射於矍相圃三義辯析精與稱爲該通

顏延之爲太子舍人鴈門人周續之隱居廬山儒學著稱永初中徵詣京師開館以居之高祖親幸朝彥畢至延之館列猶卑引升上席帝使問續之三義續之雅仗辭辯延之每折以簡要既連挫續之帝又使還自敷釋言約理暢莫不稱善

南齊陸澄爲度支尚書令國子博士尚書令王儉自以博聞多識讀書過澄澄曰僕年少來無事惟以讀書爲業且年以倍令君少便鞅掌王務雖復一覽便諳然見卷軸未必多僕儉集學士何憲等盛自商略澄待儉語畢然後談所遺數百千條皆儉所未覩儉乃歎服儉在尚書省出巾箱几案雜服令學士隸事事多者與之人人各得一兩物澄後來更出諸人所不知事復各數件幷奪物將去尋領國子祭酒竟陵王子良得器小口方腹而底平可容七八升以問澄澄曰此名服匿單于以與蘇武子良後詳視器底有字髣髴可識如澄所言

梁周捨初仕齊爲太學博士遷後軍行參軍明帝建武中魏人吳包南歸有儒學尚書僕射江祐招包講捨造坐累折辭理遒逸由是爲口辯

謝舉爲吏部尚書初北渡人盧廣有儒術爲國子博士於學發講僕射徐勉以下畢至坐舉造坐屢折廣辭理通邁廣深服仍以所執麈尾薦之以況重席焉

劉杳爲太學博士宣惠豫章王行參軍杳少好學博綜羣書沈約任昉以下每有遺忘皆訪問焉嘗於約坐語及宗廟犧樽約云鄭玄答張謂爲畫鳳凰尾娑娑焉今無復此器則不依古杳曰此言未可必安古

者樽彝皆刻木爲鳥獸鑿頂及背以出內頂魏世魯郡地中得齊大夫子尾送女器有犧樽作犧牛形皆永嘉賊曹嶷於青州發齊景公冢又得此二樽形亦爲牛象二處皆古之遺器知非虛也約大以爲然約又云何承天纂文奇博其書載張仲師及長頸王事此何出杳曰仲師長尺二寸惟出論衡長頸是毗騫王宋建安以南扶南記曰古來至今不死約即取二書尋簡一如杳言

紀少瑜年十九歲遊太學備探六經博士東海鮑皦雅相欽悅時皦有疾請少瑜代講少瑜既妙玄言善

談吐辯捷如流

陳戚袞爲太學博士梁簡文在東宮召袞講論又嘗置宴集玄儒之士先命道學互相質難次令中庶子徐摛馳騁大義間以劇論摛辭縱橫難以答抗諸人懾氣皆失次序袞時騁義摛與往復袞精采自若對答如流簡文深加歎賀

蕭濟字孝康東海蘭陵人少好學博通經史論武帝左氏疑義三十餘條尚書僕射范陽張纘太常卿南陽劉之遴並與濟討論纘等莫能抗對

後魏封偉伯爲太學博士孝明時將脩明堂廣集學士議其制度九五之論久而不定偉伯乃披簡經緯上明堂圖說六卷

北齊邢邵字子才爲中書監國子祭酒博覽墳籍無不通曉晚年尤以五經章句爲意窮其指要吉凶儀禮公私諮禀質去疑惑爲世指南

後周呂思禮性溫潤不雜交遊年十四受學於徐遵明長於論難諸生謂之語曰講書論易鋒難敵十九舉秀才對策高第除相州功曹參軍

樊深行下邽縣事太祖置學東館教諸將子弟以深爲博士深經學通贍每解書嘗多引漢魏以來諸家

義而說之故後生聽其言者不能曉悟皆背而譏之曰樊生講書多門戶不可解然儒者推其博物

隋何妥初仕周爲太學博士周武帝初欲立五后以問儒者辛彥之對曰后與天子匹體齊尊不宜有五妥駁曰帝嚳四妃舜又二妃亦何常數

楊汪爲國子祭酒帝令百僚就學與汪講論天下通儒碩學多萃焉論難鋒起皆不能屈

馬光爲大學博士嘗因釋奠高祖親幸國子學王公以下畢集光升坐講禮啓發章問已而諸儒生以次論難者十餘人皆當時碩學光剖析疑滯雖辭非俊

辯而理義弘贍論者莫測其淺深咸共推服帝嘉而勞焉

房暉遠國子博士開皇中帝令國子生通一經者並悉薦舉將擢用之既策問訖博士不能時定臧否祭酒元善怪問之暉遠曰江南河北義利不同博士不能遍涉學生皆持其所短稱己所長博士各各自疑所以久而不决也祭酒因令暉遠考定之暉遠覽筆便下初無疑滯或有不服者暉遠問其所傳義疏輙爲始末誦之然後出其所短自是無敢飾非者所試四五百人數日便决諸儒莫不推其通博皆自以爲

不能測也高祖嘗謂羣臣曰自古天子有女樂乎楊素以下莫知所出遂言無女樂暉遠進曰臣聞窈窕淑女鍾鼓樂之此即王者房中之樂著於雅頌不得言無高祖大悅

劉焯以儒學知名爲員外將軍與左僕射楊素吏部尚書牛弘國子祭酒蘇威國子祭酒元善博士蕭該何妥大學博士房暉遠崔崇德晋王文學崔賾等於國子共論古今滯義前賢所不通者每昇座論難鋒起皆不能屈楊素等莫不服其精博

王頍字景文爲著作佐郎尋令於國子講授會高祖親臨釋奠國子祭酒元善講孝經頍與相論難詞義鋒起善往往見屈高祖大奇之超授國子博士

褚輝字高明吳郡人煬帝徵天下儒術之士悉集內史省相次講論無能屈輝者

唐陸德明受學於周弘正梁國子祭酒徐孝克開講恃貴縱辯衆莫敢當德明便與之抗對合朝賞歎隋煬帝嗣位以爲秘書學士大業中廣招明經之士四方至者甚衆遣德明與魯達孔褒俱會門下省共相駁難無出其右後爲大學博士高祖親臨釋奠徐文遠講孝經沙門惠乘講般若經道士劉喜講老子德

明難此三人各因其宗指隨端立義衆皆爲之屈

徐文遠博覽五經尤精春秋左氏傳後周時有大儒沈重講于太學文遠就質問數日便去人或問之荅曰觀其所說悉是紙上語耳僕先已誦之至於奥賾之境此君翻似未見有以其言告重者重與論議十餘反甚歎服之隋開皇中累遷大學博士至唐爲國子博士高祖嘗幸國子學遣文遠講孝經諸儒論難蜂起文遠隨方辯折言如湧泉聽者忘倦焉

孔穎達初仕齊爲河內郡博士時煬帝徵天下儒生集於東都論講令禮部尚書楊玄感主其事穎達與

諸儒論難鋒起咸爲之屈後爲國子司業與諸儒議歷及明堂皆穎達之説

顔師古爲中書侍郎太宗以經籍去聖久遠文字訛踳詔師古開正之及成又詔尚書左僕射房玄齡集諸儒討論得失諸儒傳習師説舛謬已久皆竊議非之於是異端鋒起師古一一辯答取晉宋古本以相發明所立援據咸出其意表諸儒皆驚所未聞歎服而去也

虞世南爲秘書監貞觀八年七月隴右山摧大蛇屢見山東河南淮海之地多大水太宗以問世南曰是

何祥也修何術可以禳之對曰春秋時梁山摧晉侯召宗伯而問焉宗伯曰國主山川故山摧川竭君爲之不舉樂降服乘縵祝幣以禮焉梁晉所主也晉侯從之故得無害漢文帝元年四月齊楚地二十九山同日摧水大出令郡國無來獻施惠於天下遠近歡洽亦不爲災也漢靈帝時青蛇見御座晉惠帝時大蛇長三百步見齊地經市入廟中按蛇宜在草莽而入市朝所以可爲怪今蛇見山澤盖深山大澤必有龍蛇亦不足怪也又山東足雨雖則其常然陰修過久恐有冤獄伏願科省係囚庶幾或當天意且妖不勝德惟修德可以消變太宗然之遣使者分道賑恤餓人申理獄訟多所原免

王元感爲四門博士表上所撰尚書糾謬十卷春秋振滯二十卷禮記繩愆三十卷并所注孝經史記藁草詔令弘文崇賢兩館學士及成均博士詳其可否學士祝周欽明郭山惲李憲等皆專守先儒章句深譏元感掎摭舊義元感隨方應荅竟不肯屈鳳閣舍人魏知古司封郎王徐堅左史劉知幾右史張思敬雅好異聞每爲元感申理其義

陳少遊幼聰辯初習莊列等道經崇玄館學生衆推

引講經時同列有私習經義者期昇坐日相問答及公會少遊攝齊登堂音韻清辯觀者屬目所引文句悉問伲義諸生不能對甚爲大學士陳希烈所歎賞

王起爲翰林侍講學士文宗尤好儒術每御長生殿對起訪以疑事至於郊祀刑法之問起盡能質之以開悟焉

鄭覃爲翰林侍講學士文宗以十九書語類親自發問覃應對無滯

恩奬

王者修國經立民紀將使風化歸厚德禮惇洽未有

不本於墳籍始於學較者焉良以開物成務垂教作
程爲先哲之極摯致治之要道也乃有被儒服究聖
言或研幾一經或該通羣典違前人之闔奥爲諸生
之師法剖析疑論導宣奥旨啓發後生成就學者以
致膺問難於帝右參講授於儲邸入傳嚴掖專誨宗
室謹官黌以宿業形譔次而垂訓道義兼精望實增
茂故當世之君隆其體貌異其名數或親臨於庠序
或召見於清閑或旌以章綬或厚於賜予待遇殊特
褒揚備至雖復淪逝益加追獎誠以化民成俗實本
於儒術厲世摩鈍無越於黌典豈獨寵異乎老成固

將敦勸乎禮俗者矣
漢梁丘賀受京房易宣帝時待詔黄門數入說教侍
中（爲諸侍中說經爲教授）以召賀賀入說帝善之以賀爲郎
後漢桓榮爲博士建武中光武幸太學會諸博士論
難於前桓榮被服儒衣溫恭有蘊藉（蘊藉猶言寬博有餘也）辯
明經義每以禮讓相厭不以辭長勝人儒者莫之及
（厭服也）特加賀賜又詔諸生雅吹擊磬盡日乃罷
戴憑爲侍中正旦朝賀百寮畢會光武令羣臣能說
經者更相難詰義有不通輒奪其席以益通者憑遂
重坐五十餘席故京師謂之語曰解經不窮戴侍中

在職十八年卒於官詔賜東國梓器錢二十萬
高詡世傳魯詩徵爲博士建武十一年拜大司農在
朝以方正稱十三年卒官賜錢及家田
劉昆受施氏易於沛人戴賓建武二十二年入授皇
太子及諸王小侯五十餘人二十七年拜騎都尉三
十年以老乞骸骨詔賜雒陽第舍以千石祿終其身
鍾興字次文汝南汝陽人也少從少府丁恭受嚴氏
春秋恭薦興學行高明光武召見問以經義對甚明
帝善之拜郎中
張酺字孟侯少從祖父充受尚書又事太常桓榮聚

徒以百數明帝爲四姓小侯置五經師酺以尚書教
授數講於御前以論難當意除爲郎賜車馬衣裳遂
令入授皇太子
魏應以建初四年拜五官中郎將經明行脩弟子自
遠方至著錄數千人章帝甚重之數進見論難於前
特受賞賜
召訓習韓詩博通書傳爲左中郎將入授諸王章帝
嘉其義學恩寵甚崇出拜陳留太守賜刀劒錢物
賈逵爲郎章帝好古文尚書左氏傳詔逵入講北宮
白虎觀南宮雲臺帝善逵說使逵會出左氏傳大義

長於二傳者於是具條奏之帝嘉之賜布五百疋衣一襲逵母嘗有疾帝欲加賜以較書例多特以錢二十萬使潁陽侯馬房與之謂房曰賈逵母病此子無人事於外屢空則從孤竹之子於首陽山矣

魯丕爲中散大夫和帝因朝會召見諸儒時與侍中賈逵尚書令黄香等相難數事帝善丕說罷朝特賜冠幘履襪衣一襲

宋登少傳歐陽尚書順帝時爲尚書僕射帝以登明識禮樂使持節臨太學奏定典律拜侍中

晉陳壽以儒學徵爲陳留內史累遷燕王師傳撰周

禮評甚有條貫行於世武帝泰始中詔曰燕王師陳壽清貞潔靜行著邦族篤志好古博通六籍耽悅典誥老而不倦宜在左右以篤儒教可爲給事中

杜夷爲國子祭酒辭疾未嘗朝謁元帝建武中令曰國子祭酒杜夷安貧樂道靜志衡門日不暇給雖原憲無以加也其賜穀二百斛皇太子三至夷第執經問義夷雖逼時命亦未嘗朝謁國有大政嘗就夷諮訪焉明帝卽位夷自表請退詔曰先王之道將墜於地君下帷研思今之劉楊縉紳之徒景仰軌訓豈得高退而朕靡所取則大寧元年卒年六十六贈大鴻臚謚曰貞

梁伏曼容字公儀初仕宋爲驃騎行參軍明帝好周易集朝臣於清暑殿講詔曼容執經曼容素美風采帝以方稱叔夜使吳人陸探微畫叔夜像以賜之

朱异年二十一爲揚州議曹從事史五經博士明山賓表薦之武帝召見使說孝經周易義甚悅之謂左右曰朱异實異後見明山賓謂曰卿所舉殊得其人仍召异直西省

顧越爲安西湘東王府參軍越徧該經藝深明毛詩旁通異義特善莊老武帝嘗於重雲殿自講老子僕

射徐勉舉越論義越抗首而請音響若鐘容止可觀帝深贊美之由是擢爲中軍宣成王記室參軍

陳張譏梁大同中召補國子正言生梁武帝嘗於文德殿釋乾坤文言譏與陳郡袁憲等預焉勅令論議諸儒莫敢先出譏乃整容而進諮審循環辭令溫雅梁武帝甚異之賜裙襦絹等仍云表卿稽古之力譏累遷士林館學士簡文在東宮出士林館發孝經題譏論義往復甚見嗟賞自是每有講集必遣使召譏

後魏李先明元帝卽位爲博士召先讀韓子連珠論二十二篇太公兵法十一事詔有司曰先所知者

皆軍國大事自今當宿於内賜先絹五十疋緜五十斤雜綵五十疋御馬一疋拜安東將軍壽春侯賜隸戸二十二

孫惠蔚爲皇宗博士侍講東宮遷國子祭酒秘書監仍知史事宣武延昌二年追賞侍講之勞封棗强縣開國男食邑二百戸

崔逸孝文時爲國子博士每有公事逸當被詔獨進博士特命自逸始

王神貴爲符璽郎時太學博士房景光作五經疑問百餘篇神貴答之名辨疑前廢帝時奏上之帝親自

執卷與神貴往復嘉其用心特除神貴子鴻彥爲奉朝請

北齊張雕遍通五經尤明三傳高祖召入霸府令與諸子講後爲瑯琊王博士未幾拜散騎常侍値武成侍講馬敬德卒乃入授經書帝甚重之以爲侍讀與張景仁並被尊禮同入華光殿共讀春秋加國子祭酒假儀同三司待詔文林館尋除侍中開府奏度支事大被委任言多見從特勑奏事不趨呼爲博士

李鉉爲國子博士廢帝之在東宮文帝詔鉉以經入授甚見優禮數年病卒特賜廷尉少卿及還葬故郡太子致祭奠之禮并使王人將送儒者榮之

張景仁以學書爲業工草隸後主在東宮時令侍書歷太子門大夫員外散騎常侍諫議大夫後主登祚除通直散騎常侍及奏御筆點出通字遂正常侍在左右與語猶稱博士

後周熊安生爲國子博士時高祖入鄴安生遽令掃門家人怪而問之安生曰周帝重道尊儒必將見我矣俄而高祖幸其第詔不聽拜親執其手引與同坐謂之曰朕未能去兵以此爲愧安生曰黄帝尚阪泉之戰況陛下恭行天討乎高祖又曰齊氏賦役繁興

竭民財力朕救焚極溺思革其弊欲以府庫及三臺雜物散之百姓公以爲何如安生曰昔武王克商散鹿臺之財發鉅橋之粟陛下此詔異代同美高祖又曰朕何如武王安生曰武王伐紂懸首白旗陛下平齊兵不血刃愚謂聖畧爲優高祖大悦賜帛三百疋米三百石宅一區并賜象笏及九鐶金帶自餘什物稱是

隋楊尚希年十一入太學專精不倦周太祖嘗親臨釋奠尚希時年十八令講孝經詞旨可觀太祖奇之賜姓普六茹氏擢爲國子博士

房暉世傳儒學爲國子博士仁壽中卒官時年七十二朝廷嗟惜焉賻賜甚厚贈散騎常侍

楊汪爲國子祭酒煬帝令百寮親學與汪講論皆不能屈帝令御史書其問答奏之省而大悅賜良馬一四

元善爲國子祭酒高祖嘗親臨釋奠命講孝經於是敷陳義理兼之以諷諫帝大悅曰聞江陽之說（元善爵爲江陽縣公）更起朕心賚絹百疋衣一襲

唐魏徵爲秘書監撰羣書政要貞觀五年奏上太宗覽之稱善勑皇子諸王各傳一本賜證帛二百疋

孔頴達爲國子祭酒太宗幸國學觀釋奠命頴達講孝經既畢頴達上釋奠頌手詔答曰省所上頌殊爲佳作循題發函情辭爛其盈目啓封申紙逸氣飄以凌雲驪龍九重不足方斯綺麗威鳳五彩無以比其鮮華揚雄撩天高縱何遠黃香日下茂軌猶存尋譜周環彌覺欣瓶卿夙挺珪璋早標令譽網羅百氏包括六經思涌珠泉情抽蕙圃闕西孔子更起乎方今濟南伏生重興乎兹日應令引四科於縑帙闢百遍於青襟翰苑詞林卿其有之也

貞觀十五年十月左僕射申國公高士廉等撰文思博要一千二百卷上之太宗有詔藏之秘府士廉以下加級頒賜各有差

陸德明爲國子博士撰經典釋文太宗悅而甚重之時德明已卒賜其家布帛二百段

顏師古爲中書侍郎受詔刊正經籍太宗善之賜帛五十疋

顏揚庭爲符璽郎永徽三年上其父故秘書監師古所撰刊謬正俗八卷高宗令付秘閣仍賜帛五十疋

長孫無忌爲太尉顯慶三年脩新禮成詔中外頒行焉無忌等加爵賜帛等各有差

張大安爲太子左庶子初皇太子賢招集當時學者大安及洗馬劉訥言雒州司戶參軍格希玄等注范曄後漢書表上之賜物三萬段仍以其書付秘閣

王元感濮州鄄城人則天長安三年上表進其所撰尚書糺謬十卷春秋振滯二十卷禮記繩愆三十卷并所注孝經史記藁草請官給紙筆寫上秘閣詔曰王元感質性温敏博聞强記手不釋卷老而彌篤掎前達之失究先聖之旨是謂儒宗不可多得可授太子司議郎

褚無量爲國子員外司業兼修文館學士玄宗在春

宮授國子司業兼皇太子侍讀睿宗太極元年皇太子幸國學觀釋奠令無量講孝經禮記各隨端立禮博而且辨觀者歎服焉既畢進授銀青光祿大夫兼賜以章服并絲絹百段至玄宗開元三年遷右散騎常侍兼國子祭酒無量之毋死贈物一百段以無量文儒之宗寵之也申命杭州刺史薛瑩就其家弔焉服闋召拜左散騎常侍復爲侍讀以其年老每隨使出入特許緩步又爲造腰輦令内給事舁於内殿無量頻上書陳時政得失多見納用又嘗手勑褒美賜物二百段七年詔太子就國子監行齒胄之禮無量

登座説經百寮並集行禮訖賞賜甚厚及卒贈禮部尚書賜物四百段米粟四百石

徐堅爲集賢院學士開元中勑堅等纂經史要事及歷代文章以類相從欲令皇子簡事綴文玄宗自定名爲初學記撰成以獻帝稱善賜堅等絹百疋

穆元休以文學著稱嘗撰洪範外傳十篇開元中獻之玄宗賜帛授偃師丞

沈浩隱居四明山肅宗乾元二年進廣孝經十卷授秘書郎集賢殿待詔仍賜綠袍牙笏

袁頠爲國子博士貞元十二年卒德宗謂宰臣曰袁頠深於六經今之碩儒良可惜也特贈國子司業令中使賫告身及絹五十疋就宅宣暢并給傳令達故里

韋公肅爲秘書著作郎注太宗帝範一十二篇上獻德宗有詔付集賢仍令别寫一本進内賜公肅錦綵一百疋

李渤爲左拾遺罷官閑居東雒撰禦戎新錄貳十卷以獻憲宗元和九年四月壬午詔曰前左拾遺内供奉李渤隱居求志禪見洽聞嘗致弓旌之招尚懷林壑之戀而聞肆其素業成此新書詞章典雅謀議深

遠獻于闕下良所嘉焉故洽今恩用清舊議可授秘書省著作郎

韋處厚路隋並爲翰林侍講學士穆宗長慶三年撰六經法言二十卷表獻之帝覽其書稱善者久之賜處厚隋錦綵二百疋銀器二事隋自司勳郎中爲諫議大夫依前充侍講學士處厚賜紫金魚袋錫服遷官皆以撰六經法言奬之

鄭澣爲翰林侍講學士文宗命撰經史要錄十二卷書成帝加其精博因以十九書語類帝親自發問澣應對無滞賜以金紫

嚴厚本爲國子監周易博士大和八年七月召本對
於浴堂門賜其錦器
李宗閔爲集賢大學太和九年五月進五臺傳賜宗
閔等九人錦綵銀器有差
周田敏爲國子祭酒廣順三年獻印版九經書五經
文字太祖優詔嘉之賜襲衣繒綵銀器又賜司業趙
銖襲衣繒綵

冊府元龜

冊府元龜學校部恩獎　卷之六百一　二十一

冊府元龜

巡按福建監察御史臣李嗣京　訂正

知長樂縣事臣夏允彝　參閱

知建陽縣事臣黃國琦　較釋

學較部　六

奏議

夫輔世明教實本於儒術化民成俗莫先於學較自漢氏之後經藝寖盛官守並建職業咸舉故方聞之士彬彬就列器識宏遠議論浮厚而或慮教道之中廢形於歎憤援古議以爲請臻夫體要咸能剖析前

訓敷陳要道周旋感激曲暢元本誠以致治之成法稽古之大倫宜建首善尊立太學至於崇先聖之祀行齒胄之禮推擇師範廣樹徒衆申之課試大明黜陟考正疑志區別部類贊述章句購求遺逸斯皆敦益世教慨啓聖政豈徒專達詞雅以矜乎多聞者哉

漢公孫弘武帝時以治春秋爲丞相以爲學官道之鬱滯迺請曰丞相御史言　此以下皆弘奏請之辭　制曰蓋聞導民以禮風之以樂　風化也　婚姻者居室之大倫也　倫理也　今禮廢樂壞朕甚愍焉故詳天下方聞之士咸登諸朝　詳悉也方道也有道及博聞之士也　其令禮官勸學講論洽聞舉遺典以爲天下先大常議予博士弟子崇鄉里之化以厲賢材焉　厲勸勉之也一曰砥厲勉也自此上弘所引詔文　詔與大常臧博士平等議　臧孔臧也平史闕其姓　曰聞三代之道鄉里有教夏曰較殷曰序周曰庠　較教也言可效道藝也　其勸善也顯之朝廷其懲惡也加之刑法故教化之行也建首善自京師始繇內及外今陛下昭至德開大明配天地本人倫勸學興禮崇化厲賢以風四方太平之原也　風化也　古者政教未洽不備其禮請因舊官而興焉爲博士官置弟子五十人復其身大常擇民年十八以上儀狀端正者補學士弟子郡國縣官有好文學敬長上

肅政教順鄉里出入不悖　悖乖也　所聞令相長丞上屬所二千石　聞謂聞其部屬有此人也令縣令相侯相長縣長丞縣丞也二千石謂郡守及諸王相也　二千石謹察可者常與計偕　隨上計吏俱至京師　詣大常得受業如弟子一歲皆課能通一藝以上補文學掌故缺其高弟可以爲郎中大常籍奏　爲名籍而奏　即有秀才異等輒以名聞其不事學若下材及不能通一藝罷之而請諸能稱者　謂列其能通藝業而稱任者奏請補用之也　臣謹按詔書律令下者　下謂班行也　明天人之際通古今之誼文章爾雅訓辭深厚　爾雅近正也言詔辭雅正而深厚也　恩施甚美小吏淺聞弗能究宣亡以明布諭下以治禮掌故以文學禮

義爲官遷留滯（言治禮掌故之官本以有文學舉習禮義而爲之又所以遷擢留滯之人）請選擇其秩比二百石以上及吏百石通一藝以上補左右內史大行卒史（左右內史後爲左馮翊右扶風而大行後爲大鴻臚也）皆百石以下補郡太守卒史皆各二人（內地之郡郡各補太守卒史二人也）邊郡一人先用誦多者不足擇掌故以補中二千石屬（屬亦曹史令縣令文書解言屬其申也）文學掌故補郡屬備員（云備員者本以升擢之非藉其實用）請著功令（新立此條請以著於功令功令篇名若今選舉令也）它如律令（此外並如舊律令）制曰可自此以來公卿大夫士吏彬彬多文學之士矣

後漢陳元以父任爲郎建武初元與桓譚杜林鄭興

俱爲學者所宗時議欲立左氏傳博士范升奏以爲左氏淺末不宜立元聞之乃詣闕上疏曰陛下撥亂反正文武並用深愍經藝謬雜眞僞錯亂每臨朝日輒延羣臣講論聖道知丘明至賢親受孔子而公羊穀梁傳聞於後世故詔立左氏博訪可否示不專巳盡之羣下也今論者沉溺所習翫守舊聞執虛言傳受之辭以非親見實事之道左氏孤學少興遂爲異家之所覆冒夫至音不合衆聽故伯牙絕絃至寶不同衆好故卞和泣血仲尼聖德而不容於世況於竹帛餘文其爲雷同者所排固其宜也非陛下至明孰能察之臣元竊見博士范升等所議奏左氏春秋不可立及太史公違戾凡四十五事按升等所言前後相違皆斷截小文媟黷微辭以年數小差擬爲詿謬遺脫纖微指爲大尤搜瑕求舋掩其弘美所謂小辨破言小言破道者也升等又曰先帝不以左氏爲經故不置博士後主所宜因襲臣愚以爲若先帝所行而後主必行者則盤庚不當遷于殷周公不當營雒邑陛下不當都山東也往者孝武皇帝好公羊衛太子好穀梁有詔太子受公羊不得受穀梁孝宣皇帝在人間時聞衛太子好穀梁於是獨學之及即位爲

石渠論而穀梁氏興至今與公羊並存此先帝後帝各有所立不必其相因也孔子曰純儉吾從衆至於拜下則違之夫明者獨見不惑於朱紫聽者獨聞不謬於清濁故離朱不爲巧眼移目師曠不爲新聲易耳方今干戈少弭戎事畧戢留意聖藝眷顧儒雅採孔子拜下之義萃淵聖獨見之旨分明白黑建立左氏解釋先聖之積結洮汰學者之累惑使基業垂於萬世後進無復狐疑則天下幸甚臣元愚鄙嘗傳師言如得以褐衣召見俯伏庭下誦孔氏之正道理丘明之宿冤若辭不合經事不稽古退就重誅雖死之

日猶生之年也書下其議范升復與元相辨難凡十餘上帝卒立左氏學大帝選博士四人元爲第一帝以元新分爭乃用其次司隸從事李封於是諸儒以左氏之立論議讙譁自公卿以下數庭爭之會封病卒左氏復廢

朱浮光武建武中爲大僕以國學既興宜廣博士之選乃上書曰夫大學者禮義之官教化所繇興也陛下尊敬先聖垂意古典宮室未飭干戈未休而先建大學造立黌舍比日車駕親臨觀享將以弘時雍之化顯勉進之功也尋博士之官爲天下宗師使孔聖

之言傳而不絶舊事策試博士必廣求詳選爰自畿夏延及四方是以博學明經惟賢是登學者精勵遠近同慕伏聞詔書更試五人惟取見在雒陽城者臣恐自今以往將有所失求之密邇容或未盡而四方之學無所勸樂凡策試之本貴得其眞非有期會不及遠方也又諸所徵試皆私自發遣非有傷費煩擾於事也語曰中國失禮求之於野臣浮幸得與講圖讖故敢越職帝然之

范升爲博士時尚書令韓歆上疏欲爲費氏易左氏春秋立博士費直字長翁善易長於卦筮詔下其議建武四年正月朝公卿大夫博士見於雲臺帝曰范博士可前平說升起對曰左氏不祖孔子而出於丘明師徒相傳又無其人且非先帝所存無因得立遂與韓歆及大中大夫許淑等互相辨難日中乃罷升退而奏曰臣聞主不稽古無以承天臣不述舊無以奉君陛下愍學微缺勞心經藝情好博聞故異端競進近有司請置京氏易博士羣下執事莫能據正京氏既立費氏怨望左氏春秋復以此類亦希置立京費已行次復高氏春秋之家又有騶夾如令左氏費氏得置博士高氏騶夾五經奇異並復求立各有所執乖戾分爭

從之則失道不從則失人將恐陛下必有厭倦之聽孔子曰博學約之弗叛矣夫學而不約必叛道也顏淵曰博我以文約我以禮孔子可謂知教顏淵可謂善學矣老子曰學道日損損猶約也又曰絶學無憂絶末學也今費左二學無有本師而多反異先帝前世有疑於此故京氏雖立輒復見廢疑道不可由疑事不可行詩書之作其來已久孔子尚周流遊觀至於知命自衛反魯乃正雅頌今陛下草創天下紀綱未定雖設學官無有子弟詩書不講禮樂不脩奏立左費非政急務孔子曰攻乎異端斯害也已傳曰

聞疑傳疑聞信傳信而堯舜之道存願陛下疑前帝之所疑信先帝之所信以示反本明不專己天下之事所以異者以不一本也易曰天下之動貞夫一也又曰正其本萬事理五經之本自孔子始謹奏左氏之失凡四十事特難者以太史公多引左氏升又上太史公違戾五經謬孔子言及左氏春秋不可錄三十一事詔以下博士

徐防明帝永平十四年拜司空防以五經久遠聖意難明宜爲章句以悟後學上疏曰臣聞詩書禮樂定自孔子發明章句始於子夏其後諸家分析各有異

說 仲尼沒而微言絕七十子喪而大義乖故春秋爲五經分爲四易有數家之傳 漢承議奏經典廢絕本文畧存或無章句收拾缺遺建立明經博徵儒術開置太學 武帝時開學官置博士弟子員也 孔聖既遠微旨將絕故立博士十有四家 光武中興恢興猶古易有施子梁丘賀京房書有歐陽和伯夏侯勝建詩有中公轅固韓嬰春秋有韓彭祖顏安樂禮有戴經戴聖凡十四博士太常遣選有聰明威重一人爲祭酒總領紀綱也 設甲乙之科 前書曰歲課甲科四十人爲郎中乙科二十人爲太子舍人丙科四十人爲文學掌故 以勉勸學者所以示人好惡改敝就善者也伏見太學試博士弟子皆以意說不脩家法 諸經爲業各有名家 私相容隱開生姦路每有策試輙興爭訟論議紛錯互相是非孔子稱述而不作 但述先聖之言不自制作 又曰吾猶及史之闕文 古者史官于書事有不知則闕以待能者孔子言吾少時猶及見古史官之闕文今則無之疾時多穿鑿也 疾史有所不知而不肯闕也今不依章句妄生穿鑿以遵師爲非義意說爲得理輕侮道術寖以成俗誠非詔書實選本意改薄從忠三世常道 夏之政忠忠之敝小人以野故殷人承之以敬敬之敝小人以鬼故周人承之以文文之敝小人以僿故救僿以忠三王之道若循環周而復始史記僿或作薄 專精務本儒學所先臣以爲博士及甲乙策試宜從其家章句開五十難以試之解釋多者爲上第引文明者爲高說若不依先師義有相伐 伐謂自相攻伐也 皆正以爲非五經各取上第六人論語不宜射策雖所失

或久差可矯革 東觀記防上疏曰試論語本文章句但通度勿以射策與令學者務本有所一心專精師門思核經意事得其實道得其眞於此弘廣經術尊重聖業有益於化雖從來久大經衰微學問寖淺誠宜及時改矯其失 詔書下公卿皆從防言

賈逵章帝時爲郎入講北宮白虎觀南宮雲臺帝善逵說使發出左氏傳大義長於二傳者逵於是具條奏之曰臣謹摘出左氏三十事尤著明者斯皆君臣之正義父子之紀綱其餘同公羊者十有七八或文簡小異無害大體至如祭仲紀季伍子胥叔術之屬左氏義深於君父公羊多任於權變其相殊絕固以甚遠而寃抑積以莫肯分明臣以永平中上言左氏

與圖讖合者先帝不遺芻蕘省納臣言寫其傳詁藏之秘書建平仲侍中劉歆欲立左氏不先暴論大義而輕移太常恃其義長詆挫諸儒諸儒不服相與排之孝哀皇帝重逆衆心故出歆爲河內太守從是攻擊左氏遂爲重讎至光武皇帝奮獨見之明興立左氏穀梁會二家先師不曉圖讖故令中道而廢凡所以存先王之道者要在安上理民也今左氏崇君父卑臣子彊榦弱枝觀善戒惡至明至切至貞至順且三代異物損益隨時故先帝博觀異家各有所採易有施孟復立梁丘尚書歐陽復有小大夏侯今三傳

之異亦猶是也又五經家皆無以證圖讖明劉氏以爲堯後者而左氏獨有明文五經家皆言顓頊代黃帝而堯不得爲火德左氏以爲少昊代黃帝卽圖讖所謂帝宣也如令堯不得爲火則漢不得爲赤其所發明補益實多陛下通天然之明見大聖之本攺元正歷垂萬世則是以麟鳳百數家瑞雜還猶朝夕恪勤遊情六藝研幾綜微靡不審覈若復留意廢學以廣聖見庶幾無所遺失矣書奏帝嘉之賜布五百疋衣一襲若魯丕和帝時爲中散大夫時侍中賈逵薦丕道藝深明宜見任用帝因朝會召見諸儒丕與逵及尚書令黃香等令相難數事帝善丕之說特賜冠幘履襪衣一襲丕因上疏曰臣以愚頑顯備大位犬馬氣衰猥得進見論難於前無所甄明衣服之賜誠爲優過臣聞說經者傳先師之言非從己出不得相讓相讓則道不明若規矩權衡之不可枉也難者必明其據說者務立其義浮華無用之言不陳於前故精思不勞而道術愈章法異者各令自說師法博觀其義覽詩人之旨意察雅頌之終始明舜禹皐陶之相戒顯周公箕子之所陳觀乎人文化成天下陛下旣廣納謇以開四聰寧令芻蕘以言得罪旣顯岩穴

以求仁賢無使幽遠獨有遺失

樊淮安帝時補尚書郞鄧太后臨朝儒學陵替淮乃上疏曰臣聞賈誼有言人君不可以不學故雖大舜聖德孜孜爲善成王賢主崇明師傅故光武皇帝受命中興羣雄分擾旌旗亂野東西誅戰不遑啓處然猶投戈講藝息馬論道至孝明皇帝兼天地之資用日月之明庶政萬幾無不簡心而垂情古典游意經藝每饗射禮畢正坐自講諸儒並聽四方欣欣雖闕里之化矍相之事誠不足言又多徵名儒以充禮官如沛國趙孝瑯琊承宮等或安居結駟告歸鄉里或

豐衣博帶從見宗廟其餘以經術皆優者布見廊廟故朝夕皤皤之良華首之老每宴會則論難衎衎共求政化詳覽羣言響如振玉朝者進而思政罷者退而備問小大隨化雍雍可嘉期門羽林介胄之士悉通孝經博士議郎一人開門徒衆百數化自聖躬流及蠻荒匈奴遣伊秩訾王大車且渠來入就學八方肅清上下無事是以議者每稱盛時咸言永平今學者蓋少遠方尤甚博士倚席不講儒者競論浮麗忘謇謇之忠習諓諓之辭文吏則去法律而學詆欺銳錐刀之鋒斷刑辟之重德陋俗薄以政苛刻昔孝文

竇后性好黃老而清淨之化流景武之間臣愚以為宜下明詔博求幽隱發揚巖穴寵進儒雅有如孝廉者徵詣公車以俟聖上講習之期公卿各舉明經及舊儒子孫進其爵位受纘其業復召郡國書佐使讀律令如此則延頸者日有所見傾耳者月有所聞伏願陛下推述先帝進業之道太后深納其言是後屢舉方正敦樸仁賢之士

翟酺順帝時為將作大匠上言孝文皇帝始置一經博士武帝大合天下之書而孝宣論六經於石渠學者滋盛弟子萬數光武初興愍其荒廢起太學博士舍內外講堂諸生橫巷為海內所集明帝時辟雍始成欲毀太學太尉趙熹以為太學辟雍皆宜兼存故並傳至今而頃者頽廢至為園採芻牧之處宜更修繕誘進後學帝從之遂起太學更開拓房室學者為酺立碑銘於學

魏劉靖文帝時為大司農衛尉上疏陳儒訓之本曰夫學者治亂之軌儀聖人之大教也自黃初以來崇本太學二十餘年而成者蓋寡繇博士選輕諸生避役高門弟子恥非其倫故學者雖有其名而無其實雖設其教而無其功宜高選博士取行為人表經任

人師者掌教國子依遵古法使二千石以上子孫年從十五皆入大學明制黜陟榮辱之路其經明修行者則進之以崇德荒教廢業者則退之以懲惡舉善而教不能則勸浮華交游不禁自息矣闡弘大化以綏來賓六合承風遠人來格此聖人之教致治之本也

高柔明帝時為博士執經又上疏曰臣聞遵道重學聖人洪訓褒文崇儒帝者明經昔漢末陵遲禮樂崩壞雄戰虎爭以戰陣為務遂使儒林之羣幽隱而不顯太祖初興閔其如此在於撥亂之際並使郡縣立

教學之官高祖即位遂闡其業興復辟雍州立課試於是天下之士復聞庠序之教親俎豆之禮焉陛下臨政允迪叡哲敷弘大猷光齊先軌雖夏啓之承基周成之繼業誠無以加也然今博士皆經明行修一國清選而使遷除限不過長僶非所以崇顯儒術帥勵怠惰也孔子稱舉善而教不能則勸故楚禮申公學士銳精漢隆卓茂縉紳競慕臣以爲博士者道之淵藪六藝所宗宜隨學行優劣待以不次之位敦崇道教以勸學者於化爲弘帝納之

晉戴邈懷帝永嘉中爲征南軍司于時凡百草創學

較未立邈上疏曰臣聞天道之所大莫大於陰陽帝王之至務莫重於禮學是以古之建國有明堂辟雍之制鄉有庠序黌校之儀皆所以抽道幽滯啓廣才思蓋以六四有困蒙之吝君子大養正之功也昔仲尼列國之大夫耳興禮修學於洙泗之間四方髦俊斐然向風身達者七十餘人自茲以來千載絶塵豈天下小於魯衛賢者之於曩時勵與不勵故也自頃國遭無妄之禍社稷有綴旒之危冦羯飲馬於長江兇狡鴟張於萬里遂使神州蕭條鞠於茂草四海之內人迹不交霸王有旰食之憂黎元懷荼毒之苦戎馬交集於中原何遑籩豆之事哉然三年不爲禮禮必壞三年不爲樂樂必廢況曠載累紀如此之久焉今末進後生目不覩揖讓升降之儀耳不聞鐘鼓管絃之音文章散滅圖讖無遺此蓋聖達之所深悼有識之所嗟歎也夫治世尚文遭亂尚武文武迭用久長之道譬之天地昏明交迭自古以來未有不由之者也今或以天下未一非興禮學之時此言似之而不朞然夫儒道深奧不可倉卒而成古之俊乂必三年而通一經此天下泰平然後修之則功成事定誰與制禮作樂者哉又貴遊之子未必有斬將搴旗之

才亦未有從軍征戍之役不及盛年講肄道義使明珠加磨瑩之功荊璞發採琢之榮不亦良可惜乎臣愚以世喪道久人情玩於所習純風日去華競日彰猶火之消膏而莫之覺也今天下告始萬物權輿聖朝以神武之德值革命之運蕩近世之流敝繼千載之絶軌篤道崇儒創立大業明主唱之於上宰輔督之於下夫上之所好下必有過之者焉是故雙劒之節崇而飛白之俗成挾琴之容飾而赴曲之和作君子之德風小人之德草實在感之而已臣以闇淺不能遠識格言奉誦明令慷慨下風謂以三時之隙漸

就脩建疏奏納焉於始脩禮學

王導元帝初遷驃騎軍將領中書監于時軍旅不息學校未修導上書曰夫治化之本在於正人倫人倫之正存乎設庠序庠序設五教明德禮洽通彝倫攸敘有恥且格也父子兄弟夫婦長幼之序順而君臣之義固矣易所謂正家而天下定者也故聖王蒙以養正少而教之使化沾肌骨習以成性遷善遠罪而不自知行成德立而後裁之以位雖王之嫡子猶與國子齒使知道而後貴其取才用事咸先本之于學故周禮卿大夫獻賢能之書于王王拜而受之所以

尊道而貴士也人知士之所貴繇乎道存則退而脩其身脩其身以及其家正家以及於鄉學於鄉以登於朝反本復始各求諸巳敦素之業著浮薄之道息教始然也故以之事君則忠用之蒞下則仁郎孟軻所謂未有仁而遺其親義而後其君者也自項皇綱失統禮教陵替頌聲不作于今二紀傳曰三年不爲禮禮必壞三年不爲樂樂必隳而況如此其久者乎先進漸忘揖讓之容後生惟聞金革之響干戈日尋俎豆不設先王之道彌遠華僞之風遂滋非所以習民靖俗揣本抑末之謂也殿下以命世之資屬傾危之運禮樂征伐翼成中興將滌穢蕩瑕撥亂反正誠宜經綸稽古建明學校闡揚六藝以訓後生使文武之道墜而復興方今小雅盡廢戎虜扇熾節義陵遲國恥未雪忠臣義士所以扼腕禮樂政刑當並陳以俱濟者也苟禮義膠固純風載洽則化之所陶者廣而德之所被者大義之所屬者深而威之所振者遠矣由斯而進則可朝服濟河使帝典闕而復補王綱弛而更張饕餮改情獸心革面揖讓而蠻夷服綴帶而天下從得乎其道者豈難也哉故有虞舞干戚而三苗化魯僖作泮宮而淮夷服桓公之霸皆先教而

後戰今若聿遵前典復道教使朝之子弟並入于學選明博修禮之士而爲之師化成俗定莫尚於斯帝納之

荀崧元帝時爲太常時方修學校簡省博士置周易王氏尚書鄭氏古文尚書孔氏毛詩鄭氏周官禮記鄭氏春秋左傳杜氏服氏論語孝經鄭氏博士各一人凡有九人其儀禮公羊穀梁及鄭易皆省不置崧以爲不可乃上疏曰自喪亂以來儒學尤寡今處學則闕朝廷之秀士朝則廢儒學之俊昔咸寧太康元康永嘉之中侍中常侍黄門通洽古今行爲世表者

領國子博士一則應對殿堂奉酬顧問二則參訓國子以弘儒訓三則祠儀二曹及太常之職以得質疑今皇朝中興美隆往初宜憲章令軌祖述前典世祖武皇帝應運登禪崇儒興學經始明堂營建辟雍告朔班政鄉飲大射西閣東序河圖秘書禁籍臺省有宗廟大府金庸故事太學有石經古文先儒典訓賈馬鄭杜服孔王何顏尹之徒章句傳注衆家之學置博士十九人九州之中師徒相傳學士如林猶選張華劉實居太常之官以重儒教傳稱孔子沒而微言絕七十二子喪而大義乖自頃中夏殄瘁講誦遏密

斯文之道將墜于地陛下聖哲龍飛恢崇道教樂正雅頌於是乎在江揚二州先漸聲教學士移文于今爲盛然方疇昔猶還之一臣學不章句才不弘通方之華實儒風殊邈思竭駑駘庶增萬分願斯道隆於百世之上縉紳永於千載之下伏聞節省之置皆三分置二博士舊置十九人今五經合九人准古計今猶未能半宜及省節之制以時施行今九人以外猶宜增四願陛下萬幾餘暇時垂省覽宜爲鄭易置博士一人鄭宜禮博士一人春秋公羊博士一人穀梁博士一人昔周之衰下陵上替上無天子下無方伯善者誰賞惡者誰罰孔子懼而作春秋諸侯忌妬懼犯時禁是以微辭妙旨義不顯明故曰知我者其惟春秋罪我者其惟春秋時左丘明子夏造膝親受無不精究孔子既沒微言將絕於是丘明退撰所聞而聞之傳其書善禮多膏腴美辭張本繼末以發明經義信多奇偉學者好之稱公羊高親受子夏立於漢朝辭義清俊斷決明審董仲舒之所善也穀梁赤師徒相傳暫立於漢世向歆漢之碩儒猶父子各執一家莫肯相從其書文清義約諸所發明或是左氏公羊所不載亦足有所取正是以三傳並行於先代通

才未能孤廢今去聖久遠其文將墮與其過廢寧與過立臣以爲三傳雖同曰春秋而發端異趣按如三家異同之說此乃義則戰爭之場辭以劒戟之鋒於理不可得共博士宜各置一人以傳其學詔曰崧表如此皆經國之務爲政所由息馬投戈猶可講藝今雖日不暇給豈忘本而遺存邪可共博士議者詳之議者多請從崧所奏詔曰穀梁膚淺不足置博士餘如奏會王敦之難不可應詹元帝時爲後軍將軍上疏曰性相近習相遠訓導之風宜慎所好魏正始之間蔚爲文林元康以來賤經尚道以玄虛宏放爲夷

逵以儒術清儉爲鄙俗永嘉之弊未必不由此也今雖有儒官教養未備非所以長育人材納之軌物也宜修辟雍崇明教義先令國子受訓然後皇儲親臨釋奠則普天尚德率土知方矣帝雅重其才深納之

袁環成帝時咸康中爲國子祭酒于時喪亂之後禮教陵遲環上疏曰臣聞先王之教也崇典訓以弘遠大明禮學以流後生所以道萬物之性暢爲善之道也宗周既興文史載煥端委垂於南蠻頌聲溢於四海故延陵聘魯聞雅而嘆韓起過魯觀易而美何者立人之道於斯爲首孔子恂恂以教洙泗孟軻係之

誨誘無倦是以仁義之聲于今猶存禮讓之節時或有之疇昔皇運陵替喪亂屢臻儒林之教漸頹庠序之禮有闕國學索然墳籍莫啓有心之徒抱志無由昔魏武帝身親介冑務在武功猶尚廢鞍覽卷投戈吟咏況今陛下以聖明臨朝百官以虔恭涖事朝野無虞江外謐靜如之何泱泱之風漠焉無聞洋洋之美墜於聖世乎古人有言詩書義之府禮樂德之則實宜留心經籍闡明學義使諷誦之音盈於京室味道之賢是則是詠豈不盛哉若得給其宅第備其學徒博士僚屬粗有其官則臣之願也疏奏帝從之國學之興自環始也

謝石孝武帝太原初爲尚書上疏曰立人之道曰仁與義翼善輔性惟禮與學雖理出自然必須誘導故洙泗闡弘道之風詩書垂軌教之典敦詩悅禮王化以須而隆甄陶九流羣生於是乎穆世不常治道亦時亡光武投戈而習誦魏武息馬以脩學懼墜斯文若此之至也大晉受命值世多阻雖聖化日融而王道未備庠序之業或廢或興遂令陶鑄闕日用之功民性靡素絲之益亹亹玄緒翳焉莫抽臣所以遠尋伏念寤寐永歎者也今皇威遐震戎車方靜將灑玄

風於四區導斯民於至德豈可不弘敷禮樂使煥乎可觀請興復國學以訓冑子班下州郡普脩鄉較雕琢琳瑯和寶必至大啓羣蒙茂玆成德匪懈于事必由之以道則人競其業道隆學備矣帝納其言

殷茂爲國子祭酒時選公卿二千石子弟爲學生增造廟屋一百五十五間而品課無章士君子恥與其列茂言之曰臣聞弘化正俗存乎禮教輔性成德必資於學先王所以陶鑄天下津梁萬物閑邪納善潛被於日用者也故能疏通玄理窮綜幽微一貫古今彌綸治化且夫子稱回以好學爲本七十希聖以善

誘歸宗雅頌之音流詠千載聖賢之淵範哲王所同風自大晉中興肇基江左崇明學較脩建庠序公卿子弟竝入國學尋值多故訓業不終陛下以聖德玄一思隆前美順通居方導達物性興復儒肆筌與後生自學建彌年而功無可名憚業避就存者無幾或假託親疾眞僞難知聲實渾亂莫此之甚臣聞舊制國子生皆冠族華冑比列皇儲而中者混雜蘭艾遂令人情恥之子貢欲去告朔之餼羊仲尼猶愛其禮況名實兼喪面牆一世者乎若以當今急病未遑斯典權宜停廢者别一理也若其不然宜依舊准竊謂

臣內外清官子侄普應入學制以程課今者見生或年在扞格方圓殊趣宜聽其去就各從所安所上謬合乞付外參議孝武下詔褒納又不施行

李遜清河人孝武時上表曰臣聞教者治化之本人倫之始所以誘達羣方進德興仁譬諸土石因陶冶成器雖復百王殊禮質文參差至於斯道其用不爽自中華湮沒闕里荒毁先王之澤寢聖賢之風絶自此迄今將及百年造化有零否終有泰河濟夷徙海岱清及徘徊天邑感戀罔極乞臣表付外參議又不見省

冊府元龜 終

冊府元龜
巡按福建監察御史臣李嗣京訂正
知閩縣事臣曹冉臣叅閱
知建陽縣事臣黃國琦較釋

學校部七

奏議第二

宋范泰為國子祭酒時高祖初受命議建國學泰上表曰臣聞風化興於哲王敦倫表於盛世至挩莫先講習甚樂必寄朋來古人成童入學易子而教尋師無遠負糧忘艱安親光國莫不由禮此若能出不由

戶則斯道莫從是以明詔爰發已成渙汗學制既下遠近遵承臣之愚懷少有未達今惟新告始盛業初基天下改觀有志景慕而置生之制取少停多開不來之端非一途而已臣以家推國則知所聚不多恐不足以宣大宋之風引濟濟之美臣謂合選之家雖制所未達父兄欲其入學理合開通雖小為晨昏所以大引孝道不修春秋則所陷或大故趙盾忠而書弒許止孝而得罪於斯為戒可不懼哉十五志學誠有其文若年降無幾而深有志向者何必限以一格而不許其進邪楊鷫豫玄實在弱齒五十學易乃無大過昔中朝助教亦用二品潁川陳載以辟大保掾而國子取為助教卽大尉淮之弟所貴在於得才無繫於定品教學不篤獎勵不著今有職閑而學優者可以本官領之門地堪二品宜以朝請領助教既可以甄其名品斯以敦學之一隅其二品才堪自依舊從事會今生徒有期而學較未立覆簣實望其速向輙已淹其遲事有以賒而宜急者殆此之謂古人重寸陰而賤尺璧其道然也時學竟不立

梁周弘正累遷國子博士啓武帝周易疑義凡五十條又請釋乾坤二繫曰臣聞易稱立象以盡意繫辭

以盡言然後知聖人之情幾乎不可見矣自非含微體極盡化窮神豈能通志成務探賾致遠而宣尼之比梃梏絕韋編於漆字軒轅之所聽瑩遷玄珠於赤水伏惟陛下一日萬幾匪勞神於瞬息凝心妙本常自得於天真聖智無以隱其幾深明神無以輪其不測至若爻畫之苞於六經文辭之窮其兩繫名儒劇談以歷載鴻生抵掌以經年莫有試遊其藩未嘗一見其族自制旨降談裁成易道析至理於秋毫渙曆水於幽谷臣親承音旨職司宣授後進詵詵不無傳業但乾坤之蘊未剖繫表之妙莫銓使一經深致尚

多所惑臣不揣庸淺輕率短陋謹與受業諸生清河
張武等三百一十二人於乾坤二繫象爻未啓伏願
聽覧之閑曲垂提訓得使微臣鑽仰成其篤習後昆
好事專門有奉自惟多幸倶沐道於堯年肄業終身
不知老之將至詔答曰設卦觀象事遠文高作繫表
言辭深理奥東魯絶編之思西北幽憂之作事逾三
古人更七聖自商瞿禀承子庸傳受篇簡湮没歲月
遼遠田生表淄川之譽梁丘擅瑯琊之學代郡范生
山陽王氏人藏荆山之寶各盡玄言之趣説或去取
意有詳畧近搢紳之學咸有稽疑隨答所問已具别

解如與張武等三百一十二人頊釋乾坤文言及二
繫萬幾小暇試當討論
陳沈不害文帝天嘉初爲衡陽王府中記室叅軍兼
嘉德殿學士自梁季喪亂至是國學未立不害上書
曰臣聞立人建國莫尚於尊儒成俗化民必崇於教
學固東膠西序事隆乎三代環林壁水業盛於兩京
自淳源既遠澆波已扇物之感人無窮人之遂欲無
節是以設訓垂範啓導心靈譬彼染藍類諸琢玉然
後人倫以睦卑高有序忠孝之理既明君臣之道攸
固執禮自基魯公所以難侮歌樂已細鄭伯於是前

亡干戚舞而有苗至泮宮成而淮夷服長想洙泗之
風載懷淹稷之盛有國有家莫不尚矣梁太清季年
數鍾否剝夷狄外侵姦回内奰朝聞鼓鼙夕烙烽火
洪儒碩學解散甚於坑夷五典九丘湮滅逾乎帷盖
成均自斯墜業譽宗於是不修襃成之祠弗陳禖享
釋萊之禮無稱俎豆頌聲寂寞遂踰一紀後生敦悦
不見函丈之禮晚學鑽仰徒深避席之歎陛下繼曆
升統握鏡臨寓道洽寰中威加無外濁流已清重氛
載廓含生熙阜品庶咸亨宜其弘振禮樂建立庠序
式稽古典愼簡儒官選公卿國子皆入於學助教博

士朝夕講肄使擔簦負笈鏘鏘接衽方領矩步濟濟
成林如切如磋聞詩聞禮一年可以功倍三冬於是
足用故能擢秀雄州揚庭觀國入士登朝資優學以
自輔莅官從政有經業以治身轞駕列庭青紫拾地
古者王世子之貴猶與國子齒降及漢儲茲禮不墜
暨兩晋斯事彌隆所以見師嚴而道尊者也皇太子
天縱生知無待審喻猶宜晦迹俯同專經請業奠爵
前師肅若舊典昔闕里之堂草萊自闢舊宅之内絲
竹流音前聖遺烈深垂警戒况復江表無虞海外有
截豈得不開闡大猷恢弘至道寧可使玄教儒風弗

興聖世盛德大業遂蘊尭年臣末學小生詞無足算輕獻瞽言伏增悚惕詔答曰省表聞之自舊章弛廢微言將絕朕嗣膺寶業念在緝熙而兵革未息軍國草創嘗恐前世令典一朝泯滅卿才思優洽文理可求弘借大體殷勤名教付外詳議依事施行

後魏高允爲中書令獻文初詔允曰自頃以來庠序不見爲日久矣道肆陵遲學業遂廢子衿之嘆復見於今朕既纂統大業中外咸安稽之舊典欲置學官於郡國使進修之業有所津寄卿儒宗元老朝望舊德宜與中秘二省參議以聞允表曰臣聞經綸大業

必以教養爲先咸秩九疇亦由文德成務故辟雍光於周詩泮宮顯於魯頌自永嘉以來舊章殄滅鄉閭無雅誦之聲京邑絕釋奠之禮道業陵夷百五十載仰惟先朝每欲憲章昔典經闡儒風方事尚殷弗遑克服陛下欽明文思纂成洪業萬國咸寧百揆時序申祖宗之遺志興禮樂之絕業爰發德音惟新文教搢紳黎獻莫不幸甚臣承旨勑並集二省披覽使籍備究典紀靡不敦儒以覲其業貴學以篤其道伏思明詔玄同古義宜如聖旨營建學校以勵風俗使先王之道光演於明時郁郁之音流聞於四海請制大郡立博士二人助教四人學生一百人次郡博士一人助教二人學生八十人中郡博士一人助教二人學生六十人下郡立博士一人學生四十人其博士取博閱經典世履忠清堪爲人師者年限四十以上助教亦與博士同年限三十以上通業夙成才任教授不拘年齒學生取郡中清望人行脩謹堪循名教者先進高門次及中第獻文從之郡國立學自此始也

鄭道昭孝文時爲國子祭酒上表曰臣竊以爲崇治之道必也須才養才之要莫先於學今國子學堂房

粗置生誦闕爾城南太學漢魏石經丘墟殘毀藜藿榛蕪遊兒牧豎爲之歎息有情之輩實亦悼心況臣親司而不言露伏願天慈迴神紆睠賜垂覽察若臣微意萬一合允重勑尚書門下考論營制之模則三雍可翹立而興毀銘可不日而就樹舊經於帝京播茂範於不朽斯有天下者之美業也不從道昭又表曰臣聞唐虞啓運以文德爲本殷周刑治以道藝爲先然則禮樂者爲國之基不可斯須廢也是故周敷文教四海宅心魯秉周禮強齊歸義及至戰國紛紜干戈遍用五籍灰焚羣儒坑殄賊仁義之經貴戰爭

之術遂使天下分離黔黎塗炭數十年間民無聊生者斯之由矣爰暨漢祖於行陣之中尚優引叔孫通等光武中興於撥亂之際乃使鄭衆范昇較書東觀降逮魏晉何嘗不殷勤於篇籍篤學於戎伍伏惟大魏之興也雖羣凶未殄戎馬在郊然猶招集英儒廣開學較用能闡道義於八荒布盛德於萬國教靡不懷風無不偃今者乘休平之基開無疆之祚定鼎伊瀍惟新寶曆九服感至德之和四垠懷擊壤之慶而蠢爾閩吳阻化江湫先帝爰震武怒戎車不息而停鑾佇蹕留心典墳命故御史中尉臣李彪與吏部尚

書任城王澄等妙選英儒以崇文教澄等依旨置四門博士四十人其國子博士太學博士及國子助教宿已簡置伏尋先旨意存速就但軍國多事未遑營立自遷迄今垂將一紀學官凋落四術寢廢遂使碩儒耆德卷經而不談俗學後生遺本而逐末進競之風實由於此矣伏惟陛下欽明文思玄鑒洞達越會未款務脩道以來之遐方後服敷文教而懷之垂心經素優悠墳籍將使化越軒唐德隆虞夏是故屢發中旨敦營學館房宇既脩生徒未立臣學陋全經識蔽篆素然往年刪定律令謬預議筵謹依准前修尋訪舊事參定學令事訖封呈自遷迄今未蒙報判但廢學歷年經術淹滯請學令并制早勑施行使選授有依生徒可准詔曰具卿崇儒敦學之意良不可言新令尋班施行無遠可謂職思其憂無曠官矣道昭又表曰竊惟鼎遷中縣年將一紀縉紳褫業俎豆闕聞遂使濟濟明朝無觀風之美非所以光國宣風納民軌物臣自往年以來頻請學令竝置生員前後累上未蒙一報故當以臣職淺濫官無能有所感悟者也舘學既修生房粗構博士見員足可講習雖新令未頒請依舊權置國子學生漸開訓業使播教有章

儒風不墜後生覩徒義之機學徒崇知新之益至若孔廟既成釋奠告始揖讓之容請俟令出不報

孫惠蔚宣武初爲秘書丞既入東觀見典籍未周乃上疏曰臣聞聖皇之御世也必幽贊人經參天貳地憲章典故述導鴻猷故易曰觀乎天文以察時變觀乎人文以化成天下然則六經百氏圖書秘籍乃承天之正術治人之奐範是以溫柔疏達詩書之教恭儉易良禮樂之道爻彖以精微爲神春秋以屬辭爲化故大訓炳於東序藝文光於麟閣斯實太平之樞宗勝殘之要道有國之靈基帝王之盛業安上靖民

敦風美俗其在茲乎及秦棄學術禮經泯絶漢興求訪典文載舉先王遺典燦然復存暨光武撥亂日不暇給而入雒之書二千餘兩魏晉之世尤重典墳收亡集逸九流咸備觀其鳩閱史篇訪購經論紙竹所載畧盡無遺臣學闕通儒思不及遠徒循章句片義無立而茲造典章厠班秘省忝官承乏惟書是司而觀閣舊典先無定目新故雜揉首尾不全有者累帙數十無者曠年不寫或篇第褫落始末淪殘或文壞字誤謬爛相屬篇目雖多全定者少臣今依前丞臣盧昶所撰甲乙新錄欲裨殘補缺損併有無較練句

讀以爲定本次第均寫永爲常式其秘省先無本者廣加推尋搜求令足然經記浩博諸子紛綸部帙既多章篇紕繆當非一二較書歲月可了今求令四門博士及在京儒生四十人在秘書省專較精考參定字義如蒙聽許則典文允正羣書大集詔許之

南安王禎之子英宣武時爲吏部尚書奏謹按學令許州郡學生三年一較所通經數因正使列之然後遣使就郡練考臣伏惟聖明崇道顯成均之風蘊義光膠序之美是以大學之館久置於下國四門之教方稱於京里許習訓淹年聽授累紀然儁造之流應升於魏闕不革之輩宜返於齊民須以皇都遷構江陽未一故鄉較之訓弗遑上請致薰蕕之質均誨學庭蘭蕭之體等教文肆令外宰京官銓考向訖求遣四門博士明通五經者道別較練依令黜陟詔曰學業墮廢爲日已久非一朝能勸此當別勑

劉芳爲侍中領國子祭酒宣武時芳上表曰夫爲國家者罔不崇儒尊道學較爲先成復政有質文茲範不易誥由萬端茲始衆務所稟故也唐虞已往典籍無據隆周已降任居虎門周禮大司徒云師氏掌以媺詔王居虎門之左司王朝（虎門路寢之門王視朝於門外畫虎焉司王朝

言察王之視朝也）掌國中失之事以教國子弟（中失謂中禮及失禮者）蔡氏勸學篇云周之師氏居虎門左敷陳六藝以教國子今之祭酒即周師氏雒陽記國子學官與天子對太學在開陽門外按學記云古之王者建國君民教學爲先鄭氏注云內則設師保以教使國子學焉外則有太學庠序之官由斯而言國學在內太學在外明矣按如雒陽記猶有仿像臣愚謂今既徙縣崧瀍皇居伊雒宮闕府寺僉復故址至於國學豈可舛替校量舊事應在宮門之左右至如太學基所炳在仍舊營構又去太和二十年發勑立四門博士於四

門置學臣按自周以來學惟有二或尚西或尚東或
貴在國或貴在郊爰暨周室學盖有六師氏居內太
學在國四小在鄉郊禮記云周人養庶老於虞庠虞
庠在國之西郊禮又云天子設四學當入學而太子
齒注云四學周四郊之虞庠也按大戴保傅篇云帝
入東學尚親而貴仁帝入南學尚齒而貴信帝入西
學尚賢而貴德帝入北學尚貴而尊爵帝入太學承
師而問道周之五學於此彌彰按鄭注學記周則六
學所以然者法云內則設師保以教使國子學焉外
則有太學庠序之官此其正也漢魏已降無復四郊

謹尋先時宜在四門按王肅注云天子四郊有學去
王都五十里考之鄭氏不云遠近今太學故坊基址
寬曠四郊別置相去遼濶館督難周計太學坊弁作
四門猶爲太廣以臣愚量同處無嫌且今時置制多
循中代未審四學應從吉否求集儒禮官議定其所
從之遷中書令祭酒如故
崔光孝明時爲車騎大將軍領國子祭酒上表曰詩
稱蔽芾甘棠勿翦勿伐召伯所茇又云雖無老成人
尚有典刑傳曰思其人猶愛其樹況用其道而不卹
其人是以書始稽古易本山泉觀於天文以察時變
觀於人文以化天下孟子夓實銜向計說安氏記籛
於汾南伯山抱卷於河右元始孫論充漢帝之坐孟
皇片字懸魏王之帳前哲之寶重墳典珍愛分篆猶
若此之至也矧廼聖典鴻經炳勒金石理爲國楷義
成家範迹實世模事則人軌千載之格言百王之盛
烈而令焚荒汙毀積榛棘而弗掃鼪鼬之所栖宿童
豎之所登蹈者哉誠可爲痛心疾首拊膺扼腕伏惟
皇帝陛下孝敬日休自天縱睿垂心初學儒業方熈
皇太后欽明慈淑臨制統化崇道重教留神翰林將
披雲臺而問禮拂麟閣以招賢誠宜特開闕里清彼

孔堂而使近在城闉面接宮廟舊較爲墟子衿永替
豈所謂建國君民教學爲先京邑翼翼四方是則也
尋石經之所起自炎劉繼以曹氏論初乃三百餘載
計未向二十紀矣昔來雖屢經戎亂猶未大相傾如
聞往者刺史臨州多構圖寺道俗諸用稍有發掘基
蹠泥灰或出於此皇都始遷尚可補復軍國務殷遂
不存簡官私顯隱漸加剝撤播麥納菽秋春相因閇
生蒿杞時致火燎由是經石彌減文字增缺職忝胄
教參掌經訓不能繕修頹墜興復生業倍深慚恥今
來遣國子博士一人堪任幹事者主周視驅禁田牧

制其踐穢科閱碑牒所失次第量厥補綴詔曰此乃
學者之根原不朽之永格垂範將來憲章之本便可
一依公表光乃令國子博士李郁與助教韓神固劉
燮等勘較石經其殘鈌者石功并字多少欲補治之
於後靈太后廢遂寢
羊深前廢帝時爲散騎常侍兼侍中是時膠序廢替
名教陵遲深乃上疏曰臣聞崇禮建學列代之所循
尊經重道百王所不易是以均塾洞啓昭明之頌載
揚膠序大闢郁穆之詠斯顯伏惟大魏乘乾統物欽
若奉時模唐軌虞率由前訓重以高祖累聖垂衣儒

風載蔚得才之盛如彼薪蕕固以追隆周而竝驅駕
炎漢而獨邁宣皇下武式遵舊章用能揄揚盛烈聿
修厥美自茲巳降世極道消風猷稍遠澆薄方競退
讓寂寥地競靡節進必吏能外非學藝是使刀筆小
用計日而期榮專經大才甘心於陋巷然治之爲本
斯貴得賢苟値其人豈拘常簡三代兩漢異世間出
或釋褐中林鬱登卿尹或投竿釣渚徑升公相事炳
丹青義在往策悠哉邈乎不可勝紀竊以今之所用
弗修前矩至如當世通儒冠之盛德見徵不過四門
登庸不越九品以此取士求之濟治譬猶却行以及
前之燕而向楚積習之不可者其所由來漸矣昔魯
興泮宮頌聲爰發鄭廢學校國風巳譏將以納民軌
物莫始於經禮菁莪育才義光於篇什自兵亂以來
垂將十載干戈日陳俎豆斯闕四海荒涼民物凋弊
名教頓虧風流殆盡世之陵夷可爲歎息陛下中興
纂歷理運惟新方隅稍厚實惟文德但禮賢崇讓之
科治世未備還淳反朴之化起言斯穆夫先黃老而
退六經史遷終其成蠹貴玄虛而賤儒術應氏所以
亢言臣雖不敏敢忘前載且魏武在戎尚修學校宜
尼權論造次必儒臣愚以爲宜重修國學廣延胄子

使函丈之教日聞釋奠之禮不闕并詔天下郡國興
立儒教考課之程咸依舊典苟經明行脩宜擢以不
次抑斗筲喋喋之才進大雅汪汪之德博收鴻生以
光顧問縶維奇異共精得失使寰區之內競務仁義
之風荒散之餘漸知禮樂之用豈不美哉臣誠闇短
敢慕前訓用稽古義上塵聽覽伏望陛下垂就日之
監齊非煙之化儻以臣言可採乞特施行廢帝善之
北齊邢邵西魏出帝時爲國子祭酒與楊愔魏文請
置學奏曰二黌兩學之盛虞殷所以宗配上帝以著
莫大之嚴宣布十二彰則天之軌養黃髮以詢哲言

育青衿而敷典教用能享國長久風猷萬祀者也爰曁亡秦改革其道坑儒滅學以蔽黔黎故九服分離祚終二代炎漢勃興更脩儒術故西京有六學之義東京有三本之盛逮自魏晉擾亂相因兵革之中學較不絕仰惟高祖孝文皇帝稟聖自天道鏡今古列教序於鄉黨廓詩書於郡國但經始事殷戎軒屢駕未遑多就弓劒弗追世宗統曆聿遵先緒永平之中大興板築續以戎馬生郊雖逮爲山還停一簣而明堂禮樂之本乃鬱荊棘之林膠序德義之基空盈牧豎之迹城隍嚴固之重闕磚石之工墉構顯望之要

少樓榭之飾加以風雨稍侵漸致虧墜非所謂追隆堂構儀刑萬國者也伏聞朝儀以高祖大造區夏道侔姬文擬祀明堂式配上帝今若基地不修仍同畎澮即使高皇神享闕於國陽崇事之典有聲無實此臣子所以匪寧億兆無所停望也臣又聞官方受能所以任事既任事矣酬之以祿如此則上無曠官之譏下絕尸素之謗今國子雖有學官之名無教授之實何異兎絲燕麥南箕北斗哉昔劉向有言王者宜興辟雍禮樂以風天下夫禮樂所以養人刑法所以殺人而有司勤勤請定刑法至於禮樂則曰未敢敢於殺人不敢於養人也臣以爲當今四海清平九服寧晏經國要重理應先營脫復稽延則劉向之言徵矣但事不兩興須有進退以愚量之宜罷上方彫美之作頗省永寧土木之工并減瑤光材瓦之力兼分石窟鐫琢之勞停諸事役非世急者三時農隙修此數條使辟雍之禮蔚爾而復興諷誦之音煥然而更美崇樹高墉嚴壯於外槐宮棘寺顯麗於中更明古今重遵鄉飲廓遠郡學精課經業如此則元凱可得之於上序游夏可致之於下國豈不休歟靈太后令曰配饗大禮爲國之本比以戎馬在郊未遑脩繕今

四海晏寧當勑有司別議經始

隋牛弘高祖開皇初爲秘書監以典籍未備上表請開獻書之路曰經籍所興由來尚矣爻書肇於庖羲文字生於蒼頡聖人所以弘宣道教博通古今揚於王庭肆於時夏故堯稱至聖猶考古道而言舜其大智尚觀古人之象周官外史掌三皇五帝之志武王問皇帝顓頊之道太公曰在丹書是知握符御曆有國家者曷嘗不以詩書而爲教因禮樂而成功也昔周德既衰舊經紊棄孔子以大聖之才開素王之業憲章祖述制禮刪詩正五始而修春秋闡十翼而弘

易道治國立身作範垂法及秦皇馭㝢吞滅諸侯任用威力事不師古始下焚書之令行偶語之刑先王墳籍盡皆掃地本既先亡從而顛覆臣以圖讖言之經典盛衰信有徵數此則書之一厄也漢興改秦之弊敦尚儒術建藏書之策置校書之官屋壁山巖往往間出外有太常太史之藏內有延閣秘書之府至孝成之世亡逸尚多遣謁者陳農求遺書於天下詔劉向父子讎校篇籍漢之典文於斯爲盛及王莽之末長安兵起宮室圖書竝從焚燼此則書之二厄也光武嗣興尤重經誥未及下車先求文雅於是鴻生

鉅儒繼踵而集懷經負帙不遠斯至肅宗親臨講肄和帝數幸書林其蘭臺石室鴻都東觀秘牒塡委更倍於前及孝獻移都吏民擾亂圖書縑帛皆取爲帷囊所收而西裁七十餘乘屬西京大亂一時播蕩此則書之三厄也魏武代漢更集經典皆藏在秘書內外三閣遣秘書郎鄭默刪定舊文時之論者美其朱紫有別晉氏承之文籍尤廣晉秘書監荀勗定魏內經更著新簿雖古人舊簡猶云有缺新章後錄鳩集已多足得恢弘正道訓範當世屬劉氏憑陵京華覆滅朝章國典從而失墜此則書之四厄也永嘉之後

寇竊競興因河據雒跨秦帶趙論其建國立家而傳名號憲章禮樂寂滅無聞劉裕平姚泓收其圖籍五經子史纔百千卷皆赤軸青紙文字古拙僭僞之盛莫過二秦以此而論足可明矣故知衣冠軌物圖畫記注播遷之餘皆歸江左晉宋之際學藝爲多齊梁之間經史彌盛宋秘書丞王儉依劉氏七畧撰爲七志梁人阮孝緒亦爲七錄總其書數三萬餘卷及侯景渡江破滅梁室秘省經籍雖從兵火其文德殿內書史宛然猶存蕭繹據有江陵遣將破平侯景收王儉之書及公私典籍重本七萬餘卷悉送荆州故江

表圖書因斯盡萃於繹矣及周師入郢繹悉焚之於外城所收十纔一二此則書之五厄也後魏爰自幽方遷宅伊雒日不暇給經籍闕如周氏創基關右戎車未息保定之始書止八千後加收集方盈萬卷高氏據有山東初亦採訪驗其本目殘缺猶多及東夏初平獲其經史四部重雜三萬餘卷所益舊書五千而已今御書單本合一萬五千餘卷部帙之間仍有殘缺比梁之舊目止有其半至於陰陽河雒之篇醫方圖譜之說彌復爲少臣以經書自仲尼已後迄於當今年逾千載數遭五厄興集之期屬膺聖世伏惟

陛下受天明命君臨區宇功無與二德冠往初自華夏分離彝倫攸斁其間雖霸王遞起而世難未夷欲崇儒業時或未可今土宇邁於三王民黎盛於兩漢有人有時正在今日方當大弘文教納俗昇平而天下圖書尚有遺逸非所以仰協聖情流訓無窮者也臣史籍是司寢興懷懼昔陸賈奏漢祖云天下不可馬上治之故知經邦立政在於典謨矣爲國之本莫此攸先今秘藏見書亦足披覽但一時載集須令大備不可王府所無私家乃有然士民殷雜求訪難知縱有知者多懷悋惜必須勸之以天威引之以微利

若猥發明詔兼開購賞則異典必臻觀閣斯積重道之風超於前世不亦善乎伏願天鑒少垂炤察帝納之於是下詔獻書一卷賚縑一疋一二年間篇籍稍備

柳昂爲上開府時高祖受禪昂見天下無事可以勸學行禮因上表曰臣聞帝王受命建學制禮故能移旣往之風成惟新之俗自魏道將謝分割九區關右山東久爲戰國各逞權詐俱殉干戈賦役繁重刑政嚴急蓋救焚拯溺無暇從容非朝野之願以至於此晚世因循遂成希慕俗化澆弊流宕忘反自非天然上哲挺生於時則儒雅之道綱禮之制衣冠民庶莫肯用心世事所以未清執物由茲而壞伏惟陛下稟靈上帝受命昊天合三陽之期應千齡之運往者周室傾毀區宇沸騰聖冊風行神謨電發端座廊廟蕩滌萬方俯順幽明君臨四海擇萬古之典無善不爲改百王之弊無惡不盡至若因循緣義爲其節文故以三百三千事高前代然下土黎獻尚未盡行臣謬蒙獎策從政藩部人庶軌儀實見多闕儒風以墜禮教猶微是知百姓之心未能頓變仰惟深思遠慮情念下民漸被以儉使至於道臣恐業淹事緩動延年

世若行禮勸學道教相催必當靡然向風不遠而就家知禮節人識義方比屋可封輒謂匪遠帝覽而善之

劉炫開皇中與諸儒脩定五禮授旅騎尉開皇二十年廢國子四門及州縣學惟置太學博士二人學生七十二人炫上表言學較不宜廢情理甚切高祖不納

册府元龜

巡按福建監察御史臣李嗣京　訂正

知甌寧縣事臣孫以敬　条閱

知建陽縣事臣黄國琦　較釋

學校部

奏議第三

唐房玄齡太宗時爲左僕射貞觀二年十二月與國子博士朱子奢建議云武德中詔釋奠於太學以周公爲先聖孔子配享臣以周公尼父俱稱聖人庠序置奠本縁夫子故晉宋梁陳及隋大業故事皆以孔

丘爲先聖顔回爲先師歷代所行古今通允伏請停祭周公升夫子爲先聖以顔回配享詔從之

許敬宗爲太子右庶子簡較中書侍郎貞觀二十年詔曰左丘明卜子夏公羊高穀梁赤伏勝高堂生戴聖毛萇孔安國劉向鄭仲杜子春馬融盧植鄭玄服虔何休王肅王弼杜預范甯賈逵總二十四座春秋二仲行釋奠之禮初以儒官自爲祭主直云博士姓名昭告于先聖又州縣釋奠亦以博士爲主敬宗奏曰按禮記文王世子凡學官春釋奠於先師鄭注云官謂詩書禮樂之官也彼謂四時之學將習其道故儒官釋奠各於其師既非國學行禮所以不及先聖至於春秋二時合樂之日則天子視學命有司典禮即總祭先聖先師焉秦漢釋奠無文可簡至於魏武則使太常行事自晉宋已降時有親行而學官主祭全無典實且名稱國學樂用軒懸尊俎威儀蓋皆官備在於臣下理不合專況凡在小神猶皆遣使行禮釋奠既准中祀據理必須稟命今請國學釋奠令國子祭酒爲初獻祝詞稱皇帝謹遣仍令司業爲亞獻其諸州刺史爲初獻上佐爲亞獻博士爲終獻縣學縣令爲初獻丞爲亞獻博士既無品秩請主簿及尉

通爲終獻若有闕並以次差攝州縣釋奠既請刺史縣令親獻主祭望准祭社同給明衣脩附禮令以爲永則

長孫無忌爲太尉高宗顯慶二年七月十一日議曰按新禮孔子爲先聖顔回爲先師又准貞觀二十一年以孔子爲先聖更以左丘明等二十二人與顔回俱配尼父於太學並爲先師今據永徽令聞改用周公爲先聖遂黜孔子爲先師顔回丘明並爲從祀謹按禮記云凡學春官釋奠於其先師鄭玄注曰官謂詩書禮樂之官也先師者若漢有高堂生樂有制氏

詩有毛公書有伏生可以爲師者又禮記曰始立學釋奠于先聖鄭玄注曰若周公孔子也據禮爲定昭然自别聖則非周卽孔師則偏善一經漢魏以來取捨各異顔回孔子互作先師宣父周公迭爲先聖求其節文遞有得失所以貞觀之末親降綸言依禮記之明文酌康成之奥説正夫子爲先聖加衆儒爲先師永垂制於後昆革往代之紕繆而今新令不詳制旨輙事刊改遂違明詔但成王幼年周公踐極制禮作樂功比帝王所以禹湯文武成王周公爲六君子又説明王孝道乃述周公嚴配此卽姬旦鴻業合同

冊府元龜　學校部　奏議三　卷之六百四　三

王者祀之儒宮就享實貶其功仲尼生衰周之末極文衰之弊祖述堯舜憲章文武弘聖教於六經闡儒風於千世故孟軻稱生民以來一人而已自漢已降奕葉封侯崇奉其聖迄於今日胡可降茲上哲俯於先師且丘明之徒見行其學貶爲從祀亦無故事今請改令從詔於義爲允其周公仍依别禮配享武王

詔從之

陳子昂梓周人則天光宅元年昂上疏曰臣竊獨有私恨者惟陛下之欲興崇大化而不知國家大學之廢積歲月久矣學堂荒穢略無人蹤詩書禮樂罕聞習者陛下明詔尚未及之愚臣所以私恨也臣聞天子立太學所以聚天下賢英爲政教之首君臣上下之禮於是興焉揖讓尊俎之節於此生焉是以天子得賢臣由此也今則荒廢失之於本而求之於末豈可得哉君子三年不爲禮禮必壞三年不爲樂樂必壞奈何天子之政而輕禮樂哉陛下何不詔天子胄子使歸大學而習業乎斯亦國家之大務也

韋嗣立爲鳳閣舍人聖曆二年十月嗣立上疏曰臣聞禮記曰化民成俗必由學乎學之於人其用益博故立太學以教於國設庠序以化於邑王之諸子卿

冊府元龜　學校部　奏議三　卷之六百四　四

大夫士之子及國之俊選皆造焉故自天子至於庶人未有不須學而成者國家自永淳以來國學廢散胄子棄缺時輕儒學之官莫存章句之選貴門後進競以僥倖升班寒族常流復因凌替弛業考試之際秀茂罕登驅之臨人何以從政又垂拱已後文明在辰盛典洪休日書月至因籍際會入仕尤多陛下誠能下明制發德音廣開庠序大敦學校三館生徒卽令追集王公已下子弟不容别求仕進皆入國學伏膺訓典崇飾館廟尊尚儒師盛陳奠菜之儀宏敷講説之會使士庶觀聽有所發揚引獎道德於是乎在

則四海之內靡然何風矣
劉子玄玄宗開元初爲左庶子上孝經注義曰謹按俗所行孝經題曰鄭氏注爰在近古皆云鄭康成而魏晉之朝無有此説至江左晉穆帝永和十一年及孝武太元元年再聚羣臣共論經義有荀昶撰集孝經諸説始以鄭氏爲宗自宋梁以來多有異論陸澄以爲非玄所注請不藏於秘省王儉不依其請遂得見傳於時魏齊則立於學官著在律令蓋由膚俗無識故致斯訛外然則孝經非玄所注其驗十有二條據鄭君自注云遭黨錮之事逃難注禮黨錮事解注

古文尚書毛詩論語爲袁譚所逼未至元城乃注周易都無注孝經之文其驗一也鄭君卒後弟子追論師所注述及應對時文謂之鄭志其言鄭所注者惟有毛詩尚書周易都不言孝經其驗二也又鄭志目錄記鄭之所注五經之外有中候書傳七政論乾象曆六藝論毛詩譜答臨碩難禮（臨姓碩名時爲學官）駁許慎異義發墨守箴膏肓及答甄子然等書寸紙片言莫不悉載若有孝經之注無容匿而不言其驗三也鄭之弟子教授門徒祖述師言更相問答編錄其語謂之鄭記惟載詩書禮易論語其言不及孝經其驗四也趙商作鄭先生碑銘具稱諸所注義駁論亦不言注孝經晉中經簿周易尚書尚書中候尚書大傳毛詩周禮儀禮禮記論語凡九書皆云鄭氏注名玄至於孝經則稱鄭氏解無名玄二字其驗五也春秋緯演孔圖云康成注三禮詩易尚書論語其春秋則有評論宋均詩緯序云先師北海鄭司農則均是玄之傳業弟子也師所注述無容不知云春秋孝經維有評論玄之不注於此特明其驗六也又宋均孝經緯注引鄭六藝論敘孝經云玄又爲之注司農論如是而均無聞焉有義無辭令余昏惑舉鄭之語而云無聞

其驗七也宋均春秋緯注云玄爲春秋孝經畧說則非注之謂所言玄又爲之注者汎辭耳非實事其序春秋亦云玄又爲之注寧可復責以實注春秋乎其驗八也後漢史書存於代者有謝承薛瑩司馬彪表崧等其爲鄭玄傳者載其所注皆無孝經其驗九也王肅孝經傳首有司馬宣王之奏玄奉詔令諸儒注述孝經以肅説爲長若先有鄭注應言及而都不言鄭其驗十也王肅注書發揚鄭短凡有小失皆在聖証若孝經此注亦出鄭氏被肅攻擊者最應傾多而肅無言其驗十一也魏晉朝賢辨論時事鄭氏諸注

無不得隱未有一言引孝經之注其驗十二也凡此證驗易爲討覈而代之學者不覺其非乘彼謬說競相推舉諸解不立學官此注獨行於代觀夫言語鄙陋義理乖疏固不可以示彼後來傳諸不朽如古文孝經孔傳本出孔氏壁中語甚詳正無俟商榷而曠代亡逸不復流行至隋開皇十四年秘書學生王孝逸於京市陳人處買得一本送與著作郎王劭以示河間劉炫仍令較定而此書更無兼本難可依憑炫輒以所見率意刊改因著古文孝經稽疑一篇以爲此書經文盡正傳義甚美而歷代未嘗置於學官良

可惜也然則孔鄭二家雲泥致隔今綸音發問較其短長愚請行孔廢鄭於義爲允又今俗所行老子是河上公注其序云河上公者漢文帝時人結草菴於河曲乃以爲號前所以注老子授文帝因冲空上天此乃不經之鄙言流俗之虛語按漢書藝文志注老子因二家河上所釋無聞焉爾豈非注者欲神其事故假造其說邪然其理乖謬雖使纔別朱紫粗分菽麥亦皆嗤其過謬而況有識者乎豈如王弼英才俊識賾微索隱考其所主義旨爲優必黜河上公昇王輔嗣在於學者實得其宜又按漢書藝文志易有十

三家而無子夏作傳者至梁阮氏七錄始有子夏易六卷或云韓嬰作或云丁寬作然據漢書藝文志韓易有二篇丁易有八篇求其符會則事殊隳刺者矣以東魯伏膺文學與子游齊列西河告老名行將夫子連蹤歲越千齡時經百代其所著述沉翳不行豈非後來假憑先哲亦猶石崇謬稱阮籍鄭璞濫名周寶必欲行用深以爲疑子玄又上言曰臣才雖下劣而學實優長竊自不遜以爲近古已來未之有也當以鄭氏孝經河上公老子二書訛舛不足流行孔王兩家實堪師授每懷此意其願莫從伏見去月十日

敕令所司詳定四書得失具狀聞奏臣等草議請行孔王二書牒禮部訖但今庸儒淺識聞見不周可與共成難與慮始蓋孔父有言曰行夏之時乘殷之輅服周之冕此則今古循環愚智往復豈前者必是而後者獨非乎是以老篇莊子興於晉代公羊穀梁寢於魏日春秋左氏因元凱而方著尚書孔傳至光伯而始行斯皆尚好不同曉乃覺悟承習既久近輒弛張伏惟開元皇帝陛下嘗以九重餘暇窮覽文藝百氏詳觀游心經典爰降綸綍俯逮芻蕘臣輒以愚識上符睿旨伏望明恩曲垂炤察如將爲允請即班行

不可使隨流腐儒參論其義景寅中書門下奏曰劉子玄奏注孝經請廢鄭依孔注老子請停河上公行王易傳非子夏所造者子玄博識誠則純儒全非衆家亦則未可且孝經鄭義行已多時老子河注用亦云久弁子夏易傳文不析於片言望竝付所司令諸儒與子玄對質定必須理勝義成不得飾詞爭辨論定聞奏是時尚書禮部奏議曰臣得國子博士司馬貞等議稱今文孝經是漢河間王所得顏芝本劉向以本參較古文省煩除惑定爲此一十八章其注相承云是鄭玄所作而鄭志及目錄等不載故往賢共

册府元龜 學校部 奏議三 卷之六百四 九

疑爲惟荀昶范曄以爲鄭注故昶集解孝經具載此注而其事云以鄭爲主是先達博選以此注爲優且其注縱非鄭氏所作而義亦敷暢頗將爲得雖數處小有隱實亦未爽經通其古文二十二章元出孔壁先是安國作傳後遭巫蠱代未之行荀昶集注之時尚有孔傳中國遂亡其本近儒欲崇古學妄作此傳假稱孔氏輙穿鑿改更僞作閨門一章劉炫詭隨妄稱其善且閨門之義近俗之語必非仲尼正説按其章云閨門之內具禮矣乎嚴親嚴兄妻子臣妾繇百姓徒役之句凡鄙不合經典又分庶人章從故自天子已下別爲章乃加子曰二字然故者連上之詞既爲章首不合言故是古文既亡後人妄開此等數章以應二十二章之數非但經文不眞抑亦傳文淺僞又注云因天之時就地之利基其肌體朝暮從事露髮塗足少而習之其心安焉此語雖旁出諸子引之爲注何言之鄙俚乎與鄭玄所云分別五土視其高下高田宜黍稷下田宜稻麥優劣懸殊曾何等級今議者欲取近儒詭說殘經缺傳而廢鄭注理實未可望請准令式孝經鄭注與孔傳依舊俱行又得議稱老子道德者是謂玄言注家雖多罕窮厥旨河上蓋

册府元龜 學校部 奏議三 卷之六百四 十

愚虛之號漢史實無其人然其注以養神爲宗以無爲爲體其詞近其理弘小足以脩身潔誠大可以寧人安國故顏歎曰河上公雖曰注書即史立教皆沒畧遠體指明近用斯可謂知言矣王輔嗣雅善玄談頗採道要窮神明乎槖籥守靜默於玄牝其理暢其旨微在於玄學頗謂所長至若近人立教脩身弘道則河上爲得今望請王河二注令學者俱行又得議稱謹按劉向七畧有子夏傳但此書不行已久今所存者多失眞本又荀勗中經簿子夏傳四卷或云丁寬所作是先達疑非子夏矣又隋書經籍志云子夏

傳殘缺梁氏六卷今兩卷是其書錯謬多矣王儉七志引劉向七畧云易傳子夏韓氏而載薛虞記又今秘庫有子夏傳薛虞記其傳文質畧指輙非遠無益後學不可將帖正經伏奉今年三月十日勑曰孝經者德教所先自則天以來獨宗鄭氏遺旨今則無文又子夏易傳近無習者輔嗣注者亦甚甄明諸家所傳互有得失獨據人說能無短長令儒官詳定所長令明經者依習若將理等亦可兼行其作易者兼帖子夏易傳詳其可否奏聞者又奉四月九日勑曰太子左庶子劉子玄奏孝經注請廢鄭依孔老子注請

停河上公行王輔嗣易傳非子夏所造者付臣所司令諸儒與子玄對質定詳必須理勝義成不得飾詞爭辯者臣等國子博士司馬貞太學博士郗常通等十人對如前子玄請依諸儒爲定

馬懷素開元初爲秘書監以書籍散逸條流無敘懷素上疏曰南齊已前墳籍舊編王儉七志已後著述其數盈多隋志所書亦未詳悉或古書近出前志闕而未編或近人相傳浮詞鄙而猶記若無編録難辨淄澠望簡括近書篇目并前志所遺者續王儉七志藏之秘府於是召學涉之士國子博士尹知章等分部撰録并刊正經史粗創首尾

李元瓘爲國子司業開元八年三月上言三禮三傳及毛詩尚書周易等並聖賢微旨生人教業必事資經遠則斯道不墜今明經所習務在出身咸以禮記文少人皆競讀周禮經邦之軌則儀禮莊敬之楷模公羊穀梁歷代宗習今兩監及州縣以獨學無友四經殆絶既事資訓誘不可因循其學生望請各量配作業并貢人預試之日習周禮儀禮公羊穀梁並請帖十通五許其入策以此開勸即望四海均習九經該備從之又奏先聖孔宣父廟先師顔子配座今其

像立侍准禮授坐不立授立不跪況顔子道亞生知才先入室既當配享其儀見立請據禮文合從侍坐又四科弟子閔子騫等並服膺儒術親承聖教復列像廟堂不參享祀謹簡詞令何休范甯等二十二賢猶沾從祀豈有升堂入室之子猶不沾配享之餘望請春秋釋奠列享在二十二賢之上七十子文翁之壁尚不缺如豈有國庠遂無圖繪請命有司圖形於壁兼爲立贊庶敦勸儒風光崇聖列曾參孝道可崇猶受經於夫子望准二十二賢預享從之

楊瑒爲國子祭酒開元十七年三月上言曰太學者

教人務禮樂敦詩書也古制卿大夫子弟及諸侯歲貢小學之典者咸造焉故曰十五入大學學先聖禮樂而知朝廷君臣之禮班以品類分以師長三德以訓之四教以睦之人既知勸且務通經學成業著然後爵命加焉以之効職則知禮節以之莅人使識廉讓則棫樸之詠興也伏聞承前之例監司每年應舉者常有千數簡試取其尤精上者不過二三百人省司重試但經明行脩即與擢第不限其數自數年以來省司定限天下明經進士及第每年不過百人兩監惟得一二十人若常以此數而取臣恐三千學徒

虛廢官廩兩監博士濫縻天祿臣竊見流外入仕諸色出身每歲尚二千餘人方於明經進士多十餘倍自然服勤道業之士不及胥吏浮虛之徒以其効官豈識於先王之禮義國家大啓庠序廣置教道厚之以政始訓之以士先豈徒然哉將有以也陛下設學較務以勸進之有司爲限約務以黜退之臣之微誠實所未曉臣伏見承前以來制舉遁迹丘園孝悌力田者或試時務策一道或通一經粗明文義即放出身亦有與官者此國家恐其遺才至於明經進士服道日久請益無倦經策既廣文辭極難監司課試十已退其八九考功及第十又不收其一二若長以爲限恐儒風漸墜小道將興若以出身人多應須諸色都减豈在獨抑明經進士也玄宗甚然之

歸崇敬爲國子祭酒兼集賢學士代宗大曆五年皇太子欲以仲秋之月於國學行齒胄之禮崇敬以國學及官名不稱請改國學之制兼更其名曰禮記王制曰天子學曰辟雍又五經通義云辟雍養老教學之所也以形制言之雍壅也辟壁也雍水環之圓如壁形以義理言之辟明也雍和也言以禮樂明和天下禮記亦謂之澤宮射義云天子將祭必將習射於

澤宮故前代文士亦呼云璧池亦曰璧沼亦謂之學省後漢光武立明堂辟雍靈臺謂之三雍宮至明帝躬行養老於其中晉武帝亦作明堂辟雍靈臺親臨辟雍行鄉飲酒之禮又別立國子學以殊士庶永嘉南遷惟有國子學不立辟雍北齊立國子寺隋初亦然至煬帝大業十三年改爲國子監今國家富有四海聲名文物之盛惟辟雍獨闕伏請改國子監爲辟雍省又以祭酒之名非學官所宜按周禮師氏掌以美詔王教國子請改祭酒爲大師氏立正三品又司業者義在禮記云樂正司業長也言樂官之長司主

此業爾雅云大板謂之業按詩周頌設業設簴崇牙樹羽則業是懸鍾磬之簨簴也今太學既不教樂於義則無所取請改司業一爲左氏一爲右氏位正四品上又以五經六籍古先哲王政理之式也國家創業制取賢之法立明經發微言於衆學釋回增美選賢與能自艱難以來取人頗易考試不求其文義及第先取於帖經遂使顓門業廢請益無從師資禮虧傳授義絶今請以禮記左傳爲大經周禮儀禮毛詩爲中經尚書周易爲小經各置博士一員其公羊穀梁文疏既少請共准一中經通置博士一員所擇博

士兼通孝經論語依憑章疏講解分明注引旁通十問得九兼德行純潔文詞雅正儀刑規範可爲師表者令四品以上各舉所知在外者給驛年七十已上者蒲輪其國子太學四門三館各立五經博士品秩上下生徒之數各有差其舊博士助教直講經直及律館算館書館助教請皆罷省其教授之法學生置監謁同業師其所執贄假修一束清酒一壺布衫一段其色隨師所服出中門延入與坐割脩斟三爵而止乃發篋出經摳衣前請師爲依經辨理畧舉一隅然後就室每朝晡二時請益師亦二時居講堂說釋

道義發明大體兼教以文行忠信之道示以孝悌睦友之義旬省月試時考歲貢以生徒及第多少爲博士考課上下其有不率教者則夏楚扑之國子之不率教者則申禮部移爲太學生太學之不變者移爲四門四門之不變者復本役終身不齒雖率教九年而學不成者亦歸之州學其禮部考試之法請無帖經但於所習經中問大義二十得十八爲通兼論語孝經各問十得八兼讀所問文注義疏必令通熟者爲通一又於本經問時務策三道通三爲及第其中有孝行聞於鄉閭者舉解具言於習業之下省試之

日覈其所實義少兩道亦請兼收其天下鄉貢亦如之習業考試止於明經名得第者授官之資與進士同若此則教義日深而禮讓興矣强不犯弱衆不暴寡此由太學中來者也詔下尚書集百寮定議以聞議者以爲省者禁也非外司所宜名周禮代掌其職者曰氏國學非代官不宜爲太師氏其餘大抵以俗習既久重難改作其事不行德宗建中三年二月崇敬奏上丁釋奠其日准舊例合集朝官講論五經文義自大暦五年以前常行不絶其年八月以後權停講論今既日逼恐須復舊依奏

宇文炫爲右補闕以德宗貞元三年正月上言請京畿諸縣鄉村廢寺並爲學並上制置事三十餘件疏奏不報

裴肅貞元中爲國子司業奏爾雅爲六經文字之楷老子是聖人玄微之旨請勸天下明經進士五經及明一經進士五經及諸科舉人依前習道德經者宜准天寶元年勅處分應合習爾雅者並准舊式初天寶元年尊崇道教以老子乃玄元皇帝微言與旨不可列爲小經令有司以爾雅代老子至貞元五年四月宰臣又議云所習爾雅多是草木鳥獸之名無益

理道又令舉人停爾雅改習道德經至是又改焉

武少儀爲國子司業貞元十七年五月訟言云外人妄談禁中事神威軍令將吏分補入軍中鞫問時國子監學生何竦曹壽被收少儀上疏言太學生何竦曹壽等今月十四日有兩人稱是神威軍官健本軍奏進止令追其人亦不言姓名緣神威是禁軍稱奉進止所由不敢隨去臣亦不敢牒問經今二日更不見廻臣伏以何竦曹壽等學生之中素無異迹皆勤藝業臣職在監臨頗所諳委察訪遊處不涉非違今忽被軍中密收恐横被詿誤太學生胄多來自遠方自見追此二人不知其故咸聞驚懼莫敢保安何竦等儻情理難容伏乞明示罪狀加以刑法如或枉遭誣執伏計必盡其辭兾無濫罰人知徽警臣謬當承乏職令生徒令其干犯國章敢逃罪責由是何竦曹壽得釋

馮伉爲國子祭酒憲宗元和元年四月伉奏應解補學生等國家崇儒本於勸學既居庠序宜在交脩有其藝業不勤遊處非類樗蒱六博酗酒喧爭凌慢有司不脩法度有一於此並請解退又有文章帖義不及格限頻經五年不堪申送者亦請解退其禮部所

補學生到日亦請准格帖試然後給厨後每月一度試經年等第不進者停厨庶以止姦示其激勸又准格九年不及第者卽出監訪聞比來多改名却入起今巳後如有此類請送法司准式科處勅旨從之

元和二年八月國子監奏准勑今月二十四日諸州府鄉貢明經進士見訪宜令就國學官講論質定疑義仍令百僚觀禮者伏恐學官職位稍卑未足飾揚盛事伏請選擇常叅官有儒學者三兩人與學官有儒學者庶聖朝盛典輝映古今於是命兵部郎中蔣武考功員外郎劉伯芻著作郎李蕃太常博士朱頴

郯王府諮議章庭規同赴國子監講論是年十二月
國子監奏兩京諸舘學生總六百五十員請每舘定
額如後兩監學生總五百五十員國子舘八十員太
學舘七十員四門舘三百員廣文舘六十員律舘二
十員書舘十員算舘十員又奏伏見天寶以前國舘
學生其數至多並有員額至永泰後四監置五百五
十員東監近置一百員未定每舘員額今謹具定額
如後伏請下禮部准額補置勑旨依奏
鄭餘慶爲太子少師判國子祭酒事元和十三年十
一月餘慶以太學荒墜日夂生徒不振遂奏請率文

官俸祿脩廣兩京國子監時論美之十四年十二月
餘慶又奏請京見任文官一品以下九品以上及外
使兼京正員官者每月所請料錢請率計每貫抽一
十文以充國子監脩造先師廟及諸室宇繕壁經公
廨雜用之餘並充本錢諸色隨便宜處置臣以爲歷
事文吏無非孔徒所取至微足以資學教化之根本
人倫之紀綱陛下文德武功勘亂除暴事超歷代道
冠百王國學毀壞荒蕪蓋以兵戎日夂而葺修未暇
也今寇雖滌蕩天下砥平爰俾耆臣叨領儒職臣兢
於受命敢不肅恭伏念旬時莫過於此伏望天恩便
賜允許仍令戶部每月據數並以實錢付國子監其
東都留司京官亦准數率錢便充東都國子監脩理
制可
韋乾度爲國子祭酒穆宗長慶二年閏十月奏當監
四舘學生每年有及第闕員其四方有請補學生人
並不曾先於監司陳狀便自投名禮部計會補署監
司因循日夂官吏都簡舉但准禮部牒收管有乖
太學引進之路臣旣忝守官請起今已後應四舘有
闕其每年請補學生者須先經監司陳狀稱請替某
人闕監司則先考試通畢然後具姓名申禮部仍稱

堪充學生如無監司解申請不在收管之限舊例每
給付厨房動多喧競請起今以後當監進士明經等
待補署畢關牒到監司則重考試其進士等若重試
及格當日便給厨房其明經等考試及格後待經監
司解送則給厨房庶息喧爭當監四舘學生有及第
出監者便將本住房轉與親故其合得房學生則無
房可給請起今以後學生有及第出監者仰舘子先
通狀納房待有新補學生公試畢後便給令居任當
監承前並無專知舘博士請起今以後每舘衆定一
人知舘事如生徒無故喧競者仰舘子與業長通狀

領過知館博士則准監司條流處分其中事有過悞衆可容恕監司自議科決如有悖慢師長蠹暴鬬打請牒府縣錮身遞送鄉貫勑旨宜依

文宗太和五年十二月國子祭酒裴通奏當司所授丞簿及諸博士助教直講等謹按六典云丞掌判監事凡六學生每有業成上于監者以其業與司業祭酒試之明經帖經口試策經義進士帖一中經試雜文策時務徵事注云其試法皆依考功口試明經帖限通八以上明法明算皆通九以上主簿掌印勾簡凡學生有不率師教者則舉而免之其頻三年下第

九年在學無成者亦如之注云假如違程限及作樂雜戲者同准彈琴習射不禁諸博士助教皆分經教授學者每授一經必令終講所講未終不得改業諸博士助教皆云諸學生讀經文通熟然後授文講義每旬放一日休假前一日博士考試其試讀書每千言內試一帖帖三言講義者每二千言內問大義一條總試三條通二爲及第通一及全不通者斟量决罰謹具當司官吏及學生令典條件如前伏望勑下有司允臣所奏勑旨宜依

七年八月國子監起請准今月九日德音節文令監司於諸道搜訪名儒置五經博士一人者伏以勸學專門復古之制博採計當年講授多少以爲考課等級應補當司諸學生等按學令儒術以備國庠作事之初須有獎進伏請五經博士秩比國子博士今左氏春秋禮記周易尚書毛詩爲五經論語爾雅孝經等編簡既少不可特立學官更請依舊附入中經勑旨依奏其年十二月勑於國子監講堂兩廊創立石壁九經幷孝經論語爾雅共一百五十九卷字樣四十卷

鄭覃爲相兼國子祭酒文宗開成元年覃奏請置五

經博士各一人緣無祿俸請依王府例給祿粟從之

開成二年八月國子監奏得覆定石經字體官翰林待詔唐玄度狀准太和七年二月五日勑覆九經字體者今所詳覆多依司業張參五經字爲准其舊字樣歲月將久畫點參差傳寫相承漸致乖誤今並依字書與較勘同商較是非取其適中纂錄爲新加九經字樣一卷請附於五經樣之末用證紕誤勑旨依奏

馮審爲國子祭酒宣宗大中五年十一月審奏孔子廟堂碑是太宗皇帝建立睿宗皇帝書額僃稱唐德

具贊鴻猷文翰顯然貞石斯在洎武后權政國號潛移竊於篆額中間課加大周二字豈可尚存僞號以紊清朝疑誤將來傳流借謬其大周兩字伏乞天恩許令琢去謹錄奏聞敕馮審所請刊正訖文頗叶事體宜依

皮日休以懿宗咸通中舉進士尚書二首其一請以孟子爲學科詞曰臣聞聖人之道不過乎經經之降者不過乎史史之降者不過乎子子不異乎道者孟子也捨是而子者必斥乎經史爲聖人之賊也夫孟子之文燦若經傳天惜其道不燼於秦自漢代得其

書嘗置博士以顯其學故其文繼乎六藝光乎百氏得眞聖人之微旨也不然者何其道煒煒於前而其書汲汲於後得非道拘乎正文失於奥有好邪者憚正而不舉嗜淺者鄙奥而無稱邪蓋仲尼愛文王如嗜昌歜以取味後之人將愛仲尼者其嗜在乎孟子矣夫古之士以湯武爲逆取者其不讀孟子乎以揚墨爲達智者其不讀孟子乎由是觀之孟子之功利於人亦不輕矣今有司除茂才至明經外其次有熟莊周列子書者亦登於科其誘善也雖深而懸科也未正夫莊列之文荒唐之文也讀之可以爲方外之士習之可以爲洪荒之民安有能汲汲以救時補教爲志哉伏請命有司去莊列之書以孟子爲主有能精通其義者其科選視明經同苟若是也不謝漢之博士矣

孔緯爲相兼國子祭酒昭宗大順元年二月緯奏文宣王祠廟經兵火焚毀有司釋奠無所請內外文臣各於本官料錢上每一緡抽十文助修國學從之

後唐段顒爲太常丞明宗天成二年三月奏請國學五經博士各講本經以申橫經齒冑之義四年十二月國子監奏伏以國家開設庠序比要教授生徒所

以日就月將知討論之不廢卜楠覩學明考較之有程先生既以親臨學士豈宜他適蓋以頃者監名雖補各以私便無嘗且居罔離羣則學能敬業終成孤陋誰爲琢磨但希託迹爲梯媒只以多年爲次第罔思蟻術惟俟鶯遷恐淹違養之時徒積觀光之歲今國家化被流沙漸海政敷亦截無疆大扇素風恢張至道是以重興數仞分設諸官教且有嘗業成無忒而况時物甚賤館舍尤多諒無懸磬之虞足得撞鍾之問但自學徒所好可以教亦隨機既欲成名必須精業如有好春秋者教之以屬辭比事三體五情尊

王室而討不庭昭沮勸而起新舊其所異同者則引之以二傳也如有好禮者則教之以恭儉莊敬長幼尊卑言揖讓而知獻酬明冠昏而重喪祭其所沿革者則證之以二禮也如有好詩者則教之以溫柔敦厚辨之以草木蟲魚美盛德而刺淫昏歌風雅而察正變如有好書者則教之以疏通知遠釋之以訓誥典謨思帝德而敬王言稽古道而統皇極如有好易者則教之以潔淨精微戒之以躁動競進體十翼而分爻乂應吉凶而先據議也至於歷代子史備述變通既屬異端誠非教本但以適當凝凍將近試期欲

講小經以消短景今已請尚書博士田敵講勸論語孝經行莫大於事親道莫逾於務本如有京中諸官子弟及外道舉人況四門博士趙著見講春秋若有聽人從其所欲顓佊放牓別啓諸經既溫故而知新惜寸陰而輕尺璧願經者若能口誦碩學者又得指歸自然靡好爵以當仁策科名而得俊幸不孤於選士冀有益於化風從之

王騫爲刑部郎中天成二年七月奏請搜訪圖籍

呂或休爲左補闕天成四年五月上書請勑諸道興崇學校

李超爲著作郎長興元年十月奏秘書監空有省名而無廨署藏書之府無屋一間無書一卷非人文化成之道請依六典創修之

楚蘊爲尚書博士長興三年奏請皇子習尚書知君臣父子之義

漢司徒詡爲禮部侍郎乾祐三年上言臣聞致理之方咸資稽古多聞之道詎捨羣書歷代已來斯文不墜石渠蓬閣今則闕於芸編百氏九流在廣頒於搜訪唐朝並開三館皆貯百家開元之朝羣書大備離亂之後散失頗多臣請國家開獻書之路凡天下文

儒衣冠舊族有收得三館亡書許投館進納據卷帙多少少則酬之以縑帛多則酬之以官資自然五六年間庶幾粗備從之

冊府元龜

巡按福建監察御史臣李嗣京訂正

新建縣舉人臣戴國士參閱

知建陽縣事臣黃國琦較釋

學較部九

注釋

夫六藝之文所以明夫道正人倫學者之所宗百王之取則者也仲尼既沒微言遂絕而聖門達者傳受彌廣歷聘諸國奮爲人師亦復敷繹與義爲之訓傳泰幷天下乃有坑焚之酷編簡散逸大義益乖自漢

之表章六經尊立學較方領矩步之士亦稍稍而出故其演暢經旨發明典誥廣章句之學極討論之致師資或興傳受不同各自名家咸用垂世至乃述其訓詁以發揮隱賾推厥義例以錯綜條貫著撰之美藹乎前聞逮乎百家之衆制歷代之載籍爲之注釋以輔其說者幷紀爲

卜商魏人爲魏文侯師傳周易二卷

漢孔鮒爲陳勝博士撰論語義疏三卷

周王孫雒陽人作易傳二篇史不載官下倣此

服先齊人一云服生著易傳

彭宣字子佩淮陽人爲大司馬長平侯作易傳

戴宗字子平沛人爲少府作易傳

魯申公爲詩訓故而齊轅固燕韓生皆爲之傳或取春秋采雜說咸非其本義與不得已魯最爲近之與不得已者言不得也三家皆不得其眞而魯最近也三家皆列於學官徵爲大中大夫

韓嬰燕人也孝文時爲博士景帝時至常山太傅嬰推詩人之意而作外傳數萬言其語頗與齊魯間殊然歸一也淮南賁生授之燕趙間言詩者繇韓生韓生亦以易授人推易意而爲之傳燕趙間好詩故其

易微惟韓氏自傳之

賈誼爲梁王傳修春秋左氏傳誼爲左氏傳訓故

丁寬爲梁孝王將軍距吳楚號丁將軍作易說三萬言訓詁舉大誼而已訓謂經之指趣也今小章句是也

費直字長翁東萊人也治易爲郎至單父令長於卦筮亡章句徒以彖象繫辭十篇文言解說上下經隋志載直注周易四卷

董仲舒爲江都相少治春秋所著皆明經術之意及上疏條教凡百二十三篇而說春秋事得失文舉玉杯繁露清明竹林之屬皆其所著書名也復數十篇十餘萬

言皆傳於後世隋志載仲舒撰春秋決事十卷
夏侯勝爲太子太傅受詔撰尚書論語說解其意若今意疏也
后倉通詩書爲博士至少府說禮數萬言號曰后氏
曲臺記曲臺殿在未央宮
孟喜字長卿爲曲臺署長丞相掾爲易章句十卷
張禹爲成帝師以帝難數對已問經爲論語章句獻
之後至丞相安昌侯
劉向考易說以爲諸易家說後至中壘校尉
歐陽高爲博士作尚書章句
京房爲魏郡太守撰周易章句十卷一云十二卷周易錯

八卷
趙曄撰詩道微十一篇
孔安國爲臨淮太守傳古文尚書十三卷今字尚書
十四卷傳古文孝經一卷
侯苞撰韓詩翼要千卷
嚴彭祖爲太子太傅撰春秋左氏圖七卷又注春秋
公羊傳十二卷
尹經始爲諫議大夫長樂戶將爲穀梁章句十五卷
孔光注孝經一卷至太傅卒
樊光爲中散大夫注爾雅三卷

侯苞注楊子法言
嚴遵字君平蜀郡人注老子二卷又注老子指歸一
十卷
河上公注老子四篇又云作節解二卷
安丘望之爲長陵三老爲老子章句二卷
想介注老子二卷一云張魯或云劉表魯字公旗爲
鎮南將軍健爲郡文學卒史臣舍人注爾雅二卷
劉歆注爾雅三卷與李巡注正同疑非歆注後爲京兆尹
後漢鄭衆爲大司農傳毛詩及左氏條例章句又傳
周官禮記論語孝經

何休精研六經世儒無及者太傅陳蕃辟之蕃敗休
廢錮乃作春秋公羊解詁博物志曰何休注公羊云何氏學有不解者或答曰休謙辭受學於師乃宣此義不出於己此言爲允也覃思不闚門十有七年又
注訓孝經論語風角十分皆經緯典謨不與守文同
說又以春秋駁漢事六百餘條妙得公羊本意休善
歷算與其師博士羊弼追述李育意以難二傳作公
羊墨守言公羊之義不可攻如墨翟之守城也左氏膏肓穀梁廢疾後
爲諫議大夫
鄭玄隱修經業杜門不出時任城何休好公羊學遂
著公羊墨守左氏膏肓說文曰肓膈也心下爲膏腧左氏之疾不可爲也穀

梁廢疾玄乃發墨守鍼膏肓起廢疾休見而歎曰康成入吾室操吾矛而伐我乎玄作毛詩箋周官注玄本習小戴禮後以故經較之取其義長者故爲鄭氏學玄又注小戴所傳禮記四十九篇通爲三禮焉玄所注周易尚書毛詩儀禮禮記論語孝經尚書大傳中候乾象歷又注天文七政論語魯禮禘祫義六藝講論毛詩譜駁許愼五經異義答臨孝存周禮凡百餘萬言玄質於辭訓通人頗譏其繁至於經傳洽熟稱爲純儒齊魯間宗之又注論語孔子弟子目錄一卷又注孟子七卷又撰三禮音各一卷詔以大司農

徵不起

馬融字季長爲南郡太守議郎作毛詩傳及爲左氏三家異同之說注孝經論語詩易三禮尚書列女傳老子淮南子離騷

夏侯建字長卿勝從父兄子爲博士議郎太守少傅師事勝及歐陽高左右采獲又從五經諸儒問與尚書相出入者牽引以次章句爲小夏后氏學

賈逵字景伯左氏傳國語爲之解詁五十一篇永平中上疏獻之明帝重其書寫藏祕館逵數爲帝言古文尚書與經傳爾雅訓詁相應詔令撰歐陽大小夏侯尚書古文同異逵集爲三卷帝善之復令撰齊魯韓詩與毛詩異同並作周官解詁逵又於章帝時受詔列公羊穀梁不如左氏四十事名曰左氏長義帝善之爲侍中卒

洼丹建武初爲博士作易通論七篇世號洼君通

應劭爲袁紹軍謀較尉集觧漢書又注漢儀五卷

王逸順帝時爲侍中著楚辭章句行於世

牟長少習歐陽尚書著尚書章句皆本之歐陽氏俗號爲牟氏章句爲中散大夫卒

翟輔爲將作大匠允善圖緯著授神鉤命解詁十二篇

張衡爲尚書著周官訓詁崔瑗以爲不能有異於諸儒也又欲繼孔子易說彖象殘缺者竟不能就

衛宏從大司空杜林受古文尚書爲作訓旨後爲議郎

謝曼卿善毛詩乃爲其訓平帝元始中公車徵說詩

橋仁爲大鴻臚初從同郡戴德學著禮記章句四十九篇號曰橋君學

穎容字子嚴陳國長平人也初平中避亂荆州聚徒千餘人著春秋左氏條例五萬餘言劉表以爲武陵太守不起

謝該字文儀善明春秋左氏爲世名儒門徒數百千人建安中河東人樂詳條左氏疑滯數十事以問該皆爲通解之名爲謝氏釋行於世爲議郎卒

許愼以五經傳説臧否不同於是撰爲五經異義又注淮南子二十一卷再遷除洨長卒

楊終著春秋外傳十二篇改定章句十五萬言徵拜郎中

景鸞字漢伯理齊詩施氏易兼授河雒圖緯作易説及詩解文句及作月令章句州郡辟命不就

程曾字秀升受業長安習嚴氏春秋積十餘年還家

講授會稽顧本等數百人常居門下著書百餘篇皆五經通難又作孟子章句爲海西令卒

杜林爲司空注蒼頡篇二卷

服虔字子愼少以清苦建志入太學受業有雅才善著文論作春秋左氏傳解行之又以左氏傳駁何休之所駁漢事六十條又撰左氏傳音一卷爲九經太守免

張正習韓詩作章句

許淑字惠卿爲大中大夫注解左氏

鄭興將門人從劉歆講正大義歆美興才使撰條例章句傳詁爲大中大夫

孔嘉字山甫爲大中大夫注解左氏

趙岐注孟子十四卷後爲太常

王隆撰漢官解詁三卷建武中爲新汲令

盧植作尚書章句三禮解詁官至尚書

荀惲字景文作易集解爲太子中庶子

包咸字子良爲大鴻臚爲論語章句

宋衷字仲子南陽章陵人爲荊州五等從事注易九卷

周氏爲論語章句

胡廣注漢官解詁三卷爲太傅卒

荀爽著禮易傳詩傳尚書正經春秋條例又云注周易十篇（又有荀爽九家集注十卷不知何人所集稱荀爽者以爲主故也其序有荀爽京房馬融鄭玄宋衷虞翻陸績姚信翟子玄子不詳何人爲義易注内又有張氏朱氏竝不詳何人）春秋公羊傳問答八卷及辯讖并它所論敘題爲新書爲司空

陳元爲司空南閣祭酒撰左氏同異

延篤字叔堅受左氏於賈逵之孫伯升因而注之爲京兆尹後卒於家

蔡邕撰月令章句十二卷後爲左中郎將

王玢為司徒掾譔春秋左氏達長議一卷
劉熙為安南太守譔禮謚法三卷釋名八卷
宋均撰孝經皇義一卷注詩緯十八卷注禮記默房二卷注樂緯二卷注孝經鉤命決六卷注孝經援神契七卷注論讖八卷後為河內太守
崔豹為尚書左丞集論語集義八卷
劉表為鎮南將軍荊州牧撰易章句五卷一云注易十卷
高誘注呂氏春秋二十六卷淮南子二十一卷辟司空掾除濮陽令
樊英著易章句世名樊氏學後為光祿大夫賜告歸

曹充傳慶氏禮建武中為博士永平中後拜侍中作章句辯難於是遂有慶氏學
曹褒充之子也傳充慶氏禮作通義十二篇演經雜論百二十篇後為侍中
魏王弼字輔嗣為尚書郎好論儒道辭才逸辯注易及老子又作老子指畧及撰易畧一卷周易義一卷論語釋疑三卷
王朗字景興為司徒著易春秋孝經周官傳及撰春秋左氏釋駁一卷
王肅字子雍年十八從宋忠讀太玄而更為之解初肅善賈馬之學而不好鄭氏采會同異為尚書詩論語三禮左氏解及撰定父朗所作易傳皆列於學官及作周易春秋例毛詩禮記春秋三傳國語爾雅諸注隋書志載肅撰尚書駁議五卷又撰尚書義問三卷又解孝經一卷論語釋駁三卷及解孔子家語又注老子二卷又撰三禮音各一卷為太常
董遇字季直為侍中大司農注周易十卷又為春秋左氏傳章句
周生烈字文逸燉煌人為博士注集解左傳又解論語

陳羣字長文為司空解論語
鍾會撰周易盡神論一卷又撰周易無玄體論三卷及注老子二卷後為鎮西將軍
何晏撰周易私記二十卷周易講疏十三卷注孝經一卷注論語十卷五經大義五卷老子道德經二卷後為尚書
劉楨為太子文學撰毛詩義問九卷
王基字伯輿東萊人為荊州刺史譔毛詩駁一卷駁王肅申鄭義又注解左氏傳
虞信為樂平太守譔春秋要一卷

徐凱爲安平太守譔答春秋公羊論二卷
魏益爲大長秋譔春秋三傳論十卷
蘇林字孝友爲散騎常侍注孝經一卷
劉劭字孔才爲光祿大夫注孝經二卷
孟子注老子二卷或云孟康字公休爲中書監注老
子二卷
孫炎以祕書監徵不起注儀禮二十九卷一云注禮記三十卷
注爾雅二卷音一卷
李仲欽梓潼人著左氏指歸
糜信字南山爲樂平太守注穀梁十二卷

蜀杜瓊爲太守字伯瑜少受學於任安注韓詩章句
十餘萬言不教諸子內學無傳業者
蔣琬爲大將軍錄尚書事譔喪服要義一卷
李譔爲中散大夫右中郎將著古文易尚書毛詩三
禮左氏傳太玄指歸皆依准賈馬異於鄭玄與王氏
殊隔初不見其所述而意歸多同
譙周字允南入晉爲散騎常侍不拜封陽城亭侯注
論語十卷撰五經然否論五卷古文考二十五卷
蜀才不詳何人注周易十卷又注老子二卷七志云是王弼
後人蜀李書云姓范名長生一名賢隱居青城山自號蜀才李雄以爲丞相

尹濤注易六卷
臣生內解老子二卷
吳虞翻字仲翔初爲後漢侍御史與少府孔融書並
示以所著易注融答書曰聞延陵之理樂覩五子之
治易乃知東南之美者非徒會稽之竹箭也又觀象
雲物察綱蘊原其禍福與神合契可謂探賾窮通者
也翻又爲老子論語國語訓註又註楊子太玄經十
四卷
范望州字淑文爲尚書郎作老子注訓三卷
程秉爲太常著周易摘尚書駮論語弼凡三萬餘言

徐整爲太常卿爲毛詩譜三卷又撰孝經嘿注一卷
韋昭爲侍中譔毛詩答雜問七卷又注春秋國語二
十二卷孝經解贊一卷辯釋名一卷漢書音義七卷
射慈字孝宗爲中書侍郎譔喪服變除圖五卷禮記
音一卷
士燮字彥威爲衛將軍注春秋經十一卷
唐固字世正爲尚書僕射注春秋穀梁傳十三卷又
著春秋外傳國語二十一卷
劉毅爲太尉譔尚書答
姚信字德祐吳興人爲太常卿注易十卷

謝貞撰禮記音一卷

陸績爲鬱林太守述易十三卷

陸機字元恪吳郡人爲太子中庶子烏程令作毛詩草木鳥獸蟲魚疏二卷

晉羊祜爲征南大將軍解釋老子二卷

杜預爲鎮南大將軍鎮荆州既立功之後從容無事乃耽思經籍爲春秋左氏經傳集解又叅考衆家譜第謂之釋例又作盟會圖春秋長暦備成一家之學比老乃成當時論者謂預文義質直世人未之重惟祕書監摯虞賞之曰左丘明本爲春秋作傳而左傳

自以孤行釋例本爲傳設而所發明何但左傳故亦孤行 隋志載預傳春秋左氏傳二卷又撰音一卷

嵇康爲中散大夫撰春秋左氏音三卷

向秀字子期河內懷人爲散騎常侍清悟有遠識少爲山濤所知雅好老莊之學莊周著內外數十篇歷世才士雖有觀者莫適論其旨統也秀爲之隱解發明其趣振起玄風讀之者超然心悟莫不自足一時也又爲易義

郭象字子玄爲太傅主簿好老莊能清言先是注莊子者數十家莫能究其旨統向秀於舊注外而爲解義妙演奇致大暢玄風惟秋水至樂二篇未竟而秀卒秀子幼其義零落然頗有别本遷流象爲人行薄以秀義不傳於世遂竊以爲己注乃自注秋水至樂二篇又易馬蹄一篇其餘衆篇或點定文句而已其後秀義别本出故有向郭二莊其義一也 又注論語體畧二卷

劉寔爲太尉尤精三傳辨正公羊以爲衛輒不應辭以王父命祭仲失爲臣之節舉此二端以明臣子之體遂行於世撰春秋條例二十卷

王接爲臨汾公相國學雖博通特精禮傳常謂左氏辭義贍富自是一家書不主爲經發公羊附經立傳

經所不書傳不妄起於文爲儉通經爲長任城何休訓釋甚詳而黜周王魯大體乖硋且志通公羊而往往還爲公羊病接乃更注公羊春秋多有新義

表准字孝尼至給事中爲易周官詩傳及論五經滯義聖人之微言幷注喪服經

袁喬爲益州刺史湘西侯博學有文才注論語及詩皆行於世

范甯以春秋穀梁氏未有善釋遂沉思積年爲之集解其義精審爲世所重既而徐邈復爲之注世亦稱之又注古文尚書舜典一卷爲豫章太守卒

鄭冲爲散騎常侍與孫邕曹羲荀顗何晏共集論語諸家訓注之善者記其姓名因從其義有不安者輒改易之名曰論語集解成奏之魏朝于今傳焉
于寶爲散騎常侍領著作爲春秋左氏義外傳注周易周官凡數十篇又撰周易問難二卷周易玄品二卷周易爻義一卷春秋左氏函傳義十五卷春秋序論三卷又爲詩音
鄧粲爲荆州別駕注老子行於世
虞溥爲鄱陽内史注春秋經傳序
東晳爲尚書郎才學博通著五經通論發旣行於世

劉黄老劭之族子太元中爲尚書郎有義學注愼子老子並傳於世
魯勝字叔時代郡人也少有才操爲佐著作郎其著述爲世所稱遭亂遺失惟注墨辯存其序曰名者所以别同異明是非道義之門政化之準繩也孔子曰必也正名名不正則事不成墨子著書作辯經以立名本惠施公孫龍祖述其學以正刑名於世孟子非墨子其辯言正辭則與墨同荀卿莊周等皆非毁名家而不能易其論也必有形察莫如别色故有堅白之辯名必有分明分明莫如有無故有無序之辯是有不是可有不可是名兩可同而有異異而有同是之謂同異至同無不同至異無不異是謂辯同異異同生是非是非生吉凶取辯於一物而原極天下之汙隆名之至也自鄧析至秦時名家者世有篇籍率頗難知後學莫復傳習於今五百餘歲遂亡絶藏墨辯有上下經經各有説凡四篇與其書衆篇連第故獨存今引説在經各附其章疑者闕之又采其衆雜集爲刑名二篇畧解指歸以俟君子其或興徵繼絶者亦有樂乎此也
李充爲大著作遷中書侍郎注尚書及周易旨六篇

釋莊論上下二篇注論語十卷
劉兆五辟公府三徵博士皆不就博學洽聞以春秋一經而三家殊塗諸儒是非之議紛然互爲讎敵乃思三家之異合而通之周禮有調人之官作春秋調人七萬餘言皆論其首尾使大義無乖時有不合者舉長短以通之又爲春秋左氏解名曰全綜公羊穀梁解詁皆納經傳中朱書以别之又撰周易訓註以正動二體玄通其文凡所贊述百餘萬言
徐苗再徵博士不就作五經同異評
郭璞爲著作郎注釋爾雅别爲音義圖譜又注三蒼

方言穆天子傳山海經及楚辭子虛上林賦數十萬言
氾毓奕世儒素召補太傅參軍不就合三傳爲之解注撰春秋釋疑肉刑論凡所述造七萬言
徐邈爲驍騎將軍撰正五經音訓學者宗之所注穀梁傳見重於時又撰楚辭音一卷莊子音一卷
蔡謨字道明領祕書監總應劭已來注班固漢書者爲之集解又撰禮記音二卷
徐廣爲祕書監撰答禮問及毛詩背隱義二卷
虞喜累徵博士不就釋毛詩略注孝經撰周官駁難

又注論語九卷新書討張論語十卷
郭琦字公偉有雅量博學注穀梁京氏易百卷鄉人王游等皆就琦學爲佐著作郎
宋纖字令艾燉煌人爲張祚太子太傅明究經緯注論語及爲詩頌數萬言
孟整一云孟陋江夏人博學多通於三禮注論語行於世徵撫軍參軍不就
虞譚爲司空從事中郎將注莊子行於世
翟氏注論語十卷又注老子二卷
隆貞爲太尉參軍注歸藏十三卷
黄穎爲廣州儒林從事注周易十卷
王廣爲驃騎將軍注周易三卷
張軌字士彥爲涼州刺史諡武公撰易義
宣舒字幼驥爲宜城令爲易通知來藏往論
邢融裴藻許適楊藻四人不詳何人並爲易義
袁悅之字元禮爲驃騎諮議參軍註繫辭及爲易音
孫綽字興公爲廷尉卿集註論語十卷
張璠爲著作郎注周易八卷一云集解易十二卷
桓玄字敬道爲後將軍荆州刺史注周易繫辭二卷
謝萬字萬石爲西中郎將注周易繫辭一卷又注孝

經
韓伯字康伯爲中郎太常注周易繫辭二卷
李軌爲祠部中郎都亭侯撰周易音一卷春秋左氏傳音三卷又撰春秋公羊音一卷又解小雅一卷注楊子法言莊子音一卷周禮儀禮音各一卷禮記音一卷
楊乂字玄舒爲司徒左長史撰周易卦序論一卷又撰毛詩辨異三卷毛詩異義二卷毛詩雜義五卷
阮咸字仲容爲散騎常侍撰易義
阮渾字長成爲中庶子撰易義一云撰周易論二卷

顧夷爲楊州從事撰難王輔嗣義一卷
李顒字長林爲江夏太守撰周易卦象數旨二卷集
解尚書十一卷尚書新釋二卷
謝沉字行思爲祠部郎中註尚書十五卷又註毛詩
二十卷釋義十卷
孔晁爲五經博士撰尚書義問三卷又注春秋外傳
國語
江熙字太和爲兗州别駕註毛詩二十卷又註論語
十卷
孫毓字休朗爲長沙太守撰毛詩異同評十卷評毛

詩鄭王肅三家異同而朋於王又爲春秋左氏傳義
註二十八卷禮記音一卷
陳統爲徐州從事撰難孫毓申鄭毛詩評四卷又傳
毛詩索隱二卷
殷中堪爲荆州刺史譔毛詩雜議四卷
孟氏註莊子十八卷
王懋納爲燕王師註周官寧朔新書八卷禮記寧朔
新書八卷
陳歆爲司空長史譔周官禮異同評十二卷
吳商爲益壽令撰禮難十二卷

孔倫爲廬陵太守撰集註喪服經傳一卷
張嗣注老子二卷
王愆期字門子爲散騎常侍註春秋公羊經十三卷
江惇字思悛累徵不就撰毛詩音又傳公羊音一卷
庾翼爲安西將軍荆州刺史撰答春秋公羊釋論語
一卷
徐乾字文祚爲給事中注春秋穀梁傳十三卷
張靖爲棐邑太守注春秋穀梁傳十卷又箋穀梁廢
疾
荀昶爲尚書令集解孝經一卷

袁敬仲爲東陽太守集議孝經一卷
陽弘爲給事中注孝經一卷
虞盤佐字弘猷高平人注孝經一卷史云處士
孫氏注孝經一卷
殷仲文爲東陽太守注孝經一卷
殷叔道爲晉陽太守注孝經一卷
車武子爲丹陽令注孝經一卷
崔豹字正熊爲尚書左兵中郎注論語十卷
江淵爲兗州別駕集解論語
梁凱爲國子博士註論語十卷

繆播爲太弟中庶子撰論語旨序三卷
欒肇爲尚書郎撰易義及論語釋疑十卷又撰論語駮序二卷
庾亮爲征西將軍開府儀同三司撰論語君子無所爭一卷
陽方爲高涼太守撰五經拘沉十卷
戴逵字安道爲散騎常侍撰五經大義三卷又撰老子音一卷
劉寶爲安北將軍撰漢書駮義二卷
摯虞爲太常卿註三輔决錄七卷

王尚述字君曾爲江州刺史註老子二卷
程韶爲郎中集解老子二卷
邯鄲氏註老子二卷
袁真字彥仁爲西中郎將註老子二卷
常氏注老子二卷
孫登字仲山爲尚書郎著老子道德經
張湛爲中書侍郎註列子八卷
崔譔爲議郎註莊子一卷
司馬彪字紹統爲秘書監註莊子二十一卷
李頤字景真爲丞相參軍自號玄道子註莊子三十卷
皇甫謐累徵不起註鬼谷子三卷
王廙字世將爲荆州刺史註易十二卷
庾運字玄度爲尚書撰易義一云易注
應貞字吉甫爲散騎常侍爲明易論
荀煇字景文爲太子中庶子撰易義又云注易十卷
張輝字義元爲侍中撰易義
王宏字正宗弼之兄爲大司農撰易義
袁宏字彥伯爲東陽太守註孝經
王濟字武子爲河南尹撰易義

衛瓘字伯玉爲太保撰易義又註論語八卷
張馮字長明爲司徒左長史註論語十卷又註老子三卷
杜育字方叔爲國子祭酒撰易義
楊乂爲司徒左長史撰易義
阮侃字德恕爲河內太守撰詩音
蔡氏孔氏不詳何所人並爲詩音
陳銓註周禮喪服
曹耽字愛道府安北諮議參軍不就撰禮記音二卷
尹毅爲國子助教撰禮記音一卷註論語十卷

范宣字宣子徵員外不起以講誦爲業禮易論難皆
行於世又撰禮記音一卷
聶氏作周禮音一卷一云定鄭氏音出北王工南無此書不詳何人
孔衍字舒元爲廣陵相撰春秋穀梁傳集解十四卷
註公羊十四卷
荀訥字世言爲尚書左侍郎譔左氏音四卷集解穀
梁十卷
高龍爲河南太守註公羊十二卷
段肅註穀梁十二卷
徐整註孝經

劉遺民爲柴桑令譔老子玄譏一卷
楊泓爲給事中註孝經
庾氏註孝經
董景道字文博弘農人劉曜累徵不起明三禮禮義
顧遵鄭氏著通論非駁雜諸儒演廣鄭音

冊府元龜

延按福建監察御史臣李嗣京　訂正
分守建南道左布政使臣胡維霖　參閱
知建陽縣事臣黃國琦　較釋

學校部

注釋第二

宋何偃爲侍中素好談玄注莊子逍遥篇又撰毛詩渾一卷

卞伯玉爲東陽太守注周易繫辭二卷

荀柔之頴陽人爲奉朝請注周易繫辭二卷并爲易

音

范歆爲陳令撰周易義二卷

何諶之爲中大夫撰周易疑通五卷

沈林撰周易義三卷

姜道盛爲給事中注集釋尚書十一卷一云注古文尚書

樂安王友撰伊訓說

孫暢之撰毛詩引辯一卷毛詩序義七卷五經雜義六卷

雷次宗字仲倫以通直郎徵不起撰毛詩序義二卷畧注喪服傳二卷

裴松之爲大中大夫撰集注喪服經傳一卷注三國志六十五卷

蔡超宗字希遠爲丞相諮議參軍集注喪服經傳一卷

庾蔚之字季隨爲員外常侍撰喪服要記及略解儀禮十卷

徐爰字季玉爲大中大夫注周易繫辭爲易音毛詩音禮記音二卷三國志評三卷

雷肅之撰禮記義疏三卷

何始貞撰春秋左氏區別三十卷

費沈爲撫軍司馬撰喪服集議十卷注孝經一卷

何承天爲廷尉卿撰禮論三百卷注孝經一卷

任預撰禮條牒十卷答問雜儀二卷

張略爲司空撰論語疏八卷

裴駰注史記八十卷

徐野人爲中散大夫撰史記音義十二卷

諸葛氏撰楚辭音一卷

周續之字道祖爲詩序義

劉道拔爲海豐令注周禮喪服

業遵字長儒爲奉朝請注儀禮十二卷

荀昶字茂祖爲中書郎注孝經
孔澄之字仲淵爲新安太守注論語一卷
王叔之字穆夜撰莊子義疏三卷
南齊沈麟士隱居教授著周易兩繫莊子内篇訓注
易經禮記春秋尚書論語孝經喪服老子要略數十
卷
司馬瓛撰喪服經傳義疏五卷
虞願爲廷尉著五經論問
顧歡字景怡或云字玄平爲太學博士注王弼易二
繫又撰毛詩集解序義又作老子堂誥四卷一云老

子義疏
徐伯珍東陽人積學十年究尋經史吳郡顧歡摘出
尚書滯義伯珍訓答甚有條理儒者宗之後刺史豫
章王辟從事不就
祖冲之爲長水校尉著老莊義釋論語孝經注九章
造綴述數十篇
費元珪注周易九卷
劉瓛字珪爲步兵校尉撰周易乾坤義九卷又撰周
易四德例一卷毛詩序義疏一卷毛詩次篇義一卷
周易繫辭義數二卷

顧璀撰尚書問一卷
明僧紹字承烈平原人國子博士徵不赴注繫辭爲
易義及集解又注孝經
樓幼瑜撰喪服經傳義疏二卷
王玄載字彦遷爲光祿大夫注孝經一卷注老子道
德經
虞遐爲員外郎注孝經
陸澄爲光祿大夫撰漢書注一卷
姚方興采馬王之注造尚書孔傳舜典一篇
田攜之字僧紹爲宋平太守注周禮喪服

關康之世居京口以文義見稱徵通直郎不就顧悦
之難王弼易義四十餘條康之申王難顧遠有情理
又爲毛詩義經籍疑滯多所論釋及造禮論十卷
梁賀瑒爲步兵校尉領五經博士著禮易老莊講論
疏朝廷傳議數百篇賓禮儀注一百四十五卷議孝
經義疏一卷五經異同論一卷
伏曼容爲臨海太守爲周易毛詩喪服集解老莊論
語義
江遊爲南平王大司馬府記室遊博學有思理更著
論語孝經

韋稜爲治書御史著漢書續訓三卷
崔靈恩爲國子博士先著左傳服解不爲江東所行
及改說杜義每文句常申服以難杜遂注左氏條義
以明之時有助教虞僧誕又精杜學因作申杜難服
以答靈恩世並行焉靈恩集注毛詩二十二卷集注
周禮四十卷三禮義宗四十七卷左氏經傳義二十
二卷左氏條例十卷公羊穀梁文義句十卷
劉昭爲豫章王中軍臨川記室初昭伯父彤集衆家
晉書注于寶晉紀爲四十卷至昭又集後漢同異以
注

范曄書世稱博悉遷通直郎出爲剡令卒官集注後
漢一百八十卷
庾詵徵中書侍郎不赴著易林二十卷又著喪服儀
文字體例老莊義疏注箕經及七曜歷
何胤爲左氏尚書注周易十卷毛詩總義六卷毛詩
隱義十卷禮記隱義二十卷禮答問五十五卷（史不載官）
范逸曾爲太中大夫注易文言
沈重字德厚爲五經博士多所撰述咸得其指要行
於世者周禮義三十一卷儀禮義二十五卷禮義三
十卷毛詩義二十八卷喪服經義五卷周禮音一卷

儀禮音一卷禮記音一卷毛詩音二卷
孔子祛爲步兵校尉著尚書義二十卷集注尚書三
十卷續朱异集注周易一百卷續何承天集禮論一
百五十卷（一云撰禮易詩）
皇侃爲國子助教撰禮記講疏五十卷及喪服義疏
又撰論語義十卷孝經疏三卷
劉杳爲尚書左丞撰楚詞草木疏一卷
陶弘景爲奉朝請著孝經論語集注本草集注及注
毛詩序一卷三禮目錄一卷注孝經一卷集解論語
十卷

宋褰爲中大夫注周易繫辭二卷
李玉之爲臨沂令撰周易乾坤義一卷
南平王撰周易幾義一卷
褚仲都爲五經博士撰周易講疏十六卷
蕭子政爲都官尚書撰周易義疏十四卷繫辭義疏
三卷
薛圖和撰周易玄圖八卷
顧氏撰周易大演統一卷
劉叔嗣爲五經博士注尚書亡篇序（又云注尚書二十一卷）
費甝爲國子助教撰尚書義疏十卷

謝濟撰毛詩撿漏義二卷
何循之撰喪服經傳義疏一卷禮答問十卷
裴子野爲中書侍郎撰喪服傳一卷
沈炫撰春秋五帶二卷
周捨爲太子詹事撰禮疑義五十二卷
嚴植之爲中撫軍記室參軍爲五經博士注孝經一卷
蕭子顯爲吳興太守撰孝經義疏一卷又撰孝經愛敬義一卷
叔明爲揚州從事文學太史撰孝經義一卷又集解

論語
劉被爲太尉參軍撰論語孔志十卷（述孔鮒義疏）
蕭子雲爲國子祭酒注千字文一卷
鄒誕生爲輕車錄事參軍撰史記音五卷
韋援爲北中諮議參軍撰漢書續訓二卷
杜弼注老子
沈旋約之子也爲黃門侍郎集注莊子又注爾雅十卷
賀深爲中軍宣成王長史撰三禮講疏五經滯義
許懋撰風雅比興義十五卷

周興嗣爲給事中直西省左衛率周捨奉勅注高祖所製歷代賦啓興嗣助焉
後梁蔡太實爲中書監博覽群書學無不綜著尚書義疏三十卷
陳周弘正爲尚書左僕射領國子祭酒所著周易講疏十六卷論語疏十一卷莊子疏八卷老子疏五卷孝經疏二卷行於世
王元規爲尚書祠部郎入請爲秦王東閤祭酒著春秋發題辭及義記十一卷續經典大義十四卷孝經義記二卷左傳音三卷禮音二卷

張譏爲國子博士所撰周易義三十卷尚書義十五卷毛詩義二十卷孝經義八卷論語義二十卷老子義十一卷莊子内篇義十二卷外篇義二十卷雜篇義十卷玄部通義十二卷
姚察爲吏部尚書入隋爲太子内舍人著漢書訓纂三十卷漢書集解一卷定漢書疑二卷
謝嶠撰喪服義七卷并爾雅音
沈文阿爲通直散騎常侍撰春秋左氏經傳義畧三十卷（一云撰經典大義十八卷）
徐孝克爲散騎常侍入隋爲國子博士撰孝經講疏

六卷論語句義五卷
臧競撰漢書音訓三卷
施乾爲博士撰爾雅音
顧野王爲舍人撰爾雅音
戚袞爲太學博士撰禮記義四十卷
後魏房景先孝文時爲太學博士作五經疑問百餘篇又符璽郎王神貴答之名爲辯疑合成十卷亦有可觀
辛子馥爲尚書右丞以三傳經同說異遂總爲一部傳注並出較比短長會亡未就

冊府元龜　學校部　注釋二　卷之六百六　九

高允爲太常所製詮左氏釋毛詩拾遺論雜解議何鄭膏肓事凡百餘篇
宋繪少勤學多所博覽好撰述依准裴松之注國志體注王隱及中興書
闞駰傳道經傳注王郎易傳學者籍以通經累官至姑臧太守
張湛燉煌人好學能屬文仕沮渠蒙遜爲黃門侍郎梁州平入國司徒崔浩識禮之浩注易叙曰國家西平河右燉煌張湛金城宋欽武威段承根三人皆儒者並有儁才見稱於西州每與餘論易餘以左氏傳卦解之遂相勸爲注故因退朝之餘暇而爲之解焉其見稱如此
劉昞注周易韓子人物志黃石公三略並行於世後爲樂平王從事中郎
劉芳爲太常撰鄭玄所注周官儀禮音于寶所注周官音王肅所注尚書音何休所注公羊音范甯所注穀梁音韋昭所注國語音范曄注後漢書音各一卷辯類三卷徐州先人錄四十卷急就篇續注音義證三卷毛詩箋音義證十卷禮記義證十卷周官儀禮義證各五卷

冊府元龜　學校部　注釋二　卷之六百六　十

陳奇博通墳籍嘗非馬融鄭玄解經失旨志在著述五經始注孝經論語頗傳於世爲縉紳所稱召赴京不得叙其論語注義多異鄭玄徃徃與司徒崔浩同
常爽字仕明河內人置學館於溫水之右門徒七百餘人爽因教授之暇述六經略注以廣制作甚有條貫其序曰傳稱立天之道曰陰與陽立地之道曰柔與剛立人之道曰仁與義然則仁義者人之性也經典者人之文皆以陶鑄神情啓悟耳目未有不繇學而能成其器不繇習而能利其業是故季路勇士也服道以成忠烈之槩甯越庸夫也講藝以全高尚之

節蓋所繇者習也所因者本也本立而道生身文而德備焉昔者先王之訓天下也莫不導以詩書教以禮樂移其風俗和其人民故恭儉莊敬而不煩者教深於禮也廣博易良而不奢者教深於樂也溫柔敦厚而不愚者教深於詩也疏通知遠而不誣者教深於書也絜靜精微而不賊者教深於易也屬辭比事而不亂者教深於春秋也夫樂以和神詩以正言禮以明體書以廣德春秋以斷事五者蓋五常之道相須而備而易爲之源故曰易不可見則乾坤其幾乎息矣繇是言之六經者先王之遺烈聖人之盛事

也安可不遊心寓目習性文身哉頃因暇日屬意藝林略撰所聞討論其本名曰六經畧注以訓門徒焉其畧注行於世卒不仕號儒林先生

劉獻之博陵人徵典内較書以疾辭門徒數百皆通經之士時五經大義雖有師説而海内諸生多有疑滯咸决於獻之六藝之文雖不悉注然所撰宗旨頗異舊義撰三禮大義四卷三傳畧例 二卷注毛詩序義一卷今行於世并章句疏三卷

李彪在秘書歲餘區分書體述春秋三傳十卷

酈道元爲御史中尉好學歷覽奇書撰注水經四十卷本志十三篇

崔浩爲司徒注周易十卷注急就章二卷

元明進撰毛詩義府三卷

游肇爲國子博士爲易解

徐遵明華陰人東道大使元羅表薦之竟無禮辟遵明撰春秋義章爲三十卷

北齊杜弼爲膠州刺史耽好玄理老而愈篤又注莊子惠施篇易上下繫名新注義死竝行於世

李鉉爲國子博士撰定孝經論語毛詩三禮義疏及三傳異同易義例合三十餘卷

權會爲四門博士注易部行於世

後周樂遜爲太學博士所撰孝經論語毛詩左傳春秋序論十餘篇又著春秋序義通賈服説發杜氏微文理竝有可觀

樊深爲國子博士撰孝經喪服問疑各一卷又撰七經異同説三卷義綱畧論并目錄三十卷竝行於世

熊安生爲露門學博士下大夫所撰周禮義疏二十卷禮記四十卷孝經義疏一卷竝行於世

蕭大圜爲滕王友入隋爲西河郡守撰喪服儀注五卷要訣二卷

隋宇文弼爲尚書孝經注行於時
明克讓爲太子率更令著孝經義疏一部
王頍撰五經大義三十卷
蕭該爲國子博士撰漢書及文選音咸爲當時所貴
張冲字叔玄初仕陳爲左中郎將非其好也乃覃思經典撰春秋義略異於杜氏七十餘事喪服義三卷孝經義三卷論語義十卷前漢音義十二卷官至漢王侍讀
辛彦之爲路州刺史撰五經異義一部
王孝籍開皇中召入秘書注尚書及詩遭亂零落

辛德源爲著作郎王卲同脩國史德源每於務隙撰集注春秋三十卷注楊子法言二十卷
劉炫爲大學博士以品卑去任著論語述議十卷春秋攻昧十卷五經正名十二卷孝經述議五卷春秋述議三十卷尚書述議二十卷毛詩述議四十卷又注詩譜二卷及注春秋左氏傳杜預序集解一卷
褚輝爲太學博士撰禮疏一百卷
顧彪爲秘書學士明尚書春秋爲古文尚書疏二十卷今文尚書音一卷大傳音一卷尚書文義一卷
何妥爲國子祭酒通直散騎常侍撰周易講疏三卷孝經義疏二卷莊子疏四卷
唐魏徵爲侍中徵以戴聖禮記編次不倫遂爲類禮二十卷以類相從削其重復採先儒訓注擇善從之研精覃思數年而畢太宗覽而善之賜物一千段錄數本以賜太子及諸王仍藏之秘府
徐文遠爲國子博士撰左傳義疏六十卷行於時
陸德明爲國子博士撰老子疏十卷莊易疏各一十五卷經典通釋三十卷並行於時
王玄度爲較書郎貞觀十六年十月上其所注尚書毛詩周易并義決三卷與舊解尤別者一百九十餘

條付學官詳其可否諸儒皆因習先師譏其穿鑿玄度隨方應答竟不肯屈太宗欲廣見聞並納之秘府
王方慶爲麟臺監精三禮好事者多詢訪之每所酬答咸有典據故時人編次名曰雜禮答問
孔穎達爲國子祭酒太宗以儒學多門章句繁雜令穎達與諸儒撰正五經義疏一百七十卷數年乃成名曰義贊有詔改爲五經正義云雖復包括衆家稍爲詳悉然亦有紕繆
崔義玄少受章句之學五經大義先儒所疑有音訓不明者兼採衆家皆爲解釋傍引證據各有條流上

聞之詔義玄討論五經正義與諸博士等詳定是非事竟不就後爲蒲州刺史卒

顔遊秦師古叔父也爲鄆州刺史卒官撰漢書決疑十二卷爲學者所稱後師古注漢書亦多取其義

顔師古爲秘書少監太子承乾在東宮命師古注漢書承乾表上之太宗令編之秘閣

許叔牙爲太子洗馬兼崇賢館學士嘗撰毛詩纂義十卷以進太子賜帛二百段兼令寫本付司經局其後御史大夫高智周謂人曰凡欲言詩者必須先讀此書始可也

格輔元兄希玄高宗時官至雍州司法參軍章懷太子賢召令與洗馬劉訥言等注范曄後漢書行於世

張太安高宗時爲太子左庶子太子賢令太安與洗馬劉訥言雍州司戶參軍格希玄等注范曄後漢書表上之賜物三萬段仍以其書付秘閣

王勃高宗時爲虢州參軍撰周易發五卷次論十卷

王元感則天長安中爲四門博士表上其所撰尚書糾繆十卷春秋振滯二十卷禮記繩愆三十卷并所注孝經史記漢書草請官紙筆給寫秘閣制令弘文館崇賢兩館學士及成均博士詳其可不弘文館學士祝欽明崇賢館學士李憲趙元亨成均博士郭山惲皆守先儒章句深譏元感掎摭舊義元感隨方應答竟不之屈唯鳳閣舍人魏知古司封郎中徐堅左史劉知幾右史張思敬雅好異聞每爲元感申理其義由是擢拜太子司議郎加朝散大夫崇賢館學士

帝頲爲吏部侍郎著易藴解推演潛元終始之義甚有奧旨

高定爲京兆參軍幼聰警絕倫尤精王氏易嘗爲易圖合八出以畫八卦上圓下方合則重轉則演七轉而六十四卦六甲八節備焉著易外傳二十二卷

裴延齡爲汜水尉乾元末過東都爲賊所據因寓居於鄂州綴緝裴駰所注史記之闕遺自號小裴

韋公肅爲秘書著作郎公肅注太宗文皇帝帝範一十二篇上獻有詔付集賢仍令別寫一本進內

崔玄暐爲中書令撰行已要範十卷友義傳十卷義士傳十三卷訓注文館詞林策二十卷

李善寓居汴鄭間講文選爲業所注文選十卷行於代後爲崇賢館學士

韓滉爲左僕射平章事好易象及春秋著春秋通例及天文事序議各一卷

張守節少集詩禮尤精史義注正義四十卷
張鎰撰三禮圖十二卷五經微旨十四卷孟子音義
三卷
李吉甫爲相嘗討論易象異義附於僧一行集注之
下
陸贄爲給事中皇太子侍讀著集書春秋二十卷類
禮二十卷君臣圖翼三十五卷竝行於代
馮伉元和初爲國子祭酒著三傳異同三卷
裴通爲詹事著易玄解并總論二十卷易禦寇十三
卷易洗心二十卷

韋表微爲翰林學士戶部侍郎少時尅苦自立著九
經師授講一卷春秋三傳總例二十卷
李磎爲相嘗注解書傳之闕疑僅及百卷經巢讓之
亂悉爲灰燼焉

冊府元龜

廵按福建監察御史臣李嗣京訂正

知長樂縣事臣夏允彝參閱

知建陽縣事臣黄國琦較釋

學校部十一

譔集

太史公曰儒者六藝經傳以千萬數累世不能通其學當年不能究其理誠哉是言也由漢之後作者間出祖述不已踵武增華其文史之盛豈可遽數焉乃有博古之士好學不倦捃摭方策分别群類列其部

居成乎倫要俾肄業之儒開卷而獲益臨文之士泝波而達源至有承詔譔述篇籍咸叙傳於萬乘之覽藏之秘室之府者又多乎哉原夫論次之意蓋將以撮摳要而遵簡易豈易所謂學以聚之傳所謂知類通達者歟

楚鐸椒爲威王傅爲王不能盡觀春秋采取成敗本四十餘章爲鐸氏微

漢劉向成帝時爲光祿大夫是時帝元舅陽平侯王鳳爲大將軍秉政倚太后專國權兄弟七人皆封爲列侯時數有災異向以爲外戚貴盛鳳兄弟用事之咎而上方精於詩書觀古文詔向領校中五經秘書（言中者以別於外）向見尚書洪範箕子爲武王陳五行陰陽休咎之應（休美也）向乃集合上古以來歷春秋六國至秦漢符瑞災異之記推迹行事連傳禍福著其占驗比類相從各有條目凡十一篇號曰洪範五行傳論奏之天子心知向忠精故爲鳳兄弟起此論也然終不能奪王氏之權向又睹俗彌奢淫而趙衛之屬起微賤踰禮制（趙皇后昭儀衛婕妤也）向以爲王教由内及外自近者始故採取詩書所載賢妃貞婦興國顯家可法則及孽嬖亂亡者（孽庶也嬖愛也）序次爲烈女傳凡八篇以

戒天子及采傳記行事著新序說苑凡五十篇奏之數上疏言得失陳法戒書數十上以助觀覽補遺闕帝雖不能盡用然内嘉其言常嗟歎之

後漢應奉爲司隸時竝下諸官府郡國各上前人像贊子劭乃連綴其名錄爲狀人紀

景鸞廣漢梓潼人也取河洛圖緯以類相從名爲災集又撰禮内外記號曰禮略又抄風角雜書列其占驗作興道一篇州郡辟命不就

荀爽集漢事成敗可以爲鑒戒者謂之漢語位至司空

魏文帝使諸儒撰集經傳隨類相從凡千餘篇號曰
皇覽
王象爲散騎常侍受詔撰皇覽使象領秘書監象從
延康元年始撰集數歲成藏於秘府合四十餘部有
數十篇通合八百餘萬字又云桓範爲羽林左監劉劭爲散騎侍郎並齋詔集五經群書以類相從作皇覽
高堂隆撰魏臺雜訪議三卷位至光祿勳
吳張温爲太子傅撰三史略二十九卷
晉張華爲司空著博物志十篇行於世
葛洪抄五經史漢百家之言方伎雜事三百一十卷

金匱藥方一百卷肘後要急方四卷後爲句漏令
環濟撰帝王要畧十二卷
郗嘉博通經籍張華重徵爲儒林祭酒性和裕教訓
不倦依孝經作二九神經
應詹撰東宮舊事三卷位至平南將軍江州刺史
宋范泰撰古今善言二十四篇位至侍中左光祿大
夫
顧長康爲散騎常侍何翌爲長水較尉元徽初表上
所撰諫林上自虞舜下及晉武凡十二卷
謝莊韓隋王誕後軍諮議並領記室分左氏經傳隨
國立篇製木方丈圖山川土地各有分理離之則州
別郡殊合之則寓內爲一元
何承天爲御史大夫宋世禮論有八百卷承天再減
并合以類相從凡爲三百卷
南齊丘靈鞠爲大中大夫製江左文章録序起太興
訖
元熙婁幼瑜著禮捃遺三十卷幼瑜教授不應徵辟
陰顥撰瓊林二十卷
崔慰祖常著海岱志起太公迄西晉人物爲四十卷
半未成臨卒與從弟綸書云海岱志良未周悉可寫

數本附護軍諸從人一通及友人任昉徐寅劉洋仕
至始安王記室
梁庾詵撰晉朝雜事五卷抄入十卷普通中詔以爲
黃門侍郎稱疾不起
阮孝緒撰高隱傳上自炎黃終於天監之末斟酌分
爲三品凡十卷中篇所載一百三十七人劉歊劉訏
覽其書曰昔嵇康所贊缺一自擬今四十之數將待
吾等成耶對曰所謂荀君雖少後事當付鍾君若素
車白馬之日輒獲麟於二子歊訏果卒乃益二傳傳
及孝緒亡許兄潔錄其所遺行次篇末成絕筆之意

云孝緒天監十二年徵不至
張率爲司徒掾直文德待詔省勅使抄一部書又撰婦人事二十餘條勒成百卷使工書人瑯邪王深吳郡范懷約褚洵等繕寫以給後宮
張緬性愛墳籍聚書至萬餘卷抄後漢晉書衆家異同爲後漢衆紀四十卷晉抄三十卷又抄江左集未及成卒位至御史中丞
陸罩爲中大六初簡文在雍州撰法寶聯壁罩與群賢並抄掇區分者數歲六年而書成命湘東王爲序其作者有侍中國子祭酒南蘭陵蕭子顯等三十人

以比王象劉劭之皇覽焉
徐勉撰左丞彈事五卷在選曹撰品五卷又以孔釋二教殊途同歸撰會林五十卷皆行於世位至右光祿大夫侍中衞將軍
吳均爲奉朝請勅撰通史起三皇訖齊代均草本記二十卷
庾仲容抄諸子書三十卷烈女傳三卷位至黟縣令
陳陰僧仁爲征南諮議撰梁撮要三十卷
姚察著說林十卷位至吏部尚書
顧野王撰通史要畧一百卷位至黃門侍郎光祿卿
張譏爲國子博士兼東宮學士撰遊玄桂林二十四卷後主嘗勅入就其家寫入秘閣
後魏道武天興四年十二月集博士儒生比衆經文字義類相從凡四萬餘字號曰衆文經
淮王昌第孚爲尚書丞靈太后臨朝宦者干政孚乃總括古今名妃賢后凡爲四十卷奏之
常山王暉爲尚書左僕射暉雅好文學招集儒士崔鴻等撰錄百家要事以類相從名爲科錄凡二百七十卷上起伏羲迄於晉凡十四代暉表上之
王繼叔耽勤讀誦研綜經籍鈎深致遠多所博聞自

周以降暨於魏世帝王傳代之由貴臣升降之緒皆撰錄品第商畧是非號曰略注合百餘篇好事者覽之咸以爲善焉
劉懋撰諸器物造作之始十五卷名曰物祖位至太尉司馬
張彝爲光祿大夫集庖犧至晉末凡十六代百十八帝歷三千二百七年雜事五百八十九合成五卷名曰帝圖歷
崔浩爲祭酒朝廷禮儀文策詔軍國書記盡關於浩浩能爲雅說不長屬文而留心於制度科律及經術

之言作家祭法次序五宗蒸嘗之禮豐儉之節義理可觀

李謐涿郡人年十八詣太學受業後鳩集諸經廣較同異比三傳事例名春秋叢林十有二卷徵拜著作佐郎辭以授弟郁

孫僧化諳星分按文占以言災異爲通直散騎常侍永熙中出帝召僧化與中散大夫孫安都共撰兵法未就而帝入關遂罷

李公緒潛居自持雅好著書撰古今異說記二十八卷趙語三卷

北齊祖珽拜爲尚書左僕射監脩國史以後主屬文奏撰御覽武平三年二月詔珽及特進魏收等入文林舘撰玄洲苑御覽後改名聖壽堂御覽八月御覽成勅付史閣後改爲脩文殿御覽凡三百六十卷初詔珽與收太子太師徐之才中書令崔劼散騎常侍張雕中書監楊休之監撰珽等奏追通直散騎侍郎韋道遜陸乂太子舍人王劭衞尉丞李孝基殿中侍御史魏澹中散大夫劉仲威袁奭國子博士朱才奉車都尉眭道閑考功郎中崔子樞左外兵郎薛道衡并省主客郎中盧思道司空東閤祭酒崔德太學博士諸葛漢奉朝請鄭公超殿中侍御史鄭子信等入舘撰書并勅蕭放蕭慤顏之推等同入撰例復令散騎常侍封孝琰前樂陵太守鄭元禮衞尉少卿杜臺卿通直散騎常侍王訓前兗州長史羊肅通直散騎侍郎馬元熙省三公郎中劉珉開府行叅軍李師上溫君悠入舘亦令撰書後命特進崔季舒前仁州刺史劉逖散騎常侍李孝貞中書侍郎李德林續入待詔等又詔諸人各舉所知又有前濟州長史李翥前廣武太守魏騫前西兗州司馬蕭溉前幽州長史陸仁惠鄭州司馬江旰前通直散騎侍郎辛德源陸開

明通直郎封孝騫太尉掾張德冲并省右民高恭行司徒戶曹叅軍古道子前司空功曹叅軍劉顗獲嘉令崔德儒給事中李元楷晉州治中陽師孝太尉中兵叅軍盧公順司空中兵叅軍周子深開府行叅軍王友伯崔君洽魏師騫並入舘待詔又勅右僕射段孝言亦入御覽成後所撰録人亦有不得待詔付司處分者凡此諸人亦有文學膚淺附會親識妄相推薦者十三四焉雖然當時操筆之徒搜求略盡其外如廣平宋孝王信都劉善經輩三數人論其才性入舘諸賢亦十三四不逮之也待詔文林亦是一時盛

事故存錄其姓名

荀士遜爲中書侍郎號爲稱職與李若等撰曲言行於世

隋陸爽字開明高祖受禪轉太子内直監尋遷太子洗馬與左庶子宇文愷等撰東宮典記七十卷

杜臺卿開皇初被徵入朝臺卿嘗採月令觸類而廣之爲書名玉燭寶典十二卷奏之賜絹二百疋位至著作郎

樂運南陽淯陽人嘗願爲一諫臣從容諷議而性訐直爲人所排抵遂不被任用乃發憤錄夏殷以來諫

爭事集而部之凡六百三十九條合四十一卷名曰諫苑奏上之文帝覽而嘉焉位至毛州高唐令

魏澹字彦深爲太子舍人廢太子勇深禮遇之屢加優錫令撰笑苑詞林集世稱其博物

劉祐奉詔撰兵書十卷名曰金韜上善之

崔賾撰洽聞志七卷八代四科志三十卷位至越王長史

于仲爲光祿大夫撰畧覽三十卷

唐歐陽詢爲給事中武德七年奉詔與裴矩陳叔達趙弘智令狐德棻文學袁朗等十數人同脩藝文類聚

李百藥初仕隋爲禮部員外郎皇太子勇召爲東宮學士令修五禮定律令撰陰陽書

魏徵爲秘書監貞觀五年撰群書政要奏之令採其序例以明述作之意曰竊維載籍之興其來尚矣左史右史記事記言皆所以昭德塞違勸善懲惡故作而可紀薰風揚乎百代動而不法明戒垂乎千祀是以歷觀前聖撫運膺期莫不懔乎馭朽自強不息乾乾夕惕義在兹乎近古皇王時有撰述竝皆包括天地牢籠群有競採浮豔之詞爭馳迂誕之說騁末學

之傳聞飾雕蟲之小伎流宕忘返殊途同致雖辯周萬物愈失司契之源術總百端彌乖得一之旨皇上以天縱之多才運生知之睿思性與道合動效機神玄德潛通化前王之所未化損己利物行列聖所不能行瀚海龍庭之野竝爲郡國扶桑若木之域咸襲纓冕天地成平外内禔福猶且爲而不恃雖休勿休俯協堯舜式遵稽古不察貌乎止水將取鑒乎哲人以爲六籍紛綸百家踳駮窮理盡性則勞而少功周覽汎觀則博而寡要故爰命臣等採摭群書剪截浮放光昭訓典聖思所存務乎政術綴叙大畧咸發神

秉雅致鈎深規摹宏遠綱羅政體事非一日君乃欽明之后屈己以救時無道之君樂身以亡國或臨難知懼在危而獲安或得志而驕居成以致敗者莫不備其得失以立功樹惠貞心直道忘軀殉國身殞百年之中聲馳千載之後或大奸巨猾轉日迴天社鼠城狐反白作黑忠良由其放逐邦國因以危亡者咸亦述其終始以顯爲臣不易其立德立言作訓垂範爲綱爲紀經天緯地金聲玉振騰實飛英雅論徽猷嘉言美事可以弘獎名教崇太平之基者固亦片善不遺將以丕顯皇極至於母儀嬪則懿后良妃參徽

猷於十亂著深誠於辭輦或傾城哲婦亡國豔妻候晨雞以先鳴待舉烽而後笑者時有所存以備勸戒自六經訖于諸子始五帝下盡晉年凡爲五秩合五十卷本求政要故以政要爲名但皇覽遍略隨方類聚名目互顯首尾淆亂文義斷絕尋究爲難今之所撰異乎先作總立新名各全舊體欲見本知末原始要終並棄彼春華採茲秋實一書之內牙角無遺一事之中羽毛咸盡用之當今足以殷鑒前古傳之來葉可以貽厥孫謀引而伸之觸類而長蓋亦言之者無罪聞之者足以自戒庶弘茲九德簡而易從觀彼

百王不疾而速崇巍巍之盛業開蕩蕩之王道可久可大之功並天地之貞觀日用日新之德將金鏡以長懸矣太宗覽之稱善勅皇太子諸王各傳一本賜徵帛二百疋又徵爲特進以禮經遭秦滅學戴聖編錄條疏不次乃刪其所記以類相從爲五十篇合二十卷名類禮太宗善之賜物一千段以其書藏秘府及賜皇太子諸王

李襲譽爲揚州總管長史撰忠孝圖二十卷貞觀十三年十一月奏之太宗覽而稱善

高士廉爲尚書左僕射貞觀十五年撰文思博要一

千二百卷上之有詔藏之秘府（時大學博士馬嘉運大常丞呂才同脩）

高智周爲秘書郎弘文直學士預撰瑶山玉彩文館詞林三遷蘭臺大夫

李敬玄撰正論三卷位至揚州大都府長史杜正倫爲中書侍郎兼左庶子撰春坊要錄四卷

許敬宗爲弘文館學士永徽中與李義府等奉勅於內殿撰東殿新書二百卷高宗自製序其書自史記至晉書刪其繁詞勒成藏之書府

元萬頃上元中爲著作郎則天廣召文詞之士入禁中脩撰萬頃與左史劉禕之范履冰苗神客右史周

思茂胡楚賓等咸預其選前後撰列女傳以軌百寮
新誡樂書凡千餘卷
姚璹永徽中爲太子宮門郎博涉經史有才辯與司
議郎孟利貞等奉令脩瑤山玉彩書成遷秘書郎
張昌宗爲麟臺監聖曆中則天以御覽及文思博要
等書多未周備令昌宗與麟臺少監李嶠廣召文學
之士給事中徐彦伯水部郎中員半千等二十六人
增損文思博要勒成一千三百卷於舊書外更加佛
教道教及親屬姓氏方域等部至是畢功帝親製名
曰三教珠英時左補闕崔湜同脩

韋叔夏神龍中爲國子祭酒撰三禮要記三十卷行
於代
王方慶撰宮卿故事一卷位至太子左庶子
徐堅爲集賢院學士開元中勅堅等纂經史要事及
歷代文章以類相從欲令皇子簡事綴文帝自定名
爲初學記是日撰成以獻帝稱善賜堅等絹三百疋
張九齡爲中書令開元二十七年二月九齡等撰六
典三十卷成上之
歸崇敬爲國子司業大曆中與諸儒官同脩通志崇
敬知禮儀志衆稱允

裴澄爲國子司業貞元十二年表上乘輿月令十二
卷
蘇冕爲京兆府士曹續國朝政事撰會要四十卷
杜祐爲淮南節度使貞元十七年獻通典表曰臣聞
太上立德不可庶幾其次立功道行當代其次立言
見志後學由是往哲遞相祖述將施有政用乂邦家
臣本以門資幼登官序仕非遊藝才不及人徒懷自
強頗翫墳籍雖履歷叨幸或職劇務繁竊惜光陰未
嘗輟廢夫孝經尚書毛詩周易三傳皆父子君臣之
要道十倫五教之宏綱如日月之下臨天地之大德

百王是式終古攸遵然率多記言罕存法制愚管窺
蠡測豈達高深輒肆荒唐誠爲臆度每念懵學冀探
政經畧觀歷代衆賢著論多陳紊失之弊或闕拯救
之方臣既庸淺寧詳損益未原其始莫暢其終尚賴
周氏典禮秦皇蕩滅不盡從有繁雜且用準憑至于
往昔是非可爲來今龜鑑布在方策亦麤研尋自頃
纂脩平言涉三紀識寡思拙心昧詞蕪圖籍實多事
自非火將謂功畢有愧乖疏固不足發揮大猷但微
臣竭愚盡慮凡二百卷不敢不具獻上庶明鄙志所
之塵瀆聖聰兢惶無措其書凡九門敘食貨十二卷

選舉六卷職官二十二卷禮一百卷樂七卷兵六卷刑十七卷州郡十四卷邊防十六卷

賀蘭正元貞元中爲昭義軍節度使判官進用人權衡輔佐記各十卷舉選衡鏡三卷

馬總爲天平軍節度使總理道素優軍政多暇公務之餘手不釋卷所著奏議集年歷通歷子鈔等書百餘卷行於世

唐次爲禮部員外郎貞元八年坐竇參出爲開州刺史在巴峽間十餘年不獲進用西川節度使韋臯抗表請爲副使德宗密諭臯令罷之次久滯蠻荒孤心

抑鬱怨謗所積孰與申明乃採自古忠臣賢士遭罹讒謗放逐遂至殺身而君猶不悟其書三篇謂之辯謗畧上之德宗省之猶怒謂左右曰唐次乃方吾爲古之昏主何自諭如此改夔州刺史及憲宗即位與李吉甫同自峽內召還授次禮部郎中尋以本官知制誥正拜中書舍人卒憲宗明哲嫉惡尤惡人朋比傾陷嘗閱書禁中得次所上書三篇賢而善之謂學士沈傳師曰唐次所集辯謗之書實君人者時宜觀覽朕思古書中多有此事次篇錄未盡卿家傳史學可與學士類例廣之傳師奉詔與令狐楚杜元穎等分功脩續廣爲十卷號元和辯謗畧優詔答之

憲宗元和八年六月詔宰臣武元衡李吉甫李絳及舊相太子少傅判太常卿鄭餘慶禮部尚書權德輿各進舊書

張正甫爲集賢殿學士右散騎常侍寶歷二年進藝文類聚一百卷

令狐楚爲翰林學士憲宗以自古賢臣多受讒謗以至危亡因詔楚纂集歷代名臣受謗者爲十卷名爲元和辯謗畧書成帝嘉其該博

李渤爲著作佐郎罷官閑居東雒撰禦戎新錄二十

卷以獻

韋處厚穆宗時與路隨爲翰林侍讀學士長慶二年處厚與隨撰六經法言二十卷書成表獻之曰臣聞三皇講道五帝講德三王講仁五覇講義所講不同同歸於理理道之極備於六經雖質文相變忠敬交用損益因時步驟不一然而釋三綱越五常而致雍熙者未之有也自秦火蕩焚孔壁穿壞曲學異辯專門多惑營道之軌竝馳希聖之堂蓋寡蕪文錯起浮義互生簡冊混散篇卷繁積勢神於累代弊形於當年其知愈博其得愈少夫然通方之士達識之儒且

猶不爲也況南面之尊司道之契豈不貪其精而遺
其麤者乎伏惟文武孝德皇帝陛下精義神授博識
天資山峻詞舉泉蓄學海膺休運則混六合而不讓
思屈巳則舞兩階而不疑故當希皇踵帝肩王轢霸
可以區區近蹈擬於聖德哉臣處厚臣隨採合易詩
書左氏春秋孝經等因其本篇掇其精粹論紀先師
微旨今亦附於篇末總題曰六經法言合二十卷獻
上取諸身必本於五事通諸物兼暢於三才始九族
巳及於百姓刑室家以儀於天下聖君良主之往行
哲人壯士之前言天人相與之際幽明交感之應窮

理盡性之辯藥石攻磨之規堯舜禹湯文武理亂之
道盡在君臣父子夫婦朋友之義必舉其與可以觀
勸其違可以戒此其所存者也至如爻象錯綜陰陽
難名比興箴誨幽隱難辨誥命訓論古今不合威儀
顓制命諸有司褒貶揚搉歸諸史法此其所遺者也
商鞅之說秦主歎帝道之難行太宗之納魏徵流王
澤而廣被繇是言之道無遠近德無重輕能者孝之
如毛羽不能者舉之如嵩岱今逢希代之君當難合
之運故不能以百家邪說六國縱横秦漢刑名魏晉
倫薄爲盛時道歷代帝王皆務纂集親稱皇覽梁著
邁略鄴中則有脩文之作江左則有壽光之書但詩
術於聞見非垂諫於理本臣今所貴實異斯作陸賈
奏甚畢之論尚稱善於高皇方朔獻緋櫞之說猶見
知於武帝伏惟陛下機務之餘燕息之暇時降省覽
天下幸甚帝覽其書稱善者久之賜處厚賵錦綵二
百疋銀器二事

崔郾爲翰林侍講學士寶曆元年七月與高重進纂
要集十卷各賜綵錦二百疋銀器五事

魏謩嘗鈔撮子書要言以類相從二十卷號曰魏氏
手畧有文集十卷位至太子少保

裴潾文宗時爲右散騎常侍太和八年集歷代文章
自梁昭明太子著文選外合於典雅者古今通選勒
成三十卷目爲太和通選并意義目錄一卷進上潾
之所著偏僻時論以爲不當

王涯爲平章事太和八年進月令圖一軸

兵部尚書王起進自古帝王五位圖帝欲置於機案
以便觀覽宜付起重以長卷寫進

許康佐爲翰林學士太和九年進纂集左氏傳三十
卷

高重爲國子祭酒太和九年進春和纂集四十卷

鄭澣爲翰林侍講學士文宗命撰經史要錄十二卷書成帝嘉其精博因以十九書語類帝親自發問澣應對無滯錫以金紫

姚康爲太子詹事大中五年十一月以所撰統史三百卷上之統史自開闢至隋末編年纂帝王美政善事詔令可利於時者至於時政鹽鐵筦榷和糴賑貸錢陌兵數虛實貯糧用兵利害邊事戎狄無不備載下至釋道燒煉妄求無驗皆載之

崔鉉爲左僕射平章事大順七年十月鉉上續會要四十卷脩撰官楊紹復崔瑑薛逢鄭言等賜物有差

梁末帝貞明末前衛州長史劉騭進所撰地里手鏡十卷

晉曹國珍爲左諫議大夫天福四年上言請於內外臣寮之中選才畧之士聚唐六典前後會要禮閣新儀大中統類律令格式等精詳纂集俾無漏畧別爲書一部目爲大晉政統從之其詳議官差太子少師梁文矩散騎常侍張允大理卿張澄國子祭酒唐汭大理少卿高鴻漸國子司業田敏禮部郎中呂咸休司勳員外郎劉濤刑部員外郎李知損監察御史郭延升等一十人克文矩等咸曰改前代禮樂刑憲爲大晉政統則堯典舜典當以晉典華名列狀駮之曰作者之謂聖述者之謂明苟非聖明焉能述作若運因革故則事乃維新或改正朔而變犧牲或易服色而殊徽號是以五帝殊時不相沿樂三王異世不相襲禮至於近代率繇舊章比及前朝是滋其目多因行事之失改爲立制之初或臣奏條章君行可否皆表其年月紀以姓名聚類分門成文作則莫不悉稽前典垂範後昆述言聖賢歷於朝代得金科玉條之號設亂言破律之防守而行之其來尚矣皇帝陛下運齊七政歷契千年爰從創業開基莫不積功累

德行宜直筆具載鴻猷若備錄前代之編年目作聖朝之政統此則是名不正也夫名不正則言不順而媚時掠美非其實矣若剪截其詞此則是文不備也夫文不備則啓爭端而禮樂刑政於斯亂矣若改舊條而爲新制則未審何門可以刊削何事可以編聯旣當革故從新又須廢彼行此則未知國朝能守而不失乎臣等同共參詳未見其可疏奏嘉之其事遂寢

張昭爲兵部尚書世宗親征淮南表進所撰兵法其畧曰臣本書生不閑武藝空忝穰苴之位慙無孫穀

之能速捽綸言令纂兵法雖彊三宮之説何稱九天之謀伏惟陛下玉斗纘戎金樓聚學九舜十堯之典不足揣摩三門五將之書無煩接要而猶申旦不寐乙夜縱觀留連於尺籍伍符探賾於楓天棗地以爲人情貴耳而賤目儒者是古而非今以韓白之智有餘英衛之才不足寧悞滋水釣翁之學今廼推輪圯橋神叟之言已爲糟粕無足師模於鈐筭聊可挹酌於源流爰命下臣撮其樞要臣逖觀前代兵家所著篇部頗多自唐末亂離圖書流落今蘭臺秘府目錄空存其於討論固難詳悉今秖據臣家所有之書據

其兵要自軍旅制置選練教習安營結陣命將出師詭譎機權形勢利害賞罰告誓攻守巧拙星氣風角陰陽課式等都四十二門離爲十卷管窺蠡測莫知穹遨之高深獸走犬馳且副蒐苗之指使既成卷部須有籤題臣伏見前代奉詔撰論皆目爲制旨今輒準故事題爲制旨兵法臣留司都下不敢輒去班行詣差私吏齎詣行闕陳進詔曰朕昔覽兵書粗知前事將觀機要委卿撰述曾未踰時遠來呈進披尋之際備見精詳論戰法之大綱與孫吳而共貫賴卿博學副朕所懷宜示頒宣用明恩寵嘉獎在念再三不忘今賜卿衣着二百疋銀器一百兩

冊府元龜
巡按福建監察御史臣李嗣京訂正
知閩縣事臣曹門臣參閱
知建陽縣事臣黄國琦較釋
學較部一十二
小學　目錄　刋較　讐嫉
小學
昔伏羲氏造書契以代結繩之政周官保氏教國子以六書蓋文字之興其來尚矣厥後二篆繼作八體並生沿波振葉增華競逐岐分轍異其流彌廣中代
冊府元龜　學較部　小學　卷之六百八　一
而下善其業者或爲之訓詁或形乎論敘布之方牘叅乎緗帙咸得以徵焉仲尼曰吾猶及史之闕文又曰蓋有不知而作之者故述作之際不可以不愼矣
黄帝時倉頡爲史作蟲篆
周宣王時大史籀作大篆十五篇教學童書也與孔氏壁中古文異體又云史籀篇者周時史官教學童書也
秦李斯爲丞相作倉頡篇七章又作小篆亦曰秦篆
趙高爲車府令作爰歷篇六章
胡母敬爲太史令作博學篇七章博學篇古文多取史籀篇而篆體復頗異所謂秦篆者也又云倉頡爰歷博學三篇斷六十字以爲一章凡五十五章并爲倉頡篇
程邈爲秦獄吏得罪繫雲陽獄市覃思十年益小篆方圓而爲隷書三千字始皇善之用爲御史
王次仲上谷人善隷書始作八分書
漢司馬相如爲文園令作凡將篇凡將篇无複字
史游元帝時爲皇門令作急就一篇又云慕容鈋說造太上章以代急就篇又顏之推處師古各注急就篇
李長成帝時爲將作太監作元尚一篇急就元尚篇皆倉頡中正字也凡將則頗有出
楊雄爲大夫作倉頡訓纂一篇元始中徵天下通小學者以百數各令記字於庭中楊雄取其有用者以作訓纂又云郭璞注倉頡篇楊雄作訓後漢郎中賈魴作嘉滂篇故曰一
冊府元龜　學較部　小學　卷之六百八　二
三倉
杜鄴從張吉學吉子竦又幼孤從鄴學問亦著於世尤長小學鄴子林清靜好古亦有雅材建武中歷位列卿至大司空其正文字過於鄴竦故世言小學者繇杜公也又云宣帝時徵齊人能正讀者張敞從受之傳至外孫之子杜林爲作訓詁焉竦即敞之孫林作倉頡訓纂一篇倉頡訓一篇位至凉州刺史
劉歆撰古今文字二卷又焦子明撰文字畧統一卷位至安定屬國都尉
後漢許愼作說文解字十四篇皆傳於世梁有演說文一卷庾儀撰爲汝長卒

馬援爲伏波將軍上書曰臣所假伏波將軍印書伏
字大外響城皐令印皐字爲白下羊丞印四下羊尉
印白下人人下羊即一縣長吏印文不同恐天下不
正者多符印所以爲信也所宜齊同薦曉古文字者
事下大司空正郡國印章奏可
班固字孟堅以易倉頡中重復之字凡八十九篇臣
復續楊雄作十三章文撰在昔篇一卷太甲篇一卷
爲大將軍竇憲中護軍服虔撰通俗文一卷位至九
江太守
蘇林字孝友博學多通古今字指凡諸書傳文間危

疑林釋之建安中爲五官將文學甚見禮待
郭顯卿爲太子中庶子撰字指一卷
衛宏字敬仲撰古文官書一卷位至議郎
邯鄲淳一名竺字子叔爲博士給事中善倉雅蟲篆
許氏字指
蔡邕爲左中郎將撰聖皇章黃初章吳章勸學篇各
一卷
崔瑗爲濟北相撰飛龍篆篇草勢合三卷
張揖撰埤倉二卷（梁樊恭又撰廣倉一卷）古今字詁三卷（又云揖撰
三倉雜字一卷詁訓三卷）卷諟字一卷（又云字二卷朱有字篇一卷賈魴撰）

蜀來敏尤精於倉雅訓詁好是正文字位至執慎將
軍
吳項峻爲郎中令撰始學篇十二卷
朱育山陰人少好奇字凡所特達依體像類造作異
字千名以上位至侍中
晉郭荷雒陽人明究羣籍特善史書不應州郡之命
陸機爲平原内史撰吳章二卷
王義爲下邳内史撰小學篇一卷
李彤撰字二卷單行字二卷字偶五卷位至朝議大
夫

呂忱爲弦令撰字林七卷
殷仲堪爲荆州刺史撰常用字訓一卷
呂靜爲汝復令撰韻集六卷
衛恒撰四體書勢一卷
葛洪撰要用字苑一卷終於句漏令
顧愷之爲散騎常侍撰啓疑三卷
宋何承天爲御史丞撰纂文三卷
顔延之撰纂要六卷諸幼文三卷位至金紫光祿大
夫
謝靈運爲臨川内史撰要字一卷

吳恭爲楊州督護撰字林字音義五卷
劉善經撰文字指歸一卷
夏侯詠撰四聲韻畧十三卷
李槩撰音譜四卷
釋靜洪撰韻英三卷
南齊吳均爲奉朝請續文釋五卷
王斌著四聲論行於時
梁沈約撰四聲一卷位至尚書令侍中領太子少傅
阮孝緒不應徵辟撰文字集略六卷
吉文甫爲散騎常侍撰釋字同音三卷又有異字同音一卷

蕭子雲撰五十二體書一卷位至侍中國子祭酒
蕭愷爲太子家令時大學博士顧野王奉令撰玉篇太宗嫌其書詳略未當以愷博學文字爲善使便與學士刪改
蕭琛在宮城有北僧南度維齋一瓠蘆中有漢書序傳曰三輔舊老傳以爲班固真本琛固求得之其書多有異今者而紙墨亦古文字多如龍擧之例非隸非篆琛甚秘之及是行也以書餉鄱陽王範範乃獻於宮位至侍中
陳顧野王爲左將軍撰玉篇三十卷
庾持善字書每屬辭好爲奇字文士亦以此譏之位至大中大夫領步兵較尉
後魏大武始光二年初造新字千餘詔曰在昔帝軒剏制造物乃命倉頡因鳥獸之跡以立文字自茲以降隨時改作故篆隸草楷竝行於世然經歷久遠傳習多失其真故令文體錯繆會義不愜非所以示軌則於來世也孔子曰名不正則事不成此之謂矣今制定文字世所用者頒下遠近永爲楷式
陽居造字釋千卷猶數十篇未訖而卒其從孫大學博士承慶遂撰爲字統二十卷行於世位至國子祭

酒兼幽州中正
江式字法安陳留濟陽人六世祖瓊字孟琚晉馮翊太守善蟲篆詁訓永嘉大亂瓊棄官西投張軌子因居涼土世傳家業祖強字文威太延五年涼州平因徙代京上書二十餘法各有體例又獻經史諸子千餘卷由是擢拜中書博士式少專家學除殄寇將軍仍爲符節令延昌三年三月式上表曰臣聞庖羲氏作而八卦列其畫軒轅氏興而龜策彰其彩古史倉頡覽仁象之支觀鳥獸之跡別剏文字以代繩用書契以准事宣之王庭則百工以敘載之方冊則萬品

以明迄於三代厥體頗異雖依類取制未能悉殊倉
氏矣故周禮八歲入小學保氏教國子以六書一曰
指事二曰象形三曰形聲四曰會意五曰轉注六曰
假借蓋是史頡之遺法也及宣王太史史籀著大篆
十五篇與古文或同或異時人卽謂之籀書至孔子
定六經左丘明述春秋皆以古文厥意可得而言其
后七國殊軌文字乖別暨秦兼天下丞相李斯乃奏
蠲罷不合秦文者斯作倉頡篇中車府令趙高作爰
歷篇太史令胡毋敬作博學篇皆史籀太篆或頗省
改所謂小篆者也於是秦燒經書滌除舊典官獄繁

多以趣約易始用隸書古文由此息矣隸書者始皇
使下杜人程邈附於小篆所作也以邈徒隸卽謂之
隸書故秦有八體一曰大篆二曰小篆三曰刻符書
四曰蟲書五曰摹印六曰署書七曰殳書八曰隸書
漢興有尉律李復教以籀書又習八體試之課最以
爲尙書史書省字不正輒舉劾焉又有草書莫知誰
始考其形畫雖無厥誼亦是一時之變通也孝宣時
召通倉頡讀者張敞受之涼州刺史杜業沛人爰禮
講學大夫秦近亦能言之孝平時徵禮等百餘人說
文字於未央宮中以禮爲小學元士黃門侍郞楊雄

採以作訓纂篇及亡新居攝自以運應制作使大司
空甄豐較文字之部頗改定古文時有六書一曰古
文孔子壁中書也二曰奇字卽古文而異者三曰篆
書云小篆也四曰佐篆書秦隸書也五曰謬篆所以
摹印也六曰鳥蟲所以蟠信也壁中書者魯恭王也
壞孔子宅而得禮尙書春秋論語孝經也又北平侯
張倉獻春秋左氏傳書體與孔氏相類卽前代之古
文矣後漢郞中扶風曹喜號曰工篆小異斯法而甚
精巧自是後學皆其法也又詔侍中賈逵脩理舊文
殊藝異術王教一端苟有可以加於國者靡不悉集

逵卽汝南許愼古文字之師也後愼嗟時人之好奇
嘆俗儒之穿鑿惋文毀於譽痛字敗於訾更詭任情
變亂於世故撰說文解字十五篇首子終亥各有部
屬包括六藝群書之詁評釋百氏諸子之訓天地山
川草木鳥獸昆虫雜物奇怪珍異王制禮儀世間人
事莫不異載可謂類聚群分雜而不越文質彬彬最
可得而論也左中郞將陳留蔡邕採李斯曹喜之法
爲古今雜形詔於大學立石碑刻載五經題書楷法
多是邕書也後開鴻都書畫奇能莫不雲集於時諸
方獻篆無出邕者魏初博士清河張揖著埤倉廣雅

古今字訓究諸埤廣綴拾遺漏增長事類抑亦於文爲益者然其字詁方之許愼篇古今體用或得或失矣陳留邯鄲淳亦與揖同時博聞古藝特善倉雅許氏字指八體六書精究閑理有名於揖以書教諸皇子又建三字石經於漢碑之西其文蔚炳三體復宣較之說文篆隸大同而古字少異又有京兆韋誕河東衞覬二家並號能篆當時臺觀牓題寶器之銘悉是誕書咸傳之子孫世稱其妙晉世義陽王典祠令任城呂忱表上字林六卷尋其兄越附託許愼說文而按偶章可隱別古籀奇惑之字又得正隸不若篆

意也忱弟靜別放故左較令李登聲類之法作韻集五卷宮商角徵羽各爲一篇而文字與兄便是魯衞音讀楚夏時有不同皇魏承百王之季紹五運之緒世易風移文字改變篆形謬錯隸體失眞俗學鄙習復加虛巧談辯士又以意爲說炫惑於時難以釐改乃曰追來爲歸巧言爲辯小兎爲鼈神蟲爲蠶如是甚皆不合孔氏古書史籀大篆許氏說文石經三字也夫文字者六藝之宗王教之始前人所以垂今令人所以識故故曰本立而道生孔子曰必也正名乎又曰述而不作書曰予欲觀古人之象皆言遵脩

舊文而不敢穿鑿也臣六世祖瓊家世陳留往晉之初與從父兄應元俱受學於衞覬古篆之法倉雅方言說文之誼當時並收善譽而祖官至太子洗馬出爲馮翊郡値雒陽之亂避地河西數世傳習斯業所以不墜也世祖太延中皇威西被牧犍内附臣亡祖文武校策歸國奉獻五世傳掌之書古篆八體之法時蒙褒錄叙列於儒林官班文省家號世業暨臣闇短識學庸薄漸漬家風有忝無顯但逢時來恩出願外每承澤雲津厠霑漏潤驅馳文閤參預史官題篆宮禁猥同上哲旣竭愚短欲罷不能是以敢藉六世

之資奉遵祖考之訓竊慕古人之軌企踐儒門之轍輒求撰集古來文字以許愼說文爲主爰採孔氏尙書五經音注籀篇爾雅三倉凡將方言通俗文祖文宗埤倉廣雅古今字詁三字石經字林韻集諸賦文字有六書之誼者皆以次類編聯文無復重統爲一部其古籀奇惑俗隸諸體咸使班於篆下各有區別詁訓假借之誼僉隨文而解音讀楚夏之聲並逐字而注於其所不知者則闕如也脫掌遂許冀省百氏之觀而同文字之域典書秘書所須之書乞垂敕給並學士五人嘗習文字者助臣披覽書生五人專令抄

寫侍中黃門國子祭酒一月一監評議疑隱庶無紕
繆所撰名目伏聽明旨詔曰可所謂竝就太常兼教
八書其所有須依請給之名目侍書成重聞式於是
撰集字書號曰古今文字凡四十卷大體依許氏說
文爲本上篆下隸正光中除驍將軍兼著作佐郎式
尋中卒其書竟未能成
李登爲左較書令撰聲類十卷
北齊宋世良強學好屬文撰字畧五篇位至東郡太
守
楊休之撰韻略一卷辨嫌音二卷位至和州刺史

顏之推爲黃門侍郎撰訓俗文字略一卷
後周黎季明其從祖廣後魏太武時爲尚書郎善古
學嘗從吏部尚書清河伯玄崔受字義又從司徒崔
浩學楷篆自是家傳其法季明亦傳習之頗與許氏
有異太祖令季明正定古今文字於東閣位至車騎
大將軍
冀儁爲襄樂郡守徵還教世宗及宋獻公等隸書時
俗入書學者亦行束脩之禮謂之謝章儁以書字所
興起自倉頡若同嘗俗未爲合禮遂啓太祖釋奠倉
頡及先聖先師

趙文深善楷隸太祖以隸書紕繆命文深與黎季明
沈遐等依說文及字林刊定六體成一萬餘言行於
世位至趙郡守
隋王劭爲秘書少監撰雜字三卷
顏繁楚撰證俗章略一卷
曹憲爲秘書學士撰古今字圖新錄一卷文字指歸
四卷
劉善經河澗人撰四聲指歸一卷
唐顏真卿爲刑部尚書大歷十二年獻所著韻海鏡
源三百六十卷詔秘閣及集賢書院貯之真卿既尙

學儒以陸法言切韻文指非弘乃纂集九經字史字
義題爲韻海鏡源獻之
唐玄林爲翰林待詔開成初於國子監復定石經子
體玄度玄九經字體依故司業張參五經字樣爲定
諸經之中別有疑闕舊字樣未載者今與較勘官同
商較是非取其適中纂錄爲新加九經字樣一卷請
附五經字樣之末從之

目錄

夫四科之設所趣不同六藝之端爲學亦異自微言
既絕說郛遂多諸子玄興群儒紛糾兵農雜說其徒

寔繁然而學者斯勤述者彌衆廣捜並購旣顯於好文强學專門頗患於寡要故前之達者分其例類使有條不紊求者可以俯觀也

漢司馬遷爲太史令撰史記目錄一卷

劉向撰七畧別錄二十卷元帝時擢爲散騎宗正給事中

劉歆向子也哀帝初卽位遷騎都尉光祿大夫總括羣書篇撮其指要著爲七畧一曰經畧二曰集畧三曰諸子畧四曰詩賦畧五曰兵書畧六曰術數畧七曰方伎畧大凡萬三千九十卷

後漢班固傅毅並爲校書郎自光武中興明章繼軌於東觀及仁壽閣集書固毅等典掌焉並依七畧而爲書部固又編之則以爲漢書藝文志

鄭黙爲秘書郎始制中經

荀勗爲秘書監因中經更著新部分爲四部總括羣書一曰甲部紀六藝爲小學等書二曰乙部有古諸子家近世子家兵書家術數家三曰丙部有史記舊事皇覽簿雜事四曰丁部有詩賦圖讚汲冢書大凡四部合二萬九千九百四十五卷一云勗撰中經簿十四卷撰文章家集序十卷

晉摯虞爲太常卿撰文章志三卷

丘深之撰義熙以來雜集目錄三卷

宋傅亮爲中監尚書令撰續文章志三卷

謝靈運爲秘書監造四部目錄大凡四千五百八十二卷

文帝撰江左文章志五卷

殷淳爲秘書丞在秘書之閣撰大四部書目凡四十卷行於世

南齊王儉爲秘書丞撰四部書目四卷大凡一萬五千七十四卷又撰今書七志一曰經典志紀六藝小

學史記雜傳二曰諸子志紀今古諸子三曰文翰志紀詩賦四曰軍書志紀兵書五曰陰陽志紀陰陽圖緯六曰術藝志紀方技七曰圖譜志紀地域及圖書其道佛附見合九條賀蹤補

梁王儉永明中爲秘書丞與監謝朏又造四部目大凡一萬八千一十卷

阮孝緒不應徵辟篤好墳史博採宋齊以來王公之家凡有書記參較官簿更作七錄一曰經典錄紀六藝一曰史籍錄紀記傳三曰子兵錄紀子書四曰文集錄紀詩賦五曰技數錄紀數術六曰佛錄七曰道

錄其分部題目頗有次序

任昉爲秘書監於文德内殿列藏衆書華林園内總集釋典大凡二萬三千一百六卷自齊永元以來秘閣四部篇卷紛雜昉手自讎校由是篇目定焉

丘賓卿撰天監四年書目四卷

殷鈞撰天監六年四部書目後授散騎常侍國子祭酒

祖暅爲奉朝請以梁有秘書監任昉殷鈞四部目錄又文德殿目錄其術數之書更爲四部使暅撰其名故梁有五部目錄

楊松玢撰史目三卷

沈約永明二年兼著作郎撰宋氏文章志二卷

劉遵撰東宮四部目錄四卷

劉孝標安成王引爲荊州户曹參軍撰梁文德殿四部目錄四卷

陳沈文阿爲散騎常侍兼國子博士撰經典玄儒大義序錄二卷

後魏裴景融領著作時撰四部要略令景融專典

高道穆爲給事黄門侍郎莊帝詔曰秘書圖籍所在内典書又加繕寫緗素委積蓋有年載出内繁蕪多致零落可令道穆總集帳目并牒儒學之士編比次第

後周樊深撰七經異同說三卷義綱略論并目錄三十卷並行於世後爲中大夫加開府儀同三司

隋牛弘爲光禄大夫撰開皇四年書目四卷

王劭爲散騎侍郎修起居注撰開皇二十年書目四卷（隋書又有魏闕書目一卷陳秘閣圖書法目錄一卷陳天嘉六年壽安殿四部目錄四卷陳五經省四部目錄四卷陳承香殿五經史記目錄二卷開皇八年四部書目錄四卷香廚四部目錄四卷隋大業正御書目錄九卷書目錄六卷雜儀注目錄四卷書品二卷名手畫錄一卷正流論一卷並無撰人姓名）

許善心開皇中爲秘書丞於時秘藏圖籍尚多淆亂

善心倣阮孝緒七錄更制七林各爲總敘冠於篇首又於部錄之下明作者之意區分類例焉

唐馬懷素爲秘書監兼昭文館學士是時秘書省典籍散落條流無敘懷素上疏曰南齊已前墳籍舊編王儉七志已後著述其數盈多隋志所書亦未詳悉或古書近出前志闕而未編或近人相傳浮詞鄙而猶記著無編錄難辯淄澠望括簡近書篇目并前志所遺者續王儉七志藏之秘府帝於是召學涉之士國子博士尹知章等分部撰錄并刊正經史麤創首尾會懷素病卒

元行冲爲太子賓客弘文館學士累封常山郡公先是秘書監馬懷素集學者續王儉今書七志左散騎常侍褚無量於麗正殿較寫四部書事未就而懷素無量卒詔行冲總代其職於是行冲表請通撰古今書目名爲群書目錄命學士鄠縣尉毋煚櫟陽尉韋述曹州司法參軍殷踐猷大學助教余欽等分部脩撿歲餘書成奏上之（開元七年詔曰比來書籍缺亡後多錯亂者良由簿歷不明綱維失序或須披閱難可簡尋今麗正殿寫四庫書各於本庫每部別爲目錄其與四庫目不類者依劉歆七略排爲七志其經史子集及天文以時代爲先後以品秩爲次第其三教殊英既有缺落宜依書目隨次脩補朕當披覽無使闕遺）

韋述爲櫟陽尉秘書監馬懷素受詔編次圖書乃奏用左散騎常侍元行冲左庶子齊澣秘書少卿王珣衛尉少監吳兢并述等二十六人同於秘閣詳錄四部書懷素尋卒行冲代掌其事五年而成其總目二百卷

刊校

仲尼曰文王既沒文不在茲乎故曰自衞返魯刪定經藝而門人達者亦有所刊正焉既而遭秦燔燼會漢巫蠱編簡散逸微言殆絶雖故老所傳得於口占壞壁之獲固多古文頗或遺脫率用裁擇旣而學較斯建傳習彌廣龜鳥之變魚魯之殊蓋有之矣矧復師資迭授覃研無斁增以章句爲之訓傳又多乎哉故英儒博聞之士潛心大業探求精義正其闕誤芟其繁亂或蒙被詔令典較閣成上書自陳求給筆札至於前世之載記籍百家之述作亦或揚搉其繆戾考正其異同縫其漏而質其非翦其蕪而擷其要朱紫之有別淄澠之不混六經之旨既明四部之文維叙後來以之折衷學者於茲蒙益非好古博雅之君子疇克預於此哉

周孔子刪詩爲三百篇

卜商字子夏孔子弟子之晉過衞有讀史記者曰晉師三豕涉河子夏曰非也是己亥也夫己之與三相近豕之與亥相似至於晉而問之則曰晉之己亥涉河也

漢孔安國孔子後也武帝時爲博士魯共王壞孔子宅得古文尚書安國悉得其書以考二十九篇得多十六篇（壁中書多以考見行二十九篇之外更得十六篇）安國獻之遺巫蠱事未列於學官（安國以孔氏蝌蚪尚書及伏生之書考論文義定其可知者爲隸古定更以竹簡寫之曾多伏生二十五篇伏生又以堯典合於舜典益稷合於皐陶謨盤庚三篇合爲一康王之誥合於顧命後出此篇并序凡五十九篇爲四十六卷）

劉向成帝時爲光祿大夫先是武帝時以中古文易經較施孟梁丘經中者天子之書也言中以别外耳向又以中古文較歐陽大小夏侯三家尙書經文酒誥脫簡一召誥脫簡二率簡二十五字者脫亦二十五字簡二十二字者脫亦二十二字文字異者七百有餘脫字數十至成帝詔向較經傳諸子書賦步兵校尉任宏較兵書太史令尹成較術數太醫監李柱國較方技每一書就向輒爲一條論其指歸辯其訛謬而奏之

劉歆爲黄門郎河平中與父向領較秘書

後漢蘇竟以明易爲博士講書祭酒王莽時與劉歆

等共典較書

桓榮習歐陽尙書事博士朱普受普學章句四十萬言浮辭繁長多過其實及榮入授明帝減爲二十三萬言子郁復刪省定成二十萬言繇是有桓君大小大常章句桓榮建武三十年爲太常桓郁永元四年爲太常

鍾興明帝時爲左中郎將詔令定春秋章句去其復重

樊儵刪定公羊嚴氏春秋章句世號樊侯學士仕至長較尉

張霸永元中爲會稽太守以樊儵刪嚴氏春秋猶多繁辭乃減定爲二十萬言更名張氏學

崔寔拜議郎復與諸儒博士雜定五經

馬融爲較書郎中詣東觀典較秘書

楊終章帝時爲蘭臺較書終受詔刪太史公書爲十餘萬言

傅毅爲郎中建中初章帝博召文學之士以毅爲蘭臺令史拜郎中與班固賈逵共典挍書

鄭衆爲大司農受詔作春秋刪十九篇

劉珍少好學安帝時爲謁者僕射鄧太后詔使與較書劉騊駼馬融及五經博士較定東觀五經諸子傳

記一百家藝術整齊脫誤定正文字

伏無忌博物多識順帝時爲侍中屯騎較尉詔與議郎黄景較定中書五經諸子百家藝術

張奐少遊三輔師事太尉朱寵學歐陽尙書初牟氏章句浮辭繁多有四千五萬餘言奐爲九萬言從辟大將軍梁冀府乃上書桓帝奏其章句詔下東觀

延篤從論解經傳多所駁正後儒服虔等以爲折中仕至侍中

盧植靈帝時爲九江太守時始立太學石經以正五經文字植乃上書曰臣少從通儒故南郡太守馬融

受古學頗知今之禮記特多回穴（回穴內紆曲）臣前以周禮諸經發起粃謬敢率愚淺爲之解詁而家乏無力繕供寫上（繕善也言家貧不能善寫而上）願得將能書生二人共詣東觀就官財糧專心研精合尙書章句考禮記失得庶裁定聖典刊正碑文古文科斗近於爲實而厭抑流俗降在小學中興以來通儒達士班固賈逵鄭興父子並敦悅之今毛詩左氏周禮各有傳記與春秋共相表裏宜置博士爲立學官以助後來以廣聖意後與諫議大夫馬日磾議郎蔡邕楊彪韓說等並在東觀較書五經紀傳補續漢記

蔡邕拜郎中較書東觀遷議郎邕以經籍去聖久遠文字多謬俗儒穿鑿疑誤後學熹平四年乃與五官中郎將堂谿典光祿大夫楊賜諫議大夫馬日磾議郎張馴韓說太史令單颺（堂谿姓也典字子䜿潁川人爲西鄂長）奏求正定六經文字靈帝許之邕乃自書冊於碑使工鐫於大學門外（雒陽記曰大學正雒城南開陽門外講堂長五丈廣三丈堂前經四部本碑凡四十六枚西下尙書周易公羊十一碑字中二碑毁南行禮記十五碑悉崩壞東行論語三碑禮記上存諫議大夫馬日磾議郎蔡邕名）於是後儒晚學咸取正焉及碑始立其觀視及摹寫者車乘日千餘兩填塞街陌馬日磾融之族子少傳融業以才學進與楊彪盧植蔡邕等典較中書

劉陶明尙書春秋爲之訓詁推三事尙書（三家謂夏侯建夏侯勝歐陽和爲侍郎受詔次第春秋條列）靈帝時拜侍御史

吳韋曜爲中書郎博士祭酒孫林命曜依劉向故事定衆書晉司馬彪爲秘書郎初譙周以司馬遷史記書周秦以上或採俗語百家之言不傳據正經周於是作古史考二十五篇皆憑舊典以糾遷之謬誤彪復以周爲未盡善也條古史考中凡百二十二事爲不當多據汲塚紀年之義亦行於世

鄭默字思元起家秘書郎考覈舊文删省浮穢中書

令虞松謂曰而今而後朱紫別矣

東晳爲左著作郎武帝太康二年汲郡人不準掘魏安釐王塚得竹簡小篆古書十餘萬言藏於秘府秘書丞衞當考正汲塚書未紀而遭難晳述而成之事多證異義時東萊太守陳留王庭堅難之亦有證據晳又釋難而庭堅已亡散騎侍郎潘滔謂王接曰卿才學理議足解二子之紛可試論之接遂詳其得失摯虞謝衡皆博物多聞咸以爲允當（初太康二年汲郡人不準盜發魏襄王墓或言安釐王塚得竹簡數十車其紀年十三篇記夏以來至周幽王爲犬戎所滅以事接之三家分述魏事至安釐王之二十五年蓋魏國之史書大畧與春秋皆多相應其中經傳大異則云夏年多

乾萓於啓位啓後之太甲後伊尹文王後季歷自周受命至穆王百年非穆王受百歲也幽王既亡有其伯和者攝行天子事非二相共和也其易經二篇與周易上下經同易繇陰陽卦二篇與周易畧同繇辭則易卦下易經一篇以說卦而異公孫段二篇公孫段與邵陟論易國語三篇言楚晉事名三篇以禮記又似爾雅論語師春一篇書左傳諸卜筮師春者是造書者姓名也瑣語十一篇諸國卜夢妖怪相書也梁丘藏一篇先敘魏之世數次言丘藏金玉事繳書二篇論弋射法王封一篇帝王所封太曆二篇鄒子談天數也穆天子傳五篇言周穆王游行四海見帝臺西王母圖詩一篇畫贊之屬也又尚書十九篇周食田法周書論楚事周穆王美人盛姬死大事凡七十五篇七篇簡書折壞不識名題冢中又得銅劍一枚長二尺五寸發書皆蝌蚪字初發冢者燒策照取寶物及官收之多燼簡斷依文既殘缺不復詮次武帝以其書付秘書校綴次第尋考指歸而以今文寫之皙在著作得觀竹書隨疑分釋皆有義證

李充爲大著作郎於時典籍混亂充刪除煩重以類

相從分作四部甚有條貫秘閣以爲永制

徐廣字野民孝武世除秘書郎典較秘書省增置省職轉員外散騎侍郎仍領校書

宋謝靈運爲秘書監文帝使整理秘閣書補足遺闕

梁任昉爲秘書監領前軍將軍自齊永元以來秘閣四部篇卷紛雜昉手自讎較由是篇自定焉

張率爲司徒椽直文德侍詔省勑使抄一部書後爲建安王記室直壽光省治丙丁部書抄

阮孝緒陳留尉氏人著删繁書武帝時徵不到

劉峻天監初召入西省與學士賀蹤典較秘閣

劉沆爲太子洗馬時文德殿置學士省召高才碩學者侍詔其中使之校墳史詔沆通籍焉

劉之遴爲太學博士時鄱陽王范得班固所上漢書眞本獻之東宮令之遴與張纘到溉等參較異同之遴錄其異狀數十事非眞本殷鈞爲秘書丞在職啓校定秘閣四部書

陳周弘正在梁爲左民尚書及侯景平王僧辯啓送秘書圖籍勑弘正較讎

姚察爲秘書監領著作察任秘省大加删正後魏闞駰博通經傳初仕沮渠蒙遜爲秘書考課郎中給文

吏三十人典較經籍刊定諸子三千餘卷

崔光韶爲司空行參軍孝文勑光韶兼秘書郎掌較華林秘書

宋道璵少而敏雋宣武初以才學被召與秘書丞孫惠蔚典較群書考正同異

常景爲秘書監删正晉司空張華博物志

北齊李鉉爲太子博士在東館師友諸王鉉以去聖久遠文字多有乖謬感孔子必也正名之言乃喟然有刊正之意於講授之暇遂覽說文爰及倉雅删正六藝經中謬

樊遜以對策第一清河王岳爲大行臺率衆南討假遜大行臺郎中文宣天保七年詔令較定群書供皇太子遜與冀州秀才高乾和瀛州秀才馬敬德許散愁韓同寶雒州秀才傳懷德懷州秀才古道子廉平郡孝廉李漢子渤海郡孝廉鮑長暄又陽平郡孝廉景孫前梁州府主簿王九元前開府水曹參軍周子深等十一人被尚書召共刊定時秘府書籍紕繆者多遜乃議曰案漢中壘較尉劉向受詔較書每一書竟表上輒言臣向書長水較尉臣參書太史公大常博士書中外書合若干本以相比然後殺青今所

讎較供擬重出蘭臺御諸甲館向之故事見存府閣即欲刊定必藉衆本太常卿邢子才太子少傅魏收吏部上書辛術司農少卿穆子容前黃門郎司馬子瑞故國子祭酒李業興並是多書之家請牒借本參校得失秘書監尉瑾移尚書都坐凡諸别本三千餘卷五經諸史殆無遺闕

宋繪好撰述以諸家年歷不同多有紕繆乃刊正異同撰年譜錄未成武成河清五年並遺水漂失繪雖博聞强記而天性恍惚晚又遇疾言論遲緩及失所撰之書乃撫膺慟哭曰可謂天喪予也

後周寇儁拜秘書監時軍國草創墳典散逸儁始選置令史抄集經籍四部群書稍得備具

蕭撝梁武帝弟安成王秀子也入周爲侍中驃騎大將軍明帝即位集公卿已下有文學者八十餘人於麟趾殿較定經史仍撰世譜撝亦預焉以母老兼有疾疾五日沓上便隔晨昏請在外著事詔許焉

宗懍初仕梁元帝時爲吏部尚書及江陵平與王褒等入關太祖以懍名重南士甚禮之明帝即位詔懍與王褒等在麟趾殿刊定群書

元偉明帝初拜師氏中大夫受詔於麟趾殿刊正經

籍

楊寬爲御史正中大夫武成二年詔寬與麟趾殿學士參定經籍

姚最字士會梁太醫正僧坦之子年十九隨僧坦入關明帝盛聚學徒較書於麟趾殿最亦預爲學士

隋李德林父敬族歷太學博士鎮遠將軍魏孝靖帝時命當世通人正定文籍以爲內較書別在直閣省

郎茂仕齊爲司空府參軍奉詔於秘書省刊定載籍

許善心爲秘書丞奏追李文博陸從典等學者十許人正定經史錯謬

劉焯以儒學知名除員外將軍與諸儒於秘書省考定辯書

王劭爲著作郎採摘經史謬誤爲讀書記三十卷時人服其精博

于仲文爲光祿大夫撰漢書刊繁三卷

唐顏師古貞觀中於秘書省考五經師古多所釐正旣畢奏之太宗復遣諸儒重加詳議於時諸儒傳習旣久皆共非之師古輒引晉宋以來古本隨方曉答援據詳明皆出其意表諸儒莫不歎服於是拜通直散騎常侍頒其所定之書於天下令學者習焉尋行

秘書少監專典刊正所有奇書難字衆所惑者隨疑剖析曲盡其源

呂才爲大常博士大宗以陰陽書行之自久近代以來漸致訛僞穿鑿既甚拘忌亦多遂命有司總令修撰命才及諸陰陽學者十餘人共加刊削并舊書可行者四十七卷書成詔班下之

魏徵爲秘書監以喪亂之後典章紛雜奏引學者校定四部書數年之間秘書圖籍粲然畢備

長孫無忌爲大尉高宗永徽二年三月詔無忌及中書門下與國子三館博士引文館學士刊定故國子祭酒孔穎達所撰五經正義顏揚庭師古子也永徽三年揚庭爲符璽郎又表上師古所撰正謬正俗八卷高宗下詔付秘書閣仍賜揚庭帛五十疋

司馬承禎隱於天台開元初徵至京師承禎頗善篆隸書寫三體老子經因刊正文句定著五千三百八十言爲眞本以奉上之後居王屋爲陽臺觀卒贈銀青祿大夫號眞玄先生

蔣乂集賢學士蔣明之子也弱冠該博群籍其父在集賢日嘗以兵亂之後圖籍溷雜乃白執政請令乂入院編次於是宰相張鎰署乂爲集賢小吏編錄纔

逾一年於散亂中釐集二萬餘卷勒成部秩旁通百家尤精歷代沿革後爲集賢學士

褚無量以內庫舊書自高宗代即藏在宮中漸至遺逸奏請繕寫刊校以弘經籍之道於是上令於東都乾元殿前施架排次因大加搜寫廣求天下異本數年間四部充備後遷左散騎常侍兼國子祭酒封舒國公

劉大眞貞元二年爲秘書監大眞上言請擇儒者詳較九經於秘書省令所司陳設及供食物宰臣錄其功課從之

包佶爲秘書監貞元年上言開元中删定禮記月令改爲時令其音及疏并開元有相涉者竝未刊正請選通儒詳定從之會佶卒其事不行

文宗大和三年三月癸亥集賢院奏應較勘宣索書及新添寫經籍令請秘省春坊崇文較正共一十八員權抽作畨次就院同較勘前件書其廚料等請度支准本官例支給從之

周墀爲起居舍人集賢殿學士開成元年正月中書門下奏墀及監察御史張次宗禮部員外郎孔温業兵部員外郎集賢殿直學士崔球等同就集賢院勘

較經典釋文

鄭覃爲門下侍郎平章事兼國子祭酒初文宗命國子監九經石本所司較勘尚有外誤傳於永久必在精詳宜令率更令韓泉充詳定石經官就集賢審較勘仍旋送國子監上石開成二年十月覃進石壁九經一百六十卷

後唐楊凝式明宗天成初爲給事中凝式精選通儒較定三館圖書

馬縞爲太子賓客長興三年四月勅近以遍注石經雕刻印板委國學每經差專知業博士儒徒五六人勘讀并注今更於朝官内別差五人充詳勘官太子賓客馬縞太常丞陳觀祠部員外郎兼太常博士段顒太常博士路航屯田員外郎田敏等朕以正經事大不同諸書雖以委國學差官勘注蓋縁文字極多尚恐偶有差誤馬縞已下皆是碩儒各專經業更令詳勘貴必精研兼宜委國子監於諸色選人中召能書人謹楷寫出旋付匠人雕刻每五百紙與減一選所減等第優與選轉官資時宰相馮道以諸經舛謬與同列李愚委學官等取西京鄭覃所刊石經雕爲印板流布天下後進賴之

漢隱帝乾祐元年四月國子監上言在監雕印板九經内只周禮儀禮公羊穀梁四經未有印板今欲集學官較勘四經文字雕造印板從之

周田敏爲尚書左丞兼判國子監事廣順三年六月敏獻印板書五經文字五經字樣各二部一百三十策奏曰臣等自長興三年較勘雕印九經書籍經注繁多年代殊藐傳寫紕繆漸失根源臣守官膠庠職司較定旁求援據上備雕鐫幸遇聖朝克終盛事播文德於有截傳世教以無窮謹具陳進先是後唐宰相馮道李愚重經學因言漢時崇儒有三字石經唐

朝亦於國學刊刻今朝廷日不暇給無能別有刊立嘗見吳蜀之人鬻印板文字色類絕多終不及經典如經典較定雕摹流行深益於文教矣乃奏聞勅下儒官田敏等考較經注敏於經注長於詩傳孜孜刊正援引證據聯爲篇卷先經奏定而後雕刻乃分政事堂厨錢及諸司公用錢又納及第舉人禮錢以給工人

尹拙爲國子監祭酒顯德二年二月中書奏拙狀稱准勅較勘經典釋文三十卷雕造印板伏以陸氏釋文唐初撰集綿歷歲月傳寫失真非多聞博識之人

通幽洞微之士重其商確必致乖訛況今朝廷富有鴻碩如兵部尚書張昭太常卿田敏皆文儒之領袖也或家藏萬卷或手較六經實後學之宗師爲當今之雄尚伏乞察以事繼冊教情非屬私特賜敷敭俾同讎挍勅日經典之來訓釋爲重須資鴻博其正疑訛庶使文字精研免至傳習眩惑其經典釋文已經本監官員較勘外宜差兵部尚書張昭太常卿田敏詳較

顯德三年十二月詔委中書門下於朝官內選差三十人據見在書籍各求真本較勘刊正謬誤仍於逐卷後署較勘官姓名宜令官司逐月具功課申報中書門下

讎嫉

仲尼沒而微言絕七十子喪而大義乖周室道微漢承秦弊師授迭異經藝遂分以是肇各家之學樹同門之黨穿鑿聖典異端蜂起既傳禀之不一復潤色而相勝其有隸章句之業乖和裕之德緣飾已失以爲當掎摭彼是以爲非庠序之間讙咋騰湧講習之際譏詆紛錯互相擯斥動成仇讎或忿爭於朝廷或遷謗於祖裔其於攻訐以眞害淪胥而羅咎者蓋有

之矣固異夫合志同方營道同術之謂焉

漢轅固生以治詩孝景時爲博士與黃生爭論景帝前久之病免武帝初即位復以賢良徵固諸儒多疾毀固日固老罷歸之時固已九十餘矣

王式字翁思以說詩昭帝時爲昌邑王師王廢式以減死論歸家山陽張長安幼君（長安名）先事式後東平唐長賓沛褚少孫亦來事式問經數篇式謝日聞之於師具是矣自潤色之（言所聞師說具盡於此若嫌簡略任更潤色）不肯復授唐生褚生應博士弟子選詣博士摳衣登堂頌禮甚嚴（摳衣謂以手內舉令離地也摳口侯切頌讀日容）式歸說有法疑者

丘蓋不言（論語載孔子曰蓋有不知而作之者我無是也式欲遵此意故效孔子自損並耳蓋
者發語之辭）諸博士驚問何師對曰事式皆素聞其賢共
薦式詔除下爲博士（下除官之書也下胡嫁切）式徵來衣博士衣
而不冠曰刑餘之人何宜復充禮官既至舍中會諸
大夫博士共持酒肉勞式皆注意高仰之（勞來到切）博士
江公世爲魯詩宗（爲魯詩者所宗師也）至江公著孝經說心嫉
式謂歌吹諸生曰（學官自有此法酒坐歌吹以相樂也）歌驪駒（逸詩篇名也見
大戴禮客欲去歌之其辭云驪駒在門僕夫具存驪駒在路僕夫整駕也）式曰聞之於師
客歌驪駒主人歌客毋庸歸（庸用也主人禮未畢且無用歸也）今日
諸君爲主人日尚蚤未可也江翁曰經何以言之（於經
冊府元龜學校部讎嫉　卷之六百八　三十三
何所有）式曰在曲禮江翁曰何狗曲也（意怒故妄發此言言狗者輕
賤之甚也今流俗書本云何曲狗妄改之也）式恥之陽醉遏墜（遏失據而倒也墜古
地字遏徒浪切）式客罷讓諸生曰我本不欲來（讓責也）諸生彊
勸我竟爲豎子所辱遂謝病免歸終於家
劉歆爲光祿大夫較秘書欲建立左氏春秋及毛詩
逸禮古文尚書皆列於學官哀帝令歆與五經博士
講論其義諸博士或不肯置對（並不與歆意同故不肯立其學也置對置
辭以對也）歆因移書大常博士讓之其言甚切諸儒皆怨
恨是時名儒光祿大夫龔勝以歆移書上疏深自罪
責願乞骸骨罷及儒者師丹爲大司空亦大怒奏歆

改亂舊章非毀先帝所立帝曰歆欲廣道術亦何以
爲非毀哉歆由是忤執政大臣爲衆儒所訕（訕謗也所諫切）
懼誅求出補吏爲河内太守以宗室不宜典三河徙
守五原
後漢孔僖字仲和魯國人也遊大學習春秋因讀吳
王夫差傳廢書歎曰所謂畫虎不成反爲狗者友人
崔駰曰然昔孝武皇帝始爲太子方年十八崇信聖
道師則先王五六年間號勝文景及後恣已忘其前
善僖曰書傳若此多矣鄰房生梁郁儳和之曰如此
武帝亦是狗邪僖駰默然郁怒恨之陰上書告駰僖
冊府元龜學校部讎嫉　卷之六百八　三十四
誹謗先帝譏刺當世事下有司駰詣吏受訊僖恐誅
乃上書章帝自訟詔皆勿問拜僖蘭臺令
周福甘陵人初桓帝爲蠡吾侯受學於福及即位擢
福爲尚書時同郡河南尹房植有名當朝鄉人爲之
謡曰天下規矩房伯武因師獲印周仲進二家賓客
至相譏揣遂各樹朋徒漸成尤隙
鄭玄字康成北海高密人少爲鄉嗇夫及黨事起被
禁錮遂隱修經業杜門不出時任城何休好公羊學
遂著公羊墨守（言公羊義理深遠不可駁難如墨翟之守城）左氏膏肓（喻左
氏之疾不可爲也）穀梁廢疾玄乃發墨守鍼膏肓起廢疾休

見而歎曰康成入吾室操吾矛以伐我乎後公車徵
爲大司農給安車一乘
蜀孟光字孝裕河南雒陽人漢末爲講部吏獻帝遷
都長安遂逃入蜀劉焉父子待以客禮博物識古無
書不覽尤銳意三史長於漢家舊典好公羊春秋而
譏呵左氏每與來敏爭此二義光常譊譊讙咋（譊音如交切讙音休表切咋祖格切）先主定益州拜爲議郎
許慈元仁篤胡潛字公興並爲博士慈善鄭氏學治
易尚書三禮毛詩論語潛卓犖彊識先主定蜀承喪
亂歷紀學業衰廢乃鳩合典籍沙汰衆學慈潛與孟

光來敏等典掌舊文值庶事草創動多疑議慈潛更
相克伐謗讟忿爭形於聲色書籍有無不相通借時
尋楚撻以相震撼（虛晩切）其矜己妬彼乃至於此先主
愍其若此群僚大會使倡家假爲二子之容傚其訟
鬩之狀酒酣樂作以爲嬉戲初以辭義相難終以刀
杖相屈用感切之
後魏游雅文成時爲秘書監北人陳奇愛翫經典博
通墳籍與河閒邢祐同召赴京雅素聞其名始頗好
之引入秘省欲授以吏職后與奇論典誥及詩書雅
贊扶馬鄭至易訟卦天與水違行雅曰自葱嶺以西
水皆西流推此而言易之所及自葱嶺以東耳奇曰
易理緜廣包含宇宙若如公言自葱嶺以西豈東廻
望充哉奇執義非雅每如此類終不苟從雅性護短
因以爲嫌嘗衆辱奇或爾汝之或指爲小人奇曰公
身爲君子奇身且小人耳雅曰君言身且小人君祖
父是何也奇曰祖燕東郡侯蹬雅贊奇曰侯蹬何官
也奇曰三皇不傳禮官名豈同哉昔故有雲師火正
鳥師之名以師而言世革則官異時易則禮變公爲
皇魏東宮内侍長侍長竟何職也繇是深憾之先是
勑以奇付雅令銓補秘書雅既惡之遂不復叙用焉

奇冗散數年高允每與奇讎温古籍嘉其遠致稱奇
通識非凡學所窺允微勸雅曰君朝望具瞻何爲與
野儒辯簡牘章句雅謂允有私於奇曰君寧黨小人
也乃取奇所注論語孝經焚於庭内奇曰公貴人不
乏樵薪何乃燃奇論語雅愈怒因告京師後生不聽
傳授而奇無降志亦評雅製昭皇太后碑文論后文
字之美比諭前魏之甄后奇刺發其非聞於上詔下
司徒簡對碑史事乃郭后雅有屈焉有人爲謗書多
怨時之言頗稱奇不得志雅乃諷在事云此書言奇
不遂當時奇假人爲之如依律文造謗書者皆及孥

戮逐抵奇罪時司徒平原王陸麗知奇見枉惜其才學故得延遷經年冀有寬宥但執以獄成竟致大戮遂及其家

隋劉焯信都人爲縣功曹高祖開皇中與左僕射楊素等於國子學共論古今滯義素等莫不服其精博時運雒陽石經至京師文字磨滅莫能知者奉勅與劉炫等考定後因國子釋奠與炫二人論義深挫諸儒諸儒咸懷妬恨遂爲飛章所謗除名爲民

蘇夔右僕射威之子少有盛名起家爲通仕舍人議樂事與國子博士何妥各有所持於是夔妥俱爲一

議使百寮署其所同朝廷多附威同夔者十八九妥恚曰吾席間函丈四十餘年反爲昨暮兒之所屈也

元善文帝時爲國子祭酒學問在通直散騎常侍何妥之下然以風流醞藉俯仰可觀音韻清明聽者忘倦由是爲後進所歸妥每懷不平心欲屈善因善講春秋初發題諸儒畢集善私謂妥曰名望已定幸無相苦妥然之及就講肆妥遂引古今滯議以難善多不能對善深銜之二人由是有隙

唐孔穎達仕隋煬帝大業初爲河內郡博士詔徵諸郡儒官集於東都令國子秘書學士與之論難穎達爲最時穎達少年而先輩宿儒耻爲之屈潛遣刺客伺其便而圖之禮部尚書楊玄感深禮之知其如是延之於第待以上客薦爲大學助教由是顯名貞觀中遷國子祭酒撰正五經疏義稍爲詳悉然有大學博士馬嘉運每掎摭之因此相與不平嘉運屢相譏誚有詔更令詳定未訖而卒

周樊倫爲國子司業太祖廣順末尚書左丞田敏判國子監獻印板九經書流行而儒官素多是非倫乃掇拾舛誤訟於執政又言敏擅用賣書錢千萬請下吏訊詰樞密使王峻素聞敏大儒佐佑之密訊其事

搆致無狀然其書至今是非未息

冊府元龜

廵按福建監察御史臣李嗣京訂正

知甌寧縣事臣孫以敬參閱

知建陽縣事臣黄國琦較釋

刑法部

總序

折獄致刑著於羲易維明克允載於虞書斯則制治在乎勅法勅法在乎得人之義也舜以咎繇作士故尙書云咎繇作士明於五刑以弼五教又謂之大理故文子曰咎繇喑而爲大理天下無虐刑夏商之制

無聞周制大司寇掌建邦之三典以佐王刑邦國詰四方小司寇以五刑聽萬民之獄訟士師掌五禁之法以左右刑罰鄉士遂士縣士方士各聽其所治獄訟司刑掌五刑之法以麗萬民之罪司剌掌三剌三宥三赦之法以贊司寇聽獄訟掌囚掌守囚及刑殺掌戮掌斬殺司隷掌囚執人布憲掌邦之禁皆治刑之官也列國有士師論語所謂孟氏使陽膚爲士師也亦謂之理史記所謂李離爲晋文公之理也秦制廷尉掌刑辟秩二千石古者兵獄同制故謂之尉漢制尙書三公曹主斷獄二千石曹掌中都官盜賊辭訟罪法亦謂之賊曹又御史屬官有法令曹掌律令廷尉秩中二千石有正及左右監秩皆千石景帝中六年更名大理武帝建元四年復爲廷尉宣帝地節三年初置左右平秩皆六百石掌平詔獄冠法冠哀帝元嘉二年復爲大理自孝武而下置中都官獄三十六所各有令長之名如宗正領都司空令丞主置罪人少府領若盧令丞主詔獄治將相大臣之類也又置繡衣直指出討姦滑治大獄不常置其有大獄則令雜治如王嘉致都船詔獄使將軍以下與二千石雜治之類也其次即令就問如廷尉請捕衡山王

遣中尉大行即問之類也其當罪又令雜議如淮南王所犯不軌丞相御史宗正廷尉雜奏又詔列侯吏二千石議是也後漢置治書侍御史選高第明法律者爲之天下讞疑事則以法律當其是非廷尉卿中二千石掌平獄刑罰奏當所應凡郡國讞疑罪皆處當以報員吏百四十人又省右平尙存左平又罷中都官以下諸詔獄獨廷尉雒陽縣有焉魏武初建國改廷尉爲大理又置律博士又置定科郎主定法令都官郎主軍事刑獄黄初元年復以太理爲廷尉晋制初以三公尙書掌刑獄太康中省之以吏部尙書

領刑獄又廷尉主刑罰獄訟屬官有正監平通視南臺治書爲尚書郎下遷又有律學博士又置黄沙治書侍御史秩與中丞同掌詔獄及廷尉不當者皆治之後省去咸寧中又置廷尉丞宋增置都官尚書掌京師非違兼掌刑獄又增置删定郎如魏之定科郎齊廷尉置丞正監平律博士各一人梁初日大理天監元年復爲廷尉廷尉視秘書監丞視皇子行佐正視正王佐正監平三人比舊選少重服獬豸冠絳韝皁衣銅印墨綬又華置建康縣獄三官視給事中以尚書郎爲之冠服同廷尉三官元會廷尉三官與建

康三官皆法官皁衣朝服以監東西中華門手執方木長三尺方一寸謂之執方器又置律博士視員外郎後魏孝文太和中廷尉卿品第二上少卿品第三上正監評丞品第五中獄掾品從第七下二十三年復次職令廷尉品第三少卿品第四正監評品第六丞品第七永安二年復置司直事十人視五品上不署曹事覆治御史簡劾事北齊大理寺掌正刑獄卿屬官正監平各一人律博士四人明法掾二十四人捉事督二十四人掾十人獄丞掾各二人司直明法掾各二人後周依周禮建六官有司寇卿領秋官府司寇等衆職又有刑部中大夫掌五刑之法附萬人之罪隋文帝改周六官依前代之法復置都官尚書侍郎後改爲刑部復置大理寺卿少卿正監平各一人司直十人律博士八人明法二十人獄掾八人卿正三品少卿正四品正監評正六品律博士正九品煬帝又改丞爲勾簡官增置十六人分判獄事唐制御史大夫中丞掌邦國刑憲典章其屬侍御史掌推鞫獄訟謂之東西推凡有別勅付推者則按其實狀以奏尋常之獄推訖斷於大理興元元年又詔殿中侍御史同知東西推分日受事謂之四推置刑部尚

書一人侍郎一人掌天下刑法及徒隸勾覆關禁之政其屬刑部郎中員外各二人掌二尚書侍郎舉其典憲而辯其輕重都官郎中員外各二人掌配隸簿錄俘囚以給衣糧藥療以理訴競雪免尚書正三品侍郎正四品郎中並正五品員外並正六品龍朔三年改刑部尚書曰司刑大常伯侍郎曰少常伯郎中爲大夫都官爲司僕咸亨元年復爲刑部光宅元年改爲秋官神龍元年復舊又置大理卿一人少卿二人掌邦國折獄詳刑之事明慎以讞疑獄哀矜以雪寃獄公平以鞫庶獄正二人掌參議刑獄正科條之

事六丞斷罪不當則駁正之丞六人掌分判寺事凡有犯皆據其本狀以正刑名凡六丞判尚書六曹所統百司及諸州之務其刑部丞嘗押獄每一丞斷事五丞同押若有異見則各言之主簿二人掌勾簡稽失凡官吏之負犯并雪冤者則據所由文牒而立簿爲獄丞三人掌率獄史知囚徒司直六人評事十二人掌出使卿從三品少卿從四品正從五品丞從六品主簿從七品獄丞從九品司直從六品評事從八品龍朔二年改爲詳刑寺卿爲正卿正爲大夫咸亨元年復爲大理光宅元年改爲司刑神龍元年復故

凡吏曹補署法官則與刑部尚書侍郎議其人可否然後注擬若有制使覆囚徒則御史大夫中丞與刑部尚書參擇之凡天下之人有稱冤而無告者御史大夫與中書門下爲三司以鞫之大事奏裁小事專達三司雖按而非其長官則侍御史與刑部郎中員外大理司直評事往訊之五代因之歷代丞相三公刺史守相令長之從事掾屬其平刑獄則有決曹辭曹則曹法曹司法長流刑獄之類焉夫律令者國之銜石刑辟者人之銜轡故王者慎其事擇其官以成欽恤之心以致平反之治然後上靡苛政下無冤民庶獄清而善氣應其由茲乎故類其善惡自成一編

凡刑罰部九門

定律令

古先哲王即天論象民情爲之刑罰威獄以類其震曜殺戮焉蓋所以防邪僻御奸宄禁其踰矩以佐乎治者也唐虞而下制事典以爲律度作法令而一民志隨世輕重沿革斯在然而周設三典施用既殊漢增九章條目寖廣晉魏之後或損益殊制繁簡異宜載之討論有所刊定救時之弊乃至於申嚴濟民之殘式從乎寬裕杜周所謂三尺法亦何嘗之有哉若

夫令出維行周書之攸慎用刑不中仲尼之所譏自非協於大中而較若畫一又曷能御下而濟衆者乎

堯命伯夷降典折民維刑 伯夷下典禮教民而斷以法

舜既攝政象以典刑 象法也法用常刑用不越法 流宥五刑 宥寬也以流放之法寬五刑 鞭作官刑 以鞭爲治官事之刑 扑作教刑 扑榎楚也不勤道業則撻之 金作贖刑 金黃金誤而入刑出金以贖罪 眚災肆赦怙終賊刑 眚過災害肆緩賊殺也過而有害當緩赦之怙姦自終當刑殺之 欽哉欽哉惟刑之恤哉 舜陳典刑之義勑天下使敬之憂欲得衆耳

周成王時周公旦作周禮述大司寇之職掌建邦之三典以佐王刑邦國詰四方 典法也詰謹也書曰王耗荒度作詳刑以詰四

方　一日刑新國用輕典新國者新辟地立君之國用輕法者爲其民未習於教
二日刑平國用中典平國承平守成之國也用中典者常行之法　三日刑
亂國用重典亂國篡弒叛逆之國用重典者以其化惡伐滅之　以五刑糾萬
民刑亦法也糾猶察其心　一日野刑上功糾力功農功力勤力　二日軍
刑上命糾守命將命也守不失部伍　三日鄉刑上德糾孝德六德也
善事父母爲孝　四日官刑上能糾職能能其事也職職其修理　五日國刑
上愿糾暴愿慤順也暴當爲暴字之誤也　以圜土聚教罷民圜土獄城也聚
罷民其中困苦以教之爲善也民不愍作勞者似於罷　凡害人者寘之圜土而
施職事焉以明刑恥之害人爲謂邪惡已有過失麗於法者以其無故犯法寘之
圜土繫教之庶其困悔而能改也寘置也施職事以所能役之明刑書其罪惡於大方版者其背　其

能改者反於中國不齒三年反於中國謂之還舍於故鄉里也司圜職曰上
罪三年而舍中罪二年而舍下罪一年而舍不齒者不得以年次列於平民　其不能改而
出圜土者殺出謂逃亡　其屬小司寇掌外朝之政凡命夫
命婦不躬坐獄訟爲治獄吏褻尊者也躬身也不身坐必使其屬若子弟也　凡王
之同族有罪不即市鄭司農云刑諸甸師禮記曰刑於隱者不與國慮兄弟　以
五聲聽獄求民情一曰辭聽觀其出言不直則煩　二曰色聽觀其
顏色不直則赧然　三曰氣聽觀其氣息不直則喘　四曰耳聽觀其聽聆不直則惑
五曰目聽觀其眸子視不直則眊然　以八辟麗邦法附刑罰辟法也麗
附也　一曰議親之辟若今時宗室有罪先請是也　二曰議故之辟故謂
舊知也　三曰議賢之辟若今時廉吏有罪先請是也鄭玄謂賢有德行者　四曰
議能之辟能謂有道藝者　五日議功之辟若今時吏墨綬有罪先請是也　六
日議貴之辟爵位高者　七日議勤之辟謂憔悴以事國　八日議賓
之辟謂所不臣者三恪二代之後　司刺掌三刺三宥三赦之法以
贊司寇聽獄訟刺殺也訊而有罪則殺之宥寬也赦舍也　一刺日訊群臣
再刺日訊群吏三刺日訊萬民訊言也　一宥日不識再
宥日過失三宥日遺忘不識謂愚民無所識則宥之過失若今律過殺人不坐死
遺忘若聞帷薄忘有在焉而以兵矢投射之　一赦日幼弱再赦日老耄三
赦日蠢愚蠢愚生而癡騃童昏者幼弱老耄若今時律年未滿八歲八十以上非手殺人佗皆
不生　以此三法者求民情斷民中而施上服下服之罪
然後刑殺上服殺與墨劓下服宮刖也　凡四上罪梏拲而桎中罪

梏桎下罪梏王之同族拲有爵者桎以待弊罪械在手曰
梏兩手同械曰拲在足曰桎梏斷罪也　司刑掌五刑之法以麗萬民之
罪墨罪五百劓罪五百宮罪五百刖罪五百殺罪五
百墨黥也先刻其面以墨窒之劓截其鼻也宮者丈夫去勢女子閉於宮中刖斷足也周改臏作刖殺
死刑也書傳曰決關梁踰城郭而略盜者其刑臏男女不以義交者其刑宮觸易君命革輿服制度姦軌
盜攘傷人者其刑劓非事而事之出入不以道義而誦不祥之辭者其刑墨降叛寇賊劫略奪攘撟虔者
其刑死此二千五百罪之目略也其刑書則亡
掌戮掌斬殺賊諜而搏之搏當爲膊去衣磔之也　凡殺其親者
焚之殺王之親者辜之焚燒也辜之言枯也謂磔也　凡殺人者踣
諸市踣謂斃之也音妨付切　墨者使守門黥面之罪妨禁衛也　不劓者使

守闕以其貌毁故遠之宮者使守內人道既絕於事便刖者使守囿
驅御禽獸無足可完者使守積完謂不虧其體但居作也積謂聚之物也其奴男
子入於罪隸男女徒總名爲奴女子入春槁春春人槁槁人也此二官之役
槁音口好切凡有爵者與七十者與未齔皆不爲奴有爵命士
以上也齔毁齒也男子六歲女子七歲而毁齒矣禮記王制大罪有五而殺
人爲下逆天地者罪及五代誣鬼神者罪及四代逆
人倫者罪及三代亂教化者罪及二代手殺人者罪
止及身又曰析言破律亂名改作執左道以亂衆者
殺作淫聲造異服設怪伎奇器以蕩上心者殺行僞
而固言僞而辯學非而博順非而澤以惑衆者殺假

於鬼神時日卜筮以疑人者殺此四誅者不待時以
聽
穆王時呂侯爲司寇作呂刑後爲甫侯故或稱甫刑惟呂命王
享國百年耄荒言呂侯見命爲卿時穆王以享國百年耄亂荒忽穆王即位年過四十矣
言百年大期雖老而能用賢以揚名度作刑以詰四方度時世所宜訓作贖刑以治天
下四方之民王曰若古有訓蚩尤惟始作亂延及於平民
順古有遺訓言蚩尤造始作亂惡化相易延及於平善之人九黎之君號曰蚩尤罔不寇賊
鴟義姦宄奪攘矯虔平民化之無不相寇賊爲鴟梟之義以相奪攘矯稱上命因有
亂之甚苗民弗用靈制以刑惟作五虐之刑曰法三苗之君
習蚩尤之惡不用善化民而將以重刑惟爲五虐之刑自謂得法蚩之黃帝所滅三苗帝堯所誅言異世

而同惡殺戮無辜爰始淫爲劓刵椓黥三苗之主頑兇若民敢行虐刑
以殺戮無罪於是始大爲截人耳鼻椓陰黥面以加無辜故曰五虐越茲麗刑并制罔
差有辭苗民於此施刑并制無罪無差有直辭者言淫濫民興胥漸泯泯棼
棼罔中于信以覆詛盟三苗之民瀆於亂政起相漸化泯泯爲亂棼棼同惡皆無
中於信義以反背詛盟之約虐威庶戮方告無辜于上上帝監民
罔有馨香德刑發聞惟腥三苗虐政作威衆被戮者萬方各告無罪于天天視
苗民無有馨香之行其所以爲德刑發聞惟其腥臭皇帝哀矜庶戮之不辜報
虐以威遏絕苗民無世在下君帝堯也哀矜衆被戮者之不辜乃報爲虐者
以威誅遏絕苗民使無世位在下國也乃命重黎絕地天通罔有降格
重即羲黎即和堯命羲和世掌天地四時之官使人神不擾各得其序是謂絕地天通言天神無有降地

地神不至於天民不相干羣后之逮在下明明棐常鰥寡無蓋群后
諸侯之逮在下國家以明明大道輔行常法故使鰥寡得所無有掩蓋皇帝清問下民
鰥寡有辭于苗帝堯詳問民患皆有辭怨於苗民德威惟畏德明惟
明言堯監苗民之見怨則又增脩其德行威則民畏服明賢則德明人之所以無能名焉乃命
三后恤功于民伯夷降典折民惟刑禹平水土主名
山川稷降播種農殖嘉穀伯夷下典禮教民而斷以法禹治洪水山川無名者
主名之后稷下教民播種農畝生善穀所謂堯命三后憂功於民三后成功惟殷于
民各成其功惟所以殷盛於民言禮教備衣食足士制百姓于刑之中以教
祗德言伯夷道民典禮斷之以法皋陶作士制百官于刑之中助成道化以教民爲敬德穆穆
在上明明在下灼于四方罔不惟德之勤堯行恭敬在上三后

之徒秉明德明君道於下灼然彰著四方故天下之士無不惟德之勤故乃明于刑之中率乂于民棐彝天下皆勤立德教乃能明於用刑之中正循道以治於民輔成常教典獄非訖于威惟訖于富言堯時主獄有威有德有恕非絕於威惟絕於富世治貨賂不行敬忌罔有擇言在身言堯時典獄皆能敬其職忌其過故無有可擇之言在其身惟克天德自作元命配享在下凡明於刑之中無擇言在身必是惟能天德自為天命配享天意在於天下王曰嗟四方司政典獄非爾惟作天牧主政典獄謂諸侯也非汝為天牧民乎言任重是汝今爾何監非時伯夷播刑之迪言當視伯夷布刑之道而法之其今爾何懲惟時苗民匪察于獄之麗其今汝何懲戒乎所懲戒惟是苗民非察於獄之施刑以取滅亡罔擇吉人觀于五刑之中惟時庶威奪貨言苗無肯選擇善人

册府元龜　刑法部　定律令　卷之六百九　十一

使觀視五刑之中正惟是衆為威虐者任之奪取人貨所以為亂斷制五刑以亂無辜上帝不蠲降咎于苗苗民任貨奪姦人斷制五刑以亂加無罪天不絜其所為故下咎罪謂誅之苗民無辭于罰乃絕厥世言罪重無以辭於天罰故堯絕其世申言之為至戒王曰嗚呼戒之哉念以伯夷為法苗民為戒伯父伯兄仲叔季弟幼子童孫皆聽朕言庶有格命皆王同姓有父兄弟子孫列者伯仲叔季順少長也舉同姓包異姓言不殊也聽從我言庶幾有至命今爾罔不由慰日勤爾罔或戒不勤今汝無不用安自居日當勤之汝無有徒念戒而不勤天齊于民俾我一日非終惟終在人天整齊於下民使我一日所行非天所終惟為天所終在人所行爾尚敬逆天命以奉我一人雖畏勿畏雖休勿休汝當庶幾敬逆天命以奉我一人之行事雖見畏勿自謂可敬畏雖見美勿自謂有德美惟敬五刑以成三德一人有慶兆民賴之其寧惟永先戒以勞謙之德次教以惟敬五刑所以成剛柔正直之三德也天子有善則兆民賴之其乃安寧長久之道王曰吁來有邦有土告爾祥刑吁歎也有國土諸侯告汝以善用刑之道在今爾安百姓何擇非人何敬非刑何度非及在今汝安百姓兆民之道當何所擇非惟吉人乎當何所敬非惟五刑乎當何所度非惟及時輕重所宜乎兩造具備師聽五辭兩謂兩證造至也兩至具備則獄官共聽其人五刑之辭五辭簡孚正于五刑五辭簡核信有罪驗則正之於五刑不簡正于五罰不簡核謂不應五刑當正五罰出金贖罪五罰不服正于五過不服不應罰也正於五過從赦免五過之疵惟官惟反惟內惟貨惟來五過之所病或嘗同官位或詐反囚辭或內親用事或行貨枉法或舊相往來皆病所在

册府元龜　刑法部　定律令　卷之六百九　十二

其罪惟均其審克之以病所在出入人罪使在五罪過與犯五法者同其當清察能使之不行五刑之疑有赦五罰之疑有赦其審克之刑疑赦從罰疑赦從從其當清察能得其理簡孚有衆惟貌有稽簡核誠信有合衆心惟察其貌有所考合重刑之至無簡不聽具嚴天威無簡核誠信不聽理其獄皆當嚴天威無輕用刑墨辟疑赦其罰百鍰閱實其罪刻其顙而涅之曰墨刑疑則赦從罰六兩曰鍰鍰黃鐵也閱實其罪使與罰名相當劓辟疑赦其罰惟倍閱實其罪截鼻曰劓刑倍百為二百鍰剕辟疑赦其罰倍差閱實其罪刖足曰剕倍差謂倍差之又半為百鍰宮辟疑赦其罰六百鍰閱實其罪宮淫刑也男子割勢婦人幽閉次死之刑序五刑先輕轉至重者事之宜大辟疑赦其罰千鍰閱實其罪死刑也五刑疑各入罰不降相應古之制也墨罰之

屬千劓罰之屬千剕罰之屬五百宮罰之屬三百大
辟之罰其屬二百五刑之屬三千（別言罰屬合言刑屬明刑罰同屬互
見其義以相備）上下比罪無僭亂辭勿用不行（上下比方其罪無聽僭亂
之辭以自疑勿用折獄不可行）惟察惟法其審克之（惟當清察罪人之辭附以法理
其當詳審能之）上刑適輕下服（重刑有可以虧減則之輕服下罪）下刑適重
上服輕重諸罰有權（一人有二罪則之重而輕幷數輕重諸刑罰各有權宜）刑
罰世輕世重惟齊非齊有倫有要（言刑罰隨世輕重也刑新國用輕典
刑亂國用重典刑平國用中典凡刑所以齊非齊各有倫理有要害）罰懲非死人極于
病（刑罪所以懲過非殺人欲使惡人極於病苦莫敢犯者）非佞折獄惟良折獄
罔非在中（非口才可以折獄惟平良可以折獄無不在中正）察辭于差非從

惟從（察囚辭其難在于差錯非從其偽辭惟從其本情）哀敬折獄明啓刑書
胥占咸庶中正（當憐下人之犯法敬斷獄之害人明開刑書相與占之使刑當其罪皆庶
幾必得中正之道）其刑其罰其審克之（其所刑其所罰其當詳審能之無失中正）
獄成而孚輸而孚（斷獄成辭而信當輸汝信於王謂上其勑劾文辭）其刑上
備有幷兩刑（其斷獄文書上王府皆當備具有幷兩刑亦具上之）王曰嗚呼敬
之哉官伯族姓朕言多懼（敬之哉告使敬刑官長諸侯族同族姓異姓我言多
可戒懼以敬之）朕敬于刑有德惟刑（我敬于刑當使有德者爲典刑）今天相
民作配在下明清于單辭（今天治民人君爲配天在下當承天意聽訟當清審
單辭單辭特難聽故言之）民之亂罔不中聽獄之兩辭（民之所以治聽典獄
言無不以中正由獄之兩辭兩辭棄虛從實刑獄清則民治）無或私家于獄之兩
辭（典獄無敢有受貨聽詐成私家於獄之兩辭）獄貨非寶惟府辜功報以
庶尤（受獄貨非家寶也惟聚罪之事具報則以衆人見罪）永畏惟罰非天不中
惟人在命（當長畏懼惟爲天所罰非天道不中惟天人在教命使不中不中則天罰之矣）
罰不極庶民罔有令政在于天下（天道罰不中令衆民無有善政在於
天下由人主不中將亦罰之）王曰嗚呼嗣孫今往何監非德于民
之中尚明聽之哉（嗣孫諸侯嗣世孫非一世自今已往當何監視非當立德於民爲之
中正乎庶幾明聽我言而行之哉）哲人惟刑無疆之辭屬于五極咸
中有慶（言智人惟用刑乃有無窮之善辭名聞於後世以其折獄屬五常之中皆正中有善所以
然也）受王嘉師監于茲祥刑（有邦有土受王之善衆而治之者視於此善刑欲其
勤而法之爲無疆之辭）

楚文王作僕區之法曰盜所隱器與盜同罪
鄭簡公時子產相鄭鑄刑書（鑄刑法於鼎也）其後大夫鄧析
改鄭所鑄舊制造刑法書之於竹簡
晉趙鞅荀寅帥師城汝濱遂賦晉國一鼓鐵以鑄刑
鼎（令晉國各出功力共鼓石爲鐵計令一鼓而足因軍役而爲之）著范宣子所爲刑
書焉
秦文公二十年法初有三族之罪（父母兄弟妻子也一云父族母族妻
族也）
孝公初衞鞅請變法令令人爲什五而相牧司連坐
不告姦者腰斬告姦者與斬敵首同賞匿姦者與降

敵同罰爲私鬬者各以輕重被刑

始皇三十四年適治獄吏不直者築長城及南越地

漢高祖初爲沛公入咸陽召諸縣豪傑曰父老苦秦苛法久矣誹謗者族耦語者棄市吾與諸侯約先入關者王之吾當王關中與父老約法三章殺人者死傷人及盗抵罪傷人有曲直盗臧有多少故言抵抵者至也當也蠲削秦法兆人大悅然大辟尚有三族之誅先黥劓斬左右趾笞殺之梟其首菹其骨肉於市菹爲䤅其誹謗詈詛又先斷舌故謂之具五刑其後四夷未附兵革未息三章之法不足以禦姦禦止也於是相國蕭何攈摭奏法

攈音九問切摭音之石切謂收拾也取其宜於時者作律九章

七年春令郎中有罪耐以上請之輕罪不至于髡完其耏鬢故曰耐字從多髡膚之意也音若能又音而又音乃代切

是年制詔御史獄疑者吏或不敢決有罪者久而不論無罪者久繫不決自今已來縣道官獄疑者各讞所屬二千石官二千石官以其罪名當報當謂處斷也所不能者皆移廷尉亦當報之廷尉所不能決謹具爲奏傅所當比律令以聞傳讀曰附

惠帝元年制曰爵五大夫吏六百石以上及官皇帝而知名者有罪當盗械者皆頌繫官皇帝而知名者謂雖非五大夫爵六百石吏而蚤事惠帝聘爲所知者盗械凡有罪著械皆得稱焉山海經二負之臣相折之尸皆云盗械其義是也頌與容同上造以上及内外公孫耳孫有罪當刑其當城旦舂者皆耐爲鬼薪白粲上造爵滿十六者也内外公孫謂王侯内外孫也耳孫者玄孫之子也言已遠但耳聞也今已上造有功勞内外孫有骨肉屬施德布惠故事從其輕也城旦者朝起行理城舂者婦人不豫外徭但舂作米皆四歲刑也今皆就鬼薪白粲鬼薪取薪給宗廟白粲坐擇米使正白皆三歲刑也人年七十以上若不滿十歲有罪當刑者免之不加肉刑髡鬄剃也鬄音佗計切謂七十以上及不滿十歲以下皆免之也

四年三月省法令妨吏民者除挾書律挾藏也秦敢有挾書者族

呂后元年正月詔曰前者孝惠皇帝言欲除三族罪妖言令議未決今除之

文帝元年十二月詔曰丞相太尉御史法者治之正所以禁暴而衛善人今犯法者已論而使無罪之父母妻子同産坐之及爲收孥朕甚弗取其議左右丞相周勃陳平奏言父母妻子同産相坐及收所以累其心使重犯法重難也累音力端切收之道所由來久矣臣之愚計以爲如其故便帝復曰朕聞之法正則民慤罪當則民從慤謹也音丘角切且夫牧民而道之以善者吏也道讀曰導以善道之也旣不能道又以不正之法罪之是法反害於民爲暴者也法害於人是法爲暴朕未見其便宜孰計之平勃乃曰陛下幸加大惠於天下使有罪不收無罪

不相坐甚盛德臣等所不及也臣等謹奉詔盡除收
律相坐法後新垣平謀爲逆復行三族之誅
二年五月詔曰古之治天下朝有進善之旌旌旛也堯設五
達之道令民進善也誹謗之木橋梁邊板所以書政治之愆失也所以通治道
而來諫者也今法有誹謗訞言之罪訞與妖同高后元年詔除妖言
之令今此又言訞言之罪是則中間曾重復設此條也是使衆臣不敢盡情而
上無繇聞過失也將何以來遠方之賢良其除之民
或呪詛上以相約而後相謾謾欺也初爲要約共行呪詛後相其誣中道止
無實事也謾音慢又音莫連切吏以爲大逆其有他言吏又以爲誹
謗此細民之愚無知朕甚不取自今已來有犯此者

勿聽治
五年四月除盜鑄令聽於民鑄也
十三年太倉公淳于意以刑罰當傳西之長安意有
五女隨而泣意怒罵曰生子不生男緩急無可使者
少女緹縈傷父之言乃隨父西上書曰妾父爲吏齊
中稱其廉平今坐法當刑妾切痛死者不可復生而
刑者不可復續作贖欲改過自新其道莫由終不可得
妾願入身爲官婢以贖父刑罪使改行自新也書聞
帝悲其意歲中下令曰制詔御史葢聞有虞氏之時
畫衣冠異章服以爲戮而民弗犯何治之至也今法

有肉刑黥劓二刖左右趾合一凡三也而姦不止其咎安在非乃朕
德之薄而教不明與與讀作歟吾甚自愧故夫訓道不純
而愚民陷焉道讀曰導詩曰愷悌君子民之父母今人有
過教未施而刑已加焉或欲改行爲善而道亡繇至
繇與由同朕甚憐之夫刑至斷支體刻肌膚終身不息息生
也何由其刑之痛而不德也豈爲民父母之意哉其
除肉刑有以易之及令罪人各以輕重不亡逃有年
而免其不亡逃者滿其年數得免爲庶人也具爲令使吏爲條制丞相張倉
御史大夫馮敬奏言肉刑所以禁姦所由來者久矣
陛下下明詔憐萬民之一有過被刑刑者終身不息

及罪人欲改行爲善而道亡繇至爲盛德臣等所不
及也臣謹議請定律曰諸當完爲城旦舂文帝除肉刑皆有以
易之故以完易髡以笞代劓以左右趾代刖今髡日完矣不復云以完代髡也此當言髡者完也當
黥者髡鉗爲城旦舂當劓者笞三十當斬左趾者笞
五百當斬右趾及殺人先自告及吏坐受財枉法守
縣官財物而即盜之已論命復有籍笞罪者皆棄市
趾足也當斬右足者罪人獄已決完爲城旦舂滿三歲爲鬼薪
白粲一歲爲隸臣妾隸臣妾一歲免爲庶人男子爲隸臣女
子爲隸妾鬼薪白粲滿三歲爲隸臣隸臣一歲免爲庶人隸妾亦然也隸臣妾滿二歲
爲司寇一歲及作如司寇二歲皆免爲庶人罪降爲司寇故

一歲正司寇故二歲也其逃亡及有耐罪以上不用此令前令
之刑城旦舂歲數以免於本罪中又謂文帝作此令之前有刑者臣昧死
請制曰是後外有輕刑之名內實殺人斬右趾者又
當死斬左趾者笞五百當劓者笞三百率多死斬右趾者棄市
故人多死以笞五百代斬左趾笞三百代劓笞數既多不活也
景帝元年七月詔曰吏受所監臨以飲食免重受財
物賤買貴賣論輕帝以爲當時律條吏受所監臨賂遺飲食即坐免官爵於法太重而
受所監臨財物及賤買貴賣者論决太輕故令更議改之廷尉與丞相更議著令
著音著作之著音竹筯切廷尉信謹與丞相議曰丞相申屠嘉信未詳吏乃
諸有秩受其官屬所監所治所行所將行謂按察也音下更切

其與飲食計償費勿論佗物若買故賤賣故貴皆坐
贓爲盜沒入贓縣官吏遷徙免罪受其故官屬所將
監治送財物奪爵爲士五免之無爵罰金二斤令沒
入所受有能捕告畀其所受贓
是年詔曰加笞重罪無異重罪謂死刑幸而不死不可爲
人其定律笞五百曰三百笞三百曰二百
中二年二月改磔曰棄市先謂諸死刑皆磔於市今改曰棄市自非妖逆不復
磔也磔謂張其尸也棄市斬之於市也謂之棄市者取刑人於市與衆棄之也磔音竹客切勿復
磔
五年九月詔曰法令度量所以禁暴止邪也獄人之
大命死者不可復生吏或不奉法令以貨賂爲市朋
黨比周比音隸寐切以苛爲察以刻爲明令亡罪者失職
朕甚憐之職常也失其常理也有罪者不伏罪奸法爲暴甚亡
謂也詔諸獄疑若雖文致於法而於人心不厭者輒
讞之厭服也音一贍切讞平議也音魚列切
六年十二月定鑄錢僞金棄市律文帝五年聽民放鑄律尚未除先時
多作僞金僞金終不可成而徒損費轉相誑燿窮則起爲盜賊故定其律也
五月詔曰維酷吏奉憲失中加笞者或至死而笞未
畢朕甚憐之其減笞三百曰二百笞二百曰一百又
笞者所以教之也其定箠令箠策也所以擊者也音止蘂切丞相劉

舍御史大夫衛綰請笞者箠長五尺其本大一寸其
竹也末薄半寸皆平其節當笞者笞臀然則先時笞背也臀音徒
門切毋得更人謂行笞者更易人也畢一罪乃更人自是笞者得
全然酷吏猶以爲威死刑既重而生刑又輕民易犯
之
後元年正月詔曰獄重事也人有智愚官有上下獄
疑者讞有司有司所不能決移廷尉有令讞而後不
當讞者不爲失假令讞訖其理不當所讞之人不爲罪失
三年詔曰高年老長人所尊敬也鰥寡不屬逮人者
人所哀憐也屬音之欲切其著令年八十以上八歲以下

及孕者未乳乳產也音人喻切師朱儒師樂師盲瞽者朱儒短人不能走者當
鞠繫者頌繫之頌讀曰容寬容之不桎梏死罪欲腐者許之
武帝元朔初令中大夫張湯趙禹條定法令作見故
縱監臨部主之法見知人犯法不告為故縱而所監臨部主有罪并連坐緩深
故之罪故入人罪者皆寬緩之急縱出之誅吏釋罪人疑以為縱出則急深之
律令凡三百五十九章大辟四百九條千八百八十
二事死罪決罪比萬三千四百七十二事比以例相比況
宣帝地節四年五月詔曰父子之親夫婦之道天性
也雖有患禍猶蒙死而存誠愛結於心仁厚之至也
豈能違之哉自今子首匿父母妻匿夫孫匿太父母

皆勿坐其父母匿孫罪殊死皆上請廷尉以聞
元康四年正月詔曰朕惟耆老之人髮齒墮落血氣
衰微亦亡暴虐之心今或罹文法拘執囹圄不終天
命朕甚憐之自今以來諸年八十以上非誣告殺傷
人佗皆勿坐
元帝初即位下詔曰夫法令者所以抑暴扶弱欲其
難犯而易避也今律煩多而不約自典文者不能分
明而欲羅元元之不逮羅網也不逮言意識所不及斯豈刑中之
意哉其議律令可蠲除輕減者條奏惟在便安萬姓
而已

初元五年省刑罰七十餘事又除光祿大夫以下至
郎中保父母同產之令舊時相保一人有過皆當坐之時為郎中以上除此令者
所以全之也同產謂兄弟也
成帝河平中詔曰甫刑云五刑之屬三千大辟之罰
其屬二百今大辟之刑千有餘條律令煩多百有餘
萬言奇請佗比日以益滋奇請謂常文之外主者別有所請以定罪也佗比謂
引類以比附之稍增律條也奇音居宜切自明習者不知所由由從也欲以
曉喻衆庶不亦難乎於以羅元元之民夭絕亡辜豈
不哀哉其與中二千石二千石博士及明習律令者
議減死刑及可蠲除約省者令較然易知條奏書不

云乎惟刑之恤哉其審核之務準古法朕將盡心覽
焉時有司不能立明制為一代之法但舉毫毛數事以塞詔而已
鴻嘉元年定令年未滿七歲賊鬬殺人及犯殊死者
上請廷尉以聞得減死
哀帝以綏和二年四月即位六月詔除誹謗詆欺法
詆音丁禮切
建平元年盡四年輕殊死者刑八十一事其四十二
事手殺人皆減死罪一等著為常法
平帝以元壽二年六月即位九月詔曰夫赦令者將
與天下更始誠欲令百姓改行絜己全其姓命也往

者有司多舉奏赦前事累增罪過誅陷亡辜殆非重
信愼刑灑心自新之意也(灑滌也音先礼切)及選舉者其歷
職更事有名之士則以爲難保(更音工衡切)廢而弗舉甚
謬於赦中過舉賢才之義諸有贓及內惡未發而薦
舉者皆勿按驗(有贓謂以贓貨致罪)令士厲精鄉進(鄉讀曰嚮)不以
小疵妨大材自今以來有司無得陳赦前事置奏上
有不如詔書爲虧恩以不道論定著令布告天下使
明知之
元始四年詔曰蓋夫婦正則父子親人倫定矣前詔
有司復貞婦歸女徒(復音方目切)誠欲以防邪辟(辟讀曰僻)全

貞信及眊悼之人(眊音莫報切)刑罰所不加聖王之所制
也惟苛暴吏多拘繫犯法者親屬婦女老弱構怨傷
化百姓苦之其明敕百姓婦女非身犯法及男子年
八十以上七歲以下家非坐不道詔所名捕它皆無
得繫其當驗者卽驗問(就其所居而問)定著令
後漢光武建武三年詔曰吏不滿六百石下至墨綬
長相有罪先請(續漢志曰縣大者置令一人千石其次置長四百石小者三百石侯國之相亦如之皆掌理人竝秦制)男子八十以上十歲以下及婦女從
坐者自非不道詔所名捕皆不得繫(詔書有名而時捕者)當驗
問者卽就驗女徒雇山歸家(前書音義曰令甲女子犯徒遣歸家每月出錢雇人於山伐木名曰雇山)
十一年二月巳卯詔曰天地之性人爲貴其殺奴婢
不得減罪
八月癸亥詔曰敢炙灼奴婢論如律免所炙灼者爲
庶民
十月壬午詔除奴婢射傷人棄市律
十二年十二月詔邊吏力不足戰則守追虜料敵不
拘以逗遛法(逗是曲行避敵也漢法軍行逗遛畏愞者斬追虜或近或遠量敵進退不拘以軍法直取勝爲務也逗古住字)
十八年四月詔曰今邊郡盜穀五十斛罪至於死開

殘吏妄殺之路其蠲除此法同之郡內
二十四年七月詔有司申明舊制阿附蕃王法(武帝時有淮南衡山之謀作左官之律設附益之法前書音義曰人道尚左言捨天子仕諸侯爲左官左僻也阿曲附益王侯者將有重法是爲舊制令更申明之)
章帝建初元年鮑昱爲司徒是時辭訟久者至十數
年比例輕重非其事類錯雜難知昱奏定辭訟七卷
決事都目八卷齊同法令息遏人訟
七年九月詔天下繫囚減死一等勿笞詣邊戍妻子
自隨占著所在父母同産欲相從者恣聽之有不到
者皆以軍興論

元和元年七月丁未詔曰律云掠者唯得榜笞立榜笞繫也音彭謂立而考訊之又令丙箠長短有數令丙爲篇之次也令有先後以令甲令乙令丙箠長一寸本大一寸其竹也末薄半寸其平去節故云長短有數也自往者大獄已來掠考多酷鉆鑽之屬慘苦無極念其痛毒怵然動心書曰鞭作官刑豈云若此宜及秋冬理獄明爲其禁帝初即位尙書陳寵上疏乞改前世苛俗輕薄箠楚以濟群生全廣至德以奉天心帝納寵言每事務於寬厚至是遂詔有司絕鉆鑽慘酷之科蒼頡篇曰鉆持也說文曰鉆鐵銸也其炎切銸音陟葉切鑽謂臏刑謂鑽去其髕骨也鑽音作喚切解惡妖之禁除文制請讞五十餘事定著於令

十二月詔曰書云父不慈子不祇兄不友弟不恭不相及也往者妖言大獄所及廣遠一人犯罪禁至三屬莫得垂纓仕宦王朝如有賢才而沒齒無用朕甚憐之非所謂與之更始也諸以前妖惡禁錮者一皆蠲除之以明棄咎之路但不得在宿衞而已

二年七月庚子詔曰春秋於春每月書王者重三正慎三微也律十二月立春不以報囚報猶論也立春陽氣正可以施生故不論囚月令冬至之後有順陽助生之文月令仲冬是月也日短生陰陽爭諸生蕩君子身欲寧事欲靜以待陰陽之所定也而無鞫獄斷刑之政朕咨訪儒雅稽之典籍以爲王者生殺宜順時氣其定律以十二月十一日報囚

冊府元龜

巡按福建監察御史臣李嗣京　訂正
新建縣舉人臣戴國士　參閱
知建陽縣事臣黃國琦　較釋

刑法部二

定律令二

後漢和帝永元十五年初令郡國以日北至按薄刑而州郡好以苛察爲政因此盛夏斷獄鄧太后臨朝以章帝詔斷獄皆在冬至前自後論者互多駁異故詔公卿以下會議司徒魯恭議奏曰夫陰陽之氣相

扶而行發動用事各有時節若不當其時則物隨而傷王者雖質文不同而茲道無變四時之政行之若一月令周世所造而所據皆夏之時也其變者惟正朔服色犧牲徽號器械而已故曰殷因於夏禮周因於殷禮所損益可知也易曰潛龍勿用言十一月二月陽氣潛藏未得用事雖煦嘘萬物養其根荄而猶盛陰在上地凍水冰陽氣否隔閉而成冬故曰履霜堅冰陰始凝也馴致其道至堅冰也言五月微陰始起至十一月堅冰至也夫王者之作因時爲法孝章皇帝深惟古人之道助三正之微定律著令冀承天心順物性命以致時雍然後變改以來年歲不熟穀價常貴人不安寧小吏不與國同心者率入十一月得死罪賊不問曲直便即格殺雖有疑罪不復讞正一夫吁嗟王道虧損況於衆乎易十一月君子以議獄緩死可令疑罪使詳其法大辟之科盡冬月乃斷其立春在十二月中勿以報四如故事後卒施行

安常永初元年九月詔曰自今長吏被考竟未報（考謂考問其狀也報未報決也）自非父母無故輒去職者劇縣十歲平縣五歲以上乃得次用是時陳忠爲尚書自以世典刑法用心務在寬詳初父寵在廷尉上除漢法溢於

甫刑者未施行（上音時掌切）及寵免後遂寢而苛法稍繁人不堪之忠畧依寵意奏上二十三條爲決事比（比例也必寐也）以省請讞之弊又上除蠶室刑解贓吏三世禁錮狂易殺人得減重論母子兄弟相代死聽赦所代者事皆施行

元初二年十月詔吏人聚爲盜賊有悔過者除其罪

冲帝以建康元年八月即位十一月令郡國中都官繫囚減死一等徙邊謀反大逆不用此令

桓帝建和元年四月壬辰詔州郡不得迫脅驅逐長吏贓滿三十萬而不糾舉者刺史二千石以縱避爲

罪若有擅相假印綬者與殺人同棄市論
靈帝光和元年大中大夫橋玄就醫里舍玄少子十歲獨游門次卒有三人持仗劫執之入舍登樓就玄求貨玄不與有頃司隸校尉楊球等恐并殺其子未欲迫之玄瞋目呼曰姦人無狀玄豈以一子之命而縱國賊乎捉令兵進於是攻之玄子亦死玄乃詣闕謝罪乞下天下凡有劫質皆并殺之不得贖以財寶開張姧路詔書下其章帝初自安帝以後法禁稍弛京師劫質不避豪貴自是遂絶
獻帝建安元年太山太守應劭刪定律令以為漢儀

表奏之曰夫國之大事莫尚載籍者也決嫌疑明是非嘗刑之宜允獲厥中俾後之人永有監焉故膠東相董仲舒老病致仕朝廷每有政議數遣廷尉張湯親至陋巷問其得失於是作春秋折獄二百三十二事動以經對言之詳矣逆臣董卓蕩覆王室典憲焚燎靡有孑遺開闢以來莫或茲酷今大駕東邁巡省許都拔山險難其命維新臣累世受恩榮祚豐衍切不自揆輒撰具律本章句尚書舊事廷尉板令決事比例司徒都目五曹詔書臣欽若等曰司徒都目總是所作也五曹謂常侍二千石戶曹主客三公也及春秋折獄凡二百五十篇蠲去復重為之節文復音復重直容切又集議駁三十篇以類相從凡八十二事其見漢書二十五漢記四即東觀記皆刪叙潤色以全本體其二十六博採古今瓌瑋之事德義可觀其二十七臣所創造左氏云雖有姬姜不棄憔悴雖有絲麻不棄菅蒯蓋所以代匱也是用敢露頑才廁于明哲之末雖未足綱紀國體宣洽時雍庶幾觀察增闡聖德惟因萬機之餘暇遊意省覽帝善之於是舊事存焉
魏太祖既建魏國以鍾繇為廷尉始聽君父已沒臣子得為理謗及士為侯其妻不復配嫁繇所創也又

定甲子科犯釱左右趾者易以斗械是時乏鐵故易以木焉又嫌漢律太重故令依律者聽得科半使從半減也先是建安初天下將亂百姓有土崩之勢刑罰不足以懲惡於是名儒大才故遼東太守崔寔大司農鄭玄鴻臚陳紀之徒咸以為宜復行肉刑漢朝既不議其事故無所用矣及太祖輔政尚書令荀彧博訪百官復欲申之而少府孔融議以為古者敦朴善否區別吏端行清政無過失百姓有罪皆自取之末世陵遲風化壞亂政撓其俗法害其教故曰上失其道民散久矣而欲繩之以古刑投之以殘棄非謂與時消息者也紂斮朝涉之脛天下謂為無道夫九牧之地千八百君各刖一人是天下常有千八百紂也求世休和弗可得已且被刑之人慮不念生志在思死類多趨惡莫復歸正夙沙亂齊伊戾禍宋趙高英布為世大患不能上人遂為非也雖忠如鬻拳信如卞和智如孫臏冤如巷伯才如史遷達如子政一罹刀鋸沒世不齒是太甲之思庸穆公之霸泰陳湯之都賴魏尚臨邊無所復施也漢開改惡之

賂凡爲此也明德之君遠度深惟棄短就長不苟革其政者也朝廷善之卒不改焉及魏國建陳紀子群時爲御史中丞太祖下令又欲復之使群申其父論群深陳其便時鍾繇爲相國亦贊成之而奉常王脩不同其議太祖亦難以藩國改漢朝之制遂寢不行

文帝黄初元年旣受漢禪又議肉刑未定後有大女劉朱撾子婦酷暴前後三婦自殺論朱減死輸作尙方因是下怨毒殺人減死之令

四年正月詔曰喪亂以來兵革未戢天下之人互相殘殺今海內初定敢有私復讎者皆族之

五年正月初令謀反大逆乃得相告其餘皆勿聽治敢妄相告以其罪罪之

冊府元龜　刑法部　定律令二　卷之六百十　五

明帝青龍二年二月詔曰鞭作官刑所以糾慢怠也而頃多以無辜死其減鞭杖之制著於令

十二月詔有司删定大辟減死罪又改士庶罰金之令男聽以罰金婦人加笞還從鞭督之例以其形體裸露故也是時承用秦漢舊律其文起自魏文侯師李悝悝撰次諸國法著法經以爲王者之政莫急於盜賊故其律始於盜賊盜賊須劾捕故著網捕二篇其輕狡越城博戲借假不廉淫侈踰制以爲雜律一篇又以其律具其加減是故所著六篇而已然皆罪名之制也商君受之以相秦漢承秦制蕭何定律除參夷連坐之罪增部主見知之條益事律興廐戶三篇合爲九篇叔孫通益律所不及傍章十八篇張湯越宮律二十七篇趙禹朝律六篇合六十篇又漢時決事爲令甲以下三百餘篇及司徒鮑昱撰嫁娶辭訟決爲法比都目凡九百六卷世有增損率皆集類爲篇結事爲章一章之中或事過數十事類雖同輕重乖異而通條連句上下相蒙雖大理異篇實相採入盜律有賊傷之例賊律有盜章之文興律有上獄之法廐律有逮捕之事若此之比錯糅無常後人生意各爲章句叔孫宣郭令卿馬融鄭玄諸儒章句十有餘家家數十萬言凡斷罪所當由用者合二萬六千二百七十二條七百七十三萬二千二百餘言言數益繁覽者益難天子於是下詔但得用鄭氏章句不得雜用餘家衞覬又奏曰刑法者國家之所貴重而私議之所輕賤獄吏者百姓之所懸命而選用者之所卑下王政之弊未必不由此也請置律博士轉相教授事遂施行然而律文煩廣事比衆多離本依末決獄之吏如廷尉獄吏范洪受囚絹二丈附輕法論之獄吏劉象受屬偏拷囚張茂物故附重法論之洪象雖皆棄市而輕枉者相繼是時大議鍾繇又上疏求復肉刑詔曰其奏司徒王朗議又不同時議者百餘人與朗同者多帝以吳蜀未平又寢其後太子又下詔改定刑制命司徒陳群散騎常侍劉邵給事黄門侍郎韓遜議郎庾嶷中郎黄休荀詵等删約舊科傍採漢律定爲魏法制新律十八篇州郡令四十五篇尚書官令軍中令合百八十餘篇其

冊府元龜　刑法部　定律令二　卷之六百十　六

序畧曰舊律所難知者由於六篇篇少故也篇少則文荒文荒則事寡事寡則罪漏是以後人稍增更與本體相離今制新律宜都總事類多其篇條舊律因秦法經就增三篇而具律不移因在第六罪條例旣不在始又不在終非篇章之義故集罪例以爲刑名冠於律首盜律有劫畧恐喝和賣買人科有持質皆非盜事故分以爲劫畧律盜律有欺謾詐僞踰封矯制因律有詐僞生死令丙有詐自復免事類衆多故分爲詐律賊律有賊伐樹木殺傷人畜産及諸亡印金布律有毀傷亡失縣官財物故分爲償亡律因律有告劾傳覆廐律有獄之逮受科有登聞道辟故分爲告劾律因律有繫囚鞫獄斷告返法興律有上獄之事科有考事報讞宜別爲篇故分爲繫訊斷獄律盜律有受所監臨財在法雜律有假借不廉令乙有呵人受錢科有使者驗賂其事相類故分請賕律盜律有勃辱強賊興律有擅興徭役具律有出賣呈科有擅作脩舍事故分爲興擅律興律有乏徭稽留賊律儲峙不辦廐律有乏軍之興及舊典有奉詔不謹不承用詔書漢氏施行有小愆之反不如令輒劾以不承用詔書乏軍要斬又減以丁酉詔書漢文所下

不宜復以爲法故別爲之留律秦世廐置乘傳副車食廚漢初承秦不改後以費廣稍省故後漢但設騎置無車馬而律其文斯爲虛設欲除廐律取其可用合科者爲郵驛令其告反逮驗別入告劾律上言變事以爲變事令以警事告急與興律烽燧及科令者以爲警事律盜律有還贓畀主金布律有罰贖入責以承黃金爲價科有平庸坐贓事以爲償贓律律之初制無免坐之文張湯趙禹始作監臨部主見知故縱之例其見知而故不舉劾各與同罪失不舉劾各以贖論其不見不知不坐也是以文約而例通科之爲制每條有違科不覺不知從坐之免不復分別而免坐繁多宜總爲免例以省科文故更制定其由例以爲免坐律諸律令中有其教制本條無從坐之文者皆從此取法也凡所定增十三篇就故五篇合十八篇於正律九篇爲增於旁章科令爲省矣改漢舊律不行於魏者除之更依古義制爲五刑其死有三髡刑有四完刑作刑各三贖刑十一罰金六雜抵罪七凡三十七名以爲律首又改賊律但以言語及犯宗廟園陵謂之大逆無道要斬家屬從坐不及祖父母孫至於謀反大逆臨時捕之或汙潴或梟菹夷其

三族不在律令所以嚴絕惡跡也賊鬪殺人以劾而亡許依古義聽子弟得追殺之會赦及過誤相殺不得報讐所以止殺害也正殺繼母與親母同防繼假之際也除異子之科使父子無異財也毆兄姊加至五歲刑以明教化也囚徒誣告人反罪及親屬異於善人所以累之使省刑息誣也改投書棄市之科所以輕刑也正篡囚棄市之罪斷凶強爲義之宗也二歲刑以上除以家人乞鞫之制省所煩獄也改諸郡不得自擇伏日所以齊風也斯皆魏世所改其大略如是其後正始之間天下無事於是征西將軍夏侯玄河南尹李勝中領軍曹羲尚書丁謐又追議肉刑卒不能決

蜀先主既定成都令昭文將軍伊籍與諸葛亮法正劉巴李嚴共造蜀科蜀科之制由此五人焉

吳大帝黃武七年將軍翟丹叛如魏帝恐諸將畏罪而亡乃下令曰自今諸將有重罪三然後議

嘉禾六年正月詔曰夫三年之喪天下之達制人情之極痛也賢者割哀以從禮不肖者勉而制之世治道泰上下無事君子不奪人情故三年不逮孝行之門至於有事則殺禮以從宜要經而處事故聖人制法有禮無時則不行遭喪不奔非古也蓋隨時之宜以義斷恩也前古設科長吏在官當須交代而故犯之雖隨科坐猶已廢曠方事之殷國家多難凡在官司宜各盡節先公後私而不恭承甚非謂也中外群寮其更平議務令得中詳爲節度顧譚議以爲奔喪立科輕則不足以禁孝之情重則本非應死之罪雖

嚴刑益設違奪必少若偶有犯者加其刑則恐所不忍有減則法廢不行愚以爲長吏在遠苟不告語勢不得知此選代之間若有傳者必加大辟則長吏無廢職之負孝子無犯重之刑將軍胡綜議以爲喪紀之禮雖有典制苟無其時所不得行方今戎事軍國異容而長吏遭喪知有科禁公敢干突苟念聞憂不奔之恥不計爲臣犯禁之罪此由科防本輕所致忠節在國孝道立家出身爲臣焉得兼之故爲忠臣不得爲孝子宜定科文示以大辟若故違犯有罪無赦以殺止殺行之一人其後必絕丞相雍奏從大辟

晉武帝泰始三年賈充等上律令六十卷故事三十卷四年班行之先是文帝爲魏相國患前代律令本注煩雜陳羣劉邵雖經改革而科網本密又叔孫郭馬杜諸儒章句但取鄭氏又爲偏黨未可承用於是令賈充定法律令與太傅鄭冲司徒荀顗中書監荀勖中軍將軍羊祜中護軍王業廷尉杜友守河南尹杜預散騎侍郎裴楷穎川太守周雄齊相郭頎騎都尉成公綏尚書郎柳軌及吏部令史榮邵等十四人典其事就漢九章增十一篇仍有族類正其體號改舊律爲刑名法例辯囚律爲告劾繫訊斷獄分盜律爲請賕詐僞水火毀亡因事類爲衛宮違制撰周官爲諸侯律合二十篇六百二十條二萬七千六百五十七言蠲其苛穢存其清約事從中典歸於益時其餘未宜除者若軍事田農酤酒未得皆從人心權其法大平當除故不入律悉以爲令施行制度以此設教違令有罪則入律其常事品式章程各還其府爲故事減梟斬族誅從坐之條除謀及適養母出女嫁皆不復還坐父母棄市省禁固相告之條去捕亡之沒爲官奴婢之制輕過誤老少女人

當罰金杖罰者皆令半之重而伯叔父母之令棄市淫寡女三歲刑崇嫁娶之要一以下娉爲正不理私約峻禮教之防准五服以制罪也凡律令合二千九百二十六條十二萬六千三百言六十卷故事三十卷泰始三年事畢表上武帝詔曰昔蕭何以定律令受封叔孫通制儀爲奉常賜金五百斤弟子百人皆爲郎中夫立功立事古今之重所宜加祿賞其詳考差叙輒如詔簡異弟子百人隨才品用賞帛萬餘匹帝親自臨講使裴楷執讀明年正月大赦天下乃班新律其後明法掾張裴注律表上之其要曰律始於刑名者所以定罪制也終於諸侯者所以畢其政也王政布於上諸侯奉於下禮樂撫於中故有三才之義焉其相須而成若一體焉刑名所以經略罪法之輕重正加減之等差明發中篇之多義補其章條之不足較舉上下綱領其犯盜賊詐僞請賕者則末罪於此作役水火畜養守備之細事皆十之作本名告訊爲之心舌捕繫爲之手足斷獄爲之定罪名例齊其制自始及終往而不窮變動無常周流四極上下無方不離於法律之中也其知而犯之謂之故意以爲然謂之失違忠欺上謂之謾背信藏巧謂之詐虧

禮廢節謂之不敬兩訟相趣謂之鬬兩和相害謂之戲無變斬擊謂之賊不意誤犯謂之過失逆節絕理謂之不道陵上僭貴謂之惡逆將害未發謂之戕唱首先言謂之造意二人對議謂之謀制衆建計謂之率不和謂之彊攻惡謂之略三人謂之羣取非其物謂之盜貨財之利謂之贓凡二十者律義之較名也夫律者當慎其變審其實若不承用詔書無故失之刑當從贖謀反之同伍實不知情者若刑此故失之變也卑與尊鬬皆爲賊鬬之加兵刃水火中不得爲戲戲之重也向人室廬道逕射不得爲過失之禁也都城人衆中走馬殺人當爲賊賊之似也過失似賊戲似鬬鬬而殺傷傍人又似誤盜傷縛守似彊盜呵人取財似受賕因亂所連似告劾諸勿聽理似故縱持質似恐猲如此之比皆爲無常之格也五刑不簡正于五罰五罰不服正于五過意善功惡以金贖之故律制生罪不過十四等死刑不過三徒加不過六四加不過五累作不過十一歲累笞不過千一百刑等不過一歲金等不過四兩月贖不計日日作不拘月歲數不疑閏不以加至死并死不復加不可累者故有并數不可并數乃累其加以加論者但得其加

與加同者連得其本不在次者不以通論以人得罪與人同以法得罪與法同侵生害死不可齊其親疎公私不可常其教禮樂崇於上故降其刑刑法閑於下故全其法是故尊卑叙仁義明九族親王道平也律有事狀相似而罪名相涉者若加威勢下手取財爲彊盜不自知爲亡縛守將中有惡言爲恐猲不以罪名呵爲呵人以罪名呵爲受賕劫召其財爲持質此八者以威勢得財而名殊者也即不求自與爲受求所監求而後取爲盜賊輸入可受爲留難斂人財物積藏於官爲擅賦加歐擊之爲戮辱諸如此類皆爲以威勢得財而罪相似者也夫刑者司理之官理者求情之機情者心神之使心感則情動於中而刑之言暢於四支發於事業是故姦人心愧而面赤内怖而色奪論罪者務本其心審其情精其事近取諸身遠取諸物然後乃可以立刑仰手似乞俯手似奪捧手似謝擬手似訴拱臂似自首攘臂似格鬬矜莊似威怡悅似福喜怒憂歡貌在聲色奸眞猛弱候在視息出口有言當爲告下手有禁當爲賊喜子殺怒子當爲戲怒子殺喜子當爲賊諸如此類自非至誥不能極其理也律之名例非正文而介明也若八十

非殺傷人他皆勿論卽誣告謀反者反坐十歲不得告言人卽奴婢捍主主得謁殺之賊燔人廬舍積聚盜贓五疋以上棄市卽燔官府積聚盜亦當與同歐人教令者與同罪卽令人歐其父母不可與行者同得罪也若得遺物彊取彊乞之類無還贓法隨例畀之文法律中諸不敬違儀失式及犯罪爲公爲私贓入身不入身皆隨事輕重取法以例求其名也夫理者精玄之妙不可以一方行也律者幽理之奥不可以一體守也或計過以配罪或化略以循常或隨事以盡情或趣舍以從時或推重以立防或引輕以就下公私廢避之宜除削重輕之變皆所以臨時觀釁者用法執詮者幽於未制之中采其根牙之微致之於機格之上稱輕重於毫銖考輩類於參伍然後乃可以理直刑正夫奉聖典者若操刀執繩刀妄加則傷物繩妄彈則侵直梟首者惡之長斬刑者罪之大棄市者死之下髡罪者刑之威贖罰者誤之誡王者立此五刑所以貨君子而逼小人故爲敕愼之經皆擬周易有變通之體焉欲令提綱而大道清擧畧而王法齊其旨遠其辭文其言典而中其事肆而隱通天下之志唯忠也斷天下之疑唯文也切天下之

情唯遠也彌天下之務唯大也變無常體唯理也非天下之賢聖孰能與於斯夫形而上者謂之道形而下者謂之器化而財之謂之格刑殺者是冬震曜之象髡罪者似秋彫落之變贖失者是春陽悔吝之庭也五刑成章輒相依准法律之義焉是時侍中盧班中書侍郎張華又表抄新律諸死罪條目懸之亭傳以示兆庶

有詔從之

惠帝永康元年解結爲孫秀所害女適裴氏明日當嫁而禍起裴氏欲認活之女曰家旣若此我何活爲亦坐死朝廷遂議革舊制女不從坐由結女始也

懷帝永嘉初東海王越表除三族之法

元帝爲晉王時大理衞展以詔有考子證父或鞭父母問子所在恐傷正教並奏除之

明帝太寧三年四月戊辰復三族刑惟不及婦人

宋高祖爲宋公時侍中蔡廓建議以爲鞫獄不宜令子孫下辭明言祖父之罪虧教求情莫此爲大自今家人與囚相見無乞鞫之訴便足以明伏罪不須責家人下辭朝議以爲允從之

永初元年七月詔曰往者軍國務殷事有權制刻科峻重施之一時今王道維新政和法簡可一除之

二年六月制諸置勅吏四品以下又府置所得輒罰者聽統府自行四十杖

文帝元嘉中衞將軍王弘上疏言主守偷五匹常偷

四十匹並加大辟議者咸以爲重宜進主守偷十匹常偷五十匹死四十匹降以補兵旣得小寬人命亦足以有懲也從之

孝武大明四年尚書左僕射劉秀之改定制令隷殺長吏科議者謂値赦宜加徙送秀之以爲律文雖不顯民殺官長之旨若値赦但止徙送便與悠悠殺人曾無一異民敬官長比之父母行害之身雖遇赦謂宜長附尚方窮其天命家口補兵從之

明帝太始四年詔曰夫愆有小大憲隨寬猛故五刑殊用三典異施而降辟次綱便暨鉗撻求之法科差

品滋遠朕務存欽恤每有矜貸尋𣑯制科罪輕重同之大辟即事原情未爲詳衷自今凡竊執官仗拒戰邏司或攻剽亭寺及害吏民者凡此諸條悉依舊制五人以下相逼奪者可特賜黥刖投界四遠仍用代殺方古爲優全命長戶施同造物庶簡惠之化有孚群萌好生之德無漏幽品

南齊武帝永明七年尚書刪定郎王植撰定律章表奏之曰臣尋晉律文簡辭約旨通大綱事之所質取斷難釋張裴杜預同注一章而生殺永殊自晉泰始以來唯斟酌參用是則吏挾威福之勢民懷不對之

然所以溫舒獻辭於失政絳侯懔慨而興歎皇運革祚道冠前王陛下紹興光開帝業下車之痛每惻上仁滿掌之悲有矜聖思爰發德音刪正刑律勅臣集定張杜二注謹礪愚蒙盡思詳撰削其煩言錄其允衷取張七百三十一條杜注七百九十一條或二家兩釋於義乃備者又取一百七條其注相通者取一百三條集爲一書凡一千五百三十二條爲二十卷請外詳校摘其違謬從之先是江左相承用晉世張杜律三十卷帝留心法令乃詔獄官詳正舊法是時公卿八座參議考正舊法輕重竟陵王子良下意多使從輕其中朝議不能斷者制旨平決至九年廷尉孔稚珪上表曰臣聞匠萬物者以繩墨爲政馭大國者以法理爲本是以古之聖王臨朝思治遠防邪萌深杜姦漸莫不資法理以成化明刑賞以樹功者也伏惟陛下躡曆登皇乘圖踐帝天地更築日月再張五禮裂而復縫六樂頹而爰緝乃發德音下明詔降恤刑之文申慎罰之典勅臣與公卿八座共刪注律謹奉聖旨諮審司徒臣子良禀受爰成規矩創立條緒使兼監臣宋躬兼平臣王植等抄撰同異定其去取詳議八座裁正大司馬臣嶷其中洪疑大議衆論

相背者聖照玄覽斷自天筆始就成立律文二十卷錄叙一卷凡二十一卷今以奏聞請附外施用宣下四海詔報從納事竟不施行

東昏侯初即位詔刪省科律

梁高祖天監元年四月詔曰金作贖刑有闢自昔入縑以免施於中代民悅法行莫尚乎此永言叔世偷薄成風嬰𦊆入罪厥塗匪一斷蔽之書日纒於聽覽鉗釱之刑歲積於牢犴死者不可復生生者無因自返由此而望滋實庸可致乎朕夕惕思治念崇正術斟酌前王擇其令典有可以憲章邦國罔不由之庶

愧心於四海昭情素於萬物俗僞日久禁網彌繁漢
文四百邈焉已遠雖省事清心無忘日用而委御廢
策事未獲從可依周漢舊典有罪入贖外詳爲條格
以時奏聞
八月詔曰律令不一實難去取殺傷有法昏墨有刑
此蓋常科易爲條例至如三男一妻懸首造獄事非
慮內法出常鈞前王之律後王之令因循創附良各
有以若遊辭費句無取於實錄者宜悉除之求文指
歸可適變者載一家爲本用衆家以附丙丁俱有則
去丁以存丙若丙丁二事注釋不同二家兼載咸使

百司議其可不取其可安以爲標例宜云某等如王
人同議以此爲長則定以爲梁律留尚書比部悉使
備文若班下州郡上撮機要可無二門侮法之弊時
欲議定律令得齊時舊郎濟陽蔡法度家傳律學云
齊武時刪定郎王植之集注張杜舊律合爲一書凡
一千五百三十條事未施行其文殆滅法度能言之
於是以爲兼尚書刪定郎使損益植之舊本以爲梁
律法度又請曰魏晉撰律止關數人今若皆諮列位
恐緩而無決於是以尚書令王亮侍中王瑩尚書僕
射沈約吏部尚書范雲長兼侍中柳惲給事黃門侍
郎傅昭通直散騎常侍孔藹御史中丞樂藹太常丞
許懋等參議斷定定爲二十篇一曰刑名二曰法例
三曰盜刧四曰賊叛五曰詐僞六曰受賕七曰告刧
八曰討捕九曰繫訊十曰斷獄十一曰雜十二曰戶
十三曰興十四曰毁亡十五曰衛宮十六曰水火十
七曰倉庫十八曰廐十九曰關市二十曰違制其制
刑爲十五等之差棄市已上爲死罪梟其首其次棄
市刑二歲已上爲耐罪言各隨伎能而任使之也有
髡鉗五歲刑笞二百收贖絹男子六十疋又有四歲
刑男子四十八疋又有三歲刑男子三十六疋又有

二歲刑男子二十四疋罰金一兩已上爲贖罪贖死
者金二斤男子十六疋贖髡鉗五歲刑笞二百者金
一斤十二兩男子十四疋贖四歲刑者金一斤八兩
男子十二疋贖三歲刑者金一斤四兩男子十匹贖
二歲刑者金一斤男子八疋罰金十二兩者男子六
疋罰金八兩者男子四疋罰金四兩者男子二疋罰
金二兩者男子一疋罰金一兩者男子二丈女子各
半之五刑不簡正于五罰五罰不服正于五過以贖
論故爲此十五等之差又制九等之差有一歲刑半
歲刑百日刑鞭杖二百鞭杖一百鞭杖五十鞭杖三

十鞭杖二十鞭杖一十又有八等之奏差一日免官加杖督一百二日免官三日奪勞百日杖督一百四日杖督一百五日杖督三十六日杖督三十七日杖督二十八日杖督一十論加者上就次當減者下就次凡繫獄者不即答款應加罰測不得以人士爲隔若人士犯罰違捍不款宜測罰者先參議牒啓然後科行斷食三日聽家人進粥二升女及老小一百十刻乃與粥滿千刻而止囚有械杻手械及鉗並立輕重大小之差而爲定制其鞭有制鞭法鞭常鞭凡三等之差制鞭生革廉成法鞭生革去廉常鞭熟靼不

去廉皆作鶴頭紐長一尺一寸稍長二尺七寸廣三寸靶長二尺五寸杖皆用生荊長六尺有大杖法杖小杖三等之差大杖大頭圍一寸三分小頭圍八分半法杖圍一寸三分小頭五分小杖圍一寸一分小頭極杪諸督罰大罪無過五十三十小者二十當笞二百以上者笞半餘半後次中分鞭杖老小於律令當得鞭杖罰者皆半之其應得法鞭杖者以熟靼鞭小杖過五十者稍行之將吏已上及女人有罰者以罰金代之其以職員應罰及律令指名制罰者不用此令其問事諸罰皆用熟靼鞭小杖其制鞭制杖法鞭法杖自非特詔皆不得用詔鞭杖在京師者皆於雲龍門行女子懷孕者勿得決罰其謀反降大逆已上皆斬父子同產男無少長皆棄市母妻姊妹及應從坐棄市者妻子女妾同補奚官爲奴婢貲財沒官劫身皆斬妻子補兵遇赦降死者黥面爲劫字髡鉗治鏁士終身其下又讁運配材官治士尚方鏁士皆以輕重差其年數其重者或終身士人有禁錮之科亦以輕重爲差其犯清議則終身不齒耐罪囚八十已上十歲已下及孕者盲者侏儒當械繫者及郡國太守相都尉關中侯已上之父母妻子及所坐非罪

除名之罪二千石已上非檻徵者並頌繫之丹陽尹月一詣建康縣令三官參共錄獄察斷枉直其尚書當錄人之月者與尚書參共錄之大凡定罪二千五百二十九條

二年四月癸卯蔡法度表上新律又上令三十卷科三十卷帝乃以法度守廷尉卿班新律於天下

三年十一月甲子詔曰設教因時淳薄異政刑以世革輕重殊風昔商俗未移民散久矣嬰網陷辟日夜相尋若悉加正法則赭衣塞路並申弘宥則難用爲國故使有罪入贖以全元元之命令遐邇知禁圖犴

稍虛率斯以往庶幾刑厝金作權典空在彌息可除
贖罪之科
十一年正月壬辰詔曰自今捕擿之家及罪應質作
若年有老小者可停將送
十四年正月詔曰世輕世重隨時約法前以墨刑用
代重辟猶念改悔其路已壅并可省除
大同十一年十月詔曰堯舜以來便開贖刑中年依
古許罪身入貲下吏因此不無姦猾所以一日復勅
禁斷川流難擁人心惟危既乖内典慈悲之義又傷
外教好生之德書云與殺不辜寧失不經可復開罪

身皆聽入贖
中大同元年七月甲子詔曰禽獸知母不知父無賴
子弟過於禽獸至於父母並皆不知多觸王憲致及
老人耆年禁執大可傷愍自今有犯罪者父母祖父
母勿坐惟大逆不預令恩

冊府元龜

巡按福建監察御史臣李嗣京　訂正
分守建南道左布政使臣胡維霖　參閱
知建陽縣事臣黃國琦較釋

刑法部六百一十一

定律令第三

陳高祖永定元年十月詔曰朕聞唐虞道盛設象畫而不犯夏商德衰雖孥戮其備有洎乎末代綱目滋繁矧屬亂離憲章遺紊朕始膺寶曆思廣政樞外可搜舉良才刪改科令群僚博議務存平簡于是稍求

得梁時明法吏令與尚書刪定郎范泉參定律令又勑尚書僕射沈欽吏部尚書徐凌兼尚書左丞宗元饒兼尚書右丞賀朗參知其事制律三十卷令科四十卷採酌前代條流雜件綱目雖多博而非要其制惟重清議禁錮之科若縉紳之族犯虧名教不孝及內亂者發詔棄之終身不齒先與士人爲婚者許妻家奪之其獲賊帥及士人惡逆免死付治聽將妻入没不爲年數又存贖罪律復父母緣坐之刑自餘篇目條綱輕重傾簡一用梁法贓驗顯然而不款則上側立立側者以土爲埰高一尺上圓劣容囚兩足立鞭二十笞三十訖著兩械及杻上埰一上側七刻日再上三七日上測七日一行鞭杖合一百五十得度不承者免死其髡鞭五歲刑降死一等鉗二重其五歲刑已下並鉗一重五歲四歲刑若有官准當二年並居作其三歲刑有官准當二年餘一年贖若公坐過誤罰金其二歲刑有官者贖論一歲刑無官亦贖論寒庶人准決鞭杖囚並著械徒並著鎖亦許階品死罪將決乘露車著三械加壺手至市脫手械及壺手焉當刑于市者夜須明雨須晴晦朔日八節六齋月在張心日並不得行刑廷尉寺爲北獄建康縣爲南

獄並置正監平

宣帝大建十一年五月甲寅詔曰舊律以枉法受財爲坐雖重直法容賄其制甚輕豈不長彼貪殘生其舞弄才涉貨賄寧不尤切今可改不枉法受財者科同正盜

後魏昭成建國二年當死者聽其家獻金馬以贖死犯大逆者親族男女無少長皆斬男女不以禮交皆死民相殺者聽與死家馬牛四十九頭及送葬器物以平之無繫訊連逮之坐盜官物一物備五私則備十法令明白百姓晏然

道武卽位躬行仁厚協和民庶旣定中原患前代刑網峻密乃命三公郎王德除其法之酷切于民者約定科令大崇簡易是時天下人民久苦兵亂畏法樂安帝知其若此乃鎭之以玄默罰必從輕兆庶欣戴焉

大武神䴥中以刑禁重詔司徒崔浩定律令除五歲四歲刑增一年刑分大辟爲二科死斬死入絞大逆不道腰斬誅其同籍年十四以上腐刑女子沒縣官害其親者轘之蠱毒者男女皆斬而焚其家巫蠱者負羖羊抱犬沉諸淵當刑者贖貧則加鞭二百畿內

民富者燒炭于山貧者役于清溷女子入舂稾其痼疾不逮于人守苑囿王官階九品得以官爵除刑婦人當刑而孕產後百日乃決十四以下降刑之半八十及九十非殺人不坐拷訊不踰四十九論刑者部主具論公車鞫辭而三都決之當死者定案奏聞以死不可復生懼監官不能平獄成皆呈帝親臨問無異辭怨言乃絶之諸州國之大辟皆先讞報乃施行闕左懸登聞鼓人有窮冤則撾鼓公車上奏

太平眞君六年春以有司斷法不平詔諸疑獄皆付中書依古經義論決之初盜律贓四十疋致大辟民多慢政峻其法贓三疋皆死

正平元年詔曰刑網太密犯者更衆朕甚愍之其詳按律令務求厥中有不便于民者增損之于是游雅與中書侍郎胡方回等改定律制盜律復舊加故縱通情止舍之法及他罪九千三百九十一條門誅四大辟百四十五刑二百二十一條有司雖增損條章猶未能闡明刑典

文成太安四年制法司官贓二丈皆斬又增律七十九章門房之誅十有三大辟三十二刑六十二

十月帝北廵至陰山有故冢毁廢詔曰昔姬文葬枯

骨天下歸仁自今有穿毁墳隴者斬之

和平二年正月乙酉詔曰刺史牧民爲萬里之表自頃每因發調逼民假貸大商富賈要射時利旬日之間增羸十倍上下通同分以潤屋故編戶之家困于凍餒豪富之門日有兼積爲政之弊莫過于此其一切禁犯者十疋以上皆死布告天下咸令知禁

四年三月詔曰朕憲章舊典分職設官欲令敷揚治化緝熈庶績然在職之人皆蒙顯擢委以事任當勵已竭誠務省徭役使兵民優逸家給人贍今內外諸司州鎭守宰侵使民兵勞役非一自今擅有召役逼

傕不程皆論同枉法是時冀州刺史源賀上言自非
大逆手殺人者請原其命謫守邊戍從之
獻文以和平六年五月卽位除口誤律先是諸曹奏
事多有疑請又口傳詔勑或致矯擅于是事無大小
皆令據律正名不得疑奏合則制可失衷則彈詰之
盡從中墨詔自是事咸精練群下莫敢相罔
皇興中以理官鞫囚杖限五十而有司欲免之則用
細捶欲陷之則先大杖民多不勝而誣引或絶命于
杖下獻文知其若此乃爲之制其捶用荆平其節訊
囚者其本大三分杖背者二分撻脛者一分拷悉依

令皆從輕簡
孝文延興四年六月乙卯詔曰朕膺曆數開一之期
屬千載光熙之運雖仰嚴誨猶懼德化不寛至有門
房之誅然下民兇戾不顧親戚一人爲惡殃及合門
朕爲民父母深所悼愍自今以後非謀反大逆干紀
外奔罪止其身而已今德被殊方文軌將一宥刑寛
禁不亦善乎
太和元年詔曰刑罰所以禁暴息姦絶其命不在裸
形（故事斬者裸形伏鑕入死者絞絞雖有律未之行也）其參詳舊典務從寛仁
司徒元丕等奏言聖心垂仁恕之惠使受戮者免裸
骸之苦普天感德莫不幸甚臣等謹議大逆及賊各
棄市袒斬盜及吏受賕各絞刑踣諸甸師又詔曰民
繇化穆非嚴刑所防制之雖峻陷者彌甚今犯法至
死同入斬刑去衣裸體男女媟見豈齊之以法示之
以禮者也今具爲之制
五年冬中書令高閭集中祕官等修改律令舊文隨
例增減又勑群官參議厥中經御刊定凡八百三十
二章門房之誅十有六大辟之罪二百三十五刑三
百三十七除群行剽劫首謀門誅律重者上梟首時
法官及州郡縣不能以情折獄乃爲重枷大幾圍復

以縋石懸于囚頸傷害至骨更使壯卒迭搏之囚率
不堪因以誣服吏持此以爲能帝聞而傷之乃制非
大逆有明證而不疑辟者不得大枷
八年更定議贓一百疋枉法無多少皆死（律枉法十疋義贓三百疋大辟是年一班祿制乃更其法）
九年正月詔自今圖讖秘緯及名爲孔子閉房記者
一皆禁之留者以大辟論
十一年春詔曰三千之罪莫大于不孝而律不遜父
母罪止髡刑於理未衷可更詳改又詔曰前命公卿
論定刑典而門房之誅猶在律策違失周書父子異

罪推古求情意甚無取可更議之删除繁酷

八月詔曰律文刑限三年便入極默坐無大半之校罪有生死之誅可詳按律條諸有此類更一刻定

十二年正月乙未詔曰鎮戍流徙之人年滿七十孤單窮獨雖有妻妾而無子孫諸如此等聽解名還本諸犯死刑者父母祖父母年老更無成人子孫旁無期親者具狀以聞

十五年五月己亥議改律令

十六年四月丁亥朔班新律令十七年二月詔賜議律令之官五更大鴻臚鄭游明根布帛一千疋穀一千石典屬國下大夫崔挺布帛八百疋穀八百石馬牛各二中書侍郎邢

封琳布帛六百疋穀六百石馬牛各一宋王傅高祐祕書令李彪各帛五百疋粟五百石馬一牛二

宣武正始元年十二月己卯詔群臣議官律令時尚書殿中郎袁翻門下錄事常景孫紹廷尉監張虎律博士侯堅固治書侍御史高綽前軍將軍邢苗奉車都尉程靈虬羽林監王元龜尚書郎祖瑩宋世景員外郎李琰之太樂令公孫崇等並在議限

永平元年七月乙未詔尚書檢枷杖大小違制之由科其罪失尚書令高肇尚書僕射清河王懌尚書邢巒尚書李平尚書江陽王繼等奏曰臣等聞王者繼天子物爲民父母導之以德化齊之以刑法大小必以情哀矜而勿喜務于三訊五聽不以木石定獄伏惟陛下子愛蒼生恩侔天地疏網改祝仁過商后以枷杖之非度愍民命之或傷爰降慈旨廣垂昭郵雖有虞慎獄之深漢文惻隱之至亦未可共日而語矣謹案獄官令諸察獄先備五聽之理盡求情之意又驗諸證信事多疑似猶不首實者然後加以拷掠諸犯年刑以上枷鎖流徙以上增以杻械迭用不俱非大逆外叛之罪皆不大枷高杻重械又無用石之杖而法官州縣因緣增加遂爲常法進乖五聽退違令文誠宜案劾依旨科處但踵行已久計不推坐檢杖

之大小鞭之長短令有定式但枷之虛實輕重先無成制臣等參量造大枷長一丈三尺喉下長一丈通頰木各方五寸以擬大逆外叛杻械以掌流刑已上諸臺寺州郡大枷請悉焚之枷本掌囚非拷訊所用從今斷獄皆依令盡聽訊之理量人强弱加之拷掠不聽非法拷人兼以枷石自是枷杖之制頗有定准未幾獄官肆虐稍復重大

延昌二年尚書邢巒疏奏以法制五等列爵及在官品令從第五以上皆當刑二歲免官者三載之後聽降先階一等竊詳王公以下或折體宸極或勳著當

蒔咸胙土授民維城盤石至于五等之爵亦以功錫雖爵秩有異而號擬河山得之至難失之永墜刑典既同名復殊絶請議所宜附爲永制詔議律之制與八坐門下參論皆以爲官若有罪本除名以職當行猶有餘資得降階而叙至于五等分爵除刑若盡永即甄削便同之除名於例實爽愚謂自王公以下有封邑罪除名三年之後宜各降本爵一等王及郡公降爲縣公公爲侯侯爲伯伯爲子子爲男縣男則降爲鄉男五等爵亦依此而降至于散男其鄉男無可降授者三年之後聽依其本品之資出身詔從之

三年宗士元顯富犯罪須鞫宗正約以舊制皇族有譴皆不訊鞫尚書李平奏以帝宗盤固周布于天下其屬籍疏遠廕官卑末無良犯憲理須推究請立限斷以爲定式詔日雲來綿遠繁衍世滋指藉宗氏而爲不善者量亦多矣先朝既無不訊之格而空相嬌恃以長爲暴諸在議請之外可悉依常法

孝明熙平二年五月重申天文之禁犯者以大辟論是時廷尉卿元志監王靖等上言檢除名之例依律文獄成謂處罪案成者是爲犯罪逕彈後使覆檢鞫證定刑罪狀彰露案署分明獄理是成若使案雖成解以申省事下廷尉或寺以情狀未盡或邀駕撾鼓或門下立疑更附别使者可從未成之條其家人陳訴信其專辭而阻成斷便是曲遂于私有乖公體何者五詐既窮六備已立僥倖之輩更起異端進求廷罪于漏刻退希不測之恩宥辯以惑正曲以亂直長民姦于上竊所未正大理正崔纂平揚機丞申休律博士劉安元以爲律文獄已成及决竟經所綰而疑有姦欺不直于法及許寃枉者得攝訊覆治之檢使處罪者雖已案成或御史風彈以痛誣伏或拷不成引依證而科或有私嫌强逼成罪家人訴枉辭案相

背刑憲不輕理狀須訊既爲公正豈疑于私如謂寃不測之象抑絶訟端則枉滯之徒終無申理若從其案成便乖覆治之律然未判經赦及覆治理狀真僞未分承前以來如此例皆得復職愚謂經奏遇赦及已覆治得爲獄成尚書李韶奏使雖結案處上廷尉解送至省及家人訴枉尚書納辭連解下鞫未檢遇赦者不得爲案成之獄推之情理謂崔纂等議爲允從之又尚書令任城王澄奏案諸州中正亦非品令所載又無祿郵先朝以來皆得當刑直閣等禁直上下有宿衞之勤理不應異靈太后令准中正

出帝大昌元年丁未詔曰理有一准則民無覬覦法啓二門則吏多威福前主爲律後主爲令歷世永久定用滋章非所以准的庶品提防萬物可令執事之官四品以上集于都省取諸條格議定一塗其不可施用當局停記新定之格勿與舊制相連務在約通無致繁惑

文帝大統十三年二月詔自今應宮刑者直沒官勿刑亡奴婢應黥者止科亡罪

東魏孝靜天平三年正月詔百官舉士舉不稱才者兩免之

與和三年十月班麟趾格于天下先是詔群官于麟趾閣增損舊事爲麟趾新格其名法科條皆討述刪定

北齊文宣帝天保元年始命群官刻定魏朝麟趾格是時軍國多事政刑不一決獄定罪罕依律文相承謂之變法從事清河房超爲黎陽郡守有趙道德者使以書屬超超不發書棒殺其使帝于是令守宰各設棒以誅屬請之使後都官郎中宋軌奏曰昔曹操棒威于亂昞今施之太平未見其可若受使請賕僭致大戮身爲枉法何以加罪於是罷之旣而司徒功曹張老上書稱大齊受命以來律令未改非所以創制垂法革人視聽于是始命群官議造齊律積年不成其決獄猶依魏舊是時刑政尚新吏皆奉法

武成帝河清三年尚書令趙郡王叡等奏上齊律十二篇一曰名例二曰禁衛三曰婚戶四曰擅興五曰違制六曰詐僞七曰鬬訟八曰盜賊九曰捕斷十曰毀損十一曰廐牧十二曰雜其定罪九百四十九條又上新令四十卷大抵採魏晉故事其制名五一曰死重者轘之其次梟首並陳尸三日無市者列于鄉亭顯處其次斬刑殊身首其次絞刑死而不殊凡四

等二曰流刑謂論法可死原情可降鞭笞各一百髡之投于邊裔以爲兵卒未有道里之差其不合遠配者男子長徒女子配舂並六年三曰刑罪卽耐罪也有五歲四歲三歲二歲一歲之差凡五等各加鞭一百其五歲者又加笞八十四歲者六十三歲者四十二歲者二十一歲者無笞並鎖輸左校而不髡無保者鉗之女人配舂及掖庭織四曰鞭有一百八十六十五十四十之差凡五等五曰杖有三十二十一十之差凡三等大凡爲十等當加者上就次當減者下就次贖罪舊以金皆代以中絹死一百疋流九十二

疋刑五歲七十八疋四歲六十四疋三歲五十疋二歲三十六疋各通鞭笞論一歲無笞則通鞭二十四疋鞭杖每十贖絹一疋至鞭百則絹十疋無絹之鄉皆准絹收錢自贖笞十已上至死又爲十五等之差當加減次如正決法合贖者謂流內官及爵秩相視老小閹癡并過失之屬犯罰絹一疋及杖十以上皆名爲罪人盜及殺人而亡者卽懸名注籍甄其一房配驛戶宗室則不注盜不入奚官不加宮刑自犯流罪以下合贖者及婦人犯刑以下侏儒篤疾癃殘非犯死罪皆頌繫之罪刑年者鏁無鏁以枷流罪已上

加杻械死罪者桁之决流刑鞭笞者集其背五十一易執鞭鞘皆用熟皮削去廉棱鞭瘡長一尺笞者笞臂而不中易人杖長三尺五寸大頭徑二分半小頭徑一分半決三十以下杖者長四尺大頭徑三分小頭徑二分在官犯罪鞭杖〻爲一負閑局六負爲一殿平局八負爲一殿繁局十負爲一殿加于殿者復計爲負焉赦者則武庫令設金雞及鼓于閶闔門外之右勒集囚徒于闕前撾鼓千聲釋枷鏁焉又列重罪十條一曰反逆二曰大逆三曰叛四曰降五曰惡逆六曰不道七曰不敬八曰不孝九曰不義十曰內亂其犯此十者不在八議論贖之限時後法令明審科條簡要又勑仕門之子弁嘗講習之齊人多曉律法皆由此也其不可爲定法者別制權令二卷與之弁行

後主天統五年詔應官刑者普免官爲官口

後周太祖爲魏丞相文帝大統元年命有司斟酌古今通變可以益時者爲二十四條之制奏之七年又下十二條制十年魏帝命尚書蘇綽總三十六條更損益爲五卷班于天下

武帝保定三年二月初頒新律初太祖爲西魏丞相以河南趙肅爲廷尉

卿撰定律法肅積思累年遂感心疾而死乃命司憲大夫拓䟦廸掌之至是乃就謂之大律凡二十五篇一曰刑名二曰法例三曰祀享四曰朝會五曰婚姻六曰戶禁七曰水火八曰興繕九曰衞宮十曰市廛十一曰鬬競十二曰刦盜十三曰賊叛十四曰毀亡十五曰違制十六曰關津十七曰諸侯十八曰廐牧十九曰雜犯二十曰詐僞二十一曰請求二十二曰告言二十三曰逃亡二十四曰繫訊二十五曰斷獄大凡定罪一千五百三十七條其制罪一曰杖刑五自十至五十二曰鞭刑五自六十至千白三曰徒刑五徒一年者鞭六十笞十徒二年者鞭七十笞二十徒三年者鞭八十笞三十徒四年者鞭九十笞四十徒五年者鞭一百笞五十四曰流刑五流衞服去皇畿二千五百里者鞭一百笞六十流要服去皇畿三千里者鞭一百笞七十流荒服去皇畿三千五百里者鞭一百笞八十流鎭服去皇畿四千里者鞭一百笞九十流藩服去皇畿四千五百里者鞭一百三五曰死刑五一曰磬二曰絞三曰斬四曰梟五曰裂五刑之屬各有五合二十五等不立十惡之目而重惡逆不道大不敬不孝不義內亂之罪凡惡逆肆之三

曰盜賊群次鄉邑及入人家者殺之無罪若報仇者
造于法而自殺之不坐經為盜者注其籍惟皇宗則
否凡死罪枷而拲流罪枷而梏徒罪枷鞭罪桎杖罪
散以侍斷皇族及有爵者死罪以下鎖之徒以下散
之獄成將殺者書其姓名及其罪于拲而殺之市惟
皇族與有爵者隱獄其贖杖刑五金一兩至五兩贖
鞭刑五金六兩至十兩贖徒刑五一年金十二兩二
年十五兩三年一斤二兩四年一斤五兩五年一斤
八兩贖流刑一斤十二兩俱役六年不以遠近為差
等贖死刑金二斤鞭者以百為限加笞者合二百止
應笞加鞭者皆先笞後鞭婦人當笞者聽其贖論徒
輸作者皆任其所能而役使之杖十已上當加者上
就次數滿乃坐當減者死罪流蕃服蕃服已下俱至
徒五年五年已下各以一等為差為盜賊及謀反大
逆降叛惡逆罪當流者皆甄一房配為雜戶其為盜
賊者事發亡者懸名注配若再犯徒二罪鞭者一身
永配下役應贖金者鞭杖十收中絹一疋流徒者依
限歲收絹十二疋死罪者一百疋其贖死罪五旬流
刑四旬徒刑三旬鞭刑二旬杖刑一旬限外不贖者
歸于法貧者請而免之大凡定法一千五百三十七

冊府元龜　刑法部　卷之六百十一　十五

條班之
天下
四月初禁天下報仇讐犯者以殺人論
建德六年八月詔曰以刑止刑世輕世重罪不及嗣
皆有定科雜役之徒獨異常憲一從罪配百世不免
罰既無窮刑何以措道有沿革宜從寬典凡諸雜戶
悉放為民配雜之科因之永削
十二月初行刑書要制持杖群強盜一疋以上不持
杖群強盜五疋以上監臨主掌自盜十二疋以上小
盜及詐請官物三十疋以上正長隱五戶及十丁以
上隱地三頃以上皆至死刑書所不載者自依律科

宣帝大象元年以高祖所作刑書要制用法嚴重及
帝即位以海內初平恐物情未附乃除之至是大醮
于正武殿告天而行焉
隋高祖開皇元年既受周禪詔尚書左僕射渤海公
高熲上柱國沛公鄭譯上柱國清河郡公楊素大理
前少卿平原縣公常明刑部侍郎保城縣公韓濬兵
部侍郎李諤兼考功侍郎柳雄亮等更定新律奏上
之其刑名有五一曰死刑二有絞斬二曰流刑三有
一千里一千五百里二千里應配者一千里居作二
年一千五百里居作二年半二千里居作三年應住

冊府元龜　刑法部　卷之六百十一　十六

居作者三流俱役三年近流加杖一百一等加三十
三曰徒刑五有一年一年半二年二年半三年四曰
杖刑五自六十至于百五曰笞刑五自十至于五十
而蠲除前代鞭刑及梟首轘裂之法其流徒之罪皆
減從輕惟大逆謀反叛者父子兄弟皆斬家口沒官
又置十惡之條多採後齊之制而頗有損益一曰謀
反二曰謀大逆三曰謀叛四曰惡逆五曰不道六曰
大不敬七曰不孝八曰不睦九曰不義十曰內亂犯
十惡及故殺人獄成者雖會赦猶除名其在八議之
科及官品第七已上犯罪皆例減一等其品第九以

上犯者聽贖應贖者皆以銅代絹贖銅一斤爲負負十爲殿笞十者銅一斤加至杖一百則十斤徒一年贖銅二十斤每等則加銅十斤三年則六十斤矣流一千里贖銅八十斤每等則加銅十三斤三千里則百斤矣二死皆贖銅百二十斤犯私罪以官當徒者五品以上一官當徒二年九品以上一官當徒一年當流者三流同比徒三年若犯公罪者徒各加一年當流者各加一等其累徒過九年者流二千里定訖詔頒之曰帝王作法沿革不同取適于時故有損益夫絞以致斃斬則殊刑除惡之體于斯已極梟首轘

身義無所取不益懲肅之理徒表安忍之懷鞭之爲用殘剝膚體徹骨侵肌酷均臠切雖云遠古之式有乖仁者之刑梟轘及鞭并令去也貴礪帶之書不當徒法廣軒冕之蔭旁及諸親流役六年改爲五載刑徒五歲變從三祀其餘以輕代重化死爲生條目甚多備于簡策宜頒諸海內爲時作範雜格嚴科並宜除削先施法令欲人無犯之心國有常刑誅而不怒之義措而不用庶或非遠萬方百辟知其此懷自前代相承有司訊考皆以法外或有用大棒束杖車輻鞵底壓踝拔拕之屬楚毒備至多誣伏雖文致于法而每有枉濫莫能自理至是盡除苛慘之法訊囚不得過二百枷杖大小咸爲之程品行杖者不得易人

帝又以律令初行人未知禁故犯法者衆下吏承苛政之後務鍛練以致人罪乃詔申勑四方敦理辭頌有枉屈縣不理者令以次經郡及州至省仍不理乃詣闕申訴有所未愜聽撾登聞鼓有司錄狀奏之

三年帝因覽刑部奏斷獄數猶至萬條以爲律尚嚴密故人多陷罪又勑蘇威牛弘等更定新律除死罪八十一條流罪一百五十四條徒杖等千餘條定留惟五百條凡一十二卷一曰名例二曰衞禁三曰職

制四曰戶婚五曰廄庫六曰擅興七曰盜賊八曰鬬訟九曰詐僞十曰雜律十一曰捕亡十二曰斷獄自是刑網簡要疏而不失于是置律博士弟子員斷決大獄皆先牒明法定其罪名然後依斷五年侍官慕容天遠糾都督田元冒請義倉事實而始平縣律生輔恩舞文陷天遠遂更反坐帝聞之乃下詔大理律博士尚書刑部明法州縣律生並停廢自是諸曹決事皆令具寫律文斷之

六年除孥戮相坐之令又命諸州囚有處死不得馳驛行決

十三年二月制坐事官者配流一年

是年制私家不得隱藏緯候圖讖

是年改徒及流並爲配防
十五年二月收天下兵器敢有私造者坐之關中緣邊不在其例
十二月勑盜邊糧一升已上皆斬并籍沒其家
十六年八月詔決死者三奏而後行刑
十七年三月詔曰分職設官共理時務班位高下各有等差若所在官人不相敬憚多有自寛縱事難克舉諸有殿失雖備科條或據律乃輕論情則重不卽決罰無以懲肅其諸司論屬官若有愆犯聽于律外斟酌決杖

十八年五月詔畜猫鬼蠱毒厭魅野道之家投於四裔
九年勑舍客無公驗者坐及刺史縣令
煬帝大業三年四月頒律令初帝卽位以高祖禁網深刻又勑修律令除十惡之條時斗稱皆小舊二倍其贖銅亦加二倍爲差杖百則二十斤矣徒一年者六十斤每等加三十斤爲差三年則一百八十斤矣流無異等贖二百四十斤二死同贖三百六十斤其實不異開皇舊制疊門子弟不得居宿衞近侍之官先是蕭巖以叛誅崔君綽坐連庶人勇事家口籍沒巖以中官故君綽以女入宮愛幸帝乃下詔曰罪不及嗣旣弘至公之道恩由義斷以勸事君之節故羊斛從戮彌見叔向之誠季布立勳無私丁公之事用能樹聲徃代貽範將來朕虛已爲政思遵舊典推心待物每從寛政六位成象美厥含弘一眚掩德甚非謂也諸犯罪被戮之門期以下親仍令合仕聽預宿衞近侍之官至是新律成凡五百條爲十八篇詔施行之謂之大業律一曰名例二曰衞官三曰違制四日請求五日戶六日婚七日擅興八日告劾九日賊十日盜十一日鬭十二日捕亡十三日倉庫十四日

廐牧十五日關市十六日雜十七日詐僞十八日斷獄其五刑之內降從輕典者二百餘條其枷杖決罰訊囚之制並輕於舊是時百姓久厭嚴刻喜于刑寛
四年十月乙卯頒新式于天下
九年八月制盜賊籍沒其家

巡按福建監察御史臣李嗣京　訂正
知長樂縣事臣夏允彝參閱
知建陽縣事臣黃國琦較釋

刑法部　六百一十二

定律令第四

唐高祖初起義師于太原即布寬大之令百姓苦隋苛政競來歸附旬日之間遂成帝業既平京師約法十二條惟制殺人刧盜背軍叛逆者死餘並蠲除之

武德元年既受隋禪詔納言劉文靜與當朝通識之

士因開皇律令而損益之盡削大業所用繁峻之法是時大理少卿韓仲良言于帝曰周代之律其屬三千秦法以來約爲五百若遠依周制繁紊更多且官吏至公自當奉法苟若徇己豈顧刑名請崇寬簡以允惟新之望帝然之于是採定開皇律行之時以爲便

二年正月詔自今已後每年正月五月九月及每月十齋日並不得行刑

二月制官人枉法受財及諸犯盜詐請倉庫隱藏官物者罪無輕重皆不得赦原

七年五月詔曰古不云乎萬邦之君有典有則允疇之敘典于夏世所觀之法大備隆周所以禁暴懲姦弘風闡化安民立政莫此爲先自戰國分擾恃詐任力苛制繁刑于茲競起秦并天下隳滅禮教恣行酷烈害虐烝民宇內騷然遂以顛覆漢氏撥亂思易前軌雖復務從約法蠲削嚴刑尚行葅醢之誅猶設錙銖之禁字民之道實有未弘刑措之風以茲莫致爰及魏晉流弊相沿寬猛乖方綱維失序上陵下替政散民凋皆由法令湮訛條章混謬自斯以後宇縣瓜分戎馬交馳未遑典制有隋之世雖云釐革然而損

益不定疏舛尚多品式章程罕能甄備加以微文曲致覽者惑其淺深異例同科用者殊其輕重遂使姦吏巧詆任情予奪愚民妄觸動陷羅網屢聞改革卒以無成朕膺期受籙寧濟區宇永言至治鑒寐爲勞補千年之墜典拯百王之餘弊思所以正本澄源式清流末永垂憲則貽範後昆爰命群才條定科律但古今異務文質不同喪亂之後事殊曩代應機適變救弊斯在是以斟酌繁省取合時宜矯正差違務從體要迄茲歷稔撰次始畢宜下四方即令頒用庶使吏曹簡肅無取懸石之多奏讞平允靡競錐刀之末

勝殘去殺此焉非遠先是高祖勑尚書左僕射裴寂
右僕射蕭瑀及大理卿崔善爲給事中王敬業中書
舍人劉林甫（臣欽若等按林甫作議萬餘言擢拜中書侍郎）顔師古王孝遠
涇州別駕靖延太常丞丁孝烏大理寺丞房軸上將
府參軍李桐客太常博士徐上機等撿定律令大畧
以開皇爲准于時諸華始定邊方尚梗救時之㢢有
所未暇惟正五十三條格入新律餘無所改至是奏
上于是頒行天下（又云詔遣裴寂殷開山郎楚之沈叔安崔善爲之徒定律令數歲始成大畧以開皇爲准正五十三條權用班行展矜之科有所未畧）
太宗貞觀十一年正月頒新律令于天下初帝自即

位命長孫無忌房玄齡與學士法官更加釐改戴胄
魏徵言舊律令太重于是議絞刑之屬五十條免死
罪斷其右趾應死者多蒙全活太宗尋又愍其受刑
之苦謂侍臣曰前代不行肉刑久矣今思斷人右趾
意甚不忍諫議大夫王珪對曰古行肉刑以爲輕罪
今陛下矜死刑之多設斷趾之法格本合死今而獲
生刑者幸得全命豈憚去其一趾且人之見者甚足
懲戒帝曰本以爲寛故行之然每聞惻愴不能忘懷
又謂蕭瑀陳叔達等曰朕以死者不可再生思有愍
矜故簡死罪五十條從斷右趾朕復念其受痛極所

不忍叔達等咸曰古之肉刑乃在死刑之外陛下于
死刑之內改從斷趾便是以生易死足爲寛法帝曰
朕意以爲如此故欲行之又有上書言此非便公可
更思之其後蜀王法曹參軍裴弘獻又駁律令不便
于時者四十餘事太宗令參掌刪改之事弘獻于是
與房玄齡等建議以爲古者五刑刖居其一及肉刑
廢制爲死流徒杖笞凡五等以備五刑今復設刖足
是爲六刑減罪在于寛弘加刑又如繁峻乃與八座
定議奏聞于是除斷趾法改爲加役流三千里居作
二年又舊條流兄弟分後蔭不相及連坐俱死祖孫

配没會有同州人房强弟任統軍于岷州以謀反伏
誅强當從坐帝嘗錄囚徒憫其將死爲之動容顧侍
臣曰刑典仍用蓋風化未洽之咎愚人何罪而肆重
刑乎更彰朕之不德也用刑之道當審事理之輕重
然後加之以刑罰何有不察其本而一槩加誅非所
以恤刑重人命也然則反逆有二一爲興師動衆一
爲惡言犯法輕重有差而連坐皆死豈朕情之所安
哉更令百寮詳議于是玄齡等復定議曰按禮孫爲
王父尸案令祖有蔭孫之義然則孫重而兄弟屬輕
應重反流合輕翻死據理論情深爲未愜今定律祖

孫與兄弟緣坐俱配沒其以惡言犯法不能爲害者情狀稍輕兄弟免死配流爲允從之自是比古死刑殆除其半玄齡等遂與法司定律五百條分爲十二卷一曰名例二曰衛禁三曰職制四曰戶婚五曰廐庫六曰擅興七曰盜賊八曰鬭訟九曰詐僞十曰雜律十一曰捕亡十二曰斷獄有笞杖徒流死爲五刑笞刑五條自笞十至五十杖刑五條自杖六十至杖一百徒刑五條自徒一年遞加半年至三年流刑三條自流二千里遞加五百里至三千里死刑二條絞斬大凡二十等又有議請減贖當免之法八議一曰

議親二曰議故三曰議賢四曰議能五曰議功六曰議貴七曰議勤八曰議賓應八議者死罪皆條所坐及應議之狀奏請議定奏裁流罪已下減一等若官爵五品以上及皇太子妃大功已上親應議者周以上親犯死罪者上請流罪以下亦減一等若七品以上官及官爵得請者之祖父母父母兄弟姊妹妻子孫犯流罪以下各減一等應議減及九品以上官若品得減者之祖父母父母妻子孫犯流罪以下聽贖其贖法笞十贖銅一斤遞加一斤至杖一百則贖銅十斤徒一年者贖銅二十斤自此以上遞加十斤至三年則贖銅六十斤流二千里者贖銅八十斤流二千五百里者則贖銅九十斤流三千里者贖銅一百斤絞斬者贖銅一百二十斤又許以官當罪以官當徒者（謂有官職人犯罪許以官當罪也）五品以上犯私罪者一官當徒二年九品以上一官當徒一年若犯公罪者各加一年以官當流者三流同比徒四年仍各解見任除名者比徒三年免官者比徒二年免所居官者比徒一年又有十惡之條一曰謀反二曰謀大逆三曰謀叛四曰惡逆五曰不道六曰大不敬七曰不孝八曰不睦九曰不義十曰內亂其犯十惡者不得議請減之

例年七十已上十五已下及疾犯流罪已下亦聽贖八十已上十歲已下及篤疾犯反逆殺人應死者上請盜及傷人亦收贖餘皆勿論九十已上七歲以下雖有死罪不加刑隋代舊律減大辟入流者九十二條減流入徒者七十一條其當徒之法惟奪一官除名之人仍同士伍凡削煩去蠹變重爲輕者不可勝紀又定令一千五百九十條爲三十卷至是頒下之又刪武德貞觀以來勑格三千餘件定留七百條以爲格十八卷留本司施行斟酌古今除煩去弊甚爲寬簡便于人者以尚書省諸曹爲之目初爲七卷其

曹之常務但留本司者別爲留司格一卷蓋編錄當
時制勑永爲法則以爲故事凡式三十有三篇亦以
尚書省列曹及秘書太常司農光祿太僕太府少府
及監門宿衛計帳名其篇目爲二十卷
十四年正月制流罪三等不限以里數量配邊要之
州
四月制犯反逆免死及緣坐配流者六歲之後仍不聽
仕十月戊寅制決罪人不得鞭背
十五年五月定制從征人背軍不在常赦之限
十六年正月制徒死罪以實西州其犯流徙則充戍

各以罪名輕重爲年限焉
高宗永徽元年勑太尉長孫無忌司空李勣左僕射
于志寧右僕射張行成侍中高季輔黄門侍郎宇文
節栁奭左丞段寶玄太常少卿令狐德棻吏部侍郎
高讐刑部侍郎劉燕客給事中趙文中書舍人李友
益少府丞張行實大理丞元紹太府丞王文端刑部
郎中賈敏行等共撰定律令格式舊制不便者皆隨
有刪改遂分格爲兩部曹司常務爲留司格天下所
共者爲散頒格其散頒格下州縣留司格但留本司
行用焉

三年詔曰律學未有定疏每年所舉明法遂無準憑
宜廣召解律人條義疏奏聞仍使中書門下監定于
是太尉趙國公無忌司空英國公勣尚書左僕射兼
太子少師監修國史燕國公志寧銀青光祿大夫刑
部尚書唐臨大中大夫守大理卿段寶玄朝議大夫
守尚書右丞劉燕客朝議大夫守御史中丞賈敏行
等參撰律疏成三十卷明年十月奏之頒于天下自
是斷獄者皆引疏分析之
六年七月上謂侍臣曰律通比附條例太多左僕射
志寧等對舊律多比附斷事乃稍難解科條極衆數

至三千隋日載定惟留五百以事類相似者比附科
斷今日所停即是參取隋律條章既少極成省便
龍朔二年改易官號因勑司刑太常伯源直心少常
伯李敬玄司刑大夫李文禮等重定格式惟改曹局
之名而不易篇第麟德二年奏上之
鳳儀元年官號復舊又勑左僕射劉仁軌右僕射戴
至德侍中張文瓘中書令李敬玄左庶子郝處俊黄
門侍郎來常左庶子高志周右庶子李義琰吏部侍
郎蕭德昭裴炎工部侍郎李義琛刑部侍郎張楚金
兵部侍郎盧律師等刪緝格式二年三月九日撰定

奏上先是詳刑少卿趙仁本撰法例三卷引以斷獄時議亦以爲折衷後帝覽之以爲煩又不便因謂侍臣曰律令格式天下通規非朕庸虚所能創制並是武德之際貞觀以來或取定宸衷參詳衆議條章備舉軌躅昭然臨事遵行自不能盡何爲更須作例致使觸緒多疑討此因循非適今日速宜改轍不得更然自是法例遂廢不用

則天垂拱中勑内史裴居道夏官尚書岑長倩鳳閣侍郎韋方質與刪定官安知弘等十餘人刪改格式加計帳及勾杖式通成二十卷又以武德以來垂拱

以前詔勑便于時者編爲新格二卷則天自制序其二卷之外别編六卷堪爲當司行用爲垂拱留司格式韋萬質詳練法理又委其事于咸陽尉王守慎又有經理之才故垂拱格式議者稱爲詳密其律令惟改二十四條文有不便者大抵依舊

中宗神龍元年六月詔尚書右僕射唐休璟中書令韋安石左散騎常侍李懷遠禮部尚書祝欽明尚書右丞蘇瓌等定垂拱格及格後至神龍元年正月二十五日已前制勑爲散頒七卷又刪補舊式爲二十卷表上之制令頒于天下

景龍二年九月勑鳥雀昆蟲之屬不得擒捕以求贖生犯者先決三十

睿宗大極元年二月頒新格式於天下先是景雲初勑戶部尚書岑羲中書侍郎陸象先左散騎常侍徐堅左司郎中唐紹刑部員外郎邵知與刪定官大理寺丞陳義海左衞長史張處斌大理評事張名播左衞率府倉曹參軍羅思貞刑部主事閻義顓凡十人刪定格式律令至是奏上之名爲太極格詔頒于天下

四月制曰朕聞措刑由于用刑去殺存乎必殺明罰峻典自古而然立制齊人于是乎在自我朝建國

僅將百年天下和平其來已久徃承隋季守法頗專比曩時安持綱自緩況朕薄德誠莫逮先惟人理難遠不如昔粵從守位三載于茲庶務勤勞不捐咎景嘗謂自我作則感而成化痛乎庶俗罔反不咸罔懲將致純風先歸重典比者贓賄不息偷濫公行放心未收犯禁無懼此爲蠹華期于未平遂割小慈以崇大體自今造僞頭首者斬仍沒一房資財同用蔭者並奪非頭首者絞官典主司枉法贓一疋已上並先決一百其緣贓及惡狀被解者非選時不得輒至朝堂披訴如有此色先決杖一頓仍加貶斥上下官寮

輒私情相囑者其所受人宜封狀奏聞成器以下朕
自決罸自餘王公以下並解見任所進人別加褒賞
御史宜令分察諸司若有罪過不能糾獲者貶與外
官成器宋王名也
玄宗先天二年六月禁殺牛馬驢等犯者科違告罪
不得官當蔭贖公私賤隸犯者先決六十然後科罪
八月制曰凡有刑人國之常法掩骼埋胔王者用心
自今已後輒有屠割刑人骨肉者依法科殘害罪
開元元年勑黃門監盧懷愼紫微侍郎兼刑部尚書
李文紫微侍郎蘇頲紫微舍人呂延祚給事中魏奉

古大理評事高智靜同州韓城縣丞侯郢瀛州司法
參軍閻義顓等删定格式令至三年奏上之名爲開
元格
三年二月詔曰古昔名將在乎養兵故疾則吮癰渴
不先飲撫循慰薦恩義感激所以奮不顧身戰無完
陣如聞諸將總管已下不遵師律多役兵士帳中厮
眾肉之蝕麾下罹勤瘁之色人旣勞力軍亦挫氣豈
孫吳養士之方韜鈐用兵之法春秋責帥典憲斯在
自今已後總管以下私使兵士討庸以受所監臨財
物論頒下諸軍咸使知悉

五年詔曰別宅女婦先施禁令往來括獲將以究容
何得不悛尚多此事國有常法宜寘于理方畫一于
後刑故三令以先德俾從輕法以愧其心令所括獲
者見任官徵納四季祿前資准見任自餘諸色並准
九品官祿數納粟婦女並放出掖庭即令京兆尹李
朝隱求匹配嫁遣之京都作戒天下敢更犯者一依
當格又詔曰自今已後官人犯贓罪至流死會赦免
者宜准開元四年二月二十四日勑處分臣欽若等日實錄闕
此四年二月勑
六年勑吏部尚書兼侍中宋璟中書侍郎蘇頲尚書

左丞盧從愿吏部侍郎裴漼慕容珦戶部侍郎楊滔
中書舍人劉令植大理司直高智靜幽州司功參軍
侯郢璡等九人删定律令格式至七年上之律令式
仍舊名格曰開元後格
十二年詔曰大德曰生至重曰命緬觀前典惟刑是
恤比來犯盜先決一百雖非死刑大半殞斃言念于
此良用惻然自今已後抵罪人合杖勑杖者並宜從
寬決杖六十一房家口移隸磧西其嶺南人移隸安
南江淮南人移隸廣府劒南人移隸姚嶲州其磧西
姚嶲安南人各依當式布告遐邇使知朕意

十三年詔曰身體髮膚受之父母不合毀傷比來有訴競之人即自刑害耳目自今以後犯者先決四十然後依法

十九年侍中裴光廷中書令蕭嵩文以格後制勅行用之後頗與格文相違於事非便奏令所司删撰格後長行勅六卷頒于天下

二十二年戸部尚書李林甫受詔改修格令林甫尋遷中書令乃與侍中牛仙客御史中丞王敬從與明法官前左武衛胄曹叅軍霍晃衞州司戸叅軍直中書陳承信酸棗尉直刑部俞元祀等共加刪緝舊格

式律令及勅總七千二十六條其一千三百二十四條於事非要並删之二千一百八十條法文損益三千五百九十四條仍舊不改總成律十二卷律疏三十卷令三十卷式二十卷開元新格十卷又撰格式律令事類四十卷以類相從便于省覧二十五年九月奏上之勅于尚書都省寫五十本發使散于天下

天寶四載詔曰刑之所設將以閑邪法不在嚴貴于知禁朕自臨萬國向踰三紀思弘至道之化實務好生之德比者應犯極法皆令免死配流所以示無刑人獄無冤繫哀矜勿喜冀洽于生靈大小以情寧忘于鑒寐至于徒罪雖非重刑力役之外不免拘繫載罹寒暑誠可矜量自今以後其犯罪應合徒者並宜配諸軍効力庶感激之士因以成功寬大之恩叶於在宥且本置杖罪是代肉刑將以矜人非重爲法今官吏決罰或有生情因兹致斃深可哀憫其犯杖罪情非巨蠹者量事亦令効力宜令所司作載限仍立條例處分

六載正月詔曰朕承大道之訓務好生之德于令約法已去極刑議罪執文猶存舊日既措而不用亦惡聞其名自今以後所斷絞斬刑者宜除削此條仍令

法官約近例詳定處分（今斷極刑云決重杖以代極刑法始于此也）

八載詔曰唐虞省刑晝寇不犯秦漢制法密網惟煩理亂之機得失斯在朕嘗想淳古務崇敦樸刑期不濫政叶無爲並惟守于昇平庶有臻于大道頃者詳諸條目已從推究至于締斷尚慮深刻所貴從寬示其知禁宜令中書門下與刑部大理法官審更詳定法律之間有所便者具條目奏聞

肅宗至德元年七月即位詔官吏犯枉法贓終身勿齒

乾元元年四月詔曰百姓中有事親不孝別籍異財

黜汚風俗虧敗名教先決六十配隷磧西有官品者禁身奏聞

二年三月詔曰刑獄之典以理人命死無再生之路法有哀矜之門是以訟必有孚刑期不用周竆五聽天下所以無寃漢約三章萬人以之胥悅言念欽恤用諧不變自今以後諸色律令殺人反逆姦盜及造僞十惡外自餘煩冗一切删除仍委中書門下與刑部大理法官共詳定具件奏聞

代宗寶應元年九月刑部侍郎盧元裕奏准式制勑與一頓杖者決四十重杖一頓者決六十無文至死

式内自有殺却處盡等文即明重杖只合加數京城先因處分決殺者多一死不可復生望准式文處分或決痛杖一頓者式文既不載亦請准重杖六十例不至死許之

德宗大曆十四年六月即位詔曰律令格式條目有未折衷者委中書門下簡擇理識通明官共删定自至德以來制勑或因人奏請或臨事頒行差互不同使人疑惑中書門下與删定官詳決取堪久長行用者編入條格（初以中書門下爲删定格式使至建中二年罷之其格令委刑部删定）

貞元八年十一月詔曰比者所司斷罪拘守科條或至死刑猶決先杖處之極法重此傷殘非惻隱也自今罪至死者勿決先格

憲宗元和二年七月命刑部侍郎許孟容大理少卿柳登吏部郎中房式兵部郎中蔣武戸部郎中熊執易度支郎中崔元禮部員外郎畢貫之等于命婦院定開元格

三年正月詔自今已後應坐贓及他罪當贖者諸道委觀察判官一人專勾當及時申報如蔽匿不申者節級科貶如罪不繫奏官長量情處置者其贓但准前中送御史臺充本色給用仍差御史一人專知贓

贖不得以贓罰爲名如罪名未正妄罰其則亦委觀察判官勾當差定後先具名奏聞

三月詔厚葬傷生明勑設禁但官司慢法久不申明愚下相循遂至違越其違制賃葬車人六人各決四十

十月乙亥重申採銀之禁輒採一兩已上者笞二十遞出本界州縣官吏節級科罰

四年二月京兆府奏准建中三年十二月勑節文當府界内捉獲强盜不論有贓無贓及竊盜贓滿三疋以上者並准勑集衆決殺不滿疋者量事科決補充所

由犯盜人雖有官及屬軍等一切並依此例處分准
天寶十四年正月勅府縣務煩事須疎決若一一皆
待勘覆即必有稽留伏准今年正月勅自今以後諸
司應有決殺囚若不承正勅並不在行決之限如跡
涉兇險須速決遣并特勅處分者亦宜一度覆奏者
伏以京邑浩穰庶務煩劇擒姦禁盜事實尋常若一
罪一刑動須覆奏不惟懼于留獄實亦煩于聖覽況
畿甸之内尤須肅清其強盜竊盜并犯徒以下罪情
准建中三年及天寶十四載勅處分其餘罪犯經有
司准按者請准今年正月勅處分從之

九月詔刑部大理決斷繫囚過爲淹遲是長姦倖自
今以後大理檢斷不得過二十日刑部覆下不得過
十日如刑部覆有異同寺司重斷不得過十五日省
司重覆不得過七日如有牒外州府勘節目及于京
城内勘本推即以報牒到後計日數被勘司却報不
得過五日仍令刑部具遣牒及報到月日牒報都省
及分差使各准勅文勾舉糾訪如有違越奏聽進止
其有獄情可疑須再三詳審非限内可畢者即別狀
分析并寺司每月已斷未斷囚姓名事由並申報中
書門下

五年十一月癸卯詔應中外官有子弟凶惡不告家
長私舉公私錢起自今已後舉錢無尊屬同署文契
其舉錢主在與不在其保人等並決二十其本利錢
仍令均攤填納應口馬莊宅諸色買賣相當後勒買
人面付賣人價錢如違牙人決重杖二十付錢主家
亦科罪從京兆尹王播所奏也
六年十月中書門下奏狀准建中元年勅嘗叅官授
上訖三日内上表讓一人以自代者伏以人臣拜職
皆有謝章晉太尉劉寔著崇讓論請因謝章便有所
讓令主者掌此讓文類其被舉最多者有官缺據此

選用如此則事不專于宰府材須選于衆人唐虞僉
諧義實由此臣請自今嘗叅官舉人後便選擇進具
所舉人衆狀上中書門下如官缺要人先于所舉人
中選擇進擬臣又聞周之群僕委于伯冏漢之多士
俾于有司故凡稱大察皆得進善陛下念黎元之困
設令長之科群寮舉知四海蒙福然薦延相繼沮勸
未行苟或容私則虞害政伏請所舉縣令到任後刑
罰冤濫及有贓犯者其舉薦官削階及停見任書下
考並准
元和三年勅處分委御史臺諸道觀察使嚴加察訪

不得容貸其諸司所奏官屬及有狀論薦人如有贓
犯過惡亦請具名聞奏量加殿罰所與人知所懼舉
不妄行爲官擇人得賢報國從之
八年九月詔減死戍邊前代美政量其遠邇亦有便
宜自今已後兩京及關内河南河東河北淮南山東
西道州府有犯罪繫囚除大逆及殺人外其餘應入
死罪並免死配流天德五城諸鎮有妻兒者亦任自
隨又緣頃年以來所有配隸或非重辟便至遠遷有
司上陳又煩年限向後如有輕犯更不得配流五城
先是天德流人與諸州異無歸還之限刑部侍郎王播奏以七年放還爲限著爲定令

九年五月壬申命京兆尹禁諸色人不得與商人私
有便换犯者没入賞罰有差
十年十月辛亥詔曰凡在職司必當廉愼苟懷貪汚
實紊政經爲理之先固在懲誡其犯贓官本據律文
刑名甚重頃者多從寬宥不足懲姦切在申明使其
知懼自今以後如錢穀稍多及情狀難恕者宜杖决
配流餘並比類節級科處如有此色所在長吏及觀
察使不能糾察事發之後並據所犯輕重加責罰庶
警貪吏以惠疲人
十二年七月巳酉勑左降官等考滿量移先有勑命
因循日久都不舉行遂使幽遐之中恩澤不及自今
以後左降官及量移未復資官亦宜準此處分如是
本犯十惡五逆及指斥乘輿妖言不順假托休咎反
逆緣累及贓賄數多情狀稍重者宜具事申奏聞其
曾任刺史都督郎官御史并五品以上嘗參官刑部
檢勘具所犯事由聞奏並申中書門下商量處分如
未滿五考巳前遇恩者准當時節文處分其復資處
數准元和二年六月二十七日勑文處分
九月刑部奏准今年七月二十一日勑諸左降官等
經五考滿許量移者其貶降日授正員官或無責授

並請至五考滿然後許本任處申闕并餘左降官緣
任去州府多在遐遠至考滿日其中有申牒稽遲致
使留滯者其刺史本判官錄事參軍參軍等並請與
下考如考滿後雖巳申牒未量移間其祿料並准天
寶貞元兩度勑文依舊支給其本犯十惡等罪巳有
正名請依舊從之
十三年八月鳳翔節度使鄭餘慶等詳定格後勑三
十卷左司郎中崔郾等六人修上其年刑部侍郎許
孟容蔣乂等奉詔删定復勒成三十卷刑部侍郎劉
伯芻等定如其舊卷

穆宗以元和十五年正月即位閏正月鹽鐵使柳公綽奏當使監院塲官及事知納給弁吏人等有負犯合結罪者比依推問聞奏只罪本犯所由其監臨主守都無科處伏請從今舉名例律每有官吏犯贓監臨主守同罪及不能覺察者並請准條科處所冀刑章具舉貪吏革心從之

十二月勑郊禮日近恐有奸人覬望恩赦從今日至來年正月三日以前京畿應有姦非盜賊准法處分不在赦原之限縱屬諸軍使亦委府縣依律科斷

長慶元年五月御史中丞牛僧孺奏天下刑獄苦于

淹滯請立程限大事大理寺限三十五日詳斷畢申刑部限三十日聞奏中事大理寺三十日刑部二十五日小事大理寺二十五日刑部二十日一狀所犯十人已上斷罪二十件已上爲大事所犯六人已上所斷罪十件已上爲中事所犯五人已下所斷罪十件已下爲小事其或所抵罪狀若所結刑名並同者則雖人數甚多亦同一人之例比來刑獄淹滯亦緣官吏人稀今請刑部四覆官并大理六丞每月皆二十日入其廚料牒戶部准例加給又近日所斷刑獄多稱緣元推節目不盡移牒勘覆致此淹滯今日以後如臺推覆節目不盡致令所司須更盤勘元推官書下考本典轉選日量殿三選從之

十月御史臺奏應十惡及殺人鬭毆官典犯贓并詐僞訴良劫盜竊盜及府縣推斷訖重論訴人等皆是姦惡之徒推鞫之時盡皆伏罪臨刑之次即又稱冤或冀有動摇或貴延日月每度稱屈皆須重推遂使知證平人甞被追擾經涉時歲獄具無期一姦人自犯刑章數十家因緣破散若無懲革爲獘實深伏請自今已後有此色賊臺及府縣并外州縣但通計二度推官不同人皆有伏款及經三度斷結者更有論

訴一切不在重推問限其中縱有進狀勑下如是已經三度結斷者亦請受勑處聞奏執論庶得公務肅清姦源杜絶如是告本推官典受賄賂推斷不平及有冤濫事狀言訖便可立驗者即請與重推如所告及稱冤推勘又虚妄及依前無理者除本犯是死刑外餘罪于本條更加一等科罪如官典取受有實者亦請于本罪更加一等如有所冤屈不虚者其第三度推官典伏請本法外更加一等貶責其第二度官典亦請節級科處冀使下無冤人上無濫法

第二十二頁十九行濫法下脱從之二字又十九行後脱一條

二年十一月監察御史蘇景裔奏祠祭稱疾出齋宫等舊例准朝參不到四品已上罰二千文五品已上罰一千文緣所罰稍輕請更加罰詔曰郊廟之儀本於恭恪罰輕生慢須議稍加自今已後有臨祭出齋者宜罰一月俸仍委監察使每具所罰名銜聞奏

册府元龜　補　卷之六百一十二　二十三

冊府元龜

巡按福建監察御史臣李嗣京訂正
知閩縣事臣曹學佺參閱
知建陽縣事臣黄國琦較釋

刑法部六百一十三

定律令第五

唐文宗太和元年六月勑文武當參官承前朝參不到臺司皆據品秩書罰其中班位雖同俸入懸隔一例書罰事未得中宜自今已後檢點不到據所請料錢每貫罰二十五文其疾病爲衆所知者不在罰限

餘任准臺司往例處分

三年六月壬申中書門下奏元和四年閏三月四日勑應有鉛錫錢並合納官如有人糾得一錢賞百錢當時勑條貴在峻切今詳事實必不可行則有入告一百貫錫錢須賞一萬貫銅錢執此而行是無畔際今請令以鉛錫錢交易者一貫以下州府行當杖决脊杖二十十貫以下决六十徒三年過十貫已上集衆决殺其受鉛錫交易者亦准此其鉛錫錢並納官其能糾告者一貫賞五千不滿貫者准此計賞累至三百千仍且取當處官錢給付其所犯人罪不至死者徵納家資充塡賞錢可之

七年九月乙卯御史臺奏准太和四年十月二十五日勑大理寺决斷刑獄大事二十日中事十五日小事十日奏畢刑部詳覆大事十五日中事十日小事八日奏畢近日省寺詳斷有踰勑限七十餘日者抑由條奏之間未盡事理舞文之吏得以遷延往往决斷未下瘐死獄中臣請自今已後刑獄本曹詳覽奏狀有節目未具者大事七日内小事五日内條流事由只行一牒再勘本推官三日内具事由牒報省寺如情狀要節已具省寺不得以小小節目移牒往來

四遠州府牒勘本推後事有不具結罪不得者請具事由奏聞不得更逾勑限又准貞觀三年七月十七日勑允推狀内錢物大段事狀已具小小節目未盡不妨詳斷者省寺更不要移牒盤勘又准名例律二罪俱發以重者論臣深詳勑文律意惟懼刑獄淹延使無辜者拘繫囹圄罪惡者潛啓倖門臣請勑下後御史臺嚴加察訪如或踵前廢格知彈御史臺不舉又省寺可斷不斷不具可結斷事情聞奏使結斷不得須便牒本處致其稽遲並請臨時量事大小論罪按罰可之

七月大理寺奏准今年五月二十九日御史臺奏勑大事限二十日中事限十五日小事限十日奏畢刑部覆大事限十五日中事十日小事八日奏畢詳臺司所奏卽大理刑部兩司俱炤詳具獄未經刑部覆一則失聖朝愼恤刑獄意二則未合以生事上黷聖聰伏請依舊程限大理寺斷了申刑部覆同訖方奏可之餘准今年五月二十九日勑處分

十二月刑部奏先奉勑詳定前大理丞謝登新編格後勑六十卷者臣等據謝登所進詳諸理例參以格式或事非久要恩出一時或前後差舛或書寫錯誤

並已下落及改正訖去繁舉要列司分門都爲五十卷狀請宣下施行可之

八年二月中書門下奏准貞元二十一年六月六日勑訴事人不得越州縣臺府便經中書門下陳狀者近日狡猾論競皆不待州府推斷便來詣闕非惟煩黷天聽實亦頗啓倖門請自今已後有此類先科越訴罪然後推勘又准開元十二年八月二十四日勑比來小有訴競卽自刑割自今已後犯者先決四十然後依法勘當伏以先自毀傷律令所禁近日此類稍多不至甚傷徒驚物聽諸違勑牓白獸門如進狀又勞耳者准前勑處分又鞫獄已具便合就行刑皆近歲時覬望恩澤或緣一人稱寃卽十數人停決囚繫淹久奸吏用情自今後同罪人並伏雖一兩人解寃不相連者並先科決稱寃者依前收禁聞奏從之

四月詔應犯輕罪人除情狀巨蠹法所難原者其他過誤罪僣及尋常公事違犯不得鞭背遵太宗之故事也

開成四年九月中書門下奏兩省詳定刑法格一十卷勑令施行

武宗以開成五年五月卽位十月勑配流囚人行李

所在州縣申報到發時刻月日頗甚違遲今再條流其遞過流囚准律日行五十里所在州縣各具月日時刻相承申報自今更或停滯囚徒有淹申發其本判官罰五十直縣令罰三十直本典決脊杖五十

會昌元年正月詔曰朝廷典刑理當畫一官吏贓坐不宜有殊内外文武官犯入已贓絹三十疋盡處極法惟塩鐵度支戶部等司官吏破使物數雖多只遣塡納盜使之罪一切不論所以天下官錢悉爲應在姦吏贓汚多則轉安此弊最深切要杜塞自今以後度支塩鐵戶部等司官吏及行綱腳家等如隱使官

錢計賍至三十疋並處極法除估納家産外並不使徵納其取受賍亦准此一條從鹽鐵使栁公綽所奏也

九月庫部郎中知制誥紇干泉等奏刑部犯賍官五品以上抵死刑准獄官令賜死於家者伏請永為定式從之

四年七月京兆府奏擒盜賊并闘行闘殴人等被奸惡所由與府縣人吏同情欺罔因緣卜射求取恣為不顧典刑隱藏慾犯臣見令推鞫須立條科應府縣所由輒因事取錢及恐嚇平人遣重囚典引坊市人

戸推問得實賍至十貫以上者從今後伏請集衆決殺十貫以下者即量情科斷如捕賊所由捉搦賊賍至五十貫請賞三十貫文如賍至一百貫以上取本賍一半以上充賞庶賞罰必行奸欺止息從之

十一月勑准中書門下奏應合處極刑囚等郊禮日近望有鴻恩每引決之時皆稱冤屈及至推鞫依前伏罪容此延引恐開倖門今日已後前件囚經兩度稱冤重推問無異同者更不在聞奏從之

五年正月據律已去任者公罪流以下勿論公罪之條情有輕重苟涉欺詐豈得勿論向後公罪情狀難恕并不在勿論之限

宣宗大中元年二月詔持杖行劫必欲害人苟遇支敵即行殺戮拒敵追捕肆意姦兇不懲此流無以除惡并故殺人者雖已傷未傷已死及生欺冒老小以取財物者意欲殺傷偶得免者並以殺人法處分不在赦原之限仍編如格令

二年二月刑部請起今後縣令有賍犯錄事參軍不舉者請減縣令二等結罪錄事參軍有犯賍刺史有賍犯事發觀察使不舉並令所司奏聽勅旨從之

四年正月詔此後有故殺傷偶得免者並同已殺人

處分又曰攘竊之典起于不足近日刑罰頗峻盜賊益煩贓至一千便處極法輕人性命重彼貨財既多殺傷且乖教化况非舊制須議改更其會昌元年二月二十六日勑宜委所司重詳定條流聞奏

三月戸部奏監臨主守應將官物私自貸使并借貸人及以已物中納官司者并專知別當主掌所由如有犯賍並同犯入已賍不在赦原之限從之

五月御史臺奏准今年正月一日節文據會昌元年二月二十六日勑盜賍至一百文處死宜委所司重詳定條流聞奏者臣檢勘並請准建中三年三月二

十四日勑每有盜賊贓滿三疋以上決殺如贓數不
充量事科決從之
五年四月刑部侍郎劉瑑等奏勑修大中刑法總要
勑六十卷起貞觀二年六月二十日至大中五年四
月十三日凡二百四十四年新勑都計六百四十六
門三千一百六十五條
七年五月左衞率倉曹參軍張戣進大中統類六十
二卷勑刑部詳定奏行之
梁太祖開平三年十一月詔太常卿李燕御史蕭
頃中書舍人張衮戶部侍郎崔沂大理卿王鄯刑部

郎中崔誥共刪定律令格式
四年十二月宰臣薛貽矩奏太常卿李燕等重刊定
律令三十卷式二十卷格一十卷律并目錄一十三
卷律疏三十卷凡五部一十帙共一百三卷勒中書
舍人李仁儉詣閤門奉進伏請目爲大梁新定格式
律令仍須天下施行從之是時大理卿李保撰刑律總要十二卷
後唐莊宗同光元年十二月御史臺奏當司刑部大
理寺本朝法書自朱溫僭逆刪改事條或重貨財輕
入人命或自徇枉過濫加刑罰今見在三司收貯刑
書並是僞廷刪改者兼僞廷先下諸道追取本朝法
書焚毁或經兵火所遺皆無舊本節目只定州勑庫
有本朝法書具在請勑定州節度使速寫副本進納
庶刑法令式並合本朝舊制從之未幾定州王都進
納唐朝格式律令凡二百八十六卷
二年二月刑部尚書盧質奏纂集同光刑律統類凡
一十三卷上之
六月詔曰刑以秋冬雖關惻隱罪多連累翻慮淹滯
若或十人之中止爲一夫抵死豈可以輕附重禁錮
逾時言念哀矜又難全廢其諸司囚徒罪無輕重委
本司據罪詳斷申奏輕者郎時疎理重者候過立春

至秋分然後行法如是事繫軍機須行嚴令或謀逆
惡或畜姦邪或行殺劫人難于留滯並不在此限
明宗天成元年九月御史大夫李琪奏奉八月二十
八日勑以大理寺所奏見管四部法書内有開元格
一十卷開成格一十一卷故大理卿楊遘所奏行僞
梁格并目錄一十一卷與開成格微有差舛未審只
依楊遘先奏施行爲復別須聖旨令臣等重加商較
刊定奏聞者今未若廢僞梁之新格行本朝之舊章
遵而守之違者抵罪至其年十月二十一日御史臺
刑部大理寺奏奉九月二十八日勑宜依李琪所奏

廢僞梁格施行本朝格式者伏詳敕命未該律式伏以開元朝與開成隔越七帝年代既深法制多異且律重輕格無二等若將兩朝格文允行伏慮重疊差舛況法者天下之大信非一人之法天下人之法也故謂一成不變之制又准格文後敕合破前格若將開元與開成格之行實難檢舉又有太和格五十一卷刑法要錄五十卷格式律令事類四十卷大中刑法格後敕六十卷共一百六十一卷久不檢舉伏請定其與奪奉敕宜令御史臺刑部大理寺同詳定一件格施行者今衆集商量開元格多是條流公事開

成格關于刑獄今且請使開成格從之

二年六月大理少卿王鬱奏准貞觀五年八月二十一日敕極刑雖令即決仍三覆奏在京五覆奏決前三奏次日兩奏惟犯惡逆者一覆奏著于格令又准建中三年十一月十四日敕應決大辟罪在京者宜令行決之司三覆奏決前兩奏決日一奏又謹按斷獄律諸死罪囚不得覆奏報下而決者流二千里即奏報應決者聽三日乃行刑若限未滿而行刑者徒一年伏以人命至重死不再生近年以來全不覆奏或蒙赦宥已彼誅夷伏乞敕下所司應在京有犯極刑者令決前決日各一覆奏聽進止有凶逆犯軍令者亦許臨時一覆奏應諸州府乞別降敕指揮奏敕宜依是時少府少監申屠奏請禁責情狀皆從之

長興二年四月大理正劇可久奏引開成格應盜賊須得本贓然後科決如有推勘因而致死者以故殺罪論臣詳此理未便且云無持贓待捕之賊或偷生隱諱所司又須訊拷死反償命實恐惠姦起今後如因而致死者如無故則請減一等別增患病而死者從辜限正贓減本罪五等中書覆云今後凡關賊徒若推勘因而致死者有故以故殺論無故減一等如

拷決因增疾患候驗分明如無他故雖辜內致死亦以減一等論

是月刑部郎中周知微奏臣每詳覆案文靜究贓罪條件或有因緣勘鞫滋漫告陳雖廣訟論漸異根本其間有物關獻遺事同情異或果實紙筆之徒或絲履茶藥之類逐色目計錢不及三二百聚都數不過四五千爲衆贖之微贓傷朝廷之大體引律二罪俱發以重者論不累輕以加重請非正論事條外定贓之時並許除落中書覆奏云周知微踐揚華省獻納明廷所貢讜言深符治道蓋慮細微之物便爲贓賄

之名遂致刑章過行深刻須知撙節務存廉隅或是監臨之司或因公事之際凡關取與便涉阿私物若顯屬貨財並宜爲贓罪其餘不是監臨不因公事不在此限應推斷科條不得有違格律

六月勅諸道州府推斷刑獄或慮所司因循仍以赦令前事輒有申治紊亂刑罰宜令盡舉中典已來所降赦書德音釐革恩勅曉示王者應天順人發號施令布絲綸于遠邇示恩信於華夷儻隱而不行則主者有罪須重提舉免致因循宜令御史臺兼三京及諸道州府應受詞狀及推勘詳斷之所須將此令文

牓壁各令詳審無至踰違如或公然以赦書德音及恩勅前事輒敢受而違理者應狀案經過處宜當勘責以故違勅令律格科罪兼自此後凡有詳斷刑獄並須先編坐律令格式條件及新勅釐革次第施行

十二月勅國祚中興皇綱再整合頒公事徧委群臣先勅依錄六典法書分爲二百四十卷從朝至夕自夏徂冬御史臺爲之等或同切催驅或逓專勘讀較前王之舊制布當代之明規宜有獎酬以勵勤恪御史中丞劉贊近別除官令加階爵宜從別勅處分呂琦姚遐致宜加朝散大夫李凝吉朝議大夫馬義朝散大夫仍賜柱國勲于遼李壽並朝散大夫徐禹卿張可復王曉並賜緋魚袋

四年五月獲嘉縣令盧嵩拖曳戶民致死其盧嵩減死配流令據所司引減死配天德五城流人格文內只言兩京關內河南河東北淮南山東西等道州府繫囚並不言荆南湖南江南嶺南浙江東西福建等道亦不言劍南黔南隴右河西等道又云京兆府界內持杖强盜不論有贓無贓及竊盜贓三疋以上并依前後格勅處分此又酷秦中之人資海內之盜旣茲有二登曰大同况天下府州凡竊盜贓滿三疋皆

處極法並不以律內十五疋加役流定罪亦不減死配流據所司斷盧嵩以故殺定罪又不該此條令或却將此條旋舉定刑憲以愛惡于人教之上下其手今日已後所司凡有刑獄據罪欵准後勅文案律令格式條法詳斷不得引此減死條格惑人其間或有情非巨蠹繫勅命處分

六月大理正張仁琢奏臣嘗歷外任見州府刑殺罪人雖有宵肉尋時不容收瘗皆令給喪葬行人載于城外殘害屍骸多致邀求實越彝章頗傷仁化准獄官令諸大辟罪並官給酒食聽親故辭訣宣告犯狀

日未後乃行刑法云決之經宿所司即爲埋瘞若有親故亦任收葬又條諸囚死無親戚者官給棺于官地埋瘞置磚名于壙內立牌于塚上書姓名請依令指揮從之其月勑御史中丞龍敏給事中張鵬中書舍人盧遵刑部侍郎任贊大理卿李延範等詳定大中刑法統類

末帝清泰元年閏五月勑律令格式六典凡關庶政盡有區分久不舉明遂至隳紊宜令京百司各于其間錄出本司事裁成卷軸或粉壁寫在廨署本司官常宜省覽以備顧問自勑下至今累年如聞諸司或

以無廨宇處並未書寫施行令御史臺兩差巡司分巡百司取已寫未寫司局以聞如因事未辨處與限五日須抄錄依元勑指揮其諸道州縣亦有六曹內合行公事條件抄錄粉壁官吏長宜觀省其律令格式事繁昨已撮成四卷州縣差人抄錄以備檢尋今後宜令御史臺每至正初具錄前後勑文告示百司及諸州府永爲常式

六月大理正劇可久上疏臣曾披法律深究臧否州縣令律之中具存條格軍鎮按推之吏未載明文事若不均何以示勸其三京軍巡使諸州府馬步都虞候有精于推劾雪活冤濫者請量事超擢如按鞫偏私故入人罪者亦刑之無赦詔曰義存兩造善推鞫者故合獎酬法貴一成務欽守者豈煩更改劇可久所陳章奏備驗忠勤然于取舍之間未盡諮詢之理其軍巡使都虞候能覆推刑獄雪活人命及推按不平致人負屈者起今後宜以長興四年五月二十三日勑條施行合有獎酬亦等第比附行遣其故入人罪律有本條何煩別定

九年大理寺奏所用法書竊盜條建中年贓三疋已上決殺數不充量情決杖先朝以量情法不定命御

史中丞龍敏等議贓滿三疋准舊法一疋已上決杖十八一疋以下量罪決杖大理又以量罪之文不定其定奪下寺詔集寺官議議云贓一疋杖脊十八不滿一疋杖十五不得財杖臀十五從之

是月天雄軍節度使范延光上言副使王欽祚報管內頻有盜賊剽劫坊市鄉村差兵巡捕嚴切提防緣此歲蠶麥不熟游惰之徒結集爲惡或傷殺攘奪及捕獲處斷又前後法條不一以天成二年勑應山林群盜害物殘人若捕捉勘結不虛全家處置有偶然劫盜者正身准法知情者同罪又以長興四年勑據

天成勅只爲界内連結黨惡害物殘人所以誅族此中興之初權行之法若斷獄只坐此條恐違于律令今後結黨連群爲害者并男十五已上並准元勅處斷其父母兄弟妻女小兒一切不罪有骨肉中與賊同惡者亦同罪如同謀不行或受贓不受贓則准律科斷臣當管賊盜屢發盖見用法太寬只罪一身又不籍没家產又不連累家屬得以恣行兇惡今後捕盜權行重條俾其知懼易爲禁止詔曰應劫掠鄉村宜依長興四年勅條斷處攻劫城鎮宜依天成二年勅處斷

三年四月御史中丞盧損等進清泰元年已前十一年内制勅可久遠施行者凡三百九十四道編爲三十卷其不中選者各令本司分閉不得行用詔付御史臺頒行

五月中書門下奏刺史位列公侯縣令爲人父母只合倍加乳哺豈合自至瘡痍一昨張宗裔胥吏訟論合當極典法司據律罪止徒流向來此法極嚴纔可存其軀命即一二十年不復還鄉却緣近日赦宥稍頻遷易處數致其兇物不顧嚴刑臣竊惟立法稍嚴則人不敢犯其見行法律望下所司更加詳酌及下御史臺刑部大理議云舊律枉法贓十五疋絞天寶元年加至二十疋請今後犯枉法贓十五疋准律絞不枉法贓舊律三十疋加役流受所監臨五十疋流二千里今請依統類不枉法贓過三十疋受所監贓過五十疋從之

晉高祖天福二年三月勅大理寺奏見管統類一十三卷編勅三卷散勅七十六道宜差侍御史李遐刑部郎中鄭觀與本寺官員同爲參詳今踏逐到靜僧坊便欲删定再候進止者勅李遐改官鄭觀去世更候差遣轉慮稽延宜令大理寺其合改正國號廟諱

等文字如是不動格條不礙理義便可集本寺官員檢尋改正如或顯繁重輕須要商議別具奏聞其御史臺刑部所有法書合改正文字者亦宜准此

四月勅應在京及諸道監臨主當倉庫官吏等當受納時倒破加耗及交替日豈合虧懸自今後如得替交割及非時點檢無故妄稱欠少者並准唐長興二年勅條計贓絹五十疋決重杖一頓處死所有錢物家業盡底通納餘外不徵其有自盜及私專用擅借各依格律本條處分

三年六月中書門下奏伏覩天福元年十月勅節文

唐明宗朝勑受法制仰所在遵行不得更易今諸司每有公事見執清泰元年十月十四日編勑施行稱唐明宗朝勑除編集外盡已封鏁不行臣等商量望差官將編集及封鏁前後勑文並再詳定其經文可行條件別錄聞奏施行從之遂差右諫議大夫薛融秘書監呂琦尚書駕部員外郎知雜事劉皥尚書刑部郎中司徒詡大理正張仁瑑同參詳

十二月尚書刑部郎中馬承翰奏伏見都下衢街窄狹人物殷繁其有步履艱難眼目昏暗老者幼者悉在其間車馬若縱于奔馳生牲必見于傷害況律禁

無故走馬傷人殺人素有嚴典臣切恐功勳之子軍伍之人向來偶昧于憲章此際忽思于馳騁害人者死是殺二人殺人既多亦傷至化臣以爲不若令之在前使民知禁臣乞特降明詔示諭內諸司以下及諸軍巡於街衢坊曲並不得走馬兼乞指揮逐界金吾司所由及軍巡所由當切止約如有故違走馬者不問是何色目人並捉搦申所司請依律科斷若所由不切止約致走馬害人者逐界分所由與所犯人同罪科斷其或自內中急傳宣旨者即請賜銀牌或牙牌令以手持之俾路人及所由辯認易爲奔避上行其令而下不敢違非惟得罪者無同抑亦所犯者應少勑曰馬承翰所貢封章俾人知禁雖曾條貫恐未周詳宜依餘准近勑處分仍付所司

四年七月右諫議大夫薛融等上疏詳定編勑三百六十八道分爲十二卷詔令百司寫錄與格式參用

九月相州節度桑維翰上言管內獲賊人從來籍沒財產云是鄴都舊例格律未見明文勑桑維翰佐命功全臨戎寄重舉一方之往事合四海之通規況賊盜之徒律令俱載此爲撫萬姓而安萬國豈忍罪一夫而破一家開將相之善言成國家之美事既資王

道寶契人心今後凡有賊人准格律定罪不得沒納家資天下諸州皆准此處分

五年十月癸丑詔曰朕自臨區夏每念生靈惡殺爲心實慈是務凡於獄訟嘗切哀矜況時漸興文民皆知禁宜伸輕典用緩峻刑今後竊盜贓滿五疋處死三疋以上決杖配流以盜論者依律文處分

六年五月尚書刑部員外郎李象奏請今後凡是散官不計高低若犯罪不得當贖亦不得上請詳定院覆奏應內外文武官有品官者自依品官法有散試官者應內外帶職廷臣賓從有功將校等並請同九

品官例其京都軍廵使及諸道州府衙前職員內外雜任鎭將等並請准律不得上請當贖其廵司馬步司判官雖有曾歷品官者亦請同流外職准律杖罪已下依決罰例徒罪已上仍依當贖法

少帝天福七年十二月詔四京諸道州府決大辟罪起今後宜令遇大祭祀正冬寒食立春夏雨雪未晴已上並不得行極刑如有已斷案可取次日及雨雪定後施行仍付所斷

漢高祖卽位稱天福十二年八月勅應天下凡關賊盜捕獲不計贓物多少按驗不虛並宜處死俾其重

法斯爲愛民 又五代史志云漢之濫刑也如是

周太祖廣順元年正月卽位制曰古者用刑本期止辟今茲作法義切禁非盖承弊之時非猛則姦宄難制及知勸之後或寛則典憲得宜相時而行庶臻中道今後應犯竊盜贓及和姦者並依晉天福元年已前條制施行應諸處犯罪人等除反逆罪外其餘罪並不得籍沒家產誅及骨肉一依格令處分

六月勅侍御史盧億刑部員外郞曹匪躬大理正段濤同議定重寫法書一百四十八卷先是漢隱帝末因兵亂法書亡失至是大理奏重寫律令格式統類編勅凡改點畫及義理之誤字凡二百一十四以晉漢及國初事關刑法勅條凡二十六件分爲二卷附于編勅目爲大周續編勅命省寺行用焉

二年二月中書門下奏准元年正月五日赦書節文今後應犯竊盜贓及和姦者並依晉天福元年已前條制施行諸處犯罪人等除反逆罪外其餘罪並不得籍沒家產誅及骨肉一依格令處分者請再下明勅頒示天下乃下詔曰赦書節文明有釐革切慮邊城遠郡未得審詳宜更申明免至差誤其盜賊若是强盜并准自來格條斷遣其犯竊盜者計贓滿絹三

疋已上者並集衆決殺其絹以本處上估價爲定不滿三疋者等第決斷應有夫婦人被强姦者男子決殺婦人不坐其犯和姦者並准律科斷罪不至死其餘姦私罪犯准格律處分應諸色罪人除謀反大逆外其餘並不得誅殺骨肉籍沒家產先是晉天福中勅凡和姦者男子婦人並極法至是始改從律文焉

八月勅承前所立鹽麴條法每犯至少盡處極刑近年以來抵罪甚重兼以邑居人戶隨稅請鹽旣不許將入城隍又不容向外破賣立法之弊一至于斯爰自新朝尚沿舊制昨因鄭州按獄備見百姓銜寃旣

詳斷之踰違亦條令之疑誤覩茲深刻須議改更庶令輕重得中兼復上下知禁國計之重立法爲先貴在必行何須過當凡鹽麴犯一斤以下至一兩杖膂十七配役一年五斤以下一斤已上杖脊二十役三年五斤以上杖死之煎鹻鹽犯一斤已下杖脊二十役三年一斤已上杖死之若捉獲鹻土及水煎成鹽了秤之定罪顆鹽未鹽各有界分如界分相侵同犯鹽罪論鄉村所請蠶鹽只自充用不得將入城邑村坊郭博易貨賣如違同犯鹽論所請蠶鹽處道路津鎮須驗公憑凡賣鹽麴並須官場官務若裹私興販

同犯鹽麴例論官場官務有羨餘鹽麴並盡底納官如輒將貨賣同犯鹽麴論凡鹽戶酒戶裹私與場官院官買賣同犯例論凡鹽麴同情共犯若是卑幼骨肉奴婢同犯只罪家長主者不知情只罪造意者其餘減等凡城郭人戶後屋稅鹽並于城內請給若外縣鎮郭下人戶亦許將所請鹽歸家供食卽本部官據人戶合請數都討於俵場請數點撿入城不得因便帶入其郭下戶或城外有庄田合弁戶稅者亦本處官預前分說勿令逐處都請凡鹽麴鹽鹻隨處地分節級專切捉搦如透漏必重科斷其告犯鹽麴人死罪者賞錢五十千文不死罪賞三十千文以本處係省錢充故斟酌輕重立此科條宜令三司施行其中有合指揮件目隨事處分以聞

十二月開封府言商賈及諸色人等訴稱被牙人店主人引領百姓賒買財貨違限不還其價亦有將物去便與牙人設計公然隱沒又庄宅牙人亦多與有物業人通情重疊將店宅立契典當或虛指別人產業或浮造屋舍僞稱祖父所置更有卑幼骨肉不問家長裹私典賣及將倚當取債或是骨肉物業自巳不合有分倚强凌弱公行典賣牙人錢主通同蒙昧

致有爭訟起今後欲乞明降指揮應有諸色牙人店主引致買賣並須錢物交相分付或還錢未足仰牙人店主明立期限勒定文字遞相委保如數內有人前却及違限別無抵當便仰連署契人同力塡還如諸色牙行人內有貧窮無信行者恐巳後誤索卽許衆狀集出如是客旅自與人商量交易其店主牙行人並不得邀難遮占稱須依行店事例引致如有此色人亦加深罪其有典質倚當物業仰官牙人業主及四鄰人同署文契委不是曾將物業巳經別處重疊倚當及虛指他人物業印稅之時于稅務內納契

日一本務司點檢須有官牙人隣人押署處及委不是重疊倚當錢物方得與印如違犯應關連人並行科斷仍徵還錢物如業主別無抵當只仰同署契牙保隣人均分代納如是卑幼不問家長便將物業典賣倚當或雖是骨肉物業自己不合有輒敢典賣倚當者所犯人重行科斷其牙人錢主並當深罪所有物業請准格律指揮如有典賣庄宅准例房親隣人合得承當若是親隣不要及著價不及方得別處商量和合交易只不得虛擡價例蒙昧公私如有發覺一任親隣論理勘責不虛業主牙保人並當科斷仍

改正物業或親戚實自不便承買妄有遮恡阻滯交易者亦當深罪從之

三年九月勅辰象玄遠罕克精研術數幽深縣難窮究則有閭閻之內小視之流粗學陰陽務求衣食妄談休咎以誑民氓比設律條止茲誕妄久疎法網是啓妖訛自今後玄象品物天文圖書讖記七曜曆太一雷公式法等私家不合有及衷私傳習見有者並須焚毀司天臺翰林院本司職員不得以前件所禁文書出外借人傳寫其諸時日五行占筮之書不得禁限其年曆日須候本司筭造奏定方得雕印所司不得乘私示外如違准律科斷遍下諸道州府各令告示先是本司術數人以其術私教鄽里富民好事者而市兒有解筭七曜曆經者每年筭造供御及賜藩鎮曆日而富民之室皆有之今歲水而星文差度街市大扇妖言故有是命

世宗顯德四年五月中書門下奏准宣法書行用多時文意古質條目繁細使人難會兼前後勅格互換重叠亦難詳定宜令中書門下並重删定務從節要所貴天下易爲詳究者伏以刑法者御人之銜勒救獘之斧斤故鞭扑不可一日弛之于家刑法不可一

日廢之于國雖堯舜淳古之代亦不能捨此而致理矣今奉制旨删定律令有以見聖君欽恤明罰勅法之意也竊以律令之書政理之本經聖賢之損益爲古今之章程歷代以來謂之彝典今朝廷之所行用者一十二卷律疏三十卷式二十卷令三十卷開成格一十卷大中統類一十二卷後唐以來至漢末編勅三十二卷及皇朝制勅等折獄定刑無出於此律令則文辭古質看覽者難以詳明格勅則條目繁多檢閱者或有疑誤加以邊遠之地貪猾之徒緣此爲姦寖以成獘方屬盛明之運宜伸畫一之規所冀民

不陷刑吏知所守臣等商量望准聖旨施行仍差侍御史知雜事張湜太子右庶子劇可久殿中侍御史率汀職方郎中鄧守中倉部郎中王瑩司封員外郎賈玭太常博士趙礪國子博士李光贊大理正蘇曉太子中允王伸等一十人編集新格勒成部帙律令之有難解者就文訓釋格勑之有繁雜者隨事删除止要諸理省文兼且直書易會其中有輕重未當便於古而不便於今矛盾相違可於此而不可於彼盡宜改正無或牽拘候編集畢日委御史臺尚書省四品以上及兩省五品以上官參詳可否送中書門下

議定奏取進止詔從之自是湜等于都省集議删定仍令大官供膳

七月詔曰准令諸田宅婚姻起十一月一日至三月三十日州縣爭論舊有釐革每至農月貴塞訟端近聞官吏因循由此成弊凡有訴競故作逗遛至時而不與盡辭入務而即便停罷強猾者因茲得地孤弱者無以自伸起今後應有人論訴物業婚姻取十一月一日後許陳詞狀至二月三十日權停如有未了絕者仰本處州縣亦與盡理勘逐須見定奪了絕其本處官吏如輒違慢並當重責其三月一日後至十月三十日前如有婚田辭訟者州縣不得與理若交相侵奪情理妨害不可停滯者不拘此限

五年七月中書門下奏侍御史知雜事張湜等九人奉詔編集刑書悉有條貫兵部尚書張昭等一十人參詳旨要更加損益臣質臣溥據文評議備見精審其所編集者用律爲主辭旨之有難解者釋以疏意義理之有易了者畧其疏文式令之有附近者次之格勑之有廢置者又次之事有不便于今該說未盡者别立新條于本條之下其有文理深古慮人疑惑者别以朱字訓釋至于朝廷之禁令州縣之當科各

以類分悉令編附所冀發函展卷綱目無遺究本討源刑政咸在其所編集勒成一部别有目錄凡二十一卷刑名之要盡統于兹目之爲大周刑統欲請頒行天下與疏律令式通行其刑法統類開成格編勑等採掇既盡不在法司行使之限自來有宣命指揮公事及三司臨時條法州縣見今施行不在編集之數應該京百司公事逐司各有見行條件望令本司删集送中書門下詳議聞奏勑宜依仍頒行天下乃賜侍御史知雜事張湜等九人各銀器二十兩雜綵三十疋賞删定刑統之勞也

終

冊府元龜

巡按福建監察御史臣李嗣京訂正

知甌寧縣事臣孫以敬參閱

知建陽縣事臣黄國琦較釋

刑法部六百一十四

議讞

周官議獄辯士各麗其法漢制疑罪天下各讞所屬蓋慮夫文法之失實而人心之不厭也故議事以制先民所述有司請讞禮經攸載則聽訟之職斯爲重矣漢承秦弊禁網漸濶一成之典思求大中於是原

其本心與衆定罪魏晉以下其論彌著若夫律令之設科條實繁世有輕重之殊法有貪涼之變事苟涉於疑似罪寧失於不經惟君子之盡心雖濡首而求濟非夫操心如秤不私于物昭然獨見無畏强禦則何能激發正論折中羣惑簡孚厥罪澄清庶獄者哉

漢趙增壽爲廷尉成帝時東萊郡黑龍東出人以問陳湯湯曰是所謂玄門開微行數出出入不時故龍以非時出也又言當復發徙傳相語者十餘人丞相御史奏湯惑衆不道妄稱詐歸異於上非所宜言大不敬增壽議以爲不道無正法以所犯劇易無罪臣下丞相用失其中故移獄廷尉無比者先以聞（比謂相比什者）所以正刑罰重人命也明主哀憫百姓下制書罷昌陵勿徙吏民已申布湯妄以意相謂且復發徙雖頗驚動所流行者少百姓不爲變不可謂惑衆湯稱詐虛設不然之事非所宜言大不敬也制曰廷尉增壽當是（當謂處正其罪也）湯前有討郅支單于有功其免湯爲庶人徙邊

孔光爲廷尉時定陵侯淳于長坐大逆誅長小妻迺始等六人皆以長事未發覺時棄去或更嫁及長事發丞相方進大司空武議（翟方進何武）以爲令犯法者

各以法時律令論之（此具引令條之文也法時謂始犯法之時也）明有所訖也（訖止也）長犯大逆時迺始等見爲長妻已有當坐之罪與身犯法無異後乃棄去於法無以解（解免也）請論光議以爲大逆無道父母妻子同產無少長皆棄市欲懲犯法者也（懲創止也）夫妻之道有義則合無義則離長未自知當坐大逆之法而棄去迺始等或更嫁義已絶而欲以爲長妻論殺之名不正不當坐有詔光議是

御史中丞鄭衆哀帝初博士給事中申咸毁故宰相薛宣不供養行喪服薄於骨肉前以不忠孝免不宜

復列封侯在朝省宣子右曹侍郎况數聞其語賕客揚明欲令創咸面目使不居位會司隸缺况恐咸爲之遂令明遮斫咸宮門外斷鼻脣身八創事下有司衆等奏况朝臣父故宰相再封列侯不相敕丞化而骨肉相疑疑咸受弟修言以謗毀宣咸所言皆宣行迹衆人所共見公家所宜聞况知咸給事中恐爲司隸舉奏宣而公令明等迫切宮闕要遮創戮近臣於大道人衆中欲以鬲塞聰明杜絶論議之端鬲杜塞也桀黠無所畏忌萬衆讙譁流聞四方不與凡民忿怒爭鬬者同臣闕敬近臣爲近主也禮下公門式路馬過公

門則下車見路馬則撫式蓋崇敬也式車前横木君畜産且猶敬之春秋之義意惡功遂不免於誅遂成也言舉意不善雖有成功猶加誅上浸之源不可長也浸近也言傷戮大臣有所逼近也浸或作侵侵犯也其義兩通况首爲惡明手傷功意俱惡手傷人爲功使人行傷人者爲惡皆大不敬明當以重論及况皆棄市廷尉直以爲律曰鬬以刃傷人完爲城旦其賊加罪一等與謀者同罪詔書無以詆欺成罪詆毀也傳曰遇人不以義而見疻者與痏人之罪鈞惡不直也以杖手毆擊人剝其皮膚腫起青黑而無創瘢者律謂疻痏遇人不以義爲不直雖見毆亦與毆人同罪也咸厚善修而數稱宣惡流聞不義不可爲直言咸謂修而毀宣是不義而不直况以故傷咸計謀已定後聞置司隸因前謀而趣明非以恐咸爲司隸故造謀也本爭私變雖於掖門外傷咸道中與凡民爭鬬無異殺人者死傷人者刑古今之通道三代所不易也孔子曰必也正名名不正則至於刑罰不中刑罰不中則民無所措手足論語章孔子之言也錯置也音千故切今以况爲首惡明手傷爲大不敬公私無差春秋之義原心定罪原謂尋其本也况原以父見謗發忿怒無他大惡加詆欺輯小過成大辟輯與集同集合也陷死刑違明詔恐非法意不可施行聖王不以怒增刑明當以賊傷人不直以其受財也况與謀者皆爵減完爲城旦以其身有爵級故得減罪

而爲完也况身及同謀之人皆身此科帝以問公卿議臣丞相孔光大司空師丹以中丞議是自將軍以下至博士議郎皆是廷尉况竟減罪一等徙敦煌宣坐免爲庶人歸故郡卒於家

後漢梁統建武中爲大中大夫在朝廷數陳便宜以爲法旣輕下姦不勝宜重刑罰以遵舊典乃上疏曰臣竊見元哀二帝輕殊死之刑以一百二十三事手殺人者減死一等自是以後著爲常准故人輕犯法吏易殺人臣聞立君之道仁義爲主仁者愛人義者政理愛人以除殘爲務政理以去亂爲心刑罰在衆

無取於輕是以五帝有流殛放殺之誅三王有大辟刻肌之法故孔子稱仁者必有勇又曰理財正辭禁民爲非曰義高帝受命誅暴平蕩天下約令定律誠得其宜文帝寬惠柔克遭世康平唯除省肉刑相坐之法他皆率繇無革舊章武帝值中國隆盛財力有餘征伐遠方軍役數興豪傑犯禁姦吏弄法故重逃匿之科著知從之律以破朋黨以懲隱匿宣帝聰明正直總御海內臣下奉憲無所失墜因循先典天下稱理至哀平繼體而即位日淺聽斷尚寡丞相王嘉輕爲穿鑿虧除先帝舊約成律數年之間百有餘事

册府元龜　刑法部　議讞　卷之六百一十四　五

或不便於理或不厭民心謹表其尤害於體者傅奏於左伏惟陛下包元履德權時撥亂功踰文武德侔高皇誠不宜因循季末衰微之軌回神明察考量德失宜詔有司詳擇其善定不易之典施無窮之法天下幸甚事下三公廷尉議者以爲隆刑峻法非明王急務施行日久豈一朝所釐統今所定不宜開可統復上言曰有司以臣今所言不可施行尋臣所奏非曰嚴刑竊謂高祖以後至乎孝宣其所施行多合經傳宜比方今事驗之往古聿遵前典事無難改不勝至願願得召見若對尚書近臣口陳其要帝令尚書問狀統對曰聞聖帝明王制立刑法故雖堯舜之盛猶誅四凶經曰天討有罪五刑五庸哉又曰爰制百姓於刑之衷孔子曰刑罰不中則民無所措手足衷之爲言不輕不重之謂也春秋之誅不避親戚所以防患救亂全安衆庶豈無仁愛之恩貴絕殘賊之路也自高帝之興至於孝宣君明臣忠謨謀深博猶因循舊章不輕改革海內稱理斷獄益少至初元建平所減刑罰百餘條而盜賊浸多歲以爲數間者三輔從橫羣輩竝起至燔燒茂陵火見未央其後隴西北地西河之賊越州度郡萬里交結攻取庫兵劫掠吏

册府元龜　刑法部　議讞　卷之六百一十四　六

人詔書討捕連年不獲是時天下無難百姓安平而狂狡之埶猶至於此皆刑罰不中愚人易犯之所致也繇此觀之則刑輕之作反生大患惠加姦宄而害及良善也故臣統願陛下採擇賢臣孔光師丹等議上遂寢不報

杜林建武中爲光祿勳時羣臣上言古者肉刑嚴重則人畏法令今憲律輕薄故姦宄不勝宜增科禁以防其源詔下公卿林奏曰夫人情挫辱則義節之風損法防繁多則苟免之行興孔子曰道之以政齊之以刑民免而無耻道之以德齊之以禮有耻且格古

之明王深識遠慮動居其厚不務多辟周之五刑不過三千大漢初興詳覽失得故破矩爲圓斲彫爲樸蠲除苛政更立疏網海内歡欣人懷寬德及至其後漸以滋章吹毛索疵詆欺無限果桃菜茹之饋集以成贓小事無防於義以爲大戮故國無廉士家無完行至於法不能禁令不能止上下相遁爲弊彌深臣愚以爲宜如舊制不合翻移光武從之

郭躬辟公府明帝永平中奉車都尉竇固出擊匈奴騎都尉秦彭爲副彭在別屯而輒以法斬人固奏彭專擅請誅之帝乃引公卿朝臣平其罪科躬以明律

召入議議者皆然固奏躬獨曰於法彭得斬之帝曰軍征較尉一統於督（督謂大將）彭既無斧鉞可得專殺人乎躬對曰一統於督者謂在部曲也今彭專軍別將有異於此兵事呼吸不容先關督帥且漢制棨戟即爲斧鉞於法不合罪（有衣之戟曰棨）帝從躬議章帝元和末爲廷尉章和元年赦天下繫囚在四月丙子以前減死罪一等勿笞詣金城而文不及亡命未發覺者躬上封事曰聖恩所以減死罪使戍邊者重人命也今死罪亡命無慮萬人又自赦以來捕得其衆而詔令不及皆當重論伏惟天恩莫不蕩宥死罪以下並蒙更生而亡命捕得獨不霑澤臣以爲赦前犯死罪而繫在赦後者可皆勿笞詣金城以全人命有益於邊帝善之即下詔赦焉躬又條諸重文可從輕者四十一事奏之事皆施行著於令

陳寵建初中爲尚書是時承永平故事吏政尚嚴尚書決事率近於重寵以章帝新即位宜改前世苛法乃上疏曰先王之政賞不僭刑不濫與其不得已寧僭不濫故唐堯著典曰流宥五刑眚災肆赦帝舜命皐陶以五宅三居惟明克允文王重易六爻而列叢棘之聽周公作立政戒成王勿誤乎庶獄陛下即位

率繇此義而有司執事未悉奉承斷獄者急於搒格酷烈之痛執憲者繁於詆欺放濫之文違本離實箠楚爲姦或因公行私以逞威福夫爲政猶張琴瑟大絃急者小絃絕故子貢非臧孫之猛法而美鄭僑之仁政方今聖德克塞假於上下宜因此時隆先聖之務蕩滌煩苛輕薄箠楚以濟羣生廣至德也帝納寵言決罪行刑務於寬厚其後遂詔有司禁絕鉆鑽諸酷痛舊制解妖惡之禁除文致之請讞五十餘事定著於令是後獄法和平元和中寵既爲廷尉鉤較律令條法溢於甫刑者除之曰臣聞經禮三百曲禮三

千敌甫刑大辟二百五刑之屬三千禮之所去刑之所取失禮則入刑相爲表裏者也今律令死刑六百一十耐罪千六百九十八贖罪以下二千六百八十溢於甫刑者千九百八十九其四百一十大辟千五百耐罪七十九贖罪春秋保乾圖曰王者三百年一蠲法漢興以來三百二年憲令稍增科條無限又律有三家其說各異宜令三公廷尉平定律令應經合義者可使大辟二百而耐罪贖罪二千八百并爲三千悉删除其餘令與禮相應以易萬人視聽以致刑措之美傳之無窮未及施行會坐詔獄吏與囚交

通訟罪又漢制斷獄報重當盡三冬之月章帝改用冬十月元和二年旱長水校尉賈宗等上言以爲斷獄不盡三冬故陰氣微弱陽氣發泄招致災旱事在於此帝以其言下公卿議寵奏曰夫冬至之節陽氣始萌故十一月有蘭射干芸荔之應時令曰諸生蕩安形體天以爲正周以爲春十二月陽氣上通雉雊雞乳地以爲正殷以爲春十三月陽氣已至天地已交萬物皆出蟄蟲始振人以爲正夏以爲春三微成著以通三統周以天元殷以地元夏以人元若以此時行刑則殷周歲首皆當流血不合人心不稽天意月令曰孟冬之月趣獄刑無留罪明大刑畢在立冬也又孟冬之月身欲寧事欲靜若以降威怒不可謂寧若以行大刑不可謂靜議者咸曰旱之所繇咎在改律臣以爲殷周斷獄不以三微而化致平康無有災害自元和以前皆用三冬而水旱之異往往爲患繇此言之災害自爲它應不以改律秦爲虐政四時行刑聖漢初興改從簡易蕭何草律季秋論囚俱避立春之月而不計天地之正二王之春實頗有違陛下探幽析微允執其中革百載之失建永年之功上有迎承之敬下有奉微之惠稽首秋之文當月令之

意聖功美業不宜中疑書奏帝納之遂不復改

張敏和帝永元中爲尚書先是建初中有人侮辱人父者而其子殺之章帝貫其死刑而降宥之自後因以爲比是時遂定其議以爲輕侮之法敏駁議曰夫輕侮之法先帝一切之恩不有成科班之律令也夫死生之決宜從上下猶天之四時有生有殺若開相容恕著爲定法者則是故設姦萌生長罪隙孔子曰民可使繇之不可使知之春秋之義子不報讐非子也而法令不爲之減者以相殺之路不可開故也今托義者得減妄殺者有差使執憲之吏得設巧詐非

所以導在醜不爭之義又輕侮之比寖以繁滋至有四五百科轉相顧望彌復增甚難以垂之萬載臣聞師言救文莫如質故高帝去煩苛之法爲三章之約建初詔書有改於古者可下三公廷尉蠲除其弊議寢不省敏復上疏曰臣敏蒙恩特見拔擢愚心所不曉迷意所不解誠不敢苟隨衆議臣伏見孔子垂經典皐陶造法律原其本意皆欲禁民爲非也未曉輕侮之法將以何禁必不能使不相輕侮而更開相殺之路執憲之吏復容其姦枉議者或曰平法當先論生臣愚以爲天地之性惟人爲貴殺人者死三代通

制令欲趣生反開殺路一人不死天下受敝記曰利一害百人去城郭夫春生秋殺天道之常春一物枯卽爲災秋一物華卽爲異王者承天地順四時法聖人從輕律願陛下留意下民考尋利害廣令平議天下幸甚帝從之

應邵獻帝時爲大山太守初安帝時河閒人尹次潁川人史玉皆坐殺人當死次兄初及玉母軍竝詣官曹求代其命因縊而物故尚書陳忠以罪疑從輕議活次玉邵後追駮之據正典刑有可存者其議曰尚書稱天秩有禮五服五章哉天討有罪五刑五用哉而孫卿亦云凡制刑之本將以禁暴惡且懲其末也凡爵列官秩賞慶刑威皆以類相從使當其實也若德不副位能不稱官賞不酬功刑不應罪不祥莫大焉殺人者死傷人者刑此百王之定制有法之成科高祖入關雖尚約法然殺人者死亦無寬降夫時化則刑重時亂則刑輕書曰刑罰時輕時重此之謂也今次玉公以清時釋其私憾阻兵安忍僵尸道路朝恩在寬幸至冬獄初軍愚狷妄自投斃昔召忽親死於子糾之難而孔子曰經於溝瀆人莫之知晁氏之父非錯刻峻遂能自隕其命班固亦云不如趙母指

括以全其宗傳曰僕妾感慨而至死者非能義勇固無慮耳夫刑罰威獄以類天之震耀殺戮也溫慈和惠以放天之生殖長育也是故春一草枯則爲災秋一物華亦爲異今殺無罪之初軍而活當死之次玉其爲枯華不亦然乎陳忠不詳制刑之本而信一時之仁遂廣引入議求生之端夫親故賢能功貴勤賓豈有次玉當罪之科哉若乃小大以情原心定罪此謂求生非謂代死可以生也敗法亂政悔其可追邵凡爲駮議三十篇皆此類也

魏盧毓爲冀州主簿時天下草創多逋逃故重士亡

法罪及妻子亡士妻白等始適夫家數日未與夫相見大理奏棄市毓駁之曰夫女子之情以接見而恩生成婦而義重故詩云未見君子我心傷悲亦旣見止我心則夷又禮未廟見之婦而死歸葬女氏之黨以未成婦也今白等生有未見之悲死有非婦之痛而吏議欲肆之大辟則若同牢合巹之後罪何所加且記曰附從輕言附人之罪以輕者爲比也又書云與其殺不辜寧失不經恐過重也苟以白等皆受禮聘已入門庭刑之爲可殺之爲重太祖曰毓執之是也又引經典有意使孤嘆息繇是爲丞相法曹議令

史

高柔爲太祖丞相理曹掾鼓吹宋金等在合肥亡逃舊法軍征士亡者竟其妻子太祖患猶不息更重其刑金有母妻及二弟皆給官主者奏盡殺之柔啓曰士卒亡軍誠在可疾然竊聞其中時有悔者愚謂乃宜貸其妻子一可使賊中不信二可使誘其還心正如前科固已絶其義望而猥復重之柔恐自今在軍之士見一人亡逃誅將及已亦且相隨而走不可復得殺也此重刑非所以止亡乃所以益走耳太祖曰善即止不殺金母弟蒙活者甚衆遷爲潁川太守

陳羣爲御史中丞太祖議復肉刑令曰安得通理君子達於古今者使平斯事乎昔陳鴻臚以爲死刑有可加於仁恩者正謂此也御史中丞能申其父之論乎羣對曰臣父紀以爲漢除肉刑而增加笞本興仁惻而死者更衆所謂名輕而實重者也名輕則易犯實重則傷民書曰惟敬五刑以成三德易著劓刖滅趾之法所以輔政助教懲惡息殺也且殺人償死合於古制至於傷人或殘毀其體而裁翦毛髮非其理也若用古刑使淫者下蠶室盜者刖其足則永無淫於穿踰之姦矣夫三千之屬雖未可悉復若斯數者

時之所患宜先施用漢律所殺殊死之罪仁所不及也其餘逮死者可以刑殺如此則所刑之與所生足以相貿矣今以笞死之法易不殺之刑是重人支體而輕人軀命也時鍾繇與羣議同王朗及議者多以爲未可行太祖深善繇羣言以軍事未罷顧衆議且寢

鍾繇爲大理文帝臨饗羣臣詔謂繇太祖欲復肉刑此誠聖王之法公卿當善共議議未定會有軍事復寢明帝太和中繇爲太傅復上疏曰大魏受命繼蹤虞夏孝文革法不合古道先帝聖德固天所縱墳典

之業一以貫之是以繼世仍發明詔思復古刑爲一代法連有軍事遂未施行陛下遠追二祖遺意惜斬趾可以禁惡恨入死之無辜乃明習律令與羣臣共議出本當右趾而入大辟者復行此刑書云皇帝清問下民鰥寡有辭於苗此言堯當除蚩尤有苗之刑先審問於下民之有辭者也若今蔽獄之時訊問三槐九棘羣吏萬民使知孝景之令其當棄世欲斬右趾者許之其黥劓左趾宮刑者自如孝文易以髡笞能有姦者率年二十至四五十雖斬其足猶任生育今天下人少於孝文之世下計所全歲三千人張蒼

除肉刑所殺歲以萬計臣欲復肉刑歲生三千人子貢問能濟民可謂仁乎孔子曰何事於仁必也聖乎堯舜其猶病諸又曰仁遠乎哉我欲仁斯仁至矣若誠行之斯民永濟書奏詔曰太傅學優才高留心政事又於刑理深遠此大事公卿羣僚善共平議司徒王朗議以爲繇欲輕減大辟之條以增益刖刑之數此卽起僵爲竪化尸爲人矣然臣之愚猶有未合微異之意夫五刑之屬著在科律科律自有減死一等之法不死卽爲減施行已久不待遠假斧鑿於彼肉刑然後有罪次也前世仁者不忍肉刑之慘酷是以廢而不用不用已來歷年數百今復行之恐所減之文未彰於萬民之目而肉刑之問已宣於寇讐之耳非所以來遠人也今可案繇所欲輕之死罪使減死之髡刖嫌其輕者可倍其居作之歲數內有以生易死不訾之恩外無以刖易釱駭耳之聲議者百餘人與朗同者多帝以吳蜀未平且寢

晉程咸魏時爲司隸主簿毋丘儉之誅其子甸妻荀氏應坐死其族兄顗與景帝姻通表魏帝以匄其命詔聽離婚荀氏所生女芝爲潁川太守劉子元妻亦坐死以懷妊繫獄荀氏辭詣司隸校尉何曾乞恩求

沒爲官婢以贖芝命曾哀之使咸上議曰大司寇作典建三等之制甫侯修刑通輕重之法叔世多變秦立重辟漢又修之大魏承秦漢之弊未及革制所以追戮已出之女誠欲殄醜類之族也然則法貴得中刑慎過制臣以爲女人有三從之義無自專之道出適他族還喪父母降其服紀所以明外成之節異在室之恩而父母有罪追刑已出之女夫黨見誅又有隨姓之戮一人之身內外受辟今女旣嫁則爲異姓之妻如或產育則爲他族之母此爲元惡之所忽戮無辜之所重於防則不足懲姦亂之源於情則傷孝

子之心男不得罪於他族而女獨嬰戮於二門非所以哀矜女弱蠲明法制之本也臣以爲在室之女從父母之誅既醮之婦從夫家之罰宜改舊科以爲永制於是有詔改定律令

何曾爲太傅時司空賈充宴朝士河南尹庾純行酒而充不時飲因發怒詞之遂免純官又以純父老不求供養使據理典正其臧否曾與太尉荀顗驃騎將軍齊王攸議曰凡斷正臧否宜先稽之禮律八十者一子不從政九十者其家不從政新令亦如之案純父年八十一純兄弟六人三人在家不違侍養純不

求供養其於禮律未有違也司空公以純備位卿尹望其有加於人而純荒醉肆其忿怒臣以爲純不遠希至孝之行而近惜常人之失應在議貶司徒石苞議純榮官忘親惡聞格言不忠不孝宜除名削爵土司徒西曹掾劉斌議以爲敦敘風俗以人倫爲先人倫之教以忠孝爲主忠故不忘其君孝故不遺其親若孝必專心於色養則明君不得而臣忠必不顧其親則父母不得其子也是以爲臣者必以義斷其恩爲子也必以情割其義在朝則從君之命在家則隨父母之志然後君父兩濟忠孝各序純兄峻以父老求歸峻若得歸純無不歸之勢峻不得歸純無得歸之理純雖自聞固不見聽近遼東太守孫和廣漢太守鄧良皆有老母良無兄弟授之遠郡辛苦自歸皆不見聽且純近爲京尹父在界内時得自啓定省獨於禮法外處其貶黜斌愚以爲非禮也禮年八十一子不從政純有一弟在家不爲違禮又令年九十乃遣悉歸今純父實未九十不爲犯令罵辱宰相宜加放斥以明國典聖恩愷悌示加貶退臣愚無所請議河南功曹史龐禮等表曰臣郡前尹關内侯純醉酒失嘗戊申詔書既免尹官以父篤老不求供養下五

府依禮典正其臧否臣謹案三王養老之制八十一子不從政九十其家不從政斯誠使人無闕孝養之道爲臣不違在公之節也先王制禮垂訓莫尚於周當其時姬公留周伯禽之魯孝子不匱典禮無愆今公府議七十時制八十月制欲以駮奪從政之限削除爵土是爲公旦立法還自越之魯侯爲子即爲罰首也石奮期頤四子列郡近太宰獻王諸子亦在藩外古今同符忠孝並濟臣聞悔吝之疵君子有之尹性少飲多遂至沉醉尹醒聞之悼恨前失執謙引罪浮自奏劾求入重法今公府不原所繇而謂傲很是

爲重罪過罪之言而沒迷復之義也臣聞父子天性
愛繇自然君臣之交出自義合而求忠臣必於孝子
是以先王立禮敬同於父原始要終齊於所生如此
猶患人臣罕能致身今公府議云禮律雖有常限至
於疾病歸養不奪其志如此則爲禮禁正直而憯人
以詐違越王制開其始原尹少履清苦事親色養歷
職內外公廉無私此陛下之所以屢發明詔而尹之
所以仍見擢授也尹行己也恭率下也敬先衆後己
實是宿心一旦繇醉責以暴慢案奏狀不忠不孝墊
公建議削除爵土此愚臣所以自悲自悼拊心泣血

也案令父母年過八十聽令其子不給限外職誠以
得有歸來之緣今尹居在郡內前每表屢蒙定省尹
昆弟六人三人在家孝養不廢兄侍中峻家之嫡長
往此自表求歸供養詔諭不聽國體法同兄弟無異
而虛責尹不求供養如斯臣懼長假飾之名而損忠
誠之實也夫禮者所以經國家定社稷也故陶虞之
隆順考古典周成之美率繇舊章伏惟陛下聖德欽
明敦禮崇教疇諮四嶽以詳典制尹以犯遵受黜而
所繇者醉公以教義見責而所因者忿積忿以立義
繇醉以得罪禮律不復爲定文致欲以成法是以愚
臣敢冒死亡之誅而恥不伸於盛明之世惟蒙哀察
帝復下詔曰自中世以來多爲貴重順意賤者生情
故令釋之定國得名於前世今議責庾純不惟溫克
醉酒沉湎此責人以齊聖也疑賈公亦醉若其不醉
終不於百客之中責以不去官供養也大晉依聖人
典禮制臣子出處之宜若有八十皆當歸亦不獨純
也古人云繇醉之言俾出童羖明不責醉恐失度也
所以免純者當爲將來之醉戒耳齊王劉掾議當矣
復以純爲國子祭酒
劉頌武帝時爲廷尉頻表宜復肉刑不見省又上言

曰臣昔上行肉刑從來積年遂寢不論臣竊以爲議
者拘孝文之小仁而輕違聖王之典刑未詳之甚莫
過於此今死刑重故非命者衆生刑輕故罪不禁姦
所以然者肉刑不用之所致也今爲徒者類性元惡
不軌之族也去家懸遠作役山谷飢寒切身志不聊
生又有廉士介者苟慮不首死則皆爲盜賊豈況本
性姦凶無賴之徒乎又今徒富者輸財解日歸家乃
無役之人也貧者起爲姦盜又不制之虜也不刑則
罪無所禁不制則羣惡橫肆爲法若此近不盡善也
是以徒亡日屬賊盜日煩亡之數者至有十數得輒

加刑日益一歲此爲終身之徒也自顧返善無期而灾困逼身其志忘思盜勢不得息事使之然也古者用刑以止刑今灰於此諸重犯亡者髮過三寸輒重髡之此以刑生刑也加作一歲此以徒生徒也亡者積多繫囚猥畜議者曰囚不可赦復從而赦之此爲刑不制罪法不勝姦不知法之不勝相聚而謀爲不軌月異而歲不同故自頃以來姦惡陵虐所在充斥議者不深思此故而曰肉刑於名忤聽忤聽孰與賊盜不禁聖王之制肉刑遠有深理其事可得而言非徒懲其畏剝割之痛而不爲也乃去其爲惡之具使

夫姦人無用復肆其志止姦絶本理之盡也亡者刖足無所用復亡盜者截手無所用復盜淫者割其勢理亦如之除惡塞源莫善如此非徒然此等已刑之後便各歸家父母妻子共相養恤不流離於塗路有今之困創愈可役上准古制隨宜業作雖已殘不爲虐棄而所犯都塞又生育繁阜之道自若也今宜取死刑之限輕其三犯逃亡淫盜悉以肉刑代之其三歲刑以下自杖罰遣又宜制其罰數使有常限不得減此其有宜重者又任之官長應四五歲刑者皆髡笞笞一百稍行使各有差悉不復居作然後刑不復生刑徒不復生徒而殘體爲戮終身作誡人見其痛畏而不犯必數倍於今且爲惡者隨發被刑去其爲惡之具此爲諸已刑者皆良士也豈與全其爲姦之手足而蹴居必死之窮地同哉而猶曰肉刑不可用臣竊以爲不識務之甚也臣昔常侍左右數聞明詔謂肉刑宜用事便於政願陛下信獨見之斷使夫能者得奉聖慮行之於今比塡溝壑與見太平周禮三赦三宥施於老幼悼髦黔黎不屬逮者此非爲惡之所出故刑罰逆舍而宥之至於自非此族犯罪則必刑而無赦此政之理也至今嘗以罪積獄繁赦以散

之是以赦愈數而獄愈塞如此不已將至不勝原其所繇肉刑不用之過也今行肉刑之徒不積且爲惡無具則姦息去此二端獄不得繁故無取於數赦於政體勝矣疏上又不見省

華廙表之子爲南中郎將以迕旨因事免廙官削爵土大鴻臚何遵奏廙免爲庶人不應襲封請以表世孫混嗣表有司奏曰廙所坐除名削爵一時之制廙爲世子著在名簿不聽襲嗣此爲刑罰再加諸侯犯法八議平處者褒功重爵也嫡統非犯終身棄罪廢之爲重依律應聽襲封詔曰諸侯薨子踰年即位此

古制也應卽位而廢之爵命皆去矣何爲罪罰再加且吾之責輿以肅貪穢本不論常法也諸賢不能將明此義乃更詭易禮律不顧憲度君命廢之而羣下復之此爲上下正相反也於是有司奏免議者官詔皆以贖論

裴頠爲尚書惠帝之世政出羣下每有疑獄各以私情刑法不定獄訟繁滋頠表陳之曰夫天下之事多塗非一司之所管中才之情易擾賴當制而後定先王知其所然也是以辨方分職爲之準局準局既立各掌其務刑賞相稱輕重無二故下聽有常羣吏安

業也舊宮掖陵廟有水火毀傷之變然後尚書乃躬自奔赴其非此也皆止於郎令史而已刑罰所加各有常刑去元康四年大風之後廟闕屋瓦有數枚傾落免太常荀寓於時以嚴詔所譴莫敢據正然內外之意僉謂事輕責重有違於常會五年二月有大風主者懲懼前事臣新拜尚書始三月本曹尚書有疾權令兼出案行蘭臺主者乃瞻望阿棟之間求索瓦之不正者得棟上瓦小邪十五處或是始瓦時邪蓋不足言風起倉卒臺官更往太常案行不及得周文書未至之頃便競相禁止臣以權兼暫出出還便罷不復得窮其事而本曹據執却問無已臣時且加解遣而主者畏咎不從臣言禁止太常復興刑獄昔漢氏有盜高廟玉環者文帝欲族誅釋之但處以死刑曰若侵長陵一杯土何以復加文帝從之大晉垂制深惟經遠山陵不封園邑不飾墓而不墳同乎山壤是以丘坂存其陳草使齊乎中原矣雖陵兆尊嚴惟毀發然後族之此古典也若登殘犯損失盡敬之道事止刑罪可也去八年如聽教加誣周龍燒草廷尉遂奏族龍一門八口并命會龍獄翻然後得免考之情理准之前訓所述處實重今年八月陵上荊一枝

圍七寸二分者被斫司徒太常奔走道路雖知事小而案劾難測搔擾驅馳各競免負於今太常禁止未解近日太祝署失火燒屋三間半署在廟北隔道在重牆之內又卽已滅頻爲詔旨所問主者以詔旨使問頻繁使責尚書不卽案行輒禁止尚書免在法外刑書之文有限而舛違之故無方故有臨時議處之制誠不能皆得循常也至於此事皆爲過當每相逼迫不復以理上替聖朝畫一之德下損崇禮大臣之望臣愚以爲犯陵上草木不應乃用同產異刑之制案行奏劾應有定準相承務重人例遂虧或因餘事

得容淺浮頗雖有此表曲議猶不止時劉頌爲三公
尚書又上疏曰自近世以來法漸多門令甚不一臣
今備掌刑斷職思其憂謹具啓聞臣竊伏惟陛下爲
政每盡善故事求曲當曲當則例不得直盡善故法
不得全何則失法者固以盡理爲法而上求盡善則
諸下牽文就意以赴主之所許是以法不得全刑書
徵文徵文必有乖於情聽之斷而上安於曲當故執
平者因文可引則生二端是法多門令不一則吏不
知所守下不知所避姦僞者因法之多門以售其情
所欲淺浮苟斷不一則居上者難以檢下於是事同

議異獄犴不平有傷於法古人有言人主詳其政荒
人主期其事理詳匪他盡善則法傷故其政荒也期
者輕重之當雖不厭情苟入於文則循而行之故其
事理也夫善用法者忍違情不厭聽之斷輕重雖不
允人心經於凡覽若不可行法乃得直又君行之分
各有所司法欲必奉政故令主者守文理有窮塞故
使大臣釋滯事有時宜故人主權斷主者守文若釋
之執犯蹕之平也大臣釋滯若公孫弘斷郭解之獄
人主權斷若漢祖戮丁公之爲也天下萬事自非斯
格重爲故不近似此須不得出以意妄議其餘皆以

律令從事然後法信於下人聽不惑吏不容奸可以
言政人主軌斯格以責羣下大臣小吏各守其局則
法一矣古人有言善爲政者看人設教看人設教制
法之謂也又曰隨時之宜當務之謂也然則看人隨
時在大量也而制其法法軌既定則行之行之信如
四時執之堅如金石羣吏豈得在成制之內復稱隨
時之宜傍引看人設教以亂政典哉何則始制之初
固已看人而隨時矣今若設法未盡當則宜改之若
謂已善不得盡以爲制而使奉用之司公得出入以
差輕重也夫人君所與天下共者法也已令四海不

可以不信以爲教方求天下之不慢不可繩以不信
之法且先識有言人至愚而不可欺也不謂平時背
法意斷不勝百姓願也上古議事以制不爲刑辟夏
殷及周書法象魏三代之君齊聖然咸棄曲當之妙
鑒而任徵文之直律非聖有殊所遇異也今論時救
弊不及中古而執平者欲適情之所安自託於議事
以制臣竊以爲聽言則美論理則違然天下至大事
務重雜時有不悉循文如令故臣謂宜立格爲限使
主者守文死生以之不敢錯思於成制之外以差輕
重則法嘗全事無正據名例不及大臣論當以釋不

滯則事無閡至如非嘗之斷出法賞罰若漢祖戮楚
臣之私已封趙氏之無功惟人主專之非奉職之臣
所得擬議然後情求傍請之迹絶似是而非之奏塞
此蓋齊法之大準也主者小吏處事無常何則無情
則法徒克有情則撓法積克似無私然乃所以得其
私又嘗所阻以衛其身八嘗當克世謂盡公府一曲
法乃所不疑故人君不善倚浮似公之斷而責守文
如令之奏然後得爲有檢此又平法之一端也夫出
法權制指施一事厭情合聽可適耳目誠有臨時當
意之快勝於徵文不允人心也然起爲經制終年施
冊府元龜　刑法部　獄讞　卷之六百一十四　二十七
用嘗得一而失十故小有所得者必大有所失近有
所漏者必遠有所苞故諳事識體者善權輕重不以
小害大不以近妨遠忍曲當之近適以全簡直之大
準不牽於凡聽之所安必守徵文以正例每臨其事
嘗御此心以決斷此又法之大槩也又律法斷罪皆
當以法律令正文若無正文依附名例斷之其正文
名例所不及者皆勿論法吏以上所執不同得爲異
議如律之文守法之官唯當奉用律令至於法得之
內所見不同乃得爲異議也今限法曹郎令史意有
不同爲駁惟得論釋法律以正所斷不得援求諸外
論隨時之宜以明法下守局之分詔下其事侍中大
宰汝南王三奏以爲夫二以訓世而法以整俗理化
之本事實人之若斷不斷嘗輕重隨意則王憲不一
人無所錯矣故觀人設教在上不擧守文直法臣吏
之節也臣以去太康八年隨事異議周懸象魏之書
漢詠畫一之法誠以法與時共議不可二今法素定
又法爲議則有所開長以爲宜如頌所啓爲永久之
制於是門下屬三公曰昔先王議事以制自中古以
來執法斷事既以立法誠不宜復求法外小善也若
嘗以善奪法則人逐善而忌法其害甚於無法也案
冊府元龜　刑法部　議讞　卷之六百一十四　二十八
啓事欲令法令斷一事無二門郎令史已下應復出
法駁案隨事以聞也
衛展元帝爲丞相將爲晉王大理考擿政事有不合
情者上書曰今施行詔書有孝子正父死刑或鞭父
母問手所在近主者所稱庚寅詔書舉家逃亡家長
斬若長是逃亡之主斬之雖重猶可設子孫犯事將
考祖父逃亡逃亡是子孫而父祖嬰其酷傷順破教
如此者衆相隱之道離則君臣之義廢君臣之義廢
則犯上之姦生矣秦網密文峻漢興掃除煩苛風移
俗易幾於刑厝大人革命不得不蕩其殘穢通其圯

滯令詔書宜除者多有便於當今者爲正條則法差
簡易帝令日禮樂不興則刑罰不中是以明罰勑法
先王所愼自元康以來事故荐臻法禁滋蔓大理所
上宜朝堂會議蠲除詔事不可用者此派所虚心者
也及帝卽位展爲廷尉又上言古者肉刑事經前聖
漢文除之增加大辟令人戸彫荒百不遺一而刑法
峻重非句萌養胎之義也愚謂宜復古施行以隆太
平之化詔內外通議於是驃騎將軍王導太常賀循
侍中紀瞻中書郎庾亮大將軍諮議參軍梅陶散騎
郎張嶷等議以肉刑之典由來尚矣肇自古昔以及

三代聖哲明王所未曾改也豈是文帝常主所能易
者乎時蕭曹已沒絳灌之徒不能正其議遂逮班固深
論其事以爲外有輕刑之名內實殺人又死刑太重
生刑太輕生刑重於上死刑怨於下輕重失當故刑
政不中也且原先王之造刑也非以過怒也非以殘
人也所以救姦所以當罪今盜者竊人之財淫者奸
人之色亡者避叛之役皆爲殺害也刖之以刑刑之
則止而加之斬戮戮過其罪死不可生縱虐於此歲
以巨計此乃仁人君子所不忍聞而況行之於政乎
若乃惑其名而不練其實惡其生而趣其死此畏水

投舟避坎陷井愚夫之不若何取於政哉今大晉中
興遵復古典率由舊章起千載之滯義拯百代之遺
黎使皇典廢而復存黔首死而更生至義暢於三代
之際遺風播乎百世之後生肉枯骨惠侔造化豈不
休哉或者乃曰死猶不懲而況於刑然民者冥也其
至愚矣雖加斬戮忽爲灰土死事日往生欲日存未
以爲改若刑諸市朝朝夕人戒刑者詠爲惡之永痛
惡者觀殘刖之長廢故足懼也然後知先王之輕刑
以御物顯誡以懲愚其理遠矣尚書令刁協尚書薛
兼等議以爲聖上悼殘荒之遺黎傷犯死之繁衆欲

行刖以代死刑使犯死之徒得存性命則率土蒙更
生之澤兆庶必懷恩以反化也今中興祚隆大命維
新誠宜設寬法以宥人然懼羣小愚蔽習翫所見而
忽異聞或未能咸服愚謂行刑之時先明申法令樂
刑者刖甘死者殺則心必服矣古典刑不上大夫今
士人有犯者謂宜如舊不在刑例則進退爲允尚書
周顗郎曹彥中書郎桓彝等議以爲復肉刑以代死
誠是聖王之至德哀矜之弘私然竊以爲刑罰輕重
隨時而作時人少罪而易威則從輕而寬之時人多
罪而難威則宜化行而濟之肉刑平世所應立非救

弊之宜也方今聖化草創人有餘姦習惡之徒爲非未已截頭絞頸尚不能禁而更斷足劓鼻輕其刑罰使欲爲惡者輕犯寬刑陷罪更衆是爲輕其刑以誘人於罪殘其身以加楚酷也昔之畏死刑以爲善人者今皆犯輕刑而殘其身畏重之嘗人反爲犯輕而致囚此則何異斷刖嘗人以爲恩仁邪受刑者轉廣而爲非者自多踊貴履賤有鼻者醜也徒有輕刑之名而實開長惡之源不如以殺止殺重以全輕權小停之須聖化漸著兆庶易感之日徐施行也議奏帝猶欲展所上大將軍王敦以爲百姓習俗日久忽復

肉刑必駭遠近且逆寇未殄不宜有慘酷之聲以聞天下於是乃止

冊府元龜

冊府元龜

巡按福建監察御史臣李嗣京訂正
新建縣舉人臣戴國士參閱
知建陽縣事臣黃國琦較釋

刑法部七

議讞第二

宋蔡廓仕晋爲著作佐郎于時議復肉刑廓上議曰夫建邦立法弘治稽化必隨時置制德刑兼施貞一以閑其邪教禁以簡其慢灑湛露以膏潤厲嚴霜以肅威晞風者陶和而養恬犠戾者聞憲而警慮雖復

質文迭用而斯道莫革肉刑之設肇自哲王蓋緣曩世風淳民多厚謹圖象既陳則機心冥戢刑人在塗則不逞改操故能勝殘去殺化隆無爲季末澆僞法網彌密利巧之懷日滋恥畏之情轉寡終身劇役不足以止其姦況乎黥劓豈能反其善徒有酸慘之聲而無濟治之益至於棄市之條實非不赦之罪事非手殺考律同歸輕重均科減降路塞鍾陳以之抗言元皇所爲留愍今英輔翼贊道邈伊周雖閉否之運甫開而遺育之艱未已誠宜明愼用刑愛民弘育申哀矜以革濫移大辟於支體全性命之至重恢繁息於將來而孔琳之議不同用王朗夏侯玄之旨時論多與琳之同故遂不行後爲侍中建議以爲鞫獄不宜令子孫下辭明言父祖之罪虧教求情莫此爲大自今後人與囚相見無乞鞫之訴便足以明伏罪不須責家人下辭朝議咸以爲允從之

王弘爲衛將軍錄尚書事識練治體留心庶事斟酌時宜每存優允與八座丞郎疏曰同伍犯法無士人不罪之科然每至詰謫輒有請訴若垂恩宥則法廢不可行依事糾責則物以爲苦怨宜更爲其制使得優苦之衷也又主守偷五疋常偷四十疋並加大辟

議者咸以爲重宜進主偷十疋常偷五十疋死四十疋降以補兵既得小寬民命亦足以有懲也想各言所懷左丞江奧議士人犯盜贓不及棄市者刑竟自在贓汙淫盜之目清議終身經赦不原當之者足以塞愆聞之者足以鑒戒若復雷同羣小謫以兵役愚謂爲苦符伍雖比屋鄰居至於士庶之際實自天隔舍藏之罪無以相關奴客與符伍交接有所藏蔽可以得知是以罪及奴客自是客身犯愆非代郎主受罪也如其無奴則不應坐右丞孔默之議君子小人既雜爲符伍不得不以相簡爲義士庶雖殊而理有聞

察譬百司居上所以下不必躬親而後同坐是故犯違之日理自相關今罪其養子典計者蓋義存戮僕如此則無奴之室豈得宴安但既云復士宜令輸贖嘗盜四十疋主守五疋降死補兵雖大存寬惠以紓民命然官長二千石及失節士大夫時有犯者罪乃可戮恐不可以補兵也謂此制可施小人士人自還用舊律尚書王淮之議昔爲山陰令士人在伍謂之押符同伍有愆得不及坐士人有罪符伍糾之此非士庶殊制寔使即刑當罪耳夫束修之胄與小人隔絶防簡無方宜及不逞之士事接羣細既同符伍故

使糾之于時行此非惟一處左丞議奴客與鄰伍伯相關可得簡察符中有犯使及刑坐即事而求有乖寔理有奴客者類多使役東西分散住家者少其有停者左右驅馳動止所須出門甚寡典計者在家十無其一奴客坐伍濫刑必衆恐非立法當罪本旨右丞議士人犯偷不及大辟者宥其補兵雖欲弘士懼無以懲邪乘理則君子違之則小人制嚴於上猶冐犯之况其宥科犯者或衆使畏法革心乃所以大宥也且士庶異制意所不同殿中郎謝元議謂事必先正其本然後其末可理本所以押士大夫於符伍者將以簡小人邪爲使受簡於小人邪案左丞稱士庶天隔則士無弘庶之繇以不知而押之於伍則是受簡於小人也然則小人有罪士人無罪僕隸何罪而令坐之若以實相交關責其聞察則意有未因何者名實殊章公私異令奴不押符是無名也民之資財是私賤也以私賤無名之人豫令公家有實之任公私混淆名實非允繇此而言謂不宜坐還從其主於事爲宜無奴之士不在此例若士人本簡小人則小人有過已應獲罪而其奴則義歸戮僕然則無奴之士未合宴安使之輸贖於事非謬二科所附惟制之

本耳此是辨章二本欲使各從其分至於求之管見宜附前科區別士庶於義爲美盜制案左丞議士人既終不爲兵革幸可同寬宥之惠不必依其舊律於議咸允吏部何尚之議案孔右丞議士人坐符伍爲罪有奴罪奴無奴輸贖既許士庶緬隔則聞察自難不宜以難知之事定以必知之法夫有奴不賢無奴不必不賢今多僮者傲然於王憲無僕者怵迫於時綱是爲恩之所霑嘗在程卓法之所設必加顔原求之鄙懷竊所未愜謝殿中謂奴不隨主於名分不明誠是有理然奴僕實與閭里相關今都不問恐有所

失意同右丞議弘議曰尋律令既不分別士庶又士人坐同伍罹謫者無處無之多爲時恩所宥故不盡親謫耳吳及義興適有許陸之徒以同符合給二千石論啓丹書已未問會稽士人云十數年前亦有四族坐此被責以時恩獲停而王尚書云舊無同伍坐所未之解恐莅任之日偶不值此事故耶聖明御世士人誠不憂至苦然要須臨事論通上干天聽徒爲紛擾不如近與定科使輕重有節也又尋甲符制蠲士人不傳符耳令史復除亦得如之共相押領有違糾列了無等衰非許士人閭里之外也諸議云士庶

緬絶不相參知則士人犯法庶民得不知若庶民不許不知何許士人不知小民自非超然簡獨永絶塵槩者比門接棟小以爲意終自聞知不必須日夕來往也右丞百司之言粗是其況如襄陵士人實與里巷關接相知情狀乃當與冠帶小民今謂之士人便與小人之坐罯爲小民輒受士人之罰於情於法不其頗歟且都令不及士流士流何爲輕則小人今使徵預其罰便事至相糾閭伍之防亦爲不同謂士人可不受同伍之謫耳罪其奴客庸何傷邪無奴客可令輸贖又或無奴僮爲衆所明者官長二千石便當

親臨列上依事遣判偷五疋四十疋謂應見優量者實以小吏無知臨財易昧或繇踈慢事蹈重科求之於心嘗有可愍故欲小進疋數寬其性命耳至於官長以上荷蒙祿榮付以局任當正已明憲簡下防非而親犯科律亂法冒利五疋乃已爲弘矣士人無私相偷四十疋理就使至此致以明罰固其宜耳並何容復加哀矜且此輩士人可殺不可謫有如諸論本意自不在此也近聞之道路聊欲共論不呼乃爾難精既衆議糾紛將不如其已若呼不應停寢謂宜集議奏聞決之聖旨太祖詔衛軍議爲允弘又上言舊

制民年十三半役十六全役當以十三已上能自營私及公故以充役而考之見事猶或未盡體有强弱不皆稱年且在家自隨力所能堪不容過苦移之公役動有定科循吏隱恤可無其患庸宰守嘗已有勤劇況値苛政豈可稱言乃有務在豐役增進年齒孤遠貧弱其弊尤深至令依寄無所生死靡告一身之切逃竄求免家人遠討胎孕不育巧避羅憲實亦繇之今皇化惟新四方無事役召之應存乎消息十五至十六宜爲半丁十七爲全從之

何叔度爲尚書吳興武康縣民王延祖爲刧父睦以

告官新制凡劫身斬刑家人棄市睦既自告於法有疑叔虔議曰設法止姦本於情理一人爲劫闔門應刑所以罪及同產欲開其相告以出爲惡之身睦父子之至容可悉共逃亡而割其天屬還相縛送螫毒在手解腕求全於情可愍理亦宜宥使凶人不容於家逃刑無所乃大絶根源也睦既糾送則餘人無應復告並合捨之

孔淵之爲比部郎時安六應城縣民張江陵與妻吳共罵母黄令死黄忿恨自縊死値赦律文子賊殺傷毆父母梟首罵棄市謀殺夫之父母亦棄市値赦免

刑補治江陵罵母母以之自裁重於傷毆若同殺科則疑重用毆傷及罵制則疑輕准制唯有打父母遇赦猶梟首無罵母致死値赦之科淵之議曰夫題理逆心而仁者不入名且惡之况乃人事故毆傷咒詛法所不原罵之致盡則理無可宥罰有從輕蓋疑失善求之文旨非此之謂江陵雖値赦恩故合梟首婦本以義愛非天屬黄之所恨情不在吳原死補治有允正法詔如淵之議吳免棄市

臨川王義慶爲丹陽尹有民黄初妻趙殺子婦遇赦應徙送避孫讎義慶曰按周禮父母之仇避之海外雖遇市朝闘不反兵蓋以莫大之冤理不可奪含戚枕戈義許必報至於親戚爲戮骨肉相殘故道乖常憲記無定准求之法外裁以人情且禮有過失之宥律無讎祖之文况趙之縱暴本繇於酒論心即實事盡荒耄豈得以荒耄之王母等行路之浮讎臣謂此孫忍愧銜悲不違子義共天同域無虧孝道

傅隆爲司徒左長史時會稽剡縣民黄初妻趙打息載妻王死已遇赦王有父母及息男稱息女葉依法徙趙二千里外隆議曰原夫禮律之典蓋本之自然求之情理非從天墮非從地出也父子至親分形同

氣稱之於載即載之於趙雖云三世爲體猶一未有能分之者也稱雖創巨痛深固無讎祖之義若稱可殺趙當何以處載將父子孫祖互相殘戮懼非先王明罰各條立法之本旨也向使石厚之子日磾之孫砥鋒挺鍔不與二祖同戴天日則石碏秺侯何得流名百代以爲美談者哉舊令殺人父母徙之二千里外不施父子孫祖明矣趙當避王朞功千里外耳令亦云凡流徙者同籍親近欲相隨者隨之此又大通情體因親以教愛者也趙既流移載爲人子何得不從載而行稱不行豈名教所許如此稱趙竟不可分

趙雖内愧終身稱沈痛沒齒孫祖之義自不得以永
絶事理固然也從之
徐羡之爲尚書僕射大司馬府軍人朱興妻周息男
道扶年三歲先得癇疾周因其病發掘地生埋之爲
道扶姑女所告正周棄市刑羡之議曰自然之愛虎
狼猶仁周之凶忍宜加顯戮臣以爲法律之外故尚
弘物之理母之即刑繇子而致爲子之道焉有自容
之地雖伏法者當罪而任宥者靡容愚謂可特申之
遐裔從之
顧顗之爲吏部尚書沛郡相縣唐賜往比村朱起母

彭家飲酒還因病吐蠱蟲十餘枚臨死語妻張死後
刳腹出病後張手自破視五臟悉糜碎郡縣以張忍
行刳剖賜子副又不禁駐事起赦前法不能决律傷
死人四歲刑妻傷夫五歲刑子不孝父母棄市並非
科例三公郎劉勰議賜妻痛往遵言兒識謝及理考
事原心非存忍害謂宜哀矜顗之議曰法移路尸猶
爲不道况在妻子而忍行凡人所不行不宜曲通小
情當以大理爲斷謂副爲不孝張同不道詔如顗之
議
何承天爲撫軍劉毅爲衆軍參軍出行而鄢陵縣吏
陳滿射鳥箭悞中直帥雖不傷人處法棄市承天議
曰獄貴情斷疑則從輕昔驚漢文帝乘輿馬者張釋
之劾以犯蹕罪止罰金何者明其無心於驚馬也故
不以乘輿之重加以異制今滿意在射鳥非有心於
中人案律過悞傷人三歲刑况不傷乎微罰可也及
爲謝晦南蠻長史時有尹嘉者家貧母熊自以身貼
錢爲嘉償債坐不孝當死承天議曰彼府宣令普議
尹嘉大辟事稱法吏葛滕籤母告子不孝欲殺者許
之法云謂違犯教令敬恭有虧父母欲殺皆許之其
所告惟取信於所求而許之謹尋事原心嘉母辭自

求質錢爲子還債嘉雖虧犯教義而熊無請殺之辭
熊求所以生之而今殺之非隨所求之謂始以不孝
爲劾終於和賣結刑倚旁兩端母子俱罪滕籤法文
爲非其條嘉所存者大理在難申但明教爰發矜其
愚蔽夫明德慎罰文王所以恤下議獄緩死中孚所
以垂化言情則母爲子隱語敬則禮所不及今捨乞
宥之評依請殺之條責敬恭之節於饑寒之隸誠非
罰疑從輕寧失有罪之謂也愚以爲降嘉之死普春
澤之恩赦熊之愆以明子隱之宜則蒲亭雖陋可比
德於盛明豚魚微物不獨遺於今化事未判值赦並

免後爲殿中郎兼左丞吳興餘杭民薄道舉爲刧制同籍朞親補兵道舉從弟代公道生等並爲大功親非應在補讁之例法以代公等母存爲朞親則子宜隨母補兵承天議曰尋刧制同籍朞親補兵大功不在例婦人三從既嫁從夫夫死從子今道舉爲刧若其叔尚存制應補讁妻子營居固其宜也但爲刧之時叔父已没代公道生並是從弟大功之親不合補讁今若以叔母爲朞親令代公隨母補兵既違大功不讁之制又失婦人三從之道繇於主者守朞親之文不辯男女之異遠嫌畏負以生疑懼非聖朝卹刑

之旨謂代公等母子並宜見原

王韶之爲黄門侍郎時東冶士朱道民禽三叛士依例放遣韶之啓曰尚書金部奏事如右斯誠簡妄一時權制懼非經國弘本之令典臣尋舊制以罪補士凡有十餘條雖同異不紊而輕重實殊至於詐列父母死誣罔父母淫亂破義及刧此四條寔窮亂抵逆人理必盡雖復殊刑過制猶不足以塞莫大之罪既獲全首領大造已隆寧可復遂拔徒隸緩帶當年自同編戶列齒齊民乎臣懼此制永行所虧實大方今聖化惟新崇本棄末一切之令宜加詳改愚謂此四條不合加贖罪之恩侍中褚淡之同韶之三條刧宜仍舊詔可

何尚之爲尚書令時丞相南郡王義宣車騎將軍臧質反義宣司馬竺超民臧質長史陸展兄弟並應從誅尚之上言曰刑罰得失治亂所繇聖賢留心不可不慎竺超民爲義宣司馬賊既遁走一夫可禽非惟免愆亦可要不義之賞而超民曾無此意微足觀過知仁且爲官保全城府謹守庫藏端坐待縛今戮及兄弟同之巨逆於事爲重臣豫蒙顧待自殊凡隸苟有所懷不敢自默超民坐者繇此得原

蔡興宗爲廷尉解士先告申坦昔與丞相義宣同謀坦已死子令孫時作山陽郡自繫廷尉興宗議曰若坦昔爲戎首身今尚存累經肆眚猶應蒙宥令孫天屬理相爲隱況人亡事遠追相誣訐斷以禮律義不合關若士先審知逆謀當時即應聞啓苞藏積年發因私怨況稱風聲路傳實無定主而干黷欺罔罪今極法又有訟民嚴道恩等二十二人事未洗正勑以當訊權繫尚方與宗以訟民本在求理故不加械即若廣繫尚方於事爲苦又司徒前劾送武康令謝沈及郡縣尉還職司十一人坐仲艮鑄錢不禽久已判

結又送郡主簿丘元敬等九人或下疾假或去職已久又加執啓事悉見從

南齊張融爲儀曹郎時明帝取荆郢湘雍四州射手叛者斬人身及家長家口沒奚官元徽初郢州射手有叛者融建議家人家長罪所不及亡身刑謂亡者身受刑也

袁彖爲南郡太守江陵縣人苟蔣之弟胡之婦爲曾口寺沙門所淫夜入苟家蔣之殺沙門爲官司所簡蔣之列家門穢行欲告則恥欲忍則不可寔已所殺胡之列又如此兄弟爭死江陵令宗躬啓州荆州刺

冊府元龜 刑法部 議讞二 卷之六百十五 十三

史盧江王永博議彖曰夫迅寒急節乃見松筠之操危機迫遘是識貞孤之風竊以蔣之胡之原心非暴辯讞之日友于讓生事憐左右義哀行路昔文舉引謗獲漏疎彌蔣之心迹同符古人若陷以深刑寔傷爲善錄是蔣之兄弟免死

梁蕭琛仕齊爲尚書左丞明帝用法嚴峻尚書郎坐杖罰者皆即科行琛乃密啓曰郎有杖起自後漢爾時郎官位卑親主文案與令史不異故郎三十五人令史二十人是以古人多恥爲此職自魏晉已來郎官稍重今方參用高華吏部又近於通貴不應官高昔品而罰遵曩科所以從來彈舉雖在空文而許以推遷或逢赦恩或入春令便得息停宋元嘉大明中經有被罰者別錄犯忤主心非關譽準自泰始建元已來未經以施行事廢久人情未習自奉勑之後已行倉部郎江重欣杖督五十皆無不人懷慙懼兼有子弟成長彌復難爲儀適其應行罰可特賜輸贖使與令史有異以彰優緩之澤帝納之自是應受罰者依舊不行

虞僧虬爲法官高祖天監三年八月建康女人任提女坐誘口當死其子景慈對鞫辭云母實行此僧虬

冊府元龜 刑法部 議讞二 卷之六百十五 十四

稱案子之事親有隱無犯直躬證父仲尼爲非景慈素無防閑之道死有明白之據陷親極刑傷和損俗凡乞鞫不審降罪一等豈得避五歲之刑忽死母之命景慈宜加罪辟詔流于交州

陳沈洙廢帝光大中爲戎昭將軍衡陽王長史行府國事梁代舊律測囚之法旦上起自晡鼓盡于二更及比部郎范泉刪定律令以舊制測立時久非人所堪分其尅數日再上廷尉以爲新制過輕請集八座丞郎并祭酒孔奐行事沈洙五舍人會尚書省詳議時宣帝錄尚書集衆議之都官尚書周弘正曰未知

獄所測人有幾人疑幾人不款須前責取人名及數并其罪目然後更集得廷尉監沈仲繇列稱別制已後有壽羽兒一人坐殺壽慧劉磊渴等八人坐偷馬伏家口渡北依法測之限訖不款劉道朔坐犯七段偷依法測立首尾二日而款陳法滿坐被封藏惡法受錢未及上而款弘正議曰犯小大之獄必應以情正言依准五聽驗其虛實豈可令恣考掠以判刑罪且測人時節本非古制近代以來方有此法起自晡鼓迄于二更豈是嘗人所能堪忍所以重械之下危墮之士無人不服誣枉者多朝晚二時同等則數進

退而求於事爲衷若謂小促前期致實罪不伏如復時節延長則無愆妄款且人之所堪既有强弱人之立意固亦多途至如貫高棰笞刺爇身無完者戴就熏針並極困篤不移豈關時刻長短掠測優方夫與殺不辜寧失不經罪疑惟輕功疑惟重斯則古之聖王垂此明法愚謂依范著制於事爲允舍人盛權議曰比部范泉新制尚書周弘正明議咸爲允愜書惟輕之旨殷頌敷正之言竊尋廷尉監沈仲繇等列新制以後凡有獄十一人其所測者十人款者惟一愚謂染罪之囚獄官明加辨析窮考事理若罪有可疑自宜啓審分判幸無濫測若罪有實驗乃可啓審測立則枉直有分刑宥斯理范泉今牒述漢律云死罪及除名罪證明白考掠已至而抵隱不服者處當列上杜預注云處當證驗明白之狀列其抵隱之意竊尋舊制深峻百中不款或一新制寬優十中不款者九參會兩文寬猛頗異處當列上未見釐革愚謂宜付典法更詳處列上之文洙議曰夜中測立緩急易欺兼用晝漏於事爲允但漏刻賒促今古不同漢書律曆何承天祖冲之祖暅父子漏經並自關鼓至下鼓自晡鼓至關鼓皆十三刻冬、夏四時不異若其日

有長短分在中時前後今用梁末改漏下鼓之後分其長短夏至之日各十七刻冬至之日各十二刻伏承命旨刻同勒令箭一日之刻乃同而四時之門不等廷尉今牒以時刻短促致罪人不款愚意願去夜測之昧從晝漏之明斟酌今古之間會二漏之義捨秋冬之少刻從夏日之長晷不問寒暑並依今之夏至朝夕上測各十七刻比之古漏則一上多昔四刻卽用今漏冬、至多五刻雖冬至之時數刻侵夜正是少日於事非疑庶罪人不以漏短而爲捍獄囚無在夜之致誣求之鄙意竊謂允合衆議以爲宜依范泉

前制宣帝曰沈長史議得中宜更博議左丞宗元饒議曰竊尋沈議非頓異范正是欲使四時均其刻數兼斟酌其宜以會優劇即同牒請寫還刪定曹詳改前制宣帝議依事施行

後魏李冲爲尚書疑元拔穆泰罪事冲奏曰前彭城鎮將元拔與穆泰同逆養子降壽宜從拔罪而太尉咸陽王禧等以爲律文養子而爲罪父及兄弟不知情者不坐謹審律意以養子於父非天性於兄弟非同氣敦薄既差故刑典有降是以養子雖爲罪而父兄不預然父兄爲罪養不知謀易地情均豈獨從戮

乎理固不然臣以爲依據律文不追戮於所生則從坐於所養明矣又律惟言父不從子不言子不從父當是優尊厲卑之義臣禧等以爲律雖不正見互文起制於乞也舉父之罪於養也見子坐視爲互起兩明無罪必矣若以嫡繼養與生同則父子宜均祇明不坐且繼養之法云若有別制不同此律又令文云諸有封爵若無親子及其身卒雖有養繼國除不襲是爲有福不及也有罪便預坐均事等情律令之意便相矛楯伏度律旨必不然也臣冲以爲指例尋條罪在無疑准令語情頗亦同式詔曰僕射之議據律明矣太尉等論於典矯也養所以從戮者緣其已免所生故不得復甄於所養此獨何福長處吞舟于國所以不襲者重列爵位特立制因天之所絕推而除之耳豈復報對刑賞于斯則應死可特原之

郭祚爲吏部尚書宣武詔以姦吏逃刑懸配遠戍若永避不出兄弟代之祚奏曰愼獄審刑道煥先古垂憲設禁義纂惟今是以先王沿物之情爲之軌法故八刑備於昔典姦律炳於來制皆所以謀其始迹訪厥成罪敦風厲俗永資世範者也伏惟旨義博遠理絕近情旣懷愚異不容不述誠以敗法之原起於姦

吏姦吏雖微敗法實甚伏尋詔旨信亦斷其逋逃之路爲治之要實在於斯然法貴止姦不在過酷立制施禁爲可傳之於後若法猛而姦不息禁過不可永傳將何以載之刑書垂之百代若以姦吏逃竄徙其兄弟罪人妻子應從之此則一人之罪禍傾二室愚謂罪人旣逃止徙妻子走者之身懸名永配於責不免姦途自塞詔從之

竇瑗行晉州刺史旣還京師上表曰臣在平州之日掌班麟趾新制即依朝命宣示所部士庶忻仰有若三章臣聞法象巍巍乃大舜之事政道郁郁亦隆周

之執故元首股肱可否相濟聲教之日於此爲證伏
惟陛下應圖臨寓握紀承天克搆洪基會昌寶曆式
張琴瑟且調宫商去甚删泰革弊遷訛俾高祖之德
不墜於地畫一旣歌萬國歡躍臣伏讀至三公曹第
六十六條母殺其父子不得告告者死三反覆之未
得其門何者案律文子孫告父母祖父母者死又漢
宣云子匿大父母皆勿論蓋謂父母祖父母小者攘
羊甚者殺害之類恩許相隱律抑不言法理如是足
見其直未必指母殺父止子不言也若父殺母乃是
夫殺妻母卑於父此子不告是也而母殺父不聽子

告臣誠下愚輒以爲惑昔楚康王欲殺令尹子南其
子棄疾爲王御士而王告焉對曰泄命重刑臣不爲
也王遂殺子南其徒曰行乎曰吾與殺吾父行將焉
入曰臣王乎曰殺父事讎吾不忍乃縊而死注云棄
疾自謂不告父爲與殺謂王爲讎皆非禮春秋譏焉
斯蓋門外之治以義斷恩知君殺父而子不告是也
母之於父同在門内恩無可掩義無斷割知母將殺
理應告父如其已殺宜聽告官今母殺父而子不告
便是知母而不知父識以比野人義以近禽獸且母
之於父作合移天旣殺已之天復殺子之天二天頓

毀豈容頓默此母之罪義在不赦下手之日母恩卽
離仍以母道不告鄙臣所以致惑今聖化淳洽穆如
韶夏食椹懷音梟獍猶變況承風禀教識善知惡之
民哉脫下愚不移事在言外如或有之可臨時議罪
何用豫制斯條用爲訓誡恐千載之下談者諠譁以
明明大朝尊母卑父之論以臣管見實所不取如在
淳風厚俗必欲行之且君父一也父者子之天被殺
事重宜附之謀反大逆子得告之條父一而已致情
可見切惟聖主有作明賢贊成光國寧民厥用惟大
非下走頑蔽所能上測但受恩深重輒獻瞽言儻蒙

收察乞付評議詔付尚書三公郎封君義立判云身
體髮膚受之父母生我勞悴續莫大焉子於父母同
氣異息終天靡報在情一也今忽欲論其尊卑辨其
優劣推心未忍訪古無據母殺其父子復告母母繇
告死便是子殺天下未有無母之國不知此子將欲
何之案春秋莊公元年不稱卽位文姜出故服虔注
云文姜通兄齊襄與殺公而不反父殺母出隱痛諱
深朞而中練思慕少殺念至於母故經書三月夫人
遜於齊旣有念母深諱之文明無讐疾告列之理且
聖人設法所以防淫禁暴極言善惡使知而避之若

避事議刑則陷罪多矣惡之甚者殺父害君著之律
令百王罔革此制何嫌獨求削去既於法無違於事
非害宣布有年謂不宜改瑗復難云尋局判云子於
父母同氣異息終天靡報在情一也今論其尊卑辨
其優劣推心未忍訪古無據瑗以爲易曰天尊地卑
乾坤定矣又曰乾天也故稱於父坤地也故稱於母
又乾爲天爲父坤爲地爲母禮喪服經曰爲父斬衰
三年爲母齊衰朞尊卑優劣顯在典章何言訪古無
據局判云母殺其父子復告母母録告死便是子殺
天下未有無母之國不知此子將欲何之瑗案典律

未聞母殺其父而子有隱母之義既不告母便是與
殺父同天下可有無父之國此子獨得有所之乎局
判又云案春秋莊公元年不稱卽位文姜出故服虔
注云文姜通於兄齊襄與殺而不反父殺母出隱痛
諱涄朞而中練思慕少殺念至於母故經書三月夫
人遜於齊旣有念母涄諱之文明無讎疾告列之理
瑗尋注義隱痛涄諱者以父爲齊所殺而母與之隱
痛父死涄諱母出故不稱卽位非爲諱母與殺也是
以下文以義絶其罪不爲與殺明矣公羊傳曰君殺
子不言卽位隱之也朞而中練父憂少衰始念於母
略書夫人遜於齊是內諱出奔猶爲罪文傳曰不稱
姜氏絶不爲親禮也注云夫人有與殺桓之罪絶不
爲親得尊父之義善莊公思大義絶有罪故曰禮也
以大義絶有罪得禮之衷明有仇疾告列之理但春
秋莊公之際齊爲大國通于文姜魯公謫之文姜以
告齊襄使公子彭生殺之魯旣弱小而懼於齊是時
天下又無賢霸故不敢仇之又不敢告列國唯得告
于齊曰無所歸咎惡於諸侯請以公子彭生除之齊
人殺公子彭生案卽此斷雖有援引卽以情推理尚
未遣事遂停寢

刑部爲尚書延昌二年符璽郎中高賢弟員外散騎
侍郎仲賢叔司徒府主簿陸琛等坐弟季賢同元愉
逆除名爲民會赦之後被旨勿論鬱奏案季賢旣受
逆官爲其傳檄規扇幽瀛遘茲禍亂據律准犯罪當
孥戮兄叔從坐法有明典賴蒙大宥身命獲全除名
還民於其爲幸然反逆坐重故支屬相及體旣相及
事同一科豈有赦前皆從流斬之罪赦後獨除反者
之身又緣坐之罪不得以職除流且貨賕小愆寇盜
微戾賊承露驗者會赦猶除其名何有罪極裂冠墜
均毀冕父子齊刑兄弟共罰赦前則同斬從流赦後

有復官之理依律則罪合孥戮准赦則例皆除名古人議無將之罪者毀其室洿其宮絕其蹤滅其類其宅猶棄而况人乎請依律處除爲民詔曰死者既在赦前又員外非在正衎之限便可悉聽復任又廷尉奏平北將軍朔州刺史楊椿前爲太僕卿日招引細人盜種收田三百四十頃依律處刑五歲巒據正始別格奏椿罪應除名爲庶人注籍盜門同籍合門不仕宣武以新律旣班不宜雜用舊制詔依寺斷聽以贖

李平爲尚書延昌三年平奏冀州表城民費羊皮母

亡家貧無以葬賣七歲女先與同城人張廻爲婢廻轉於鄃縣梁定之不良狀案盜律掠人掠賣人和賣人爲奴婢者死廻故買羊皮女謀以轉賣依律處絞刑詔曰律稱和賣人者謂兩人詐取他財今羊皮賣女造廻稱良廻利賤知良公買誠於律俱乖而兩各非詐此女雖父賣爲婢體本是良廻轉賣之日應有遲疑而決從眞賣於情不可更推例以爲永式廷尉少卿楊均義曰謹詳盜律掠人賣人爲奴婢者皆死別條賣子孫者一歲刑賣良是一而刑死懸殊者繇緣情制罰則致罪有差又詳羣盜强盜首從皆同和掠之罪固應不異及知人掠盜之物而故買者以隨從論然五服相賣皆有明條買者之罪律所不載竊謂同凡從法其緣服相減者宜有差買者之罪不得過於賣者之咎也但羊皮賣女爲婢不言追贖張廻眞買謂同家財至於轉鬻之日不復疑慮緣其買之於女父便賣之於他人准其和掠此有因緣之類也又詳恐喝條注尊長與之已決恐喝幼賤求之然恐喝體同而不受恐喝之罪者以尊長與之已決故也而張廻本買婢於羊皮乃眞賣於定之准此條例得先有錄推之因緣理頗相類即狀准條處流爲允公

郎中崔鴻議曰案律賣子有一歲刑買五服因親屬在尊長者死朞親及妾與子婦流唯買者無罪文然賣者旣以有罪買者不得不坐但賣者以天性難奪支屬易遺尊卑不同故罪有異者知良故買又於彼無親若罪同賣者即理不可何者賣五服內親屬在尊長者死此亦非掠從其眞買暨於致罪刑死大殊明知買者之坐自應一例不得全如均議云買者之罪不過賣者之咎也且買者於彼無天性支屬之義何故得有差等之理又案別條知人掠盜之物而故買者以隨從論依此律文之人掠良從其罪宜止於

流然其親屬相賣坐殊凡掠至於買者亦宜不等若
處同流坐於法爲深准律𠫭降合刑五歲至如買者
知是良人决遣眞賣不語前人得之緣緒前人謂眞
奴婢更或轉賣因此流漂罔知所在家人追贖求訪
無處永沈賤隷無復良期案其罪狀與掠無異且法
嚴而姦易息政寛而民多犯水火之喻先典明文而
謂買人親屬而復决賣不告前人良狀緣緒處同掠
罪太保高陽王雍議曰州處張迥專引盜律簡迴所
犯本非和掠保證明然去盜遠矣今引以盜律之條
處以和掠之罪原情究律實爲乖當如臣均之議知

買掠良人者本無罪文何以言之羣盜强盜無罪從
皆同和掠之罪故應不異明此自無正條引類以結
罪臣鴻以轉賣流漂罪與掠等可謂罪人斯得案賊
律云謀殺人而發覺者流從者五歲刑已傷及殺而
還蘇者死從者流已死者斬從而加功者死不加功
者流詳沉賤之與身死漂流之與腐骨一存一亡爲
害孰甚然賊律殺人者有首從之科盜之賣買無唱
和差等謀殺之與和掠同是良人應爲准例所以不
引殺人減之降從强盜之一科縱令謀殺之與强盜
俱得爲例而以從輕其義安在又云知人良掠盜之
物而故買者以隨從論此明禁暴掠之原遏姦盜之
本非謂市之於親尊之手而同之於盜掠之刑竊謂
五服相賣俱是良人所以容有差等之罪者相去掠
盜理遠故從親疏爲差級尊卑爲輕重依律諸共犯
罪皆以發意爲首明賣買之元有魁末之坐宜定
若羊皮不云賣則迴無買心則羊皮爲元首張迴爲
從坐首有活刑之科從有極黜之戾推之憲律法刑
無據買者之罪宜各從賣者之坐又羣臣鴻之議有
從他親屬買得良人而復眞賣不語後人申狀者處
同掠罪既一爲婢賣與不賣俱非良人何必以不賣

而可原轉賣爲難恕張迴之愆宜鞭一百賣子葬親
孝誠可美而表賞之議未聞刑罰之科已降恐非敦
風厲俗以德導民之謂請免羊皮之罪公酬賣直詔
曰羊皮賣女葬母孝誠可嘉便可特原張迴雖買之
於父不應轉賣可刑五歲

襄延儁爲廷尉卿孝明熙平中有冀州妖賊延陵王
買負罪逃亡赦書斷限之後不自歸首延儁上言法
律例諸逃亡赦書斷限之後不自歸首者復罪如初
依律賊謀叛大逆處買梟首其延陵法權等所謂月
光童子劉景暉者妖言惑衆事在赦後亦合死坐正

從纂以爲景暉云能變爲蛇雉此乃傍人之言雖殺暉爲無理恐赦暉復惑衆是以依違不敢專執當今不諱之朝不應行無罪之戮景暉九歲小兒口尚乳臭舉動云爲並不關已月光之稱不出其口皆姦吏無端橫生粉墨所謂爲之者巧殺之者能若以妖言惑衆據律應死然赦令之後方顯其事律令之外更求其罪赦律何以取信於天下天下焉得不疑於赦律乎書曰與殺無辜寧失有罪又案法例律八十已上八歲已下殺傷論坐者上請議者謂悼耄之罪不用此律愚以老智如尚父少惠如甘羅此非常之士

可如其議景暉愚小自依凡律靈太后令曰景暉既經恩宥何得議加橫罪如奏

李瑒爲司徒主簿時司州表河東郡民李憐坐行毒藥案以死坐其母訴稱一身年老更無期親例合上請簡籍不謬未及判申憐母身喪州斷三年服終後乃行決司徒法曹參軍許琰謂州判爲允瑒駁曰案法例律諸犯死罪若祖父母父母年七十已上無成人子孫旁無朞親者具狀上請流者鞭笞留養其親終則從流不在原赦之例備上請之言非應府州所決殺人者斬妻子流計其所犯實重餘憲准之情律所虧不淺且憐既懷酖毒之心謂不可參燐人伍計其母在猶宜闔門投畀況今死也引以三年之禮乎且給假殯葬足示仁寬今以卒哭不合更延依律處斬流其妻子實足誡彼氓庶肅是刑章尚書蕭寶寅奏從瑒執詔從之

辛雄爲尚書三公郎神龜中廷尉少卿袁翻以犯罪之人經恩競訴枉直難明遂奏曾染風聞者不問曲直推爲獄成悉不斷理詔令門下尚書廷尉議之雄議曰春秋之義不幸而失寧僭不濫僭則失罪人濫乃害善人今議者不忍罪姦吏使出入縱情令君子

小人薰蕕不別豈所謂賞善罰惡殷勤隱卹者也仰尋周公不減流言之愆仲尼釋之不加驚馬之辟所以大小用情貴在得所失之千里差在毫釐雄久執案牘數見疑訟職掌三千願言者一曰御史所糺有注其逃走者及其出訴或爲公使本曹給過所有指不如推簡文案灼然者雪之二曰御史赦前注獲見贓不辯行主名簡無賂以置直之主宜應洗復三曰經拷不引傍無三證比以獄案既成因即除削或有據今奏復者與奪不同未獲爲通例又須定何如得爲證人若必須三人對見受財然後成證則於理大

寃若傳聞卽爲証則於理太急今請以三賊後三人俱見物及証伏顯著准以爲驗四曰赦前斷事或引律乖錯使除復失衷雖案成經赦宜追從律五曰經赦除名之後或邀駕訴枉被旨重寃或訴省稱寃爲奏更簡事付有司未被研判遂遇恩宥如此之徒謂不得異於嘗格依前案爲定若有令推寃巳復之流請不追奪六曰或受辭下簡反復使鞫獄証占分明理合淸雪未及告案忽逢恩赦若從証占而雪則違正格如除其名罪濫潔士以罪須案成雪以占定若推未畢格及要証一人不集不得爲占定古人雖患

祭獄不精未聞知寃而不理今之所陳寔士師之深疑朝夕之急務願垂察焉詔從雖議

高謙之爲廷尉丞正光中尚書左丞元孚慰勞蠕蠕返被拘留及蠕蠕大掠而還置孚歸國事下廷尉卿及監以下謂孚無坐唯謙之以孚辱命以流罪尚書同卿執詔可謙之奏

崔纂爲尚書三公郞中神龜中蘭陵公主駙馬都尉劉輝坐與河陰縣民張智壽妹容妃陳慶和妹慧猛姦亂耽惑毆主傷胎輝懼罪逃亡門下處奏各入死刑智壽慶和並以知情不加防限處以流坐詔曰容妃慧猛恕死髡鞭付宮餘如奏纂執曰伏見旨募若獲劉輝者職人賞二階白民聽出身進一階廝役奴婢爲良案輝無叛逆之罪賞同返入劉宣明之格又尋門下處案以容妃慧猛與輝私姦兩情耽惑令輝挾忿毆主傷胎雖無正條罪合極法並處入死其智壽等二家配燉煌爲兵天慈廣被不卽依決雖恕其命竊謂未可失律令高皇帝所以治天下不爲喜怒增減不緣親疎改易案鬭律祖父母父母忿怒以兵刃殺子孫者五歲刑毆殺者四歲刑若心有愛憎而故殺者各加一等雖王姬下降貴殊常妻然人婦之

孕不得非子又依永平四年先朝舊格諸刑流及死皆首罪判定後決從者事必因本以求支獄若以輝逃避便應懸處未有捨其首罪而成其末愆流死參差或時未允門下中禁大臣職在敷奏昔邴吉爲相不存鬬斃而問牛喘豈不以司別故也案容妃等罪止於姦私若擒之穢席衆証分明卽律科處不越刑坐何得同宮掖之罪齊奚官之役案智壽口訴妹適司士參軍羅顯貴巳生二女於其夫則他家之母若有失廋罪在於夫豈非兄弟昔魏晉未除五族之刑有免子戮母之坐何曾諍之謂在室之女從父母之

刑巳醮之婦從夫家之戮斯乃不刑之令軌古今之通議律恭親相隱指謂凡罪况姦私之醜得以同氣相証論刑過其所犯語情又乖律憲案律罪無相緣之坐不可借輝之忿加兄弟之刑夫刑人於市與衆棄之爵人於朝與衆共之明不私於天下無欺於耳目何得以正刑書施於四海刑名一失駟馬不追旣有詔旨依即行下非律之案理宜更請尚書元脩議以爲昔哀姜悖禮於魯齊侯取而殺之春秋所譏又夏姬罪盜於陳國但責徵舒而不非父母明婦人外成犯禮之愆無關本屬况出適之妹釁及兄弟乎右

僕射游肇奏言臣等謬參樞轄獻替是司門下出納謨明當則至於皀奸犯法職有司存劾罪結案本非其事容妃等姦狀罪至於刑並處極法准律未當出適之女坐及其兄推據典憲理寔爲猛又輝雖逃刑罪非孥戮募同大逆亦謂加重乖律之案理宜陳情乞付有司重更詳議詔曰輝悖法亂理罪不可縱厚賞懸募必望擒獲容妃慧猛與輝私亂因此耽惑致至非常此而不誅將何懲肅且已醮之女不應坐及昆弟但智壽慶和知妹姦情初不防禁招引劉輝共成淫醜敗風穢俗理深其罰特勑門下結獄不拘嘗司豈得一同嘗例不爲通准且古有詔獄寧復一歸大理而尚書治本納言所屬弗究悖理之淺深不詳損化之多少違彼義途苟存執憲殊乖任寄深合罪責崔纂可免印都官尚書悉奪祿一時

孫騰爲侍中自孝昌以後天下淆亂法令不嘗或寬或猛及爾朱擅權輕重肆意在官者多以深酷爲能至遷京鄴饑羣盜頗起有司奏立嚴制諸强盜殺人者首從皆斬妻子同籍配爲樂戶其不殺人及贓不滿五疋魁首斬從者死妻子亦爲樂戶小盜贓滿十疋已上魁首死妻子配驛從者流騰上言謹詳法若

畫一理尚不二不可喜怒繇情而致輕重案肆公私刼盜罪止流刑而比執事若違好爲穿鑿律令之外更立餘條通相糾之路班捉獲之賞斯乃刑書徒設獄訟更煩法令滋章盜賊多有非所謂不嚴而治遵守典故者矣臣以爲昇平之美義在省刑陵遲之弊必繇峻法是以漢約三章天下歸德秦酷五刑率土瓦解禮訓君子律禁小人舉罪定名國有嘗辟至如眚災肆赦怙終賊刑經典垂言國朝成範隨時所用各有司存巨細滋煩令民預備恐防之彌堅攻之彌甚請諸犯盜之人悉准律令以明嘗憲庶使刑殺折

吏不得棄本從末詔從之天平後遷移草創百司多不奉法貨賄公行興和初齊文襄入輔朝政以公平肅物大改其風至孝靜武定中法令嚴明四海知治矣

冊府元龜刑法部議讞二　卷之六百十五　三十二

冊府元龜

巡按福建監察御史臣李嗣京　訂正
分守建南道左布政使臣胡維霖　參閱
知建陽縣事臣黃國琦　較釋

刑法部 八

議讞第三

隋許善心爲禮部侍郎左衛大將軍宇文述每旦借本部兵數十人以供私役常半日而罷攝御史大夫梁毗奏劾之煬帝方以腹心委述初付法推千餘人皆稱被役經二十餘日法官候伺帝意乃云役不滿

日其數雖多不合通計縱令有實亦當無罪諸兵士聞之更云初不被役帝欲釋之付議虛實百寮咸議爲虛善心以爲述於仗衛之所抽兵私役雖不滿日闕於宿衛與常役所部情狀乃殊又兵多下番散還本府分道追至不謀同辭今殆一月方始翻覆姦狀分明此何可捨蘇威楊汪等二十餘人同善心之議其餘皆議免罪帝可免罪之奏

唐徐有功爲司刑丞時故左相蘇良嗣亾後被告反男踐言踐忠踐義等推事吏金吾將軍丘神勣奏稱請准法絞刑者奉勑依頃又有勑蘇良嗣往者頻被言告指驗非虛朕以其年迫桑榆情敦簪履掩其惡迹竟不發揚洎乎歸壞之辰爰備飾終之禮不謂因子重發逆蹤所司執法論科請申毀柩之罰朕念勞志切惟庸舊情深是矜因赦之科特降非常之霈式延恩於朽骼俾流渥於幽泉特免斵棺之刑寬其籍沒之典者少卿郭奉一等所奏蘇良嗣作逆先死准勑免斵棺矜其籍沒其男踐言等緣坐既在勑無文請准法處絞刑奏依者有功執奏曰踐言踐忠良嗣之子緣其父逆並合絞刑但爲勑稱屈法申恩特降非常之霈又言念勞志切惟舊情深特免斵棺之刑

寬其籍沒之典兩節皆具特字信知恩是非常父免斵棺之刑子無緣坐之死既寬籍沒之典理絶收錄其家按名例律云因罪人以致罪若罪人遇恩原減亦推罪人原減法又云即緣坐家口雖以配沒罪人得免者亦免斵棺爲其父逆因父致其絞刑父既特遇殊恩子便不拘常律踐言等並即不合緣坐處盡錄奏言奉勑踐言等緣坐合死朕好生惡殺不忍加刑宜特免死配流又逆人丘神勣弟神鼎并男駿被奴羊羔告反司刑司直劉志素推案奏稱丘鼎身若文職黒襖子即是武夫之衣若不夙懷叛心擬投荆

河州無故不合輒造叉燒却反狀分明請付法者曹
斷丘鼎處斬家口籍沒有功批丘勣之弟兄反弟合
沒官憑狀以推事迹可驗在於斷結理固難逾羊羔
稱投判河并作兩箇皂襖假令事實終在赦前況乃
涉虛何以爲據往時縱犯今日方告准赦據勑不合
更推使人爲鼎著皂衣將爲叛逆曹司以燒却文狀
處以叛謀竊尋此塗頗傷苛酷且衣之五彩隨人好
尚武夫一著豈限玄黃燒書雖匪赦前推勘須窮窟
穴或言周易作道卜書既元拋諸厠中又云鼎自裂
破書既著標便非反書必是反書論何事爲是簿帳

爲是讖圖竟不甄明遂無承疑即處以斬乃沒其家
請更審詳務令允當者劉志素又批丘鼎反逆夙蘊
包藏非只一塗豈唯今日虺貞判河作逆之歲于時
秩滿神泉准其家在西京旋即合歸本舍爲與虺貞
相應汙道水下嘉州更至荆襄路過淹留遂經一歲
當聞荆河州起逆星夜即向唐州接荆河界首於懸
泉館遂共男晙俱作黒褐襖子擬充戰服即明事相
應接及聞貞敗星夜走來神都即將襖子布施天宮
寺明知元來所造緣反近以兄勣反彰之後復燒却
反逆文書此反不誅誰反合殺況又聖澤哀矜重令
來中丞崔詧追奴問鼎勘案逾明論其本愆辜當萬
死徐丞內緩姦慝外詐平反奉勑令推反人得實寧
敢隱默者曹又依前斷舉申秋官詳議者下員外郎
思齊判凡斷刑名須得指實朦朧作狀斟酌結刑司
刑比申過爲非理欲令集議須審議由狀未止歸遣
議何事仰尋所推之案取堪憑據之由處分訖申者
曹斷又依前者有功又批赦前縱實合免恩後謀狀
未誠不反何爲燒書法家無文臆度使人的知是反
鞫案何不具言當時撫狀朦朧奏後方便勘畧人命
至重一死不可再生王法須平居輕無宜入重恐乖

泣辜之惠方虧祝綱之慈在愚所窺請更商度者劉
志素又批丘鼎謀反與虺族同謀包藏日深又共逆
黨連結有功舞文巧法黨逆不忠批退欲縱反人每
有唯希僥倖不尋案狀孟浪即批即不據科條法外
豈得依允請據志素所批之狀與有功意故縱逆人
之平即請申秋官及臺集衆官議奉勑依得春官員
外郎楊思雅等一百一十七人依有功議依緣坐爲
允得夏官楊執柔等百二十二人等議並無反狀更
差明使推准議狀奏請差五品使杜無二奏無反狀
准赦例處分並釋放汾州司馬李思順臨川公德懋

子也被帛秀告稱思順共秀竊語云汾州五萬戶晉
千一晉人多尚宿宵好設齋戒大雲經上道禮後思
順好李三五年少唱唐唐思順捨第三兒弟五箇者
監察御史李嘗等稱㩀思順潛謀逆節苞藏禍必研
覈始引唐典辯占後承應讖請從極法奉勑依奏者
司直裴談斷處斬刑家口籍没者主簿程仁正批合
從妖處絞只向帛秀一人道狀當不滿衆合斷流三
千里者裴談又判請依前斷錄奏者焦元亶判退司
寺即議者有功議曰謀危社稷罪人反條自述休徵
坐當妖例反依斬法妖從絞論言著成文犯標定狀

狀在事難越狀文存理無棄文若違狀以結刑捨文
而斷獄則乘馬何俟銜勒過流豈用隄防今判官處
以反謀何司批從妖說不耻下問竊欲當仁李思順
解大雲經帛秀稱共竊語私解明非衆說竊語不合
人知處實唯出秀辭是非更無佗証縱解三五年少
只是自述休徵旣異結謀之蹤元非背叛之事即從
叛逆籍没其家便是狀外棄文豈曰文中㩀狀請依
程仁正批妖不衆處流三千里者正焦元亶判其申
秋官請議者右臺中丞李嗣等二十一人議稱請依
王行感例流二千里庶存畫一者守司府卿于思言

等六十三人議稱依徐有功議者錄奏勑思順志懷
姦慝妄說圖讖潛其犯狀合寘嚴刑爲其已死特免
籍没者緣有功議遂免破家推事使顧仲琰奏稱韓
純孝受逆賊徐敬業僞官同反其身先死家口合緣
坐奉勑依曹斷家口籍没有功議案律謀反者斬處
斬本爲身存身亾即無斬法緣坐元因處斬無斬豈
合相緣緣者是緣罪人因者爲因佗犯法已法例是
因所緣之人先亾所因之罪合減合減止於徒坐徒
坐頻會鴻恩今日却斷没官未知㩀何條例若情狀
難捨勑遣戮屍除非此塗理絶言象伏惟逆人獨孤

敬同柳明肅之輩身先殞殁不許推尋未敢比附勑
文但欲見其成例勘當尚猶不許家口寧容没官申
覆依有功所議斷放此後援例皆免没官者三數百
家推事使奏瀛州人李仁里等三十七人被告稱謀
反曹斷並處斬父母妻子流三千里有功執曰玄淑
里正無得人戶緣祖紛爭因相言告或以反逆相喚
或將奔叛相牽反逆須有同謀奔叛寧無叶契無謀
天契口語口陳即以實論頗亦以苛酷槍擀元無影
響星文李自參差縱使實有反言只恨換其宗姓因
恨稱有正是口陳徒侶絶無明非實反賊盜律云口

陳欲反之言心無真實之計流三千里疏云口陳欲
叛者杖八十准依告狀並是口陳之言原究犯情皆
非心實之計忝居商度用此當宜如是使推請從鄙
見知將未允終須重推錄奏勅依得使宗君哲狀稱
無反可尋請依徐丞見流三千里奏勅依會勑免御
史郭弘霸奏宕州刺史皇甫懷節爲芳刑司倉薛璟
所告稱共當州刺史李思徵謀反曹斷斬籍没者有
功批執曰思徵芳部宣條懷節宕州分竹爰因羌叛
奉使討除暫見思徵屛人共語即疑懷節與徵同謀
同謀須述謀由共語當論語狀語既無狀謀又無由

思徵伏誅一無牽引薛璟陷辟方始告言璟元共徵
同情節復與徵連結節當共徵私語語狀在璟合知
徵在不知語由徵死誰明反狀寧有此州刺史奉勑
討羌白日入州官人參謁暫與思徵相見遂即平章
反謀察獄以情未聞此理羌走出界無賊可擊所領
之兵更留何用爲此放散例將爲反節實擬反更須
發兵成集之兵何須却放非謀之狀於此更明懷節
擬狀無反請差使推鞫無反爲發兵遲斷爲官當赦
總免推事使左臺監察御史盧倨奏稱告事人問趙
推之得疑唐子產與推之手書狀遣告長孫仲宣實

不知事由者依問唐子產得疑與推之手狀令告仲
宣宅中私置爐擬打槍頭謀反是實其長孫仲宣是
子產親舅爲子產先與三舅廢幾妾成蹊私通仲宣
既知即罵辱子產爲此誣告者曹斷准律誣告謀反
大逆者斬從者絞又條云告令人告事虛應反坐得
實應賞皆以告者爲首推之告密因得引見遂訴枉
屈武太后曰趙推之得唐子產手狀即告於子產引
虛自是子產之罪何得枉斷殺推之宜令停決正斷
奏聞者有功重執曰推之所告反由元於子產處得
奉勑勘當且狀是誣付法科繩已斷處斬奏盡臨決

恩旨遣停聖上爲子產引虛則將奏之枉死但令教
告事律者正文告者爲首教者爲從若其事虛受責
推之合當重科如其反實論功子產纔霑薄賞律開
此制本防避罪爭功在於憲司固當守文奉法奉勑
依奏
唐臨高宗永徽初爲御史大夫華州刺史蕭齡之坐
前任廣州都督受贓詔文武百官議其罪皆請處置
以勵貪汙帝將從之臨奏曰齡之受委太藩贓罪很
藉原情取事死有餘辜然既遣詳議終須近法臣竊
惟議事之官未盡議刑本意律有八議並依周禮舊

文矜其異於衆臣所以制特議法王族刑於隱者所以議親刑不上大夫所以議貴明知重其親貴議欲緩刑非爲嫉其賢能謀致深法今議官多於刑法之外議令入重正與堯舜相反不可爲萬代法臣既處法官敢不以聞乃下詔曰華州刺史蕭齡之粤以嘗才畀叨非據入參九列出總六條番禺重鎮控攝遐遠心如谿壑聚斂無厭不憚典章唯利是視豪門富室必與交通受納金銀二千餘兩乞取奴婢一十九人赦後之贓數猶極廣群僚議罪請處極刑奏決再三卽合從戮但人命至重每存審慎又其驅策自久

桑榆漸迫諸子號叫伏闕求恩哀矜之心發自懷抱宜免腰領之誅投身瘴癘之地可除名配流嶺南遠處庶存鑒誠須示天下

李乾祐永徽初爲御史大夫奏言鄭州人鄭宣道先娉少府監主簿李玄乂妹爲妻玄乂妹卽宣道堂姨玄乂先雖許其姻媾後以法無此禁判許成親何則同堂姨坐雖無服紀既稱從母何得爲婚名教所非人倫共棄古人正名遠別後代違道任情將恐乎人浸以成俗然後屬無服而尊卑不可婚者非止一條請付群官詳議可否左衛大將軍紀王慎等議父之姨及堂姨母之姑姨及堂姑姨父母之姑舅姊妹女壻姊妹堂外甥雖並外姻元服請不爲婚詔從之仍令著於律令

杜景佺則天聖歷中爲鳳閣侍郎同鳳閣鸞臺平章事時契丹入寇河北諸州多陷賊中及事定河內王武懿宗將盡論其罪景佺以爲皆是驅逼非其本心請悉原之則天竟從景佺議

桓彦範長安末爲司刑少卿時內史李嶠等奏稱往蜀華命之時人多逆節鞫訊決斷刑獄至嚴刻薄之吏恣行酷法其周興兵勣來俊臣所劾破家者並請

雪免彦範又奏請自文明元年已後得罪人除楊豫傳三州及諸謀逆魁首一切赦之表疏前後十奏辭旨激切至是方見允納

韓思後睿宗景雲中爲給事中大理奏汝州刺史嚴善思與逆人重福通謀君親無將合從極法會赦免又勑召善思旋卽應命陛下見之日遂不具陳唯奏登有兵氣其狀正當匿反請從絞刑思復駮議曰嚴善思往在先朝屬韋氏擅內侍寵宮掖謀危宗社善思此時遂能先見因請相府有所發明進諭聖躬必登宸極雖交重福謀陷韋氏及其謂見猶不奏聞將

此包藏行從極法且勑追善思書至便發向懷逆節寧卽奔命而來此而可宥惟刑是恤制付議者多請寬之有司翁不從奏斷絞刑思復又駁奏請從衆議帝從之放于嶺表初帝在藩善思爲相府長史姚元之曰相王必有天下公善保護及譙王重福自隨州移于均州有命便於汝州入謁善心時爲刺史又言重福當爲天子因得通謀洎元之入輔奏前事召見將拜官焉而重福敗善思乃下獄

王晙爲殿中侍御史朔方軍元帥魏元忠討賊失利歸罪於副將韓思忠奏請誅之晙以思忠旣是偏裨

制不由已又勇智可惜不可獨殺非辜乃庭議爭之思忠竟免

張說爲兵部尚書玄宗開元十年十月前廣州都督裴伷先下獄中書令張嘉貞奏請决杖說進曰臣聞刑不上大夫以其近於君也故曰士可殺不可辱臣今秋巡邊中途聞姜皎朝堂决杖流皎是三品亦有微功不宜决杖廷辱以卒伍待之且律有八議勳貴在焉今伷先旣不可輕豈可决罰帝然其言嘉貞不說退而謂說曰何言事之深也說曰宰相者時來卽爲豈能長據君貴臣盡當可杖但恐吾等行當及之此言非爲伷先乃爲天下士君子也

李峴肅宗至德中爲御史大夫時中丞崔器性刻樂禍陰恐寘恩又希旨深文奏陷賊官云反逆從者據律並合處死帝初收復欲懲勸天下以爲器議是峴執之曰夫事有首從情有輕重若一槩處死恐非陛下含洪之義又失國家惟新之典且胡羯亂常狂寇凌據二京全階萬乘南巡各顧其生衣冠蕩覆或陛下親戚勳舊子孫責之以死恐乖仁恕昔者明王用刑殲厥渠魁脅從罔治況河北殘寇今尚未平苟容漏網適開自新之路若盡行誅是堅叛逆之心誰人更肯歸順困獸猶鬬況數萬人乎崔器呂諲皆守文

之吏不識大體殊無變通廷議累日方從峴奏陳希烈已下定六等科罪斬於獨柳樹次杖刑决殺於京兆府門自盡於大理寺流於嶺南遠惡處及貶有三等後蕭華自相州賊中歸順闕廷授尚書右丞亦奏賊仕賊官等重爲安慶緒所驅至相州初聞廣平王奉宣恩命陳希烈下並放之皆相顧曰我等國家見待如此悔恨至此其何可言及器聞議刑衆恨乃息帝曰朕幾爲崔器所誤

嚴郢爲京兆尹兼御史中丞時御史臺奏天下斷獄一切請待讞報以正刑名惟除殺人罪當自徒已下

結竟者並徙置邊州郢駮奏曰臣伏以徙置邊州者流之異名流罪者有三等一例移配或恐未當其死罪除殺人之外有十惡重罪造偽刻印并主典偽印及強盜光火等若一切免死徙邊即於法太輕不足懲戒其徒罪條目至多或鬬毆爭競小有傷損或夫妻離異不犯義絶或養男別姓或立嫡違式或私行度關或相冒合戶如此之類不可悉數令一切徙邊與十惡造偽同等即輕重懸殊又准刑部格京城縣雜獄犯百端觸綱陷刑徒罪偏廣若皆送覆繫滯實多其徒已下罪非除免官當及勑杖者宜准外州例

州縣量事處分今若天下徒罪悉申所司皆從讞報法司斷結准式有程州縣禁囚動盈千百計天下每月徒配必不啻五六千人此則百姓動罹刑章紊撓又邊州及近邊犯死及徒流者復何以處之伏請下刪定使詳覆然後施行從之

王播為刑部侍郎憲宗元和八年正月奏天德軍五城及諸邊城配流人等臣竊見配流人每逢赦恩悉得歸還唯前件流人皆被本道重奏稱要防邊遂令歿身終無歸日臣又見比年邊城所配流者多是胥徒小吏或是鬬毆輕刑據罪可原在邊無益伏請自今已後流人及先流人等准長流格例滿六年後並許放還所冀祗法者足以悛懲滿歲者絶其愁怨從之十一月又奏准本年九月十七日勑自今已後兩京及關内河東河南河北淮南河東西等道州府犯罪繫囚除大逆及下手殺人外其餘應入死罪者委所任官長審量事狀但情非巨蠹並免死配流天德五城諸鎮臣謹言勑文除大逆下手殺人外餘入死罪科目至多若不舉其條流或慮中外處斷不一今請犯十惡及故殺鬬謀劫私鑄錢造偽并京兆界持杖強盜不論並依律文及前後格勑處分自餘死刑

即請准今勑減死配隸天德伍城有妻者仍准式勒隨流人其父祖子孫欲隨去者任去從之自九月減死配流之令而京師多盜府縣不能督捕及有是奏而盜稍定

韓愈元和中為職方員外郎時富平縣人梁悅為父報仇所殺秦果自投縣請罪勑復讐之人固有彛典以其申冤請罪視死如歸自詣公門發於天性志在徇節本無求生之心寧失不經特從減死之法宜決一百配流循州愈獻議曰伏奉今月五日勑復讐據禮經則義不同天徵法令則殺人者死禮法二事皆

王教之端有此異同固資論辯宜令都省集議聞奏者伏以子復父讎見於春秋見於禮記又見於周官又見於諸子史不可勝數未有非而罪之者也最宜詳於律而律無其條非闕文也蓋以爲不許復讎則傷孝子之心而乖先王之訓許復讎則人將倚法專殺無以禁止其端矣律雖本於聖人然執而行之者有司也經之所明者制有司者也丁寧其義於經而深設其文於律者其意將使法吏一斷於律而經術之士得引經而議也周官曰凡殺人而議者令勿讎讎之則死義宜也明殺人而不得其宜者子得復讎

也此百姓之相讎也公羊傳曰父不受誅子復讎可也不受誅者罪不當誅者也誅者上施於下之辭非百姓之相殺者也又周官曰凡報仇讎者書於士殺之無罪言將復讎必先言於官則無罪也今陛下垂意典章思立定制惜有司之守憐孝子之心示不自專訪議群下臣愚以爲復讎之名雖同而其事各異或百姓相讎如周官所稱可議於今者或爲官吏所誅如公羊所稱不可行於今者又周官所稱將復讎先告於士則無罪者若孤稚羸弱抱微志而伺敵人之便恐不能自言於官未可以爲斷於今也然則殺之與赦不可一例宜定其制曰凡有復父讎者事發具其事申尚書省尚書集議奏聞酌其宜而處之則經律無失其指矣疏奏不從

盧坦爲庫部員外郎兼侍御史知雜事會李錡反有司請毀錡祖父廟墓坦嘗爲錡從事乃上言曰淮安王神通有功於草昧且古之父子兄弟罪不相及以錡叛可累五代祖乎乃不毀因賜神通墓五戶以備洒掃

蔣乂元和中爲兵部郎中時李錡既誅詔削一房屬籍宰臣召人問曰一房自大功可乎乂曰大功者錡

從父之昆弟其祖神通高又陪陵配享今以裔孫之惡而忘其崇勳不可復問曰自朞可乎對曰朞者錡之昆弟其父若幽身死王事今以錡故連坐亦未可也宰相盡用其言故錡之罪唯及息室女而已

孫革穆宗長慶初爲刑部員外郎時京兆府雲陽縣力人張莅欠羽林官騎康憲錢米憲徵之莅乘醉拉憲氣息將絕憲男買德年十四將救其父以莅角觝力人不敢搪觸遂持木鍾擊莅之首見血後三日致死者准律父爲人所毆子往救擊其人折傷減凡鬭三等至死者依常律即買德救父雖是性孝非暴擊

張莅是切非克以髫丱之歲正父子之親若非聖化所加童子安能及此王制稱五刑之理必原父子之親以權之測淺深之量以別之春秋之義原心定罪周書所訓諸罰有權今買德生被皇風幼符至孝哀矜之宥伏在聖慈職當讞刑合分善惡先其事由陳奏伏冀賜下中書門下商量勑旨康買德尚在童年得知子道雖殺人當死而爲父可哀從沉命之科失原情之義宜付法司減死罪一等處分

楊嗣復長慶中爲中書舍人時東川觀察使奏遂寧縣令龎驥犯贓事大理以法論嗣復等參酌曰龎驥

贓貨之數爲錢肆百餘千其間大半是枉法據職定罪合處極刑雖經赦恩不在原免伏以近日贓吏皆蒙小有矜寛類例之間慮須貸死勑長史犯贓其數不少縱寛刑典難免鞭笞但以近逢鴻恩人思減等雖節文不在免於情理亦要哀矜龎驥量除名流溪州其贓付所司准法

裴潾長慶中爲刑部郎中有前率府倉曹曲元衡杖殺百姓柏公成母法官以公成母死在辜外元衡父任軍便以父蔭贖罪徵銅公成私受元衡資貨母死不聞公府法官等以經恩免罪潾議曰典刑者公柄也在官得施於部屬之內若非在官又非部屬雖有私罪必告於官爲之理以明不得擅行鞭捶於齊人也元衡身非在官公成母非部屬而擅憑威力橫此殘虐豈合均於常典柏公成取貨於讐利母之死悖逆天性犯則必誅奏下元衡杖六十配流公成以法論至死公議稱之

柳公綽長慶中爲刑部尚書京兆人有姑以小過鞭其婦至死府上其獄郎中竇某（史失其名）斷以償死公綽曰尊毆卑非鬬也且其子在以妻而戮其母非教也竟從公綽所議

張丹爲愛州刺史太和中刑部奏據大理寺申准詳斷安南經畧使韓約奏丹犯贓并欲謀惡專已准法處置訖者伏以追攝禁勘即是制因不合專擅處置奉三月十九日勑宜付所司速詳斷聞奏今據寺申據律文反逆謀叛各有本條並無欲謀惡事之科又准律以贓入罪者除正贓見在流死勿徵據罪先勒張冊通款估納家資然後就刑慮涉情故又張冊男宗禮宗智等年皆幼弱張冊雖徵愛州雖遠且嘗領郡則謂御思縱合重繩須候勑命既歸法寺必在正名苟輕流服之刑是棄遠人之命伏以聖朝以慎恤

爲理以惠澤愛人每議典刑必行寛宥豈使一夫不獲呑恨九泉伏請聞奏推覆方可詳斷所冀事狀明白法令施行勑詳覆格律旣在疑文其張冊男宗禮宗智等並釋放贓錢已別有處分其江陵莊宅等勒却還張宗禮等

宇文鼎大和中爲御史中丞奏當司前後推覆造僞出身文書賣官并造僞印行用等因張疇劉建胡伯忠犯罪並在太和三年十一月十八日恩赦前准刑部大理寺詳斷悉處極刑准斷獄律赦前斷罪不當者若處輕爲重宜改從輕處重爲輕卽依輕法者臣

以前件因等雖抵極法悉經殊恩或自赦文全生或因起請減等伏緣俱引霈澤累陳訴詞若非得中恐未服罪咋者一與一奪事關起請旣生又死稍覺二三如臣所見伏請赦書以前犯者特許減論赦書以後所犯者不得援例庶使後無僥倖今絶披陳勑張疇胡伯忠劉建等宜准元勑處分

殷侑爲鄆州觀察使時濮州録事參軍崔元武坐贓决六十配流賀州侑以元武或託公事破罰取於五縣人吏率歛州縣官科錢或以私馬擡估納官計絹一百二十疋大理寺斷三犯以重者論抵以中私馬爲重止合削官三任侑復奏以官法不及法律三犯不同卽坐其所重元武所犯枉法取受准律枉法十五疋以上絞律疏云卽以贓致罪頻犯者並累科據元武所犯合當入處絞刑疏奏崔元武遂依刑部元斷先是御史大夫温造彈奏侑居天下不由勑旨賦歛百姓卽詔庾承宣代之及奏論崔元武文宗嘉侑之守法翌日詔徵侑爲刑部尚書

陳商武宗會昌中爲刑部郎中勑以劉從諫妻裴氏合誅與不誅商議曰臣等徵諸古典周禮司寇之職男子入于罪隷女子入于舂藁漢律云妻子沒爲奴

婢鍾繇曰自古帝王罪及妻子又晉朝議在室之女從父母之誅旣醮之婦隨夫家之罰謹按奴婢舂藁罪罰之類名則爲重而非罪刑故法律明文古今通議夫子有罪母妻無誅死之制然事出一時法由情斷帝王刑辟豈在一途昔少卿降虜漢武誅其母玄宗時安慶宗妻榮義郡主夫以逆誅主亦賜死此則是夫子有罪母妻不捨之例臣等伏以從諫犬羊狼戾蛇豕兇殘抱逆節於明時遺禍胎於孼子裴氏爲惡有素爲姦已成分衣以固其入心申令以安其逆志在於國典情實難容臣等參議宜從重典從之

劉三復爲刑部侍郎時朝議以從諫妻裴氏裴問之姊欲原之法司定罪以劉稹之叛裴以酒食會潞州將校妻子泣告以國逆謀三復覆奏曰劉從諫包藏逆謀比雖已露今推窮僕妾尤得事情據其圖謀言語制度服物人臣僭亂一至於斯雖生前幸免於顯誅而死後已從於追戮凡在朝野同深慶快且自古人臣叛逆合有三族之誅尚書曰乃有顛越不恭我則劓殄滅之無遺育無俾易種于茲新邑如此則阿裴已不得免於極法矣又況從諫死後主張狂謀罪狀非一劉稹年既幼小逆節未深裴爲母氏固宜誠

誘若廣說忠孝之道深陳禍福之原必冀梟首全華而乃激厲克黨膠固叛心廣招將校之妻適有酒食之宴號哭激其衆意贈遺結其群情遂使叛黨稽不捨之誅孽童延必死之命以至周歲方就誅夷此阿裴之罪也雖以裴問之功或希減等而國家有法難議從輕伏以管叔周公親弟也有罪而且除之以周公之賢尚不捨兄弟之罪況裴問之功効安能破朝廷之法耶據阿裴廢臣妾之道懷逆亂之謀裴問如周公之功尚合行周公之戮況於朝典固在不疑阿裴請准法從之

李朋爲刑部員外郎宣示大中六年閏七月奉勅應犯贓人其平贓定估等准名律例諸平贓者皆據犯處當時物價及上絹估律疏議曰贓謂罪人所取之贓皆平其價直准犯處當時土絹之價依令每月旬別立三等估其贓平所犯旬估定罪所取犯月旬上絹之價假有蒲州盜鹽嶲州事發鹽已費使依令懸平即取蒲州中估之鹽准蒲州土絹之價於嶲州決斷之縱有賣價貴賤所估不同亦依估爲定從之十月中書門下奏准勅應犯贓人宜平贓定估等奉閏七月三日勅旨刑部奏頗叶中道宜依仍編入令格

者臣等今商量伏以京邑元無土絹市中所貨皆是外州將到若據律處當處絹價定贓平估即京師當處之絹若取河南一千一百價絹即見在市肆又無此實估將行新勅須立定規今京中市肆所貨諸府絹估各有等差但據罪人所犯贓如是見在絹及金銀雜物等一事已上並請取京時價估定如結贓即在京諸府土絹上價實估結計如罪人所取已費使及不記得當時州土色目即請便取雜州土絹市肆所貨實價中估平結計贓准前取諸州府土絹上估貫價定罪伏以京中諸州府絹價逐旬移改貴賤不

定前使推獄每度臨時估定贓絹卽罪人性命所繫抄忽挍吏因玆得以上下令責兩市絹牙人侯建武等狀京城元不出土絹所貨者諸州土縣果閬州絹最貴每疋九百五十文上至五十尺下至四十五尺其次宋亳州土絹估每疋九百文實估價其河南土絹價亦無一千實估今以果閬州絹尺每與尋常絹不同已次挍貴于宋亳州上縣伏請永爲定例其外州府比者雖准律文取當處上估絹或有不出土絹縱有出處亦慮結獄之時須有勘估因其貴賤便生異端兼以諸州府絹價除果閬州絹外別無貴於宋

亳州上估絹者則外州府不計有土絹及無土絹處並請一例取宋亳州土絹估每疋九百文結計如所取得絹以貴使及不記得色目卽請取犯處市肆見貨當取中估絹價平之如不出絹處亦請以當處見貨雜州中估價平之庶使推劾有准斷讞無疑官吏既難舞文中外自須畫一從之十二月又奏准名例律在官犯罪去官事發或事發去官犯公罪流已下各勿論疏云謂在本任犯罪去官事發或事發去官者謂事發未結斷問便卽去任職此三事犯公罪流已下勿論又准會昌五年正月三日敕文據律文已去任者公罪流以下勿論公罪之條情有輕重苟涉欺詐豈得勿論向後公罪有請狀難恕並不在勿論之限今伏詳勿論之理者實啓倖門勅律所標科條未具伏見近日已來頻有長吏在官無政被人告論醜迹已達於聖聽苛政又布于人口降制使案劾並已伏慾下法司參詳卽云去任縱有重罪盡得勿論此乃徒致摧窮何懲姦濫且當官犯罪事迹已彰既令推勘自合停替前同去任實有等差伏請自今已後應在官犯罪事發因而去任不論公罪私罪一切准勅律科刑不在勿論之限其去任事發者公罪流

已下卽望許引勿論之科其有事涉欺詐情理難恕者請法司詳斷之時審詳事狀如涉此色准會昌元年正月三日勅文並不在勿論之限從之

後唐李愚仕梁爲崇政院學士貞明中道事舍人李霄傭夫毆傷舍人致死法司按律罪在李霄愚曰李霄手不鬬毆傭夫毆之致死安得坐其主耶以是忤旨

李殷夢爲刑部員外郎天成二年七月洛州平恩縣百姓高弘超其父暉爲鄉人王感所殺後陝亦以報之遂携其首自陳大理寺以故殺論殷夢覆曰伏以

捄亦殺人按律處死投獄自首降罪垂文高弘超旣
遂復讐固不逃法載天罔悅視死如歸歷代已來事
多貸命長慶二年有康買得父憲爲力人張莅乘醉
拉憲氣息將絕買德年十四以木鍤擊莅後三日致
死勅旨康買德尚在童年能知子道雖殺人當死而
爲父可哀若從沉命之科恐失度情之義宜減死處
分又元和六年富平人梁悅殺父之讐投縣請罪勅
旨復讐殺人固有彝典以其申寃請罪自詣公門發
於天性本無求生寧失不經特從減死方今明時有
此孝子其高弘超若使須歸極法實慮未契鴻慈奉

勑忠孝之道乃治國之大柄典刑之要在誅意之深
文差若毫釐繫之理道昔紀信替主赴難何青史之
永刋今高弘超爲報父寃郎丹書之不尚人倫至孝
法綱宜矜減死一等
晉天福三年七月晉州民曹繼勳訴男蒲籍與王典
哥因里俗戲擲塼子諍鬭破頭上辜限内因風致卒
准律合決重杖處死者刑部詳奏云王典哥情非巨
蠹年乃童蒙蒲籍死旣因風本州勘須有據雖執毆
傷之律自有當刑當逢欽恤之朝寧無宥過尋有勑
減死一等徵銅一百斤

漢張仁瑑爲左庶子乾祐二年十二月鄧州節度判
官史在德棄市以其誤斷民崔彥等八人犯牛皮禁
罪皆至死刑故也時朝廷方務積甲故牛革之禁甚
峻先是潞州長子縣民犯鞔底二殺數人在德援例
以斷之節度使劉重進以崔彥將牛皮漢高廟冐皷
魯於本鎮申明其與故犯不同改杖放之在德固爭
因而上言朝廷命使案覆在德以失入伏辜時樞密
使楊邠以法寺覺縱乃召仁瑑讞之仁瑑讞上以大
理寺所斷即依律文凡斷罪令取最後勑爲定詳編
勑云官典鞫獄枉濫或經臺授執勘問不虛元推官

典並當誅罰又嘗有忻州法椽郭業故人張仁安一
人死罪合當誅罰處分今在德故入八人罪法寺不
援後勑准據律文今以郭業比附在德合處極典大
理聞是讞又引晉朝後勑云今後不得以斷郭業勑
内誅罰二字爲用並須依格律斷獄時宰臣蘇逢吉
見之言於楊邠不能正竟決杖死之

册府元龜

巡按福建監察御史臣李嗣京訂正

知長樂縣事臣夏允彝叅閱

知建陽縣事臣黄國琦較釋

刑法部

守法　正直

守法

刑不可變天下之平也守之勿失有司之職也自非探情而閲實舉要以蔽罪又何以致刑無頗類而人皆厭伏哉若乃時主之意有所輕重不循三尺之制

將紊一代之訓而能辨析是非寃論曲直確然固守毅然無撓南面之貴爲霽於嚴威金科之文克遵於中典法當其罪下以不寃茲所謂能守其官不解於位者矣至有知過而引咎縱父以受刑斯又積忠恕於心術著明慎於官次舍生取義守死無苟者焉

李離晉人文公時爲理過聽殺人自拘當死文公曰官有貴賤罰有輕重下吏有過非子之罪也李離曰臣居官爲長不與吏讓位受祿爲多不與下分利今過聽殺人傳其罪下吏非所聞也辭不受令文公曰子則自爲以有罪寡人亦有罪邪李離曰理有法失刑則刑失死則死公以臣能聽微決疑故使爲理今過聽殺人罪當死遂不受令伏劒而死

石奢楚人爲人公正好直昭王使爲理於是廷有殺人者石奢追之則其父也還反於廷曰殺人者臣之父也以父成政非孝也不行君法非忠也施罪廢法而伏其辜臣之所守也遂伏鈇鑕曰命在君君曰追而不及庸有罪乎子其治事矣石奢曰不然不私其父非孝也不行君法不忠也以死罪生不廉也君赦之上之恵也臣不敢失法下之義也遂不去鈇鑕刎頸而死於廷中

漢張釋之文帝時爲廷尉帝行出中渭橋（在渭橋中路）有一人從橋下走乘輿馬驚於是使騎捕之屬廷尉（委屬）也釋之治問曰縣人來（長安縣人也）聞蹕匿橋下久以爲行過（言天子過）既出見車騎即走耳釋之奏當此人犯蹕（凡令蹕先至而犯者罰金四兩當謂處其罪也）當罰金帝怒曰此人親驚吾馬馬賴和柔令佗馬固不敗傷我乎而廷尉乃當之罰金釋之曰法者天子所與天下共公也（公謂不私也）今法如是更重之是法不信於民也且方時其上使使誅之則已（言初執獲此人天子即令誅之其事即畢）今已下廷尉廷尉天下之平也一傾天下用法皆爲之輕重民安所錯其

手足（安焉也錯置也）惟陛下察之帝良久曰廷尉當是也其後人有盜高廟坐前玉環得（得者盜環之人爲吏所捕得也）帝怒下廷尉治案盜宗廟服御物者爲奏當弃市帝大怒曰人亾道廼盜先帝器吾屬廷尉者欲致之族而君以法奏之（法謂當法）非吾所以共承宗廟意也釋之免冠頓首謝曰法如是足也且罪等（俱死罪也盜玉環下若盜長陵土之逆）然以逆順爲基今盜宗廟器而族之有如萬分一假令愚民取長陵一杯土（不欲指言故以取土喻也杯謂手掬之也不忍言毁徹故止云取土耳）陛下其何以加其法乎文帝與太后言之乃許廷尉

張湯武帝時爲廷尉伍被與淮南王謀反後詣吏自告蹤跡如此天子以伍被雅辭多引漢美欲勿誅湯進曰被首爲王畫反計罪無赦遂誅被又嚴助與淮南王相結後淮南王來朝厚賂遺助交私論議及淮南王反事與助相連帝薄其罪欲勿誅（以其過爲輕小）湯爭以爲助出入禁闈腹心之臣而外與諸侯交私如此不誅後不可治助因弃市

後漢郭躬明帝時辟公府以明法律召入議法有兄弟共殺人者而罪未有所歸帝以兄不訓弟故報兄重而減弟死中常侍孫章宣詔誤言兩報重尚書奏章矯制罪當腰斬帝復召躬問之躬對章應罰金帝曰章矯詔殺人何謂罰金躬曰法令有故誤章傳命之謬於事爲誤誤者其文則輕帝曰章與囚同縣疑其故也躬曰周道如砥其直如矢君子不逆詐君王法天刑不可以委曲生意帝曰善遷躬廷尉正

魏高柔文帝時爲廷尉時帝以宿嫌欲枉法誅治書執法鮑勛而柔固執不從詔命帝怒甚遂召柔詣臺遣使者承指至廷尉考竟勛勛死乃遣柔還寺又時獵法甚峻宜陽典農劉龜竊於禁內射兎其功曹張京詣校事言之帝匿京名收龜付獄柔上請告者名

帝大怒曰劉龜當死乃敢獵吾禁地送龜廷尉便當考掠何復請告者主名吾豈妄收龜耶柔曰廷尉天下之平也安得以至尊喜怒毁法乎重復爲奏辭指深切帝意寤乃下京名卽還訊各當其罪又公孫淵兄晃爲叔父恭任內侍先淵未反數陳其變及淵謀逆帝不忍市斬欲就獄殺之柔上疏曰書稱用罪伐厥死用德彰厥善此王制之明典也晃及妻子叛逆之類誠應梟縣勿使遺育而臣竊聞晃先數自歸陳淵禍萌雖爲凶族原心可恕夫仲尼寬司馬牛之憂祁奚明叔向之過在昔之美義也臣以爲晃信有言

宜貸其死苟自無言便當市斬今進不赦其命退不彰其罪閉著囹圄使自引分四方觀國或疑此舉也帝不聽因遣使齎金屑飲晃及其妻不坐賜以棺衣殯殮於宅

王觀明帝時爲治書侍御史帝幸許昌觀典行臺獄時多有倉卒喜怒而觀不阿意順旨

晉杜友爲廷尉時趙王倫坐使散騎將劉緝買工所將盜御裘友正緝弃市倫當與緝同罪有司奏倫爵重屬親不可坐諫議大夫劉毅駁曰王法賞罰不阿貴賤然後可以齊禮制而明典刑也倫知裘非常蔽

不語吏與緝同罪當以親貴議減不得闕而不論宜自於一時法中如友所正帝是毅駁然以論親故下詔赦之

王彪之爲廷尉時永嘉太守謝毅赦後殺郡人周矯矯從兄球詣州訴兗揚州刺史殷浩遣從事收毅付廷尉彪之以球爲獄主身無王爵非廷尉所科不肯受與州相反覆穆帝發詔令受之覆之彪又上疏執據時人比之張釋之

後魏游肇爲廷尉宣武嘗私勑肇有所降恕肇執而不從曰陛下自能恕之豈足令臣曲筆也執其意如此

袁翻爲廷尉少卿時侯剛爲左衛將軍尚衣典御坐掠殺試射羽林爲御史中尉元匡所彈廷尉處剛大辟尚書令任城王澄爲之言於靈太后侯剛歷仕前朝事有可取纖芥之疵未宜便致於法靈太后乃引見廷尉卿裴延雋及翻於宣光殿問曰剛因公事掠人邂逅致死律文不坐卿處其大辟竟何所依翻對曰按律邂逅不坐者謂情理已露而隱避不引必須箠撻取其疑言謂過撻以理之類至於此人問則具首正宜依犯結案不應橫加箠撲兼剛口唱打殺撾

築非理本有殺心是非邂逅處之大辟未乖憲典太后曰卿等且還當別有判於是令曰廷尉執處侯剛於法如猛剛既意在爲公未宜便依所執但輕勦人命無理全捨可削封三百戶解尚衣典御

隋劉行本開皇中爲黄門侍郎領治書侍御史雍州別駕元肇言於高祖曰有一州吏受人饋錢二百文依律合杖一百然臣下車之始與爲約此吏故違請加徒一年行本駁之曰律令之行並發明詔與民約束今肇乃敢重其教命輕忽憲章欲申已言之必行忘朝廷之大信虧法取信非人臣之禮帝嘉之賜絹

百疋

趙綽爲大理少卿故陳將蕭摩訶其子世略在江南作亂摩訶當從坐帝曰世略年未二十亦何能爲以其名將之子爲人所逼耳因赦摩訶綽固諫不可帝不能奪欲綽去而赦因命綽退食綽曰臣奏獄未決不敢退朝帝曰大理其爲朕特放摩訶也因命左右釋之刑部侍郎辛亶嘗衣緋褌俗云利於官帝以爲厭蠱將斬之綽曰據法不當死臣不敢奉詔帝怒甚謂綽曰卿惜辛亶而不自惜也命左僕射高熲將綽斬之綽曰陛下寧可殺臣不得殺辛亶至朝堂解衣

當斬帝使人謂綽曰竟何如對曰執法一心不敢惜死帝拂衣而入良久乃釋之明日綽謝勞勉之賜物三百段時帝禁行惡錢有二人在市以惡錢易好者武候執以聞帝令悉斬之綽進諫曰此人坐當杖殺之非法帝曰不關卿事綽曰陛下不以臣愚暗置在法司欲妄殺人豈得不關臣事帝曰撼大木不動者當退對曰臣望感天心何論動木帝復曰啜羹者熱則置之天子之威欲相挫耶綽拜而益前訶之不肯退帝遂入治書侍御史柳彧復上奏切諫帝乃止

陳孝意煬帝大業初爲魯郡司法書佐郡內號爲廉平太守蘇威嘗欲殺一囚孝意固諫至於再三威不許孝意因解衣請先受死良久威意乃解謝而遣之

源師爲大理少卿煬帝在顯仁宮勑宮外衛士不得輙離所守有一主帥私令衛士出外帝付大理繩之師據律奏徒帝令斬之師奏曰此人罪誠難恕若陛下初便殺之自可不關文墨旣付有司義歸常典脫宿衛近侍者更有此犯將何以加之帝乃止

唐李素立武德初爲監察御史時有犯法不至死高祖特令殺之素立諫曰三尺之法與天下共之一法動搖則人無所措手足陛下甫創洪業遐荒尚阻柰

何輦轂之下便棄刑書臣忝法司不敢奉旨高帝從之

蕭鈞爲諫議大夫時太常樂工宋四通等爲宮人通傳信物高祖特令處盡仍遣附律鈞上疏言四通等犯在未附律前不合至死手詔曰朕聞防禍未萌先賢所重宮闈之禁豈可漸歟昔如姬竊符朕用爲永鑒不謂今玆自彰其過其犯憲章想非濫也但朕翹心紫禁思覿引裾側席朱楹冀旌折檻今乃喜得其言特免四通等死遠處配流

戴冑大宗貞觀初爲大理少卿時吏部尚書長孫無

忌不解佩刀入于東上閤尚書左僕射封德彝議以監門挍尉不覺罪當死無忌爲誤罰銅二十斤胄駮之曰挍尉不覺與無忌帶入同爲誤耳准律云供御湯藥飲食舟船誤不如法者皆死良以尊極之所不容有誤陛下若錄其功非憲司所决若當據法罰銅未爲得中帝曰法者非朕一人之法乃天下之法也何得以無忌國之親戚便欲阿之更令定議德彝執議如初帝初從德彝之議胄又曰挍尉緣無忌以致罪於法當輕若論其過誤則爲情一也而生死頓懸敢以固請帝嘉之因免挍尉之罪時朝廷盛開選舉

或有詐僞者事洩胄據法斷流以奏之帝曰朕下勑不首者死今從流是示天下以不信矣胄曰陛下當即殺之非臣所及也既付所司臣不敢虧法帝曰卿欲守法而令朕失信胄固爭曰法者國家所以布大信於天下也言者當喜怒之所發陛下發一朝之忿而許殺之既知不可而寘之於法此乃忍小忿而存大信也帝悅而言曰法有不可公能正之朕何憂也

李乾祐爲殿中侍御史時有鄃令裴仁軌私役門夫太宗欲斬之乾祐奏曰法令者陛下制之於上率土遵之於下與天下共之仁軌犯輕罪而致極刑便乖畫一之理刑罰不中則人無所措手足臣忝憲司不敢奉制帝意解仁軌竟免罪

常挺爲太常卿攝刑部尚書時茂州童子張仲文忽自稱天子口署其流輩數人爲官司大理以爲指斥乘輿雖會赦猶斬挺奏稱仲文所犯正當妖言今既會赦准法免死太宗怒挺曰去十五年懷州吳法良亦浪入先置鉤陳口稱天子大理刑部皆言指斥乘輿咸斷處斬今仲文稱妖乃同罪異罰卿作福於下歸虐於上邪挺拜謝趨退自是憲司不敢以聞數日刑部尚書張亮復奏仲文請依前以妖言論太宗謂

亮曰日者常挺不識刑典以重爲輕朕時惟其所執不爲處斷卿今日復爲執奏不過欲自取剛正之名耳曲法要名朕所不尚亮黙然再拜就列太宗目之曰爾無恨色我無猜心夫人君含容屈在於我可申君所請屈我所見其仲文宜處以妖言

崔敦禮爲兵部侍郎高宗永徽四年二月司徒荆王元景司徒吳王恪房州刺史駙馬都尉房遺愛寧州刺史駙馬都尉柴令武等坐謀反遺愛萬徹令武並斬元景及恪遺愛妻高陽公主令武妻巴陵公主並賜死上引遺愛謂曰與卿親故何恨遂欲謀反遺愛

奏曰臣包藏姦慝誠合誅夷但臣告吳王恪異以贖罪竊見貞觀中紇干承基游文芝並與侯君集劉蘭同謀不軌於後承基告君集文芝告劉蘭並全首領更加官爵帝曰卿承籍緒餘身尚公主豈比承基等且告吳王反事無乃晚乎遺愛遂伏罪帝因泣謂侍臣曰朕兄弟不多荆王是朕長叔吳王是朕兄雖犯國經欲就公等乞叔及兄姊等命敦禮進曰昔周公誅管蔡漢景夷七國至於孝昭之時燕王蓋主謀逆皆正刑典此乃前事不遠陛下豈可屈法申恩乃從之

段寶玄爲大理卿永徽四年十二月代州都督劉文器坐妄說圖讖情有窺𨵦特免死流配峯州高宗手詔示百僚曰窺𨵦圖讖必以亾身滅族斯皆先賢設教歷代舊章今文器乃與妖人往還虗占禍福矯託天命包藏逆心非意自彰以歸嚴憲今屈法免死者由朕寡德所致故也去春遺愛等並起於前今冬文器禍彰於後一歲之內再有此舋朕宵興自思非無慚愧御史大夫長孫祥與寶玄奏言劉文器苞藏禍心罪合極法天恩寬貸特免其罪臣聞君親無將將而必誅此法歷代常行文器不可縱捨臣等忝是法司敢以死請帝曰卿等執奏誠知守法朕恕其性命不敢二三竟赦之

狄仁傑爲大理丞上元二年九月左威衛大將軍權善才右監門中郎將范懷義並爲斫昭陵栢木大理奏官減死外並除名帝特令殺之仁傑執奏稱罪不當死帝引入謂曰善才斫陵上栢是我不孝必須殺之仁傑又執奏帝作色令出仁傑進曰臣聞逆龍鱗忤人主自古以爲難臣愚以爲不然居桀紂之時則難堯舜之時則易臣今幸逢堯舜不懼比干之誅昔漢文時有盜高廟玉環張釋之廷諍罪止棄市魏文

將徙其人辛毗引裾而諫亦見納用且明主可以理奪忠臣不可以威懼今陛下不納臣言臣恐瞑目之後羞見釋之辛毗於地下陛下作法懸之象魏徒流死罪且有等差豈有犯非極刑卽令賜死法旣無常則萬姓何所措其手足陛下必欲變法請從今日爲始古人云假使盜長陵一抔土陛下何以加之今陛下以昭陵一株栢殺二將軍千載之後謂陛下爲何主此臣所以不敢奉詔殺善才恐陷陛下於不道帝意稍解皇太子又抗疏善才等嘗預藩僚先經驅策期於矜貸帝從之善才竟免死除名懷義配流桂州

昭陵令孔禎以不能簡察免官經數日擢仁傑爲侍
御史
徐弘敏字有功延載初爲司刑寺丞時魏州人馮敬
同告貴鄉縣尉徐餘慶與博州刺史虺冲同反餘慶
博州人冲先放粟債於貴鄉百姓遣鄉人斂索訖餘
慶爲徵所徵得錢冲家人自買弓箭餘慶兼修啓疏
於冲直叙寒溫并言債負不可徵得敬同遂以此狀
論告武太后令殿中侍御史來俊臣就推俊臣所推
徵債是實其弓箭非餘慶爲市遂奏慶共冲同謀反
曹斷緣會永昌赦稱其與虺貞同惡魁首並以伏誅

其支黨未發者特從原放遂准律攺斷流三千里侍
御史魏文忠奏頗餘慶爲冲徵債叶契凶謀又通書
啓即非支黨請處斬家口籍没奉勅依有功執奏曰
謀反大逆罪極誅夷殄其族未足以謝愆汚其宮寧
可以塞責今據餘慶罪狀頗共虺冲交涉爲冲理債
違勅是情於冲致書在反爲驗既屬永昌恩赦在慶
罪即合原狀據永昌元年赦曰其與虺貞等同惡徒
黨魁首既並伏誅其支黨事未發者特從赦原謹詳
魁首兩文在制非無所屬尚書曰殲厥渠魁名例律
曰造意爲魁首即其帥首乃元謀魁帥首謀已露者

既並伏法支泒黨與未發者特從原宥伏誅既標並
字足明魁首無遺餘慶赦後被言發覺即爲支黨必
其慶是魁首當時尋已伏誅若從魁首逃亾亦應登
時追捕進則不入伏誅之例退則又異追捕之流將
同魁首結刑何人更爲支黨况非常之恩千載空遇
莫大之罪萬死蒙生豈令支黨之人翻同魁首應坐
之伍更入死條嫉惡雖臣子之心好生乃聖人之德
今赦而後罪即不如無赦生而又殺則不如無生竊
惟聖朝伏當不爾餘慶請依後斷爲支黨處流有功
具奏太后大怒按聲謂有功曰若爲與作魁首有功

對曰魁是大帥首是元謀太后又曰餘慶可不是魁
首有功又對曰若是魁首虺冲敗日並合伏誅今赦
後事彰只是支黨太后又謂曰違勅徵債與虺冲買
弓箭何爲不是魁首有功又對曰違勅徵債誠如
聖旨所買弓箭收不相關太后又謂曰二月內與徵
債八月又通書此豈不是同謀有功又對曰所通之
書據狀是寒溫其書摟簡不獲餘慶先經奏訖通書
徵債只是支黨太后怒少解乃謂曰卿更子細勘問
是支黨不是支黨奏來當時百寮供奉及仗衛有二
三百人莫不股慄而有功神色不動奏對無差人皆

伏其膽力而不撓時酷吏周興來俊臣丘神勣王弘等搆陷無辜皆抵極法公卿震恐莫敢正言有功獨存平恕詔下大理者有功皆議出之前後濟活數十百家嘗於殿庭論奏曲直武后厲色詰之左右莫不悚慄有功神色不撓爭之彌切後爲侍御史潤州刺史竇孝諶妻龐氏爲奴誣告云夜解髮祈福武后令給事中薛季昶鞫之斷成其罪龐氏坐斬有功執論龐氏坐不至死季昶又劾有功黨惡逆法同緒刑有功當弃市方視事令史垂泣以告有功曰豈吾獨死諸人長不死邪乃徐起而歸

李朝隱玄宗開元中爲大理卿冀州武強縣令裴景仙犯乞取贓五千疋事發帝大怒令集衆殺之朝隱奏曰景仙緣是乞贓罪不至死又景仙曾祖故司空寂往屬締搆首参元勲載初中家陷非罪凡其兄弟皆被夷惟景仙獨存今見承嫡據贓未當死坐准犯償入請條十代宥賢功實宜錄一門絶祀情或可哀願寛暴市之刑俾就投荒之役則舊勲不棄平典斯允手詔不許朝隱又奏曰輕重有條臣下當守枉法者枉理而取十五疋便抵死刑乞取者因乞爲贓數千疋上當流坐今若乞取得罪便處斬刑後有枉法當科欲加何辟所以爲國惜法期守律文非敢以法隨人曲矜仙命射兎魏苑驚馬漢橋初震皇赫竟從逆議豈威不能制而法貴有常又景仙曾祖寂寔爲元勲恩荷嘗數若寂勲都棄仙罪特加則叔向之賢何足稱者若敖之鬼不其餒而捨罪念功乞垂天聽遂决一百配流

竇參代宗時爲大理司直時婺州刺史鄧侹坐贓八十貫侹與執政有舊以會赦欲免徵贓詔百寮於尚書省雜議議者多希執政意參獨堅執正之於法竟徵贓

牛僧孺爲御史中丞穆宗長慶中宿州刺史李直臣坐贓當死直臣賂中貴人爲之申理僧孺堅執不回帝面諭之曰直臣事雖僣失然此人有經度才可委之邊任朕欲貸其法僧孺對曰凡人不才止於持祿取容耳帝王立法束縛姦雄正爲才多者祿山朱泚以才過人濁亂天下況直臣小才又何屈法哉上嘉其守法面賜金章紫綬

晉張仁愿開運初再爲大理卿嘗以開州刺史王澈犯贓朝廷以澈功臣之子欲宥之仁愿累執奏不移竟遣伏法議者賞之

正直

詩曰靖恭爾位好是正直況夫簡孚庶獄審克九刑咸震懼之威當明慎之職固宜謹奉彝憲舉正爰書絶去兩端循用三尺靡放於寵罔私於親犯逆鱗而不回蹈危機而弗顧使丹筆絶誤書之罪棘木無夜哭之寃傳曰舉直錯諸枉能使枉者直其是之謂乎

晉叔向刑侯與雍子爭鄐田（刑侯楚申公巫臣之子也雍子亦故楚人）久而無成士景伯如楚（士景伯晉理官）叔魚攝理（攝代景伯）韓宣子命斷舊獄罪在雍子雍子納其女於叔魚叔魚蔽罪刑侯（蔽斷也）刑侯怒殺叔魚與雍子於朝宣子問其罪

於叔向叔向曰三人同罪施生戮死可也（施行罪也）雍子自知其罪而賂以買直鮒也鬻獄刑侯專殺其罪一也已惡而掠美為昏（掠取也昏亂也）貪以敗官為墨（墨不絜之稱也）殺人不忌為賊（忌畏也）夏書曰昏墨賊殺（逸書三者皆死刑）皋陶之刑也請從之乃施刑侯而尸雍子與叔魚於市

後漢傳賢為廷尉素廉正自掌法官門無賓客公卿宴會要請不往

魏滿寵山陽人太祖辟署西曹屬為許令故太尉楊彪收赴縣獄尚書令荀彧少府孔融等並屬寵但當受辭勿加考掠寵一無所報

司馬岐為廷尉時大將軍曹爽專權尚書何晏鄧颺等為之輔翼南陽圭泰嘗以言迕指考繫廷尉颺訊獄將致泰重刑岐數颺曰夫樞機大臣王室之佐既不能輔化成德齊美古人而乃肆其私忿枉論無辜使百姓危心非此焉在颺於是慚怒而退岐終恐久獲罪以疾去官居家未朞而卒

晉顧榮字彥先遷廷尉平時趙王倫誅淮南王允允官屬下廷尉議罪榮具明刑理不宜廣濫倫意解賴榮濟者甚衆

後魏崔振爲廷尉少卿河內太守陸琇與咸陽王禧

同謀爲逆禧敗事發振窮治之時琇內外親黨及當朝貴要咸爲之言振研覈切至終無縱緩遂斃之於獄其奉法如此

崔光韶爲廷尉卿時秘書監祖瑩以贓罪被劾光韶必欲致之重法太尉城陽王徽尚書令臨淮王彧吏部尚書李神儁侍中李彧並勢望當時爲瑩求寬光韶正色曰朝賢執事於舜之功未聞有一如何反罪人言乎其執意不回如此

張蒲爲內都大官參決庶獄私謁不行號爲公正

隋薛胄爲刑部尚書時左僕射高熲稍被疏忌及王

世勣之誅也頴事與相連文帝因此欲成頴罪胄明雪之正議其獄由是忤旨械繫之久而得免

唐戴胄為大理少卿前後犯顏執法者數矣劉德威授大理卿太宗嘗問之曰近來刑網稍密其過安在德威奏言誠在主上不由臣下人主好寬則寬好急則急律文失入減三等失出減五等今則反是失入則無辜失出獲大罪所以吏各自愛競執深文非有教使之然畏罪之所致耳陛下但捨所急則寧失不經復行於今日矣太宗深然之

桓彦範為司刑少卿凡所奏議若逢人主詰責則辭

色無渝爭之逾厲又嘗謂所親曰今既躬為大理人命所懸必不能順旨詭辭以求苟免

崔日昇玄暐之弟玄暐為鸞臺侍郎平章事日昇為司刑少卿則天季年宋景劾奏張昌宗謀為不軌玄暐亦屢有讜言則天乃令法司正斷其罪日昇玄暐請實以大辟其兄弟守正如此

李日知天授中為司刑丞時用法嚴急日知獨寬平無冤濫嘗免一死囚少卿胡元禮斷請殺之與日知往復至于數四元禮怒曰元禮不離刑曹此囚終無生路日知荅曰日知不離刑曹此囚終無死法竟以兩狀列上日知果直

徐有功為司刑丞嘗於殿庭論奏曲直則天厲色詰之左右莫不悚慄有功神色不撓爭之彌切後為司刑少卿嘗謂所親曰今既躬為大理人命所懸必不能順旨詭辭以求苟免故前後為獄官以諫奏枉誅者三經斷死而堅志不渝以殺身成仁不以夷險易操故天下聞之者欣欣然談之不容於口或曰昔獄官皆然刑措何遠

王正雅文宗時為大理卿會宋申錫事起獄自內出無支證可驗當是時王守澄之威權鄭注之勢在庭

雖宰相已下無能以顯言排其事者惟正雅與京兆尹崔琯上疏言宜得告事者考驗其辭狀以聞由是獄稍辯以琯與正雅挺然申理也中外翕然推重及卒時論惜之

後唐李愚仕梁為左拾遺晉州節度使華温琪在任違法籍民家財入己其家訟于朝制使劾之伏罪梁主以先朝草昧之臣不忍加法愚按其罪

晉呂琦為駕部員外郎兼侍御史知雜事會河陽帑吏竊財事發詔軍巡院鞫之時軍巡使尹訓怙勢納賂枉直相反俄有訴寃於闕下者詔琦按之既驗其

姦乃上言請送尹訓之臺時權臣庇訓沮而不行琦
連奏不巳訓知其不免自殺於家其獄遂明蒙活者
甚衆自是朝廷多琦之公正
李象遷文昌外郎詳刑定罪每不畏豪強人甚重之
周李濤初仕晉爲刑部郎中少帝開運中抗表請理
涇師張彥澤殺掌書記張式事忤旨左遷維陽令
劉延爲刑部郎中廣順三年九月同州節度使薛懷
讓并子有光受夏陽縣民張廷徽獻遂迫促判官劉
震斷殺里人康重等其親屬訴免臺司奏薛懷讓并
子有光及隨幕判官軍將等並合追攝勘問太祖以

懷讓武臣位兼使相不欲責辱只令臺司據見勘到
欵占結案獄成上付大理寺詳斷劉震王廷誨並處
死延以覆稱節度使薛懷讓巳下未曾勘對劉震等
各是偏詞伏候勅裁太祖覽之謂侍臣曰劉延所奏
休是公正懷讓旣然不問劉震等宜與減等故劉震
王廷誨得以不死但决配焉

冊府元龜終

冊府元龜

巡按福建監察御史臣李嗣京　訂正
知閩縣事臣曹𢒰臣參閱
知建陽縣事臣黄國琦較釋

刑法部

平允　平反

平允

易曰君子以明慎用刑而不留獄傳曰刑者侀也侀者成也一成而不可變故君子盡心焉是故惟明克允虞帝之申戒簡孚審克呂刑之有云三代而下治

獄之吏乃其達欽恤之旨務伏念之訓深懷仁恕務遵寬大原人心以定法傳經義而立論悉其聰明致其忠愛情得而勿喜罪疑而從輕無有適莫歸乎至當故能使群議厭服刑章式叙上無枉撓之失民知耻格之漸其於守官宿業不亦多乎故皐陶之淑問流於雅頌張釋之爲名臣稱於史氏何莫由斯也已

公甫爲魯大夫孔子如衛人請曰公甫不能聽獄乎子曰不知公甫之不能聽獄也公甫之聽獄也有罪者懼無罪者耻民近禮矣

漢趙禹爲廷尉始條侯以禹賊深及禹爲少府九卿酷急至晚節事益多吏務爲嚴峻而禹治加緩名爲平

杜延年爲大將軍霍光軍司馬光持刑罰嚴延年輔之以寛治燕王獄時御史大夫桑弘羊子遷亡過父故吏侯史吳姓侯名史吳後遷捕得伏法會赦侯史吳自出繫獄廷尉王平與少府徐仁雜治反事交雜同共治之也皆以爲桑遷坐父謀反而侯史吳藏之非匿反者廼匿爲隨者也言桑遷但隨坐耳非自反也即以赦令除吳罪後侍御史治實重覈其事也以桑遷通經術知父謀反而不諫諍與反者身無殊侯史吳故三百石吏首匿遷首匿者言

身爲謀首而藏匿人也他皆類此不與庶人匿隨從者等吳不得赦奏請覆治劾廷尉少府縱反者少府徐仁即丞相車千秋女壻也故千秋數爲侯史吳言恐光不聽千秋即召中二千石傳任會公車門議問吳法於法律之中吳當得何罪議者知大將軍指皆執吳爲不道明日千秋封上衆議光於是以千秋擅召中二千石以下外内異言外内謂外朝及内朝也遂下廷尉平少府仁獄朝廷恐丞相坐之延年乃奏記光爭以爲吏縱罪人有常法今更詆吳爲不道恐於法深也詆誣也又丞相素無所守持而爲好言於下盡其素行也非故有所執持但其素行好與在下人言議耳至擅召

中二千石甚無狀無善狀也延年愚以爲丞相久故及先
帝用事言在位已久是爲故舊又嘗及仕先帝而任事也又非有大故不可弃
也間者民頗言獄深吏爲峻詆峻謂峭刻也今丞相所議
又獄事也如是以及丞相恐不合衆心群下讙譁庶
人私議蜚言四布延年切重將軍失此名於天下也
重尤難也以此爲重事也光以廷尉少府弄法輕重皆論弃市而
不以及丞相終與相竟謂終丞相之身無貶黜也延年論議持平
合和朝廷皆此類也
黄霸爲河南丞爲人明察內敏內敏言心思捷疾也又習文法
然溫良有讓足知善御衆爲丞處議當於法合人心

太守甚重之吏民愛敬焉自武帝末用法深切昭帝
立大將軍霍光秉政大臣爭權上官桀等與燕王謀
作亂既誅之遂遵武帝法度以刑罰痛繩群下由是
俗吏上嚴酷以爲能而霸獨用寬和爲名會宣帝卽
位在民間時知百姓苦吏急也聞霸持法平召以爲
廷尉正數決疑獄庭中稱平
于公爲縣獄吏郡曹決獄平羅文法著于公所決皆
不恨羅也
于定國爲廷尉其決疑平法務在哀鰥寡罪疑從輕
加審愼之心朝廷稱之曰張釋之爲廷尉天下無寃
民言決罪皆當于定國爲廷尉民自以爲不寃
孔光爲廷尉光久典尚書練法令號稱詳平
後漢何敞六世祖比干武帝時爲廷尉正與張湯同
時湯持法深而比干務仁恕數與湯爭雖不能盡得
然所濟活者以千數
郭躬父弘習小杜律杜周武帝時爲廷尉御史大夫斷獄深刻少子亦明法律宣帝時又爲御史大夫對父故言延年小太守寇恂以弘爲決曹掾斷獄至
三十年用法平諸爲弘所決者退無怨情郡內比之
東海于公及躬爲廷尉務在寬平及典理官決獄斷
刑多依矜恕又條諸重文可從輕者四十一事奏之

事皆施行著于令
寒良永平中以謁者守侍御史與三府掾屬六考案
禁獄顏忠王平等辭連及隧鄉侯耿建良陵侯臧信
獲澤侯鄧鯉曲成侯劉建建等辭未嘗與忠平相見
是時明帝怒甚吏皆惶恐諸所連及率一切陷入無
敢以情恕者良心傷其寃試以建等物色獨問忠平
而二人錯愕不能對良知其詐及上言建等無姦專
爲忠平所誣疑天下無辜類多如此帝乃召良入問
曰建等卽如是忠平何故引之良對曰忠平自知所
犯不道故多有虛引冀以自明帝曰卽如是四侯無

事何不早奏獄竟而久繫至今邪良對曰臣雖考之
無事然恐海內別有發其姦者故未敢時上帝怒罵
曰吏持兩端促提下左右方引去良曰願一言而死
小臣不敢欺欲助國耳帝問曰誰與共爲良對曰臣
自知當必族滅不敢多汚染人誠冀陛下一覺悟而
已臣見考囚在事者咸共言妖惡大故臣子所宜同
疾今出之不如入之可無後責是以考一連十考十
連百又公卿朝會陛下問以得失皆長跪言舊制大
罪禍及九族陛下大恩裁止於身天下幸甚及其歸
舍口雖不言而仰屋竊歎莫不知其多冤無敢牾陛

冊府元龜　刑法部　平允　卷之六百一十八　五

下者臣今所陳誠死無悔帝意解詔遣良出後二日
車駕自幸雒陽獄錄囚徒理出千餘人後平忠死獄
中良乃自繫會赦免官舉孝廉建中初章帝大會群
臣良前謝恩詔以良納忠先帝拜爲易長
黃香和帝時爲尚書令東平清河奏妖言卿仲遼等
所連及且千人香科別據奏全活甚衆每郡國疑罪
輒務求輕科愛惜人命每存憂濟
陳寵爲司徒辭曹掌天下獄訟其所平決無不厭服
衆心及代郭躬爲廷尉性仁矜及爲理官數議疑獄
嘗親自爲奏每附經典務從寬恕帝輒從之濟活者
甚衆其深文刻敝於此少衰
陳忠者寵之子也安帝時爲尚書居三公曹（三公曹尚書主知斷獄）自以世典刑法用心務在寬詳初父寵在廷尉
上除漢法溢於甫刑者未施行及寵免後遂寢而苛
法稍繁人不堪之忠畧依寵意奏上二十三條爲決
事比以省請讞之敝又上除蠶室刑解贓吏三世禁
錮狂易殺人得減重情母子弟兄相代死聽赦所代
者事皆施行
虞輕爲郡縣獄吏案法平允務在寬恕每冬月上其
狀嘗流涕隨之

冊府元龜　刑法部　平允　卷之六百一十八　六

盛吉字君達爲廷尉性多哀憐視事十二年天下稱
有恩
張皓爲廷尉雖非法家而畱心刑斷數與尚書辨正
疑獄多以詳當見從（詳審而平當也）
傅賢爲廷尉嘗垂念刑法務從輕比至斷獄遲迴流
泣在位四年治獄稱平
是雄字季高順帝時以明法律爲廷尉斷獄平允
魏高柔爲刺姦令史處法允當獄無留滯辟爲丞相
倉曹屬
司馬芝爲大理正有盜官練置都廁上者吏疑女工

狀以附獄芝曰夫刑罪之失失在苛暴今贓物先得而後訊其辭若不勝掠或至誣服誣服之情不可以折獄且簡而易從大人之化也不失有罪庸世之治耳今宥所疑以隆易從之義不亦可乎太祖從其議

王朗爲大理務在寬恕罪疑從輕鍾繇明察當法俱以治獄見稱

蜀楊戲年二十餘從州書佐爲督軍從事職典刑獄論法決疑號爲平當

晉杜友初仕魏爲侍御史毋丘儉之誅黨與七百餘人友治獄惟舉首事十人餘皆奏散

何曾魏末爲司隸校尉時毋丘儉誅子甸妻荀應坐死其族兄顗族父虞並景帝姻通共表魏帝以匄其命詔聽離婚荀所生女芝爲潁川太守劉子元妻亦坐死以懷妊繫獄荀辭詣曾乞恩曰芝繫在廷尉顧影知命計日就法乞沒爲官婢以贖芝命曾哀之騰辭上議朝廷僉以爲當遂改法

衛瓘轉廷尉卿瓘明法理每至聽訟小大以情

趙至幽州三辟部從事斷久獄見稱精審

顧榮爲廷尉正會趙王倫誅淮南王允收允寮屬付廷尉皆欲誅之榮平心處當多所全宥

庾峻爲秘書丞時長安有大獄久不決拜峻侍御史往斷之朝野稱允

江統爲廷尉正每州郡疑獄斷處從輕

續咸脩陳杜律明達刑書懷帝永嘉中歷廷尉平東安太守劉琨承制于并州以爲從事中郎後遂沒石勒勒以爲理曹參軍持法平詳審當時稱其清裕比之于公

梁孔休源爲建康獄正及辯析時罕冤人後有選人爲獄司者高祖嘗引休源以勵之

陳殷不害年十七仕梁爲廷尉評不害長於故事兼

飾以儒術名法有輕重不便者輒上書言之多見納用

袁憲爲御史中丞詳練朝章尤明聽斷至有獄情未盡而有司具法者即伺閒暇嘗爲上言之其所申理者甚衆

後魏子栗磾大武時爲外都大官平刑折獄甚有聲稱

唐和爲内都大官評決獄訟不加捶楚欵獲實者甚多世以是稱之

司馬文思爲廷尉卿善於其職聽訟斷獄百姓不復

匿其情
高允文成時爲中書侍郎遷中書令又遷監祕書典君
中以獄訟留滯始令中書以經義斷諸疑事允據律
評刑三十餘載內外稱平允以爲獄者民之命也嘗
嘆曰皐陶至德也其後英蓼先亾劉項之際英布黥
而王世經雖久猶有刑之餘釁況凡人能無咎乎
任城王澄孝文時嘗州刺史穆泰謀反推朔州刺史
陽平王頤爲主詔澄討之澄先遣治書李煥擒泰後
治窮其黨與罪人皆得鉅鹿公陸叡安樂侯元隆等
百餘人皆獄禁具狀表聞孝文覽表大悅召集公卿

已下以表示之曰我任城可謂社稷臣也尋其罪案
正後皐陶斷獄豈能過之顧謂咸陽王等曰汝等脫
當其處不能辯此車駕尋幸平城勞澄曰任城行深
副遠寄對曰陛下威靈遠被罪人無所逃行臣何勞
之有引見逆徒無一人稱枉時人莫不歎之孝文顧
謂左右曰昔仲尼云聽訟吾猶人也必也使無訟然
聖人之聽訟殆非常人所匹必無訟今日見之矣
廣川王畧延興中爲中都大官性明敏鞫獄稱平
呂羅漢大和中爲內都大官聽訟折獄多得其情
游肇宣武時爲廷尉卿兼御史中丞肇儒者動存名
教直繩所舉莫非傷風敗俗持法仁平斷獄務於矜
恕
甄密東魏孝靜初爲廷尉卿在官有平直之譽
趙肅西魏文帝大統中爲廷尉卿久在理官執心平
允凡所處斷咸得其情廉慎自居不營產業時人以
此稱
楊敷恭帝時爲廷尉少卿所斷之獄號稱平允
北齊李稚爲大理卿世稱平直
封述久爲法官明解律令議斷平允深爲時人所稱
蘇瓊字珍之爲司直廷尉正時畢義云爲御史中丞

以猛暴任職理官忌憚莫敢有違瓊推察務在寬平
得雪者甚衆寺署臺案始自於瓊遷三公郎中趙州
及河南有人頻告謀反前後皆付瓊推檢事多申雪
尚書崔昂謂瓊曰若欲立功名當更思餘理乃數雪
反逆身命何輕瓊正色曰所雪者冤枉不放反逆昂
大慚京師爲之語曰斷決無疑蘇珍之
宋世軌幼自嚴整好法律稍遷廷尉卿雒州民聚結
刼欲刼河橋吏捕案之連諸兇徒黨千柒百人崔暹
爲廷尉以之爲反數年不斷及世軌爲少卿判其事
爲刼於是殺魁首餘從坐悉捨焉時大理正蘇珍之

亦以平幹知名寺中爲之語曰決定嫌疑蘇珍之視表見稟宋世軌時人以爲寺中二絶及卒廷尉御史諸繫囚聞世軌死皆哭曰宋廷尉死我等豈有生路

皮景和後主武平中詔獄多令黄門等監治嘗令景和案覆㩁理執正由是過無枉濫

後周裴政爲少司憲用法寛平無有寃濫囚徒犯極刑者乃許其妻子入獄就之至冬將行決皆泣曰裴大夫致我於死死無所恨其處法詳平如此

令狐整爲司憲中大夫處法允平爲當時所稱

隋趙綽爲大理丞處法平允考績連最轉大理正後

爲刑部侍郎高祖以盜賊不禁將重其法綽進諫曰陛下行堯舜之道多存寛宥況律者天下之大信其可失乎帝欣然納之因謂綽曰若更有聞見宜數陳之也遷大理少卿

梁毗爲大理卿處法平允時人稱之

骨儀京兆長安人性剛鯁有不可奪之志開皇初爲侍御史處法平當不爲利所回

薛冑爲大理卿持法寛平名爲稱職

唐韋仁壽隋末爲蜀郡司法書佐斷獄平恕其有得罪者皆曰韋君所斷死而無恨

劉德威爲大理卿太宗嘗問之曰近來刑綱稍密其過安在德威奏言誠在主上不由臣下人主好寛則寛好急則急律文失入減三等失出減伍等今則反是失入則無辜失出便獲大罪所以吏各自愛競執深文非有教使之然畏罪之所至耳陛下但捨所急則寧失不經復行於今日矣帝深然之

戴胄爲大理少卿性既彊正處斷明速議者以爲法官稱職事無寃濫武德以來一人而已

唐臨爲大理卿高宗初嗣位嘗親錄囚徒前卿所斷者皆號叫稱寃臨所入者獨無言帝怪而問狀囚曰

罪實自犯唐卿所斷皆非寃濫所以絶意耳帝嘉歎久之曰爲獄者不當如此耶

張文瓘爲大理卿旬日決遣疑獄四百餘條其得罪者皆無怨言文瓘嘗有疾繫囚相與設齋以禱焉尋拜侍中兼太子賓客大理囚一時慟哭甚得人心如此

狄仁傑儀鳳中爲大理丞周歲斷滯獄一萬七千人無寃訴者

杜景佺爲司刑丞天授中與徐有功來俊臣侯思止專制治獄時人稱云遇徐杜者必生遇來侯者必死

劉延祐爲右司郎中李敬業之亂揚州初平所有刑名人莫能定延祐奉使至軍所決之時議者斷受賊五品官者斬六品官者流延祐以爲諸非元謀廹脅從逆卽寘極刑事傷枉濫乃斷受賊五品者流六品已下但除名而已于時得全濟者甚衆

袁仁敬爲大理卿卒繫囚聞之皆慟哭悲歌

宋璟玄宗開元中爲開府儀同三司時京兆人權梁山構逆伏誅制河南尹王怡馳傳往長安窮其枝黨怡禁繫極衆久之未能決斷乃詔璟赴京留守并按覆其獄璟至惟罪元謀殺人其餘緣梁山詐稱婚禮

因假借得罪久脇從者盡原之

李栖筠爲殿中侍御史時御史大夫李峴按覆受逆命者請爲詳理判官推情用恕多所全宥時呂諲崔器議而失入惟峴大獲美聲皆栖筠之力

劉晏爲吏部尚書代宗大曆中宰相元載王縉得罪詔晏與御史大夫李涵等鞫之初晏等承旨載縉亦處極法晏謂涵等曰重刑再覆國之常典况誅大臣豈得不奏覆又法有首從二人同亦宜重取進止涵等咸聽命及晏等覆奏帝乃減縉罪從輕

後唐帝寂唐末爲鹽鐵巡官韓建留守西都擢爲司法參軍推鞫平允建頗重之

王延末帝清泰末爲御史中丞臺中經年處決平允轉尚書右丞

平反

夫議獄緩刑則五辭惟允舉直錯枉則庶獄無寃蓋折獄之惟難在蔽訟而多濫况一成難變君子所以哀矜兩造相違良臣所以愼測故有吏訊旣備丞辨其厚誣具獄已封特明其非罪斥深文之弊破偏聽之姦脫梏棘於良民正毆刀於元惠宜乎獲仁人之譽享高門之封者焉

後漢郭躬爲廷尉奏讞法科多所全生

傳賢爲廷尉嘗垂念刑法務從輕比至斷獄遲廻流涕在位四年獄稱治平

魏高柔爲廷尉時護軍營士竇禮近出不還營以爲亾表言逐捕沒其妻盈及男女爲官奴婢盈連至州府稱寃自訟莫有省者乃辭詣廷尉柔問曰汝何以知夫不亾盈垂泣對曰夫少單特養一老嫗爲母事甚恭謹又哀兒女撫視不離非是輕狡不顧室家者也柔重問曰汝夫不與人有怨讎乎對曰夫良善與人無讎又曰汝夫不與人交錢財乎對曰嘗出錢與

同營士焦子文求不得時子文適坐小事繫獄柔乃見子文問所坐言次曰汝頗曾舉人錢否子文曰自以單貧初不敢舉人錢物也柔察子文色動遂曰汝昔舉竇禮錢何言不邪子文惟知事露應對不次柔曰汝已殺禮便宜早服子文於是叩頭具首殺禮本末及埋藏所柔便遣吏卒承子文辭往掘禮即得其屍詔書復盈母子爲平民班下天下以禮爲戒

晋賈充遷廷尉雅長法理有平反之稱

劉頌遷議郎守廷尉時尚書令史邑寅非罪下獄詔使考竟頌執據無罪寅遂得免時人以頌比張釋之

在職六年號爲詳平

顧榮字彦先爲廷尉平趙王倫誅淮南王允允官屬下廷尉議罪榮具明刑理

王坦之爲侍中時卒士韓悵逃亡歸首云失牛故叛有司劾悵偷牛考掠服罪坦之以爲悵束身自歸而法外加罪懈怠失牛事或可恕加之木石理有自誣宜附罪疑從輕之例遂以見原

殷仲堪爲荆州刺史桂陽人黄欽生父没已久詐服衰麻言迎父喪府曹先依律詐取父母卒棄市仲堪乃曰律詐取父母寧依毆駡法棄市原此之旨當以二親生存而横言死没情事悖逆忍所不當故同之毆駡之科正以大辟之刑今欽生父實終没墓在舊邦積年久遠方詐服迎喪以此爲大妄耳比之於父存言亡相殊遠矣遂活之

後魏王埜爲御史先是驍騎將軍刁整丁父憂時相州刺史山陽王熙在鄴起兵將誅元義等事敗傳首京師熙之親故莫敢視者整弟婦即熙姊遂收其屍藏之後乃還熙所親義聞而致憾因以熙弟畧南走梁誣整將與弟宣及子恭等幽繫之賴埜與前將軍檢事使魏子建理雪獲免

北齊蘇瓊爲文襄并州刑獄參軍并州嘗有强盜長流參軍推其事所疑賊並已考伏失物家並識認惟不獲盜贓文襄付瓊更令窮審乃别推得元景融等十餘人並獲贓驗文襄大笑語前妄引贓者曰爾輩若不遇我好參軍幾致枉死

唐狄仁傑垂拱中歷遷冬官侍郎文昌右丞豫州刺史並有能名是時坐越王貞軍詿誤因緣合誅者七百余人仁傑以其並是脅從抗表申理則天咸宥之

徐有功天授初累補司刑丞秋官員外郎稍遷郎中有功前後居法官數議大獄務存平恕凡所濟活者

數千百家周興丘勣來俊臣等深文浩法由是少衰
後以公事免後爲左臺侍御史時濶州刺史竇孝諶
妻龐氏爲奴誣告云夜解髮祈禱則天令給事中薛
季昶鞫之季昶斷練成其罪龐氏當坐斬有功獨明
其無罪而季昶等反陷有功黨援惡逆奏付法司結
刑當弃市有功方視事令史垂泣以告有功曰豈吾
獨死而諸人長不死耶乃徐起而歸則天覽奏召有
功詰之曰卿比斷獄失出何多對曰失出臣下之小
過好生聖人之大德願陛下洪大德則天下幸甚則
天默然於是龐氏減死流於嶺表

蘇珦爲左臺監察御史長安中詔珦案覆來俊臣等
舊獄珦皆申明其枉雪寃者甚衆
常虔心爲侍御史中宗景龍中西域羌胡叛背時並
擒獲有勑盡欲誅之虔心論奏但罪元惡其所全者
千餘人
韓思復睿宗景雲中爲給事中時右散騎常侍嚴善
思坐譙王重福事下獄有司言善思昔嘗任汝州刺
史素與重福交游方被召至京竟不言其謀逆惟奏
云東都有兵氣擾狀正當匿反請從絞刑思復奏曰
議獄緩死列聖明規刑疑從輕有國常典嚴善思往
在先朝屬韋氏擅內侍寵官掖謀危宗社善思此時
遂能先覺因詣相府有所發明進論聖躬必登宸極
雖交游重福蓋謀陷韋氏勑追善思書至便發自懷
逆節寧卽奔命一面疎網誠合順生三驅取禽來而
可宥惟刑是恤事合昭詳請刑部集群官議定奏裁
以符愼獄是時議者多云善思合從原宥有司仍執
前議請誅之思復又駁奏臣聞刑人於市爵人於朝
必僉謀攸同始行之無惑謹按諸司所議嚴善思十
纔一人抵罪惟輕夫帝閽九重塗遠千里故借天下
耳以聽聽無不聰借天下目以視視無不接今群言

上奏採擇宜審若棄多就少臣實懼焉輿論一乖下
情不達雖欲從衆其可及乎凡百京司逢時之泰列
官分職有賢有親親則列藩諸王陛下愛子賢則祚
茅開國陛下名臣見無禮於君寧肯雷同不異今措
辭多出法合從輕帝納其奏竟免善思死配流靜州
顏眞卿玄宗天寶中爲監察御史充河西隴右軍試
覆屯交兵使王原有寃獄久不決眞卿至辯之天方
旱獄決乃雨郡人呼之爲御史雨
竇參代宗時爲監察御史奉使按湖南判官馬彝獄
時彝舉屬令贓罪至千貫爲得罪者之子因權倖誣

奏奚參意白奚無罪奚實能吏也參德宗初爲御史中丞時神策將軍孟華有戰功爲大將軍所誣奏稱華謀反有右龍武將軍李廷玉前陷吐蕃久之自拔爲部曲誣告潜通吐蕃皆當死無以自白參悉理出之由是人皆屬望

袁滋德宗貞元初爲岳鄂節度使士幹從事部有邑長下吏誣以盗金滋察其寃竟出之

李元素貞元中爲侍御史時杜亞爲東都留守亞大將令狐運會盗發維城之北運適與其部下畋于北郊亞意其爲盗遂執訊之逮繫者四十餘人監察御

史楊寧按其事亞以爲不密表陳之寧遂得罪亞將逞其宿怒且以得賊爲功上表指明運盗之狀帝信而不疑宰臣以獄大宜審奏請覆之命元素就决亞迎路以獄成告元素驗之五日盡釋其囚以還亞大驚且怒親追遝馬上責之元素不答亞遂上疏又帝誣奏元素還奏言未畢怒曰出俟命元素曰臣未盡詞帝又曰且去元素復奏臣一出不得復見陛下乞容盡詞帝意稍緩元素盡言運寃狀明白帝乃寤曰非卿孰能辯之後數月因得真賊元素由是爲時器重

柳渾爲江西觀察使魏少游判官時與崔祐甫同在使府並推公正州有開元寺僧徒夜飲因醉失火延燒講堂翌日歸罪於守門瘖奴虞候亦受財而同其狀械奴送府少游將斷獄人知瘖奴之寃莫敢言者渾與祐甫遽入具言醉僧之過内外蒙蔽致有寃濫少游大驚遽令訊鞫醉僧首伏瘖奴見原少游謝曰微二君之言幾成老夫闇劣矣

冊府元龜終

冊府元龜

巡按福建監察御史臣李嗣京　訂正

知甌寧縣事臣孫以敬　叅閱

知建陽縣事臣黄國琦　較釋

刑法部一十九

案鞫　深文　枉濫

案鞫

夫周官司寇之職有兩造兩劑之禁設鈞金束矢之制以五刑聽萬民之獄訟求之於辭氣耳目以察其情簡孚閲實乃蔽其訟斯案鞫之遺範也原夫衆庶

之心本乎多辟三代而後嚚訟滋豐雖法令之繁密不能勝夫姦宄雖聽察之明慎不能措其刑辟繇是有司參治承詔劾問逮捕或至於寖廣訊掠乃遵於程式以至身陷乎公憲罪歸乎吏議亦比比而有焉自非可其事者悉其聰明致其忠愛得情而勿喜盡心而是圖亦曷嘗無頗類哉

漢劉德爲宗正丞雜治劉澤詔獄（劉澤齊孝王之孫謀反欲殺青州刺史）後爲宗正雜案上官氏蓋主事（又云德武帝時治王事得淮南王枕中鴻寶苑秘書）

張湯爲廷尉治淮南衡山江都反獄皆窮根本

終軍爲謁者給事中元鼎中博士徐偃使行風俗使膠東魯國鼓鑄鹽鐵還奏事徙爲太常丞御史大夫張湯劾偃矯制大害法紀偃以爲春秋之義大夫出疆有可以安社稷存萬民顓之可也湯以致其法不能詘其義有詔軍問狀軍詰偃曰古者諸侯國異俗分百里不通時有聘會之事安危之勢呼吸成變故有不受辭造命顓已之宜今天下爲一萬里同風故春秋王者無外偃巡封域之内稱以出疆何也且鹽鐵郡有餘臧（謂皆有畜積）正二國廢國家不足以爲利害而以安社稷存萬民爲辭何也偃窮詘服罪當死軍

奏偃矯制顓行非奉使體請下御史徵偃卽罪

王禁封陽平侯元帝時中書令石顯用事待詔賈捐之數短顯以故不得官稀復見長安令楊興新以材能得幸與捐之相善捐之欲得召見卽與興共爲薦顯奏宜賜爵關内侯又共爲薦興奏可試守京兆尹顯聞知白之元帝乃下興捐之獄令禁與顯共雜治奏興捐之罔上不道捐之棄市興減死罪一等髡鉗爲城旦

諸葛豐爲司隸校尉侍中許章以外屬貴幸奢淫不奉法度賓客犯事與章相連豐按劾章欲奏其事適

逢章出豐駐車舉節詔章曰下欲收之章迫窘馳車
云豐追章因得入宫門自歸上豐亦上奏於是收豐
節司隸去節自豐始
彭宣爲左將軍哀帝時傳太后怨從弟高武侯傳喜
不已使從弟孔鄉侯晏風丞相令奏免喜侯丞相朱
傅與御史大夫趙玄奏免喜爲庶人哀帝知傳太后
素嘗怨喜疑傅玄承旨卽召玄詣尚書問狀玄辭服
有詔宣與中朝者雜問宣等劾奏傅不道玄大不敬
晏失禮不敬
方賞爲廷尉建平中梁王立坐殺之哀帝遣賞與大

鴻臚陽由持節卽訊
後漢寒朗字伯奇明帝永平中以謁者守侍御史與
三府掾兵案楚王英獄（英與漁陽王平顏忠等造作圖書有逆謀事）
韓紆永平時爲謁者考劾竇勳獄（勳大司空融之孫城門校尉穆之子穆父子自失勢數出怨望語補繫子宜俱死平陵獄勳以北陽王婿晉京師亦死雒陽獄）
魏蒲寵漢末爲許令時故太尉楊彪收付縣獄尚書
令荀彧少府孔融等並屬寵但當受辭勿加考掠寵
一無所報考訊如法數日求見太祖言之曰楊彪考
訊無他辭語當殺者宜先彰其罪此人有名海內若
罪不明必失夫民望竊爲明公惜之太祖卽日赦出
彪初彧融聞考掠彪皆怒及因此得了更善寵
鍾繇爲大理毛玠爲尚書僕射典選崔琰旣死玠內
不悅後有白玠出見黥面反者其妻子沒爲官奴婢
玠言曰使天不雨蓋此也太祖大怒收玠付獄繇詰
玠曰自古聖帝明王罪及妻子書云左不共左右不
共右予則孥戮汝司寇之職男子入于罪隸女子入
于舂藁漢律罪人妻子沒爲奴婢黥面漢法所行黥
墨之刑存於古典今眞如婢祖先有罪雖歷百世猶
有黥面供官一以寬良民之命二以宥并罪之辜此
何以負於神明之意而當致旱按典謨急當寒若舒

嘗燠若寬則亢陽所以爲旱玠之吐言以爲寬耶以
爲急也急當陰霖何以反旱成湯聖世野無生草周
宣令王旱魃爲虐亢旱以來積三十年歸咎黥面爲
相値不衛人伐邢師興而雨罪惡無徵何以應天玠
譏謗之言流於下民不悅之聲上聞聖聽玠之吐言
勢不獨語時見黥面凡爲幾人黥面奴婢所識知耶
何緣得見對之嘆言時以語誰見荅云何以何日月
於何處所事已發露不得隱欺具以狀對玠曰臣聞
蕭生縊死困於石顯賈子放外讒在絳灌白起賜劍
於杜郵晁錯致誅於東市伍員絕命於吳都斯數子

者或妬其前或害其後臣垂髫執簡累勤取官職在
機近人事所窺屬臣以私無勢不絕語臣以宂無細
不理人情滛利爲法所禁法禁於利勢能害之青蠅
橫生爲臣作謗謗臣之人勢不在佗昔王叔陳生爭
正王廷宮子平理命舉其契是非有宜曲直有所春
秋嘉焉是以書之臣不言此無有時人說臣此言必
有徵要乞蒙宣子之辯而求王叔之對若臣以曲聞
即刑之日方之安四之贈賜餙之來比之重賞之惠
謹以狀對時桓喈和洽進言救玠玠遂免黜卒于家
何晏爲尚書與大將軍曹爽等專政爽敗司馬宣王

使晏典治爽等獄晏窮治黨與冀以獲宥宣王曰凡
有八族晏疏丁謐鄧颺等七姓宣王曰未也晏窮急
乃曰豈謂晏乎宣王曰是也乃收晏並夷三族
梁蔡法度爲廷尉卿時有吉翂父爲吳興原鄉令爲
姦吏所誣罪當大辟翂撾登聞鼓乞代父命高祖異
之勅法度曰翂請死贖父義誠可嘉但其幼童未必
自然造意卿可嚴加脅誘取其款實法度受勑還寺
盛陳徽纆備列官司厲色問翂曰爾來代父死勑已
相許便應伏法然刀鋸至劇審能死不且爾童孺志
不及此必爲人所教姓名是誰可具列荅有悔異亦
許相聽翂對曰囚雖蒙弱豈不知刑可畏憚顧諸弟
稚藐惟囚爲長不忍見父極刑自延視息所以內斷
胷臆上於萬乘今欲殉身不測委骨泉壤此非細故
柰何受人教耶明詔聽代不異登仙豈有廻貳法度
知翂至心有在不可屈撓乃更和言誘語之曰主上
知尊侯無罪行當釋之觀君神儀明秀足稱佳童今
若轉辭幸父子同濟奚以此妙年苦求湯鑊翂對曰
凡鯤鮞螻蟻尚惜其生况在人斯豈願虀粉但囚父
掛深劾必正刑書故思殞仆冀延父命今瞑目引領
以聽大戮情殫意極無言復對乃貸其父

後魏黨暄文成時爲中散奉使齊州檢平原鎮將及
長史貪暴事惟情診理皆得其實
于烈爲屯田給納大和初秦州刺史尉維侯雍州刺
史宜都王目辰長安鎮將陳提等貪殘不法烈受詔
案驗咸獲贓罪維侯目辰等皆至大辟提坐徙邊
和其奴爲尚書左僕射時以西征吐渾諸將淹停不
進久囚未決其奴與尚書毛法仁等窮問其狀連日
具伏
柳崇爲尚書右外兵郎中于時河東河北二郡爭境
其間有鹽池之饒虞阪之使守宰及民皆恐外割公

私朋競紛囂臺府孝文乃遣崇檢斷民官息訟

唐馬懷素爲左臺監察御史長安中御史大夫魏元忠爲張易之所搆配徙嶺表太子僕崔貞愼東宮率獨孤禕之餞于郊外易之怒使人誣告貞愼等與元忠同謀則天令懷素案鞫遣中使捉迫諷令構成其事懷素執正不受遂得解

崔隱甫爲御史大夫與中丞宇文融李林甫奏彈尚書左丞相兼中書令張說引術人夜䜋及受贓等狀勑宰臣源乾曜刑部尚書韋抗大理少卿明珪與隱甫就尚書省鞫問說兄左庶子光詣明堂割耳稱寃

時中書主事張觀左衛長史范堯臣並依倚說勢詐假納賂又私度僧王慶則往來與說占卜吉凶爲隱甫等所鞫伏罪說經兩宿玄宗使中官高力士視之廻奏說坐於草上瓦器中食蓬首垢面自罰憂懼之甚玄宗憫之由是說停中書令觀及慶則杖死連坐者十餘人

毛若虛爲監察御史乾元中鳳翔府七坊押官剽刼州縣不制大典縣尉謝夷甫因衆怒遂搒殺之其妻訴於李輔國輔國奏請御史孫鎣鞫之不能正其事又令中丞崔伯陽三司推訊之又不成其罪因令若虛推之遂歸罪於夷甫伯陽與之言若虛頗不遜伯陽數讓之若虛馳告肅宗肅宗曰卿且出對曰臣出即死矣帝乃潛留若虛簾內召伯陽至頗短若虛帝怒頃之因流夷甫貶伯陽同推官十餘人皆貶外遠惡處宰臣李峴以左右於鎣亦被貶斥於是若虛威震朝列公卿懾懼矣

敬羽爲御史中丞太子少傅宗正卿李遵爲宗正太子通事舍人李冰告其贓私詔羽案羽延遵各危坐於小牀子羽小瘦遵豐碩頃間即倒請垂足羽曰尚書下獄是羽囚禮延坐何得慢耶遵絕倒者數四請

問羽徐應之授紙筆書贓數千貫奏之肅宗遵勳舊捨之但停宗正卿及嗣王珍潛謀不軌羽召其黨布拷訊之具以究之信宿獄成珍坐死左衛將軍竇如玢等玖人並斬太子洗馬趙非熊等陸人杖殺駙馬都尉薛履謙賜自盡左散騎常侍張鎬貶辰州司戸

趙涓代宗永泰初爲御史禁中失火焚屋室數拾間與東宮稍逼近帝深驚疑之涓時爲巡使俾令卽訊涓周歷壃圉案驗證據乃上直官遺火所致也推鞫明審頗盡事情帝甚嘉賞焉

杜亞大曆中爲諫議大夫元載得罪也亞與劉晏李

涵等朶人同鞫訊之載死之翌日亞遷給事中河北宣慰使

宇文邈德宗時爲御史中丞前萬年尉盧伯達上表云玄法寺僧法湊與寺衆爭競無理臣巳斷還俗法湊又披法服詣臺訴臣御史崔芃敬彝曲受法湊狀欲陷害臣是日令邈與刑部侍郎張彧大理卿鄭雲逵爲三司使及功德使判官衢州司馬諸葛述同於尚書省刑部推案既而彧疾甚兩吏扶入中書邈以疾請假並特召至延英令依前推事未幾貶彝高州電白尉彝與雲逵忿言爭語過深又令子弟假別人

姓名進狀訴故獄未竟先貶僧法湊決四十流崖州

李元素爲侍御史東都留守將令狐運逐賊出郊其中有刼轉運絹於道者留守杜亞以運豪家子意其爲之乃令判官穆員及從事張弘靖同鞫其事員與弘靖皆以運職在牙門必不爲盜抗請不案亞不聽而怒斥逐員等令親事將武金鞫之金笞箠運從者十餘人一人笞死九人不勝考掠自誣竟無贓狀亞具以聞請流運於嶺表德宗令元素與刑部員外郎崔從太大理司直盧士瞻三司覆按運獄既竟明運迹非行盜以曾捕掠人配流歸州武金肆虐作賊教人通欵配流建州後歲餘河南尹齊抗捕得刼轉運絹賊郭部部朱瞿之等七人及贓絹詔亞與留臺同劾之皆首伏然終不原運運竟死於歸州

李夷簡爲御史中丞劾奏京兆尹楊憑前爲江西觀察使贓罪及他不法事勑付御史臺覆案刑部尚書李鄘大理卿趙昌同鞫問臺中又捕得憑前江南判官監察御史楊瑗繫於臺後命大理少卿胡珦左司員外郎胡証侍御史韋顗同推鞫之詔貶賀州臨賀縣尉先是憑在江西夷簡自御史出官在巡屬憑頗踈縱不顧接之夷簡嘗切齒及憑歸朝修第於永寧

里功作併興又廣畜妓妾於永樂里之別宅時人大以爲言且修營之僭將欲殺之及下獄置對數日未得其事夷簡持之益急帝聞且貶焉

韓皐爲左僕射穆宗長慶初王廷湊朱克融連兵圍牛元翼於深州朝廷俱赦其罪賜爵鉞令罷兵俱不奉詔元稹爲相以天子非次拔擢欲有所立以報上有和王府司馬于方故司空頔之子進與稹言有奇士王昭王友二人嘗客於青鄆游於燕趙間頗與賊黨熟可以反間而出元翼仍自以家財資其行仍賂兵吏部令史僞出告身二十通以便宜給賜稹皆然

之有季賓者知于方之謀以積與裴度有隙乃告度云于方爲積所使欲結客王昭等刺度度隱而不發神策中尉奏其事詔皐與兵部尚書李逢吉給事中鄭覃爲三司使等訊鞫而害裴事無驗而前事盡露遂俱罷積度平章事

裴克爲大理少卿文宗太和八年十二月癸巳命克與刑部郎中張諷侍御史盧弘正克三司使就御史臺推戶部錢物事華州刺史宇文鼎戶部員外郎盧允中左司員外郎判戶部姚康並下御史臺推鞫先是宇文鼎妾支和羅官泰季元錢捌萬餘貫姚康盧

允中與巡官李季楊洵美并典吏等分取泰季元絹凡六千九百四十疋至是御史臺以具獄聞鼎貶循州刺史康貶韶州始興縣尉允中貶高州良德縣尉洵美與季各杖一百流嶺外

深文

夫法令所以閑邪防姦祥刑閱實明愼國章欽恤人命非所以殺之將所以生之而慘恐之徒苛刻之吏以希旨爲奉公以繁刑爲稱職鍛鍊而成獄巧詆而舞文欲其民協於中政是以和不可得矣

董安于爲趙上地之守行石阜山中見深澗峭如墻深百仞因問其鄉左右曰人嘗有入此者乎對曰無有嬰兒癡聾狂亂人嘗有入此乎對曰無有馬羊牛嘗有入此乎對曰無有安于喟然歎曰吾能治矣使吾法之無赦猶入澗之必死也則民莫之犯何爲不治耶

秦趙高爲郎中令更變律令有罪者相坐收族

漢張湯爲侍御史治陳皇后巫蠱獄深竆黨與武帝以爲能遷大中大夫與趙禹共定諸律令務在深文拘守職之吏（拘刻於守職之吏）已而禹至少府湯爲廷尉又治淮南衡山江都反獄皆窮根本嚴助伍被帝欲釋

之湯爭曰伍被本造反謀而助親幸出入禁闥腹心之臣乃交私諸侯如此弗誅後不可治帝可論之（可湯所奏而論決之）其治獄所巧排大臣自以爲功多此類繇是益尊

杜周爲廷尉吏使案邊失亾（亾虜入爲寇而失人所畜甲兵倉廩者也）所論殺甚多奏事中武帝意任用（以奏事當天子之意故被任用也中音竹仲切）與臧宜更爲中丞者十餘歲（更互也音工衡切也）周少言重遲（遲謂性非欽速也）而內深刺骨（其用法深）

趙禹以佐史補中都官用廉爲令史事大尉周亞夫亞夫爲丞相禹爲丞相府史中皆稱廉平然亞夫弗

任日極知禹無害然文深禹持文法深刻不可以居大府孝
武帝時禹以刀筆吏積勞稍遷爲御史帝以爲能
減宣爲御史及中丞使治主父偃及治淮南反獄所
以微文深詆殺者甚衆稱爲敢決疑數廢數起爲御
史及中丞者幾二十歲
後漢周紆爲廷尉史爲人刻削少恩好韓非之術苛
慘失中數爲有司所奏
蜀呂義爲蜀郡太守入爲尚書轉尚書令持法深刻
好用文俗吏故居大官名聲損於郡縣
後魏羊祉性剛愎好刑名宣武時爲光祿大夫祉自

當官不憚彊禦時有檢覆每令出使好慕名利頗深
文所經之處人號天狗
北齊崔昂爲廷尉卿本性清嚴凡見贓貨輩疾之若
讐是以治獄文深世論不以平恕
隋蘇威爲内史令修格令章程並行於當世然頗傷
苛碎論者以爲非簡久之法
趙仲卿爲簡較司農卿蜀王秀之得罪奉詔往益州
窮案秀之賓客經過處仲卿必深文致法州縣長吏
坐者大半文帝以爲能賞奴婢五十口黄金二百兩
米粟五千石奇珍雜物稱是

劉子通爲大理寺丞性愛深文每隨牙奏獄能承順
帝意
唐張楚金爲司刑卿在官公清然傷於恐刻時人鄙
之
崔元綜爲鸞臺侍郎同鳳閣鸞臺平章事情深刻薄
每受制鞫獄必披毛求瘢陷於重比以故人多畏而
鄙之
胡元禮爲司刑少卿李日知爲司刑丞元禮用法嚴
急日知獨寛平無寃濫
羅希奭爲吏持法深刻玄宗天寶中右相李林甫引

與吉温持獄遷殿中侍御史自韋堅皇甫惟明李適
之柳勣裴敦復李邕鄔元昌楊愼矜趙奉璋下獄皆
與温鍜鍊故時稱羅鉗吉網惡其深刻也
後唐李殷夢爲刑部員外郎時徐州奏沛縣令鄭疃
下鄉將縣印隨身誤有亡失大理正宋昇以誤失定
罪合除一任官殷夢詳覆以爲置印在懷輒稱亡失
請以毁棄論其累任告示並請追赴都省焚之

枉濫

易曰君子以明愼用刑而不留獄書曰欽哉欽哉惟
刑之恤哉斯皆懼其枉濫以及善人之謂也則有處

士師之任參議讞之列必惟邪僻行必傾險或深文巧詆以寘于法或臨財苟得以縱其罪或希望於風指或附麗於權要乖審克之理無閱實之狀成茲枉橈亂彼典章以至洩寃憤之氣見變怪之異使禍不旋踵亾身覆族者良有以也詩人菀柳之刺繇是而作矣

樂王鮒字叔魚晉大夫也初晉刑侯與雍子爭鄐田（刑侯楚申公巫臣之子也雍子亦故楚人）久而無成士景伯如楚（士景伯晉理官）叔魚攝理（攝代景伯）韓宣子命斷舊獄罪在雍子雍子納其女於叔魚叔魚蔽罪刑侯（蔽斷也）刑侯怒殺叔魚與

雍子於朝宣子問其罪於叔向叔向曰三人同罪施生戮死可也（施行罪也）雍子自知其罪而賂以買直鮒也鬻獄刑侯顓殺其罪一也已惡而掠美為昏（掠取也昏亂也）貪以敗官為墨（墨不潔之稱也）殺人不忌為賊（忌畏也）夏書曰昏墨賊殺（逸書三者皆死刑之）皋陶之刑也請從之及施刑侯而尸雍子與叔魚于市

伯州犁為楚令尹楚侵鄭至于城麇鄭皇頡戍之（皇頡鄭大夫守城麇之邑）出與楚師戰敗穿封戌囚皇頡公子圍與之爭之（公子圍共王子靈王也）正於伯州犁（正曲直也）伯州犁曰請問於囚乃立囚伯州犁曰所爭君子也其可不知（言王子圍及穿封戌皆非細人易別識也）上其手曰夫子為王子圍寡君之貴介弟也（介大也）下其手曰此子為穿封戌方城外之縣尹也誰獲之（上下其手以道囚意）囚曰頡遇王子弱焉（弱敗也言為王子所得）戌怒抽戈逐王子圍弗及楚人以皇頡歸

秦司馬欣為櫟陽獄掾項梁嘗有櫟陽獄逮乃請蘄獄掾曹咎書抵欣以故事皆已（蘄音機縣名屬市國抵歸也已止也謂梁嘗被櫟陽縣逮梁乃請蘄獄掾曹咎書至櫟陽獄掾司馬欣事故得止息也）

漢周陽由以宗家任為郎由為郡守武帝即位吏治尚修謹然由居二千石中最為暴虐驕恣所愛者撓法活之所憎者曲法滅之（撓亦屈曲也）所居郡必夷其豪

杜周為廷尉其治大抵放張湯（大抵大歸也放依也放甫往切）而善候伺（觀望天子意）帝所欲擠者因而陷之（擠音濟墜也）帝所欲釋久繫待問而微見其寃狀（見顯也）詔獄亦益多矣二千石繫者新故相因不減百餘人郡吏大府舉之廷尉（舉皆也言郡吏大府獄事皆歸廷尉也大府丞相御史之府也）一章至千餘章章大者連逮証案數百小者數拾人遠者數千里近者數百里會獄（往赴對也）吏因責如章告劾（皆令服罪如所告劾之本章）不服以掠笞定之（定其辭令服也）於是聞有逮証皆亾匿獄久者至更赦拾餘歲而相告言（更歷也其罪或非赦例故不得除而久逃亾不出至於十餘歲尤相告言由周用法深刻故也更音工衡切）大氐盡詆以不道

以上氐讀與低同抵歸也詆訶也並音丁禮功廷尉及中都官詔獄逮至
六七萬人中都官凡京師諸官府也獄詞所及追考問者六七萬人也吏所增加
十有餘萬吏又於此外以文致之更增加也
晉劉頌爲廷尉會滅吳諸將爭功遣頌校其事以王
渾爲上功王濬爲中功帝以頌拆法失理左遷京兆
太守
後魏袁翻爲廷尉頗有不平之論
盧同爲黄門侍郎初楊昱與元義有釁及元氏之廢
大后乃出昱爲濟陰内史中山王熙起兵於鄴義遣
同詣鄴收熙并窮黨與同希義指就郡鎖昱赴鄴訖

百日後乃還任
比齊盧裴爲尚書左丞别典京畿詔獄酷濫非人情
所爲無問事之大小拷掠過度於大棒車輻下死者
非一或嚴冬至寒置囚於氷雪之上或盛夏酷熱暴
日之中枉陷人致死者前後百數人又伺察官人罪
失動即奏聞朝士見之莫不重迹屏氣皆目之爲盧
校事裴後以謗吏與李庚俱病鞭死獄之中
隋楊遠劉子通高祖時並爲大理寺丞子通等性愛
深文每隨牙奏獄能承順帝意帝大悦並遣於殿廷
三品行中供奉每有詔獄專使主之候帝所不快則
案以重抵無殊罪而死者不可勝原遠又能附楊素
每於途中接候而以囚名白之皆隨素所爲輕重其
臨終赴市者莫不途中呼枉仰天而哭
梁敬真爲大理司直時煬帝欲成光祿大夫魚俱羅
之罪令敬真治其獄遂希旨陷之極刑未幾敬真有
疾見俱羅爲之厲數日而死
裴蘊煬帝時爲御史大夫楊玄感之反也帝遣蘊推
之其黨與謂蘊曰玄感一呼而從者十萬益知天下
人不欲多多即相聚爲盗耳不盡加誅則後無以勸
蘊由是以峻法治之所戮者數萬人皆籍没其家

唐王世充仕隋爲兵部員外郎善敷奏明習法律然
舞弄文法高下其心或有駁難之者世充利口飾非
辭議鋒起衆雖知其不可而莫能屈
李承嘉爲御史大夫時武三思誣構桓彦範貶爲龍
州司馬是歲秋三思又陰令人疏皇后穢行牓於天
津橋請加廢黜中宗聞之怒命承嘉推求其人承嘉
希三思旨奏言彦範與敬暉張柬之袁恕己崔玄暐
等教人密爲此牓雖託廢后爲名實有危君之計請
加族滅制依承嘉所奏大理丞李朝隱執奏云敬暉
等既未經鞫問不可即肆誅夷請差御史案罪待至

准法處分大理卿裴談奏云敬暉等只合據勅斷罪不可別俟推鞫請並處斬籍没中宗納其議仍以彦範等五人嘗賜之鐵券許以不死乃長流彦範於瀼州敬暉於崖州張柬之於隴州袁恕巳於環州崖玄暐於古州並終身禁錮子弟年十六巳上者亦配流嶺外擢授承嘉金紫光祿大夫進封襄武郡公帛氏又特賜承嘉綵物五百叚瑞錦被一張擢拜裴談爲刑部尚書左貶李朝隱爲聞喜令

姚璹爲益州長史新郡丞朱待辟坐贓至死逮捕繫獄待辟素與沙門理中陰結諸不逞因待辟以殺璹

爲名擬據巴蜀爲亂人有密表告之者制令璹按其獄璹深持之事涉疑似引而誅死者以千數天后又令雒州長史宋元爽御史中丞霍獻可等重覆之亦無所發明逮繫獄數百人不勝酷毒遞相附會以就反狀因此籍没者復五十餘家其餘稱知反配流者十八九道寃之監察御史袁恕巳劾奏其事天后務令璹與恕巳對定又尋令罷推

周興明習法令爲司刑少卿秋官侍郎自垂拱巳來屢受制決獄被其陷害者數千人

索元禮爲游擊將軍則天令於雒州牧院推案制獄元禮性殘忍推一人廣令引數拾百人衣冠震懼甚於狼虎則天數召見賞賜張其權勢凡爲殺戮者數千人

冊府元龜終

卷末脫七條

武懿宗為河內王案驗洛州錄事參軍綦連耀箕州刺史劉思禮謀反懿宗寬思禮於外令廣引逆徒而思禮以為得計從容自若薄與相忤者必引令枉誅臨刑日猶在外尚不之覺及衆人就戮乃收之方悔焉

吉頊為明堂尉萬歲通天二年頊與武懿宗對計箕州刺史劉思禮獄頊誘思禮廣引朝士必全其命思禮乃引鳳閣侍郎李元素等二十六家微有悞意者必搆之楚毒百端以成其獄皆

海內賢士名家天下怨之
楊再思為御史大夫中宗神龍初武三思將誣殺王同晈再思與吏部尚書李嶠刑部尚書韋巨源並受制考案其獄遂希三思之旨鍛鍊以成反狀衆庶冤之
侯郢矜為大理主簿高庭之為大理評事玄宗開元六年勅官人犯贓至流死會恩令貶官者格文先著後勅令十年不齒等色目為流已下罪生文郢矜庭之等用法不精安有疑阻各奪一季祿

殷侑為刑部尚書出朱叔夜之贓罪有以將迎帝稍加其弄法出為山南東道節度使
吉溫為京兆士曹時李林甫專擅良娣妹壻柳勣得罪下獄及戶部侍郎楊慎矜下獄溫皆與御史鞫案其事破姦摘瑕壞方為圓悉成於溫由是以酷法聞屢知詔獄遷殿中侍御史戶部員外郎中皆帶侍御史
周寶儀為端明殿學士顯德五年四月世宗征淮南至泗州奉命決留獄於宿州凡生磔正賊一人妻孥及連坐者二十有三人內有孩提輩皆斬之先是翰林醫官馬道玄詣行闕上訴云年前十二月中於壽州界內被賊殺却男繼嵩及款人李延進等今捉獲賊在宿州禁繫本州不為勘斷帝覽之發怒謂宿州知事趙礪不能斷獄遂命儀乘驛就案之奉辭之日帝旨甚峻故儀之用刑傷於深刻論者冤之

册府元龜

巡按福建監察御史臣李嗣京　訂正

新建縣舉人臣戴國士　叅閲

知建陽縣事臣黄國琦　較釋

卿監部一

總序

卿監之職其來尚矣三代以前雖名號或殊然其典領亦可得而言焉少昊氏以九扈爲九農正及帝堯命棄爲后稷並司農卿之本也（凡此已下事備邦計總序）又以五雉爲五工正及云共工方鳩僝功皆將作監之本也

又以鳳雉氏爲曆正及顓頊命南正重司天北正黎司地唐虞以羲氏和氏紹重黎之後皆太史監之本也（凡此已下事備國史總序）又命伯夷爲秩宗后夔典樂並太常卿之本也（凡此已下事備掌禮總序）皐陶作士即大理卿之本也（凡此已下事備刑法總序）又命益作虞以掌山澤即都水使者監之本也夏制九卿商氏因之周之卿曰少師少傅少保冢宰司徒宗伯司馬司寇司空是也三代諸卿名號不同然其官職之屬相沿而乃與周不異天官大府下大夫乃大府卿之本也（凡此已下事備邦計總序）又庖人外饔中士蓋光祿卿大官署令之本也膳夫内饔即殿中監之尚食局之本也地官師氏以三德三行教國子即國監之本也（凡此已下事備學校總序）又林衡川衡二官掌林麓川澤亦都水監之任也又廩人下大夫亦司農之太倉令下春官宗伯卿一人亦太常卿也小宗伯掌三族之別以辨其親踈即宗正之別也太史掌建邦之六典亦太史局令之職也又較人圉師趣馬皆若太僕之典廐署令也又司甲司弓矢下大夫司兵中士司戈下士並衛尉之武庫令也秋官司寇亦大理之列也又大行人中大夫掌大賓客之禮及象胥即鴻臚之本也冬官考工亦將作監之任也其攻金

之工六卿少府監之掌冶署令也（凡此已下事備邦計總序）秦置太史令又置奉常其郎中令主郎内諸官掌宫殿掖門户衛尉掌輿馬官（衛尉之名自此始也）廷尉掌刑辟典客掌歸義蠻夷宗正掌親屬（宗正之名自此始也）少府掌山海池澤之稅（少府之名自此始也）自奉丞而下皆有丞以屬焉其左右中候將行皇后卿也又有典屬國掌蠻夷降者漢以太常光祿勳衛尉太僕廷尉太鴻臚卿宗正司農少府謂之九寺太卿而分屬三司（太常光祿勳衛尉三卿並太尉所部太僕廷尉大鴻臚三卿並司徒所部宗正大司農少府三卿並司空之所部）奉常初曰太常（太常之名自此始也其所典嘗沿革及官屬增省並具掌禮總序他皆類此）太僕（或曰周官有太

僕下大夫掌王之服位出入王之命似非今太僕之
職又云周穆王置太僕正以伯冏為之掌輿馬秦因
之漢則夏侯嬰爲浦公太僕屬官有大廄未央家馬三令各五丞
一尉又車府路軨騎馬駿馬四令丞又龍馬閑駒橐
泉騊駼承華五監長丞右邉郡六牧師苑令各三丞
又牧橐昆號令丞皆屬焉中太僕掌皇太后輿馬不
常置也又少府增置屬官焉其屬所典掌沿革及員史增省具尹計總序佗
皆類此惠帝更名太常日奉常景帝初衛尉更名中大
夫中六年更名廷尉為大理大理之名自此始也其典領沿革及屬官省增
并具刑法總序佗皆類此又更名典客為大行令又更名將作少
監為將作大匠屬官有右庫東園主章左右前後中

較七令丞又有主章長丞更名將行為大長秋後元
年治粟內史更名大農令是年以中大夫令復為衛
尉屬官有公車司馬衛士旅賁三令丞衛士三丞又
諸屯衛候司馬二十二官皆屬焉長樂建章甘泉衛
尉皆掌其官各隨所掌之宮名焉職畧同不常置孝武帝建元
三年初置光祿勳之屬官比郎無員多至十人有僕
射秩比千石四年改大理復為廷尉元狩三年昆邪
王降增屬國置都尉丞候千人屬官有九譯令五年
初置郎中令之屬官諫大夫秩比八百石太初五年
更名郎中令為光祿勳光祿之名自此始也屬官有大夫郎謁

者皆秦官又期門羽林皆屬焉是年更太僕家馬為
挏馬初置路軨其少府太常並增置屬官焉又大行
令更名大鴻臚鴻臚之名自此始也屬官有行人譯官別火三
令丞及郡邸長丞又更名行人為大行令又更名將
作屬官東園主章為木工又大農令更名大司農司農
之名自此始也其所典掌沿革及屬官增省並具部計總序他放此又置太史公之職
其所典掌具國史總官他皆類此宣帝以光祿勳之屬官中郎將騎
都尉監羽林秩比千石成帝河平元年省典屬國并
大鴻臚陽朔三年省將作中候及左右前後中較尉
五丞哀帝元壽二年改廷尉復為大理平帝元始元

年以光祿勳之屬官比郎更名虎賁郎置中郎將秩
比二千石四年更名宗正為宗伯屬官有都司空令
丞內官長丞又諸公主家令門尉皆屬焉後漢太常
卿一人中二千石以下諸卿秩同光祿勳卿一人中二千石
掌宿衛宮殿門戶典謁署郎更直執戟宿衛門戶考
其德行而進退之郊祀之事掌三獻有員吏四科百
石斗右佐騶吏學士守學士官醫衛士等屬焉丞一
人比千石五官中郎將一人比二千石五官中郎比
六百石無員郎年五十以屬五官五官侍郎比四百
石無員五官郎中比三百石無員凡郎官皆主更直

執戟宿衛諸衛門出充車騎唯議郎不在直中左中郎皆比二千石主左署郎中郎比六百石侍郎比四百石郎中比三百石三郎皆無員左中郎將比二千石主右署郎中比六百石侍郎比四百石郎守比三百石二郎皆無員虎賁中郎將比二千石主虎賁宿衛左右僕射左右陛長各一人比六百石僕射主虎賁郎習射陛長主直虎賁朝會在殿中虎賁中郎比六百石虎賁作郎比四百石虎賁郎比三百石節從虎賁郎比二百石四郎皆無員掌宿衛侍從自節從虎賁郎久者轉遷才能差高至中郎羽林中郎將比

二千石羽林郎比三百石無員掌宿衛侍從嘗遷漢陽隴西侯安定北地上郡西河凡六郡良家補本武帝以便馬從游獵還宿殿階巖下室中故號巖郎羽林左監一人六百石主羽林左騎羽林右監一人六百石主羽林右騎丞一人奉車都尉比二千石無員掌御乘輿車駙馬都尉比二千石無員掌駙馬都尉二千石無員本監羽林騎光祿大夫比二千石無員凡大夫議郎皆掌顧問應對無常事唯詔命所使大中大夫千石無員中散大夫六百石無員諫議大夫六百石無員議郎六百石無員謁者僕射一人比千石爲謁者臺率主謁者天子出奉引古重習武者主射以督祿之故曰僕射嘗侍謁者五人皆六百石主殿上時節威儀謁者三十人其給事謁者四百石其灌謁郎中皆三百石掌賓讚受事及上章報問初爲灌謁者滿歲爲給事謁者凡光祿勳職屬光祿者自五官將至羽林右監凡七署自奉車都尉主謁者皆以文屬舊有左右曹秩以二千石日上殿中主受尚書奏事平省之世祖使小黃門郎受事車駕出給黃門郎兼有請室令車駕出在前請所幸徼車迎白示重慎中興但以郎兼事訖罷又省車戶騎凡三將

及羽林衛尉卿一人中二千石掌門官衛士官中徼循事丞一人比千石公車司馬令一人六百石掌宫南闕門凡吏民上章四方貢獻及徵詣公車者丞尉各一人丞選曉諱掌知非法尉主闕門兵禁戒非常南宫北宫衛士令各一人並六百石各有丞一人左右都候各一人六百石主劍戟士徼循宫及天子有所收考丞各一人宫掖門每門司馬一人皆千石南宫南屯司馬主平城門北宫門倉龍司馬主東門卣武司馬主貞武門北屯司馬主北門北宫朱雀司馬主南掖門東明司馬主東門朔平司馬主北門自卿

至諸門司馬咸有員吏衛士屬焉中興省旅賁令衛
士一人丞右三卿大尉所部太僕卿一人中二千石掌車馬
天子每出奏駕上鹵簿用大駕則執馭丞一人比千
石考功令主作兵器弓弩刀鎧之屬成則傳執金吾
入武庫及主織綬諸雜工車府令主乘輿諸車未央
廄令主乘輿及廄中諸馬各一人六百石長樂廄丞
一人自卿以下並有員吏等屬焉太僕舊有六廄皆
六百石令中興省約但置一廄後置左駿令廄別主
乘輿御馬後或并或省又有牧師苑令官主養馬分
在河西六郡界中中興皆省惟漢陽有流馬苑但以

羽林郎監領廷尉卿一人大鴻臚卿一人掌諸侯及
四方歸義蠻夷其郊廟行禮贊道請行事既善以命
郡司諸王入朝當郊迎典其禮儀及郡國上計主四
方來亦屬焉皇子拜立贊授印綬及拜諸侯諸侯嗣
子及四方夷狄封者臺下鴻臚召拜之王甍則使弔
之及拜王嗣丞一人比千石大行令一人六百石主
諸郎丞一人治禮郎四十七人主齋祀儐讚九賓又
有宮室主調中都官斗食以下功次相補大行郎而
如謁者兼舉形貌也其譯官別火二令丞及郡邸長
丞並省但令郎治郡邸右三官司徒所部也自卿以下各有員

吏等屬焉宗正卿一人掌序錄王國嫡庶之次及諸
侯宗室親屬遠近郡國歲因計上宗室名籍若有犯
法當髡以上先上諸宗正宗正以聞乃報決又歲治
諸王世譜差序秩第又有員吏以下官屬焉所統家令一人六
百石丞一人三百石其餘屬吏增減無常主簿一人
秩六百石僕一人秩六百石私府長一人秩六百石
家丞一人三百石直史三人從官三人其主甍無子
置傳一人守其家宗正自中興省都司空令丞大司
農少府卿各一人世祖改少府屬司農初孝武置水
衡都尉秩比二千石別主上林苑有離宮燕休之處

世祖省之并其職於少府又孝武以都水官多乃置
左右使者以領之劉向護水使者是也至哀帝省使者官至東
京凡都水皆罷之併置河隄謁者桓帝延熹二年始
置秘書監一人秘書之名自此始也掌禁中圖書秘記故曰秘
書屬太常後省秦時博士官所職禁人藏書漢氏除挾書之律開獻書之路置寫書之官又令謁書陳農求遺書於天下故文籍往往而出並藏之書府在外則有太史博士掌之其內則有延閣廣內石渠之藏大御史中丞在殿中掌蘭臺秘書圖籍又未央宮中有麒麟閣天祿閣亦藏書劉向揚雄典較皆在禁中謂之中書猶言內庫書東京則藏之東觀亦禁中也其著作局事具國史自此以下不復述
獻帝建安末改光祿勳為中郎令魏之九卿並與
漢同初武帝為魏王置秘書令及二丞典尚書奏事

即中書之任也兼掌圖書秘記又置秘書郎秩四百石又置秘書較書郎蘭臺亦藏書御史掌焉薛夏云蘭臺爲外臺秘書爲外閣是也初秘書屬少府及王肅爲監以爲秘書之職卽漢東觀之任安可復屬少府自此之後不復屬焉太史令吏員有監候郎二十人候部吏十五人掌候天文並太史監候之任也又有靈臺丞主候望郎殿中監一人品第七殿中之名自此始也晉宋並因之掌帳設監護之事又有殿中奉乘郎從五品下又光祿置太官令丞太僕置乘黄丞一人奉乘郎從五品又有驊騮廐令牧官都尉其宗正亦以宗室居之又以廷尉爲大理後復爲廷尉又改鴻臚之太行令爲客館令又幷將作

之左較於材官又以水衡都尉主天下水軍舟船器械文帝黄初元年改郎中令復爲光祿勳又分秘書立中書因置監令明帝青龍中議秘書丞郎職近日月宜居三臺上亞尚書丞郎其較書郎自是以後往往以他官典較秘書衛尉闕其太常司農少府此不復述晉制太常光祿勳衛尉太僕廷尉大鴻臚宗正大司農少府將作大匠太后三卿太常秩皆爲列卿各置丞功曹主簿五官等員其太常兼統太學諸博士祭酒及太史別置靈臺丞武帝咸寧四年初立國子學定置祭酒一人其所典領沿革及屬官增損並具學較部總序他皆倣此光

祿勳統武賁中郎將羽林郎將冗從僕射羽林左監五官左右中郎將東園匠大官御府守宫黄門掖庭清商華林園暴室等令又置左右光祿大夫而光祿大夫如故光祿大夫銀章青綬其重者加金章紫綬則謂之金紫光祿大夫秩比二千石大官令之屬有廚史錫官吏果官監釀吏酒丞等員衛尉統武庫公車衛士諸治等令左右都候南北東西督治掾太僕統典農典虞都尉典虞丞左右中典牧都尉車府典牧乘黄廐驊騮龍馬廐等令典牧又別置羊牧丞太僕自元帝渡江之後或省或置太僕省故驊騮爲門下職宋齊亦有若郊祀則權宜置太僕執轡事畢省齊

亦如之將大匠有事則置無事則省其丞亦然所屬有曹主簿五官等員掌土木之役都水臺都水使者一人掌舟檝之事官品第四又有左右前後中五水衡陳愼載雄俱以都水使者領水將都尉之職又有參事二人蓋丞之職也又置主簿一人又諸津渡二十四所各置監津吏三十一人太后三卿衛尉少府太僕漢置皆隨太后宫爲官號在同名卿上無太后則闕魏改漢制在九卿下晉復舊在同號卿上大長賢一梁冠絳朝服江左以他官兼領宋齊梁陳後魏北齊亦然其吏員有典曆四人武帝以秘書幷中書其丞謂之中書秘書丞惠帝永平元年

詔秘書典總經籍考較古今中書自有職務遠相統攝於事不顯宜令復別置秘書寺掌中外三閣圖書自是秘書寺始外置焉品第五絳朝服銅印墨綬進賢兩梁冠佩水蒼玉又置秘書丞二人品第六銅印墨綬進賢一梁冠絳服江左省殿中尚衣局又省衛尉又省鴻臚丞及功曹主簿五官等員有事則權置事畢則省又省尉衛之治令始隸少府又省將作大匠而作左右較隸少府又大史之職自此多以他官兼領宋齊梁陳並同哀帝興寧二年以光祿勳并司徒孝武寧康元年復置光祿勳又省都水臺置水衡令亦無丞宋九卿

亦沿舊制秘書丞一人品服同晉秘書郎中去中字光祿勳丞祖朝會宗正不置齊亦然又省太僕丞齊亦如之永初中大鴻臚分置南北客館令丞孝武孝建元年復置衛尉又增置丞一人又省都水臺署水衡令亦無丞大明中改殿中尚方曰左右御府各置令丞一人齊九卿並因前制秘書郎秩六百石又置內外殿中監各八十人太僕乘黃令品第七秩四百石銅印墨綬進賢一梁冠絳朝服又鴻臚有客館令光祿勳府置丞領左右光祿大夫位從公開府置佐吏如公中大夫中散大夫諸大夫官皆處舊齒老年重者加親信二十人復置都水臺使者一人將作大匠太僕三卿不嘗置有事權置無官畢乃省宣德尉衛少府太僕鬱林王立文安太后即尊號以宮名置之大長秋亦鬱林立皇后置梁高祖天監七年象四時置十二卿太常宗正司農為春卿太常位視金紫光祿大夫班第十四宗正卿位視列曹尚書皆以宗室為之班第十三其丞為四班主簿為七班司農卿班第十一大府少僕少府為夏卿大府班第十三大府自周官以後歷代不置然其職在司農少府至是方置焉太僕卿統南牧左右牧龍廄外班第十其丞視朝請班第三主簿班第三少府班第

十一衛尉廷尉太匠為秋卿衛尉班第十三統武庫令廷尉第十二將作為大匠卿班第十品正第五又置丞一人班第三又置將作營作又別立長史司馬主簿各一員光祿勳鴻臚都水使者為冬卿光祿除勳字班第十一光祿丞視員外郎主簿班第三其大官丞門下省領之又有市買正廚酒庫等丞鴻臚卿班第九品從第五其丞班第三主簿班第三屬官又有典客館令丞令在七班下為三品勳位又改都水臺使者為大舟卿班第九又置丞一人班第一又置主簿七班之中第三又秘書監增秩中二千石品第

三後置十八班秘書監第十一又增秘書丞品第五
秘書郎自江左多任貴游年少迫茲尤甚太史丞爲
三品蘊位又殿中位不登七班者別置蘊位殿中外
監爲三品蘊位內監爲三品勳位又尚藥自此以降
皆太醫兼其職陳諸卿監率如梁制後魏秘書監初從
第一品中孝文太和末降爲第三品丞一人正第五品上郎置四人正
第七品上較書郎置十二人其太史丞史失具品殿
中監從五品下又有掌服郎從六品上又有乘黃車
府令掌太僕亦殿中之職也太常初置少卿又分一
官令尚食中尚食掌知御膳尚食門下省領之中尚

食集書省領之大官掌知百官饌光祿卿領之有丞
一人衛尉卿從第一品下後降爲第三品初置少卿
官第三品上後降爲正四品上從五品中後降爲第
七品上宗正卿第二品上少卿第三品後降爲四品
丞第七品太僕卿第二品上少卿第三品上後降爲
正四品上丞從五品中後降爲七品上又省乘黃令
丞廷尉卿第二品上鴻臚卿第二品上後降爲第三
品少卿一人第三品上後爲正四品上丞從五品中
後降爲第七品典客監從五品上又置主客令及司
儀官大司農第二品上將作大匠後第二品後降爲

從三品其丞從五品後降爲第五品下分建都水使
者正第四品中水衡都尉從五品中後改都水使者
從五品而省水衡又有都水參事六人其少府改爲
太府焉北齊秘書郎增中字正第七品下較書置十
二人始置正字四人從第九品上門下省屬官有殿
中局殿中監四人掌駕前奉引行事東耕則進耒耜
又統六局有典御二人丞監各四人文集書省統二
局有中尚食局典御一人監四人品與尚食同又統
尚藥局有典御二人侍御師四人尚藥監四人總御
藥之事又以太常光祿衛尉宗正太僕大理鴻臚司

農太府寺是爲三府九卿稱寺自此始也太常寺卿第三品餘卿
品同光祿寺置卿掌諸膳食帳幕器物肴藏丞一人從
六品下又有功曹五官主簿等又有大官丞一人肴
藏令及丞二人又有清漳令丞主造酒衛尉寺有丞
一人從六品下又有主簿及統武庫署令丞掌甲兵
及吉凶儀伏又有守宮令丞掌凡設張之事宗正四
卿有昭真寺掌釋道二教置大統一人都維郡三人
亦有功曹主簿員以管諸州縣沙門太僕寺丞一人
從六品下主簿一人統驊騮左右龍左右牝駝牛司
羊乘黃車府等署令丞鴻臚寺統典寺署有丞一人

第七品下又有功曹五官主簿班第三又有典客令丞司儀令丞其大理司農太府此不復述又有都水臺使者二人從第五品有丞及參事河隄謁者錄事船局都津尉丞典作津長等員後周卿監之職咸准周官建置焉武帝四年置軍器監軍器有監自此始也隋九寺卿與北齊同其秘書監正第三品與尚書門下內史殿中爲五省領著作太史二曹丞一人正第五品秘書郎中復除中字正七品上置較書郎十二人太史曹置太史令二人從第七品上丞二人正第九品上又有司歷二人歷博士一人監候四人又置天文博

士司辰等員殿中監爲殿內局置監二人正六品下又有門下省統尚食藥御府等局監各有員屬太常寺卿一人正三品少卿正四品卿丞正七品下餘卿品亦如之光祿寺卿一人統太官肴藏良醞掌醢等署令丞開皇三年廢光祿入司農十三年復置又加置丞三人又有主簿錄事並流外爲之衛尉寺卿一人掌軍器儀仗帳幕以監門衛掌宮門屯兵統武庫令及行臺書省武器監守宮署令各有丞以下官屬餘卿亦如之宗正寺卿一人有少卿丞主簿等員又置崇眞令丞各一人太僕寺卿統驊騮乘黃龍廐車府典牧羊牛等署各有

令丞等員鴻臚卿一人統典客司儀崇眞等三署令丞開皇三年省並太常十三年復置其大理司農太府等卿並各一人又有人都水臺開皇三年省並司農十三年復置仁壽元年改爲都水監都水名監自此始也有丞二人正第八品上又有掌船局都尉一人將作大匠一人開皇二十年改將作爲監以大匠爲大監置監之名自此始也置副監一人丞主簿各二人又領左右較署令丞煬帝即位改國子學爲監置監之名自此始也又降秘書監爲從第三品置少監一人四品掌二秘書監之職後改秘書監爲秘書令少監爲少令又加秘書郎爲

從第五品減較書郎爲十人又改太史曹爲太史監進令階爲第五品又減太史丞一人從第七品上又增監候爲十人又改司辰爲師本屬武候府令隷於太史局又分門下省尚食尚藥御府殿內等局正四品統尚食尚藥尚舍尚衣尚乘尚輦等六局又置少監一人從四品丞一人從五品改典御爲奉御兼置直長等員以屬焉太常寺加置少卿二人又兼光祿卿爲從三品加置少卿一人降爲從四品加丞爲從五品其餘少卿丞差降咸准此又改宗正之佛寺爲道場道觀爲眞壇各置監丞又減太僕之驊騮署及殿中省尚乘

局又有左右駮阜二廐加置主乘司庫司廩官又改鴻臚之典客爲典蕃署又於建國門外置四方館以待四方使者各掌其方國及互市事又分太府寺卿置少府監（置監之名自此始也）又改將作大監少監爲大匠小匠旋復爲大監少監後又爲大令少令又改都水監爲使者尋又爲監加置少卿後又改爲令統舟楫河渠二署又以都水丞爲從七品又置主簿一員又改船局都尉爲舟楫署令有丞二人又置河渠署令丞各一人唐制秘書監一人從三品掌拜國經籍圖書文庫有二局一曰著作二曰太史皆率其屬而修其

職少監二人爲之二丞一人掌判省事屬官有秘書郎掌四部之圖籍分庫以藏之以甲乙丙丁爲之部目主事二人掌印并句簡稽失（其他卿監少丞主事以次典掌亦然然其下亦各本令史書令史等員）較書郎正字皆掌讎較典籍刊正文章（其下各有較理典書楷書手亭長掌固熟紙裝潢匠筆匠等員）太史局令掌觀察天文稽定曆數凡日月星辰之變風雲氣色之異率其屬而占候焉丞三人（其下亦有令史等員）所統司曆保章正監候靈臺郎天文生挈壺正人刻傳士漏刻生典鐘典鼓等員殿中省監一人掌服御之事總尚食尚衣尚舍尚乘尚輦六局之官屬備其禮物而供其職事

少監二人爲之二丞二人主事二人太常寺卿一人正三品（其下各有少卿丞主簿錄事等員）光祿寺卿一人從三品（卿爵品並同）掌邦國酒醴膳饈之事總大官珍饈良醞掌醢四署之官屬修其諸備謹其出納少卿爲之二衛尉寺卿一人掌邦國器械文物之事總武庫武器守宮三署之官屬少卿爲之二宗正等卿一人掌九族六親之屬籍以別昭穆之序并領崇真署少卿爲之二太僕寺卿一人掌邦國廐牧車輿之政令總乘黃典廐典牧專府四署及諸監牧之官屬少卿爲之二大理寺卿一人鴻臚寺卿一人掌客及凶儀之事領典

客司儀二署以率其官屬而供其職務少卿爲之二司農寺卿一人太府寺卿一人少府監一人其比都軍器監一人掌繕造甲弩之屬辨其名物審其制度以時納于武庫少監一人爲之二（其屬有丞及主簿錄事府事等員）將作監一人匠一人掌供邦國修建土木工匠之政令總四署三監百工之官屬以供其職事少匠爲之二（其屬有丞及主簿錄事府史計史亭長等員）其都水監使者二人掌川澤津梁之政令總舟楫河渠二署之官屬（其下有丞及主簿錄事府史亭長等員）自高祖武德初改秘書令少復爲監政太史監爲局又改殿中監爲省又改都水監爲署使者

監爲都水令隷將作又置諸津令丞其在京兆河南界者隷都水監在外者隷當州界又置軍器監貞觀中廢軍器監併入少監改都水置爲都水使者高祖永徽中加置光祿寺供膳至二千四百人又始置衛尉武器署以主器仗又加太僕丞一人顯慶二年廢雒陽總監改青城宫監爲東都苑北面監明德宫監爲東都苑南面監雒陽宫農圃監爲東都苑東面監食貨監爲東都苑西面監高祖龍朔二年改秘書省爲蘭臺其監曰蘭臺侍史少監爲蘭臺侍郎丞爲蘭臺大夫又改太史局爲秘書閣局令爲秘閣郎中又

改殿中省爲中御府監爲中御大監少監爲中御少監丞爲中御大夫又改尚食爲奉膳局奉御大夫尚藥爲奉醫大夫尚衣爲奉冕大夫尚舍爲奉扆大夫尚乘爲奉駕大夫尚輦爲奉輦大夫又改太常卿爲奉常正卿（其卿少卿丞及諸寺少卿丞等咸亨光宅神龍并隨曹改復）光祿爲司宰正卿衛尉爲司衛寺正卿宗正爲司屬寺正卿太僕爲司馭寺正卿大理爲詳刑寺卿大理正爲詳刑大夫鴻臚爲司文正卿司農爲司稼寺正卿大府爲外府正卿又改國子監爲司成館國子監祭酒爲大司成司業爲少司成又東都國子監置學官學生分於兩京較授又改少府監爲内府監將作爲監繕工監大匠爲大監又改都水使者爲司津使者監咸亨元年秘書省監少監丞及太史局令等悉復舊又復殿中省監少監丞及六尚之名其奉常司宰司衛司屬司馭詳刑司文寺司稼外府司成内府膳工大監等悉復舊名又復司津使者監爲都水使者監則天光宅元年改太常爲司禮光祿爲司膳衛尉爲司尉宗正爲司屬太僕爲司僕大理爲司刑大理正爲司刑正鴻臚爲司賓太府爲司府寺卿司農不改國子監爲城均監少府爲上方監將作爲營繕監垂拱中

又改都水監爲水衡置都尉使者爲都水府天授初改秘書爲麟臺久視二年改太史局爲渾天監不隷麟臺其令監置一人加至正第五品上因加副監及丞主簿府史等員其年又改爲渾儀監始置丞二人從第七品上長安二年改渾儀監復爲太史局還隷麟臺緣監置官及府史等並廢其監依舊令置二人又省丞二人四年省太史局歷博士置保章正以當之掌教曆生又省天文博士之職置靈臺郎以當之是年始置挈壺正又去司辰之師字但曰司辰中宗神龍初改麟臺復爲秘書又改太史局爲太史監令

名不改不隸秘書又復太常之名其光祿衛尉宗正太僕大理鴻臚大府等九寺國子少府將作等三監並如故又以水衡都尉復爲都水監署使者二人分總其事不屬將作領舟楫河渠二署又改都水府復爲使者景龍二年復置太史丞二人明皇開元初復以少府監甲弩坊地置軍器使二年又令太史令爲太史監又分少府監甲鎧弓弩別置軍器監置中較署屬將作三年以軍器使爲監領甲弩二坊十二年省軍器監作並國少府監甲弩坊更置少監一員統之又置北京軍器庫十四年又改太史監爲局復云太

史令二員隸秘書省十六年置軍器監於北都嘗以太原尹兼領二十五年廢北京軍器庫依舊爲甲坊太常所掌諸陵廟並隸宗正及道士女道士屬宗正故崇真署亦隨而隸焉其僧尼別隸尚書祠部天寶六載復軍器監於舊所置監一人領甲坊弩坊兩署九載置廣文館領國子監焉十二載改將作大匠復爲大監肅宗乾元元年又廢軍器監却置使其監以下並停其後以內官爲之宣宗大中四年以司農寺文案少卿不通判詔自今以後九寺三監少列並與大卿通判後唐莊宗同光祿諸寺監各只置大卿監祭酒司業各一員博士兩員其餘官屬並權停惟大常寺及大理寺事關禮法之重除太常博士外更置丞一員天卿等分職監局居方在於事任無不總統然則因時而沿革隨世以輕重外降秩序分併官曹治亂在人名器非假若乃職修事舉德崇望峻方正不撓廉約自守挺愛君之節敦及善之道被委遇而斯稱荷寵擢而無忝以從人爵允奉官箴其有便辟任志叨黷靡厭用取譴咎欲悔何及凡卿監部十有五門云

選任　舉職　恩獎

選任

夫卿監之列其位重矣官象河海職貳台袞苟非其人焉可虛授然則便僻側媚羣言之攸棄中正清直公朝之所尚則有內貞外順博聞多識推行實之攸異稱治迹之第一庸兹僚簡寘于周行故得庶務允釐百官承式上下相維而天下化矣

周穆王命伯冏爲周太僕正伯冏名也太僕長太御中大夫作冏命曰愼簡乃僚無以巧言令色便辟側媚其惟吉士

漢高祖爲沛公賜爵七大夫以夏侯嬰爲太僕嘗奉車爲沛公御車嬰自高祖初起沛嘗爲太僕後事惠帝

朱邑爲北海太守治行第一入爲大司農

吳公爲河南守文帝初立聞吳公治爲天下第一故
與李斯同邑乃徵爲廷尉
黃霸字次公少學律令爲河南太守丞自武帝末用
法深昭帝立俗吏上嚴酷以爲能而霸獨用寬和爲
名會宣帝即位在民間時知百姓苦吏急也聞霸持
法平召以爲廷尉正
杜業有才能選爲太常
田序以連擒大姦徵爲大鴻臚
後漢高詡以儒學徵拜大司農
陳寵爲廣漢太守風聲大行入爲大司農

陳球字伯真下邳人善律令橋玄表球明律令拜廷
尉正
白嵩爲濟東相甘露降於郡安帝嘉其致瑞徵拜大
鴻臚
魏邢顒字子昂時人稱德行堂堂邢子昂文帝以爲
太常
嚴包以高才武帝黃初中入爲秘書丞
梁習爲并州二十餘年政治爲天下最乃徵拜大司
農
蜀王謀漢嘉人有容止操行先主爲漢中王用荊楚
宿士零陵賴恭爲太常南陽黃柱爲光祿勳王謀爲
少府
吳張儼弱冠知名早歷顯位以博聞多識拜大鴻臚
使子
晉華表字偉容仕魏爲光祿勳咸熙中詔曰表清賢
履道內貞外順歷位忠恪言行不玷其以表爲太常
卿
顧榮字彥先吳人也仕吳爲黃門侍郎吳平入雒以
南土秀望爲廷尉正
陸士衡以文行爲著作郎

嵇紹康子也以父得罪靖居私門山濤領選啟武帝
曰康誥有言父子罪不相及嵇紹賢侔郤缺宜加旌
命請爲秘書郎帝謂濤曰如卿所言乃堪爲丞何但
郎也乃發詔徵之起爲秘書丞
何嵩善史漢爲著作郎
何禎字元幹廬江人也爲尚書符詔參秘書丞秘書
本有一丞時尚未轉遂以禎爲右丞右丞之置自禎
始也
賀循元帝以爲太常侍散騎常侍如故循以九卿舊
不加官惟拜太常而已矣

宋王慧武帝初建宋國當置郎中令帝難其人謂傳亮曰令用郎中令不可令減袁曜卿也既而曰吾得其人乃以慧居之

謝靈運爲司徒徐羨之所患出爲永嘉太守稱疾去職文帝登祚誅徐羨之等徵爲秘書監召不起帝使光祿大夫范泰與靈運書敦奬之乃出就職

劉恢爲侍中領衞尉晉氏過江不置衞尉孝武欲重城禁故復置衞尉自恢爲始也

南齊沈憲遷少府卿少府晉掌市易與交關有吏能者皆更此職

梁劉孝綽自上虞令遷除秘書丞高祖謂舍人周捨曰第一官當用第一人故以孝綽居此職

張率字士簡吳郡人遷秘書丞高祖曰秘書丞天下清官東南冑緒未有爲之者今以相處爲卿定名譽

後魏杜銓京兆人爲中書博士初杜太后父豹喪在濮陽太武欲命迎葬於鄴謂司徒崔浩曰天下諸杜何處望高浩對京兆爲美太武曰朕今方改葬外祖意欲取京兆杜中長老一人以爲宗正命營護凶事浩曰中書博士杜銓其家中今在趙郡是杜預之後於今爲諸杜最卽命詔之及見銓器貌瓌雅太武感悅謂浩曰此眞吾所欲也以爲宗正

于忠宣武時爲衞尉卿高肇忌其爲人出授定州剌史宣武旣而悔之復授衞尉卿領左衞將軍當州大中正密遣中使詔忠曰自比股肱褫落心膂無寄方任雖重比此爲輕故輟茲外任委以內務當勲夙無怠稱朕所寄也

李輔字伯尚少有重名孝明每云此李氏之千里駒勑撰明定起居注尋遷秘書丞

後周盧誕本名恭祖仕魏爲給事黃門侍郎魏帝以誕儒宗學府爲當世所推乃拜國子祭酒

隋宇文愷好學多技藝爲萊州刺史兄忻被誅除名於家久不得調會朝廷以魯班故道久絕不行令愷修復之旣而高祖建仁壽宮訪可任者右僕射楊素言愷有巧思帝然之於是簡較將作大匠

蘇夔爲朝散大夫時煬帝方勤遠略蠻夷朝貢前後相屬帝嘗從容爲宇文述虞世基等曰四夷率服觀禮華夏鴻臚之職須歸令望有多才藝美容儀可以接對賓客者爲之乎咸以蘇夔對帝然之卽日拜鴻臚少卿

唐戴冑爲兵部郎中貞觀初太宗謂封德彞曰大理

之職人命所懸此官極妙選公宜陳其堪者德彝未
對曰戴冑忠正清直每事用心即其人也於是除大
理少卿
楊崇禮爲太府少卿雖錢帛充牣丈尺間皆躬自省
閱時議以爲稱職擢拜太府卿

舉職

夫九卿者所以參三公也故歷世王者妙選英俊以
充其任用舉其職繇是宗廟之禮斯備宮闈之制有
典外夷之事明習朝廷之政有成量功以鉤較則物
無遁形執詞而訊辨則情咸有得以至鲞登記籍諸

暢律呂依司靡曠典故可稽彝倫是章功用克顯故
得則哲之美皎如日星當官之譽芬若蘭芷則上歩
於北斗下拓乎河海復何媿焉
漢楊城延高帝時爲少府作長樂未央宮築長安城
先就以功封梧侯
嘗惠代蘇武爲典屬國明習外國事勤勞數有功
陳咸爲少府少府多寶物屬官咸皆鉤校發其姦贓
沒入辜榷財物辜罪也榷專固也官屬及諸中官黃門鉤盾
掖庭官吏舉奏按論畏咸皆失氣
後漢劉般爲宗正清靜畏愼受職修治

杜林爲光祿勳內奉宿衞外總三署周密敏愼選舉
稱平
孫堪爲光祿勳清廉果於從政數有直言多見納用
鄭弘章帝時爲大司農舊交阯七郡貢獻轉運皆從
東冶泛海而至風波艱阻沈溺相係弘奏開零陵桂
陽嶠道於是夷通至今遂爲常路在職二年所息省
三億萬計時歲天下遭旱邊方有警人食不足而帑
藏殷積弘奏宜省貢獻減徭費以利飢人帝順其議
應順爲將作大匠公廉約己明達政事五年省費億
萬

趙喜字伯陽爲衞尉盡心事上夙夜匪懈
魏韓暨黃初中爲太常時新都雒陽制度未備而宗
廟主祏皆在鄴都暨奏請迎鄴四廟神主建立雒陽
廟四時蒸嘗親奉粢盛崇明正禮廢去淫祀多所規
正
薛夏太和中爲秘書丞嘗以公事移蘭臺自以臺也
而秘書署耳謂夏爲不得移也推使當有坐者夏報
之曰蘭臺爲外臺秘書爲內閣一也何不相移之有
蘭臺屈無以折自是之後遂以爲常
晉孔坦爲廷尉卿獄多囚繫坦到官躬執詞狀日辯

曲直大小以情不加楚撻臺司錄獄無所顧問皆可
決當時之事
荀勗領秘書監與中書令張華依劉向別錄整禮記
籍又立書博士置弟子教習以鍾胡爲法時汲郡塚
中古文竹書詔勗撰次之以爲中經列在秘書
南齊沈憲字彥璋爲都水使者長於吏事居官有績
梁蕭子顯大通三年以侍中領國子博士高祖所製
經義未列學官子顯在職表置助教一人生十人又
啟撰高祖所集并普通北代記其年遷國子祭酒又
加侍中於學遞高祖五經義

陳王伯固爲國子祭酒學有墮游不修習者重加檟
楚生徒懼焉繇是學業頗進
後魏崔振爲長兼廷尉少卿振有公斷以明察稱
高謐爲秘書郎以墳典殘缺奏請廣訪群書大加繕
寫繇是代京圖籍莫不審正
范紹爲長兼太府卿紹量公節用甄煩就簡凡有賜
給千疋以上皆別覆奏然後出之靈太后嘉其用心
勅詔每月入見諸有益國利民之事皆令面陳
崔纂爲廷尉正每於大尉多所據明有當官之譽
北齊崔昂爲散騎常侍兼太府卿大司農卿二寺所
掌世號繁劇昂較理有術下無姦僞經手歷目知無
不爲朝廷歎其至公又奏上横市妄費事三百一十
四條詔下依啟狀速議以聞
宋游道爲太府卿乃於少府覆簡主司盜截得鉅萬
計奸吏返誣奏之下獄尋得出不歸家徑之府理事
後周斛斯徵爲太常卿自魏孝武西遷雅樂廢缺徵
博採遺逸稽諸典故創新改舊方始備焉
盧辯爲太常卿自魏末離亂孝武西遷朝章禮度湮
墜咸盡辯因時制儀皆合軌度性彊記默識能斷大
事凡所創制處之不疑

長孫紹遠爲大常廣召工人創造樂器土木絲竹金
得其宜
隋蘇孝慈開皇初爲太府卿于時王業初基百度伊
始徵天下工匠纖微之巧無不畢集孝慈總其事世
以爲能
樊叔畧爲司農卿凡所種植叔畧別爲條制皆出人
意表
牛弘爲秘書監表請分遣使人搜訪異本每書一卷
賞絹一疋校寫既定本即歸主於是人間異書往往
閒出

宇文愷為營宗廟副監及遷都高祖以愷有巧思詔領營新都副監高熲雖總大綱凡所規畫皆出於愷

趙元淑為潁川太守因入廟會以司農不時納諸郡租穀元淑奏之帝謂元淑曰如卿意者幾日當了元淑曰如臣意不過十日帝即日拜元淑為司農卿納天下租如言而了帝悅焉

楊汪為大理卿視事二日煬帝將親省囚徒其時繫囚二百餘人汪通宵究審詰朝而奏曲盡事情一無遺誤帝甚嘉之

唐柏季纂武德中歷屯田農圃監再為司農少卿每

督事苑內小心畏慎勤於稼穡高祖每稱善之

張道源為太僕卿上奏以吏曹文簿繁密易生姦隱請議減之高祖下其議百寮無同者惟傅奕以道源為深識政體宜從其說高祖亦稱言為當追於衆議事竟不行

柳亨為光祿少卿太宗每誡之曰與卿舊親情素無宿卿為人交游多今授此職宜存簡靜亨性好射獵有饕酒之名此後頗自勖勵杜絕賓客約身節簡勤於職事太宗亦以此稱之

姜確為將作少匠轉殿中少監攝將作並以勤幹見稱修九成宮令確典其事拜宣威將軍守屯衞將軍攝將作如故確性恭勤雖祁寒暑雨未嘗暫懈

段德操為將軍簡較少府事時已年老而精勤不怠巡察所部略無休息

韋機為司農少卿受詔簡較東都督營田園苑之事高祖謂之曰兩都是朕東西二宅也今之宮館隋代所造歲序既淹漸將頹頓欲有修造又費財力如何機奏曰臣任司農向已十年前後省貲今見貯錢三十萬貫若以供葺理可不勞而就也帝大悅

楊崇禮開元初為太府少卿雖錢帛克叙丈尺間皆

躬自省閱時議以為稱職擢拜太府卿加銀青光祿大夫封洪農郡公每歲勾剝省使當出數百萬貫在職二十年公清如一九十餘授戶部尚書致仕時太平歲久御府財物山積以為經楊卿者無不精好

劉瑗為國子祭酒開元二十八年奏曰准故事釋奠之日羣官道俗等皆令赴監觀禮臣請依故事著之

裴武為京兆尹領大司農其間掌錢穀供饋之事皆粗有勞績

裴次元為太府卿奏元和五年上言左藏庫置修屋

宇本錢二百萬從之
大宗太和四年正月秘書省奏請修書閣及廨署屋宇等狀以當司藏書六萬餘卷列官三十一員廨署傾危秘閣摧破久未修葺漸恐費功伏當陛下文明之朝天下宗聖萬方觀德之日海内崇儒之時今者棟宇攲斜圖籍鈌落臣忝職司輙申伏乞特下有司計料修葺便加功力庶得宇全可之
鄭覃爲宰相兼國子祭酒開成元年奏請五經博士各一人緣無祿俸請依王府官例給祿粟從之
後唐聶延祚爲少府監明宗天成元年上言牌印舊

體不與朱記相參伏自近年亦歸當監鑄造旣須篆字何異印文伏乞下中書釐革
王彥鎔爲太僕少卿天成元年上言國家四時祠祀郊廟群神當時供應羊犢皆是前一月於度支請錢付行市人買雖得供事終匪度程伏惟舊例祀羊犢晉絳慈三州每年供進純白羯羊一百一十口赤黃特犢子四十頭内一十五頭繭栗二十五頭角握乞下三州每年依例供進本處以省錢收市
杜紹光爲少府少監天成二年上言當司掌朝服儀仗祭器服兵戈已來散失向盡苟非得人難爲掌轄臣准往例除監一員少監二員外比有丞二主簿五署令共一十六員近自僞梁廢省只委曹吏主張遂至因循或多隱漏乞下中書於先廢官員内量置丞簿置令分主當局公事
錢傳太常丞天成二年奏當司專典祠祀伏以國城西向群祀各有壇壝近年多被民戶侵耕畜牧騰賤莫知處所行事之時旋封上芟草有乖誠敬今正方春易行止絕者
杜昉爲國子博士天成二年八月以國學所設比教胄子近爲外官多占居止請令止絕

崔協爲宰相兼判國子祭天成成三年八月奏請國子監每年秖置監生二百人自後更與諸道相次解送至十月三十日蒲數爲定又請頒下諸道州府各置官學如有鄉黨備諸文行可舉者錄其事實申殿監司方與解送但一身就業不得影庇戶門兼大學書生亦依此例不得因此便取公牒輙免本戶差役又每年於二百人數内不繫時節有投名者先令學官考試較其學業深淺方議收補姓名勑宜依長定二百人其中有藝業精博者令准近勑考試及格解送禮部及第後據人數却塡五年正月國子監又奏

當監舊例初補監生有束修錢兩貫文及第後光學錢一貫文切緣當監諸色舉人及第後近再多不於監司出給光學文抄及不納光學文錢只守選限年滿便赴南曹叅選南曹近年選人並不收置監司光學文抄爲憑請自後欲准例應諸色舉人及第後並却於監司出給光學文抄并納光學錢等各有所業次第以備當逐年修葺公使奉勑宜准往例指揮兼自今後凡補監生須令情願住在監中修學則得給牒收補仍據所業次第逐季考試申奏其勘到見督監生一百七十八人仍勒准此指揮如收補年深未

闕藝業虛霑補牒不赴試期亦委監司簡點其姓名年月一一分析申奏長興元年春國子監又請以學生束修及光學錢備監屯修葺公使從之

杜璟爲殿中丞天成四年六月上言以本司法物寄於寺觀請量修公署

張殷衮爲少府少監長興元年六月奏請斷官賣農器例皆薄怯不便生民

魏迢爲大理卿長興元年七月奏諸道刑獄恐有淹滯望令本道判官一人每月兩度慮囚疏理

魏仁鷟爲太僕少卿長興二年閏五月奏以本等祠祭牲酒咸非素備請復舊規令諸道進納

晉崔稅判太常卿公事時二舞久廢有詔修舉稅撰樂章新詞教舞童歌之高祖賞焉錫賚甚厚宜拜太常卿

恩獎

夫列卿之任所以樹棘木而定位法河海而命職率其所屬守厥攸司內承於三公外倡於九牧蓋元后之欽屬庶尹之表儀也乃有直方自守公忠兼勵寬厚以成德貞固而幹事馳老成之譽罄補察之規清白以簡身營奉而宣力篤行可尚積勞實彰繇是被

之寵靈異其名數至或稱揚著於詔命褒美形於歎息其告老也有加等之禮其不幸也極飾終之榮斯所以懋功而勸能旌賢而聳善俾百工之咸乂而庶績之惟熙者莫不繇是道也

漢周仁爲郎中令景帝再自幸其家徙陽陵

朱邑爲九卿居處儉節家無餘財宣帝神爵元年卒天子閔惜下詔稱揚曰大司農邑廉絜守節退食自公亡彊外之交束修之餽（餽與饋同）可謂淑人君子遺離凶災甚閔之賜邑子黃金百斤以奉其祭

蘇武爲典屬國宣帝以武著節老臣令朝朔望號稱

祭酒加祭酒之號所以優尊也甚優寵之
金敞爲衛尉病甚成帝使使者問所欲以弟岑爲託
帝召岑拜爲使主客官名屬鴻臚主胡客也敞子涉本爲左曹
帝拜涉爲侍中使侍幸綠車載送衛尉舍幸綠車常置左右侍召載皇孫今遣涉歸帝以皇孫車載之寵之也須臾
晉漢注綠車名皇孫車天子有事乘以從也
左右
漢銚期光武時爲衛尉疾病使使者存問加賜醫藥
甚厚及卒帝親臨襚斂贈以衛尉安成侯印綬
高詡光武時拜大司農在朝以方正稱卒官賜錢及
冢田

祭彤爲太僕明帝每見彤嘗歎息以爲可屬以重任
後從東巡狩過魯坐孔子講堂顧指子路室謂左右
曰此太僕之室太僕吾之禦侮也孔子曰吾有四友焉自吾得回也門人加親是非胥附耶自吾得賜也遠方之士日至是非奔走耶自吾得師也前有光後有輝是非先後耶自吾得繇惡言不至是非禦侮耶
趙孝爲衛尉弟禮爲御史中丞明帝嘉其兄弟篤行
欲寵異之詔禮十日一就衛尉府大官送供具令其
相對盡歡數年禮卒帝令孝從官屬送歸葬後歲餘
孝復以衛尉賜告歸卒于家
召馴章帝時爲光祿勳卒於官賜冢塋陪園陵

韋彪爲長樂衛尉數陳政術每歸寬厚比上疏乞骸
骨拜爲奉車都尉秩中二千石賞賜恩寵侔於親戚
章帝建初七年車駕西巡彪行太常事帝問以三輔
舊事禮儀風俗乃厚賜彪錢珍羞食物使歸平陵上
冢還拜大鴻臚元和二年春東巡狩以彪行司徒事
從行還以病乞身帝遣小黃門太醫問疾賜以食物
彪遂稱困篤章和二年夏使謁者策詔曰彪以將相
之裔勤身飭行出自州里在位歷載中被篤疾連上
求退君年在耆艾不可復以加增恐職事煩碎重有
損焉其上大鴻臚印綬遣子太子舍人詣中藏府受

賜錢二十萬和帝永元元年卒詔尚書故大鴻臚韋
彪在位無愆方欲錄用奄忽而卒其賜錢二十萬布
百疋穀三千斛
耿秉和帝時爲光祿勳卒賜以朱棺玉衣將作大匠
穿冢假鼓吹五營騎士三百餘人送葬
楊賜靈帝時爲太常詔賜御府衣一襲自所服冠幘
綬玉壺革帶金錯鉤佩金錯以金閒錯其文
魏袁渙字曜卿爲郎中令卒官太祖爲之流涕賜穀
二千斛一教以太倉穀千斛賜郎中令之家一教以
垣下穀千斛與耀卿家外不解其意教曰以太倉穀

者宫法也以洹下穀者親舊也
程昱爲衛尉文帝踐祚方欲以爲公會薨帝爲流涕
追贈車騎將軍謚曰肅侯
和洽爲太常清貧守約明帝聞之加賜穀
辛毗明帝時爲衛尉與徐邈胡質皆以憂國忘私不
營產業賜穀二千斛錢三十萬告天下
吳劉基爲大司農孫權大暑時嘗於船中宴飲於船
樓上值雷雨權以蓋自覆基餘人不得也其見待如
此
晉周浚武帝時三爲少府以本官領將作大匠改營

宗廟訖增邑五百戶
華表武帝時爲太常卿數歲以老病乞骸骨詔曰表
清貞履素有老成之美久幹王事靜恭匪懈而以病
固辭章表懇至今聽如所上以爲太中大夫賜錢二
萬牀帳褥薦祿賜與卿同仍門施行焉
賀循元帝時爲太常蕪嘗侍如故循以九卿舊不加
官今又疾患不宜兼處此職惟拜太常而已帝以循
爲清貧下令曰循冰清玉潔行爲俗表位處上卿而
居身服物蓋周形而已屋室財庇風雨孤近造其廬
以爲慨然其賜六尺牀薦褥并錢二十萬以表至

德暢孤意焉循又讓不許不得已留之初不服用又
爲太子太傅太常如故循自以抗疾廢頓臣節不修
上陛降尊之義下替交叙之敬懼非垂典之教也累
表固讓帝以循體德率物有不言之益敦勵備至期
於不許命皇太子親往拜焉循有羸疾而恭於接對
詔斷賓客其崇遇如此
薛廉明帝時爲太常賜安鄉侯兼履德冲素盡忠恪
已方賴德訓弘濟政道不幸殂殞痛于厥心今遣持
節侍御史贈左光祿大夫開府儀同三司䰟而有靈
加茲榮寵及葬屬王敦作逆朝廷多故不得議謚直

遣使者祭以太牢
王彬成帝時爲度支尚書蘇峻平後改築新宮彬爲
大匠以營創勲勞賜爵關內侯
南齊蕭穎胄爲衛尉高宗廢立以穎胄預功建武二
年賜穎胄以常所乘白犢牛
梁顧協爲鴻臚大同八年卒高祖悼惜之手詔曰員
外散騎常侍鴻臚卿兼中書通事舍人顧協廉潔清
白居然不衰久在省闥內外稱善奄然殞喪惻怛之
懷不能已已傍無近親彌足哀者大歛既畢即送其
喪柩還鄉并營冢槨近皆資給悉使周辦可贈散騎

嘗侍令使舉哀
裴子野為鴻臚卿卒高祖悼惜為之流涕詔曰鴻臚卿領步兵校尉知著作郎兼中書通事舍人裴子野文史足用廉白自居劬勞通事多歷年所奄致喪逝惻愴于懷可贈散騎常侍贈錢五萬布五千疋即日舉哀謚曰貞子
後魏堯暄為大司農卿孝文大和十九年卒於平城帝為之舉哀贈安北將軍相州刺史賻帛七百疋
成淹除羽林監領主客令加威遠將軍于時宮殿初搆經始務廣兵民運財日有萬計伊雒流澌苦於厲

涉淹遂啟求勑都水造浮航孝文賞納之意欲營淹於衆朔旦受朝百官在位乃賜帛百疋知左右二都水事
北齊崔暹為太常卿文宣帝謂群臣曰崔太常清正天下無雙卿等不及
後周趙肅魏大統十三年除廷尉少卿明年元日當行朝禮非有封爵不得預焉肅時未有茅土不入左僕射長孫儉言之文帝乃召肅謂曰歲初行禮豈得使卿不預然何為不早言也於是令肅自選封名肅曰清河縣乃太平之應竊所願也於是封清河縣子邑懷遠百戶
隋趙綽高祖時為大理少卿處法平允帝以綽有誠直之心每引入閤中或遇帝與皇后同榻即呼綽坐評論得失前後賞賜萬計其後進位開府贈其父為蔡州刺史時河東薛胄為大理卿俱名平恕然胄斷獄以情而綽守法俱為稱職帝每謂綽曰朕於卿無愛惜但卿骨相不當貴顯仁壽中卒官帝為之流涕中使弔祭焉鴻臚監護喪事
唐竇誕太宗時為殿中監進封莘國公以修營太廟賜物五百段

段綸為宗正卿卒太宗甚傷悼為不視朝將出臨之太常奏帝祭致齋不得哭而止
楊師道為太常卿貞觀二十一年卒贈吏部尚書并州都督陪葬昭陵賜東園秘器并為立碑
柳亨為光祿少卿貞觀二十三年以修太廟功加金紫光祿大夫
李弼高宗時為衛尉卿上元元年九月帝御含元殿東翔鸞閣觀大酺是日弼暴卒於宴所帝為之廢酺一日贈工部尚書
李琬為幽州刺史宗正卿代宗大曆六年賜琬雜綵

一百疋衣一襲以其職奉陵寢績用可稱褒之日琇
珪爲司農少卿遷大卿在卿曹十餘年德宗以爲可
任腹心遂引爲神策軍使兼御史大夫賜名志貞
白居易爲秘書監因中謝日賜金紫

冊府元龜

冊府元龜卿監部恩奬　卷之六百二十　四十三

册府元龜

巡按福建監察御史臣李嗣京　訂正

分守建南道左布政使臣胡維霖　參閱

知建陽縣事臣黄國琦較釋

卿監部

司宗　司賓　監牧

司宗

周禮小宗伯之職掌三族之别以辨親疏漢懲秦失大封子弟受命宗臣以主屬籍所以厚親親而重國本也典午之後頗有沿革而職司帝緒未嘗廢闕蓋

將以董正昭穆糾綏宗族達孝悌之道固盤維之本俾夫嫡庶區分尊卑定位齒序斯著内朝有光韡韡棣華得和樂之譽振振公姓彰仁厚之風傳曰周之宗盟異姓爲後詩云文王孫子本支百世非邑司有典名簿克舉則何以惇叙九族臨炤百官者乎

漢劉郢客楚元王之子高后以爲宗正封上邳侯

平陸侯禮楚元王子也景帝元年爲宗正

德侯劉通景帝三年爲宗正

沈猷侯受爲宗正坐聽請不具宗室耐爲司寇受爲宗正人有私請求者受聽許之故於宗室之中事有不具而受獲罪

劉辟彊楚元王之孫休侯富之子清静少欲嘗以書自娱不肯仕昭帝即位霍光擇宗室子可用者辟彊子德待詔丞相府年二十餘欲用之或言父見在亦先帝之所寵也遂拜光禄大夫守長樂衛尉時年巳八十徙爲宗正數月卒

劉德昭帝初爲宗正丞雜治劉澤詔獄父爲宗正徙爲大鴻臚丞遷大中大夫後復爲宗正雜案上官氏蓋主事妻死大將軍光欲以女妻之德不敢取蓋長公主孫譚遮德自言德數責以公主起居無狀侍御史以爲光望不受女望怨也承指劾德誹謗詔獄免爲

庶人光聞而恨之以侍御史不知已意復白召德守青州刺史歲餘復爲宗正與立宣帝賜爵關内侯孫慶忌復爲宗正

劉向本名更生宣帝時累遷散騎諫大夫給事中元帝初即位太傅蕭望之爲前將軍少傅周堪爲諸吏光禄大夫皆領尚書事甚見尊任更生年少於望之堪然二人重之薦更生宗室忠直明經有行擢爲散騎宗正給事中

後漢劉般遷宗正在朝廷竭忠盡節勤勤憂國夙夜不怠數納嘉謀

劉平以仁孝著爲宗正

劉軫建初中稍遷宗正卒官遂世掌宗正焉

劉虞爲尚書令光祿勳以公族有禮更爲宗正

晋扶風王亮爲衛將軍武帝咸寧三年詔曰宗室戚屬國之枝葉欲令奉率德義爲天下式然處富貴而能愼行者寡召穆公糾合兄弟而賦棠棣之詩此姬氏所以本枝百世也亮爲宗師所當施行皆咨之於師時宗室殷盛無相統攝乃以亮爲宗師使訓導觀察有不遵禮法小者正以義方大者隨事聞奏

山濤爲吏部啓云羊祜忠篤厚寬然不長理劇宗正

卿缺不審可轉作否

朱整泰始二年以侍中中書監爲宗正卿

王覽咸寧元年以太中大夫爲宗正卿

陳南康愍王曇朗子方慶少清警涉獵書傳及長有幹畧天嘉中封臨汝縣侯尋爲給事中太子洗馬權兼宗正卿

秦明王翰孫纂大武封爲中山王纂於宗屬最長宗室有事咸就諮焉

封琳爲司宗下大夫有長者之稱

彭城王勰獻文之子孝文爲家人書於勰曰教風密微禮政嚴嚴若不深心日勤何以敬諧每欲立一宗師肅我元族汝親則宸極位乃中監風標才器實足師範屢有口敕仍執冲遜難違淸挹在苒至今宗制之重捨汝誰寄便委以宗儀責成汝躬有不遵教典隨事以聞吾肅治之若宗室有愆隱而不舉鍾罰汝躬綱維相屬庶有觀政吾朝聞夕逝不爲恨也勰翼日面陳曰奉詔令專主宗制糾舉非違臣聞其身正不令而行其身不正雖令不從臣處宗乏長幼之順接物無國士之禮每因啓請已蒙哀惜不謂令詔終不矜免猶願聖慈垂賜蠲遂文孝曰汝諧徃欽哉

饒陽男遥大功昆弟皆是景穆之孫至孝明而本服絶故除遥等屬籍遥表曰竊聞聖人所以南面而聽天下其不可得變革者則親也尊也四世而緦服窮五世而袒免六世而親屬竭矣去兹以徃猶繫之以姓而弗別綴之以食而弗殊又律云議親者非唯當世之屬親歷謂先帝之五世謂尋斯旨將以廣帝宗重盤石先皇所以變兹事條陳此別制者太和之季方有意於吳蜀經始之費慮深在初割減之起暫出當時也且臨淮地分屬籍之始高祖賜帛三千疋所以重分離樂良王長命亦賜縑三千疋所以存慈睠

此皆先朝慇懃尅念不得已而然者也古人有言百足之蟲雖死不僵以以其輔己者衆臣誠不欲妄親大階苟求潤屋但傷大宗一分則天子屬籍不過十數人而已在漢諸王之子不限多少皆列土而封謂之日侯至於魏晉莫不廣胙河山稱之日公者蓋惡其大宗之不固骨肉之恩踈矣臣去皇上雖五世之遠於先帝便是天子之孫高祖所以國須祿賦復給衣食后族唯給其賦不與衣食者欲以別外内限異同也今諸廟之感在心未忘行道之悲倏然已及其諸封者身亡之日三年服終然後改奪今朝廷猶在

遐齊之中便議此事實用未安詔付尚書博議以聞尚書令任城王澄尚書僕射元暉奏同遐表靈太后不從

後周宇文測爲太祖丞相府右長史太祖令測詳定宗室昭穆遠近附於屬籍除通直散騎常侍黄門侍郎

鮑宏武帝勑宏脩皇室譜一部分爲帝緒踈屬賜姓三篇

唐高祖武德元年十月二十四日詔太僕少卿安康郡公襲譽我之同姓派别枝分惟厥祖考世敦恭睦特聽合譜宗正恩禮之差同諸服屬

十二月六日又詔義安郡王李孝常屬籍宗正寺

二年二月詔日朕受終揖讓君臨四海普天之下同加惠澤宗緒之情義越常品宜有旌異以明等級諸宗姓官宜在同列之上未有職任者不在徭役之限每州置宗師一人以相督攝别爲團伍所司明立條式

高祖永徽二年九月二十一日召宗正卿李博文問日此問諸親何以得有除屬者對日以屬踈降盡故除揔三百餘人帝日朕追遠之感實切于懷諸親服

屬雖踈理不可降並宜依舊編入屬籍

睿宗景雲二年四月以祕書監薛王隆業爲宗正卿

玄宗開元十三年四月詔嗣王有傍繼者並宜揔停

二十年七月七日詔宗正寺官員以宗子爲之

二十二年七月勑日諸贈太子須年官爲主廟並致享祀雖禮欲歸厚而情實未安蒸嘗之時子孫不預若專令官祭是以踈間親遂此爲嘗豈云教孝其諸贈太子有後者但官置廟各令子孫自主祭其署及官悉停若無後者宜依舊

二十五年秋七月乙卯勑諸陵廟並隸宗正寺其官

員悉以宗子爲之
濮陽郡王徹爲宗正卿頗承恩奏請宗正奉陵廟
李㦂開元末拜右拾遺改右補闕起居郎並知宗子
表疏
天寶元年七月詔曰古之宗盟異姓爲後王者設教莫貴其親殿中侍御史李彦允等奏稱與朕同承梁武昭王後請甄叙者源流寔同譜牒猶著雖子孫千億各散於四方而本枝百代何殊於近屬况有陳請所宜敦叙自今以後梁武昭王孫寶已下絳郡姑臧燉煌武陽等四房子孫並宜隷入宗正編諸屬籍以

明尊本之道用廣親親之化
五載二月十二日勑九廟子孫並宜叙入五等親承爲嘗式
張垍爲駙馬都太嘗卿又以承恩太嘗復奉陵廟自後宗正太常奉者數四
代宗永泰二年十月宗正卿吳王祇奏上皇室永嘉新譜二十卷太嘗博士柳房撰也房精於譜學按宗正譜牒自武德以來宗枝昭穆相承撰皇室譜二十卷
大曆二年八月勑宗子寺復奉陵廟
穆宗長慶元年三月宗正寺奏准貞元二十一年勑宗子陪位放五百七十人出身今年勑放三百人伏緣人數至多不霑恩澤白身之輩將老村閭乞降特恩更放二百人出身許之
文宗太和元年四月宗正寺奏今年二月十三日應赴御樓陪位宗子前資見任及嘗選未出身宗子摠狀共三千二百八十九人前件陪位宗子等准赦書節文仍據始封每王後與一人出身委宗正卿詳圖譜取一房最沉翳者充數具名聞奏者伏以所赴陪位宗子緣遇參選時遠方臻集并京畿之内人數至

多若據赦書節文所放全少始封王後只有四十八房今請條流從長慶元年四年寶曆元年三度遇恩並未霑及者伏請准寶曆元年正月七日赦書節文每户下放一人出身其從寶曆元年已前三度受恩已曾放出身撿勘三代名同者並不在此限伏與沉翳適霑恩澤遠房孤弱盡獲出身制可
開成元年閏六月乙未召宗正卿李弘澤問圖譜弘澤對以自肅宗已來並未脩續臣已請追林贊鄭覃與李固言林贊實有氏族學時論以爲不公癸卯勑追汚王府長史分司東都林贊同脩七聖玉牒從宗

正寺之謂也
二年六月癸巳朔宗正寺奏諸府州如有宗子寄寓貧病不能自濟者有羈旅道途棲遲丐食者並請所在州縣切加存䘏兼隨事接借不得令有侵欺致使抑屈如有違犯禮禁自冐刑名即任所在州縣子細勘問仍先具罪狀申報宗正寺待寺司聞奏不得懸便科斷所冀遠方宗子平時無困辱之虞守土諸侯聖朝識敦睦之意伏以事關國體臣忝職司詔令宗正寺散牒所在搜訪宗室無官官貧無交不支濟者指實具名聞奏

四年閏正月翰林學士柳璟奏今月十二日面奉進止以臣先祖所撰皇宗永泰新譜事頗精詳令臣自德宗皇帝陛下御極已來依舊式條續伏請宣付宰臣詔宜令宗正寺差圖譜官與柳璟計會條撰仍令户部量供紙筆璟續成十卷以附前譜
梁太祖開平五年三月宗正卿朱遜圖譜官朱損之進所撰述天潢源派二軸各賜帛
後唐明宗天成元年十月宗正卿李紓奏三京畿縣有陵園處每縣請都置陵臺令一員冀專局分免有曠遺
二年七月宗正少卿李蕘請脩恭陵和陵
長興三年七月宗正寺奏今年經大雨太廟正殿踈漏門樓墊陷官墻及神門伏舍並皆缺漏請下所司脩補司天以墓年不宜興造請隨缺壞處量事增脩從之
末帝清泰二年正月宗正寺奏北京應州曹州諸陵望差本州府長官朝拜雍坤和徽四帝差太常宗正卿朝拜從之
晉高祖天福二年六月壬午朔宗正卿石光贊奏昔周武王奄有天下過商容之閭必式見比干之墓即

封基褒賞賢良尊崇忠義伏惟皇帝陛下顯膺天命開創洪圖解網行仁救時順動樂業不知於帝力悦隨但聽於山呼盛德難名太平可待臣伏見滎陽道左石君廟本前大中大夫石奮之廟奮有子四人各二千石祿漢高祖日人臣尊寵畢集其門故號萬石君德行懿純備列前書唐大中十三年鄭州司馬石貫稱裔孫刊石廟庭備紀其事伏遇皇帝行幸浚郊經過滎水展義已聞於岐路覃恩宜布於幽明其萬石君廟伏乞俯弘霈澤特賜崇封俾光遠祖之徽猷益茂我朝之盛典有旨待續施行石光贊爲太子賓客光贊少爲儒飽

於遊宦後唐時歷諸藩從事晉高祖郎位自滑州節度判官擢爲宗正卿少時嘗有占者云子說歲當因姓氏爲美官果如其言晉氏本出廻鶻來自金山府明矣如後魏後周奄有天下非以生於中土則爲貴爲始見太嘗禮官定石慶爲始祖又光贊嘗以史傳苗裔纂成王牒編次以獻高祖其間有晉魏巳前官至拾遺補闕者聞者知其寡學

司賓

孔子云束帶立於朝可使與賓客言也其司賓之謂乎故三代之禮周制爾文官居其方政乃用乂大則有行人之職次則有掌客之名咸領於秋卿動繫於國體朝聘會同之事莫不由之饔獻飲食之數於是乎在至若優禮二王之後懷來四夷之長其儀式序著之於籍漢氏以降益重其選屬於委任靡限他官用能勞徠殊鄰交好與國升降揖讓而有度導迎接對以咸宜固有才職兼明辭令嘉淑風鑒標舉器用博達能稱厥職有載於時焉者

漢韓昌爲車騎都尉甘露二年呼韓單于款五原塞款叩也願朝三年正月會正旦之朝賀也遣昌迎之單于就邸留月餘遣歸國又遣昌與長樂衛尉高昌侯董忠送出朔方雞鹿塞在朔方窳渾縣北

南齊宗史爲臨川王常侍武帝與魏和親勑史與尚書殿中郎任昉同接魏使皆時選也

王融爲中書郎武帝以其才辨使兼主客接魏使房景高宋弁并見融年少問主客年幾融曰五十之年久逾其半

張融爲從事中郎將魏聞融名武帝使融接北使李道固就席道固顧而言之曰張融是宋彭城長史張暢子不融嚬蹙久之曰先君不幸名達六夷

劉繪爲中書永明末魏使來繪以辭辨勑接魏使事畢當撰辭繪謂人曰無論潤色未易但得我語亦難矣臣欽若等曰繪與魏使李彪問荅甚多事具奉使敏辨門

梁范岫仕齊爲國子博士永明中魏使至有詔妙選朝士有辭辯者接使於界首以岫兼淮陰長史迎焉

蕭撝爲太子中舍人東魏遣李諧盧元明使於梁武帝以撝辭令可觀令兼中書侍郎受幣於東賓館

危胥爲太學博士有口辯大同中嘗兼主客郎對接北使魏使李諧問胥曰主客在郎官幾時荅曰我本訓胄虎門適後今任諧言國子博士不應左轉爲郎胥曰特爲應接遠賓故權兼耳諧言屈巳濟務誠得事宜緣我一介行人令卿左轉胥荅曰自顧菲薄不足對揚盛美豈敢言屈

傅岐爲鎮南諮議參軍兼中書通事舍人美容止博

涉能占對大同中與魏和親其使歲中再至嘗遣岐接對焉

後魏裴駿爲中書侍郎宋武帝遣使明僧暠朝貢以駿有才學乃假給事中散騎常侍於境上勞接

李安世獻文時爲主客令齊使劉纘朝貢安世奉詔勞之安世美容貌善舉止纘等自相謂曰不有君子其能國乎纘等呼安世曰三代不共禮五帝各異樂安足以亡秦之官稱於上國纘曰世異之號凡有幾也安世曰周謂掌客秦改典客漢名鴻臚今曰主客君等不欲影響文武而殷勤亡秦纘又指方山曰此

山去燕然遠近安世曰亦猶石頭之於番禺耳國家有江南使至多出藏內珍物令都下富室好容服者貨之令使任情交易使至金玉肆問價纘曰北方金玉大賤當是山川所出安世曰聖朝不貴金玉以同瓦礫又皇上德通神明山不愛寶故無川無金無山無玉纘初將大市得世言慚而罷

劉芳窮窘篤學有志行會齊使劉纘至芳之始族兄也擢芳兼主客郎與纘相接尋拜中書博士

甄琛孝文時兼主客郎迎送齊使彭城劉纘深欽其器貌嘗歎咏之

成淹爲著作郎齊遣其散騎常侍裴昭明散騎侍郎謝竣等來弔文明太后喪欲以朝服行事主客報之云弔有常式何得以朱衣入凶庭昭明等言本奉朝命不容改易如此者數四執志不移孝文勑尚書李冲令選一學識者更與論執冲奏遣淹時昭明言未辭魏朝不聽朝服行禮義出何典淹言吉凶不同禮有成數玄冠不弔童孺共聞昔季孫將行請遭喪之禮千載之下猶共稱之卿遠自江南奉慰不能式遵成事方謂義出何典行人得失何其異哉昭明言二國交和既久南北皆須准望齊喪高帝魏遣李彪通

弔於時初不素服齊朝亦不以爲疑那得苦見要逼淹言彪通弔之日朝命以弔服自隨而彼不遵高宗追遠之慕乃踰月即吉彪行弔之時齊之君臣皆以鳴玉盈庭貂璫曜目百僚內外朱服煥然彪行人不被主人之命復何容獨以素服間衣冠之中來責雖高未敢聞命我皇帝仁厚之性侔於有虞處諒闇以來百官聽於冢宰卿豈得以此方彼也昭明乃搖膝而言三皇不同禮亦安知得失所歸淹言若如來談卿以虞舜高祖爲非也昭明遂相顧而笑曰非孝者宣尼有成責行人亦弗敢言希主人裁以弔服使人

惟齋袴褶此旣戎服不可以弔遂緇衣帢以申命今
爲魏朝所逼違負指授還南之日必得罪本朝淹言
彼有君子也卿將命折中還南之日應有高賞若無
君子也但以有光國之譽雖復非禮見罪亦復何嫌
南史董狐自當直筆旣而帝遣李冲問淹昭明所言
淹以狀對帝詔冲曰我所用得人勑仍送衣帢給昭
明等賜淹果食明旦引昭明等入皆令文武盡哀淹
後爲侍郎南齊遣其散騎常侍庾華散騎侍郎何憲
主書邢宗慶朝貢値朝廷有事明堂因登靈臺以觀
雲物帝勑淹引華等館南矚望行禮事畢還外次館

賜酒食宗慶語淹言南北連和旣久而比棄信絶好
爲利而動豈是大國善鄰之義淹言夫爲王者不拘
小節中原有菽工採者獲多豈得眷眷守尾生之信
且齊先王歷事宋朝荷恩積世當應便爾欺奪宗慶
庾華及何皆相顧失色何憲知淹昔從南入而以手
掩目卿何爲不作于禁而作魯肅淹言我捨危效順
欲追蹤陳韓何于禁之有憲亦不對
崔景儁歷侍御史主文中散受勑接齊使蕭琛范雲
李憲字仲軌淸粹善風儀好學有器度爲孝文所賞
栒遷散騎侍郎接對齊使蕭琛范雲薛驎駒好讀書

舉秀才除中書博士太和九年齊使至乃詔驎駒兼
主客郎以接之
李系少聰慧有才學爲中散大夫梁武遣使朝貢侍
中李神儁舉系爲尚書南主客郎系前後接對凡十
八人頗爲稱職
劉騰爲中書舍人時與梁和通騰前後受勑接對其
使十六人
孟威孝明時爲直閤將軍沃野鎭將正光初蠕蠕主
阿那瓌歸國詔遣前郢州刺史陸希道兼侍郎爲使
主以威兼散騎常侍爲副遠纖迎接阿那瓌之還國

也復以威爲北將軍光祿大夫假員外常侍爲使主
護送之
東魏李諧爲中書侍郎天下平時南北通好務以俊
乂相矜銜命接客必盡一人之選無才地者不得與
焉梁使陸晏來聘諧勞過朝歆晏曰殷之頑民正
在此諸日永嘉南遷盡歸江東
北齊魏收初仕後魏爲散騎常侍兼著作郎勑兼主
客接梁使謝珽徐陵
祖孝徵弟孝隱有文學早知名詞章雖不逮兄亦機
警有口辨兼解音律魏末爲散騎常侍迎梁使時徐

君房庾信來聘名譽甚高魏朝聞而重之接對者多取一時之秀盧元景之徒並降階攝職更遞司賓孝隱少處其中物議稱美

薛琡字曇珍形貌魁偉少以幹用稱爲典客令每引客見儀望甚美魏帝召而謂之曰卿風度峻整姿貌秀異後當升進以處何官琡曰宗廟之禮不敢不敬朝廷之事不敢不忠自此以外非庸臣所及

裴讓之爲太原公記室梁使至嘗令讓之攝主客郎

元景安東魏天平末世宗入廟景安隨從在鄴于時江南款附朝貢相尋景安妙閑馳騁有客則每梁使

至嘗令與斛律光皮景和等對客騎射見者稱善

崔瑜之爲揚州平東長史帶南梁太守梁義州刺史文僧明來降瑜之接迎有勲賜爵高邑男

皮景和天統中爲侍史後周通好之後冠蓋往來嘗令景和接對每與使人同射百發百中甚見推重

李諤字士恢好學解屬文爲中書舍人有口辯每接對陳使

郎茂爲司空府參軍會陳使傅縡來聘令茂接對之

陸彥師爲通直散騎常侍每陳使至必高選主客彥師所接對者前後六輩

後周柳弘爲御正上士陳遣王偃民來聘高祖令弘勞之偃民謂弘曰來日至於藍田正逢溢水暴長所齎國信溺而從流今所進者假之從史請勒下流爲追尋此物也弘曰昔淳于之獻空籠前史稱以爲美足下假物而進詎是陳君之命乎偃民慚不能對高祖聞而嘉之盡以偃民所進之物賜弘仍令報聘占對詳敏見稱於時

隋柳肅開皇初爲太子洗馬開於占對陳使謝泉來聘以才學見稱詔肅宴接時論稱其華辯

辛公義爲主客郎中每陳使來朝嘗奉宴接

陸爽爲太子洗馬博學有口辯陳人至境帝令迎勞之

柳謇之歷兵部司勳二侍郎朝廷以雅望善談謔又飲酒至一石不亂繇是每陳使至輒令接對遷光祿少卿

史祥大業初爲鴻臚卿時突厥啓民可汗請朝煬帝遣祥迎接之

闞毗爲殿內丞從幸張掖郡高昌王朝于行所詔毗持節迎遂將護入東都

蘇夔爲尚書職方郎燕王司馬時煬帝方勤遠略蠻

東來朝帝問宇文述虞世基曰西戎率服觀禮華夏鴻臚之職須歸令望寧有多才藝美容儀可接賓客者爲之平咸以夔對即日拜鴻臚少卿其年（大業五年）高昌王麴伯雅來朝朝廷妻以公主夔有雅望令主婚

裴矩大業末爲武賁郎將從煬帝至東都屬射匱可汗遣其猶子率西番諸胡朝貢詔矩對接之

唐陳大德爲職方郎中貞觀十四年高麗長子桓權來朝遣大德迎勞於柳城

監牧

周官校人掌王馬之政其屬有牧師圉師趣馬巫馬

及庾人之職所以授地教養簡節攻疾然後十有二閑之政成矣施及列國亦脩馬政秦氏之覇并吞六國六萬騎之馬盡歸之焉漢仍秦制亦重太僕之任乃有三令五監邊郡六牧諸苑三十六所馬牛雜畜充牣其間應乾之策何啻百倍凡大祀戎事軍國所須皆取足焉歷代已來數之耗登署之廢置或申侵蹂之禁或下荜榷之令隨時立制可以悉數然則牧于垌野蓋避於民居齊其飲食不違於物性詩禮所載可不務乎

周孝王時非子居犬丘（今槐里也）好馬及畜善養息犬丘人言之周孝王孝王召使主馬于汧渭之間馬大蕃息孝王欲以爲大駱適嗣申侯之女爲大駱妻生子成爲適申侯乃言孝王曰昔我生酈山之女爲戎胥軒妻生中潏以親故歸周保西垂西垂以其故和睦今我復與大駱妻生適子成申駱重婚西戎皆服所以爲王王其圖之於是孝王曰昔伯翳爲舜主畜畜多息故有土賜姓嬴今其後世亦爲朕息馬朕其分土爲附庸邑之秦（今天水隴西縣秦亭也）使復續嬴氏祀號曰秦嬴亦不廢申侯之女子爲駱適者以和西戎

宣王以厲王之時牧人之職廢宣王始興而復之故

有考牧之詩

魯莊公二十九年春新延廐延廐者法廐也（周禮天子十二閑馬六種邦國六閑馬四種每廐一閑言法廐者六閑之舊制也）

僖公牧于坰野魯人尊之於是季孫行父請命于周而史克作頌曰駉駉牡馬在坰之野（駉駉良馬腹幹肥張也坰晉野也牧於坰野避民居與良田也）薄言坰者有驈有皇有驪有黃以車彭彭（牧之坰野則駉駉然驪馬白跨曰驈皇白曰皇純黑曰驪黃騂曰黃諸侯六閑馬四種有戎馬有田馬有駑馬彭彭有力有容也）

秦始皇八年馬東就食

漢景帝時始造苑馬以廣用（苑馬謂苑以牧馬）

武帝元狩四年大將軍衛青驃騎將軍霍去病兩軍之出塞塞閲官及私馬凡十四萬匹而後入塞者不滿三萬匹自青圍單于後十四歲而卒竟不復擊匈奴者以漢馬少也

五年天下馬少平牡馬二十萬匹（賈平牡馬賈欲使人競畜馬）御史大夫衛綰奏馬高五尺九寸已上齒未平（馬十歲齒下平）不得出關初武帝爲伐胡故盛養馬馬之往來食長安者數萬匹卒掌者關中不足迺調旁近郡又以車騎馬乏縣官錢少買馬難得迺著令令封君已下至三百石吏以上差出牡馬天下亭亭有畜字馬歲課

息

太初元年更名家馬爲挏（徒孔切）馬初置路軨（音零）先是太僕掌輿馬官有大廄未央家馬三令（家馬者主供天子私用非供大祀戎事君國所須故謂之家馬也）又有車府路軨騎馬駿馬四令又有寵馬閑駒橐泉騊駼承華五監長（橐泉廄在橐泉宮下閑駒養馬之所故曰閑駒騊駼出北海中其狀如馬騊音徒高切駼音塗）又有邊郡六牧師菀令（漢書北海郡靈州縣有河奇苑號非苑歸縣有堵苑白馬苑郁郅縣有牧師苑互可郡馮翊有天封苑東郡襄平有牧師官漢官儀云牧師諸苑三十六所分置北邊西邊分養馬二十萬頭）又有牧橐昆蹏令（牧橐言牧養橐佗也昆獸名也蹏蹏者謂其蹏下平也蹏音蹄）

昭帝始元五年罷天下亭母馬及馬弩關（武帝欲伐匈□□□大宛馬死略盡乃令天下諸亭養母馬欲令其繁孳又作馬上弩機官令悉罷之舊馬高五尺六寸齒未平弩十石已上皆不得出關今不禁也）

後漢和帝永元五年二月戊戌詔有司省減內外廄及涼州諸苑馬

安帝永初二年正月庚申詔越巂置長利高望始昌三苑又令益州郡置萬歲苑犍爲置漢平苑（犍爲郡名故夜郎國也故城在今□□至山縣西北也）

順帝漢安元年七月初置承華廄（帝以遠近獻馬衆多園廄充滿始置承華令六百户）

靈帝光和四年正月初置騄驥廄丞領受郡國調馬豪右辜搉馬一匹至二百萬（辜障也搉專也謂障餘人賣買而自取其利）

中平元年十一月詔廄馬非郊祭之用悉出給軍

後魏大武平統萬定秦隴以河西水草善乃以爲牧地畜產滋息馬至二百餘萬匹橐駝半之牛羊無數孝文卽位之後復以河陽爲牧場常置戎馬十萬匹以擬京師軍警之備每歲自河西從牧於并州以漸南轉欲其習水土而無死傷也而河西之牧彌滋矣

大延二年十一月行幸稒陽驅野馬於雲中置野馬苑

獻文帝時呂文祖以勳臣子補龍牧曹奏事中散以

牧產不滋坐徙於武川鎮
孝文帝時李堅爲太僕卿撿課牧產多有滋息其後
宇文福爲都牧給事時遷雒勑福撿行牧馬之所福
規石濟以西河內以東拒黃河南北千里牧地事尋
施行今之馬場是也及徙代移雜畜於牧所福善於
將養並無損耗孝文嘉之尋補司衛監
宣武帝正始四年十一月禁河南牧馬自碣石至于
劒閣東西七十里置二十二都延昌元年六月遏河
南牧馬之禁
隋高祖開皇中以駕部侍郎韋公義句檢諸馬牧所

獲十餘萬匹高祖喜曰惟我公義奉國罄心
煬帝大業五年七月置馬牧于淸海渚中以求龍種
無効而止
唐太宗貞觀十五年以尚乘奉御張萬歲爲太僕少
卿勾當群牧
二十三年以廐馬稟費留三千匹餘並送隴右
高宗麟德三年以太僕少卿鮮于正俗簡較隴右群
牧監張說爲隴右群牧使頌序云大唐承周隋離亂之後貞觀初僅得牝牡三千從赤岸澤徙隴右始命太僕卿張萬歲葺其政焉至麟德中四十年至七十萬六千匹置八使以董之設四十八監以莅之跨隴右金城平涼天水四郡之地幅員千里猶爲陝隘更析八監布於河曲豐曠之地乃能容之於斯之時天下以下縑易一馬及張氏中廢二十年間所殘益寡唐會要云張萬歲三代典群牧恩信行於隴右故隴右之人以馬歲爲齒爲張氏家諱之也
上元元年以右衛中郎將丘義簡較右群牧監
儀鳳三年十月以太僕少卿李思文撿挍隴右諸牧
監使自此始有使號其後蘇幹夏侯亮陽道昕張仁德張思兼宗玄爽周慶水魏元忠李道廣賀蘭爽元之宗楚客宋王成器相次爲之
永隆二年七月夏州群牧使安元壽等奏從調露元
年九月已後至二年五月已前死失馬一十八萬四
千九百匹牛一萬一千六百頭
玄宗先天中以鴻臚少卿朔方軍副大總管兼安北

都護王晙爲太僕少卿隴右群牧使其後王毛仲楚珍溥承祧韋衛章仇兼瓊王鉷安祿山王鳳唐欽吕崇賁李輔國彭禮盈樂子昂皆爲之
開元二年九月太常少卿姜晦上封請以空名告身
於六胡州市馬率三十匹馬酬一游擊將軍時廐馬
尚少深以爲然遂命齎告身三百道往市馬
三年四月勑諸牧監官有闕交要者委本使簡擇明
閑牧養者奏付選司勘責補擬如非其材所繇科貶
經負犯者不在奏補之限牧使有闕亦委使司差補
申牒所繇如不足並申省司速訪補擬
七年三月詔曰調馭惡繁差科在簡每思重人賤畜

之政輕徭薄賦之宜廄馬略配於諸軍課駒摠留於畜牧則應稅之草不假循前今年所支已減舊數可於此數內更三分減一

九年正月詔如聞天下有馬之家州縣或因郵遞軍旅郎先差遣帖助兼定户之次緣被此百姓嫌疑多不養畜遂令騎射之士減曩時益國富人何蹤可致自今已後諸州百姓不問有蔭無蔭君能每家畜馬十匹已上緣帖驛郵遞及征行並不得偏差遣帖助若要須供擬任臨時率户出錢而買定户及差重色役亦不須以馬充財數

十一年勑諸州府馬闕數稍多旣合官填復須私備貧兵力致實以爲難宜令所司卽勘會闕數與閑廄使計會取監牧馬充

天寶十一載十一月勑兩京去城五百里內不得置私牧如有一切官牧

十三載六月隴右群牧都使奏差判官殿中侍御史張通儒副使平原太守鄭遵意等就群牧交點摠六十萬五千六百三頭匹口馬三十二萬五千七百九十二匹內二十萬八千匹草牛七萬五千一百一十五頭內一百四十三頭犛駒五百六十三頭羊二十萬四千一百三十四口騾一頭

肅宗至德二年十二月詔園苑內有閑廄使摠監各據所管地界耕種收草粟以備國馬

代宗大曆十四年七月復置廄馬隨仗於月華門

德宗建中元年五月詔市關輔之馬牝牡二萬匹以實內廄

貞元八年裴延齡爲户部侍郎判度支京西有汙地甲濕處時有蘆葦生不過數畝延齡忽奏云廄馬冬月合在槽櫪秣飼夏中郎須有牧放處臣近尋訪得長安咸陽兩縣界有陂池數百頃請以爲內廄牧馬之地且去京城數十里亦與廄苑中無別帝初信之

言於宰臣宰臣堅執云恐必無此及差官閱視事皆虛妄延齡旣慚且怒

二十年福州都團練觀察使柳冕奏置萬安監牧泉州界置群牧五悉索部內馬五千七百匹驢騾牛八百頭羊三千餘口人心擾焉

順宗以貞元二十一年郎位四月罷閩中萬安監先是福建觀察使柳冕久不遷欲立事跡以求恩寵乃奏云閩中南朝放牧之地畜牛馬可使滋息請置監許之遂收境內畜產令吏牧其中羊之大者不過十斤馬之良者錢數千不經時輒病死又斂以充之百

姓告之遠近以爲笑至是觀察使閻濟美奏罷之
憲宗元和四年正月右神策軍奏絳州龍門臨河鄉
河曲無居人田業請爲牧地從之仍禁侵蹂居人田
業
十一年正月命中官以絹二萬疋市馬於河曲
十三年十一月賜蔡州群牧號龍陂以刺史丁俛充
使
十四年五月置臨海監牧使命淮南節度使李夷簡
兼之
八月襄州穀城縣置群牧賜名臨漢監以山南東道

節度使孟簡兼充監牧使
穆宗長慶二年四月詔如聞館驛遞馬死損轉多欲
令提舉所繇悉又推注中使郵驛稱不見券則隨所
索盡供旣無憑繇豈有定數方將華獘責在息詞自
今巳後中使乘遞如不見券及券外索爲所繇輒不
得供其嘗參官出使及諸道幕府軍將等所合乘遞
並須依格式如有違越或分外科人夫並宜具名聞
奏當時中人出使所在多徵驛馬大其行李驛馬錼此死傷多假如軍期急奏行人所乘馬多爲格奪遠近苦之因有是命
文宗太和二年十月勑海陵是揚州大縣土田饒沃
人户衆多自置監牧巳來或聞有所妨廢又計每年
馬數甚少若以所用錢收市則必有餘其臨海監牧
宜停令度支每年供送飛龍使見錢八千貫文仍春
秋兩季各送四千貫充市進馬及養馬飼見在馬等
用其監牧見在馬仍令飛龍使割付諸群牧收管訖
分折聞奏
是月甲戌命中使往龍陂監取馬五百匹賜徐行營
三年三月以沙苑樓煩馬共五百匹賜幽州行營將
士
七年正月山南東道節度使裴度奏請停臨漢監牧

從之臨漢牧元和十四年置有馬三千二百餘匹廢
百姓田四百餘頃前後節將不能別白條陳奏至度
始奏罷
十一月壬午度支鹽鐵使王涯奏請於銀州置銀川
監牧使以刺史劉源充使從之
開成元年二月以飛龍馬二百匹賜京兆府充給諸
驛
四月戊寅邕管經略使裴恭上言洞賊雖深居山谷
當其刼掠多在平地防禦之道切在馬軍請賜草馬
二百匹置監牧以爲備詔以度支錢三百萬逐便碭

之
一年七月夏州節度使劉源奏自太和七年十一月
一日於銀川置監城收管群牧今計孳生馬七千餘
匹今饒州南界有空閒地周迴二百餘里四面懸絶
賊路不通只置三五十人守其要害即牧放無虞是
臣當管界內並非百姓佃食請割隸監司久遠之計
詔委本道節度使差人與判使勘驗如實無主使任
收管仍不得侵奪居人田產
四年十月飛龍進諸監牧二歲馬二千七百匹
哀帝天祐三年十一月勅牛羊司牧管御廚羊并乳

牛等御厨物料元是河南府供進其肉便在物料數
內續以諸處送到羊且令牛羊司逐日送納今知舊
數已盡官吏所繇多總逃去其諸處續進到羊并舊
管乳牛並送河南府收管其牛羊司官吏並宜停廢
梁太祖開平元年九月詔先以討伐北虜因索公私
馬以濟戎事至是慮有搔擾復罷前令如有力者任
畜馬
四年十月頒奪馬令先是王師擊賊所得馬雖一二
必具獻或彼瘠殞於道中而賊者無所利帝曰獲則
有之所以要其奮擊也今主將匹馬皆不言取士卒
獲以爲已功甚無謂宜下諸軍勿來獻擅爲禁者以
違勅罪罪之
後唐莊宗同光三年六月將事西蜀下河南河北諸
州府和市戰馬所在搜括官吏除一匹外官收匿者
致之以法繇是搜索殆盡
三年閏十二月魏王奏東西兩川點到見在馬得九
千五百三十四
明宗即位以康福爲飛龍使福便弓馬少事武皇累
補軍職莊宗嗣位嘗謂左右曰我本蕃人以羊馬爲
活業彼康福者體貌豐厚宜領財貨可令總轄馬牧

繇是署爲馬坊使大有蕃息及先明宗爲亂兵所逼
將離魏縣會福牧小馬數千匹於相州乃驅而歸命
及即位乃有此授
天成二年三月丙辰宰臣任圜奏臣伏見蕃牧臣寮
每正至慶賀例皆進馬臣以捧日之心貴申其忠孝
追風之步必擇於馴良備乘奉於帝車資馳驟於天
廄伏見本朝舊事雖以進馬爲名例多貢奉馬價蓋
道途之役蕃養稍難因此群方久爲定制自今後伏
請只許四夷番國進駞馬其諸道藩府州鎮請依天
復三年已前許貢綾絹金銀隨土產折進馬之直所

責稍便貢輸不虧誠欲兼請約舊制選孳生馬分置監牧俾飲齕而自遂郎駛牝之逾繁者勑旨任圜方秉國權乃專弃計公家之利知無不爲當景運之中興舉皇朝之政事不獨資其經費亦與便於貢輸載閲敷陳允叶事體宜依所奏乃置監牧委爲三司使別其制置奏聞

三年三月吏部郎中何澤請率天下牝馬置群牧取其蕃息

四年四月詔沿邊置場買馬不許蕃部直至闕下帝自臨馭欲來遠人黨項之衆競赴都下嘗賜酒食於

禁庭醉則連袂歌土風以出凡將到馬無駑良並云上進國家雖約其價以給之及計其館穀錫賚所費不可勝紀計司以爲蠹中華無出於此遂止之

是年八月詔以右軍馬牧軍使田令方爲牧不謹馬瘠而多死劾致於法安重誨奏曰令方損耗官馬死未塞責然因馬罪死一軍使非撫士之道杖臧死一等

長興元年七月分飛龍院爲左右以小馬坊爲右飛龍院

三年正月三司奏從去年正月至年終收到諸蕃所賣馬計六千餘匹所支價錢及給賜供費約數四十萬貫

四年十月帝問見管馬數范延光奏曰天下嘗支草粟者近五萬匹見今西北諸蕃部賣馬者往來如市其郵傳之費中估之價日四五千貫以臣計之國力十耗其七馬無所使財賦坐銷朝廷將不濟馮贇奏曰金商州每年上供絹不過六百疋臣給馬價每日約支五千餘疋臣等思惟無益之甚乞陛下深悟其理帝曰卿等商畧可否以聞延光等議戒緣邊鎮戍蕃部賣馬郎擇其良壯給券具數以聞從之

十一月朱弘昭馮贇奏曰臣等自蒙重委計度國力盈虚而支給嘗苦不足者直以賞軍無筭買馬太多之弊也若不早爲節限後將難濟宜嚴勑西北邊鎮守此後請禁止其來

晉少帝天福九年正月發使天下率公私之馬

漢高祖天福十二年九月河南諸道並奏使臣到和買戰馬始帝去冬以北虜犯闕陷戰馬二萬匹而騎卒在焉時方欲攻鄴壘而制塞下遂降和買河南諸道不經虜掠處士人私馬時制旨略曰朕方以勤儉一身輯和庶政未嘗枉費所切安人今則重威未賓

契丹尚擾必多添於戰騎期大振於軍威言念煩勞
率非獲巳時天下人心厭虜惜炙之患久矣皆願以
身爲扞聞帝詔諭皆感悟樂而隨之
周世宗顯德二年八月帝謂侍臣曰諸軍與飛龍院
馬向來有病患老弱者多爲其主者無故擊殺分食
其肉豈可壯則乘騎貴其負重之力老則見棄不免
刲宰之患忘其勞而枉其死寔有所傷今後應有病
患老弱馬並可送同州沙苑監衛州牧馬監就彼水
草以盡其飲齕之性

册府元龜

册府元龜　補　卷之六百二十一　三十三

第三頁十六行後脱一條

後魏杜銓為中書博士密太后父豹喪在濮陽
太武欲命迎葬於鄴謂司徒崔浩曰天下諸杜
何處望高浩對京兆為美太武曰朕方命改葬
外祖意欲取京兆中長老一人以為宗正命營
護凶事浩曰杜銓其家今在趙郡是杜預之後
於今為諸杜最即可取之詔見銓器貌瓌雅太
武感悦謂浩曰此真吾所欲也以為宗正令與
杜超子道生迎豹喪柩致葬鄴南

冊府元龜

巡按福建監察御史臣李嗣京 訂正
知長樂縣事臣夏允彝參閱
知建陽縣事臣黃國琦較釋

卿監部

德望 忠節 清儉

德望

傳曰君之卿佐是謂股肱九寺之列三監之屬素難其選實重乃倏處其位者久而識之或洞知禮樂或富於文學或才智淵敏或德行貞純故望著於當時

名聞於後世求諸歷代各有其人者矣

漢叔孫通爲博士徵魯諸生三十人與其弟子百餘人爲綿蕞野外共起朝儀高帝拜通爲奉常賜金五百斤通因進曰諸弟子儒生隨臣久矣與共爲儀願陛下官之帝悉以爲郎通出皆以五百金賜諸生諸生迺喜曰叔孫生聖人知當世務

汲黯爲主爵都尉列於九卿治務在無爲而已引大體不拘文法後淮南王謀反憚黯曰黯好直諫守節死義至說公孫弘等如發蒙耳

鄭當時字莊爲大司農未嘗名吏與官屬言世恐傷之山東諸公以此翕然稱鄭莊

蘇武爲典屬國皇后父平恩侯帝舅平昌侯樂昌侯（平恩侯許伯平昌侯王無故樂昌侯王武也）車騎將軍韓增丞相魏相御史大夫丙吉皆敬重武

後漢張湛爲光祿勳光武臨朝或有惰容湛輒陳諫嘗乘白馬帝後見湛輒曰白馬生且復諫矣

孫湛字子雅爲光祿勳以清廉稱與周澤相類澤字雅都京師號之爲二雅

甄宇爲博士每臘詔賜博士羊人一羊有大小肥瘦時議欲殺羊分肉又欲投鉤宇因取瘦者自是不復

爭後召會詔問瘦羊博士所在京師因以爲號

來歷爲將作大匠朝廷或稱社稷臣

劉愷爲太常論議嘗引正大義諸儒爲之語曰難經伉劉太常

竇固爲大鴻臚又爲衛尉久歷大位甚見尊貴賞賜租祿資累五萬億而性謙儉愛人好施士以此稱之（又云竇固爲衛尉兩宮宿衛見重當時仁厚謙恭甚有名稱）

孫瑞字君榮世爲學門端少傳家業博達無所不通仕至大司農爲國三老每三公缺端嘗在選中太尉周忠皇甫嵩司徒淳于嘉趙溫司空楊彪張喜等爲

公皆辭拜讓端
高詡爲大司農在朝以清白方正稱
羊融爲大司農性明達稱爲名卿
徐璆獻帝末爲太常璆少履清高立朝正色稱揚後
進惟恐不及
魏薛夏字宣聲天水人黄初中爲秘書丞征東將軍
曹休來朝文帝顧夏目之於休曰此君秘書丞天水
薛宣聲也宜共談
桓範爲大司農以清省稱
張泰鉅鹿人爲大鴻臚以清賢稱

張闓爲永寧太僕以簡質稱
王祥爲太常時高貴鄉公幸太學命祥爲三老祥南
面几杖以師道自居天子北面乞言祥陳明王聖帝
君臣政化之要以訓之聞者莫不砥礪
韓宣爲大鴻臚始南陽韓暨以宿德在宣前爲鴻臚
及宣繼之亦稱職故鴻臚中爲之語曰大鴻臚小鴻
臚前治行曷相如
蜀杜瓊字伯瑜爲太常爲人靜默少言闔門自守不
與世事蔣琬費禕等皆器重之
文立爲衛尉中朝服其賢雅爲時名卿

晉韋謏爲廷尉識者擬之子張
孫綽字興公頗大著作于時才筆之士綽爲其冠
梁江蒨曾祖湛仕宋爲光祿父斆仕宋爲太常卿並
有重名於前世
何敬容祖脩之仕齊爲太常卿有名前代
北齊宋世軌爲廷尉少卿時大理正蘇珍之亦以平
幹知名寺中爲語曰決定嫌疑蘇珍之視表見裏宋
世軌謂之寺中二絶
隋牛弘爲太常卿時議置明堂詔弘條上故事文帝
甚敬重之時楊素恃才矜功輕侮朝臣惟見弘未嘗

不改容自肅
唐虞世南爲秘書監太宗嘗稱世南有五絶一曰德
行二曰忠直三曰博學四曰文詞五曰書翰
王紹宗爲秘書少監仍時宜子于讀書紹宗性澹雅
以儒素見稱當時朝廷之士咸敬慕之
王正雅爲太常卿宋申錫獄自內起宰相重臣無敢
言者正雅與京兆尹崔琯上疏請付外考驗其事由
是獄情稍緩申錫止於貶官內外翕然推重之
晉李郁字文彬唐之宗屬也少歷宗寺官天成長興
中累遷爲宗正卿性平允所歷無愛憎毀譽

忠節

昔舜作九官周分六職槲棘爲位列於明庭象河命秩尊於庶品蓋卿監之重也所從來舊矣漢氏之後分局彌盛授方備業旣謹於攸司選賢崇德豈間其歷授乃有内資純亮動彰慷慨遇疾風明勁草之節當横流表介石之操悉心而匪懈竭力而盡瘁履危機而益厲臨大難而不奪惟公家之是利務罄乃誠惟王室之是圖罔私於已以至遷革之會去就之際而能精懇感發孤風横鶩紀之方策良足稱矣

漢田延年爲大司農會昌邑王嗣立淫亂大將軍霍

光憂懼與公卿議廢之莫敢發言延年按劍廷叱群臣止於朝廷之中而叱之也若言廷爭矣即日議決

劉向初名更生前將軍蕭望之諸吏光祿大夫周堪以爲更生宗室忠直擢爲散騎宗正給事中與侍中金敞拾遺左右四人同心輔政

後漢銚期光武建武五年爲衛尉在朝廷憂國愛主其有不得於心必犯顔諫諍期疾病其母問期當封何子期言受國家恩深常慙負如死不知當何以報何宜封子也帝甚憐之

趙熹爲衛尉盡心事上夙夜匪懈

劉般遷宗正在朝廷竭忠盡節勤勤憂國夙夜不忘

來歷安帝延光二年爲太僕時皇太子驚病不安避幸安帝乳母野王君王聖舍太子乳母王男廚監都吉等以聖舍爲新繕修犯土禁不可久御聖及其次女與大長秋江京及中常侍樊豐王男都吉等互相是非聖永遠誣譖男吉皆幽囚死家屬徙北景太子思男等數爲歎息京豐懼有後害妄造虛無構讒太子及東宮官屬帝怒詔公卿以下會議廢立耿寶等承旨皆以爲太子當廢歷與太常桓焉廷尉張皓等議曰經説年未滿十五過惡不在其身且男吉之謀

皇太子容有不知宜選忠良保傅輔以禮義廢置事重此誠聖恩所宜宿留帝不從是日遂廢太子爲濟陰王

趙典桓帝時爲太常以諫諍違旨免官就國會帝喪時禁藩國諸侯不得奔弔典慨然曰身從衣褐之中致位上列且烏鳥反哺報德况於上耶遂解印綬符策付縣而馳到京師州郡及大鴻臚并執處其罪而公卿百寮嘉典之義表請以租自贖詔書許之

楊賜爲光祿嘉德殿前有青赤氣詔特進遣中使問賜祥異禍福吉凶在所賜書對曰案春秋讖曰天投

覦海內亂今倭孽閹尹共專國朝之所致也
种拂爲太常李傕郭汜之亂長安城潰百官多避兵
御拂揮劍而出曰爲國大臣不能止戈除暴致使凶
賊兵刃向宫去欲何之遂戰而死
耿紀秉曾孫也少有美名辟公府曹操甚敬異之稍
遷少府紀以操將篡漢建安二十二年與太醫令吉
丕（丕或作平）丞相司直韋晃謀起兵誅操不克夷三
族于時衣冠盛門坐紀罹禍滅者衆矣
魏辛毗爲衛尉與胡質徐邈皆憂國忘私不營產業
王脩字叔治爲奉常其後嚴才反與其徒屬數十人

攻掖門脩聞變召事馬未至便將官屬步至宫門太
祖在銅爵臺望見之曰彼來者必王叔治也相國鍾
繇謂脩舊京城有變九卿各居其府脩曰食其祿焉
避其難居府雖舊非赴難之義
楊阜爲少府每朝廷會議阜嘗侃然以天下爲己任
人數諫爭不聽乃屢乞遜位未許會卒
晉王祥仕魏爲太常朝臣爲高貴鄉公舉哀祥號哭
曰老臣無狀涕淚交流衆有愧色
應詹遷光祿勳以王敦專制自樹故優游諷詠無所
標明及敦作逆明帝問詹計將安出詹厲然慷慨曰
陛下宜奮赫斯之威臣等當得負戈前驅庶憑宗廟
之靈有征無戰如其不然王室必危帝以詹爲都督
前鋒軍事
虞潭爲宗正卿以疾告歸會王含沈充等攻逼京都
潭遂於本縣招合宗人及郡中大姓共起義軍衆以
萬數自假明威將軍乃進赴國難至上虞明帝手詔
潭爲冠軍將軍領會稽內史潭卽受命義衆雲集時
有野鷹飛集屋梁衆咸懼潭曰起伐義而剛鷙之鳥
來集破賊必矣遣長史孔坦領前鋒過浙江追躡充
潭次于西陵爲坦後繼會充已禽罷兵徵拜尚書

孔愉爲太常時蘇峻反愉朝服守宗廟
張禕吳郡人少有操行恭帝爲瑯邪王以禕爲郎中
及帝踐祚劉裕以禕帝之故吏素所親信封藥酒一
甖付禕密令鴆帝禕旣受命而歎曰鴆君而求生何
面目視息世間哉不如死也因自飲之而死
徐廣爲祕書監初桓玄之亂恭帝出宫廣陪列悲動
左右及劉裕受禪帝遜位獨哀感涕泗交流謝晦見
之謂曰徐公將無小過也廣收淚而言曰君爲宋朝
佐命吾乃晉室遺老憂喜之事固不同時乃更歔欷
因辭衰耄乞歸桑梓

南齊虞悰兼大匠卿坐事免官隆昌元年以白衣領職鬱林廢悰竊歎曰王徐遂縛袴廢天子天下豈有此理耶延興元年復領右軍明帝立悰稱疾不陪帝使尚書令王晏賫廢立事示悰以悰舊人引參佐命悰謂晏曰主上聖明公卿戮力寧假朽老以贊惟新乎不敢聞命朝議欲糺之僕射徐孝嗣曰此亦古之遺直衆議乃止悰稱疾篤還東上表曰臣族陋海區身微稽嶺屬此興運荷竊稠私徒越涯紀終慙報荅衛養乖方抱疾嬰固寢瘵以來儵踰旬朔頻加醫治曾未瘳損惟此朽頓理難報復乞解所職盡療餘

辰詔賜假百日轉給事中光祿大夫

梁鄭紹叔爲衛尉卿忠於事上外所聞知纖毫無隱每爲高宗言事善則曰臣愚不及此皆聖主之策其不善則曰臣慮出淺短以爲其事當如是殆以此誤朝廷臣之罪深矣高祖甚親信之

後魏崔浩爲著作郎道武季年威嚴頗峻宮省左右多以微過得罪莫不逃隱避目下之變浩獨恭勤不怠或終日不歸道武知之輒命賜以御粥其砥直任時不爲窮通改節皆此類也

裴延儁拜太常卿時汾州山胡恃險寇竊正平平陽二郡尤被其害以儁兼尚書爲山西道行臺節度討明諸軍尋遇疾勅還三鵶羣蠻寇掠不巳車駕欲親征之延儁乃於病中上疏諫諍

綦儁爲太僕卿爾朱世隆等誅齊獻武王起雒止於邙山谷上召文武百司下及庶士令之曰爾朱暴虐矯弄天常孤起義信都罪人斯翦今將翼戴親賢以昌魏曆誰主社稷允愜天人中令頻煩莫有應者儁乃避席曰人主之道必須度量深遠明喆仁恕廣陵王遇世艱難不言淹載以人謀察之雖爲爾朱扶載當今之聖主也獻武王忻然是之時黃門崔陵作色

而前謂儁曰廣陵王爲主不能昭宣魏綱布德天下爲君如此何聖之有若言其聖應待大王時高乾邕魏蘭根等固執陵言及出帝失德獻武王深思儁言嘗以爲恨

唐蘇世長初仕隋爲都水少監使於上江都督運遇宇文化及之亂世長爲煬帝發喪慟哭哀感路人

姚元之爲司僕卿則天傳位於中宗王公巳下皆欣躍稱慶唯元之嗚咽流涕既而侍中桓彦範中書令張柬之謂曰今日豈是啼泣時恐公禍從此始元之曰事則天年久乍此辭違情發於衷恐所不得昨公

誅凶逆者是臣子之嘗道豈敢言功今辭違舊主悲泣者亦臣子之終節緣此獲罪實所甘心未幾出元之爲亳州刺史

王同皎爲光祿卿時武三思專權任勢謀爲逆亂同皎乃招集壯士謀以則天靈駕發引日誅之爲冉祖雍所告遂遇害

嚴郢爲太常寺協律郎知東都太廟時安祿山陷東京郢潛奉九廟神主於私第肅宗至德二年東都收復有司備法駕迎神主歸於太廟以功遷太理司直

段秀實建中四年爲司農卿時德宗幸奉天朱泚盜

據宮闕源休教泚僞迎鑾駕陰濟逆志泚乃遣其將韓旻領馬步三千人疾趨奉天時蒼黃之中未有武備泚以秀實嘗爲涇原節度得士心後罷兵權以爲蓄憤且久必肯同惡乃召與謀議秀實初詐從之陰說大將劉海濱何明禮姚令言判官岐靈岳同謀殺泚以兵迎乘輿三人者皆秀實夙所獎遇遂皆許諾及韓旻之往秀實以爲宗社之危期於頃刻乃使人走諭靈岳教其竊令言印不遂乃以司農印倒印符以遣兵還旻至駱驛得牒軍人亦莫辨其印惶遽而廻秀實海賓等曰旻之來吾黨無遺類矣我當直搏殺泚不得則死終不能向此賊稱臣乃與海賓約事急爲斷而令明禮應於外明日泚召秀實議事源休姚令言李忠臣李子平皆在坐秀實戎服與休並膝語至僭位秀實勃然而起執休腕奪其象笏奮躍而前唾泚面大罵曰狂賊吾恨不斬汝萬段我豈逐汝反耶遂擊之泚舉臂自捍纔中其額流血匍匐而走兇徒愕然初不敢動而海賓等不至秀實乃曰我不同汝反何不殺我兇黨群至遂遇害焉海賓明禮靈岳相次被殺

蔣沇建中初爲大理卿時德宗幸奉天沇奔赴行在

爲賊候騎所拘執欲以僞職誘之因絶食稱病潛竄閭里間京師平首蒙旌擢散騎常侍

崔縱爲太理少卿汴西水陸運使及德宗蒙塵四方握兵未有至者縱先知之潛告李懷光說令奔命懷光從之縱乃悉斂軍財與懷光俱往調給甚備懷光軍士久戰河外及次河中庸遷延安之縱貨幣先渡河謂衆曰若濟悉以分賜衆利之乃西至奉天加右庶子充使

清儉

古者設九卿以參王公蓋選賢任能以章善明理者

也乃有持堅白之操守儉約之德志惟體國事罔私巳祿賜咸散於戚屬饋遺靡通於中外產業不治車服靡易泊然自居華皓一致故得年祀寖遠循錄其遺孤含贈巳加更蒙於褒顯斯則惟月之任無所愧焉

漢周仁爲郎中令景帝所賜甚多然終常讓不敢受也諸侯群臣賂遺終無所受

鄭當時爲大司農性廉又不治產卬奉賜給諸公然其餽遺人不過具器食

朱邑自北海太守入爲大司農身列卿位居處儉節

祿賜以共九族鄉黨家亡餘財

後漢趙典七爲列卿寢惟布被食用瓦器

周澤字雅都爲光祿勳清廉果於從政爲太常清潔循行

孫堪字子雅爲光祿勳以清廉稱與周澤相類京師號爲二雅

袁彭爲光祿勳行至清爲吏麤袍糲食終於議郎尚書胡廣等追表其有清潔之美比前朝貢禹第五倫（貢禹元帝御史大夫經明行脩清潔憂國也）求蒙顯贈當時皆嗟歎之

傅賢爲廷尉素號廉正自掌法官公卿宴會要請不往自謂貧無以報荅其施

魏鄭渾爲將作大匠清素在公妻子不免饑寒及卒以子崇爲郎中

高詡字季回以儒學徵拜大司農在朝以清白方正稱

國淵爲太僕居列卿位布衣蔬食祿賜散之舊故宗族以恭儉自守

司馬芝爲大司農卒於官家無餘財

辛毗爲衛尉清平與徐邈胡質皆憂國忘私不營產業

楊阜爲少府卒家無餘財

和洽爲太常卿清貧守約至賣田宅以自給明帝聞之加賜穀帛

晉鄭默爲廷尉時鬲令袁毅坐交通貨賂大興刑獄在朝多見引逮唯默兄弟以潔慎不染其流

吳隱之守廷尉秘書監遷右衛將軍雖居清顯祿賜皆班親族冬月無被嘗澣衣乃披絮勤苦同於貧庶

王嶠爲祕書監領本州大中正出爲廬陵太守成帝以嶠家貧無以上道賜布百疋錢十萬

宋甄裔位少府卿以清聞

顏延之爲光祿勳居身儉約不營財利布衣蔬食獨

酌郊野當其爲適傍若無人

虞玩之爲少府齊太祖鎮東府朝野致敬玩之獨躡屐造席太祖取屐視之曰卿此屐已幾載玩之曰着此屐已三十年貧士竟不辦易太祖善之

南齊虞愿初在宋爲北平太守以母老解職褚淵嘗詣愿不在見其眠床上積塵埃有書數卷耳淵歎曰虞君之清一至於此令人掃地拂牀而去

梁裴子野爲鴻臚卿尋領步兵校尉子野在禁省十餘年靜默自守未嘗有所請謁外家及中表貧乏所得俸悉分給之無宅借官地二畝起茅屋數間妻子

嘗苦饑寒唯以教誨爲本子姪祗畏若奉嚴君

顧恊少清介有志操初爲廷尉正冬服單薄寺卿蔡撙度謂人曰我願解身上襦與顧郎顧郎難衣食者竟不敢以遺之

後魏竇瑗爲大宗正卿官雖通顯貧窘如初清尚之操爲時所重

韓子熙爲國子祭酒儉素安貧常好退靜

北齊張耀爲秘書監每得祿賜散之宗族性節儉率素車服飲食取給而已

袁聿脩爲太常少卿巡省河南諸州兗州刺史邢卲與聿脩故舊嘗於省中戲呼聿脩爲清郎至是遺送白紬爲信聿脩不受卲亦忻然與書曰弟昔爲清郎今至清卿矣

後周柳虬爲秘書監加車騎大將軍儀同三司虬脫略人間不拘小節敝衣疏食未嘗改操人或譏之虬曰衣不過適體食不過充饑孜孜營求徒勞思慮耳

唐李襲譽爲大府卿居家以儉約自處凡獲祿俸必散之宗親其餘資但寫書而已

冊府元龜

冊府元龜

巡按福建監察御史臣李嗣京　訂正

知閩縣事臣曹學臣參閱

知建陽縣事臣黃國琦較釋

卿監部　公正　論薦

公正

夫舉一國之高以爲九卿位亞三司行則鳴玉蒼大臣之任也乃有貞諒成性正直是矜臨大節而無撓在群居而不惑摧折貴倖罔畏彊禦箴規違失弗爲

從諛至於外庭集議必據經而守正本司泚事專嫉惡以繩姦靡顧翕訿之言無避炎隆之勢克全素履以成令名斯固端巳潔操勵物軌俗率義不爽事君盡忠之徒歟漢而下亦時聞其人矣

漢張釋之爲公車令太子與梁王共車入朝不下司馬門（宮衛令諸出入殿門公車司馬門者皆下不如令罰金四兩）於是釋之追止太子梁王毋入殿門遂劾不下公門不敬奏之薄太后聞之文帝免冠謝曰教兒子不謹薄太后使使承詔赦太子梁王然後得入文帝繇是奇釋之

汲黯爲主爵都尉時張湯以更定律令爲廷尉（更改也）黯質責湯於帝前（黯對之也）曰公爲正卿上不能褒先帝之功業下不能化天下之邪心安國富民使囹圄空虛何空取高皇帝約束紛更之爲（言何爲乃紛亂而改易也）而公以此無種矣（言當族及子孫也）黯時與湯論議湯辨常在文深小苛黯憤發罵曰天下謂刀筆吏不可爲公卿果然必湯也令天下重足而立仄目而視矣（重累其足言甚懼也）是時漢方征匈奴招懷四夷黯務少事間常言與胡和親毋起兵（每因間隙而言也）帝方鄉儒術尊公孫弘及事益多吏民巧上分別文法湯等數奏決讞以幸而黯常毀儒面觸弘等徒懷詐飾智以阿人主取容而刀

筆之吏專深文巧詆（詆毀辱也）陷人於罪以自爲功帝愈益貴弘湯弘湯心疾黯雖帝亦不說也武帝得神馬渥洼水中次以爲太一之歌後伐大宛得千里馬馬名蒲稍作以爲歌進曰凡王者作樂上以承祖宗下以化兆民今陛下得馬詩以爲歌協以宗廟先帝百姓豈能知其音耶帝默不悅丞相公孫弘曰黯誹謗聖制當族

金敞爲衛尉敞爲人正直敢犯顏色左右憚之雖帝亦難焉

夏侯勝爲長信少府時宣帝詔曰孝武廟樂未稱朕

甚俾焉其與列侯二千石博士議於是召群臣大議庭中皆曰宜如詔書勝獨曰武帝雖有攘四夷廣土斥境之功然多殺士衆竭民財力奢泰亡度天下虛耗（耗減也）百姓流物故者半（物故謂死也）蝗蟲大起赤地數千里（言無五穀之蒲）或人民相食畜積至今未復（畜讀曰蓄）亡德澤於民不宜為立廟公卿共難勝曰此詔書也勝曰詔書不可用也人臣之誼宜直言正論非苟阿意順指議已出口雖死不悔於是丞相義御史大夫廣明（蔡義田廣明）劾奏勝非議詔書毀先帝不道及丞相長史黃霸阿縱勝不舉劾俱下獄遇赦免

朱邑為大司農為人惇厚篤於故舊然性公正不可交以私天子器之朝廷敬焉

杜業有才能成帝時遷為太常數言得失不事權貴

孫寶平帝時為大司農會越嶲郡上黃龍游江中大師孔光大司徒馮宮等咸稱王莽功德比周公宜告祠宗廟寶曰周公上聖召公大賢尚猶有不相說著於經典兩不相損（周書君奭之序曰召公為保周公為師相成王為左右召公不說周公作君奭是也說不相損者俱有公名也）今風雨未時百姓不足每有一事群臣同聲（靁同阿附妄說福祥）得無非其美者（言此非朝廷美事也）時大臣皆失色侍中奉車都尉甄邯即時承制罷議者

郭憲字子橫為光祿勳時匈奴數犯塞光武患之乃召百寮廷議憲以為天下疲敝不宜動衆諫爭不合乃伏地稱眩瞀不復言帝令兩郎扶下殿憲亦不拜帝曰嘗聞關東觥觥郭子橫竟不虛也憲遂以病辭退卒於家

徐康為車府令永平中明帝近出而信陽侯陰就干突禁衛康鉤就車收御者送獄詔書譴康康乃自繫議郎吳良上言曰信陽侯就倚恃外戚干犯乘輿無人臣禮為大不敬康執法守正反下于理臣恐聖化繇是而弛帝雖赦康猶左轉

周澤永平中為太常果敢直言數有據爭

鄭衆為大司農章帝時議鹽鐵官衆諫以為不可詔數切責至被奏劾衆報之不移帝不從

來歷安帝時為太僕延光三年中常侍樊豐與大將軍耿寶侍中周廣謝惲等共譖陷太尉楊震遂自殺歷謂侍中虞詡曰耿寶託元舅之親榮寵過厚不念報國恩而傾附姦臣誣奏楊公傷害忠良其天禍亦將至矣遂絕周廣謝惲不與交通

袁盱為光祿勳時大將軍梁冀擅朝內外莫不阿附唯盱與廷尉邯鄲義正身自意及桓帝誅冀使盱持

節收其印綬

劉孟桓帝時爲宗正直道不容自免歸家

杜喬爲司農時益州刺史种暠舉劾永昌太守劉君世以金蛇遺梁冀事發覺以蛇輸司農冀從喬借觀之喬不肯與冀始爲恨累遷大鴻臚時冀小女死令公卿會喪喬獨不往冀又啣之

劉祐爲大司農時中常侍蘇康管霸用事於內遂固天下良田美業山林湖澤民庶窮困州郡累氣祐移書所在依科品沒入之桓帝大怒論祐輸左校後得赦出

趙典爲太僕遷太常朝廷每有災異疑義輒諮問之典據經正對無所曲折

張奐爲大司農靈帝建寧三年夏青蛇見於御座軒前又大風雨雹霹靂拔樹詔使百僚各言災應奐上疏宜急攻葬竇武從還家屬其從坐禁錮一切蠲除帝深納奐言以問諸黃門常侍左右皆惡之不得自從轉奐太常與尚書劉猛等同薦王暢李膺可三公之選曹節等彌疾其言下詔切責之奐自囚廷尉數月乃得出司隸校尉王寓出於宦官欲借寵公卿以求薦舉百僚畏憚莫不許諾惟奐獨拒之

孔融建安初爲少府初太傅馬日磾奉使山東數有意袁術術頗輕侮之遂奪取其節求去又不聽因欲逼爲軍師日磾深自悔恨嘔血而斃喪還上公朝庭議欲加禮融獨議曰磾以太傅之尊秉髦節之使銜命直指寧輯東夏而曲媚姦臣爲所牽率章表署用輒使首名附下罔上姦以事君昔國佐當晉軍而不撓宜僚臨白刃而正色王室大臣豈得以見脅爲辭又袁術僭上皆應知情春秋魯叔孫得臣卒以不發楊襄仲之罪貶不書日鄭人討幽公之亂斲子家之棺聖上哀矜舊臣未忍追案不宜加禮朝廷從之五

年南陽王馮東海王祗薨（並獻帝子）帝傷其早殁欲爲脩四時之祭以訪融融對曰聖恩敦睦感時增思悼二王之靈發哀愍之詔稽度前典以正禮制竊觀故事前梁懷王臨江愍王齊哀王臨淮懷王並薨無後同産昆弟即景武昭明四帝是也未聞前朝脩立祭祀若臨時所施則不列傳紀臣愚以爲諸在冲齓聖慈哀悼禮同成人加以號謚者宜稱上恩祭祀禮畢而後絶之至於一歲之限不合禮意又違先帝已然之法所未敢處

魏何夔文帝爲太子時夔爲太傅及遷太僕太子欲

輿辭宿戒供變無往意乃與書請之獎以國有常制
遂不往其嚴正如此
楊阜明帝時爲少府上疏欲省官人諸不見幸者乃
召御府吏問後宫人數吏守舊令對曰禁密不得宣
露阜怒杖吏一百數之曰國家不與九卿爲密反與
小吏爲密乎帝聞而愈敬憚阜
王肅爲秘書監明帝嘗問曰漢桓帝時白馬令李雲
上書言帝者諦也是帝欲不諦當何得不死肅對曰
但爲言失逆順之節原其本意皆欲盡心念存輔國
且帝者之威過於雷霆殺一匹夫無異螻蟻寬而宥

之可以示容受切言廣德宇於天下故臣以爲殺之
未必爲是也帝又問昔司馬遷以受刑之故內懷隱
切著史記非貶孝武令人切齒對曰司馬遷記事不
虛美不隱惡劉向揚雄服其善叙事有良史之才謂
之實録漢武帝聞其述史記取孝景及已本紀覽之
於是大怒削而投之於今此兩記有録無書後遭李
陵事遂下蠶室此爲隱切在孝武而不在於史遷
也齊王正始中爲太常大將軍曹爽專權任用何晏
鄧颺等肅與太尉蔣濟司農桓範論及時政肅正色
曰此輩郎弘恭石顯之屬復稱說耶爽聞之戒何晏

曰當共愼之公卿已比諸君前世惡人矣
王觀爲少府大將軍曹爽使材官張達斫家屋材及
諸私用之物觀聞之皆録奪以没官少府統三尚方
御府內藏玩弄之寶爽等奢侈有干弋憚觀守法乃
徙爲太僕
陳泰字玄伯高貴鄉公時爲太常及司馬景王會朝
臣謀廢立泰不至使其舅荀顗召之垂涕而入景王
謂曰玄伯何以處我對曰誅賈充以謝天下景王曰
不可爲更思其次泰曰但見其進不見其次景王乃
不復問

蜀孟光爲大司農延熙九年秋大赦光於衆中責大
將軍費禕曰夫赦者偏枯之物非明世所宜有也衰
敝窮極必不得已然後乃可權而行之耳今主上仁
賢百寮稱職有何旦夕之危倒懸之急而數施非常
之恩以惠姦宄之惡乎又鷹隼始擊而更原宥有罪
上犯天時下違人理老夫耄朽不達治體竊謂斯法
難以經久豈具瞻之高美所望於明德哉禕但顧謝
踧踖而已光之指摘痛癢多如是類故執政重臣心
不能悅爵位不登每直言無所廻避爲代所嫌
吳潘濬爲太常時校事呂壹操弄威柄濬詣建業欲

盡辭極諫至聞太子登已數言之而不見從濬乃大
請百寮欲因會手刃殺壹以身當之爲國除患壹審
聞之稱疾不行濬每進見無不陳壹之姦險也繇此
壹寵漸衰後遂誅戮
晉山濤爲大鴻臚加奉車都尉及羊祜執政時人欲
危裴秀濤正色保持之繇是失權臣意出爲祐州刺
史
鄭默爲太常時僕射山濤欲舉一親戚爲博士謂默
曰卿似尹翁歸令吾不敢復言默爲人敦重柔而能
整皆此類也

曹志爲博士祭酒及齊王攸當之藩下禮官議崇錫
之典志歎曰安有如此之才如此之親而不得樹本
助化而遠出海隅者乎乃建議以諫辭旨甚切帝大
怒免志官
劉暾毅之子正直有父風太康初爲博士會議齊王
攸之國加崇典禮暾與諸博士坐議忤旨武帝大怒
收暾等付廷尉會赦得出免官
傅玄爲太僕時比年不登羌胡擾邊詔公卿會議玄
應對所問陳事切直雖不盡施行而常見優容
顏含爲光祿勳于時論者以王導帝之師傅名位隆

重百寮宜爲降禮太常馮懷以問於含含曰王公雖
重理無偏敬降禮之言或是諸君事宜鄙人老矣不
識時務既而告之曰吾聞伐國不問仁人向馮祖思
問佞於我我有邪德乎
范弘之爲太學博士議謝石謚法爲襄又論殷浩宜
加贈謚不得因桓溫之黜以爲國典仍條叙溫移鼎
之迹時謝族方顯桓宗猶盛尚書僕射王珣溫故吏
也素爲溫所寵三怨交集乃出弘之爲餘杭令
宋徐豁晉安帝隆安末爲太學博士桓玄輔政爲中
外都督豁議政敬唯內外武官太宰司徒並非軍職

則琅邪王不應加敬玄諷中丞免豁官
南齊蕭頴胄爲衞尉明帝慕儉欲銷壞大官元日上
壽銀酒鎗尚書令王晏等咸稱盛德尉曰朝廷盛禮
莫過三元此一器既是舊物不足爲侈帝不悅後預
曲宴銀器滿席頴胄曰陛下前欲壞酒鎗恐宜移在
此器也帝甚慙
後魏盧淵爲秘書監時孝文將立馮后方集朝臣議
之孝文先謂淵曰卿意以爲何如對曰此自古所恨
如臣愚意宜簡卜孝文曰以先后之姪朕意已定淵
曰雖奉詔如此於臣心實未盡及朝臣集議執意如

前后兄馮誕有盛寵深以為恨淵不介懷
寶瑗為太宗正卿宗室以其寒士相與輕之瑗案法推治一無所顧避甚見讐嫉
于烈孝文帝時為衛尉卿從駕南征及遷雒陽人情戀土多有異議帝問烈曰卿意云何烈曰陛下聖略淵遠非愚管所測若隱心而言樂新之與戀舊唯中半耳帝曰卿既不唱異即是同深感不言之益宜且還舊都以鎮代邑
隋牛弘為太常卿楊素將擊突厥詣太常與弘言別送素至中門而止素謂弘曰大將出征故來叙別何

相送之近也弘遂揖而退素笑曰奇章公可謂其智可及其愚不可及也亦不以屑懐
唐竇静貞觀中為司農卿屬趙元楷為司農少卿静頗方直甚不悦元楷之為人嘗因官屬大集静謂元楷曰如隋煬帝時意在奢侈竭四海以奉一人者司農須公矣方今聖人躬履節儉屈一人以安兆庶司農何用於公哉元楷赧然無以應
韓思復則天朝為太常博士定南郊儀注去大妃敭吹排群邪守大體國家賴之
李勉為太常少卿肅宗將大用勉會李輔國寵任意欲勉降禮於已勉不為之屈竟為所抑出汾州虢州刺史
杜黄裳貞元為太常卿時順宗即位王叔文之竊權黄裳終不造其門後語其子婿韋執誼令率百官請皇太子出以安人情執誼遽曰丈人纔得一官寧可復開口議禁中事也黄裳勃然自黄裳受恩三朝豈可以一官見賣拂衣而去
陸亘為太常博士寺有禮生孟貞乂於其事凡吉凶大儀禮官不能達率訪於真真亦頗是須姑息元和七年冊皇太子將撰儀注真亦欲參與亘笞之繇是

禮儀不專於胥史
李玘開成末為司農卿玘嫉惡太切狡吏無所容滿遂加誣謗謂之苛刻除福建觀察使諫官風聞因有章疏宰臣知其冤累於文宗前明辨故復舊官

論薦

推賢而進儒者之至行舉不失德前史之美談則有亞台槐之崇處河海之重任總椽史言揚帝廷乃屬旁求俊能簡拔遺滯繇是不掩勝已務薦所知列行義於露章稱道藝於公論達于上聽式協時使分諸大小之職咸中輪轅之用或自布素而登美仕或從

畢散而遷顯官眞哉斯人終然允淑所謂能舉其類其孰能與於此

漢王藏從魯申公受詩書武帝郎位累遷郎中令及代趙綰亦嘗受詩申公爲御史大夫綰藏請立明堂以朝諸侯不能就其事乃言師申公於帝使束帛加璧安車以蒲裹輪加駟迎申公

後漢劉平拜宗正數薦達名士承宮郇恁等（恁字君大）

丁恭爲少府鍾興少從恭受嚴氏春秋恭薦興學行高明光武召興問以經義對甚明帝善之

鄧康爲太僕時竇章好學有文章康聞其名重焉是

時學者稱東觀爲老氏藏室道家蓬萊山（老子爲守藏史爲柱下史四方所記文書皆歸柱下言東觀經籍多也蓬萊海中神山爲仙府幽經秘錄並皆在焉）康遂薦章入東觀爲校書郎

劉寬爲大司農章帝詔舉賢良方正寬舉司徒魯恭弟丕對策高第除爲議郎

楊震爲太常先是博士選舉多不以實震舉薦明經名士陳留楊倫等顯傳學業諸儒稱之

胡廣爲大司農順帝漢安初與少府竇章共薦汲令崔瑗宿德大儒從政有迹不宜久在下位繇此遷濟北相

羊傳爲大司農時崔寔辟大尉袁湯大將軍梁冀府並不應傳與少府何豹上書薦寔才美能高宜在朝廷召拜議郎

陳伀爲大司農時東郡燕人（今謂州胙成縣古南燕國也）趙咨有孝行州郡召舉孝廉並不就桓帝延熹元年稱舉咨至孝有道仍遷博士

李固爲將作大匠上疏曰臣聞氣之淸者爲神人之淸者爲賢養身者以鍊神爲寶安國者以積賢爲道昔秦欲謀楚王孫圉設壇西門陳列名臣秦使罷然遂爲寢兵魏文侯師卜子夏友田子方式段干木故

群俊競至名過齊桓齊人不敢闚兵於西河斯蓋積賢人之符也陛下撥亂龍飛初登大位聘南陽樊英江夏黃瓊廣漢楊厚會稽賀純策書嗟歎待以大夫之位是以巖穴幽人智術之士彈冠振衣樂欲爲用四海欣然歸服聖德厚等在職雖無奇卓然夕惕孳孳志在憂國臣前在荊州聞賀純等以病免歸誠以悵然爲時惜之一日朝會見諸侍中並皆年少無一宿儒大人可顧問者誠可歎息宜徵還厚等以副群望瓊久處議郎已且十年衆人皆怪始隆崇今更滯也光祿大夫周舉才謨高正宜在常伯訪以言議侍

中杜喬學深行直當世良臣久託疾病可勑令起又薦陳留楊倫河南尹存東平王惲陳國何臨清河房植等是日有詔徵用倫厚等遷環舉以固爲大司農

孔融爲少府深愛禰衡之才上䟽薦之曰臣聞洪水横流帝思俾乂旁求四方以招賢俊昔孝文繼統將弘祖業疇咨熙載群士嚮臻陛下叡聖纂承基緒遭遇厄運勞謙日昃惟嶽降神異人並出竊見處士平原禰衡年二十四字正平淑質貞亮英才卓礫初涉藝文昇堂覩奥目所一見輙誦於口耳初暫聞不忘於心性與道合思若有神（淮南子云所謂眞人者性合於道也）弘羊潛

計安世默識以衡準之誠不足怪忠果正直志懷霜雪見善若驚疾惡若讎任座抗行史魚厲節殆無以過也鷙鳥累百不如一鶚（鶚大鵰也）使衡立朝必有可觀非辨騁辭溢氣坌涌解疑釋結臨敵有餘昔賈誼求試屬國詭係單于終軍欲以長纓牽致勁越弱冠慷慨前世美之近日路粹嚴象亦用異才擢拜臺郎衡宜與爲比如得龍躍天衢振翼雲漢揚聲紫微垂光紅蜺足以昭近署之多士增四門之穆穆鈞天廣樂必有奇麗之觀帝室皇居必蓄非常之寶若衡等輩不可多得激楚陽阿至妙之容臺牧者之所貪（臺牧未詳一作掌牧又作掌伎）飛兔腰褭絕足奔軼良樂之所急（飛兔腰褭古駿馬也王良伯樂善御人也）臣等區區敢不以聞（魏大祖送衡與劉表）又公車司馬令謝該去官欲去鄉里會荆州道斷不得去融上書薦之曰臣聞高祖創業韓彭之將征討暴亂陸賈叔孫通進說詩書光武中興吳耿佐命范升衛寵脩述舊業故能文武并用成長久之計陛下聖德欽明同符二祖勞謙戹運三年乃誰今尚父鷹揚方叔翰飛王師電鷙群凶破殄始有櫜弓臥鼓之次宜得名儒典綜禮紀竊見故公車司馬令謝該體曾史之叔性兼商偃之文學博通群藝周覽古今物來有應

事至不惑清白異行敦悅道訓求之遠近少有疇匹若乃巨骨出吳隼集陳庭黄熊公寢亥有二首非夫洽聞者莫識其端也雋不疑定北闕之前夏侯勝辯常陰之驗然後朝士益重儒術今該實卓然比跡前烈間以父母老疾棄官欲歸道路險塞無所自致猥使良才抱璞而逃踰越山河沈淪荆楚所謂往而不反者也後日當更饋樂以釣由余繪像以求傅說豈不煩哉臣愚以爲可推録在所召該令還楚人止孫卿之去國漢朝追康衛於平原尊儒貴學惜失賢也書奏詔郎徵還拜職郎

魏陶兵爲太僕與永寧衛尉孟觀侍中孫邕中書侍郎王基薦管寧曰臣聞龍鳳隱耀應德而臻明哲潛遁俟時而動是以鸑鷟鳴岐周道隆興四皓爲佐漢帝用康伏見大中大夫管寧應二儀之中和揔九德之純懿含章素質冰絜淵深玄虚澹泊與道逍遥娱心黄老游志六藝升堂入室究其閫奧蹈古今於胸懷包道德之體要中平之際黄巾陸梁華夏傾蕩王綱弛頓遂避時難乘桴越海羈旅遼東三十餘年在乾之姤匿景藏光嘉遁養浩韜韞儒墨潛化滂流暢於殊俗黄初四年高祖文皇帝疇諮群公思求雋乂

故司徒華韶舉寧應選公車將徵振翼遐裔翻然來翔行遇屯厄遭罹疾病即拜太中大夫烈祖明皇帝嘉美其德登爲光祿勳疾瀰留未能進道今寧舊疾已瘳行年五十志無衰倦環堵蓽門偃息窮巷飯鬻餬口并日而食吟咏詩書不改其樂困而能通遭難必濟經危蹈險不易其節金聲玉色久而彌彰揆其終始殆天所祚當贊大魏輔亮雍熙袞職有闕群下屬望昔高宗刻象營求賢哲周文啓龜以卜良佐況寧前朝所表明德已著而久栖遲未得引致非所以奉遵明訓繼成前志也陛下踐祚纂承洪緒聖敬日躋超越周成每發德音動諮師傅若繼二祖招賢故典賓禮雋邁以廣緝熙濟濟之化侔於前代寧清高恬泊擬跡前軌德行卓絶海内無偶歷觀前世玉帛所命申公枚乘周黨樊英之儔測其淵源覽其清濁未有厲俗獨行若寧者也誠宜束帛加璧備禮徵聘仍授几杖延登東序敷陳墳索坐而論道上正璇璣協和皇極下阜群生彝倫攸敘必有可觀光益大化若寧固執匪石守志箕山追跡洪崖參蹤巢許斯亦聖朝同符唐虞優賢揚歷垂聲千載雖出處殊塗俯仰異體至於興治美俗其揆一也於是特具安車蒲

輪束帛加璧聘焉會寧卒年八十四拜子邈郎中後爲博士

晉鄭袤仕魏爲太常高貴鄉公議立明堂辟雍精選博士袤舉劉毅劉寔程咸庾峻後並至公輔伏位

陸機初仕吳爲著作郎賀循有時名機上疏薦循曰伏見武康令賀循德量邃茂才鑒清遠服膺道素風操凝峻歷試二城刑政肅穆前蒸陽令郭訥風度簡曠器識朗拔通濟敏悟才足幹事循守下縣編名凡悴歸家巷棲遲有年皆出自新邦朝無知己居在遐外志不自營年時倏忽而邈無階級實州黨愚智所

爲恨恨臣等伏思臺郎所以使州州有人非徒以均
分顯路惠及外州而已誠以庶士殊風異俗壅隔之
害遠國益甚至於荆楊二州户各數千萬今楊州無
郎而荆州江南乃無一人爲京城職者誠非聖朝待
四方之本心至于才望資品循可尚書郎詠可太子
洗馬舍人此乃衆望所積非但企及清塗苟充方選
也謹條資品乞豪簡察久之召補太子舍人
薛兼爲太常時丹陽人張闓字敬緒輔吳將軍昭之
曾孫少孤有志操兼進之于元帝言闓才幹貞固當
今之良器卽引爲安東參軍甚加禮遇

册府元龜　卿監部　論薦　卷之六百二十三　十九

華譚爲秘監時晉陵朱鳳吳郡吳震並學行清脩老
而未調譚皆薦爲著作佐郎
宋徐廣爲著作郎時荀伯子好學博覽經傳廣重其
才舉伯子王韶之并與佐郎同撰晉史
梁明山賓爲五經博士時朱异年二十一爲揚州議
曹從臣史有詔求異能之士賓表薦异曰竊見錢塘
朱异年時尚少德備老成在獨無散逸之想處闇有
對賓之色器宇弘深神表峯峻金山萬丈緣陛未登
玉海千尋窺映不測加以珪璋新琢錦組初構觸響
鏗鏘五采便發觀其信行非唯所稀若使負重遥途
必有千里之用高祖召見使說孝經周易義甚悅之
謂左右曰朱异實異後見明山賓謂曰卿所舉殊得
其人仍召异直西少
隋元善爲國子祭酒善以高熲有宰相之具嘗言于
帝曰楊素粗疎蘇威怯懦元胄元旻正似鴨耳可以
付社稷者惟獨高熲
牛弘爲秘書省以辛德源才學顯著奏與著作王邵
同脩國史
唐郎楚之爲大理卿雍州人趙弘智學通三禮及史
記漢書隋末爲司隸從事武德初楚之應詔舉授詹

册府元龜　卿監部　論薦　卷之六百二十三　二十

事府主簿
姜皎太常卿薦源乾曜公清有吏幹因召見與語乾
曜神氣清爽對荅皆有倫序帝甚悅之乃行少府少
監
高郢爲太常卿長安尉辛秘郢愛其學奏除太常博
士
韋渠牟爲太府卿其甥盧倫爲簡較金部郎中渠牟
數稱倫之才德宗召之内殿令和御製詩超拜户部
郎中

册府元龜

第六頁八行又袁術僭下脱二十四字

逆非一朝一夕日磾隨從周旋歷歲漢律與罪

人交關三日已

册府元龜　補　卷之六百二十三　二十一

廵按福建監察御史臣李嗣京訂正
知甌寧縣事臣孫以敬叅閱
知建陽縣事臣黄國琦較釋

卿監部

智識

夫智者不惑識以知微故能施于有政克集其事其有處慶賴之地領監署之職竭志奉上思所禆益自非機用周敏策略宏達才出世表言爲國經者曷嘗著名稱于厥任哉至乃決獄上議本乎忠恪參考條制臻夫倫要全物力以省費論軍志而獨見深明姦

隙曲揣敵意戒乎輕舉洞于未萌亦有鑿通人倫玄合上旨幹局餘力兼濟于下莫不究天人之奥賾詳事物之軌制練達國體曉暢時義以至諮詢訪對引喻精詣渙然氷釋昭若發蒙沃于主心爲衆所服者悉可徵矣

漢張湯爲廷尉決大獄欲傅古義乃請博士弟子理尚書春秋補廷尉平亭疑法奏讞疑事必先爲上分别其原以揚主之明言此自天子意非繇有司也奏事有善則讓曰監椽史某所爲也（亭者平也均也）

召信臣竟寧中爲少府奏請上林諸離遠宮舘稀幸御者勿復繕治共張又奏省樂府黄門倡優諸戲又宮舘兵弩什器減過泰半大官園種冬生葱韭菜茹覆以屋廡（廡周室也茹人庶切廡音舞）晝夜爇蘊火待温氣乃生（爇古然字蘊小蓄也温於云切）信臣以爲此皆不時之物有傷于人不宜以奉供養及他非法食物悉奏罷省費歲數千萬

朱博爲廷尉職典決疑當讞平天下獄博恐爲官屬所誣視事召見正監典法椽史謂曰廷尉本起于武吏不通法律幸有衆賢亦何憂然廷尉治郡斷獄以

來且二十年亦獨耳剽日久（剽刦也猶言行聽也剽頻妙切）三尺律令事出其中（言可以人情知之）椽史試與正監共撰前世決事吏議難知者數十事持以問廷尉得爲諸君覆意之（但欲用意覆之不近法律重故也）正監以爲博苟強意未必能然即共條白爲傅皆召椽史并坐而問爲平處其輕重十中八九（中音行仲切）官屬咸服博之疏略材過人也

後漢牟融爲大司農是時明帝方勤萬機公卿數朝會每輒延謀政事判折獄訟融經明才高善論議朝廷皆服其能帝數嗟嘆以爲才堪宰相

袁安爲太僕元和三年武威太守孟雲上書北虜旣

已和親而南部復往抄掠北单于謂漢欺之謀欲犯邊宜還其生口以安慰之詔百官議朝堂公卿皆言夷狄譎詐求欲無厭旣得生口當復妄自誇大不可開許安獨曰北虜遣使奉獻和親有得邊生口者輒以歸漢此明其畏威而非先違約也雲以大臣典邊不宜負信于戎狄還之足示中國優貸而使邊人得安誠便司徒桓虞改議從公大尉鄭弘司空第五倫皆恨之弘因大言激厲虞曰諸言當還生口者皆爲不忠虞廷叱之倫及大鴻臚韋彪各作色變容司隸校尉舉奏安等皆上印綬謝詔報曰久議沉滯各有

所志蓋事以議從策繇衆定誾誾衎衎得禮之容寢默抑心更非朝廷之福君何尤而深謝其各術履帝竟從安議

孔融爲將作大匠遷少府每朝訪對融輒爲議主引正定議公卿大夫皆隷名而已

魏司馬芝爲大司農每上官有所召問常先見掾史爲斷其意故教其所以答塞之狀皆如所度

王肅爲光祿勳時有三魚長尺集武庫之屋有以爲吉祥肅辨之曰魚生於淵而亢于屋鱗介之物失其所也邊將其殆有棄甲之變乎其後果有東關之敗遷太常時毋丘儉文欽反大將軍司馬景王問肅曰安主寧國其術焉在肅曰昔關羽率荊州之衆降于禁於漢濱遂有北向爭天下之志後孫權襲取其將士家屬羽士衆一旦瓦解今淮南將士父母妻子皆在內州但悉往禦衛使不得前必有關羽土分之勢矣景王從之遂破儉欽

辛毗爲衛尉時蜀相諸葛亮圍祁山不克引退張郃追之爲流矢所中死明帝惜郃臨朝而歎曰蜀未平而郃死將若之何司空陳群曰郃誠良將國所依也毗心以爲郃雖可惜然已死不當內弱主意而示外

以不大也乃持群曰陳公是何言歟當建安之末天下不可一日無武皇帝也及委國祚而文皇帝受命黃初之世亦謂一日不可無文皇帝也及委棄天下而陛下龍興今國內所少豈張郃乎陳群曰亦誠如辛毗言帝曰陳公可謂善變矣

崔林爲大鴻臚龜茲王遣侍子來朝朝廷嘉其自遠至褒賞其王甚厚餘國各遣子來朝問使連屬林恐所遣或非眞的權取疏屬賈胡因通使命利得印綬而道路護送所損滋多勞所養之民資無益之事爲夷狄所笑此曩時之所患也乃移書燉煌喻指并錄

前世待遇諸豐約故事使其有常
吳潘濬爲太常文帝時驃騎將軍步隲屯漚之口召
募諸郡以增兵權以問濬濬曰豪將在民間耗亂爲
害加隲有名勢在所媚不可聽也從之
晉鄭袤仕魏爲光祿勳領宗正毋丘儉作亂景帝自
出征之百官祖送於城東袤疾病不任會帝謂中領
軍王肅曰唯不見鄭光祿爲恨肅以語袤袤自輿追
帝及於近道帝笑曰故知侯生必來也遂與袤共載
曰計將何先袤曰昔與儉俱爲臺郎特所知悉其人
好謀而不達事情自昔勳建幽州志望無限文欽勇

無筭今大軍出其不意江淮之卒銳而不能固深溝
高壘以挫其氣此亞夫之長也帝稱善
蔡謨成帝時爲太常彭城王紘上言樂賢堂有先帝
生畫佛象經歷寇難而此堂猶存宜勑作頌帝下其
議謨曰佛者夷狄之俗非經典之制先帝量同天地
多才多藝聊因暇時而畫此象至於雅好佛道所未
承聞盜賊奔突王都隳敗而此堂塊然獨存斯誠神
靈保祚之徵然未是大晉盛德之形容歌頌之所先
也人臣覩物興義私作賦頌可也今欲發王命勑史
官上稱先帝好佛之志下爲夷狄作一象之頌於義

有疑焉於是遂寢時征西將軍庾亮以石勒新死欲
移鎮石城爲滅賊之漸事下公卿謨議曰時有否泰
道有屈伸暴逆之寇雖終滅亡然當彊盛皆屈而避
之是以高祖受黜於巴漢忍辱於平城也若爭彊於
鴻門則亡不終日故蕭何曰百戰百敗不死何待也
原始要終歸於大濟而已豈與當亡之寇爭遲速之
間哉夫唯鴻門之不爭故垓下莫不能與之爭文王
身厄於羑里故道泰於牧野句踐見屈於會稽故威
申於強吳今日之事亦繇此矣賊假息之命垂盡而
豺狼之力尚彊宜抗威以待時或曰抗威待時時已

可矣愚以爲時之可否在賊之強弱賊之強弱在季
龍之能否季龍之能否可得而言矣自勒初起則季
龍爲爪牙百戰百勝遂定中國境土所據同於魏世
及勒死之日將相內外欲誅季龍季龍獨起於衆異
之中殺嗣主誅寵臣內難既定千里遠出一攻而拔
金墉再戰而斬石生禽彭彪殺石聰滅郭權還據根
本內外並定四方鎮守不足尺土詳察此事豈能乎
將不能也假令不能者爲之其將濟乎將不濟也賊
前攻襄陽而不能拔誠有之矣不信百戰之効而執
攻之之驗棄多從少於理安乎譬若射者百發而一

不中可謂之拙乎且不拔襄陽者非季龍身也桓平北守邊之將耳賊前攻之爭疆場耳得之爲善不得則止非其所悉也今征西之往則異於是何者重鎮也名賢也中國之人所聞而歸心也今而西廋實有席卷河南之勢賊所大懼豈與桓宣同哉季龍必率其精兵身來距爭若欲與戰戰何如石生若欲城守守何如金墉若欲沮沔沔何如大江蘇峻何如季龍凡此數者宜詳校之愚謂石生猛將關中精兵征西之日戰不能勝也金墉險固劉曜十萬所不能拔今征西之守不能勝也又是時兗州雒陽關中皆舉兵

擊季龍今此三處反爲其用方之於前倍半之舉也若石生不能敵其半而征西欲當其倍愚所疑也蘇峻之彊不及季龍沔水之險不及大江大江不能禦蘇峻而以沔水禦季龍又所疑也昔祖士稚在譙佃於城北虜賊來攻因以爲資故豫安軍屯以禦其外穀將熟賊果至丁夫戰于外老弱穫於內多持炬火悉則燒穀而走如此數年竟不得其利是時賊惟據沔水地方之於今四分之一耳士稚不能捍其一而征西欲禦其四又所疑也或曰賊若多來則必無糧然致糧之難莫過崤函而季龍昔涉此險深入敵國平關中而後還今至襄陽路旣無險又行其國內自相供給方之於前難易百倍已經至難而謂今不能濟其易又所疑也然此所論徃說征西旣至之後耳尚未論道路之慮也自沔已西水悉岸高魚貫泝流首尾百里若賊無宋襄之義及我未陣而擊之如之何今王士與賊水陸異勢便習不同寇若送死雖開江延敵以一當千猶呑之有餘宜誘而致之以保萬全棄江遠敵以我所短擊彼所長懼非廟勝之筭朝議同之故亮不果移鎮

王彪之爲太常領崇德衛尉時或謂簡文曰武陵第

中大脩器杖將謀非常也簡文以問彪之彪之曰武陵王志意盡於馳騁田獵耳願深靜之以懷異同者或復以此爲言簡文甚悅

南齊胡諧之爲衛尉領中庶子諧之有識計每朝廷官缺及應遷代密量上所用人皆如諧之言中庸倧以此稱服

梁傅岐爲太僕司農卿在禁省十餘年機事密勿亞於朱异貞陽侯蕭明伐彭城兵敗囚於魏三年明遣使還述魏欲通和好勑有司及近臣定議左衛朱异日邊境且得靜寇息人於事爲便議者並然之岐獨

日高祖旣新得志何事須和必是設間故令貞陽遣使令侯景自疑當以貞陽易景景意不安必圖禍亂若許通好是墮其計中且彭城去歲喪師渦陽復新敗退今使就和益示國家之弱切不可許异等固執帝遂從之乃遣使景果有疑遂舉兵入寇請誅朱异

後魏崔浩爲祭酒泰常元年宋高祖爲晉將伐姚泓舟師自淮泗入淸欲泝河西上假道於國詔群臣議曰外朝公卿咸曰函谷關號曰天險一人荷戈萬夫不得進劉裕舟船步兵何能西入脫我乘其後還路甚難若北上河岸其行爲易揚言伐姚意或難測假

其水道寇不可縱宜先發軍斷河上流勿令西過又議之內朝咸同外計明元將從之浩曰此非上策司馬休之徒擾其荆州劉裕切齒未久今興死子幼乘其危亡而伐之臣觀其意必欲入關勁躁之人不顧後患若今塞其西路裕必上岸北侵如此則姚無事而我受敵矣今蠕蠕內寇民食又乏不可發軍赴南則北寇進擊若其救北則南州復危未若假之水道縱裕西入然後興兵塞其東歸之路所謂卞莊刺虎兩得之勢也使裕勝也必德我假道之惠令姚氏勝也亦不失救鄰之名縱使裕得關中懸遠難守彼不能守終爲我物今不勞兵馬坐觀成敗鬬兩虎而收長久利上策也夫爲國之計擇利而爲之豈顧婚姻酬一女子之惠也假令國家棄恒山以南裕必不能發吳越之兵與官軍爭守河北也居然可知議者猶曰裕西入函谷則進退路窮腹背受敵北上岸則姚軍必不出關助我揚聲西行意在北進其勢然也明元遂從群議遣長孫嵩發兵拒之戰於畔城爲晉將朱超石所敗師入多傷明元聞之恨不用浩計明晉齊郡太守王懿來降上書陳計稱劉裕在汸王國家以軍絕其後路則裕可不戰而克書奏帝善之會浩

在前進講書傳帝問浩劉裕西伐前軍已至潼關其事如何以卿觀之事得濟不浩對曰昔姚興好養虛名而無實用子泓又病衆叛親離裕乘其危亡兵精將勇以臣觀之克之必矣明元曰劉裕武能何如慕容垂浩曰裕勝明元曰試言其狀浩曰慕容垂乘父祖世君之資生便尊貴同類歸之若夜蛾之赴火少加倚仗便足立功劉裕挺出寒微不階尺土之資不因一卒之用奮臂大呼而夷滅桓玄北擒慕容超南摧盧循等僭晉陵遲遂執國命裕若平姚而還必篡其主其勢然矣秦地戎夷渾并虎狼之國裕亦不能

守之風俗不同人情難變欲行荆揚之化于三秦之地無翼而欲飛無足而欲走不可得也若留衆守之必資于寇孔子曰善人爲邦百年可以勝殘去殺今以泰之難制一二年間豈裕所能哉且可治戎束甲息民備境以待其歸泰地亦當終爲國有可坐而守也明元曰裕已入關不能進退我遣精騎南襲彭城壽春裕亦何能自立浩曰今西北二寇未弭陛下不可親御六師兵衆雖盛將無韓白長孫嵩有治國之用無進取之能非劉裕敵也請待之不晚明元笑曰卿量之已審矣浩曰臣嘗私論近世人物不敢不上

聞若王猛之治國苻堅之管仲也慕容玄恭之輔少主慕容暐之霍光也劉裕之平逆亂司馬德宗之曹操也明元曰卿謂先帝如何浩曰小人管闚懸象何能見玄穹之廣大雖然太祖用漠北醇樸之人南入中地變風易俗化洽四海自與羲農齊烈臣豈能仰名明元曰屈沔何如浩曰屈沔家國夷滅一身孤寄爲姚氏封殖不思樹黨强隣報仇雪耻乃結忿蠕蠕背德于姚興撅豎小人無大經畧正可殘暴終爲人所滅耳明元大悦語至中夜賜浩御縹醪酒十觚水精戎鹽一兩曰朕味卿言若此鹽酒故與卿同其旨

也始光中爲太常卿時議討赫連昌群臣皆以爲難唯浩曰往年以來熒惑再守羽林皆成鉤已其占秦亡及今年五星并出東方利以西伐天應人和時會并集不可失也太武乃使奚斤等擊蒲坂而親率輕騎襲其都城大獲而還及太武復討昌次其城下收衆僞退昌鼓譟而前舒陣爲兩翼會有風雨從東南來揚沙昏晝宦者趙倪進曰今風雨從賊來我向彼背天不助人又將士飢渴願陛下攝騎避之更待後日浩叱之曰是何言與千里制勝一日之中豈得變易前征方止後以離絶宜分軍隱出掩擊不意風道

在人豈有常也太武曰善分騎奮擊昌軍大潰時議擊蠕蠕朝臣内外盡不欲行保太后固止太武皆不聽唯浩讃成策畧尚書令劉絜左僕射安原等乃使黄門侍郎仇齊推赫連昌太使張淵徐辯説太武曰今年已巳三陰之歲歲星襲月太白在西方不可舉兵北伐必敗雖剋不利于上又群臣共讃和淵等云淵少時嘗諌苻堅不可南征堅不從而敗今天時人事都不和協何可舉動太武意未夬乃召浩令與淵等辨之浩難淵曰陽者德也陰者刑也故日蝕脩德月蝕脩刑夫王之用兵刑之大者也以此言之三陰

用兵益得其類脩刑之義也歲星襲月年飢民流應在他國遠期十二年太白行蒼龍宿於天文爲東不妨北伐淵等俗生志意淺近牽於小數不達大體難與遠圖臣觀天文比年已來月行奄昴至今猶然其占三年天子大破旄頭之國蠕蠕高車旄頭之衆也夫聖明御時能行非常之事古人語曰非常之原黎民懼焉及其成功天下晏然願陛下勿疑也淵等慙而言曰蠕蠕荒外無用之物得其地不可耕而食得其民不可臣而使輕疾無常難得而制有何汲汲而苦勞士馬也浩曰淵言天時是其所職若論形勢非

彼所知斯乃漢世舊說常談施之於今不合事宜也何以言之夫蠕蠕者舊是國家北邊叛隸今誅其元惡收其善民令復舊役非無用也漠北高凉不生蚊蚋水草美善夏則北遷田牧其地非不可耕而食也蠕蠕子弟來降貴者尚公主賤者將大夫居列滿朝又高車號爲名騎非不臣而畜也夫以南人追之則患其輕疾於國兵則不然何者彼能遠逐非難制也往數入國民吏震驚盡今夏不乘虛掩進破滅其國至秋復來不得安卧自太宗之世迄於今日無歲不驚豈不汲汲乎哉世人皆謂淵辨通解數術明決成

敗臣請試之問其西國未滅之前有何亡徵知而不言是其不忠若實不知是其無術而赫連昌在坐淵等自以無失言慙赧而不能對太武大悅謂公卿曰吾意決矣亡國之師不可與謀信矣哉而保太后猶難之復令群臣保太后前評議太武謂浩曰此等意猶不伏卿善曉之令悟旣罷朝或有尤浩者曰今吳賊侵南而舍之北伐行師千里其誰不知若蠕蠕遠遁前無所獲後有南賊之患危之道也浩曰不然今年不摧蠕蠕則無以禦南賊自國家幷西國已來南人恐懼揚聲動衆以衛淮北彼北我南彼息我息其

勢然矣破蠕蠕往還人間故不見其至也何以言之劉裕得關中留其愛子精兵數萬良將勁卒猶不能固守舉軍盡沒號哭之聲至今未已如何正當國家休明之世士馬強盛之時而欲以駒犢齒虎口也設令國家與之河南彼必不能守之自量不能守是以必不來若或有衆備邊之軍耳夫見瓶水之凍知天下之寒嘗肉一臠識鑊中之味物有其類可推而得也且蠕蠕恃其絕遠謂國家力不能至自寬來久故夏則散衆放畜秋肥乃聚背寒向温南來寇抄今出其慮表攻其不備大軍卒至必驚駭星分望塵奔走

牡馬護群牝馬戀駒驅馳難制不得水草未過數日則聚而困獘可一舉而滅暫勞永逸長久之利時不可失也惟患上無此意今聖慮已決鋑曠世之謀如何止之陋矣哉公卿也諸軍遂行天師寇謙之謂浩日是行也如之何可果勝乎浩對曰天時形勢必克無疑但恐諸將瑣前後顧慮不能乘勝深入使不全舉耳令軍入其境蠕蠕先不設備民畜布野驚怖四奔莫相收攝於是分軍搜討東西五千里南北三千里凡所俘虜及獲畜產車廬彌漫山澤蓋數百萬高車殺蠕蠕種類降者三十餘萬落虜遂散亂矣太武

沿弱水西行至涿邪山諸大將果疑虜深入有伏兵勸太武停止不追天師以浩前言固勸太武窮討不聽後有降人言蠕蠕大檀先被乃焚燒穹廬科車自載將數百人入南山走民畜窘聚方六十里中無人統領相去八十里追軍不至乃徐西遁唯此得免後聞涼州賈胡言若復前行二日則盡滅之矣太武深恨之大軍既還南賊竟不能動如浩所量

范紹爲羽林監時揚州刺史任城王澄請征鍾離勑詔詣壽春共量進止澄曰須兵十萬往還百日區陽鍾離廣陵廬江欲數道俱進但粮仗軍資須朝廷速具紹曰計十萬之衆往還百日須糧百日頃秋已向末方欲徵召兵仗可集恐糧難至有兵無粮何以克敵願王善思爲社稷深慮澄沉良久曰實如卿之所言使還具以狀聞後澄遂征鍾離無功而返

北齊楊裴初仕魏爲廷尉少卿兼東郡太守陸士佩以黎陽關河形勝欲因山郎壑以爲公家苑囿遺裴書曰當諮大將軍以足下爲匠者斐荅書拒曰當今殷憂啓聖運遭昌曆故大丞相天啓覇功再造太極大將軍光承先構嗣續丕顯國步始康民勞未息誠宜輕徭薄賦勤恤民隱詩不云乎民亦勞止迄可小

康惠此中國以綏四方古之帝王亦有表山刊域未足盡其意下輦成宴詎能窮其情正足以靡天地之財用劉生民之髓腦是故孔子對葉公以來遠酬哀公以臨民所問雖同所急務異故也相如壯上林之覩揚雄騁羽獵之辭雖係以隤牆填壍亂以收罝落網而言無補於風規秖足昭其愆度也

後周裴漢爲司車路下大夫與工部郭彥太府高賓等參議格令每較量時事必有條理彥等咸敬異之

隋樊叔畧開皇後爲司農卿朝廷有疑滯公卿所未能決者叔畧輒爲評理雖無學術有所依據然師心

獨見闇與理合甚爲上所親委亮頻揚素亦禮遇之
叔畧雖爲司農往往叅督九卿事
李文博爲直秘書內省商略古今治政得失如指諸
掌
唐令狐德棻永徽初爲太常少卿高宗召中書門下
三品及弘文館學士於中華殿論議帝問曰何者爲
王道何者爲覇道又孰爲先後德棻對曰王道在德
覇道在刑自三王以上皆行王道唯秦任伯術漢則
雜而行之魏晋已下王覇俱失如欲用之王道爲最
而行之爲難帝曰今之所行何政爲要德棻對曰古

者爲政淸其心簡其事以此爲本當今天下無虞年
穀豐稔薄賦斂少征役此乃合於王道爲政之要莫
過於此帝曰政道莫尚於無爲又問曰禹湯何以興
桀紂何以亡德棻對曰傳稱禹湯罪己其興也勃焉
桀紂罪人其亡也忽焉二主惑於妺喜妲己誅戮諫
者造炮烙之刑以是而亡帝甚悅各賜以繒帛
段秀實建中初爲司農卿見禁兵寡少不足以備非
常乃上疏曰臣聞天子曰萬乘諸侯曰千乘大夫曰
百乘此葢以大制小以十制一也尊君卑臣强幹弱
枝之義在於此矣今外有不庭之虜內有梗命之臣
竊觀禁兵不精其數全少卒有患難將何待之且猛
虎所以百獸畏者爲爪牙也若去其爪牙則犬彘馬
牛悉能爲敵伏願少留聖慮與裨萬一其後涇原兵
作亂召神策六軍遂無一人至者秀實守節不回竟
没於賊其明畧義烈如此
薛珏貞元初爲司農卿時詔天下舉可任刺史縣令
者殆百人有詔令與群官詢考珏乃延問人間疾苦
及胥吏得失取其有惻隱通達事理者條舉十幾一
二宰相將以詞策校之珏曰求良吏不可兼責以文
學宜以聖君愛人之本爲心執政卒無以難之皆叙

進官頗多稱職
蔣乂爲祕書監在朝三十年前後每有大政大議宰
臣不能裁決者必召以諮訪乂徵引典故以參時事
多合其宜

冊府元龜

巡按福建監察御史臣李嗣京訂正
新建縣舉人臣戴國士參閱
知建陽縣事臣黃國琦較釋

卿監部

邪佞　貪冒　廢黜

邪佞

易著閑邪之言傳垂遠佞之戒況夫職象河海任重股肱固宜悉其聰明奸是正直若乃阿諛靡媿巧令是圖蒐慝庸回廢忠毀信行媚以希於上指獻睞以

悅於邇臣增宮禁之素規亂禮樂之舊物用速官謗或煩刑書於戲先王所以難任人者其以是夫

漢張湯武帝時爲廷尉意帝所欲辠予監吏深刻者即帝意所釋予監吏輕平者

杜周武帝時爲廷尉其治大抵放張湯（放依也音甫往切）而善候司（觀望天子意）帝所欲擠者因而陷之（擠墜也音濟）帝所欲釋久繫待問而微見其冤狀（見顯也）

後漢馮石爲衛尉能取悅當世爲安帝所寵

晉石崇爲衛尉與潘岳諂事賈謐與之親善號曰二十四友爲廣城君（賈后之母）每出崇降車路左望塵而拜其卑佞如此

宋王遠爲光祿勳世爲之語曰王遠如屏風屈曲從俗能蔽風露

後魏王遇爲將作大匠時太傅錄尚書北海王詳親尊權重遇多隨詳所欲而給之後因公事司空長史于忠於詳前謂遇曰殿下國之周公阿衡王室所須財用自應關旨何阿諛附勢損公惠私遇旣不寧詳亦慙謝

李世哲爲鴻臚少卿性傾巧善事人亦以貨賂自達高肇劉騰之處勢也皆與親善故世號爲李錐

隋袁充爲太史令時高祖將廢皇太子正窮治東宮官屬充見帝雅信符應因希旨進曰比觀玄象皇太子當廢帝然之煬帝卽位之後熒惑守太微者數旬于時繕治宮室征役繁重充上表稱陛下脩德熒惑退舍百寮畢賀帝大喜前後賞賜將萬計時軍國多務充候帝意欲有所爲便奏稱天文見象須有改作以是取媚於帝累遷秘書少監其後天下亂帝初罹鴈門之厄又盜賊益起帝心不自安充復假託天文上表陳嘉瑞以媚於帝曰臣聞皇天輔德福謙七政斯齊三辰告應伏惟陛下握鴻圖而馭黔首提萬善

而化八紘以百姓爲心匪以一人受慶先天罔違所欲後天必奉其時是以初膺曆正當上元之紀乾之初九又與本命符會斯則聖人冥契故能動合天經謹按去年以來玄象星瑞毫釐無爽謹錄尤異上天降祥破突厥等狀七事其一云八月二十八日夜大流星如斗出王良北正落突厥營殼如壞墻其二八月二十九日夜復有大流星如斗出羽林向北流正當北方依占頻二夜流星墜賊所賊必敗散其三九月四日夜頻有兩星大如斗出斗魁向東北流依占北斗主殺伐賊必敗其四歲星爲福德頻行京師二

處分野依占國家之福其五七月內熒惑守羽林九月七日巳退舍依占不出三日賊必敗散其六十一月二十日夜有流星赤如火從東北向西南落賊帥盧明月營破其撞車其七十二月十五日夜通漢鎮北有赤氣亘北方突厥將亡之應也依勘城錄河南雒陽並當甲子與乾元初九爻及上元甲子符合此是福地永無所慮旋觀往政側聞前古彼則異時間出今則一朝總萃豈非天贊有道助殲兇孽方清九夷於東穢沉五狄於北溟告成岱岳無爲汾水書奏帝大悅超拜秘書令親待愈昵帝每欲征討充皆預知之乃假託星象獎成帝意在位者皆切忠之宇文化及弑逆之際並誅

裴蘊爲太常少卿初高祖不好聲妓遣牛弘定樂非正聲淸商及九部四舞之色皆罷遣從民至煬帝時蘊揣知帝意奏括天下周齊梁陳樂家子弟皆爲樂户其六品以下至於民庶有善音樂及倡優百戲者皆直太常是後異技淫聲咸萃樂府皆置博士弟子遞相傳教增益樂人至三萬餘帝大悅

宇文愷爲將作大匠揣煬帝心在宏侈於是東京制度窮極壯麗帝大悅之進位開府

唐竇誕爲大理卿誕閑習法令高祖武德中附從隱太子爲之廻改文案太宗深責其短

竇璡爲將作大匠脩營雒陽宮時太宗務存節儉璡乃於宮中鑿池起山崇飾雕麗虚費功力太宗聞之大怒遽令毀之又坐是免

紀處訥神龍中爲大府卿遣太史令傅孝忠奏曰有攝提至帝座王者與賢人相接大臣納忠時處訥奏事中宗賞焉

楊元卿爲光祿少卿憲宗元和末淮西平元卿初聞得蔡州請見帝曰淮西甚有寶貨及犀帶臣知往取

必得帝曰朕本討賊爲人除害今賊平人安則我求得矣寶貨犀帶非所求也命勿言

貪冒

卿監之選古惟難才等威既崇職業斯重乃有昧操脩之旨缺清白之行階藉恩寵因緣事任受財以逞欲治產以專利或侈汰以自任或諜訴而無恥以至犯縉紳之議羅簡書之刑詩所謂貪人敗類者其是之謂矣

漢田延年宣帝時爲大司農坐盜都內錢三千萬自殺事具邦計貪汚門

丙顯元帝時爲太僕十餘年與官屬大爲姦利贓千餘萬免官奪邑四百戶

魏高堂隆爲侍中領太史令每祭與吏爭肉自取百斤猶以爲少

宋顏師伯爲衛尉師伯居權日久天下輻輳遊其門者爵位莫不踰分多納貨賄家產豐積伎妾聲樂盡天下之選園池第宅冠絕當時驕奢淫恣爲衣冠所嫉

後魏邢遜爲大司農卿與少卿馬慶哲至相糾訟遜貪於財利議者鄙之

祖瑩爲祕書監以贓罰是務

隋宇文化及自煬帝爲太子時領千牛及即位拜太子少卿益恃舊恩貪冒尤甚

唐宇文穎隋末爲司農少卿性貪鄙賍賄狼籍有司郎中盧楚將奏劾之穎懼與從父弟儒童等同奔於李密

顏師古太宗貞觀中爲祕書少監多引後進之士爲讐校師古抑素流先貴勢雖富商大賈亦引進之物論紛然稱其納賄繇是出爲郴州刺史將行太宗惜其才謂之曰卿之識學良有可稱但事親居官未爲

清論所許今者此授卿自取之朕以卿曩從任使不忍遐棄宜深加誡厲也於是復以爲祕書少監

紀處訥中宗時爲大府卿神龍中處訥私鑄錢奏京中許用惡錢大長姦僞于今弊之

李逢年肅宗時爲司農卿貪冒贖貨上元元年九月勅宜除名長流嶺南瀼州百姓終身勿齒

鄭泌代宗時爲司農卿大曆二年六月流于業州坐贓也

韋洸憲宗時任爲光祿卿士元和五年十二月坐贓免官仍削銀青階

裴通穆宗時爲少府監長慶二年四月御史臺奏通前爲男祭廻鶻使賣一子官與之印坐王榮兄憬僞稱外甥取錢一千貫奏授當州參軍詔以通自絶域而還不之罪其王憬亦依前授官

張武均穆宗時爲將作監長慶四年十二月百姓董大和於有銀臺鐵耳稱供光陵材木武均不給價直出爲洋州刺史稱疾不謝爲憲司所糾再貶循州司馬明年閏七月御史書奏武均前任將作監日潛優勞賍近九千貫合當司收管從之

後唐柳膺明宗時爲鴻臚卿將齊朗文書兩件賣與

同姓人柳居則其婢母論訴狀罪大理寺斷罪當大辟緣遇恩赦令與減死奪見任官罰銅終身不齒

晉李鍇少帝時爲少府監開運二年坐局請逃死人衣糧入已貶坊州司户

楊延壽少帝時爲太僕少卿襲鄭國公開運三年奉命於人州撿苗受贓二百餘疋准科當絞有司以二王後八議故貰其死除名配威州終身勿齒

廢黜

書曰王省惟歲卿士惟月傳曰君之卿佐是謂股肱則知佩王之列象河之任歷古爲重選取其才至有罔愼厥位畔官離次享祀遺失管搆過差驗遣不脩橋梁斯乏以至陵園被盜公田賂貴或議論而不克或請託而必行至於廢黜以警曠慢者也

漢孔臧爲太常武帝元朔三年坐衣冠道橋壞不得渡免 游衣冠之道

張當居爲太常元朔五年坐擇博士弟子故不以實免爲城旦

周平爲太常武帝元狩三年坐不繕園陵免

鄭當時爲大司農任人賓客僦 僦謂受顧賃而載運也言當時保任其賓客於司農載運也僦子就切 入多逋負司馬安爲淮陽太守發其

事當時以此陷罪贖爲庶人

李信成爲太常元狩五年坐縱丞相侵神道爲顛目

劉受 楚元王孫 爲宗正元狩五年坐聽請不具宗室耐爲司冦 受爲宗正人有私請求者受聽許之故於宗室之中事有不具而受獲罪

欒賁爲太常元狩六年坐雍犧牲不如令免 雍古扶風縣也五時在志

任越人爲太常武帝元鼎二年坐廟酒酸論

周仲居爲太常元鼎三年坐不收赤側錢收行錢論 赤側當廢而不收乃收見行之朝也

蕭壽成爲太常武帝元封元年坐犧牲瘦不如令論

允
韓延年爲太常元封二年坐流外國使人月入粟贖
論
杜恬爲太常元封三年坐與大樂令中可當鄭舞人
擅繇闌出入關免樺可以爲鄭舞而擅從役使之又闌出入關
杜相爲太常元封四年坐擅繇太樂令論擅役使人也
韓延壽爲太常元封六年坐行太行令事留外國書
一月乏與入穀贖免爲城旦當有所興發因其遲留故闕之
張昌爲太常太初二年坐乏祠免詞事府闕也
趙弟爲太常太初二年坐鞫獄死而免爲城旦鞫者以其
冊府元龜　卿監部　廢黜　卷之六百二十五　九
辭決罪也
石德爲太常太初三年坐廟牲瘦入穀贖論又坐失
法罔上詞不如令免爲城旦
靳石對爲太常太初四年坐行幸離宮道橋苦惡故
太僕敬聲繫以謁問赦免一云石封爲太常坐爲謁問囚故太僕敬聲亂尊卑
免
魏不害爲太常昭帝始元五年坐孝文廟風䫏瓦免
江德爲太常昭帝元鳳中坐廟廊夜飲失火免
蘇昌爲太常宣帝本始初坐籍霍山書泄秘書免以秘書借霍山

杏嗣爲少府宣帝地節二年坐議鳳皇下彭城未至
京師不足美貶爲泗州太守
任宮爲太常地節四年坐人盜茂陵園中物免
溫順爲少府成帝建始三年坐買公田與近臣下獄
論
劉順爲宗正成帝河平四年坐使舍陽侯舉子免
平當成帝時爲光祿勳先是太后姊子衞尉淳于長
白言昌陵不可成下有司議當以爲作治連年可
遂就就亦成也上旣罷昌陵以長首建忠策復下公卿議
封長當又以爲長雖有善言不應封爵之科坐前議
冊府元龜　卿監部　廢黜　卷之六百二十五　十
不正左遷鉅鹿太守前議謂罷昌陵
蕭由爲大鴻臚平帝元始中作明堂辟雍大朝諸侯
由會病不及賓贊還歸故免官
後漢梁松爲太僕數爲秘書請託郡縣永平二年發
覺免官
徐裔永平中爲車府令車駕出信陽侯陰託于車騎
突鹵瀆裔就車收奴送獄詔書譴裔自繫不出吳良
上書信陽侯驕慢干突車騎無人臣禮大不敬裔執
法守正而下獄臣恐陛下政化繇是墮矣於是詔出
裔左遷郎丘長

晉張華爲太常以太廟屋棟折免官
鄭默爲太常齊王攸當之國下禮官議崇錫典制博士祭酒曹志等立異議默容過其事坐免
御攸爲太常時南郊攸病不能從車駕過攸問疾攸力病出拜有司奏攸不堪行郊而拜道左坐免
南齊虞悰爲大匠卿起休安陵於陵所受局下牛酒坐免
北齊杜弼爲衛尉卿坐第二子廷尉監臺卿斷獄稽遲與寺官俱爲郎中封靜哲所訟事既上聞文宣發怒遂徙弼臨海鎮

唐閻立德爲將作大匠貞觀中太宗將幸雒陽遣立德行可清暑之地以建離宮遂於汝州西山前臨汝水旁通廣成澤以置宮焉役一百九十萬雜費稱是及此暑熱又多毒虺太宗大怒立德竟坐免立德初爲將作少匠副高士廉營獻陵拜將作大匠奉攝司宮奉昭陵坐怠慢免
韋機爲司農卿兼統將作少府三百高宗上元中始造宿羽高山等宮又移雒水中橋營上陽宮劉仁軌謂侍御史狄仁傑曰古之陂池臺榭皆在深宮重城之內不欲外人見之恐傷百姓之心也機之所作列榭修廊在於堙堞之外萬方朝謁無不覩之此豈致君堯舜之意哉機聞之白天下有道百司各奉其職輔弼之臣則思獻替之事府藏之臣行詔守官而已吾不敢越分故也仁傑竟求索機過失奏劾之遂坐免官
趙宗儒敬宗時以簡較左僕射兼太常卿太常有師子樂備五方之色非會朝聘享不作焉至是中人掌教坊之樂者移牒取之宗儒不敢違以狀白宰相宰相以爲事在有司執守不合關白宗儒憂恐不已宰相責以懦怯不任事除太子少師
衛中行爲國子祭酒寶曆元年中行擅用當司新賜

錢一百八十五貫爲分察使所劾中行稱是假借勑罰兩月俸料
梁李翼爲光祿卿太祖乾化元年七月坐進廟胙色敗有詔罰兩月俸
仇殷爲司天監開平四年十月巳巳夜月有蒼白暈鎮與胃昴在環中絡奎畢天船卷舌殷不時奏罰兩月俸五年正月以天文變異殷又不時奏罰兩月俸

冊府元龜

巡按福建監察御史臣李嗣京　訂正
分守建南道左布政使臣胡維霖　參閱
知建陽縣事臣黃國琦　較釋

環衛部

總序

夫環衛之設上法天象故太一所居十二星環之謂之審臣焉黃帝之時以兵師爲營衛郎其事也周官官伯掌受以八次八舍之職以衛王宫春秋楚稽王以藩崇掌環列之尹秦有郎中令掌宫殿門戶衛尉

掌宫殿屯兵漢初京師有南北軍掌理禁衛又有將軍北宫者四第一大將軍次驃騎將軍次車騎將次衛將軍又有前後左右將軍（皆典京師兵衛）又有光祿勳卿（即秦郎中令）掌宿衛宫殿門戶典謁署郎更直執戟宿衛門戶又有五官中郎將五官中郎五官侍郎五官中皆主更直執戟宿衛諸殿門又有虎賁中郎將主虎賁宿衛虎賁中郎虎賁侍郎虎賁中節從虎賁肯掌宿衛侍從又有羽林中郎將主羽林郎羽林郎無員掌宿衛侍從常選漢陽隴西安定北地上郡西河六郡良家補本武帝以更馬從遊獵還宿殿階巖下官中故號巖郎又有尉尉卿（即秦衛尉）掌宫殿衛士中宫徼循事（諸門部各陳兵夾道以示威武交戟遮妄出入）南宫衛士令掌南宫衛士北宫衛士左右都侯主劔戟士徼循宫中宫掖門每門有司馬南宫門南屯司馬主平城門北宫門倉龍司馬主東門玄武司馬主玄武門北屯門司馬主北門北宫朱爵司馬主東掖門東明司馬主東明朔平司馬主北門凡七門（並屬衛尉）魏武爲漢丞相置中領軍與護軍皆領禁兵文帝受漢禪置武衛將軍以主禁旅又置領軍將軍主五校中壘武衛等三營晉武帝置中軍將軍以統宿衛七軍（武帝初有領軍將軍使中軍將軍羊祜統

工衛前後左右驍衛等營郎領軍之任也又以領護二爲驍騎游擊將軍謂之六軍）懷帝永嘉中改中軍日中領軍元帝永昌元年改日北軍中侯壽復爲領軍成帝世復爲中侯壽復爲領軍又有護軍將永昌元年省明帝太寧二年復置領護各領營兵江左以來領軍不復別營總統二衛驍騎材官諸營護軍猶別有營也資重者爲領軍護軍資輕者爲中領軍中護軍又有光祿勳統武賁中郎將羽林郎將冗從僕射羽林左監五官左右軍中郎又有衛尉統武庫公事衛士（光祿勳舊名其職則別矣後不復居禁中又無三署郎唯外官）朝會則名列焉爾後雖取漢代舊名其職則別矣衛尉自秦以後所掌並同至隋唯掌軍器儀衞帳幕以

監門衛掌宮門屯兵馬唐因其制歷代廢置使改事迹並載卿監總序宋因晉制亦有
六軍之號以領軍將軍一人掌外軍南齊以二衛四
軍前後左右將軍五校五校郎漢之驍騎游擊積射強弩殿中員
外殿中武衛七將軍殿中司馬左右及虎賁之中郎
將冗從僕射羽林監武騎常侍謂之西省梁以領軍
將軍管天下兵要謂之禁司又置驍騎將軍領朱衣
直閤並給儀從出則羽儀清道入則與二衛通直臨
軒則昇殿俠侍陳承梁皆脩其制官其左右驍騎將
軍每大事常令俠侍左右謂驃騎車騎武衛爲三將
軍未年有八柱國大將軍騎中六人各督二大將軍

又各分統開府一人一開府領一軍兵是爲二十四
軍分掌禁旅當爪牙禦侮之寄又增置中右衛將軍
又有二部內幢將又有京畿大都督北齊制官多循
後魏其領軍府凡禁衛官皆主之又以左右將軍分
掌左右廂所主朱華閤以外各武衛將軍二人貳之
後周禁衛之職大底同於後魏也隋高祖受命置左
右武衛左右衛左右武候左右領左右監門左右領
軍等府分司統職焉煬帝改左右衛爲左右翊又加置親
侍並領勳武三衛煬帝改三衛三侍非翊衛府皆無三侍也唐制十六衛及左右
羽林左右龍武左右神武六軍等將軍並掌禁衛也

又有神策等又寶初以臨洮城西二百里餘地爲神
策軍命成如璆爲洮陽太守兼神策軍使及安祿山
之亂如璆使其將衛伯玉領其軍赴難與觀軍容使
魚朝恩同保陝州時西邊土地已没遂詔伯玉所領
軍號神策軍以伯玉爲使復加號神策軍節度使面
統于魚朝恩後遂歸于禁中焉至德宗朝分神策爲
左右廂令內官竇文場王希遷分知兩廂兵馬貞元
二年詔策左右廂改爲左右神策軍又有殿前左右
射生軍又改爲神威軍十四年詔左右軍特爲親近
宜置統軍元和三年罷左右神威軍乃別爲一軍號

日天威軍至八年廢天威軍以其騎士分屬左右神
策梁置左右天威左右龍虎左右天威左右羽林左
右英武左右神武等六軍其將師咸有統軍之號以
衛宸極焉五代有判六軍諸衛事又有內外番漢總
管之名又有六軍諸衛副使及侍衛親軍馬步軍都
指揮使及殿前都點檢殿前都指揮使之職諸將又
有彰聖寧衛拱辰威和興順護衛龍捷虎捷等之名
其諸衛將軍雖位號或存而職事多廢今之所述但
槩舉其環衛職名而已其歷代員數品秩及廢置改
更之自並見於將帥序焉原夫環衛之設盖所以申

嚴武備翊衛宸居爲王之爪牙乃國之柱石名器之
重莫斯爲比此乃副類能之選著幹蠱之譽勤勞以
奉上嚴毅以居位以至矜莊祗畏始終無玷者於是
乎褒寵之典行焉其或邪僻任巳慘毒臨下寘之嚴
憲固宜也凡九門著之於篇

選任　舉職　寵異

選任

環衛之列統制之權蓋董蘭錡之重兵以肅勾陳之
嚴徼選任所至委用非輕務在智勇兼資親信可任
付以緹錡爲爪牙所以魏祖譬乎王以命賢光武美

執金之爲職至於是也可不務哉
漢辛慶忌明畧威重任國柱石拜執金吾
常惠以明習外國事勤勞數有功爲右將軍
後漢朱暉爲東平王屬始取陰就璧與王以朝明帝
聞壯之及當幸長安欲嚴宿衛故以暉爲衛士令
魏徐奕爲尚書令太祖征漢中魏諷等謀反中尉楊
俊左遷太祖嘆曰諷所以敢生亂心以吾爪牙之臣
無遏姦防謀者故也安得如諸葛豐者使代俊乎桓
階曰徐奕其人也太祖乃以奕爲中尉手令曰昔楚
有子玉文公爲之側席而坐汲黯在朝淮南爲之折

謀詩稱邦之司直君之謂與
許褚從天子戰大敗馬超等遷武衛中郎將武衛之
號自此始也
吳樓玄爲大司農舊禁中主者自用親近人作之萬
或陳親密近職宜用好人孫皓因勑有司求忠清之
士以應其選遂用玄爲官下鎮禁中候主殿中事
晉毛安之有武幹累遷撫軍參軍魏郡太守簡文輔
政委以爪牙及登祚安之領兵從駕使止宿宮中
羊琇武帝時爲中護軍在職十三年典禁兵機密寵
遇甚厚

宋趙伯符文帝元嘉十八年徵爲領軍將軍先是外
監不隸領軍宜相統攝者自有別詔至此始統領焉
南齊蕭坦之爲鎮軍將軍東昏即位與右僕射江祐
並詔更直殿省總監衛
後魏奚斤機敏有識度道武登國初與長孫肥等俱
統兵後以斤爲侍郎親近左右從破慕容寶於參合
皇始初從征中原以爲征東長史拜越騎校尉典
宿衛禁旅
于洛拔大武帝時爲侍御中散車駕征討嘗在侍衛
擢領監御曹事

後周尉遲綱魏廢帝二年拜大將軍兼領軍及魏帝有異謀言頗有漏泄周文以綱職典禁旅使密爲之備俄而廢帝立齊王仍以綱爲中領軍揔宿衛事

隋薛世雄性廉謹文帝嘗從容謂群臣曰我欲舉好人未知諸君識否群臣咸曰臣等何能測聖心帝曰我欲舉者薛世雄群臣皆稱善帝復曰世雄廉正節槩有古人之風於是拜右翊衛將軍

來護兒煬帝初拜右驍衛大將軍帝甚重之

李子雄爲民部尚書從幸江都煬帝以仗衛不整顧子雄部伍之子雄立指麾六軍肅然帝大悅曰眞武

侯才也尋專右武侯大將軍

唐李粲高祖時爲左監門大將軍初高祖問粲年幾對曰八十高祖曰公清幹之譽聞於隋日今年齒雖邁筋力未衰但監門之職非公莫可意欲相兼如何粲以年老辭讓高祖曰藉公處分爾豈欲煩公筋力耶於是詔曰非自殿庭皆乘馬論者榮之

薛萬均隋末歸國授上柱國永安郡公太宗平劉闥聞其名引爲右二護軍北門長上恩顧甚至

武士彠武德中檢校并鉞將軍多有獻納勑令將家口入宮檢校右廂衛仍知宮俄留守光祿給養

李多祚驍勇善射意氣感激少以軍功歷位右羽林將軍前後掌禁兵北門宿衛二十餘年

王及善除右千牛衛將軍高宗謂曰朕以卿佩大橫刀在三品要識他人非搜辟不得至朕所卿佩大橫刀在朕側知此官貴否

張守潔爲隴右道按察使秦州都督玄宗開元十年以爲右監門衛將軍又以江南道按察使宣州刺史霍廷玉爲右驍騎將軍山道按察使梁州都督裴觀爲左右衛將軍定州刺史高豫兼判左右衛將軍坊州刺史韋琳兼判右武衛將軍帝將北巡大展六軍

之容故歷選岳牧之良者分掌戎校

李晟代宗大歷中爲左金吾大將軍涇原四鎮都知兵馬使時節度使馬璘戰吐蕃兵敗晟援璘出於亂兵璘忌晟威名又遇之不以禮令朝京師帝知之留宿衛

後唐張虔釗遼州人也初爲大原牙校以武勇聞於流輩武皇莊宗之世累補左右突騎軍使明宗素聞虔釗有將師才及即位擢爲護駕親軍都指揮使領春秋刺史

舉職

夫勾陳之署葢取諸垂象環列之尹是掌於禁兵若乃職在徼巡勤乎夙夜雖式道之是任亦忠誠之爲允故警衛之任良在於是臣扞掫之規具存乎甲令禦侮之士其可易哉

後漢陰興爲期門僕射每出入常操小葢障風雨躬履塗泥率先期門光武所幸之處輒先入清宫甚見親信

劉隆爲驃騎將軍行大司事隆奉法自守矣

楊仁爲衛士令明帝永平末諸馬貴盛各爭欲入宫仁被甲持戟嚴勒門衛莫敢輕進者

耿秉爲執金吾甚見親重章帝每巡郡國及幸宫觀秉常領禁兵宿衛

晉陳勰爲將軍武帝每出入勰持白獸幡在乘輿左右鹵簿陳列齊肅大康末武帝嘗出射雉勰時已爲都水使者散從車駕逼闇乃還漏已盡當合函乘輿良久不得合乃詔勰合之勰舉白獸幡指麾須臾之間而函成皆謝勰閑解甚爲武帝所任

劉彪字仲雅爲積弩將軍及武庫火彪建計徹屋得出諸寶器

劉超爲射聲校尉明帝末穆后臨朝將軍校無兵義興人多義隨超因統其衆以宿衛號爲君子營

宋褚淵爲中軍將軍桂陽王休範反淵與衛將軍袁粲入衛宫省鎮集衆心

梁蕭範爲衛尉夜中行城常因風便鞭葦宿衛欲令帝知其勤及姪脩在職夜必再巡而不欲人知或問其故曰夜中警逴寔有其勞主上慈愛聞之容或賜止遠詔則不可奉詔則廢事且胡質之清尚畏人知此職司之甞何足自顯聞者歎服

蕭景爲領將軍管天下兵要監局官僚督以驕侈景在職峻切官曹肅然

臧盾爲散騎常侍兼領軍大同二年遷中領軍管天下兵要監局事多盾爲人敏贍有風力長於撥繁職事甚理天監中吳平侯蕭景居此職著𠞰至是盾復繼之

後魏周畿明元初爲殿中侍御史掌宿衛禁兵斷决稱職遷左民尚書

來大千爲殿中給事大武踐祚與襄城公盧魯元等七人俱爲常侍持仗侍衛晝夜不離左右

隋崔彭爲驃騎常典宿衛性謹密在省闥二十餘年每當尚在仗危坐終日未嘗有怠惰之容高祖甚嘉

每謂彭卿當上日我寢處自安
唐尉遲敬德武德中以功授秦王府左二副護軍太宗誅建成元吉是時高祖泛舟於海池太宗命敬德侍衞高祖敬德擐甲持矛直至高祖所高祖大驚問曰今日作亂是誰卿來此何也對曰秦王以太子齊王作亂舉兵誅之恐陛下驚動遣臣來宿衞高祖乃安
麗玉爲領軍武侯二衞大將軍玉少長戎旅雅習軍法尤熟侍衞供奉之儀武德將軍以下多不閑故事高祖患之皆令取則於玉後爲監門大將軍太宗以

其耆舊嘗令典兵於東宮玉雖年老而精勤不怠毫纖之務無不躬親
趙道興太宗貞觀初歷遷左武侯中郎將明閑宿衞號爲稱職
段志玄爲左驍衞大將軍文德皇后之葬也志玄與宇文士及分統士馬出宿於章武門太宗夜使宦官三至將軍處士及開營內使者志玄閉門不納曰軍門不可夜開使者曰此有手勅志玄曰夜中不便眞僞因停使者至曉太宗聞而歎曰此眞將軍也周亞夫何以加焉

李大亮爲左衞大將軍及晉王爲皇太子兼領太子右衞率俄兼工部尚書身居三職宿衞兩宮明爲親信大亮每當宿直必通宵假寐太宗嘗勞之曰至公宿直我便通夜安臥
令狐建爲左龍武軍使建中四年十月涇原兵反德宗自出苑便門建方教射於軍中遂以四百人隨駕帝令建爲後殿
李觀爲右龍武大將軍建中四年涇師判官時爲帝直領衞兵千餘人扈從奉天詔都巡官訓練諸將戍卒三數日間加召五千餘兵列之通衢整肅鞾鼓城

內因之增氣帝倚賴之賜封二百戶二子宏實授八品京官及駕出奉天與令狐建李昇常清等咸執羈勒周旋艱險皆著功勞駕還京師詔總後軍禁旅
陳君賞爲金吾將軍文宗太和九年十二月中使劉行深白八土操巡邊迴走馬自金光門入從者訛言有兵京城不逞之從皆戎服潛備弓刀引首北望異城門閉郎恣行剽刼將自內聯命閉門君賞領其徒立望仙門下曰縱使有賊閉門不難請徐觀之至于日晚京城始定是日微君賞之禦侮幾將亂

寵異

夫任環衛之職揔貔貅之衆若非本之以忠信輔之以恭慎文武兼資夷險一致則何以近日月之光茂皇王之寵若乃乘之名馬服以御劍從遊幸則督茲非騎遇挍獵則統彼六衛或嘉其義舉或善其應對以至過墓則祠以中牢發哀而爲之慟哭次之編簡咸足觀焉

漢衛綰以功次遷中郎將醇謹無宅（無宅餘志念也）孝景爲太子時召上左右飲而綰稱病不行（恐文帝謂豫有二心事太子）文帝末屬孝景曰綰長者善遇之及景帝立歲餘不孰何綰（孰誰也何問也不誰何者猶言不指問耳）綰日以謹力（自勉方爲謹慎日日）

益甚景帝幸上林詔中郎將參乘還而問曰君知所以得參乘乎（言何以得參乘）綰曰臣代戲車士幸得功次遷待罪中郎將不知也帝問曰吾爲太子時召君君不肯來何也（言以此特對之）對曰死罪病帝賜之劍綰曰先帝賜臣劍凡六不敢奉詔帝曰劍人之所施易獨至今乎（施讀曰移言劍者人所好故多數移易資換之也又一云施讀曰貶貶延也）綰曰具在帝使取六劍劍常盛未嘗服也（盛謂在弢室之中也）

後漢張純爲五官中郎將光武甚重一日或數四引見

何湯爲虎賁中郎將光武常嘆曰紏紏武夫公侯干城何湯之謂也

江革爲五官中郎將每朝會章帝使虎賁扶持韋及進拜常目禮焉（觀視之也）時有疾不會輒太官送醪膳恩寵有殊

魏應爲五官中郎將經明行脩章帝甚重之數進見論難於前特受賞賜

桓郁遷越騎挍尉詔太子諸王各奉賀致禮召訓習韓詩拜左中郎將章帝嘉其善學恩寵甚重出拜陳留太守賜帝劍錢物

魏典韋爲都尉引置左右將軍兵數百人常繞大帳

遷挍尉戰死太祖爲流涕募取其喪親自臨哭之遣歸葬襄邑拜子滿爲郎中車駕每過常祠以中牢拜滿司馬引自近

許褚爲武衛將軍都督中郎軍宿衛禁兵卒太和中明帝思褚忠孝下詔褒賞

宋蕭思話爲右衛將軍嘗從太祖登鍾山北嶺中道有盤石清泉帝使於石上彈琴因賜以銀鍾酒謂曰相賞有松石間意

梁臧盾爲領軍將軍卒郎日高祖有詔舉哀贈侍中領軍如故給東園秘器朝服一具衣一襲錢布各有

差謚曰忠
陳毛喜爲右衛將軍丁母憂去職詔追贈喜母庾氏東昌國太夫人賜布五百疋錢三十萬官給喪事又遣員外散騎常侍杜緬圖其墓田宣帝親與緬案指畫其見重如此
蕭巖爲驍騎將軍領朱衣直閤驍騎之職舊領營兵兼統宿衛自梁代已來其任踰重出則羽儀清道入則與二衛通直臨軒則昇殿俠侍巖素有名望每大事嘗令俠侍左右時人榮之號曰俠御將軍
後魏于洛拔大武時爲侍御中散有姿容善應對恭

慎小心帝甚加愛寵因名焉又爲侍御中散嘗在侍衛從征涼州旣平賜奴婢四十口轉監曹令
于烈爲司衛兼殿中尚書孝文幼冲文明太后稱制烈與元年陸叡李沖等各賜金策許以有罪不死
楊津爲長水校尉直閤景明中宣武遊於北邙津時陪從大尉咸陽王禧謀反帝馳入華林時直閤中有同禧謀者皆在從限及禧平帝顧謂朝臣曰直閤半爲逆黨非至忠者安能不豫此謀因拜津左中郎將遷驍騎將軍仍直閤
于忠爲散騎常侍領左衛嘗因侍宴宣武賜之劒杖舉酒屬忠曰卿世秉貞節故嘗以禁衛相委昔以卿行忠賜名曰忠今以卿才堪禦侮以朕御劒杖相似循名取義意在不輕其出入周旋常以自防也忠頓首陳謝
北齊庫狄干魏正光初爲將軍宿衛於内以家在寒鄉不宜毒暑冬得入京師夏歸鄉里
隋元胄爲右衛大將軍高祖親顧益密嘗正月十五日帝與近臣登高時胄下直帝令馳召之及胄見帝謂曰公與外人登高未若就朕也賜宴極歡晉王每致禮焉

楊義臣泰國縣公崇之子也崇擊突厥力戰而死義臣襲崇官爵開皇中年未弱冠奉詔宿衛如千牛者數年賞賜甚厚
宇文述大業中爲左衛大將軍與蘇威等典選舉參預朝政述時貴重委任與蘇威等其親愛則過之煬帝所得遠方貢獻及四時口味輒見班賜中使相望於道
李景爲右衛大將軍車駕西巡至天水景獻食於煬帝帝曰公主人也賜坐齊王暕之上
唐徐勣爲右武候大將軍高祖詔賜姓李氏字文士

及爲右衛大將軍甚見親顧每延入閤中乙夜方出
還其歸沐太宗仍遣馳詣同列莫與爲比
李文亮爲左衛大將軍太宗謂文亮公毅懿其心誠
善事每行夜自當丙夜遣郎將中郎將行甲乙丁戊
等夜身先於人眞將軍也
趙道興貞觀初遷左武候中郎將號爲稱職太宗嘗
謂之曰卿父爲隋武候將軍甚有當官之譽卿今克
專弓冶可謂不墜家聲因授右武候將軍
姜確爲左屯衛將軍轉蒙恩顧於玄武門宿衛及園
苑之務皆以委之其屯營飛騎亦分隸於確每有遊

幸即領騎而從焉
獨孤遠貞觀初總領左廂六衛兵馬軍令嚴肅太后
大悅賜雜綵二百段
段志玄爲左驍衛大將軍樊國公改封褒國公後疾
篤輿駕臨問撫之流涕旣卒太宗爲發哀哭之甚慟
李多祚中宗神龍初爲右羽林將軍以定謀誅張易
之兄弟功進封遼陽郡王其年帝將有事于太廟特
令多祚與女國相王登輦夾侍當代榮之
田歸道除殿中少監右金吾將軍歲餘卒贈輔國大
將軍追封原國公葬事官供甚厚中宗又親爲文以
祭之
臧希讓爲金吾衛大將軍骯髒好談時政屢以理體
上干公卿詔令集賢院待制
李觀爲龍武大將軍涇師叛觀時上直有衛兵千餘
人扈從奉天詔都巡警練諸軍戍卒三數日間加名
五千餘兵列之通衢整肅金鼓城內因之增氣德宗
倚賴之賜封二百戶一子宏寓授八品京官
張萬福爲右金吾將軍德宗名見驚日杜亞言卿昏
耄乃如是健耶詔圖形凌烟閣數賜酒饌衣服并勅
度支籍口畜給具

賁駱元光爲金吾上將軍貞元三年七月賜元光姓
李氏更名元諒
郭鏦爲金吾將軍穆宗幸蹕城南莊賜莊千匹錢遽
以其莊上獻

冊府元龜

巡按福建監察御史臣李嗣京　訂正

知長樂縣事臣夏允彝參閱

知建陽縣事臣黃國琦較釋

環衛部

忠節　剛正　謹愼

忠節

夫周衛之職典司禁旅晝夜警備執禦非違故止則寄奉皇闈出則環拱宸極皆妙揀才俊以資心膂故有忠節奮發赤誠明著捐身命以徇國經夷險而一

致若乃屬艱危之運變亂之時或寄剌賊臣或力抗凶竪義形於色視死如歸以至忠言激揚至誠感慨爲爪牙之寄貞威武之容上所以安君親下所以彰功業孟子所謂忠者臣之高行諒在茲矣

漢郅都爲中郎將敢直諫面折大臣於朝嘗從景帝入上林賈姬在側野彘入厠帝目都（動目以使都也）都不行帝欲自持兵救賈姬都伏帝前曰亡一姬復一姬進天下所少寧姬等耶陛下縱自輕柰宗廟太后何帝還彘亦不傷賈姬太后聞之賜都金百斤繇此重都

後漢馮魴建武中爲執金吾性矜嚴公正在位數進忠言多見納用

陰興爲期門僕射每從出入常操持小蓋障翳風雨躬履塗泥率先期門光武所幸之處輒先入淸宮

桓郁爲越騎校尉數進忠言多見納錄

伍孚爲越騎校尉忿董卓凶毒志手刃之乃朝服懷佩刀以見卓孚語畢辭去卓起送至閤以手撫其背孚因出刀刺之不中卓自奮得免急呼左右執殺孚而大詬曰虜欲反耶孚大言曰恨不得磔裂姦賊於都市以謝天地言未畢而斃

魏許褚爲校尉從討袁紹於官渡時常從士徐他等

謀爲逆以褚常侍左右憚之不敢發伺褚休下日他等懷刀入褚至下舍心動即還侍他等不知入帳見褚大驚愕他等色變褚覺之即擊殺他等太祖益親信之

吳丁奉爲左將軍景帝即位與張布謀欲誅孫綝布曰丁奉雖不能吏書而計畧過人能斷大事帝召奉告曰綝秉國威將行不軌欲與將軍誅之奉曰丞相兄弟支黨甚衆恐人心不同不可卒制可因臘會有陛下兵以誅之也帝納其計因會請綝奉與張布目左右斬之遷大將軍

晉劉超爲左衛將軍蘇峻謀逆京邑大亂朝士多進家人入東避難義興故吏欲迎超家而超不聽盡以妻孥入處宮內及王師敗績王導以超爲右衛將軍親侍成帝峻遷車駕石頭時天大雨道路沉陷超與侍中鍾雅步侍左右賊給馬不肯騎而悲哀慷慨峻聞之甚不平將飢饉米貴峻等問遺一無所受繾綣朝夕臣節愈恭帝時年八歲雖幽厄之中超猶啓授孝經論語後王導出奔超與懷令康述建康令管旆等密謀將欲奉帝而出未及期事洩被害

宋沈演之爲中領軍時范曄爲太子詹事懷逆謀演

之覺其有異言之太祖曄尋事發伏誅

卜天與元嘉末爲廣威將軍領左細仗元凶劭入事變倉卒舊將羅訓徐罕皆望風屈附天與不暇被甲執刀持弓疾呼左右出戰徐罕曰殿下入汝欲何爲天與罵曰殿下常來云何即時方作此語只汝是賊手射賊劭於東堂幾中逆徒擊之臂斷倒地乃見殺其隊將張泓之朱道欽陳滿與天與同出拒戰並死

卜伯與天與子也爲前將軍直閤領細仗主順帝昇明元年與袁粲同謀伏誅

後周趙剛初爲魏閤內都督及孝武構隙剛密奉旨召東荆州刺史馬景昭未及發而齊神武已逼洛陽孝武西遷景昭集府僚文武議其去就司馬馮道和請據州待北方處分剛抽刀投地曰公若爲忠臣可斬道和如欲從賊可見殺景昭感悟遂率衆赴關右屬侯景逼穰城東荆州人楊權等起兵應景以其衆邀景昭於格景昭戰敗剛遂沒於蠻後自贖免乃見東魏東荆州刺史李魔憐勸令歸關西魔憐納之使剛至并州密觀事勢神武引剛內宴因令剛賫書申勑荆州剛還報魔憐斬楊權等以州歸西魔憐乃使剛入朝天統初剛於霸上見文帝具陳關東情寔文帝嘉之封

陽邑縣子

蔡祐爲大將軍閔帝踐祚拜少保祐與尉遲綱共掌禁兵遞直殿省時帝任信司會李植等謀害晉公護祐每泣諫帝不聽尋而帝廢

隋董純爲左驍衛將軍彭城留守齊王暕之得罪也純坐與交通煬帝譴之曰汝階緣宿衛以至大官何乃附傍吾兒欲相離間也純曰臣本微賤下才過蒙獎擢先帝察臣小心寵踰涯分陛下重加收採位至將軍欲竭餘年報國恩比數詣齊王者徒以先帝先后往在仁壽宮置元德太子及齊王於膝上謂曰

汝好看此二兒勿忘吾言也臣奉詔之後每於休暇出入未嘗不詣王所臣誠不敢忘先帝之言于時陛下亦侍先帝之側帝改容曰誠有斯旨於是捨之

郭榮爲左侯衛將軍大業九年煬帝至東都謂榮曰公年德漸高不宜久涉行陣當與公一郡任所選也榮不願遠離頓首陳讓辭情哀苦有感帝心於是拜爲右候衛大將軍後數日帝謂百寮曰誠心純節如郭榮者固無比矣其見信如此

李景爲右武衛大將軍景智畧非所長而忠直爲時所許楊玄感之反也朝臣子弟多預焉而景獨無關

涉帝曰公誠直天然我之梁棟也

趙才爲右候衛大將軍宇文化及之難才時在苑北化及遣驍果席德方矯詔追之才聞詔而出德方命其徒執之以詣化及化及謂才曰今日之事祇得如此幸勿爲懷才嘿然不對化及忿才無言將殺之三日乃釋以本官從事欝欝不得志才嘗對化及宴飲請勸其同謀逆者一十八人楊士覽等酒化及許之才執杯曰十八人止可一度作勿復餘處更爲諸人默然不對行至聊城遇疾俄而化及爲竇建德所破才復見虜心彌不平數日而卒

獨孤盛大業末爲左屯衛將軍宇文化及之作亂也裴虔通引兵至成象殿衛者皆釋仗而走盛謂虔通曰何物兵刑勢大異也虔通曰事勢已然不預將軍愼無動盛大罵曰老賊是何物語不及被甲與左右十餘人逆拒之爲亂兵所殺

唐張鎭州仕隋爲屯衛將軍從煬帝江都於上江督運賊董道冲爲阻進擊破既而蕭銑陷長沙宇文化及又作難鎭州爲煬帝發喪哭之甚慟哀感路人

武士彠武德中檢校右廂宿衛妻患危惙竟不請假出看先是士彠在井鉞軍之日有兩兒患重以至於

没亦不赴問但傷悼而已及妻死所司奏勑曰此人忠節有餘去年兒夭今日婦亡相去非遥未嘗言及遺身狥國舉無與比

敬君弘武德中爲驃騎將軍掌屯營兵於玄武門隱太子建成之誅也其餘黨馮立謝叔方率兵犯玄武門君弘挺身出戰其所親止之曰事未可知當且觀變待兵集成列而戰未晚也君弘不從乃與中郎將吕世衡大呼而進並遇害太宗甚嗟賞之贈君弘左屯衛大將軍世衡右驍衛將軍

周範爲左衛將軍太宗幸九成宮常與房玄齡統留

事範爲人嚴正有威所在之職人皆敬憚一心奉上至死不虧及至疾篤不肯出外竟終於內省與玄齡相抱而訣曰所恨不獲再奉聖顏若死而有知謹以幽魂奉衛宮闕

薛仁貴爲右領軍郎將北門長上永徽五年車駕幸萬年宮甲夜山水猥至衝突玄武門宿衛者散走仁貴曰安有天子有急輒敢懼死遂登門桄叫呼以警宮內帝遽出乘高俄而水入寢殿帝使謂仁貴曰賴卿得免淪溺始知有忠臣也賜御馬一匹

李安靜爲右衛將軍天授時王公百僚皆勸革命安

靜獨義形於色無所陳請及被收下制獄來俊臣詰其反狀安靜謂曰以我是唐家老臣須殺即殺若問以謀反實無可對俊臣竟誣搆殺之

李多祚爲右羽林將軍神龍初張柬之將誅張易之兄弟引多祚將籌其事謂曰將軍在北門幾年曰三十年矣柬之曰將軍擊鐘鼎食金章紫綬貴寵當代位極武臣豈非大帝之恩乎多祚泣而對曰嘗感大帝之恩死而無忘柬之曰將軍既感大帝殊澤能有報乎大帝之子見在東宮逆豎擅權朝夕危逼宗社之重在於將軍誠能報恩正屬今日多祚曰苟緣王室惟自公所使不顧妻子性命因郎引天地神祇爲要誓詞氣感動義形於色遂與柬之等定謀誅易之兄弟

田歸道爲右金吾將軍殿下監押千騎宿衛於玄武門敬暉等將討張易之昌宗也遣使就索千騎歸道既先不預謀拒而不與及事定暉等將誅之歸道有辭免令歸第中宗後嘉其忠壯召拜太僕少卿

邢濟爲金吾將軍上元中日者朱融與嗣岐王珍交通珍儀表偉如頗類玄宗遂誘中官六軍人同謀悖逆融謂濟曰今城中草草關外寇賊近更憑凌若何

濟曰我金吾天子押衙死生從之安能自脫融曰有一人足下見之自當知縱不出城亦無慮矣遂引珍見濟濟即日奏之並伏誅

令狐建爲左龍武軍使德宗避朱泚之亂出幸奉天建方習射於軍中遂以四百人隨駕德宗令爲後殿

張萬福爲金吾將軍時裴延齡譖陸贄等坐貶德宗怒不解諫議大夫陽城率拾遺王仲舒等數人守延英門上疏論延齡姦佞贄等無罪德宗大怒召宰相入語將加城等罪良久乃解令宰相諭遣之於是萬福聞諫官伏閤諫趨往至延英門大言賀曰朝廷有

宜臣天下必太平矣遂遍拜城及王仲舒等曰諸諫官能如此言事天下安得不太平已而連呼太平萬福武人也年八十餘見此盛事自此名重天下

梁孫德昭爲右神策軍都指揮使光化三年唐昭宗爲閹官所廢矯立德王時中外以權在禁闈莫能致討近藩所附章表繼有至者丞相崔胤外與太祖申結輔佐之好內遣心腹客購忠宜以事諭德昭者德昭感慨乃與本軍孫承誨單從實二人奮發應命誓圖返正崔又割衣手筆以通其志天復元年正月一日未旦逆豎左軍容劉季述早入德昭伏甲要路俟

逗其前驅邀其輿而斬之孫承誨等於擒右軍容王仲先黨立昭宗於是崔胤奉迎御丹鳳樓率百辟待罪且泣郎日議功以德昭爲靜海軍節度使承誨邕州節度使從實容州節度使並同平章事

周何福進少從軍以驍勇聞後唐同光節郭從謙以兵圍莊宗於大內福進時爲宿衛軍校獨出死力拒戰於內後明宗知而嘉之

剛正

環尹之職上法勾陳所以爲王爪牙掌兵蘭錡非夫剛強不撓忠正特立則何以嚴恭宿衛儆巡兩漢以來實重其選乃有持舉典法不避強族申明憲令務在首公風望凜然讜議確爾專司糾禁靡受私請嫉惡而言形慷慨喜善而意在激勸出入整肅中外悚憚斯寔靡畏於強禦無忝於任官者矣

漢郅都爲中尉丞相條侯貴倨而都揖丞相是時民樸畏罪自重都獨先行法不避貴戚列侯宗室見都側目而視號曰蒼鷹

甯成爲中尉初郅都死後長安左右宗室多犯法（長安左右宗邑之中也）景帝召甯成爲中尉其治效郅都其廉弗如然宗室豪傑人皆惴恐

蓋寬饒爲衛司馬先是衛司馬在部見衛尉拜謁帝爲衛官繇（繇讀爲徭同）使市買寬饒視事案舊令遂揖官屬以下行衛者（衛尉官屬也）衛尉私使寬饒以令詣官府門上謁辭（私見使而公辭尚書也）尚書責問衛尉（繇寬饒以法令不給使尚書責衛尉不復使司馬）不繇是衛官不復私使候司馬候司馬不拜出先置衛輒上奏辭（天子爲天子先道先天子發故上奏辭）自此正焉

楊惲爲中郎將郎官化之莫不自厲絕請謁貨賂之端令行禁止宮殿之內翕然同聲

毋將隆爲執金吾時侍中董賢方貴帝使中黃門發

武庫兵前後十二年送賢及帝乳母王阿舍路奏武庫兵器天下公用國家武備繕治造作皆度大司農用度皆出大司農大司農錢自乘輿不以給共養勞賜一出少府蓋不以本藏給末用不以民力共浮費别公私示正路也

周賞爲執金吾督大姦猾三輔吏民甚畏之

後漢承宮遷左中郎將數納忠言陳政事得失論諂切慤朝臣憚其節

馬防爲執金吾性明嚴公正上事處義多用

魏崔琰爲中尉毅姿高暢有威重朝士瞻望太祖亦嚴憚焉

宋沈慶之爲領軍將士劉湛如之欲相引接謂之曰卿在省年月久此當相論慶之正色曰下官在省十年自應得轉不復以此仰累尋轉正員將軍

顔延年領步兵校尉賞遇甚厚延年好酒疎誕不能斟酌當世見劉湛殷景仁專當要任意有不平嘗云天下之務當與天下共之豈一人之智所能獨了辭甚激揚每犯權要謂湛曰吾名器不淋當作卿家史湛深恨焉言於彭城王義康出爲永嘉太守

後魏胡泥爲司衛監率勵禁中不憚豪貴殿中尚書叔孫侯頭應入直而闕於一時泥以法繩之侯頭恃寵遂與諍高祖聞而嘉焉賜衣服一襲

于烈宣武帝時爲領軍將軍咸陽王禧爲宰相權重當時曾遣家僮傳言於烈曰求舊羽林虎賁執仗出入領軍可爲差遣烈曰天子諒闇事歸宰輔領軍但知典掌禁衛有詔不敢違理無私給奴惘然而返傳烈言報禧禧復遣謂烈曰我是天子兒天子叔元輔之命與詔何異烈厲色而答曰向者亦不道王非是天子兒叔若是詔應遣官人所縣遣私奴索官家羽林烈頭可得羽林不可得禧惡烈剛直遂議出之乃

授使持節散騎常侍征北將軍常州刺史

尉聿字成興性耿介孝明時爲武衛將軍是時領軍元義秉權百僚莫不致敬而聿獨長揖不拜尋出爲平西將軍京州刺史

隋趙才煬帝時授左侯衛將軍俄遷右侯衛大將軍時帝每出巡幸才常爲斥侯肅遏姦非無所迴避在塗遇公卿妻子有違禁者才輒醜言大罵多所援及時人雖患其不遜然才守正無如之何

蘭與俗仁壽大業中與賀蘭蕭俱爲武侯將軍剛嚴正直不避強禦咸以稱職知名

唐千百億爲朝請大夫每掌徼巡精勤不倦凡糾訐不避強禦及太宗踐祚帝在武侯衛宜不能容物見百寮有不整肅必面加詆辱或手自捶毆朝士莫不憚之

田仁會麟德中爲右金吾將軍仁會強力疾惡晝夜巡警絲毫越法無不立發躬自閱罰略無寬者京城貴賤咸畏憚之時有女巫蔡娘子以鬼道惑衆自云能令死者復生市里以爲神明仁會驗其假佞奏請徙邊帝曰若死者不活便是罪過不可容也竟可仁會所奏

裴諝建中初爲金吾將軍時德宗以刑名理天下百吏震悚時十月禁屠殺以附近山陵禁益嚴尚父汾陽王郭子儀隸人殺羊以入門者覺之諝列奏狀帝以爲不畏強禦累遣宣諭或謂諝曰郭公有社稷功豈不爲蓋之諝笑曰非爾所解且郭公威權大盛上新即位必謂黨附者衆今發其細過以明不弄權耳吾上以盡事君之道下以安大臣不亦可乎

張萬福爲金吾將軍裴延齡譖讒陸贄等坐貶德宗怒未解諫議大夫陽城帥拾遺王仲舒等守延英門疏論萬福聞諫官伏閤諫趍往至延英門大言賀曰朝廷有直臣天下必太平矣遂遍拜城及王仲舒等曰諸諫議能如此言事天下安得不太平當其宿直必通宵假寢太宗勞之曰至公宿直我便安卧

張延師以軍功累遷左右衛將軍檢校司羽林軍封范陽郡公典羽林屯兵前後二十餘年廉謹周慎未嘗有過朝廷以此稱之

阿史那忠高宗永徽中爲右驍衛大將軍所歷以清謹見稱前後宿衛向四十年時人比之金日磾

吳湊章敬皇后弟代宗大曆中爲金吾將軍湊小心廉謹識智周敏每承顧問偏見信任

李德憲宗元和中爲羽林將軍有名馬穆宗在東宮令近侍諷德獻之德以職總親軍不敢從

冊府元龜

巡按福建監察御史臣李嗣京　訂正

知閩縣事臣曹學臣參閱

知建陽縣事臣黄國琦較釋

環衛部

姦佞　遷黜　虐害

姦佞

夫以法勾陳之象統禁衛之兵王之爪牙國之禦侮雖曰親密之地亦容姦佞之流毁嫉忠賢善事權勢巧言令色阿諛取容故足以惑於聰明傷乎德政也

孔子云放鄭聲遠佞人鄭聲淫佞人殆冒哉言乎

漢王温舒爲中尉多諂善事有埶（音世）者即無埶視之如奴有埶家雖有姦滑如山弗犯無埶雖貴戚必侵辱（謂不依權要之職者）舞文巧詆下户之猾以動大豪（弄法而巧爲猾下户之役猾者用詆動大豪之家所以然者爲大豪中有權要不可治故也）

晉羊琇爲中護軍在職十三年典禁兵然常慕勝己其所推奉便盡心無二窮窘之徒時能賑恤選用多以得意者居先不盡銓次之理將士有冒官位者爲其致節不惜軀命

高辭爲右衛將軍放佚無檢與殿省小人交通及父

光卒仍於衺中往來不絶

隋元胄高祖時爲右衛大將軍房陵王之廢也胄預其謀帝正窮治東宮事左衛大將軍元旻苦諫楊素乃譖之帝大怒執旻於仗胄時當下直不去因奏曰臣不下直者爲防元旻耳復以言激怒帝帝遂誅旻賜胄帛一千疋

郭衍煬帝大業初爲左武衛大將軍能揣上意阿諛順旨帝每謂人曰唯有郭衍心與朕同又嘗勸帝取樂五日一視事無得効高祖空自勤勞帝從之益稱其孝順

宇文述煬帝大業中爲左衛大將軍善於供奉俯仰折旋容止便辟宿衛者咸取則焉又有巧思凡有所裝飾皆出人意表數以奇服異物進獻宮掖是帝彌悅焉

唐劉希暹出自戎伍有膂力形貌充偉以騎射聞得入神策軍典領禁兵時魚朝恩專掌神策兵希暹屢陳武略又善候朝恩意甚爲朝恩親信累遷太僕卿充神策軍都虞候與神策兵馬使王駕鶴同掌軍務

白志貞德宗建中年爲神策軍使善候伺上意言必聽從

嗣號王則之貞元中爲左金吾大將軍性貪惏又旨伺察苛細以聞人皆畏之

李道古憲宗元和末爲金吾將軍邪險百端以求寵進日持朝臣陰事搆於皇甫鎛信而狎之士君子頗憂其得志穆宗初與鎛俱敗

遷黜

先王設環列之職以法守勾陳制刑罰之威以象乎震曜况夫官備宿衛晝夜是司親近官闈秉執棨戟固宜警戒所闕淑愼爾身豈有不思其憂遐棄厥職廣納賕賂恣爲奢豪吏議有歸咎將誰執自貽憲法良可悼哉

漢王嘉爲郎坐户殿門失闌免户止也嘉掌守殿門止不當入者而失闌之故坐免也春秋左氏傳日屈蕩户之

魏楊俊爲中尉太祖征漢中魏諷反於鄴俊自劾詣行在所俊以身方罪免牋辭太子太子不悅日楊中尉便去何大祖遠耶遂被書左遷平原太守

宋劉懷愼義熙十三年高祖北伐以爲中領軍征虜將軍衛輦轂坐府内相殺免官

王景文爲右衛將軍坐與奉朝請毛法因蒱戲得錢一百二十萬白衣領職

南齊到撝爲右衛將軍隨王子隆帶彭城郡撝問訊不循民敬爲有司所舉免官久之白衣兼御史中丞

蔡約領驍騎將軍太子中庶子領屯騎校尉永明八年八月合朔約脫武冠解劍於省眠至下鼓不起爲有司所奏贖論

張欣泰爲直閤步兵校尉領羽林監從車駕出新林勑欣泰甲仗廉察欣泰停仗於松樹下飲酒賦詩制局監呂文度過見啓世祖世祖大怒遣出外數日意稍釋召還謂之日卿不樂爲武職驅使當處卿以清貴除兵部員郎

唐李邈爲右金吾衛將軍先天二年十月玄宗講武於驪山給事中唐紹以失軍容將斬之上旣怒唐紹左右猶望寬之會邈遽請宣勑遂斬之時人皆痛惜紹而深咎於邈等尋有制罷邈官邈以是遂擯廢終身

自志貞爲神策軍使建中四年頻發兵東討戰卒城役殆盡都不奏聞所存者沽販之徒又皆在沛里涇師之叛兇徒犯闕禁中無以禦寇鑾輿遷幸賊黨得以陞梁職志貞之繇也及巵蹕奉天猶加禮部尚書無幾朝臣頻有論其敗謀者物議紛然繇是貶開州

別駕

李建徽爲左神武大將軍貞元三年以其妻柳州與部國公主交往也改作驍衛大將軍

張彧爲左金吾大將軍元和二年坐補吏受賕改太子詹事致仕

尹愼爲右金吾大將軍元和五年以錢三千萬賂右神策軍護軍中尉第五從直求爲河中節度從直恐事泄奏之上怒入其賦一千五百萬仍黜爲右衛將軍通寄近坐死者三人

孫璹爲右羽林軍大將軍元和六年坐與弓箭庫劉

希先交通賂希先錢二十萬以求方鎮改右衛將軍

張志和爲左神策軍繫毬將寶曆元年因侍宴被酒乖禮杖八十流豐州家屬配掖庭

李甚爲右龍武大將軍甚西平王晟之子無他材能以功勳家累官至庫使沉湎於酒色恣爲奢侈積至累千萬至是以子貸迴鶻錢一萬一千四百貫不償爲迴鶻所訴貶宣州別駕

梁寇彥卿爲左金吾衛大將軍充街使一日過天津橋有老人悞衝其前驅導者排之落橋而斃爲御史府所彈太祖不得已責授左衛中郎將

虐害

西漢已降環列之職重矣專總衛兵參決庶獄乃有殘忍之類恣其蜂蠆之性以暴殄爲稱職以苛刻爲無私毒痛平民甚於猛虎威虐庶僚酷如秋荼和氣用傷仁政斯缺王者所以畀四惡者其以是夫

漢郅都爲中尉是時民樸畏罪自重而都獨先嚴酷致行法不避貴戚列侯宗室見都側目而視號曰蒼鷹臨江王徵詣中尉府對簿簿者獄辭之文臨江王欲得刀筆爲書謝上刀所以削治書也古者書於簡版故必用刀焉而都禁吏弗與魏其侯使人間予臨江王私與也臨江王

既得爲書謝上因自殺竇太后聞之怒以危法中都謂構成其罪也中竹仲反次下亦同都免歸家寗成以謁者事景帝爲郎猾賊任威爲中尉其治效郅都其廉弗如然宗室豪傑人皆惴恐

杜周爲執金吾逐捕桑洪羊衛皇后昆弟子深刻武帝以爲盡力無私遷御史大夫

尹齊爲中尉齊初以刀筆吏事張湯湯數稱以爲廉武帝使督盜賊斬伐不避貴執遷關都尉聲甚於寗成帝以爲能故拜中尉

王溫舒爲中尉姦猾窮治大氐盡靡爛獄中大氐大歸也氐音

碎也氏丁禮反廓武皮反行論無出者其爪牙吏虎而冠詰其殘暴之甚也非有人情者於是中尉部中中衛以下皆仗有執者為遊轂擊稱治數歲其吏多以權貴富

隋段文操大業中為虎賁郎將性甚剛嚴帝令督秘書省學士時學士頗存儒雅文操輒鞭撻之前後或至千數時有識者鄙之

唐劉希暹初以騎射得入神策軍典領禁兵時魚朝恩專掌神策兵希暹屢陳武略又善候朝恩意甚為朝恩親信累遷太僕卿充神策軍都虞候與神策兵馬使王駕鶴同掌軍務累封希暹為徐國公又進封

為交河郡王希暹以為虞候之任合主不法遂諷朝恩於北軍置獄召坊市凶惡不逞之徒役使之捕坊城內富人誣以違法捕置獄中恐害拷訊錄其家產盡沒之仍分賞捕者或有選舉士財貨稍殷客於店肆遇橫死者非一坊市人苦之謂為入地牢捕者之帥有賈明觀尤兇蠹以優擒得人財產大獲希暹掌兵地在禁密人無所訴魚朝恩縱之繇也及朝恩誅上以希暹掌重兵旅一切寬宥加希暹兼御史中丞依前都虞候希暹以素志非順慮不見容常自疑懼與王駕鶴冊職希暹詞多不遜駕鶴淳謹上嘗信任之至是以希暹部上聞乃寘于法

賈明觀本萬年捕城之小偷也事劉希暹恣行兇忍毒甚豺虺朝恩希暹既誅宰臣元載受明觀姦謀潛容之特奏令江西效力明觀既出城內百姓萬餘人聚於城門懷磚石候之朔投擊以快志載聞之特遣所繇吏擁百姓入城繇是獲免

冊府元龜

巡按福建監察御史臣李嗣京訂正

知甌寧縣事臣孫以敬參閱

知建陽縣事臣黃國琦較釋

銓選部

總序

夫先王建國法天制官故勞大者其祿厚功多者其爵尊能治衆者其官大是以量其才用程其器能考之以言試之以職惟善是授共格于治者也而銓選之任衡鑑是司歷世以來資地尤重故曰周禮天官

大宰掌建邦之六典以佐王理邦國其官卽今之吏部而職任頗異也又曰夏官之屬有司士大夫二人掌羣臣之版古書版爲班書或爲版名籍也歲登下其損益之數謂用功過黜陟者也辨其年歲與其貴賤年數多少知其老少周知邦國卿大夫士庶子之數以詔王理告王所尚進退矣以德詔爵有賢者之德詔以爵乃以功詔祿理有功然後告以祿以能詔事以次莫食能者成事乃食之王制曰論定然後官之任官然後爵之位定然後祿之莫音定也乃今銓選之義矣漢丞相東曹主二千石長吏遷除亦其事也成帝初置尚書四人六百石分爲四曹吏曹尚書典選舉又日帝侍曹主公卿事後至漢光武分爲六曹嘗侍曹爲吏部曹主選舉祠祀漢末又改三選部專掌選舉事虛帝時以侍中梁鵠爲選部尚書於此始見會名魏改選部爲吏部而主選事陳羣延康元年始建九品官人之法拜吏部尚書晉與魏同宋時吏部尚書領吏刪定三公北部四曹孝武不欲威權在下大明二年分吏部尚書二人以輕其任後還置三走部尚書後魏北齊置吏部掌褒崇選補考功主爵王曹後周置大冢宰卿一人屬官有吏部中大夫一人領司勳上士等隋初復日吏部尚書至唐氏建國吏部尚書侍郎掌銓選之職掌天下衆官之選授凡職官銓綜之典權衡殿最之法悉以咨之其屬有四

曰吏部主爵司勳考功冠於中臺盡揔職務而奉行其制命凡中外百司之事繇於所屬皆質正焉其版士則以三類觀其異一曰德行二曰才用三曰勞効德均以才才均以勞其優者擢而升之否則量以退焉所以正權衡明與奪抑貪冐進賢能也然後據其狀以覈之量其資以擬之五品以上皆名聞而制授爲六品以上嘗叅之官則勑授晉供奉官及員外官監察御史其餘則各量資注擬置吏部尚書一人正三品龍朔二年改吏部尚書爲司列太常伯咸亨元年復爲吏部尚書光宅元年改爲天官尚書神龍元年復舊天寶十

一年三月又改爲文部掌文官選事摠判吏部司封勳考四曹事至德二載十二月復爲吏部尚書侍郎二人正四品上周之天官小宰中大夫也隋煬帝置以二尚書之職唐朝因之武德七年二月省貞觀二年正月復置總章元年加一員龍朔二年改爲司列少常伯咸亨元年復爲吏部侍郎掌選補流內六品以下官是爲銓衡之任凡初仕進者無不仰屬選集之際勢傾天下列曹之中資位尤重光宅元年爲天官侍郎神龍元年復爲吏部天寶十一載三月爲吏部侍郎至德二載二月復爲吏部總章中添一員爲

二員本員爲中銓新加員爲東銓永昌元年三月又加一員聖曆二年五月減二員乾元二年八月改中銓爲西銓郎中二員晉魏已來妙於時選其他曹郎功高者遷爲吏部然而或有侍郎或有郎中或曰尚書郎或曰某曹郎稱號不同所職一也齊謝朓王儉爲吏部郎是也隋初諸曹郎皆謂之侍郎煬帝三年分置六司侍郎之後遂改諸曹侍郎但曰郎其吏部郎改爲選部郎唐初改爲選部郎中武德五年改爲吏部郎中龍朔三年改爲司列大夫咸亨元年復舊又有員外郎二人從六品上周官太宰屬官有上士

令員外之職也宋百官階次員外郎美遷爲尚書郎隋開皇六年置一人煬帝三年改爲選部承務郎武德三年復舊加置一人一員判廢置一員判南曹在尚書吏部爲前行兵部次之遷入者以爲美自魏晉以來凡吏部官屬悉高於諸曹焉開元以前以兵部尚書權位尤美則宰相多所兼領而從容衡軸不自銓綜其選試之任皆侍郎專之尚書通署而已或分領其事則列爲三銓開元四年六月勅員外郎御史并供奉官直進名勅授自此始不在吏奇尚書掌其一侍郎分其二尚書所掌謂之尚書銓侍郎所掌爲中銓一爲東銓各有印其尚書銓掌六品七品選侍郎銓掌八品九品

官選景雲元年宋璟爲尚書始相通與侍郎分職開元十三年以封岳廻選限逼宇文融請分置十銓每罷之實應初李峴爲江陵尹知江淮選補使後峴罷相又爲本曹尚書知江淮選舉置銓于洪州興元元年侍郎劉滋亦於江南典選以便於人復皆廢焉其東銓者貞觀元年京師穀貴始分人於雒州置選至開耀元年以關外道理迢遞河雒之邑天下之中始詔東西二曹兩都分簡留放旣畢同赴京師謂之東選其南選先以桂黄交黔等州都督府所奏擬士人首領任官未甚精選乃令五品以上强明清正官充

南選使以補仍令御史同往注擬其有應任五品以上官者皆使人供所管都督府相知其條景行藝能政術堪稱所職之狀開奏故謂之南選然或廢或置不常其任其小銓郎中員外主之謂之南曹載初元年加置聖歷三年省開元三年兵吏部各專定人判南曹尋又一人專判貞元元年又以二人同判十二年又一人判自唐至五代正官或闕並以他官權領其條章之所改亦考課之所登降或公望尤著或利亦無虛楊清直之聲有振拔之跡稽諸史策其事燦然至於濫承委任貪黷貨賄亦列于左以服鑒焉凡

銓選部八門云

條制

夫唐虞之時建官惟百夏商官倍成周之制其屬尤繁然選周之道猶所未立逮夫漢氏之代始察孝廉吏事侵廣科第仍設故調補之制所謂增多然而邪僞萌生隄防漸峻是以東京申交互之禁當塗立品制之法晉宋而下沿革不同固亦銓綜有條清濁適序誠有國之成憲官人之要道也乃至羣下奏議或匪見從咸用論次以著其事云

漢景帝後元二年詔曰今訾算十以上迺得官廉士算不必衆有市籍不得官無訾又不得官朕甚愍之訾算四得官亡令廉士久失職貪夫長利（訾萬錢也算一百二十七也古者疾吏之貪衣食足知榮辱限訾十算乃得爲吏十算十萬也賈人有財不得爲吏廉士無訾又不得官故減訾四算得官）

宣帝黃龍元年四月詔曰舉廉吏誠欲得其眞也吏六百石位大夫有罪先請秩祿上通足以効其賢材自令以來毋得舉（吏六百石者不得復舉爲廉吏也）

元帝永光元年二月詔丞相御史舉質樸敦篤而有行者光祿歲以此科第郎從官（始令丞相御史舉此四利人以擢用之而見在郎及從官又令光祿歲行此科考較定其第高下用知其人賢否也）

後漢光武建武十二年詔三公舉廉吏各一人左右將軍歲察廉吏三人中二千石各二人光祿歲舉郎茂才四行各一人察廉吏各一人廷尉大司農二人將兵將軍歲察廉吏各二人

安帝永初二年九月詔王官屬墨綬下至郎謁者（王國有中大夫秩比六百石謁者比四百石郎中二百石）其經明任博士居鄉里有廉清孝順之稱才任理人者國相歲移名與計偕上尚書府通調令得外補（移書也調選也）

延光二年八月庚午初令三署郎通達經術任牧民者視事三歲以上皆得察舉

順帝陽嘉元年閏十二月令諸以詔除爲郎年四十以上課試如孝廉科者得參廉選歲舉一人

桓帝以本初元年六月即位七月詔曰孝廉廉吏皆當典城牧民禁姦舉善興化之本當必繇之詔書連下分明懇惻而在所翫習遂至怠慢選舉乖錯害及元元頃雖頗繩正猶未懲改方今淮夷未殄軍師屢出百姓疲弊困於徵發庶望羣吏惠我勞民蠲滌貪穢以祈休祥其令秩滿百石十載以上有殊才異行仍得參選贓吏子孫不得察舉杜絶邪僞請託之原令廉白守道者得信其操各明守所司將觀厥後建

和初時議以郡州相阿人情比周乃制婚姻之家及兩州之人不得相臨遂復有三互法三互謂婚姻之家及兩州不得交互爲官時史弼遷山陽太守其妻鉅野薛氏女以三互自上專拜平原相是也

魏文帝嗣王位建康元年吏部尚書陳羣以天朝選用不盡人才乃立九品官人之法州郡皆置中正以定其選擇州郡之賢有識鑒者爲之區別人物等其高下按杜佑云九品之制初因後漢建安中天下兵見衣冠士族多離本在欲徵源流慮難委悉魏氏華命州郡縣具置大小中正各取本處人在諸府公卿及臺省郎吏有德充才盛者爲之區別所管人物定爲九等其有言行修着則升進之或從五升四從七升六倘或道義虧缺則降下之或自五退六自六退七使部不能審覈天下人才士庶故委中正銓叙等級憑之授受謂免取失及洪弊也惟能知其閥閱非辨其賢愚所以劉毅云下品無高門上品無寒士南朝至梁陳北朝至周隋選舉之法雖互用損益而九品及中正至開皇中方罷

晉依魏氏九品之制內官吏部尚書司徒左長史外官州有大中正郡國有小中正皆掌選舉若吏部所用必下中正徵其人居其父祖官名

宋文帝元嘉中限年三十而仕郡縣以六周而代刺史或十餘年及孝武即位任者不復拘老幼守宰以三周爲滿

南齊武帝永明元年三月詔曰宋德將季風軌陵遲列宰庶邦彌失其序遷謝遄速公私彫弊泰運初基草昧惟始思述先範永隆治本莅民之職一以小滿

爲限其有聲績克舉厚加甄異理務無庸隨時代黜

和帝中興二年二月丙寅詔梁國初建宜須綜理可依舊選諸要職悉依大朝之制梁王上表曰臣聞以言取士士飾其言以行取人人竭其行所謂才生於世窮達惟時風流遂往馳騖成俗媒孽夸衒利盡錐刀遂使官人之門肩摩轂擊豈直暴蓋露冠不避寒暑遂乃戢屨杖策風雨必至良家鄉舉里選不師古始稱肉度骨遺之管庫加以山河梁畢闕輿滅之恩金張許史忘舊業之替吁可覆哉且夫譜諜訛誤詐僞多緒人物雅俗莫肯留心是以冒襲良家即成冠

族士倚邊幅便爲雅士負俗未浮遠遭寵擢墓木已拱方拔徽榮故前世選官皆歷選簿應在貫魚自有銓次曹籍升降行能臧否或素定懷抱得之餘論故得倩通賓客無事掃門頃世道陵夷禮流乖失其有勇退志進懷質抱真者選部或以未經朝謁難於進用或有晦善藏聲自埋衡華又以名不素著絶其階緒必須畫刺投狀然後彈冠則是驅迫廉撝獎成澆競愚謂今自選曹宜精隱括依舊人立簿使冠於無爽名實弗違庶人識崖涘造請自息且聞中間立格里族以二十登仕後門以過立試吏求之愚懷抑有

未達何者設官分職惟才是務若八元立年居皂隸而見抑四方弱冠處冑族而宜甿是則世祿之家無意爲善布衣之士肆心爲惡豈所以弘獎風流希向後進此實巨蠹尤宜刊革不然將使同人有嗟傍之泣晉臣興漁獵之歎且俗長浮競人寡恬退若限歲登朝必增年就官故貌實昏童籍已踰立滓穢名教於斯爲甚摠司內外憂責是任朝政得失義不容隱伏願陛下康聖淑之姿降聽覽之末則彝倫自穆憲章惟允詔依表施行

梁武帝天監初無中正制年二十有五方得入仕其後又制凡九流常選年未三十不通一經者不得爲官若有才同甘顏勿限年次至七年詔於州郡縣置州望郡宗鄉豪各一人專典搜薦無復膏粱寒素之隔

普通七年詔凡州歲舉一人大郡一人敬帝太平二年復令諸州各置中正仍舊訪舉選皆須中正押上然後量授不然則不徐勉天監初官名手有省置勉撰立選簿奏之有詔施用其制開九品爲十八班自是貪冒苟進者以財貨取通守道淪退者以貧寒見沒矣

陳依梁制凡年未三十不得入仕唯經學生策試得第諸州迎主簿西曹佐奏及嘗爲挽郎得未壯而仕

諸郡唯正王爲丹陽尹經迎得出身者亦然庶姓尹則否有高才異行殊勳別降恩旨敘用者不在常例凡選無定時隨缺則補官有清濁以爲昇降從濁得清則勝於遷若有遷授吏部先爲白牒列數十人名尚書與參掌者共署奏勑或可或否其可者則下於選曹量貴賤別內外隨才補用以黃紙錄名八座通署奏可乃出以付於典書其名帖鶴頭板脩容廉儀送所授之家其別發詔除者卽宜付詔局草奏聞勑可貴綈寫出門下門下答詔請付外施行又書可付選司行名得官者不必皆待名到但聞詔出明日卿

入謝後詣尚書上省拜授若拜三公則臨軒凡拜官
皆在午後初武帝承侯景喪亂之後綱維頹壞制度未立百官無復考較殿最之法但更年升遷縣班進秩決無可稱者後徐陵孔奐爲吏部尚書有其次序
永定二年詔曰梁時舊仕亂離播越始還朝廷多未
銓序又起兵已來軍勳甚衆選曹即條文武簿及郎
將應九流者量其所擬於是隨材擢用者五十餘人
後魏州郡皆有守正掌選舉每以季月與吏部銓擇
可不
文成和平三年詔曰朕承洪緒統御萬國垂拱南面
委政羣司欲緝熙治道以致寧一夫三代之隆莫不

崇尚年齒今舉選之官多不以次令斑白處後晚進
居先豈所謂彝倫攸敘者也諸曹選補宜各先進勞
舊才能初崔若爲冀州相薦冀定相幽并五州士數十人各起家爲郡守景穆帝謂浩曰先召之人亦州郡選也在職已久勤勞未答今先補前召外在郡縣以新召者爲郡吏又守令宰人使更事者浩固爭而遣之高允聞之謂東宮博士管括曰崔公其不免乎苟逞其非而較勝於上何以能濟又李孝伯起郡人交會理鄭氏禮左氏春秋郡三辟功曹不就門人勸之曾曰功曹之職雖曰鄉邑高第猶是郡吏耳北面事人亦何容易任郡主簿到官月餘日乃數曰梁叔敬有云州郡之職徒勞人耳道之行行身之優也遂還家又郭祚爲吏部尚書持操潔清重惜官位至於銓授假令得人必能悉久之然下筆即云此人便已貴矣錄是事頗爲稽滯當時每招怨濫然所授中者量才稱職時又以此稱之　其後中
正所銓但在門第吏部彝倫仍不才舉

孝文大和元年八月詔工商皁隸各有厥分而有司
縱濫或染清流自今戶內有工役者唯上本部丞以
下准次而授若階藉元勳以勞定國者不從此制
十六年七月詔曰王者設官分職垂拱責成振綱舉
紀衆目斯理朕德謝知人豈能一鑒見識徒乖爲君
委授之義自義自今選舉每以季月本曹與吏部銓
簡
十九年十二月示品令爲大選之始
二十年三月詔諸州中正各舉其鄉之茂望年五十
以上守素衡門者授以長令

宣武正始二年四月詔曰任賢明治自昔通規宣風
贊務實惟多士而中正所銓但存門第吏部彝倫乃
不才舉遂使英德罕昇司務多滯不精厥選將何考
陟也八座可審議往代貢士之方擢賢之體必令才
舉並申資望兼致
延昌元年十二月詔守宰爲御史所彈遇赦免者及
考在中第皆代之
孝明熙平初尚書考功郎陽固奏諸秀孝中第者聽
敘自固始也
二年八月詔庶族子弟年未十五不聽入仕是年尚

書左丞盧同以朝政修稀人多竊月軍功閲吏部勳書因加簡覈得竊階者三百餘人同乃表言竊見吏部勳簿多皆改換中兵奏案並復乖舛臣聊爾較練已得三百餘人明知隱而未露者動有千數愚謂非雖恩免猶須刊定請遣一都令史與令僕省事各一人揔集吏部中兵二局勳簿對勾奏案若名級相應者於黃素楷書大字俱件階數令本曹尚書以朱印印之

神龜元年正月詔以雜役之戶或冒入清流所在職人皆五人相保無人任保者奪官還沒

三年二月制武官得依資入選先是征西將軍冀州大中正張彝之子仲瑀上封事請武夫不使在清品於是武夫怨怒羽封武賁千餘人焚第毆傷彝殺其子始均仲瑀被創竄免詔斬其尤兇者八人餘大赦以安之乃下此制旣而官員少而應調者多選曹無以處之吏部尚書崔亮乃奏爲格制官不問愚賢以停解日月爲斷雖復官須此人停日後者終不得取雖庸才下品年月久者則先擢用于時沉滯者皆稱其能

前廢帝普泰元年二月詔曰頃官方失序乃令沙汰定員簡棄已有判决退下之徒微亦可愍諸在簡下者可特優一級皆授將軍預參選限隨能選用

四月詔員外諫議大夫步兵校尉奉車都尉羽林監給事中貴射將軍奉朝請殿中將軍宮門僕射殿中司馬督治禮郎十一官得俸而不給力老人外選者依嘗格其未老欲外選者聽解其七品以上朔望入朝若正員有闕隨才進補前員外簡湜變階者退之稱事簡下者仍優一級

後廢帝中興元年十一月詔曰王度捌開彝倫方始所班官秩不改舊章而無識之徒因茲僥倖謬增軍級虛名顯位皆言前朝所授理難推抑自非嚴爲條制無以防其僞竊諸有虛增官號爲人發糾罪從軍法者人格簡覈無名者退爲平民終身禁錮

北齊孝昭皇建二年詔內外執事官從五品以上三

府主簿錄事參軍諸王文學侍御史廷尉三官尚書郎中中書舍人每在三年之內各舉一人或夙在朝淪沉屈未用或先官後進今見停散或白屋之人巾褐未釋其高才良器允文允武理識淨長幹具通濟操履凝峻學業宏贍諸如此輩隨取一長無待兼資方允舉限表薦之文指論事實隨能量用必陳所堪不得高談謬加褒飾所舉之人指在一職三周之內有犯死罪以下刑年以上舉主惟舉人之犯各罰其金自鞭以下舉主勿論若未經三載而更轉遷計後官日月合滿三周凡所舉人必主事立初禆益時政

不限年之遠近舉主之賞亦當非次被舉之人別當擢授其違限不舉依式罰金又摧㧻作鎮任總百城分符共理職司千里凡部統理宜委悉刺史於所綰之內下郡太守縣令丞尉府佐錄事參軍以降州官州都主簿以下但路在吏職及前爲官並白人等並聽表薦太守則曹掾以下及晉內之人亦聽表舉其太守下州畿內上郡中郡並三年之內各舉一人其不入品州並自餘郡守不在舉限

後周宣帝大成元年詔自刺史僚佐州吏則自署府官則命於朝廷

隋高祖開皇七年制工商不得入仕

十四年十一月制州縣佐吏三年一代不得重任高祖以典吏久居職肆情爲姦故有此制

十五年十二月詔文武官以兩考交代又制百官不得計考增級其功德行能有昭然乃擢之

煬帝大業八年詔曰頃自班朝理人乃踪勳敍授之行陣越自勇夫蠹政害人實踪於此自今以後諸授勳官者並不得因授文武職事

唐制凡選始於孟冬終於季春先時五月頒格於郡縣示人科限而集之初皆投狀於本郡或故任所述罷免之蹤而上尚書省限十月至省乃考覈資序郡縣鄉里名籍父祖官名內外族姻年齒形貌優劣課最譴負刑犯必具焉以司流者五五爲聯以志宮王人爲保一人爲識皆刑名結款不得有刑家之子工賈殊類及假名承僞冒升降之徒應選者有知詐冒而糾得三人以上者優以授之其試之日搜索防援棘籬機察如禮部舉人之法也其擇人有四事一日身取其體貌豐偉二日言取其言詞辯正三日書取其指法遒美四日判取其文理優長四事可取則先乎德行均以才才均以勞其六品以降計資量勞而擬其官五品以上下試列名上中書門下制勑處分凡選始集而試觀其書判已試而銓察其身言也銓而注詢其便利而擬其官已注而唱示之不厭者得反通其辭也日更其官而告之如初又不厭者亦如之三唱而不服聽冬集服者以

類相從攢之爲甲先簡僕射乃上門下省給事中讀之黃門侍郎省之侍中審之不審者皆得駁下既審然後上門下主者受旨而奉行焉各給以符而印其上謂之告身其文日尚書吏部告身之印自出身之人至于公卿皆給之武官則受於兵部兵部武選亦然課試之法如舉人之制取其軀幹雄偉應對詳明有驍勇材藝及可爲統師者若文吏求爲武選取身長六尺以上籍年四十以下强勇可以統人者武夫求爲文選取書判精工有理人之才而無殿犯者凡官已受成皆殿庭謝恩其黔中嶺南閩中郡縣之官

不豫吏部以京官五品以上一人充使就補御史一人監之四歲一往謂之南選凡居官以年爲考六品以下四考爲滿

太宗貞觀元年正月侍中攝吏部尚書杜如晦止言曰比吏部擇人准取言辭刀筆不悉景行數年之後惡跡始彰雖加刑戮而百姓已受其弊上曰如何可以得人如晦對曰兩漢取人皆行著州閭然後入用今每年選集尚數千人厚貌飾詞不可知悉選司但配其階品而已所以不能得才魏徵亦曰知人之事自古爲難故考績黜陟察其善惡今欲求人必須審

訪才行兼美始可任用上將依古法令本州辟召會功臣將行世封其事遂止

二年正月吏部侍郎劉林甫以隋代赴選者以三一月爲始至春而畢選限旣促選司多不究悉時赴選漸衆林甫請四時聽選隨到注擬當時甚以爲便

十六年七月太宗謂褚遂良曰公等爲朕搜訪賢德以輔儲宮爰及諸王咸求正士且事人歲久卽分義情深非意闚覦多繇此作其王府官寮具限以四考

十九年十一月吏部尚書馬周以吏部四時提衡畧無休暇奏請所繇文解十月一日赴省三月三十日畢

高宗顯慶二年黃門侍郎知吏部選事劉祥道上疏曰今選司取士傷多且濫每年入流數過一千四百人是傷多也雜色入流不如銓簡是傷濫也古之選者爲官擇人不聞取人多而官員少也今官員有數入流無限以有數供無限遂令九流繁總人隨歲積謹約准所須人量支年別入流者令內外文武官一品以下九品以上一萬三千四百六十五員畧舉大數當一萬千人壯室而仕耳順而退取其中數不過支三十年此則一萬四千人三十年而畧盡若年別

入流者五百人三十年便得一萬五千人定須者一萬三千四百六十五人足充所須之數况三十年之外在官者尤多此便有餘不慮其少今年當入流者遂逾一千四百詎應須數外常餘兩倍又常選者仍停六七千人更復年別新加實非處置之法望請釐革稍清其選中書令杜正倫亦言入流者多爲政之弊公卿以下憚於改作事竟不行

總章二年司列少常伯裴行儉以承平旣久選人漸多始設長名姓曆牓引銓注等法又定州縣昇降官資高下以爲故事其後莫能革

二年十月勑司戎諸色考滿入選司列諸色考滿入
流人並兼試一經一史然後授官
咸亨三年正月許雍維二州人任本部
上元三年八月詔桂廣交黔等州都督府比來所奏
擬士人任官揀擇未甚得所宜准舊例至應選補時
差內外官位品以上清正官充使選補仍令御史同
注擬其有應任五品以上官者奏取處分
開耀元年四月十一日勑吏部兵部選人漸多及其
銓量十放六七既疲於來往又虛費資量宜付尚書
省集京官九品以上詳議崇文舘直學士崔融議曰

今皇家兩曹𥝢選三官備設收其梓杞搴其蕭稂其
有狀犯贓私罪當懲貶者此等旣未合得伏望許同
選例限以歲年諸色入流每年叅選資品未著技藝
未工此亦望所司選例錄以選勞又選人每年長名
當至正月半後伏望速加銓簡促以程期因其物情
亦何疲於來往順其人欲亦何費於資糧又所銓簡
以德行爲上功夫次之折衷之方庶幾此道尚書右
僕射劉仁軌奏曰謹詳衆議條目雖廣其大略不越
數途多欲使嘗選之流及負譴之類遞立年限如不
令赴集便是推自新之路塞取後之門或請增置具
僚廣授官之數加習藝業峻入仕之科亦恐非弘獎
之通規乖省員之茂躅徒云變更實恐紛擾但昇平
日久人物滋殖解巾從事抑有多人頃歲以來據員
多闕臨時雖有權攝終是不能摠備望請尚書侍郎
依員補足高班卑品准試分銓則留放速了限逑則
公私無滯應選者暫集遠近無聚糧之勞合退者早
歸京師無索米之弊旣循舊執且順人情如更有不
便隨事釐革其殿負及初選其選踐自知未合得官
等色情願不集卽同選勞曹司商量久長安穩融又
議選事曰關外諸州道理迢遞河維之邑天地之中

伏望詔東西二曹兩都分簡留放旣畢同赴京師
則天天册萬歲元年十月二十二日勑品藻人物銓
綜士流委之選曹責成斯在且人無求備用匪一途
理宜才地並昇輪轅兼採或收其履歷或取其學行
糊名考判立格注官旣乖委任之方頗異銓衡之述
朕厲精思化仄席求賢必使草澤無遺方圓曲盡改
弦易調革故鼎新載想緝熙之崇式佇清通之効其
嘗選人自今以後宜委所司依嘗例銓注其糊名入
試及令學士考判宜停
萬歲通天元年八月制文武官加階應入五品者並

須出身歷十二考以上無私犯進階之時見居六品官及七品以上清官者其應入三品者取出身二十五考以上亦無私犯進階之時見居四品官者自外縱計階應入並不在進限如有奇材異術別効殊功者不拘此例

神功元年十月勑選司抑塞者不須請不理狀任經御史臺論告不得亟於餘司喧訴有凌突選司非理喧悖者注簿量殿尤甚者仍於省門集選人決三十仍殿五六選其年閏十月二十五日勑八寺丞九寺主簿三監丞簿城門符寶郎通事舍人大理司直評

事左右衛千牛衛金吾衛左右率府羽林衛長史直長太子通事舍人親王掾屬判司參軍京兆河南太守少司赤丞簿尉御史臺主簿校書正字詹事主簿協律奉禮太祝等出身入仕既有殊途望秩常班須從甄異其有從流外及視品官出身者不得任前件官其中書主書門下錄事尚書都事七品官中亦爲緊要一例不許頻乖勸奬其考詞有清幹景行吏用文理者選日揀擇取歷十六年以上者聽量擬左右金吾長吏及寺監丞

聖曆元年二月二十二日勑選人無故三試三注唱不到者不在銓試重注之例其過門下三引不過者亦不在更注之限其日又勑文武選人簡日曆不獲者宜牒中書門下爲簡如又不獲若在曹有官甲前後相銜可明者亦聽爲叙

三年正月三十日勑監察御史左右拾遺赤縣尉主簿大理評事兩畿縣丞主簿尉經三任以上及內外官經三任十考以上不改舊品者選叙日各聽量隔品處分餘官必須以次授任不得超越

大足元年正月十五日勑選人應留不須要論考第若諸事相似即先書上考必書判遝落又無善狀者

雖帶上考亦宜量放

七月二十九日勑桂廣泉建連賀福韶等州縣既是好處所有闕官宜依選例省補

中宗神龍元年李嶠韋嗣立同居選部多引用權勢求取聲望因請置員外官一千餘員緜是僥倖者趨進其員外官悉恃形勢與正官爭事百司紛競至有相毆擊者及嶠復入相乃深悟其失又見朝野喧議乃上疏曰自寶命中興鴻恩溥及唯以爵賞爲惠不擇才能任官授級加階朝廷多改正闕不足加以員外非復求賢助理多是爲人擇官接武隨肩塡曹溢

府無益政化虚請俸祿在京則府庫之殫竭在外則
黎庶被其侵漁伏願徵借班榮稍減除授使匪服之
譏不與於聖朝能官之謡復光於曩載疏奏上乃詔
減員外官不令釐務也

冊府元龜

冊府元龜

巡按福建監察御史臣李嗣京訂正
新建縣舉人臣戴國士条閱
知建陽縣事臣黃國琦較釋

銓選部

條制第二

唐玄宗開元二年三月勑諸色出身人銓試訖應當選者嘗年色各爲一甲團奏給告牒過百人以上分不滿五人附入甲其月二十八日勑繁劇司闕官有灼然要籍者聽牒選司於應得官人內據材用資歷

相當者先補擬

五月詔曰今歲諸州多非善軌爰及京師每勞轉運員外等官人數倍廣祿俸之費何以克周諸色員外試简較官除皇親諸親及五品以上並職事要籍內侍省以外一切總停至冬放選量狀迹書判與正員外官其未經考者先與處分仍不拘選格聽集自今以後除戰功以外非別勑不得輙注擬員外等官

十一月詔曰新豐縣官及溫泉監官經兩度祇承者與一中上考

三年正月五日詔內外官考未滿所司預補替名守闕特宜禁斷縱後有闕所繇未不得令上

六月八日勑吏部銓委任尤重比雖守職務在循常旣限之以選勞或失之於求士宜選日用擢一二十人不須限以資次

四年四月詔曰選人旣多比銓注過謝了皆不及考遂使每一年選卽虛破一年闕在於公私俱不利便自今以後官人初上年宜聽通計年以來滿二百日者許其成考仍准零考例至來年考時併較永爲常式

六月十九日勑六品以下官令所司補授其員外郎

御史并餘供奉宜進名勑授

七月勑如聞黔州管內州縣官員多闕吏部補人多不肯去成官以後或假辭或從正考滿得資更別參選自餘管嶺僚州大率亦皆如此宜令所司於諸色選人內郎召補並馳驛發遣至州令都府勘到日申所司如違牒管內都督御史六十追毀告身更不須與官

九月十二日勑諸色選人納紙保候五日內其保識官各加當司具名品并所在人州貫頭御都爲一牒報選司若有僞濫先用闕然後准式處分

十二月詔曰比來兩畿縣令經一兩考郎改其行苟且罕在政要百姓弊於迎送典吏因而隱欺自今以後皆令四考滿滿日聽依京官例選仍不得輙續於前勞

六年二月詔曰我國家敦樸質斷浮艶禮樂詩書是弘文德綺羅珠翠浮格奬風必使情見於詞不用言浮於行比來選人試判舉人對策剖析案牘敷陳奏議多不切事宜廣張華飾何大雅之不足而小能之是衒自今以後不得更然

八月詔曰明經進階雖着於甲令儒道敦偕宜申於

冊府元龜 銓選部 條制二 卷之六百三十 三

著章其選人有能仕優則學所業不廢者當在甄收以示勸奬其能舊經外更業者准初出身例加階是月勑嶺南及黔中叅選人曹如文解每限五月三十日到省入月三十日內簡勘使了選使及選人限十月三十日到選所正月三十日內銓注使畢其嶺南選補使宜移桂州安置

九月二十七日勑應南州每府同一解嶺北州及黔府晉內州每州同一解各令所管勘責出身繇歷選數考課優劣等級作簿書先申省省司勘應選人曹名考等一事以上明造曆子選使與本司對勘定訖便結階定品署印牒付選使其每至選時皆須先定所擬官使司團奏後所司理覆同但憑進畫應給籤告所司爲寫限使奏勑到六十日內寫了差專使送付黔桂等州州司送本州府分付

九年十月勑如聞朝官子弟未曾經曆郎坐要司及京畿并州縣理人官或侍郎受財追遊怠墮或恣行决罰妄作姦非刑憲不可偏矜父兄莫能訓導苟陷於法良軫于懷宜令本司及州府長官按實驗察有此色并少年未諳時事可移與閑慢官

十一年四月十五日勑要官兒子少年未經事者不

冊府元龜 銓選部 條制二 卷之六百三十 四

得作縣官親民

十二年三月詔曰文武選人十月下解既逼銓注勘簡難周不能自親並委胥吏恣成姦濫爲蠹尤深自今以後兵吏兩司專定員外郎人判南曹事每年選畢起五月一日所是文狀郎預勘責關簡判南曹官親自就覆每包攢作簿書對本司長官連署印記不得委其胥吏勘責畢各具人數奏聞其判南曹官所司即進名朕自簡擇以陳希烈席豫判吏部南曹劉同升源復判兵部南曹

其年太子左庶子吳兢上表諫曰臣聞易稱君子思

不出其位言各止其所不侵官也此實百王準的伏
見勑旨勑刑部尚書韋抗等十人分掌吏部銓選及
試判將畢遽召入禁中決定雖有吏部尚書及侍郎
皆不得參其事議者皆以陛下曲受譏言不信於有
司然則居上臨人之道經邦穉俗之規必在推誠方
能感物抑又聞欲用天下之智力者莫若使天下信
之也故漢光武置赤心於人腹良有旨哉昔魏明帝
嘗卒至尚書省尚書令陳矯跪問曰陛下欲何之嘗
曰欲按下省司文簿矯曰此自臣之職分非陛下所
宜臨若臣不稱職則宜就黜退陛下宜即還官帝慙

廻車而反又陳平覩告者漢家之宰相耳尚不對錢
穀之數不問鬬死之人故知自天子至于卿士守其
職分而不可輙有侵越也況我大唐萬乘之君卓絶
千古之上豈得下行選曹之事頊取㤭於朝野乎凡
是選人書判並請委之有司仍停此十銓分選依舊
以三銓爲定

十四年十一月二十五日勑比來所擬法官多不愼
擇或以資授或未適才宜令吏部每年先於選人內
精加簡試灼然明閑法理者留擬其評事以上仍令
大理長官相加簡擇並不得授非其人

十五年九月勑今年吏部選人宜依例糊名試判臨
時考等第奏聞

十六年五月十日勑諸蕃應授內外文武官及留宿
衞長上者共爲一甲其放還蕃者別爲一甲仍具形
狀年幾同爲一奏

十七年三月詔曰追遠判官多有老弱宜令吏部每
年於選人內揀擇彊幹堪邊任者隨闕補受秩滿量
减三兩選與留仍加優奬

是日詔曰諸州都督刺史上佐等官自闕非安穩者
所授官在任經一考以上宜量與改轉

十八年四月侍中裴光庭以選人旣廣嘗限或有出
身二十餘年而不獲祿者復作循資格定爲限域凡
官罷滿以若干選而集各有差等卑官多選高官少
選賢愚一貫必合乎格者乃得銓授自下昇上限年
躡級不得踰越久淹不收者皆荷之謂之聖書雖小
有常規而求財之方失矣此起於後魏崔亮停年之制也其有異才
高行聽擢不次然有其制而無其事有司但守文奉
式循欲壓例而已

五月十一日勑附甲授官無闕者却牒中書門下改
擬

十九年四月二十六日勑應授官較考叙功累勲有
失者門下省詳覆有憑郎爲改注
十二月詔曰設官分職本資共理無隔中外更遞出
入比者考官計年除改緣其任久量與遷移遂長僥
求爭次入考所司情故公然遣來若更因循有損風
化今年考使事了並勒還州必政理著聞當别有處
分其年齒衰暮疾疢緜積無别僘達者宜聽致仕
二十年正月二十二日吏部尚書裴光庭奏文武選
人承前三月十日始畢比團甲巳至夏末自今以後
並正月三十日內團甲至二月內畢

冊府元龜 銓選部 條制二 卷之六百三十 七

六月二十八日蕭嵩奏吏部選人請准舊例至三月
三十日團甲畢
二十一年六月二十八日詔曰古者諸侯舉士必本
於鄉曲府庭署吏亦先於能行所以人自束脩官無
敗政及平魏承漢獘權立九品今之吏部用是因循
久仕漫多爲法轉客然於濟理求才未聞浮識持衡
取事徒立煩文朕寤寐永懷每以怊悵夫琴瑟不調
者改而更張法令不便者義復何異頃者有司限數
及拘守循資遂令銓衡不得採拔天下賢俊屈滯頗
多凡人三十始可出身四十乃得從事更造格限分
品爲差若如所制之文六十尚不離一尉有才能者
始得如此稍敦朴者遂以終身辭是取人豈爲明恕
自今以後選人每年揔令赴集仍舊以三月三十日
爲限其中有才優業異操行可明者一委吏部臨時
擢用貴於取實何限常科雖遠郡下寮名迹稍著亦
須甄拔令其勸勉俾人思爲善之利俗知進取之途
朕所責成實在吏部可舉其大畧令有所依比者流
外奏申乃引過門下簿書堆盈於瑣闥否使填委於
掖垣豈是事宜過爲煩碎自今以後亦宜依舊先是裴光庭爲吏制循資格光庭薨蕭嵩爲中書令與光庭不協以資格取士不賢故奏改之

冊府元龜 銓選部 條制二 卷之六百三十 八

二十四年十二月二十四日詔王子未出閤侍讀侍
講侍文侍書並取見任官充經三年放選與處分習
藝館諸色內教通取前資及常選人充經二年以上
選日各於本色量減兩選與處分左右衛三衛及五
品以上子孫經七年雜衛三衛經八年勲官經九年
並放選與處分
天寶二年十一月十六日勑諸州醫學生等宜隨貢
舉人例申省補署拾年與散官恐年歲深久簡勘無
憑仍同流外附甲
八載六月十六日勑百授官宜待攢符

九載三月十三日勑吏部取人必限書判且文學政
事本自異科求備一人百中無一況古來良宰豈必
文人又限循資尤難奬擢自今以後簡縣令但才堪
政理方圓取人不得限以書判及循資格注擬諸畿
望緊上中每等爲一甲委中書門下察問選擇堪者
然後奏授大理評事其朝要子弟中甫未歷望畿縣
便授此官旣不守文又未經事自今以後有此色及
朝要至親並不得注擬
十一載七月詔曰政理之源實惟選士銓綜之道必
在至公比來文武選人調集者及於留放末日引通

或甄鑒匪周或紀綱不一以資取捨詎免流言須議
事以制法亦因時而革弊自今以後吏部選人宜審
定格限頒示令集銓之日各量官資書判狀迹功優
據闕合留對衆便定豈惟免淹時日抑亦共表公平
見收者旣無濫升被放者亦當斂分則自近及遠以
絶倖求其有宏詞博學或書判特優超越流輩者不
過限以選數聽集其武部選人試日較等第功優亦
對衆便從留放仍永爲常式並作條件處分
是月勑吏部選人書判藍縷及雜犯不合得留者不
限選數並放除此之内先從選滓人一槩並留其選

滓被放人選淺得留名其留放逗留牓示選人各令
知悉仍以單狀奏聞不須更起條目
十二月二日吏部尚書楊國忠奏請兩京選人集銓
日便定留放無長名遂詔文部選人調集者宜審定
限格令集銓日量官資書判狀跡功優據闕合留對
衆便定
十三載三月二十八日勑爲授官取蜀郡大麻紙一
張寫告身
七月二十七日勑如聞嶺南州縣近來頗習文儒自
今以後其嶺南五府管内白身有詞藻可稱者每至

選補時任令應諸色鄉貢舉仍委去使准我考試有
堪及第者具狀聞奏如有願赴京者亦聽其前資官
并嘗選人等有詞理兼通才堪理務者亦任此選及
授此官
肅宗至德二年二月詔其剌史上佐錄事叅軍縣令
委中書門下速於諸色人中精加訪擇補擬判司丞
以下宜令所繇先於兩京潛藏不事逆賊及故託疾
病官中簡擇考資滓才堪者銓注續發遣
乾元二年三月丙辰詔自來諸州府多有奏請官者
或先無闕員所司雜授攝郎與賛滓紊紀綱自今以

後州縣官有灼然衰暮瘖弱無政及犯贓私切須與替者仰具事繇聞奏如縁軍州文要官吏部任簡擇并具闕繇聞奏所奏人皆須具歷任考第甲授日月同奏

三年閏四月詔設官以理本在安人遞遷之政務於利物今寰瀛之內兵革未清加以時或不登物皆踴貴軍儲是瑟廪稍靡供冗官之流固甚勞弊其京閑司官等有材堪釐務者宜令中書門下郎類例量資歷出授外官

代宗寶應二年七月制刺史縣令自今以後改轉刺

史三年爲限縣令四年爲限員外及攝政官一切不得釐務

廣德元年二月勑諸州府及縣令今後每有闕官宜委本州府當日牒報本道觀察節度及租庸使使司具闕繇附便使牒中書門下送吏部依闕准式處分其所闕官有職務稍重者委本府長官於見任及比司官中簡擇權令勾當正官到日停不得更差前資及白身等攝吏部及制勑所授官委中書門下及吏部甲制勑出後三日內下本州准令式計程水・月不到任本州報中書門下吏部用闕如灼然事故准勑勒留不在此限其違程人六品以下本色內殿一兩選許同會闕不成人例五品以上停一二年其殿選人諸州諸使不得奏用

二年二月制臺省之官事資履歷刺史縣令任在親人職務所更是爲理本其左右丞侍郎御史中丞等取曾任刺史者郎官亦取曾任縣令者并所選御史亦宜於錄事參軍縣令中簡擇仍須資歷稍深者其有官非累歷才行特堪任用者自布衣以上任所在聞薦委中書門下尚書省考試堪任者不在此限其天下諸州府長官及縣令有清白著聞善政稱最能

招輯逃亡編附復業户口增多者具狀聞奏朕當差人按覆與所舉狀同者超資進改又諸州府授官違程不到任六品以下各於本色內殿一兩選同會闕不成例處分五品以上停一二年與處分

三月詔中書門下兩省五品以上尚書省四品以上御史五品以上諸同正員三品以下諸王駙馬中要周朞上親及女婿外甥不得任京兆府判司畿令赤縣丞簿尉從京兆尹魏少游所請

永泰元年七月詔不許百姓任本貫州縣官及本貫隣縣官京兆河南府不在此限

大歴元年二月詔許吏部選人自相舉如任官有犯
坐舉主從吏部侍郎王延昌所請
四年正月吏部以選士多闕員少請用授官計上日
成三考闕許之
六年七月十四日宰臣奏請自今以後勑授文武六
品以下官勑自後付兵吏部附甲團奏
十二年六月勑見任中書門下兩省五品以上尚書
省三品以上子孫合授官者一切擬京官不得擬州
縣官
德宗大歴十四年五月癸亥郎位六月己亥朔德宗

御丹鳳樓大赦天下諸州刺史上佐自今以後准式
入計
建中元年正月制嘗叅官及節度觀察防禦軍使都
知兵馬使刺史少尹赤令畿令及大理司直評事授
訖三日內於四方館上表讓一人自代其外官委長
吏附送其表付中書門下每官闕以舉多者授之
其月勑大理法官及太嘗禮官宜委吏部每至選時
簡擇才識相當者與本司商量注擬
二年七月關播爲給事中舊例諸司甲庫皆是省吏
掌知爲獘頗久播始定議並以士人知之至今稱當

興元元年六月詔應去冬奉天行在給勑牒授官人
等宜令中書門下簡勘牒及甄擦分明即依授官月
日進畫以後簡官日並畫日爲定不得用所行下月
日
十月詔軍衛及率府五品以上正員武官得替及以
禮去任者宜令兵部准五品以上天官例每年作格
限條件聞奏
是年勑吏部侍郎劉滋知洪州選事時京師寇盗之後天下蝗旱穀價翔貴選人不能赴調乃命滋江南典選以便江嶺之人時稱舉職
十一月嶺南選補使右司郎中獨孤愐奏伏建中四

年九月一日勑選補條件所注擬官便給牒放上至
上都付吏部團奏給告身勑旨准式處分
貞元元年三月勑宜令清資嘗叅官每年於吏部選
人中各舉一人堪任縣令錄事叅軍者所司依資注
擬便於甲歴具所舉官名銜仍牒報御史臺如到任
政理尤異及無贓犯事跡明著所司錄舉官姓名聞
奏當議褒貶仍長名後二十日內舉畢仍永爲嘗式
七月吏部奏選人淹滯多時理須權宜發遣請量取
建中四年授官至今計日成考三闕注擬其授替人
皆於嘗例稍屈宜量事優當委所司選限畢後具所

用闕人名銜聞奏至選日各減一選
二年正月詔曰叅官及節度觀察防禦軍使城使兵
馬使諸州刺史少尹赤令畿令并七品以下清官及
大理司直評事等項者令內外新授官人三日內上
表舉一人自代欲於中選才堪者任用比來所舉少
有摭實殊乖素來求才之意自今以後每舉人皆令
指陳其承前事跡如有政能行義藝業勞効各分析
言之
二月京兆尹鮑防奏咸陽縣令賈全是臣親外甥伏
准廣德二年三月十一日勑中書門下及兩省五品

以上尚書省四品以上諸司正員三品以上諸王駙
馬等周碁以上親及女婿外甥等自今以後不得任
京尹兆府判司及畿縣令兩京縣丞簿尉等者詔曰
功勞近臣至親子弟既處繁劇或招過犯寬宥則撓
法取責則虧恩不令守官誠爲至當賈全等十人昨
緣畿內凋殘親自選擇事非常制不令避嫌
三月吏部奏劇准今年二月十三日勑除臺省常叅
官餘六品以下並准舊例部付本司處分者其六品
以下選人中有人才書判無闕相當承前准格皆送
中書門下又立功狀奏請要有褒揚等令並委本司
注擬即不同常格選人若無闕相當一一令待續闕
事即停滯必招喧訴應緣功狀及非時與官合授正
員額內并選限內無闕注擬者伏請量事計日用成
三考闕如臨時人數稍多注擬不足灼然須處置𤼵
遣即請兼用兩考以上得資闕并量人才資序注擬
訖准勑送中書門下詳定可否其六品以下有官資
稍高合入五品縱非五品亦請依前送名勑旨兩考
闕不在用限其三考闕如非當年准格令用除別勑
授官人外亦不在用限如闕員不足選人事須處分
者臨時奏聽進止餘依二月勑二月勑實緣不戰

其月又勑五品准式不合選補使注擬宜付吏部簡
勘訖送中書門下其據資叙却合授六品以下官任
便處分
五月吏部奏伏准貞元元年七月二十五日勑諸州
府及京五品以上官停使下郎官御史等宜付所司
作條件聞奏省緣諸色功優非時授官闕員稍多請
作節限許集上州刺史兩府少尹四赤令停替後許
一月日於都省陳牒納文狀畢簡勘同具歷每至
月終送名中書門下仍請不試太原河中鳳翔江陵
成都興元府少尹赤令及原兆鶴赤令中下州刺史

諸使不停藏郎官御史等停官當年並聽集六品以
下常參官以禮去任者當年聽集宜負官京兆府先
申中書門下省簡勘未成失文曆者其中先東西在
遠不及選集並請依後許合集人限所在陳牒隨例
赴集選人有明經進士道舉明法出身無出身人有
經制舉宏詞拔萃及第判入等清白狀陟狀并曾有
上下考較奏成及考義名聞制及勑褒奬者或曾任
郎官御史起居補闕拾遺太常博士兩府畿赤官使
下郎官觀察使節度都團練防禦度支水陸運鹽鐵
使留守判官支使推官書記等制勑分明

貞元元年十二月以前離任者一切聽集併六府少
尹畿赤令並不在此試例應未及一考以下被替丁
憂服滿廢省患解侍親解并隔絶不止州府縣昇降
等官並聽當年集緣未得資望准六品以下選人例
所試狀縱入下等望臨時據人材定留放其違程上
人經免殿者聽集仍却還本道本色官應准格未合
集人其中有文詞博贍學術精通灼然爲衆所知亦
任於所在州府程狀本州長官精加選擇堪奬拔者
具解繇送依例赴集至省審考覈有才實相副別狀
送名如有渝濫其本州署申解牒本判官量事科罰

四品五品官中庸衰疾情願致仕官者但是正員官
不限考數任於所在州府陳牒依合集人狀樣過縣
歷准前送本道觀察使上省不用身到禮部附學官
先及第人黃蘭吏部者並聽集准例式狀定留放應
集合試官並望准舊例狀一道仍准建中二年格例
及大曆十二年六月制請條委左右僕射兵部尚書
侍郎同考試其狀考入上次等具名所試狀依限送
中書門下其考入下等者任選
七月復置吏部小選七月詔實錄不載
二年十一月十日勑嶺南黔中選舊例補注訖給牒

放上其俸除手力紙筆團廚雜給之外餘並待奏申
勑到後據旨給付其福建選補使宜停其桂黃泉建
賀福部等州宜依選例省補
四年正月一日詔額內官勿更注擬見任者三考勒
停諸道幕府判官及軍將比奏改准例多超日應從
散慢入清望官者並拆資處分
八月吏部奏伏以艱難已來年月積久兩都士庶散
在遠方三庫勑甲又經伏墜因此人多罔冒吏或詐
欺混見官者謂之擘名承已死者謂之接脚乃至制
勑旨甲皆被改張毀裂如此之色其類頗多比來因

循遂便滋長所以選集加衆眞僞混然實資簡責用
甄涇潤謹具解歷狀樣如前伏望委諸州府縣於界
內應有出身以上便令依樣通狀限勑牒到一月內
畢務令盡出不得遺漏其勑請令度支急遞送付州
府州司待納狀畢以州印印狀尾末縫相連星夜送
觀察使司定判官一人專使勾當都封印差官給驛
遞驢送至省上都五百里內十二月上旬到千里外
中旬到每遠較一千里外郎加一旬雖五千里外一
切正月下旬到盡黔中嶺南應不合北選人不納文
狀限其狀直送吏部曹不用都司發人到日所司勘

會郎姦僞必露冤抑可明如須盤問郎下所在州府
責狀其隱兩未盡及在遠不及期限者亦任續通依
前觀察使與送所在勘責必有灼然踰濫事跡著明
者據輕重非條件商量聞奏庶稍澄流品永息踰濫
勑旨依奏
五年十二月十六日勑除嘗參官及諸使判官等餘
並附所司申其兵部選人亦准此
六年二月詔吏部續留選人新授官者至來年二月
之任初吏部侍郎劉滋李紓以去冬選人無缺員乃
奏請代貞元五年授官計日成考者三百五十員令
至今年八月之任議者非之於是諫議大夫韓章抗
疏曰竊見去年選授官者多以六月七月方至任所
扶老攜幼不遠數千里以就一官到纔經年遂見停
替又見在留中人多有在貞元四年闕者准格至來
年正月赴上其續留人注五年闕者遽以今年八月
便上一等用闕一等授官五年闕者授替在前四年
闕者准格上仍在後事交非允可矜今制命已行難
於改易其所授官人請令至來年二月上赴從之
八年二月戶部侍郎盧徵奏內外官應直京百司及
禁軍并內親勒留官等若勑出便帶職事及勒留京

官郎合以勑出爲上日外官以勑到爲上日如今司
未經奏聞郎合同赴任者例准貞元六年二月二十
四日勑待甲出後省符到任日支給俸料者若甲出
未帶勒留官簽符先下州府支替理例未免喧爭伏
請起今以後並須挾名勒留勑到任方爲上日支給
科錢其附甲官有給脚依前勒留直諸司者待附甲
後簽符到州爲上日支給課料與塞僥求庶絕論訴
勑旨宜依
是年中書侍郎平章事陸贄始復令吏部每年集選
人舊事吏部每年集人其後遂三數年一置選人

猥至文書多不可尋勘眞僞紛雜及因大爲姦巧選士一蹉跌或至十年不得官而官之闕者或累歲無人贊乃令吏部分內外官員爲新分計闕集人年以爲甞其弊去十七八天下稱之

九年七月以縣令四考爲限無替者宜至五考

十一月制以冬薦官其令諸司尚書左右丞本司侍郎引於都堂訪以理術兼試時務狀考其通否及歷任考第事跡定爲二等並舉主名姓錄奏仍令御史一人監試如授官有課効尤著及犯贓不任者仍委御史臺及觀訪使聞奏以殿最舉使

十二月制自今後應諸色使行軍司馬判官書紀參謀支使推官等使罷者如是簡較試五品以下不合於吏部選集並任准罷使郎官御史例冬集季聞奏

十年二月刑部奏准建中元年正月十七日勑諸州府五品以上正員及額內上佐宜四考停其左降官不在此限者五品左降官旣不許停祿料六品以下未復資已經四考未量移間其祿料伏望亦許准給勑旨祿料宜准天寶六載七月十四日勑處分餘依甞式

十一年五月左降官于邵劉騊等並量移授官故事量移六品以下官皆吏部旨授至是始特制授之

十三年三月詔於吏部選人中簡擇通事舍人

十四年八月故懷澤縣主壻簡較右贊善大夫竇克搆伏言臣頃以國親超授寵祿及縣主薨逝臣官遂停臣陪位出身未授簡較官日自有本官伏乞宜付所司許取前銜婺州司户參軍隨例詣選詔竇克搆宜令赴選仍委有司比類前任正員官依資注擬自今以後郡縣主壻丁憂外有曾任正員官停簡較官俸料者亦准此處分其餘先是兼試同正員等不在選序者停簡較官俸料任便赴集有司據簡較官量

降三資與正員官元無官與解褐正員官

十五年六月詔吏部奏選人依前二月三十日以前團奏畢其流外兵部禮部舉人等專委郎官恐不詳審共爲取舍適表公平每至留放之時皆就尚書侍郎對定旣上下簡察庶任得人

十六年十二月罷吏部覆考判官先是每歲吏部選人試判官別奏官考覆第其上下考訖中書門下覆奏擇官覆定侵以爲例至是中庸侍郎平章事齊抗奏言吏部尚書侍郎已朝廷精選不宜別考重覆其年他官考判訖俾吏部侍郎自覆問後一歲遂除罷

考判官涖因抗所建白也

冊府元龜

冊府元龜　銓選部　卷之六百三十　二十三

冊府元龜

巡按福建監察御史臣李嗣京　訂正
分守建南道左布政使臣胡維霖　參閱
知建陽縣事臣黃國琦　較釋

銓選部

條制第三

唐憲宗元和二年正月制曰江淮大縣每歲據闕委三省御史臺諸司長官節度觀察使各舉堪任縣令不限選數並許赴集臺省官及刺史赤令有闕先於縣令中揀擇如有能否與元舉人同賞罰復置具員

簿以序內外庶官

五月中書門下舉奏正月赦文令於中書置具員簿以序內外庶官爰自近年因循遂廢清源正本莫急於斯令京常叅官及外官五品已上前資見任起元和二年量定考數置具員簿應諸州刺史次赤府少尹次赤令諸陵令五府司馬及上州以上上佐東宮官除左右庶子王府官四考已上並請五考其臺官先定月數令諸侍御史滿十三月殿中侍御史滿十八月監察御史依前二十五月與轉三省官並三省餘官及三考四考外其文武官四品已上並五考商量與改尚書省四品已上文武官三品已上緣品秩已崇不可限以此例須有進改並臨時奏聽進止其權知官後至兩考然與正授不得用權知官資改轉其內外諸色官中緣官闕要人及緣事須有改移者即不在常格敘遷之限諸道及諸使副使行軍司馬判官參議掌書記支使推官巡官等有勑充職掌舉倘較五品已上官及臺省官三考與改轉餘官四考與改如未經考者並諸授同類官經兩考者依資與轉如前銜已是使下官未經考者請以本官改轉經三考者依資與轉仍許通前任計爲考數其軍州戎

鎮別立功效事跡彰著爲衆所知者須別甄錄即具上事奏聽進止其罷使郎官御史任依舊冬薦其諸道應須薦送人等自今已後諸郎官御史者便其時限同爲冬薦所同准例簡勘申送中書門下六品已上官非郎官御史者狀到後望付吏部准貞元元年二月七日勑處分從之

三年三月詔秘書省弘文館左春坊司經局較書郎正字宜委吏部自今於平留選人中擇取志行貞進藝學精通者注擬綜覈名實唯在得人不須以登科及第其較書正字限考入畿縣簿尉任依常格

四月詔重定舉縣令之法准元年赦書所舉縣令皆令直言其事不得妄爲文飾吏部舉其事狀隨事簡勘者今主司只畧勘資歷未究材能自今已後宜委吏部精加考覈必使詳實所冀舉不妄施官無虚授仍令四時注擬其觀察刺史所舉不得授以本州府縣令到任後有罪犯其舉主准前勑貶罰

四年正月中書門下奏伏准元和二年制吿舉薦縣令等前後勑文非一有司難於遵守令旨中外所舉縣令並依表狀十月三十日到省省司精加磨勘依平選人例分入三銓注擬平選人中有資考事跡人

才與縣令相類即先注擬時集望停從之令長親人之吏也比以資授多才不稱官故令庶僚舉也上才或不屑就受薦者多不出其類徒以未涉資序遂超踐優論者以爲啓倖門故稍復舊制焉

三月詔令後宗正寺脩撰圖譜官知匭使判官至考蒲日宜各減兩選

七年八月中書門下奏請州府五品已上官替後委本道觀察使及長吏量其才行幹能堪奬用者具人才資歷每年冬季一度聞薦其罷使郎官御史委中書門下兩省御史臺尚書省常叅及諸司職事三品已上文官左右庶子詹事諸司少卿監子司業少尹國子博士長安萬年縣令太常博士著作郎秘書丞等毎年冬准此聞薦諸司府叅佐簡較試官從元授官月日計如是五品已上官及臺省官經三十六箇月奏改轉如未經考便有事及停替官本限之外更加十箇月即任申奏從之

八年九月刑部奏准今年七月二十一日勑諸色左降官等經五考蒲許量移者其貶降日授正員官或無責詞亦是責授並請至五考蒲然後許本任處申闕並餘左降官縁任處多在遐遠至考蒲日其申牒

稽遲致使留滯者其刺史録事叅軍等請與下考如蒲後隨已申牒未量移問其祿料並准天寶貞元兩度勑文依舊支給其本犯十惡等罪已有正名請依舊從之

十一月勑有司奏申光蔡三州州縣官縁給復無税應支俸料今量定員額及課料其六品已下官仍令吏部於選人中擇優與注擬毎月課料錢委所司量與支給其員外課料等本額待給復年蒲一切仍舊

十二月吏部奏比遠州縣官請量減選四選五選六選請減一選七選八選九選各請減兩選十選十一

選十二選各減三選伏以比遠處都七十五州選人
試後懼不及限者卽伏請注擬雖有此例每年不過
一百餘人其比遠州縣皆是開元天寶中仁風樂土
令者或以俸錢減小或以地在遠方凡事平流從前
不注至若勸課耕種歸懷逃亡其所擇才急於近地
有司若不注授所在唯聞假攝編甿益困田土益荒
請減前件選勑旨宜依
十一年九月中書門下奏字人之官從古所重遂許
論薦冀得循良其或不依節文虛指事迹旣開謬舉
之路是長倖求之風望自今已後所舉人事迹與節

文不同及簡勘無據幷到官後不稱職及有負犯等
事並請量輕重坐其舉主輕則削奪重則貶謫伏以
前後勑文雖有條約比來銓覈多務因循今重申明
所期畫一其舉人到省後所簡勘如與節文不同卽
具事由並舉主名銜申中書門下如所司鹵莽使與
判成察知事狀違越則所司舉主同坐從之
十二年六月詔自今已後應受權判官京官一考已
上外官兩考已上職事條舉者然與正授如未及五
授別要除改者不得全用權知判官資如特委重務卽
不在此限

十三年六月停每年舉薦縣令
十四年三月吏部奏請用鄆曹濮等一十二州州縣
官員闕先是淄青不申闕員至是叛將李師道誅始
用闕焉
穆宗以元和十五年正月卽位二月中書門下奏見
任正員官充職掌等比限兩考及授官經二周年以
上方許奏請然與依資改轉有才在下位者不免留
滯請自今已後諸道使應奏請正員官充職掌經一
年者卽依資與改轉如未周者卽量與同類試官如
此處分庶將得中勑旨依奏

長慶二年三月詔曰如聞近日武班之中淹滯頗久
又有諸道薦送大將或隨節使歸朝自今已後宜令
神策六軍使及南衙常參武官具由歷幷前後功績
牒送中書門下若勳伐素高人才特異者量加獎擢
其常參武官准具員年月日改轉勿令淹滯諸道軍
府大將監察以上官者三周年與改轉大將未曾奏
官者亦仰奏請應天下諸軍各委本道據守舊額不
得輒有減省官健有死王事者三周年不得停本分
衣糧自憲宗御宇至此十八年矣凡朔方吳蜀洎山東兩河累與問罪之師其間兵戈少息者不五六歲故帝自藩邸細聞軍旅之事謂戎臣武卒常宜姑息繼統之始則以恣行給賚神策禁旅須左右三

事兵建號長行者其名數衆人尚獲五萬至於非時賜與不可勝紀驕横不戰其勢已甚今又降優假之詔俾其蕃大復有丁買爲吏竄昇朝籍者厚持緡貨納於方鎮方鎮嗜利者即以大將文符給之僞其職秩年月未幾則求薦聞必曰某以歲久宜遷某以殊勳合獎宰臣奏擬下得王官欲望兵復於農官清其品難矣

九月詔曰廣德貞元再有敕旨要官密歲並不許任京兆判司畿令兩赤縣丞簿尉等緣人不遵行更沓提舉自今已後切宜禁斷

十月中書門下奏諸司要官密戚周親見任府縣官伏以所立隄防止緣權要今諸司卿監保傅三少詹事祭酒王傅西班將校等亦無威力敢冒典章一槩

防閑事誠太過自今已後應宰臣及左右僕射御史大夫中丞給事舍人左右丞諸司尚書侍郎度支鹽鐵使在京城者并諸王駙馬其周以上親并女婿親外甥請准廣德二年三月十一日及貞元二年二月十三日敕不得任京兆府判司次赤及畿令長安萬年丞簿尉其餘一切並不在此限冀典法易遵羣情大愜詔付所司永爲常式

敬宗寶歷元年正月詔曰如聞去冬吏部選人駁放者衆或文狀粟錯或書判差池主司守文不得不爾既施惠澤亦在霑恩其長名及雜駁選人如有未離京城者委吏部今月內簡勘除涉踰濫者餘並却收以比遠殘闕注擬如不情願不可強之又刺史縣令已後若無過犯未滿三周年不得除替如理行尤異但議就加其有才宜他職灼然要籍者中書門下先具事由及授上年月奏聽進止

二年二月容管經畧使嚴公素上言容州及普寧等七縣請同廣韶桂賀四州例比選從之

十一月詔京百司應帶職奏正員官者自今已後宜於諸司及府縣見在任官中選擇便以本官充職如見任無相當者即任於當年見選人中奏用便據資

序與官不要更待銓試仍永爲常式

十二月詔應請以一子官廻授諸親者自今已後須是周親仍勘驗分明方可注擬從有司之請也

是月吏部又奏伏以吏部每年集人及定留放至於注擬皆約闕員近者入仕歲增由闕日少實由諸道州府所奏悉行致令選司士子無闕貧弱者凍餒滋甚留滯者喧訴益繁至有待選十餘年裹糧千餘里累駁之後方敢望官注擬之時別遇敕授私惠行於外府怨謗歸於有司特望明立節文令自今已後諸司諸使天下州府選限內不得奏六品已下官敕旨

依奏
文宗太和元年正月山陵使奏伏以景陵光陵已來諸司諸使所差補押當及雜職掌等官皆據舊例合得減選其中有無選可減者便放非時選吏曹緣是承優放選例多判成有過格年深身名踰濫赴甞選不得者多求減選職掌圖得非時集因緣優勑成此倖門其吏曹爲弊頗甚今請應差前資官充職掌並不得取選數已過格人庶絶奸冐勑旨依奏
是月詔應緣諸軍使充押當雜任使合承優減選人請差前資官充不得取選數過格人

五月禮部奏山陵挽郎准光陵令補二百二十人伏以近者仕進多門身名轉濫苟循往例爲弊滋深取前弘文崇文館生及已考蒲太廟齋郎充如人數不足兼取前明經充其中有未過者請放冬集仍減兩選已定各𠕒者減二選從之
八月勑諸道諸軍使應奏判官幷每年冬薦等所奏判官除新開幕府擬員額置署外其向後奏請如是元闕即云官某職今奏某人充如已有今更奏即云某職某人緣某事停奏某人替具前使下臺省官合冬薦者除府使罷外既有薦用當且要籍豈合數月之間便稱去職自今已後如帶職掌授臺省未經兩考者不在冬薦限如其中實有事故其他官據品秩合冬薦者則依元勑
九月中書門下奏諸道應奏州縣官銜散試官及無出身人幕府遷授致仕官諸京司奏流外諸道進奏官等兩畿及諸道奏長馬縣令錄事參軍簿尉等兩京及諸道州府六品已下官除初授外並合是吏部注擬近日優勞資蔭入仕轉多每年選集無闕可授若容濫請是啓倖門遂使平人不無受屈今請並停淮山南三川陝內及諸道比遠雖吏部注擬不情願

赴任者及元不注擬者其縣令參軍長吏倚賴義不容私如有才術優長假攝勞效特許前資見任及有出身人中奏請每道不得過三五人如諸道縣令錄事參軍政事異能決疑及緝理殘破若須旌賞者許所在奏論然須指事而言在選限內亦請准實歷二年十二月七日勑處分京諸司流外官並每年繫部闕員今並不許奏請致仕酌法循舊頗越典章自今請自甞參官五品以外官及四品者許致仕餘停又幕府遷授章服貞元元和之間使府奏職至侍御史然後兼省官至於章服皆奬時效人思勸勉克已慕

名近日奏殿中及戎卒便請朱紫數事俱行其中自綠腰金皆非典故請自侍御史後年月足後便始與省官至於朱紫許於本使府有事跡尤異爲衆所知者然許奏請唯副使行軍奏職時如先着綠便許着緋餘不在此限又諸道進奏官舊例皆不奏正官近既奏請仍於別道占請有俸祿處頗乖典制今請並奏當道官如資歷已至五品考滿日已前者望許至考滿日從之近歲倖門雜啓以前四條者又甚時宰臣方貞百度故次第矯革焉

十月中書門下奏應禮部諸色貢舉人及吏部諸色

科目選人等凡未有出身未有官如有文學只合於禮部應舉有出身有官合於吏部赴科目選近年以來格文差互多有白身及用散試官並稱鄉貢者並赴科目選及注擬之時即妄論資次曾無格例有司不知所守其宏詞拔萃學究一經則有定制然亦請不在用散試官限其三禮三傳一史三史明習律令第如白身並令國子監及州府同明經進士薦送如考試及第明習律令同明經一史三禮三傳同進士三史當年關送吏部便授第二任官如有出身及有正員官本是吏部常選人則任於吏部不限選數應

科目三史則超一資授官如制舉人既諸色人中皆得選試則無出身官人並可以請不用散試官從之

二年閏三月都省奏落下吏部三銓甲內今春注超資官凡六十七人勑部省所執是格銓司所引是例互相陳列頗亦紛紜所貴清而能通亦繇議事以制論選已過方則爭今選人可哀難更停滯其三銓已授官都省落下並依舊注與重團奏仍限五日內畢其中如官超一資半資已今據稍優者至後選日量事降所尚書侍御注擬不一致令都省以此與詞鄭絪丁公著各罰一季俸東銓所落人數較少楊嗣復

罰兩月俸其令年選格仍分明標出近例有可行者收入格不可者於格內書破則所司有文可守選人無路倖求時尚書左丞韋弘景以吏部注擬不公選人多超資授官紀按其事落下勑申吏部引例以爲據選人輩又借官已成道路沸騰日倍宰相喧訴遂降此勑

六月勑應諸軍使及諸道軍將兼將授正官如聞內外官曹悉皆充滿上自要重下至甲散班行府縣更無闕員或未經考便須更替相沿薦請爲弊滋深況設官有定額不可增加列職無常數難兼命秩又文

武名分授受各殊其諸使諸道將較等自今後宜依注例除舊有正官外並不得兼授正官

九月勑吏部今年東都選事宜令河南尹王播權知侍郎銓試畢日停

三年二月勑領南選補雖是舊制遠路行李未免勞人當處若有才能廉使宜委推擇待兵息事簡續舉舊章其南選便可更停一二年

四月中書門下奏內外文武官除授近日人多干競跡罕貞脩或丹詣宰司自陳功狀或上黷宸扆曲祈恩私亦有粗因勞績已授官榮及居今任別無課效

唯引向前事狀只希更與遷昇凡是此流稍要立制伏望自今須有除授並先選吏跡有聞行已務退者隨才獎用如有跡渉浮躁事形徼求者量加擯棄從之又詔東都選事宜權停

七月詔諸道進奏官舊例多是本道差文武職掌官充自後遂有奏帶正官者近又有諸兼簡較官及憲官者遞相援引轉無章程自今已後更有奏請帶正官者不得兼簡較及憲官如准諸道諸軍諸使職掌官例請簡較兼憲官充則不得帶正員官其見任有官者且聽仍至合轉改時商量處分

四年五月中書門下奏准太和元年九月十九日勑蹬華兩畿及諸道奏請州縣官唯山劒三川硤內及諸道比遠許奏縣令錄事叅軍其餘並停自勑下以來諸道累有奏請如滄景德棣勑後已與數員伏以勑令頒行不合違越苟有便宜則須改張自今已後山劒三川硤內及諸道比遠州縣官有出身及前資正員官人中每道除錄事外望各許奏三數員如河北諸道滄景德棣之類經破傷之後及靈夏邠寧鄜坊涇原振武豐州全無俸料有出身人及正員官悉不肯去吏部從前多不注擬如假攝有勞望許於諸

色人中量事奏三數員其餘勒約及期限並依太和元年九月十九日勑處分可之

七月吏部奏當司兩銓侍郎廳伏以吏部居文昌首曹侍郎爲尚書二職銓庭所宜順序廳事固有等差舊以尚書廳之次爲中銓其次爲東銓自乾元中侍郎崔器以當時休咎爲虞奏改中銓爲西銓久次侍郎居左以新除侍郎居右因循倒置議者非之伏請今以後以久次侍郎居西銓以新除侍郎居東銓勑旨依奏

是月吏部奏三銓正令史每銓元置七人今請依太

和元年流外銓起請置五人減下二人南曹令史一
十五人今請依太和元年流外銓起請節文減下三
人奉勑宜依
五年二月吏部奏請量抽大和三年終已來至今年
三月四月已來得員及計人成三考闕四十五員伏
緣去冬諸色黃衣叅選者倍多於常年其間十七人
皆是勳臣貴戚及常叅官子弟不可任遠處州縣官
三銓以當年合用闕方員發遣之外每銓各有十餘
人未得官今請准元和中及長慶初勑例據見在人
數量抽前件闕注擬畢具所用闕聞奏勑旨宜依

六月勑應選人未試已前南曹駁放後經廢置詳斷
及准堂判却收比來南曹據給帖人數續到續試銓
司吏不考判便同平留選人例注擬稍涉僥倖自今
已後應有此色竝請待正月十日准格詳斷限畢都
引試判不及格幷雜犯及續簡勘庫報幷前選子案
不同並駁放不在更陳狀披訴及重詳斷之限
是月又勑應選人及冬集人子案門下省簡勘畢後
比來吏考南曹令史收領却納門下甲庫在於公事
頗甚勞煩自今已後請勒吏部過院本令史便自分
付甲庫以備他年簡勘請門下省勒甲庫令史每過
選切點勘收什明立文案據官吏等遞相分付不得
妄有破除南曹申請之時如有稱失落欠少本令史
專知官准簡報楷改違條例處分
是月吏部奏准貞元十八年四月一日勑諸親注得
外官欲赴任自今已後每年須先奏聞者今請至時
准勑簡勘聞奏其諸親已薨歿子弟注得外官者准
前後勑合奏聞起今已後請便赴集更不在重奏限
其給解處審勘責仍於家狀一一具言親等第如違
駁放勑旨依奏
是月詔南曹簡勘廢置詳斷選人儻有屈事足以往

覆辨明近年已來不問有理無理多經中書門下接
訴致令有司失職莫知所守選人踰分唯望哀矜若
無條約恐更滋甚起今已後其被駁選人若已依期
限經廢置詳斷不成自謂有屈任經中書門下陳狀
狀到吏部後銓曹及廢置更為詳斷審其事理可收
卽收如散至三人已上廢置郎官請牒都省罰直如
至十人以上具事狀申中書門下取處分如未經廢
置詳斷公然越訴或有已經詳斷不錯輒更有投論
者選人量殿兩選當具格文牓示冀無寃濫亦免倖
求

七月詔諸色藝能授官自今已後如有罪犯停職者委本司牒報吏部不在敘用限

六年五月御史臺奏請諸道節度觀察防禦經畧等使有子孫授京城及諸州府官合赴任奏請勾留在本道事伏以本置官員籍其任守吏曹注擬皆是職司況調選須有出身合年十五已上比及於二十已下十年則二十五年足可以爲成人矣今則皆稱年小奏請勾留在於相承習以成例若實年小卽不合早補身名若實當年又何慮爲官不了今請諸方鎮子孫應選授及奏授官一切勒歸本任不得輙更奏

留如或恩出殊常特賜一子者年五十已下卽任奏聽進止庶得藩方絶塵冒之請州府無假攝之官中外遵承典章不紊從之

八月詔凡權知授官皆緣本資稍優未合便得藉才擢用故且權知若通計五考卽便同正授極爲僥倖自今已後應諸州府五品長馬權知正授通計六考蒲停其勤留官如有未滿六考停給課科者便准此却與支給

七年五月中書門下奏國之根本繫於生靈人之性命縣於守宰刺史猶官重事隔莫得躬親人之切無如縣令況自兵興已來仍歲災歉百姓凋弊救弊之術在於擇吏又録事叅軍糾察屬縣課責下僚一郡紀綱藉其提舉若曰令吏曹注擬無由得盡人才眞僞難知貪廉莫辨准太和二年赦書已令揀擇縁吏部起請多有異同訪聞近年已來所舉殆絶又去年吏部舉請令郎官御史等舉薦勘爲縣令録事叅軍者雖有保任之言殊非責成之道臺省官假使是其親故或素所脩知旣非得於任官未必究其事實豈若考績効於理所聽善惡於毗謡則改之否臧較然易辨臣等商量望令京兆河南尹及天下刺史各

於本府本道常選人中揀勘擇堪爲縣令司録録事叅軍人名具課績才能聞薦其諸州先申牒觀察使都加考覈申送至吏部至選集日不要就選場更試書判吏部尚書侍郎引詣銓曹試時務狀一道訪以理人之術及自陳歷任以來課績令其一一條對但事理明切不假詞華取其理識優長者以爲等第便於大縣及難理處注擬仍取稅五萬貫以下縣注授卽免盡占常選人闕員其刺史所舉縣令録事叅軍如并有人人得上下考就加爵秩者任年考已淨者便優與進改其縣令録事叅軍如在任績効明著兼

得上下考及陳狀者許非時放選仍優與處分便委本州長吏聞薦厤得詳其實效如所舉縣令錄事參軍犯贓一百貫已下者刺史量削階秩一百貫已上者移守僻遠小郡觀察使望委中書門下奏聽進止其犯贓官縱累逢恩赦亦不在收敘之限所舉人中如有兩人善政一人贓犯亦得贖免如此則長吏切於求理須自擇才上奉朝章必無濫舉可之其餘官見任得上下考與減三選如兩選已下者同非時人例處分

七月中書門下奏諸道諸使停罷郎官御史等望令罷職後其所任官經兩考已上方得冬薦如所任官

未經考者許以罷職後計月日成兩考即得冬薦如考數未滿便冬薦者其所舉官量加殿罰如文學才行堪奬用者中書門下別加揀擇不在此限諸州府上佐罷秩後便求本道薦狀入城今中外官員年不盈溢聞薦繼至除授稍難其上佐考滿後望量立年限經二年已上方得聞薦其非時替者更守二年即似稍屈望一年後許冬薦如才行政績爲衆所知者望委中書門下搜訪與昇奬不在此限例從之

八年正月吏部奏准勑疎理諸色入仕人等今諸司流外令吏府史掌固禮生楷書醫工及諸軍諸使承優官典摠一千九百七十二員共請權减六百五十七員兵部奏應管左右仗千牛僕寺殿中省進馬左右金吾仗長上共一百六十一員今三色共請减六十七員文簡武簡三衛每年三銓都請留六十人爲定禮部奏明經弘文館生大廟郊社齋郎掌坐等共五百五十二人今六色共請一百三十八人從之

九月詔復集吏部禮部兵部今年選舉銓試之期遍延一月

九年十二月詔中書門下吏部各有甲庫籍天下諸色出身以防渝濫諸道應奏諸色官改轉悉下三庫

以稽其實委給事中中書舍人吏部格式郎中各與本甲庫官具有無異同申中書門下然與進擬如諸司使所奏不實或以無爲有各加懲殿以絶奸源

開成元年二月中書門下上言諸州刺史諸府少尹次赤令諸州府五品已上官并嘗叅官等在任之例約是三載命代之後遠則到京人數既多闕員嘗少稍經時月則訴饑寒起今後請據舊章刺史及五品已上官在外應受替去任非有徵召未得到京宜委所在州府每兩月一度申中書門下其初狀仍具前任政績受代月日中書門下准前舊具員量才除授

其家在上都因自歸止者京兆府申奏
十月中書門下奏兩畿及兩京奏六品巳下官除勑授外並吏部注擬准太和五年五月二十六日勑中書門下奏近勑隔絶諸司奏六品巳下寛免占吏部闕員亦稍絶邪濫其兩府司錄及尉知捕賊皆藉幹能用差專任吏部所注或慮與事稍乖自今巳後京兆府及河南府司錄及知捕賊蒲掾官員合入者充其餘並准太和元年九月勑及太和四年五月四日勑處分
二年二月吏部奏准制請敘一子官張茂昭男左武

冊府元龜　銓選部　條制三　卷之六百三十一　二十一

衛大將軍克勤進狀稱男小未堪授任請廻與外甥准赦請節文只許廻與周親克勤又奏承前諸家請廻授外甥並蒙允許中書省牒吏部詳斷左司員外郎攉判吏部廢置裴夷直斷一子官恩在報功貴延賞與若無巳子許及周親今張克勤自有息男妄以外甥奏請移於他族知是何人儻涉賣官實爲亂法雖援近日勑例難破著定節文國章旣在必行宅相恐難虚授具狀上中書門下幷牒中書省克勤所請不允遂爲定例
四月中書門下奏天下之理在能官人古人以還委重吏部自循資授任衡鏡失權立格去留簿書得計比緣今年三月選事方畢四月巳後方脩來年格文五月頒下及到地遠巳及秋期今請起今月與下長格所在州府牓門曉示其所資官取本任黄衣本貫解一千里内三月十日解到省二千里三千里遞加十日並勒本州賫送選人發解訖任各歸家其年七月十五日齊於所任府看吏部長榜定留放其得留人並限其年十二月十日齊到省試注唱正月内銓門關永爲定例如其年合用闕少選人文書無違犯可較則於本色闕内先集選深人年長人其餘人旣

冊府元龜　銓選部　條制三　卷之六百三十一　二十二

無闕可集南曹俱爲判成榜示所任州縣府許次年取本任州府公驗便依限赴集更不重取本任本貫解舊格巳久不便更改事遂不行
七月諸道有以試御奏授州縣官者帝於閣内謂宰臣曰毎年選人辛勤用苦尚無缺員與之試御奏授不可輕許唯河北道吏部不注許其奏請繇是四方之倖人暫息
十二月庚戌中書門下奏武官合入郎將等其堪送名者請中書門下准吏部送名例磨勘仍先過堂然後比擬從之

三年三月吏部奏去年所脩長定選格或乖往制頗不便人不可久施請却用舊格從之

八月辛丑中書門下奏伏准開成元年正月一日勅諸州刺史少尹赤令並畿㕘官等授替去任非有徵召不得到京宜委所在州府取其由歷每兩月一度申中書門下省㕘詳勅意以前件官到京後未有除授旅食可矜且令在外以候遷陟訪聞遠地不諭朝旨將謂故有勅格阻其戀闕之心干進者亦以迭來守道者便成廢滯恐須釐正以狥重情其諸道州府應有前件官等得替後任赴闕廷或家在四方亦隨

所便從之

十二月詔曰應諸道奏請軍將兼巡內州别駕長史判司等近日諸色入流人多官途濫冗諸道軍將自有衣糧優厚之處仍兼月俸若更占州縣員闕則文吏無所容身須有申明人知分限起今已後諸道節度團練防禦等使不得更奏大將充巡內上佐等官今日已前見任者且依任前守官應京有司有專知别當及諸色職掌等近日諸司奏請州縣官及六品已下官充本司職掌援引舊例色目漸多致使勾留溢於舊額起今已後各於本司見任官寮之中揀擇差署不得别更奏官如是勅額職名當司無官員相當者即任准舊例奏請

四年正月吏部奏嶺南五管及黔中道選補准元和十年九月二十九日格五年一集至選前一年南曹先牒五管等道催索文解又准太和五年三月十八日勅權停令欲准格簡舉排比伏請裁下詔曰兩道選補停罷多時極為利便隔年舉奏撓動遠情宜更停五年議者以為人遠地便不足為慮曾不知舊制無遺於遠人事可經久令一方之政得其人則一境之人受其福苟非其人則假攝之官皆授里人至有

胥賈用賄求假本州令錄哀斂剝下而又恣其喜怒以報已私自罷選補使令藩方差官杼軸之歎南人益困

二月勅吏部去冬栗錯及長名駁放選人等如聞經冬在京窮悴頗甚街衢接訴有可哀矜宜委吏部簡勘條流銓轄如非渝濫正身不到欠考欠選大段瑕病之外即與重收以比遠殘闕注擬不得用平留闕如員闕不相當一唱不伏官者便任冬集不在更論訴限如未經中書門下陳狀勅下後不得續收今年已後不得以為例

七月己丑詔曰諸門入仕人數轉多每年吏曹注擬無闕唯河北諸道河東澤潞山劍三川京北京西管内官員稍多假攝之中實有勞効每年許奏三兩人仍須是元額闕不得替見任人其餘諸道並不得奏人

五年七月潮州刺史林郇陽奏州縣官諸同漳河廣部桂賀等州例吏曹注官勑旨潮州是嶺南大郡與韶州畧同宜下吏部准韶州例收闕注擬餘依

十一月嶺南節度使盧鈞奏當道伏以海嶠擇吏與江淮不同若非諳熟土風卽難捜求人瘼且嶺中往

之弊是南選今之弊是北資臣當管二十二州唯韶廣州官僚每年吏部選授道途遐遠瘴癘交侵選人若家事任持身名眞實孰不自負無繇肯來吏以俸入単微每歲號爲比遠若非下司貧弱令使卽是遠處無能之流比及到官皆有積債十中無一肯識廉恥臣到任四年備知情狀其潮州官吏伏望特循往例不令吏部注擬且委本道求才若攝官廉愼有聞依前許觀察使奏正事堪經久法可施行勑旨依奏

第九頁十二行爲弊滋深下脱二十四字

若便令停又乖事體今請補一百一十人其餘一百一十人請

第十頁二行實有事故下脱二十四字

罷者亦須待授官周歲然許冬薦冬薦狀中仍具言罷任事故

巡按福建監察御史臣李嗣京 訂正
知長樂縣事臣夏允彝 參閱
知建陽縣事臣黃國琦 較釋

銓選部

條制第四

唐武宗會昌元年五月中書奏州縣攝官假名求食常懷苟且不䘏疲人其州縣闕少官員今後望委本州刺史於當州諸縣官中量賢劇分配公事勾當如官員數少力實不逮處即於前資官選擇清謹有能

者差攝不得取散試官充

二年四月制准太和九年十二月十八日勑進士初合格並令授諸州府參軍及緊縣尉未經兩考不許奏職蓋以科第之人必弘理化黎元之弊欲使諳詳近者諸州長吏漸不遵承雖注縣官多靡使職苟從知已不念蒸人流例寖成供費不少況去年選格更改新條許本郡奏官便當府充職一人從事兩請料錢虗名吏曹正員不親本任公事其進士宜至合選年許諸道依資奏授試官充職如奏授州縣官即不在兼職之限

五年七月詔應在京百司官典優成授官人等既云趨吏執舉簿書優成命官須居散秩近日僭越殊紊舊規累資或至於登朝班序豈容於雜類自今已後如有改轉官宜止於中下州長馬但不能登朝事貴得體永為常式

六年五月制縣令員數至廣朝廷難悉諳知吏部三銓秖憑資考訪於近日多不得人委觀察使於前資攝官內精加選擇當具薦論如後犯贓連坐所舉人及判官重加懲責

宣宗大中六年正月中書門下奏應天下令錄簿掾

有闕及見任見者改正委長吏舉其能者代之如舉之不當請准前後勑殿其舉主從之

五月詔吏部選格一日縣令司錄錄事參軍令任四上考減兩選餘官得四上考縣令司錄參軍得三考並減一選二日選人大功已上親連任停解如已得資者依本官選數集未得資及未上並同非時選人例放選

懿宗咸通十二年七月中書門下奏准今年六月十二日勑釐革諸道及在京諸司奏官并請章服事者其諸道奏州縣官司錄錄事參軍或見任公事敗闕

不理切要替換及前任實有勞效且見有闕員即任各舉所知每道奏請仍不得過兩人其河東潞府邠寧涇原靈武監夏振武天德鄜坊滄德易定三川等道觀察防禦等使及嶺南五管每道每年除令錄外許量奏簿尉及中下州判司及縣丞共三人偏州不在奏州縣官限其黔中所奏州縣官及大將皆內即任准舊例處分在京諸司及諸道帶職奏官或非時充替考限未滿並却與本資官諸道節度及都團練防禦使下將較奏轉試官及憲御等令諸節度使每年量許五人都團練防禦量許三人為定不得更於

其外奏請其御史中丞已下即准敕文條流須有軍功方可授任自今後如顯立戰伐功勞者任具事績申奏如簡勘不虛當別具商量處分以外輒不得更有奏請其幽鎮魏三道望且准承前舊例處分敕旨從之

僖宗廣明元年正月敕吏部選入粟錯長名駮放者除有身名踰濫及欠選欠考外以比遠殘闕収注

哀帝天祐二年三月詔曰設官分職各有司存銓衡既任於吏曹除授寧煩於宰執但所司注擬申到中書過驗酌量苟或差舛難可盡定近年除授其徒實繁占選部之闕員擇切當之優便遂使三銓注擬之間皆曠職務且以宰臣所任提舉百辟唯務公平將致無私克臻有道應天下州府令錄並委吏部三銓注擬中書門下自天祐二年四月十一日後並不除授或有諸道薦守量留據狀詳度可否施行庶幾各司其局免致繁察宰相提綱永存事體從宰臣所奏也

三年四月吏部奏比者格式申送員闕選人多有重疊皆是兩人同到本道致使磨勘之際各有爭論蓋是選人指闕之時妄稱事故銓司無因得知具狀須

與注擬如到任替闕參差請准舊條殿選除此外如是格式申送員闕仰且穩便去處請官不得更妄指射諸道假蒲拋官不到任不放上停官不赴任員闕及違程不及限等員闕冀其畫一免悞銓司公事者詔曰比者吏部注官只憑格式送闕近以諸州不申闕解且從權指揮選人指射之時既不詳審銓司注唱之際遂使交加頗屬弊訛頻起論訟所司釐革合議允從

十一月詔應合赴吏部當調選人等三銓公事素有條流近年多不公平遂致授任重疊既聞爭競須暫

停留今者元帥梁王動靜推公周旋陳理或慮選人羇旅特請准式施行兼緣已及涉冬所司未有起請若或稽滯必緩程期功在考詳務令精當今年冬𦍑調選人宜委三銓並准舊例處分如或踰濫輒違格文罪在官曹非止胥吏其四鎮管內官員須候本道申闕到省方可注擬

梁太祖開平元年四月勑開封府司錄參軍及六曹掾屬宜各置一員兩畿赤縣置令簿尉各一員

二年十月勑省諸道州府六曹掾屬只留户曹參軍一員通判六曹

乾化二年三月丙申詔曰夫興隆邦國必本於人民惠養瘵羸允資於令長苟選求之踰濫固撫理之乖違如聞吏部擬官中書除授或緣親舊處約或爲勢要力干姑徇私情靡求才實念茲蠹弊宜舉條章自今已後應中書用人及吏部注擬並宜省藩身之才業驗爲政之否臧必有可觀方可任用如或尚行請託猶假貨財其所司人吏等必當推窮重加懲斷有司官長別有處分

後唐莊宗同光二年三月中書門下奏糾轄之任時謂外臺宰字之官古稱列爵如非朝命是廢國章近日諸道多是各例官御便指州縣請朝廷之正授樹藩鎮之私恩頗亂規程宜加條制自今後大鎮節度使管三州已上者每年許奏管內官三人如管三州已下者許奏管內官二人仍須有課績尤異方得上聞者止於簡慎無瑕徵科及限是守𦍑道只得書考旌善不得特有薦奏其防禦使每年只許奏一人並無尤異不得奏薦刺史無奏薦之例不得輒亂規程更有將資官員請他處除授請之橫薦最亂格文其已前事件如故違所司不得輙與通進若奏下中書亦不在施行之限

是月中書門下奏賞善罰惡致理之源選材任能爲政之本所在刺史縣令有政績尤異爲衆所知或招復户口能增加賦稅者或辨雪寃獄能活人生命者及去害物之積弊立利人之新規有益於州縣爲衆所推者即仰大處逐件分明開奏不得輙加緣飾以爲浮詞據事狀不虛則加獎激以勸能吏如在任貪猥誅剝生靈公事不治爲政怠惰具事節聞奏勘覈不虛當加譴罰以戒慢官其州縣官任三考滿即具闕申送吏部格式候勑除銓注本道不得擅差攝官輒替正授者從之

是月勑應南郊大禮六品已下行事官朕禋祀天地
朝享祖宗百司各具其威儀郡吏遂蒙其置攝希因
霈澤以錄微勞然而躁妄之徒經求競進參雜之道
眞濫莫分勘職名則半是冗員語人數則又盈千計
若無簡舉便與寵榮不惟開僥倖之門兼恐撓銓衡
之務須明條例方別等差應諸司行事官並付三銓
各遣取告赤考牒解繇入仕曆子等磨勘如文書畫
備只欠一選者便與依資注官欠兩選者與注同類
官欠三選四選者與減一選欠五選至七選者與減
兩選欠八選至十一選者與減三選一奏一除未合

入選門者許自同光二年數本官選數蒲日赴集其
太常寺先以白身差攝本寺官應奏祠祭勞考稍深
者追取元額補牒簡勘不虛即與正授如因大禮差
補行事有前任官及出身者即須准諸司例追告赤
磨勘其諸色黃衣欠兩選者與減一選應官資已高
不合銓司注擬者亦委子細簡勘送名中書門下如
全無文書稱失墜官告勑簡勑甲又無證據只有格
式公驗幷諸司諸州府公憑及試授官文牒兼文書
過格年月深遠者並宜落下所冀官無濫受恩不虛
行

四月三銓奏准本朝故事州府官員府置司錄參軍
外有功倉戶法兵事六曹州有錄事參軍亦置六曹
縣置令丞主簿各一員尉三員分判公事自後除兩
京外都督府及州置戶法二員餘四員並省縣置令
主簿各一員丞尉並省者伏以今年除本分合格選
人外有郊禋行事人數絕多伏見州官事簡掾曹請
依舊兩員縣局務繁佐官請添一員其間有尉無簿
者請添置主簿一員其赤畿次畿並請准此除兩京
外其判司只置司戶司法兩員從之
八月中書奏吏部三銓門下省南曹廢置甲庫格式

流外部銓等司公事並繁長定格循資格十道圖等
前件格文本朝删立簡制姦濫倫敘官資頗謂精詳
久同遵守自亂離之後巧偽滋多兼同光元年八月
車駕在東京權判南曹工部員外郎盧重本司起請
一卷蓋以興復之始務切懷來凡有條流多失根本
以至冬集起選人幷南郊行事官及倍位宗子共一
千三百餘人銓曹簡勘之時互相援引去留之際不
絕爭論若有依違必長訛濫望差權判尚書省銓左
丞崔沂吏部侍郎崔貽孫給事中鄭韜光李光序吏
部員外郎盧損等同詳定舊長定格循資格十道圖

務令簡要可久施行從之

九月侍中郭崇韜奏臣伏見今年三銓選人并行事官等內有冒名入仕假蔭發身或卜祝之徒工商之類旣淄澠之一亂誠玉石之寧分蓋以僞朝已來蠹政斯久猾吏承寬而得計非才行貨以自媒上下相蒙薰蕕同器遂使寒素者多遭排斥廉介者翻至湮沉不唯顯紊於官箴抑亦頗傷於治本近以注擬之後送省之間引驗而已有異同偕濫而果招論訟將數至化須塞倖門臣欲請别降條流特行釐革許其潛相覺察互有告陳若眞僞之能分卽賞刑之必舉

應見注授官員等內有自無出身入仕買覓鬼名告赤及將骨肉文書揩改名姓或歷任不足妄稱失墜押彼公憑或假人蔭緒托形勢論囑安排叅選所司隨例注官者如有人陳論勘鞫不虛者元論事人特議超奬如未合格人或無名駿放者便承僞濫人所授官資其所犯人下所司簡格處分如同保人知保內有冒名濫進之謀亦許陳首若逓相蓋藏被别人論告並當駿放其銓司關頭人吏如被形勢迫脅主張踰濫選人及自已不公亦許陳首並與放罪若被人論告當行朝典兼恐見任官及諸道選人身死多有不肖子孫將出身歷任告赤貨賣與人自今後仰所在身死之處並須申報本州令錄事叅軍於告勑上分明書身死月日却分付子孫兼每年南曹及三銓停滯多及周歲致選人廣作京債經費倍多致其到官必不廉愼此後至春來並須公事了絶若更逗留當加責罰所有懼罪逃移者仰所司具錄名姓申奏請終身勿齒兼牒本貫州縣各令知悉或有條流未盡處仰所司簡長定格别具條奏從之銓綜之司僞濫斯久識者皆知不可承前未能卒除及崇韜條奏之後澄汰甚嚴或放棄田閭毀抹告赤者十七八

矣議者以爲惟新之始品物咸亨條奏諸蠹衆怨大作怒其苛察之甚

三年八月勑諸司人吏授官從來只繫勞考年滿赴選方許離司近日已來頗壞條制到司曾無考課公事尚未諳詳便求薦論深爲僥倖遂使故事都失蓋緣舊人不存豈唯勞逸之罔均兼致司局之曠敗自今年除勞考滿三銓注官卽許赴任非時不得奏薦如有注掌難重勞績可稱許本司奏聞當與減選或是顯然事迹在司年深齒髮衹役不任卽許解職赴任餘切依格條處分

四年二月左拾遺李愼儀吏部員外王松上表云諸

道州縣皆是攝官誅剝生靈漸不存濟此蓋郭崇韜在中書日未詳本朝故妄被閑人獻疑黜簡選曹曲生異議行矯枉過直之道成欲益反損之文其選人凡關一事闕違並是有涉踰濫或告赤欠少或文字參差保內一人不來五保皆須並廢文書一紙有誤數任皆不勘詳且自天下亂離將五十載無人不遇兵革無處不遭焚燒性命脫免者尚或甚稀文書保全者固應極少其年選人及行事官一千三百餘員得官者纔及數十皆以踰濫爲名盡被焚毁棄逐遂令選人或斃踣於旅店或號哭於行途萬口一詞同

冊府元龜　銓選部　條制四　卷之六百三十二　十一

爲怨酷臣等頃曾商議堅確不迴以至二年已來選人不敢赴集銓曹無人可注中書無人可除去年闕近二年授官不及六十乃致諸道皆是攝官朝廷之恩澤不行縉紳之祿秩皆廢銜冤負屈不敢申陳列局分曹莫非僥倖且攝官只自州府多因賄賂而行朝廷不知姓名所司不考課績皆無拘束得恣貪殘及有罪名又不申奏互相掩蔽無迹追尋遂使人戶流移州縣貧困日甚一日爲弊轉多若不直具奏聞別爲條例不惟難息時病兼且益亂國章臣等商量伏請特降勑文宣布遠邇明言往年制置不自於宸衷此日焦勞特須於睿澤兼以選曹公事情僞極多中書條流亦恐未盡望以中書所條件及王松等所論事節并與新定選格有輕重未盡處並委銓曹子細點簡酌量但可以去其踰濫革彼奸訛不失本舊規能成選曹永例者務在酌中以爲定制別具起請諸條從之

二月勑三川涇鳳秦隴等州縣官員數目極多其上佐官自少尹已下依本朝舊制各具見任員闕申奏其州判司准近制置錄事參軍司戶司法參軍各一員縣置縣令主簿各一員餘並停其出替選任一准

冊府元龜　銓選部　條制四　卷之六百三十二　十二

三銓堂式

明宗天成元年四月制曰力學登第承蔭出身或欠文書浸成踰濫先遣抹毁幾至講選無人州縣多是攝官爲弊滋甚宜令三銓別爲啓請止除僞濫餘復舊規

七月樞密使宣旨使府判官州縣官告勑此後宜據道數進納仍令祗候宣賜者中書奏往例朝廷命官除將相外並不賜官告因僞朝條流凡准宣授官即特恩賜今使府判官皆許本道奏請或聞多在京師至於令錄悉是放勑後本官自於吏部出給告亦中

書不更嘗係令若爲黜陟所授官吏器能欲令親承
聖澤臣等商量自兩使判官州縣令錄在京除授者
卽望令於內殿謝官便辭赴任不使進納官告其判
司主簿已下極是卑秩不合更許朝對敕下後望准
舊例處分從之
八月敕中書先條奏州縣令錄正衙後合赴內殿謝
辭者如令錄是除授者宜令給事中引對如是旨授
准舊例委三銓尚書侍郎各自引對仍須前一日閤
門進狀敕朕以方平區宇念切蒸黎頃當災歉之餘
未絕瘡痍之苦緬惟邦本實繫官常苟未致於雍熙

則莫寧於宵旰必在委於良吏付以親人儻縱因循
轉成勞擾先朝以選門輿訟剝放極多近年以來銓
注無幾遂致諸道州縣悉是攝官旣無考課之規豈
守廉勤之節而況多因薦託苟徇顏情替罷不常送
迎爲弊殘民害物以日繫時言念所深焦勞何已宜
令三京及諸道州府據見任攝官如未有正官到間
且差月日錄名申奏如已後或爲公事及月限已滿
要行替換卽須具因繇并選差攝官自來歷任姓名
聞奏責免無故頻有替換如有內外臣僚輒行薦託
並不得應副儻聞違越當舉憲章

二年正月吏部郎中孔邈奏近見選人或以志在循
陔難違色養或以家同懸磬不辦裂裳致違詞選之
期遂遇廢沉之例臣愚伏請自天成元年已前有出
身分明者悉許注擬况三蜀之內員闕極多俾出自
於朝恩免使希於假攝
三月銓司奏據南曹駁放選人累經銓及經中書門
下論接准堂判具新舊過格年限分析申上者伏以
選人或有出身或因除授各拘上例方赴調集多因
遠地兵戈兼以私門事故遂致過格固非願爲新條
標在七年舊格容於千載臣等參詳其選人過格年

限伏請且依舊格不問破憂停集除本選數過格十
年外不在赴集之限奏敕宜依
十月制曰掄選之道雖在精研調集之勞頗聞艱苦
應選人內有過格年深無門參選縱有材器難逐進
趨宜令三銓磨勘行止實曾兵戈阻隔卽與今年冬
集判成選人例量材注官如或詐稱不在此限
十二月中書門下條流應諸道選人等其中有過格
年深無門參選者准天成二年十月二十三日德音
並委吏部南曹磨勘如實曾阻兵戈者許令注擬如
或詐稱不在此限者凡是選人專思合格不肯固踰

選限自滯身名縱阻干戈須在州縣應有過格人仰
吏部南曹子細磨勘曾阻兵戈州府去處或曾假攝
即有隨處文牒一一指實即便送銓司亦須詳先授
告身攝牒及審驗年貌方可注擬三銓注擬自有常
規從前或有宰臣占著好州縣員闕不令銓曹注授
今年應是員闕並送曹銓候移省之時若有好闕尚
在必議勘尋其請託及受囑人等當行黜責選人之
內族類甚多經任之中資考備在應南曹判成人等
仰三銓各據逐人出身入仕文書一一比驗年貌灼
然不謬方與注官據長定格選人中有隱憂者殿五

選伏以人倫之貴孝道爲先既有負於尊親定不公
於州縣有傷風教須峻條章自今後諸色官員內有
隱冒憂勞者勘責不虛終身不齒所有入仕已來告
勑並封付所司焚毀奏勑宜依
三年正月吏部格式司狀申當司先准勑及堂帖指
揮應焚毀告身勘同人及失墜文書等臣伏請重給
告身令先與簡勑甲如無勑甲可簡即仰取同勑甲
人告身勘驗同即與出給若是本朝授官及同光元
年後授勘簡同即重與告身如是僞朝授官勘簡不
虛即與出給公驗便同告身例處分者伏以再給文
書實爲難重有司點簡務在周防當司近曾申堂請
以合准指揮出給告身公驗旋具選人出身歷任行
止牒甲庫永爲應驗證明奉判准申者其所追取到
選人授官勑甲或同甲勑告身勘驗既同須准前指
揮出給見有勑甲者便須注出重給事繇年月日若
不注破慮恐選人却將失墜告身參選剌驗勑甲既
同文書浩大所司難爲一一點簡如是引驗同勑甲
之人告身出給佗後却將失墜文書選時甲庫又無
憑應驗其同勑甲人告身欲於後面連粘紙亦須使
印批注仍牒報南曹要憑將來簡勘者奉勑宜依所

申仍具已出給告身公驗人數姓名開奏將來更有
合給者旋具申奏
五月二十一日勑先准同光三年十二月二十五日
勑北京及河北諸道攝官內有御署一任簡牒分明
前銜先有正官告勑者便與據正官資敘依資授一
任官其無正官告赤者與授黃衣初任者其兩任三
任已上簡牒分明兼有正官告勑者與超資授一任
官其無正官告勑只有兩任三任簡牒者與授從黃
衣第二任官各令取近罷攝任處州府文解便許非
時赴選者前件攝官等當任使之際共副憂勤及關

秦之期豈宜昇降凡有先皇帝御署兼朕署攝簡牒每一任同一任正官赴選日依資注擬宜令北京及河北諸道州府知悉餘准元勑處分

是月中書條奏在朝庶官有託故停官者時日稍多即却與前官百司人吏合格者並從選未合格者逐司以年勞奏薦只與勑留官凡百司長官月限將滿及已有人替不得奏薦人使改補職次諸道薦人摠與不可全阻又難令後諸道節度使每年許薦二人帶使相者許薦三人團練防禦使各一人節度觀察判官並留旨授書記已下即隨府議者以爲百司人

吏只以年勞方得赴選今許非時薦勞以勸留官爲特恩即合格之日又何爲勞考哉雖誠其司長將蒲其奈教猱升木何此欲止之而反啓之藩侯舉知俾資共理苟得其人多亦何害如非其人患及黎庶又何以名器徇諸侯之請託兩使賓佐即慮難守苟能守之即有知人之患矣

是月詔州縣官以三十月爲考限刺史以二十五月爲限以到任日爲始

七月中書舍人盧詹上言曰一同分土五等命官所以宇彼黎民司其輿賦至於田租桑稅夏斂秋徵或旨限不愆或簡量增羨殊非異政乃是常程竊見諸州頻奏縣令多以稅輸辦集便作功勞諸道纔有表章朝廷已行恩命且徵科是縣令之職分不過合望於甄酬若一年兩度轉遷則三載六昇階級併加寵渥慮失規程伏乞止絕薦論但稽課最即銓司黜陟自有等差貴塞倖門以循舊制奉勑盧詹職居近侍懇述大綱案州縣之規程重國家之恩命既爲允當須示聽從

八月癸未中書舍人劉贊請令選人准舊制試判從之

九月右諫議大夫張延雍請令南曹引驗選人正身較其年貌從之

十一月勑禮部員外和凝奏應補齋郎並須引驗正身以戒冒名凡使蔭者云一任官得補一人今後改官頓轉品者即可如無嫡子即許以親姪繼院並念書十卷試可則補

是月吏部郎中何澤以流外官只考勞乞不試書判從之

十二月勑選門官吏詐濫者多自今後並令各錄三代家狀鄉里骨肉在朝親情先於曹印署納吏部中

書門下三庫各一本候得判印狀即許所司給付新簽告兼本任官處及鄉里亦具一本納逐州縣

四年正月大理寺奏近爲陵令虚稱試銜簡法以詐假論又據長定格選人無出身未曾任正員官使虚銜散試官奏授正員官及權知權判等官未得資日以諸事故解官並立選集限勑旨名官之榮其求甚重試攝之任所得非輕徐究根源亦關治道自亂離已來天下州府例是攝官皆給試銜或因勘窮便關詐假法中書雖則不可選條內其奈不無爰當犬定之期宜示惟新之道已前或有稱試銜者一切不問

此後並宜禁止

五月詔曰凡于祿仕固有規程發身必藉於器能在任須彰於勞考否臧斯異黜陟並行朕自統寰區務均渥澤淹滯者皆期振舉勤恪者亦議旌酬既開進取之門遂有躁求之衆或不守選限捷路希恩或纔罷官資奔波取事僥有數之員闕屈無媒之選人以此北方宜各條理自今後應前資官有出身及兩除官並可依當調赴選兼有莊宗并朕御署亦可准近勑赴選共一任除官未入選緒若無定制難以進身宜約所有官資序高低許令同有出身人合格年限求官赴京日仍須本道申送則與除第二任官兩除後便准常調選人例如此則事有區分人無奔競如藉才器非時昇擢不在此限

九月中書門下奏來年二月南郊大理應諸司寺監合行事官伏以明德惟馨冀神靈之昭鑒作事謀始庶王道之和平前件將來行事官等既預嚴禋希霑聖澤先宜條貫免忤擬倫應合差行事官但是前資并及第黃衣及三司徵科勘留官充仍逐司寺監先引驗歷任告身分明則得差補若失墜文書則須得本處當時公驗不得憑諸處所給憑繇如是州縣官

須見四道五道已上歷攝文牒皆是節察及直屬京防禦團練使差署乃黜勘逐任年月遠近曾親公事及得替因繇不是虛牒則得收補其逐司合差職員官吏須是已經附奏者充不得臨時旋出虛牒將來所司磨勘如不依元指揮公然頗情互容謬妄其逐司官吏并本人並當勘責各行嚴斷從之初同光二年郊天諸寺監行事官千餘人不先引驗或以貨賂收補及行事畢銓注覆奏率皆僞濫無憑時樞密使郭崇韜在中書宰臣豆盧革韋說等共議懲革奏請焚毀塗抹其告勑僞濫者伍百人一時逃竄其文書不足者久駐京師終無所得皆相率慟哭而去士人側目以崇韜爲詞然所行雖正失於不先定格式引驗俾仕進者真僞自判也今宰臣所奏既行識者以爲宜之

十月詔曰本朝一統之時除嶺南黔中去京地遠三年一降選補使號爲南選外其餘諸道及京有司諸色選人每年動及數千分在三銓尚書繁重近代選人每年不過數百何必以一司公事作三處官方況有格條各作資考兼又明行勑命務絶阿私宜新公共之規俾愼官常之要其諸道選人宜令三銓官員都在省署子細磨勘無違礙後即據格同商量注擬連署申奏仍不得睡前於私第注官如此則人吏易可整齊公事亦無遲滯者

十一月勑應諸道見任州縣官司在任之時若時違

犯本道非時衙替宜却勒赴任考滿即罷其本判官當行責罰（時藩鎭帥臣不識閫體妄罷邑宰欲署其假官朝廷知之故有是命也）

十二月戊戌勑其自陳狀乞除官者所賜告身並係特恩雖舊例令本官自出價錢慮不逮者稍難送納兼知本司人吏以此爲名接便更致邀頡於官估綾羅紙價外廣索價數力及者隨時應副闕之者須至淹延今後應是官告除准宜官破外其過伏乞除官并追封追贈敘封進封官告及舉人冬集綾羅紙褾軸錦袋等宜令並與官破仍勒各隨色樣尺寸如法裝脩疾速書寫印署進納

是月己酉勑應諸道州府令錄等官告勑牒元是中書進納入内令閤門宣賜其判司主簿官告舊是所司發遣受恩命後赴本任地里遠近各有程限比候進納恐有停滯況緩紙褾軸價錢近已官破今後所除州縣官告身勑牒宜令中書門下指揮不要進納並委宰臣當面給付貴無留滯兼免任京破費

是月勑應三銓公事宜准近勑指揮仍只使吏部尚書銓印其東銓印並封宜付中書門下封送禮部權收管訖申奏

冊府元龜

冊府元龜

巡按福建監察御史臣李嗣京　訂正

知閩縣事臣曹学臣叅閲

知建陽縣事臣黄國琦較釋

銓選部　五

條制第五

後唐長興元年三月勑凡是選人皆有資考每至赴調必驗文書或不具全多稱失墜將明木末須示規程其判成諸色選人黄甲下後將歷任文書告勑連粘宜令南曹逐縫使印都於後面粘紙具前後歷任

文書都計多少紙數具年月日判成授某官懼其分假於人故也又中書奏吏部流内銓諸色選人所試判兩節欲悉定其等第乆優者超一資其次者依資又次者以同類道理全疎者於同類中人戶少處注擬從之

五月制曰獲遇拜郊遠來行事既施微効宜被優恩欠一選者宜令待闕欠兩選者減一選欠三選四選者減兩選欠五選六選者減三選欠七選八選者減四選欠九選已上者減五選三司勒停官顯有過僣遂嘗停替不逢大禮終是棄人仍令所司以罷官埋選赴常調如是今年合格者許令待闕注擬仍委吏部南曹依元簡勘事節合減選數給付牒知

是月又勑凡命職官只憑告勑條流雖切謬濫不無况來自羣方固非遍識除因章露始見罪尤先皇帝臨御之初郭崇韜制置甚切雖加峻法尚有訛風誠由本朝多事已來僞室偷安之際皆隨往制莫識厳規秩高者以蔭緒假人廣求財貨吏徒者以貪惏得志不顧憲章遂致傳授身名分張告勑勘初任則多稱失墜論資考則只有公憑前後相蒙真僞莫辯若不特行釐革無由永絶根源宜令自此應除授選授

州縣官引驗磨勘須召有官三人保非謬妄則奏擬仍於告身内監出保官姓名據本官所通三代名銜有出身無出身歷任告勑文書并逐任考數若是本朝及僞朝所受者並只於將來新告身内一一收監其文書納留不再給付如自中興已來歷任待受新命後都粘連繳尾具道數委吏部使印背縫郎官於狀尾押署給付或有失墜即須於所失處州縣投狀具三代名諱及出身歷任請公憑赴京勘會甲庫同即重與出給如公然拆破印縫不計與人不與人將來求事並令焚毀其人當行極典自兹凡受新命並

依此例施行其見任内外文武朝臣及諸司職守諸
道州府判官并軍州職員有曾爲州縣官及曾改名
所受本朝及僞署官告勑牒歷任文書亦並須送納
入官只以中興已來文書敘理其見任州縣官及諸
色前資官守選官等所歷任文書亦仰速便送納委
所司點勘無違礙則准前收𨵦給與公憑任赴將來
求事叅選其秦王茂貞墨制官員並須得本道識認
具歷任申奏所司簡勘不虛亦給與公憑將來陞資
受官所貴凡是身名免有混雜仍限一週年内改正
了絶其興元已西應曾受僞蜀官員緣地里遥遠許

勑到後一週年爲限仍各於本罷任處州府投狀具
三代名諱出身歷任一一分析申奏到日點勘准前
指揮如出限外縱有申送到文書並不敘理兼諸道
亦不得以此身名奏薦如違罪在本判官其本人別
行嚴斷庶得新恩逈異舊弊永除表爲君一統之基
塞入仕多端之倖仍付所司
七月吏部南曹奏磨勘南郊行事官前守濮州范縣
主簿李範是同光三年不納告身人數准勑終身不
齒今又冐名於四方舘行事前南河府長水縣主簿
趙知遠使兄爲父蔭行事者勑指李範已該恩赦特
放罪收納文書趙知遠以兄爲父未之前聞既遇郊
禋特從恩宥出身歷任文書付所司焚毀放罷勒歸
鄉貫本道長吏與改昭穆奏聞其餘南郊行事合減
選人數候將來選限滿日宜並不取逐處文解不更
經南曹點簡赴銓注擬（時中書選部磨勘甚精進者與僞明白人皆便之）
九月勑諸道奏薦州縣官前銜内有賜紫金魚袋者
若循常例州縣官十六考方得敘緋若已佩金章固
難爲令録此後天下州府不得奏薦著紫官員爲州
縣官
是月前興唐府冦氏縣尉楊知萬經中書陳狀稱光

化三年明經及第其後選授官兩任莊宗郊天年於
將作監内行事禮畢擬授太子通事舍人旋直錯豎
父母年幾駁落其年丁父憂至天成二年又丁母憂
去年九月方服闋今春欲赴郊天行事又緣貧困無
財可辦今乞引驗已前文書量賜陶鑄者中書簡到
同光二年行事案楊知萬謬通父母年幾停落勑旨
楊知萬實曾行事尋已注官只爲父母轉年恩命遂
寢外別無違礙自後相次丁憂久住京城誠宜傷愍
宜令銓司點簡歷任文書准非時選人例處分或前
資官中有與楊知萬事狀相類者並准此指揮

十月吏部南曹關試今年及第舉人進士李飛等六十九人內三禮劉瑩李斐李銑李道全明筭宋延美等五人所試判語皆同尋勘狀皆稱晩逼試偶拾得判草寫淨實不知判語不合一般者勅旨貢院擢科考詳所業南曹試判激勸爲官劉瑩等既不攻文合直書其事豈得相傳槀草僞賫公場載究情繇實爲忝冒及至定期覆試果聞自懼私歸宜令所司落下其所給春關仍各追納兼放罪許再赴舉兼自此南曹凡有及第人試判之時切在精專點簡如更有效此者准例處分

是月中書奏吏部流內銓諸色選人先條流試判兩節並委本官優劣等第申奏文優者宜超二資注擬其次者以同類官注擬所以勵援毫之作亦不掩歷任之勞其或於理道全疎者以人戶少處州縣同類官中比擬仍准元勅業文者任徵引古今不業文者但據公理判斷可否不當罪在有司兼諸色選人或有元通家狀不實鄉里名號將來赴選者並令改正一一豎本貫屬鄉縣兼無出身一奏一除官等宜並不加選限從之

是月勅先條流見任州縣官及前資守選官所有歷任文書委所司點勘無違碍則准前收監給與公憑任將來叅選者訪聞諸色選人有今年合格者因請公憑久淹京闕若候本道請解即須來歲授官多是甚貧誠爲可憫況已及選限因取本任文解不及前件選人今年合格已請得公憑者宜令吏部南曹准今冬選人例簡勘施行如是欠選者候選數足日准格取本任文解赴集

十二月大理丞孔知邵奏諸道行軍司馬副使兩使判官已下及團練軍事判官並請依考限欲滿一月前本處聞奏朝廷選替補授勅旨從之兼上佐官令

錄判司主簿等亦准此指揮或有丁憂及不赴任因事停官拋官兼身死並具月日申奏如不依指揮罪在本判官

二年正月吏部南曹奏前齊州臨邑縣令趙譚等十人納到歷任文書令給公憑勅旨其換給公憑仍令所司以綾紙收監取本行尚書侍郎列署出給其先已出給者宜候將來赴選之時依此重給

是月勅少尹上佐以二十五月爲限其府縣官宜准長定格以三十月爲限其行軍司馬節度副使判官等並元未定月限勅旨諸道行軍節度副使兩使判

官已下賓僚及防禦副使判官推官軍事判官等君論前代固有通規從知咸自於弓旌録奏方頒於綸綍初筵備禮雍容畫斯陳朝廷近以旌賞勳勞均分員闕稍或便於任使不免須議勅除既當委以裨贊所宜定其考限前件職員等宜令並以三十月爲限如是隨府不在此限

四月勅舉選人衆例是艱辛曾因兵火之餘多無勅甲不有特開之路皆爲永棄之人其失墜春闈冬集者宜令所司取本人狀當及第之時何人知舉同年及第人數幾何如實即更勘本貫得同舉否授官者

亦先取狀當授官之時何人判銓與何人同官上任罷任何人交代仍勘歷任處州縣如實則別取有官三人保明施行

五月中書奏吏部南曹狀申准勅換給諸色官員告身公憑伏緣點簡選人歷任文書其間多有格後違礙事節若旋具姓名申覆伏恐漸積人多互起陳論交慮壅滯當曹不敢施行者中書據南曹所申事節逐件條流如後一件據申選人納到今任文書多於解繇及歷子內批書考第准天成四年四月二十一日勅新格已前即許施行自新格已後亦多有解繇歷子內批監考數本處元本給到考牒格前特許施行甚爲優假格後更聞違越須重條流今月已前有此色選人宜且與收監此後選人如有解繇及批得歷子分明無考牒者殿一選有得歷子無解繇考牒殿兩選如只有解繇考牒不批得歷子殿三選如無三件文書便同有過停官一件據申應諸色選人新格下後批歷子後時者五年後批者不在磨勘之限今有格前罷任及新格下後罷任者格下經六年七年方批入仕歷子或有全不批歷子只給到公憑今日已前有如此者特與磨勘施行此後纔罷任一月

內須批給得解繇歷子違過一月殿一選過三箇月不批給得者亦同有過停官一件據申應諸色承應出身及童子及第例是擡年及陷歲數兼幼補身名引驗之時多有差異者今日已前有此色選人並須引驗辨認兼召保官委是正身別無謬妄則與改正諸實年幾施行此後更有此色身名並同謬濫處分一件據申河北諸色官員納到告勅文書例稱本處無不較考只有解由河東河北及鳳翔已西不知選格須明告諭仍令吏部南曹各一本解繇考牒解狀式樣徧下逐處此後並須文書備足免誤選人如今

日後公然更有違越並准前殿選今日已前不在此
例一件據申諸色前資官告身今任入仕歷子或批
到上任月日或是有名假故批曆子處多無覰察使
及刺史具銜押署只有錄事參軍批署者逐處長吏
自此後並須依格文押署如故違者本人殿兩選其
今日已前違程式者且宜特與磨勘收豎一件據申
諸色官員歷官兩任至五任今任文書備足内有一
任至兩任失墜前任解繇或考牒歷子又無公憑及
稱元不給得即別有公據自此但知認中與已來所
授告身爲定其已前或有歷任稱失墜如是傳授他

人有此糾告及所司點勘彰露並准累行勅命科罪
今日已前人墜考牒解繇歷子如有公憑者亦與收
豎又無公憑將來選時降貧注官自此後選人更有
失墜則須却於本處具所失因繇重具批給如違准
前殿選一件據申選人有今任文書備足只歷子内
批到上任月日即別有解繇或公憑文書證據分明
自今已後宜亦准前項指揮收豎此後更有此色選
人並同有過停官例處分右奉勅宜依吏部南曹具
此分明曉告及徧下諸道州府應是選人各令知委
如守官滿日未給得解繇歷子等文書隨處不得便
令辭謝如逐州府輒有邀難不便出給罪在本判官
并錄事參軍

七月勅諸道奏薦州縣官各定員數今宜增益以廣
搜揚使相先許一年薦三人今許薦五人不帶使相
先許薦二人今許薦三人直屬京防禦團練使先許
薦一人今許薦二人念應舉之流甚艱難於取事當
及第之後尚迢遞於授官小而得簿尉者全稀老不
爲令錄者極衆即不得薦新罷任及諸格之人如未
曾有官即許奏初官已有官者當別比擬吏部南曹
奏前守鄆州盧縣令李玭歷任内兩任秘書丞一任

國子毛詩博士雖前任有昇朝官伏緣今任官合准
格五選集候選足日取解赴常調勅旨州縣官帶侍
御史殿中侍御史内供奉監察裏行及省銜者皆非
正秩尚出銓曹况曾三度昇朝豈可一例守選所宜
振發以勵操脩應州縣官内有曾在朝行及佐幕罷
任後准前資朝官實從例處分其帶省銜已上并内
供奉裏行及諸已出選門者或降授令錄者罷任日
並依出選門例處分不在更赴常調便與除官兼州
縣官其間書得十六考者准格敘如朝散階准出選
門例處分如不書得十六考雖已過朝散階不在此

例

八月勑諸道奏薦州縣官前銜內有賜紫金魚袋先於長興元年有勑州縣官若循常轍十六方得敍緋儻或已佩金章固難却爲令錄必若藉其才器則可別任職資文資官結銜內已有金紫尚不許薦爲州縣官其武職銀青階亦宜條理諸道詳文資賜紫例不得奏爲州縣官

是月詔百司職吏應選授外官者考滿日並委本州申奏追還本司依舊執行公事

九月前溫縣令祉同文獻時務長吏年七十已上者

請不除令錄其合格應選者請授散官勑旨耄年爲政蒞事或有昏蒙老成之人安知不可師範宜令銓司此後有全不任待者卽別以優散官資注擬

十一月勑闕員有限人數常多須以高低定其等級起今後兩使判官罷任後宜一年外與比擬書記支使防禦團練判官二年外與比擬兩使推巡防禦團練推官軍事判官等三年後與比擬仍每遇除授量與改轉官資或職次其有殊常勤績者與議優昇君有文學智術超邁羣倫或爲衆所稱或良知迥舉察驗的實者不拘年月之限其才器卑低階緣得事者宜量事於州縣中比擬若州縣官中有文學雄輿識畧優深亦量才於班行及諸道判官比擬任使況諸選人之內多是勤苦立身每於調集之時皆有等差選限准茲纂吏難使雷同所貴皆免堙沉遞承驅策

三年正月勑守選之輩例是艱貧合格之時漸多衰老更添罹犯轉見憂嗟方當開泰之期宜軫單平之衆自今後合格選人歷任無違礙者並仰吏部南曹判成如文解差錯不合式樣罪在法解官吏兼貢舉之人辛勤頗甚每年隨計終日食貧須寬獎勸之門俾釋羈棲之歎今年落第舉人所司已納家狀者次

年便赴所司就試並免再取文解兼下納文解之時不在拘以三旬但十月內到者並與收受

二月勑前資朝官及諸道節度觀察判官近勑罷任一周年後方許求官其出選門官亦宜罷任後周年方定除官年限自此應出選門官雖准格例送名未許擬議仍本官自於所司投狀磨勘申送中書門下

九月勑朕大啓四門無遺片善繼有智能之士來陳利害之言是命權量貴行酬奬須論條件以定等差應進策人等若是選人所進策內一件可行與減兩選兩件減四選三件已上便依資與官如無選可減

及所欠選數則少可行事件則多據等級更優與處分如是諸色舉人貢院自考試本業格式不在進策之限如有智謀宏遠文藝優長或一言可以興邦一事可以濟國是爲奇傑難預品量待有獻投旋令擬議議者以爲上封事言減選非也夫言策畧者必須智見非常所陳殊異大臣之所不及衆智之所不通有益政途謂之策畧今據鄙夫所陳率皆持政常行之事何須投匭而言人君賞其蒭蕘賜束帛飲膳可也而遴撓銓綜之權啓姦吏賄賂之門深不便也

四年二月中書奏諸道州縣官甚有闕員前資官皆拘選限其間有朝廷選擇侯伯薦揚得者無多餘難驟進或病跧於陋巷或老謝於窮途宜開振滯之門

雅合推恩之道今等第減選者一選者無選可減親公事得資考者宜優與處分不得資考者准格施行兩選三選者減一選四選五選者減兩選六選七選者減三選八選九選者減四選十選十一選者減五選十二選者減六選千牛進馬童子齋郎挽郎宜准元和處分勑旨常調之中無媒者衆省員之外有闕常多方隆遠大之規更顯激揚之理兼先赴南郊行事未授新命及一考前丁憂州縣官等起今後到關者宜付所司旋旋磨勘施行不得輙有停滯大朝恩命庶事規程該定制者各委所司須特勑者不拘常例資維新之風教示無黨之寰區初馮道等商議以爲常調選人限於格例銓注以至滯留而州縣吏員多以顏情差攝乃議減選補吏杜彼幸門殊不思九州既未混同十道半違聲教吏員多益州縣無添是時減選之勑既行議者大以爲不可物論沸騰明年之后有諸色勸進人及山陵行事官兼每年黃衣選人相許數千皆優減選並合除官所司既無闕員羣吏只授新勑或論淹滯或訴阿私宰相將至內門則數百爲羣環馬宣訴或言語不遜詰難往來驕吏不能止後竟追罷此勑

五月勑諸道馬步判官不得差攝官如交闕人須於前資正官判司簿尉中選性行平允者補授又詔應見任前資守選官等所有本朝及梁州出身歷任告身並仰送納委所在磨勘換給公憑只以中興已來

官告及近授文書敘理其諸色蔭補子孫如非虛假不計庶嫡並宜銓錄如實無子孫別立人繼嗣已補得身名者只許序蔭一人其不合敘使文書限百日內焚毀須絕此後更敢持合焚毀文書參選求仕其所犯之人并傳者並當極法應合得資蔭出身人並須依格令施行先是鴻臚卿柳英將齋郎文書賣與同姓人劉居則伏罪大理寺斷當大辟緣赦減死奪官終身不齒故有是詔

是月中書奏准長興元年二月二十一日南郊赦書節文州縣官在任日雪得冤獄許非時參選超資注

官仍賜章服今詳勑命凡云究獄者所司推鞫定罪不平廻曲作直已成案牘或經長史慮問或是家人訴究重結推訊始見情實廻死爲生始名雪冤仍須元推官典招伏情罪本處簡案牘事節給與公憑更於考牒內監出候本官滿日便准近勑非時叅選若活得一人超一資注官二人已上加章服已有章服加階較官如在任除雪冤獄外限內徵科了絕減得一選已上或招添戶口至一分已上並許酬獎如加官至五品已上許奏聽勑旨如雖雪得冤獄徵科違限不了合殿選者亦待殿選滿日與敘雪冤之賞或

逃却戶口亦據降等敘官如本司小小刑獄未經制司縱能處斷不得援例從之

愍帝應順元年閏正月中書門下言以天成二年十二月詔曰長定格應文學出身人一任三考許入下縣令下州縣錄事叅軍亦入中下州錄事叅軍兩任四考許入中下縣令中州錄事叅軍兩任五考許入中縣令上州錄事叅軍兩任六考許入上縣令及緊州錄事叅軍凡爲進取皆有因依或少年便授好官或暮齒不離卑任况孤平舉士纔年四十始得經學及第八年合選方受一官於初任之中多不成三考第二選漸而蹉跎有一生終不至令錄者若無改革何以發揚自此經學出身請一任兩考許入中下縣令下州錄事叅軍詔曰叅選之徒艱辛不一發身遲滯到老卑低宜優未達之倫顯示惟新之澤其經學出身一任兩考元勑入中下縣令下州錄事叅軍起今後更許入下縣令中州下州錄事叅軍一任三考者於人戶多處州縣如於近勑條內資敘無當者即准格循資考入官其兩任四考者准三任五考例入官餘准格條處分不得起折

是月詔吏部三銓南北曹禮部貢院注擬考試依格

疾速發遣勿令虛有滯留

末帝清泰元年五月詔曰應勸進諸選人前京兆府武功縣令龐濤以下四百九十有四人方在京都遽玆際會既自勸進宜示獎酬其前資州縣官及黃衣選人近日緣少闕員難於減選候合格日各超一資注擬行事官亦於注官時優與處分長流人已歸本貫即以勑書節文處分攝試官推巡令錄宜許比三傳出身判司衙推主簿比明經出身各守選限自今年始合格日與初官宗子未有出身者與出身有出身者同選人例處分給與憑據

七月詔應崧陵行事官各無遺闕已議獎酬比少闕
員難於減選遂許合赴集日各與超資今又慮有拔
論宜特與減一選其今年合格者便委南曹磨勘送
銓注擬來年合選者勒赴冬集所司磨勘無遺闕旋
旋送銓免取文解其去冬判成未得官者宜先注擬
應前任正授實從亦宜減一年無年可減便與擬授
先有長興四年三月二十二日勅普與減選今爲員
闕數少並任施行其攝官職幷御署人等並以元勅
處分
八月詔應自鳳翔及沿路迎接隨從到京州縣等官

或昔經患難罄竭忠勞或遠奉乘輿奔馳扈從既各
憑其銜署遂溥降於優恩爰示等差特行甄革所有
自振武西京河中鳳翔已前銜署員僚或因無員闕
權且補差或託彼薦論偶經任使不可悉議援例便
望授官將塞僥倖之源須立區分之限自八月三日
後應所稱銜署官員除內有處分特行恩澤外其餘
稱銜署並許逐攝同一任正官依期限赴選不得更
令進狀及與施行
九月吏部三銓言所用循資格先經詳定然自次府
司錄參軍已下無品第入官處尋帖格式參詳添入
又以地里不敢添注請差官詳議詔委元詳定格式
官刑部員外郎孔莊大理少卿李延範殿中侍御史
韋稅等議詳
十月中書侍郎平章事姚顗上言近宰臣盧文紀上
章請條理選部臣聞事不師古匪說攸聞又曰仍舊
貫何必改作此先王之格言也臣案六典吏部三銓
尚書侍郎分典選部其格擇人有三實四才孟冬三
旬集人有地里之差若循彼綱條依其格限人無濫
進官得實才只自天成四年十月詔罷侍郎分銓只
以尚書併領正官又闕多是他曹權差才力或有短

少遂致發遣凝滯團集遲留移省既失常規選人隔
年披訴臣請却依六典分銓朝廷列職分司比期釐
務置之閑地何表分憂望各委典銓於事爲宜詔曰
姚顗所奏銓管實合規程不唯六典昭彰抑亦三銓
整肅而長定格是聖朝重定條件甚精若令千載以
無隳必使萬方而有則俾其復舊深洽羣情如聞循
資格行用年深事條差舛必須詳正方免弊訛其分
銓事宜依循資格宜令吏部三銓尚書郎南北曹給
事中參詳其間條件如其舛誤郎釐革以聞
二年二月中書門下奏近日除官制未下多漏泄於

外此後除改候畫下所司以正勑寫告進納如畫黄
未下請不催索詔曰節度防禦團練使刺史行軍副
使等事關急切除授官告若待畫下給即留滯勒樞
密院凡經由處不得漏泄其尋常除命從之
三月工部尚書判吏部尚書銓崔居儉奏今年選人
內八十三人無闕注擬詞訴紛紜蓋因近勑減選入
仕者多門雖可區分難抑詞理請下格式取四月後
合用員闕發遣中書門下奏先以銓曹論員闕遂抑
置戶掾一員諸州一百五十員格式元送闕簿六百
四十餘處後又許超折資序又堂帖令幾赤已上雖

擬議許開銓後除授不合預請用四月後員闕望於
移省限內並須了絕不得更令選人有詞詔曰宜令
從四月一日後至六月終員闕施行餘依中書所奏
崔居儉多藝有士望是時帝杞義時諸勢附入官者衆皆付銓三銓難其事故盧文紀奏用居儉與察其綜覈之久而近侍者素知其意而奏之故不從所奏
四月宰臣張廷節奏州縣官徵科賞罰列縣令錄事
參軍正官一年依限徵科了絕加階二年依限與試
銜三年總及限與服色如攝令錄一年內了絕仍攝
二年三年內總及限與真命內主簿一年二年如縣
令條三年總了別任使本判官一年加階二年改試
銜三年轉官本曹官省限內了絕與試銜轉官諸節
級三年內總了絕者與賞錢三十千其責罰依天成
四年五月五日勑從之
是月中書門下以吏部三銓注擬大違條格帖門下
省誥錄事强知謙云天成三年已前許超折一資至
兩資或三資者不過三兩人天成三年後不許超折
令銓注擬選人有自超一資至五資亦有三兩人超
六資七資八資者中書奏自有選門只憑定格儻或
踰越便舉條章亦有事繫從權理難固執先開容許
後守條流所貴時暫施行免令隳紊今三銓所注選

人超折太多從來固不容許若重議改移便成淹滯
今年且據所注押定將來別正條格從之
七月中書門下言自今年二月後諸州奏軍州判官
九人行之擬新詳定勑文慮在外未知詔軍事判官
宜令本州刺史自選擇舉奏初且除本職未得與官
或與刺史連任相隨顯有勞能許本刺史以聞量事
奬賞仍不許橫有奏薦其三月後九人且與施行
是月御史中丞盧損言臣等先編聯制勑外有比非
故實不便於時條件准天成元年七月及四年十一
月勑應中外官除授不計品秩一例宣賜告身請依

舊制令賜外各令白出綾紙又天成元年八月勑除授旨授令錄皆令内殿辭謝臣等以令錄卑微不可内庭展謝請依舊制正衙辭謝又天成三年五月長興二年七月勑許節度使帶使相歲薦五人餘薦三人防禦團練使二人臣惟州縣員闕甚少若容薦舉則每年銓選何以注擬請特行釐革又長興二年八月勑州縣簿尉判司差充軍判官仍同一任自爾已來頗傷物論以爲不當請行止絶依舊令衙前選任詔曰令錄之任總六曹之紀轄係百里之慘舒惠養吾民可以親承顧問内殿辭謝可如舊制藩侯郡守

薦人或諸公事或有裨益不可全阻許依天成勑帶使相藩臣歲薦三人餘二人直屬京州羣防禦團練一人諸色官誥舉人春關冬集綾紙聞喜關宴所賜錢並仍舊官給餘從之

八月中書條理前資朝官太卿監五品升朝官西班將軍皆在任許滿二十五月如衙替已經二十月即別任用少卿監舊制三任四任方入太卿監今後祇三任皆有限滿無殿責者如是特恩不在此限五品升朝官舊例三任四任方入少卿監今後祇三任須逐任月限滿無殿責若特恩不拘此例西班將軍罷任後一年許求官舊例三任四任方入大將軍今祇以三任爲限並須逐任滿月限無殿責或曾任金吾將軍刺史與上位比擬非此類或少年並居下位仍不得曾有殿責者特恩不拘此例三任大將軍方入上將軍並須每任滿月限無殿責者若曾領藩鎮任御史特勑不拘此例今後朝廷只除兩使判官其書記巳下任藩府自辟朝廳朝官除外職任無限者罷任後須守舊勑一年月限方許陳乞如未曾昇朝便居諸道賓從府罷或舊使未有所授特有表薦若簡較官是臺省三院之御史與中下縣令簡較是大夫

中丞祕書少監郎中員外郎與請資初任昇朝官如簡較官是尚書常侍祕書監左右庶子昇朝便與少卿監諸道賓從依州縣官例在任三十月限或罷官猶有一年之限或是衙替丁憂而罷巳及二十月者並須更守前官滿月限方許陳乞諸州防禦團練刺史判官推官並請本州自辟請中書不得除授合出選門官帶三院御史供奉裹行及省衙者罷任後一周年許陳乞諸州别駕資品高不除令錄仍守本官月限亦得替後一年方許乞官其長史司馬或因攝奏正此來未有官者並送名從之

十月中書門下奏長興二年四月五日詔朝臣居喪終制委御史臺具名申奏諸道賓從喪後宜行恩命州縣官纔授官及到任一考前丁憂服闋並與除授依長定格自有節文應州縣官新授及到任一考後丁憂服闋准格取文解南曹納磨勘申中書門下當與除擬不得經堂陳乞從之

三年四月詔曰近以內外臣僚出入迭處稍均勞逸免滯轉遷應兩使判官畿赤令長取郎中員外補闕拾遺三丞五博少列官僚選擇擢任一則俾蒞方侯伯別耀賓階次則致朝列人臣備諳時政今後內有

已滿闕月限外或偶是缺員宜便依此施行

晉高祖天福二年正月勅應京畿及諸州縣舊有唐朝諸帝陵并直源縣並不為次赤却以畿甸緊望爲定其逐縣令不以陵臺結銜考滿日仍以出選門官例指揮隔任後據資品准格例施行

二月勅應諸道前任行軍副使等例從替罷久任京師每念滯淹嘗懷惻憫極欲疾速發遣穩便安排但以擬除一人須候一缺授命者纔去得替者便來到闕既專望渥恩在任又須終月限循環不已積滯轉多而況在京所費亦倍必想在外一年事力纔充在京數月支持比候闕員多稱委困當別行於條貫期各守於規程起今前件官員等如得替後且就家私穩便安居限一年後方得赴闕朝廷當據職資便與比擬或非時有闕與就便安排自然公私得濟出處合宜有員闕以安排無歲時之停滯事關悠久情在優矜各委遵承勿得踰越其先得替在京者宜令中書據見有員闕處量材安排仍降勅諸道各令知委

四月勅應諸道前資州縣令官等明庭選士歷代通規各係職司共將掄擬顯有去留之式明分真濫之源今者州縣前資官員悉於中書陳狀來事却慮虛

陳銓管永無當調之人並在部司難遏躁求之者去歲以國朝創業州縣缺官思廣渥恩是從優異今則彝倫攸敘庶政咸脩宜舉規程俾無侵越其今日已前在中書陳狀諸色人等見點簡引驗如不欠少出身立任文書及無踰濫者旋具奏擬宜令今日後諸道前資州縣官等若是資考已出選門及一任除官未入選門幷一考前丁憂及活得寃獄者准元勅年限滿日許經中書陳狀當與簡勘事理施行此外須令並依前後勅格程限赴吏部叅選或有公材出衆政績異常者臨時超擢不在此限

五月前守汴州浚儀縣主簿何光乂進策二其一曰竊見諸處邊郡小縣多是山鄉雖舊有勑正官蒞時不許差攝充替無郵遠地多越明規攝官既已到來見任豈敢違拒况聞所差攝者太半是本州府使長臨時與旋署虛銜强替見任正授官員其最不可者頗有當年之內或兩度三度替移來者須逆去者須送配從門內率自鄉中悉是權行誠非本分如斯得倖豈肯力官非惟紊公當且害物自今後伏乞特行明勑顯自新朝其邊郡縣官仰節度刺史或有見任因事停罷即許差曾入仕者權令撫綏仍又須候正

官到官不可以攝替攝官或經半載或過一年如能志遠脂膏道著清白招添得戶口徵督得賦租百里傳聲羣黎咸惠衆狀舉請即仰奏聞特乞大朝便行真命如此則皇王恩遠赤子幸深免被煩苛漸期蘇息勑曰今後正官蒞日宜令逐處長吏准元勑預前奏聞必在審擇能官不得朝差暮替如顯有過犯不在此限仍令曉示諸道其二曰切見諸道選人合格下解不出十月立定三旬此則常程何來舊制却是或有因解樣所誤式例稍虧字內點畫參差印處高下訛舛便乃駁紀致有艱難其如有七年八年選期千里萬里途路羈窮取士辛苦到京若累錯不容乃滯塞無計自今後伏乞特行明勑顯布新規其黃衣選人只驗出身文書已有前任者據考牒及解縣曆子轉年得盡合格不虛便與判行小小不賜駁犯則天下感明時事易聖主恩寬不使吏徒得行奸計者勑曰參選之日考驗之間稍容易則必長奸欺若艱難則或成淹滯今後宜令所司點簡文書如有累錯詳酌事理非藏奸隱倖者不要駁放

九月吏部銓奏長興四年五月五日勑應諸道州府都虞候司判官先指揮令於州縣前資之中簿尉判

司之內選差勾當二年行有廉謹理無黨偏即委本道奏聞請行酬獎者近日馬步判司多是差攝官充馬步判官奏薦須於前資正官判司簿尉中精選明練公法性行端正者方可任使滿二周年後無遺闕者與減三選仍委本道州府一例給與公憑如只欠三選已下者仍便給與文解赴選今日已前有前資正官充馬步判官並准此所有諸道州府應今日已前已差攝試官充馬步判官勾當已及三年無遺闕者亦宜令本州府給與公憑仍便申奏更四年後給與文解赴選比擬初官其今日已前攝試官見充職

有過一周年者宜令待蒲二年日准上處分如未及
一周年者宜令逐道州府勑到後便差别前資正官
停替不在給與公憑者偶清泰二年三月二十四日
勑停廢前資攝正官充馬歩判官前件勑巳經封鏁
不行者勑偶清泰二年三月巳前諸道州府所差馬
歩判官有勤績者宜令並准元勑赴吏部叅選不得
更經中書陳狀十月勑選人試判兩道
三年正月勑舉選之流辛若備歷或則駝耆歳久或
則守事年深小有違碍格條例是不知式樣今則方
求公器宜被皇恩所有選人等宜各令所司除元駮

放及落下事由外無違碍並與施行仍令所司徧下
諸道起今後文觧差錯過在發觧州府官吏
八月勑御署官員等自前並於中書陳狀引驗文牒
擬官承乏之官從權所任俟逢興運咸被異恩其間
慮有曾立事功或未親官業宜稍分於殿最將審驗
於行藏免興濫進之譏用副當仁之選其御署官員
宜令今後於銓司投狀銓司追引點簡歷任文書分
明者申送中書門下以憑旋擬逐人御署因由奏擬
十二月勑以唐長興四年四月五日節文應州縣官
纔授新命及到任一考前丁憂服闋日亦並與除官
者此後應一考前丁憂州縣官等服闋後准格便合
赴選自因唐朝勑命逃至中書除官自今後宜令吏
部准格指揮仍赴所司
五年三月詔吏部三銓聽四時選擬官旋奏不在團
甲之限
十月詔曰過格選人等早列官途合依選限或値戈
鋌之隔越或緣貧病以淹延既礙舊條永爲廢物適
當闓創宜憫湮沈可赴吏部南曹准格召保是正身
者與降資注官

冊府元龜

冊府元龜

巡按福建監察御史臣李嗣京　訂正
知甌寧縣事臣孫以敬叅閱
知建陽縣事臣黃國琦較釋

銓選部　六

條制第六

晉少帝天福八年正月詔顯陵行事及祔廟等行事官並宜加兩階減兩選理減外合格日免取文解便與注官過格者降一資爲事勒停者許從勒停日理本官選數仍減與兩選合格日免取文解仍注邊遠

同類官

三月勅諸道州府令佐在任招携戶口比初到任交領數目外如出得百戶已上量添得租稅者縣令加一階減一選主簿減一選出二百戶已上者及添得租稅者縣令加兩階減兩選主簿減兩選出三百戶以上及添得租稅者縣令加兩階減兩選別與轉官主簿加兩階減兩選出四百戶至五百戶已上及添得租稅者縣令與加朝散大夫階超轉官資罷任後許非時叅選仍錄名送中書如已授朝散大夫及已出選門者即別議獎酬主簿加三階其出剩不及一百戶者據戶口及添租稅數縣令加一階叅選日超一資注官主簿加一階

五月勅日吏部已判成選人等訪聞人數絶多闕員甚少頗爲淹注例是饑貧宜推振滯之恩用廣進身之路諸州府判掾見有員闕不少其見在黃衣選人等宜令注授前件官除三京鄴都掾曹外其餘並許注擬候秩蒲無遺闕者五選六選減一選七選八選減兩選九選十選減三選內有超資者再入官日即依本資敘理河東管內及鄜延涇邠秦隴鳳等州管內闕員不少選人以家私不便多不伏官宜令所司

不拘超折注擬仍候秩蒲無遺闕者五選六選減三選七選八選減四選再入官日却依本資敘理所注前項州縣官等宜令銓司依判成次第注擬切在公當不得阿私仍不許選人通關仍付所司

六月尚書兵部侍郎呂琦奏臣竊見四時選人三銓申銓竝有三十二十格式每月送闕不過五員七員待闕停滯已及於數百棲遲列困於累年南曹繫日竊慮闕員漸稀人數轉衆拋耕稼於鄉里恐窮餓於街坊名利之途人所難格朝夕之困事亦可矜若不改張恐未通濟欲請勅定月日南曹注納文解只據

見在判成待闕選人取殘闕及逐月新闕量人材優
劣據員闕好弱許超折注擬如此卽歲暮至新春已
來相次發遣應盡其將來選人卽依舊至來年十月
下解南曹應期判成銓司准格注擬至次年選畢有
正格勑用正規程從之仍勑取今年八月一日後往
納文解其已判成許超折人將來叅選却依本資注
擬從之
開運二年正月吏部侍郎王易簡奏吏部流內銓諸
司令史各主一司不相統攝苟有踰濫無所責成起
今後望令本銓闕頭一人都簽署諸司案牘者勑旨

銓總之司提舉是務時臨注擬尤在精詳宜令三銓
仔細看驗關牒或稍涉差謬卽據理科條將澄刈楚
之風用誡偷文之吏
是月刑部侍郎趙遠奏臣伏覩長興四年五月二十
三日勑州縣官在任日有覆推刑獄公事雪得冤獄
活人命者准長興元年二月二十一日南郊赦書節
文便許非時叅選特與超資注官仍賜章服者宜令
諸道州府凡有雪活冤獄州縣官等依元勑點簡給
付公憑本官自賫赴刑部投狀委刑部據狀返取本
道雪活公案叅驗如事理合得元勑便仰給付優牒
此蓋道弘激勸務絕罔欺在酬奬以甚優期刑殺而
無濫臣詳元勑只言州縣官員所許加恩未該內外
職掌臣又詳前後請給優牒人等文案若係雪冤屈
本道尋合奏聞例過五年十年本人方來論請具却
尋追文案勞擾公方於事難明於理未當伏惟皇帝
陛下體堯仁而御寓敷舜德以臨民大闡化條克修
刑政旁詢闕典用整宏綱功必賞而罪必誅善者進
而能者激起今後但能雪活冤獄不限在朝職司亦
乞量加旌賞應關諸道州縣官員雪活冤獄不虛委
逐處長吏抄畧指實按節先具奏聞所付本人憑由

官滿到京便於刑部投狀不得隔越年歲方可論訴
功勞庶內外以皆同使期程而有守廣停毒好生之
德盡高低察獄之明者勑旨理冤申屈勞績可嘉內
職外官課最無異苟能雪活何惜甄酬宜先錄公文
直具聞奏或實官滿到闕投狀無致隔年庶絕濫訛
用分眞僞宜依
三年四月吏部侍郎王易簡奏伏以選門格勑條件
具存藩府官僚該詳盖寡所以凡給文解莫曉規程
以致選人自詣京都親求解樣往來既苦已堪憫傷
傳寫偶差更當駮放伏見禮部貢院逐年先書版榜

高立省門用示舉人俾知狀樣臣欲請選人文解委南曹詳定解樣兼備錄長定格取解條例各下諸州如禮部貢院板樣書寫立在州縣門每遇選人取解之時各准條件遵行仍依板樣給解從之

十月勑今年四月二十五日釐革應前資州縣官一考前丁憂一任除官雪活宽獄及在任日招添得戶口稅錢曾授御署官進策官諸州馬步判官諸色選人等今後並須准勑格叅選不得直經中書陳狀近日有諸色人依前紊亂紀綱披陳文狀欲以嚴行於懲戒先明示於指揮國家大啓銓曹高懸選格諸色

選人宜歸堂調合赴所司稍立政能足可進退豈得罔循堂制唯務僭求勑釐革而不遵帖告示而不退向路隅而陳接隨馬後以諠譁或稱罷秩家貧或訴任京日久朝廷須存公道難徇私懷若事可施行雖朝陳狀而夕得官未足言速既理有違礙雖歷祁寒而經暑雨不必言遲戚本自貽咎將誰執殊不知官不可乞勑不可違若無誡懲何以齊整應諸色選人等並須准近勑取解赴選其有招添得戶口增益得稅錢及雪活宽獄合該勑條酬奬者仰於所司投狀如有司不與公當區分顯有抑滯在經中書陳狀當與指揮此度分明告諭後諸色選人等如更不稟指揮依前妄陳文狀當送御史臺勘問必無輕恕仍付所司

漢高祖乾祐元年正月中書奏以諸道奏薦官吏多踰舊式今簡取後唐及晉朝事例開條曉示以爲定制者一准長興二年七月十二日節文諸道奏薦州縣官使相每年許薦三員今許薦五人不帶使相藩侯每年舊許薦二人今許薦三人防禦團練使每年舊許薦一人今許薦二人即不得受人請託只得奏巡屬員闕不得薦於別處州府仍不得薦新罷任及

過格人其所薦人歷任文書仍隨表送中書門下未曾有官者當別比擬應諸道見任州縣官申奏考滿後未有替人本道或藉其幹能且令勾當一准長興三年五月十一日節文諸道應奏薦州縣官員如未有正官者只許奏授初官不得奏爲令錄一准長興四年八月節文應諸道藩鎮防禦團練使舊奏薦并前項州縣官等准勑許奏薦見在幕中攝職及見攝管内州縣官據合奏人數皆正所攝不許横薦及不得薦外管前資州縣官一准天福四年七月七日節文應諸州防禦團練刺史奏薦攝試官充判官及推

官巡官者自今後所奏薦攝試官充判官及推官巡官宜令精加選擇或未曾任官職及無出身稱攝試銜者不在奏舉之限一准天福十一年六月五日節文今後諸道藩鎮防禦團練刺史如本處幕中有闕准元勑合奏薦者即得奏薦當與除授不得橫薦前資責從州縣官及諸色職員布於在朝及外管安排不得有違奏勑設官分職朝廷自有規程薦士延才州郡合存體式應諸道節度防禦團練刺史奏薦判官書記支使推官令錄簿尉等親人之官不易入幕之客尤難必取當仁庶聞幹事守臣奏薦朝廷選除

素有明文咸拘定制近年以來除人或虧允當薦士多昧選求體制既踰紊亂滋始遐邇將期於致理奏除宜在乎擇才況有舊章足爲甞式其諸道行軍副使兩使判官並不得奏薦委中書門下選除帶使相節度使許奏節度掌書記觀察支使節度推官不帶使相節度使只許奏節度掌書記節度推官其防禦團練判官刺史判官等聽奏仍須精選才能共唐朝晉朝前項條貫並可舉行永爲規制所奏薦州縣官自有銓行不可侵越以勑內舊人數許奏使相三人不帶使相二人防禦團練刺史一人爲定仍付所司

隱帝乾祐元年七月吏部員外郎甞准上言臣以國家選擇令佐或從銓注或是勑除立考課以按政能驗貪廉而行黜陟如斯條貫尚有闕遺近者諸道州府多署攝官以代正授既不拘於考績唯掊斂於資財致使戶民轉爲蠹耗臣請示諸道州府長吏如令佐正官月限已滿除替未到不限時月切不得以攝官銜替須待正授替官即令對面交割縣務然後本州使出給解由批書曆子如此則承真命者守文甚法求攝任者退亦悛心

二年正月勑睿陵及祔廟諸司職掌行事人等並減

二年勞如欠一選及已合格者南曹磨勘送名中書其州縣前資官判成人及幕職京官等並減兩選仍令南曹點簡若別無違礙欠三選已上者給與減選公憑若欠兩選一選及已合令格限者所司具名申送中書門下其判成選人銓司越一資注擬

四月中書門下奏准吏部南曹鏁宿內選人中有契丹會同年號曆子解由考牒未審各令改就天福年號爲復別有指揮奏勑應是僞命文書不在施行之限者今緣有晉州受官契丹年給解由曆子若執格勑文慮有廢身名欲議酌中不至沉棄者凡州縣官

幕府官曾受契丹僞命者追文書毀廢者取唐朝晉朝出身文書叅選本選外仍殿五選降三資注擬凡唐朝晉朝諸科及第人于契丹年號内出給冬集許追毀換給仍據新給年月日數理選從之

八月右拾遺高守瓊上言有國通規無先擢士論選既當綱紀必陳而縣令字人最親理道若宰大邑難用小才一同皆繫于慘舒百姓咸關于利病實頼勤恪以恤孤惸吏若不臧人當受弊近年銓司注擬藩府薦論只循資歷而行不以年顔爲念且少年宰邑鮮有廉勤不執公方惟貪娛樂以臣愚見凡朝廷選

親人之官年未三十請不授縣令少年授任必慮因循勑令録之任責辦非輕用捨之閒尤宜適中少小者未曾履歷則爲政必疎衰晚者已及耄昏則臨民多廢須期慎選以擢吏能起今後諸色選人年及七十者並宜注優散官年少未歷資考者不得任縣令

十二月勑中書奏前資朝官近日併於中書陳狀稱准宣命指揮自外地發遣相次到京正當冬寒未有員闕既難淹泊須議指揮其前資文武兩班朝官等只宜於西京及闕下任便安居候闕除授宜令御史臺曉示又中書條奏准天福八年四月一日勑條舉前後勑文内一件准天福五年十月二十七日勑應州縣官書得十六考敘階至朝散大夫者幷歷任内曾昇朝及兩使判官者准元勑一選集選期既近理臧尤難不得援牟選人例妄乞減選每一任無遺闕者候再除官别與加恩其曾任節度觀察推官巡官防禦團練軍事判官幷諸出選門官等如却授令録者並依見任官選數赴集若在任有考課准格合減選者並與理減除此外今任合七選集者特與減一選八選已上與减兩選仍並合格日取解赴所司磨勘無違碍者即録名送中書勑審官之要必擇才能

與理同歸迭處中外約以選限固有條格邇來或自朝行或從賓職願爲州縣自就便宜當求事之時冀得而不論卑位及既替之後敘資而却理前官須立規程以絶僥倖是冬近臣奏前資朝官判官在外藩居止其間輕薄求利者能以詞說搖動藩臣乃下宣命但是前資朝官從事並來京中居止其求事者利其宣命遂雲集都下相與朋結三五爲羣於宰臣樞密使馬前遮訴初楊邠甚怒出此釐革然而遮訴不已

周太祖廣順元年二月勑朕祇膺景命淹有中區每思順物之情從衆之欲將使炤臨之下咸遂寬舒仕宦之流自安進退往者時有拘忌人或滯留所在前資並遣赴闕輦轂之下多寄食僦舍之人歲月之間

動懷土念家之志宜循大體用華前規應諸道州府有前資朝官居任如未赴京不得發遣其行軍副使已下幕職州縣等官得替求官自有月限年月未滿一聽外居如非時詔徵不在此限但闕員有數入官者多苟無定規必生躁競凡爾進取知朕意焉漢隱帝時楊邠以前資官在外地處有游說藩方易萌姦妄故宣諭外州凡前資朝臣使府幕職不得外地居止須求京師奏宣諭只令兩京居止太祖知其不便故下此勑

是月勑自前朝廷除官銓司選授當其用闕皆棄舊規近聞所得官人或佗事所留或染疾淹駐始赴任者既過月限後之官者遂失期程以至相沿漸成非

次是致新官參謝欲上舊官考秩未終待滿替移動逾時月凋殘一處新舊二官在迎送以為勞必公私之失緒今後應諸道州府錄事參軍判司縣令主簿等宜令本州府以到任月日旋具申奏及報吏部此後中書及銓司以到任月日用闕永為定制其見任州縣官限勑到仰便具先到任月日一齊分析申奏及報吏部其有諸色事故及丁憂并請假十旬滿日亦仰旋具申奏兼報吏部其新受官准令式給程限外如不到本任叅上致本處無憑申奏到任月日便仰吏部同違程不上收闕使用其諸見闕亦不得差官攝權輒便隱留如違勑條罪在本判官錄事參軍孔目官已下

是月吏部三銓奏去年冬南曹判成選人三百八十一人經十一月二十二日兵火散失磨勘了歷任文書或有送納文書未鈔及取到南曹失墜公憑銓司若依格磨勘恐選人詞論今欲只據南曹給到失墜公憑便與施行從之

五月勑朕祗荷上玄恭臨大寶慮一夫之不獲期四海之攸歸近知銓選人多州縣闕少或經年而空掩桂玉未授一官或欲歸而暗想鄉閭又遙千里以斯

去任虛歷歲時其間或妄乞官者多是踰違自稱淹滯或未合格者不遵條制顯紊公方宜行釐革之文以絕倖求之路宜令自今月十一日已前州縣前資官及諸色選人等曾經中書陳狀者並送吏部南曹磨勘如今年冬合格無殿犯違礙者即送中書除官未合格并諸色違礙格勑及曾殿黜得洗雪者並仰各守格勑敘理赴集其漢朝州縣為徵科不了及擅用破逃户停官人數並令赴吏部南曹投狀磨勘實是無過停替者本朝解由公憑及牒三司灼然過准格減一考前停官者可送名中書除官一考後兩考

前停官者减一選兩考已上者上理本官選數並取解赴集起今後應有前資州縣官并諸色選人等及曾經黜該恩得雪者並仰各守勑格赴選不得妄有乞官如敢故違宜殿兩選將來降一資注擬如或本司不依格勑妄有滯留罪在所司當行典憲一則俾守規程之道一則稍除躁競之門免恣踰濫貴尊條制如是特恩不拘是例

是月勑朝廷設爵命官求賢取士或以資敘進或以科級昇至有白首窮經方階一第半生守選始遂一官是以國無幸民士無濫進近年州郡奏薦多無出

身前官或因權勢書題或是裏私請託既難阻意便授眞恩遂使躁求徼倖之徒爭遊捷徑辛苦孤寒之士盡泣窮途將期激濁揚清所宜循名責實凡百有位當體朕懷今後州府不得奏薦無前官及無出身人如有奇才異行越衆超羣亦許具名以聞便可隨表赴闕當令有司考試朕亦自更披詳斷其否臧俾之是黜陟使人不謬舉野無遺才冀廣得人以資從政

六月中書門下奏得司勳郎中許遜申權主判吏部格式選人皆稱値去年十一月内失墜告牒雖尋舊式有例簡行竊緣官員上任之日只憑告勑籤符罷秩之後卽藉解縣曆子既失官牒得以簡其勑甲若無解縣難知眞僞欲請今後若無解縣曆子考牒者候牒本道州縣勘尋有何殿最候廻文與陳狀官員事理同卽依牒申銓取保再給憑縣貴無踰濫之人免有徼求之倖從之

是月勑追尊四廟諸司寺監合差行事官宜令差補漢末七州停替州縣官充候行事了各與除官如行事官人數未足以前資州縣官已合格并過選者充仍歷勘官牒委無違碍方得差補又勑今年正月五

日恩赦前應諸色官員有過犯合追毀出身歷任官牒至今尚未追毀其本官敘理仍各依格勑處分

八月吏部南曹磨勘勸進官點簡内有室長相次呈納到出身已來補牒優牒多奏補不依年限當曹先爲去年冬集選人年蒲室長李溥張宗又爲奏補不依年限駁放後便値兵火失墜補牒優牒申中書門下取裁欲依判成選人失墜文書例出給公憑奏勑宜令所司各出給失墜文書公憑候叅選日磨勘理本官選限外仍各殿兩選應乾祐六年已來及自今後如有齋郎奏補後年限蒲令定冬集及推補室長

時有違格敕不依年限者違一年殿兩選二年殿三選違二年已上者不在施行之限仍敕下後殿選餘並准前後敕施行

九月敕朝廷命官分治州縣至於招安戶口增益稅租明立賞科以勸勤吏近朝釐革雖有敕文俱未適中難仍舊貫晉代則傷於容易啓僥倖之門漢朝則過於艱難妨進趨之路既非允當須議改更宜令應州縣官所招添到戶口課績自今日已前罷任者並准天福八年三月十一日敕施行其漢乾祐三年七月二十五日敕不行起今後應罷縣令主簿招添到

戶口其一千戶已下縣每增添滿二百戶者減一選三千戶已下縣每三百戶減一選五千戶已下縣每四百戶減一選萬戶已下縣每五百戶減一選幷所有增添戶及租稅並須分明於曆子觧由內錄都數若是減及三選已上更有增添及戶數者縣令與改服色已賜緋者與轉官其主簿與加階轉官

十月敕選部公事比置三銓所有員闕選人分在三處每至注擬之際資敘難得相當況又今年選人不多宜令三銓公事併爲一處委本司長官通判同商量可否施行所冀掄選得中銓綜有序其吏部尚書銓見闕宜差禮部尚書王易權判

二年三月敕應京諸司職掌赴西京冊廟行事八十有六人宜令吏部南曹別驗出身歷任行事無遺闕曆子委無違礙與各減一選如有今年冬初合格又已過選者銓司注官日與加一階其不該選數已經補奏者減一年勞

十一月詔曰古者立封樹之制定喪葬之期著在典經是爲名教洎乎世俗衰薄風化陵遲親歿而多闕送終身後而便爲無主或羈束於仕宦或拘忌於陰陽旅櫬不歸遺骸何託但以先王垂訓孝子因心非

以厚葬爲賢只以稱家爲禮掃地而祭尚可以告虔負土成墳所貴乎盡力宜頒條令用警因循庶使九原絕抱恨之魂千古無不歸之骨應內外職官及選人等今後有父母祖父母亡沒未經遷葬其主家之長不得輒求仕進所由司亦不得申舉解送如是卑幼在下者不在此限其合赴舉選者或是葬事禮畢或是卑幼在下勤於所納家狀內具言不得罔冒宜令御史臺及逐處長吏本司長官所由司覺察申舉其中有兵戈阻滯或是朝廷特恩除拜起復追徵及內外管軍職員皆以金革從事並不拘此例

三年五月勑近日多有諸色出選門州縣官累經中書陳狀援引從前勑文乞除官事多中書先乾祐二年二月十日勑文以此難議施行今將已前勑文詳酌可否特與條貫庶無淹滯應前後出選門州縣官內有十六考敘朝散大夫階次赤令并歷任中曾昇朝及兩使判官五府少尹罷任後一周年除官曾任兩蕃營田判官書記支使防禦團練判官罷任後二周年與除官並許經中書陳狀點簡不欠年限當與施行選期既定不得依常選人例更理減選仍須分明批書曆子請給解由若是逃夫戶口降書考第其

顯有過犯必行殿降應諸色選人過犯三選已上及未成資考丁憂課績官無選可減者宜令自於吏部南曹投狀准格勑磨勘無違礙申送中書門下並與除官其州縣官自恐虧損年限資序歸選門者亦聽自便如或曾任推巡軍事判官等並諸色出選門官並據見任官選數敘理取解赴集依格勑磨勘送名中書門下於銓司注擬前先次除官所有諸色常選人皆自有選限合赴常調今後不得妄有陳乞及不依格勑論理功課如違當行舉勘若是特恩除授及擢才委任不拘此例

十一月勑郊禮行事官並差在京永任者充各據出身歷任仔細磨勘委無違礙方得差補如曾有殿犯除名免官勒停等人未經恩洗雪者不在收補之限若已取解及免取解赴選在外未來者不得著人承替如收補行事後將來赴選南曹磨勘別有違礙所補官司與本人並當勘斷

是月勑天下縣邑素有等差歷年月以既深或增損之不一其中有戶口雖衆地望則卑地里雖高而戶口至少每至調集不便銓衡及有久歷官途却授隘狹之縣纔昇仕進便臨繁庶之民宜立成規庶叶公

共應天下縣除赤縣畿縣次赤次畿外其餘三千戶已上為望縣二千戶已上為緊縣一千戶已上為緊縣五百戶已上為中縣不滿五百戶為中下縣選人資敘合入下縣者今許入中下縣宜令所司據今年天下縣戶口數定望緊上中下次第聞奏吏部格式據戶部今年諸州府所管縣分列戶口數目定合為望縣者六十四緊縣七十二上縣一百二十四中縣六十五中下縣九十七欲依所移銓曹從之

顯德元年正月赦文應祇奉郊廟職掌人宜並與恩澤其行事官已勘無違礙者候銓司移省後各與除

官合來一年集者候將來授任仍並加一階欠三選至五選者減一選欠六選已上減兩選幕職並與減一年如欠月限不及一年者便與除官仍轉官資其諸色選人駁放皆依格勑其間小小違礙若可以情恕者並條奏以聞

世宗顯德二年正月詔在朝文資官曾歷藩郡賓職州縣官者宜令各舉堪爲令錄者一人除官之日仍署舉主姓名若在官貪濁不公懦弱不理或職務廢闕或處斷乖違並量事重輕連坐舉主

三年十月詔曰諸司職員皆係奏補當執役之際悉

藉公勤及任事之時尤資幹敏苟非慎擇漸至因循應諸司寺監今後收補職役人等並須人材俊利身言可採書札堪中自前行止委無訛濫勒本司關送吏部引驗人材較考筆札其中者更具引驗可否連所試書跡並本州府不係色役廻文及正身引送中書後吏部具夾名聞奏候勑下勒本司補收餘從前後格勑處分每年只得一度奏補其諸司寺監舊額定人數仍令所司量公事繁省於未奏補人數內酌詳添減別爲定額先是百司奏補官吏於事言筆札之間多不選擇以至有不能舉其條目者勑出之後物議以爲允當

五年正月詔曰職官攸設數易則弊生政理所施久行則民信前典有三載考績之義昔賢垂三年報政之規將欲化民莫如師古諸道幕職州縣官依舊制以三十箇月爲滿起今年正月一日後所授官並以三周年爲月限閏月不在其內每年常調選人及諸色求仕人取十月一日已前到京下納文解及陳乞文狀委所司依舊例磨勘注授至十二月上旬終並須了畢便令赴官限二月終以前到任若違程仰本處不得放上且令舊官在任如是無故違程依格殿選其有故違程者須分明出給得所在憑由許至前

冬赴集今年赴任者不在此例其特勑除授及隨幕判官赴任不拘時月之限應授官人至滿日替人未到間宜令且守本官主當公事依舊請俸州府亦不得差署攝官替下如是遭喪停任身故假滿非時闕官之時只可差前資正官及有出身人承攝如逐處無正官及有出身人即選清强人承攝仍依正官例支與俸錢具名奏聞

閏七月吏部流內銓狀申見行條件公事銓司先准格例南曹十一月未開宿判成選人後先具都數申銓銓司據狀便牓示選人引納京諸司職官使家狀

及試判紙三度牓引得齊足方至十二月上旬內定
日鏁銓者銓司若候南曹十月內開宿引納家狀慮
恐遲滯今後纔南曹鏁宿後先牓示選人預納家狀
其合保文狀使職官司使印限開曹後兩日內赴銓
送納須得齊足如限內不納到家狀保狀試紙名便
具姓名落下不在續納之限據納到文狀至十月二
十二日已前鏁銓先准格例鏁銓後便牓示引驗正
身告勑文書三引都九日如三度引不到者便落下
銓司自今後鏁銓日便牓示選人次至日引驗正身
及告勑文書限三日內三引畢如不到者便落下每

年南曹判成選人中多有託故不赴選司准格例伺
候須及三引計九日不到者方始落下銓司今後有
此色人逐引不到便據姓名落下先准格諸色選人
三引畢後責使印保狀赴銓并合保後縣令錄事參
軍重引驗合保審其才術銓司欲三引後次日內重
引驗令錄審其才術及合保如限內不到者便據姓
名落下銓司引驗後本行准格勑及將銓狀歷任告
勑文書限三日內點簡無違礙具名銜關報試判注
擬所有選人歷任省草於未注官已前相次脩寫帖
送過院選人所合注使員闕鏁銓後便具狀申中書
門下乞降指揮應選人試判今欲鏁銓內預准勑於
中書省請印到逐人試紙候點簡畢關報名銜齊足
次日便定日試判三場逐場次日申奏後限兩日內
供納宣黃後次日乞降可否勑命銓司自前注擬諸
色選人准格三注每一注內有不伏官者限三日內
具狀通退三注都九日者銓司自今後第一第二注
牓出後各限次日內具通官伏官文狀便具姓名落
下第三注畢日開銓不在通官之限三注都五日准
格銓司送省逐年二月二十五日送門下省畢三月
十五日過官畢三月三十日進黃移省畢銓司三擬

畢後省甲案便於格式司逐注旋覆闕入官過院條
寫省歷至十一月十四日已前牒送門下省畢銓司
門下省但押定牒到取兩日祗候取判過堂次日乞
降可否堂帖其黃甲限四月內修寫勾勘印署至十
二月六日牒送門下省至十二月十九日進黃畢所
有銜謝對驗元在格限外應行內諸司公事或有忤
繫申銓取裁銓司便准勑格指揮如銓司難議裁酌
即申堂取裁

冊府元龜

巡按福建監察御史臣李嗣京訂正

新建縣舉人臣戴國士參閱

知建陽縣事臣黃國琦較釋

銓選部七

考課

設官分職以序上下程能黜否以正賞罰王者之大柄也故周禮太宰之職三歲大計羣吏之理而誅賞之又曰廢置以馭其吏斯皆考課之謂也是知明試以稽其功循名以覈其實使較比之典不可得而踰

賢愚之分不可得而亂斯二帝所以端拱而治三代所以直道而行者也漢魏而下制度詳究或斟酌前訓將以適時或講求通議於爲垂範至於總裁理要澄汰流品詢事底績咸可明徵稽古憲章於是乎在蓋夫乂衆職熙百志使官脩其方而上無虛授者莫不由茲道也

帝舜曰咨汝二十有二人禹垂益伯夷夔龍六人申命舊職四岳十二牧凡二十二人特勑命之欽哉惟時亮天工各敬其職以相天事三能信立天下之功載考績三考黜陟幽明三年有成故以考功九歲則能否幽明有別黜退其幽者升進其明者也庶績咸熙分北三苗考績法明衆功皆廣三苗幽闇君臣善否分北

流之不令相從善惡所也

漢元帝建昭中京房爲郎時西羌反日蝕又久青無光數召見問房對曰古帝王以功舉賢則萬化成而瑞應著末世以毀譽取人故功業廢而致災異宜令百官各試其功災異可息詔使房作其事房奏考功課吏法令丞尉治一縣崇教化亡犯法者輒遷有盜賊滿三日不覺者則尉事也令覺之自除二尉負其二率相准如此法帝令公卿朝臣與房會議溫室皆以房言爲煩碎令上下相司不可許帝意鄉之鄉讀曰嚮時部刺史奏事京師帝召見諸刺史令房曉以課事刺史復以爲不可惟御史大夫鄭弘光祿大夫周湛初言

不可從善之後帝令房上弟子曉知考功課吏事者欲試用之房上中郎任良姚平願以爲刺史試考功法臣得通籍殿中爲奏事以防雍讀壅塞石顯五鹿充宗皆疾房欲遠之建言宜試以房爲郡守立議云然也帝於是以房爲魏郡太守秩八百石居得以考功法治郡房自請願無屬刺史得除用他郡人自第吏千石以下令長屬縣自課第殿最歲竟乘傳奏事傳張戀切天子許焉房至郡坐與淮陽王舅張博通謀誅

後漢明帝永平九年四月詔令司隸較尉部刺史歲上墨綬長吏視事三歲已上理狀尤異者各一人與

計偕上偕俱也所徵之人令典計吏俱上及尤不正理者亦以聞
順帝時梁國陳令華義數上書陳宜依古典考功黜陟徵集名儒大定其制
魏太祖建安中爲丞相倉曹屬劉廙書論治道曰昔者周有亂臣十人有婦人焉九人而已孔子稱才難不其然乎明賢者難得也况亂弊之後百姓凋盡士之存者蓋亦無幾股肱大職及州郡督司邊方重任雖備其官亦未得人也此非選者之不用意蓋才匱使之然耳况於長吏以下羣職小任能皆簡練備得其人也其計莫如督之以法不爾而數轉易往來不

已送迎之煩不可勝計轉易之間輙有姦巧旣於其事不省而爲政者亦以其不得久安之故知惠益不得成於已而苟且之可免於患皆將不念盡心於卹民而夢想於聲譽此非所以爲政之本意也今之所以爲黜陟者近頗以州郡之毁譽聽往來之浮言耳亦皆得其事實而課其能否也長吏之所以爲佳者奉法也憂公也卹民也此三事者或州郡有所不便往來者有所不安而長吏執之不已於治雖得計其聲譽未爲美闕而從人於治雖失計其聲譽必集也長吏皆知黜陟之在於此也亦何能不去本而就末哉以爲長吏皆宜使少久足自展歲課之能三年總計乃加黜陟課之皆當以事不得依名事者皆以戶口率其墾田之多少及盜賊發興民之亡叛者爲得負之計如此行之則無能之吏脩名無益有能之人無名無損法之一行雖無部司之監姦譽妄毁可得而盡事上太祖甚善之
文帝黃初初爲尚書陳羣制九品格登用皆由於中正考之簿世然後授任
明帝青龍中以盧毓爲吏部尚書前此諸葛誕鄧颺等馳名譽有四窻八達之誚帝疾之時舉中書郎詔

曰得其人與否在盧生耳選舉莫取有名名如畫地作餅不可啖也毓對曰名不足以致異人而可以得常士常士畏教慕善然後有名非所當疾也愚臣旣不足以識異人又主者正以循名按常爲職但當有以驗其後故古者敷奏以言明試以功今考績之法廢而以毁譽相進退故真僞混雜虛實相蒙帝納其言卽詔作考課法
景初中散騎常侍劉劭以士人毁稱是非混雜莫辨邵受詔作都官考課劭上疏曰百官考課王政之大較然而歷代弗務是以治典闕而未補能否混而相

蒙陛下以上聖之宏畧愍王綱之弛頹神慮內鑒明詔外發臣奉恩曠然得以啓㩗輒作都官考課七十二條又作説畧一篇臣學寡識淺誠不足以宣暢聖旨着定典制事下三府司空掾傅嘏難劭曰蓋聞帝制宏深聖道奧遠苟非其才則道不虛行神而明之存乎其人暨乎王畧虧頹而曠載罔綴微言既没六籍泯玷何則道弘致遠而衆才莫晞也按劭考課論雖欲尋前代黜陟之文然其制度畧以闕亡書之存者惟有周典外建侯伯藩屏九服內立列司莬齊六職土有常貴官有定則百揆均任四民殊業故考績

可理而黜陟易通也大魏繼百王之末承秦漢之烈制度之流靡所脩采自建安以來至於青龍神武撥亂肇基皇祚掃除凶逆芟夷遺寇旌旗卷舒日不暇給及經邦治戎權法並用百官羣司軍國通任隨時之宜以應政機以古施今事雜義殊難得而通也所以然者制宜經遠或不切近法應時務不足垂後夫建官均職清理民物所以立本也循名考實糾勵成規所以治末也本綱未舉而造制末呈國畧不崇而考課是先懼不足以料賢愚之分精幽明之理也昔先王之擇才必本行於州閭講道於庠序行具而謂之賢道修則謂之能鄉老獻賢能于王王拜受之舉其賢者出使長之科其能者入使治之此先王收才之義也方今九州之民爰及京城未有六卿之舉其選才之職專任吏部案品狀則實才未必當任簿法則德行未爲敘如此則殿㝡之課未盡人才述綜王度敷贊國式體深義廣難得而詳也又司隷校尉崔林議曰按周官考課其文備矣自康王以下遂以陵遲此即考課之法存乎其人也及漢之季其失又在乎佐吏之職不密哉方今軍旅或猥或卒備之以科條申之以內外增減無常固難一矣且萬目不張舉

其綱衆毛不整振其領皐陶仕虞伊尹臣殷不仁者遠矣五帝三王未必如一而各以治亂易曰易簡而天下之理得矣太祖隨宜設辟以遺來今不患不法古也以爲今之制度不惟疏闊惟在守一勿失而已若朝臣能任仲山甫之重式是百辟則孰敢不肅又散騎黃門侍郎杜恕以爲用不盡其人雖才且無益所存非所務所務非世要上疏曰書稱明試以功三考黜陟誠帝王之盛制使有能者當其官有功者受其祿譬猶烏獲之舉千鈞良樂之選驥足也雖歷六代而考績之法不著闕七聖而課試之文不垂臣誠

以爲其法可粗依其詳難備擧故也語曰世有亂人而無亂法若使法可專任則唐虞可不須稷契之佐殷周無貴伊呂之輔矣今奏考功者陳周漢之法爲綴京房之本旨可謂明考課之要矣於以崇揖讓之風興濟濟之治臣以爲未盡善也其欲使州郡考士必由四科皆有事効然後察擧試辟公府爲親民長吏輔以功次補郡守者或就增秩賜爵此最考課之急務也臣以爲便當顯其身用其言使其爲課州郡之法法具施行立必信之賞施必行之罰至於公卿及內職大臣亦當俱以其職考課之也古之三公坐

而論道內職大臣納言補闕無善不紏無過不擧且天下至大萬機至衆誠非一明所能徧炤故君爲元首臣作股肱明其一體相須而成也是以古人稱廊廟之材非一木之枝帝王之業非一士之畧由是言之焉有大臣守職辦課可以致雍熙者哉且布衣之交猶務信誓而蹈水火感知己而披肝膽徇聲名而立節義者況於束帶立朝致位卿相所務者非特匹夫之信所感者非徒知己之惠所徇者豈聲名而已乎諸蒙寵祿受重任者不徒欲擧明主於唐虞之上而已身亦欲厠稷契之列是以古人不患於念治之心不盡患於自任之意不足此誠人主使之然也唐虞之君委任稷契夔龍而責成功及其罪也殛鯀而放四凶今大臣親奉明詔給事目下其有夙夜在公恪勤特立當官不撓貴勢執平不阿所私危行危言以處朝廷者自明主所察也若尸祿以爲高拱嘿以爲智當官苟在於免負立朝不忘於容身潔行遜言以處朝廷者亦明主所察也誠使容身保位無放退之辜而盡節在公抱兒疑之勢公義不脩而私議成俗雖仲尼爲謀猶不能盡一才又況於世俗之人乎今之學者師商韓而上法術競以儒家爲迂闊不周

世用此最風俗之流弊創業之所致謹也後考課竟不行

晉武帝泰始中河南尹杜預以京師王化之始自近及遠凡所施論務崇大體受詔爲黜陟之課其畧曰臣聞上古之政因循自然虛己委誠而信順之道應神感心通而天下之理得逮至淳樸漸散彰美顯惡設官分職以頒爵祿弘宣六典以詳考察然猶倚明哲之輔建忠貞之司使名不得越功而獨美功不得後名而獨隱皆疇咨博詢敷奏以言及至末世不能紀遠而求於密微疑諸心而信耳目疑耳目而信簡

書箚書愈繁官方愈僞法令滋彰巧飾彌多昔漢之刺史亦歲終奏事不制算課而清濁粗舉魏氏考課即京房之遺意其文可謂至密然由於累歲以違其體故歷代不能通也豈若申唐堯之舊去密就簡則簡而易從也夫宣盡物理神而明之存乎其人去人而任法則以傷理今科舉優劣莫若委任達官各考所統在官一年以後每歲言優者一人爲上第劣者一人爲下第因計偕以名聞如此六載主者總集採按其六載處優舉者超用之六載處劣舉者奏免之其優多劣少者敘用之劣多優少者左遷之考課之

品所對不均誠有難易若以難取優以易而否主者固當準量輕重微加降殺不足復曲以法盡也已丑詔書以考課難成聽通薦例薦例之理即亦取於風聲六年頓薦黜陟無漸又非古者三考之意也今每歲一考則積優以成陟累劣以取黜以士君子之心相處未有官故六年六黜清能六進否劣者也監司將亦隨而彈之若令上下公相容過此爲清議大頹亦無取於黜陟也

五年詔曰古者歲書羣吏之能否三年而誅賞之諸令史前後但簡遣疎劣而無有勸進非黜陟之謂也其條勤能有稱尤異者歲以爲常吾將議其功勞

惠帝元康中吏部尚書劉頌建九班之制欲令百官居職遍還考課能否明其賞罰賈郭專朝仕者欲速竟不施行

南齊東昏侯永元元年考課百司

後魏大武太延元年詔曰操持六柄王者所以統攝平政理訟公卿之所司存勸農平賦宰民之所專急盡力三時黔首之所克濟各脩其分課之有序今更不然何以爲治越職侵局綱紀紛亂上無定令民知何從自今以後亡匿避難羈旅他鄉皆當歸還舊居

不問前罪民相殺害牧守依法平決不聽私輒報復敢有報者誅及宗族鄰伍相助與同罪州郡不得妄遣吏卒煩擾民庶若有發調縣宰集鄉邑三考計貲定課裒多益寡九品混通不得縱富督貧避彊侵弱覆簡能否覈其殿最列言屬州刺史明考優劣抑退姦吏升進貞良歲盡舉課上臺牧守荷治民之任當宣揚恩化奉順憲典與國同憂直道正身肅居官次不亦善乎

孝文延興二年十二月詔曰書云三載考績三考黜陟幽明頃者以來官以勞昇未久而代牧守無恤民

之心競爲聚斂送故迎新相屬於路非所以固民志隆治道也自今牧守温仁清儉尅己奉公者可久於其任歲積有成遷位一級其有貪瞸非道侵削黎庶者雖在官遍邇必加黜罰著之於令永爲彝准

五年二月詔定考課明黜陟

大和十五年十一月考諸牧守

十八年春太子太保錄尚書事廣陵王羽奏外考令文每歲終州鎮列牧守治狀及至再考隨其品第以彰黜陟去十五年終在京百僚盡已經考爲三等此年便是三載雖外有成令而内令未班内外考察理

應同等臣輒推准外考以定京官治行詔曰雖内考未宣績已久著故明堂月令載公卿大夫論考屬官之典台職區分著三公尚書三載殿最之義此之考内已爲明矣但論考之事理在不輕問績之方應關朕聽輙爾輕發殊爲躁也每考之義應在年終既云此年何得春初也今始維夏且待至秋帝顧謂羽曰考課之法上下二等可爲三品中等但爲一品所以然者上下是黜陟之科故旌絲髮之美中等守本事可大通帝又謂尚書等曰卿等在任年垂二周未嘗進一賢退一不肖此二事罪之大者謂羽曰汝居樞端之任在職以來功勤之績不聞於朝阿黨之音頻干朕聽今黜汝錄尚書廷尉但居特進太保自尚書令僕以下凡黜退三十餘人皆舉遺闕諸如此比黜官者令一年之後任官如初

九月壬申詔曰三載考績自古通經三考黜陟以彰能否今若待三考然待黜陟可黜者不足爲遲可進者大成賒緩是以朕今三載一考考即黜陟欲令過滯無妨於賢者才能不擁於下位各令當曹考其優劣爲三等六品以下尚書重問五品已上朕將親與公卿論其善惡上上者遷之下下者黜之中中者守

其本任壬午帝臨朝親加黜陟

十九年十月詔諸州牧精品屬官考其得失爲三等之科以聞將親覽而昇降焉

宣武初尚書令王肅奏考以顯能陟由績著昇明退闇於是乎在自百僚曠察四稔于茲請依舊式考簡能否從之

景明二年六月考諸州刺史加以黜陟

永平六年十二月詔曰進善退惡治之通規三載考察政之明典正始二年以來于今未考功過難齊寧無昇降從景明三年至永平四年通考以聞特員外常侍鍾

遠將軍劉懋立考課之科明黜降之法甚有條貫大保領太尉侍中高陽王
雍以帝頌考陟之法上表曰竊惟三載考績百王通
典今任事上中者三年昇一階散官上第者四載登
一級閑冗之官本非虛置或以賢能而進或因累勤
而舉如其無能不應忝茲高選或征官外戍遠使絕
域或催督逋縣察簡州鎮皆是散官以充劇使及於
考陟排同閑伍竊據散官之人非是皆劣稱事之輩
未必皆賢而考閑以多年課煩以少歲上乖天澤之
均下生不等之苦又尋景明之格無折考之文正始
之奏有與奪之級明參差之考非聖慈之心改典易

常乃有司之意又尋考級之奏委於任事之手涉議
科勤絕於散官之筆遂使在事者得展自勤之能散
輩者獨絕披襟之所抑以上下之閑限以旨格之判
致使近侍禁職抱槃屆之亂禁衛武夫懷不申之恨
欲克平四海何以獲諸又散官在直一玷成尤御史
僁失差毫即坐徽纆所逮未以事之閑憂節慶之賚
不以祿位加賞罰殿之犯未殊任事考陟之機推年
不等臣聞君舉必書書而不法後代何觀詩云王事
靡盬不遑啓處又曰豈不懷歸畏此簡書依依楊柳
以敘治兵之役霏霏雨雪又申振旅之勤昔折往來
日月便是採薇之詩廢杕杜之歌罷又任事之官吉
凶請假定省掃拜動歷十旬或因患重請告動輒經
歲征役在途勤泰百倍苦樂之勢非任事之倫在家
私閑非理務之日論優語劇先宜折之武人擿上格
者爲羽林次格者爲虎賁下格者爲直從或累紀征
戍靡所不涉或帶甲連年負重千里或經戰損傷或
年老衰竭今試以本格責其如初有爽於先退階奪
級此便責以不襄理未通也又蕃使之人必抽朝彥
或歷嶮千餘或履危萬里發有死亡之憂咸懷不返
之戚寃骨奉忠以尸將命先朝賞格酬以爵品今朝

改式上及階勞折以代考有乖使望非所以獎勵皇
華而敦崇四牡者也復尋正始之格汎後任事上中
者三年昇一階汎前任事上中者六年進一級三年
一考自古通經今以汎前六年昇一階簡無懲犯倍
年成級以此推之明以汎代考新除一日同霑階榮
下第之人因汎上涉上第之士由汎而退王臣又見
薄尉資品本官流外刊諸明令行之已久然近爲里
巷多盜以其威輕不肅欲進品清汎以厭姦宄甄琛
啓云爲法者施而觀之不便則改竊謂斯言有可採
用聖慈炤鑒更高宰尉之秩今考格始宣懷愬者坚

竊觀之亦謂不可有光國興政之何難帝乃引稱共論時務徐州刺史蕭寶寅又論曰方今守令厥任非輕及考課悉以六載爲程既而限滿代還復經六年而敘是則歲周十二年始得一階於東西兩省文武閑職公府散佐無事冗官或數旬方應一直或弦朔止於暫朝及其考日更得四年爲限是則一紀之内便登三級彼以實勞劇任而遷貴之路至難此以散位虚名而昇陟之方甚易何内外之相懸令厚薄之如是其後尚書右僕射郭祚又奏曰謹按前後考格雖班天下如臣愚短猶有未悟今頓定職人遷轉由

復超越階級者即須量折景明初考格五年者得一階半正始中故尚書中山王英奏考格被旨但可止滿三周爲限不得計殘年之勤又去年中以前二制不同奏請裁決旨云黜陟之體自依舊來恒斷今未審舊來之旨爲從景明之斷爲從正始之限景明考法東西兩省文武閑官悉爲三等考同任事而前尚書盧昶奏上第之人三年轉半階今之考格復分爲九等前後不同參差無準詔曰考在上中者得沘以前有六年以上遷一階三年以上遷半階殘年悉除考在上下者得沘以前六年已上遷半階不滿者除其得沘以後考在上下者三年遷一階散官從盧昶所奏祚又奏言考察令公清獨著德績超倫而無負殿者爲上上一殿爲上中二殿爲上下累計八殿品降至九未審今諸曹府寺凡考在事公清然才非獨著績行稱務而德非超倫幹能粗可而守平堪任或人用小劣處官濟事并全無負殿之徒爲依何第景明三年以來至今十有一載准限而判三應昇退今既通考未審爲十年之中通其殿最積以爲第隨前後年斷各自除其善惡而爲昇降且負注之章數成殿爲差此條以寡愆爲最多戾爲殿未審取何行是

寡愆何坐爲多戾結累品次復有幾等諸文按失裏應杖十者爲一負罪依律愆過隨負計十年之中三經四青赦前之罪不問輕重皆蒙宥免或爲御史所彈案驗未周遇赦復任者未審記殿復除以不詔曰獨著超倫及才備寡咎皆謂文武兼上上之極言耳自此已降猶有八等隨才爲次今文已具其積負累殿及守平得濟皆含在其中何容別疑也所云通考者據聽多年之言至於黜陟之體自依舊來年斷何足復請其罰贖已決之殿固非免限遇赦免罪唯記其殿者除之

延昌二年將大考百僚員外常侍領三公郎崔鴻以考令於體例不通乃建議曰竊惟王者爲官求才使人以器黜陟幽明揚清激濁故績效能官才必稱位者朝昇夕進年歲數遷豈拘一階半級闕以常僚等位者哉二漢已降大和已前苟必官須此人人稱此職或超騰峻陟數歲而至公卿或長兼試守稱允而不遷進者披卷則人人如是舉目則朝貴皆然故能時收名士之譽國號豐賢之美竊見景明以來考格三年成一考一考轉一階貴賤內外萬有餘人自非犯罪不問賢愚莫不上中才與不肖比肩同轉雖有

善政如龔黃儒學如王鄭才史如班馬文章如張蔡得一分一寸必爲常流所擧選曹亦抑爲一槩不曾甄別琴瑟不調改而更張雖明旨已行猶宜消息宜武不從

考明孝昌元年二月詔曰勸善黜惡經國茂典其令每歲一終郡守列令長刺史列守相以定考課辨其能否若有濫謬以考功失衷論

隋文帝開皇六年二月制刺史二佐每歲暮更入朝上考課盧昌衡爲徐州摠管長史甚有能名吏部尚書蘇威考之曰德爲人表行爲士則論者以爲美談

仁壽中秦州摠管錄事參軍房彦謙嘗因朝集時左僕射高熲定考課彦謙謂熲曰書稱三載考績黜陟幽明唐虞以降代有其法黜陟合理褒貶無虧便是進必得賢退皆不肖如或舛謬法乃虛設比見諸州考校執見不同進退多少參差不類況復愛憎肆意致乖平坦清介孤直未必高第卑諂巧官翻居上等直爲眞僞混淆是非瞀亂宰貴既不精練斟酌取捨曾經驅使者多以蒙識復成未歷臺省者皆爲不知被退而又四方懸遠難可詳悉唯量人數半破半成徒計官員之少多莫顧善惡之衆寡欲求允當其道

無由明公鑒達幽微平心遇物今所考較必無阿枉脫有前件數事未審何以裁之惟願遠布耳目精加採訪褒秋毫之善貶纖介之惡非直有光至治亦足標奬賢能詞氣侃然觀者屬目熲爲之動容深見嗟賞因歷問河西隴右官人景行彦謙對之如響熲顧謂諸州摠管刺史曰與公言不如獨與秦州考使語後數日熲言於帝帝弗能用

煬帝大業二年七月制百官不得計考增級必有德行功能顯著者擢之

五年正月詔曰太守每歲上屬官景迹

是年爲潁川郡丞敬肅朝東都帝令司隸大夫薛道衡爲天下郡官之狀肅曰心如鐵石老而彌篤

唐高祖武德二年二月帝親閱羣臣考績以李綱孫伏伽爲上第初受禪以舞人安叱奴爲散騎侍郎綱上疏論諫伏伽亦諫賞獻琵琶弓箭者及請擇正人爲太子諸王師友皆言詞激切故皆陟其考第以旌賞之

太宗貞觀元年二月詔刺史縣令已下官人若能使婚姻及時鰥寡數少量准戶口增多以進考第如其勸導乖方失於配耦准戶口減少以附殿失

三年尚書右僕射房玄齡及侍中王珪掌內外官考治書侍御史權萬紀奏其不平追按勘問王珪不伏舉按帝付侯君集推問秘書監魏徵奏稱必不可推鞫且玄齡王珪國家重臣俱以忠直任使其所考者既多或一人兩人不當終非有阿私若即推繩此事更不可信任何以堪當重委假令錯繆有實未足虧損國家窮鞫若虛失委大臣之體且萬紀比來常在考堂必有乖違足得論正當時鑒見切無陳說身不得考方始糾彈徒發在上嗔怒非是誠心爲國無益於上有損於下所惜傷於理體不敢有所阿爲遂釋不問

六年監察御史馬周上疏曰臣切見流內九品已上令有等第而自比年入多者不過中上未有得上下以上考者臣謂令設九等正考當今之官必不施之於異代也縱朝廷實無好人猶應於見任之內比較其尤善者以爲上第豈容朝廷之士遂無堪上下之考者朝廷獨知貶一惡人可以懲惡不知褒一善人足以勸善臣謂宜每年選天下政術尤最者一二人爲上下其次爲上中其次爲上下則中人以上可以自勸

十一年正月十三日勑散位一切以門蔭結階品然後依勞進敘凡入仕之後遷代則以四考爲限四考中中進年勞一階每一考中上進一階一考上下進二階五品已上非特恩刺史無進階之令唐制考課之法有德義清愼公平恪勤各一善自近侍至於鎮防弁據一事日爲之最凡二十七爲一最以上有四善爲上上一最以上有三善或無最而有四善爲上中一最以上有三善或無最而有三善爲上下一最以上有一善或無最而有二善爲中上一最以上或無最而有一善爲中中職事粗理善最弗聞爲中下愛憎任情處斷乖理爲下上背公向私職務廢闕爲下中居官諂詐及貪濁有狀爲下下若於善最之外別有可嘉尚及罪雖成殿情狀可矜或雖不成殿而情狀可責者省較之日皆聽考官臨事量定諸州縣官人撫育有方戶口增益者各准見戶爲十分論每加一分刺史縣令各進考一等增戶口謂課丁率一丁同一戶

法增不課口者每五口同一丁例其有破除者得相
析其一戶不滿六千縣戶不滿五百者各准五千五
百戶法爲分若撫養乖戶戶口減損者各准增戶法
亦每減一分降一等課謂及不課並准上文其勸課
田農能使豐阻者亦准見地分爲十分論每加二分
各進考一等此謂永業口分之外別能墾起公私荒
田者其有不加勸課以致減損者課爲永業口分之
內有荒廢者每損一分降考一等若數處有功並應
進考者並聽累加
如此處分從之

高宗上元二年大理寺丞狄仁傑考中上考使尚書左僕射劉仁軌以新任不錄大理卿張文瓘稱獨知理司之要仁軌大驚問公斷幾何獄文瓘曰歲竟凡斷一萬七千八百人仁軌乃擢爲上下考

三年金州刺史滕王元嬰頗縱驕逸動作無度高宗

與書戒之極爲至切又勑之曰朕以王骨肉至親不能致王於理今書王下下考以媿王心

開耀元年十一月二十三日詔縣令有聲績可稱先宜進考員外郎侍御史京兆河南判司及自餘清望官先於縣令內簡擇中宗神龍中御史中丞盧懷愼上疏曰臣聞孔子曰爲邦百年可以勝殘去殺又曰苟有用我者朞月而已三年有成故書云三載考績較其功也子產賢者也其爲政尚累年而化成況其當材乎切見比來州縣官佐下車布政在任多者一二年少者三五月遽卽遷除不論考課或歷時未改便傾耳而聽企踵而覩爭求冒進不顧廉恥亦何暇宣風布化求瘼恤人哉戶口流散百姓凋弊職爲此也何則人知吏之不久則不從其吏吏知遷之不遠又不盡其能偷安苟且脂韋而已又古之爲吏者長子孫倉氏庾氏卽其後也臣請都督刺史上佐兩畿縣令等在任未經四考不許言遷除察其課効尤異或錫以車裘或就加祿秩或降使臨問并璽書慰勉若公卿有闕則擢以勸能政績無聞祇犯貪暴者放歸田里以明賞罰致理救弊莫過於此劉秩爲左監門錄事參軍論曰昔周公使伯禽理魯三年而後報政周公曰何遲伯禽曰變其禮易其俗難所以遲太公理於齊五

月而後報政周公曰何疾曰因其俗簡其禮易所以疾故孔子論之曰齊一變至於魯魯一變至於道由是而言勞不甚者理不極功不積者澤不深故堯舜三年而考績三考而黜陟所以能盡其智術也近古人情敎麗未淳乎堯舜禮正樂和未愈於虞夏官賢吏能未稱於殷周或一年而考或四考黜陟或比年而遷符或歲時便遷或旬月升擢令長今日既上明日部內有犯名義者卽坐之不其謬歟

玄宗開元三年正月五日勑內外官考未滿所司預補替人名爲守闕特宜禁斷縱後有闕所由不得令上

六月詔每年十月委當道按察使較量理行殿最從第一等至五等奏聞較考使乃吏部長官總詳覆諸州亦比類定爲五等奏聞上等爲最下等爲殿中間

三等以次定優劣改轉日憑爲昇降縣令每年選擧人內准前條訪擇補置在任有術一任申使狀有兩請兼戶口復業帶上考者選日優與內官其使狀有一請兼帶上考者滿日不限選數聽集優與處分刺史第一等量與京官若要在州未可除改者紫微黃門簡勘聞奏當加優賞京官不曾任州縣官者不得擬爲臺省官吏部銓選委任尤重比雖守職務在循常旣限之以選勞或失之於求事選日拔擢一二千人不須限以資次必須究其聲實不得妄相汲引自古鄉擧里選實課人之淑慝其明經進士擢第者每

年委州長官訪察行業修謹書判可觀者三選聽集幷諸色選人者若有鄉閭無景行及書判全弱選數縱深亦不在送限崇化致理必在得人獎善勸能義資師古皆有傾濫未聞登華循名責實其道不行爲人擇官久壹猶在旣復政理不可因循須加簡勘以正頹弊

四年四月七日詔選人旣得比銓注過謝了皆不及考遂使每一年選人卽虛破一年闕在於公私俱不利便自今已後官人初上年宜聽通計年終已來滿二百日許其成考仍進遷考例至來年考時幷較承爲常式

十一月詔曰撫字之道在於縣令不許出使多不得上考每年選補皆不就此官若不優矜何以勸獎其縣令在任戶口增益界內豐稔清勤著稱賦役均平者先與上考不在當州考額之限也

五年正月行幸東都勑行幸所經州宜令紫微黃門察訪刺史上佐政術定作三等奏聞仍令於具員內簡上中下刺史上佐有稱職者條錄奏聞將隨才錄用

六年二月詔曰與我共理惟良二千石久於其政然

可化成承前以來頗多僥倖但因入考卽有改轉自今已後非灼然應黜陟者更無遷易敦此風俗革其苟且又舊例別駕皆是諸親近年以來頗多餘色先授者未能頓輟已後自循舊制去冬有因討入朝不可更令却往過考事了並量事敘用

十一年二月詔朱紫貴品皆據考勞人臣事君忠無二節至如泛階溥及義取半分豈獨清官偏得減考自今已後泛加階應入五品以十六考爲定入三品以三十考爲定其有明賢宿德及異迹殊狀雖不逾泛階或因遷改之次年考與節限同者咸以名聞仍

為永例
十四年御史大夫崔隱甫充較外官考事舊例皆委
衆問經春未定隱甫召天下朝集使一時集省中一
日較考便畢時人伏其敏斷
十七年三月左丞相張說知京官考特注其子中書
舍人均曰父教子忠古之善訓祈奚舉午義不務私
至如潤色王言章施帝道載參墳典例絕常功恭聞
前烈尤難以任豈以嫌疑敢撓綱紀考以上下
十八年詔京官考滿帶祿選有本司要籍奏留請不
用闕者選數不須與成勞

二十二年八月詔曰朕憂於理人委在牧宰雖已分
命仍未盡誠如聞刺史新除所涖不過數月即營入
計無心在州政教闕如朝寄安在自今已後刺史到
任皆不得當年入考若聲績精著奬拔未遲何處不
安自彰汲汲其縣令差使先亦禁斷比聞在遠猶自
故違宜委諸道採訪申明處分勿使如此
二十五年十二月命諸道採訪使考課官人善績三
年一奏永為常式其兩任聲實相副者為昇進名聞
二十七年二月制曰古者三載考績黜陟幽明允叶
大猷以勸天下比來諸道所通善狀但優仕進之輩
與為選調之資責實循名或乖古義自今日已後諸
道使更不須通善狀每至三年朕當自擇使臣觀察
風俗有清白政理著聞者當別擇用
二十八年三月一日詔曰先是內外六品已下應補
授官四考滿待替為滿是日制令以歲為滿不待替
縣令知倉庫供奉伎術及充綱領等不在此限至其
年十二月十六日詔內外六品已下官依舊待替其
無替者五考滿後停
天寶二年八月五日考功奏准考課令考前釐事不
滿二百日不合成考者釐事謂都論在任日至考時

有二百日即成考請假停務並不合破日比來多不
會令文以為不入曹局即不為釐事因此破考臣等
參量但請俸祿即同釐事請假不滿百日停務不至
解免事雪却上其考並不合破若有停務逾年不可
更請祿料兼與成考敕旨從之
三年正月制曰凡諸郡縣仍令太守縣令勸課農桑
先處分太守縣令在任有增減戶口成分者所由司
量為殿最自今已後太守縣令廉能勾當租庸每年
加數成分者特賜一中上考如二載之內皆有成分
所司錄奏超資與處分

八年正月二十三日敕所較內外官考准令京官正月三十日進單數二月三十日進挾名外官二月三十日進單數三月三十日進挾名自今已後並了日一時挾名奏不須更進單數

六月七日吏部侍郎李彭年奏准例出身已來並合簡覆中間已敘五品勘責皆有所憑今重簡尋恐爲煩擾如曾經勘責敘成者請從五品已後勘簡其五品已前但勘考數足即爲進敘勑旨依

十二年十月詔曰循名責實所以激羣吏也懲惡勸善所以務至公也苟黜陟之非當何考課之足徵其

內外文武官員外同正員并判試不釐務者既無別效兼有多年比年因循或與進考據額既標節限緣此遂多踰越致令課最者見棄無功者獲昇獎勸之門殊非允當自今已後並不在進考之例其內外官初効亦不在與限臺省官考各委長官比類才能功課褒昇不得一例申送俾佻競息心功能勵節

十三載二月詔曰三載黜陟百王令典殿最之迹廉問攸歸欲更別遣使臣慮有煩擾今載宜委本道採訪使具官人善惡奏聞以申勸沮

肅宗乾元二年二月御製郭子儀李光弼苗晉卿李麟李輔國考辭

代宗寶應元年十月吏部奏准今年五月詔州縣官自今已後宜令三考一替者今數州申解疑三考後爲復待替到爲復便勒停請處分者今望令已授三考官待替到如替人不到請較四考後停

三年正月考功奏請立京外察按京察連御史臺分察使外察連諸道觀察使各訪察官吏善惡其功過稍大事當奏聞者使司按成便奏每年九月三十日以前具狀報考功其功過雖小理堪懲勸者按成即報考功至考較日叅驗事迹以爲殿最

閏月考功奏內外員外官等除合在定數外准勅並任其所適既不入曹無憑簡考比來或有申者即與見在同奏簡勘之時成破不一文案混雜條流未明臣等商量望請自今已後內外文武員外同正及試官除合在任外一切不在申較之限并聽從授日計考准中中例敘用從之

永泰元年正月詔曰刺史縣令與朕分憂凋瘵之人切須撫字一夫不獲情甚納隍有能招緝逃亡平均賦稅增多戶口廣闢田疇清節有聞課效尤著者宜委所在節度觀察具名聞奏即令按覆超資擢授其

有理無能政迹涉贓私必當重加貶奪永爲殿累中外寮吏各揚其職無或曠官克副朕意

大曆元年十一月詔曰國以人爲本人以農爲業頃由師旅征稅殷繁編户流離田疇荒廢永言牧宰政切親人其刺史縣令宜以招緝户口墾田多少用爲殿最每年終委本道觀察節度等使按覆奏聞如課績尤異當加超擢或政理無聞必寘科貶

八年十月勑中書舍人常衮諫議大夫杜亞起居郎劉灣左補闕李翰考吏部選人判

十三年正月詔曰捉獲造僞及光火強盜等賊令上

考者本州府當申刑部

冊府元龜

册府元龜

巡按福建監察御史臣李嗣京　訂正
分守建南道左布政使臣胡維霖　条閲
知建陽縣事臣黄國琦較釋

銓選部

考課第一

唐德宗建中二年六月門下侍郎平章事盧杞奏准六典中書舍人給事中充監中外官考使重其事也今者有知考使無監考使伏望依前置監中外官考使依奏

貞元元年九月以刑部尚書關播吏部侍郎班宏為較內外官考使

十二月詔六品以下本州中中上考者納錢一千文市筆墨朱膠等者元置五分生利吏部奏見用有餘自今以後其外官考錢並請勒停依奏

二年九月考功奏較京官外官考使准舊例差定聞奏勅其較考使宜停其考課付所司准式較定

三年五月詔以停減天下官員其停官計日成考兩考准舊成資准常式兩考以下至來年五月三十日處分

四年正月一日制戸口增加田疇廣闢者長吏加一階縣令減選優與處分其額內官勿更注擬見任者三考勒停

五年正月司勲員外郎判考功趙宗儒復行貶考之令自至德已來考績失實朝官刺史悉以中上考褒之善惡不別及是右司郎中獨孤良器殿中侍御史杜倫各以過犯免官尚書右丞裴郁御史中丞盧佋考之中上宗儒抗令又貶良器及倫考居中中又祕書少監鄭雲逵考其同官孫昌裔入上下宗儒覆按其考降入中上以雲逵褒進失中考之中以儆之又

剌史嚴其課效考之中上者不過五十人餘貶入中中褒貶稍明人知誡懼帝善之遷考功郎中

六年六月三日考功奏准天寶七年六月勅內外官初考無赴上日末考不具得替便注破不在較限

是月又奏諸使下兼憲官及省較郎官并諸色官充職掌者並仰本使每年具在使功課兼具考第申省

十一月制守宰之任鮮在數更自今刺史縣令以四考為限

七年八月考功奏准考課令諸司官皆據每年功過行能定其考第及准開元天寶以前勅朝官每司有

中上考亦有中中考自三十年來諸司竝一例申中上考且課績之義不令雷同事乆因循恐廢朝典自今以後諸司朝官皆須據每年功過行能仍比類格文定其昇降以書考第不得一例申中上考應諸司長官書考不當三品已上具御牒上中書門下四品以下依格令各准所失輕重考

是月考功奏准諸司官皆據功過定其考等自至德後一切悉申中上考今請覆其能否以定昇降從之

自諫議大夫給事中郎官有書中中考者尚書左丞趙退翁言前薦果州刺史韋誕坐贓廢請降其考較

冊府元龜 銓選部 考課一 卷之六百三十六 三

考使吏部尚書劉滋以退翁能言其過奏中上考

十二月較外官考使奏准考課令三品以上及同中書門下平章事竝奏取裁注云親王及大都督亦同伏詳此文則職位崇重考績褒貶有司皆合上奏今緣諸州刺史大都督府長史及上中下都督都護等有帶節度觀察使者方鎮旣崇名禮當異每歲考績亦請奏裁其非節度觀察州府長官有帶臺省官者請不在此限

八年七月右僕射崔寧書兵部侍郎劉迺上下考刑部侍郎兼京官較考使班宏正議曰今夷荒靖難專在節度尺籍伍符不較省司夫上多虛美之名下開趨競之路上行阿容下必朋黨因削去之迺謝之曰迺雖不敏敢掠一美以徼二罪乎

十月以刑部尚書劉滋爲較外官考使吏部侍郎杜黄裳爲較京官考使給事中李巽宜監京官考中書舍人鄭珣瑜宜監外官考

九年七月制縣令以四考爲限無替者宜至五考

十年二月刑部奏准建中元年正月十七日勅諸州府五品以上正員及額内上佐宜四考停其左降官不在此限者五品左降官旣不許停祿料六品以下

冊府元龜 銓選部 考課一 卷之六百三十六 四

未復資已經四考者未量移閒其祿料伏望亦許准給勅下祿料宜准天寶六載七月十四日勅處分餘依當式

憲宗元和十四年十一月考功奏自今以後應注考狀但直言某色行能某色異政某色樹置某色勞效推斷某色獄糾舉某色事便書善惡不得更有虛美閑言其中以下考亦各言事狀竝不得失於褒貶如進據所失輕重准令降書考官考又奏自今以後其有政能卓異清苦絶倫者不在止於上下考限依奏

又奏據實應二年勅御史臺分察使及諸道觀察使

訪察官吏善惡功過稍大事當奏聞者每年九月三十日具狀報考功功過雖小理當懲勸者按成卽報考功至較日參驗事迹以爲殿最伏以近日功過都不牒報今後諸司不申報者州府本判官便與下考在京諸司追節級科處本判官較課日量事大小黜陟勅旨從之

穆宗元和十五年正月卽位十二月尚書考功員外郎權判郎中事李渤較定京官考請行昇黜上言曰宰臣蕭俛段文昌崔植等當陛下君臨之初首任宰相安危理亂決在此時況陛下思天下和平敬大臣

禮功故未有昵比左右偐蒲自賢之心而宰相之權宰相之事陛下一以付之實宜化理千載一遇之時也此時若失恐更無時而俛等上不能推至公明誠陳先王道德以諧君心又不能正色匪躬振舉舊法復百司之本則教化不立矣臣聞政之廢興在於賞罰俛等作相已來未聞獎一人德義舉守官奉公者使天下在官之徒有所勸又不能黜一人職事不理持祿養交者使尸祿之徒有所懼如此則刑法不立矣邪正莫辨混然無章教化不行賞罰不設天下之事復何望哉一昨陛下畋遊幸驪山宰相與翰林學士是陛下股肱心腹宜皆知之俛等不能先事未形忘軀懇諫而使陛下有忽諫之名流於史冊是陷君於過也孔子曰所謂大臣者以道事君不可則止若俛等言不行計不從須奉身疾退不宜尸素於化源進退戾也何所避辭其蕭俛段文昌崔植三人幷翰林學士杜元穎等並請賜考中下御史大夫李絳左散騎常侍張惟素右散騎常侍李益等諫幸驪山鄭覃等諫畋遊是皆恐陛下行幸道途漸遠自此恣情無度又思馬有銜橜不測之變風寒生疾之憂急奏無所詣國璽委婦人中幸之手絳等能率御史繼以

兩省官大諫於朝有懇激事君之禮可以誡無言者其李絳張惟素李益三人請賜上下考外特與遷官以彰陛下優忠賞諫之美其崔元畧冠供奉官之首合考上下緣與于翬上下考于翬以犯贓處死准令須絳請賜考中中大理卿許季同任使于翬韋道沖韋正牧皆以犯贓或左降或處死合考中下然頃陷劉闢之亂棄家歸朝忠節明著今宜以功補過請賜考中中少府監裴通職事脩舉合考中上以其請追封所生母而舍嫡母是明罔於君幽欺其先請賜考中下伏以昔者宰夫入寢擅飲師曠李調今愚臣守

官請書宰相翰林學士下考上優聖運下振頹綱故
臣懼不言之為罪不懼言之為罪也今其三品官考
伏緣限在今月內進輙先具如前其四品已下官績
具條流聞奏狀入留中不下未幾渤以墜馬傷足請
告中書門下帖刑部郎中馮宿權判考功宿以宰臣
及三品已下官故事內較遂別封以進翰林學士職
君內署事莫得知請依尚書上考諫官御史亦請仍
舊茲書中上考乃與李渤所奏異矣國朝考課令凡
較考以一年善惡為上下郎中較京官四品以下得
隨事昇黜三品以上通名清望官每歲進名內定不

在有司渤雖欲振舉官業然事無故實又通舉佗年
事以定褒貶不逹者以為朝廷盛事帝雖甚怒而宰
相等引過救解然後得免焉尋出為處州刺史
長慶元年正月制自今郡守恪奉詔條清廉可紀四
考與轉
李渤為考功員外郎穆宗初書宰相等下考長慶元
年五月貶渤為處州刺史渤既請書宰臣等下考時
人以宰輔曠官不上疏陳列而越職釣奇非盡事君
之道至是杜元穎等奏渤賣直沽名動多狂躁遂出
之

文宗太和元年正月勑諸道節度觀察使去任日宜
其交割狀仍限新人到任一月日分析聞奏并報中
書門下據新舊狀磨勘聞奏以憑殿最
二年十月吏部侍郎楊嗣復李宗閔書員外楊虞卿
考上下至是左僕射平章事王播判云據楊員外課
績事有司准勑見今推窮茲未申奏其間得失須候
聖裁遽此直書豈為至敬所書考待進止
六年七月勑今後諸州五品長為推知者推知正授
通計六考蒲停其勸留官未蒲六考停給課料者准
此例給

七年七月中書門下奏應諸州刺史除授序遷須憑
顯效若非責實無以勸人近者受代歸朝皆望超擢
在郡理績無繇盡知或自陳制置事條固難取信或
別求本道薦狀多是徇情將明典章在覈名實伏請
自今以後刺史得替待去郡一箇月後委知州上佐
及錄事參軍各下諸縣取耆老百姓等狀如有興利
除害惠及生人廉潔奉公肅清風教者各具事實申
本道觀察使簡勘得實具以事條錄奏不得更為文
飾其文狀仍與觀察判官連署如事無可稱者不在
薦限仍望委度支鹽鐵分巡院周訪察各申報本使

錄事如除授後訪知所舉不實觀察判官分巡院及知州上佐等並停見任一二年不得敘用如緣在郡贓私事發別議處分其觀察使奉取進止所與吏皆稟法人獲乂安遷擢之時更無濫授制從之

八月詔考課之法前王所重蓋以綜覈吏理勵精政途名實苟違將何沮勸宜准故事置內外知考使兼令中書舍人給事中各一人監考

九月以吏部尚書令狐楚爲較內官考使中書舍人崔鄲爲監內官考使以兵部尚書王起爲較外官考使以給事中高銖爲監外官考使行舊典也

開成四年六月河陽節度使李執方奏管內縣令有纔經一考已替者失考績黜陟之義請無犯者留至三考從之

宣宗會昌六年五月制刺史交代之時非因災沴大郡走失七百戶已上小郡走失百戶已上者三年不得錄使兼不得更與理人官增加一千戶已上者與超資遷改仍令觀察使審勘簡實聞奏如涉虛妄本判官重加懲責

太中元年正月制曰守宰親人職當撫字三載考績著在格言貞元之中頻有明詔縣令五考方得改移近者因循都不遵守諸州或得三考畿府罕及二年以此字人若爲成政道途郡吏有迎送之勞鄉里庶民無蘇息之望自今須滿三十六箇月永爲常式

六年七月考功奏近年諸州府及百司官長所書考第寮屬並不得知昇黜之間其辨當否自今以後書考後但請勒各牒於本司本州懸於本司本州之門三日其外縣官則當日下縣如有昇黜不當便任數陳其考第須便改正然得申省如勘覆之後事無乖謬則論告之人亦必懲殿又准考課令凡官人申考狀不得過兩紙刺史縣令至於賦稅畢集判斷不滯

戶口無逃散田畝守常額差科均平廨宇修飾館驛如法道路開通如此之類皆是尋常職分不合計課自今已後但云所勾當常行公事並無敗闕即得准職分無失及開田招戶辨獄雪冤及新制置之事則任錄其事繇申上亦須簡要不得繁多又近年以來刺史皆自錄課績申省矜衒者則張皇其事謙退者則緘默不言自今以後其迎內刺史請並委本道觀察使定其考第然後錄申本州不得自錄課績申省又州府申官人覆得究獄書殊考者其元推官人多不懲殿或云書下考至時又不提舉請自今以後書

辨獄官人殊考日便須書元推官下考如元推官自以爲屈任經廉使及臺省陳論其官人先有殿犯官長斷云至書考日與下考者如至時不舉其本州判官當書下考其所申到下考省司較其所犯如與令式相符便較定申奏至勑下後並須各牒州府又近日諸州府所申令錄課績至兩考三考以後弁須重具從前功課申省以與褒貶省司或簡勘不精便有僥倖自今以後不得輒更具從前功績申上又近日諸州府所申考解皆不指言善最或漫稱考秩或廣說門資既恥令文實爲繁弊自今以後如有此色並

請准令降其考第又准考課令在中上以上每進一等加祿一季中中者守本祿中下以上每退一等奪祿一季准令以此懲勸事在必行近年以來與奪幾廢或有申請之處則言無本色可支徒掛簿書竟無給與今案倉庫令支給糧祿皆以當處正倉充無倉之處則申省隨近有處支給又無者聽以稅物及和糴屯收等物充令式昭然不合隳廢自今以後每省司較考畢符牒到州後仰當時便具昇降與奪事係申請如違令式不舉明者其所繇官請奪俸祿一季其已去任官進奪祿事並請准令式處分又准考課令官人因加户內及勸田農弁緣餘功進考者於後事若不實縱經恩宥其考皆從追改追收之事近皆不行自今以後並請准令式處分其因此得官者仍請追奪又諸道所申考解從前十月二十五日到都省都省開拆郎官押尾後至十一月末方到本司開拆多時情故可見自今以後伏請准南曹及禮部舉選解例直送當司開拆又從前以來應得考之人並給考牒以爲憑據近年考使容易給牒不一或一人考牒數處請給或數年之後方始請來自今以後較考勑下其得殊考及上考人省司便據人數一時與

修寫考牒請准吏部告身及禮部春官牒每人各出錢收贖其得殊考者出一千文上考者出五百文其錢便充寫考牒紙筆雜用以前件事條等或出於令文或附以近勑酌情揣事不至乖張謹並條例進上伏乞宣付中書門下請更參詳苟俾至公乞賜收采仍請三年一度准舉選格例修定須下勑考功所係流較考功事頗謂詳悉唯一件難便允從近日俗尚矜能人少廉恥若榜門許其論告則自此必長紛爭當否之間固有公議其一件宜落下餘依奏

懿宗咸通四年正月大赦節文邦伯之任郡守之官

比遣頒條當求共理近或不終年限非時多議替移其政未成在理難責自此委中書待其三考方可再遷免吏民迎送之勞表能否昇降之道除煩就省無尚於斯

十四年考功員外郎王徽以舊例考簿上中下字朱書吏緣爲姦多有揩改請以黑書從之

昭宗天祐元年四月制刺史縣令有勸課農桑招復戸口一倍已上於前者委本道觀察使條件奏聞當加進陟如貪墮不理害及於人者速使停替

後唐明宗天成元年十月吏部侍郎盧文紀上言請

內外文武臣寮每歲有司明定考較將相乞題御筆以行黜陟流下中書門下商量宰臣奏請施行從之

是月尚書考功條奏格例如後一准考課令諸內外文武官九品以上每年當司長官考其屬官應考者皆具錄一年功過行能議其優劣定九等考第京官九月三十日已前較定外官去京一千五百里內八月三十日已前較定三千里內七月三十日已前較定五千里內五月三十日已前較定七千里內三月三十日已前較定萬里內正月三十日已前較定本州定訖京官十月一日送簿外官朝集使送限十月二十五日已前到京考後功過並入來年無長官次官考縣令已下及關鎮戍官岳瀆令並州考津非隸監者亦州考一准考課令諸每年考簿集日考司較勘色別爲簿具言功過京官三品已上及同中書門下三品幷平章事奏裁親王及五大都督府亦同四品已下及餘外官並使人量定聞奏上考下考奏單敷仍畧狀進中考並單名錄奏一准考課令諸每年尚書省諸司得州牧刺史縣令政有殊功異行及祥瑞災蝗戸口賦役增減當界豐儉盜賊多少並錄送考司一准考課令諸官人景迹功過應附考者皆須實錄其前任

有犯私罪斷在今任者同見任法卽改任應計前任日爲考者功過並附其狀不得過兩紙州縣長官須言戸口田地者不得過三紙注考正之最一最已上有四善爲上上一最已上有三善或無最而有四善爲上中一最已上有二善或無最而有三善爲上下一最已上有一善或無最而有二善爲中上一最已上或無最而有一善爲中中職事粗理善最不聞爲中下愛憎任情處斷乖理爲下上背公向私職務廢闕爲下中居官諂詐及貪濁有狀之類爲下下若於善最之外別有可嘉及罪雖成殿而情狀可矜或雖

不成殿而情狀可責者省較之日皆聽考官臨時量
定一准考課令諸官人因加戶口及勸課農桑并緣
餘功進考者於後事若不實縱經恩降皆從追改一
准式較京官考限來年正月內外官考限二月內者
所司至三月內申奏了畢伏以書較內外官考課逐
年申送考簿各有程期近年已來諸道州府及在京
諸司所送考解多是稽違自今後所申送考簿如違
格限二十日不到其本判官并錄事參軍伏請各罰
一百直本典勾官請委本道科責如違一月日已上
不申到者本判官伏請罰二百直錄事參軍量殿一

選本典勾官請委本道重加懲斷在京諸司如違格
限不關牒到者其本行人吏牒報御史臺請行追勘
決責一准格應所使闕縣令計日成四考餘官計日
成三考闕今後州縣官等並許終三十箇月成三考
自上官後至年終但滿一百八十日便與成頭考次
二年即須兩考滿足如頭考第二考全足即許計日
成尾考方與三十箇月事理合同如過月限無替人
到准上條處分者伏以每年書較官員考課格限則
顯有舊條授上則難爲定制但以每月之內皆有除
移今准格且以六月內上爲准一應申較內外六品

已下赴選官員考課准格自上任後但滿一百八十
日便與成頭考年終非書考時須至來年准格書較
時併申兩考如六月已前直至正月到任者自上任
日至較考時頭考日足即考後功過並入來年如至
書較時頭考欠日未成資考亦至來年准格書較時
併申兩考如六月已後至年終上者並至准格日收
計一考有剩日不在重使之限一應經考後合收次
年以一周歲爲限如未滿一年停替者但及二百四
十日與成如欠一日不在收計限一應收尾考但經
考後至去任時得及二百日與成如欠日不在收計

限如過月限無替人到並准上條處分一應申較內
外赴選官員考課頭考須具到任年月日自上以來
功過第二考須具經考已後課績不得重疊計功其
末考須具得替年月日比類申降一應申較內外六
品以下官員考第以去京地里遠近逐年書較申送
考解各有程期今後應內外赴選官員考第既准格
依限逐年比較即不合更將州府及本司考牒爲據
其有已前罷任官員不計年限考第未經省較者如
有州府及本司考詞考牒全備者欲據在任年月日
簡勘省司給與牒知如在任之時州府及本司向來

元不曾較給牒只於牒縣曆子內批出考數者欲與簡勘解縣曆子內不豎過犯稱在任日并無公事遺闕證驗分明亦據在官年月日給與牒知如簡勘無憑者不在給牒之限其今年各准格赴集選人便合請給省較考牒直至南曹受納告亦給已並許經所司投狀簡勘出給其考牒又准格須奏下當年內出給如隔年者不在行使之限如或實有事故年內請給故難請自今後當年奏下勅考許至來年內請給如更違格限請一年與殿一選如至三年外不請給者所司不在出給之限其已前較奏下內外赴選官

員考課其間有未曾請給考牒者並合投狀請給以備選曹磨勘如將來選人今任考第依前故違格條不經省司勘較給牒及已曾奏較下勅考不曾給考牒者南曹不在簡勘判成之限一應申較內外官員考課文解須依格限到省如申發後其間或有非時事故停任省司無以得知請委本判官并錄事參軍專切提舉具事繇申省以憑照簡錄奏一准故事較考舊條內外官員並較之時諸道差朝集使應考內即差中書舍人給事中監考伏自較勘不行往例全廢自今後省較之時伏請中書門下選差清望官兩員監較內外官員考課便同照簡申奏其合經過中書門下兩省准例各供宣黄請守舊規以爲永制一應繇較內外官寮考課如有過犯便降書下考如在任之日於當課之外別有異績可稱比之上下考如諸道州府及在京諸司固違格條不具錄在任事績功過依限比較申牒到省其本判官并錄事參軍及在京諸司本行並請准前殿罰一應諸司諸色流外職掌人等准令本司量其行能功過立四等考第而勉進之今狀請准新定格內條件逐年依限投狀各具在職功過書較考第簡勘錄奏應諸司令史及勒

留官丁憂不計有官無官並一百日後舉追如願終喪不在追限除丁憂年一考不附奏次年便許選數赴集其丁憂人仍牒考功及南曹終喪者計三年憂諸色選人使上考減選其下考並合殿選並注令錄銓曹勘驗只憑考功報簡多有差錯今請每年考功申較上考及下考勅下後請具單名牒門下省及申三銓關報南曹以憑勘會並須九月已前報畢勅旨從之

三年四月祠部郎中王承升請明書兩班考課顯示懲勸時兩班考績虛有其名皆以恪勤匪懈清慎明

著爲詞久無其實承弁雖奏終不改定
長興四年五月中書奏准天成元年五月二十七日勑諸使府兩稅徵科詳斷刑獄較官吏考課合是觀察判官專判其一州諸縣徵官料轄提舉合是錄事叅軍本職今後觀察判官錄事叅軍較量所屬州縣官吏據每年徵科程限刑獄斷遣戶口　減據州縣申報子細磨勘詣實然後於本官牒內據事件收竪如官吏考課一一事實其判官錄事叅軍候考滿日竝與酬獎別加職任如考課不實亦行殿罰如有水旱災傷處許奏聽勑旨從之

末帝清泰二年四月宰臣張延朗奏州縣官徵科賞罰例縣令錄事叅軍正官一年依限徵科了絶加階二年依限與試銜三年搃及限與服色如攝令一年內了絶仍攝二年三年內搃及限與眞命主簿一年二年如縣令條三年搃了別任使本判官一年加階二年改試銜三年轉官本曹官省限內了絶與試銜轉官諸節級三年內搃了絶與賞錢三十千其賞罰依天成四年五月五日勑從之
九月尚書考功上言今年五月中翰林學士程遜所上封事內請自宰相百執事外鎭節度使刺史應係公事官逐年書考較其優劣以前件考課究尋臺閣深遠歲年若識與行宜憑往制具錄中書門下宰臣判設官分職各有所司本司自合將條格故實詳叅吏簡尋遠勑條奏定爲悠久緣本司公事遂簡尋唐書六典會要考課令書考第從之
三年五月右街使兼判尚書考功郝璦上言去年五月詔中外官員自宰臣節度使已下竝逐年書考課計官員千餘當司人吏四人二人赴官又公用不足乞依三銓例當司歸司官逐月支賜紙筆糧錢詔考功人吏兩人依三銓例給及春冬衣兩分諸司不得

爲例
晉高祖天福二年正月勑外官內官陳力實關於共理或出或處藉才難執於當規近覩朝臣偶除外任三年替罷之後再來擬官之時不計新職之勤勞唯循舊官之資歷比藉幹濟翻成滯淹宜別立於規繩貴各期於激勵宜今後應朝臣中有藉材特除外任者秩滿無遺闕將來擬官之時在外一任同在朝一任昇進其就便自求外職及不是特達選任者不在此限
六年五月詔曰王者行考績之文重爲政之本若存

功課自有旌酬或伏鉞守方著安民之術或剖符刺
部彰恤物之仁凡著政聲悉聞朝聽通者數州守姓
舉留本部長官遂涉道途徑趨京闕皆陳善治並述
公清或指使而方來或感激而自至勞煩行役妨廢
耕耘言念苦辛倍深軫憫今後岳牧善政委倖二官
條件奏陳必當旌別勤勞審詳課最如不愆於名實
固無悋於渥恩
少帝開運元年八月詔曰向者朝廷無事經費尚多
今則師旅方興支贍尤廣必資國力以濟軍須近以
四海災傷頻年饑饉賦租減少筦榷虧懸帑藏不充

公私重困今歲三時不害百穀用成所在流民漸聞
歸業商旅之人稍衆山澤之利咸通郡邑徵科自然
容易務場課額必有增盈較量之間斷可知矣牧宰
之任選擢非輕至於阜俗康民豐財益國乃爲本職
固合用心苟能一一躬親孜孜臨蒞必絶滯凝之事
兼除僥倖之門副我憂勤顯爾政績將求課最須設
科條況藩侯郡守等皆是良臣各膺重委盡傾誠設
以奉國朝式當倚注之時宜示勸懲之道應天下諸
州各以係省錢穀秋夏徵科爲帳籍一季一奏一年
賦稅及限更委在任一年次年又不稽遁聽三周年

爲蒲三年皆得辦事卽與別議陟遷如或纔到任所
課績不前亦當卽時罷替其間災沴之地須明具數
陳審其虛眞別有處分於戲朕纘承大業于兹三年
虔奉基扃不敢失墜兢兢業業若履春氷小信未孚
咎徵斯降旱蝗相繼連歲爲災兵革未寧四方多事
下慙黔首仰愧蒼穹所賴將相公卿元戎郡守或先
朝宿舊或當代英賢送往事居始終如一分憂共治
誠節彌堅倚賴既深傾輸亦至必能爲國盡忠臨事
公勤不更假於指縱固自知其陳力凡百有位宜體
朕懷

漢隱帝乾祐二年太子中允侯仁寶上言諸州府長
吏勸課農桑隨戶人力勝栽蒔桑棗小戶歲十本至
二十本中戶三十至四十大戶五十至一百如能廣
栽不限本數種訖本縣令佐親省之計數得替時交
與受代者仍於曆子內批書省司以爲考課
三年七月勑親人之任務在安民經國之規必資徵
賦至於招添戶口增長稅租減選加階優有處分勸
能行賞顯降勑文邇來論課績者甚多較虛實則未
當外州批上曆子南曹磨勘解繇空收招到編民莫
見新添稅額蓋有拆居耕種各立戶名或是避稅逃

移併未歸業所以虛添農戶無益官租考課涉名未盡其善宜令吏部南曹自今後及已前應有令佐招添點簡出戶口據數須本處戶合徵稅賦物數目於解繇曆子內一一開坐批書方得准天福八年三月十日勑條施行如不合前後勑例不在施行之限

周太祖廣順二年十二月二十八日勑節文其有省較考牒如是奏下後滿三年不請給者宜令考功准先降勑文不在出給之限

三年三月十四日勑起今後諸州府更有供申考簿違格限申到者本判官并錄事參軍各罰五十直其

錄事參軍仍殿一選本勾押官典委本州幷行科斷如違程限一月已上不申到者仍令尚書考功催促候供申到考帳依例施行所有科罰准前處分若是較考過時即與次年依格奏較

是月尚書考功上言當司所納諸道考課文帳准格每年十月二十五日已前考帳到京如違格限本處官吏各行殿罰其鳳翔府自廣順元年十月九度移文爲考帳全不詳認格條遂申中書門下請勒令鳳翔府稱違格限二十餘日已次罰官典申到考帳當司准格違限不收勑鳳翔考帳違限本府各以科徵其考帳省司特與考較起今後諸州府更有違限者本判官錄事參軍各罰五十直錄事參軍殿中選典押本處科斷仍令省司依時催促若較考過時即與次年較奏餘依前後格勑指揮又勑州縣官或特勑除授或非時有故停任員闕除官到任者緣赴任不拘期限申發考帳之時但滿一周年便與依例書較一考申省如書較時少欠月日即與次年附帳申較不得漏落考第姓名如或有違罪本道書考官吏

顯德五年閏七月尚書考功奏奉新勑起今年正月一日後授官並以三周年爲月限閏月不在其內者

當司所書較內外六品下赴選官員考第今後以一周年較成一考如欠日不在計限滿三周年較成三考如考滿後未有替人在任更一周年與成第四考如欠日不在計限兼逐年須具到任年月日自上已來課績功過第二考須具經考後課績不得重疊計功其未考須具得替年月日比類昇降自今年正月一日已前授官到任者欲准格例三十箇月書較三考今年正月一日後來授官到任者准新勑三周年爲月限每一周年書較一考閏月不在其內所有諸道州府較考申發考帳及當司較奏各依前後格勑

施行應崳司諸色流内出身人等准格並須待附申考近年不經奏考便至叅選頗啓倖門應在司見役人等自今後逐年起六月初一日後正身於所司投狀請申較勞考省司據狀却牒本司勘會補奏年月日勑甲頭姓名見掌案分公事牒報省司將元狀簡勘同即與准例申較仍自此後須逐年九月已前較奏了畢不在更與隔年併書之限其考牒本無綾紙書寫勑例今後每年奏下逐人給省牒一紙使大張紙書不在使綾紙及併年都給限據省較勑之日有公事在外差出不虚即本司雜事須具在職功過及

出外事繇牒報考功不得有妨逐年書較如不與申牒其雜事令史量情科决仍殿一選如無故自不經省投狀請奏較不在論訴之限者當司緣新勑促期限慮恐較考遲違今後應合較考人請起自五月一日正身投狀限十日畢至七月三十日已前較奏了畢餘依元格施行從之

巡按福建監察御史臣李嗣京　訂正

知長樂縣事臣夏允彝　叅閱

知建陽縣事臣黃國琦　較釋

銓選部　九

公望　平直　振舉

公望

銓衡劇地總覈九流所以辯進官材協贊邦治降自漢人委授彌重莫不妙選明識登用能臣故有負高亮之姿振清正之望鑒擇髦儁動叶於至公抑退浮

華靡私於貴勢俾時材各適其用天下共稱其平詩云靖恭爾位好是正直其是之謂與

魏賈詡爲尚書典選舉多選舊名以爲令僕論者以此多詡

崔琰字季珪清忠高亮雅識經遠端方直道正色於朝魏氏初載委授銓衡總齊清人十有餘年文武羣才多所明拔朝廷歸高天下稱平

毛玠字孝先太祖爲丞相玠爲東曹掾與崔琰並典選舉用皆清正之士雖於時有盛名而行不繇本者終莫得進務以儉率人繇是天下之士莫不以廉節自勵雖貴寵之臣輿服不敢過度太祖歎曰用人如此使天下人自治吾復何爲哉文帝爲五官將親自詣玠屬所親眷玠答曰老臣以能守職幸得免戾今所說人非遷次是以不敢奉命大軍還鄴議所并省玠請謁不行時人憚之咸欲省東曹乃共白曰舊西曹爲上東曹爲次宜省東曹太祖知其情令曰日出於東月盛於東凡人言方亦復先東何以省東曹玠遷右軍師魏國初建拜尚書僕射復典選舉先賢行狀曰玠雅亮公正在官清恪其典選舉拔貞實斥華偽進遜行抑阿黨諸宰官治民功績不著而私財豐足者皆免黜停廢久不選用于時四海翕然莫不勵行至乃長吏還者垢面羸衣常乘柴車軍吏入府朝服徒行

人擬壺飱之潔家象濯纓之操貴者無穢欲之累賤者絕姦貨之求吏潔於上俗移於下民到于今稱之

袁侃歷選部郎中號爲清平

晉李重與李毅同爲吏部郎時王戎爲尚書重以清尚見稱毅淹通有智識雖二人操異然俱處要職戎以識會代之各得其所

李喬爲吏部清慎選舉號爲廉平

阮放字思度爲黃門侍郎選吏部郎在銓管任甚有稱績

盧欽爲尚書僕射領吏部舉必以材稱爲廉平

周馥遷吏部郎選舉精密論望益美

蔡克字子尼爲東曹掾素有格量及居選官苟進之徒望風畏憚

宋王惠爲吳興太守少帝即位以蔡廓爲吏部尚書不肯拜乃以惠代焉惠被召即拜未嘗接客人有與書求官者得輒聚置閣上及去職其封如初時談者以廓之不拜惠之即拜雖事異而意同也

謝莊代顏竣爲吏部尚書竣留心選舉自强不息任遇既隆奏無不可而容貌嚴毅莊風姿甚美賓客喧訴嘗懽笑荅之竟多不行時人爲之語曰顏竣嗔而與人官謝莊笑而不與人官

梁徐勉爲吏部尚書勉居選官彝倫有序嘗與門人夜集客有虞暠求詹事五官勉正色荅云今夕止可談風月不宜及公事故時人嘗服其無私（又云勉爲尚書僕射爰自小選迄于此職常參掌衡石甚得士心）

到溉掌吏部尚書時何敬容以吏參選事有不允溉輒相執敬容謂人曰到溉尚有餘臭遂學作貴人敬容日方貴寵人皆下之溉許之如初溉祖彥之初擔糞自給故世以爲譏云

王泰爲都官尚書能接人士士多懷慕每願其居選官頃之爲吏部尚書衣冠傾屬

王亮爲吏部郎銓序著稱

後魏崔亮爲給事黄門侍郎仍兼吏部郎領青州大中正亮自參選事垂將十年廉愼明決爲尚書郭祚所委每云非崔郎中選事不辦

北齊楊愔爲給事黄門侍郎兼吏部郎中武定末以望實之美超拜吏部尚書加侍中衛將軍侍學典選如故

辛術爲吏部尚書遷鄴以後大選之職知名者數四互有得失未能盡美文襄帝少年高朗所弊也疎袁叔德沉密謹厚所傷者細楊愔風流辯給取士失於

浮華唯術性尚貞明取士以才器循名責實新舊參舉管庫必擢門伐不遺考之前後銓衡在術最爲折衷其爲當時所稱舉如此

後周鄭孝穆魏大統中爲散騎常侍時文帝東討除大丞相府右長史封金鄉縣男軍次潼關命孝穆與左長史孫儉司馬楊寛尚書蘇亮諮議劉孟良等分掌衆務仍令孝穆引接關東歸附人士幷品藻才行而任用之撫納銓敘咸得其宜

薛端爲吏部尚書端久處選曹雅有人倫之鑒其所擢用咸稱其才

隋高構仁壽初爲吏部侍郎以公事免煬帝立召令
復位時爲吏部者多以不稱去職唯構最有能名前
後典選之官皆出其下又云牛弘爲吏部尚書高構
爲侍郎最爲稱職
陸彦師開皇初爲吏部侍郎時承周制官無清濁彦
師在職凡所任人頗甄别於士庶論者美之
唐杜如晦爲吏部尚書尋爲右僕射仍掌選事引用
賢良甚獲當時之譽
劉林甫貞觀初爲吏部侍郎初隋代赴選者以十一
月爲始至春卽停選限所促選司多不究悉時選人

漸衆林甫奏請四時聽選隨到注擬當時甚以爲便
時天下初定州府及詔使多有赤牒授官至是停省
盡來赴集將萬餘人林甫隨才銓擢咸得其宜時人
以林甫典選比隋之高孝基
李安期前後三典選部頗爲當時所稱
楊纂爲吏部侍郎銓敘人倫稱爲允當
高季輔爲吏部侍郎凡所銓綜時稱允愜
裴行儉高宗朝爲吏部侍郎與敬玄馬載同時典選
十餘年甚有能名時人稱焉
李敬玄爲司列少常伯典選累年銓綜有序天下稱
其能
姚璹武后時爲天官侍郎善選補于今稱之
盧從愿睿宗初爲吏部侍郎以中宗之後選司頗失
綱紀從愿精心循理大稱平允其有冒名僞選及虛
增功狀之類皆能擿發其事典選六年前後無及之
者初高宗時行儉馬載爲吏部最爲稱職及是從愿
與李朝隱同時典選亦有美譽時人稱曰吏部前有
裴馬後有盧李
韋沆爲刑部尚書頻年典較京外官考使前後咸稱
允當

宋璟爲吏部侍郎同中書門下三品玄宗在春官又
兼右庶子先是外戚及諸公主等干涉朝政請託滋
甚崔湜鄭愔等相次典選皆爲權門所制九流失敘
迎用兩年員闕注擬不足更置比冬選人大爲士庶
所歎至是璟大革前弊取捨平允銓綜尤是有敘
李林甫爲吏部侍郎天下昇平每歲選人塡委林甫
脩廢舉直甄别流品時議以爲稱職改黄門侍郎
徐浩爲都官郎中掌選嶺南以廉平稱
于部爲北部郎中嘗署考第於吏部以公當稱
劉滋爲吏部侍郎有經學善持論性廉潔勤理嫉惡

嘗掌選多所發擿更代詐僞者尤畏之

韋弘景爲吏部侍郎銓藻平允權邪憚其嚴勁不敢干以非

崔鄲爲吏部員外郎銓敘之美爲時所稱

後唐韋寂爲水部員外郎判南曹務凌儀令累選吏部郎中復判南曹吏畏其明

平直

夫政之敗繇官之邪前典之深戒也若夫式敘流品銓管人才漢魏以還實重其任乃有善於其職不僻其位爲官擇人抑華崇本清濁有别名實以覈寒素

無下品之歎浮薄杜私謁之逕不以親疎而易意不爲勢力之所奪介然不撓處事惟允考言底績抱公滅私才能適用怨亦不作繇是當時號爲得士天下無有滯才玆所謂邦之司直德服衆望守公率職之善者歟

後漢曾恭爲光祿勳選舉清平京師貴戚莫能枉其正

陳蕃爲光祿勳與五官中郎將黄琬共典選舉不偏權富而爲勢家郎所譖訴坐免歸

趙戩爲尚書典選董卓數欲有所私授戩輙堅拒不聽言色强厲卓怒召欲殺之衆人悚慄而戩辭貌自若卓悔謝釋之

魏諸葛誕爲吏部人有所屬託輙顯其言而承用之後有當否則公議其得失以爲褒貶自是羣僚莫不慎其所舉

晉荀顗爲尚書時顗甥陳泰卒顗代泰爲僕射領吏部顗承泰後加之淑愼綜核名實風俗澄正

李密犍爲人爲州大中正性方直不曲意勢位後失荀勗張華指左遷漢中太守諸生多以爲冤

李重爲吏部郎詢朝衆而斥華競存公平而塞私謁

是以羣才罔不畢舉

劉毅爲青州大中正銓正人流清濁區别其所彈貶自親貴者始

張輔爲御史中丞梁州中正刺史楊欣有姊喪未經旬車騎長史韓預强聘其女爲妻輔貶預以清風俗論者稱之

江灌爲吏部郎時尚書謝奕銓敘不允灌每執正不從

王彪之爲吏部尚書時簡文以會稽王輔政有命用秣陵令典安遠補句容令殿中侍御史奚朗補湘東

郗鹿之執不從曰秣陵令三品縣耳殿下昔用安遠談者紛然句容近畿三品佳邑豈可處卜術之人無才用者邪湘東雖復遠小所用未有朋比談者謂頗兼卜術得進殿下若超用寒悴當令人才可拔朗等凡器實未足充此選

王蘊爲吏部郎性平和不抑寒素每一官缺求者十輩蘊無所是非時會稽王輔政蘊輒連狀白之曰某人有地某人有才務存進達各隨其方故不得者無怨焉

宋王球爲吏部尚書接客甚希不覗求官書疏而銓衡有序朝野稱之

庾炳之爲吏部郎時王僧達舉兄錫不恊訴家貧求郡太祖欲以爲秦郡炳之曰王弘子既不宜作秦郡僧達亦不堪莅民乃止

王琨爲吏部郎吏曹選局貴要多所屬請琨自公卿下至士大夫例爲用兩門生江夏王義恭嘗屬琨用二人後復屬遣琨答不許

江湛爲吏部尚書在選職頗有刻覈之譏而公平無私不受請謁論者以此稱焉

王僧綽爲吏部郎叅掌大選究識流品諳悉人物拔才舉能咸得其分

南齊陸慧曉爲吏部郎曹中有都令史歷政以來諮執選事慧曉任已獨行未嘗與語帝遣左右單景儁以事誚問慧曉謂景儁曰六十之年不復能諮都令史爲吏部郎也帝若謂身不堪便當拂衣而退帝甚憚之

梁張充爲吏部尚書居選稱爲平允

王泰爲中書侍郎歷給事黄門侍郎並掌吏部郎事俄而即眞自過江吏部郎不復典大選令史以下小人求競者輻輳前後少能稱職泰爲之通關求吏先

至者即補不爲貴賤請屬易意天下稱平

王僧孺爲尚書吏部郎叅大選請謁不行

何敬容爲吏部尚書銓序明審號爲稱職

褚翔居小選公清不爲請屬易意號爲平允

陳徐陵天嘉初爲吏部尚書以梁末以來選授多失其所於是提舉綱維綜覈名實時有冒進求官諠競不已者陵乃爲宣示之曰自古吏部尚書者品藻人倫簡其才能尋其門胄逐其大小量其官爵梁元帝承侯景之凶荒王太尉接荆州之禍敗爾時喪亂無復典章故使官方窮此紛雜永定時聖朝草創干戈

未息亦無條序府庫空虛賞賜懸乏白銀難得黃札易營權以官階代於錢絹義存撫接無計多少致令員外常侍路上比肩諮議參軍市中無數豈是朝章應其如此今衣冠禮樂日富年華何可猶作舊意非所望也所見諸君多踰本分猶言大屈未榆高懷若問梁朝朱領軍异亦爲卿相此不踰其本分耶此是天子所拔非關選序梁武帝云世間人言有目色我特不目色范悌宋文帝亦云豈無運命每有好官缺輙憶羊玄保此則清顯職不係選也秦有車府令趙高直至丞相漢有高廟令田千秋亦爲丞相此復可

爲例耶既忝衡流應須粉墨所望諸賢深明鄙意自是衆咸服焉時論比之毛玠

後魏任城王澄爲吏部尚書及車駕北巡留澄銓簡舊例自公侯以下訖以選臣動有萬數冗散無事澄品爲三等量其優劣盡其能否之用咸無怨者

元順爲吏部尚書時三公曹令史朱暉素事錄事尚書事高陽王雍雍欲以爲廷尉評頻煩託順順不爲用雍遂下命用之順投於地雍聞之大怒昧爽坐都廳召尚書及丞郎畢集欲待順至於衆挫之順日高方至雍攘袂撫几而言曰身天子之子天子之弟天子之叔天子之相四海之內親尊無二元順何人以身成命拔棄於地須鬚鬢俱張仰面看屋憤氣奔涌長歎而不言久之搖一白羽扇徐而謂雍曰高祖遷宅中土創定九流官方清濁軌儀萬古而朱暉小人身爲省吏何令爲廷尉清官殿下既先皇同氣且遵成旨日有短垣而復踰之雍曰身爲丞相錄尚書如何不用一人爲官順曰庖人雖不理庖尸祝不越樽俎而代之未聞有別旨令殿下參選事順又厲聲曰殿下必如是順當依事以聞雍遂笑而言曰豈可以朱暉小人便相忿恨遂起呼順入室與之極歡順之

毅不撓皆此類也

陸俟爲給事中典選部蘭臺事當官而行無所屈撓

封軌渤海人宣武帝時爲考功郎中本郡中正渤海太守崔林入爲吏部郎以凡考事于軌軌曰法者天下之平不可以舊君故虧之也休歎其守正

韋崇爲司州及河南邑中正崇頻尹衡品以平直見稱

楊懿爲選部給事中有公平之譽

宋弁字義和廣平人爲黃門侍郎兼司徒左長史爲本州大中正弁先與度支尚書李彪州里迭相祗好

結管鮑之交而以寒地處之殊不欲微相優假彪不以爲恨及郭祚爲吏部彪與子志求官祚仍以舊地處之彪以位經常伯又兼尚書謂祚應以貴遊拔之深用忿怨形於言色時論以此譏祚祚每曰爾與義和至交豈能饒爾而怨我乎一云郭祚爲吏部所用者皆量才稱職時人以此歸之

李叔虎渤海人爲國子博士本國中正攝樂陵中正性清直甚有公平之稱

北齊趙彥深爲尚書令凡諸選舉先令銓定提獎人物皆以行業爲先輕薄之徒弗之齒也

辛術爲吏部尚書文宣嘗令術選百員官參選者二三千人術題目士子人無謗讟其所旌擢後亦皆致通顯

陽休之爲吏部尚書多識故事諳悉氏族凡所選用莫不才地俱允

後周薛端爲吏部郎中自居選曹先盡賢能貴遊子弟才劣行薄者未嘗升擢之每啓文帝云設官分職本康時務苟非其人不如曠職帝深然之

隋盧愷爲周小吏部漆工上士王神歡者嘗以賂自進冢宰宇文護擢爲計部下大夫愷諫曰古者登高能賦可爲大夫求賢審官理須詳愼今神歡出自漆工更無殊異徒以家富自通遂與縉紳並列實恐維鵜之刺聞之外境護竟寢其事

韋世康爲吏部尚書選用平允請託不行出爲襄州刺史歷安州信州總管入朝復拜吏部尚書前後十餘年間多所進拔朝廷稱爲廉平

高構爲吏部侍郎時人以構好劇談頗謂輕薄然其內懷方雅特爲吏部尚書牛弘所重後以老病解職時弘典選凡將有所擢用輒遣人就第問其可否

牛弘爲吏部尚書其選舉先德行而後文才務在審愼所進用多稱職

唐高士廉貞觀年爲吏部尚書獎鑒人倫雅諳姓氏凡所署用莫不人地俱允

韋承慶自天授以來三掌天官選事銓授平允海內稱之

高季輔爲吏部侍郎凡所銓敘時稱允當

崔玄暐爲天官侍郎介然自守絕於請謁爲執政者所忌轉文昌左丞選司令史乃設齋自慶武太后聞之復拜爲天官侍郎

劉奇爲吏部侍郎注張文成司馬鍠爲監察御史二

人因申屠瑒以謝之奇正色曰舉賢本自無私二君何爲見謝

吉頊爲吏部侍郎陸象先本名景初爲揚州參軍秩滿調選頊擢授雒陽尉時象先父元方亦爲吏部固辭不敢當頊曰爲官擇人至公之道陸景初才望高雅非常流所及實不以吏部之子妄推薦也竟奏授之

姜晦爲吏部侍郎性聰悟識理體舊制吏曹舍宇悉布棘以防令史與選人交通及晦領選事盡除之大開銓門示無所禁私引致者晦輒知之召問莫不首

伏初朝廷以晦改革前規咸以爲不可竟銓綜得所賄賂不行舉朝歎伏

席豫爲吏部侍郎玄宗謂之曰以卿前爲考功職事平允故有此授豫典選六年有令譽

韋陟爲吏部侍郎常病選人冒名接腳闕員既少取士良難正調者被擠僞集者冒進陟剛腸嫉惡風彩嚴正選人疑其有假者陟按聲盤詰無不首伏每歲常膺得數百員闕以待淹滯常謂所親曰使陟知銓衡一二年則無人可選矣又有一致仕官敘五品陟判之曰青氊展慶竝不立班朱紱承榮無宜臥拜時人推其強直

韋見素爲吏部侍郎在職公平選士美之

苗晉卿爲吏部侍郎拔異舉廢時稱平允

楊綰爲吏部侍郎歷典舉選精覈人物以公平稱

奚陟爲刑部侍郎知吏部選事銓綜平允有能名遷吏部侍郎所涖之官時以爲稱職

裴垍爲吏部考功二員外郎時吏部侍郎鄭珣瑜請垍考調判垍堅守不爲時力所奪考覈皆務才實

楊於陵爲吏部員外郎判南曹時宰相有密親調習文書不如式於陵持而不與物論大歸之遷右司郎

中後爲吏部侍郎凡四周歲簡察奸吏調補平允至今人稱之

崔鄲爲吏部員外奸吏不敢欺孤寒無援者未嘗留滯銓敘之美爲時所稱

孔緯昭宗時爲吏部侍郎居選曹動循格令權要有所託私書盈几不之省執政怒之改太常卿

晉史圭爲吏部侍郎分知銓事而圭素廉守太著公平時有前欒城浩令者年踰七十不能拜起有重臣達意且令與官圭不允其請人甚嘉之

振舉

振廢滯拔英儁有司之職也故刈其翹楚形之於風什揚彼側陋著之於典訓乃有雅望著於紳紱精識善其人倫處選士之曹當持衡之重唯善所在靡遺於葑菲類能而使必適於輇輪得其辨論之方盡諸藻鑒之美繇是棫樸之詩載作邁軸之歎不興者焉

後漢許靖爲尚書郎典選舉董卓秉政以漢陽周毖爲吏部尚書與靖共謀議進退天下之士沙汰穢濁顯拔幽滯進用潁川荀爽韓融陳紀等爲公卿郡守拜尚書韓馥爲冀州牧侍中劉岱爲兖州刺史潁川張咨爲南陽太守陳留孔伷爲豫州刺史東郡張邈

爲陳留太守

吳李肅字偉恭爲選部尚書選舉號爲得才

晉山濤武帝時爲吏部尚書前後選用周徧內外而並得其才濤再居選職十有餘年每一官缺輒啓擬數人詔旨有所向然後顯奏隨帝意所欲爲先故帝之所用或非舉首衆情不察以濤輕重任意或譖之於帝故帝手詔戒濤曰夫用人惟才不遺疏遠單賤天下便化矣而濤行之自若一年之後衆情乃寢濤所奏甄拔人物各爲題目時稱山公啓事嵇紹以父得罪靖居私門濤啓武帝曰康誥有言父子罪不相及嵇紹賢侔郤缺宜加旌命請爲祕書郎帝謂濤曰如卿所言乃堪爲丞何但郎也乃發詔徵之起家爲祕書丞又胡原練習兵馬濤稱其才堪邊任舉爲太尉長史

李重爲吏部郎務抑華競不通私謁特留心隱逸繇是羣才畢舉拔用北海西郭湯瑯邪劉珩燕國霍原馮翊吉謀等爲祕書郎及諸王文學故海內莫不歸心時燕國中正劉沉舉霍原爲寒素司徒府不從沉又抗詣中書奏原而中書復下司徒參論左長史荀組以謂寒素者當謂門寒身素無世祚之資原爲列

侯顯佩金紫先爲人間通流之士晚乃務學少長異業年踰始立草野之譽未洽德禮無聞不應寒素之目重奏曰按如癸酉詔書廉讓宜崇浮競宜黜其有履謙寒素靖恭求已者應有以先之如詔書之旨以二品繫資或失廉退之士故開寒素以明尚德之舉司徒總御人倫實掌邦教當務峻準評以一風流然古之厲行高尚之士或棲身巖穴或隱迹丘園或克已復禮或耄期稱道出處默語惟義所在未可以少長異操用疑其所守之美而遠同始終之責非所謂擬人必於其倫之義也誠當考之邦黨之倫審之於

任舉之主沉爲中正親執銓衡陳原隱居求志篤古好學學不爲利行不要名絕跡窮山韞韣道藝外無希世之容內全遯逸之節行成名立搢紳慕之委質受業者千里而應有孫孟之風嚴鄭之操始舉原先詣侍中領中書監華前州大中正後將軍嬰河南尹軼去三年諸州還朝幽州刺史許猛特以原名聞擬之西河求加徵聘如沉所列州黨之議既舉又刺史班詔表薦如此而猶謂草野之譽未洽德禮無聞舍所徵簡之實而無明理正辭以奪沉所執且應二品非所求備但願定志窮山脩述儒道義在可嘉若遂

抑沓將負幽邦之望傷敦德之教如詔書所求之旨應爲二品詔從之

劉沉字道真燕國薊人太保衞瓘辟爲掾領本邑大中正敦儒道愛賢能進霍原爲二品及申理張華皆辭旨明峻爲當時所稱

王濟太原中都人與同郡張楚友善爲本州大中正訪問邑人品狀至楚濟曰此人非卿所能目吾自爲之乃狀楚曰天才英博亮拔不群

何攀居心平允涖官整肅愛樂人物敦儒貴才爲梁益二州中正引致遺滯巴西陳壽閻乂犍爲費立皆西州名士並被鄉閭所謗清議十餘年攀申明曲直咸免冤濫

韓康伯爲吏部尚書初與吳隱之鄰居隱之母死康伯毋每聞隱之哭聲必輟飡投杼爲之悲泣謂康伯曰若居銓衡當舉此輩人及康伯爲吏部隱之遂階清級

宋沈演之爲吏部尚書性好舉才尤濟屈滯

王僧綽爲吏部郎參掌大選究諳流品人物拔舉賢能咸得其分

南齊張岱爲吏部尚書武帝爲撫軍岱選東陽太守

王績爲長史呈選牒太祖笑謂岱曰此素望也

梁張緖仕宋爲吏部郎參掌大選後廢帝元徽初東宮罷選曹擬舍人王儉格外記室緖以儉人地兼美宜轉祕書丞從之

王瞻爲吏部尚書瞻性率亮居選所舉其意多行劉之遴年十五舉茂才任昉見而異之瞻嘗候任昉值之遴在昉坐昉謂瞻曰此南陽劉之遴學優未仕水鏡所宜甄擢瞻即調爲太學博士

蕭子顯爲吏部尚書謝蘭丁父憂毀瘠骨立服闋後子顯表其至行擢爲王府法曹行參

張纘爲吏部尚書初纘爲吳興太守時陸雲公好學有才思先製太伯廟碑纘罷郡經途讀集文歎曰今之蔡伯喈也至都掌選言之於高祖召兼尚書儀曹郎又王勵爲河東王功曹史王出鎮京口勵將隨之藩纘時典選舉勵造纘言別纘嘉其風采乃曰王生才地豈可遊於外府乎奏爲太子洗馬遷中書舍人纘居選其後門寒素有一介皆見引拔不爲貴要屈意人士翕然稱之

後魏李冲爲吏部尚書典選房景伯少喪父以孝聞家貧傭書自給養母甚謹尚書盧淵稱之於冲冲拔

爲奉朝請司空祭酒

崔休爲吏部郎中遷散騎常侍權兼選任休愛才好士多所拔擢

李韶爲吏部尚書時張普惠爲步兵校尉免官故事免官者三載之後降一階而敘若才優擢授不拘此限孝明熙平中韶奏普惠有文有學依才優之例宜特顯敘勑除寧遠將軍司空倉曹參軍朝議以不降階爲榮

北齊楊遵彥爲吏部尚書銓衡甚愼選舉秀才擢第罕有甲科任城王湝爲定州刺史舉李德林秀才德林射策五條考皆爲上授殿中將軍既是西省散員非其所好謝病還鄴廢帝乾明初彥遵奏追德林入議曹

唐張銳爲吏部侍郎高祖謂之曰今年選人之內豈無才用者卿可簡試將來欲縻之好爵於是銳以張行成張知運等數人應命時人以爲知人

高季輔爲吏部尚書韋思謙弱冠舉進士累補應城令及歲滿預選思謙在官頗有公事殿舊制多不進官季輔曰自居選部今始得此一人豈以小疵而棄大德特超授監察御史繇是稍知名

李敬玄爲司列少常伯選人有杭州參軍徐太玄者初在任時同僚有張惠犯贓至死太玄哀其母老乃詣獄自陳與吏同受贓惠贓既少遂得減死太玄亦坐免官不調十餘年敬玄大嗟賞之擢授鄭州司功參軍太玄繇是知名後官至祕書少監以德行爲時所重者以爲敬玄能舉善也一云敬玄爲吏部侍郎咸亨二年有楊炯王勃盧照鄰駱賓王並以文章見稱敬玄咸爲延譽

裴行儉咸亨初爲吏部侍郎典選十餘年甚有能名自掌選及爲大總管凡遇賢俊無不甄採

鄭杲則天聖曆中爲吏部郎注韓思復爲太常博士

元希聲爲京兆士曹嘗謂人曰今年掌選得韓元二子則吏部不負朝廷矣

王丘玄宗開元中爲吏部侍郎拔擢山陰尉孫逖桃林尉張鏡微湖城丞張晉明進士王冷然李昂等不數年登禮闈掌綸誥焉

崔琳爲吏部侍郎判銓日收選人盧怡裴敦復于儒卿等十數人無何皆入臺省

衛次公爲吏部侍郎選人有李績者徐有功之孫名在黜中次公召而問之曰子之祖先勳在王府豈限常格竝優秩而遣之

册府元龜　補　卷之六百三十七　二十三

第二十二頁三行後脫一條

隋韋世康為吏部尚書前後十餘年間多所進拔朝廷稱為廉平

第二十二頁六行後脫一條

杜如晦為右僕射掌選事引用賢良甚獲當時之譽

冊府元龜

巡按福建監察御史臣李嗣京　訂正
知閩縣事臣曹𢍰臣參閱
知建陽縣事臣黄國琦較釋

銓選部十

不稱　謬濫　貪賄

不稱

天官之職銓管是司稽周禮理典之制舉魏氏官人之法必資公方之器藻鑒之能所以總百官而式九流也乃有性質凝滯才識暗下不能執守與時浮沉

多所懷私徇於情託無裁斷之用失品藻之方以高簡而自矜惟酣醉以爲適餘是輪轅失序衡鑑不明與非據之譏負敗官之咎豈獨貽其身禍亦乃忝於國經布於簡書可以爲恥

魏時苗鉅鹿人爲太官令領其郡中正定九品至於敍人才不能寬天然紀人之短雖在久遠蓄之不置

晉王戎爲吏部尚書以晉室方亂慕遽伯玉之爲人與時舒卷無謇諤之節自經典選未嘗進寒素退虛名但與時浮沉而已

畢卓爲吏部郎嘗飲酒廢職

梁王亮仕齊爲吏部尚書建武末尚書右僕射江祐管朝政多所進拔爲士子肆亮自以身居選部每持異議始亮未爲吏部郎時以祐齊明帝之內弟故深友祐祐爲之延譽益爲帝所器重至是與祐昵之如初及祐遇誅羣小放命凡所除拜悉緣內寵亮更弗能止外若詳審內無明鑒其所選用示資次而已當世不謂爲能

任昉爲吏部郎中參掌大選居職不稱尋轉御史中丞

蕭子顯爲吏部尚書性凝簡負才氣見九流賓客不

與交言但舉扇一揮而已衣冠竊恨之

陳到字仲舉爲左僕射參掌選事仲舉既無學術朝章非所長選舉引用皆出自袁樞性疎簡不涉世務與朝而無所親狎但聚財酣飲而已

後魏任城王澄爲吏部尚書孝文曰王者不降佐於蒼旻皆拔才而用之朕失於舉人任許一羣婦人輩奇事當更銓簡耳任城在省爲舉天下綱維爲當署事而已澄曰臣實署事而已孝文曰如此便令史足矣何待任城

李神儁爲吏部尚書意尚風流情在推引人物而不

能守正奉公無多聲譽有鉅鹿人李炎上書言神儁之失天柱將軍爾朱榮曾聞補人爲曲陽縣令神儁以階懸不用榮聞大怒謂神儁自樹親黨排抑勳人神儁懼啓求解官

宋弁爲黄門郎司徒左長史時大選内外羣官弁定四海士族弁專叅銓量之任事多稱旨然好言人之陰短高門大族意所不便者弁因毁之至於舊族淪滯人非可忘者又申達之又爲本州大中正姓族多所降抑頗爲時人所非

東魏襲常山王凝孝静時爲尚書令攝選部凝雖居

重任隨時而已

北齊赫連子悦爲都官尚書以本官兼吏部子悦在官惟以清勤自守旣無學術又闕風儀人倫清鑒去之彌遠一旦居銓衡之首大招物議録是除太常卿卒

袁聿脩爲吏部尚書初馮子琮以僕射攝選婚嫁相尋聿脩嘗非笑之語人云馮公營婚日不暇給及自居選曹亦不免時論蓋地勢使然

寇猛爲武衛將軍自以上谷寇氏得補燕州大中正而不能甄别士庶也

隋盧愷爲禮部尚書攝吏部尚書時預選者甚多愷即授官皆作色而遣之

唐温彦博太宗時爲吏部郎中知選事意在沙汰多所擯抑而退者不伏囂訟盈庭彦博惟騁辭辯與之相詰終日喧擾爲識者所嗤

戴胄爲民部尚書兼簡較吏部尚書及在銓衡抑文雅而奬法吏不適輪轅之用

楊纂爲吏部侍郎抑文雅進黠吏觀時任數爲時論所譏

唐皎爲吏部侍郎當引人銓問何方便穏或云其家

在蜀乃注與吳復有云親老先任江南即唱之隴右論者莫能測其意

楊師道爲吏部尚書師道貴公之子四海人物未能委練所署用多非其才而深抑勢貴及其親黨將以避嫌然亦無藻鑑之譽從征高麗及師還人有言其非典選之才乃轉工部尚書師道乞爲太常卿從之

楊思玄高宗時爲司列少常伯恃外戚貴待選流多不以禮而排斥之爲選者夏侯彪所訟而御史中丞郎餘慶彈奏免官

魏克己爲吏部侍郎銓路喧譁大爲冬集人援引指

謫貶爲太子中允

鄧玄挺爲吏部侍郎既不稱職甚爲時談所鄙又時患消渴病選人因目爲鄧渴作鄧渴詩牓衢路自有唐已來掌選之失未有如玄挺者坐此左遷澧州刺史遷晉州刺史召拜麟臺少監重爲天官侍郎其失有甚於前

韋待價爲吏部尚書素無才術志識凡下出自武官而驟居選部凡所銓綜多爲朝野所嗤鄙

許子儒爲吏部侍郎性無藻鑑所視銓綜皆委令史緱直謂曰汝平配也

後唐崔貽孫爲吏部侍郎性好干人喜得小惠天官任重昏耄罔知替日將瞑猶以所欲託於選人銓管難虛遂除禮部尚書致仕

謬濫

論材定官存於周制興廉舉孝著於漢典得人有進律之褒濫進有紬爵之罰故天下慎法莫敢謬舉魏晉以降其道駁喪條教所頒既殊於古銓選所屬復罕其人靡能平心守正量才授職繇是用捨徇意詞辯飾非或觀時而任數或爲朋而受賕俾夫補授夫次資格差謬多所抑損或成紛訴至有附會權勢親狎姦民上不能資朝廷之聰明下則積山林之怨憤是使古道不復來者喟然

漢王勳成帝時襲封卬城侯坐選舉不以實免

魏何晏爲尚書主選舉其宿與之有舊者多被拔擢

梁王亮爲吏部尚書拘資次而已當代謂爲不能

後魏李韶爲吏部尚書在選曹不能平心守正通容而已議者貶之

崔亮爲吏部尚書時羽林軍新害張彝之後靈太后令武官得依資入選官員既少應選者多前尚書李韶循常擢人百姓大爲嗟怨亮乃奏爲格制不問士

之賢愚專以停解日月爲斷雖復官須此人停日後者終於不得庸才下品年月久者灼然先用沉滯者皆稱其能亮外甥司空諮議劉景安書規亮曰殷周以鄉塾貢士兩漢繇州郡薦才魏晉因循又置中正諦觀在昔莫不審舉雖未盡美足應十收六七而朝廷貢秀才止求其文不取其理察孝廉惟論章句不及治道立中正不考人才行業空辨氏姓高下至於取士之途不溥沙汰之理未精而舅屬當銓衡宜須改張易調如之何反爲停年格以限之天下士子誰復脩厲名行哉亮答書曰汝所言乃有深致吾乗時

僥倖得爲吏部尚書當其壯也尚不如人況今朽老而居帝難之任豈思用賢舉直以報明主之恩盡忠竭力不爲貽後之累㫁爲此格有繇而然今已爲汝所惟千載之後誰知我哉可靜念吾言當爲汝論之吾兼正六爲吏部郎三爲尚書銓衡所宜頗知之矣但古今不同時宜須異何者昔有中正品其才第上之尚書尚書據狀量人授職此乃與天下羣賢共爵人也吾謂當爾之時無遺才無濫舉矣而汝猶云十收六七況今日之選專歸尚書以一人之鑒照察人下劉毅所云一吏部郎中而欲究竟人物何異以管

闚天而求其博哉今勳人甚多又羽林入選武夫㛹起不解書詩唯可彍弩前驅指蹤捕噬而已忽令垂組軒求其烹鮮之効未曾操刀而使專割又武人至多官員至少不可用傳設令十人共一官猶無官可授況一人望一官可繇可不怨哉吾近面執不宜使武人入選請賜其爵厚其祿既不見從是以權立此格限以停年耳昔子產鑄刑書以救弊叔向譏之以正法向異汝以古禮難權宜哉仲尼云德我者春秋罪我者亦春秋吾之此指其繇是也但令當來君子知吾意爲後甄琛元脩義城陽王徽相繼爲吏部尚書利其便已踵而行之自是賢愚同貫涇渭無𣅀魏之失人從亮始也

楊愔超拜吏部尚書典選二十餘年獎擢人倫以爲已任然取士多以言貌時致謗言以爲愔之用人似貧士市瓜取其大者愔聞不以屑意

馮子琮爲右僕射仍攝選子琮徵有識鑒及位望轉隆宿心頓改擢引非類以爲深交縱其子弟官位不依倫次又專營婚媾歷選上門例以官爵許之旬日便驗

許子儒則天時爲天官侍郎不以藻鏡爲意有令史

句直是其腹心每注官多委令下筆子儒但高枕而臥語句直云平配繇是補授失次無復綱紀道路喧然以爲口實是時則天臨朝引見風俗使舉人無賢愚咸加擢用高者試鳳閣舍人給事中次或試員外郎侍御史補闕拾遺校書郎故時人爲之謗曰補闕連車載拾遺平斗量把推侍御史椀脫校書郎試官之起自玆始

宋遥玄宗時與苗晉卿俱爲吏部侍郎天寶二年貶遥爲武當郡太守晉卿爲安康郡太守是時海内晏平選人萬計委有司考覈書判詔重其事兼命他司考之務求其實遥與晉卿苟媚朝廷又無廉潔之操取舍渝濫甚爲當時所醜有張奭者御史中丞倚之

子不辯菽麥假手爲判時升甲科會下第者嘗爲薊
令以其事白于范陽節度使安祿山祿山恩寵崇盛
謁請無時因具奏之帝乃大集登科人御花蕚樓親
試升第者十無一二爲奭手持試紙竟日不下一字
時謂之曳白帝大怒遂晉卿既受責乃貶倚爲淮陽
郡太守詔曰庭闈之間不能訓子選調之際乃以託
人時士子皆以爲戲笑或託於詩賦諷刺考判官禮
部郎中裴朏起居舍人張烜監察御史宋昱左拾遺
孟朝皆貶官嶺外

韋陟天寶中爲吏部侍郎陟風神高遠以門地自負

時以選賢援能爲已任博釆浮薄不御於行屢以此
失人出爲襄陽太守

楊國忠天寶中以便僻取宰相欲其能事皆出於已
循兼吏部尚書故事吏部置三銓尚書侍郎分掌選
事三注三唱自春及夏纔終其事國忠使胥吏於私
第暗定官員集百僚於尚書省對注唱一日令畢以
誇神速資格差謬無復倫序乃令其所昵京兆尹鮮
于仲通中書舍人竇華侍御史鄭昂之徵賂於選人
於尚書省門立碑以頌已之德

崔渙肅宗至德初爲黃門侍郎平章事時未復京師
舉選路絶詔渙充江淮選補使以收遺逸渙選士惑
於聽受又爲下吏所鬻濫進者非一以不稱職聞乃
罷知政事爲王傅

徐浩代宗朝爲吏部侍郎坐以妾弟冒選俾侍郎薛
邕注授京尉爲御史大夫李栖筠所彈奏坐貶明州
別駕

令狐峘大曆中爲刑部員外判吏部南曹時劉晏爲
尚書楊炎爲侍郎峘以晏舉分闕必擇其善者與晏
而以惡者與炎

劉滋爲刑部尚書德宗貞元九年御史中丞韋貞伯

劾奏吏部貞元七年冬以京兆府踰濫解選已授官
總六十六人或有不到京銓試懸受官告又按選格
銓狀選人自書試日書跡不同即駁放殿選違格文
者不復驗及降資不盡或與注官伏以承前選曹乖
謬未有如此遂使衣冠以貧乏待闕奸濫以賄賂成
名非陛下求才審官之意緣是滋以前任吏部尚書
及吏部侍郎杜黃裳皆削一階

陳歸貞元中爲考功員外郎充嶺南選補使選人流
放注官美惡違背令文唯意出入復供求無猒郵傳
患之監察御史韓泰奏劾其罪配流恩州

權德輿貞元中爲吏部侍郎吏誤用官闕攺守太子賓客

鄭絪文宗時爲吏部尚書丁公著爲工部侍郎知選事太和二年閏三月巳亥都省奏落下吏部三銓甲內今春注超資官凡六十七人勑都省所執是格銓司所引是例互相陳列頗以紛紜所貴清而能通亦猶議事以制今選期巳過方此爭論選人可哀難更停滯其三銓巳授官都省落下並依舊注與重團奏仍限五日內畢其中如官超一資半資比格令巳令據稍優者至後選日量事降折尚書侍郎注擬不一

致令都省以此興詞鄭絪丁公著各罰一季俸東銓所落人數較少楊嗣復罰兩月俸其今年選格仍分明標出近例有可行者收入格不可者於格內書破則所司有文可守選人無路僥求時尚書左丞韋弘景以吏部注擬不公選多超資授官糺按其事落下勑申吏部引例以爲據選人輩又惜官巳成道路沸騰日接宰相喧訴遂降此勑

楊虞卿爲吏部員外郎太和二年十二月御史臺奏准勑推勘踰濫官都六十五人應取受錢物僞出告身簽符賣鑿空僞官令赴任南曹令史李賓等六人及賣鑿空僞官人許稜等共取受錢都一萬六千七百四十貫文又據李賓等欵稱去年三月巳後商量斂錢三千貫文與吏部員外郎楊虞卿廳典溫亮囑求楊虞卿不舉勘濫官事得楊虞卿狀虞卿跡忝郎署爲明天子舉僞捕奸幸無差謬今李賓之輩結黨搆虛而云商量斂率甚明用此欵尤誰則無罪據李賓欵本與溫亮錢物囑求虞卿不舉踰濫官者若虞卿遂不舉勘則小吏卜射許行今虞卿簡舉僞官牒臺推勘於公事足以自明緣溫亮在宅外居住於李賓處取受虞卿無繇得知簡下不明伏候嚴責勑李

賓等八人並僞造印符搆賣巨蠹推窮盡法伏斷死刑宜付京兆府各決痛杖一頓處死馬羽卿等一十二人引致梯媒合成奸計各決六十配流嶺外楊虞卿勾擧雖則盡心簡下終是無術親吏逃竄贓狀未明量罰兩月俸料踰濫官六十五人內巳付所司者速令詳斷見勘具申奏其贓及僞印等並付所司准法處分

後唐明宗長興元年七月吏部南曹奏磨勘南郊行事官前守濮州范縣主簿李範是同光元年不納告身人數准勑終身不齒今又冒名於四方舘行事前

河南府長水縣主簿趙知遠使兄爲父蔭行事者勅
旨李範巳該恩赦特放罪收納文書趙知遠以兄爲
父未之前聞既遇郊禋特從恩宥出身歷任文書付
所司焚毀放罪勒歸鄉貫本道長吏與收昭裱奏聞

貪賄

彌綸治典銓綜多士周官冢宰之職也若乃端巳以
居位潔身以率下旌別淑慝澄汰流品使朝有多士
國無幸人斯可謂官修其方矣若乃名浮於實言不
顧行黷貨以自穢瘝官而靡懼冒黜幽之典貽敗類
之咎歷代而下實繁有徒論而次之用戒於後

宋庾炳之字仲文爲吏部尚書領選既不緝衆論又
頗通貨賄用少府卿劉道錫爲廣州刺史道錫至鎮
餉白檀牽車炳之性好潔甞自乘焉或以白文帝帝
見問曰道錫餉卿小車裝飾甚麗有之乎炳之懼起
謝
梁劉孝綽爲吏部郎在職頗通贓貨爲從弟尚書左
丞覽所劾奏免官
何敬容爲左僕射叅掌大選通苞苴餉餽無賄則略
不交語
後魏李宣茂孝文時爲司空府司馬兼定州大中正
坐受郡中鄉人財貨爲御史所劾除名爲民
楊尼爲國子祭酒兼幽州中正後除平北府長史帶
漁陽太守未拜坐爲中正時受鄉人貨免官
元暉常山王遵之孫宣武時爲吏部尚書納貨用官
皆有定價大郡二千疋次郡一千疋下郡五百疋其
餘授職各有差天下號曰市曹
皇甫瑒孝明時爲吏部郎性貪婪多所受納鬻賣官
吏皆有定價
元修義汝陰王天錫之子爲吏部尚書在銓衡唯事
貨賄授官大小皆有定價時中散大夫高居者有旨

先敍上黨郡缺居遂求之修義私已許人抑居不與
居大言不遜修義命左右牽曳之居對大衆呼天唱
賊人問居曰白日公庭安得有賊居指修義曰此座
上者違天子明詔物多者得官京師白劫此非大賊
乎修義失色居行罵而出後欲邀車駕論修義罪狀
左僕射蕭寶寅諭之乃止
元世儁任城王澄之孫出帝時爲吏部尚書居選曹
不能厲心多所受納爲中尉所彈坐免官
北齊叚孝言爲吏部尚書既無淬鑒又待物不平抽
擢之徒非賄則舊

馮子琮後主時爲吏部尚書其妻胡太后妹也恃親放縱請謁公行賄貨塡積守宰除授先定錢帛多少然後奏聞其所通致事無不允子琮亦不禁制

唐鄭元𤪶高祖時爲選部郎中以贓犯處極刑

李義府高宗時爲司列太常伯本無藻鏡才拈武后之勢專以賣官爲事補授失次人多怨言

李元恭中宗時以大理少卿爲長寧安樂二公主所引用令知吏部侍郎分往東都掌選事亦以贓汙聞於天下故時人爲之語曰長寧安樂並狂顛旣教翻地亦翻天賣弄大家猶未足便使元恭來取錢

鄭愔謟事武三思及韋氏悖逆庶人歷選吏部侍郎愔掌選專以賣官爲務人多怨讟時京師大旱爲之語曰殺鄭愔天必陰其爲人所惡如此

崔湜爲中書舍人與鄭愔同掌選賣官鬻獄一時巨蠹並爲御史所彈中宗勑所司以理勘問勿加窮迫緣是希旨無所發明然猶斷愔配流嶺南湜貶江州司馬而更授湜襄州刺史愔江州司馬

李彭年玄宗時爲吏部侍郎坐贓伏罪詔曰彭年幸以資序累登清貫委之銓綜任以權衡不能徇公滅私持平守直而乃貪財敗類黷貨無厭旣玷清朝有冐法度頃令推鞫皆自款承據其罪名合寘殊死但以陽和布令善貸好生特舍嚴刑俾從流竄宜除名長流嶺南臨賀郡仍卽差綱馳驛領送朕以爲制理之本期返淳風庶叶至公期於不犯永言議罪良用憮然且陳力就列本於正已從事効官義存守法爲惡者與衆共棄務善者以才必升凡百庶僚深宜自勉立身之道可不愼歟彭年先朝宰臣愼遠之孫也以吏才知名掌選七年好聚財無廉潔之操而善接待選人惟黷貨無厭人多怨之至是睢陽太守路齊暉之子曰幾納絹千疋求官爲選人所發詔下有司

許鞫彭年引紙稱伏贓狀狼籍遠近恥之咸以爲戒

陳歸德宗時爲考功員外郎充嶺南選補使選人流放注官美惡違背令文以意出入復供求無厭郵傳患之監察御史韓泰奏劾得罪配流恩州

第十五頁三行亦不禁制下脱六十字
後遷右僕射仍攝選子琮微有識鑒及位望轉
隆宿心頓改擢引非類以為深交縱其子弟官
位不依倫次又專營婚媾歷選上門例以官爵
許之旬日便驗

冊府元龜

巡按福建監察御史臣李嗣京　訂正
知甌寧縣事臣孫以敬叅閱
知建陽縣事臣黄國琦較釋

貢舉部

總序

三代貢舉之制始于卿大夫其升于司徒曰秀士升于太學曰俊士升于司馬曰進士然則卿大夫暨于司馬皆貢舉之官也秦之制無聞焉漢高祖始詔御史中執法下郡守勸勉賢者詣相國府署行義年文

帝詔諸侯王公卿郡守舉賢項能直言極諫者元帝又詔丞相御史舉質樸敦厚遜讓有行又詔列侯舉茂才又舊儀刺史二千石察舉茂才尤異此則漢之諸侯王丞相御史九卿列侯刺史郡守皆有舉士之制而丞相之府實司其事武帝令太常籍博士弟子有秀才異等輙以名聞又光祿勳銓第郎吏歲舉秀才廉吏此則太常光祿勳別有舉士之制也至成帝初置尚書常侍曹主公卿又置二千石曹掌郡國二千石則尚書主選舉之始也後漢三公將軍光祿勳廷尉司農中二千石司隷州牧歲舉茂才廉吏郡國歲舉孝廉三公上尚書輙勞其舉將又大學試明經弟子此與西漢之制畧同其後改常侍曹爲吏曹亦曰選部又公府西曹主府吏置用東曹主二千石長吏選除于時選舉之制於郡國屬功曹於公府屬東西曹於尚書屬吏部而尚書令僕總之魏司空陳羣以爲天臺選用不悉人才每郡擇有鑒殆者除爲中正目狀人才澄汰九品又置州都總其事應璩所謂百郡立中正九州置都士又吳亦有大公平若魏之州都而蜀無聞焉晉宣帝除九品州置大中正大中正之職掌訪問鄉邑考績德行以定上格下格選平

正無禮力貶清議晉令大小中正爲内官聽月二會議上東門外州及郡國亦舉孝廉秀才其在天臺則吏部州則別駕西曹郡國則功曹主其事宋齊亦如之而宋文帝不欲重權在下故分置二吏部尚書以散其權梁無中正天監中州置州望郡置郡宗鄉置鄉豪各一人專典搜薦無復膏粱寒素之隔普通七年又詔州郡歲舉人敬帝復令諸州各置中正選舉皆中正押上然後量試不然則否陳亦如之後魏州郡皆有中正掌選舉每以季月與吏部銓擇可否其秀才對策居中上表敘之崔浩爲冀州大中正薦冀

定相幽并五州士數十人各起家爲郡守自太和以前精選中正德高鄉國者充之其邊州小郡人物單耿者則併附佗州其在僻陋則闕而不置當時稱爲簡當頗曰得人及宣武孝明之時州無大小必置中正既不可悉得其人故有蕃落庸鄙操銓覈之權而選敘頹紊正始初乃罷諸郡中正而吏部之職皆如往制北齊選舉亦沿後魏凡州縣皆置中正中書策秀才集書策貢士考功策廉良天子常服乘輿坐朝堂中楹秀孝各以班草對字有脱誤者呼起立席後事有濫劣者飲墨水一升文理孟浪者奪席脱容刀

孝昭帝孝建二年詔内外執事官每三年之内各舉一人居白屋巾褐未釋亦舉之後周初蘇綽爲六條詔書其四曰擢賢良懲魏齊之失罷門資之制其所察舉頗加精慎武帝平齊詔山東縣舉明經幹理宣帝亦詔州舉高才博學者爲秀才郡舉經明行修者爲孝廉依六官之制建吏部中大夫掌選舉小吏部下大夫一人以貳之隋開皇七年制諸州歲貢士十八年又詔京官五品已上總管刺史以主行修謹清平幹濟二科舉人皆吏部主之初漢魏之郡佐史皆刺史二千石辟署北齊多繇中用故州郡辟士之權

移於朝廷後周復遵古制及隋皆歸吏部故朝廷貢舉之制盛矣唐循隋制諸郡貢士嘗貢之科有秀才有明經有進士有明法有明書有明筭自京師崇文館國子監郡縣皆有學焉每歲仲冬國子郡縣課試其成者長吏會屬僚設賓主陳俎豆備管弦牲用少牢行鄉飲酒歌鹿鳴之詩徵耆艾敘少長而觀焉旣餞而與計偕其不在學而舉者謂之鄉貢至尚書省始繇戶部集閱而關於考功課試可者爲第武德舊制以考功郎中監試貢舉貞觀已後則考功員外郎專掌之武后載初元年策問貢舉人于雒城殿前試

貢舉人自此而始長安二年又教人習武藝每歲如明經進士之法行鄉飲酒之禮送于兵部明皇開元二十四年制令禮部侍郎專掌貢舉初因考功員外李昂詆訶進士李權文章大爲權所凌訐朝議以郎官地輕故移於禮部又詔應試進士等唱第訖具所試送中書門下詳覆是年始置禮部貢舉印其後禮部侍郎闕人亦以佗官主之謂之權知貢舉其知貢舉者皆朝廷美選二十九年京師又置崇玄館諸州置道學生有差道學生謂之道舉課試與明經同先是掌貢舉官親族皆於禮部差郎官考試有及第者

尙書覆定及第者仍別奏謂之奏移送吏部令考功員外試練侍郎覆定及第者仍別奏謂之別頭舉人代宗永泰元年始置兩都貢舉禮部侍郎官號皆以兩都爲名每歲兩地別所及第至大曆十一年停東都貢舉德宗貞觀十六年又罷別頭舉人文宗太和元年又權於東都置貢舉又有制詔舉人皆標其目而搜揚知之志烈秋霜詞殫文律抱器懷能茂才異等才膺管樂道侔伊呂賢良方正軍謀宏遠明於體用達於吏理之類始於顯慶盛於開元貞元皆試於殿廷乘輿親臨觀之試已糊其名於中考之策高者

特授美官其次與出身又有吏部科目曰宏詞拔萃平判官皆吏部主之又有三禮三傳三史五經九經開元禮等科有官階出身者吏部主之白身者禮部主之其吏部科目禮部貢舉皆各有考官大抵銓選屬吏部貢舉屬禮部崇文館生屬門下省國子學生屬國子監州府鄉貢屬長官職司在功曹司功五代因之夫以賢爲寶得士者昌聖賢之談邦國之制也貢舉之設王政攸先方冊所傳舊章不墜或有公直以馳譽精識以知名不徇乎朋家咸求乎藝實故能若水鑒之皦衡石之平增臺閣之輝副文儒之望亦有眛於遠體拘乎小節或鄭雅而靡辨或涇渭而共流以公器而徇私恩採虛聲而損至學俾白駒以興刺使嘉魚而絕詠斯爲蠹政良足憤惋今乃紀善惡之迹著得失之效用爲勸沮以示方來凡貢舉部七門

條制第一

夫鄉舉里選辨論官材蓋成周之制也所以洽烝髦之詠成思皇之美藹藹而多吉士焉及諸侯力政家邦異俗斂才之道闕而無聞漢室龍興首議聘士其後增設科目詳延英彥至乃限郡國以所舉之數威

守相以蔽賢之罰馳單車以博訪詔有位以薦能討階續食旣優其待遇署職補吏復著於品式課試之典亦增損之有殊年族之制固因革之斯異稽於前志咸用論次以爲貢籍故事云

周官大司徒職教萬民而賓興之一曰六德二曰六行三曰六藝詩書禮樂謂之四術四術旣修九年大成凡士之有善鄉先論士之秀者升諸司徒曰選士司徒論選士之秀者而升諸學曰俊士旣升而不征者曰造士大樂正論造士之秀升諸司馬曰進士司馬論進士之賢者及鄉老郡吏以賢能之書皆獻於

王登於天府藏於祖廟内史書其二而行焉書其二謂寫其副本在其職也則鄉老鄉大夫舉賢能而賓其禮司徒教三物而興諸學司馬辨官材以定其論太宰詔廢置而持其柄内史贊予奪而二於中司士掌其版而知其數論定然後官之任定然後爵之位定然後祿之蓋擇材取士如此之詳也

漢高帝十一年二月下詔曰賢士大夫既與我定有天下而不與吾共安利之可乎有肯從我遊者吾能尊顯之以布告天下御史中執法下郡守其有稱意明德者必身勸爲之駕有賢者郡守身自往勸遣詣勉令至京師駕車遣之

相國府署行義年行狀年紀也有而弗言覺免年老癃病勿遣

惠帝四年正月詔舉人孝悌力田者復其身

武帝建元元年十月詔天下舉賢良方正直言極諫之士其理申商韓非蘇秦張儀之言亂國政皆罷之申商韓非刑名之學蘇張縱横之說竝不用也

元光元年十一月舉賢良董仲舒對策請令諸侯列卿郡守二千石各擇其吏人之賢者歲貢各二人以給宿衛且以觀大臣之能所貢賢者有賞不肖者有罰夫如是諸侯吏二千石皆盡心於求賢天下之士可得而官使也授之以官以使其材也無以日月爲功實試賢能爲上量材而授官錄德而定位錄謂存錄也則廉恥殊路賢不肖異處矣帝因是令郡國舉孝廉各一人孝者善事父母者也廉謂清潔有廉隅者也

五年詔徵吏民有明當代之務習先聖之術者縣次續食令與計偕計者上計簿使也郡國每歲遣詣京師上之偕者俱也令所徵之人與上計者俱來而縣次給之食也

元朔元年十一月詔曰公卿大夫所使總方略一統類廣教化美風俗也夫本仁祖義褒德錄賢勸善刑暴五帝三王所繇昌也朕夙興夜寐嘉與宇内之士

臻於斯路故旅耆老加惠於耆老之人若賓旅也復孝敬選豪俊講文學稽參政事祈進民心深詔執事興廉舉孝庶幾成風紹休聖緒夫十室之邑必有忠信三人竝行厥有我師今或至闔郡而不薦一人是化不下究而積行君子壅於上聞也二千石官長紀綱人倫將何以佐朕燭幽隱勸元元厲蒸庶崇鄉黨之訓哉且進賢受上賞蔽賢蒙顯戮古之道也其與中二千石禮官博士議不舉者罪有司奏議曰古者諸侯貢士一適謂之好德再適謂之賢賢三適謂之有功乃加九錫不貢士一則黜爵再則黜地三而黜爵地畢矣夫

附下罔上者死附上罔下者刑與聞國政而無益於民者斥在上位而不能進賢者退此所以勸善黜惡也今詔書昭先帝聖緒令二千石舉孝廉所以化元元移風易俗也不舉孝不奉詔當以不敬論不察廉不勝任也當免奏可凡郡國之官非傅相其他既自為秀才廉吏而貢於王庭多拜為郎居三署無常員或至千人屬光祿勳故卿校牧守居闕待詔或郡國貢選公車徵起悉在焉光祿勳復於三署中銓第郎吏歲舉秀才廉吏出為他官以補缺員

五年六月公孫弘以儒術為丞相天下之學士靡然向風時太嘗孔臧等議曰請為博士官置弟子五十人復其身太嘗擇民年十八以上儀狀端正者補博

士弟子郡國縣道邑有好文學敬長上肅政教順鄉里出入不悖所聞令相長丞上屬所二千石謹察可者與計偕詣太嘗得受業如弟子一歲皆課能通一藝以上補文學掌故缺其高第可以為郎中太嘗籍奏即有秀才異等輒以名聞其不事學若下材及不能通一藝罷之而請諸能稱焉

孝昭始元初遣故廷尉三平等五人前為此官今不居官皆謂之故持節行郡國舉賢良

後漢光武十二年詔三公舉茂才各一人監御史司隷州收歲舉茂才各一人

章帝建初元年詔曰夫鄉舉里選必累功勞今刺史守相不明真偽茂才孝廉歲以百數漢曰秀才後漢避光武諱故曰茂才魏復曰秀才既非能者而當授之政事甚無謂也每尋前代舉人貢士或起甽畝不繫閥閱敷奏以言則文章可採明試以功則理有異迹文質彬彬朕甚嘉之始復用前漢丞相故事以四科辟士武帝因董仲舒之言立制故事在丞相府今復用之第一科補西曹南閤祭酒二科補儀曹三科補四辟八表四科補賊曹凡所舉士先試之以職乃得充選其德行尤異不宜試職者疏於他狀舉非其人并不舉者罪

和帝時大郡口五六十萬舉孝廉二人小郡二十萬

并有蠻夷者亦舉二人帝以為不均下公卿會議司徒丁鴻司空劉方上言凡口率之科宜有階品蠻夷雜錯不得為數自今郡國率二十萬口歲舉孝廉一人四十萬二人六十萬三人八十萬四人百萬五人百二十萬六人不滿二十萬二歲一人不滿十萬三歲一人帝從之又制緣邊郡口十萬以上歲舉孝廉一人不滿十萬二歲舉一人五萬以下三歲一人

永元十四年司空徐防上疏曰臣以為博士及甲乙試策宜從其家章句開五十難以試之解釋多者為上第引文明者為高說若不依先師義有相伐伐謂自相

攻代也皆正以爲非五經各取上第六人論語不宜射
策雖所失或乂差可矯革東觀記防上疏日試論語本文章句粗通度物以射
策與令學者務本有所一心專精師門思核經意事得其實道得其真於此弘廣經術尊崇聖業有益於
化雖從來乂大經衰微學問寖淺誠宜反本以矯其失詔書下公卿皆從防言
安帝永初二年九月詔居鄉里有廉清孝順之稱才
任理人者國相歲移名與計偕上尚書公府通謁令
得外補
順帝永建六年七月以太學新成試明經下第者補
弟子增甲乙科員各十人除郡國耆儒九十人補舍
人

九月初令郡國舉孝廉限年四十以上諸生通章句
文史能牋奏乃得應選其有茂才異行若顏淵子奇
不拘年齒時尚書左雄上言郡國孝廉古之貢士則
宰民宣協風教若有面牆則無所施用孔子曰四十
不惑禮稱強仕請自今孝廉年不滿四十不得察舉
皆先詣公府諸生試家法文吏課牋奏副之端門練
其虛實以觀異能以美風俗有不承科令者正其罪
法若有茂才異行若顏淵子奇自可不拘年齒帝從
之於是班下郡國又云尚書僕射胡廣以雄議改察舉之制限年四十以上儒者試經
學文吏試章奏與尚書史敞郭虔奏駁曰選舉因才無拘定制漢承周秦兼覽殷夏祖德師經參雜伯軌
聖主賢臣世以制理貢舉之制莫或因革今以一臣之言剗奏舊章利便未明衆心莫厭愚以爲可宣下
百官參其同異帝不從尚書令黃瓊又以雄所上孝廉之選專
用儒學文吏於取士之義猶有所遺乃奏增孝弟及
能從政者爲四科事竟施行
桓帝建和元年詔諸學生年十六以上比郡國明經
試次第上名高第十五人上第十六人爲郎中中第
十七名爲太子舍人下第十七人爲王家郎
永壽二年詔復課試諸生補郎舍人其後復制學生
滿二歲試通二經者補文學掌故其不能通二經者
須後試復隨輩試試通一經者亦得爲文學掌故考

滿二歲試能通三經者擢其高第爲太子舍人其不
得第者後試復隨輩試第復高者亦得爲太子舍人
已爲太子舍人滿二歲能通四經者擢其高第爲郎
中其不得第者後試復隨輩試第復高者亦得爲郎
中滿二歲試能通五經者擢其高第補吏隨才而用
其不得第者後試復高亦得補吏
魏文帝黃初二年正月初令郡國口滿十萬者歲察
孝廉一人其有秀異無拘戶口三府議舉孝廉本以德行不復限以試經
司徒華歆以爲喪亂以來六籍墮廢當務存立以崇王道夫制法者所以經盛衰今聽孝廉不以經試恐
學業遂從此而廢若有秀異可特徵用患於無其人可患不得哉帝從其言又魏郡頴川典農中郎將裴

潛奏通貢舉比之郡國縣是農官進仕路泰

三年正月詔曰今之計考古之貢士也十室之邑必有忠信若限年然後取士是呂尚周晉不顯於前世也其令郡國所選勿拘老幼儒通經術吏達文法到皆試用有司糾正不以實者

明帝太和四年二月詔曰世之質文隨教而變兵亂以來經學廢絶後生進趣不繇典謨豈訓導未洽將進用者不以德顯乎其郎吏學通一經才任牧民博士課試擢其高第者亟一用其浮華不務道本者皆罷退之

晉元帝初制揚州歲舉二人諸州各一人先是以兵亂務存慰悅遠方孝秀到不策試普皆除署至是帝申明舊制皆令試經有不中舉者制刺史太守免官大典三年秀孝多不敢行其有到者竝託疾帝欲除署孝廉而秀才如前制尚書郎孔坦奏議曰臣聞經邦建國教學爲先移風崇化莫尚斯矣古者且耕且學三年而通一經以平康之世猶假漸漬積以日月自喪亂以來十有餘年干戈載揚俎豆禮戢家廢講誦國闕庠序率爾責試竊以爲疑然宣下以來涉歷三載累遇慶會遂未一試揚州諸郡接近京都懼累其君父多不敢行其遠州邊郡掩誣朝廷冀於不試冐昧來赴既到審試遂不敢會臣愚以不會與不行其爲闕也同若當偏加除署是爲肅法奉憲者失分僥倖投射者得官頽風傷教懼於是始夫王言如絲其出如綸臨事改制示短天下人聽有惑臣竊惜之愚以王命無二憲制宜信去年察舉一皆試策如不能試言不拘到遣歸不署又秀才雖以試策亦記問經義荷所未學實難闇通不足復曲碎乖例違舊造異謂因其不會徐更革制可申明前下崇修學較普延五年以展講習鈞法齊訓示人軌則夫信之與法

爲政之綱施之家室猶弗可二況經國之典而可黷乎帝納焉聽孝廉申至七年秀才如故

宋制丹陽吳郡會稽吳興四郡歲舉二人餘郡各一人凡州秀才郡孝廉至皆策試天子或親臨之及公卿所舉皆屬于吏部序才銓用凡舉得失各有賞罰失者其人宜加禁錮年月多少隨宰議制晉末諸州郡所遣秀才孝廉多非其人高祖作相表天子申明舊制依舊策試

文帝元嘉中限年三十而仕

孝武即位仕者不復拘老幼

明帝泰始三年都令史駱宰議策秀孝格五問竝得

爲上四三爲中二爲下一不合與第尚書郎謝超宗
議以爲片辭折獄十言挫衆魯史褒貶孔論興言皆
無俟繁而後秉裁夫表事之淵析理之會豈必委牘
方切治道非患對不盡問患以嘗文弗奇必使一通
峻正寧劣五通而嘗與其俱奇一亦宜採詔從宰議
南齊習宋代限年之制然而鄉舉里選不覈才德其
所進取以官婚曹籍爲先遂令甲族以二十登仕後
門以三十試吏故有有增年矯貌以圖進者其時士
人皆厚結姻援奔馳造請寖以成俗
和帝時梁高祖爲相上表曰聞中間立格甲族以二

十登仕後門以過立試吏求之愚懷抑有未達何者
設官分職惟才是務若限歲登朝必增年就官故貌
實幼童籍已踰立滓穢名教於斯爲甚炤依表施行
梁初無中正制年二十有五方得入仕
天監四年正月詔曰今九流嘗選年未三十不通一
經不得解褐若有才同甘顏勿限年次
五年正月詔曰在昔周漢取士方國頃代彫訛幽仄
罕被人孤地絶用隔聽覽士操淪胥因茲靡勸豈其
嶽瀆縱靈偏有厚薄實繇知與不知用與不用耳朕
以非德君此兆民而兼明廣炤屈於當戸飛耳長目
不及四方永言愧懷無忘旦夕凡諸郡國舊族邦內
無在朝位選官搜括使郡有一人
七年二月詔於州郡縣置州望郡宗鄉豪各一人專
掌搜薦
八年五月詔曰學以從政殷勤往哲祿在其中抑亦
前事朕思闡治綱每敦儒術軾閭闢館造次以之故
負褱成風甲科間出方當置諸周行飾以青紫其有
能通一經始末無倦者策貫之後選可量加敘錄雖
復牛監羊肆寒品後門竝隨才試吏勿有遺隔
陳依梁制凡年未三十不得入仕唯經學生策試得

第諸州迎主簿西曹左奏及嘗爲挽郎得未壯而仕
諸郡惟正王爲丹陽尹經迎得出身者亦然庶姓尹
則否有高才異行殊勳別降恩旨敘用者不在嘗例
後魏孝文延興二年六月詔頃者州郡選貢多不以
實碩人所以窮處幽仄鄙夫所以超分妄進豈所謂
旌賢樹德者也近年貢舉尤爲猥濫自今年貢舉所
遣皆須盡州郡之高才極鄉閭之俊選
太和十五年八月詔諸州舉秀孝先盡才學
宣武詔庶族子弟年未十五不聽入仕
封軌爲考功郎中奏請遣四門博士明經學者簡試

諸州學生詔從之
孝明熙平元年初聽秀才對策第居中上叙之
莊帝初詔求德行文藝政事強直者縣令郡守刺史皆叙其志業且以表聞待三人以上縣令太守刺史賞一階舉非其人者黜一階
北齊選舉多沿後魏之制其課試之法中書策秀才集書策考貢士考功郎中策廉良天子常服乘輿出生於朝堂中楹秀孝各以班草對字有脫誤者呼起立席後書有濫劣者飲墨水一升文理孟浪者奪席脫容刀

後周文帝霸府時蘇綽爲六條詔書其四日擢賢良綽深思本始懲魏齊之失罷門資之制其所察頗加精慎
武帝建德六年七月詔山東諸州舉有才者上縣六人中縣五人下縣四人赴行在所共論政理得失
九月詔東土諸州儒生明一經已上並舉送那郡以禮發遣
宣帝宣政元年八月詔制九條宣下郡州其八日州舉高才博學者爲秀才郡舉經明行修者爲孝廉上州上郡歲三人下州下郡歲一人

隋文帝開皇七年正月制諸州歲貢三人
十六年六月制工商不得進仕
十八年八月詔京官五品以上及總管刺史並以志行脩謹清平幹濟二科舉人
唐貢士之法多循隋制上郡歲三人中郡二人下郡一人有才能者無常數其常貢之科有秀才有明經有進士有明法有書有算自京師郡縣皆有學焉每歲仲冬郡縣館監課試其成者長吏會屬僚設賓主陳俎豆備管弦牲用少牢行鄉飲酒禮歌鹿鳴之詩徵耆艾敘少長而觀焉既餞而與計偕其不在館學

而舉者謂之鄉貢舊令諸郡雖一二三人之限而實無常數到尚書省給繇戶部集閱而關于考功課試可者爲第初秀才科第最高試方畧策五條有上上中上下中上凡四等貞觀中有舉而不第者坐其州長繇是廢絕自是士族所趣嚮惟明經進士二科而已其初止試策
貞觀八年詔加進士試讀經史一部開元二十四年以後復有秀才舉其時以進士漸難而秀才本科無貼經及雜文之限反易於進士主司以其科廢久不欲收獎應者多落之三十年來無登第者至天寶初禮部侍郎韋陟始奏請有堪此舉者乃令官長特考其當年舉送者並停

九年五月二十日勅自今已後明經兼習周禮若儀禮者於本色內量減一選

高宗上元二年正月勅明經加試老子策二條進士加試帖三條

儀鳳三年五月勅自今已後道經孝經並爲上經貢舉人並須兼通其餘經及論語任依嘗式

調露三年四月劉思立除考功員外郎先時進士但試策而已思立以其庸淺奏請帖經及試雜文自後因以爲嘗

永隆二年八月詔曰學者立身之本文者經國之資

豈可假以虛名必須徵其實效如聞明經射策不讀正經抄撮義條纔有數卷進士不尋史傳惟誦舊策共相模擬本無實才所司考試之日曾不簡練因循舊例以分數爲限至於不辨章句未涉文者以人數未充皆聽及第其中亦有明經學業該深者惟許通六進士文理華贍者竟無甲科銓綜藝能遂無優劣試官又加顏面或容假手更相囑請莫憚糾繩繇是僥倖路開文儒漸廢興廉舉孝因此失人簡賢任能無方可致自今已後考功試人明經試帖取十帖得六已上者進士試雜文兩首識文律者然後並令試策仍嚴加捉搦必材藝灼然合升高第者並即依令其明法并書算貢舉人亦量准此例即爲嘗式

永淳二年三月初令應詔舉人並試策三道即爲永例

則天載初元年二月十四日試貢舉人于雒城殿前數日畢（殿前試人自茲始也）

長壽二年二月令貢舉人習則天所撰臣軌停通老子道德經

十月左拾遺劉承慶上疏曰伏見比年已來天下諸州所貢物至元日皆陳在御前惟貢人獨於朝堂拜

列但孝廉秀異國之英才既隨方物以充歲貢宜同琛幣列見王庭豈得金帛羽毛昇於玉陛之下賢良文學棄彼金門之外恐所謂貴財而賤義重物而輕人甚不副陛下好道之心尊賢之意伏請貢舉人至元日引見列在方物之前以備充庭之禮從之

長安二年正月初令天下諸州有練習武藝者每年准明經進士例舉送

中宗神龍二年二月制貢舉人停習臣軌依舊習老子

玄宗開元六年二月詔曰我國家敦古質斷浮豔禮

樂詩書是弘文德綺羅珠翠浮華弊風必使情見於詞不用言浮於行比來選人試判舉人對策剖析案牘敷陳奏議多不切事宜廣張華飾何大雅之不足而小能之是衒自今已後不得更然

七年三月詔曰孝經者德教所先自頃已來獨宗鄭氏孔氏遺旨今則無聞又子夏易傳近無習者輔嗣注者亦甚疏明諸家所傳互有得失獨據一說能無短長其令儒官詳定所長令明經者習讀若將理等亦可兼行其習易者兼帖子夏易傳共為一部亦詳其可否奏聞

五月太子左庶子劉子玄奏孝經註請廢鄭依孔老子注請停河上公行王輔嗣易傳非子夏所造禮部奏議請准令式孝經鄭註與孔傳依舊俱行子夏易傳無益後學不可將帖正經詔曰朕以全經道喪六義久乖淳感之性浸微流遁之原未息是用旁求廢簡遠及缺文欲使發揮異說同歸善道永惟一致之用以開百行之端間者諸儒所傳頗乖通義敦孔學者冀鄭門之息滅尚今文者指古傳為誣偽豈朝廷並列書府以廣儒術之心乎况孔鄭大宗固多殊趣諸生會議曾無所申而推求小疵其細已甚聚訟之訛人無則焉其何鄭二家可令仍舊行用王孔所註傳習者希宜存繼絕之典頗加獎飾子夏傳逸篇既廣前令帖易者停

八年七月國子司業李元璀上言三禮三傳及毛詩尚書周易等並聖賢微旨生徒教業必事資經遠則斯道不墜今明經所習務在出身咸以禮記文少人皆競讀周禮經邦之軌則儀禮莊敬之楷模公羊穀梁歷代宗習今兩監及州縣以獨學無友四經殆絕既事資訓誘不可因循其學生望請各量配作業并貢人預試之日習周禮儀禮公羊穀梁並請帖十通

五許其入策以此開勸即望四海均習九經該備從之

十六年十二月二十四日國子祭酒楊瑒奏今之舉明經者主司不詳其術作之意每至帖試必取年頭年月孤經絕句自今已後考試者盡帖平文以存大典又曰今之明經習左氏者十無一二恐左氏之學廢又周禮儀禮公羊穀梁亦請量加優獎遂下制明經習左氏及通周禮等四經者出身免任散官

十七年三月國子祭酒楊瑒上言曰伏聞承前之例每年應舉常有千數及第兩監不過一二十人臣恐

三千學徒虛費官廩兩監博士濫靡天祿臣竊見入仕諸色出身每歲向二千餘人方於明經進士多十餘倍自然服勤道業之士不及胥吏以之效官豈識先王之禮義陛下設學校務以勸進之有司爲限約務以黜退之臣之微誠實所未曉今監司課試十已退其八九至及第十又不收一二若長以此爲限恐儒風漸墜小道將興若以出身人多應須諸色都減豈在獨抑明經進士也帝然之

二十一年御注老子成詔天下每歲貢士減尚書論語策而加老子焉

二十二年三月詔曰博學多才道術醫藥舉人等先令所司表薦兼自聞達勅限以蒲須加考試博學多才舉人限今來四月內集道術醫藥舉人限閏三月內集其博學科試明三經兩史已上帖試稍通者多才科試經國商畧大策三道并試雜文三道取其詞氣高者道術醫藥舉取藝業優長試練有效者宜令所繇依節限處分

二十三年十月詔曰文學政事必在考言孝悌力田必須審行頃從一槩何謂四科其孝悌力田舉人宜各自疏比來事迹爲鄉閭所委者牒當案覆別有處分

二十四年三月詔曰每歲舉人求士之本專典其事寧不重歟頃年以來惟考功郎所職位輕務重名實不倫欲盡委長官又銓選猥積且六官之列體骨是同況宗伯掌禮宜主賓薦自今已後每歲諸色舉人及齋郎等簡試並於禮部集既衆務煩雜仍委侍郎專知

二十五年正月詔曰致理興化必在得賢強識博聞可以從政且今之明經進士則古之孝廉秀才近日以來殊乖本意進士以聲韻爲學多昧古今明經以

帖誦爲功罕窮旨趣安得爲敦本復古經明行修以此登科非選士取賢之道也其明經自今已後每經宜帖十取通五已上免舊試一帖仍案問大義十條取通六已上免試經策十條令答時務策三首取粗有文性者與及第其進士宜停小經准明經例帖大經十帖取通四已上然後准例試雜文及策考通與及第其明經中有明五經以上試無不通者進士中兼有精通一史能試策十條得六已上者委所司奏聽進止其應試進士等唱第訖具所試雜文及策送中書門下詳覆其所問明經大義日仍須對同舉人

考試庶能否共知取舍無媿有功者達可不第與此詔因侍郎姚奕奏也

二十六年正月丁丑制曰古者鄉有序黨有塾將以弘長儒教誘進學徒化人成俗率繇於是斯道久廢朕用憫焉宜令天下州縣每一鄉之內里別各置學仍擇師資令其教授其諸州鄉貢明經進士每年引見訖更令國子監謁先師所司設食學官等爲之開講質問疑義且公侯之緒皆禀義方學禮聞詩不應失墜容其徼倖是長慢游如聞比來弘文崇文學生緣是貴胄子孫多有不專經業便與及第深謂不然

自今已後宜一依令式試

壬辰詔曰孝悌力田風化之本苟有其實未必求名比年將同舉人考試詞策便與及第以甞爲科是開僥倖之門殊乖敦勸之意自今已後不得更然其兼著狀迹殊尤者委所繇長官時以名薦朕當別有處分更不須隨考使例申送

二十九年正月於京師置崇玄館諸州置道學生徒有差京都各百人諸州無常員習老莊文列謂之四子蔭第與國子監同謂之道舉舉送課試與明經同凡舉司課試之法帖經者以所習經掩其兩端中間惟開一行裁紙爲帖凡帖三字隨時增損可否不一或得四得五得六者爲通後舉人積多故其法益難務欲落之至有帖孤章絕句疑似參互者以惑之甚者或上抵其注下餘一二字使尋之難知謂之倒拔既甚難矣而舉人則有注聯孤絕索幽隱爲詩賦而誦習之不過十數篇則難者悉詳矣其於平文大義或多牆面焉

冊府元龜

巡按福建監察御史臣李嗣京　訂正

新建縣舉人　臣　戴國士參閱

知建陽縣事　臣　黃國琦較釋

貢舉部二

條制第二

唐天寶元年四月詔曰化之原者曰道道之用者爲德其義至大非聖人孰能章之昔有周季年代與道喪我列祖玄元皇帝乃發明妙本汲引生靈遂著玄經五千言用救時弊義高象繫理貫希夷非百氏之

能儔豈六經之所擬承前習業人等以其卷數非多列在小經之目微言奧旨稱謂殊乖自今已後天下應舉除崇玄學生外自餘所試道德經宜並停仍令所司更詳擇一小經代之其道經爲上經德經爲下經庶乎道尊德貴是崇是奉凡在遐邇知朕意焉

五月中書門下奏兩京及諸郡崇玄學生等准開元二十九年正月制前件人合習道德及南華通玄沖虛等四經又准天寶元年二月制改庚桑子爲洞靈眞經准諸條補崇玄學亦合習讀伏准後制合通五經其洞靈眞經人間少本臣近令諸觀尋訪道士全無習者本既無廣業實難成弁通玄沖虛二經亦恐文字不定玄教方闡學者宜精其洞靈等三經望付所司各寫十本較定訖付諸道採訪使頒行其貢舉司及兩京崇玄學生亦望各付一本今冬崇玄學人望且准開元二十九年正月諸條考試其洞靈眞經請待業成後准式從之

二年三月十六日制崇玄生試及帖冊各減一條三年業成始依常式

七載五月詔曰道教之設淳化之源必在弘闡以敦風俗頃列四經之科將冠九流之首雖及門求進頗

有其人而觀奧窮微罕聞達者豈專精難就爲勸獎未弘天下諸色人中有通明道德經及南華等四經任於所在自舉各委長官考試申送其崇玄生出身自今以後每至選宜減於常例以爲留放

十一載七月舉人帖及口試並宜對衆考定便唱通否

十二月勑禮部舉人比來試人頗非允當帖經首尾不出前後復取者也之乎頗相類之處下帖爲弊已久須是鑿華禮部起請每帖前後各出一行相類之處並不須帖是載禮部侍郎楊浚始開爲三行下得帖斷

絕疑似之言也明經所試一大經及孝經論語爾雅帖各有差帖既通而口問之一經問十義得六者爲通而後試策凡三條三試皆通者爲第進士所試一大經及爾雅舊制帖一小經并注開元二十五年改帖大經其爾雅亦并帖注也帖既通而後試文試賦各一篇文通而後試策凡五條三試皆通者爲第經策全通爲甲策道四帖通四帖以上爲乙策道三帖通三以下及策雖全通而帖經文不通四或帖經雖通四以上而策不通四皆爲不第明法試律令各十帖試冊共十條律七條令三條全通爲甲通八以上爲乙自七以下爲不第書者試說文字林凡十帖說文六帖字林四帖試無常限皆通者爲第算者試九章海島孫子五曹張丘建

夏侯陽周髀五經綴術緝古帖各有差九章九帖五經等七部各一帖綴術六帖緝古四帖兼試問大義皆通者爲第凡衆科有能兼學則加超獎不在常限案今科第秀才與明經同爲四等進士與明法同爲二等然秀才之科久廢而明經雖有甲乙丙丁四科進士有甲乙二科自武德以來明經惟有丙丁第進士惟乙科而已先試之期命舉人謁于先師有司卜日宿張於國學宰輔以下皆會而觀焉博集羣議講論而退禮部關試之日皆嚴設兵衛薦棘圍之搜索衣服譏訶出入以防假濫爲其進士大抵千人得第者一二明經倍之得第者十一二其制詔舉人不有常科皆標其目而搜揚之試之日或在殿庭天子親臨觀之試已糊其名於中考之文冊高者特授以美官其次與出身開元以後四海晏清士無賢不肖恥不以文章達其應詔而舉者多則二千人少猶不減千人所收百纔有一

十二載七月詔天下舉人不得充鄉試皆須補國子學生及郡縣學生然聽舉四門俊士停

十三載十月御含元殿親試博通墳典洞曉玄經詞藻宏麗軍謀出衆等舉人命有司供食既暮而罷其詞藻宏麗問策外更試詩賦各一首制舉試詩賦自

此始也

是月道舉停習道德經加周易宜以來載爲始

十四載二月弘文館學生自今以後宜依國子監學生例帖試明經進士帖經並減半雜文及策皆須粗通仍永爲常式

肅宗至德元年巳後依前鄉貢

乾元元年四月詔曰國子監學生明經法帖策口試各十並通四巳上進士通三與及第鄉貢明經准常式州縣學生放歸營農待賊平之後任依常式

代宗寶應二年六月禮部侍郎楊綰上疏曰國之選

士必資賢良蓋孝友純備言行敦實居嘗育德動不違仁體忠信之資履謙恭之操藏器則未嘗自伐虛心而所應必誠夫如是故能率已從政化人鎮俗者也自叔葉澆詐茲道浸微爭尚文詞互相矜衒馬卿浮薄竟不周於時用趙壹虛誕終取擯於鄉閭自時厥後其道彌盛不思實行皆徇空名敗俗傷風備載前史古人比文章於鄭衛蓋有謂也近煬帝始制進士之科當時猶試策而已至高宗朝劉思立為考工員外郎又奏進士加雜文明經加帖從此積弊轉而成俗幼能就學皆誦當代之詩長而博文不越諸家

之集遞相黨與用致虛聲六經則未嘗開卷三史則皆同挂壁況復徵以孔門之道責其君子之儒者哉祖習既浮奔競為尚矜能者曾無愧色勇進者但欲凌人以毀讟為常談以向背為已任投刺干謁驅馳於要津露才揚已宣騰於當代古之賢良方正豈有如此者乎朝之公卿以此待士家之長老以此垂訓欲其返敦朴懷禮讓守忠信識廉隅何可得也譬之於水其流已濁若不澄本何當復清方今聖德御天再寧寰宇四海之內顒顒向化皆延頸舉踵思聖朝之理也不以此時而理之則太平之制又乖矣凡國之大柄莫先擇士自古哲后皆側席待賢今之取人令投牒自應殊非經國之體也欲望請依古制令縣令察孝廉審知在鄉閭有孝友信義廉恥之行加以經業才堪策試者以孝廉為名薦之於州刺史當以禮待之試其所通之學其堪者送名於省自縣至省不得令舉人輒自陳牒比來有到狀保辨試牒等一切並停其所習經取左傳公羊穀梁禮記周禮儀禮尚書毛詩周易任通一經務取深達奧旨旁通諸家之義試日差諸司官有儒學者對問每經問義十條問畢對策三道其策皆問古今理體及當時要務取

堪行用者其經義并策全通為上第望付吏部便與官其經通八策通二為中第與出身下第者罷歸其明經比試帖經殊非古義皆誦帖括與圖僥倖近有道舉亦非理國之體望請與明經進士並停其國子監人亦請准此如有行業不著所繇妄相推薦請量加貶黜所冀數年之間人倫一變既歸實學當識大猷居家者必修德業從政者皆修廉恥浮競自止敦龎自勸教人之本實在茲焉事若施行即別立條制詔委左右丞相諸司侍郎御史大夫中丞給舍同議奏聞給事中李栖筠尚書左丞賈至京兆尹兼御史

大夫嚴武各奏議狀與綰同賈至議曰謹案夏之政尚忠殷之政尚敬周之政尚文文與忠敬皆統人之行也且謚號述行美於文文興則忠敬存焉是故前代以文取士本行文也繇詞以觀行則及詞也宣父稱顏子不遷怒不貳過謂之好學至乎修春秋則游夏之徒不能措一詞不亦明乎間者禮部取人有乖斯義易曰觀乎人文以化成天下關雎之義曰先王以是經夫婦成孝敬厚人倫美教化移風俗蓋王政之所繇廢興也故延陵聽詩知諸侯之存亡今試學者以帖字爲精通不窮旨義豈能知遷怒二過之道

乎考文者以聲病爲是非惟擇浮艷豈能知移風易俗化天下之事乎是以上失其源而下襲其流波蕩不知所止先王之道莫能行也夫先王之道消則小人之道長小人之道長則亂臣賊子繇是生焉臣弑其君子弑其父非一朝一夕之故其所繇來者漸矣漸者何謂忠信之凌頽恥尚之失所末學之馳騁儒道之不舉四者皆繇取士之失也夫一國之士繫一人之本謂之風贊揚其風卿大夫也卿大夫何嘗不出于士乎今取士試之小道而不以遠者大者使于祿之徒趨馳末術是誘道之差也夫以蝸蚓之餌雜

垂滄海而望吞舟之至不亦難乎所以食垂餌者皆小魚就科試者皆小藝四人之業士最關於風化近代趨士靡然向風致使祿山一呼而四海震蕩思明再亂而十年不復向使禮讓之道弘仁義之風著則忠臣孝子比屋可封逆節不得而萌也人心不得而搖也且夏有天下四百載禹之道衰而殷始興焉殷有天下六百祀湯之法棄而周始興焉周有天下八百年文武之政廢而秦始幷焉觀三代之選士任賢皆取實行故能風俗淳一運祚長遠秦坑儒士二代而亡漢興雜三代之政弘四科之舉西京始振經術

之學東都終持名節之行至有外戚竊位強臣擅權弱主外立母后專政而社稷不隕終彼四百豈非學行扇化於鄉里哉厥後文章道弊尚於浮侈取士術異苟濟一時自魏至隋四百餘載三光分景九州阻域竊號僭位德義不脩是以子孫速顛享國咸促今國家革魏晉梁隋之弊承夏商周漢之業四隩既宅九州攸同覆燾亭育合德天地安有捨皇王舉士之道從亂代取人之術此公卿大夫之恥也楊綰所奏實爲正論然自典午覆敗中原版蕩戎狄亂華衣冠遷徙南北分裂人多僑處聖朝一平區宇尚復因循

版圖則張閭井未設士君鄉土百無一二因緣官族所在耕桑地望繫數百年之外而身皆東西南北之人焉今欲依制鄉舉里選猶恐取士之未盡也請兼廣學校以弘訓誘今兩京有大學州縣有小學兵革一動生徒流離儒臣師氏祿廩無向貢士不稱行實胄子何嘗講習獨禮部每歲擢甲乙之第謂弘奬擢不亦謬歟祇足長浮薄之風啓僥倖之門矣其國子博士等望加員數厚其祿秩選通儒碩生閒居其職十道大郡量大學館令博士出外兼領郡官召置生徒依乎故事保桑梓者鄉里舉焉在流寓者庠序推

焉朝而行之夕見其利如此則青青不復興刺擾擾緜其歸本矣人倫之始王化之先不過是也李廙等議與至協文多不載宰臣等奏以舉人舊業已成難於速改其今歲舉人望且許應舊舉來歲即依新格

廣德元年七月禮部侍郎楊綰上貢舉條目曰孝廉舉人請取精通一經每經問義二十條皆須旁通諸義深識微言試策三道每日問一道問古今理體取堪行用者經義及策全通爲上第望付吏部便與官義通七策通二爲中第與出身下第者罷之論語孝經聖人深旨孟子儒門之達者望兼習此三者爲一經其試如上先取在家有孝義廉恥謙恭之行好學不倦精通經義并堪對策者縣令徵於鄉里送名於州刺史與曹官對試以其通者送省既是貢士刺史縣令不得以部人待之加其禮數隨朝集使以十月二十五日到省其鄉飲酒及至上都朝見并謁先師并依舊式又以寇難之故衣冠多去故鄉所居必聞才行斯在望許所在州縣且舉所諳知者秀才舉人准舊格催試方畧策五條望令精通五經每經准孝廉例問義二十條對策五條每日試一道全通爲上第送中書門下超與處分十條通七策通四爲中第

送吏部與官下者罷之又國子監舉人亦請每歲本業博士推擇才行送名與祭酒依鄉貢例試通者送省舉人自縣至州皆不得輙自陳牒比來有到狀保辨停牒等請並停明法舉人望付刑部考試疏入帝問翰林學士或以進士明經行來頗久不可頓令改業遂勑與舊法兼行

是月勑弘文崇文兩館生皆以資廕補充所習經業務須精熟楷書字體皆得正樣通七者與出身不通者罷之

二年五月罷歲貢孝悌力田及童子科從禮部侍郎

楊綰奏也綰以孝悌之行宜有實狀童子越衆不在
常科同之歲貢恐成僥倖之路
永泰元年始置兩都貢舉禮部侍郎官號皆以知兩
都爲名每歲兩地別放及第
大曆三年四月復置童子科舉每歲本貫申送禮部
同明經考試取十歲以下習一經兼論語孝經每卷
誦文十科全通者與官通七已上者與出身仍每年
冬本貫申送禮部同明經舉人例考試訖聞奏
十年五月詔今年諸色舉人並赴上都集先是禮部侍郎賈至
以時艱歲歉舉人走省者衆權奏兩都分理時禮部侍郎嘗衮以貢舉人合謁見異於選人令合上都集

舉儁章也是後不置東都貢舉
是月勑停童子科舉
德宗建中二年二月中書門下奏准制崇玄舘學生
試日減策一道者其崇玄舘附學官見任者旣同行
事例合霑恩惟策一道不可更減大義兩條從之
六月勑孝廉科宜停
二年十月中書舍人趙贊權知貢舉先時進士試詩
賦各一篇時務策五道明經策三道贊奏以箴論表
贊代詩賦仍各試策三道應口問大義明經人明經
之目義以爲先比來相承惟務習帖至於義理少有
能通經術寖衰莫不繇此今若頓取大義恐全少其
人欲且因循又無以勸學請約舉司舊例稍示考義
之難承前問義不形文字落第之後喧競者多臣今
請以所問錄於紙上各令直書其義不假文言旣與
策有殊又事堪徵證憑此取舍庶歸至公如有義策
全通者五經舉人請准廣德元年七月勑超與處分
明經請減兩選伏請每歲甄奬不過數人庶使經術
漸興人知教本勑旨明經義策全通者令所司具名
聞奏續商量處分餘依
三年四月勑禮部應進士舉人等自今以後如有試

官并不合選并諸色出身人有應舉者先於舉司陳
秖准例考試如才堪及第者送名中書門下重加考
覈如實才堪卽令所司進納告身注擬官中准例與
及第至選日仍稍優與處分其正員官不在舉限
貞元二年六月詔自今已後舉選人有能習開元禮
者舉人同一經例選人不限選數許集但問大義一
百條試策三道全通者超資與官義通七十條策通
二道已上者放及第已下不在放限其有試官能通
者亦依正員官例處分其明經舉人有能習律一部
以代爾雅者如帖義俱通於本色減兩選令卽日與

官其明法舉人有能兼習一經小帖義通者依明經例處分

五年四月詔曰明經舉人所習爾雅多是草木鳥獸之名無益理道宜令習老子道德經以代爾雅其進士同大經例帖

六年九月敕本置兩館學士皆選勳賢胄子蓋欲令其講藝紹習家風固非開此倖門墮紊典教且令式之內具有條章考試之時理須精覈比聞此色倖昌頗深或假市門資或變易昭穆殊虧教化之本但長澆漓之風未補者務取闕員已補者自然登第用啓

旣已乖實試藝又皆假人誘進之方豈當如此自今已後所司宜據式文考試定其升黜如有假代僉准法處分

九年五月詔曰王者設教勸學攸先生徒肄業執禮爲本故孔子曰不學禮無以立又曰安上理人莫善於禮然則禮者蓋務學之本立身之端居安之大猷致治之要道屬詞比事而不裁之以禮則亂疏通知遠而不節之以禮則誣實百行之本源爲五經之户牖雖聖人設教罔不會通而學者遵行宜有先後自項有司定議計功記習不量教化淺深義理難易遂使脩傳學者例從冬集習禮經者獨授散官敎本勸人頗乖指要始務弘獎以廣儒風自今已後明經習禮記及第者亦宜冬集如中經兼習周易若儀禮者量減一選應諸色人中習三禮者前資及出身人依科目例白身人依貢舉例每經問大義三十條試策三道仍主司於朝官學官中簡選精通經術三五人聞奏主司與同試問質定通否義策全通爲上等轉加超獎大義每經通十五條已上策通兩道已上爲次等依資與官如先是員外試官者聽依正員例其習開元禮人問大義一百條試策三道全通者爲上

等大義通八十條已上策兩道已上爲次等餘一切僉准習三禮例處分其諸館學士願習三禮及開元禮者僉聽仍永爲常式

十年中書侍郎平章事齊抗奏罷禮部別頭舉人故事禮部侍郎掌貢舉其親故卽試于考功謂之別頭舉人抗奏罷之

十二年三月國子司業裴肅奏爾雅爲六經文字之楷模老子是聖人玄微之奧旨請勅天下明經進士五經及明一經進士五經及諸科舉人依前習道德經者宜准天寶元年勅處分應合習爾雅者並准舊

式初天寶元年尊崇道教以老子乃玄元皇帝微言與旨不可列爲小經令有司以爾雅代老子至貞元五年四月宰臣又議云所習爾雅多是草木鳥獸之名無益理道又令舉人停爾雅改習道德經至是又改焉

十三年十二月顧少連爲尚書左丞權知貢舉奏伏以取士之科以明經爲首教人之本則義理爲先至於帖書及以對策皆形文字并易考尋試義之時獨令口問對答之失覆視無憑黜退之中流議遂起伏請准建中二年十二月勅以所問錄於紙上各令直書其義不假文言仍請依經疏對奏勅宜依

十四年九月詔鄉貢武舉并應百隻箭及三十隻箭

人等今年宜權停時諫議大夫田敦因蒙召對奏言兵部武舉等每年甞數百千人持挾弓矢出入皇城間恐非所宜上聞而矍然故命停之其實武舉者每歲不過十數人時議惡敦貴欲非短舊事奏議不實自是訖于貞元更不復置

十六年十二月勅禮部別頭舉人宜委禮部考試不須置別頭

十八年五月勅明經進士自今以後每年考試所收人明經不得過一百人進士不得過二十人如無其人不必要蒲此數

十九年六月勅禮部舉人自春以來久愆時雨念其旅食京邑資用屢空其禮部舉人今年宜權停

憲宗元和二年十二月壬申禮部貢舉院奏五經舉人請罷試口義依前試墨義十條五經通五明經通六便放入第從之勅自今以後州府所送進士如迹涉疎狂兼虧禮教或曾爲官司科罰或曾任州府小吏一事不合入清流者雖薄有詞藝并不得申送入如舉送以後事發長吏停見任及已停替者殿二年本試官及司功官并貶降

三年五月兵部奏鄉貢武舉准貞元十四年九月詔

宜權停今請准舊例却置從之

七年十二月權知禮部侍郎韋貫之奏試明經請停墨義依舊格問口義從之

十三年十月權知禮部侍郎庾承宣奏臣有親屬應明經進士舉者請准舊例送考功試之先是貞元十六年高郢掌貢請停考功別試識者是之至是始復

穆宗長慶元年三月勅今年禮部侍郎錢徽下進士及第鄭朗等一十四人重試聞奏四月詔曰國家設文學之科本求實才苟容僥倖則異至公訪聞近日浮薄之徒扇爲朋黨謂之關節于擾主司每歲策名

無不先定永言敗俗深用興懷鄭朗等昨令重試意在精覈藝能不於異書之中固求深僻題目貴令所試成就以觀學藝淺深孤竹管是祭天之樂出於周禮正經閱其呈試之文都似不知本事詞律鄙淺蕪累至多亦令宣示錢徽庶其深自懷愧誠宜盡棄以警將來但以四海無虞人心方泰用引寧僭式示殊恩特掩爾瑕庶明予志孔溫業趙存約竇洵直所試粗通與及第盧公亮等十人並落下錢徽從別勑處分自今以後禮部舉人宜准開元二十五年勑及第訖所試雜文并策送中書門下詳覆

二年二月諫議大夫殷侑奏謹案春秋二百四十二年行事王道之正人倫之紀備矣故先師仲尼稱志在春秋歷代立學莫不崇尚其教伏以左傳卷軸文字比禮記多較一倍公羊穀梁比尚書周易多較五倍是以國朝舊制明經若大經中經能習一傳即放冬集然明經爲學者猶十不一二今明經一例冬集人之常情趨少就易三傳無復學者伏恐周公之微旨仲尼之新意史官之舊章將墜於地伏請置三傳科以勸學者左傳問大義五十條公羊穀梁各問大義三十條策三道義通七以上策通二以上與及第其白身應者請同五經例處分其先有出身及前資官應者請唯學究一經例別處分又奏歷代史書皆記當時善惡繫以襃貶垂裕勸戒其司馬遷史記班固范曄兩漢書旨義詳明懲惡勸善亞於六經堪爲代教伏惟國朝故事國子學有文史直者弘文館弘文生並試以史記兩漢書三國志又有一史科近日已來史學都廢至於有身處班列朝廷舊章昧而莫知者況乎前代之載焉能知之伏請量前件史科每史問大義一百條策三道義通七策通二以上爲及第能通一史者白身請同五經三傳例處分其有出

身及前資官應者請同學究一經別處分其有出身及前資官稍優與處分其三史皆通者請錄奏聞特加獎擢仍請班下兩都國子監任生徒習請勑旨宜依仍付所司

三年禮部侍郎王起掌貢舉先是貢舉猥濫勢門子弟交相酬酢寒門俊造十棄六七及元稹李紳在翰林深怒其事故有覆試之科及起考貢士奏曰伏以禮部放榜已是成名中書重覆尚未及第若重覆之中萬不一定則放榜之後遠近誤傳其於事理實爲非便請今年進士堪及第者本司考試訖其詩賦先

送中書門下詳覆候敕却下本司然後准例大字放
榜從之

册府元龜
册府元龜　貢舉部　條制二　卷之六百四十
十七

册府元龜
巡按福建監察御史臣李嗣京 訂正
分守建南道左布政使臣胡維霖 參閱
知建陽縣事臣黃國琦較釋

貢舉部 三

條制第三

唐文宗太和元年七月勑今年權於東都置舉其明經進士任使東都赴集其上都國子監舉人合在上都試及節目未盡者委條流聞奏

八月禮部貢院奏東都置舉條件其上都國子監宗正寺鴻臚寺舉人並請徇東都考試畢却廻就上都考試從之

十月中書門下奏應禮部諸色科目選人等凡未有出身未有官如有文學只合於禮部應舉有出身有官合於吏部赴科目選近年以來格文差互多有白身及用散試官并稱鄉貢者並赴科目選及注擬之時卽妄論資次曾無格例有司不知所守其宏詞拔萃學究一經則有定制然亦請不在用散試官限其二禮三傳一史三史明習律令等如白身並令國子監及州府同明經一史三禮三傳同進士三史當年關送吏部便授第二任官如有出身及有正員官本是吏部常選人則任於吏部不限選數應科目選三史則超一資授官如制舉人旣諸色人中皆得選試則無出身官人並可亦請不用散試官從之

是月京兆府鄉貢明經孫延嗣等三百人進狀舉大曆六年七年例請同國子監生上都考試許之

二年十二月禮部貢院奏五經明經舉人試義請准元和十四年十一月四日勑以墨義代口義許之

三年八月禮部奏進士舉人先試帖經并畧問大義取經義精通者次試議論各一首文理高者便與及第其所試詩賦並停者伏請帖大經各十帖通五通六爲及格所問大義便於習大經內准格明經例問十條仍對衆試口義伏惟新制進士畧問大義緣勑釐革今且以通三通四爲格明年以後並依明經例其所試議論請各限五百字以上成勑旨依奏

四年十月中書門下奏應開元禮學究一經二禮三史明習律令科人等准太和元年十月二十三日勑散試官及白身人並於禮部考試其有出身及有官人並吏部科目選者凡是科目本合在吏部試自分兩處考試每處皆別與人數轉多事理非便臣等商

量坐準前吏部收試其諸節目並准太和元年十月二十三日勑處分從之

七年八月制公卿士族子弟明年已後不先入國學習業不在應明經進士之限其進士舉宜先試帖經并畧問大義取經義精通者次試議論各一道文理高者便與及第所試詩賦並停其試帖官便以國子監學官充禮部不得別更奏請弘文崇文兩舘生齋郎並依令試經畢仍差都省郎官兩人覆試須責保任不得輙許替代

八年正月禮部奏明經弘文崇文舘生太廟郊神齋

郎掌坐等共五百五十二人今六色共請減一百三十八人從之

是月禮部侍郎李漢奏准太和七年八月勑貢舉人不要試詩賦策且先帖大經小經共二十帖次對正義十道次試議論各一首訖考覈放及第

是月中書門下奏進士放榜舊例禮部侍郎皆將及第人名先呈宰相然後放榜伏以委在有司固宜精愼宰臣先知取捨事匪至公今年已後請便令放榜不用先呈人名其及第人所試雜文及鄉貢三代名諱並當日送中書門下便令定例勑旨依奏

八月詔罷諸色選舉以歲旱故也

九月勑吏部禮部兵部今年選舉並緣秋末蟲旱相因恐致災荒權令停罷及歛藏之後物力且任念彼求名之人必懷觖望之念寧違我令以慰其心宜依常例却置應緣所納文狀及銓試等期限仍准今年格文遞延一月

十月禮部奏進士舉人自國初以來試詩賦帖經時務策五道中間或蹔改更旋即仍舊蓋以成法可守所取得人故也去年八月節文先試帖經口義論議等以臣商量取其折衷伏請先試帖經通數依新格

處分時務策五道其中三道問經義兩道時務其餘並請准太和六年以前格處分勑旨依奏

九年十二月中書門下奏今月九日閤内面奉進止令條流進士人數及諸色人等進士元格不得過二十五人今請加至四十人明經元格不得過一百一十人今請減十人伏以國家取士遠法前代進士之科得人爲盛然於入仕須更指撝必使練達固在經歷起來年進士及第後三年任選委吏部依資畫補州府參軍緊縣簿尉官滿之後來年許選三考後聽諸使府奏用便入協律郎四衛佐未滿三考不在奏

收限如任江淮官特與勉其網使又聞每年貢士嘗
僅千人據格所取其數絕少強學待用皆年不試孤
貞介士老而無成甚可惜之臣等商量望付所司精
求行藝起來年添滿四十人及第仍委禮部於所試
諸色貢舉人元格數內共減一十五人都守每年放
出身黃衣人數永爲定制編入常格庶令才人速得
自効經於下位以致上達可之
開成元年正月詔文武之道合而兼濟勳臣子弟有
能修詞務學應進士明經及通諸科者委有司先加
獎引

自其年至二年三年並高鍇知貢舉每年皆恩賜題
目及第並四十人
二年五月禮部奏請每年進士以三十人爲限從之
十二月詔諸道應薦萬言童子等朝廷設科取士門
目至多有官者合詣吏曹未仕者郎歸禮部此外更
或延引則爲冗長起今後不得更有聞薦俾絲正路
冀絕倖門雖是有命而以童子爲薦者比比有之
四年十月勑每年明經及第宜更與十人
武宗會昌三年正月勑禮部所放進士及第人數目
今後但據才堪者郎與不要限人數每年止於十人
五人總得
是月宰臣李德裕等奏舊例進士未放榜前禮部侍
郎遍到宰相私第先呈及第人名謂之呈榜比聞多
有改換頗致流言宰相稍有寄情有司固無畏忌取
士之濫莫不繇斯將務責成在於不撓旣無取舍並
必預知臣等商量今年便任有司放榜更不得先呈
臣等仍向後便爲定例如有固違御史糾舉奏者其
晴有勑重試進士因栖靈塔災且止
四年二月權知貢舉左僕射判太常卿王起下及第
二十五人續奏五人堪放及第楊質至竇緘楊嚴鄭

朴源重奉勑只放楊嚴及第餘並落下王起頃年知貢舉每貢院考試訖上榜後更呈宰相取可否復人數不多宰相延英論言主司試藝不合取宰相與奪北來貢舉艱難放人絕少恐非引誘之道帝曰貢院不會我意不放子弟即太過無論子弟寒門但取實藝耳李德裕對曰鄭肅封敖有好子弟不敢應舉帝曰我比聞楊虞卿兄弟朋比貴勢妨平人道路昨楊知至鄭朴之徒並令落下鄉其太甚耳德裕曰臣無名第不合言進士之非然臣祖天寶末以仕進無地故勉強隨計一舉登第自不放私家置文選蓋惡其祖尚浮華不根藝實然朝廷顯官須是公卿子弟後者因小便習舉業目熟朝廷間事臺閣儀範班行准則不教而自成寒士縱有出人之才登第之後始得一班一級固不能習熟也則子弟成名不可輕矣
十月中書門下奏朝廷設文學之科以求髦俊臺閣
清選莫不繇茲近緣覈實不在於鄉閭趨名頗雜於

非類致有毀息之地情計交通將澄化源在舉明憲臣等商量今日以後舉人於禮部納家狀後望依前三人自相保其衣冠則以親姻故舊久同遊處其有江湖之士則以封壤接近素所諳知者爲保如有缺孝弟之行資朋黨之勢跡緣邪徑言涉多端者並不在就仕之限如容情故自相隱蔽有人糾舉其同保人並三年不得赴舉仍委禮部明爲戒勵編入舉格從之

五年三月中書門下奏貢舉人並不許於兩府取解仰於兩都國子監就試

宣宗大中元年正月禮部侍郎魏扶放及第二十三年續奏其放及第三人封彥卿崔琢鄭延休等皆以文藝爲衆所知其父皆在重任不敢選取其所試詩賦並封進奏進止令翰林學士戶部侍郎知制誥韋琮等考盡合程度其月二十五日奉進止并赴所司放及第有司考試只合在公如涉徇私自有刑典從今以後但依常例取捨不得別有奏聞

是月勑自今放進士榜後杏園任依舊宴集所司不得禁制

六月中書門下奏貢舉人取解宜准舊條於京兆府河南府集試從之

十年四月禮部侍郎鄭顥進諸家科目記十三卷勑付翰林自今放牓後仰寫及第人姓名及所試詩賦題目進入內仍付所司逐年編次

五月中書門下奏據禮部貢院見置科目內開元禮三禮三傳三史學究道舉明筭明法童子等九科近年取人頗濫曾無實藝可採徒添入仕之門須議條流俾精事業臣等已於延英面論伏奉聖旨將文字來者其前件九科臣等商量望起大中十年權停三年滿後至時赴試者令有司據所與人先進名令中

書舍人重覆問過如有本業精通堪備朝廷顧問即作等第進名候勑處分如事業荒蕪不合送名數者考官當議朝責其童子近日諸道所薦送者多年齒已過僞稱童子考其所業又是當流起今已後望令天下州府薦送童子並須實年十一十二以下仍須精熟一經問全通兼自能書寫者如違制條本道長吏亦議懲罰從之

十二年三月中書舍人李潘知舉放博學宏辭科陳琬等三人及進詩賦論等召潘謂曰所賦詩中重用字何如潘曰錢起湘靈鼓瑟詩有重用字乃是庶幾

帝曰此詩似不及起乃落下

十三年十二月河中節度使令狐綯以其子滈求應進士舉勑曰令狐滈多時舉人極有文學流輩所許合得科名比以父綯職在樞衡避嫌不赴今因出鎮却就舉塲况諸道規合試至藝宜令主司准大中六年勑考試只在至公如涉徇情自有刑典從今已後但依當例放牓本司舉士貴在得人去留之間惟理所在

懿宗咸通十一年四月勑去年屬以用軍之際權停貢舉一年今既偃戈却宜仍舊來年宜別許三十人

及第進士十人明經一十人已後不得援例

景宗天祐三年正月國子監奏得監生郭應圖等六十人狀稱伏覩今年六月五日勑文應國學與諸道等明經一例解送兩人者應圖等早辭耕稼夙慕詩書自拋鄉邑之中便忝國庠之內棲遲守學轗軻於時未諧昇進之期却抱減退之患苟或諸道解送監府同條實謂首尾難分本枝無異伏請聞奏俾遂遲恩者又河南府奏當府取解明經舉人周定言等二十七人各據取解差司錄叅軍崔蘊考試並已及格伏緣明經舉人先准勑諸州府解送不得過二人者今當府除去留外見在二十七人考試並已及格若只送二人必恐互有爭論難以指揮者勑曰取士之科明經極重每年人數已有舊規去夏雖舉條流蓋慮所司踰濫今者國子監既有聞奏河南府亦具陳論不念遠人何以誘進只在乎升陟之際切務公平又何必解送之時便為沙汰將免遺才之嘆湏開汲善之門特改舊條俾循往例國子監河南府所試明經並依准當例解送禮部所放人數亦許酌量施行但不得苟徇囑求遂致僥倖兼下諸道准此

二月禮部奏伏以朝廷累年多事道途艱辛在遠舉

人併阻隨計逐年所司放牓人數不當量其少多臨事增減今者干戈稍弭水陸漸通舉人等皆負笈擔簦裂裳裹足來求試藝競切覩光雖人數不廣於近年而貢籍頗甚其屈謇至於俊造亦有其人臣今欲於去年數外更放三數人佇開勸誘之門以賛文明之運已選今月二十一日放牓伏候進止者勑曰朝廷取士之科每歲擇才之重必資藝實以副勤求或來自遠途或久稽鄉薦今年就試多有屈人所司奏論是宜俞允苟叶無私之道俾開振滯之門切在精詳佇觀公當其禮部所放進士於舊年人數外宜令

更添兩人

梁太祖開平元年六月詔近年諸道貢舉人當籓方秋薦之時不親試者號爲拔解非所以責實也帝因知之乃下令止絶

三年勅條流禮部貢院每年放明經及第不得過二十人

四年十二月兵部尚書知貢舉姚洎奏曰近代設詞科選冑子蓋所以綱維名教崇樹邦本者也曩時進士不下千人巖徼海隅偃風嚮化近歲觀光之士人數不多加以在位臣僚罕有子弟就其寡少復避嫌

疑實恐因循漸爲廢墜今在朝公卿親屬將相子孫有文行可取者請許所在州府薦送以廣毓才之義從之

乾化元年十二月以尚書左僕射楊涉知禮部貢舉非當例也前代自唐武德貞觀之後但委考功員外郎掌之至開元二十五年員外郎李昂爲貢士李權所詆繇是中書奏請以禮部侍郎專爲其間或以他官領者多用中書舍人及諸司四品清資官進會昌中命太常卿王起主貢舉時乃簡較僕射耳

後唐莊宗同光二年三月勅選舉二門仕進根本當掄擇於多士全委使於有司苟請託是從則踰濫斯極況方行公事已集羣材須行戒勵之文俾絶倖求之路宜令吏部禮部翰林考藝必盡於精詳滅私徇公無從於請託仍委三銓貢院牓示省門曉告中外

十月中書門下奏獻可劾忠前經之令典因時建議有國之明規道既務於化成事亦敷於競勸敢俾宸聽輒罄芻言伏惟陛下業茂經綸功成理定五材七德威冠於伐謀百氏三墳義彰於知敎爰自中興啓運下武膺期炤臨而日月光華鼓舞而乾坤交泰英明取士虞哲崇儒誠宜便廣於捜羅豈可尚令於滯

抑但以今春貢士就試不多即目選人磨勘未畢宗伯莫臻於俊乂天官難辨於妍媸況已過秋期將行公事例聞道路悉是家貧比及到京多踰程限文關選部皆礙條流伏請權停貢選一年俟遷鶯者更勵進脩希干祿者益加循省然後精求良幹博採畢能免有遺賢庶同樂聖勅舉選二門國朝重事俱要精確難議權停宜准當例處分

三年三月勅禮部貢院今年新及第進士符蒙正成僚王徹桑維翰四人國家歲命春官首司貢籍高懸科級明列等差廣進善之門爲取士之本所重者藝

行兼著鄉里有稱定才實之淺深振聲名於夷夏必當得雋允副旁求爰自近年寖成澆俗多聞濫進全乖舊章朕自興復丕圖削平僭紀方作事以謀始盡革故以鼎新蓋欲窒弊正訛去華務實誠爲要道無切於斯今據禮部奏所放進士符蒙正等四人旣慊輿情頗干浮論須令覆試俾塞羣言又遣考詳貴從精覈及再覽符蒙正成僚等呈試詩賦果有瑕疵今若便有去留慮乖激勸儻無昇降卽恥甄明况王徹體物可嘉屬辭甚妙細披製作最異儕流但應試以効成或求對而不切桑維翰若無紕繆稍有功夫止

當屬對之間累失求妍之美須推事藝各定否臧貴叶允平庶諧公共其王徹改爲第一桑維翰第二符蒙正第三成僚第四禮部侍郎裴皥在掄材之際雖匪阿私當定名之時頗虧優劣但緣符蒙正等旣無絀落裴皥特議寬容勿負憂疑已從釋放自今後應禮部常年所試舉人雜文策等候過堂日委中書門下准本朝故事細加詳覆方可奏聞不得輙徇人情有隳事實時命盧質覆試於翰林院試君從諫則聖賦以堯舜禹湯傾心求過爲韻臣事君以忠詩是歲試進士科者數十人裴皥精選其文惟得王徹輩或譖毀於宣徽使李紹宏日今年新進士不繇才進各有阿私物議以爲不可紹宏訴於郭崇韜因奏令盧質覆試質爲賦韻五平聲三側聲且踰嘗式覆試之日中外騰口議者非之

五月禮部貢院奏當司准流內銓牒應請定冬集舉人內有前鄉貢童子者三銓已前團奏冬集皆竪前鄉貢童子伏准格文只有童子科此無鄉貢字銓司先爲請定冬集舉人九經張仲宣等內有前鄉貢明經童子成光誨遂檢尋六典及蕭晃會要又無本朝書子細簡討惟有閏十三年十二月勑諸道應薦萬

言及童子起今後不得更有聞薦據此童子兩字皆由諸道表薦固無鄉貢之名又無口議帖經亦不合有明經之字進則止於暗誦便號神童此外格文別無童子其成光誨銓司准格只收竪前童子團奏去二月十五日具狀申留司宰臣取裁奏例准申者伏緣三銓見團奏冬集右內有鄉貢及明經字已依成光誨例准格只竪童子團奏次者左伏以院司嘗年考試皆憑諸道表薦降勑下到當司准格考試及格者便放及第其同光二年童子郭忠恕等九人皆是表薦童子勑內幷納到家狀並有鄉貢兩字院司簡

勑同便牓示引試及第後先具白闕牒報吏部南曹續便團奏春闈奏狀下到中書省追當司元下納家狀檢點同覆奏放勑經過諸處勑下後方始到當司備錄黃闕牒報御史臺尚書省并吏部南曹令雀流內銓牒伏緣院司承前皆憑勑命施行童子勑內並有鄉貢兩字若使下落恐涉專擅者奉勑超今後宜准開成三年勑文凡有官者並詣吏曹未仕者皆歸禮部其童子則委本州府依諸色舉人例考試結解送省任稱鄉貢童子長吏不得表薦若無本處解送本司不在考試之限

八月勑條例諸道州府不得表薦童子

四年正月五科舉人許維岳等一百人進狀言伏見新定格文三禮三傳每科只放兩人方今三傳一科五十餘人三禮三十餘人三史學究一十人若每年止放兩人及一人逐年又添初舉繼謀修進皆恐滯留臣伏見長慶咸通年放舉人元無定式又同光元年春牓亦是一十三人請依此例以勸進修勑依同光元年例永爲常式

明宗天成元年八月勑應三京諸道今年貢舉人可依常年例取解仍令隨處津送赴闕

二年正月尚書禮部貢院奏五經考試官先在吏部日長定合請兩員數年係屬貢院准新定格文秪令奏請一員兼充考試伏緣今年科目人數轉多却欲依舊請考試官各壹員如蒙允許續具所請官名進御申奏奉勑宜依

是年四月中書奏禮部貢院申當司奉今月六日勑吏部流內銓狀申據白院狀申當司先准禮部貢院牒稱具成德軍解送到前進士王蟾狀請罷攝深州司功參軍應宏詞舉前件人准格例應重科合在吏部其王蟾幷解送吏部請准例指繼者當司遂具狀

中堂奉判送吏部分析近年事例如何者伏緣近年別無事例今檢登科錄內於僞梁開平三年應宏詞登科二人前進士余溼承旨舍人李愚考官二人司勳郎中崔景兵部員外郎張貽憲者再具狀中堂奉判送吏部准例指揮者其前進士王蟾應宏詞考官試官合在流內銓申請者前進士王蟾請應宏詞伏自近年以來無人請應今詳格例合差考官二人又緣只有王蟾一人獨應銓司未敢懸便奏請差官者奉中書門下牒奏勑宜令禮部貢院就五科舉人考試者伏以舉選公事皆有格條准新定格勑文宏詞

拔萃准長慶二年格吏部差考試官二人與知銓尚書侍郎同考試聞奏又准格節文內准大和元年十月二十三日勑應禮部諸色貢舉人及吏部諸色科目選人凡無出身及未有官只合於禮部應舉有出身有官方合於吏部赴科目選其請應宏詞舉前進士王蟾當司當年放及第後尋已開過吏部訖若應宏詞例待南曹判成即是科選選人事理合歸吏部况緣五科考試官只考學業難於同考宏詞者奉勑王蟾宜令吏部准往例差官考試

十二月勑新及第進士有聞喜宴關宴逐年賜錢四

十萬

三年春趙鳳知貢舉場中利病備達天聽因勑進士帖經通三即可五科試本業後對策全精即可諸經學帖經及格後於大經洮問五義尚書於試紙令直解其理通三即可對策並須理有指歸言闕體要

七月工部侍郎任贊上言曰伏以聖代設科貢闈取士必自鄉薦來觀國光將叶公平惟求藝行葢廣樓羅之理且非喧競之場伏見當年舉人等省門開後春牓懸時所習既未精妍有司寧免黜落或嫉其先達或恣以厚誣多集怨於通衢皆取駭於聲聽頗虧教本却成亂階宜立新規以革前弊自今後諸舉人不是家在遠方水陸隔越者望本令各於本貫選藝精通賓寮一人考試如非通贍不許妄薦儻考覈必當即試官請厚於甄酬若薦送稍私并童子盡歸於竄逐與彰膺化免紊儒風庶絕濫進之人共守推公之道

是日勑宜令今後諸色舉人委逐道觀察使慎擇有詞藝及通經官員各據所業考試及格者即與給解仍具所試詩賦經帖通精數一一申省未及格者不得徇私發解兼承前諸道舉人多於京兆府寄應例

以洪固鄉胃貴里爲戶一時不實外遠難明自此各於本道請解具言本州縣某鄉某里某爲戶如或寄應須具本貫屬入狀不得効洪固胃貴之例文解到省後據所稱貫屬州府戶籍內如是無名本人并給解處官吏必加罪責京百司發解就試准前指揮兼下貢院具本朝舊格諸色舉人每年各放幾人及第到日續更詳酌處分

是月勑應將來三傳三禮三史開元禮學究等考試本業畢後引試對策時宜令主司須於時務中條取要當策題精詳考校不必拘於對屬須有文章但能

周通文字典切卽放及第如不及此格雖本業精通
亦須黜落應九經五經明經帖書及格後引試對義
時宜令主司於大經沘出問義五通於簾下書於試
紙令隔簾逐段解説但要不失疏注義理通二通三
然後便令念疏如是熟卷並須全通仍無失錯始得
入策亦須於時務中選策題精當考較如精於筆硯
留意者得則以四六對仍須理有指歸言闕體要如
不曾於筆硯致功則許直書其事不得錯使文字只
在明於利害其問義念疏對策逐件須有去留
是月勅近年諸道解送童子皆越常規或年齒漸高
冊府元龜　貢舉部　條制三　卷之六百四十一　十九
或精神非俊或道字頗多訛舛或念書不合格文主
司若不去留貢部積成乖弊自此後應諸道州府如
公然濫發文解畧不考選藝能其逐處判官及試官
並加責罰仍下貢院將來諸道應解送到童子委主
司精專考較須是年顏不高念書合格道字分明兼
無蹷失卽放及第仍依天成三年例主司未出院間
便引就試與諸科舉人同日放牓不得前却
十二月戊午禮部貢院以諸色及第人失墜出身請
同年一人充保次年及第二人充保卽重給春關巳
未以近令進士帖經通三卽放慮非所知致今年令
不及通三亦放來年秋賦詞人並令對義
四年二月貢院雖鏁未試舉人勅先徃雒京赴本省
就試
七月貢院奏今年諸色及第人中有曾攝州縣官及
有御署攝牒兼或有正授官及曾在賓幕赴舉者諸
條格中書奏及第人先曾授職官者宜令所司於守
攝文書内竪重任舉及第年月日或改名不改名分
明印押懼其轉賜於人假貿冒進也其中曾授正官
御署弁佐幕者仍約前任資序與除一任官如自中
興以來諸科及第人曾授職官者並令所司追給文
冊府元龜　貢舉部　條制三　卷之六百四十一　二十
書到日准今年及第人例處分已授官者不在此限
兼勒貢院將來舉人納家狀内各分析曾爲官及不
曾爲官改名不改名其曾爲職官者先納歷任文書
及第後准例指揮從之
是月勅應今年新及第人給春關並於敷政門外宣
賜慮所司邀頡故也
十月中書門下條流貢舉人事件應諸道州府解送
諸色舉人須准元勅差有才藝公正官考試及格然
可給解仍具所試詩賦義目帖繇送省如逐州府解
内不竪出前件指揮事節所司不在引試之限禮部

貢院考試諸色帖經舉人今後據所業經書對義之
時逐經須將生卷與熟卷中半考試不得依往例只
將熟卷試問今後主司不得受內外官寮書題薦託
舉人及安排考試官如或實講知有才學精博者任
具奏聞若受書題囑託致有屈人其主司與發書人
並加黜責其所舉人別行朝典三銓南曹亦不得受
諸色官員書題薦託選人如違並准前指揮應諸色
落第人此後所司具所落事繇別張懸文牓分明曉
示除諸州府解送舉人外餘有於河南府寄應及宗
正寺國子監生等亦須准上指揮其中有依託朝臣

冊府元龜 貢舉部 條制 卷之六百四十一 二十一

者於解內具言在某官某姓名門館考試及第後並
據姓名覆試諸色舉人至入試之時前五日內據所
納到試紙本司印署訖却送中書門下取中書省印
印過却付司給散逐人就試貢院合請考官試官今
後選舉業精通廉慎有官者充人在朝臣門館人不
得奏請奏勑宜依

是月兵部尚書盧質奏請逐年諸色貢舉人州府取
解之時選强明官考試具詩賦義自送省從之

五年正月禮部貢院奏當司准天成三年十二月十
八日勑文內准近勑自此進士試雜文後據所習本
經一一考試須帖得通三已上即放及第者奉勑進
士帖經本朝舊制蓋欲明先王之旨趣潤才子之文
章近代以來此道稍墜今且上從元輔下及庶寮雖
負藝者極多能帖經者甚少恐此一節或滯群材既
求備以斯難庶觀光而是廣今年凡應進士舉所試
文策及格帖經或不及通三與放及第來年秋賦詞
人所習一大經許令對義義目多少次第仍委所司
件奏者其今年逐處所解送到進士當司引試雜文
帖經後欲令別於所習一大經內對義目五道考試
通二通三准帖經例於其入策其將來秋賦諸寺監

冊府元龜 貢舉部 條制三 卷之六百四十一 二十二

及諸道州府所解送進士等亦准去年十月一日勑
條流考試其詩賦義目帖由等解送赴省如或不依
此解送當司准近勑並不引試奉勑宜依

冊府元龜

巡按福建監察御史臣李嗣京　訂正
分守建南道左布政使臣胡維霖　參閱
知建陽縣事臣　黃國琦較釋

貢舉部

條制第四

後唐明宗長興元年二月勑傳科不精公穀虛有其名禮科未達周儀如何登第兼知前後空聞定制去留皆在終塲傳通者混雜以進身膚淺者僥求而望事須頒明勑俾叶公途自此後貢院應試三傳三禮

宜令准進士九經五經明經例逐塲皆須去留不得候終塲方定仍具所通否粗一一旋於牓内告示其學究不在念書可特示墨義三十道亦准上指揮如此則人知激勸事有區分主司免致於繁忙舉子不典於僭濫仍所司學究不念書新例也國朝所設五科唯學究文書最少乃令念其經而通其義故曰學究今秪許對義郎學者皆專於此科時論非之

五月勑宏詞拔萃明筭道舉百篇等科並宜停廢

六月中書門下奏勑新及第進士所試新文委中書門下細覽詳覆方具奏聞不得輙徇人情有隳事體中書於今年四月二十九日帖貢院准元勑指揮中書量重具詳覆者李飛賦内三處犯韻李穀一處犯韻兼詩内錯書青字爲清字並以詞翰可嘉望特恕此誤今後舉人詞賦屬對並須要切或有犯韻及諸雜違格不得放及第仍望付翰林別撰律詩賦各一首具體式一一曉示將來舉人合作者郎與及第其李飛樊吉夏侯珙吳油王德柔李穀等六人盧價賦内薄伐字合使平聲字今使側聲字犯格孫澄賦内御字韻使宇字已落韻又使膂字是上聲有字韻中押售字是去聲又有朽字犯韻詩内田字犯韻李象

賦内一句六石慶芳並合使此奚字道之以禮合使此導字及錯下事當字韻内使方字詩中言十千十字處合使平聲字偏字犯韻楊文龜賦内均字韻内使民字以君上爲驂騑之士失奉上之體兼善字是上聲合押偏字是去聲如字内使與字詩中偏字犯韻師均賦内仁字犯韻晏如書晏如又河清海晏晏字不合韻又無理晏字郎落韻楊仁遠賦内賞罰字書伐字銜勤字書鍼字詩内蓮蒲字合着平聲字兼黍粱不律王谷賦内御字韻押處字上聲則落韻去聲則失理善字韻内使顯字犯韻如字韻押株字落

韻其盧價等七人望許令將來就試仍放再取文解高策賦內於字韻內使依字疑其海外音訛文意稍可望特恕此其鄭朴賦內言肱股詩中十千字犯韻又言玉珠其鄭朴許令將來就試亦放取解仍自此賓貢每年祗放一人仍須事藝精奇張文寶試士不得精當望罰一季俸今後知舉官如敢因循當行嚴典伏以國設高科人貪上第所望不小其業須精實以喪亂年多苦辛人少半失宣尼之道倍勞宗伯之心不望超擧且須合格今逢聖運大闡皇猷設官共華於時訛選士實期於歲勝又朝廷較藝爲擇賢或

臣下收恩豈成公道時論以貢舉官爲丘門恩門及以登第爲門生門生者門弟子也顔閔游夏等並受仲尼之訓郎是師門大朝所命春官不曾教誨舉子舉子是國家貢士非宗伯門徒況又斥先聖之名失爲儒之體今後及第人放牓時並須據才藝高低從上依次第安排不得以隻科取鼎島岳斗之名爲貴與從敦實以息浮澆兼不得呼春官爲恩門師門不得自稱門生除賜宴外不得輒有率斂別謀歡會曾赴舉落第人無故不得改名將來舉人並依據地理遠近於十月三旬下納文解如違不在收受之限勅旨從之

七月比部員外郎知制誥崔梲奏臣伏見開元五年勅每年貢舉人見訖宜令引就國子監謁先師學官爲之開講質疑所司設食求爲常式自經多故其禮寖停請舉舊典從之

八月勅其童子准往例委諸道表薦不得解送兼所司每年所放不得過拾人仍所念書並須是部帙正經不得以諸雜零碎文書虛成卷數兼及第後十一選集第一任未得授親人官

是月勅今後吏部所應宏詞拔萃宜並權停其貢院

據見應進士九經五經明經並五科童子名外其餘諸色科名亦宜並停

十二月每年貢舉人所試詩賦多不依體式中書奏請下翰林院命學士撰詩賦各一首下貢院以爲舉人模式學士院奏伏以體物緣情文士各推其工拙掄材較藝詞場素有其規程凡務策名合遵常式況聖君御宇興學盈朝儻令明示其規模或慮衆貽其臧否歷代作者垂範相傳將期絕彼微瑕未若舉其舊制伏乞下所司依詩格賦樞考試進士庶令職分互展恪勤從之

二年二月禮部貢院奏當司奉堂帖夜試進士有何條格者勑旨秋來赴舉備有嘗程夜後爲文曾無舊制王道以明規是設公事須白晝顯行與盛觀光猶敦勸善每取翰林學士徃例皆試五題共觀筆下摛詞不俟燭前構思其進士並令排門齊入就試至門開時試畢內有先了者上曆畫時旋令先出其入策亦須晝試應諸科對策並依此例餘准前後勑格處分夜試進士非前例也

六月刑部員外郎和凝奏臣竊見明法一科久無人應今應令請減其選限必當漸舉人謹按考課令諸

明法試律令十條以識達義理問無疑滯者爲通所貴懸科待士自勤講學之功爲官擇人終免曠遺之咎況當明代宜舉此科勑旨宜升明法一科開同元禮選敷兼赴舉之時委貢院別奏請會刑法試官依格例考試先是天成三年十一月權判太理寺蕭希甫上言曰臣聞禁暴亂者莫先於刑律勸禮義者無切於詩書刑律明則人不敢爲非禮義行則時自然無事今詩書之教則業必有官刑律之科則世皆莫曉述者大理正宋昇請置律學生徒雖獲上聞未嘗申舉伏乞時頒詔旨下付國庠令再設此科許其歲貢仍委諸州各薦送一兩人就京習學候至業成便放出身兼許以旦官却還本處則率土之內盡會刑書免誤觸於金科輿咸遵於皇化至是凝復奏請

三年正月詔曰貢舉之人辛勤頗甚每年隨計終日食貧須寬獎勸之門俾釋羈棲之歎今後落第舉人所司巳納家狀者次年便付所司就試並免再取文解兼下納文解之時不在拘以三旬但十月內到者並與收受

十二月禮部貢院奏准會要長壽二年七月十日左拾遺劉承慶上疏曰伏見比年巳來天下諸州所貢方物至元日皆陳在御前惟貢人獨於朝堂列拜伏請貢人至元日列在方物之前以備充廷之禮制曰可近年直至臨鏁院前赴應天門外朝見今後請令舉人後赴正仗仍緣今歲巳晚貢士未齊欲且據見

到人點引牒送四方館至元日請令通事舍人一員引押朝賀列在貢物之前或以人數不少即請祇取諸科解頭一人就列其餘續到者候齊日別令朝見如蒙允許當司即於都省點別習儀奉勑宜准元勑處分餘宜依

四年二月知貢舉和凝奏舉人就試日請皇城司差人於院門前聽察舉人挾帶文書入院請殿將來舉數自一舉至三舉放牓後及第人看牓訖便綴行於五鳳樓前謝恩後赴國學謝先師舊例侵星張牓訖貢舉考試官便出院蓋恐人牓下諠訴今年請放牓

後貢舉官已下至晚出勑旨五鳳樓前非舉子謝恩之所今於朝堂謝訖郎赴國學試日宜令御史臺差人院司聽察放牓日至晚出院此後永爲定制餘並依奏

是月禮部貢院奏新立條件一九經五經明經呈帖經之時試官書通不後有不及格者唱落後請置筆硯將所納由分明却令自看或是試官錯書通不當與改正如懷疑者使許請本經書面前檢對如實是錯誤郎更於帖上書名而退一五科常年駁牓出多稱屈塞今年並明書所對經書墨義云第幾道不第

幾道粗第幾道通任將本經書疏炤證如考試官錯書不粗請別將狀陳訴當再加考較如實錯誤妄陳文狀當行嚴斷一今年舉人有抱屈落第者許將狀披訴貢院當與重試如貢院不理郎詣御史臺論訴請自試舉人日令御史臺差人受舉人訴屈文狀弁引本身勘問所論事件或知貢舉官及考試官已下取受貨賂昇擢親情屈塞藝能應副囑託及不依格去留一事有違請行朝典一懷挾書策舊例禁止請自今年後入省門搜得文書者不計多少准例扶出殿將來一舉上鋪後搜得文書者准例扶出殿將來兩舉一遞口授人廻授試處及抄義題帖書時諸般相救准例扶出請殿將來三舉一自是藝業未精准格落下出外及見駮牓後羞見同人妄扇屈聲擬爲將來基址及別人帖對過塲數多者便生誣玷墜陷或羅織毆罵者並當收禁牓送御史臺請賜勘窮如知貢舉官及考試官事涉徇私屈塞藝士請行朝典若虛妄者請痛行科斷牒送本道重處色役仍永不得入舉塲同保人亦請連坐各殿三舉奉勑宜依

三月童子闕惟一等三十九人進狀伏見貢院牓童子祗放十人乞念苦辛更加人數勑旨都收二十人

須是實苦辛者仍此後不得援

末帝清泰元年九月中書門下帖太常以長興三年勑諸科舉人嘗年薦送先令行鄉飲酒之禮凡預舉人列從鄉賦遂奏鹿鳴之什俾騰龍化之津雅音既動於笙簧厚禮復陳於篚筥行茲盛事克振儒風宜令復行鄉飲酒之禮太常草定儀注頒下諸州預前肄習解送舉人之時便行此禮其儀速具聞奏時李懌爲太常文士淺於禮學唯博士段顒據禮記賓主次第申初長興中宰臣李愚好古奏行此禮累年不暇至是愚復舉奏及觀禮官所定無緒禮直官孫知

訓以爲古禮無次序不可施行博士或言於愚曰梁
朝嘗青州曾行一度遂令青州放舊籌菁以聞
二年七月御史中丞盧損言天成二年二月勑每年
進士合有聞喜宴春關宴並有司所出春關牒用綾
紙並官給臣等以舉人旣成名第宴席所費屬私況
國用未充枉有勞費請依舊制不賜詔曰春關冬集
綾紙聞喜關宴所賜錢並仍舊官給餘從之
九月禮部貢院言選制勑内該合行二十五道理有
未盡條例長興四年詔明經對墨義已前無此條例
清泰二年二月詔明經念疏每問三道後許請熟卷
冊府元龜　貢舉部　條制四　卷之六百四十二　九
都問十道通六即放入策天成五年二月詔學究不
念書試墨義三十道清泰二年三月詔學究依舊念
書幷注十道後別試墨義十道及格即放入策
長興二年二月詔進士引試早入試晚出者今請依
舊例進士試雜文並點門入省經宿就往例童子表
薦不解送每年所放不過十人長興四年三月詔許
放二十人應順元年正月詔許放十五人今請如最
後勑人數長興元年詔進士九經五經明經五科童
子外諸色科目並停緣舊有明筭道舉今欲施行長
興二年正月詔每年落第舉人免取文解今欲依元

格諸科並再取解以十月一十五日到省畢違限不
收以天成四年詔諸色舉人入試前五日納試紙用
中書省印訖付貢院院司緣五科所試場數極多旋
用紙鏁宿内中書往來不便請祗用當司印從之
其月舉人張洞而下以去年落第人各於鄉里取解
以試期近來往不及乞今年且循舊例從之來年即
勑本州取解
三年五月明經崔貺等經中書訴宋州節度掌書計
上封事貢舉人須依舊格取本州里文解者見附國
子監諸生赴舉皆不取文解條例異同詔曰凡布化
冊府元龜　貢舉部　條制四　卷之六百四十二　十
條惟務均一苟公平之無爽即中外以適從國子監
每舉舉人皆自四方來集不詢解送何辨是非其附
監舉人並依去年八月一日勑須取本處文解如不
及第者次年便許監司解送若初投名未嘗令本處
取解者初舉落第後監司勿更收補其淮南江南黔
蜀遠人即不拘此例監生禮部補令式在焉
晉高祖天福三年三月翰林學士承旨兵部侍郎權
知貢舉崔棁奏臣謬蒙眷渥叨掌文衡實憂庸懦之
材不副搜羅之旨敢不揣摩頑鈍絶杜阿私上則顯
陛下求賢次則使平人得路但以今年䇿舉比常

倍多科目之中兇豪甚衆每駮牓出後則時有喧張不自省循但言屈塞互相朋扇各出言詞或云主司不公或云試官受賂實慮上達聖聽微臣無以自明晝省夜思臨深履薄今臣欲請令舉人落第之後或不甘心任自投狀披陳却請所試與疏義對證兼令其日一甲同共較量若獨委試官恐未息詞理儻是實負抑屈則所司固難逭憲章如其妄有陳論則舉人乞痛加懲斷與此際免虚遭謗議亦將來可遠久施行儻蒙聖造允俞伏乞降勑處分從之

四年六月勑尚書禮部歷代懸科爲時取士任使貴

期於稱職搜羅每慮於遺才其如銓司注官員闕有限貢闈考第人數不常雖大朝務廣於選求而常調頗聞於淹滯每候一闕或經累年遂令羇旅之人多起怨咨之論將令通濟須議從權庶幾進取之流更勵專勤之業其貢舉公事宜權停一年

五年三月詔及第舉人與主司選勝遊宴及中書舍人靸鞋接見舉人兼兵部禮部引人過堂之日暮次酒食會客悉宜廢之

四月禮部侍郎張允奏曰明君側席雖切旁求貢士觀光豈宜濫進竊窺前代未設諸科始以明經俾舁高第自有九經五經之後及三禮三傳巳來孝廉少科遂因循而不廢縉紳之士亦緘默而無言以至相承未能改作每歲明經一科少至五百巳上多及一千有餘舉人如是繁多試官豈能精當况此等多不究義唯攻帖書文理既不甚通名第豈可妄與且當年登科者不少相次赴選者甚多州縣之間必無員闕華轂之下須有稽留怨嗟自此而興謗讟因兹而起但令廣場大啓諸科並有明經者悉包於九經五經之中無出於三禮三傳之内若無釐革恐未便宜其明經一科伏請停廢又奏國家懸科待士貴務搜

揚責實求才須除訛濫童子每當就試止在念書背經則雖似精詳對卷則不能讀誦及名成貢院身返故鄉但刻日以取官更無心而習業濫觴從役虚占官名其童子一科亦請停廢勑明經童子宏詞拔萃明筭道舉百篇等科並停

六年五月勑明法一科今後宜令五選集合格注官因仍優與處分

少帝開運元年八月詔曰明經童子之科前代所設益勸取士良謂通規爰自近年暫從停廢損益之機未見牢籠之義全虧將闡斯文宜依舊貫庶臻至理

用廣旁求其明經童子二科今後復置
十一月工部尚書權知貢舉竇貞固奏進士考試雜文及與諸科舉人入策歷代巳來皆以三條燭盡爲限長興二年改令晝試伏以懸科取士有國當規治革之道雖殊公共之情難失若使就試兩廊之下揮毫短景之中視晷刻而惟畏稽遲演詞藻而難求妍麗未見觀光之美但同欵答之由既非師古之規恐失取人之道今於考試之時准舊例以三條燭爲限其進士弁諸色舉貢人等有懷藏書冊入院者舊例扶出不令就試近年以來雖見懷藏多是容縱今欲

振舉殆紊明辨臧否與在必行庶爲定式
十二月勑禮部貢院自前考試進士皆以三條燭爲限并諸色舉人等有懷藏書冊不令就試宜並准舊施行從竇貞固奏也
漢隱帝乾祐二年刑部侍郎邊歸讜上言臣竊見每年貢舉人數甚衆動應五舉六舉多至二千三千既事業不精即人文何取請勑三京鄴都就道州府長官合發諸色貢舉人文解者並須精加考較事業精研即得解送不得濫有舉送與塞濫進之門開與能之路勑從之其間條奏未盡處下貢院錄天福五年四月二十七日勑文告諭天下依元勑條件施行如有故違其隨處考試官員當准勑條處分
周太祖廣順三年二月禮部侍郎趙上交奏貢院諸科今欲不試泛義口義共十五道改試墨義共十一道從之
三年正月戸部侍郎權知貢院趙上交奏九經舉人元帖經一百二十帖墨義三十道臣今欲罷帖經於諸經對墨義一百五十道五經元帖八十帖墨義二十道今欲罷帖經令對墨義一百道明經元帖書五十帖今欲罷帖書令對義五十道明法元帖律令各

十帖義二十道今欲罷帖律令對義二十道學究元念書二十道對義二十道今欲罷念書對義五十道三禮元對墨義九十道三傳元對義一百一十道欲三禮於周禮儀禮各添義二十道三傳於公羊穀梁傳各添義二十道開元禮三史元義三百道欲各添義五十道進士元添試詩賦各一首帖書二十帖對義五道欲罷帖書別試雜文二首試策並仍舊童子元念書一十四道欲添念通前五十道念及三十道者放及第從之
九月翰林學士承旨刑部侍郎知制誥權知貢舉徐

合符奏貢舉之司條貫之道有沿有革或否或藏蓋
趣向之不同致施行之有異今欲酌其近例按彼舊
規參而用之從其可者謹條如右九經元格帖經一
百二十帖對墨義汎義口義共六十道策五道去年
知舉趙上交起請罷帖書汎義口義都對墨義一百
五十道合今請去汎義口義都對墨義六十道其帖
書對策依元格五經元格帖書八十帖對墨義五十
道臣今請對墨義十五道其帖書對策依元格明法
元格帖律令一十帖對律令墨義二十道策試十條
去年罷帖對墨義六十道策試如舊臣今請並依元

格學究元格念書對墨義各二十道策五道去年罷
念書都對墨義五十道今請依去年起請三禮元格
對墨義九十道去年添四十道臣今請並依元格三
傳元格對墨義一百一十道去年對四十道臣今請
並依元格開元禮三史元格各對墨義三百道策五
道去年加對五十道臣今請並依元格進士試雜文
詩賦帖經二十帖對墨義五道去年代帖經對義別
試雜文二首臣今請依起請別試雜文其帖書對義
請依元格童子元格念書二十四道起請添念書都
五十道及三十通者放臣請依起請勑國家開仕進

之路設儒學之科較業掄才登賢舉俊其或藝能素
淺履行無聞來造科場要求僥倖及當試落便起怨
嗟謗議沸騰是非蜂起至有僞造制勑之語扇惑儕
流巧爲誣毀之言隱藏名姓以茲取事得非薄徒宜
立憲章以示澄汰其禮部貢院條奏宜依仍於引試
之時精詳考校逐場去留無藝者雖應年深不得饒
僭場數若有藝者雖當黜落並許訴陳祇不得於街
市省門故爲喧競及投無名文字訕毀主司如有故
違必行嚴斷本司鏁宿後御史臺開封府所差守當
人專切覺察其有不自苦辛祇憑勢援潛求薦託俯

拾科名致使孤寒滯於進取起今後主司不得受薦
託書題如有書題密具姓名聞奏其舉人不得就試
今後舉人須取本鄉貫文解若鄉貫阻隔祇許兩京
給解
世宗顯德元年十一月勑國子監所解送廣順三年
已前監生人數宜令禮部貢院收納文解其今年內
新收補監生祇仰落下今後須是監中受業方得准
令式收補解送先是國學收補監生顯有條例邇來
學官因循多有近甸州府不得解者即投監請補送
省率以爲常是歲主文者知其弊因取監司所送學

生七十四人狀事詳之例不合於令式悉不收試由是移剌紛紜更相援引監司舉奏束修之條以塞其議貢院告於執政因達於上聽故降是命議者非成均而是禮闈

二年三月勑尚書禮部貢院奏今年新及第進士李覃嚴說何曮武允成王汾閭丘舜卿楊徽之任惟吉趙隣幾周度張愼微王翥馬文劉選程浩然李震等一十六人所試詩賦文論策文等國家設貢舉之司求英俊之士務詢文行方中科名比聞近年以來多有濫進或以年勞而得第或因媒勢以出身今歲所

放舉人試令看驗果然紕繆須至去留其李覃何曮楊徽之趙隣幾等四人宜放及第其嚴說武允成王汾閭丘舜卿任惟吉周度張愼微王翥馬文劉選程浩然李震等一十二人藝學未精並宜勾落且令苦學以俟再來禮部侍郎劉溫叟失於選士頗屬因循據其過尤合行譴謫尚示寛恕別具條理聞奏

五月翰林學士尚書禮部侍郎知貢舉竇儀上言伏以朝廷設科比來取藝州府貢士祇合薦能爰因近年頗隳舊制其舉子之弊也多是纔謀習業便切干名周儀未詳赴三禮之舉公穀不究應三傳之科經學則偏試帖由進士則鮮通經義取解之處請張妄說於辛勤到京之時奔競惟求於薦託其舉送之弊也多是明知荒淺具委尫羸新差考試之官利其情禮之物雖所取無幾實啓幸非輕凡對問題任從同議謏鑿遍而鑿否了無去以無留惟徇人情僅同兒戲致令至時就試不下三千每歲登科罕踰一百假使無添而漸放約須畢世而方周乃知難其舉則至公而有益於人易其來則小惠而無實於事有益者知濫進不得必致精勤無實者欲多放無能虛令來往且明經所業包在諸科近聞應者漸多其研精者

益少又今之童子比號神童既幼稚之年禀神異之性語言辨慧精采英奇出於自然有則可舉竊聞近日實異於斯抑嬉戲之必救念誦之語斷其日月委以師資限隔而游思不容仆跌而痛楚多及孩童之意本未有知父母之情恐或不忍而後省試之際歲數難知或念誦分明則年貌稍過或年貌適中則念誦未精及有司之去留多家人之訴訟伏見晉朝之日罷此三科年代非遙勑又見在今宜蠲革別俾進修臣謬以非才獲承此任本重難而爲最役遺闕以相仍茂奉勑文重令條奏或從長而仍舊亦因弊以

改爲上副聖情廣遵公道除依舊格勑施行外其明經童子請郤依晉天福五年勑停罷任改就别科赴舉其進士請今後省卷限納五卷巳上於中須有詩賦論各一卷餘外雜文謌篇並許同納祗不得有神道碑誌文之類其帖經對義並須實考通三巳上爲合格將來郤復書試候考試終場其不及第人以文藝優劣定爲五等取文字乖舛詞理紕繆最甚者爲第五等殿五舉其次者爲第四等殿三舉以次稍優者爲第三第二第一等並許次年赴舉三禮請今後解試省試第一場禮記第二場周禮第三場儀禮三

傳第一場左氏第二場公羊第三場穀梁並終而復始學究請今後周易尚書併爲一科每經對墨義三十道仍問經考試毛詩依舊爲一科對墨義六十道及第後請並減爲上選集諸科舉人所對策問或不應問日詞理乖錯者並當駁落其諸科舉人請第一場十否者殿五舉第二場三場十否者殿三舉其三場內有九否者並殿一舉其進士及諸科所殿舉數並於所試卷子上朱書封送中書門下請行指揮及罪發解試官監官等其監官試官如受取解人情禮財物請今後並准枉法贓論又進士以德行爲基文章爲業苟容欺詐何稱科名近年場中多有詐僞謄他人之述作竊自巳之聲光用此面欺將爲身計宜加條約以誡輕浮今後如有倩人述作文字應舉者許人告言送本處色役永不得仕進又切覽唐書見穆宗朝禮部侍郎王起奏所試貢舉人試訖申送中書候覆訖下當司然後大字放牓是時從之臣欲請將來考試及第進士先具姓名雜文申送中書奏覆訖下當司與諸科一齊放牓詔並從之唯進士并諸科舉人放牓一依舊施行

四年冬十月詔曰制策懸科前朝盛事莫不訪賢良

於側陋求讜正於箴規殿庭之間帝王親試其或大裨於國政有益於時機則必待以優恩縻之好爵拔奇取異無尚於茲得人者昌於是乎在爰從近代久廢此科懷才抱器者鬱而不伸隱耀韜光者晦而莫出遂使翹翹之楚多致於棄捐皎之駒莫就於縻縶遺才滯用闕孰甚焉應天下諸色人有賢良方正能直言極諫經學優深可爲師法詳閑吏理達於教化等者不限前資見任職官黄衣草澤並許應詔其逐處州府依每年貢舉人式例差官别考試解送尙書吏部仍量試策論三道共三千字巳上當日內成

取文理俱優人物爽秀者方得解送取來年十月集
上都其登朝官亦許上表自舉時兵部尚書張昭條
奏請與制舉故有是詔
五年三月詔曰比者以近年貢舉頗是因循頻詔有
司精加試練所與去留無濫優劣昭然昨據貢院奏
今年新及第進士等所試文字或有否臧爰命詞臣
再令考覆庶涇渭之不雜免玉石之相參其劉坦戴
貽慶李頌徐緯張覩等詩賦稍優宜放及第王汾據
其文字亦未精當念以須曾剥落特與成名熊若谷
陳保衡皆是遠人深可嗟念亦放及第郭峻趙保雍

楊丹安玄度張昉董咸則杜思道等未甚苦辛並從
退落更宜修進以俟將來知貢院右諫議大夫劉濤
選士不當有失用心可責授右贊善大夫俾令省過
以誠當官先是濤於東京放牓後奉新及第進士劉坦已下一十五人來赴行在以其所試詩賦進呈上以其詞紕繆命翰林學士李昉覆試故有是命
六年正月壬子對諸道貢舉人石熙載等三百餘人
於萬春殿舊例每歲舉人皆見於閤門外上以優待
儒者故允其入見
甲戌詔曰起今後每年新及第進士及諸科舉人聞
喜宴宜令宣徽院指揮排比先是禮部每年及第人
聞喜宴皆自相醵歛以備焉帝以優待賢雋故有是
命
乙亥詔曰禮部貢院起今後應合及第舉人委知舉
官依逐科等第定人數姓名并所試文字聞奏候勑
下後放牓

冊府元龜

巡按福建監察御史臣李嗣京訂正

知閩縣事臣曹㠑臣叅閱

知建陽縣事臣黃國琦較釋

貢舉部五

考試

夫人君之有區宇也不可以獨治必求賢以共之賢士之懷德業也不可以自進必待君以任之所以舉善悉賢前古之明訓掄才考藝有國之大方唐虞之際於斯爲盛漢魏之下可得而論納敷奏之言則衆

善必舉下賢良之詔則羣才競進經濟之業斯備甲乙之科乃懸以至較藝實之精微察器識之優異授之王爵任以民政郡國以康風俗以化得人之效於斯可見求賢之道百世可知

漢文帝十五年詔有司舉賢良文學士帝親策詔之臣欽若等曰凡對策有對者並具貢舉對策門其史不對者即錄於此

武帝元光元年五月詔賢良曰朕聞昔在唐虞畫象而民不犯二帝但畫衣冠異章服而民不敢犯也白虎通云畫象者其衣服象五刑也犯墨者蒙巾犯劓者以赭著其衣犯髕者以墨蒙其髕象而畫之犯宮者扉犯大辟者布衣無領墨謂以墨黥其面也劓截其鼻也髕去膝蓋骨也宮割其陰也扉草屨也劓音牛冀切字或作劓其音同耳髕音頻忍切扉音扶味切日月所燭莫不率俾燭照也率循也俾使也言皆循其貢職而可使也周之成康刑措不用措置也音千故切德及鳥獸教通四海海外肅眘東夷今挹婁地是也在夫余之東北千餘里大海之濱周書序云成王既伐東夷肅眘來賓即謂此北發渠搜禹貢析支渠搜屬雍州在金城河關之西西戎也地理志朔方有渠搜縣孔子三朝記云北發渠搜南撫交阯此舉北以南爲對也禹貢渠搜在雍州西北渠搜在朔方氐羌徠服徠古往來之字也氐音丁奚切星辰不孛日月不蝕山陵不摧川谷不塞麟鳳在郊藪河雒出圖書嗚虖何道而臻此與虖讀曰呼今朕獲奉宗廟夙興以求夜寐以思若涉淵氷未知所濟猗與偉與與讀曰歟音弋於切何行而可以章先帝之洪業休德上參堯舜下配三王朕之不

敏不能遠德言德不及遠也此子大夫之所睹聞也睹古覩字賢良明於古今王事之體受策察問咸以書對著之於篇篇謂竹簡朕親覽焉於是董仲舒公孫弘等出焉

後漢光武建武十九年巡狩汝南召掾史試經郡小吏周防猶能誦讀拜爲守丞

順帝陽嘉元年七月丙辰以太學新成試明經下第者補弟子增甲乙科員各十人除郡國耆儒九十人補郎舍人

二年有地動山崩火災之異公卿舉李固對策陽嘉二年詔公卿舉敦樸之士衛尉賈建舉固也詔又特問當世之弊爲政所宜

質帝本初元年四月令郡國舉明經年五十以上七十以下詣太學自大將軍至六百石皆遣子受業歲滿課試以高第五人補郎中次五人太子舍人千石六百石四府掾屬三署郎四姓小侯先能通經者各令隨家法（四府掾屬諸大將軍掾屬二十九人太尉府掾屬二十四人司徒府三十一人司空府二十九人漢官左右中郎將皆秦官也北二千石三署郎皆屬焉三署謂五官署左右署也儒生爲詩者謂之詩家禮者謂之禮家故言各隨家法也四姓小侯解見上）其高第者上名牒當以資賞進

靈帝熹平五年十二月試太學生年六十以上百餘人除郎中太子舍人至王家郎郡國文學吏

冊府元龜　貢舉部　考試　卷之六百四十三　三

獻帝初平四年九月試儒生四十餘人上第賜位郎中次太子舍人下第者罷之詔曰孔子歎學之不講不講則所識日忘今耆儒年踰六十去離本土營求粮資不得專業結童入學白首空歸長委農野永絕榮望朕甚愍焉其依科罷者聽爲太子舍人（時長安宮中爲之謠曰頭白佹然食不充粮褁衣褰裳當還故鄉聖主愍念悉用補郎舍是布衣被服玄黃）

晉武帝泰始中詔天下舉賢良直言之士濟陰太守文立舉郤詵應選詔曰蓋太上以德撫時易簡無文至於三代禮樂大備制度彌繁文質之變其理何由虞夏之際聖明接踵而損益不同周道既衰仲尼猶曰從周因革之宜又何殊也先王既沒遺制猶存霸者迭興而翼輔之王道之缺其無補乎何陵遲之不反也豈霸德之淺期運不可致歟且夷吾之智而功止於霸何哉夫昔人之爲政革亂亡之弊建不刊之統移風易俗刑措不用豈非化之盛歟何修而嚮茲朕獲承祖宗之休烈於茲七載而人未服訓政道罔述以古況今何不相逮之遠也雖明之弗及猶思舉賢慮之將何以辨所聞之疑昧獲至論於讜言乎如項戎狄內侵災害屢作邊甿流離征夫苦役豈政刑之謬將有司非其任歟各悉乃心究而論之上明古

冊府元龜　貢舉部　考試　卷之六百四十三　四

制下切當今朕之失德所宜振補其正議無隱將敬聽之

摯虞舉賢良與夏侯湛等十七人策爲下第拜中郎武帝詔曰省諸賢良答策雖所言殊塗皆明於王義有益政道欲詳覽其對究觀賢士大夫用心因詔諸賢良方正直言會東堂策問曰頃日蝕正陽水旱爲災將何所修以變大眚及法令有不宜於今爲公私所患苦者皆何事凡平世在於得才得才者亦借耳目以聽察若有文武器能有益於時務而未見申叙者各舉其人及有負俗謗議宜見洗濯者亦各言之

阮种察孝廉爲公府掾是時西虜內侵災青屢見百姓饑饉詔王公卿尹牧守各舉賢良方正直言之士於是太保何曾舉种賢良策曰在昔哲王承天之序光宅宇宙咸用規矩乾坤惠康品類休風流衍瀰於千載朕應踐洪運統位七載於今矣惟德弗嗣不明於政宵與惕厲未燭厥猷子大夫韞韥道術儼然而進朕甚嘉焉其各悉乃心以闡喻朕志深陳王道之本勿有所隱朕虛心以覽焉种對曰夫天地設位聖人成能王道至深所以行化至遠故能開物成務而功業不匱近無不服德逮羣生澤被區宇聲施

施無窮而典垂百代故經曰聖人久於其道而天下化成宜師蹤往代襲迹三五矯世更俗以從人望令率土遷義下知所趨播醇美之化杜邪枉之路斯誠羣黎之所欣想盛德而幸望休風也又問政刑不宜禮樂不立又問咎徵作見又問經化之務又問將使武成七德文濟九功何路而臻於茲凡厥庶事曷後曷先

華譚廣陵人太康中徐州刺史嵇紹舉譚秀才譚至雒陽武帝親策之曰今四海一統萬里同風天下有道莫斯之盛然北有未羈之虜西有醜施之氐故謀夫未得高枕邊人未獲晏然將何以長弭斯患混清六合又策曰吳蜀恃險今既蕩平蜀人服化無携貳之心而吳人趑雎屢作妖寇豈蜀人敦樸易可化誘吳人輕鋭難安易動乎今將欲綏靜新附何以爲先又策曰昔帝舜以二八成功文王以多士興周夫制化在於得人而賢才難得今六統始同宜搜才實州郡有貢薦之舉猶未獲出羣卓越之倫將時無其人有而致之未得其理也

甘卓爲湘州刺史中興初以邊寇未靜學較陵遲特聽不試孝廉而猶依舊策試卓上疏以爲答問損益

當須博通古今明達政體必求諸墳索乃堪其舉臣所忝州往遭寇亂學較久替人士流播不得比之餘州策試之繇當藉學功謂宜同孝廉例繇與限期甌奏朝議不許卓於是精加隱括備禮舉桂陽穀儉爲秀才儉辭不獲命州厚禮遣之諸州秀才聞當考試皆憚不行唯儉一人到臺遂不復策試儉取其州少士乃表求試以高第除中郎

宋高祖永初二年二月車駕幸延賢堂策試諸州郡秀才孝廉楊州秀才顧練豫州秀才殷郎所對稱旨並以爲著作佐郎

南齊武帝永明四年車駕幸中堂策秀才
梁戚衮年十九武帝勑策孔子正言并周禮禮記義衮對高第乃除楊州祭酒從事謝幾卿超宗之子召補國子生齊文惠太子自臨策試謂祭酒王儉曰幾卿本長玄理今可以義訪之儉承旨發問幾卿隨事辨對辭無滯者文惠大稱賞焉儉謂人曰謝超宗爲不死矣
後魏孝文太和十六年正月帝臨思議殿策問秀才
北齊正會日侍中黄門宣詔勞諸郡上計勞訖付紙遣陳土宜字有脫誤者呼起席後立書迹濫劣者飲

墨水一升文理孟浪無可取者奪容刀及席既而本曹郎中考其文迹才辭可取者錄牒吏部簡用流外三品敘
武成帝河清二年正月帝詔臨堂策試秀才
馬敬德河間人也以好儒術河間郡王每於教學追之將舉爲孝廉固辭不就乃詣州求秀才例取文士州將以其純儒無意推薦敬德請試方畧乃策問之所答五條皆有文理乃欣然舉送至京依秀才策問十條並通擢授國子助教遷太學博士
隋房暉遠爲國子博士開皇中文帝令國子生通一經者並悉薦舉將擢用之既策問訖博士不能的定臧否祭酒元善怪問之暉遠曰江南河北義例不同博士不能遍涉學生皆持其所短稱其所長博士各自疑所以久而不决也祭酒因令暉遠考定之暉遠覽畢便下初無疑滯或有不服者暉遠問其所傳義疏輒爲始末誦之然後出其所短自是無敢飾非者所試四五百人數日便决諸儒莫不推其通博皆自以爲不能測也
杜正玄開皇末舉秀才尚書試方畧正玄應對如響下筆成章僕射楊素負才傲物正玄抗詞酬對無所

屈撓素不悅久之會林邑獻白鸚鵡素促召正玄使者相望及至即令作賦正玄倉卒之際援筆成章素見文不加點始異之因令更擬諸雜文筆十有餘條又皆立成而辭理華贍素乃歎曰此真秀才吾所不及也
唐太宗貞觀十八年三月己丑有鄜州所舉孝廉賜坐於御前帝問曰歷觀往古聖帝明王莫不得一奉天必以黎元爲本隆邦建國亦以政術爲先天以氣變物莫知其象君以術化人不顯其機氣以隱質爲虛術以潛通爲妙運之無爲施之無極故能清風蕩

萬域長轡控八荒不令而行不言而信欲尊此術未辨其方想望高才以陳良策孝廉等文之無對又令皇太子問之曰夫子何以為曾參說孝經孝廉答云夫子以弟子之中參最稱孝所以為說太子曰禮記云公明儀問曾子曰夫孝子先意承志喻父母於善參直養而已安能為孝據此而言參未云孝又問禮云居處不莊非孝也事君不忠非孝也蒞官不敬非孝也朋友不信非孝也戰陣無勇非孝也五者不遂災及於親此五孝施用若為差等孝廉不能答次令近臣迭問仁孝之名誰所創作明其優劣仁孝何先

冊府元龜 貢舉部 考試 卷之六百四十三 九

又問孝廉於四行之內居第幾科又問社王之義殷栢周栗秦漢以來若為變改又問堯舜聖德處貽厥孫謀何因朱均以降絕滅無後孝廉並不能答帝曰昔楚莊王謀事羣臣莫及退而有憂色曰諸侯能自得師者王自為謀而莫已若者亡今以不穀之不肖羣臣莫吾逮吾國幾亡乎朕發語徵天下俊異纔以淺近問之咸不能答海內賢哲將無其人耶朕甚憂之今引就中書省射策所答乖旨於是下詔曰朕遐想千載旁覽九流詳求布政之方莫若薦賢之典是以元覬就列亥徵可以立帝功管隰為臣中人可跋

成霸業朕緬懷曩烈虛己英奇斷斷之士必昇於廊廟九九之術不棄於閭閻猶恐在陰弗和獨善難奪永言髦傑無忘寤寐是以去夏之中爰動綸墨披露冊府疇咨海內尺木旣樹思覩游霧之羣雲羅宏舉佇降翔庭之翼而諸州所舉十有一人朕載懷亥肅引入內殿借以溫顏畧訪政道莫能對敭相顧結舌朕仍以其未覩廷闕能無戰慄令於內省更以墨對雖搆思彌日終不答問旨理旣乖違詞亦庸陋豈可餙冊滌於朽質假風雲於決起者哉宜並放還各從本色其舉至以舉非其人罪論仍加一等然則令之

冊府元龜 貢舉部 考試 卷之六百四十三 十

天下猶古之天下也寧仲舒伯始之流偏鍾美於往代秀彥廣基之侶獨絕響於今辰故其見之也則平津與樂安並進其不用也則敬通與寧伯同悲淮陽所以興言子長所以始嘆因斯論之良繇俊造難進或固棲遲之節牧宰循嘗未盡搜揚之道撫事長息彌增慨然其令州縣依前薦舉皆集今冬奇偉必收浮華勿採無使巴人之調濫吹於簫韶魏邦之珍沉光於江漢務盡報國之義以副興賢之懷

高宗顯慶四年二月引諸色目舉人謁見下詔策問之凡九百餘人唯李巢張昌宗秦相如崔行功郭待

封五人爲上第令待詔弘文舘仍特賜衣供奉
調露元年十二月壬子帝臨軒引岳牧舉人問之曰兵書云天陣地陣人陣各何謂武陟尉員半千對曰臣觀載籍謂天陣星宿孤虛也地陣山川向背也人陣偏伍彌縫也臣以爲不然夫師出以義有若時雨得天之時此天陣也兵在足食且耕且戰得地之利此地陣也三軍使兵士如父子兄弟得人之利此人陣也三者去矣將何以戰帝又問皇道帝道王道何以區別朕今可行何道長壽令蕭思問越州叅軍周彥昭以次應詔帝皆稱善甲寅御製問目以試之

則天載初元年太后臨朝二月十四日試貢舉人於洛城殿前數日畢臣欽若等曰殿前試人自茲始也
玄宗開元九年四月甲戌親策試應舉人於含元殿謂曰古有三道今減從一道近無甲科朕將存其上第務收賢俊用寧軍國仍令有司設食
五月壬戌有司引應制舉人見勅曰興化立理急於儁賢呈才效用屬在文武朕恭默思道寤寐勞求長想幽仄屢申徵賁今邊隅未靜師旅時興屬聽鼓鼙載懷屠釣廣求百夫之特以作四方之守總夫戎政爰詔武臣弘我風教詳惟儒林卿等或謀慮深遠或學藝該通來應旌招深副虛佇並宜朝堂坐食訖且歸私第即當有試期也
乙亥親試應制舉人於含元殿命有司置食勅曰卿等知蘊韜畧學綜古今喬木將遷虛鍾待扣既膺旁求之辟佇聞明試之言各罄爾能對敭所問古有三道朕今減其二策近無甲科朕將存其上第務收賢儁用寧軍國並宜即存綴詳思之
十四年七月癸巳以御雒城南門樓親試岳牧舉人及東封獻賦頌人命太官置食賜物有差
十五年五月詔中書門下引文武舉人就中策試於

是藍田縣尉蕭諒右衛冑曹梁涉邠州柱國子張玘等對策稍優錄奏帝謂源乾曜杜暹李元紘等曰朕宵衣旰食側席求賢所以毎念搜揚者恐草澤遺才無繇自達至如畿尉衛佐未經推擇更與褐衣爭進非朕本意繇是唯以張玘爲下第放選餘悉罷之
九月庚辰帝御雒城南門親試沉淪草澤詣闕自舉文武人等
二十六年八月甲申親試文詞雅麗舉人命有司置食勅曰古者求士必擇其才考之以文施於有政自非體要何用甄明頃年以來亦嘗親試對策者衆而

登科者少蓋繇宿構之詞不與所問相對所以然也卿等博達古今聿膺推薦朕之所問皆有節目宜指事而對勿措游辭並宜坐食食訖就試有郭納姚子彥等二十四人升第皆量資授官

二十九年八月御興慶門樓親試明道德經及莊文列子舉人問策曰朕聽政之暇嘗讀道德經文列莊子其書文約而義精詞高而旨遠可以理國可以保身朕敦崇其教以左右人也子大夫能從事於此甚用嘉之夫古今異宜文質相變若在宥而不理外物而不爲行遂古之化非御今之道適時之術陳其所

宜又禮樂政刑所以經邦國聖智仁義所以序人倫使之廢絕未知其旨道德經曰絕學無憂則乖進德修業之教列子力命曰汝奚功於物又違懲惡勸善之文二旨孰非何優何劣文子曰金積折廉璧襲宜申其義莊子曰恬與和交相養明徵其言使一理混同二教兼舉成不易之則副虛佇之懷有姚子彥靳能元載等入第各授之以官

天寶元年九月庚申御花蕚樓試文武舉人命有司供食

十月應文詞秀逸舉人崔明允等二十人儒學博通劉悊等八人軍謀越衆令狐朝等七人並科目各依資授官

十載九月辛卯御勤政樓試懷材抱器舉人命有司供食有舉人私懷文策坐殿三舉並貶所保之官

丙申舉人並下第勑曰朕祗膺寶曆殷鑒遠圖慮草澤之遺賢降弓旌於屢辟是以三紀於茲舉材輻湊或一言可紀必適輪轅一善有經每加獎進庶六合之內靡然同風四科之門咸能一貫何茲意之緬邈而增修之寂寥今者舉人深乖宿望朕之所問必正經史卿等所答咸皆少通所問多否以獨鑒未周必

資僉議爰命朝賢三事精加詳擇咸以爲闕於聚學莫可登科至於每歲秀才有司考試帖經問策兼以雜文假如及第在階選序今之將舉待以榮班各非異才孰可超獎壟鑒經傳且未精勤俯拾青紫豈宜倖覬其懷才抱器舉人並放更習學即好去其有不對策羅嘉茂既是白丁宜於劍南効力全不答所問崔愼惑劉灣等勤爲本郡充學生之數勿許東西其所舉官各量貶殿以示懲誡

十三載十月御含元殿親試博通墳典洞曉玄經詞藻宏麗軍謀出衆等舉人命有司供食既而暮罷其

詞藻宏麗科問策外更試律賦各一首制舉試詩賦
自此始也時登甲科者三人太子正字楊綰最爲所
稱乙第者凡三十餘人
肅宗乾元二年三月丁亥御宣政殿親試文經邦國
等四科舉人
代宗寶應二年五月丙寅尚書省試應制舉人在丞
侍郎對試賜舉人食如舊儀
大曆二年十月御紫宸殿策試茂才異行安貧樂道
孝悌力田高道不仕等四科舉人
六年四月戊午御宣政殿親試諷諫主文茂才異等

智謀經武博學專門等四科舉人帝親慰免有司嘗
食外更賜御厨珍饌及茶酒禮甚優異舉人或有敝
衣菜色者帝憫之謂左右曰兵革之後士庶未豐皆
自遠來資粮不足故也因爲之泣下時方炎暑帝具
朝衣永日危坐讀太宗貞觀政要及舉人策成悉皆
觀覽一百餘道將夕有策未成者命大官給燭令盡
其才思夜分而罷時登科者凡一十五人

巡按福建監察御史臣李嗣京訂正
知甌寧縣事臣孫以敬參閱
知建陽縣事臣黃國琦較釋

貢舉部六

考試第二

唐德宗正元元年九月乙巳御宣政殿策賢良方正能直言極諫等三科舉人皇帝若曰蓋聞上古至道之君垂拱無為以臨海內不理而人化不勞而事成星辰軌道風雨時若邈乎其不可繼何施而臻此歟

三代以來制作滋廣異文質之變明利害之嚮威之以刑道之以禮敦其俗而彌薄防其人而益踰豈澆醨必繫於時邪何聖賢間生而莫之振也朕祗膺累聖之業猥居兆人之上虔恭求厲如恐失墜憂濟庶務夕惕晨興唯求前王之典謀朕乃是憲是則師大禹以崇儉法高宗以求賢與夏啓之征作周文之罰旌孝悌舉直言養高年敦本業平均徭稅黜陟幽明勵精孜孜勤亦至矣然而浮靡不革理化不行暴亂不懲姦宄不息五教猶鬱七臣未臻鄉黨廢尚齒之儀烝黎無安土之志賦入日減而私室愈貧廉察日增而吏道愈濫意者朕不明歟何古今之事同而得失之效異也思欲剗革前弊創立新規施之於事而易從考之於文而有據備陳本末將舉而行無或偭煩略於條對自頃陰陽舛候祲沴薦興仍歲旱蝗稼穡不稔上天作孽必有由然屢降凶災其咎安在傳曰時之不乂厥罰暘又曰堯湯水旱數之常也二者乖反其誰云從今人靡蓋藏國無廩積朕屢延卿士詢訪謀猷至乃減冗食之徒罷不急之務既開嘉話亦已遵行而停廢之餘所費猶廣俟轉輸於江徼則遠不及期將搜粟於關中則擾而無獲節軍食則功

臣懷怨省吏員則多士靡歸中心浩然罔知攸濟子大夫蘊蓄材器通明古今副我虛求森然就列裨朕之寡昧拯時之艱災畢志直書無所隱

十月甲子授賢良方正能直言極諫韋執誼等一十八人官有差

十年九月丁丑以官授賢良方正能直言極諫前進士裴垍等一十八人

憲宗元和元年四月丙午命宰臣已下監試應制舉人於尚書省以制舉人皆先朝所徵故不親試制曰朕以寡薄獲奉睿圖嚴恭寅畏不敢暇逸永惟萬邦

之廣庶務之殷而燭理未明體道未至思欲復三代之盛烈顯十聖之耿光是用詳求正言思繼先志子大夫等藏器斯久賁然而來白駒就維洪鍾待扣庶茲獻納朕甚嘉之言觀國光宜有廷試本將詢事旹忘臨軒囿邑有期營奉是切求言誠感未暇躬親爰命公相洎於卿士親論朕意延訪嘉謀至於興化之源才識攸重練達吏理詳明儒術當是三道副朕旁求意或開予靡有所隱條例所問畢志盡規當酌古而叅今使文約而意備朕將親覽擇善而行並宜坐食訖就試策賢良曰朕觀古之王者君人受命兢業

薇天順地靡不思賢能以濟其理求讜直以聞其過故禹拜昌言而嘉猷罔伏漢徵極諫而文學稍進康時濟俗罔不率繇厥後相循有名無實而又設以科條增求茂異捨斥已之至言角無用之虛說文旨著明罕稱於代茲朕所以嘆息鬱悼思索其真是用虛懇惻之誠咨體用之要庶乎言之可行行之不倦上獲其益下輸其情君臣之間驩然相與子大夫得不勉思朕言而茂明之我國家光宅四海年將二百十聖弘化萬邦懷仁三王之禮靡不講六代之樂罔不舉寢澤於下升中於天周漢已還莫斯爲盛自禍階漏壞兵宿中原生人困竭耗其大半農戰非古衣食罕備念茲瘢痏遂乖富庶督耕植之業而人無戀本之心峻榷酤之科而下有重斂之困舉何方而可以復其盛用何道而可以濟其艱既往之失何者宜懲將來之虞何者當戒昔主父懲患於晁錯而用推恩夷吾致霸於齊桓而行寓令精求古人之意啓迪來哲之懷眷茲洽聞固所詳究又執契之道垂衣不言委之於下則人用其私專之於上則下無其效元帝優游於儒學盛業竟衰光武責課於公卿峻政非美二途取捨未獲所從余心浩然益所疑惑子大夫敦

究其旨屬之於篇興自朕躬無悼後害

辛酉詔曰構大廈者必總於群材成大川者必資於百谷故思理之主求賢罔遺所以昭宣令圖廣大前緒觀文緯化其在茲乎朕以寡昧獲奉丕業虛己問政實始於茲考言求益敢不祗若故命左右輔弼洎有位之臣會於中臺必究其論閒審以獻省自朕躬果獲賢能副於饑渴才識兼茂明於體用科人第三次等元稹韋惇第四等獨孤郁白居易曹京伯韋慶復第四次等崔韶羅讓崔護元修薛存慶韋珩第五上等蕭俛李蟜沈傳師柴宿達於吏理可使從政科

第五上等陳岵等咸以待問之美觀光而來詢以三道之要復於九變之選得失之覽粲然可觀宜膺德茂之典式叶言揚之舉其第三次等人委中書門下優與處分第四等第四次等第五上等中書門下即與處分

三年二月御宣政殿試四科舉人裴垍元和初召入翰林三年詔舉賢良時有皇甫湜對策其言激切牛僧儒李宗閔亦苦諫時政考官楊於陵韋貫之考三策皆在第垍居中覆視無所同異及爲貴幸泣訴請罪於帝帝不得已出於陵貫之官罷垍翰林學士除戶部侍郎

穆宗以元和十五年正月即位二月壬寅勑應賢良方正直言極諫科等人宜令中書門下尚書省四品

以上三月二十三日於尚書省同試

三月戊午吏部尚書趙宗儒等奏應制科人等伏奉今月十一日勑比者先朝徵集應制人等已及時限恐皆來自遠方難於久任酌宜審事遂委有司定日就試如聞所集之人多已分散須知審的然議裁定其令所司商量聞奏者伏以制科所設本在親臨南省策試亦非舊典今覃恩既畢庶政惟新況山陵日近庶務繁廹待問之士就試非多臣等商量恐須停罷從之

長慶元年三月勑今年進士及第鄭朗等一十四人宜令中書舍人王起主客郎中知制誥白居易試覆奏

四月丁丑詔曰國家設文學之科本求才實苟容僥倖則異至公訪聞近日浮薄之徒善爲朋黨謂之關節干擾主司每歲策名無不先定永言敗俗深用興懷鄭朗等昨令重試意在精覈藝能不於異書之中固求深僻題目貴令所試成就以觀學藝淺深孤管是祭天之樂出於周禮正經閱其呈試之文都不知其本事詞律鄙淺蕪累至多亦令宣示錢徽庶其深自懷愧誡宜盡棄以警將來但以四海無虞人心方

泰用引寧僭式示殊恩特掩爾瑕庶明予志孔溫業趙存約竇洵直所試粗通與及第盧公亮等十人並落下從自今以後禮部舉人宜准開元二十五年勑及第訖所試雜文并策送中書門下詳覆貶禮部侍郎錢徽爲江州刺史

十月詔文武嘗參官及諸州府准制舉薦賢良方正人等以十一月二十五日御宣政殿策試宜令所司准式

十一月戊午御宣政殿試制科舉人制曰古人有言嘗引一代之人以理一代之務雖儁賢茂彥不乏於

時然亦在數納以言精覈其實若决川瀆以導其氣考金石以求其音使抱忠義者必盡其誠知古今者必先其慮朕纂承鴻業以撫兆人嘗欲救三代之禮修烈祖之法猶念和氣之未洽休祥之未臻百姓之未安五兵之未戢故詳延修潔之士庶得乎未聞將以達天地之心究俗化之變研安危之慮探理亂之言子大夫覃思於六經馳騖於百氏得不講求至論以沃朕心方直者舉朕之闕政術者體時之要慕玄遠者稗其論贍文詞者抑其華言經者折衷於聖人以明教化論將者先之以仁誼無效縱横於戲子大

夫當朕之時必思自達且古之翼戴其君者尚委輅納說荷擔吐奇由壹闕之上言自南昌而諷刺丸文陛之下負扆親臨若藏器不耀結囊而去顧朕深志復何望焉當體予乗無懼後害宜坐食訖就試又策賢良曰蓋聞舜禹之有天下也起於側微積德累勤多歷年所經聖之慮豈有遺哉然猶好問察言勤求賢士蓋以承天之任重憂人之志深也况朕長於深宮涉道日淺奉列聖之洪緒撫萬寓之黎人夙夜祗恭不敢有懈實懼燭理未究省躬未明所以詳求讜言以輔不逮子大夫是宜發所蘊蓄沃予虚懷當極

意正詞勿有隱諱昔王政之興必臻於康泰覇道所立由致於富彊我國家提封溢於三代斟酌兼乎百王無堯湯之災積祖宗之禮而人未蕃庶俗尚彫訛家無蓄藏公闕儲偫卒乗之數貨帑之資統而較之莫計前代豈率土生殖變於古歟將爲時政令失於今歟爾其攄摩必窮利病明徵未失之漸具陳興復之譽且文武兼學以成身士農迭居以豐業故家給足以總本才周可以應時近古各狥一端不相資用政令從事異心難以成課民佚無守輕爲游墮指明共貫之方訢合二途之利永言致理期約厥中施爲

或差得失斯遠將修睦勸義則在下難知將任數馭情則人心益僞思聞旨要得合誠明旌别比周之情敷詳忠厚之道知人則哲從古攸慎九徵恐泥五事難精或望可服人而智非周物或言皆詣理而行者乖方宜定取捨之端以彰真僞之辨至於朝廷之闕四方之弊詳延而至可得而書退有後言朕所不取子大夫而勉之中書舍人白居易禮部郎中陳岵考工員外郎賈餗同考制策

十二月辛未制曰朕自郊上玄御端門發大號與天下更始思得賢儁標明四科令群公卿士暨守土之

臣詳延下位周於草澤成列待問副予虛求賾奧臨軒俾究其論正辭良術精義宏謀縟之旬時深見忠益言刈其楚列而第之賢良方正能直言極諫第三等人麗嚴第三次等人呂衛第四等人韋曙姚中立李躔第四次等人崔嘏崔龜從任畹第五上等人韋正貫崔知白陳玄錫博通墳典達於教化第四等人李恩玄詳明政術可以理人第四次等人崔鄲軍謀宏遠堪任將帥第三等人吳思第五等人李商卿咸以懿學茂識揚於明廷俔當短晷之辰頗着論思之美粲然高論深沃朕心永言藏器之規豈忘縶駒之

義寵之命秩允答嘉猷其第三等人第三次等人委中書門下優與處分其第四次等人第五上等人中書門下即與處分

甲申以登制科人前試弘文館校書郎麗嚴爲左拾遺前試秘書省校書郎張述爲右拾遺前試太常寺協律郎吳思爲右拾遺供奉京兆府富平縣尉韋曙爲左拾遺內供奉前鄉貢進士姚中立李躔崔嘏並可秘書省校書郎同州參軍崔龜從爲京兆府鄠縣尉太子正字任畹爲京兆府興平尉草澤韋正貫爲太子校書郎前鄉貢進士崔知白爲秘書省正字前鄉貢進士崔鄲爲太子校書郎前鄉貢進士李商卿爲崇文館校書郎制曰昔仲尼之門以四科品第諸生所得十哲今吾徵四海九州之士而登名者十有五人摟羅簡拔非不勤至以今況古可謂才難是用詔爵以嘉獎其忠超擢以光明其道俾巖石之下人思自奮晁董之盛遠以爲隣延登諫垣式佇忠益譬書結綬皆日顯途修其秩次亦示科等服我遠命勛我遠猷可依前件

敬宗寶曆元年三月辛酉詔嘗叅及諸州府准去年三月三日制舉諸色科目見到總三百一十九人今

月二十八日御宣政殿臨試宜付所司准式

辛未帝御宣政殿試制舉人詔曰朕聞心術順道天下可一言而與聰明壅塗堂上有千里之遠故唐虞而降則考試觀俗漢魏之際則詔策求賢朕纘紹丕圖撫臨方夏實懼誠有所偏信鑒有所未周乃前歲詔六官九卿方岳尹正有位之士遠於庶僚高懸四科博薦群彥將訪衆政之闕酌至論之中子大夫庭列儼然可應其品是用宵興前殿永日渴求條列坦明咸本經史固子大夫之所講磨矣嘗竭誠慮無有蘊藏宜坐食訖就試以中書舍人鄭涵吏部郎中李

虞仲並充考制策官

丁亥制曰朕深居法宮高處宸極嘗慮天下多務壅於上聞朝廷大猷闕於中典至於伏陛叩額造膝犯顏皆驟遷顯榮寵以優錫尤思物不得茂遂道有所鬱堙是用虛中訪賢側席前殿緘密以獻闕自朕躬切弼予違無所囘忌第於上下揚於正朝吾之不柔亦可謂信於海內矣賢良方正能直言極諫科舉人第三等唐伸韋端符舒元褒第四等蕭儆楊魯士楊儉來擇趙杭裴悕第四次等韋繇李昌實嚴荊田邑崔璜第五上等李漣蕭夷中馮球元晦詳閑吏理達

於教化科第五上等章正貫軍謀宏遠材任邊將科第三等裴儔第四次等侯雲章戚以讜言正詞兵符教本應問如響不窮如泉著之於篇爛然盡在宜膺中鵠之選用叶糜爵之經在第三等人委中書門下優與處分第四等第四次等第五上等中書門下即與處分後不數日帝謂宰相曰韋端符楊魯士皆涉物議宜與外官端符授同州白水縣尉魯士授興元府城固縣尉宰臣等竟請罪名不得

文宗太和二年三月辛巳御宣政殿親策試制舉人詔曰志本於道蓋道以致君爲先代實生才蓋才以濟理爲務不索何以獲其實不言何以知其志故帝堯重詢衆之訓殷宗首沃心之術共傳曰嘉言罔攸伏又曰俊民用彰漢魏以還詔策時作暨於我唐遵爲故事繇是善政惟乂魁能間出朕祗荷大寶勤恤兆人明不燭於幽暗惠未流於鰥寡御朽兢慮求思永圖是以詔命有司會羣材列稽疑延闕政子大夫達學通識儼然來思操觚濡翰條誨宿滯慰我虛佇必引嘉猷故臨軒命書策以審訪繼燭俟奏其悉乃辭各宜坐食食畢就試左散騎嘗侍馮宿太嘗少卿賈餗庫部郎中龐嚴宜並充考制策官是日宰臣等

以監侍制舉人及夜並宿於中書省

甲午詔曰王者謹天戒酌人言叶時凝命資賢贊理斯爲令典也朕以菲德祗膺大統歲屬凶旱人思底寧庶察弊以勤理因舉能而詢衆科別條問臨軒致試載捜尤才果副虛佇賢良方正能直言極諫科舉人第三等裴休裴素第三次等李郃第四等南卓李芃杜牧馬植鄭亞崔璵第四次等崔讜王式羅紹京崔渠崔愼繇苗愔韋昶崔傳第五上等崔渙韓賓詳閑吏理達於教化科舉人第四次等宋昆軍謀宏遠堪任將帥科舉人第四次等鄭冠李栻等皆直躬遵

適時古知微敷其遠猷志在引益實能攻朕闕紹虞
經究天人交際之理極皇王道變之義指切精洽槩
然可觀旣校才於試可宜旌能於受祿其第三等第
三次等人委中書門下優與處分第四次等第五上
等人中書門下卽與處分時有劉蕡應直言極諫科
條對激切凡數千言雖不中第其文本行於時
三年三月御史臺據吏部分察姚中立稱准勑考試
別頭進士明經等官考功員外郎高鍇考試禮部閱
送到進士鄭齊之孝景素兩人明經王淑等十八人
並及第放牓之後羣議沸騰職當分察不敢緘默及

得高鍇狀伏以進士明經並先無格限其所送進士
二人文藝並堪與及第明經比年所送不過三五人
今年禮部開送十一人及考試帖義十一人並堪與
及第勑鄭齊之季景素據所試比校嘗例得者不甚
過差宜並與及第明經王淑等五人覆試帖義通數
高並與及第餘落之
武宗會昌四年二月權知貢舉左僕射判太常卿王
起下及第二十五人續奏五人堪放及第楊知至竇
緘陽嚴鄭朴源重奉勑只放楊嚴及第餘並落下
五年二月左諫議大夫陳商知舉放進士二十八人
覆落八人時以去年僕射王起知舉放二十五人續
奏江陵節度使崔元式甥鄭起東部留守牛僧儒女
壻源重故相竇易直子緘監察御史楊收弟嚴勑遣
戶部侍郎翰林學士白敏中覆試落下三人唯放楊
嚴一人至是又遣敏中覆試落下八人議者以爲公
宣宗大中元年正月禮部侍郎魏扶放及第二十三
人續奏堪放及第三人封彥卿崔琢鄭延林等皆以
文藝爲衆翰林學士戶部侍郎知制誥韋琮等考盡
合程度其月二十三日奉進止並付所司放及第有
司考試只合在公如涉徇私自有刑典從今以後但
依常例取捨不得別有奏聞

懿宗咸通十一年正月以吏部尚書蕭鄴吏部侍郎
于德孫吏部侍郎楊知温考官司勳員外郎李輝禮
部員外郎崔澹等考試應宏詞選人
十二年三月以吏部尚書蕭鄴吏部侍郎歸仁晦李
當考官司郎中鄭紹業兵部員外郎陸勳等試宏詞
選人
十三年三月以吏部尚書蕭鄴吏部侍郎獨孤雲考
官職方郎中趙蒙駕部員外郎李紹考試宏詞選人
試日蕭倣替差右丞孔温裕權判

僖宗乾符四年正月以吏部尚書鄭從讜吏部侍郎孔晦吏部侍郎崔蕘考宏詞選人

五年六月以吏部尚書鄭從讜吏部侍郎崔沆考宏詞選人

六年三月以吏部侍郎崔沆崔澹試宏詞選人駕部郎中盧蘊刑部郎中鄭項爲考官

晉高祖天福七年五月勑應諸色進策人等皆抱材能方來投獻宜加明試俾盡臧謀起今後應進策條中書奏覆勑下其進策人委門下省試策三道仍定上中下三等如是元進策内有施行者其所試策或

上或中者委門下省給與減選或出身優牒合格叅選日其試策上者委銓司超壹資注擬其試策中者委銓司依資注擬如是所試策或上或中元進策條並不施行所試策下元進策條内有施行者其本官並仰量與恩賜發遣若或所試策下所進策條並不施行便仰曉示發遣不得再有投進餘並准前後勑文處分

周太祖廣順元年六月差翰林學士魚崇諒就樞密院引試進策人考定昇降聞奏

三年五月勑進策獻書人宜令翰林學士申文炳如樞密院引試定優劣聞奏

十一月乙卯命翰林學士竇儼試進策官曹巨源鄧杲李嶢等於禁中策曰王者以禮御人倫以樂和天地以兵柔萬國以刑齊兆民四者何先殊塗同治或因或革各適所宜故五帝殊時不相襲禮三王異世不相沿樂兵有務戢不戢之典刑有輕次重次之差歷朝張施繁不具引自唐祖混一函夏太宗嗣成聖功言其禮則三正有嘗言其樂則七宗有秩兵息而臣道咸順刑措而民心不渝五帝三王不足尚也越自天寶之後國經混然禮樂湮墜而衆不知兵刑煩

擾而下不畏朱梁晉漢皆用因仍我朝開創以來力務興振然薰歇燼滅歷年滋多焦思勞神覲效未著予欲父慈子孝兄友弟恭君仁臣忠夫義婦聽聲明文物無其缺祝嘏辭説必有序萬儀咸秩百神受職家肥國肥知禮之尊也當用何理副茲虛懷予欲六律六品七政九變金石絲竹之器羽旄干戚之容歌其政舞其德與夫文音武坐比崇昔時天和地平知樂之崇也予當深辨其理爲時陳之予欲混同天下親征未服手振金鼓足履山川加商高宗之伐鬼方若魏武帝之登柳塞則六師所至供億無窮衆輿

民勞自古皆愼若但任偏將屯於邊鄙縱兵時入茹
食居人交尸塞路暴骨盈野終歲如是得無憫然何
以令佳兵不具彼魁華而王塗無所玘隔方貢自來
駿奔更思爾謀以遠明畧予欲斧鉞不用刀鋸不興
桎梏朽蠹無所設施無城舂鬼薪之役無三居五宅
之流盡衣冠而人不犯虛囹圄而不入無刑之理何
以致諸子大夫博議洽聞窮微覩奧提筆既干於奇
遇權鍾必應於嘉音拖屈將伸直言勿隱旣而以所
對之詞上進乃授巨源及杲簿椽賜曉進士出身

第十四頁十一行後脱一條

十二年三月中書舍人李濳知舉放博學宏辭
科陳琬等三人及進詩賦論等召濳謂曰所試
詩中重用字何如濳曰錢起湘靈鼓瑟詩有重
用字乃是庶幾帝曰此詩似不及起乃落下

第十五頁六行後脱一條

後唐莊宗同光三年四月癸酉勑爰設高科顯
求良士貴揚才俊以叶文明今歲放人不多固
宜精當近聆輿論頗鬱時情其新及第進士符
蒙正等宜令翰林學士承旨盧質就本院覆試
兼令學士使楊彥珞監試丁亥勑禮部貢院今
年新及第進士符蒙正成僚王澈桑維翰四人
國家歲命春官首司貢籍高懸科級明列等第
廣進善之門為取士之本所重者藝行兼著鄉
里有稱定才實之淺深振聲明於夷夏必當得
儁允副旁求爰自近年寖成澆俗多聞濫進全
爽舊章朕自興復丕圖削平僞紀方作事以謀
始盡革故以鼎新蓋欲窒弊止訛去華務實誠
為要道無切於斯今據禮部奏所放進士符蒙
正等四人旣慊輿情頗干浮論須令覆覈俾塞

羣言又遣考詳貴從精覆及再覽符蒙正成僚
等呈試詩賦果有疵瑕今若便有去留慮乖激
勸儻無昇降即昧甄明況王澈體物可嘉屬辭
甚妙細披製作最異儕流但應試以救成或求
對而不切桑維翰告無紕繆稍有功夫止當屬
對之間累失求妍之美須推事藝各定否臧貴
叶允平庶諧公共其王澈改為第一桑維翰第
二符蒙正第三成僚第四禮部侍郎裴皡在掄
才之際雖匪阿私當定名之時頗虧優劣但緣
符蒙正等旣無紕落裴皡特議寬容勿負憂疑

已從釋放自今後應禮部常年所試舉人雜文策等候過堂日委中書門下准本朝故事細加詳覆方可奏聞不得輒徇人情有隳事實時命盧質覆試於翰林院試君從諫則聖賦以堯舜禹湯傾心求過為韻臣事君以忠詩是歲試進士科者數十人裴皞精選其文唯得王澈輩或譖毀於宣徽使李紹宏曰今年新進士不由才進各有阿私物議以為不可紹宏訴於郭韜因奏令盧質覆試質為賦韻五平聲三側聲且踰常式覆試之日中外騰口議者非之

第十六頁一行後脫二條

世宗顯德二年三月勑尚書禮部貢院奏今年新及第進士李覃嚴說何曮武允成王汾閻丘舜卿楊徽之任惟吉趙隣幾周度張慎徽王翥馬文劉選程浩然李震等一十六人所試詩賦文詢策等國家設貢院之司求英俊之士務詢文行方中科名比聞近年已來名有濫進或以年勞而得第或因媒勢以出身今歲所放舉人試令看驗果見紕繆須至去留其李覃何曮楊徽之趙隣幾等四人宜放及第其嚴說武允成王汾閻丘舜卿任惟吉周度張慎徽王翥馬文劉選程浩然李震等一十三人藝學未精並宜句落且令苦學以俟將來

五年三月詔曰比者以近年貢舉頗是因循頻詔有司精加試練所冀去留無濫優劣昭然昨據貢院奏今年新及第進士等所試文字或有否臧爰命詞臣再令考覈庶涇渭之不雜免玉石之相參其劉坦戰貽慶李頌徐緯張覲等詩賦稍優宜放及第王汾據其文詞亦未精當念以比曾刹落特與成名熊若谷陳保衡皆是遠

人深可嗟念亦放及第郭峻趙保雍楊丹安玄度張昉董咸則杜思道等未甚苦辛並從退落更宜修進以俟將來

冊府元龜

巡按福建監察御史臣李嗣京訂正

新建縣舉人臣戴國士參閱

知建陽縣事臣黃國琦較釋

貢舉部七

科目

自三五以來貢舉之目未之聞也考諸周制乃有德行道義之舉謂之賢能又有四士曰選曰俊曰造曰進自卿大夫司徒樂正皆論其秀司馬論其賢然後官之此周公所以垂大法也漢魏而下以迄於五代

或召郡國限其口率或令公卿舉其所知或廣示於詳延或兼許而自至正乃科級之沿革名品之差異申千有餘里森數十百數今之論選歷代而小年成亦盡於斯而已矣

漢惠帝四年正月詔舉民孝悌力田者

文帝二年十一月詔舉賢良方正能直言極諫者

十五年九月詔諸侯王公卿郡守舉賢良方正直言極諫者

武帝建元元年冬十月召丞相御史列侯中二千石二千石諸侯相舉賢良方正直言極諫之士

元光元年十一月初令郡國舉孝廉各一人孝謂善事父母廉謂清潔有廉隅也

元封五年四月詔令州郡察民吏有茂才異等可為將相及使絕域者

昭帝始元五年六月詔令三輔太常舉賢良各二人郡國文學高第各一人

宣帝本始元年四月詔內郡國舉文學高第各一人

四年四月詔令三輔太常內郡國舉賢良方正各一人

地節三年十一月詔曰其令郡國舉孝悌有行義聞

於鄉里者各一人

元康元年八月詔舉吏民厥身修正通文學明於先王之術宣究其意者各二人中二千石各一人

四年正月制舉茂才異倫之士

神爵四年四月詔令內郡國舉賢良可親民者各一人

元帝初元二年三月詔丞相御史二千石舉茂才異等直言極諫之士

永光元年二月召丞相御史舉質樸敦厚遜上有行者光祿歲以此科第郎從官始令丞相御史舉此四科人以擢用之而見在

郎及從官又令光祿每歲依此科考按定其第高下申知其人賢否
二年三月詔内郡國舉茂異等賢良直言之士一人
成帝建始二年二月詔令内郡舉賢良方正各一人
三年十二月詔丞相御史與將軍列侯中二千石及
内郡舉賢良方正能直言極諫之士
河平四年三月詔舉敦厚有行能直言之士
江加二年三月詔舉敦厚有行義能直言者
元延元年七月詔内郡國舉方正能直言極諫者各
一人北邊二十二郡舉勇猛知兵法者各一人
哀帝建平元年二月詔大司馬列侯將軍中二千石

州牧守相舉孝悌惇厚能直言通正士延於側陋可
親民者各一人
四年冬詔將軍中二千石舉明兵法有大慮者
元壽元年春正月詔將軍列侯中二千石舉賢良方
正能直言者各一人
平帝元始元年五月詔公卿將軍中二千石舉惇厚
能直言者各一人
二年秋舉勇武有節明兵法郡一人詣公車
後漢光武建武七年四月召公卿司隷州牧舉賢良
方正各一人遣詣公車
章帝建初元年二月詔太傅三公中二千石二千石
郡國守相舉賢良方正能直言極諫之士各一人
五月初舉孝廉郎中寛博有謀任典城者以補長相任堪使也典主也長謂縣長相謂侯相
八年十二月詔書辟士四科一曰德行高妙志節清
白二曰經明行修能任博士三曰明曉法律足以決
疑能案章覆問文任御史四曰明毅多畧遭事不惑
明足照姦勇足決斷才任三輔令皆存孝悌公清之
行自今已後審四科辟召及刺史二千石察舉茂才
尤異孝廉吏務實較試以職有非其人不習曹事正

舉者故不以實法之也
和帝永元六年三月詔令三公中二千石二千石内
郡守相舉賢良方正能直言極諫之士各一人
七年四月詔有司詳選郎官寛博有謀才任典城者
三十人
安帝永初元年三月詔公卿内外官郡國守相舉賢
良方正有道術之士明政術達古今能直言極諫者
各一人
五年閏三月詔令三公特進侯中二千石二千石郡
守諸侯相舉賢良方正有道術達於政化能直言極

謀之士各一人及至孝與衆卓異者幷遣詣公車
七月詔三公特進九卿校尉舉列將子孫明曉戰陣任將帥者
元和元年四月詔三公特進列侯中二千石二千石郡守舉敦厚質直者各一人
建元元年十一月詔三公特進侯卿校尉舉武猛堪將帥者各五人
順帝初卽位詔公卿郡守國相舉賢良方正能直言極諫之士各一人
永和三年九月令大將軍三公各舉故刺史二千石

及見令長郎謁者四府掾屬剛毅武猛有謀謨任將帥者各二人特進卿校尉各一人
漢安元年二月詔大將軍公卿舉賢良方正能探賾索隱者各一人
冲帝永嘉元年九月詔三公特進侯卿校尉舉賢良方正幽逸修道之士各一人
桓帝建和元年四月詔大將軍公卿校尉舉賢良方正能直言極諫者各一人又詔大將軍公卿郡國舉至孝篤行之士各一人
三年六月詔大將軍三公特進侯其與卿校尉舉賢良方正能直言極諫之士各一人
永興二年二月詔公卿校尉舉賢良方正能直言極諫者各一人
延熹八年正月詔公卿校尉舉賢良方正
九年正月詔公卿校尉郡國舉至孝
七月詔舉武猛三公各二人卿校尉各一人
靈帝中平元年三月詔公卿舉列將子孫及吏民有明戰陣之畧者詣公車
魏文帝黄初四年五月詔舉天下儁德茂才獨行君子

明帝泰和二年十月詔公卿近臣舉良將各一人
四年十二月詔公卿舉賢良
青龍元年三月詔公卿舉賢良篤行之士各一人
晋武帝泰始四年十一月詔王公卿及郡國守相舉賢良方正直言之士
五年十二月詔州郡舉勇猛秀異之才
七年六月詔公卿以下舉將帥各一人
八年二月詔内外郡官舉任邊郡者各三人
太康九年五月詔内外羣臣舉守令之才
成帝咸和六年三月詔舉賢良直言之士

七年十一月詔舉賢良
宋孝武大明六年正月詔其有懷真抱素志行清白或識通古今才經軍國具以名聞
前廢帝景和元年八月詔曰其有孝性忠節幽居遯棲信誠行義廉正表俗文敏博識幹事治民者精加詳括
明帝泰始二年十二月詔曰林澤貞栖丘園耿潔博洽古今敦崇孝讓者具即以聞隨就褒立
五年九月詔其有身栖隱約息事衡樊志恬江海行高塵俗者所在精加褒括時以名聞

後廢帝初即位詔其有孝友門族義讓光閭或匿名屠釣隱釆耕牧足以整厲澆風扶益淳俗者俟聞嘉薦
梁高祖天監元年四月詔若懷實迷邦蘊奇待價蓄響藏真不求聞達並依名騰奏
十四年正月南郊詔若有確然鄉黨獨行州閭肥遯丘園不求聞達藏器待時未加收採或賢良方正孝悌力田並即騰奏具以名上
普通三年五月詔遠率郡國舉賢良方正直言之士
太清元年正月詔或德茂州閭道行鄉邑或獨行丘壑聞達不求咸使上言
陳文帝天嘉元年七月詔王公已下其各進舉賢良
宣帝大建四年九月赦詔耆艾絶倫或妙年異等凡厥在位各舉所知
後魏明元永興五年二月詔有德行清美學優義博可為人師者令詣京師
太武延和元年十二月詔州郡進舉賢俊各令鄉閭推舉既至當待以不次之舉隨才文武任之政事
孝文延興二年秋七月壬寅詔州郡縣各遣二人才堪專對者赴行在所

三年冬十一月詔其力田孝悌才器有益於時信義著於鄉閭者具以名聞
太和十七年九月詔孝悌廉義文武應求者皆以名聞
十八年春正月詔孝悌廉義文武應求者皆以名聞
十一月辛未詔冀定二州孝義廉貞文武應求者具以名聞
十二月詔鄧豫二州孝悌廉義文武應求具以名聞
十九年四月詔兖州刺史舉部內士人才堪軍國具以名聞

六月詔孝悌廉義文武有堪者具以名聞
二十一年正月詔雍州其孝友德義文學才幹悉仰
貢舉
前廢帝普泰元年三月詔有德孝仁賢忠義志信者
可以禮召赴闕
北齊孝昭皇建二年詔其高才良器允文允武理識
深長幹具通濟操履凝峻學業宏贍諸如此輩隨取
一長無待兼資方允舉限
後周閔帝元年正月詔二十四軍宜舉賢良堪治民
者軍別九人

武帝建德三年二月詔六府各舉賢良清正之人
四年十月詔諸畿郡各舉賢良
六年三月詔山東諸州各舉明經幹治者二人若奇
才異術卓爾不羣者不拘多少
隋文帝開皇三年正月詔舉賢良
十八年七月詔京官五品已上總管刺史以志行修
謹清平幹濟二科舉人
仁壽三年七月詔令州縣搜揚賢哲皆取明知古今
通識治亂究政教之本達禮樂之源者不限多少不
得不舉

煬帝大業三年四月詔夫孝悌有聞人倫之本德行
敦厚立身之基或節義可稱或操履清潔所以激貪
厲俗有益風化強毅正直執憲不撓學業優敏文才
美秀並爲廊廟之用實乃瑚璉之資才堪將略則拔
之以禦侮膂力驍壯則任之以爪牙爰及一藝可取
亦宜採錄文武有職者五品已上宜依令十科舉人
有一於此不必求備朕當待以不次隨才升擢
五年六月詔諸郡學業該通才藝優洽膂力驍壯超
絕等倫在官勤慎堪理政事立性正直不避強禦四
科舉人

十年五月詔郡舉孝悌廉潔各十人
唐太宗貞觀十一年四月詔其有孝悌淳篤兼閑時
務儒術該通可爲師範文詞秀美才堪著述明識治
體可委宇民并志行修立爲鄉閭所推者舉送雒陽
宮
十五年六月詔令天下士庶人之內或識達公方學
綜今古廉潔正直可以經國佐時或孝悌淳篤節義
昭顯始終不移可以敦風厲俗或儒術通明學堪師
範或文章秀異才足著述並宜薦舉具以名聞
十七年五月乙丑詔令州縣舉孝廉茂才好學異能

卓犖之士

高宗以正觀二十三年六月卽位九月詔其有經明行修談講精熟具此師嚴才堪教胄者志節高妙適用清通傳聞強記終堪卿輔者遊情文藻下筆成章援心處事端平可紀者疾惡楊善依忠履義執持典憲終始不移者京司長官上都督府及上州各舉二人中下州刺史各舉一人

顯慶元年十月詔宜令河南河北江淮巳南州縣或緯俗之英聲馳管樂或濟時之器價逸蕭張德宰帝師材堪棟輔者必當任之不次

冊府元龜　貢舉部　科目　卷之六百四十五　十一

二年二月詔宜令京官五品以上及諸州牧守各舉所知或勇冠三軍翹關拔山之力智兼百勝緯地經天之才蘊奇策於良平馳功績於衛霍蹤二起於吳白軌雙李於牧廣賞纖善而萬衆悅罰片惡而一軍懼如有此色可精加採訪各以奏聞

三年二月志烈秋霜科　韓思彥及第

五年六月詔內外官四科舉人或孝悌可稱德行夙著通涉經史堪居繁劇或游泳儒術泥研冊府下帷不倦博物馳聲或藻思清華詞鋒秀逸譽標文雅材堪遠大或廉平處事強直爲心洞曉刑書兼包文藝者精加搜訪各以名薦

龍朔三年八月詔內外官五品以上各舉巖藪幽素之士

乾封元年幽素科　蘇瓌解琬苗神客格輔元徐昭劉訥言崔谷神及第

二年十月令天下諸州舉鴻儒碩學博聞強記之士

上元三年正月詞殫文律科　崔融及第

儀鳳元年十二月詔或孝悌通神遐邇推敬或德行光俗邦邑崇仰或學綜九流香帷覩奧或文高六義下筆成章或備曉八音洞該七曜或射能穿札力可翹關或丘園秀異志存栖隱或將帥子孫素稱勇烈

冊府元龜　貢舉部　科目　卷之六百四十五　十二

亦有婆娑鄉曲負材傲俗爲讒議所斥陷於斯眦之流者各以名聞

二年十二月詔或才蘊廊廟器均瑚璉體王佐之嘉猷資公輔之宏量或奇謀異筴決勝千里或投石拔距勇冠三軍或謇諤忠量志存規諫或繩違糾惡不避權豪或威惠仁明堪居牧守之重或公正廉直足膺令長之任咸宜搜訪具錄封進

調露元年七月詔或孝悌純至感於神明或文武兼資材堪將相或學藝該博業標儒首或藻思宏贍詞擅文宗或洞曉音律識均牙曠或深明曆數妙同京

管者咸令薦舉
永隆元年岳牧舉武陟縣尉賀半千及第
則天垂拱四年十二月詞標文苑科房晉宝甫瓊王旦及第
永昌元年正月蓄文藻之思科彭景直及第抱儒素之業
科李文尉及第
長壽三年四月臨難不顧徇節寧邦科薛稷冠玭及第
證聖元年長才廣度沈迹下僚科張河及第
萬歲通天元年文藝優長科韓琬及第
神功元年九月絶倫科蕪廼崔玄童袁仁敬何鳳孟兼禮洪子輿盧從愿趙不欺
及第

大足元年理選使孟詵試拔萃科崔翹鄭少微及第疾惡科
馮石及第
長安二年龔黄科馮克廉及第
中宗神龍元年二月詔九品巳上及朝集使舉賢良
方正直言之士
二年二月令舉天下鴻儒碩學之士是年有才膺管
樂科張大求魏啓心魏倍盧絢張文成褚珍庾業郭隆趙不爲及第才高位下科
馮萬石晁良身張敬及第
三年材堪經邦科張九齡康元環及第賢良方正科蘇晉宋務光冠批盧
怡呂愉及第

景龍三年抱器懷能科侯鎔及第茂才異等科王馥從童玄及第
睿宗景龍元年十二月制舉有能明三經通其大義
者能宗一史知其本末者通三教宗旨究其精微者
善六書文字辯其聲象者博雅造曲度知六律五音
者明韜畧學孫吳識天時人事者暢於詞氣聰於受
顧善敷奏吐納者咸令所司博采明試以聞
二年文以經國科袁暉韓朝宗及第藏名負俗科李俊文及第
太極元年二月命文武官五品以上各舉才堪軍將
及邊州都督刺史一人
玄宗先天元年十二月制令京文武官及朝集使五

品以上各舉堪充將帥者一人又有文經邦國科韓林
及第藻思清華科趙冬曦及第寄以宣風則能興化變俗科
郭璘之及第道侔伊呂科張九齡及第手筆俊拔超越流輩科
杜昱張子斷張秀明當無名趙居正賈登邢巨及第
二年六月詔其諸州有抱器懷才不求聞達者訪名
聞奏
開元二年六月甲子制其有茂才異等拔萃超羣咸
令自舉其年有直言極諫科梁昇卿袁楚客及第哲人奇士逸
倫屠釣科孫逖及第良才異等科張陶之崔翹及第
五年二月詔有嘉遁幽栖養高不仕者州牧各以名

薦是年有文史兼優科李昇期康子元達奚珣及第文儒異等科
崔侃褚廷誨及第
六年博學通議科鄭少微蕭識及第
七年文詞雅麗科邢巨苗晉卿褚思光趙良器及第
九年正月詔曰諸州官人百姓有智合孫吳可以運
籌決勝有勇齊賁育可以斬將搴旗或臨戎却寇堪
爲一保之雄各聽自舉務通其實
十一年正月丁卯制其有沉淪草澤抱德棲遲並委
府縣搜揚
十二年將帥科裴敦復房自謙及第

十五年二月制曰草澤中有文武高才者聽詣闕自
舉是年應武足安邊科鄭昉樊衡及第高才沉淪草澤自舉
科鄧景山及第
十七年才高未達沉迹下僚科吳鞏及第
十九年博學宏詞科鄭昉陶翰及第
二十一年多才科李史魚及第
二十三年正月詔其或才有王霸之略學究天人之
際智勇堪將帥之選政能當牧宰之舉者五品以下
清官及軍將都督刺史各舉一人孝悌力田鄉閭推
梲者本州刺史長官各以名聞是年舉王霸科劉璀甯及
第智謀將帥科張重光崔圓李廣琛及第
二十七年正月制令諸州刺史舉德行尤異不求聞
達者
二月制草野間有殊才異行文堪經國者所由長官
以禮徵送
天寶元年正月一日詔有儒學博通及文詞秀逸或
有軍謀越衆或武藝絶倫者具以名薦是年有舉文
詞秀逸科崔明允顏眞卿及第
六載風雅古調科薛據及第
十三載二月詔其博通墳典洞曉玄經清白著聞詞

藻宏麗軍謀出衆武藝絶倫者任自舉是年舉詞藻
宏麗科楊綰及第
肅宗至德元年七月詔有直言極諫才能宰牧文詞
博達武藝絶倫孝悌力田沉淪草澤聽詣闕自陳
二年十二月詔其有文經邦國學究天人博於經史
工於詞賦善於著述精於法理軍謀制勝武藝絶倫
並任於所在自舉委郡守銓擇奏聞不限人數
上元元年閏四月詔宜令中外五品以上文武正員
官各舉賢良方正直言極諫一人武藝文才俱堪濟
理者亦任狀舉其或文之詞策武非騎射但權謀可

以集事材力可以臨戎方圓可收亦任通策
代宗廣德元年七月詔有懷才抱器安貧守節養素丘園爲衆所知者具以名聞諸色人中有孝悌力田經術通博文詞雅麗政理優長各以名薦
永泰元年正月制孝悌力田懷材抱器遺逸未經薦達者各委州府聞奏親當策試
大曆元年十一月制天下有安貧樂道孝悌力田者具以名聞朕當親自策試
二年應樂道安貧科楊膺及第
五年六月詔內外文武官及前資官六品以下并草

澤中有碩學專門茂才異等智謀經武諷諫主文者仰所在表薦
六年諷諫主文科鄭珣瑜李益及第
德宗以大曆十四年五月即位六月詔天下有才業尤著高蹈丘園及直言極諫之士具以名聞諸色人中有孝悌力田及以經學優深文詞清麗軍謀宏遠武藝殊倫者亦具以名聞能詣闕自陳者亦聽
建中元年應賢良方正能直言極諫科姜公輔元直樊澤臣元膺及第文詞清麗科奚陟梁肅劉公亮鄭封吳通玄及第經學優深科孫玭黎逢季隨及第高蹈丘園科張紳衛良儒蘇哲及第軍謀越衆科夏后審平知和鄭儋陵正周渭丁悅及第孝悌力田聞於鄉閭科郭黃中崔淪李妆及第
正元元年九月詔賢良方正能直言極諫第三等人委中書門下即超資與處分第四等人即優與處分第五等人即與處分是年舉賢良方正能直言極諫科韋執誼鄭利用穆質楊邵裴復柳公綽歸登李直方崔邠鄭敬魏弘簡沈迴元稹徐兗及第博通墳典達於教化科熊執易劉簡及第識洞韜畧堪任將帥科許贊及第
四年正月詔賢良方正直言極諫者高蹈不仕隱居巖穴孝悌力田聞於鄉里所在長官具以名聞親當策試是年四月應賢良方正能直言極諫科崔元輪裴次元

李蕃崔農史牟陸震柳公綽趙修徐弘毅韋彭壽鄭儒立王乃杜倫元易正眞及第清廉守節政術可稱堪任縣令科李異孝悌力田聞於鄉閭科張皓及第
九年十一月制諸色人中有賢良方正能直言盡諫或博通墳典達於教化或詳明政術可以理人者委嘗參官及州府長史各舉所知當親策試
十一年十賢良方正能直言極諫科裴珀王播朱諫裴度熊執易許堯佐徐弘毅崔羣皇甫鏞王仲舒許季同仲子陵鄭士林丘穎及第博通墳典達於教化科朱穎及第詳明政術可以理人科張平叔李景亮及第

十一年三月諸州准制薦隱居丘園不求聞達蔡茂等九人並授試官令給公乘赴京到日量才叙用

憲宗元和元年四月才識兼茂明於體用科元稹韋惇獨孤郁白居易曹景伯韋慶復崔琯羅讓崔護薛存慶韋珩李璵元修蕭俛傳歸柴宿及第達於吏理可使從政科蕭睦及第

二年正月制天下諸色人中有賢良方正能直言極諫博通墳典達於教化軍謀宏遠堪任將帥詳明政術可以理人委內外官各舉所知當親自策試

二年四月賢良方正能直言極諫科牛僧孺皇甫湜李宗閔李正封吉弘宗徐晦賈餗王起郭球姚衮庾威及第博通墳典達於教化科馮芭陸亘

軍謀宏遠材任將帥科樊宗師及第達於吏理可使從政科蕭睦及第

十四年七月詔諸色人有賢良方正能直言極諫博通墳典達於教化軍謀宏遠堪任將帥詳明政術可以理人者委內外官各舉所知當親自策試

穆宗長慶元年正月詔諸色人中有賢良方正能直言極諫博通墳典達於教化軍謀宏遠堪任將帥政術詳明可以理人者委有司各舉所知是年十二月應賢良方正能直言極諫科嚴龐任畹呂述姚中立韋曙李回崔瑕崔龜從韋正貫崔知白陳玄錫及第詳明政術可以理人科崔郢及第軍謀宏遠材任將帥科吳思李商卿博通墳典達於教化科李[illegible]玄[illegible]第

敬宗以長慶四年正月即位三月詔諸色人中有賢良方正能直言極諫經學優深可爲人師詳閑吏理達於教化軍謀宏遠材任邊將者委常參官弁諸道節度使觀察諸州刺史各舉所知

寶曆元年四月賢良方正能直言極諫科唐伸楊儉韋端符舒元褒蕭敞楊魯士來擇趙祝裴暉韋繇李昌實嚴封李涯蕭夷中馮球元晦及第詳明吏理達於教化科韋正貫及第軍謀宏遠材任邊將科裴儔侯平章及第

文宗太和元年正月制諸色人中有賢良方正能直言極諫者及經學優深可爲師法詳閑吏理達於教化軍謀宏遠堪任將帥者常參官及方牧郡守各舉所知無人舉者亦聽自舉

二年閏三月賢良方正能直言極諫科裴休裴素李郃南卓李甘杜牧馬緟鄭亞崔博崔璵王式羅劭京崔渠韓賓崔慎由苗愔韋和崔瓊崔謙及第詳明吏理達於教化科宋昆及第軍謀宏遠堪任將帥科鄭冠李式及第

開成元年正月制其有藏器俟時隱身巖穴奇節獨行可激風俗者各以名聞

梁太祖開平三年制其有卓犖不羈沉潛用晦負王

霸之業蘊經濟之謀究古今刑政之源達禮樂質文之奧機籌可以制度經術可以辯疑旋具奏聞然後試其所長待以不次

四年九月詔如有卓犖不羈沉潜自負通王霸之上畧達文武之大經究古今刑政之源達禮樂質文之變朕則待以不次委以非常

後唐明宗天成二年四月中書奏尚書禮部貢院申當司奉今月六日敕吏部流内銓狀據白院狀當司先准禮部貢院牒據成德軍解送到前進士王蟾狀請罷攝梁州司功參軍應宏詞舉前件人准格例應

重科合在吏部其王蟾并牒解送吏部請准例指蹤者當司具狀申堂奉判送吏部分析近年事例如何者伏緣近年別無事例今撿登科録内爲僞梁開平三年應宏詞科二人前進士余塏承旨舍人李邕考官二人司勳郎中崔景兵部員外郎張貽憲者再具狀申堂奉判送吏部准例指揮者其前進士王蟾應宏詞考官試官合在流内銓申請者前進士王蟾請應宏詞伏自近年已來無人請應今詳格例合差考官二人又緣只有王蟾一人獨應銓司未敢懸便奏請差官者奉敕宜令禮部貢院就五科舉人考試着伏以舉選公事皆有格條准新定格節文宏詞拔萃准長慶二年格吏部差考試官二人與知銓尚書侍郎同考試聞奏又准格節文内准太和元年十月二十三日敕應禮部諸色貢舉人及吏部諸色科目選人凡無出身及未有官只合於禮部應舉有出身有官方合於吏部赴科目選其請應宏詞舉前進士王蟾當年放及第後尋已關送吏部訖若應宏拔剛得南曹判成即是科選選人事理合歸吏部況緣五科考試官只考學業難於同考宏詞者奉敕王蟾宜令吏部准往例差官考試

長興元年八月三日尚書吏部奏據禮部貢院牒送到府試請應書判拔萃前虢州盧氏縣主簿張岫親書紙内對六節判肆通二粗准例及第五上等其所試判今録奏聞奉敕宜令所司今後吏部所應宏詞拔萃宜並權停

周世宗顯德四年十月制曰制策懸科前朝盛世莫不訪賢良於仄陋求讜正於箴規殿庭之間帝王親試其或大裨於國政有益於時機則必待以優恩縻之好爵拔奇取異無尚於茲得人者昌於是乎在爰從近代久廢此科懷才抱器鬱而不伸隱耀韜光者

晦而莫出遂使翹翹之楚多致於弃捐皎皎之駒莫就於縻縶遺才滞用闕孰甚焉應天下諸色人中有賢良方正能直言極諫經學優深可爲師法詳閑吏理達於教化者不限前資見任職官黄衣草澤並許應詔其逐處州府依每歲貢舉人試例差官别考試解送尚書吏部仍量試策論三道共三千字以上當日内成取文理俱優人物爽秀者方得解送取來年十月集上都其登朝官亦許上表自舉時兵部尚書張昭上言請興制舉故有是命

冊府元龜

巡按福建監察御史臣李嗣京　訂正
分守建南道左布政使臣胡維霖　參閱
知建陽縣事臣黃國琦　較釋

貢舉部八

對策

自西漢之世始詔有司詳求俊茂親臨策問受其條對故當時之論以晁董爲稱首焉其後羈孤並進賢能間出彬彬儒雅見稱前史得人之盛偕乎三代觀其奮發智慮講求理道仰稽於前訓俯流乎嘉話信

魁偉博達之士哉唐室全盛豪傑迭奮亦嘗當戶牖之法坐躬旰昃而前席故其讜言輿論有可尚焉若乃授經義以斥時病貢忠規而箴王闕吐發憤懣宣導壅閼誠哲王之所樂聞者焉

漢晁錯爲太子家令孝文詔有司舉賢良文學士錯在選中帝親策詔之日惟十有五年九月壬子皇帝曰昔者大禹勤求賢士施及方外（施延也音弋豉切）四極之內舟車所至人迹所及靡不聞命以輔其不逮近者獻其明遠者通厥聰比善戮力以翼天子（比音頻寐切）是以大禹能亡失德夏以長楙高皇帝親除大害去亂從（從音子容切亂從謂禍亂之蹤跡也一曰亂爲作亂者從謂合從者若六國時爲從者也今書本從下或有順字或有治字或作皆非也後人妄加之矣）並建豪英以爲官師（帥音所類切）爲諫諍輔天子之闕而翼戴漢宗也賴天之靈宗廟之福方內以安澤及四夷今朕獲執天子之正以承宗廟之祀朕既不德又不敏明弗能燭而智不能治此大夫之所著聞也故詔有司諸侯王三公九卿及主郡吏各帥其志以選賢良明於國家之大體通於人事之始終及能直言極諫者各有人數將以輔朕之不逮二三大臣之行當此三道（三道國體人事直言也）朕甚嘉之故登大夫於朝親諭朕志大夫其上三道之

要及永惟朕之不德吏之不平政之不宣民之不寧四者之闕悉陳其志毋有所隱上以薦先帝之宗廟下以興愚民之休利著之於篇朕親覽焉觀大夫所以佐朕至與不至書之周之密之重之閉之興自朕躬大夫其正論毋枉執事烏虖戒之二三大夫其帥志毋息晁錯對曰平陽侯臣窋（曹窋參子也）汝陰侯臣竈（夏侯嬰子也）廷尉臣宜昌隴西太守臣昆（公孫昆邪也昆音下）所選賢良太子家令臣錯昧死再拜言臣竊聞古之賢主莫不求賢以爲輔翼故黃帝得力牧而爲五帝先（力牧黃帝之左也）大禹得咎繇而爲三王祖齊桓得莞子而爲

五霸長今陛下講於大禹及高皇帝之建豪英也退託於不明以求賢良讓之至也臣竊觀上古之傳若高皇帝建功業陛下之德厚而得賢佐皆有司之所覽刻於玉版藏於金匱歷之春秋紀之後世爲帝者祖宗與天地相終今臣窋等遹以臣錯充職甚不稱明詔求賢之意錯草茅臣無識知昧死上愚對曰詔策曰明於國家大體愚臣竊以古之五帝明之臣聞五帝神聖其臣莫能及故自親事處于法宮之中明堂之上（法宮路寢正殿也）動靜上配天下順地中得人故衆生之類亡不覆也根著之徒亡不載也（有根著地者皆載之也著

音直畧切）燭以光明亡偏異也德上及飛鳥下至水蟲草木諸產皆被其澤然後陰陽調四時節日月光風雨時膏露降（其露凝如膏）五穀熟妖孽滅賊氣息民不疾疫河出圖雒出書神龍至鳳鳥翔德澤滿天下靈光施四海此謂天地治國大體之功也詔策曰通於人事之終始愚臣竊以古之三王明之臣聞三王臣主俱賢故合謀相輔計安天下莫不本於人情人情莫不欲壽三王生而不傷也人情莫不欲富三王厚而不困也人情莫不欲安三王扶而不危也人情莫不欲逸三王節其力而不盡也其爲法令也合於人情而

後行之其動衆使民也本於人事然後爲之取人以已內恕及人情之所惡不以彊人情之所欲不以禁民是以天下樂其政歸其德望之若父母從之若流水百姓和親國家安寧名位不失施及後世此明於人情終始之功也詔策曰直言極諫愚臣竊以五霸之臣明之臣聞五霸不及其臣故屬之以國任之以事五霸之佐之爲人臣也察身而不敢誣奉法令不容私盡心力不敢矜遭患難不避死見賢不居其上受祿不過其量不以亡能居尊顯之位自行若此可爲方正之士矣其立法也非以苦民傷衆而爲之機

陷也以之興利除害尊主安民而救暴亂也其行賞也非虛取民財妄予人也以勸天下之忠孝而明其功也故功多者賞厚功少者賞薄如此斂民財以顧其功（顧酬也若今言僱賃也）而民不恨者知與而安已也其行罰也非以忿怒妄誅而從暴心也以禁天下不忠不孝而害國者也故辠大者罰重辠小者罰輕如此民雖服罪至死而不怨者知罰之至自取之也立法若此可謂平正之吏矣主法之逆者請而更之不以傷民主行之暴者逆而復之不以傷國救主之失補主之過揚主之美明主之功使主內亡邪辟之行外亡

讆汚之名事君若此可謂直亡極諫之士矣此五霸之所以得安天下威正諸侯功業甚美名聲章明舉天下之賢主五霸與焉此身不及其臣而使得直言極諫補其不逮之功也今陛下人民之衆威武之重德惠之厚令行禁止之埶萬方於五霸而賜愚臣策曰輔朕之不逮愚臣何足以識陛下之高明而奉承之詔策曰吏之不平政之不宜民之不寧愚臣竊以秦事明之臣聞秦主并天下之時其主不及三王而臣不及其佐然功力不遲者何也地形便山川利財用足民利戰其所與並者六國六國者臣主皆不肖

謀不輯民不用故當此之時秦最富彊夫國富彊而鄰國亂者帝王之資也故秦能兼六國立爲天子當此之時三王之功不能進焉及其末塗之衰也任不肖而信讒賊宮室過度耆欲亡極耆讀曰嗜民力罷盡賦斂不節罷讀曰疲矜奮自賢羣臣諂諛驕溢縱恣不顧禍患妄賞以隨喜意妄誅以快怒心法令煩憯刑罰暴酷輕絶人命身自射殺天下寒心莫安其處姦邪之吏乘其亂法以成其威獄官主斷生殺自恣上下瓦解各自爲制秦始亂之時吏之所先侵者貧人賤民也至其中節所侵者富人吏家也及其末塗所侵者宗室大臣也是故親疎皆危外內咸怨離散逋逃人有走心陳勝先倡天下大潰倡讀曰唱絶祀亡世爲異姓福此吏不平政不宜民不寧之禍也今陛下配天象地覆露萬民覆蔭也露膏澤也絶秦之迹除其亂法躬親本事廢去淫末除苛解嬈嬈煩繞也音如紹切寬大愛人肉刑不用辠人亡帑非誹不治非讀曰誹鑄錢者除通關去塞不孽諸侯接之以禮不以庶孽畜之賓禮長老愛卹少孤辠人有期罪人各以輕重不逃亡有年而免滿其年免爲庶人也後宮出嫁尊賜孝弟農民不租明詔軍師愛士大夫求進方正廢退姦邪除去陰刑害民者誅憂勞百姓列侯就都親耕節用視

民不奢所爲天下興利除害變法易故以安海內者大功數十皆上世之所難及陛下行之道純德厚元元之民幸矣詔策曰永惟朕之不德愚臣不足以當之詔策曰悉陳其志毋有所隱愚臣竊以五帝之賢臣明之臣聞五帝其臣莫能及則自親之三王臣主俱賢則共憂之五霸不及其臣則任使之此所以神明不遺而賢聖不廢也故各當其世而立功德焉傳曰往者不可及來者猶可待能明其世者謂之天子此之謂也竊聞戰不勝者易其地民貧窮者變其業今以陛下神明德厚資財不下五帝臨制天下至今

十有六年民不益富盜賊不衰邊境未安其所以然者意陛下未之躬親而待群臣也今執事之臣皆天下之選已然莫能望陛下清光譬之猶五帝之佐也陛不不自躬親而待不望清光之臣臣竊恐神明之遺言天子虛棄神明之德日損一日歲亡一歲日月益暮盛德不及究於天下以傳萬世愚臣不自度量竊爲陛下惜之昧死上狂惑草茅之愚臣言惟陛下財擇時賈誼已死對策者百餘人唯錯爲高第

董仲舒廣川人孝景時爲博士武帝卽位舉賢良文學之士前後百數仲舒以賢良對策制曰朕獲承至

尊休德傳之亡窮而施之罔極任大而守重是以夙夜不皇康寧永惟萬事之統猶懼有闕故廣延四方之豪儁郡國諸侯公選賢良修潔博習之士欲聞大道之要至論之極今子大夫褎然爲舉首褎弋授切盛服貌也朕甚嘉之子大夫其精心致思朕垂聽而問焉蓋聞五帝三王之道改制禮作樂而天下洽和百王同之當虞氏之樂莫盛於韶於周莫盛於勺聖王已沒鐘鼓筦絃之聲未衰而大道微缺陵夷至虖桀紂之行王道大壞矣夫五百年之間守文之君當塗之士欲則先王之法以戴翼其世者甚衆然猶不能反日以仆滅至後王而後止豈其所持操或誖謬而失其統與固天降命不可復反必推之於大衰而後息與烏虖凡所爲屑屑夙興夜寐務法上古者又將無補與三代受命其符安在灾異之變何緣而起性命之情或夭或壽或仁或鄙習聞其號未燭厥理伊欲風流而令行刑輕而姦改百姓和樂政事宣昭何修何飭而膏露降百穀登德潤四海澤臻草木三光全寒暑平受天之祜享神鬼之靈德澤洋溢施虖方外延及群生子大夫明先聖之業習俗化之變終始之序講聞高誼之日久矣其明以諭朕科別其條勿猥勿并

猥積也并合也欲其一二疏理而言取之於術愼其所出迺其不正不直不忠不極枉于執事書之不泄興于朕躬毋悼毋害子大夫其盡心靡有所隱朕將親覽焉仲舒對曰陛下發德音下明詔求天命與情性皆非愚臣之所能及臣謹按春秋之中視前世已行之事以觀天人相與之際甚可畏也國家將有失道之敗而天乃先出灾害以譴告之不知自省又出怪異以警懼之尚不知變而傷敗迺至以此見天心之仁愛人君而欲止其亂也自非大亡道之世者天盡欲扶持而全安之事在彊勉而已矣彊音其兩切此下並同彊勉學問則聞見

博而知益明彊勉行道則德日起而大有功此皆可使還至而立有效者也還讀曰旋速也詩曰夙夜匪懈書曰懋哉懋哉皆彊勉之謂也道者所繇適於治之路也繇讀與由同繇從也適往也仁義禮樂皆其具也故聖王已沒而子孫長久安寧數百歲此皆禮樂教化之功也王者未作樂之時迺用先王之樂宜於世者而以深入教化於民教化之情不得雅頌之樂不成故王者功成作樂樂其德也樂者所以變民風化民俗也其變民也易其化人也著著明也易音弋鼓切著音竹筯切故聲發於和而本於情接於肌膚藏於骨髓故王道雖微缺而筦絃

之聲未衰也夫虞氏之不爲政久矣然而樂頌遺風猶有存者是以孔子在齊而聞韶也夫人君莫不欲安存而惡危亡然而政亂國危者甚衆所任者非其人而所繇者非其道繇讀與由同是以政日以仆滅也夫周道衰於幽厲非道亡也幽厲不繇也至於宣王思昔先王之德興滯補弊明文武之功業周道粲然復興詩人美之而作上天祐之爲生賢佐後世稱誦至今不絕此夙夜不懈行善之所致也孔子曰人能弘道非道弘人也故治亂廢興在於己非天降命不可得反其所操持誖謬失其統也臣聞天之所大奉使之王者必有非人力所能致而自至者此受命之符也天下之人同心歸之若歸父母故天瑞應誠而至書曰白魚入於王舟有火入於王屋流爲烏此蓋受命之符也周公曰復哉復哉孔子曰德不孤必有鄰皆積善絫德之效也絫古累字及至後世淫佚衰微不能統理群生諸侯背叛殘賊良民以爭壤土廢德教而任刑罰刑罰不中則生邪氣邪氣積於下怨惡畜於上畜讀曰蓄聚也上下不和則陰陽謬盭而妖孽生矣盭古戾字孽災也此災異所緣而起也臣聞命者天之令也性者生之質也情者人之欲也或夭或壽或仁或鄙陶冶

而成之不能粹美有治亂之所生故不齊也孔子曰君子之德風小人之德草草上之風必偃故堯舜行德則民仁壽桀紂行暴則民鄙夭夫上之化下下之從上猶泥之在鈞唯甄者之所爲猶金之在鎔惟冶者之所鑄綏之斯來動之斯和此之謂也臣謹按春秋之文求王道之端得之於正正次王王次春春者天之所爲也正者王之所爲也其意曰上承天之所爲而下以正其所爲正王道之端云爾然則王者欲有所爲宜求其端於天天道之大者在陰陽陽爲德陰爲刑刑主殺而德主生是故陽常居大夏而以生

育養長爲事陰常居大冬而積於空虚不用之處以此見天之任德不任刑也天使陽出布施於上而主歲功使陰入伏於下而時出佐陽陽不得陰之助亦不能獨成歲終陽以成歲爲名（辛以陽成歲尙德不尙刑也）此天意也王者承天意以從事故任德教而不任刑刑者不可任以治世猶陰之不可任以成歲也爲政而任刑不順於天故先王莫之肯爲也今廢先王德教之官而獨任執法之吏治民毋乃任刑之意歟孔子曰不教而誅謂之虐虐政用於下而欲德教之被四海故難成也臣謹按春秋謂一元之意一者萬物之所

從始也元者辭之所謂大也謂一爲元者視大始而欲正本也春秋深探其本而反自貴者始故爲人君者先正心以正朝廷正朝廷以正百官正百官以正萬民正萬民以正四方四方正遠近莫敢不一於正而無有邪氣奸其間者（奸犯也音干）是以陰陽調而風雨時群生和而萬民殖五穀熟而草木茂天地之間被潤澤而大豐美四海之內聞盛德而皆來臣諸福之物可致之祥莫不畢至而王道終矣孔子曰鳳鳥不至河不出圖吾已矣夫自悲可致此物而身卑賤不得致也今陛下貴爲天子富有四海居得致之位操可致之勢又有能致之資行高而恩厚知明而意美愛民而好士可謂誼主矣然而天地未應美祥莫至者何也凡以教化不立而萬民不正也夫萬民之從利也如水之走下不以教化隄防之不能止也是故教化立而姦邪皆止者其隄防完也教化廢而姦邪並出刑罰不能勝者其隄防壞也古之王者明於此是故南面而治天下莫不以教化爲大務立太學以教於國設庠序以化於邑漸民以仁摩民以義節民以禮故其刑罰甚輕而禁不犯者教化行而習俗美也聖王之繼亂世也埽除其迹而悉去之復修教化

而崇起之教化已明習俗已成子孫循之行五六百歲尙未敗也至周之末世大爲亡道以失天下秦繼其後獨不能改又益甚之重禁文學不得挾書棄捐禮誼而惡聞之其心欲盡滅先王之道而顓爲自恣苟簡之治（苟謂苟於權利也簡謂簡於仁義也顓與專同）故立爲天子十四歲而國破亡矣自古以來未嘗有以亂濟亂大敗天下之民如秦者也其遺毒餘烈至今未滅使習俗薄惡人民嚚頑抵冒殊扞（扞完）熟爛如此之甚者也孔子曰腐朽之木不可雕也糞土之牆不可圬也今漢繼秦之後如朽木糞牆也雖欲善治之無可奈何法出

而姦生令下而詐起如以湯止沸抱薪救火愈甚無益也竊譬之琴瑟不調甚者必解而更張之乃可鼓也爲政而不行甚者必變而更化之乃可理也當更張而不更張雖有良工不能善調也當更化而不更化雖有大賢不能善治也故漢得天下以來常欲善治而至今不可善治者失之於當更化而不更化也古人有言曰臨淵羡魚不如退而結網今臨政而願治七十餘歲矣不如退而更化更化則可善治善治則災異日去福祿日來詩云宜民宜人受祿于天爲政而宜於民者固當受祿于天夫仁義禮智信五常

之道王者所當修飾也五者修飾故受天之祐而享鬼神之靈德施於方外延及群生也天子覽其對而異焉乃復策之制曰蓋聞虞舜之時游於巖廊之上垂拱無爲而天下太平周文王至於日昃（昃與昃同）不暇食而宇內亦治夫帝王之道豈不同條共貫與何逸勞之殊也蓋儉者不造玄黃旌旗之飾及至周室設兩觀乘大路朱干玉戚八佾陳於庭而頌聲興夫帝王之道豈異指哉或曰良玉不琢（琢謂刻爲文音篆）又曰非文王以輔德二端異焉殷人執五刑以督姦傷肌膚以懲惡成康不式（式用也）四十餘年天下不犯囹圄空

虛秦國見之死者甚衆刑者相望耗矣哀哉烏虖（虖讀曰呼）朕夙寤晨興惟前帝王之憲永思所以奉至尊章洪業皆在立本任賢今朕親耕籍田以爲農先勸孝悌崇有德使者冠蓋相望問勤勞恤孤獨盡思極神功烈休德未始云獲也今陰陽錯繆氛氣充塞群生寡遂黎民未濟廉恥貿亂賢不肖渾淆未得其真故詳延特起之士庶幾乎今子大夫待詔百有餘人或道世務而未濟稽諸上古之不同考之于今而難行毋乃牽於文繁而不得騁與將所繇異術所聞殊方與各悉對著於篇無諱有司明其指略切磋究之以

稱朕意仲舒對曰臣聞堯受命以天下爲憂而未以位爲樂也故誅逐亂臣務求賢聖是以得舜禹稷卨咎繇衆聖輔德賢能佐職教化大行天下和洽萬民皆安仁樂義各得其宜動作應禮從容中道故孔子曰如有王者必世而後仁此之謂也堯在位七十載迺遜于位以禪虞舜堯殂天下不歸堯子丹朱而歸舜舜知不可辟（辟讀曰避）乃卽天子之位以禹爲相因堯之輔佐繼其統業是以垂拱無爲而天下治孔子曰韶盡美矣又盡善也此之謂也至于殷紂逆天暴物殺戮賢能殘賊百姓伯夷太公皆當世賢者隱處而

不爲臣守職之人皆奔走逃亡入於河海天下耗亂萬民不安故天下去殷而從周文王順天理物師用賢聖是以閎夭太顛散宜生等亦聚於朝廷愛施萬民天下歸之故太公起海濱而即三公也當此之時紂尚在上尊卑昏亂百姓散亡故文王悼痛而欲安之是以日昃而不暇食也孔子作春秋先正王而繫萬事見素王之文焉繇此觀之帝王之條貫同然而勞逸異者所遇之時異也孔子曰武盡美矣未盡善也此之謂也臣聞制度文采玄黃之飾所以明尊卑異貴賤而勸有德也故春秋受命而所先制者改正

朔易服色所以應天也然則宮室旌旗之制有法而然者也故孔子曰奢則不孫儉則固儉非聖人之中制也臣聞良玉不琢資質潤美不待刻琢此亡異於達巷黨人不學而自知也（人項橐也）然則良玉不琢不成文章君子不學不成其德臣聞聖王之治天下也少則習之學長則材諸位爵祿以養其德刑罰以威其惡故民曉於禮義而恥犯其上武王行大義平殘賊周公作禮樂以文之至於成康之隆囹圄空虛四十餘年此亦教化之漸而仁義之流非獨傷肌膚之效也至秦則不然師申商之法行韓非之說憎帝王之道以貪狼爲俗（狼性皆貪故謂貪爲貪狼也）非有文德以教訓於天下也誅名而不察實爲善者不必免而犯惡者未必刑也是以百官皆飾虛辭而不顧實外有事君之禮內有背上之心造僞飾詐趣利無恥又好用憯酷之吏（憯痛也音千感切）賦斂無度竭民財力百姓散亡不得從耕織之業群盜並起是以刑者甚衆死者相望而姦不息俗化使然也故孔子曰導之以政齊之以刑民免而無恥此之謂也今陛下并有天下海內莫不率服廣覽兼聽極羣下之知盡天下之美至德昭然施於方外夜郎康居殊方萬里說德歸義此太平之

致也然而功不加於百姓者殆王心未加焉曾子曰尊其所聞則高明矣行其所知則光大矣高明光大不在於他在乎加之意而已願陛下因用所聞設誠於內而致行之則三王何異哉陛下親耕籍田以爲農先夙寤晨興憂勞萬民思惟往古而務以求賢此亦堯舜之用心也然而未云獲者士素不厲也夫不素養士而欲求賢譬如不琢玉而求文采也故養士之大者莫大乎太學太學者賢士之所關也教化之本原也今以一郡一國之衆對亡應書者是王道往往而絕也臣願陛下興太學置明師以養天下之士

數考問以盡其材則英俊宜可得矣今之郡守縣令民之師帥所使承流而宣化也故師帥不賢則主德不宣恩澤不流今吏旣亡教訓於下或不承用主上之法暴虐百姓與姦爲市貧窮孤弱寃苦失職甚不稱陛下之意是以陰陽錯繆氛氣充塞群生寡遂黎民未濟皆長吏不明使至於此也夫長吏多出於郎中中郎吏二千石子弟選郎吏又以富訾未必賢也且古所謂功者以任官稱職爲差非謂積日絫久也故小材雖絫日不離於小官賢材雖未久不害爲輔佐是以有司竭力盡知務治其業而以赴功今則不

然絫日以取貴積久以致官是以廉恥貿亂賢不肖渾淆未得其眞臣愚以爲使諸列侯郡守二千石各擇其吏民之賢者歲貢各二人以給宿衞且以觀大臣之能所貢賢者有賞所貢不肖者有罰夫如是諸侯吏二千石皆盡心於求賢天下之士可得而官使也徧得天下之賢人則三王之盛易爲而堯舜之名可及也毋以日月爲功實試賢能爲上量材而授官錄德而定位則廉恥殊路賢不肖異處矣陛下加惠寬臣之罪令勿牽制於文使得切磋究之臣敢不盡愚於是天子復冊之制曰蓋聞善言天者必有徵於人善言古者必有驗於今故朕垂問乎天人之應上嘉唐虞下悼桀紂寖微寖滅寖明寖昌之道虛心以改今子大夫明於陰陽所以造化習於先聖之道業然而文采未極豈惑乎當世之務哉條貫靡竟統紀未終意朕之不明與聽若眩與夫三王之教所祖不同而皆有失或謂久而不易者道也意豈異哉今子大夫旣已著大道之極陳治亂之端矣其悉之究之孰之復之詩不云乎嗟爾君子毋常安息神之聽之介爾景福朕將親覽焉子大夫其茂明之仲舒復對曰臣聞論語曰有始有卒者其惟聖人乎今陛下幸

加惠留聽於承學之臣復下明冊以切其意而究盡聖德非愚臣之所能具也前所上對條貫靡竟統紀不終辭不別白指不分明此臣淺陋之罪也冊曰善言天者必有徵於人善言古者必有驗於今臣聞天者羣物之祖也故徧覆包涵而無所殊建日月風雨以和之經陰陽寒暑以成之故聖人法天而立道亦溥愛而亡私布德施仁以厚之設義立禮以導之春者天之所以生也仁者君之所以愛也夏者天之所以長也德者君之所以養也霜者天之所以殺也刑者君之所以罰也繇此言之天人之徵古今之道也

孔子作春秋上揆之天道下質諸人情參之於古考
之於今故春秋之所譏灾異之所加也春秋之所惡
怪異之所施也書邦家之過兼灾異之變以此見人
之所爲其美惡之極乃與天地流通而往來相應此
亦言天之一端古者修教訓之官務以德善化民民
已大化之後天下常亡一人之獄今世廢而不修亡
以化民民以故棄行義而死財利是以犯法而罪多
一歲之獄以萬千數以此見古之不可不用也故春
秋變古則譏之天令之謂命命非聖人不行質樸之
謂性性非教化不成人欲之謂情情非制度不節是

故王者上謹於承天意以順事也下務明教化民以
成性也正法度之宜別上下之序以防欲也修此三
者而大本舉矣人受命於天固超然異於群生入則
有父子兄弟之親出則有君臣上下之誼會聚相遇
則有耆老長幼之施粲然有文以相接驩然有恩以
相愛此人之所以貴也生五穀以食之桑麻以衣之
六畜以養之服牛乘馬圈豹檻虎是其得天之靈貴
於物也故孔子曰天地之性人爲貴明於天性知自
貴於物知自貴於物然後知仁義知仁義然後重禮
節重禮節然後安處善安處善然後樂循理樂循理

然後謂之君子故孔子曰不知命亡以爲君子此之
謂也策曰上嘉唐虞下悼桀紂寖微寖滅寖明寖昌
之道朕虛心以改臣聞之聚少成多積小致鉅故聖
人莫不以晻致明以微致顯是以堯發於諸侯舜興
虖深山非一日而顯也蓋有漸以致之矣言出於已
不可塞也行發於身不可掩也言行治之大者君子
之所以動天地也故盡小者大慎微者著詩云惟此
文王小心翼翼故堯兢兢日行其道而舜業業日致
其孝善積而名顯德章而身尊此其寖明寖昌之道
也積善在身猶長日加益而人不知也積惡在身猶

火之銷膏而人不見也非明虖情性察虖流俗者孰
能知之此唐虞之所以得令名而桀紂之可爲悼懼
者也夫善惡之相從如影響之應形聲也故桀紂暴
慢殘賊並進賢知隱伏惡日顯國日亂晏然自以如
日在天終陵夷而大壞夫暴逆不仁者非一日而亡
也亦以漸至故桀紂雖亡道然猶享國十餘年此其
寖微寖滅之道也册曰三王之道教所祖不同而皆
有失或謂久而不易者道也意豈異哉臣聞夫樂而
不亂復而不厭者謂之道道者萬世亡弊弊者道之
失也先王之道必有偏而不起之處故政有耗而不

行舉其偏者以補其弊而已矣三王之道所祖不同非其相反將以捄溢扶衰所遭之變然也捄古救字故孔子曰亡爲而治者其舜乎改正朔易服色以順天命而已其餘盡循堯道何更爲哉故王者有改制之名亡變道之實然夏上忠殷上敬周上文者所繼之捄當用此也孔子曰殷因於夏禮所損益可知也周因於殷禮所損益可知也其或繼周者雖百世可知也此言百王之用以此三者矣夏因於虞而獨不言所損益者其道如一而所上同也道之大原出於天天不變道亦不變是以禹繼舜舜繼堯三聖相受而守

一道亡救弊之政故不言其所損益也繇是觀之繼治世者其道同繼亂世者其道變今漢繼大亂之後若宜少損周之文致用夏之忠者陛下有明德嘉道愍世俗之靡薄悼王道之不昭故舉賢良方正之士論誼考問將欲興仁義之休德明帝王之法制建太平之道也臣愚不肖述所聞誦所學道師之言厪能勿失爾若乃論政事之得失察天下之息耗此大臣輔佐之職三公九卿之任非臣仲舒所能及也然而臣竊有怪者夫古之天下亦今之天下今之天下亦古之天下共是天下古亦大治上下和睦習俗美盛

不令而行不禁而止吏亡姦邪民亡盜賊囹圄空虛德潤草木澤被四海鳳皇來集麒麟來游以古準今一何不相逮之遠也安所繆盭而陵夷若是意者有所失於古之道與有所詭於天之理與試迹之古返之於天儻可得見乎夫天亦有所分予予之齒者去其角傅其翼者兩其足是所受大者不得取小也古之所予祿者不食於力不動於末是亦受大者不得取小與天同意者也夫已受大又取小天不能足而況人虖此民之所以囂囂苦不足也囂讀與嗸同音敖嗸沓衆怨愁之聲也身寵而載高位家溫而食厚祿因乘富貴之資

力以與民爭利於下民安能如之哉是故衆其奴婢多其牛羊廣其田宅博其產業畜其積委務此而亡已以迫蹵民民日削月朘朘音揎謂轉寖踧也寖以大窮富者奢侈羡溢貧者窮急愁苦窮急愁苦而上不救則民不樂生民不樂生尚不避死安能避罪此刑罰之所以蕃而姦邪不可勝數也故受祿之家食祿而已不與民爭業然後利可均布而民可家足此上天之理亦大古之道天子之所宜法以爲制大夫之所當循以爲行也故公儀子相魯之其家見織帛怒而出其妻食於舍而茹葵慍而拔其葵曰吾已食祿又奪園

夫紅女租虖(紅讀曰工)古之賢人君子在列位者皆如是
是故下高其行而從其教民化其廉而不貪鄙及至
周室之衰其卿大夫緩於誼而急於利亡推讓之風
而有爭田之訟故詩人疾而刺之曰節彼南山維石
巖巖赫赫師尹民具爾瞻爾好義則民鄉仁而俗善
爾好利則民好邪而俗敗繇是觀之天子大夫者下
民之所視效遠方之所四面而內望也近者視而倣
之遠者望而效之豈可以居賢人之位而為庶人行
哉夫皇皇求財利常恐乏匱者庶人之意也皇皇求
仁義常恐不能化民者士大夫之意也易曰負且乘

致寇至乘車者君子之位也負擔者小人之事也此
言居君子之位而為庶人之行者其患禍必至也若
居君子之位當君子之行則舍公儀休之相魯亡可
為者矣春秋大一統者天地之常經古今之通誼也
今師異道人異論百家殊方指意不同是以上亡以
持一統法制數變下不知所守臣愚以為諸不在六
藝之科孔子之術者皆絕其道勿使並進邪辟之說
滅息然後統紀可一而法度可明民知所從矣仲舒
對既畢天子以仲舒為江都相自武帝初立魏其武
安侯為相而隆儒矣及仲舒對策推明孔氏抑黜百
家立學校之官(校音下教切)州郡舉茂材孝廉皆自仲舒
發之

公孫弘菑川人武帝初即位弘年六十以賢良徵為
博士移病免歸元光五年徵賢良文學菑川國復推
上弘弘謝曰前已嘗西用不能罷願更選國人固推
弘弘至太常上策詔諸儒制曰蓋聞上古至治畫衣
冠異章服而民不犯陰陽和五穀登六畜蕃甘露降
風雨時嘉禾興朱草生山不童澤不涸(童無草木也涸水竭也各切)
麟鳳在郊藪龜龍游於沼河雒出圖書父不喪子
兄不哭弟北發渠搜南撫交阯舟車所至人迹所及

跂行喙息咸得其宜(跂行有足而行者也喙謂有口能息者也跂音岐喙音許穢切)
朕甚嘉之今何道而臻乎此子大夫修先聖之術明
君臣之義講論洽聞有聲乎當世敢問子大夫天人
之道何所本始吉凶之效安所期焉禹湯水旱厥咎
何繇仁義禮智四者之宜當安設施屬統垂業物鬼
變化天命之符廢興何如天文地理人事之紀子大
夫習焉其悉意正議詳具其對著之於篇朕將親覽
焉靡有所隱弘對曰臣聞上古堯舜之時不貴爵賞
而民勸善不重刑罰而民不犯躬率以正而遇民信
也末世貴爵厚賞而民不勸深刑重罰而姦不止其

上不正遇民不信也夫厚賞重刑未足以勸善而禁非必信而已矣是故因能任官則分職治去無用之言則事情得不作無用之器則賦斂省不奪民時不妨民力則百姓富有德者進無德者退則朝廷尊有功者上無功者下則群臣逡（言有次第也逡音七旬切其字從延）罰當罪則姦邪止賞當賢則臣下勸凡此八者治民之本也故民者業之即不爭理得則不怨有禮則不暴愛之則親上此有天下之急者也故法不遠義則民服而不離和不遠禮則民親而不暴故法之所罰義之所去也和之所賞禮之所取也禮義者民之所服也

而賞罰順之則民不犯禁矣故畫衣冠異章服而民不犯者此道素行也臣聞之氣同則從聲比則應今人主和德於上百姓和合於下故心和則氣和氣和則形和形和則聲和聲和則天地之和應矣故陰陽和風雨時甘露降五穀登六畜蕃嘉禾興朱草生山不童澤不涸此和之至也故形和而無疾無疾則不天故父不喪子兄不哭弟德配天地明並日月則麟鳳至龜龍在郊河出圖雒出書遠方之君莫不說義奉幣而來朝此和之極也臣聞之仁者愛也義者宜也禮者所履也智者術之原也致利除害兼愛無私謂之仁明是非立可否謂之義進退有度尊卑有分謂之禮擅生殺之柄通壅塞之塗權輕重之數論得失之道使遠近情偽必見於上謂之術凡此四者治之本道之用也皆當設施不可廢也得其要則天下安樂法設而不用不得其術則主蔽於上官亂於下此事之情屬統垂業之乖也臣聞堯遭洪水使禹治之未聞禹之有水也若湯之旱則桀之餘孽也桀紂行惡受天之罰禹湯積德以王天下因此觀之天德無私親順之和起逆之害生此天文地理人事之紀臣弘愚戇不足以奉大對（大對大問之對也）時對者百餘人

大常奏弘第居下策奏天子擢弘對爲第一召見容貌甚麗拜爲博士弘復上疏曰陛下有先聖之位而無先聖之名有先聖之民而無先聖之吏是以勢同而治異先世之吏正故其民篤今世之吏邪故其民薄政弊而不行令倦而不聽夫使邪吏行弊政用倦令治薄民民不可得而化此治之所以異也臣聞周公旦治天下朞年而變三年而化五年而定惟陛下所志書奏天子以冊書答曰問弘稱周公之治弘之材能自視孰與周公賢（與猶如也）弘對曰愚臣淺薄安敢比材於周公雖然愚曉然見治道之可以然也夫虎

豹馬牛禽獸之不可制者也及其教馴服習之也馴順至可牽持駕服惟人之從意從人臣聞揉曲木者不累日揉謂矯而正之也累積也揉音人九切銷金石者不累月夫人之於利害好惡豈比禽獸木石之類哉好音呼到切惡音故切朞年而變臣弘尚切遲之帝異其言

冊府元龜

冊府元龜　貢舉部對策一　卷之六百四十六　二十七

巡按福建監察御史臣李嗣京　訂正

知長樂縣事臣夏允彝參閱

知建陽縣事臣黃國琦較釋

貢舉部　六百四十七

對策第二

漢谷永字子雲爲太常丞成帝建始三年冬日食地震同日俱發詔舉方正直言極諫之士太常陽城侯劉慶忌舉永待詔公車對曰陛下秉至聖之純德懼天地之戒異飭身修政納問公卿（飭與勑同敕整也）又下明

詔帥舉直言（帥謂公卿守相皆令舉也帥字或作師師衆也）燕見紬繹以求咎愆（紬讀曰抽紬繹者引其端緒也）使臣等得造明朝承聖問臣材朽學淺不通政事竊聞明王即位正五事建大中以承天心則庶徵序於下日月理於上如人君淫溺後宮般樂游田（般讀與盤同）五事失於躬大中之道不立則咎徵降而六極至凡災異之發各象過失以類告人十二月朔戊申日食婺女之分地震蕭牆之內二者同日俱發以丁寧陛下厥咎不遠宜厚求諸身意豈陛下志在閨門未卹政事不慎舉錯婁失中與（婁古屢字）也內寵大盛女不尊道嫉妬專上妨繼嗣與古之王者廢五事之中失夫婦之紀妻妾得意謁行於內勢行於外至覆傾國家惑亂陰陽昔褒姒用國宗周以喪閻妻驕扇日以不臧此其效也經曰皇極皇建其有極傳曰皇之不極是謂不達時則有日月亂行陛下踐至尊之祚爲天下主奉帝王之職以統羣生方內之治亂在陛下所執誠留意於正身勉强於力行損燕私之閒以勞天下放去淫佚之樂罷歸倡優之咲（咲古笑切）絕郤不享之義慎節游田之虞起居有常循禮而動躬親政事政行無倦安服若性經曰繼自今嗣王其毋淫于酒毋逸于游田惟正之共未有身治

正而臣下邪者也夫妻之際王事綱紀安危之機聖王所致慎也昔舜飭正二女以崇至德楚莊忍絕丹姬以成伯功（楚莊王得丹姬三月不聽朝保申諫忍絕不復見乃勤政事遂爲盟主也又已丹姬楚文王之姬也莊王用申公巫臣之諫不納夏姬谷永集丹字作夏是也今此傳作丹傳寫悮耳伯讀曰霸）幽王惑於褒姒周德降亡魯桓脅於齊女社稷以傾誠修後宮之政明尊卑之序貴者不得嫉妬專寵以絕驕嫚之端抑褒閻之亂賤者咸得秩進各得厥職以廣繼嗣之統息白華之怨後宮親屬饒之以財勿與政事（與讀曰預）以遠皇父之類損妻黨之權未有閨門治而天下亂者也治遠自近始習善在左右昔

龍筦納言而帝命惟允四輔旣備成王靡有過事誠敕正左右齊栗之臣戴金貂之飾執常伯之職者皆使學先王之道知君臣之義濟濟謹孚無敖戲驕恣之過則左右肅艾群僚仰法化流四方經曰亦惟先正克左右未有左右正而百官枉者也治天下者尊賢考功則治簡賢違功則亂誠審思治人之術歡樂得賢之福論材選士必試於職明度量以程能考功實以定德無用比周之虛譽無聽浸潤之譖愬則抱功修職之吏無蔽傷之憂比周邪僞之徒不得卽工小人日銷俊艾日隆艾讀日乂經曰三載考績三考黜陟

幽明又曰九德咸事俊乂在官未有功賞得於前衆賢布於官而不治者也堯遭洪水之災天下分絶爲十二州制遠之道微而無乖畔之難者德厚恩深無怨於下也秦居平土一夫大呼而海內崩析者刑罰深酷吏行殘賊也夫違天害德爲上取怨於下莫甚乎殘賊之吏誠放退殘賊酷暴之吏錮廢勿用益選溫良上德之士以親萬姓平刑釋究以理民命務省徭役毋奪民時薄收賦稅毋殫民財使天下黎元咸安家樂業不苦踰時之役不患苛暴之政不疾酷烈之吏雖有唐堯之大災民無離上之心經曰懷保小人惠於鰥寡未有德厚吏良而民畔者也臣聞災異乃皇天所以譴告人君過失猶嚴父之明誡畏懼敬改則禍消福降忽然簡易則咎罰不除經曰享用五福威用六極傳曰六沴作見若不共御六罰旣侵六極其下今三年之間災異鋒起小大畢具所行不享上帝上帝不豫炳然甚著不求之身無所改正疏擧廣謀又不用其言是循不享之迹無謝過之實也天責愈深此五者王事之綱紀南面之急務唯陛下留神對奏天子異焉永對畢因曰臣前幸得條對災異之效禍亂所極言關聖聽書陳於前陛下委棄不納

而更使方正對策皆可懼之大異問不急之當論廢承天之至言角無用之虛文欲末殺災害末殺掃滅也殺先曷切蒲讕誣天蒲讕欺網也讕來亶切上是故皇天勃然發怒於甲己之間暴風三溱拔樹折木此天至明不可欺之效也

杜欽字子夏成帝時爲大將軍王鳳武庫令乞骸骨去後有日食地震之變詔擧賢良方正能直言士合陽侯梁放擧欽欽上對曰陛下畏天命悼變異延見公卿擧直言之士將以求天心迹得失也觀得失之蹤迹也二臣欽愚戇經術淺薄不足以奉大對臣聞日蝕地震

陽微陰盛也臣者君之陰也子者父之陰也妻者夫之陰也夷狄者中國之陰也春秋日蝕三十六地震五或夷狄侵中國或政權在臣下或婦乘夫或臣子背君父事雖不同其類一也臣竊觀人事以攷變異則本朝大臣無不自安之人外戚親屬無乖剌之心關東諸侯無彊大之國三垂蠻夷無逆理之節殆爲後宮何以言之日以戊申蝕時加未戊未土也土者中宮之部也其夜地震未央宮殿中此必適妾將有爭寵相害而爲患者惟陛下深戒之變感以類相應人事失於下變象見於上能應之以德則異咎消亡

不能應之以善則禍敗至高宗遭雊雉之戒飭已正事享百年之壽殷道復興要在所以應之應之非誠不立非信不行宋景公小國之諸侯耳有不忍移禍之誠出人君之言三熒惑爲之退舍以陛下聖明內推至誠深思天變何應而不感何搖而不動孔子曰仁遠乎哉惟陛下正后妾抑女寵防奢泰去佚遊躬節儉親萬事數御安車繇輦道親二宮之饗膳致昏晨之定省如此則堯舜不足與比隆咎異何足消滅如不留聽於庶事不論材而授位殫天下之財以奉淫侈匱萬姓之力以從耳目近諂諛之人而遠公方

信讒賊之臣以誅忠良賢俊失在巖穴大臣怨於不已雖無變異社稷之憂也天下至大萬事至衆祖業至重誠不可以佚豫爲不可以奢泰持也惟陛下忍無益之欲以全衆庶之命臣欽愚戇言不足采其夏上盡召直言之士詣白虎殿對策（此殿在未央宮）策曰天地之道何貴王者之法何如六經之義何上人之行何先取人之術何以當世之治何務各以經對欽對曰臣聞天道貴信地道貴貞不信不貞萬物不生生者天地之所貴也王者承天地之所生理而成之昆蟲草木靡不得其所王者法天地非仁無以廣施非義

無以正身克己就義恕以及人六經之所上也不孝則事君不忠涖官不敬戰陣無勇朋友不信孔子曰孝無終始而患不及者未之有也孝人行之所先也觀本行於鄉黨考功能於官職達觀其所舉富觀其所予窮觀其所不爲乏觀其所不取近觀其所爲主遠觀其所主孔子曰視其所以觀其所由察其所安人焉廋哉取人之術也殷因於夏尚質周因於殷尚文今漢家承周秦之敝宜抑文尚質廢奢長儉表實去僞孔子曰惡紫之奪朱也當世治之所務也臣竊有所憂言之則拂心逆指不言則漸日長爲禍不細

然小臣不敢廢道而求從違忠而耦意臣聞玩色無
厭必生好憎之心好憎之心生則愛寵偏於一人愛
寵偏於一人則繼嗣之路不廣而嫉妒之心興矣如
此則匹夫匹婦之說不可勝也唯陛下純德普施無
欲是從此則衆庶咸說繼嗣日廣而海內長安萬事
之是非何足備言
杜鄴爲涼州刺史以病免哀帝元壽元年正月朔帝
以皇后父孔鄉侯傅晏爲大司馬衛將軍而帝舅陽
安侯丁明爲大司馬驃騎將軍臨拜日食詔舉方正
直言扶陽侯韋育舉鄴方正鄴對曰臣聞禽息憂國

碎首不恨（禽息秦大夫薦百里奚而不見納繆公出當車以頭擊闑腦乃播出曰臣生無補於國而不如死也繆公感寤而用百里奚秦以大治）卞和獻寶刖足願之臣幸
得奉直言之詔無二者之危敢不極陳臣聞陽尊陰
卑卑者隨尊尊者兼卑天之道也是以男雖賤各爲
其家陽女雖貴猶爲其國陰故禮明三從之義雖有
文母之德必繫於子春秋不書紀侯之母陰義殺也
（隱三年紀侯使履緰來逆女公羊傳曰婚禮不稱主人主人謂壻也稱母母不通也殺謂減降也音所例切）昔鄭伯隨姜氏之欲終有叔段篡國之禍周襄王
內迫惠后之難而遭居鄭之危漢興呂太后權私親
屬又以外孫爲孝惠后是時繼嗣不明凡事多晻（晻與昭同）
晝昏冬雷之變不可勝載竊見陛下行不偏之政
每事約儉非禮不動誠欲正身與天下更始也然嘉
瑞未應而日食地震民訛言行籌傳相驚恐案春秋
災異以指象爲言語故在於得一類而達之也日食
明陽爲陰所臨坤卦乘離明夷之象（明夷之卦上六不明晦初登於天後入於地明夷傷也初登於天者初爲天子言以善聞於天也後入於地者言傷賢害仁佞惡在朝必以惡終入於地也）坤以法地爲王爲母以安靜爲德震不陰
之效也（言地當安靜而今乃震是爲不遵陰道）占象甚明臣敢不直言
其事昔曾子問從令之義孔子曰是何言歟善閔子
騫守禮不苟從親所行無非禮者故無可間也前大

司馬新都侯莽退伏第家以詔策決復遣就國高昌
侯宏去蕃自絕猶受封土（董宏也）制書侍中駙馬都尉
遷不忠巧佞免歸故郡（傳遷也）間未旬月則有詔還大
臣奏正其罰卒不得遣而反兼官奉使有寵過故及
陽信侯業皆緣私君國非功義所止（謂緣私恩而得封爵爲一國之君耳非有功而侯也）諸外家昆弟無賢不肖竝侍帷幄布在列
位（不問賢與不肖皆布在列位）或典兵衛或將軍屯寵意并於一
家積貴之勢世所希聞也至乃竝置大司馬將軍之
官皇甫雖盛三桓雖隆魯爲作三軍無以甚此當拜
之日晻然日食不在前後臨事而發者明陛下謙遜

無專承指非一所言輙聽所欲輙隨有罪惡者不坐辜罰無功能者畢受官爵流漸潰猥亞尤在是（尤過也）欲令昭昭以覺聖朝昔詩人所刺春秋所譏指象如此殆不在它餘後視前忿邑非之逮身所行不自鏡見則以爲可計之過者疏賤獨偏見疑內亦有此類（言天子不自見其過疏賤獨偏見鄙自謂傍觀而見之也疑內亦有此類謂後宮嬖幸非理寵遇亦有如傳遷鄭業等妄受恩賞者）天變不空保佑世王如此之至奈何不應（佑讀曰祐應謂天戒而修德政）過成王怛然顧陛下加致精誠思承始初事稽諸古以厭下心（厭滿也一瞻反）因則黎庶羣生無不說喜上帝百

神收還威怒積祥福祿何嫌不報

後漢申屠剛扶風茂陵人任郡功曹平帝時王莽專政朝多猜忌隔絕帝外家馮衛二族不得交官剛常疾之及舉賢良方正因對策曰臣聞王事失則神祇怨怒姦邪亂正故陰陽謬錯此天所以譴告王者欲令失道之君曠然覺悟懷邪之臣懼然自刻者也今朝廷不考功較德而虛納毀譽數下詔書張設重法抑斷誹謗禁割論議罪之重者乃至腰斬傷忠臣之情挫直士之銳殆乖建進善之旌縣敢諫之鼓闢四門之路明四目之義也臣聞成王幼少周公攝政聽言下賢均權布寵無舊無新惟仁是親動順天地舉措不失然近則召公不說遠則四國流言夫子母之性天道至親今聖主幼少始免襁褓即位以來至親分離外戚杜隔恩不得通且漢家之制雖任英賢猶援姻戚親疏相錯杜塞間隙誠所以安宗廟重社稷也今馮衛無罪久廢不錄或處窮僻不若民庶誠非慈愛忠孝承上之意夫爲人後者自有正義至尊至卑其執不嫌是以人無賢愚莫不爲怨姦臣賊子以之爲便不諱之變誠難其慮今之保傅非古之周公周公至聖猶尚有累何況事失其衷不合天心者哉

昔周公先遣伯禽守封於魯以義割恩寵不加後故配天郊祀三十餘世霍光秉政輔翼少主修善進士名爲忠直而尊崇其宗黨摧抑外戚結貴據權至堅至固終沒之後受禍滅門方今師傅皆以伊周之位據賢保之任以此思化則何功不至不思其危則何禍不到損益之際孔父攸歎持滿之戒老氏所愼蓋功冠天下者不安威震人主者不全今承衰亂之後繼重弊之世公家屈竭賦歛重數苛吏奪其時貪夫侵其財百姓困乏疾疫夭命盜賊羣輩且以萬數軍行衆止竊號自立攻犯京師燔燒縣邑至乃訛言積

弩入宮宿衛驚懼自漢興以來誠未有也國家微弱姦謀不禁六極之效危於累卵王者承天順地須爵主刑不敢以天官私其宗不敢以天罰輕其親陛下宜遂聖明之德昭然覺悟遠述帝王之迹近尊孝文之業差五品之屬納至親之序亟遣徵者徵中山太后置之別宮令時朝見又召馮衛二族裁與冗職使得執戟親奉宿衛以防未然之符以抑患禍之端上安社稷下全保傅內和親戚外絕邪謀書奏莽令元后下詔曰剛所言僻經妄說違背大義遣其罷歸田里

李固漢中人辟司空掾不就陽嘉二年四月已亥京師地震五月庚子詔曰朕以不德統奉洪業無以承順乾坤恊和陰陽災眚屢見咎徵仍彰羣公卿士將何以輔正朕之不逮奉答災異災異不空故必有所應其各舉敦朴士一人直言厥咎靡有所諱衛尉賈建舉固固對曰臣愚以為天不言以災異為譴告政之治亂主之得失皆上帝所伺而應以災祥者也王者父天母地體其山川今日蝕地動山摧晝晦主將安立物將安寄昔江京之姦禍及骨肉至令陛下幽廢親履艱難天誘其衷陛下龍興海內莫不忻悅實有沛然改圖抑退權臣詢求善政以順天意夜寐得之坐而待旦今則不然政令紛紜已復踰前軌矣臣伏在草澤痛心疾首誠以陛下聖德應期實當嘉會反衰弊之政弘中興之美其功甚易譬猶指掌臣聞善罰不如善政善賞不如善教善教之道宜從內起昔周宣孝文中興之主也皆改華服沛然易規乃能移風易俗反之於古今封阿母恩賞太過常侍近臣威權太重臣案圖書災異之發亦以為然今宜斥退邪佞投之四裔引納方直令在左右陛下親發德音以招羣俊臨御座見公卿言有補意即時施行顯拔

其人以旌忠善則陛下日有所聞忠臣日有所獻君臣相體上下交泰阿保雖有大功勤勞之恩可賜以貨賄傳之子孫列土分爵實非天意漢興已來賢君相繼豈無阿乳之養非不寵貴之然上畏天威俯察經典知義不可故不封也梁氏子弟羣從徵為列侯永平建初故事殆不如此妃后之家所以少有全存者非天性皆然但坐權寵太過天道惡盈也天有北斗所以斟酌元氣帝有尚書所以出納王命若賦役平均則百姓以安萬幾不治則天下以亂今陛下共治天下者外則公卿尚書內則常侍黃門譬猶一門

之內一家之事安則共其福危則同其禍繇是觀之權柄不可不愼號令不可不詳夫人君之有政猶水之有隄防隄防完雖遭雨水霖澇不能爲變政教一立暫遭凶年不足爲憂誠令隄防穿漏萬夫同力不能復救政教一壞賢知馳騖不能復還令隄防雖堅漸有孔穴譬之一人之身本朝者心腹也州郡者四肢也心腹痛則四支不舉故臣之所憂在腹心之疾非四支之患臣以爲堅隄防務政教先安心腹整理本朝雖有寇賊水旱之變不足介意也誠令隄防壞漏心腹有疾雖無水旱之災天下固可以憂矣臣父

故司徒臣郃受先帝厚恩子孫不敢自比於餘隸故敢依圖書悉心以對不敢虛造詔又特問當世之敝爲政所宜固對曰臣聞王者父天母地人主日月同明四時合信故父天母地兄日姊月寶有山川王道得則陰陽和穆政化乖則擢震爲災斯皆關之天心效於成事者也夫化以職成官繇能理古之進者有德有命命爵命也言有德者乃可加爵命也今之進者惟財與力伏聞詔書務求寬博疾惡嚴暴而今長吏多殺伐致聲名者必加遷賞其存寬和無黨援者輒見斥逐是以淳厚之風不宜彫薄之俗未革雖繁刑重禁何能有益前孝安皇帝變亂舊典

封爵阿母阿母王聖因造妖孽使樊豐之徒乘權放恣侵奪主威改亂嫡嗣謂順帝爲平太子時廢爲濟陰王至令聖躬狼狽親遇其艱既拔自困殆殆危也龍興即位天下喁喁屬望風政積弊之後易致中興誠當沛然思惟善道而論者猶云方今之事復同於前臣伏從山草痛心傷臆實以漢興以來三百餘年賢聖相繼十有八主豈無阿乳之恩豈忘貴爵之寵然上畏天威俯察經典知義不可故不封也今宋阿母謂宋娥也雖有大功勤謹之德但加賞賜足以酬其勞苦至於裂土開國實乖舊典聞阿母體性謙虛必有遜讓陛下宜許其辭國

之高使成萬安之福夫妃后之家所以少完全者豈天性當然但以爵位尊顯專總權柄天道惡盈不自知損故至顛仆先帝寵遇閻氏位號太疾故其受禍曾不旋時老子曰其進銳其退速也謂老子有此文謝承書亦云孟子而續漢書復云老子今梁氏戚爲椒房禮所不臣公羊傳曰宋殺其大夫何以不名宋三世無大夫三世內娶也何休注云內娶娶大夫女也言無大夫者三世不臣妻之父母國內皆無娶道故紀云大夫名正其義也椒房者皇后所居以椒泥壁也尊以高爵尚可然也而子弟羣從榮顯兼加永平建初故事殆不如此宜令步兵校尉冀及諸侍中還居黃門之官使權去外戚政歸國家豈不休乎又詔書所以禁侍中

尚書中臣子弟不得爲吏察孝廉者以其秉威權容
請託故也而中常侍在日月之側聲勢振天下子弟
祿仕曾無限極雖外託謙默不干州郡而諂僞之徒
望風進舉今可爲設常禁同之中臣昔館陶公主爲
子求郎館陶公主光武第三女也明帝不許賜錢十萬所以輕厚
賜重薄位者爲官人失才害及百姓也竊聞長水司
馬武宣開陽城門候羊迪等無它功德初拜便眞此
雖小失而漸壞舊章先聖法度所宜堅守政教一跌
百年不復詩云上帝板板下民卒癉刺周王變祖法
度故使下民將盡病也今陛下之有尚書猶天之有

北斗也斗爲天之喉舌尚書亦爲陛下喉舌天理在斗中司
三公如人喉在咽以理舌語斗爲天之舌口主出政
教三公主導宣君命論於人則宜如人喉在囙以理
舌口使言斗斟酌元氣運平四時天皇於是斟元陳樞以王易威威則
有條理也法也天皇斟元氣陳列樞機受行次之當得也尚書出納王命賦政四海
權尊勢重責之所歸若不平心災青必至誠宜審擇
其人以毗聖政今與陛下共理天下者外則公卿尚
書內則常侍黃門譬猶一門之內一家之事安則共
其福慶危則通其禍敗刺史三千石外統職事內受
法則夫表曲者景必邪源清者流必潔猶叩樹本百
枝皆動也周頌曰薄言振之莫不震疊韓詩薛君傳曰薄辭也振

奮也莫無也震動也疊應也美成王能奮舒文武之道而行之則天下無不動而應其政教此言
動之於內而應之於外者也繇此言之本朝號令豈
可蹉跌間隙一開則邪人動心利競暫開則仁義道
塞刑罰不能復禁化導以之寖壞此天下之紀綱當
今之急務陛下宜開石室陳圖書招會羣儒引問失
得指擿變象以求天意其言有中理卽時施行顯拔
其人以表能者則聖聽日有所聞忠臣盡其所知又
宜罷退宦官去其權重裁置常侍二人方直有德者
省事左右小黃門五人才智閑雅者給事殿中如此
則論者厭塞升平可致也臣所以敢陳愚瞽冒昧自

聞者儻或皇天欲令微臣覺悟陛下陛下宜熟察臣
言憐赦臣死順帝覽衆對以固對爲第一多所納用
卽時出阿母還舍諸常侍悉叩頭謝罪朝廷肅然
馬融扶風人陽嘉二年與李固同對策融對曰臣聞
立天之道曰陰曰陽立地之道曰柔曰剛夫陰陽剛
柔天地所以立也取仁於陽資義於陰柔以施德剛
以行刑各順時日以厚羣生帝王之法天地設位四
時代序王者奉順則風雨調澍嘉生繁殖天失其度
則咎徵竝至飢饉薦臻合科條品制四時禁令所以
承天順民者備矣悉矣不可加矣然而不平之效猶

有咨嗟之怨者百姓屢聞恩澤之聲而未見惠和之
實也今從政者變忽法度以殺戮威刑爲能夫問其
國守相及令長何如其稱之也日太急其毀之也日
太緩太急致寒太緩致燠二者罪同而論者許急此
陰陽所以不和也復之之道審察緩急之謗舉鈞同
寒燠之罪罰以崇王政則陰陽和矣好惡既明則宰
官之吏知所避就又身以先之不嚴以蒞之不變則
刑罰之夫知爲善之必利爲惡之必害孰能不化則
官良矣臣聞洪範八政以食爲首周禮九職以農爲
本民失耕桑飢寒竝至賊盜之原所繇起也古之仰

足以養父母俯足以畜妻子然後敦五教宣三德則
嘉隆之化可致也夫足者非能家贍而人足量其財
用以爲制度故嫁娶之禮儉則婚姻以時矣喪制之
禮約則終者掩藏矣不奪其時則農不失矣妻子以
累其心產業以重其志舍此而爲非者雖有必不多
矣今則不然此盜賊所以不息誠使制度必行禁令
必止則士者不濫法式之外百工不作無用之器商
賈不通難得之貨農夫不失三時之務各安生樂業
盜賊消害不起矣
張衡爲太史令陽嘉二年與李固同對策衡對曰臣
聞政善則休祥降政惡則咎徵見苟非聖人或有失
誤昔成王疑周公而大風拔木開金縢而反風至天
人之應速於彰響故稱詩曰無曰高高在上日監在
茲間者京都地震雷赫怒夫動靜無常變改正道則
有奔雷土裂之異自初舉孝廉迄今二百歲矣皆先
孝行行有餘力則學文法辛卯詔以能宣章句奏案
爲限雖有至孝猶不應科此棄本而取末曾子長於
孝然實魯鈍文學不若游夏政事不若冉季今欲使
一人兼之苟外可觀內則必有闕則違選舉孝廉之
制矣且郡國守相剖符寧境爲一大臣一旦免黜十

有餘人吏民罷於送迎之役新故交際公私放濫或
臨政事民爲百姓取便而以少過免之是爲奪人父
母使嗟號也又察選舉一任三府堂閣秘密振暴於
外貨賂多行人事流通於真僞渾淆昏亂清朝此爲
下陵上替分威共德災異之興不亦宜乎易不遠復
論不憚改朋友交接且不宿過況於帝王承天理物
以天下爲公者乎中間以來妖星見於上震裂著於
下天誡詳矣可爲寒心明者消禍於未萌今既見矣
修政恐懼則禍轉爲福矣
周舉爲尚書陽嘉三年河南三輔大旱詔書以舉才

學優深博下策問曰朕以不德仰承三統夙興夜寐思恊大中頃年以來旱災屢應稼穡焦枯民食困乏五品不訓王澤未流羣司素餐據非其位審所貶黜變復之徵厥效何繇分別具對勿有所諱舉對曰臣聞易稱天尊地卑乾坤以定二儀交構乃生萬物萬物之中以人爲貴故聖人養之以君成之以化順四時之宜適陰陽之和使男女婚娶不過其時包之以仁恩導之以德教示之以災異訓之以嘉祥此先聖承乾養物之始也夫陰陽閉隔則二氣否塞二氣否塞則人物不昌人物不昌則風雨不時風雨不時則

水旱成災陛下處唐虞之位未行堯舜之政近廢文帝光武之法而循亡秦奢侈之欲內積怨女外有曠夫今皇嗣不興東宮未立傷和逆理斷絶人倫之所致也非但陛下行此而已豎宦之人亦復虛以形勢威侮良家取女閉之至有白首歿無配偶逆於天心昔武王入殷出傾城之女成湯遭災以六事克己魯僖遇旱而自責祈雨皆以精神轉禍爲福自枯旱以來彌歷年歲未聞陛下改過之效徒勞至尊暴露風塵誠無益也又下州郡祈神致請昔齊有大旱景公欲祀河伯晏子諫曰不可夫河伯以水爲城國魚鼈爲民庶水盡魚枯豈不欲雨自是不能致也陛下所行但務其華不尋其實猶緣木求魚却行求前誠宜推信革政崇道變惑出後宮不御之女理天下冤枉之獄除太官重膳之費夫五品不訓責在司徒有非其位者宜急出斥之臣舉自外藩擢典納言學薄智淺不足以對易傳曰陽感天不旋日惟陛下留神裁察之

皇甫規安定人爲郡功曹舉上計掾冲質之間梁太后臨朝舉規賢良方正對策曰伏惟孝順皇帝初勤王政紀綱四方幾以獲安後遭姦僞威分近習畜貨

聚馬戲謔是聞又因緣嬖倖受賂賣爵輕使賓客交錯其間天下擾擾從亂如歸故每有征戰鮮不挫傷官民並竭上下窮虛臣在關西竊聽風聲未聞國家有所先後而威福之來咸歸權倖陛下體兼乾坤聰哲純茂攝政之初拔用忠貞其餘綱維多所改正遠近翕然望見太平而地震之後霧氣日濁日月不光旱魃爲虐大賊從橫流血川野庶品不安譴誡累至殆以姦臣權重之所致也其嘗侍左無狀者亟便黜遣披掃凶黨收入財賄以塞痛怨以答天誡今大將軍梁冀河南尹不疑處周召之位爲社稷之鎮加與

王室世爲姻族今日位號雖尊可也實宜增修謙節
輔以儒術省去遊娛不急之務割減廬茅無益之飾
夫君者舟也人者水也羣臣乘舟者也將軍兄弟操
檝者也若能平志畢力以度元元所謂福也如其怠
弛將淪波濤可不愼乎夫德不稱祿猶鑿墉之址以
益其高豈量力審功安固之道哉凡諸宿猾酒徒戲
客皆耳納邪聲口出諂言甘心逸遊唱造不義亦宜
貶斥以懲不軌令冀等深思得賢之福失人之累又
在位素餐尚書怠職有司依違莫肯糾察故使陛下
專受諂諛之言不聞戶牖之外臣誠知阿諛有福深

言近禍豈敢隱心以避誅責乎臣生長邊遠希涉紫
庭怖慴失守言不盡心梁冀忿其刺已以覬爲下第
拜郎中託疾免
歸後爲度遼將軍元康元年徵爲尚書其夏日蝕詔
公卿舉賢良方正下問得失歸後對曰天之於王者
猶君之於臣父之於子也誡以災妖使從福祥陛下
八年之中三斷大獄一除內嬖再誅外臣而災異猶
見人情未安者殆賢愚進退威刑所加有非其理也
前太尉陳蕃劉矩忠謀高世廢在里巷劉祐馮緄古本
切翊趙典尹勳正直多怨流放家門李膺王暢孔翊絜

身守禮終無宰相之階至於鉤黨之釁事起無端虐
賢傷善哀及無辜今與改善政易於覆手而羣臣杜
口鑒畏前害互相瞻顧莫肯正言伏願陛下暫留聖
明容受謇直則前責可弭後福可降對奏之不省才
荀爽字慈明一名諝潁陰人延熹九年太常趙典舉
爽至孝拜郎中對策陳便宜曰臣聞之於師曰漢爲
火德火生於木木盛於火故其德爲孝其象在周易
之離夫在地爲火在天爲日在天者用其精在地者
用其形夏則火王其精在天溫煖之氣養生百木是
其孝也冬時則廢其形在地酷烈之氣焚燒山林是

其不孝也故漢制使天下誦孝經選吏舉孝廉夫喪
親自盡孝之終也今之公卿及二千石三年之喪不
得即去殆非所以增崇孝道而克稱火德者也往者
孝文勞謙行過乎儉故有遺詔以日易月此當時之
宜不可貫之萬世古今之制雖有損益而諒闇之禮
未嘗改移以示天下莫遺其親今公卿羣僚皆政教
所瞻而父母之喪不得奔赴夫仁義之行自上而始
敦厚之俗以應乎下傳曰喪祭之禮闕則人臣之恩
薄背死忘生者衆矣曾子曰人未有自致者也必也
親喪乎春秋傳曰上之所爲民之歸也夫上所不爲

而民或爲之故加刑罰若上之所爲民亦爲之又何
誅焉昔丞相翟方進以自備宰相而不敢踰制至遭
母喪三十六日而除夫失禮之源自上而始古者大
喪三年不呼其門所以崇國厚俗篤化之道也事失
宜正過勿憚改天下通喪可如舊禮臣聞有夫婦然
後有父子有父子然後有君臣有君臣然後有上下
有上下然後有禮義禮義備則人知所厝矣夫婦人
倫之始王化之端故文王作易上經首乾坤下經首
咸恒孔子曰天尊地卑乾坤定矣夫婦之道所謂順
也尭典曰釐降二女於嬀汭嬪于虞降者下也嬪者

婦也言雖帝尭之女下嫁於虞猶屈體降下勤修婦
道易曰帝乙歸妹以祉元吉婦人謂嫁曰歸言湯以
娶禮歸其妹於諸侯也春秋之義王姬嫁齊使魯主
之不以天子之尊加于諸侯也今漢承秦法設尚主
之儀以妻制夫以卑臨尊違乾坤之道失陽唱之義
也孔子曰昔聖人之作易也仰則觀象於天俯則察
法於地覩鳥獸之文與夫地之宜近取諸身遠取諸
物以通神明之德以類萬民之情今觀法於天則北
極至尊四星妃后察法於地則崐山象夫卑澤象妻
覩鳥獸之文鳥則雄者鳴鴝雌能順服獸則牡爲唱

導牝乃相從近取諸身則乾爲人首坤爲人腹遠取
諸物則木實屬天根荄屬地陽尊陰卑蓋乃天性旦
詩初篇實首關雎禮始冠婚先正夫婦天地六經其
旨一揆宜改尚主之制以稱乾坤之性遵法尭舜式
是周孔合之天地而不謬質之鬼神而不疑人事如
此則嘉瑞降天吉祥出地五韙咸備各以其序若矣
昔者聖人建天地之中而謂之禮禮者所以興福祥
之本而止禍亂之源也人能枉欲從禮者則福歸之
順情廢禮者則禍殃之推禍福之所應知興廢之所
由來也衆禮之中婚禮爲首故天子娶十二天之數

也諸侯以下各有等差事之降也陽性純而能施陰
體順而能化以禮濟樂節宣其氣故能豐子孫之祥
致老壽之福及三代之季淫而無節瑶臺瓊宮陳妾
數百陽竭於上陰隔於下故周公之戒曰不知稼穡
之艱難不聞小人之勞惟躭樂之從時亦罔或克壽
是其明戒後世之人好福不務其本惡禍不易其軌
傳曰截趾適屨孰云其愚何與斯人追欲喪軀誠可
痛也臣竊聞後宮釆女五六千人從官侍使復在其
外冬夏衣服朝夕廩糧耗費縑帛空竭府藏徵調增
倍十而稅一空賦不辜之民以供無用之女百姓窮

困於外陰陽隔塞于內故感動和氣災異屢臻臣愚以爲諸非禮聘未嘗幸御者一一皆遣出㑹成妍合一曰通怨曠和陰陽二曰省財用實府庫三曰修禮制綏眉壽四曰配陽施祈螽斯五曰寬役賦安黎民此誠國家之弘利天人之大福也夫寒熱晦明所以爲歲尊卑奢儉所以爲禮故以晦明寒暑之氣尊卑侈約之禮爲其節也易曰天地節而四時成春秋傳曰惟器與名不可以假人孝經曰安上治民莫善於禮禮者尊卑之差上下之制也昔季氏八佾舞於庭非有傷害困於人物而孔子曰是可忍也孰不可忍

洪範曰惟辟作威惟辟作福惟辟玉食凡此三者君所獨行而臣不得同也今臣僭君服下食上珍所謂害于而家凶於而國者也宜畧依古禮尊卑之差及董仲舒制度之别嚴督有司必行其命此則禁亂善俗足用之要奏聞郎棄官去

冊府元龜

巡按福建監察御史臣李嗣京 訂正

知閩縣事臣曹崗臣參閱

知建陽縣事臣黃國琦較釋

貢舉部 六百四十八

對策第三

晉郤詵濟陰人博學多才州郡禮命並不應泰始中詔天下舉賢良直言之士濟陰太守文立舉詵應選詔曰蓋太上以德撫時易簡無文至於三代禮樂大備制度彌繁文質之變其理何繇虞夏之際聖明係

踵而損益不同周道既衰仲尼猶曰從周因革之宜又何殊也聖王既沒遺制猶存霸者迭興而翼輔之王道之缺其無補乎何陵遲之不反也豈霸德之淺歟期運不可致歟且夷吾之智而功止於霸何哉夫昔人之為政革亂亡之弊建不刊之統移風易俗刑措不用豈非化之盛歟何修而嚮茲朕獲承祖宗之休烈於茲七載而人未服訓正道罔述以古況今何不相逮之遠也雖明之弗及猶思與群賢慮之將何以辯所聞之疑昧獲至論於讜言乎加自頃戎狄內侵害災屢作邊甿流離征夫苦役豈政刑之謬將有司非其任歟各悉乃心究而論之上明古制下切當今朕之失德所宜振補其正議無隱將敬聽之詵對曰伏惟陛下以聖德君臨猶垂意於博采故招賢正之士而臣等薄陋不足以降大問也是以切有自疑之心雖致身於闕庭亦俛俛矣伏讀聖策乃知下問之旨篤焉臣聞上古推賢讓位教同德一故易簡而人化三代世及季末相承故文繁而後整虞夏之相因而損益不同非帝王之道異救弊之路殊也周當二代之流承雕僞之極盡禮樂之致窮制度之理其文詳備孔子因時宜而曰從周非殊論也臣聞聖王

之化先禮樂五霸之興勤政刑禮樂之化深政刑之用淺勤之則可以小安墮之則遂以陵遲所繇之路殊故所補之功不侔也而齊桓失之葵丘夷吾淪於小器功止於霸不亦宜乎策曰建不刊之統移風易俗使天下和洽何修而嚮茲臣以為莫大於擇人而官之也今之典刑匪無一統宰牧之才優劣異績或以之興或以之替此蓋人能弘政非政弘人也舍人務政雖勤何益臣切觀乎古今而考其美惡古人相與求賢今人相與求爵古之官人君責之於上臣舉之於下得其人有賞失其人有罰安得不求賢乎今

之官者父兄嘗之親戚助之有人事則通無人事則塞安得不求爵乎賢苟求達達在修道窮在失義故静以待之也爵苟可求得在進取失在後時故動以要之也動則爭競爭競則朋黨朋黨則誣罔誣罔則臧否失實眞僞相冒主聽用惑姦之所會也静則貞固貞固則正直正直則信讓信讓則推賢推賢不伐相下無曆主聽用察德之所趣也故能使之静雖日高枕而人自正不能禁動雖復夙夜俗不一也且人無愚智咸慕名宦莫不適正於外藏邪於内故邪正之人難得而知也任得其正則衆正益至若得其邪

則衆邪亦集物繁其類誰能止之故亡國失正者未嘗不爲衆邪所積也方其初作必始於微微而不絶其終乃著天地不能頓爲寒暑人主亦不能頓爲隆替故寒暑漸於春秋隆替起於得失當今之世宦者無關梁邪門啓矣朝廷不責賢正路塞矣得失之源何以甚此所謂責賢使之相舉也所謂關梁使之相保也賢不舉則有咎保不信亦有罰故古者諸侯必貢士不貢者削貢而不適亦削矣士者難知也不適者薄過也不得不責彊其所不知也罰其所不適深其薄過非恕也且天子於諸侯有不純臣之義其責

之矣施刑之道寧縱不濫之矣今皆反是何也夫賢者天地之紀品物之宗其急之也故寧濫以保之無縱以失之也今則不然世之悠悠者各自取辯耳故才行並不可必於公則政事紛亂於私則汙穢狼藉自頃長吏特多此累有亡命而被購懸者矣有縛束而絞戮者矣貪鄙竊位不知誰升之者獸兕出檻不知誰可咎者網漏吞舟何以過此人之於利如蹈水火焉前人雖敗後人復起如彼此無已誰止之者風流日競誰憂之者雖今聖思勞於夙夜所使爲政嘗得此屬欲聖世化美俗平亦俟河之清耳若欲善之

宜創舉賢之典峻關梁之防其制既立則人慎其舉而不苟則賢者可知知賢而試則官得其人矣官得其人則事得其序事得其序則物得其宜物得其宜則生生豐植人用資給和樂興焉是故寡過而遠刑知恥以近禮此所以建不刊之統移風易俗刑措而不用也策曰自頃夷狄内侵災眚屢降將所任非其人乎何繇而至此臣聞蠻夷滑夏則臯陶作士此欲善其末而先其本也夫任賢則政惠使能則刑恕政惠則下仰其施刑恕則人懷其勇施以殖其財勇以結其心故人居則資贍而知方動則親上而志勇苟

思其利而除其害以生道利之者雖死不貳以佚道勞之者雖勤不怨故其命可授其力可竭以戰則克以攻則拔是以善者慕德而安服惡者畏懼而削迹止戈而武義實在文惟任賢然後無患耳若夫水旱之災自然理也故古者三十年耕必有十年之儲堯湯遭之而人不困有備故也自頃風雨雖頗不時攷之萬物或境土相接而豐約不同或頃畝相連而成敗異流固非天之必害於人人實不能均其勞苦失之於人而求之於天則有司惰職而不勤百姓殆業而咎時非所以定人志致豐年也宜勤人事而已臣

誠愚鄙不足以奉對聖朝循進之于廷者將使取諸其懷而獻之乎臣懼不足也若收不知言以致之言臣則可矣是以辭鄙不隱也以對策上第拜議郎

摯虞京兆長安人才學通博郡檄主簿舉賢良與夏侯湛等十七人策爲下第拜中郎武帝詔曰省諸賢良答策雖所言殊塗皆明於王義有益政道欲詳覽其對究觀賢士大夫用心因詔諸賢良方正直言會東堂策問曰頃日蝕正陽水旱爲災將何所修以變大眚及法令有不宜於今爲公私所患苦者皆何事凡平世在於得才得才者亦借耳目以聽察若有文武器能有益於時務而未見申敘者各舉其人及有負俗謗議宜見洗濯者亦各言之虞對曰臣聞古之聖明原始以要終體本以正末故憂法度之不當而不憂人物之失所憂人物之失所而不憂災害之流行誠以法得於此則物理於彼人和於下則災消於上其有日月之眚水旱之災則反聽內視求其所繇遠觀諸物近驗諸身耳目聽察豈或有蔽其聰明者乎動心出令豈或有傾其常正者乎大官大職豈或有授非其人者乎賞罰黜陟豈或有不得其所者乎河濱山巖豈或有懷道釣築而未感於夢兆者乎方

外遐裔豈或有命世傑出而未蒙膏澤者乎推此類也以求其故詢事攷言以盡其實則天人之情可得而見咎徵之至可得而救也若推之於物則無忤求之於身則無尤萬物理順內外咸宜祝史正辭言不負誠而日月錯行大厲不戒此則陰陽之事非吉凶所在也期運度數自然之分固非人事所能供御其亦振廩散滯貶食省用而已矣是故誠遇期運則雖陶唐殷湯有所不變苟非其運則宋衛之君諸侯之相猶能有感惟陛下審其所由以盡其理則天下幸甚臣生長華門不逮異物雖有賢才所未接識不敢

譖言妄舉無以疇答聖問擢爲太子舍人
阮种字德猷陳留尉氏人察孝廉爲公府掾是時西虜內侵災眚屢見百姓飢饉詔王公卿尹常伯牧守各舉賢良方正直言之士於是太保何曾舉种賢良策曰在昔哲王承天之序光宅宇宙成用規矩乾坤惠康品類休風流衍彌于千載朕應踐洪運統位七載於今矣惟德弗嗣不明於政宵興惕厲未燭厥猷子大夫韜韞道術儼然而進朕甚嘉焉其各悉乃心以闡諭朕志深陳王道之本勿有所隱朕虛心以覽焉种對曰夫天地設位聖人成能王道至深所以行

化至遠故能開物成務而功業不匱近無不聽遠無不服德逮群生澤被區宇聲施無窮而典垂百代故經曰聖人久於其道而天下化成宜師蹤往代襲迹三五矯世更俗以從人望令率土遷義下知所適播醇美之化杜邪枉之路斯誠羣黎之所欣想盛德而幸望休風也又問政刑不宣禮樂不立對曰政刑之宣故繇乎禮樂之用昔之明王唯此之務所以防遏暴慢感動心術制節生靈而陶化萬姓也禮以體德樂以詠功樂本於和而禮師於敬矣又問戎蠻猾夏對曰戎蠻猾夏侵敗王略雖古盛世猶有此虞故詩稱獫狁孔熾書歎蠻夷帥服自魏氏以來夷虜內附鮮有桀悍侵漁之患繇是邊守遂怠障塞不設而令醜虜內居與百姓雜處邊吏擾習人又忘戰受方任者又非其才或以狙詐侵侮邊夷或干賞蹈利妄加討戮夫以微羈而御悍馬又乃操以煩策其不制者固其理也是以羣醜蕩駭緣間而動雖三州覆敗牧守不支此非胡虜之甚勁蓋用之者過也臣聞王者之伐有征無戰懷遠以德不聞以兵兵凶器而戰危事也兵興則傷農衆集則費積農傷則人匱積費則國虛昔漢武之世承文帝之業資海內之富役其材

臣以甘心匈奴競戰勝之功貪攻取之利良將勁卒屈於沙漠勝敗相若克不過當天百姓之命塡飢狼之口及其以衆制寡令匈奴遠迹收功祁連飲馬瀚海天下之耗以過大半矣夫虛中國以事夷狄誠非計之得者也是以盜賊蠭起山東不振暨宣帝之時趙充國征西零馮奉世征南羌皆兵不血刃推抑强暴擒其首惡此則折衝厭難勝敗相辨中世之明效也又問咎征作見對曰陰陽否泰六沴之災則人主修政以禦之思患而防之建皇極之首詳庶徵之用詩曰敬之敬之天惟顯思天聽明自我人聽明是以

人主祖承天命日慎一日也故能應受多福而永世克祚此先王之所以退灾消眚也又問經化之務對曰夫王道之本經國之務必先之以禮義而致人於廉恥禮義立則君子軌道而讓於善廉恥立則小人謹行而不淫於制度賞以勸其能威以懲其廢此先王所以保乂定功化洽黎元而勳業長世也故上有克讓之風則下有不爭之俗朝有矜節之士則野無貪冒之人夫廉恥之於政猶樹藝之有豐穣良歲之有膏澤其生物必油然茂矣若廉恥不存而惟刑是御則風俗凋弊人惟錐刀之末皆有爭心雖峻刑嚴

辟猶不勝矣其於政也如農者之殖磽野旱年之望豐穡必不幾矣此三代所以享德長久風淳俗美皆數百年保天之祿而秦二世而弊者蓋其所繇之塗殊也又問將使武成七德文濟九功何路而臻於茲凡厥庶事曷後曷先對曰夫文武經德所以成功丕業咸熙庶績者莫先於選建明哲授才任能令才當其官而功稱其職則萬機咸理庶寮不曠書曰天工人其代之然則代天理物寧國安家非賢無以成也夫賢才之畜於國猶良工之須利器巧匠之待繩墨也器用利則斲削易而材不病繩墨設則曲直正而

衆形得矣是以人主必勤求賢而佚以任之也賢臣之於主進則忠國愛人退則砥節潔志營職不干私義出心必繇公塗明量度以呈其能審經制以效其功此昔之聖王所以恭已南面而化於陶鈞之上者以其所任之賢與所賢之信也方今海內之士皆傾望休光希心紫極惟明主之所趣舍若開四聰之聽廣疇咨之求抽羣英延俊乂考工授職呈能制官朝無素餐之士如此化流罔極樹功不朽矣時种與郤詵及東平王康俱居上第即除尚書郎然毁譽之徒或言對者因緣假託武帝乃更延羣士庭以問之詔

曰前者對策各旨答所問未盡子大夫所欲言故復延見其具陳所懷又比年連有水旱災眚雖戰戰兢兢未能究天人之理當何修以應其變人遇水旱饑饉者何以救之中間多事未得寧靜思以省息煩務令百姓不失其所若人有所患苦者有宜損益使公私兩濟者委曲陳之又政在得人而知之至難惟有因人視聽耳若有文武隱逸之士宜各舉所知雖幽賤負俗勿有所限故虛心思聞實事勿務華辭莫有所諱也种對曰伏惟陛下以聖哲玄覽降卹黎蒸將濟元元同之三代旁求俊乂以輔至化誠堯舜之用

心也臣猥以頑魯之質應清明之舉前者對策不足以疇塞聖詔所陳不究臣誠蒙昧所以爲罪臣聞天生蒸庶樹君以司牧之人君道洽則彝倫攸叙五福來備若政有愆失刑理頗僻則庶徵不應而淫亢爲災此則天人之理而興廢之繇也昔之聖王政道備而制先具執人以務致之於本是以雖有水旱之眚而無飢饉之患也自頃陰陽隔并水旱爲災亦猶期運之致不然則亦有司之不帥不能宣承聖德以賛揚大化故和氣未降而人事未敘也方今百姓凋弊公私無儲誠在於休役靜人勸嗇務公此其救也人

之所患繇于役煩網密而信道未孚也役煩則百姓失業網密則下背其誠信道未著則人無固志此則損益之至務安危之大端也傳曰始與善善進則不善蔑繇至孔子曰視其所以觀其所由人焉廋哉若夫文武隱逸之士幽賤負俗之才故非愚臣之所能識謹竭愚以對策奏帝親覽焉又擢爲第一轉中書郎

華譚廣陵人揚州刺史周浚引爲從事史太康中徐州刺史嵇紹舉譚秀才譚至維陽武帝親策之曰今四海一統萬里同風天下有道莫斯之盛然北有未羈之虜西有醜施之氐故謀夫未得高枕邊人未獲晏然將何以長弭斯患混清六合對曰臣聞聖人之臨天下也祖乾綱以流化順谷風以興仁兼三才以御物開四聰以招賢故勞謙日昃務在擇才宣明岩穴垂光隱滯俊乂龍躍帝道以光清德鳳翔皇化克舉是以臯陶見舉不仁者遠陸賈重漢遠夷折節今聖朝德音發於帷幄清風翔乎無外戎旗南指沔漢席捲干戈西征羌蠻慕化誠闢四門之秋興禮教之日也故髦俊聞聲而翻赴殊才望險而雲集虛高館以俟賢設重爵以待士急善過于飢渴用人疾于應

響杜佞諂之門廢鄭聲之樂混清六合實繇乎此雖西北有未羈之寇殊漢有不朝之虜征之則勞師得之則無益故班固云有其地不可耕而食得其人不可臣而畜來則懲而禦之去則備而守之蓋安邊之術也又策曰吳蜀恃險今既蕩平蜀人服化無攜貳之心而吳人趑雎屢作妖寇豈蜀人敦樸易可化誘吳人輕鋭難安易動乎今將欲綏靜新附何以爲先對曰臣聞漢末分離英雄鼎峙蜀棲岷隴吳據江表至大晉龍興應期受命文皇運籌安樂順軌聖上潛謀歸命向化蜀染化日久風教遂成吳始初附未改

其化非為蜀人敦愨而吳人易動也然殊俗遠境風土不同吳阻長江舊俗輕悍所安之計當先籌其人士使雲翔閶闔進其賢才待以異禮明選牧伯致以威風輕其賦斂將順咸悅可以永保無窮長為人臣者也又策曰聖人稱如有王者必世而後仁今天成地平大化無外雖匈奴未羈羌氏驕黠將修文德以綏之舞干戈以來之故兵戈載戢武夫寢息如此已可消鋒刃為田器罷尚方武庫之用未耶對曰夫唐堯歷載頌聲乃作文武相承禮樂大同清一八紘綏盪無外萬國順軌海內晏然雖復被髮之鄉徒跣之

國皆習章甫而入朝要衣裳以磬折夫大舜之德猶有三苗之征以周之盛徐夷為寇雖有文德又須武備以預不虞古之善教安不忘危聖人嘗誡無為罷武庫之嘗職鑠鋒刃為農器自可倒戢干戈包以獸皮將帥之士使為諸侯於散樂休風未為不泰也又策曰夫法令之設所以隨時制也時險則峻法以取平時泰則寬網以將化今天下太平四方無事百姓承德將就無為而又至于律令應有所損益否對曰臣聞五帝殊禮三王異教故或禪讓以光政或干戈以攻取至於興禮樂以和人流清風以寧俗其歸一也今誠風教大同四海無虞人皆感化去邪從正夫以堯舜之盛而猶設象刑殷周之隆而甫侯制律律令之存何妨於政若乃大道四達禮樂交通凡人修行黎庶勵節刑罰懸而不用律令存而無施適足以隆太平之雅化飛仁風乎無外矣又策曰昔帝舜以二八成功文王以多士興周夫制化在於得人而賢才難得今大統始同宜搜才實州郡有貢薦之舉猶未獲出羣卓越之倫將時無其人有而致之未得其理也對曰臣聞興化立法非賢無以光其道平世理亂非才無以宣其業上自皇羲下及帝王莫不張皇

綱以羅遠飛仁風以被物故得賢則教興失人則教廢今四海一統萬里同風州郡貢秀孝臺府簡良才以八紘之廣兆庶之衆豈當無卓越儁逸之才乎譬猶南海不少明月之寶大宛不乏千里之駒也異哲難見遠效難覩故堯舜太平之化二八係舜而甫顯殷湯革王之命伊尹負鼎而方用當今聖朝禮亡國之士接遯脩之人或貂蟬於帷幄或剖符於千里巡狩必有呂公之遇宵夢必有巖穴之感賢儁之出可企踵而待也時九州秀孝策無逮談者尋除郎中

紀瞻字思遠丹陽秣陵人少以方直知名舉秀才尚

書郎陸機策之曰昔三代明王啓建洪業文質殊制而令名一致然夏人尚忠忠之弊也樸救樸莫若敬殷人革而修焉敬之弊也鬼救鬼莫若文周人矯而變焉文之弊也薄救薄則反之於忠然則王道之反覆其無一定邪亦所祖之不同而功業各異也自無聖王人散久矣三代之損益百姓之變遷其故可得而聞邪今將反古以救其弊明風以蕩其穢三代之制將何所從太古之化有何異道贍對曰瞻聞有國有家者皆欲邁化隆政以康庶績垂歆億載永傳于後然而俗變事弊而不隨時雖歷聖哲無以易也故

忠弊質野敬失多儀周監二王之弊崇文以辨等差而流遁者歸薄而無欵誠欵誠之薄則又反之於忠三代相循如水濟火所謂隨時之義救獘之術也義皇簡樸無爲而化後聖因承所務或異非賢聖之不同世變使之然耳今大晉闡元聖功日躋承天順時九有一貫荒服之君莫不來同然而大道旣遠人變錄久謂當今之政宜去文存樸以反其本則兆庶漸化太和可致也又問在昔哲王象事備物明堂所以崇上帝清廟所以寧祖考辟雍所以班禮教太學所以講藝文此蓋有國之盛典爲邦之大司亡秦廢學制度荒闕諸儒之論損益異物漢氏遺作居爲異事而蔡邕月令謂之一物將何所從對曰周制明堂所以宗其祖以配上帝敬恭明祀永光孝道也其大數有六古者聖帝明王南面而聽政其六則以明堂爲主又其正中皆云大廟以順天時施行法令宗祀養老訓學講肄朝諸侯而選造士備禮辨物一教化之緣也故取其宗祀之類則曰清廟取其正室之貌則曰太廟取其室則曰太室取其堂則曰明堂取其四門之學則曰太學取其周水圜如璧則曰辟雍異名同事其實一也故蔡邕謂之一物又問庶明亮采故

時雍穆唐有命旣集而多士隆周故書稱明良之歌易貴金蘭之美此長世所以廢興有邦所以崇替夫成功之君勤于求才立名之士急于招世理無世不對而事千載嘗背古之興王何道而如彼後之衰世何闕而如此對曰興隆之政務在得賢清平之化急於拔才故二八登庸則百揆序有亂十人而天下泰武丁擢傳嵓之徒周文攜渭濱之士居之上司委之國政故能龍奮天衢垂動百代先王身下白屋搜揚仄陋使山無扶蘇之材野無伐檀之詠是以化厚物感神祇來應翔鳳飄颻甘露豐墜醴原吐液朱草自

生萬物滋茂日月重光和氣四塞大道以成序君臣
之義敦父子之親明夫婦之道別長幼之宜包九州
被八荒海內移心重譯入貢頌聲穆穆南面垂拱也
今貢賢之塗巳闢而教學之務未廣是以進競之志
嘗銳而務學之心不修若闢四門以延造士宜五教
以明令德攷績殿最審其優劣厝之百寮置之羣司
使調物度宜節宣國典必協濟康哉符契往時明良
來應金蘭復存也又問昔唐虞垂五刑之教周公明
四罪之制故世歎清問而時歌緝熙姦宄既殷法物
滋有叔世崇三辟之文暴秦加族誅之律淫刑淪胥

虐濫巳甚漢魏遵承因而弗革亦緣險泰不同而救
世異術不得巳而用之故也寬猛之中將何立而可
族誅之法足爲永制與否對曰二儀分則兆庶生兆
庶生則利害作利害之作有緣而然也太古之時化
道德之教賤勇力而貴仁義仁義貴則彊不淩弱衆
不暴寡三皇結繩而天下泰非惟象刑緝熙而巳也
且太古之法所以遠獄及其末不失有罪是以獄用
彌繁而人彌暴法令滋章盜賊多有書曰惟敬五刑
以成三德叔世道衰既與三辟而文公之弊又加誅
族淫刑淪胥感傷和氣化染後代不能變改故漢祖

指麾而六合響應魏承漢末因而未革將以俗變緣
久權時之宜也今四海一統人思反本漸尚簡樸則
貪夫不競尊賢黜否則不仁者遠爾則斟參夷之刑
除族誅之律品物各順其生緝熙異世而偕也又問
曰夫五行迭代陰陽相須二儀所以陶育四時所以
化生易稱在天成象在地成形形象之作相須之道
也若陰陽不調則大數不得不否一氣偏廢則萬物
不得獨成此應同之至驗不偏之明証也今有溫泉
而無寒火其故何也思聞以辯之以釋不同之理對
曰蓋聞陰陽升降山澤通氣初九純卦潛龍勿用泉

源所託其溫宜也若夫水潤下火炎上剛柔燥濕自
然之性故陽動而外陰靜而內內性柔弱以含容爲
資外動剛直以外接爲用是以金水之明內鑒火日
之光外輝剛施柔受陽勝陰伏水之受溫含容之性
也又問曰夫窮神知化才之盡稱備物致用功之極
目以之爲政則黃羲之規可踵以之革亂則玄古之
風可紹然而唐虞密皇人之闊綱夏殷繁帝者之約
法機心起而日進淳德往而莫反豈太樸一離理不
可振將聖人之道稍有降殺邪對曰政因時以興機
隨物而動故聖王究窮通之源審始終之理適時之

宜期於濟世皇代質朴禍難不作結繩爲信人知所守大道既離智慧擾物夷險不同否泰異數故唐虞寄皇人之綱夏殷繫帝者之法皆興廢有繇輕重有節此窮神之道知化之術隨時之宜非有降殺也永康初州又舉寒素大司馬辟東閤祭酒位終驃騎將軍散騎常侍

北齊樊遜字孝謙河東北猗氏人爲潁州長史天保四年梁州表舉遜爲秀才五年正月制詔問升中紀號遜對曰臣聞巡嶽之禮勒載虞書省方之義著於羲易徃帝前王匪惟一姓封金刋玉億有餘人仲尼

之覩梁甫不能盡識夷吾之對齊桓所有未幾然盛德之事必待太平苟非其人更貽靈譴秦皇無道致風雨之災漢武奢淫有奉車之害及文叔受命炎精更輝四海安流天下輯睦劒賜騎士馬駕鼓車乃用張純之文始從伯陽之說至於魏晉雖各有君量德而處莫能擬議蔣濟上言於前徒穢紙墨袁淮發論於後終未施行世歷三朝年將十祀啓聖之期茲爲昌會然自水德不競函谷封泥天馬息歌苞茅絶貢我太祖收寶鷄之瑞握鳳凰之書體一德以端朝風三分而事王蕩此妖寇易如沃雪但既受命發乃行誅雖太白出高中國宜戰置之度外望其遷善伏惟陛下以神武之姿天然之畧馬多冀北將異山西凉風至白露下北上太行東臨碣石方欲吞巴蜀而掃崤函苑長洲而池江漢復恐迎風縱火芝艾共焚投此六軍未申九伐夫周發牙璋漢馳竹使義在濟民非聞好戰至如投鼠忌器之說蓋是常談文德懷遠之言豈識權道今三臺令子六郡良家畜銳須時裹糧待詔未若龍驤虎服先收隴右之民電轉雷驚因取荆南之地昔秦舉長平金精食昴楚攻鉅鹿枉矢霄流況我威靈能無恊贊但使彼之百姓一覩六軍

似見周王若逢司隸然後除其苛令與其約法振旅而還止戈爲武標金南海勒石東山紀天地之奇功被風聲於千載若令馬兒不死子良尚存便欲按明堂之圖草射牛之禮比德論功多慙往列升中告禪臣用有疑又問求才審官孝謙對曰臣聞雕獸畫龍徒有風雲之勢金舟玉馬終無水陸之功三駕禮賢將收實用一毛不拔復何足取是以堯作虞賓遂全箕山之操周移商鼎不納孤竹之言但處士盜名雖云久矣朝臣竊位蓋亦實多漢拜丞相便有鐘鼓之妖魏用三公乃致孫權之笑故山林之與朝廷得容

非毀肥遯之與賓王翻有優劣至於時非蹈海而日羞作秦氏事異出關而言聃從衛亂雖復星干帝座不易高尚之心月犯少微終存耿介之志自我太嶽之後克廣洪基禹至神宗舜格文祖陛下受天明命光華日月爰自納麓乃格文祖儀天地以設官象星辰而布職漢家神鳳懋用紀年魏氏青龍羞將改號上膺列宿咸是異人下法山川莫非奇士所以晝堂甲觀修德日新廟鼎歌鐘王勳歲委循名責實選衆舉能朝無銅臭之公世絕錢神之論昔百里相秦名存雀籙蕭張輔沛姓在河書今日公卿抑亦天授與

之為治何欲不從未必稽首大師方聞牧馬之術滕行山上乃得治身之道但使帝德休明自强不息乙夜觀書支日通奏周昌桀紂之論欣然開納劉毅桓靈之比終自含弘高懸王爵唯能是與管庫靡遺漁鹽畢錄無令桓譚非讖官止於郡丞趙壹負才溘死於計掾則天下宅心幽明知感歲精仕漢風伯朝周真人去而復歸台星折而還斂詩稱多士易載群龍從此而言可以無愧又問釋道兩教孝謙對曰臣聞天道性命聖人所不言蓋以理絕涉求難為稱謂伯陽道德之論莊周逍遙之旨遺言取意猶有可尋至若玉簡金書神經秘錄三元九轉之奇絳雪玄霜之異淮南成道犬吠雲中王喬得仙劒飛天上皆是憑虛之說海棗之談求之如係風學之如捕影而燕君齊后秦皇漢帝信彼方士冀遇其真徐福去而不歸欒大往而無獲猶謂升遐倒影抵掌可期祭鬼求神庶或不死江璧既返還入驪山之墓龍媒已至終下茂林之墳方知劉向之信洪寶沒有餘責王充之非武帝比為不相又末葉已來大存佛教寫經西土畫像南宮昆池地黑以為劫燒之灰春秋夜明謂是降神之日法王自在變化無窮置世界於微塵納須彌

於黍米蓋理本虛無示諸方便而妖妄之輩苟求出家藥王燔軀波論灑血假未能然猶當克念寧有改形易貌有異世人恣意放情還同俗物龍宮餘論鹿野前言此而得容道風前墜伏惟陛下受天明命屈已濟民山鬼効靈海神率職湘中石鷰沐時雨而羣飛臺上銅烏翹和風而杓轉以周都洛邑治在鎬京漢宅咸陽魂歸豐沛汾晉之地王迹始維眷言遊幸且勞經畧循復降情文苑斟酌百家想執王於瑤池念求珠於赤水竊以王母獻環錄感君德上天賜佩實報禹功二班勒史兩馬製書未見三世之辭無間

一乘之旨帝樂王禮尚有時而沿革左道怪民亦何疑於沙汰又問刑罰寬猛孝讜對曰臣聞惟主建國刑以助禮猶寒暑之贊陰陽山川之通天地爰自末葉法令稍滋秦篆無以窮書楚竹不能盡載有司因此開以二門高下在心寒暑隨意周官三典棄之若吹毛漢律九章違之如覆手遂使長平獄氣得酒而始消東海孝婦因災而方雪詔書挂壁有善而莫遵姦吏到門無求而不可皆緣上失其道民不見德而議者守迷不尋其本鍾繇王朗追怨張倉祖納梅陶共尤文帝便謂化屍起偃在復肉刑致治興邦無闕

周禮伏惟陛下待旦坐朝留心政術明罰以糾諸侯申恩以孩百姓黄旗紫蓋已絶東南白馬素車將降軹道若夫峻典深文臣實未悟何則人肖天地俱稟陰陽安則願存擾則圖死故王者之治先務禮樂如有未從刑書乃用寬猛兼設水火俱陳未有專任商韓而能長久昔秦歸士會晉盜來奔舜舉皐陶不仁自遠但令釋之定國迭作理官龔遂文翁繼爲郡守科簡律令一比憲章欣閭波黠之言泣斷昭平之罪則天下自治大道公行乳獸含牙蒼鷹垂翅楚王錢府不復須封漢獄寃囚自然蒙理後服之徒旣承風而慕化有截之內皆蹈德而詠仁號以成康何難之有又問禍福報應孝謙對曰臣聞五方易辨尚待指南百世可知猶須吹律天道祕遠神迹難源不有通霧孰能盡性乘槎至於河漢唯覩牽牛假寐遊於上玄止逢翟大造化之理旣寂寞而無傳報應之來固難得而妄說但秦穆有道勾芒錫年虢公凉德蓐收降禍高明在上定自有知不可謂神冥昧難信若夫仲尼厄於陳蔡孟軻困於齊梁自是不遇其時寧關性命之理子胥無君馬遷附下受誅取辱何可尤人至如協律見親濯船得幸從此而言更不足怪周王

漂杵致天之罰白起誅降行已之意是以七百之祚仍加姬氏杜郵之戮還屬武安昔漢問上計不過日餘晉策秀才止於寒火前賢往士咸用爲難推古比今臣見其易然草萊百姓過荷恩私三拆寒膠再遊金馬王言昭責思若有神占對失圖伏深悚懼尚書擢第以遜爲當時第一八年詔尚書開東西二省官選所司策問遜爲當時第一

冊府元龜 終

冊府元龜

巡按福建監察御史臣李嗣京訂正
知甌寧縣事臣孫以敬參閱
知建陽縣事臣黃國琦較釋

貢舉部　六百四十九

對策第四

唐員半千晉州臨汾人上元初應八科舉授武陟尉又應嶽牧舉高宗御武成殿召諸州舉人親問曰兵書所云天陣地陣人陣各何謂也半千越次而進曰臣觀載籍此事多矣或謂天陣星宿孤虛地陣山河

向背人陣編伍彌縫以臣愚見謂不然矣夫師出以義有若時雨得天之時此天陣也兵在足食且耕且戰得地之利此地陣也善用兵者使三軍之士如父子兄弟得人之和此人陣也三者去矣其何以戰高宗深嗟賞之及對策擢爲上第

白居易貞元中擢進士第書判拔萃爲秘書省較書郎元和元年應才識兼茂明於體用科制曰朕觀古之王者受命君人兢兢業業承天順也靡不思賢能以濟其理求讜直以闡其過故禹拜昌言而嘉猷罔伏漢徵極諫而文學稍進經時濟俗率繇於茲厥後相循有名無實而又設以科條增求茂異拾斥已之至言角無用之虚文指切著明罕稱於代朕所以歎息鬱悼思索其眞是用發懇惻之誠咨體用之要庶乎言之可行行之不倦上獲其益下輸其情君臣之間懽然相與子大夫得不勉思朕言而茂明之我國家光宅四海年將二百十聖弘化萬邦懷仁三王之禮靡不講六代之樂罔不舉浸澤于下升中於天周漢以還莫斯爲盛自禍階漏壞兵宿中原生人困竭耗其大半農戰非古衣食罕儲念茲疲甿遂乖富庶督耕植之業而人無懸本之心峻榷酤之科而下有

重斂之困舉何方而可以復其盛用何道而可以濟其艱既往之失何者宜懲將來之虞何者當戒昔主父懲患於晁錯而用推恩夷吾致霸於齊桓而行寓令精求古人之意啓迪來哲之懷眷茲洽聞固所詳究又執契之道垂衣不言委之於下則人用其私專之於上則下無其效漢元優游於儒學盛業竟衰光武責課於公卿峻政非美兩途取舍未獲所從余心浩然益所疑惑子大夫熟究其旨屬之于篇興自朕躬無悼後害居易對曰臣聞漢文帝時賈誼上疏云可爲痛哭者一可爲流涕者二可爲長太息者三是

時漢興四十載萬人大理四海太和而賈誼非不見之所以過言者以爲詞不切志不激則不能回君聽感君心而發憤於至理也是以雖盛時也賈誼過言而無愧雖過言也文帝容之而不非故臣不失忠君不失聖書之史册以爲美譚然臣觀自兹已來天下之理未曾有髣髴於文帝時者激切之言又未有髣髴於賈誼疏者豈非君之聖明不侔於文帝乎臣之忠讜不逮于賈誼乎不然何謂衰亂之時愈多而切直之言愈少也今陛下思禹之昌言而弃之而念漢之極諫而徵之病虚文之無用者獎至言之斥已者

詢臣以可行之策諭臣以不倦之意懇惻欝悼發於重誠此眞聖王思至理求過言之明旨也斯則陛下之道已弘於前代臣之才誠劣於古人輒欲過言以裨陛下明德萬分之一也裨之者非謂言之必可行也體用之必可明也且欲使後代知陛下踐祚之後有樸直敢言之臣出焉無俾文帝賈誼專美於漢代然後退而俯伏以待罪戾焉臣誠所甘心也謹以過言昧死上對伏蒙陛下賜臣之策有思與禮樂之道念救疲疵之方辨懲往戒來之宜審推恩寓令之要至矣哉陛下之念此實萬葉之福也豈惟一代之人受其賜而已哉臣聞疲病之作有因緣焉救療之方有次第焉臣請爲陛下究因緣陳次第而言之臣聞太宗以神武之姿撥天下之亂玄宗以聖文之德致天下之肥當二宗之時利無不興弊無不革遠無不服近無不和貞觀之功既成而太樂作焉雖六代之盡美無不舉也開元之理既定而盛禮興焉雖三代之明備無不講也禮行故上下輯睦樂達故内外和平所以兵偃而萬邦懷仁刑清而兆人自化動植之類咸煦嫗而自遂焉雖成康文景之理無以出於此矣洎天寶已降政教寖微寇旣荐興兵亦繼起兵以

遏寇寇生於兵兵寇相仍迨五十載征徭繇是而重人力繇是而罷下無安心雖日督農桑之課而生業不固上無定費雖日峻管榷之法而歲計不充日削月朘以至於耗竭其半矣此臣所謂疲病之因緣者也豈不然乎繇是觀之蓋人疲繇乎税重税重繇乎軍興軍興繇乎寇生寇生繇乎政鈌然則未修政教而望寇戎之銷未銷寇戎而望兵革之息雖太宗不能也未息兵革而望征徭之省未省征徭而望黎庶之安雖玄宗不能也雖然事有所必然雖常人足可致勢有所不可雖聖哲不能爲伏惟陛下將欲安黎

蹷先念省征徭將欲省征徭先念息兵革將欲息兵
革先念銷寇戎將欲銷寇戎先念修政教何者若政
教修則下無詐僞暴悖之心而寇戎所繇銷矣寇戎
銷則境無興發攻守之役而兵革所繇息矣兵革息
則國無餽運飛輓之費而征徭所繇省矣征徭省則
人無流亡轉徙之憂而黎庶所繇安矣臣切觀今天
下之寇雖已盡銷伏願陛下不以易銷而自怠今天
下之兵雖未盡散伏願陛下不以難散而自疑無自
怠之心則政教日肅無自疑之意則誠信日明政教
肅則暴亂革心誠信明則獷驁歸命革心則天下將

萌之寇不過而自銷歸命則天下已聚之兵不散而
自息然後重斂可日減疲疵可日安富庶可日滋困
竭可日蘇日安則和悅之氣積日富則廉讓之風形
因其廉讓而示之以禮則禮易行矣乘其和悅而鼓
之以樂則樂易達矣舉斯方而可以復其盛用斯道
而可以瘳其難懲既往之失莫先於誠不明而政不
修戒將來之虞莫大於寇不銷而兵不息此臣所謂
救療之次第者也豈不然乎至若齊行寓令之法以
霸諸侯漢用推恩之謀以懲七國施之今日臣恐非
宜何者且今萬人一統四海一家無鄰國可傾非夷

吾用權之秋也雖欲寓令令將何所寓邪今除國建
郡置守罷侯無爵土可踈非主父矯奬之日也雖欲
推恩將何所推邪但陛下嗣貞觀之初弘開元之理
必將光二宗而福萬葉矣何區區齊漢之法而足爲
陛下所慕哉精究之端實在於此矣又蒙陛下賜臣
之問有執契垂衣之治委下專上之宜敦儒學而業
衰責課實而政失者此皆政化之所急古今之所疑
陛下幸念之臣有以見天下之理與矣夫執契之道
垂衣不言者蓋言已成之化非謀始之謂也委之於
下者言王者之理庇其司分其務而已非謂政無大

小悉委之於下也專之於上者言王者之道秉其樞
執其要而已非謂事無巨細悉專之於上也漢元優
游於儒學而盛業竟衰者非儒學之過學之不得其
道也光武責課於公卿而峻政非美者非攻課之累
也責之不得其要也臣請重爲陛下別啓而明之夫
垂衣不言者豈不謂無爲之道哉臣聞無爲而理者
其舜也歟舜之理道臣粗知之矣始則懋於修己勞
於求賢明察其刑明慎其賞外序百揆內勤萬樞旰
食宵衣念其不息之道夫如是非大有爲者乎終則
安於恭己逸於得賢明刑至於無刑明賞至於無賞

百職不戒而舉萬事不勞而成端拱凝旒立於無過之地夫如是豈非真無爲者乎故臣以爲無爲者非無所爲也必先有爲而後至於有爲也老子曰無爲而無不爲蓋是之謂矣夫委下而用私專上而無效者此繇非所宜委而委之也非所宜專而專之也臣請以君臣之道明之臣聞上下異宜君臣殊道蓋大者簡者君道也小者繁者臣道也臣道者百職小而衆萬事細而繁誠非人君一聽所能徧察一明所能周覽也故人君之道但擇其人而任之舉其要而執之而已矣昔九臣各掌其事而唐堯秉其功以帝天

下十亂各效其能而周武總其理以王天下三傑各宜其功而漢高兼其用而取天下三君者不能爲一焉但執要任人而已亦猶心之於四支九竅百骸也不能爲一焉然而寢食起居言語視聽皆以心爲王也故臣以爲君得君之道雖專之於上而下自有以展其效焉臣得臣之道雖委之於下而人亦無所用其私矣繇此而言光武考責而政未盡美者非他昧君臣之道於小大繁簡之際也元帝優游而業以寖衰者非他昧無爲之道於始終勞逸之間也二途俱失較然可知陛下但舉中而行則無所惑矣伏以聖

策首曰思賢能以濟其理求讜直以聞其過又曰上獲其益下輸其情其末章則曰興自朕躬無悼後害此誠陛下思酌下言樂聞上失勤勤懇懇慮臣輩有所隱情者也敢不再竭狂直以副天心之萬一焉臣聞古先聖王之理也制救於未萌除害於未兆故静無敗事動有成功自非聖王則異於是莫不以欲逞於始悔追於終政失於前功補於後利害之效可畧而言且如軍暴而後戢之兵亂而後遏之善則善矣不若防其微杜其漸使不至於暴亂也官邪而後責之吏姦而後誅之懲則懲矣不若審其才得其人使

不至於姦邪也人餒而後食之人凍而後衣之惠則惠矣不若輕其徭薄其稅使不至於凍餒也舉一知十不其然乎今陛下初嗣祖宗新臨蒸庶承多虞之運當鼎盛之年此誠制欲於未兆之時也伏惟陛下欲惜其時重慎於事既往者且追救於弊後將來者宜蚤防於事先夫然則保邦當在於未危恭己當居於無過三五之道夫豈遠哉臣生也幸得爲唐人當陛下臨御之時覩陛下升平之始斯則臣朝聞而夕死足矣而況充才識之貢承體用之問乎今所以極千慮昧萬死當盛時獻過言者此誠微臣喜朝聞耳

夕死之志也不然何輕肆狂瞽不避斧鑕若此容易
焉伏惟少垂意而覽之則臣生死幸甚策入第四等
授盩厔縣尉集賢較理
劉蕡寶曆二年進士擢第博學善屬文尤精左氏春
秋與朋友交好譚王霸大畧耿介嫉惡言及世務慨
然有澄清之志自元和末閹寺權盛握兵宮闈橫制
天下天子廢立繇其可否干撓庶政當時因爲南北
司愛惡相攻有同水火蕡草澤中居常憤惋文宗即
位恭儉求理太和二年策試賢良曰朕聞古先哲王
之理也玄默無爲端拱思道陶民心以居簡凝日用

冊府元龜　貢舉部　對策四　卷之六百四十九　九

而不宰厚下以立本推誠而建中繇是天人通陰陽
和俗躋仁壽物無疵癘噫盛德之所臻𨗳乎莫可及
已三代令王質文迭究百爲滋熾風流寖微自漢而
降足徵蓋寡朕顧惟昧道祗荷丕搆奉若謩訓不敢
怠荒任賢惕厲宵衣旰食詎追三五之遐軌庶紹祖
宗之鴻緒而心有所未達行有所未孚繇中及外厥
政斯廣是以人不率化氣或堙厄災旱竟歲播植愆
時國廩罕蓄乏九年之儲吏道多端微三載之績京
師諸夏之本也將以觀理而豪猾時踰僭大學明教
之源也期於變風而生徒多惰業列郡在乎頒條而

干禁或未絶百工在乎按度而淫巧或未衰俗怪啓
靡精訛成蠹其擇官濟理也聽人以言則枝葉難辨
御下以法則恥格不形其阜財發號也生之寡而食
之衆煩於令而鮮於理思所以救此繆盭致之治平
玆心浩然若涉泉水故前詔有司博延群彥佇啓宿
懵冀臻治平子大夫識達古今明於康濟造廷待問
副朕虛懷必當箴主之闕辨政之疵明綱條之致紊
稽富庶之所急何施斯革於前弊何澤斯惠乎下土
何施而理古可近何道而和氣克充推之本源著於
條對至於夷吾輕重之權孰輔於理嚴尤底定之策

冊府元龜　貢舉部　對策四　卷之六百四十九　十

孰叶於時元凱之考課何先叔子之克平何務推此
龜鑑擇乎中庸期在洽聞朕將親覽是時對策者百
餘人所對只循常務惟蕡切論黃門大横將危宗社
對曰臣誠不佞有經國致君之術無位而不得行有
犯顏敢諫之心無路而不得進但懷憤鬱思有時而
一發耳常欲與庶人議於道商旅謗於市得通上聽
一悟主心雖被訞言之罪無所悔焉況逢陛下以至
德嗣興以大明垂照詢求過闕咨訪謨猷制詔中外
舉能直言極諫者臣既辱斯舉專承大問敢不悉意
以言至於上之所忌時之所禁權幸之所諱惡有司

之所與奪臣愚不識伏惟陛下少加優容不使聖朝有讜直而受戮者乃天下之幸也謹昧死對伏以聖策有思古先之理念玄默之化將通天人以齊俗和陰陽以治物見陛下慕道之深也臣以爲格王之理其則不遠惟陛下致之之道何如耳伏以聖集有荷丕構而不敢荒寧奉謨訓而罔有怠忽見陛下憂勞之至也若夫任賢惕厲宵衣旰食宜黜左右之纖佞進股肱之大臣若夫追蹤三五紹復祖宗宜鑒前古之興亡明當時之成敗心有所未達以下情塞而不得上遹行有所未孚以上澤壅而不得下浹欲人之

化也在修己以先之欲氣之和也在遂性以道之救災患在致乎精神廣播植在示乎食力國廪罕蓄本乎冗食尚繁吏道多端本乎選用失當豪猾踰簡繇中外之法殊生徒墮業繇學較之官廢列郡干禁繇授任非人百工淫巧繇制度不立伏以聖策有擇官濟理之心阜財發號之歎見陛下教化之本也且進人以行則枝葉安有難別乎防下以禮則恥格安有不形乎念生寡而食衆可罷斥惰遊念令煩而理鮮要察其行否博延羣彥願陛下必納其言造廷待問則小臣安敢愛死伏以聖策有求賢箴闕之言審能

辨疵之令見陛下咨訪之勤也道小臣屏姦豪之志則奬華於前守陛下念俗之心則惠敷於下邪正之道分則理古可近禮樂之方著而和氣克充至若夷吾之法非皇王之權嚴尤所陳無最上之策元凱之所先不若唐虞之考績叔子之所務不若重華之舞干且俱非大德之中庸未爲上聖之龜鏡何足以爲陛下道之哉或有以繫安危之機兆存亡之變臣請披瀝肝膽爲陛下別白而重言之臣前所謂格王之理其則不遠者在陛下愼思之力行之始終不懈而已臣謹按春秋元者氣之始也春者歲之始也春秋

以元加於歲以春加於王明王者當奉若天道以謹其始也又舉時以終歲舉月以終時春秋雖無事必書首月以存時明王者當奉若天道以謹其終也王者動作始終必法於天以其運行不息也陛下旣能謹其始又謹其終懋而修之勤而行之則可以執契而居簡無爲而不宰廣立本之大業崇建中之盛德矣又安有三代循環之弊百爲茲熾之漸乎臣故曰惟陛下致之之道何如耳臣前所謂任賢惕厲宵衣旰食宜出左右之纖佞進股肱之大臣若實以陛下憂勞之至也臣聞不宜憂而憂者國必衰宜憂而不

憂者國必危今陛下不以國家存亡之事社稷安危之策而降於清問臣未知陛下以布衣之臣不足以定大計邪或萬機之勤聖慮有所未至邪不然何宜憂而不憂者也臣以爲陛下宜先憂者宮闈將變社稷將危天下將傾四海將亂此四者國家已然之兆故臣謂聖慮宜先及之夫帝業艱難而成之固不可容易而守之太祖兆其機高祖勤其績太宗定其業玄宗繼其明至於陛下二百有餘載其間明王相因擾亂繼作未有不委賢士親近正人而能紹興其徽烈者也或一日不念則顛覆大器宗廟之恥萬古

爲恨臣謹按春秋人君之道在體元以居正昔董仲舒爲漢武帝言之畧矣其所未盡者臣得爲陛下備而論之夫繼故不書即位所以正其始也終必書所終之地所以正其終也故爲君者所發必正言所履必正道所居必正位所近必正人臣又按春秋閽殺吳子餘祭譏其疏遠賢士暱近刑人有不君之道矣伏惟陛下思祖宗開國之勤念春秋繼故之誡將明法度之端則發正言而履正道將杜篡弒之漸則居正位而近正人遠刀鋸之賤親骨鯁之直輔相得以居其任庶職得以守其官奈何以褻近五六人總天下

大政外專陛下之命內竊陛下之權威偪朝廷勢傾海內羣臣莫敢指其狀天子不得制其心禍稔蕭牆姦生帷幄臣恐曹節侯覽復生於今日此宮闈將變也臣謹按春秋魯定公元年春王不言正月者春秋以爲先君不得正其終則後君不得正其始故曰定無正也今忠賢無腹心之寄閽寺專廢立之權陷先帝不得正其終致陛下不得正其始況皇儲未建郊祀未修將相之職不歸名分之宜不定此社稷將危也臣謹按春秋王禮子殺邵伯毛伯春秋之義兩相殺不書而此書者重其專王命也且夫天之所授者

在君君之所授者在命操其命而失之者是不君也侵其命而專之者是不臣也君不君臣不臣此天下所以將傾也臣謹按春秋晉趙鞅以晉陽之兵叛入于晉書其師者以其能逐君側之惡人以安其君故春秋善之今威柄凌夷藩臣跋扈或有不達人臣之節首亂者以安君爲名不究春秋之微稱兵者以逐惡爲義則政刑不繇于天子征伐必自於諸侯此海內之所以將亂也又樊噲排闥而雪涕袁盎當車以抗詞京房發憤以殞身竇武不顧而畢命此皆陛下明知之矣臣謹按春秋晉狐射姑殺陽處父書襄公

殺者以其漏言言襄公不能顧險重之戒處父所以及戕賊之禍春秋非之夫上漏其情則下不敢盡意上泄其事則下不敢盡言傳有造膝詭亂之文易有殺身害成之戒今公卿大臣亦不敢爲陛下言之慮陛下必不能用之陛下既忽之而不用必洩其言臣下既言之而必不行必嬰其禍適足以鉗直臣之口以重姦臣之威是以欲盡其言則有失身之懼欲盡其意則有害成之憂故徘徊鬱塞以俟陛下感悟然後盡其啓沃耳陛下何不以聽朝之餘時御便殿召當時賢相舊德老臣訪持變扶危之謀求定傾救亂

之術塞陰邪之路屏褻狎之臣制侵凌迫脅之心復門戶掃除之役戒其所宜戒憂其所宜憂既不能治於前當治於後既不能正其始當正其終則可以虔奉典謨克承丕構終任賢之效無旰食之憂矣臣前所謂若夫追蹤三五紹復祖宗鑒前古之興亡明當時之成敗臣聞堯禹之爲君而天下之人理者以其能任九官四嶽十二牧不失其舉不二其業不侵其職居官惟其能左右惟其賢元凱在下雖微必舉四兇在朝雖彊必誅考其安危明其取捨至秦之二代漢之元成咸欲措國如唐虞致身如堯禹而終敗亡者以其不見安危之機不知取捨之道不任大臣不辨姦人不親忠良不遠讒佞伏惟陛下察唐虞之所以興而景行於前鑒秦漢之所以亡而戒懼於後陛下無謂廟堂無賢相庶官無賢士今紀綱未絕典刑猶在人誰不欲自致爲王臣致時爲太平陛下何忽而不用之邪人有居官非其能左右非其賢其惡如四兇其讎如趙高其毒如恭顯陛下又何爲而不去之邪神器固有歸天命固有心陛下其念之哉昔秦之亡也失於強暴漢之亡也失於微弱強暴則賊臣畏死而害上微弱則姦臣竊權而震主伏見敬宗皇

帝不虞亡秦之禍不翦其萌伏惟陛下深軫亡漢之憂以杜其漸則祖宗之洪業可紹三五之遐軌可追矣臣前所謂陛下心有所未乎以上澤壅而不得下浹者乃百姓有塗炭之苦陛下無繇而知則陛下有子惠之心百姓無繇而信臣謹按春秋書梁亡者梁自亡也以其思慮昏而耳目塞下出惡政人爲寇盜皆不知其所以然自取其滅亡也臣聞國君之所以尊者重其社稷也社稷之所以重者存其百姓也苟百姓之不存則雖社稷不得固其重苟社稷之不重則雖國君不得保其身故治天下不可不知百姓之

情夫百姓者陛下之赤子也陛下宜命仁慈者親之視之如母傳焉如乳哺焉如師之教導焉故人之於上也敬之如神明愛之如父母今或不然陛下親其貴倖分曹連署補除卒吏召致賓客因其貨賄氣勢大者統藩方小者爲牧守居上無濟惠之政而有饕餮之害居上無忠誠之節而有姦欺之罪故人之於上也畏之如豺狼惡之如讎敵今海內困窮處處流散饑者不得養加以國之權柄專在左右貪臣聚斂以固寵姦吏因緣而弄法冤痛之聲上達九天入于九泉鬼神發怒陰陽爲之愆錯君門萬里而不得告

訴士人無所歸化百姓無所歸命官亂人貧盜賊竝起兵解之勢憂在旦夕即不幸因之以師旅繼之以凶荒臣恐陳勝吳廣不獨起于秦赤眉黃巾不獨起於漢故臣所以爲陛下發憤扼腕痛心泣血耳如此則百姓有塗炭之苦陛下何繇而知之陛下有子惠之心百姓安得而信之乎致使陛下行有所未孚心有所未達固然也臣聞昔漢元帝即位之初更制七十餘事其心甚誠其指甚美然而綱紀日紊國祚日衰姦宄日彊黎元日困者以其不能擇賢明而任之失其操柄也自陛下御宇憂勤兆庶屢降德音四海之內莫不抗首而長息自喜復生於死亡之中也伏惟陛下慎終如始以塞萬方之望誠能揭國權以歸其相持兵柄以歸其將去貪臣聚斂之政除姦吏因緣之害惟忠賢是近惟正直是用內寵便佞無所聽焉選清慎之官擇仁惠之長動之以利煦之以和教之以孝慈導之以德義去耳目之塞通上下之情俾萬國歡康兆人蘇息則心無不達而行無不孚矣臣前所謂欲人之化也在修己以先之者臣聞德以修己教以導人修己則人不勸而自至導人則人敦行而率從是以君子欲政之必行也故以身先之欲人

之從化也故以道御之今陛下先之以身而政未必行御之以道而人未從化豈不以立教之旨未盡其方邪夫立教之方在乎君以明制之臣以忠行之君以知人爲明臣以佐時爲忠知人則任賢而去邪佐時則固本而守法賢不任則重賞不足以勸善邪不去則嚴刑不足以禁非本不固則民流法不守則政散而欲教之必至化之必行不可得也陛下能斥姦邪不私其左右舉賢正不遺其疏遠則化浹於朝廷矣愛人以敦本分職而奉法修其身以及其人始於中而成於外則化行天下矣臣前所謂欲氣之和也

在遂性以導之者當納人於仁壽也夫欲人之壽在乎立制度修教化夫制度立則財用省財用省則賦歛輕賦歛輕則人富矣教化修則爭競息爭競息則刑罰清刑罰清則人安矣既富矣則仁義興焉既安矣則壽考至焉仁壽之心感於下和平之氣應於上故灾害不作休祥薦臻四方底寧萬物咸遂矣臣前所謂救災旱在致乎精誠者臣謹按春秋魯僖公七年之中二書不雨者以其君有卹人之志也魯文公三年之中一書不雨者以其君無憫人之心也故僖致精誠而旱不害物文無卹閔而旱則成灾陛下誠

能有卹人之心則無成災之變矣臣前所謂廣播植在視乎食力者臣謹按春秋君人者必時視人之所勤人勤於力則功築罕人勤於財則貢賦少人勤於食則百事廢今財食與力人皆勤矣願陛下廢百事之用廣三時之務則播植不愆矣臣前所謂國廩罕蓄本乎冗食尚繁者臣謹按春秋臧孫辰告糴于齊春秋譏無九年之蓄一年不登而百姓飢臣願斥游惰之人篤其耕植省不急之費以贍黎元則廩蓄不乏矣臣前所謂吏道多端本乎選用失當者繇國家取人不盡其才任人不明其要故也今陛下之用人

也求其聲而不得其實故人之不進也務其末而不務其本臣願覈考課之實定遷序之制則多端之吏息矣臣前所謂豪猾踰簡繇中外之法殊者以其官禁不一也臣謹按春秋齊桓公盟諸侯不日而葵丘之盟特以日者美其能一明天子之禁奉王官之法故春秋備而書之夫官者五帝三王之所建也法者高祖太宗之所制也法宜畫一官宜正名今又分外官中官之員立南司北司之局或犯禁於南則亡命於北或正刑於外則破律于中法出多門人無所措實繇兵農勢異而中外法殊也臣聞古者因井田而

制軍賦閒農事以收武備提封約率乘之數命將在公卿之列故兵農一致而文武同方可以保乂邦家式遏禍亂暨太宗皇帝肇建邦典亦置府兵省臺軍衛文武參掌居閑歲則櫜弓力穡將有事則釋耒荷戈所以修復古制不廢舊物今則不然夏官不知兵籍止於奉朝六軍不知兵事止於養勳階軍容合中官之政戎律附內臣之職首一戴武弁嫉文吏如仇讐足一蹈軍門視農夫如草芥謀不足以翦除兇逆而詐足以抑揚威福勇不足以鎮衛社稷而暴足以侵暴里閭羈紲藩臣干陵宰輔噬裂王度汨亂朝經

張武夫之威上以制君父假天子之命下以御英豪有藏姦覬覦之心無伏節死難之義豈先王經文緯武之旨邪臣願陛下貫文武之道均兵農之功正貴賤之名一中外之法還軍衛之職修省署之官近崇貞觀之規遠復成周之制自邦畿以刑于下國始天子以達於諸侯則可以制豪猾之疆無踰僭之患矣臣前所謂生徒墮業繇學較之官廢者蓋以國家貴其祿而賤其能先其身而後其行故庶官無通經之學諸生無修業之心矣臣前所謂列郡干禁繇授任非其人者臣以刺史之任理亂之根本繫焉朝廷之

法制在焉權可以抑豪猾恩可以惠孤寡疆可以禦姦寇政可以移風俗其將較有曾經戰陣及功臣子弟各請隨宜酬賞如無治人之術者不當授任此官則絕干禁之患矣臣前所謂百工淫巧繇制度不立者臣請以官位祿秩制其器用車服禁人金銀珠玉錦繡雕鏤不蓄於私室則無蕩心之巧矣臣前所謂辨枝葉者考言以詢行也臣前所謂恥格行者導德而齊禮也臣前所謂念生寡而食衆可罷斥惰遊者已備之於前矣臣前所謂命令煩而理鮮要察其行否臣聞號令者乃理國之具也君審而出之臣奉而行之或虧止畱罪在不赦今陛下令煩而理鮮得非持之者有所蔽歟乎臣前所謂搏延羣彥願陛下必納其言造廷待問則小臣不敢愛死者臣聞晁錯爲漢畫削諸侯之策非不知禍之將至也忠臣之心壯夫之節者苟知社稷之危哀生人之困豈忍姑息時忌竊陛下一命之寵哉昔龍逢死而啓殷比干死而啓周韓非死而啓漢陳蕃死而啓魏今臣之來也有司或不敢薦臣之言陛下又無以察臣之心退必受誅於權臣之手臣幸得從四子於地下固臣之願也所不知殺臣者臣死之後將孰爲啓之哉至於人主

之闕政教之疵前日之弊臣既言之矣若乃流下上之惠修近古之理而致其和平者在陛下行之而已然上之所陳者實以臣親奉聖問敢不條對雖臣之愚以爲未極教化之大端皇王之要道伏惟陛下事天地以教人敬奉宗廟以教人孝養高年以教人悌長字百姓以教人慈幼調元氣以煦育扇太和於仁壽可以逍遙無爲端拱成化至若念陶鈞之道在擇宰相而任之使權造物之柄念保定之功在擇將相而任之使修分閫之寄念百度之未貞在擇庶官而任之使專職業之守念百姓之愁痛在擇長吏而任

之使民養惠之術自然言足爲天下教行足爲天下法仁足以勸善義足以禁非又何宵衣旰食勞神竭慮然後以致其理哉是歲左散騎常侍馮宿太常少卿賈餗庫部郎中龐嚴爲考策官三人者時之文士也覩蕡條對歎服嗟挹以爲漢之晁錯無以過之言論激切士林感動時登科者二十二人而中官當途考官不敢留蕡在籍中物論喧然不平之守道正人傳讀其文至有相對垂泣者諫官御史扼腕憤發而執政之臣從而彌之以避黄門之怨惟登科人李郃謂人曰劉蕡下第我輩登科實厚顔矣請以所授官

讓蕡事雖不行人士多之

巡按福建監察御史臣李嗣京訂正
新建縣舉人臣戴國士參閱
知建陽縣事臣黄國琦較釋

貢舉部　六百五十

應舉

觀國之光著乎大易之彖有道則見垂諸素王之説故策名筮仕起家從政乃士子之常道也與自漢氏勃興儒術太盛懸科以取士下詔以徵賢暨魏晉而下至五代風流靡絶條目非一繇是丘園特起之秀

巖石高臥之伍或文足以經國或學足以待問或力穡自給或篤行無攺或究陰陽之變或窮政教之獘莫不褒然充賦卓爾在庭第之甲科靡之好爵者巳

漢董仲舒少治春秋孝景時爲博士武帝即位仲舒以賢良對策對畢天子以仲舒爲江都相

公孫弘菑川薛人也年四十餘乃學春秋雜説武帝初即位年六十以賢良徵爲博士

倪寬千乘人也治尚書以射策爲掌故

嚴助會稽吳人嚴夫子子也（夫子嚴忌也）或言族家子也（亦云夫子之族子也）郡舉賢良對策百餘人武帝善助對繇是得擢爲中大夫

王吉少好學明經以郡吏舉孝廉爲郎後遷雲陽令舉賢良爲昌邑中尉

駿吉子也以孝廉爲郎

貢禹以明經潔行著聞徵爲博士凉州刺史病去官復舉賢良爲河南令

龔勝楚人好學明經爲郡吏三舉爲孝廉以楚王國人不得宿衛補吏再爲尉壹爲丞勝輙至官迺去州舉茂才爲重泉令

鮑宣好學明經爲縣鄉嗇夫守東州丞後爲都尉太

守功曹舉孝廉爲郎

翟方進經學明習以射策甲科爲郎

杜鄴少孤其母張敞女鄴壯從敞子吉學問得其家書以孝廉爲郎

何武蜀郡郫縣人也詣博士受業治易以射策甲科爲郎又光祿勳舉四行遷爲鄠令

王嘉以明經射策甲科爲郎坐戶殿門失闌免（戶止也嘉掌守殿門止不當入者而失闌入之故坐免也）光祿勳于永除爲掾察廉爲南陵丞復察廉爲長陵尉鴻嘉中舉敦朴能直言召見宣室對政事得失超遷大中大夫

師丹治詩事匡衡舉孝廉爲郎元帝末爲博士免建
始中州舉茂才復補博士
召信臣九江壽春人也以明經甲科爲郎
後漢王方中牟名士也魯恭爲中牟令會詔百官舉
賢良方正恭薦方章帝即徵方詣公車禮之與公卿
所舉同方致位侍中
魯丕恭弟也章帝建初元年詔舉賢良方正大司農
劉寬舉丕時對策者百有餘人惟丕在高第除爲議
郎
魏霸濟陰句陽人也句音鉤建初中舉孝廉

韋彪好學洽聞雅稱儒宗建武末舉孝廉除郎中
譙玄巴郡閬中人也少好學能說易春秋成帝永始
二年有日蝕之災乃詔舉敦樸遜讓有行義者各一
人州舉玄詣公車對策高第拜議郎
李業習魯詩師博士許晃平帝元始中舉明經除爲
郎
袁安祖父良習孟氏易平帝時舉明經爲太子舍人
安少傳良學爲人嚴重後舉孝廉爲陰平長
蔡茂安平間以儒學顯徵試博士對策陳災異以高
等擢拜議郎遷侍中

景丹馮翊櫟陽人也少學長安王莽時舉四科丹以
言語爲固德侯相
馮豹好儒學以詩春秋教麗山下麗音力之切舉孝廉拜
尚書郎
申屠剛質性方直舉賢良方正時王莽專朝罷歸田
里
郅壽善文帝以廉能稱舉孝廉稍遷冀州刺史
王堂廣漢郪人也初舉光祿茂才遷穀城令
蘇章少傳學能屬文安帝時舉賢良方正對策高第
爲議郎

陸康少仕郡以義烈稱刺史臧旻舉爲茂才除高城
令
鄭弘會稽山陰人也少爲鄉嗇夫太守第五倫行春
見而深奇之召署鄧舉孝廉
桓彬字彥林少與蔡邕齊名初舉孝廉拜尚書郎
徐防祖父宣爲講學大夫父憲亦傳宣業防少習父
祖學永平中舉孝廉除爲郎
張敏河間鄚人也建初二年舉孝廉四遷
胡廣字伯始舉孝廉既到京師試以章奏安帝以廣
爲天下第一

劉焉江夏竟陵人也以宗室拜郎中去官居陽城山精學教授舉賢良方正稍遷南陽太守

袁術司空逢之子也少以俠氣聞後頗折節舉孝廉累遷至河南尹

王渙廣漢郪人也初爲太守陳寵功曹舉茂才除溫令

第五訪京兆長陵人也仕郡爲功曹察孝廉補新都令

劉矩沛國蕭人也少有高節舉孝廉稍遷雍丘令

劉寵東萊牟平人也以明經舉孝廉除東平陵令

陽球漁陽泉州人也性嚴厲好申韓之學初舉孝廉補尚書郎

張興潁川鄢陵人也習梁丘易以教授舉孝廉爲郎

戴憑汝南平輿人也習京氏易郡舉明經試徵博士拜郎中

周防汝南汝陽人也師事徐州刺史蓋豫受古文尚書經明舉孝廉拜郎中

杜根潁川定陵人也性方實好絞直絞急也永初元年舉孝廉爲郎中

劉陶潁川潁陰人也陶爲人居簡不修小節舉孝廉除順陽長

李雲甘陵人也性好學善陰陽初舉孝廉再遷白馬令

謝弼中直方正爲鄉邑所宗師建寧二年詔舉有道之士弼與東海陳敦玄菟公孫度俱對皆除郎中

蓋勳敦煌廣至人也家世二千石初舉孝廉爲漢陽太守

臧洪廣陵射陽人也體貌魁梧有異姿舉孝廉補郎丘長

左雄南郡涅陽人也安帝時舉孝廉稍遷冀州刺史

周舉汝南汝陽人也博學洽聞爲儒者所宗舉茂才爲平丘令

陳龜上黨泫氏人也少有志氣永建中舉孝廉五遷五原太守

崔瑗早孤銳志好學初辟車騎將軍閻顯府被斥後舉茂才遷汲令

崔寔瑗子也少沈靜好典籍桓帝初詔公卿郡國舉至孝獨行之士寔以郡舉徵詣公車除爲郎中

王龔山陽高平人也初舉孝廉稍遷青州刺史

龔子暢少以清實爲稱大將軍梁商特辟茂才四遷

尚書令
陳球淮浦人也少涉儒學善律令陽嘉中舉孝廉稍
遷繁陽令
包咸會稽曲阿人也習魯詩論語舉孝廉爲郎中
楊仁巴郡閬中人也習韓詩静居教授仕郡爲功曹
舉孝廉除郎中
董鈞犍爲資中人也習慶氏禮舉明經遷廩犧令病
去官建武中舉孝廉辟司徒府
張玄河内江陽人也少習春秋初舉明經補弘農文
學遷陳倉縣丞後去官舉孝廉除爲郎

許慎汝南召陵人也少博學經籍爲郡功曹舉孝廉
再遷除洨長
李業廣漢梓潼人也少有志操介特習魯詩舉明經
除爲郎
劉茂太原晉陽人也能習禮經哀帝時察孝廉遷五
原屬國候建武中拜議郎後拜侍中
周嘉汝南安城人也仕郡爲主簿後太守寇恂舉孝
廉拜尚書侍郎
范式山陽金鄉人也舉州茂才四遷荆州刺史
尹勳河南鞏人也宗族多居貴位者而勳獨持清操
不以地勢尚人州郡連辟察孝廉三遷邯鄲令
蔡衍汝南項人也少明經講授以禮讓化鄉里舉孝
廉稍遷冀州刺史
羊陟太山梁甫人也少清直有學行舉孝廉辟太尉
李固府
陳翔汝南邵陵人也少知名善交結察孝廉太尉周
景辟舉高第拜侍御史
范康勃海重合人也少受業太學與郭林宗親善舉
孝廉再遷潁陰令
劉儒東郡陽平人也郭林宗常謂儒口訥心辯有珪

璋之質察孝廉舉高第三遷侍中
賈彪潁川定陵人也志節慷慨與同郡荀爽齊名初
仕州郡舉孝廉補新息長
荀彧潁川潁陰人也少有才名中平六年舉孝廉再
遷亢父令
荀淑彧子也幼而好學耽思經書太常趙典舉淑至
孝拜郎中
荀爽淑子也幼而好學年十二能通春秋論語延熹
九年太常趙典舉爽至孝拜郎中
[illegible]蕎河内林慮人也少爲書生舉孝廉辟司徒楊震

府
吳祐陳留長垣人也嘗牧豕於長垣澤中行唫經書
後舉孝廉
延篤南陽犨人也傳通經傳及百家之言能著文章
舉孝廉爲平陽侯相
張奐敦煌酒泉人也辟大將軍梁冀府以疾去官復
舉賢良對策第一擢拜議郎
段紀明武威姑臧人也少便習弓馬尚遊俠輕財賄
長乃折節好古學初舉孝廉爲憲陵園丞
陳蕃汝南平輿人也初仕郡舉孝廉除郎中

劉淑河間樂成人也少好學明五經司徒种暠舉淑
賢良方正辟以疾桓帝聞淑高明切責州郡使輿病
詣京師淑不得已而赴雒陽對策爲天下第一
李膺潁川襄城人也性簡亢無所交接初舉孝廉爲
司徒胡廣所辟舉高第再遷青州刺史
范滂汝南征羌人也少厲清節爲州里所服舉孝廉
光祿四行
李法博通羣書和帝永元九年應賢良方正對策除
博士
應劭少篤學博覽多聞靈帝時舉孝廉辟車騎將軍
何苗掾
王逸元初中舉上計吏爲校書郎
馬融以陽嘉二年詔舉敦樸城門校尉岑起舉融徵
詣公車對策拜議郎續漢書曰融對策於北宮端門
欒封爲光祿主事遭伯父喪去官詔書求賢良方正
直言之士有志行能消災伏異者公卿郡守各舉一
人郡及大司農俱舉封公車徵陛見對策第一
高彪郡舉孝廉試經第一除郎中
孔昱大尉舉方正對策不合乃辭病去後遭黨錮禁
檀敷太尉黃瓊舉方正對策合宜再遷議郎

皇甫嵩安定朝那人好讀詩書習弓馬初舉孝廉茂
才
陳重豫章宜春人也少與同郡雷義爲友太守張雲
舉重孝廉重以讓義前後十餘通詔不聽義明年舉
孝廉重與俱在郎署
趙苞甘陵東武城人初仕州郡舉孝廉再遷廣陵令
謝夷吾會稽山陰人也少爲郡吏舉孝廉爲壽張令
李郃漢中南鄭人也通五經善河雒風星初爲戶曹
吏舉孝廉五遷尚書令
公沙穆北海膠東人也習韓詩公羊春秋舉孝廉以

高第爲王事遷緍令
單颺山陽湖陸人也善明天官筭術舉孝廉稍遷長
史令
韓說會稽山陽人也傳通五經舉孝廉
魏公孫瓚遼西令支人也以孝廉爲郎
陶謙字恭祖少好學爲諸生仕州郡舉茂才除盧令
公孫度遼東襄平人也舉有道除尚書令
賈詡武威姑臧人也察孝廉爲郎
張承河內修武人也以方正徵拜議郎
鍾繇潁川長社人也舉孝廉除尚書郎

華歆平原高唐人也舉孝廉除郎中
張旣馮翊高陵人也年十六爲郡小吏後歷右職舉
茂才除新豐令
溫恢太原祁人也舉孝廉爲廩丘長
賈逵河東襄陵人也初爲郡吏後舉茂才除澠池令
桓階長臨湘人也仕郡功曹太守孫堅舉階孝廉除
尚書郎
楊阜天水冀人也初爲安定長史刺史韋康辟阜爲
別駕察孝廉辟丞相府州表留參軍事
管輅平原人也正始九年舉秀才

蜀許靖汝南平輿人也太守劉翊舉靖計吏察孝廉
除尚書郎典選舉
張裔蜀郡成都人也治公羊春秋博涉史漢劉章時
舉孝廉爲魚復長
蔣琬零陵湘鄉人也爲丞相府東曹掾舉茂才遷爲
參軍
張翼犍爲武陽人也先主領益州牧翼爲書佐建安
末舉孝廉爲江陽長
王嗣犍爲資中人也舉孝廉稍遷西安圍督
吳劉繇東萊牟平人也舉孝廉爲郎

士燮蒼梧廣信人也少游學京師治左氏春秋察孝
廉補尚書郎公事免官父死喪闋後舉茂才除巫令
孫翊權弟也驍悍果烈有兄策風太守朱治舉孝廉
司空辟
黃蓋零陵泉陵人也初爲郡吏察孝廉辟公府
闞澤會稽山陰人也究覽羣籍通曆數察孝廉除錢
塘長
賀齊會稽山陰人也建安元年孫策臨郡察齊孝廉
爲永寧長
晉王祥瑯邪臨沂人初徐州刺史呂虔檄爲別駕後

舉秀才除温令
唐彬魯國鄒人也初爲郡功曹舉孝廉辟主簿
山濤河内懷人也始爲郡主簿功曹上計掾舉孝廉
州辟部河南從
劉毅東萊掖人也初僑居平陽太守杜恕請爲功曹
魏末本郡察孝廉辟司隷都官從事
侯光東萊掖人也幼有才悟舉孝廉州辟別駕
傅玄北地泥陽人也博學善屬文州舉秀才除郎中
王接河東猗人也初爲都官從事永寧初舉秀才除
郎中

郤詵濟陰單父人也泰始中詔天下舉賢良直言之
士太守文立舉詵應選以對上第拜議郎
夏侯湛譙國譙人也少爲太尉掾泰始中舉賢良對
策中第拜郎中
潘岳滎陽中牟人也早辟司空太尉府舉秀才
江彪陳留圉人也本州辟舉秀才平南將軍温嶠以
爲參軍
周玘義興陽羨人也累薦名宰府舉秀才除議郎
周禮玘弟也少以豪右自處察孝廉除郎中
周訪汝南安城人也察孝廉除郎中

孫拆樂安人也少自修立察孝廉遷黄門侍郎
李含隴西狄道人也僑居始平兩郡並舉孝廉爲州
別駕舉秀才薦之公府
索靖燉煌人也州辟別駕郡舉賢良方正對策高第
索綝靖子也少有逸群之量舉秀才除郎中
温嶠初爲都官從事後舉秀才灼然司徒辟東閣祭
酒
紀瞻丹陽秣陵人也舉秀才州又舉寒素大司馬辟
東閣祭酒
賀循會稽山陰人也刺史稽喜舉循秀才除陽羨令
薛兼丹楊人也察河南孝廉辟公府除比陽相
戴若思廣陵人也舉孝廉入雒辟趙王倫府
戴邈若思子也邈少好學尤精漢史弱冠舉秀才遷
太子洗馬
甘卓丹楊人也初爲郡功曹察孝廉舉秀才爲呉王
常侍
鍾雅穎川長社人也好學有才志舉四行除汝陽令
熊遠豫章南昌人也初爲州別駕舉秀才除監軍華
軼司馬
張憑有志氣爲鄉閭所稱舉孝廉官至御史中丞

虞潭會稽餘姚人也清身有節操州辟從事主簿舉秀才大司馬齊王冏請爲祭酒
顧衆吳郡吳人也初州辟主簿舉秀才後元帝爲鎮東將軍命爲叅軍
陸曄吳郡吳人也察孝廉後元帝鎮江左辟爲祭酒
陸納少有清操身厲絶俗初辟鎮軍大將軍武陵王掾州舉秀才太原王恕引爲建威長史
丁潭會稽山陰人也初爲郡功曹察孝廉除郎中
陳壽巴西安漢人也舉孝廉除著作郎
虞溥高平昌邑人也郡察孝廉除郎中

江灌少知名州辟主簿舉秀才爲治中
稽含好學能屬文初爲楚王瑋掾瑋坐誅免舉秀才除郎中
魯芝扶風郿人也初州辟別駕舉孝廉除郎中
杜軫蜀郡成都人也察孝廉除建寧令
竇允始平人也初爲郡主簿察孝廉除浩亹長
潘京武陵漢壽人也弱冠郡辟主簿後舉秀才歷巴丘郡陵泉陵三令
范平吳郡錢塘人也吳特舉茂才累遷臨海太守
文立巴郡臨江人也初仕蜀至尚書蜀平舉秀才除郎中
崔遊上黨人也魏末察孝廉除相府舍人
曹毗譙國人也善屬詞賦郡察孝廉除郎中
氾騰敦煌人也舉孝廉除郎中
任旭臨海章安人也初舉郡功曹尋察孝廉除郎中
張寔字安遜學尚明察敬賢愛士以秀才除郎中
宋顧愿字子恭好學有文詞於世大明中舉秀才對策稱旨擢爲著作佐郎太子舍人
孔靖會稽山陰人也始察郡孝廉爲功曹史
何偃廬江灊人也州辟議曹從事舉秀才除中軍參

軍
孔覬會稽山陰人也好讀書早知名初舉揚州秀才補主簿
齊王延之琅琊臨沂人也少而靜默不交人事舉秀才除郎中法曹參軍
張緒吳郡吳人也州辟議曹從事舉秀才建平王護軍主簿
沈冲吳興武康人也爲西陽王武軍法曹參軍尋舉秀才還爲撫軍正佐
劉瓛沛國相人也初州辟祭酒主簿舉秀才後爲秘

書郎
劉璡瓛弟也舉秀才建平王景素辟征北主簿
陸慧曉吳郡人也舉秀才除衞尉史
王融博涉有文才舉秀才除晉安王南中郎
袁彖陳郡夏陽人也舉秀才後除安成王征虜參軍
主簿
丘靈鞠吳興烏程人也舉秀才爲主簿
檀超高平金鄉人也舉秀才除宣武府參軍
江巨源蘭陵人也少舉丹陽郡孝廉爲宋孝武所知
大明五年勅助徐源撰國史

陸厥吳郡人州舉秀才除晏傳主簿
劉善明平原人也舉秀才宋孝武見其對策强直甚
異之
梁王琳份子也舉南徐州秀才釋褐征虜建安王法
曹
蕭琛蘭陵人也初王儉爲丹陽尹辟爲主簿舉爲南
徐州秀才累遷司徒記室
丘遲吳興烏程人也初州辟從事舉秀才除太學博
士
蕭洽字宏稱幼敏悟能屬文齊永明中爲國子生舉

明經起家著作佐郎
任昉舉兗州秀才拜太常博士
宗史少勤學有局幹弱冠舉郢州秀才
江淹起家南徐州從事尋舉南徐州秀才對策上第
轉巴陵王國佐常侍
王褒弱冠舉秀才除秘書郎
劉潛字孝儀舉秀才起家鎮右始興王法曹行參軍
王規好學有口辯州舉秀才郡迎主簿起家秘書郎
何點年十九解揭楊州主簿舉秀才累遷王府行參
軍

賀瑒爲國子生舉明經揚州祭酒
王承字安期僕射暕子七歲通周易選補國子生年
十五射策高第
劉縠字仲寶自國子禮生射策高第
鍾嶸潁川長社人也舉本州秀才起家王國侍郎
周興嗣陳項人也本州舉秀才除桂陽郡丞
陸雲公吳郡人也州舉秀才累遷湘東王行參軍
顧憲之吳郡吳人也未弱冠辟議曹從事舉秀才累
遷太子舍人
庾華新野人也弱冠爲州迎主簿舉秀才累遷安西

主簿
陸倕吳郡吳人也舉秀才竟陵王子良辟議曹從事
裴邃河東聞喜人也舉秀才對策高第奉朝請
顧協吳郡吳人也爲太學博士秀才沈約覽其策而歎曰江左以來未有此五遷安成王國左常侍
伏挺齊末州舉秀才對策爲當時第一
陳孔奐舉秀才射策高第起家揚州主簿
褚翔初爲國子生舉高第
後魏李同軌年二十二舉秀才射策除奉朝請
鄒宣秀才射策高第爲奉朝請

李祥字元吉世祖詔州郡舉賢良祥應貢對策合旨除中書博士
鄭羲字幼驎文學頗優弱冠舉秀才
鄭伯猷博學有文才早知名舉司州秀才以射策高第
崔士元舉茂才平州錄事參軍
崔挺舉秀才射策高第拜中書博士
韓顯宗有才學秀才對策甲科除著作佐郎
宋世景少自修立尤精經義舉秀才對策上第拜國子助教
盧觀字伯舉范陽涿人也少好學有雋才舉秀才射策甲科除太學博士著作佐郎
邢臧字子良河間人光祿少卿虬長孫也幼孤早立操尚博學有藻思年二十一神龜中舉秀才問策五條考上第爲太學博士
裴敬憲少有志行學博才清司州牧高陽王雍舉秀才射策高第除太學博士
郭祚以文章尺牘見稱於世舉秀才對策上第拜中書博士
徐紇字武伯樂安博昌人也家世寒微紇少好學有

名理頗以文詞見稱察孝廉對策上第高祖拔爲主書
裴延儁涉獵墳史頗有才華舉秀才射策高第
裴景融字孔明篤學好屬文舉秀才射策高第除太學博士
崔勵大將軍光之長子也器業才行最有父風舉秀才授中軍彭城王參軍
陽藻字景德少孤有雅志涉獵經史舉秀才射策高第
裴佗少治春秋杜氏毛詩周易並舉其宗致舉秀才

以高第除中書博士
馮元興年二十三教授常數百人初舉秀才對策高第又舉孝廉
劉桃符中山盧奴人性恭謹好學舉孝廉射策甲科
北齊裴讓之少好學有文俊辯早得聲譽舉秀才對策高第累遷屯田主客郎
劉叔宗字樂陵平昌人和謹頗有學業舉秀才稍遷滄州治中
盧文偉有志尚頗涉經史州辟主簿年二十八始舉秀才除本州平北府長流參軍

後周辛仲景年十八舉文學對策高第拜司空府主簿
辛慶之少以文學徵詣維陽對策第一除祕書郎
唐杜正倫相州洹水人也隋仁壽中與兄正玄正藏俱以秀才擢第隋代舉秀才總十人正倫一家有三秀才甚為當時稱美
李義琰魏州昌樂人常州刺史玄道族孫少舉進士累補太原尉
張柬之則天永昌元年以賢良徵試同時射策者千餘人柬之獨為天下第一擢拜監察御史
姚崇為孝敬皇帝挽郎應制下筆成章舉授濮州司倉
馬懷素應文學優贍科舉及第拜郿尉
鄭愔嘗以言行聞轉桃林丞又舉賢良玄宗時在春宮親問國政愔對策第一擢授左補闕尋判主爵員外郎
張鷟應下筆成章及才高位下詞摽文苑等科鷟凡應八舉皆登甲科
崔圓少孤貧志尚閎博好讀兵書有經濟宇宙之心開元中詔搜訪遺逸圓以鈐謀射策甲科授執戟

蕭昕河南人少補崇文進士開元十九年首舉博學宏詞授陽武主簿天寶初舉宏詞授壽安尉
崔明允天寶元年應文詞秀逸舉明允等二十人備學博通劉岦等八人軍謀越衆令狐潮等七人並登科各依資授官
元載自幼嗜學好屬文性敏惠博覽經史子學道書家貧徒步隨鄉賦累上不升第天寶初玄宗奉道教下詔搜求明老莊文列四經學者載策入高科授邠州新平縣尉
韓休蚤有詞學應制舉授虞鄉尉

楊綰舉進士詞補太學正字玄宗朝徵賢良有司以
綰赴召策中甲科超授右拾遺
歸崇敬爲四門傳士天寶末對策高第授右拾遺
于邵天寶中舉進士歲中以書制超絶流輩授崇文
館較書
李季鄕肅宗朝工部侍郎適之子也弱冠舉明經頗
工文詞應傳學宏詞科升第再遷京兆府鄠縣尉
裴佶字弘正侍中右僕射耀卿之孫吏部郎中綜之
子幼能屬文弱冠舉進士補校書郎
姚南仲華州下邽人也乾元中應制登科授太子較

書
穆質好直應制策入第三等共所條對至今人傳之
位給事中
陸贄年十八進士及第又以傳學宏詞授鄭縣尉
馮伉少有經學代宗大曆初登五經秀才科授秘書
郎建中四年又登傳學三史科
韋夏卿字雲客少習文學大曆中與弟正卿應制舉
同時策入高第授高陵主簿
崔元翰初舉進士傳學宏詞賢良方正皆中甲科
郭子儀以武舉補左衛長史累以武藝登科爲諸軍
使
吳通玄德宗建中初舉以文詞清麗授同州司户
奚陟少好讀書舉進士昇第建中元年制舉文詞清
麗授弘文館較書
路泌字安期陽平人傳涉經史傳工爲五言詩性端
亮寡言以孝悌聞於宗族建中末以長安尉從召與
李益韋綬等書判同舉高第
裴垍字弘中河東聞喜人也宰相裴居道七代孫垍
弱冠舉進士貞元中詔選賢良極諫士垍對策第一
授美原縣尉

柳公綽年十八應制舉登賢良方正直言極諫科授
秘書省較書郎貞元元年也貞元四年復應制舉再
登賢良方正科時年二十一制出授渭南尉
衛次公字從周河東人器韻弘雅弱冠舉進士禮部
侍郎潘淡目爲國器擢居上第
羅讓字景宣父珦官至京兆尹讓少以文學知名舉
進士應詔對策高第爲咸陽尉
辛既隴西人少嗜學累登五經開元禮科
鄭亞祖父三世並登進士第亞字子佐憲宗元和十
五年擢進士第又應賢良方正直言極諫制科吏部

調選又以書判拔萃數歲之外連中三科

麗嚴起寒微舉進士穆宗長慶初元稹李紳爲翰林學士嚴應判考策入第三等仍爲之首

鄭畋亞子也年十八登進士第釋褐汴州節度推官得秘書省較書郎二十二吏部調選又以書判拔萃授渭南尉直館事

令狐滈綯子也綯爲河中尹宣宗大中十三年綯以其子滈求應進士舉表曰臣有男滈爰自孩提便從訓教至於詞藝頗及輩流會昌二年臣任戶部員外郎日卽應舉大中二年猶未成名臣自湖州刺史蒙

先下擢授考功郎知制誥轉充翰林學士累叨寵澤遂忝樞衡事體有妨因令罷舉自當廢絕十九年每遣退藏更令勤勵竊以祿位逾分齒髮已衰男滈年過長成未霑一第犬馬私愛實切惆傷臣三年來頻乞罷免每年與男取得文解意望纔離中書卽却令赴舉昨蒙恩詔許寵近藩伏緣已過禮部試期便令就試至於臨時與奪卽在省司固不敢輒有干撓但以初離機務合具上聞臣近于延英奉辭輒擬面對伏以戀主方切深識至難伏冀睿慈察臣丹懇勑曰令狐滈多時舉人極有文學流輩所許合得科名比以父綯職在樞衡避嫌不赴今因出鎮却就舉場况諸通規合試至藝宜令主司准大中六年勑考試只在至公如涉狥情自有刑典從今已後但依當例放榜本司取士貴在得人去留之間惟理所在

張衍字玄用河南尹魏王宗奭之猶子也其父死於兵間衍讀書爲儒始以經學就舉不中選時諫議大夫鄭徽退居雒陽以女妻之令應詞科不數上登第

後唐李愚初唐末避難東歸雒陽時衛公李德裕孫道古在平泉舊墅愚往從焉子弟親採相負薪以給朝夕未嘗干人故少師薛廷珪掌貢籍之歲登進士

第又登宏詞科授河南府參軍

馬縞少嗜學以明經及第登拔萃科

李琪天復初應博學宏詞居第四等授武功縣尉辟轉運巡官

巡按福建監察御史臣李嗣京訂正
分守建南道左布政使臣胡維霖參閱
知建陽縣事臣黄國琦較釋

貢舉部十三

清正　謬濫

清正

古者有興賢之書比其德行道藝而獻之於王王再拜而受乃知詳選之道不其重與洎乎奔競斯作登顯多濫乃有疾時態之流宕考才能於端實稽以經

術抑其浮華權要之地請托不行當宁賞嘆縉紳稱尚爲國選士斯無媿焉故史稱得賢者有賞不肖者有罰良有謂矣

唐王師旦爲考功員外郎冀州進士張昌齡王公理並有俊才聲振京邑而師旦考其文策全下舉朝不知所以及奏第等太宗恠無昌齡等名因召師旦問之對曰此輩誠有詞華然其體性輕薄文章浮豔必不成令器臣若擢之恐後生相效有變陛下風雅帝以爲名言後並如其言

韓休爲起居舍人奉制考制舉人策執心公正取捨平允不爲豪右所奪遷給事中

韋陟爲禮部侍郎好接後輩尤鑒於文雖詞人後生靡不諳練曩者主司取與皆以一場之善登其科目不盡其才陟先責舊文仍令舉人自通所工詩筆先試一日知其所長然後依常式考覆片善無遺美聲盈路

席豫爲考功員外郎典舉得士爲時所稱

潘炎爲禮部侍郎衛次公弱冠舉進士炎目爲國士擢居上第

常衮代宗大曆中爲禮部侍郎時宫中劉忠翼權傾

内外涇原節度馬璘又累著功勳恩寵莫二各有親戚貢舉及兩館生衮皆執理不與人皆畏之

陸贄德宗時爲兵部侍郎知貢舉時崔元翰梁肅文藝冠時贄輸心於肅與元翰推薦藝士升第之日雖衆望不愜然一歲選士纔十四五數年之内居臺省清近者十餘人

高郢貞元末爲禮部侍郎時應進士舉者多務朋游馳聲名每歲各州府薦送後唯追奉讌集罕理其業郢性專尤疾其風既領職拒絶請托雖同列通熟無敢言者志在經藝專考程試凡三歲掌貢士進幽獨

抑聲華浮濫之風翕然一變

權德輿貞元十七年爲中書舍人以本官知禮部貢舉來年真拜侍郎凡三歲掌貢士至今號爲得人

韋貫之爲右補闕憲宗元和元年與中書舍人張弘靖考制策第其名者十八人其後多以文稱遷爲吏部員外郎三年策賢良之士又與戶部侍郎楊於陵左司郎中鄭敬都官郎中李益同爲考策官貫之奏居上第者三人是三人言實指切時病不顧忌諱雖同考策者皆難其詞直貫之獨署其奏遂出爲果州刺史道黜巴州刺史及爲禮部侍郎凡二年所選士

人大抵抑浮華先行實由是趨競者稍息

許孟容爲兵部侍郎權知禮部貢舉頗抑浮華

衛次公爲中書舍人元和二年權知禮部貢舉斥浮華進貞實不爲時力所搖

鄭澣遷禮部侍郎選拔秀士時號得人

王起武宗會昌中正拜左僕射復知貢舉起前後四典貢部皆選當代詞藝之士有名於時人皆賞其精鑒徇公也

崔郾爲禮部侍郎東都試舉人凡兩歲掌貢士平心閱試賞拔藝能所擢者無非名士至大中咸通代爲輔相名卿者十數

崔瑾爲尚書郎知制誥懿宗咸通中知貢舉選拔頗爲得人尋拜禮部侍郎

周和凝仕後唐爲翰林學士知貢舉貢院舊例放牓之日設棘於門及閉院門以防下第不逞者凝令徹棘啓門是日寂無喧者所放多才名之士時議以爲得人明宗益加器重

王延後唐清泰和爲中書舍人權知貢舉有崔頎者協之子也授偃師簿其卑屑棄去數年應進士延將入貢院見舊相吏部尚書盧文紀文紀素與協不睦

謂延曰舍人以謹重聞於時所以老夫去冬與諸相首以長者聞奏然此一途取事者頗多面目說者云越人善泅生子方晬乳母浮之水上或駭然止之乳母曰其父善泅子必無溺今若以名下取徵泅之類也舍人當求實才以副公望延退而喟曰入米之言爲崔頎也縱與其父不悅致意何至此耶來春以頎登甲科其仁而徇公皆此類也

張昭初仕晉爲左丞少帝開運三年命知貢舉來歲屬契丹犯闕而諸侯受賂請託甚峻昭未嘗搖動但務公平時皆服其鎮靜得鉅儒之體

謬濫

舉不失德則曰能爲稱匪其人誠爲濫矣况夫論辨多士總覈群材爲治亂之本源實邦國之大計固宜責以名實審其否臧揚于王庭縻以好爵其有知識非遠采擇不明心志旣紛藝文莫辨附同天之勢采畫地之名素實務華雜良以措物議非允官謗是興先茅之賞莫承籍槀之愆用及其或制度乖正仕進遠方旣啟幸端亦附于此

後漢順帝陽嘉元年尚書令左雄議改察廉之制限年四十以上儒者試經學文史試章奏如有顏回子

奇之類不拘年齒於是濟陰太守胡廣等十餘人皆坐謬舉免黜

晉惠帝永寧元年正月趙王倫僭位是歲賢良方正直言秀才孝廉良將皆不試計吏及四方使命之在京邑者太學生年十六以上及在學二十年皆署吏部縣二千石令長赤曰在職者皆封侯郡綱紀並爲孝廉縣綱紀爲廉吏

四月帝旣復祚以國有大慶天下秀孝一皆不試特河東衛氏人王接舉秀才接以爲恨元年初制揚州歲舉二人諸州一人時以天下喪亂務存慰勉遠方孝秀不復策試到即除署旣經略粗定乃詔試經有才不中舉者免其太守其後孝秀莫敢應命有送至京師者皆以疾辭

南齊太祖東昏侯時因襲宋代限年之制鄉舉里選不覈才德其所進取以官婚冑籍爲先遂令甲族以二十登仕後門以三十試吏故有增年矯貌以圖進者其時士人皆厚結姻援奔馳造請寖以成俗

唐玄宗開元八年考功員外郎李納以舉人不實貶沁州司馬時北軍勳臣葛福順有子舉明經帝聞之故試其子牆面不知所對由是坐貶

德宗貞元五年禮部侍郎劉太真貶信州刺史太真

性怯懦詭隨其掌貢舉宰臣姻族方鎮子弟先收擢之又嘗叙陳少遊勳績擬之桓文大招物議因有斯貶

十一年禮部侍郎呂渭知貢舉結附戶部侍郎判度支裴延齡延齡之子操舉進士文詞非工渭擢之登第爲正人唾鄙渭連知三舉後因入閣遺失請託文記遂出爲潭州刺史

穆宗元和十五年正月即位是年禮部侍郎李建知貢舉進取信非其人又惑於請託故其年不爲得士竟以人情不洽遽改爲刑部侍郎

長慶元年勑今年禮部侍郎錢徽下進士鄭郎等一十四人宜令中書舍人王起主客郎中知制誥白居易等重試覆落十人三月丁未詔曰國家設文學之科本求才實苟容僥倖則異至公訪聞近日浮薄之徒扇爲朋黨謂之關節干擾主司每歲策名無不先定永言敗俗深用興懷鄭朗等昨令重試乃求深僻題目貴觀學藝淺深孤竹管是祭天之樂出於周禮正經閱其程試之文都不知其本事詞律鄙淺蕪類可知其孔溫業等三人粗通可與及第其餘落下今後禮部舉人宜准開元二十五年勑及第人所試雜

文并策先送中書門下詳覆貶錢徽江州刺史

武宗會昌五年諫議大夫陳商權知貢舉放及第二十七人三月勑戶部侍郎翰林學士白敏中重試覆落七人

宣宗大中九年吏部試宏辭舉人漏洩題目爲御史臺所劾侍郎裴諗改國子祭酒郎中周敬復罰兩月俸料考試官刑部郎中唐扶出爲虔州刺史監察御史馮顓罰一月俸料其登科人並落下

十四年中書舍人裴坦知貢舉奏放進士三十人考試官庫部員外郎崔瑴言放宏詞登科一人時舉子尤盛進士過千人然中第者皆衣冠士子是歲有鄭義則故戶部尚書澣之孫裴弘故相休之子魏當故相扶之子令狐滈故相綯之子餘不能遍舉皆以門閥取之惟陳河一人孤平負藝第於牓末諫議大夫崔瑄上疏曰伏見新及第進士令狐滈是河中節度使檢校司空同中書門下平章事令狐綯男舊名壽改名滈窃聞頃年暫曾罷舉自父當重位而權在一門求請者詭黨風趨妄動者邪朋雲集每歲春闈登第在朝清列除官事望雖出於綯取捨悉由於滈喧然如市傍若無人威振寰中勢傾天下及綯去年罷

相出鎮其日令狐滈於禮部納卷伏以舉人文卷皆須十月已前送納豈可父身尚居樞務男私換其解名干撓主司侮弄文法若宰相子弟總合應舉即不合繼絕數年如宰相子弟不合應舉即何預有文解公然輕易隱蔽聖聰將陛下朝廷爲綯滈家事伏恐奸欺得路孤直杜門非唯取笑士流抑亦大傷風教伏請下御史臺子細推勘納卷及取解月日聞奏臣職當諫署分合上聞疏留中不出

梁太祖開平三年五月勑禮部所放進士薛鈞是左司侍郎薛延珪男方持省轄固合避嫌其薛鈞宜令

所司落下

乾化中翰林學士鄭珏連知貢學鄭中人聶嶼與鄉人趙都俱隨鄉薦都納賄於珏人報翌日登第嶼聞不捷訴來人以嚇之珏懼亦俾成名

後唐莊宗同光三年三月勑今年新及第進士符蒙正等宜令翰林學士承旨盧質就本院覆試仍令學士使楊彥珣監試其月勑禮部所放進士符蒙正等四人既懸羣情實于浮議近令覆試俾塞輿言及再覧符蒙正庇成僚等程試詩賦果有疵瑕若便去留慮乖激勸儻無升降即昧甄明况王徹體物可嘉屬

辭甚妙桑維翰若無庇繆稍有功夫其王徹升爲第一桑維翰第二符蒙正第三成僚第四禮部侍郎裴皞放

明宗天成四年中書舍人知貢舉盧詹進納春關狀內漏失五經四人姓名罰一月俸

晉高祖天福三年崔梲權知貢舉時有進士孔英者行醜而才薄宰相桑維翰素知其爲人深惡之及梲將鏁院禮辭於維翰維翰性語簡止謂梲曰孔英來也蓋慮梲悞放英故言其姓名以拒之也梲性純直不復禀覆因黙記之時英又自稱是宣尼之後每凌轢於方場梲不得已遂放英登第牓出人皆諠笑維翰聞之舉手自抑其口者數四蓋悔言也

周世宗顯德二年禮部侍郎劉溫叟知貢舉三月壬辰勑尚書禮部貢院奏今年新及第進士李覃嚴說何㬥武允成王汾閻丘舜卿楊徽之任惟吉趙鄰幾周度張慎微王翥馬文劉選程浩李震等一十六人所試詩賦文論策等國家設貢舉之司求英俊之士務詢文行方中科名比聞近年已來多有濫進或以年勞而得第或因媾勢以出身今歲所放舉人試令看驗果見紕繆須至去留其李覃何㬥楊徽之趙鄰

冊府元龜　貢舉部　謬濫　卷之六百五十一　十

幾等四人宜放令及第其嚴說武允成王汾閻丘舜卿任惟吉周度張慎微王翥馬文劉選程浩然李震等一十二人藝學未精並宜勾落且令苦學以俟再來溫叟失於選士頗屬因循據其過尤合行譴謫尚可見恕特與矜容溫叟放罪其將來貢舉公事仍令所司別具條種聞奏

四年屯田員外郎知制誥扈蒙試進策入鄉貢進士段宏等內段宏賜同三傳出身先是詣匭言事者甚衆命蒙以時務策試之蒙選中者四人帝覽之命樞密副使王朴覆試唯留宏一人而已蒙由是坐奪俸

一月

五年右諫議大夫劉濤知貢舉三月詔曰比者以近年貢舉頗是因循頻詔有司精加試練所冀去留無濫優劣昭然昨據貢院奏今年新及第進士等所試文字或有否臧爰命詞臣再令考覈庶涇渭之不雜免玉石之相參其劉坦單貽慶李頌祭綸張覲等詩賦稍優宜放及第王汾據其文詞亦未精當念以須曾剝落特與成名熊若谷陳保衡皆是遠人深可嗟念亦放及第郭峻趙保雍楊丹安玄度張昉董咸則杜思道等未甚苦辛並從退落更修進以俟將來濤

選士不當有失用心可責授右贊善大夫俾省過以戒當官先是濤於東京放牓後率其新令及第進士劉坦已下一十五人來赴行在具以其所試詩賦進呈帝覽之以其詞多紕繆命翰林學士李昉覆試故有是命

巡按福建監察御史臣李嗣京 訂正
知長樂縣事臣夏允彝条閲
知建陽縣事臣黄國琦較釋

奉使部一

總序

周官小行人之職掌使適四方達天下之六節又行夫掌邦國傳遽之小事凡其使也必以旌節使於四夷則爲之介故聘禮有使者上介次介之名春秋戰國雖或兵交而使在其間矣自周及秦嘗以歲八月

遣輶軒之使採異代方言又其事也漢制奉敵書使者乘馳傳則使者之稱其來舊矣武帝遣中郎將建節往諭巴蜀乃副使者馳四乘之傳又遣謁者及博士六大夫諫官御史廷尉大僕丞相掾等分行按察故有直指使者及八使美俗清詔之名繇漢而下靡嘗厥官委寄之殊沿襲不一蓋因時而建置非著令於悠久等威制度随委任之輕重僚屬吏員稱職務之大小唐室以降蓮事增名則有巡察黜陟採訪處置按察宣勞之類分道而往領命尤重大率以交聘敵國通接殊鄰勞來遠方安輯新附慰撫兵役分給賑賜採風俗之厚薄詢民事之勞逸究吏治之能否察獄訟之冤正搜訪遺滯刺舉姦濫或購求墜簡或奉行寵典于以宣暢皇風敷諭詔旨廣天聽而斯遠俾物情之無擁若乃智略宏遠機用周敏洽聞英藻清節慎行揖讓而中節往復而合指引薦良士糾劾非法感慨而自請罔憚修塗縱横而有辭用能專對乘便見機而必果處危握節而靡渝績効著聞望實昭顯境原隰而有耀被奬飾以攸宜允謂使乎斯可尚已乃至縻居他境遯逅物故契闊奄忽人所共歎其有乖違上意遺受深耻專已而無簡黷貨而弗厭有

損國威乃罹邦憲是故歴代遣使誠難其人必簡帝心以將明命者爾凡奉使部二十七門

達王命 宣國威

達王命

夫使乎之爲善者在乎宣王靈達君命奉辭而無辱稱指而獲考焉故周官之紀六節重行人之職小雅之歌四牡榮使臣之選繇漢而下乃有循行郡國以布德音馳驅絶域以論和好之亂邦之内有若平居詆逆城之下曾不介馬其智勇見于辭氣其忠信通于神明故能使偪強思柔姦雄易慮安反側之俗革

攜離之心紓患以解紛懷荒而振遠自非辯可以專
對智足以經物挺不奪之志達應變之略又安能掉
三寸之舌履不測之險而舉無所憚克成其績哉
漢嚴助爲中大夫會閩越攻東甌武帝出兵誅閩越
淮南王安上書諫之是時漢兵遂出踰領會閩越王
弟餘善殺王降帝嘉淮南之意廼令助諭淮南王曰
皇帝問淮南王使中大夫王上書言事聞之朕奉先
帝之休德夙興夜寐明不能燭燭炤也重以不德是以
比年凶菑害衆菑古災字夫以眇眇之身託于王侯之上
内有飢寒之民南夷相攘攘謂相侵奪也使邊騷然不安朕

甚懼焉今王深惟重慮惟思也慮計也明太平以弼朕失稱
三代至盛際天接地人迹所及咸盡賓服藐然甚慙
藐武卓切遠也言不可及也嘉王之意靡有所終靡無也終極也使中大
夫助諭朕意告王越事助諭意曰今者大王以發屯
臨越事上書陛下故遣臣助告王其事王居遠事薄
遽不與王同其計薄迫也遽速也朝有闕政遺王之憂言朝有闕乃使王有憂也遺猶與也陛下甚恨之夫兵固凶器明主之所
重出也重難也然自五帝三王禁暴止亂非兵未聞也
漢爲天下宗操殺生之柄操執持也以制海内之命危者
望安亂者卬治卬仰而望之讀曰仰今閩越王狠戾不仁狠性貪戾
也言佷戾者冐貪而戾殺其骨肉離其親戚所爲甚多不義又
數舉兵侵凌百越并兼鄰國以爲暴彊陰計奇策入
燔尋陽樓船漢有樓船貯在尋陽也欲招會稽之地以踐勾踐
之迹先是越王勾踐稱霸中國今越王欲慕之今者邊又言閩王率兩國
擊南越陛下爲萬民安危久遠之計使人諭告之曰
天下安寧各繼世撫民禁毋敢相并有司疑其以虎
狼之心貪據百越之利或於逆順不奉明詔則會稽
豫章必有長患且天子誅而不伐焉有勞百姓苦士
卒乎王者之兵但行誅耳無有戰鬭故云不伐也故遣兩將屯於境上震
威武陽聲鄉鄉音嚮屯曾未會言兵未盡集天誘其衷閩王

隕命輒遣使者罷屯毋後農時令及農時不待後也南越王甚
嘉被惠澤蒙休德願革心易行身從使者入謝革改也
有狗馬之病不能勝服謂朝服也故遣太子嬰齊入侍病
有瘳願伏北闕望大廷以報盛德閩王以八月舉兵
於治南山名也今名東治屬會稽士卒罷倦罷讀曰疲三王之衆相與
攻之因其弱弟餘善以成其謀至今國空虛遣使者
上符節請所立不敢自立以待天子之明詔此一舉
不挫一兵之鋒不用一卒之死而閩王伏辜南越被
澤威震暴王義存危國此則陛下深計遠慮之所出
也事效見前見顯也前謂目前故使臣助來諭王意於是王

謝曰雖湯伐桀文王伐崇誠不過此臣安妄以愚意狂言陛下不忍加誅使使者臨詔臣安所不聞先未聞者今得聞也誠不勝厚幸

張騫爲郎應募使月氏月氏西域胡國也氏音支與堂邑氏奴甘父堂邑姓也漢人其奴名甘父下云堂邑父者蓋取主之姓以爲氏而單稱其名曰父俱出隴西經匈奴道由匈奴過匈奴得之傳詣單于單于曰月氏在吾北漢何以得往使吾欲使越漢肯聽我乎留騫十餘歲予妻有子然騫持漢節不失居匈奴西騫因與其屬亡鄉月氏屬謂同使之官屬鄉讀曰嚮西走數十日走謂奔走也不指知其道里多少故以日數言之至大宛大宛聞漢之饒財欲通

不得見騫喜問欲何之騫曰爲漢使月氏而爲匈奴所閉道今亡唯王使人道送我誠得至反漢漢之賂遺王財物不可勝言大宛以爲然遣騫爲發道譯抵康居抵至也康居傳至大月氏大月氏王已爲胡所殺立其夫人爲王既臣大夏而居之以大夏爲臣爲之作君也地肥饒少寇志安樂又自以遠遠漢殊無報胡之心下遠音于萬切騫從月氏至大夏竟不能得月氏要領要一遙切衣要也領衣領也凡衣者則執要與領言騫不能得月氏意趣無以持歸於漢故以要領爲喻留歲餘還並南山欲從羌中歸並音步浪切復爲匈奴所得歲餘單于死國內亂騫與胡妻及堂邑父俱亡歸漢拜騫大中大夫堂邑父爲奉使君

後漢來歙光武時爲大中大夫建武五年持節送馬援奉璽書於隗囂囂遣子恂時入侍

趙岐爲太僕獻帝西都李傕專政使太傅馬日磾撫慰天下以岐爲副日磾行至雒陽表別遣岐宣揚國命所到郡縣百姓皆喜曰今日乃復見使者車騎是時袁紹及魏太祖與公孫瓚爭冀州聞岐至皆自將兵數百里奉迎岐深陳天子恩德宜罷兵安人之道又移書公孫瓚爲言利害紹等各引兵去皆與岐期會雒陽奉迎車駕岐南到陳留得篤疾經涉二年期

者遂不至興平元年詔書徵岐會帝當還雒陽先遣衛將軍董承修理宮室岐謂承曰今海內分離唯有荊州境廣地勝西通巴蜀南當交阯年穀獨登兵人差全岐雖迫太命猶志報國家欲自乘牛車南說劉表可使其身自將兵來衛朝廷與將軍并心同力共獎王室此安上救人之策也承即表遣岐使荊州督租糧岐至劉表即遣兵詣雒陽修助宮室軍資委輸前後不絕

蜀費詩建爲人爲益州前部司馬先主爲漢中王遣詩拜關羽爲前將軍羽聞黄忠爲後將軍羽怒曰大

丈夫終不與老兵同列不肯受拜詩謂羽曰夫立王業者所用非一昔蕭曹與高祖少小親舊而陳韓亡命後至論其班列韓最居上未聞蕭曹以此爲怨今漢王以一時之功隆崇於漢室然意之輕重寧當與君侯齊乎且王與君侯譬猶一體同休等戚禍福共之愚謂君侯不宜計官號之高下爵祿之多少爲意也僕一介之使銜命之人君侯不受拜如是便還但相爲惜此舉動恐有後悔耳羽大感悟遽即受拜

陳蕭乾爲給事黃門侍郎永定初熊曇朗在豫章周迪在臨川留異在東陽陳寶應在建晉共相連結閩

中豪帥往往立砦以保高祖甚患之乃令乾往使諭以逆順并觀虛實將發高祖謂乾曰建晉恃險好爲姦宄方今天下初定難便出兵昔陸賈南征趙他歸順隨何奉使黥布來臣追想清風髣髴在目況卿坐鎮雅俗才高昔賢宜勉建功名不煩更勞師旅乾至曉以逆順所在渠帥並率部衆開壁款附

後魏崔頤太武時爲大鴻臚持節策拜楊難當爲南秦王奉使數返光揚朝命帝善之及驃騎大將軍樂平王丕等督諸軍取平上邽使頤齎詔於丕前喻難當奉詔

李順太武時爲太常策拜涼州沮渠蒙遜爲太傅涼王使還未幾拜四部尚書延和初使涼州沮渠蒙遜遣中兵校尉楊定歸白順曰年衰多疾舊患發動腰脚不隨不堪拜伏三五日消息小差相見順曰王之年老朝廷所知以王祇執臣禮別有詔旨豈得自安不見上使也蒙遜翌日延順入至庭中而蒙遜箕坐隱几無起動之狀順正色大言曰不謂此叟無禮乃至於是今則覆亡之不恤敢凌侮天地魂神逝矣何用見之將握節而出蒙遜使歸追順於庭曰太常旣雅恕衰疾傳云朝廷有不拜之詔是以敢自安耳若

太常曰爾拜爾跪而不抵命斯乃小臣之罪矣順答曰齊桓公九合諸侯一匡天下周王賜胙命曰伯舅無下拜而桓公奉遵臣節降而拜受今君雖功高勳厚未若小白之勤朝廷雖相崇重未有不拜之詔如便偃蹇自取此乃速禍之道非圖久安之計若朝廷震怒遂相吞滅悔何及哉蒙遜曰太常視之以古烈懼之以天威敢不翹悚敬聽休命遂拜伏盡禮

鹿悆孝莊帝時爲殿中侍御史監臨淮王彧軍時梁豫章王綜據徐州綜密信通彧曰欲歸款綜時爲梁武愛子衆議咸謂不然彧募人入報驗其虛實悆遂

請行日若綜有誠心與之盟約如其詐也豈惜一人命乎時徐州始陷邊方騷擾綜部將成景儁胡龍牙並擁彊兵内外嚴固悆遂單馬間出徑趣彭城未至之間爲綜軍主程兵潤所止問其來狀悆答曰兵交使在自昔通言我爲臨淮王所使湏有交易兵潤遂先遣人白龍牙等綜既有誠心聞悆被執語景儁等曰我每疑元略規欲歸城（元略魏中山王畧也）將驗虛實宜遣左右爲元畧使入魏軍中喚彼一人其使果至乃令人詐畧身在一深室詭爲患狀呼使戶外令人傳語時略始被梁武追還綜又遣腹心梁話迎悆密語意

狀令善酬答引悆入城詣龍牙所時日已暮龍牙列仗舉火引悆曰元中山甚欲相見故令喚卿又曰安豐臨淮將少弱卒規復此城容可得乎悆曰彭城魏之東鄙勢在必争得否在天非人所測龍牙曰當如卿言復詰景儁任在停悆在外門久而未入時夜已久星月甚明有綜軍主姜桃來與悆語曰君年已長宿又充今使良有所達元法僧魏之微子拔城歸梁梁主待物有道乃舉手上指今歲星在斗斗吳之分野君何爲不歸梁國我令君富貴悆荅曰君徒知其一未知其二法僧者莒僕之流而梁納之無乃有愧於季孫也今月鶉首斗牛受破歲星木也逆而勉之君吳國敗喪不久且衣錦夜游有識不許言未盡乃引入見景儁曰元中山雖日相喚不懼而來何也荅曰昔楚伐吳吳遣蹷繇勞師今者此行不

荅曰游歷多年與卿先經相識仍叙緣繇景儁便記引悆同坐謂悆曰卿不爲刺客也荅曰今者爲使欲返命本朝相刺之事更卜後圖爲設飯食雜果悆強飲多食向敵數人微自夸矜諸人相謂曰壯士哉乃引向元畧所一人引入戶内指牀令坐一人别在室中出謂悆曰中山有

教與君相聞悆遂起立使人謂悆曰君但坐悆曰家國王子豈有坐聽教命使人曰頻首君我昔有以向南且遣相喚欲聞卿事晚來患動不獲相見悆曰且奉音旨冒嶮祗赴不得瞻見内懷反側遂辭而退湏臾天曉綜軍主范曷景儁司馬楊驃等競問北朝士馬多少悆云秦隴既平三分靜晏今有高車白眼羌蜀五十萬齊王孝陳留崔延伯李叔仁等分爲三道徑趣江西安樂王鑒李神領冀相齊濟青光羽林十萬直向琅邪南出諸人相謂曰詐非華辭也悆曰可驗崇朝何華之有日晏令還景儁送悆上戲馬臺北

望城壘曰此河城之固良非彼軍士所能圖擬嚮可語二王廻師改計念曰金墉湯池衝甲彌巧貴守以仁何論險害還尋於路與梁話誓盟契約旣固未旬綜果降

後周楊薦爲太祖帳內都督帝遣僕射趙善使蠕蠕請婚善至夏州聞蠕蠕主於東魏欲執使者善懼乃還帝乃使薦往賜黃金十斤雜綵三百疋薦至蠕蠕責其背惠食言弁諭結婚之旨蠕蠕感悟乃遣使隨薦報命焉

庫狄峙爲侍中時蠕蠕滅後突厥強盛雖與太祖通

好而外連齊氏帝又令峙銜命諭之突厥感悟即執齊使歸諸京師

隋柳裘爲內史大夫時尉遲迥作亂天下騷動幷州總管李穆頗懷尤豫高祖令裘往諭之裘見穆盛陳利害穆甚悅遂歸心於高祖

蘇威爲納言時突厥都藍可汗屢爲邊患使威至可汗所與結和親可汗即遣使獻方物以勤勞進大位將軍

閻毗爲殿內丞征遼之役毗領武賁郎將典宿衛時衆軍圍遼東城帝令毗詣城下宣諭賊方弩亂發所乘馬中流矢毗顏色不變辭氣抑揚卒事而去

唐溫造河內人德宗建中中爲彭門張建封所禮時李希烈用兵四劫多所陷沒天下城鎭恃兵者皆欲動搖或自立帥請節德宗患之以范陽劉濟方推忠議但不能盡達朝廷倚賴之意乃容詔建封選賢德有識之士往諭之建封乃強署造節度參謀使于幽州造與語未訖濟俯伏流涕曰濟僻在遐裔不知天子神聖大臣忠盡願得率先諸侯效以死節造還建封以其名上聞乃馳驛入奏

孔巢父建中末爲給事中兼御史大夫魏博宣慰使

巢父博辯多智對田悅之衆陳逆順利害君臣之道士衆愧悚喜抃曰不圖今日復覩王化及就宴悅酒酣自矜其騎射之藝拳勇之略因曰若蒙見用無不摧巢父謂之曰若如公是言而不早歸國者但爲一好賊耳悅曰爲賊旣曰好賊爲臣當作功臣巢父曰國方有虞待子而息悅起謝焉

韓愈憲宗元和末爲兵部侍郎會鎭州亂殺其帥田弘正立裨將王廷湊知節度事朝廷因而命之詔愈往宣撫愈至則諭以逆順利害之理廷湊乃祖識朝旨出牛元翼於重圍及還以其功轉吏部侍郎

胡証為金吾大將軍穆宗長慶二年送太和公主入蕃去廻鶻牙帳尚可汗信宿可汗遣數百騎來請與公主先從他道去証曰不可虜使曰前咸安主來時去花門數百里即先去今何獨拒我証曰我奉天子詔送公主以授可汗今未見可汗豈宜先往虜使乃止

梁劉捍初為太祖副典客兼御史大夫唐光化三年六月太祖北伐鎮定至嘗山而王鎔色攝送欵於太祖命捍入壁門傳諭將兩軍未愨守門者戈戟千匝捍馳騎而入竟達其命移師次中山至懷德驛大被

定人五萬衆王處直乞降捍復單馬入州安撫而廻

李振為太祖從事太祖兼領鄆州署天平軍節度副使湖南馬殷為朗州雷蒲所迫振奉命馳往和解殷蒲皆禀命

晉楊彥詢為邠州節度使時鎮州安重榮有不臣之狀彥詢憂其窺伺會車駕幸鄴表求入覲高祖慮契丹怒安重榮之殺行人也移兵犯境復命彥詢使焉臣欽若等曰彥詢為宣徽使時曾使契丹至是復命之仍恐重榮要之繇滄州路以入蕃戎王果怒重榮彥詢具言非高祖本意蓋如人家惡子無如之何戎王聞重榮犯闕乃放還

宣國威

夫膺皇華之選以銜傳遠之役而能揚君之美延譽於四方宣國之威折衝於萬里斯可謂不辱命而獲考矣由漢而下乃有奉辭絶域致使鄰壞或招諭亡叛或鎮撫危疑震耀於皇靈開示乎大信宣布恩德激昂辭氣臨大節而無撓抗雄辯而有章繇是殊俗之長稱臣以奉約侍險之國遣子而入侍還俘掠於邊陲歸職貢於宰旅厥角聽命改容率禮革其驕驁之心窒夫禍亂之際自非懷應變之明略挺匪躬之雅操蹈難無苟免之志遇事圖貲濟之績者亦惡能

有所立哉

漢陸賈高帝時使南越尉佗因問賈曰我孰與蕭何曹參韓信賢與如也賈曰王似賢也復問曰我孰與皇帝賢賈曰皇帝起豐沛討暴誅彊楚為天下興利除害繼五帝三王之業統天下理中國之人以億計地方萬里居天下之膏腴人衆車輿萬物殷富政繇一家自天地剖判未始有也言自開闢以來未嘗有也今王衆不過數萬皆蠻夷崎嶇山海間譬若漢一郡王何乃比於漢佗大笑曰吾不起中國故王此使我居中國何遽不若漢言有何迫促而不如漢也迺大說賈說謂愛悅之留與飲數月

日越中無足與語至生來令我日聞所不聞賜賈橐中裝直千金有底日囊無底日橐言其寶物質輕而價重可入囊橐以齎行故日橐中裝也它送亦千金非橐中物故日它送也它猶餘也賈卒拜佗爲南越王令稱臣奉漢約歸報高帝大悅

傅介子北地義渠人以從軍爲官先是龜茲樓蘭皆嘗殺漢使者龜茲音丘茲至昭帝元鳳中介子以駿馬監求使大宛因詔令責樓蘭龜茲國介子至樓蘭責其王教匈奴遮殺漢使大兵方至王苟不教匈奴使過至諸國何爲不言王謝服言匈奴使屬過屬近也近始過去當至烏孫道過龜茲介子至龜茲復責其王王亦服

罪介子從大宛還到龜茲龜茲言匈奴使從烏孫還在此介子因率其吏士共誅斬匈奴使者還奏事詔拜介子爲中郎遷平樂監

後漢來歙爲大中大夫時光武方以隴蜀爲憂獨謂歙曰今西州未附子陽稱帝子陽公孫述子道里阻遠諸將方務關東思西州界未知所任其謀若何歙因自請曰臣嘗與隗囂相遇長安其人始起以漢爲名今陛下聖德隆興臣願得奉威命開以丹青之信囂必束手自歸則述自下之勢不足圖也光武然之建武三年歙始使隗囂五年復持節送馬援因奉璽書於囂旣還復往說囂遣子入侍囂聞劉永彭寵皆以破滅遂遣子恂隨歙入質拜歙爲中郎將

班超明帝永平中爲奉車都尉竇固假司馬使鄯善斬匈奴使還奉於固固大喜具上超功效并求更選使使西域帝壯超節詔固曰吏如班超何故不遣而更選乎今以超爲軍司馬令遂前功超復受使固欲益其兵超曰願將本所從三十餘人足矣如有不虞多益爲累是時于寘王廣德新攻破莎車遂雄張南道而匈奴遣使監護其國超旣西先至于寘廣德禮意甚疎且其俗信巫巫言神怒何故欲向漢漢使有

騧馬騧一作騩馬淺黑色急求取以祠我廣德乃遣使就超請馬超密知其狀報許之而令巫自來取馬有頃巫至超即斬其首以送廣德因辭讓之廣德素聞超在鄯善誅滅虜使大惶恐即攻殺匈奴使者而降超超重賜其王以下因鎭撫焉

梁諷和帝永元元年爲車騎將軍竇憲軍司馬憲出征匈奴令諷先齎金帛使北單于宣國威德其歸附者萬餘人

魏邵安平觀津人初事袁紹爲將軍從事兼領烏丸突騎後歸太祖太祖領冀州辟爲從事太祖將討表

譚而柳域烏丸欲出騎助譚太祖以招嘗領烏丸遣詣柳城到値峭王嚴以五千騎當遣詣譚又遼東太守公孫康自稱平州牧遣使韓忠齎單于印綬往假峭王峭王大會群長忠亦在坐峭王問招昔袁公言受天子之命假爲單于今曹公復言當更白天子假我真單于遼東復持印綬來如此誰當爲正招荅曰昔袁公承制得有所拜假中閒違錯天子命曹公代之言當白天子更假真單于是也遼東下郡何得擅稱拜假也忠曰我遼東在滄海之東擁兵百萬又有扶餘濊貊之用當今之勢彊者爲右曹操獨何得爲

是也招呵忠曰曹公允恭明哲翼戴天子伐叛柔服寧靜四海汝君臣頑嚚今恃險遠背違王命欲擅拜假侮弄神器方當屠戮何敢慢易咎毀大人便捉忠頭頓築拔刀欲斬之峭王驚怖徒跣抱招以救請忠左右失色招乃還坐爲峭王等說成敗之效禍福所歸皆下席跪伏敬受勑教便辭遼東之使罷所嚴騎太祖滅譚於南皮署招軍謀掾

南齊蕭惠基初仕宋爲撫軍車騎主簿泰始初兄益州刺史惠開拒命明帝遣惠基奉使至蜀宣旨開降而益州士反引氏賊圍州城惠基於外宣示朝廷威賞於是氏人邵虎郝天錫等斬賊帥馬興懷以降

後魏燕鳳初爲道武代王左長史參國事嘗使前秦苻堅堅問鳳曰代王何如人也對曰寛和仁愛經畧高遠一時雄主也常有吞天下之志堅曰卿輩北人剛甲利器敵弱則進敵彊則退安得兼并也鳳曰北人悍勇上馬持三杖驅使若飛主人雄雋率服北土控弦百萬號令若一軍糧輜重樵爨自若輕行速捷因敵取資此南方所以疲弊北方所以常勝堅曰彼國人馬多少鳳曰控弦之士數十萬見馬百萬匹堅曰卿言人衆則可說馬太多鳳曰雲中川從東山西

河二百餘里北至南山百餘里每歲孟秋馬常大集畧爲滿川以此推之使人言猶未盡堅厚贈之

李順大武時爲四部尚書使於北凉沮渠蒙遜蒙遜將不拜順責之乃下拜及禮畢蒙遜曰夫恃德者昌恃力者亡朝廷須來征伐屢克境宇已博但當修理此民亦足興治然專務討擊恐不可常勝順曰昔太祖廓定洪基造有區夏太宗承統王業惟新自聖上臨御志寧四海是以戎車屢駕親冒風霜滅赫連於三秦走蠕蠕於漠北闢土開邊隸首不紀僵屍截馘所在成觀首除暴雹安黎庶威震八荒聲被九域自

古以來用兵之美未有爾日之盛是以遐方荒俗之
氓莫不翹足抗手歛衽屏䏶天兵四臨昭德罰罪何
云恃力夫聖王之用兵也征南蠻則北狄怨討西戎
則東夷恨天子安得已哉蒙遜曰誠如來言則涼土
之民亦願魏帝遠至何爲復遣驛告誓不舍晝夜竟
君之所言殆爲虛事順曰苗民放命帝舜而覩暴君有
昬違后啟而從逆主咸慴逼於近地牽制於囚威自
古而然豈獨涼民也哉
公孫軌爲大鴻臚持節拜氐王楊玄爲南秦王軌及
境玄不郊迎軌數玄曰昔尉佗跨據及陸賈至觕匐
冊府元龜 奉使部 宣國威　卷之六百五十二　十九
奉順故能垂名竹帛今君王無肅恭之禮非蕃臣也
玄使其屬趙客子對曰夫以六合爲家孰非王庭是
以敢請入國然後受謁軌答曰大夫入境尚有郊勞
而况王命者乎請奉策以還玄懼詣郊受命軌使還
稱旨拜尚書賜爵燕郡公
封軌孝文大和中爲儀曹郎中使高麗高麗王雲恃
其偏遠稱疾不親受詔軌正色詰之諭以大義雲乃
北面受詔先是契丹虜掠邊民六十餘口又爲高麗
擁掠東歸軌具聞其狀移書徵之雲悉資給遣還
北齊斛律羌舉爲夏州刺史高祖欲招懷遠夷令羌
舉使於阿至羅宣揚威德前後稱旨甚被嘉賞
隋虞慶則爲尚書僕射時突厥之種沙鉢畧遣使詣
闕高祖遣慶則與長孫晟報書沙鉢畧陳兵列其寶
物坐見慶則稱病不能起且曰我父伯以來不向人
拜慶則責而諭之千金公主私謂慶則曰可汗豺狼
性過與争將入時長孫晟說諭之沙鉢畧辭屈乃頓
顙跪受璽書以戴於首旣而大慙其群下因相聚慟
哭慶則又遣稱臣沙鉢畧謂其屬曰何名爲臣報曰
隋國稱臣猶此稱奴耳沙鉢畧曰得作大隋天子奴
虞僕射之力也贈慶則馬千匹幷以從妹妻之
冊府元龜 奉使部 宣國威　卷之六百五十二　二十
長孫晟開皇四年爲奉車都尉副尚書右僕射虞慶
則使突厥攝圖賜宇文公主姓爲楊氏千金公主（公主後周趙王招女自請改姓爲帝女）改封大義公主攝圖奉詔不肯起
拜晟進曰突厥與隋俱是大國天子可汗不起安敢
違意但可賀敦爲帝女則可汗是大隋女婿柰何無
禮不敬婦公乎攝圖乃笑謂其達官曰須拜婦公我
從之耳於是乃拜詔書使還稱旨授儀同三司大業
三年煬帝幸榆林欲出塞外陳兵耀武經突厥中指
于涿郡仍恐染干驚懼先遣晟往諭旨稱述帝意染
干聽之因召所部諸國奚霫室韋等種落數十酋長

咸萃晟見牙中草穢欲令染干親自除之示諸部落以明威重乃指帳前草曰此根大香染干遽哭之曰殊不香也晟曰天子行幸所在諸侯躬親灑掃耘除街路以表至敬之心今牙中蕪穢謂是留香草耳染干乃悟曰奴罪過奴之骨肉皆天子賜也得効觔力豈敢有辭特以邊人不知法耳賴將軍恩澤而教導之將軍之惠奴之幸也遂拔所佩刀親自芟草其貴人及諸部爭倣効之乃發榆林北境至于其牙又東達于薊長三千里廣百步舉國就役而開御道帝聞晟策乃益嘉焉

崔君肅爲司朝謁者大業初處羅可汗爲鐵勒所敗時黄門侍郎裴矩在燉煌引致西域聞國亂復知處羅思其母氏因奏之煬帝遣君肅齎書慰諭之處羅甚踞受詔不肯起居肅謂處羅曰突厥本一國也中分爲二自相仇敵每歲交兵積數十年而莫能相滅者明知啓民與處羅國其勢敵耳今啓民舉其部落兵且百萬入臣天子甚有丹誠者何也但以切恨可汗而不能獨制故卑事天子以借漢兵連二大國欲滅可汗耳百官兆庶咸請許之天子弗違師出有日矣顧可汗母向氏本中國人歸在京師處于賓館聞天子之詔懼可汗之滅旦夕守闕哭泣悲哀是以天子憐焉爲其輟策向夫人又匍匐謝罪因請發使以召可汗令入内屬乞加恩禮同於啓民天子從之故遣使到此可汗若稱藩拜詔因乃永安而母得延壽不然者則向夫人爲誑天子必當所戮而傳首虜庭發大隋之兵資北藩之衆左提右挈以擊可汗死亡則無日矣奈何惜兩拜之禮剿慈母之命悋一句稱臣喪匈奴之國也處羅聞之矍然而起流涕再拜跪受詔書君肅又説處羅曰啓民内附先帝嘉之賞賜極厚故致兵彊國富今可汗後附與之争寵須深結

於天子自表至誠既以道遠未得朝覲宜立一功以明臣節處羅曰如何君肅曰吐谷渾者啓民少子莫賀昵設之母家也今天子又以義成公主妻於啓民啓民畏天子之威而與之絶吐谷渾亦日憾漢故職貢不修可汗若請誅之天子必許漢擊其内可汗攻其外破之必矣然後身自入朝道路無阻因見老母不亦可乎處羅大喜遂遣使朝貢

唐鮮于叔明肅宗乾元中爲司勳員外郎副漢中王瑀使迴紇迴紇接禮稍倨叔明離位責之曰大國通好賢王奉使可汗大唐子壻豈可恃微功而傲乎唐

法則不然可汙政客加敬復命遷司門郎中
韋倫德宗建中初爲太常少卿使吐蕃初宣諭皇恩次述國家威德遠振蕃人悅之贊普大獻琛貢等倫廻遷太常卿
溫造穆宗長慶元年授京兆府司錄穆宗開延英召對詔曰幽州用舊事不變籍卿爲我行焉對曰臣府縣吏非宜行恐四方以朝廷爲無人帝曰我在東宮時聞劉總請覲及我即位比年上書不絕及詔行期即痞然不報卿往諭我意是日賜緋魚袋充太原鎭州幽州宣諭使初至范陽劉總具櫜鞬立於外郊造

入宣聖旨示以禍福總喘伏流汗若兵在頸矣及造歸奏不數日總全家出幽州拜殿中侍御史
後唐李嚴爲客省使同光初僞蜀王衍使人致書其詞甚抗莊宗遣報聘且市中宮中珍玩蜀人皆禁而不予衍冲弱無識軍國之事外則伏王宗弼內委宋光嗣景潤澄及嚴至光嗣等曲宴府第因問近事嚴曰吾皇即位鄴宮之歲裏取汶陽冬誅汴孽宋氏兵號三十萬謀臣猛將解甲倒戈西盡邛涼東漸瀛海南踰閩浙北極幽陵牧伯侯王稱藩不暇家財入貢府實上供吳王有唐舊臣岐王先朝元老皆遣子入侍述職稱臣湖湘荆楚杭越甌閩異貨奇珍府無虛月也月諒繇以德懷來以威欵伏順則涵之以恩澤迷則問之以干戈四海車書大同非晚宋光嗣曰荆楚則僕所未知唯岐下宋公我之姻好洞見其心反覆多端專欲踞人於鑪炭大國不足信也似聞契丹之族近日強盛大國得無備乎嚴曰公以爲虜之勝負孰若僞梁曰比梁爲劣嚴曰吾皇之視北虜如蚤虱耳以其爲患不足把搔况良將勁兵佈列天下彼不勞一郡之兵一較之力則懸首槀街盡爲奴虜但以天生四夷終非大患不欲窮兵黷武故也光嗣聞

嚴辨對畏而奇之嚴奉使於蜀及與王衍相見陳使者之禮因於笏記中具述莊宗興復之功其警句云纔過汶水縛王彥章於馬前旋及夷門斬朱友貞於樓上嚴復聲韻清亮蜀人聽之愓然

巡按福建監察御史臣李嗣京　訂正

知閩縣事臣曹鼎臣叅閱

知建陽縣事臣黄國琦較釋

奉使部二

稱旨

仲尼曰使於四方不辱君命可謂士矣蓋夫有專對之才加之以敏應機罔滯遇事立斷足以成務始可與權然後出疆則有華復命則有勞斯古人以爲使乎之難者矣至于馳一介之行李合二國之懽心俾

隣境益恭獷俗向化得紓難之畧敵和戎之利乃有奉將清詔循行庶邦宣慰有方便宜從事廵察風俗舉劾貪猾以應對而知賞踰懷輯而見稱以至跋扈之人能令其順命疑貳之俗終俾其歸心斯皆使者之任也是故明君之使臣也以事而不制以辭故能俾其成命而獲考者也

漢隨何爲謁者時漢王與楚大戰彭城不利謂左右曰彼等皆無足與計天下事者何進曰不審陛下所謂漢王曰孰能爲我使淮南使之發兵向楚（淮南英布也）我之取天下可以萬全何曰臣請爲使之乃與二十人俱至淮南布間行與何俱歸漢

陸賈初以客從高祖時尉佗平南越因王之高祖使賈賜佗印爲南越王佗大說稱臣奉漢約歸報高帝大說文帝即位欲使人之南越丞相陳平乃言賈往使尉佗去黄屋稱制（黄屋謂車上之蓋也黄屋及稱制皆天子之儀故令去之者）令比諸侯皆如意指

嚴助爲中大夫時閩越圍東甌告急武帝曰吾新即位不欲出虎符發兵郡國迺遣助以節發兵會稽會稽守欲距法不爲發（以法距爲無符驗也）助迺斬一司馬諭意指（以天子意指曉告之）遂發兵浮海救東甌未至閩越引兵罷

終軍爲謁者使行郡國所見便宜以聞還奏事帝甚悅

司馬相如字長卿武帝時唐蒙已畧通夜郎因通西南夷道發巴蜀廣漢卒作者數萬人治道二歲不成士卒多物故（物故死也）費以億萬計蜀民及漢用事者多言不便是時卭筰之君長（卭者今爲卭都縣筰者今爲定筰縣）聞南夷與漢通得賞賜多欲願爲內臣妾請吏比南夷帝問相如相如曰卭筰冉駹者近蜀道易通（今夔州開州首領姓冉者皆舊冉種也駹音龍）異時嘗通爲郡縣矣（異時猶言往時也）至漢興而罷通今誠復通爲置郡縣愈於南夷（南夷謂犍爲牂牁也西夷謂邛

（嶲益州也）帝以爲然乃拜相如爲中郎將建節往使副使
者王然于壺充國呂越人馳四乘之傳（張戀切）因巴蜀
吏幣物以賂南夷相如使畧定西南夷邛莋冉駹斯
榆之君皆請爲臣妾除邊關邊關益斥西至沫若水
（沫水出蜀廣平徼若水出旄牛徼外沫音妹）南至牂牁爲徼（徼以木石水謂爲界者也）
（斯榆之君等自求去邊關與牂牁作徼舉也工釣切）欲通靈山道橋孫水（鑿開靈山）
（道置靈道縣孫水出臺登縣南至會無入若水於孫水上作橋）以通邛莋還報天子
大說（說讀曰悅）
蓋寬饒爲太中大夫行風俗多所稱舉貶黜奉使稱
意

孔光爲博士成帝初奉使録寃獄行風俗振贍流民
奉使稱意由是知名
陳咸爲刺史冀州奉使稱意
平當爲博士給事中使行流民幽州舉奏刺史二千
石勞徠有意者言渤海鹽池可且勿禁以救民急（恣民
者鹽官不專也）所過見稱即奉使者十一人爲最
樓護字君卿齊人也平阿侯王譚舉護方正爲諫議
大夫使郡國護假貸（言以假物貧人令護監之）使還奏事稱意
後漢李恂章帝時爲侍御史持節使幽州宣布恩澤
慰撫北狄所過皆圖寫山川屯田聚落百餘卷悉封
奏上帝嘉之
雷義以順帝時守灌謁者（漢官儀曰謁者三十五人以郎中秩滿歲稱給事未
滿歲稱灌謁者）使持節督郡國行風俗太守令長坐者凡七
十人
周舉爲諫議大夫永和六年詔遣八使廵行風俗舉
於是劾奏貪猾表薦公清朝廷稱之
范滂桓帝時舉孝廉光禄四行（光禄舉敦厚質樸遜讓節儉此爲四行也）
時冀州饑荒盗賊羣起乃以滂爲清詔使案察之滂
登車攬轡慨然有澄清天下之志及至州境守令自
知贓汚望風解印綬去其所舉奏莫不厭塞衆議

第五種以司徒掾清詔使冀州廉察災害（風俗通曰汝南周勃
辟太尉清詔使荆州冀此言以司徒清詔使冀州盖三公府有清詔員以承詔使也）舉奏刺史
二千石以下所刑免甚衆弃官奔走者數十人還奏
使稱職
蜀孫乾字公祐北海人也先主領徐州辟爲從事後
隨從周旋先主之背曹公遣乾自結袁紹將適荆州
乾又與麋竺俱使劉表皆如意指
馬良爲侍中時東征吳遣良入武陵招納五溪蠻夷
渠帥皆受印號咸如意指
鄧芝爲尚書先主薨於永安先是吳王孫權請和先

主累遣宋瑋費禕等與相報答丞相諸葛亮深慮權聞先主殂隕恐有異計未知所如芝見亮曰今主上幼弱初在位宜遣大使重申吳好亮荅之曰吾思之久矣未得其人耳今日始得之芝問其人爲誰亮曰即使君也乃遣芝修好於權權果狐疑不時見芝芝乃自表請見權曰臣今來亦欲爲吳非但爲蜀也權乃見之語芝曰孤誠願與蜀和親然恐蜀主幼弱國小勢偪爲魏所乘不自保全以此猶豫耳芝對曰吳蜀二國四州之地大王命世之英諸葛亮亦一時之傑也蜀有重險之固吳有三江之阻合此二長共爲

脣齒進可并兼天下退可鼎足而立此理之自然也大王今若委質於魏魏必上望大王之入朝下求太子之内侍若不從命則奉辭伐叛蜀必順流見可而進如此江南之地非復大王之有也權默然良久曰君言是也遂自絶魏與蜀連和遣張溫報聘於蜀權與亮書曰丁厷掞張（漢書禮樂志曰長離前掞光耀明孫權蓋蓋丁厷之言多浮豔也掞音夷念反）陰化不盡和合二國唯有鄧芝

李福字孫德梓橦涪人也爲尚書僕射諸葛亮於武功病篤後主遣福省侍遂因諮以國家大計福往具宣聖旨聽亮所言至別數日忽思未盡其意遂却騎馳還見亮亮語福曰孤知君還意近日言語雖彌日有所不盡更求一決耳君所問者公琰其宜也（蔣琬字公琰）福謝前實失不諮請公如公百年後誰可任大事者故輒還耳乞復請蔣琬琬後誰可任者亮曰文偉（費禕字文偉）可以繼之又復問其次亮不荅福還奉使稱旨

費禕爲昭信校尉使吳還遷爲侍中諸葛亮北住漢中請禕爲參軍以奉使稱旨頻至吳

羅憲字令則以宣信校尉再使於吳吳人稱美焉

吳是儀爲侍中時蜀相諸葛亮卒大帝垂心西州遣

儀使蜀申固盟好奉使稱意

晉侯史爲侍中與皇甫陶荀廙持節循省風俗及還奏事稱旨

宋裴松之爲國子博士文帝元嘉三年誅徐羨之等分遣大使巡天下松之出使湘州反使奏曰天道以下濟光明君德以廣運爲極古先哲后因心溥被是以文思在躬則時雍自洽禮行江漢而美化斯遠故畱大武之休詠廓造周之盛則伏惟陛下神叡玄通道契曠代冕旒華堂畱心八表咨敬敷之未純慮明揚之靡暢清問下民哀此鰥寡渙焉大號周爰四達

遠猷形於雅誥惠訓播乎遐陬是故率土仰詠重譯
咸悅莫不謳吟踊躍式欽皇風或有扶老携幼稱歡
路左誠繇亭毒旣流故志其自千載一時於是乎在
臣謬參銓任忝厠顯列猥以短乏思循八表無以宣
暢聖旨肅明風化黜陟無序搜揚寡聞慙懼屛營不
知所措奉二十四條謹隨事爲牒伏見癸卯詔書禮
俗得失一依周典每各爲書還具條奏謹依事爲書
以繫之松之甚得奉使之意論者美之
劉劭爲劉道錫揚烈府主簿元嘉二十七年後魏南
侵道錫遣劭使詣京都太祖引見之酬對稱旨

南齊劉係宗爲寧朔將軍白賊唐寓之起宿衛兵東
討遣係宗隨軍慰勞遍至遭賊郡縣百姓被驅逼者
悉無所問還復民伍係宗還武帝曰此役有征無戰
以時平蕩百姓安帖甚快也
陳蕭乾爲黃門侍郎時熊曇朗在豫章周迪在臨川
留異在東陽陳寶應在晉安共相連結閩中豪帥立
砦自保武帝患之令乾往諭以逆順謂曰昔陸賈南
征趙佗歸順隨何奉使黥布來臣追想淸風髣髴在
目卿宜勉建功名不煩更勞師旅乾至示以逆順所
在款附

毛喜初與宣帝事梁元帝爲尚書勸諭侍郎及江陵
陷喜及宣帝俱遷關右世祖卽位喜自周還進和好
之策朝廷乃遣周弘正等通聘宣帝反國喜於郢州
奉迎又遣喜入關以家屬爲請周冢宰宇文護執喜
手曰能結二國之好者卿也
蕭弘爲吏部侍郎時廣州刺史馬靖甚得嶺表人心
而兵甲精練每年深入俚洞又數有戰功朝野頗生
異議宣帝以弘悉諳嶺外物情且遣弘觀靖審其舉
措諷令送質弘奉密旨南行外託收督賧物旣至番
禺靖卽悟旨盡遣兒弟下都爲質

後魏崔玄伯道武時爲周兵將軍時詔遣使者巡行
郡國糾察守宰不如法者令玄伯與宜都公穆觀等
案之明元稱其平當
公孫表字玄元初爲慕容沖尚書郞歸朝使江南稱
旨
庾岳道武時爲外朝大人參預軍國帝旣絕慕容垂
以岳爲大人使詣慕容永永服其詞義
張濟爲散騎侍郎時後秦姚興遣將攻洛陽晉雍州
刺史楊佺期遣使乞師於常山王遵遵以狀聞道武
遣濟爲遵從事中郎報之濟自襄陽還帝問濟江南

之事濟對曰司馬昌明死子德宗代立所部州鎮迭相攻擊今雖小定君弱臣強全無綱紀臣等既至襄陽佺期問臣魏初伐中山幾十萬衆臣荅四十餘萬佺期曰魏國被甲戎馬可有幾匹臣荅中軍精騎十有餘萬外軍無數佺期曰以此討羌豈足滅也又曰魏定中山徙幾戸於此臣荅七萬餘家佺期曰治在何城臣荅定都平城佺期曰有如許大衆亦何用城爲又曰魏帝爲欲久都平城將復還乎臣荅非所知也佺期聞朝廷不都山東貌有喜色曰晉魏通和乃在往昔非唯今日羌寇狡猾頻侵河雒夙夜憂危今

此寡弱倉庫空竭與君便爲一家義無所諱雒城救援仰待於魏若獲保全當必厚報如其爲羌所乘寧使魏取等欲分向揚州佺期曰蠻賊互起水行甚難魏之軍馬已據滑臺於此而還從北道東下乃更便宜且晉之法制有異於魏今都督襄陽委以外事有欲征討輙使與發然後表聞令朝廷知之而已如其事勢不舉亦不承臺命帝嘉其詞順乃厚賓其使許救雒陽後還謁者僕射報使姚與以累使稱旨

張袞爲散騎常侍兼侍中袞善於督察毎東西馳使有所巡簡袞嘗充其選清慎嚴猛所至人下畏伏儔類亦以此高之

古弼明元時爲獵郎使長安稱旨

李順凡使涼州沮渠蒙遜十有二返大武稱其能

高推字仲讓早有名譽大延中以前後南使不稱妙簡行人中書博士游雅薦推應選詔兼散騎常侍使宋南人稱其才辯

元庫汗明於斷决獻文即位拜殿中給事毎奉使察行州鎮折獄以情所歷皆稱之秦州父老詣闕乞庫汗爲刺史前後千餘人朝廷許之未及還遇病卒

鄧羨爲黄門侍郎時幽瀛滄冀大水頻經寇難民饑

詔羨兼尚書假散騎常侍持節諸州隨方賑恤多有所濟

游肇爲散騎侍郎兼侍中爲畿内大使黜陟善惡賞罰分明

襲恒山王暉少沉敏頗涉文史宣武即位拜尚書主客郎巡省風俗還奏事稱旨

陰道方爲李神儁所知賞神儁爲前將軍荆州刺史請道方爲其府長流參軍神儁曾使道方詣梁雍州刺史蕭綱論邊事道方風神沉正爲綱所稱

李崇孝明時爲使持節兼侍中東道大使黜陟能否

著賞罰之稱
劉騰字子昇彭城人弱冠州辟主簿齊獻武王時奉
使詣闕見莊帝於顯陽殿問以邊事騰應對閑敏帝
善之
元孚從出帝入關爲司空時蠕蠕主與孚相識先請
見孚然後遣女於是乃使孚行蠕蠕君臣見孚莫不
歡悅奉皇后來歸
北齊宋世良初仕魏爲殿中侍御史詣河北括户大
獲浮惰還見汲郡城旁多骸骨移書州郡令悉收瘞
其夜甘雨滂沲還孝莊勞之曰知卿所括得丁倍於

本帳若官人皆如此用心便是更出一天下也
斛律羌舉爲東夏州刺史時高祖欲招懷遠夷令羌
舉使於阿至羅宣揚威德前後稱旨甚被知賞
張纂爲右光禄大夫使於茹茹以銜命稱旨
李雅廉兼散騎常侍省方大使行還所奏多見納用
後魏趙剛初爲魏閤內都督時賀拔勝獨孤信以孝
武西遷之後並流寓江左至是剛言於魏文帝請遣
而復之乃以剛爲兼給事黄門侍郎使梁魏興齊移
書與其梁州刺史杜懷瑤等即與盟歃受移建康仍
遣人隨剛報命是年又詔剛使三荆聽在所便宜行
事使還稱旨進爵武城縣侯除大丞相府帳內都督
復使魏興重申前命尋而梁人禮送賀拔勝獨孤信等
宇文測初仕魏爲司徒右長史李武疑齊神武有
異圖詔測詣太祖言令密爲之備太祖見之甚懽
庫狄峙初爲魏黄門侍郎時與東魏爭衡蠕蠕乘虚
屢爲邊患朝議欲和親乃使峙往峙狀貌魁梧善於
辭令蠕蠕主雅信結重之自是不復爲寇文帝謂峙
曰昔魏絳和戎見稱前史以君方之彼有愧色
楊檦爲撫軍將軍銀青光禄大夫時東魏遷鄴太祖
欲知其所爲乃遣檦間行詣鄴以觀察之使還稱旨

杜杲爲司倉上士初陳文帝弟安成王頊爲質於梁
及江陵平頊隨例遷長安陳人請之太祖許而未遣
至是帝欲歸之命杲使焉陳文帝大悅即遣使報聘
并賂黔中數州之地仍請畫野分疆永敦隣好以杲
奉使稱旨進授都督治小御伯更往分界焉
劉雄爲駕部中大夫兼齊公憲府掾時齊相斛律明
月率衆築通關城以援宜陽先是國家與齊通好約
言各保境息民不相侵擾至是憲以齊人失信令雄
使於明月責其背約雄辭議辨直齊人憚焉
楊薦孝閔帝初爲御伯大夫使突厥結婚突厥可汗

弟地頭可汗阿史那庫頭居東面與齊通和說其兄欲背先約計謀已定將以薦等送齊薦知其意乃正色責之詞氣慷慨涕泗橫流可汗慘然良久曰幸無所疑當共平東賊然後遣我女乃令薦先報命仍請東討以奉使稱旨遷大將軍

寶毅爲大將軍時與齊人爭衡戎車歲動並交結突厥以爲外援在太祖之時突厥已許納女於我齊人亦甘言重幣遣使求婚狄固貪惏便欲有悔朝廷乃令楊薦等累使結之往反十餘方復前好至是雖期往逆猶懼改圖以毅地兼勳戚素有威重乃命爲使

及毅之至齊使亦在焉突厥君臣猶有二志毅抗言正色以大義責之累旬乃定卒以皇后歸朝議嘉之

王慶爲中將軍武帝保定二年使吐谷渾與其分疆仍論和好之事渾王悅服遣所親隨慶獻貢初突厥與周和親許納女爲后而齊人知之懼成合從之勢亦遣使求婚財饋甚厚厥突貪其重賂便許之朝議以魏氏昔與蠕蠕結婚遂爲齊人離貳今者復恐改變欲遣使結之遂授慶左武伯副楊薦爲使是歲遂與入并之役慶乃引突厥騎與隋公楊忠至太原而還及齊人許送皇姑及世母朝廷遂與通和厥突聞之復致疑阻於是又遣慶往喻之可汗感悅結好如初五年復與宇文貴使突厥逆女自此以慶信著北蕃頻歲出使後更至突厥屬其可汗暴殂突厥謂慶曰前後使來逢我國喪者皆剺面表哀况今二國和親豈得不行此事慶抗辭不從厥突見其守正卒不敢逼武帝聞而嘉之

陸逞爲軍司馬武帝天和三年齊遣侍中斛斯文略中書侍郎劉逖來聘初修隣好盛選行人詔逞爲使尹公正爲副以報之逞美容止善詞令敏而有禮齊人稱焉

隋元暉初仕周爲武伯下大夫時突厥屢爲寇患朝廷將結和親令暉齎錦綵十萬使於突厥暉說以利害申國厚禮可汗大悅遣其王隨獻方物武帝之聘突厥后也令暉致禮焉

韋冲字世冲初仕後周從大將軍元定渡江伐陳爲陳人所虜武帝以幣贖而還之帝復令冲以馬千匹使於陳以贖開府賀拔華等五十人及元定之柩西還冲有辭辯奉使稱旨

蘇孝慈仕周爲中侍上士後拜都督聘於齊稱旨

長孫晟初仕周爲司衛上士宣帝時突厥攝圖請婚

於周以趙王招女妻之然周與攝圖各相誇競妙選驍勇使者以充因遣晟副汝南公宇文慶送千金公主至於其牙前後使人數十輩攝圖多不禮見晟而獨愛焉每共遊獵留之竟歲嘗有二鵰飛而爭肉因以兩箭與晟曰請射取之晟乃彎弓馳往遇鵰相攫遂一發而雙貫焉攝圖喜命諸子弟貴人皆親友與昵近之以學彈射其弟處羅侯號突利設尤得衆心而爲攝圖所忌密託心腹陰與晟盟晟與之遊因察山川形勢部衆強弱皆盡知之時高祖作相晟以狀白高祖高祖大喜

賀若誼初仕周爲直門將軍時茹茹種落携貳齊遣其舍人楊暢結好於茹茹太祖恐其并力爲邊境之患使誼聘茹茹誼因陷以厚利茹因信之遂與周連和執暢付誼太祖嘉之

韋師爲河北道行臺兵部尚書詔於山東河南十八州安撫大使奏事稱旨

長孫平高祖時爲工部尚書時突厥達頭可汗與都藍可汗相攻各遣使請援帝使平持節宣諭令其和解賜縑三百疋良馬一匹而遣之平至突厥所爲陳利害遂各解兵

柳謇之爲光祿少卿時啟民可汗自以內附遂畜牧於定襄馬邑間帝使謇之諭令出塞及還奏事稱旨

皇甫誕爲持書侍御史高祖以百姓多流亡令誕爲河南道大使以簡括之及還奏事稱旨帝甚悅

房彥謙爲監察御史以陳平奉詔安撫泉括等十州銜命稱旨

盧昌衡爲金州刺史奉詔持節爲河南道巡省大使及還稱旨

許善心爲禮部侍郎煬帝大業元年副納言楊達爲冀州道大使還奏稱旨

唐劉文靜爲晉陽司馬高祖初興義兵於晉陽遣文靜使突厥始畢始畢曰唐公舉義欲何爲也文靜曰文皇帝廢冢嫡傳位後王致斯禍亂唐公國之懿戚不忍坐觀成敗欲廢不當立者願與可汗兵馬同入京師人衆土地入唐公財帛金寶入突厥始畢大悅即遣將康鞘利領騎二千而又獻馬千匹高祖大悅

襄武郡公琛與太常卿鄭元璹齎女妓遺突厥始畢可汗以結和親始畢甚重之贈名馬數百匹遣骨吐祿特勤隨琛貢方物高祖大悅

皇甫無逸武德初爲御史大夫時益部新開政刑未

洽長使橫恣贓汚狼籍令無逸持節巡撫無逸宣揚
朝化法令嚴肅蜀中甚賴之
豆盧寬太宗貞觀中爲殿中監使於突厥寬容儀閑
雅詞旨可觀突厥甚敬憚焉
崔敦禮以貞觀二十年爲兵部尚書兼簡較鴻臚卿
瀚海都督廻紇吐迷度爲其下所殺詔敦禮持節綏
輯之因立其嗣敦禮深識蕃情凡所奏請事多允會
鄭維忠中宗時爲御史大夫持節賑給河北道仍黜
陟牧宰還敷奏稱旨
李傑神龍初爲衛尉少卿爲河東道巡察黜陟使奏

課爲諸使之最
宇文融玄宗開元初爲兵部員外郎括逃戶所至揚
宣恩命百姓感其言至有流淚稱爲父母者
李暠爲工部尚書東都留守開元二十一年正月制
日繼好之義雖屬邊鄙受命以出必在親賢事欲重
於當時禮故崇於殊俗選衆之舉無出宗英工部尚
書李暠體含柔嘉識致明允爲公族之領袖是朝廷
之羽儀金城公主既在蕃中漢庭公卿非無專對有
懷於遠夫豈能忘宜持節充入吐蕃使准式發遣以
國信物一萬疋私覿物二千匹皆雜以五綵遣之及
還金城公主上言請以今年九月一日樹碑於赤嶺
定蕃漢界樹碑之日詔張守珪李行禕與吐蕃使莽
布支同往觀焉既而吐蕃遣其臣隨漢使分往劍南
及河西磧西歷告邊州曰兩國和好無相侵掠漢使
告亦如之暠奉使稱旨
王縉肅宗時爲兵部侍郎屬平史朝義河朔未安詔
縉以本官河北宣慰奉使稱旨
賀若察代宗大曆四年爲給事中察自潁州使還見
於延英殿賜帛五十疋先是潁州刺史李岵以暴政
專殺本道使令狐彰陳奏帝命宣慰且驗其事察復

奏稱旨與彰狀協流岵於夷州
吳湊爲金吾將軍時滑亳節度令狐彰卒宋節度田
神功等下於鎮軍州頗騷擾湊皆承詔宣勞慰撫事
多適宜
班宏爲給事中時成德軍李寶臣卒其子惟岳匿父
喪以求位代宗難之乃遣宏問疾且喻惟岳惟岳厚
賂之宏皆不受還報合旨
歸崇敬德宗時爲左散騎常侍時兩河叛渙之徒初
禀朝命令崇敬以本官兼御史大夫持節宣慰奉使
稱旨

李紓爲兵部侍郎時誅李懷光諸軍兵會河中詔紓宣慰以勵節將還報合旨

樊澤爲都官員外郎建中初爲充和蕃使蕃中用事宰相尚結賛深禮之尋從鳳翔節度張鎰與吐蕃會盟於清水

盧群爲兵部員外郎使淮西節度吴少誠奉使稱旨

于頔以櫟陽主簿攝監察御史充入蕃使判官後爲司門員外郎兼侍御史充西蕃計會使將命稱旨時論以爲有出疆專對之能

温造字簡輿張建封牧壽春招以尺書造從之及建封按察彭門造歸下邳時李希烈用蔡兵四刼所至陷没天下城鎮恃兵者皆欲動揺或自立帥請節德宗患之以范陽劉濟方推忠誠但不能盡達朝廷倚賴之意乃密詔建封選賢德有識之士往喻之建封乃強署造節度參謀使於幽州造與語未訖濟俯伏流涕曰濟僻在遐裔不知天子神聖大臣忠藎願得率先諸侯效以死節造還建封以其名上聞乃馳驛入奏長慶元年授京兆府司錄參軍奉使河朔稱旨遷殿中侍御史既而幽州劉總請以所部九州聽朝旨穆宗選可使者或薦造帝召而謂之曰朕以劉總輸忠雖以書詔使蕃未盡朕之深意以卿素能辦事爲朕此行造對曰臣府縣走吏初受憲職望輕事重恐辱國命無能論旨帝曰我在東宮時聞劉總請覲及我即位比年上書不絶及約以行期即瘖默不報卿識機知變往諭我懷無多讓也乃拜起居舍人賜緋魚袋充大原鎮州幽州宣諭使造初至范陽劉總具櫜鞬郊迎及宣聖旨示以禍福總俯伏流汗若兵加於頸矣及造使還總遂移家入覲朝廷遂以張弘靖代之及朱克融逐弘靖鎮州殺田弘正朝廷用兵乃先令造銜命河東魏博澤潞横海深冀易定等道

論以軍期事皆稱旨

李鄘爲吏部員外郎徐州張建封卒其子愔爲將校所迫俾領軍務詔擇臨難不懾者即其軍以諭之遂命鄘爲宣慰使鄘直抵其軍召將士傳朝旨陳禍福脱監軍桎梏令復其位兇黨不敢犯及愔上表稱兵馬留後鄘以爲非詔令所加不宜自號使削去乃受

爰陟貞元中爲左司郎中累奉使皆稱旨

袁滋爲祠部郎中兼御史中丞充冊南詔使及還以清平官尹輔酋來朝又得先没蕃將衛景升韓演等三人並南詔所獲吐蕃將帥俘四百人至京南詔異

牟尋上表陳謝冊命及須賜正朔仍請擊吐蕃兼獻
方物
房式憲宗時爲吏部郎中時河朔節度劉濟王士貞
張茂昭皆以兵壯氣豪相持短長屢以表聞迭請加
罪帝欲止其兵李吉甫薦式爲給事中將命於河朔
式歷使諸鎮諷諭之還奏愜旨
崔從爲尚書左丞元和十三年王承宗再奉朝貢表
遣二子入侍請納德棣二州詔從宣撫且受地議者
以承宗誠詐未可知又入侍者非承宗子人皆憂之
從次魏州田弘正以路師道境欲以五百騎送之從

不聽以童僕十數騎徑至鎮州先令大集軍士於毬
場宣諭恩敕詞旨慷慨衆心感動承宗與軍士皆號
泣俯拜及饗宴每從容與承宗論以大節承宗爲禮
益恭及還遂按二郡之籍收其戶口兵儲以復命帝
臨軒勞悅久之
鄭權爲右散騎常侍穆宗長慶二年三月自廻鶻告
哀回帝初即位欲重其使以權嘗歷顯位器質魁偉
有詞辯可以將命故選任之權憚遠役辭以宿有痿
痛之疾不能馳馬旣不免乃肩轝涉磧至虜庭詞氣
不撓頗得使臣之體虜衆敬憚焉

李行修長慶三年爲宣撫使至楚州舉費冠卿之至
孝至泗州舉刺史李宜臣之贓犯時以爲奉使得人
楊於陵爲戶部侍郎會李師道誅平分其地爲三鎮
朝廷思有所制置於陵以選兼御史大夫充宣慰使
還奏合旨
梁韋震爲殿中監蔡州四面都統判官時蔡將郭璠
縶秦宗權送於太祖太祖復請震奏事且疏時溥之
罪願委討伐仍請降滄兗二師之命溥旣以都統破
黃巢功居第一又與兗鄆連衡結中官爲內援時宰
之忌太祖者復佑之右拾遺徐彥樞亦疏請所在斬

宗權不必至京師陳獻俘之儀蓋以時溥獻黃巢止
函首故也震往復論列於天子前敢大言亦能協附
執政所請事多允
李震爲太祖從事乾化二年以馬殷初領湖南爲雷
滿所逼帝以振骨鯁有辯命馳往和解殷滿並禀命
李珽爲兵部郎中崇政院直學士時許帥馮行襲疾
甚出爲許州留後先是行襲有牙兵二千皆秦人也
太祖深以爲憂乃遣珽馳往以伺察之珽至傳舍召
將吏親加慰撫行襲欲使人代受詔珽曰東首加朝
服禮也乃於卧內宣詔令善自補養苟有不諱子孫

俱保後福行襄泣謝遂解二印以授斑斑代掌軍府事太祖覽奏曰予固知斑必辦吾事行襄門戶不朽矣

張歸弁歸於太祖得署爲牙較時太祖初鎮宣武屢命歸弁結好於近境頗得行人之禮

後唐伊廣襟情灑落善占對及爲汾州刺史時武皇主盟諸侯景附軍機締結聘遺旁午廣奉使稱旨

郭崇韜臨事機警應對可觀武皇時爲典謁奉使鳳翔稱旨

薛仁謙爲通事舍人莊宗即位三聘於吳得使乎之

體

晉劉處讓初仕後唐爲客省副使累將命稱旨

李承約仕後唐爲頳州團練使天成中以邠州節度使毛璋將圖不軌乃命爲涇州節度副使且承密旨徃偵之既至以善言諭之璋乃受代明宗賞其能加簡較太保

聶延祚爲太子賓客善揣人情多有材藝飲博諸戲無所不通累奉使抗越及荆湖藩鎮侯王見者愛之亦嘗使於契丹善待之

册府元龜

巡按福建監察御史臣李嗣京　訂正

知甌寧縣事臣孫以敬叅閲

知建陽縣事臣黄國琦較釋

奉使部

恩奬　名望　廉慎　知禮

恩奬

商誥有懋賞之文周書有報功之典皆所以奬勵群品申其智力者也若乃膺使乎之選將天子之命奉辭無辱察廉不私適變制宜而事以戢濟宣威布惠

而下皆柔服殊俗畏禀王靈暢洽還奏合旨機用周審既專對而加敏且獲考而有光斯可以使於四方謂之士矣繇是疇其閥閲形於恩紀寵之以爵秩優之以賜予俾蕃渥繹以示敦勸盖夫載馳於役勤足以稱出境安國任斯爲重至於褒賚之數又豈限乎彛等哉

漢陸賈以客從高祖時中國初定尉佗平南越因王之高祖使賈賜佗印爲南越王賈説令稱臣奉漢約歸報高祖大悦拜賈爲大中大夫

蓋寛饒宣帝時爲大中大夫行風俗多所稱舉貶黜奉使稱意擢爲司隸校尉

陳咸成帝時爲冀州刺史奉使稱意徵爲諫大夫

平當爲博士給事中使行流民幽州使者十一人爲最遷丞相司直

樓護爲諫大夫使郡國使還奏事稱意擢爲天水太守

後漢杜詩爲侍御史安集洛陽將軍蕭廣放縱詩格殺廣還以狀聞光武召見賜以棨戟

宋均爲謁者會武陵蠻反圍武威將軍劉尚詔使均乘傳發江夏奔命三千人往救之既至而尚已没乃

矯制調伏波司馬吕种守沅陵長命种奉詔書入虜營告以恩信因勒兵隨其後蠻夷震怖即共斬其大帥而降於是入賊營散其衆遣歸本郡爲置長吏而還均未至先自劾矯制之罪光武嘉其功迎賜以金帛令過家上冢其後每有四方異議數訪問焉

雷義順帝時守灌謁者漢官儀謁者三十五人以郎中秩滿歲稱給事不滿歲稱灌謁者使持節督郡縣國行風俗太守令長坐者凡七十人旋拜侍御史

第五種桓帝時以司徒掾清詔使冀州三公府有清詔員以承詔使也廉察災害還以奉使稱職拜高密侯相

蜀簡雍與先主有舊隨從周旋往來使命先主入益州劉璋見雍甚愛之後先主圍成都遣雍往說璋璋遂與雍同輿而載出城歸命先主拜雍爲昭德將軍

吳是儀大帝時爲侍中使蜀申固盟好奉使稱意拜尚書僕射

晉侯史武帝時爲散騎常侍與皇甫陶荀廙持節循省風俗及奏事稱旨轉城門校尉

宋裴松之爲國子博士文帝元嘉三年誅徐羨之等分遣大使巡行天下松之甚得奉使之義轉中書侍郎

南齊蘇侃爲冠軍錄事參軍時巴西人李承明作亂高帝議遣侃銜命慰勞還除武寧監加建武將軍

劉係宗武帝初爲寧朔將軍自賊唐寓之起宿衛兵東討遣係宗隨軍慰勞還帝曰此役有征無戰以時平蕩百姓安帖甚快也賜係宗錢帛

茹法亮永明初爲龍驤將軍詔曰茹法亮近在淮城頻使銜命內宣朝旨外慰三軍義勇齊奮人百其氣險阻艱難心力俱盡宜沾茅土以甄忠績封望蔡縣男食邑三百戶

裴昭明爲祠部通直郎永明三年使後魏武帝謂之曰以卿有將命之才使還當以一郡相賞還爲始安內史

陳徐儉爲中書侍郎太建初廣州刺史歐陽紇舉兵反宣帝令儉持節喻旨紇初見儉盛列仗衛言辭不恭儉曰呂嘉之事誠當已遠將軍獨不見周迪陳寶應乎轉禍爲福未爲晚也紇默然不答懼儉沮其衆不許入城置儉於孤園寺遣人守衛累旬不得還紇嘗出見儉儉謂之曰將軍業已舉事儉須還報天子儉性命雖在將軍將軍成敗不在於儉幸不見留紇於是遣儉從間道馳還高祖仍以儉悉其勢形敕儉

監昭達軍紇平帝嘉之賜奴婢十人米五百斛除鎮北鄱陽王諮議參軍兼中書通事舍人

後魏公孫表初爲慕容沖尚書郎道武時歸朝以使江南稱旨拜尚書郎

李順爲四部尚書時使沮渠蒙遜知蒙遜將死又聆其對敏辨太武大悅於是賜絹千疋廐馬一乘進號安西將軍

高允弟推爲散騎常侍使宋南人稱其才辯遇疾卒於建業朝廷悼惜之喪還贈輔國將軍臨邑子謚曰恭賜命服衣冠允爲之作誄

古弼明元時爲獵郎使長安稱旨轉門下奏事
李佐字季翼孝文初以兼散騎常侍銜命高麗以奉使稱旨還拜常山太守賜爵眞定子
王嶷字道長爲南郡大夫出使巡察青徐兗豫撫慰新州觀省風俗還南部尚書
韋珍爲尚書郎會蠻首桓誕歸款珍奉使招慰之凡所招降七萬餘戶置郡縣而還以奉使稱旨除左將軍樂陵鎮將賜爵鄠城子
崔賢爲中書侍郎延興中受詔使齊州觀省風俗行兗州事以功賜爵桐廬縣子

柳崇爲尚書外兵郎中屬荆郢新附南寇窺擾詔崇持節與州郡經畧兼加慰諭還遷太子洗馬本郡邑中正
張彝爲散騎常侍兼侍中持節巡察河南十二州甚有聲稱使還以從征之勤遷尚書
封軌太和中爲儀曹郎中使高麗先是契丹虜掠邊民六十餘口又爲高麗擁掠東歸軌具聞其狀移書徵之高麗王雲悉資給遣還有司奏軌遠使絕域不辱朝命權宜曉慰邊民來蘇宜加爵賞詔曰權宜徵口使人常體但光揚有稱宜賞一階轉考功郎中

堯暄爲南部尚書于時始立三長暄爲東道十三州使更比戶籍賜獨車一乘廐馬四匹
鹿悆字永吉莊帝爲御史中尉悆爲殿中侍御史時梁豫章王綜以徐州降悆請爲使以觀其虛實悆入徐州盟約乃固綜降後詔曰日者法僧父子頑固自天長惡不已竊城外叛職此亂階遂使彭宋名藩翻爲賊有維宗臣名將揮戈於泗濱虎士雄卒埭劍於汴洛然高墉峻堞非可易登廣浚深隍實爲難踐是用日旰忘食中宵憤惋者也而衍（衍謂梁武帝）都督豫章王蕭綜體運知機欲歸有道潛遣寄信送款於都督

臨淮王于時事同夜光能不案劍殿中侍御史監軍鹿悆不憚虎口視險若夷便能占募人驗虛實誓盟旣固所圖遂果返地復城息我兵甲亦是悆之力焉若不酬以榮祿何以勸勵將來可封定陶縣開國子食邑三百戶除員外散騎常侍
王靜爲冠軍將軍岐州刺史趙郡王謐雪害城民愁叛詔靜以驛慰諭咸郎降下以奉使稱旨賜帛五百疋
邢祐爲員外散騎常侍使於宋以將命之勤除建威將軍

後周宇文測初仕後魏爲司徒右長史孝武疑齊神
武有異圖詔測詣太祖言令密爲之備太祖見之甚
歡使還封廣川縣伯邑五百戸
楊檦仕西魏爲撫軍將軍時東魏遷鄴太祖欲知其
所爲乃遣檦間行詣以觀察之行還稱旨授通直散
騎常侍車騎將軍
楊薦爲太祖帳内都督時蠕蠕請和親遣薦與楊寛
厚幷結婚而還進爵爲侯
岑善方初爲梁元帝刑獄參軍元帝初請内附以善
方兼記室充使詣周應對閑敏深爲太祖所嘉自此

往來凡數十反高祖特録善方充使之功追其子之
利之象入朝授之利都督代王記室參軍之象掌式
中士
王慶爲中將軍使吐谷渾與其分疆仍論和好之事
後使突厥屬其可汗暴殂突厥謂慶曰前後使來逢
我國喪者皆剺面表哀况今二國和親豈得不行此
事慶抗辭不從突厥見其守正卒不敢逼武帝聞而
嘉之録慶前後功遷開府儀同三司兵部大夫
陸逞爲司宗中大夫屬北齊遣侍中斛斯文畧中書
侍郎劉逖來聘初修鄰好盛選行人詔逞爲使主尹
公正爲副以報之逞美容止善詞令敏而有禮齊人
稱焉還屆近畿武帝詔令輅車儀服郊迎而入時人
榮之
隋元暉初仕周爲武伯下大夫使突厥結和親又武
帝之聘突厥后也令暉致禮焉加司憲大夫後平關
東使暉安集河北封義寧子邑四萬戸
長孫晟仕周爲司衛上士送千金公主于突厥周祭
山川形勢部衆强弱皆盡知之時高祖作相晟以狀
白高祖高祖大喜遷奉車都尉
辛彦之在周爲開府儀同三司奉使迎突厥皇后還

賚馬二百匹賜爵龍門縣公邑千戸
賀若誼初仕周爲直閤將軍使茹茹約其連和還太
祖嘉之拜車騎大將軍累遷公府長史
常師仕周爲河北道行臺兵部尚書詔於山東河南
十八州安撫大使奏事稱旨賜錢三百萬
蘇孝慈仕周爲都督聘于齊奉使稱旨遷大都督其
年又聘于齊還授宣納上士
柳裘周末爲内史大夫高祖總百揆詔裘諭幷州總
管李穆穆甚悦遂歸心於高祖裘後以奉使功賜綵
三百匹金九環帶一腰

栁莊仕後梁爲鴻臚卿高祖踐祚莊入朝高祖深慰
勉之及爲晉王納妃于梁莊因是往來四五反前後
賜物數千段
長孫平開皇中爲工部尚書時突厥達頭可汗與都
藍可汗相攻各遣使請援高祖使平持節宣諭令其
和解賜縑三百疋良馬一匹而遣之平至突厥所爲
陳利害遂各觧兵可汗贈平馬二百疋及還平進所
得馬帝盡以賜之
裴矩爲内史侍郎時啓民可汗初附令矩撫慰之還
爲尚書左丞房彦謙爲監察御史陳平奉詔安撫泉

括等十州以銜命稱旨賜物百段米百石衣一襲奴
婢七口
栁彧爲治書侍御史持節廵省河北五十二州奏免
長史贓汚不稱職者二百餘人州縣肅然莫不震懼
高祖嘉之賜絹布二百疋氊三百領拜儀同三司仁
壽初復持節廵省太原道十九州及還賜絹百五十
疋
許善心爲禮部侍郎煬帝大業初副納言楊達爲冀
州刺史稱旨賜物五百疋
盧昌衡爲金州刺史奉詔持節爲河南道廵省大使

及還以奉使稱旨授儀同三司賜物二百段
栁謇之大業中爲光禄少卿時啓民可汗自以内附
遂畜牧於定襄馬邑間煬帝使謇之諭令出塞及還
奏事稱旨拜黄門侍郎
唐襄武郡公琛高祖爲唐王時使突厥結和親還高
祖大悦進封郡王
鄭元璹武德中以太常卿使突厥還高祖勞之曰卿
在虜庭累載拘縶蘇武弗之過也拜鴻臚卿貞觀中
復使突厥說頡利引軍還太祖致書慰之曰知公已
共可汗結和遂使邊庭停警烽火不然和戎之功豈

止魏絳金奏之錫故當非遠
崔敦禮爲兵部侍郎頻使突厥以功加銀青光禄大
夫
崔琳爲鴻臚卿玄宗開元十九年以奉使入蕃特加
御史大夫寵之也
信安郡王禕與嗣魯王道堅牛仙客宋詢劉日正班
景倩唐昭等爲諸道採訪使開元二十四年各賜一
子官賞其廵察之勞也
李暠爲工部尚書東郡留守使吐蕃稱職轉兵部尚
書

李孝芳爲御史大夫充和蕃使代宗廣德三年使
加禮部尚書錄功也
崔倫前爲御史中丞大曆四年以使絶域功爲尚書
左丞
崔漢衡爲撿校禮部員外郎大曆六年爲和吐蕃副
使還遷右司郎中德宗建中二年吐蕃請盟詔除殿
中少監兼御史大夫爲和吐蕃使會宰相張鎰與吐
蕃盟於清水使還遷鴻臚卿四年吐蕃使朝貢加檢
校工部尚書復使吐蕃興元初居奉天吐蕃遣師佐
渾瑊敗朱泚兵於武功以功轉檢校兵部尚書兼祕

書監西京留守
李紓貞元初爲兵部侍郎時誅李懷光兵會河中詔
紓宣慰以勵節將還報合旨拜吏部侍郎
樊澤貞元中爲都官員外充吐蕃和蕃使回遷金部
郎中山南節度行軍司馬
盧羣爲兵部員外郎使淮西以奉使稱旨俄遷爲撿
校祕書少監義成軍節度行軍司馬
房式爲給事中將命河朔式歷使諸鎮諷諭之還奏
愜旨除陝虢觀察使
班宏爲給事中使盛德軍李惟岳惟岳厚賂之宏皆
不受還報合旨遷刑部侍郎
關播爲都官員外郎時湖南山洞中王國良聚衆爲
盜令播往宣諭之使回改兵部員外郎
袁滋爲工部員外郎貞元十四年西川韋皐始通西
南夷變長異牟尋貢琛請吏朝廷方命使慰撫選郎
吏可行者皆以西南之遠憚之滋獨不辭德宗深嘉
之以本官兼中丞持節入南詔未行遷祠部郎中使
如故使還擢爲諫議大夫
柳晟爲撿校工部尚書憲宗元和初充入廻鶻弔祭
册立使復命遷金吾大將軍

孟簡爲司封郎中元和四年使荆襄湖南宣撫時簡
示綠遣使追賜緋袍銀魚
裴度爲御史中丞元和十年五月自淮西行營宣慰
還言軍事多合帝意加兼刑部侍郎
柏耆將軍良器之子元和中王承宗再以恒山叛朝
廷稍厭武事思用恩澤濡煦者以處士於淮西行營
以畫干裴度願爲是行承宗果請質二男獻兩郡憲
宗酬其功使除右拾遺
胡証爲金吾大將軍穆宗即位以太和公主出降回
鶻証以本官撿校工部尚書充和親使光祿少卿李

憲爲副使還詔拜工部侍郎憲遷檢校右散騎常侍
兼太府卿
崔理爲監察御史敬宗寶曆元年自鎮武使迴鶻延
英對問遠地言朕如何理對曰四方皆言陛下納諫
如流帝大悅命賜緋魚袋
後唐薛仁謙爲通事舍人莊宗即位三聘於吳得使
乎之體遷衛尉少卿引進副使
晉劉昫高祖時爲給事中天福四年與給事中盧重
自契丹使廻頒賜器幣
馮道爲相以天福四年二月與左散騎常侍帝勲禮

部員外郎楊昭儉自契丹使廻帝慰勞隆至錫賚豐
厚
邊光範爲給事中天福八年與前登州刺史郭彥威
使於契丹各賜紫歒正旋襴衣著五十疋絲一百疋
錢五十貫文銀鞍轡馬一匹
周裴羽初仕後唐爲吏部郎中末帝清泰年再奉命
閩州還賜金紫遷太常少卿

名望

周官載行人之職漢家嚴使者之制歷世妙揀式克
允濟芳乃持節殊俗展幣與國或奉案察之寄是總
黜陟之權故有行實素優才用顯著爲他境之欽佇
見所至之欣慕敦成鄰好暢達威聲罔失一介之辭
無辱大臣之命藹然後望昭乎令譽豈憚煩於牖秦
實增輝於原隰者矣
漢張騫爲郎應募使月氏匈奴得之留十餘歲歸漢
拜大中大夫後封爲博望侯漢通西域騫鑿空鑿開也騫
始開通西域道也空孔也猶言始鑿其孔以行故此下言當空道而西域傳謂孔道也諸後使
往者皆稱博望侯以爲質於外國質信也外國由是信
之
後漢周舉爲諫議大夫順帝永和六年詔遣風俗巡

行皆選素有威名者乃拜舉爲侍中與侍中杜喬守
光祿大夫周栩前青州刺史馮羨尚書欒巴侍御史
張綱兗州刺史郭遵太尉長史劉班並守光祿大夫
分行天下其刺史二千石有臧罪顯明者驛馬上之
墨綬以下便輒收舉其有清忠惠利爲百姓所安宜
表異者皆以狀上於是八使同時俱拜天下號曰八
俊
蜀費禕爲昭信校尉使吳大帝甚器之謂禕曰君天
下淑德必當股肱蜀朝恐不能數來也
晉羅憲仕蜀爲太子舍人宣信校尉再使於吳吳人

稱焉
李密少仕蜀爲郎數使吳密有才辯吳人稱之
梁范縝仕齊爲尚書殿中郎武帝永明中與魏氏和親歲通聘好特簡才學之士以爲行人縝及從弟雲蕭琛瑯邪顏幼明河東裴昭明相繼將命皆著名鄰國
陳阮卓爲德教殿學士副王話聘隋隋主夙聞卓名乃遣河東薛道衡瑯邪顏之推等與卓談論賦詩厚禮遣還
陸琰爲直嘉德殿學士兼通直散騎常侍副瑯邪王

厚聘齊及至鄴下而厚病卒琰自爲使主時年二十餘風神韶亮占對閑敏
魏太原王陸叡與隴西公元琛並持節爲東西二道大使褒善罰惡聲稱聞於京師
游明根假員外散騎常侍冠軍將軍樂安侯使於宋宋使明僧暠相對前後三反宋武稱其長者迎送之禮有加常使
王椿爲征虜將軍都督慰勞汾胡汾胡與椿北州服其聲望所在降下
宋弁爲中書侍郎兼員外常侍使於南齊南齊司徒蕭子良祕書丞王融等皆稱美之以爲氣韻響烈不逮李彪而體韻和雅舉正閑邃過之
李系少聰慧有才學爲司徒諮議參軍兼散騎常侍使梁與其二兄前後將命時人稱之
北齊魏收爲通直散騎常侍副王昕使梁昕風流文辯收詞藻富逸梁主及其群臣咸皆敬異先是南北稱和李諧盧元明首通使命二人才器並爲鄰國所重至此梁主稱曰盧李命世王魏中興未知後來復何如
李渾爲光祿大夫兼常侍聘使至梁梁武謂之曰伯

陽之後久而彌盛趙李人物今實居多常侍曾經將領今復充使文武不墜良屬斯人
李湛字處元渾子也涉獵於文史有家風爲太子舍人兼常侍聘陳渾與弟繪偉俱爲聘梁使至湛又爲使副是以趙郡人士目爲四使之門
崔瞻爲散騎常侍聘陳瞻辭韻溫雅南人大相欽服乃言常侍前朝通好之日何意不來其見重如此
後周崔彥穆爲御正大夫陳氏請敦鄰好詔彥穆使焉彥穆風韻閑曠器度方雅善玄言甚爲江表所稱
唐李大亮爲涼州都督貞觀八年發十三道大使巡

省天下大亮持節使劍南激濁揚清甚獲當時之譽
馬懷素爲禮部員外郎與源乾曜盧懷慎李傑等充
十道黜陟使素處事平恕當時稱之

廉慎

夫使於四方古所慎擇廉以自守行之惟艱矧復交
兩國之懽將出疆之命或巡行風俗或勞徠戎狄而
操心有素執節彌厲臨財無苟秉義益高斯固皇皇
有光使乎之美者矣
陳阮卓爲鄱陽王錄事時平歐陽紇交阯夷獠往往
相聚爲寇抄卓奉使招慰交阯通日南象郡多金翠

珠貝珍怪之產前後使者皆致之唯卓挺身而還衣
裝無他時論咸伏其廉
北齊李繪初仕東魏與散騎常侍爲聘梁使前後行
人皆通啟求市繪獨守清尚梁人重其廉潔
袁聿修武成太寧初以太常少卿出使巡省仍命考
技官人得失經歷兗州時邢卲爲刺史別後遣送白
紬爲信聿修退紬不受與邢書云今日仰過有異常
行瓜田李下古人所慎多言可畏譬之防川願得此
心不貽厚責邢亦欣然領解報書云一日之贈率爾
不思老夫忽忽意不及此敬承來旨吾無間然弟昔
爲清郎今日復作清卿矣
唐蘇世長爲天策府學士太宗貞觀初聘于突厥與
頡利爭禮不受賂遺朝廷稱之
杜暹爲監察御史玄宗開元中承詔往磧西覆寃安
西副都護郭虔瓘與西突厥可汗史獻鎮守使劉遐
慶等不叶更相執奏至磧西蕃人賚金以遺暹暹固
辭不受左右曰公遠使絕域不可失蕃人情暹不得
已受之埋於幕下既去出境乃移牒令收取之蕃人
大驚度磧追之不及
歸崇敬代宗大曆初爲倉部郎中充冊立新羅王使

故事使新羅者至海東多有所求或攜資帛而往貿
易貨物規以爲利崇敬一皆絕之東夷稱重其德
關播德宗貞元中爲刑部尚書充送咸安公主及冊
可汗使奉使來往皆清儉謹慎蕃人悅之
趙退翁貞元中爲給事中充咸安公主出降迴紇副
使前後使迴者必多私齎繒絮蕃中市馬迴以規利
退翁無所營求人歎美之
馮伉貞元中爲膳部員外郎澤潞節度使李抱真卒
充弔贈使抱真男遺伉帛數百疋不納又專送至京
伉因表奏固請不受

後唐郭崇韜自莊宗爲晉王時爲中門使專典機務及李存審牧鎮州帝命崇韜慰撫之三軍閣府庫或有以珍貨遺賂者韜都無所受但以書籍數千卷歸

陳乂性孤執尤廉於財明宗長興中嘗自舍人銜冊晉國公主石氏於太原晉高祖善待之但訝其高岸人或有獻可於乂宜陳一謳頌以稱高祖之美可邀其厚賄耳乂曰人生貧富咸有定分未有持天子命邀禮以求利既損國綱且虧士行乂今生所不爲也聞者嘉之

知禮

古人有言曰明君之使臣也任以事而不制以辭是知膺四牡之榮通二國之好苟非知禮勤王之士博聞強識之流豈能宣揚德美協和親鄰是以張旝入境抗王通好動咸遵於彝典言必協於令則俾乎徠觀不倦遜聽無譏增輝於本朝變風於殊俗斯則見重於識者揚芳於史氏不其宜哉

管仲齊大夫齊侯使仲平戎於王魯僖公十二年使隰朋平戎於晉平和也前年晉救周伐戎故戎與晉周不和王以上卿之禮饗管仲仲辭曰臣賤有司也有天子之二守國高在國子高子天子所命爲齊守臣皆上卿也若節春秋來承王命何以禮焉節時也陪臣敢辭王曰舅氏伯舅之使故曰舅氏余嘉乃勳應乃懿德謂督不忘往踐乃職無逆朕命功勳美德可謂正而不可忘者不言位而言職者管仲位卑而執修政故欲以職尊之管仲受下卿之禮而還管仲不敢以職自高卒受本位之禮君子曰管仲之世祀也宜哉讓不忘其上詩曰愷悌君子神所勞矣

周王閱襄王時爲宰周公天子三公家宰聘于魯魯僖公三十年饗有昌歜白黑形鹽昌歜昌蒲葅白熬稻黑熬黍形鹽象虎辭曰國君文足昭也武可畏也則有備物之饗以象其德薦五味羞嘉穀鹽虎形嘉穀熬稻黍也以象其文也鹽虎以象武也以獻其功吾何以堪之

孟獻子魯大夫聘於周宣公九年定公以爲有禮厚賄之

韓宣子晉大夫聘於周魯宣公二十六年靈王使請事問何事來聘對曰晉士起將歸時事於宰旅無他事矣起宣子名禮諸侯大夫入天子因稱士時事四時貢職宰旅家宰之下士言獻職貢於宰旅不敢斥尊王聞之曰韓氏其昌於晉乎辭不失舊皁大也言周衰諸侯莫能如禮唯韓起不失舊其後韓宣子如楚送女反魯昭公五年鄭伯勞諸圉圉鄭地名辭不敢見禮也奉使君命未反故

叔弓魯大夫聘于晉昭公二年晉侯使郊勞聘禮賓至近郊君使卿勞之辭曰寡君使弓來繼舊好固曰女無敢爲賓徹命於執事敝邑弘矣徹達也敢辱郊使請辭辭郊勞致館辭

曰寡君命下臣來繼舊好好合使成之祿也衔通君命則於已爲榮辱敢辱大館敢不敢叔向曰子叔子知禮哉吾聞之
曰忠信禮之器也卑讓禮之宗也宗猶主也辭不忘國忠
信也謂稱舊好先國後已卑讓也始稱敝邑之弘先國也次稱臣之祿後已也
詩曰敬慎威儀以近有德夫子近德矣明年叔弓如
滕葬滕成公子服椒爲介及郊遇懿伯之忌敬子不
入忌怨也懿伯椒之叔父敬子叔弓也叔弓禮椒爲之辟佐惠伯曰公事有公利
無私忌椒請先入乃先受館敬子從之惠伯子服也言叔弓之有禮
弃疾楚公子也如晉魯昭公六年過鄭鄭罕虎公孫僑游

吉從鄭伯以勞諸祖辭不敢見不敢當國君之勞祖鄭地固請見
之見如見王見鄭伯如見楚王言弃疾賢而有禮以其乘馬八匹私面
私見鄭伯見子皮如上卿如見楚卿以馬六匹見子產以馬四
匹見子大叔以馬二匹降殺以兩禁芻牧采樵不入田不犯田
不樵樹不采蓺蓺種也不抽屋不強匄誓曰有犯命
者君子廢小人降君子則廢黜不得居位小人則退給下劇也舍不爲暴
主不慁賓慁患也往來如是鄭三卿皆知其將爲王也
公孫青齊大夫青頃公之孫盜殺衛侯之兄縶公如死鳥
齊侯使青聘于衛魯昭公二十年既出聞衛亂使請所聘公
曰猶在竟內則衛君也乃將事焉遂從諸死鳥請將

事辭曰將事行聘事亡人不佞失守社稷越在草莽吾子
無所辱賓曰寡君命下臣於朝曰阿下執事阿比也命已使比衛臣下
臣不敢貳貳違命也主人曰君若惠顧先君之好照
臨敝邑鎮撫其社稷則有宗祧在言受聘當在宗廟也乃止止不行聘事
衛侯固請見欲與青相見不獲命以其良馬以爲相見之禮
見爲未致使故也未致使故不敢以客禮見衛侯以爲乘馬喜見敬已
敬貴其物賓相擷擷行反主人辭曰亡人之憂不可以及吾
子草莽之中不足以辱從者敢辭賓曰寡君之下臣
君之牧圉也若不獲扞外役是不有寡君也有相親友臣
懼不免於戾請以除死親執鐸終夕與於燎

芊尹蓋陳大夫楚子西子期伐吳魯哀公十五年及桐汭宣城廣德縣西南有桐水出白石山西北入丹陽湖陳侯使公孫貞子弔焉弔爲楚所代及良而卒良吳地將以尸入聘禮若賓死未將命則既斂於棺造於朝介將命吳子使太宰嚭勞且辭曰以水潦之不時無乃廩
然隕大夫之尸廩然傾動貌以重寡君之憂寡君敢辭上
介芊尹蓋對蓋貞子上介曰寡君聞楚爲不道薦伐吳國
薦重也滅厥民人寡君使蓋備使弔君之下吏備猶副也無
祿使人逢天之慼大命隕隊絕世于良絕世猶言弃世廢日
共積廢行道之日以共具殯劍所積聚之用一日遷次一日便遷次不敢留君命今
君命逆使人曰無以尸造于門是我寡君之命委于

草莽也且臣聞之曰事死如事生理也於是乎有朝聘而終以尸將事之禮朝聘道死以尸行事又有朝聘而遭喪之禮遭所聘之喪若不以尸將命是遭喪而還也無乃不可乎以禮防民猶或踰之今大夫曰死而弃之是弃禮也其何以爲諸侯主謂主盟也先民有言曰無穢虐士虐士死者備使奉尸將命苟我寡君之命達于君所雖隕于深淵則天命也非君與涉人之過也吳人內之言芊尹蓋知禮

蜀陳震字孝起建興中爲尚書令吳稱尊號以震爲衛尉賀權踐阼諸葛亮與兄瑾書曰孝起忠純之性

老而益篤及其贊述東西歡樂和合有可貴者震入吳界移關候曰東之與西驛使往來冠蓋相望申盟初好日新其事東尊應保聖祚告燎受符剖判土宇天下響應各有所歸於此時也以同心討賊則何寇不滅哉西朝君臣引領欣賴震以不才得充下使奉聘叙好踐界踴躍入則如歸獻子適魯犯其山諱春秋譏之望必啟告使行人睦焉即日張旅誥衆各自約誓順流漂疾國典異制懼或有違幸必斟誨示其所宜

吳紀陟大帝遣奉使如魏入境而問諱入國而問俗

宋袁湛晉末爲尚書左僕射時高祖北伐湛兼太尉與兼司空散騎常侍尚書范泰奉九命禮物拜授高祖冲讓湛等隨軍至雒陽住柏谷塢泰議受使未畢不拜晉帝陵湛獨至五陵致敬時人美之

後周趙文表爲車騎大將軍使突厥迎皇后進山儀注皆令文表典之文表斟酌而行皆合禮度

巡按福建監察御史臣李嗣京訂正
新建縣舉人臣戴國士參閱
知建陽縣事臣黃國琦較釋

智識　諜畧

智識

夫入國知教足以辯其興衰目擊道存可以察其禍福斯君子之表微哲人之先覺者也中古而下蓋有膺使乎之選當出疆之任或奉辭絶域或修聘鄰邦或慰勞軍戎或巡行郡邑以至接酬宴之好覘政治

之纖察言行而辯淑慝覽形勢而洞權變明其措置之損益識其事機之成敗詳究國體翼宣王度自非沉謀内蘊遠慮兼至澄止水之鑒而不撓包周物之智而旁通又曷能見於未萌若符契而可驗斷夫大事顯丹青之皎然哉

仲孫湫爲大夫齊侯使湫省魯難仲孫歸曰不去慶父魯難未已(時慶父已還魯)公曰若之何而去之對曰難不已將自斃君其待之公曰魯可取乎對曰不可猶秉周禮周禮所以本也臣聞之國將亡本必顛而後枝葉從之魯不棄周禮未可動也君其務寧魯難而親之親有禮因重固(能重能固則當就成之)間攜貳(離而相欵者則當因而間之)覆昏亂(覆敗也)霸王之器也(霸王所用以器爲喻)

叔興爲周内史襄王使太宰文公及内史興賜晉文公命(太宰文公王卿士王子虎也命服也諸侯七命冕服七章)上卿逆于境(逆晉侯郊勞辭勞也)館諸宗廟(館舍也舍宗廟尊王命)饋九牢(牛羊豕爲一牢上公九牢)設庭燎(設大燭於庭)及期命于武宮(期將事之日武宮文公之祖武公之廟命受王命)設桑主布几筵(主獻公之主練主用栗虞主用桑禮既葬而獻公死已久於此設之者文不次繼於惠懷虞故立獻公之王自以子繼父之位行未踰年之禮筵席也)太宰蒞之晉侯端委以入(說云衣玄端冠委貌諸侯祭服也韋昭謂此士服也諸侯之子未受爵命服士服)大宰以王命命冕服(冕大冠服鷩服)内史贊

之三命而後即冕服(三以王命命文公文公三讓而後就)既畢賓饗贈餞如公命侯伯之禮而加之以宴好(賓者主人所以接賓致饗饔之屬也如公受王命以侯自侍之禮大宰上卿而言公者尊之是也)内史興歸以告王曰晉不可不善也其君必霸逆王命敬(謂小卿逆於竟晉侯勞)奉禮義成(謂三讓賓饗之屬皆如禮)敬王命順之道也成禮義德之則也則德以道諸侯諸侯必歸之(道訓)且禮所以觀忠信仁義也(能行禮則有此四者)忠所以分也(心忠則不偏)仁所以行也(行仁則有恩也)信所以守也(信守則不貳)義所以節也(制事之節)忠分則均仁行則報信守則固義節則度(得其度也)分均無怨行報無匱守固不偷(偷苟且也)節度不攜其何事不

儐臣入晉境四者而失四者忠信仁義臣故曰晉侯其能禮
矣王其善之樹於有禮艾人必豐樹猶種也艾報也豐厚也王從
之使於晉者道相逮也逮及也及惠後之難王出在鄭惠後
周惠王之後襄王繼母陳嬀也嬀有寵生子帶將立之未及而卒子帶奔齊王復之又通襄王之後隗氏
王廢隗氏周大夫頹叔桃子奉子帶以翟師伐周王適鄭處于氾事在魯僖公二十四年晉侯納
之納王於郟殺子帶在僖二十五年於是乎始霸
劉康公爲卿士定王八年使康公聘于魯劉畿內之國康公王
卿士王季子發幣於大夫發其禮幣於魯大夫季文子孟獻子皆儉
二子魯卿文子齊仲無扶之子季孫行父也獻子孟文伯穀之仲孫蔑儉居處節儉也叔孫宣
子東門子家皆侈二子魯大夫宣子莊叔得臣之子叔孫僑如子家東門襄仲之子公

孫歸父也歸王問魯大夫孰賢對曰季孟其長處魯乎叔
孫東門其亡乎若家不亡身必不免王曰何故對曰
臣聞之爲臣必臣爲君必君寬肅宣惠君也肅整也宣偏也
惠愛也敬恪恭儉臣也其何事不徹徹達也其何任不堪
上作事而徹下能堪其任所以爲令聞長世也長世多歷
年今夫二子者儉其能足用矣用足則族可以庇庇覆
也恭儉節用無取於民國人說之故其宗族可以覆蔭也二子者侈侈則不恤匱
匱而不恤憂必及之志在奢侈不恤人之窮匱故憂患必及若是則必
廣其身廣大務自矜大不顧其上且夫臣人而侈國家弗堪亡之
道也王曰其幾何對曰東門之位不若叔孫而泰侈

不可以事二君東門大夫叔孫卿也位在人爾而侈其上重而無基故不可以事二君
叔孫之位不若季孟而亦泰侈焉不可以事三君叔孫
下卿季孟上卿若皆蚤世猶可蚤世即世也其家猶可以免若登年以載
其毒必亡登年多歷年也載行也必亡家必亡也及魯宣公卒定公十六年
赴者不反東門氏來告亂子家奔齊東門子家謀去三桓如晉未反
宣公卒三桓逐其家遂奔齊簡王之十一年魯叔孫宣伯亦奔齊
簡王定王之子者宣伯僑如也
叔孫婼魯大夫昭子也聘于宋桐門右師見之右師樂大
心居桐門語卑宋大夫而賤司城氏司城樂氏之大宗也卑賤謂其才德薄
昭子告其人曰右師其亡乎君子貴其身而後能及

人是以有禮唯禮可以貴身貴身故尚禮今夫子卑其大夫而賤
其宗是賤其身也賤人人亦賤矣能有禮乎無禮必亡爲定十年
樂大心出
吳公子札聘于魯見叔孫穆子說之謂穆子曰子其
不得死乎不得以壽死好善而不能擇人吾聞君子務在
擇人吾子爲魯宗卿而任其大政不愼所舉何以堪
之禍必及子爲昭四年豎牛亂起本聘于齊說晏平仲謂之曰
子速納邑與政無邑無政乃免於難齊國之政將有
所歸未獲所歸難未歇也故晏子因陳桓子以納政
與邑是以免於欒高之難難在昭八年聘於鄭見子產如

晉相識與之縞帶子產獻紵衣焉大帶也吳地貴縞鄭地貴紵故各獻己所貴示損己而不爲彼貨利謂子產曰鄭之執政者侈難將至矣必及子子爲政慎之以禮不然鄭國將敗侈謂伯有也

韓宣子爲晉大夫如楚送女叔向爲介鄭子皮子太叔勞諸索氏太叔謂叔向曰楚王汰侈已甚子其戒之叔向曰汰侈已甚身之災也焉能及人若奉吾幣帛慎吾威儀守之以信行之以禮敬始而思終終無不復行而不失儀敬而不失威導之以訓詞奉之以舊法考之以先王度之以二國雖汰侈若我何

范昭齊人晉平公欲伐齊使范昭往觀焉景公賜之

酒酣范昭曰願請君之樽酌景公曰酌寡人之樽進之於客范昭已飲晏子曰徹樽更之樽觶具矣范昭佯醉不說而起舞謂大師曰能爲我調成周之樂乎吾爲舞之太師曰宜臣不習范昭趨而出景公謂晏子曰晉大國也使人來觀政也今子怒大國之使者將柰何晏子曰夫范昭之爲人非陋而不識禮也且欲試吾君臣故絕之也景公謂太師曰子何以不爲客調成周之樂乎太師對曰夫成周之樂天子之樂也若調之必人主舞之今范昭人臣也而欲舞天子之樂臣故不爲也范昭歸以告平公曰齊未可伐也臣欲試其君而晏子識之臣欲犯其禮而太師知之仲尼聞之曰夫不出於樽俎之間而知千里之外其晏子之謂也可謂折衝矣而太師其與焉

漢劉敬爲郎中號奉春君韓王信反高帝自往擊至晉陽聞信與匈奴欲擊漢帝大怒使人使匈奴匿其壯士肥牛馬徒見其老弱及羸畜使者十輩來皆言匈奴易擊帝使劉敬復往使匈奴還報曰兩國相擊此宜夸矜見其所長今臣往徒見羸胔老弱胔讀曰瘠瘠瘦也此必欲見短伏奇兵以爭利愚以爲匈奴不可擊也是時漢兵以踰句注三十餘萬句注山名在鴈門兵已業

行帝怒罵敬曰齊虜以舌得官迺今妄言沮吾軍沮才汝切械繫敬廣武械謂桎梏也廣武縣名屬鴈門遂往至平城匈奴果出奇兵圍高帝白登七日然後得解高帝至廣武赦敬曰吾不用公言以困平城吾已斬先使十輩言可擊者矣迺封敬三千戶爲關內侯號建信侯

汲黯爲謁者東越相攻武帝使黯往視之不至吳而還報曰越人相攻固其俗不足以辱天子之使

公孫弘待詔金馬武帝時方通西南夷巴蜀苦之詔使弘視焉還奏事盛毀西南夷無所用帝不聽後終以開西南夷爲勤勞

魏衞覬爲尚書郎太祖征袁紹而劉表爲紹援關中諸將又中立益州牧劉璋與表有隙覬以治書侍御史使益州令璋下兵以綴表軍至長安道路不通覬不得進遂留鎮關中時四方大有還民關中諸將多引爲部曲覬書與尚書令荀彧曰關中膏腴之地頃遭荒亂人民流入荆州者十萬餘家聞本土安寧皆企望思歸而歸者無以自業諸將各競招懷以爲部曲郡縣貧弱不能與爭兵家遂彊一旦變動必有後憂夫鹽國之大寶也自亂來放散宜如舊置使者監賣以其直益市犂牛若有歸民以供給之勤耕積粟

以豐殖關中遠民聞之必日夜競還又使司隸校尉留治關中以爲之主則諸將日削日盛此彊本弱敵之利也或以白太祖太祖從之始遣謁者僕射監鹽官司隸校尉治弘農關中服從乃白召覬還

吳沈珩大帝時爲西曹掾使魏還言曰臣密參侍中劉曄數爲賊設姦計終不久慈臣聞兵家舊論不恃敵之不我犯恃我之不可犯今爲朝廷慮之且當省息他役惟務農桑以廣軍資修繕舟車增作戰具令皆兼盈撫養兵民使各得其所擥延英雋奬勵將士則天下可圖矣以奉使有稱封永安鄉侯官至少府

薛琊爲五官中郎將遣至蜀求馬及還景帝問蜀政得失對曰主闇而不知其過臣下容身以求免罪入其朝不聞正言經其野民皆菜色臣聞燕雀處堂子母相樂自以爲安也突決棟焚而燕雀怡然不知禍之將及其是之謂乎

後梁柳莊爲鴻臚卿及隋文帝輔政明帝令莊奉書入關時三方搆難隋文懼帝有異志及莊還謂曰孤昔以開府從役江陵深蒙梁主殊眷今主幼時艱猥蒙顧託梁主奕葉重光委誠朝廷而今已後方見松筠之節君還申孤此意於梁主也遂執莊手而別時

梁將帥咸請與尉遲迥連衡進可盡節於周氏退可席卷南山唯帝疑不可會莊至自長安申隋文結託之意遂言於帝曰今尉遲迥雖曰舊將昏耄已甚消難王謙（消難姓司馬）常人之下者非有緯合之才況山東庸蜀從化日近周氏之恩未洽於朝廷臣料之逈等終當覆滅隋公必移周國未若保境息人以觀其變帝深以爲然未幾消難奔陳迥及謙相次誅夷帝謂莊曰近若從衆言社稷已不守矣

後魏秦王翰之子儀有筭畧道武將圖慕容垂遣儀覲垂及還報曰垂死乃可圖今則未可帝作色問之

儀曰乖年已暮其子實弱而無威謀不能决慕容德自負才氣非弱主之臣㝵將內起是可討之帝以爲然

元洪超武邑公受洛之孫頗有學涉乘賊亂之後詔洪超持節兼黃門侍郎綏慰冀部還上言冀土寛廣界去州六七百里負海險遠宜分置一州鎮遏海曲朝議從之後遂立滄州

李順爲四部尚書使沮渠蒙遜廼太武問與蒙遜往復之辭及蒙遜政教得失順曰蒙遜專威河右三十許年經涉艱難粗識機變又綏集荒隙遠人頗亦畏

服雖不能貽厥孫謀猶足以終其一世前歲表許十月送曇無讖及臣往迎便乖本意不忠不信於是而甚禮者身之輿敬者行之本未有無禮不敬而能久享福祿以臣觀之不復周歲矣太武曰若如卿言則効在久遠其子必復襲世之後早晚當滅順對曰臣畧見其子並非才雋豈能保一隅如聞燉煌太守牧犍器性粗立若繼蒙遜者必此人也然比之於父僉云不逮殆天所用資聖明也太武曰朕今方事于東未暇營西如卿所言五三年間不足爲晚且停前計以爲後圖既而蒙遜死問至太武謂順曰言蒙遜死今則驗矣又言捷立何其妙哉朕尅涼州亦當不遠

源懷宣武時爲車騎大將軍持節廵行北邊因上表曰景明以來北蕃連年災旱高原陸野不任營殖唯有水田少可菑畝然主將叅僚專擅腴美瘠土荒疇以給百姓因此困弊日月滋甚諸鎮水田請依地令分給細民先貧後富若分付不平令一人怨訟者鎮將已下連署之官各奪一時之祿四人已上奪祿一周北鎮邊蕃事異諸夏往日置官全不差別沃野一鎮自將已下八百餘人黎庶怨嗟僉曰煩猥邊隅事尠實少曦服請主帥吏佐五分減二詔曰省表具恤

民之懷已勑有司一依所上下爲永准如斯之比不便於民損化害政者其備列以聞時細民爲豪彊陵壓積年枉滯一朝見申者日有百數所上事宜便於之邊者凡四十條皆見嘉納

辛雄孝莊初爲度支尚書兼侍郎中關西慰勞大使將發請事五條一言逋懸租調宜悉不徵二言簡罷非時役徭以紓民命三言課調之際使豐儉有殊令州郡量檢不得均一四言兵起歷年死亡者衆或父或子辛酸未歇見存者老請假板職慨生者之意慰死者之魂五言喪亂既久禮儀罕習如有闔門和穆

孝悌卓然者宜表其門閭仍啟曰臣聞王者愛民之道有六一曰利之二曰成之三曰生之四曰與之五曰樂之六曰喜之民不失其時則成之也省刑罰則生之也薄賦斂則與之也無多徭役則樂之也吏靜不苛則喜之也伏惟陛下道邁前王功超往代敷春風而鼓俗旌至德以調民生之養之正當茲日愷近來遠亦是今時臣既忝將命宜揚聖澤前件六事謂所宜行若不除煩救疾惠孤恤寡便是徒乘官驛虛號王人往還有費於郵亭皇恩無逮於民俗謹率愚管敢以陳聞乞垂覽許帝從之因詔民七十者授縣

八十者授郡九十加四品將軍年百歲從三品將軍

北齊封隆之為東魏尚書右僕射孝靜武定初北豫州刺史高仲密將叛遣使陰通消息於冀州豪望使為內應輕薄之情頗相扇動詔隆之馳驛慰撫遂得安靜文襄密書與隆之云仲密枝黨同惡向西者宜悉收其家累以懲將來隆之以恩旨既行理無追改今若收治示民不信脫或驚擾所虧處大乃啟神武事遂得停

後周張軌為都督從太祖征侯莫陳悅悅平使于雒陽見領軍斛斯椿曰高歡逆謀已傳行路人情西望以日為年未知宇文何如賀拔也軌曰宇文公文足經國武可定亂至於高識遠度非愚所測椿曰誠如卿言真可恃也

楊尚希為東京司憲中大夫宣帝時令尚希撫慰山東河北至相州聞國哀與相州總管尉遲迥發哀於館尚希出謂左右曰蜀公哭不哀而視不安將有他計吾不去將及於難遂夜中從捷徑而遁遲明迥方覺令數十騎路追之不及遂歸京師隋高祖以尚希宗室之望又背迥而至待之甚厚

隋薛道衡高祖時為內史舍人兼散騎常侍聘陳使

因奏曰江東蕞爾一隅僭擅遂久實由永嘉已後華夏分離劉石符姚慕容赫連之輩妄竊名號尋亦滅亡魏氏自北徂南未遑遠略周齊兩立務在兼并所以江表逋誅積有年紀陛下聖德天挺光膺寶祚比隆三代平一九州豈容使區區之陳久在天網之外臣今奉使請責以稱藩高祖曰朕且含養置之度外勿以言辭相折識朕意焉

唐鄭元璹太宗時為鴻臚卿貞觀中使突厥還奏曰突厥興亡唯以羊馬為驗觀其六畜並已疲羸部落皆有菜色而牙內炊飯化為血咎徵如此不出三年

必當覆滅俄授左武候大將軍須之突厥果敗
賈言忠爲侍御史高宗乾封中裨將薛仁貴旣降扶
餘川遂治海畧地與行軍摠管李勣大軍相會時言
忠受詔往遼東支度軍粮使廻帝問以軍事言忠盡
其山川地勢且言遼東可平之狀帝問曰卿何以知
其可平也對曰昔隋主親率六軍覆於遼東左者人
事然也煬帝無道軍政嚴酷舉國受殃天下離心玄
感一唱狠俱而返身死國滅自取之也先帝親往問
罪其所以不得者高麗未有釁也諺曰賊無曆踶中
道廻今高藏久矣其政人心不附男生兄弟內離遁

相攻擊脫來奔願爲鄉導彼之情僞盡知之矣以國
家富彊陛下明聖將士奔力滅之必矣且臣聞高麗
秘記云不及九百年當有八十將來滅之自前漢之
末高氏節有國事及今九百年矣李勣年登八十亦
與其記符同又高麗頻歲饑荒賣鬻男女無故地裂
狼狐入城蚡鼠穴於國門之下夷俗信妖遞相驚駭
天意如此人事如彼臣切爲以是行不再舉矣帝曰
卿觀遼東諸將孰賢對曰李勣先朝舊臣聖鑒所悉
寵同善雖非門將而持軍政嚴整薛仁貴勇冠三軍
威名遠振高偘勤儉自處忠果有謀契苾何力沉毅

持重有統御之才雖頗有忌前之癖而臨事能斷然
諸將夙夜小心忘身憂國者莫及於李勣帝深然其
言遽遣使齎重書以慰免勣等
狄仁傑爲冬官侍郎充江南廵撫使吳楚之俗多淫
祠仁傑奏毁一千七百所唯留夏禹吳太伯季札伍
員四祠
田歸道爲左衛郎將則天聖曆初默啜將至單于都
護府乃令歸道攝司賓卿迎勞之默啜又奏請六胡
州及单于都護府之地天后不許默啜深怨望遂拘
繫歸道將害之歸道辭色不撓更責以無厭之請並

諭以禍福默啜意稍解會有制賜默啜粟三萬石雜
綵等并許結婚歸道乃得還
長孫晟爲奉車都督初突厥攝圖請婚于周以趙王
招女妻之改封大義公主開皇七年攝圖死遣晟持
節拜其第處羅侯爲莫何可汗以其子雍閭爲葉護
可汗入年處羅侯死遣晟往弔仍齎陳國所獻寶器
以賜雍閭十三年流人楊欽亡入突厥詐言彭公劉
昶共宇文氏女謀欲反隋稱遣其來密告公主雍閭
信之乃不修職貢又遣晟出使微觀察焉公主見晟
言辭不遜又遣所私胡人安遂迦共欽計議扇惑雍

闍崚至京師具以狀奏又遣晟往索欽雍闍欲勿與診荅曰撿按客内無此色人晟乃貨其達官知欽所在夜掩獲之以示雍闍因發公主私事國人大恥雍闍執遂迎等並以付晟高祖大喜加授開府仍遣入蕃拉殺大義公主

唐唐儉爲天策府長史撿校黄門侍郎貞觀初往使頡利說誘之遂獲隋蕭后及楊正道以歸太宗謂儉曰卿觀頡利可圖不對曰銜國威恩亦望可獲遂令儉馳傳虜庭示之威信頡利部落欣然定歸欵之計因而兵衆弛懈李靖率輕齎掩破其牙帳頡利遂北

走儉脱身而還

郭元振爲通泉尉則天聞其名召見與語甚奇之時吐蕃請和乃授元振左武衛鎧曹充使聘于吐蕃吐蕃將大論欽陵請去四鎮兵分十姓之地朝廷使元振因察其事元振還上疏曰臣聞利或生害害亦生利國家難消息者唯吐蕃與默啜耳今吐蕃請和默啜受命是將大利於中國若圖之不審則害必隨之今欽陵欲分裂十姓四鎮兵此誠動静之機不可輕舉措也今若直塞其善意恐邊患之起必甚於前若以鎮不可救兵不可在則宜爲計以緩之籍事以仍之使彼和望未絶則其惡意亦不得頓生且四鎮之患遠甘凉之患近取捨之計實宜深圖今國之外患者甘凉瓜肅是也關隴之人久事屯戍向三十年力用竭矣脫甘凉有不虞豈堪廣調發耶夫善爲國者當先料内以敵外不貪外以害内然後夷夏晏安昇平可保知欽陵云四鎮諸部接界懼漢侵竊故有是請此吐蕃所要者然青海吐渾密邇蘭鄯則北爲漢患實在兹輩斯亦國家之要者令宜報欽陵云國家非恡四鎮本置此以扼蕃國之要分蕃國之力使不得併兵東侵今委之於蕃恐蕃力漸强易爲東擾必

實無東侵意則還漢吐渾諸部及青海故地即俟斤部落亦還吐蕃如此則足塞欽陵之口而和事未全絶也如欽陵小有乖則曲在彼矣又西邊諸國欵附歲久論其情義豈可與吐蕃同日而言今未知其利害未審其情實遥有分裂亦恐傷彼諸國之意非制馭之長筭也則天從之又上言曰臣揣吐蕃百姓倦徭戍久矣咸願早和其大論欽陵欲分鎮四境統兵專制故不欲歸欵若國家每歲發和親使而欽陵儻不從命則彼蕃之人怨欽陵日深望國恩日甚設欲廣舉醜徒固亦難矣斯以離間之漸必可使其上下

俱懷猜阻則天甚然之自是數年間吐蕃君臣衆相
猜貳遂誅大論欽陵其弟贊婆及兄子莽布支並來
降則天仍令元振與河源軍大使夫蒙令卿率騎以
援之後吐蕃將趨莽布支率兵入寇凉州都督唐休
璟勒兵破之元振參其謀以功拜主客郎中
裴耀卿爲戸部侍郎玄宗開元二十年禮部尚書信
安王禕受詔封契丹詔以耀卿爲副俄又令耀卿齎
絹二十萬疋分賜立功奚官就部落以給之耀卿謂
人曰夷虜貪殘見利忘義今齊持財帛深入寇境不
可不爲備也乃令先期而往分道互進一朝而給付

並畢時突厥及室韋果勒兵邀險謀刼襲之比至而
耀卿已還
後唐李嚴爲客省使奉使于蜀時王衍失政嚴知其
可取使還具奏故平蜀之謀始於嚴
晉桑翰維初爲高祖太原掌書記高祖建義太原首
預其謀遣爲書求援於北虜虜巢應之俄以趙德鈞
發使聘虜高祖懼其改謀命維翰詣虜帳述以始終
利害之義虜心乃定

巡按福建監察御史臣李嗣京　訂正
分守建南道左布政使臣胡維霖　叅閱
知建陽縣事臣黃國琦　較釋

奉使部五

立功　招撫

立功

周官行人著用節之制小雅四牡敘有功之來斯蓋膺出疆之選者能奮奇畧以集巨伐繇是申勞徠之典形風雅之詠焉自漢而後或殊鄰猾夏申嚴禦備

德教未洽逆節萌起或羈縻之不絶或反側以猶鬬桀驁滋熾草竊羣聚捐負盟約憑恃險固然後奉詔告馳傳遠踐不測之境申風諭之旨見機有作豈俟乎終日銜死無貳所期於必勝用能素定奇計布昭天聲糾合異俗徵發士伍大則致戎首於街邸次則鋤叛黨於巢穴係纍驅獲捷音亟至克宣威信底靖疆埸故雖矯借王命擅持利器誠足尚其可專而懋以賁典也

漢傅介子北地義渠人以從軍爲官先是龜茲樓蘭皆殺漢使者昭帝元鳳中介子爲駿馬監使大宛因詔令責樓蘭龜茲殺匈奴使者還奏拜中郎遷平樂監介子請大將軍霍光曰樓蘭龜茲數反覆而不誅無所懲艾（艾讀曰乂）介子過龜茲時其王近就人易得也（附近而親就言不相猜阻也）願往刺之以威示諸國大將軍曰龜茲道遠且驗之於樓蘭於是白遣之介子與士卒俱齎金幣揚言以賜外國爲名至樓蘭王意不親介子介子陽引去至其西界使譯謂曰漢使者持黃金錦綉行賜諸國（徧往賜之）王不來受我去之西國矣即出金帛以示譯譯還報王王貪漢物來見使者介子與坐飲陳物示之飲酒皆醉介子謂王曰天子使我私報

王（謂密有所論）王起隨介子入帳中屏語（屏人而獨共語也）壯士二人從後刺之刃交胷立死其貴人左右皆散走介子告諭以王負漢罪天子遣我來誅王當更立前太子質在漢者漢兵方至毋敢動滅國矣遂持王首還詣闕

馮奉世字子明上黨潞人宣帝本始中從軍擊匈奴軍罷爲郎初漢數出使西域多辱命不稱或貪汙爲外國所苦（苦謂困辱也）是時烏孫大有擊匈奴之功而西域諸國新輯（輯與集同集和也）漢方善遇欲以安之還可使外國者前將軍韓增舉奉世以衛候使持節送大宛

諸國客至伊修城伊修城在鄯善國漢於其中置屯田吏士也都尉宋將言莎車與旁國共攻殺漢所置莎車王萬年莎車國名萬年其王名也莎素和反并殺漢使者奚充國時匈奴又發兵攻車師城不能下而去莎車遣使揚言北道諸國已屬匈奴矣是於攻劫南道與歃盟畔漢從鄯善以西皆絕不通鄯音善都護鄭吉校尉司馬意皆在北道諸國馮奉世與其副嚴昌計以爲不亟擊之則莎車日彊亟急也音居力切其勢難制必危西域遂以節諭告諸國王因發其兵南北道合萬五千人進擊莎車攻拔其城莎車王自殺傳其首詣長安諸國悉平威振西域奉世

乃罷兵以聞宣帝召見韓增曰賀將軍所舉得其人奉世遂至大宛聞其斬莎車王敬之異於它使得其名馬象龍而還言馬形似龍帝甚說說讀曰悅下議封奉世

常惠爲光祿大夫先是烏孫公主上言匈奴發騎田車師車師西域國名也車師與匈奴爲一共侵烏孫天子救之漢養士馬議欲擊匈奴宣帝本始二年遣惠使烏孫公主及昆彌皆新遣使因惠言匈奴連發大兵擊烏孫取車延惡師地收其人民去使使脅求公主欲隔絕漢昆彌願發國半精兵自給人馬五萬騎盡力擊匈奴唯天子出兵救公主昆彌於是漢大發十五萬騎五將軍分道出祁連將軍田廣明蒲類將軍趙充國武牙將軍田順度遼將軍范明友前將軍韓增以惠爲校尉持節護烏孫兵昆彌自將翎侯以下五萬餘騎翎即翕字也翕侯烏孫官號也從西方入至右谷蠡庭谷音鹿蠡音黎獲單于父行及嫂居次行胡浪切名王騎將以下三萬九千人得馬牛驢贏橐駝五萬餘匹羊六十餘萬頭烏孫皆自取鹵獲惠從吏卒十餘人隨昆彌還未至烏孫烏孫人盜惠印綬節惠還自以當誅謂失印綬及節爲辱命時漢五將皆無功天子以惠奉使克獲遂封惠爲長樂侯復遣惠持金幣還賜烏孫貴人有功惠因奏請龜茲國嘗殺校尉賴丹未伏誅請便道

擊之宣帝不許大將軍霍光風惠以便宜從事言至前所傳命而行也風讀曰諷惠與吏士五百人俱至烏孫還過發西國兵二萬人令副使發龜茲東國二萬人烏孫兵七千人從三面攻龜茲兵未合先遣人責其王以前殺漢使狀王謝曰廼我元王時爲貴人姑翼所誤耳我無罪惠曰即如縛姑翼來吾置王置猶放也王執姑翼詣惠惠斬之而還

陳湯字子公元帝時爲郎數求使外國久之遷西域副校尉先是宣帝時匈奴乖亂五單于爭立呼韓邪單于與郅支單于俱遣子入侍漢兩受之後呼韓邪

單于身入稱臣朝見郅支以爲呼韓邪䘚弱降漢不能自還即西收右地會漢發兵送呼韓邪單于郅支繇是遂西破呼偈堅昆丁令（呼偈小國名在匈奴北偈起屬切令音零）兼三国而都之怨漢擁護呼韓邪而不助已困辱漢使者江廼始等初元四年遣使奉獻因求侍子願爲內附漢議遣衛司馬谷吉送之御史大夫貢禹博士匡衡以春秋之義許夷狄者不一而足（言節制之不皆稱其所求也）今郅支單于鄉化未醇（鄉讀曰嚮不雜曰醇醇今厚也）所在絕遠宜令使者送其子至塞而還吉上書言中國與夷狄有羈縻不絕之義今既養全其子十年德澤甚厚空絕

而不送近從塞還示弃捐不畜（畜謂受養也）使無鄉從之心（鄉讀曰嚮嚮從謂向化而從命也）棄前恩立後怨不便議者見前江廼始無應敵之數知勇俱困以致恥辱即豫爲臣憂臣幸得彊漢之節承明聖之詔宣諭厚恩不宜敢桀（言郅支畏威當不敢桀黠也）若懷禽獸加無道於臣則單于長嬰大罪（嬰帶也）必遁逃遠舍不取近邊（舍止也）沒一使以安百姓國之計臣之願送至庭（單于庭）帝以示朝者禹復爭以爲吉往必爲國取悔生事不可許右將軍馮奉世以爲可遣帝許焉既至郅支單于怒竟殺吉等自知負漢又聞呼韓邪益彊遂西奔康居康居王女妻郅支郅支亦以女予康居甚尊敬郅支欲倚其威以脅諸國（倚音於綺切）郅支數借兵擊烏孫深入至赤谷城殺掠人民敺畜產（敺與驅同下皆類此）烏孫不敢遣西邊空虛不居者且千里郅支單于自以大國威名尊重又乘勝驕不爲康居王禮怒殺康居王女及貴人人民數百或支解投都賴水中（支解謂截其四支也都賴郅支水名）發民作城日作五百人二歲廼已又遣使責闔蘇大宛諸國歲遺（康居北河一千里有國名奄蔡一名闔蘇然則闔蘇即奄蔡也歲遺者言嘗所獻遺之物遺弋季切）不敢不予漢遣使三輩至康居求谷吉等死（死尸也）郅支困辱使者不肯奉詔而因都護上書言居困阨

願歸計彊漢遣子入侍（故爲此言以調戲也歸計謂歸附而受計策也）其驕嫚如此建昭二年湯與延壽出西城湯爲人沈勇有大慮多策謀喜奇功（喜許吏切）每過城邑山川嘗登望既領外國與延壽謀曰夷狄畏服大種其天性也西域本屬匈奴今郅支單于威名遠聞侵陵烏孫大宛嘗爲康居畫計欲降服之如得此二国北擊伊列西取安息南排月氏山離烏弋數年之間城郭諸国危矣（山離烏弋不在三十六国中去国二萬里謂西域国爲城郭者言不隨畜牧遷從以別於匈奴也）且其人剽悍（剽輕悍勇也剽手妙切又匹妙切悍胡幹切）好戰伐數取勝久畜之必爲西域患郅至單于雖所在絕遠蠻夷無金城

彊弩之守如發屯田吏士歐從烏孫衆兵（歐帥之令從隨也）直指其城下彼亡則無所之守則不足自保（之往保安也）千載之功可一朝而成也延壽亦以為然欲奏請之湯曰國家與公卿議大策非凡所見事必不從（言凡庸之人不能遠見故壞其事也）延壽猶豫不聽（與讀曰豫）會其久病湯猶矯制發城郭諸國兵車師戊己校尉屯田吏士延壽聞之驚起欲止焉湯怒按劍叱延壽曰大命已集會豎子欲沮衆邪（沮止也壞也音才好切）延壽遂從之部勒行陳益置揚威白虎合騎之校（校則別為部軍故稱校耳湯時新置此等諸校名以為一聲也）漢兵胡兵合四萬餘人延壽湯上疏自劾奏

矯制陳言兵狀即日引兵分行別為六校其三校從南道踰葱嶺徑大宛其三校都尉自將發溫宿國從北道入赤谷過烏孫涉康居界至闐池西而康居副王抱闐將數千騎寇赤谷城東（闐音塡）殺掠大昆彌千餘人歐畜產甚多從後與漢軍相及頗寇盜後重（重謂輜重也音直用切）湯縱胡兵擊之殺四百六十人得其所掠民四百七十人還付大昆彌其馬牛羊以給軍食又捕得抱闐貴人伊奴毒入康居東界令軍不得為寇（勿抄掠）間呼其貴人屠墨見之（間謂密呼也）諭以威信與飲盟遣去徑行未至單于城可六十里止營復捕得康

居貴人貝色男子開牟以為導貝色子即屠墨母弟（母之弟郎謂舅者）皆怨單于繇是具知郅支情明日引行未至城三十里止營單于遣使問漢兵何以來應曰單于上書言居困厄願歸計彊漢身入朝見天子哀閔單于棄大國屈意康居故使都護將軍來迎單于妻子恐左右驚動故未敢至城下使數往來相答報延壽湯因讓之（讓責也）我為單于遠來而至今無名王大人見將軍受事者（名王諸王之貴者受事受教命而供事也）何單于忽大計失客主之禮也（忽忘也）兵來道遠人畜罷極食度且盡（罷讀曰疲度大各切）恐無以自還願單于與大臣審計策明

日前至郅支城都賴水上離城三里止營傳陳（傳讀曰敷度切）望見單于城上立五采幡幟（幟讀曰幟音式志切）數百人被甲乘城（乘謂登之備守也）又出百餘騎往來馳城下步兵百餘人夾門魚鱗陳（言其相接次形若魚鱗）講習用兵城上人更招漢軍曰鬭來（更互也音子行切）百餘騎赴營營皆張弩持滿指之騎引却頗遣吏士射城門騎步兵騎步兵皆入延壽湯令軍聞鼓音皆薄城下（薄迫也）四面圍城各有所守穿塹塞門戶鹵楯為前戟弩為後卬射城中樓上人（卬讀曰仰）樓上人下走土城外有重木城從木城中射頗殺傷外人外人發薪燒木城夜數百騎欲出

外迎射殺之初單于聞漢兵至欲去疑康居怨已爲漢内應又聞烏孫諸國兵皆發自以無所之（之往也）郅支已出復還曰不如堅守漢兵遠來不能久攻單于乃被甲在樓上諸閼氏夫人數十皆以弓射外人外人射中單于鼻諸夫人頗死單于下騎傳戰大内（下騎謂下樓而騎馬也傳戰轉戰也大内單于之内室言且戰且行而入内室）夜過半木城穿中人卻入土城乘城（乘登也呼大故切攻下亦同）時康居兵萬餘騎分爲十餘處四面環城亦與相應和（環繞也音患和胡臥切）夜數奔營不利輒卻（奔古奔字也）平明四面火起吏士大呼乘之（乘逐也）鉦鼓聲動地康居兵引卻漢兵四面推鹵

楯並入土城中單于男女百餘人走入大内漢兵縱火吏士爭入單于被創死軍候假丞杜勳斬單于首得漢使節二及谷吉等所齎帛書諸鹵獲以畀得者（畀予也各以與所得人畀必寐切）凡斬閼氏太子名王以下千五百一十八級生虜百四十五人降虜千餘人賦予城郭諸國所發十五王（賦謂班與之也所發十五謂所發諸國之兵爲郅支王者也）於是延壽湯上疏曰臣聞天下之大義當混爲一（混同也音胡本切）昔有唐虞今有彊漢匈奴呼韓邪單于已稱北籓唯郅支單于叛逆未伏其辜大夏之西以爲彊漢不能臣也（謂漢爲不能使郅支臣服也）郅支單于慘毒行於民大

惡通於天臣延壽臣湯將義兵行天誅頼陛下神靈陰陽並應天氣精明陷陣克敵斬郅支首及名王以下宜縣頭槀街蠻夷邸間（槀街街名蠻夷邸在此街也邸若今鴻臚客舘也崔浩以爲槀當爲槀街即銅駝街也此說失之銅駝在雒陽西京蓋無也）以示萬里明犯彊漢者雖遠必誅事下有司丞相匡衡御史大夫繁延壽（繁蒲切）以爲郅支及名王首更歷諸國蠻夷莫不聞知（更胡行切）月令春掩骼埋胔之時（枯骨曰骼有肉曰胔骼工客切胔才湯切）宜勿縣車騎將軍許嘉右將軍王商以爲春秋夾谷之會優施笑君孔子誅之（夾谷地名即祝其也定十年公會齊侯于夾谷孔子攝相事齊侯奏宮中之樂俳優侏儒戲於前孔子歷階而上曰匹夫侮諸侯者罪應誅於是斬侏儒首足異處齊侯懼有慙色施者優人之名夾音頰）方盛夏首足異門而出宜

縣十日乃埋之有詔將軍議是初中書令石顯嘗欲以姊妻延壽延壽不取及丞相御史亦惡其矯制皆不與湯（與猶許也）湯素貪所鹵獲財物入塞多不法（不法者私自取之不依軍法）司隷校尉移書道上繫吏士按驗之湯上疏言已與吏士共誅郅支單于幸得禽滅萬里振旅（振旅師入曰振旅振整也旅衆也）宜有使者迎勞道路（勞力到切）今司隷反逆收繫按驗是爲郅支報讎也帝立出吏士令縣道具酒食以過軍

文忠爲關都尉屬賓王烏頭勞死子代立遣使奉獻

漢使忠送其使王復欲害忠忠覺之迺與客屈王子
陰末赴共合謀攻罽賓殺其王立陰末赴爲罽賓王
授印綬

段會宗字子松天水上邽人初爲金城太守以病免
後歲餘烏孫小昆彌爲國民所殺諸翕侯大亂徵會
宗爲左曹中郎將光祿大夫使安輯烏孫立小昆彌
兄末振將定其國而還明年末振將殺大昆彌會病
死漢恨誅不加元延中復遣會宗發戊己較尉諸國
兵即誅末振將太子番丘會宗恐大兵入烏孫驚番
丘亡逃不可得即留所發兵墊婁地選精兵三十弩

徑至昆彌所在召番丘責以末振將骨肉相殺漢公
主子孫未伏誅而死使者受詔誅番丘即手劔擊殺
番丘官屬以下驚恐馳歸小昆彌烏犂靡者末振將
兄子也勒兵數千騎圍會宗會宗爲言來誅之意令
圍守殺我如取漢牛一毛耳宛王郅支頭縣槀街烏
孫所知也昆彌以下復曰末振將負漢誅其子可也
獨不可告我令飲食之邪會宗曰豫告昆彌逃匿之
爲大罪即飲食以付我傷骨肉恩故不先告昆彌以
下號泣罷去會宗還奏事公卿議賜爵爲關內侯黃
金百斤

後漢吳漢字子顏光武於廣阿拜爲偏將軍光武將
發幽州兵問鄧禹可使行者禹因言漢即拜大將軍
持節北發十郡突騎更始幽州牧苗曾聞之陰勒兵
勑諸郡不肯應調漢乃將二十騎先馳至無終曾以
漢無備出迎漢即兵將收曾斬之而奪其軍北州震
駭城邑莫不望風弭從遂悉發其兵引而南

耿純爲前將軍建武二年眞定王劉楊造作符讖與
綿曼賊交通光武遣騎都尉陳副游擊將軍鄧隆徵
楊楊閉城不內副等乃復遣純持節行赦令於幽冀
所過並使勞慰王侯密勑純曰劉楊若見因而收之

純從吏士百餘騎與副隆會元氏俱至眞定止傳舍
楊稱病不謁以純眞定宗室之出（男子謂姊妹之子爲出也）遣使
與純書欲相見純報曰奉使見王侯牧守不得先詣
如欲面宜出傳舍時楊弟林邑侯讓及從兄細（細或作紺）
各擁兵萬衆人自恃衆强而純意安靜即從官屬詣
之兄弟并將輕兵在門楊入見純純接以禮敬因延
請其兄弟皆入迺閉閤悉誅之因勒兵而出眞定震
怖無敢動者

班超爲蘭臺令史後坐事免官後奉車都尉竇固出
擊匈奴以超爲假司馬將兵別擊伊吾戰於蒲類海

多斬首虜而還固以爲能遣與從事郭恂俱使西域超到鄯善鄯善王廣奉超禮敬甚備後忽更疏懈超謂其官屬曰寧覺廣禮意薄乎此必有北虜使來狐疑未知所從故也明者睹未萌況已著邪乃召侍胡詐之曰匈奴使來數日今安在乎侍胡惶恐具服其狀超乃閉侍胡悉會其吏士三十六人與共飲酒酣因激怒之曰卿曹與我俱在絶域欲立大功以求富貴今虜使到裁數日而王廣禮敬即廢如令鄯善收吾屬送匈奴骸骨長爲豺狼食矣爲之奈何官屬皆曰今在危亡之地死生從司馬超曰不入虎穴不得

虎子當今之計獨有因夜以火攻虜使彼不知我多少必大震怖可殄盡矣滅此虜則鄯善破膽功成事立矣衆曰當與從事議之超怒曰吉凶決於今日從事文俗吏聞之必恐而謀泄死無所名非壯士也衆曰善初夜遂將吏士往奔虜營會天大風超令十人持鼓藏虜舍後約曰見火然皆當鳴鼓大呼餘人悉持兵弩夾門而伏超乃順風縱火前後鼓噪虜衆驚亂超手格殺三人吏兵斬其使及從士三十餘級餘衆百許人悉燒死明日乃還告郭恂恂大驚既而色動超知其意舉手曰掾雖不行班超何心獨擅之乎恂乃悦超於是召鄯善王廣以虜使首示之一國震怖超曉告撫慰遂納子爲質

趙岐獻帝時爲太僕奉迎車駕到陳留得篤疾遂不至興平元年徵趙岐會帝當還雒陽先遣衛將軍董承修理宮室岐謂承曰今海内分崩惟有荆州境廣地勝西通巴蜀南當交阯年穀獨登兵人差全岐雖迫大命猶志報國家欲自乘牛車南說劉表可使其身自將兵來衛朝廷與將軍并心同力共奬王室此安上救人之策也承即表遣岐使荆州督租糧岐至劉表即遣兵詣雒陽助修宮室軍資委輸前後不絶

裴茂爲尚書獻帝建安初以奉使率導關中諸將討李傕有功封列侯

魏張既爲議郎參鍾繇軍事及袁尚并州刺史高幹舉并州反河内張晟衆萬餘人無所屬寇崤澠間河東衛固弘農張琰各起兵以應之太祖使既西徵諸將馬騰等皆引兵會擊晟等破之斬琰固首幹奔荆州封既武始亭侯

後魏奚斤爲鄭兵將軍明元即位斤循行州郡問民疾苦章武民劉牙聚黨爲亂斤討平之

周幾爲左民尚書泰常初行唐民負險不供輸税幾

與長孫道生宣示禍福于時郡縣斬叛胡翟猛省於林慮山猛省遣種窴於行唐及襄國幾追討盡誅之

李煥為治書侍御史孝文時楊泰叛任城王澄率并肆兵以討之遣煥單車入伐出其不意泰等驚駭計無所出煥曉諭逆徒示以禍福於是凶黨離心莫為之用

于昕孝明時為武川鎮將孝昌中使蠕蠕與阿那瓌擒逆賊破雒汗聽明出六斤等轉輔國將軍北中郎將

後周伊婁穆初仕後魏為給事黃門侍郎廢帝二年穆使於蜀屬伍城郡人趙雄傑與梓潼郡人王令公鄧朏等擁逆三萬餘大阻涪水立柵進逼潼州穆遂與刺史叱羅協率兵破之增邑五百戶

趙昶初仕後魏文帝為華州都督先是汾州胡叛再遣昶慰勞之皆知其虛實及大軍征昶為先驅遂破之以功封章武縣伯

辛昂明帝武成中為小吏部武帝天和初使蜀慎輯蜀民及使還屬巴州萬榮郡民反攻圍郡城遏絕山路昂謂其同侶曰凶狡狂悖一至於此若待上聞或淹旬月孤城無援必淪寇黨欲救近溺寧暇遠求越人苟利百姓專之可也於是募通開二州得三千人倍道兼行出其不意又令其衆皆作中國歌直趣賊壘賊既不以虞謂有大軍赴救於是望風瓦解郡境獲寧朝廷嘉其權以濟事詔梁州總管即於軍中賞昂奴婢五十口繒綵四百疋

隋趙仲卿初仕周為畿伯中大夫王謙作亂時仲卿使在利州即與總管豆盧勣發兵拒守為謙所攻仲卿督兵出戰前後一十七陣及謙平進位大將軍封長垣縣公邑一千戶

裴矩為給事郎奏舍人事高祖開皇十年奉詔巡簡

嶺南未行而高知慧汪文進等相聚作亂吳越道閉帝遣矩行矩請速進帝許之行至南康得兵數千人時俚帥王仲宣逼廣州遣其所部將同師舉圍東衡州矩與大將軍鹿愿赴之賊立九柵屯大庾嶺共為聲援矩進破之賊懼釋東衡州據原長嶺又擊破之遂斬師舉進軍白南海援廣州仲宣懼而潰散矩所綏集者二十餘州又承制署其渠帥為刺史縣令及還報帝大悅命昇殿勞苦之顧謂高熲楊素曰韋洸將二萬兵不能早渡嶺朕每患其兵少裴矩以三千弊卒徑至南康有臣若此朕亦何憂以功拜開府賜

爵聞喜縣公

李景字道興爲鄜州刺史後與上明公揚紀送義成公主於突厥至嘗安遇突厥來寇時代州總管韓洪爲虜所敗景率所領數百人援之力戰三日殺虜甚衆

長孫晟爲開府儀同三司仁壽元年詔楊素爲軍元帥征突厥逹頭可汗晟爲受降使者軍次河北值賊帥思力俟斤等領兵拒戰晟與大將軍梁默擊走之轉戰六十餘里賊衆多降晟

唐謝叔方爲左親衛中郎將奉使靈州招輯突厥會

失哥邏祿等叛部落叛兵三千於籟瀆水上圍叔方甚急叔方率厲奮擊虜衆乃解還至柔遠縣發伊州兵往諭延陁與其遊軍會擊大破之

李大亮爲散騎侍郎時樊鄧未平因遣大亮安集之所下者四城拜安州刺史

契苾何力爲左驍衛大將軍高宗龍朔元年九姓叛以何力爲鐵勒道安撫大使乃揀精騎五百馳入九姓中賊大驚何力謂曰國家知汝被詿誤遂有翻動使我捨汝等過皆可自新罪在酋渠得之則已諸姓大喜共擒僞葉護及設特勤等同惡二百餘人以歸何力數其罪而誅之

裴行儉儀鳳中爲司列少常伯安撫大食使擒僞可汗都支及李遮匐還

栢耆文宗太和初爲諫議大夫滄德李同捷叛宿師於野者連年同捷窮蹙求降耆宣諭訖乃帥數百騎入滄州取同捷與其家屬赴京師至德州果諜言鎮州王廷湊來刦篡者乃斬同捷首傳而獻捷百僚稱賀

梁馬嗣勳唐末爲太祖元從押牙嗣勳與客頗稱任使昭宗光化元年三月太祖令往光州說刺史劉存

背淮賊以向國又與李彥威收復黃州及武昌縣獲刺史瞿章俄復使光州持幣馬以賜劉存會淮賊衆攻光州存與嗣勳率兵大戰而走之又遣使於蜀及歸得其助軍資實甚多天復中太祖迎昭宗於岐下軍至華之西闉使嗣勳入見韓建即府同出迎謁及羅紹威將殺牙軍遣使告於太祖求爲外援時安陽公主初卒於魏太祖乃遣嗣勳率當直官千人實兵伏於槖內肩舁以入於魏聲言來致祭會葬牙軍不之覺天祐三年正月十六日夜嗣勳與紹威親軍同攻牙軍至曙盡殪之

後唐李嚴同光中爲客省使於蜀時王衍專據坤維部曲離心知其必可取使還具奏蜀主之狀興師之日必有成功故平蜀之謀始於嚴郭崇韜起軍之日乃以嚴爲三川招撫使嚴與先鋒使康延孝將兵五千先驅閣道或馳詞說或戒以兵鋒大軍未及所在降下延存在漢州王衍與書曰可請李司空先來予卽舉城納欵衆咸以爲討蜀之謀始於嚴衍苷言將誘而殺之欲不令遠往嚴聞之喜曰俟魏王至吾兩人大功立矣卽馳騎入益州衍見嚴於母前以妻母爲託卽令引蜀使歐陽彬迎謁繼岌魏王名也三川平

招撫

周官司馬有憚人之職掌誦王志以巡天下之邦國而語之使萬民和說斯古道也若夫新造之邦民懷去就薦饑之歲下有攘奪或連城叛涣陷赤子於匪人或靈旗濯征困齊民於物役以至殊俗欵附勍寇盪平天災流行比屋凋弊繇是申擇雋望奉宣國命布露恩詔導揚德澤陳之以禍福譬之以逆順用能定萬衆之反側悟積年之迷妄勞徠安集撫懷存卹使從亂者知歸慕化者無數兒佼輩慮逋播還復者焉向非窮理而達變研幾而適道周物之智罔滯臨難之節不奪者又曷足以膺是選哉

漢司馬相如爲郎數歲會唐蒙使略通夜郎僰中行取曰略夜郎僰中皆西南夷也發巴蜀吏卒千人郡又多爲發轉漕萬餘人用軍興法誅其渠率渠大也巴蜀民大驚恐武帝聞之乃遣相如責唐蒙等因告諭巴蜀民以非帝意檄曰告巴蜀太守蠻夷自擅不討之日久矣時侵犯邊境勞士大夫陛下卽位存撫天下集安中國然後興師出兵北征匈奴單于怖駭交臂受事屈膝請和康居西域重譯納貢稽首來享來人朝覲條享祀也一日享獻也移師東指閩越相誅右弔番禺太子入朝番禺南海郡治也東伐越後至番故言右也

南夷之君西僰之長常効貢職不敢惰怠延頸舉踵喁喁然喁喁衆口向上也皆鄉風慕義欲爲臣妾道里遼遠山川阻深不能自致致至也夫不順者已誅而爲善者未賞故遣中郎將往賓之發巴蜀之士五百人各以奉幣衛使者不然不然之變也靡有兵革之事戰鬬之患今聞其乃發軍興制以發軍之法爲興衆之制也驚懼子弟憂患長老郡又擅爲轉粟運輸皆非陛下之意也當逃者或亡逃自賊殺賊猶害也亦非人臣之節也夫邊郡之士聞烽舉燧燔烽如覆米萸縣著契皐頭有寇則舉之燧卽薪有寇則燔然之也皆攝弓而馳荷兵而走攝謂張弓注矢而馳之也流汗相

屬帷恐居後屬遣也觸白刃冐流矢冐犯也議不反顧計
不旋踵人懷怒心如報私讎彼豈樂死惡生非編列
之民而與巴蜀異主哉編列編戶也計深慮遠急國家之
難而樂盡人臣之道也故有剖符之封析圭而爵位
爲通侯析中分也白藏天子青在諸侯居列東第東地甲宅也居旁地之東終則
遺顯號於後世傳土地於子孫事行盡忠敬居位甚
安佚佚樂也名聲施於無窮功烈著而不滅是以賢人
君子肝腦塗中原膏液潤埜草而不辭也今奉幣役
至南夷即自賊殺或亡逃抵誅抵至也亡逃而至於誅也身死無
名無善名也謚爲至愚恥及父母爲天下笑人之度量相

越豈不遠哉然此非獨行者之罪也父兄之教不先
子弟之率不謹不先者謂往日不教之寡廉鮮恥而俗不長厚
也其被刑戮不亦宜乎陛下患使者之若彼悼不肖
愚民之如此故遣信使誠信之人以爲使也曉諭百姓以發卒
之事諭告也因數之以不忠死亡之罪數責也讓三老孝
弟以不教誨之過讓責也責其教誨不備方今田時重煩百姓
重難也不欲召取之也已親見近縣近縣之人使者已自見而口諭之矣故爲檄文以示
遠所也恐遠所谿谷山澤之民不徧聞檄到亟下縣道
亟急也縣有夷曰道咸諭陛下意毋忽忽怠忽也
後漢鮑永初爲更始尚書僕射將兵安集河東會更
始死永悉罷兵幅巾詣光武時攻懷未拔帝謂永曰
我攻懷三日而兵不下關東畏服卿可具將故人自
往城下譬之即拜永諫議大夫至懷乃說更始河內
太守於是開城而降
伏隆瑯邪東武人仕郡督郵建武二年詣懷宮光武
甚親接之時張步兄弟各擁彊兵據有齊地拜隆爲
太中大夫持節使青徐二州招降郡國隆移檄告曰
乃者猾臣王莽殺帝盜位宗室興兵除亂誅莽故羣
下推立聖公以主宗廟而任用賊臣殺戮賢良三王
作亂盜賊縱橫忤逆天心卒爲赤眉所害皇天祐漢

聖哲應期陛下神武奮發以少制衆故尋邑以百萬
之軍潰散於昆陽王郎以全趙之師土分於邯鄲大
彤高胡望旗消靡鐵脛五校莫不摧破梁王劉永幸
以宗室屬籍爵爲侯王不知厭足自求禍棄遂封爵
牧守造爲詐逆今虎牙大將軍屯營十萬已拔睢陽
劉永奔逆家已族矣此諸君所聞也不先自圖後悔
何及青徐郡盜得此惶怖獲索賊右師郎等六校即
時皆降張步遣使隨隆詣闕上書獻鰒魚其冬拜隆
光祿大夫復使於步并與新除青州牧守及都尉俱
東奏隆輒拜令長以下隆招懷綏輯多來降附帝嘉

其功比之酈生
張純安世之孫襲爵富平侯建武五年拜太中大夫使將潁川突騎聚荆徐揚部督委輸監諸將營安集
耿純爲東郡太守建武八年東郡濟陰盜賊群起遣大司空李通横野大將軍王常擊之光武以純威信著於衞地東郡舊衞地也遣使拜太中大夫使與大兵會東郡東郡聞純入界盜賊九千餘人皆詣純降與大兵不戰而還璽書復爲東郡太守吏民悦服
張堪爲謁者建武十一年使詣吳漢伐公孫述成都既拔堪慰撫吏民蜀人大悦

魏鍾毓爲廷尉高貴鄉公正元中毋丘儉文欽反毓持節至揚豫州頒行赦令告諭士民
宋劉秀之爲太子右衞率孝武大明五年雍州刺史海陵王休茂反爲土人所誅秀之以本官慰勞分别善惡事畢還都
梁韋載爲冠軍將軍時侯景平尋奉使往東陽晉安招撫留異陳寶應等
後魏冏幾爲左民尚書明元神瑞中并州饑民遊食山東詔幾領衆鎮博陵之魯口以安集之泰常初白澗行唐民數千家負嶮不供輸税幾與安康子長孫道生宣示禍福逃民遂還
張靈符爲中書博士文成和平中咸陽郡民趙昌聚黨作逆百姓騷動詔靈符宣旨慰諭民乃復業
李焕爲司徒右長史以荆蠻擾動勑焕兼散騎常侍慰勞之降者萬餘家
陸馥獻文時襲父爵封爲建安王宋司州刺史常珍奇以懸瓠内附而新民猶懷去就馥銜首撫慰諸有陷軍爲奴婢者馥皆免之百姓忻悦民情乃定
韋珍爲尚書郎孝文初蠻首桓誕歸欵朝廷思安邊之畧以誕爲東荆州刺史令珍爲使與誕招慰蠻左

珍自懸瓠西入三百餘里桐栢山窮深淮源宣揚恩澤凡所招降至郡縣而還
鄭義爲中書侍郎延興初陽武人田陽度年十五妖惑動衆擾亂京索以義河南民望爲州郡所信遣義乘傳慰諭義到宣示禍福重加募賞旬日之間衆皆歸附
韓麒麟爲給事黄門侍郎乘傳招慰徐兖叛民歸順者四千餘家
孟威爲羽林監時四鎮高車叛投蠕蠕孝文詔威曉諭禍福追還逃散分配爲民

盧同宣武時爲諮議參軍兼司馬時秦州民反詔同兼通直常侍持節慰諭之多所降下後爲撫軍時會營州民就德興謀反除同度支尚書持節使營州慰勞聽以便宜從事同頻遣使人皆爲賊害乃遣賊家口三十人并免家奴爲良齎書喻德興德興乃降安輯其民而還

源懷爲車騎大將軍持節巡行北邊自京師遷雒邊朔遥遠加連年旱儉百姓困弊懷銜命巡撫存恤有方便宜運轉有無通濟

高綽字僧裕孝明初爲太尉司馬其年秋大乘賊起

於冀州都督元遥率衆討之詔綽兼散騎常侍持節以白虎幡軍前招慰綽信著州里降者相尋

費穆爲左軍時蠕蠕主婆羅門自凉州歸降其部衆因饑侵掠邊邑詔穆銜命宣慰衆皆欵附

王靜爲冠軍將軍岐州刺史趙郡王謐虐害城民怨叛詔靜馳驛慰喻咸即降

崔亮爲七兵尚書領廷尉卿徐州刺史元昞撫御失和詔亮馳驛安撫亮至劾昞處以大辟勞賚綏慰百姓帖然

楊摽爲車騎將軍孝武入關稽胡恃險不賓屢行抄竊以摽兼黄門侍郎往慰撫之摽頗有權畧能得邊情誘化首渠多來欵附乃有隨摽入朝者

北齊封隆之初仕東魏孝靜爲河南尹丞時青徐二州士民反叛隆之奉使慰諭咸即降欵後遷尚書右僕射武定初北豫州刺史高仲密將叛遣使陰通消息於冀州豪望使爲内應輕薄之情頗相扇動詔隆之馳驛慰撫遂得安靜

封子繪爲都官尚書時冀州高歸彦作逆文襄詔子繪謂曰卿世載名德恩洽彼州故遣參贊軍事隨使慰撫宜善加謀畧以稱所寄即以其日馳傳赴軍子

繪祖父世爲本州百姓素所歸附既至巡城諭以禍福民吏降欵日夜相繼賊中動靜小大必知賊平仍勑子繪權行州事

後周趙昶爲中都督氐渠道顯叛攻南鄭太祖遣昶慰諭之道顯等皆即欵附東秦州刺史因徙其豪帥三十餘人并部落於華州太祖即以昶爲都督領之

辛昂爲車騎將軍時益州殷阜軍國所資經途艱難每苦刼盜詔昂使於梁益民之細務皆委決焉昂撫導梗化安置城鎮數年之中頗得寧靜天和初陸騰討信州群蠻（今夔州）歷時未克高祖詔昂使於通渠等

諸州運糧饋之時臨信諸州民庶亦多從逆昂諭以禍福赴者如歸乃令老弱負糧壯夫拒戰咸願爲用莫有怨者

隋賀若誼在魏爲尚食典御時周太祖據有關中引之左右嘗使詣杏城屬茹茹種落攜貳屯於河表誼因譬以禍福誘令歸附降者萬餘口太祖深奇之賜金銀百兩

宇文弼初仕周爲禮部上士嘗奉使鄧至國及黑水龍涸諸羌前後附三十餘部後爲尚書右丞時西羌内附詔弼持節安集之置鹽澤蒲昌而還

長孫晟爲右驍衛將軍頻使突厥引其内附皆晟之力也

韋冲爲散騎常侍歲餘發南汾州胡千餘人北築長城在塗皆亡煬帝呼冲問計冲曰皆繇牧宰不稱所致請以理綏靜可不勞兵而定帝因令冲綏懷叛者月餘并赴長城帝降書勞勉之尋拜石州刺史

崔頤爲越王長史大業中山東盜賊蠭起煬帝令撫慰高陽襄國歸首者八百餘人

唐裴矩初仕隋爲黄門侍郎大業初煬帝令矩往張掖引致西蕃至者十餘國三年帝有事於恒嶽咸來助祭帝將巡河右復令矩往燉煌矩遣說高昌王麴伯雅及伊吾吐屯設等啗以厚利導使入朝及帝西巡次燕支山高昌王伊吾設等及西蕃胡三十七國謁於道左皆令佩金玉被錦罽焚香奏樂歌舞諠譟復令武威張掖士女盛飾縱觀騎乘填咽周亘數十里以示中國之盛帝見而大悅竟破吐谷渾拓地數千里並遣兵戍之每歲委輸巨億萬計諸蕃懾懼朝貢相續帝謂矩有綏懷之畧進位銀青光祿大夫武德末建成被誅其餘黨尚保宫城與官軍決戰詔矩令至東宫曉諭之官兵乃散

淮安王神通高祖從父弟也武德四年五月竇建德博州刺史王羨求降神通爲使者慰撫山東下三十餘州建德之地悉定

張河初爲高祖大將軍戶曹參軍從至賈胡堡令河還鎮并州尋遣慰撫山東燕趙之地爭來款附

殷嶠初爲太宗渭北道元帥長史時關中群盜往往聚結衆無適從令嶠招慰之所至皆下

李嶠爲監察御史時嶺南邕嚴二州首領反叛發兵討擊高宗令嶠往監軍事嶠乃宣朝旨特捨其罪親入獠洞以招諭之叛者盡降因罷兵而還高宗甚嘉

之

裴懷古則天時爲監察御史時姚嶲道蠻反詔懷古往招輯之懷古申明賞罰賊徒歸附者日以千數乃俘其君而還後爲司封郎中時始安賊歐陽倩擁徒數萬剽陷州縣授懷古桂州都督仍充招慰討擊使纔及嶺飛書招誘示以禍福賊徒迎降自陳爲吏人侵偪乃舉兵耳懷古知其誠懇乃輕騎以赴之左右曰夷獠難親未可信也懷古曰吾仗忠信可通於神明況於人乎因造其營以慰諭之群賊喜悅歸其所掠財貨納於公府諸洞酋長素持兩端者盡來欵附

嶺外悉定

宋慶禮爲大理評事充嶺南採訪使時崖振等五州首領更相侵掠荒俗不安承前使人懼其炎瘴莫有到者慶禮躬至其境詢問風俗示以禍福於是安堵遂罷鎮兵五千人

劉晏肅宗寶應二年爲吏部尚書平章事時吐蕃犯長安既平帝命晏充度支轉運等使如上都宣慰晏至上都奉宣詔旨百姓以晏舊京尹覩者如堵既宣恩煦無不忭躍

奚陟爲中書舍人德宗貞元中江西淮南淮西大雨爲災命陟勞問巡慰所在人安悅

殷侑爲虞部員外郎憲宗元和中王承宗在鎮州拒命憲宗命侑爲使以招諭之承宗遂稟朝旨獻德棣二州及遣兩子入覲

柏耆爲右拾遺元和十五年鎮州王承元歸國移鎮滑州朝廷賜成德軍賞錢一百萬貫令諫議大夫鄭覃宣慰軍人賚錢未至喧浩然騰口穆宗詔耆往諭旨耆至令承元集三軍宣導朝旨衆心乃安

李遜爲散騎常侍長慶中鄆州李師道疑恐穆宗命遜馳赴東平諭之師道得其語意即請效順旋爲其下所惑而止

崔戎爲諫議大夫充劍南東西兩川宣慰使西川承蠻寇之後戎宣撫兼再定征稅廢置得所公私便安

晉華湯琪後唐初鎮耀州莊宗同光末平蜀川獲秦州遣湯琪撫而涖之一境大稱肅然

冊府元龜

巡按福建監察御史臣李嗣京　訂正
知長樂縣事臣夏允彝　參閱
知建陽縣事臣黃國琦　較釋

奉使部　六

機變

古者愼使乎之選重越境之任故聘禮大矣受命不受辭蓋外事不素制也大易曰見機而作不俟終日古語曰變通之際間不容髮非夫智畧輻湊計慮周洽者孰能與於斯乎若乃受命而行臨事以敏遇其

變故適與時會理旣先覺行乎中權或習俗以遂事或詭辭以應物當有疑而立斷將履危而先發俾夫敵人無所施其詐智者不能爲其謀用能成命而立功守節而獲考斯固得專對之義而成出疆之美矣

齊景公使使於楚楚王與之上九重之臺顧使者齊亦有臺若此乎使者曰吾君有治位之堂土階三等茅茨不翦采椽不斲猶以爲爲之者勞居之者泰吾君惡有臺若此者於是楚王蓋悒如也

枝如子躬楚大夫也昭十三年夏楚平王棄疾即位使枝如子躬聘于鄭且致犫櫟之田（犫櫟本鄭邑楚中取之平王新立故還以立鄭）事畢弗致（知鄭自說服不復須賂故）鄭人請曰聞諸道路將命寡君以犫櫟敢請命對曰臣未聞命旣復王問犫櫟降服而對（降服如今解冠也謝違命）曰臣過失命未之致也王執其手曰子毋勤姑歸不穀有事其告子也（王善其有權有事將復使也）

藺相如者趙人也爲趙宦者令繆賢舍人文惠王得楚和氏璧秦昭王聞之使人遺趙王書願以十五城請易璧趙王與大將軍廉頗諸大臣謀欲予秦秦城恐不可得徒見欺欲勿予卽患秦兵之來計未定求可使報秦者未得宦者令繆賢曰臣舍人藺相如可

使王問何以知之對曰臣甞有罪竊計欲亡走燕臣舍人相如止臣曰君何以知燕王臣語曰臣甞從大王與燕王會境上燕王私握臣手曰願結友以此知之故欲往相如謂臣曰夫趙强而燕弱而君幸於趙王故燕王欲結於君今君乃亡趙走燕燕畏趙其勢必不敢留君而束君歸趙矣君不如肉袒伏斧鑕請罪則幸得脫矣臣從其計大王亦幸赦臣臣竊以爲其人勇士有智畧宜可使於是王召見問藺相如曰秦王以十五城請易寡人之璧可予不相如曰秦强而趙弱不可不許王曰取吾璧不與我城奈何相如

曰秦以城求璧而趙不許曲在趙趙予璧而秦不予趙城曲在秦均之二策寧許以負秦曲王曰誰可使者相如曰王必無人臣願奉璧往使城入趙而璧留秦城不入臣請完璧歸趙趙王於是遂遣相如奉璧西入秦秦王坐章臺見相如相如奉璧奏秦王秦王大喜傳以示美人及左右皆呼萬歲相如視秦王無意償趙城乃前曰璧有瑕請指示王王授璧相如因持璧却立倚柱怒髮上衝冠謂秦王曰大王欲得璧使人發書至趙王趙王悉召群臣議皆曰秦貪負其彊以空言求璧償城恐不可得議不欲予秦璧臣以

爲布衣之交尚不相欺况大國乎且以一璧之故逆彊秦之驩不可於是趙王乃齋戒五日使臣奉璧拜送書於庭何者嚴大國之威以脩敬也今臣至大王見臣引觀禮節甚倨得璧傳之美人以戲弄臣臣觀大王無意償趙王城邑故臣復取璧大王必急臣臣頭今與璧俱碎於柱矣相如持其璧睨柱欲以擊柱秦王恐其破璧乃辭謝固請召有司按圖指從此以往十五都予趙相如度秦王特以詐佯爲予趙城實不可得乃謂秦王曰和氏璧天下所共傳寶也趙王恐不敢不獻趙王送璧時齋戒五日今大王亦宜齋戒五日設九賓於廷（九賓即周禮九儀）臣乃敢上璧秦王度之終不可彊奪遂許齋五日舍相如廣城傳舍相如度秦王雖齋決負約不償城乃使其從者衣褐懷其璧從徑道亡歸璧于趙秦王齋五日後乃設九賓禮於廷引趙使者藺相如相如至謂秦王曰秦自繆公以來二十餘君未嘗有申明約束者也臣誠恐見欺於王而負趙故令人持璧歸間至趙矣且秦強而趙弱大王遣一介之使至趙趙立奉璧來今以秦之彊而先割十五都予趙趙豈敢留璧而得罪於大王乎臣知欺大王之罪當誅臣請就湯鑊唯大王與羣臣

熟計議之秦王與羣臣相視而嘻左右或欲引相如秦王因曰今殺相如終不能得璧也而絶秦趙之驩不如因而厚遇之使歸趙趙王豈以一璧之故欺秦邪卒廷見相如畢禮而歸之相如既歸趙王以爲賢大夫使不辱於諸侯拜相如爲上大夫

漢隋何爲謁者時漢王與楚大戰彭城不利出梁至虞（宋州虞城縣）謂左右曰彼等者無足與計天下事者何進曰不審陛下所謂漢王曰孰能爲我使淮南使之發兵背楚留項王於齊數月我之取天下可以萬全隋何曰臣請使之與二十人俱使淮南至太宰主之

淮南太宰作內宰也三日不得見隋何因說太宰曰王之不見
何必以楚爲強以漢爲弱使何得見言之而是邪則
大王所欲聞言之而非邪使何二十人伏斧鑕淮南
市以明背漢而與楚也太宰乃言之王王見之隋何
說淮南王王曰請奉命陰許叛楚與漢未敢泄楚使
者在方急責布發兵隋何直入曰九江王已歸漢楚
何以得發兵布驚曰何至是楚使者出何曰事已構
可殺楚使者無使歸而疾走漢併力布從之遂歸漢
王烏武帝元鼎中使匈奴匈奴法漢使不去節不以
墨黥其面不得入穹廬以墨點面也王烏北地人習胡俗

去其節黥面入廬單于愛之
涉何元封中武帝使譙諭朝鮮王右渠終不肯奉詔
譙責讓也音才笑反何去至界臨浿水使馭刺殺送何者朝鮮
俾王長長者俾王名也送何至沮水何因刺殺之即度水馳入塞遂歸報
天子曰殺朝鮮將上爲其名美弗詰拜何爲遼東部
都尉
常惠太原人也少時家貧自應募隨移中監蘇武使
匈奴匈奴徙蘇武北海上昭帝即位數年匈奴與漢
和親漢求武等匈奴詭言武死後漢使復至匈奴常
惠請其守者與俱得夜見漢使具自陳道教使者謂
單于言天子射上林中得鴈足有係帛書言武等在
某澤中使者大喜如惠語以讓單于讓責也單于視左
右而驚謝漢使曰武等實在
陳饒爲右卒王莽建國元年遣五威將軍王駿率甄
阜王颯及饒帛敞丁業六人颯音立多齎金帛重遺單
于諭以受命代漢狀因易單于故印文曰匈奴單于
璽莽更曰新匈奴單于章新者莽自係其國號將率既至授單
于印紱紱者印之組也音弗詔令上故印紱單于再拜受詔譯
前欲解取故印紱單于舉腋授之左姑夕侯蘇從旁
謂單于曰未見新印文宜且勿與單于止不肯與請

使者坐穹廬單于欲前爲壽五威將軍曰故印紱當
以時上單于曰諾復舉腋授譯蘇復曰未見印文且
弗與單于曰印文何由變更遂解故印紱奉上將率
受著新紱不解視印飲食至夜乃罷饒謂諸將率曰
鄉者姑夕侯疑印文幾令單于不與人鄉讀曰向幾音鉅依切
如令視印見其變改必求故印此非辭說所能距也
既得而復失之辱命莫大焉不如椎破故印以絕禍
根將率猶與莫有應者與讀曰豫饒燕士果悍果決也悍勇也音胡幹切
即引斧椎壞之明日單于果遣右骨都侯當白將
率曰漢賜單于印信璽不言章又無漢字諸王已下

適有漢言章今即去璽加新與臣下無別願得故印將卒示以故印請曰新室順天制作故印隨將卒所自爲破壞單于宜承天命奉新室之制當還白單于知已無可奈何又多得賂遺即遣右賢王與奉馬牛隨將卒入謝因上書求故印

後漢吳漢南陽宛人素聞光武長者獨欲歸心光武於廣阿拜漢爲偏將軍光武將發幽州兵夜召鄧禹問可使行者禹曰間數與吳漢言其人勇鷙有知謀諸將鮮能及者即拜漢爲大將軍持節北發十郡突騎更始幽州牧苗曾聞之陰勒兵勅諸郡不肯應

調漢乃將二十騎先馳至無終曾以漢無備出迎於路漢即撝兵騎收曾斬之而奪其軍北州震駭城邑莫不望風弭從遂悉發其兵引而南與光武會清陽諸將望見漢還士馬甚盛皆曰是寧肯分兵與人邪及漢至幕府上兵簿諸將人人多請之光武曰屬者恐不與人今所請又何多也諸將皆慙

班超字仲升明帝永平十六年奉車都尉竇固出擊匈奴以超爲假司馬將兵引擊伊吾戰於蒲類海多斬首虜而還伊吾匈奴中地名在今伊州納職縣界前書音義曰蒲類匈奴中海名在燉煌北也固以爲能遣與從事郭恂俱使西域超到鄯善鄯善本西域樓蘭國也昭帝元鳳四年改爲鄯善去陽關一千五百里去長安六千一百里鄯善王廣奉超禮敬甚備後忽更疏懈超謂其官屬曰寧覺廣禮意薄乎此必有北虜使來狐疑未知所從故也明者覩未萌況已著邪乃召侍胡詐之曰匈奴使來數日今安在乎侍胡惶恐且服其狀超乃閉侍胡悉會其吏士三十六人與共飲酒酣因激怒之曰卿曹與我俱在絶域曹輩也欲立大功以求富貴今虜使到才數日而王廣禮敬即廢如令鄯善收吾屬送匈奴骸骨長爲豺狼食矣爲之奈何官屬皆曰今在危亡之地死生從司馬超曰不入虎穴不得虎子當今之

計獨有因夜以火攻虜使彼不知我多少必大震怖可殄盡也滅此虜則鄯善破膽功成事立矣衆曰當與從事議之超怒曰吉凶決於今日從事文俗吏聞此必恐而謀泄死無所名非壯士也衆曰善初夜遂將吏士往奔虜營會天大風超令十人持鼓藏虜舍後約曰見火然皆當鳴鼓大呼餘人悉持弓弩夾門而伏超乃順風縱火前後鼓譟虜衆驚亂超手格殺三人吏兵斬其使及從士三十餘級餘衆百許人悉燒死東觀記曰斬得匈奴節使屋賴帶副使比離支首及節也明日乃還告郭恂恂大驚既而色動超知其意舉手曰掾雖不行班超

何心獨擅之乎恂乃悅超於是召鄯善王廣以虜使
首示之一國震怖超曉告撫慰遂納子爲質還奏於
竇固固大喜具上超功効并求更選使使西域帝壯
超節賓固曰吏如班超何故不遣而選乎今以超爲
軍司馬令遂前功超復受使固欲益其兵超曰願將
本所從三十餘人足矣如有不虞多益爲累是時于
闐王廣德新攻破莎車遂雄張南道于闐國去長安九千六百七十里南與婼羌西與蒲犂接莎車國去長安九千九百五十里西域南北有大山中央有河東西六千餘里東至玉門陽關有兩道從鄯善傍南山北波河西行至莎車爲南道雄張猶熾盛也張音丁亮切波傍也波音詖而匈奴遣使監護其國超既西先至于闐廣德

禮意甚疏且其俗信巫巫言神怒何故欲向漢漢使
有騧馬急求取以祠我廣德乃遣使就超請馬續漢書及華嶠書騧字並作驪說文馬淺黑色也音京媧切超密知其狀報許之而令
巫自來取馬有頃巫至超即斬其首以送廣德因辭
讓之廣德素聞超在鄯善誅滅虜使大惶恐即攻匈
奴使者而降超超重賜其王以下因鎮撫焉時龜茲
王建爲匈奴所立倚恃虜威據有北道攻破疏勒殺
其王而立龜茲人兜題爲疏勒王超從閒道至疏勒
去兜題所居槃橐城十九里逆遣吏田慮先往降之
勅慮曰兜題本非疏勒種國人必不用命若不即降
便可執之慮既到兜題見慮輕弱殊無降意慮因其
無備遂前刼縛兜題左右出其不意皆驚懼奔走慮
馳報超超即赴之悉召疏勒將吏說以龜茲無道之
狀因立其故王兄子忠爲王國人大悅忠及官屬皆
請殺兜題超不聽欲示以威信釋而遣之疏勒繇是
與龜茲結怨十八年帝崩焉耆以中國大喪遂攻
沒都護陳睦超孤立無援而龜茲姑墨數發兵攻疏
勒超守槃橐城與忠爲首尾士吏單少拒守歲餘章
帝初即位以陳睦新沒恐超單危不能自立下詔徵
超超發還疏勒舉國憂恐其都尉黎弇曰漢使棄我

我必復爲龜茲所滅耳誠不忍見漢使去因以刀自
到超還至于闐王侯以下皆號泣曰依漢使如父母
誠不可去抱超馬脚不得行超恐于闐終不聽其東
又欲遂本志乃更還疏勒疏勒兩城自超去後復降
龜茲而與尉頭連兵超捕斬反者擊破尉頭殺六百
餘人疏勒復安

吳張紘字子綱廣陵人避難江東孫策表爲正議校
尉漢獻帝建安四年孫策遣紘奉章至許宮留爲侍
御史少府孔融等皆與親善紘至與在朝公卿及知舊述才畧絕異平定三郡風行草偃加以忠敬款誠乃心王室時曹公爲司空欲加恩厚以悅遠人至乃優文褒崇改號加封辟

紘爲掾舉高第補侍御史後以紘爲九江太守紘心戀舊恩思還反命以疾辭曹公聞策薨欲因喪伐吳紘諫以爲乘人之喪既非古義若其不克成讎弃好不如因而厚之曹公從其言即表大帝爲討虜將軍領會稽太守

顧徽爲東曹掾時傳曹公欲東大帝謂徽曰卿孤腹心令傳孟德懷異意莫足使揣之卿爲吾行拜輔義都尉到北與曹公相見公具問境内消息徽應對婉順因說江東大豐山藪宿惡皆慕化爲善義出作兵公笑曰孤與孫將軍一結婚姻共輔漢室義如一家君何爲道此徽曰正以明公與主將義固盤石休戚

共之必欲知江表消息是以及耳公厚待遣還大帝問定云何徽曰敵國隱情卒難探察然徽潛采聽方與袁譚交爭未有它意

晉衛瓘初仕魏爲陳留王爲廷尉卿鄧艾鍾會之伐蜀也瓘以本官持節監艾會軍行事鎮兩軍司給兵千人蜀既平艾輙承制封拜會陰懷異志因艾專擅密與瓘俱奏其狀詔使檻車徵之會遣瓘先收艾會以瓘兵少欲令艾殺瓘因加艾罪瓘知欲危己然不可得而距乃夜至成都檄艾所統諸將稱詔收艾其餘一無所問若來赴官軍爵賞如先敢有不出誅及三族比至鷄鳴悉來赴瓘唯艾帳内在焉平旦開門瓘乘使者車徑入至成都殿前艾卧未起父子俱被執艾諸將圖欲刼艾整仗趨瓘營瓘輕出迎之僞作表草將申明艾事諸將信之而止俄而會至乃悉請諸將胡烈等因執之囚益州廨舍遂發兵反於是士卒思歸内外騷動人情憂懼會留瓘謀議乃書版云欲殺胡烈等舉以示瓘瓘不許因相疑貳瓘如廁見胡烈故給使使宣語三軍言會反會逼瓘定議經宿不眠各橫刀膝上在外諸軍已潛欲攻會會既不出未敢先發會使瓘慰勞諸軍瓘心欲去且堅其意曰

卿三軍主宜自行會曰卿監司且先行吾當後出瓘便下殿會悔遣之使呼瓘辭眩疾動作仆地比出閤數十信追之瓘至外解服鹽湯大吐瓘素羸便以困篤會遣所親人及醫視之皆言不起會繇是無所憚及暮門閉瓘作檄宣告諸軍諸軍並已唱義陵旦共攻會會率左右距戰諸將擊敗之唯帳下數百人隨會繞殿而走盡殺之瓘於是部分諸將群情肅然

後魏楊昱孝明時爲給事黄門侍郎時賊圍豳州詔昱兼侍中持節督西北道大都督北海王顥仍隨軍監察豳州圍解雍州蜀賊張映龍姜神達知州内空

虛謀欲攻掩刺史元脩義懼而請援一日一夜書移九通都督李叔仁遲疑不赴昱曰長安關中基本今大軍頓至在涇豳與賊相對若使長安不守大軍自然瓦散此軍雖往有何益也遂與叔仁等俱進於陣斬神達及諸賊四百許人餘悉奔散

後周申徽西魏大統十年爲給事黄門侍郎先是東陽王元榮爲瓜州刺史其女壻劉彦隨焉及榮死瓜州首望表榮子康爲刺史彦遂殺康而取其位屬四方多難朝廷不遑問罪因授彦刺史頻徵不奉詔又南通吐谷渾將圖叛逆文帝難於動衆欲以權畧致

之乃以徽爲河西大使密令圖彦徽輕以五十騎行既至止於賓館彦見徽單使不以爲疑徽乃遣一人勸彦歸朝以揣其意彦不從徽又使贊成其主計彦便從之遂來至館徽先與瓜州豪右密謀執彦遂叱而縛之彦辭無罪徽數之曰君無尺寸之功濫居方岳之重恃遠背誕不恭貢職戮辱使人輕忽詔命計君之咎實不容誅但受詔之日本令相送歸闕所恨不得即申明罰以謝邊遠耳於是宣詔慰勞吏人及彦所部復云大軍續至城内無敢動者使還遷都官尚書

杜杲武帝建德初爲司中大夫使於陳陳宣帝謂杲曰長湖公軍人等雖築館處之然恐不能無北風之戀王褒庾信之徒既羈旅關中亦當有南枝之思耳杲揣陳宣意欲以元定軍將士易王褒等乃答之曰長湖總戎失律臨難苟免既不死節安用以爲且猶牛之一毛何能損益本朝之議初未及此陳宣帝乃止杲還至石頭又遣謂之曰若欲合從共圖齊氏能以樊鄧見與方可表信杲答曰合從圖齊豈唯弊邑之利必須城鎮宜待之於齊先索漢南使者不敢聞命

隋崔彭性剛毅有武畧善騎射高祖爲丞相時周陳王純鎮齊州高祖恐純爲變遣彭以兩騎徵入朝彭未至齊州三十里因詐病止傳舍遣人謂純曰天子有詔書至王所彭苦疾不能彊步願王降臨之純疑有變多將從騎至彭所彭出傳舍迎之察純有疑色恐不就徵因詐純曰王可避人將密有所道純麾遣從騎彭又曰將宣詔王可下馬純遽下彭顧其騎士曰陳王不從詔徵可執也騎士因執而鎖之彭乃大言曰陳王有罪詔徵入朝左右不得輒動其從者愕然而去高祖見而大悅拜上儀同

長孫晟爲左勳衛車將軍開府奉使突厥突厥可汗染干因晟奏雍閭作攻具欲打大同城發六總管並取漢王節度分道出塞討之雍閭大懼復共達頭同盟合力掩襲染干大戰于長城染干敗績殺其兄弟子姪而部落亡散染干與晟獨以五騎逼夜南走至旦行百餘里收得數百騎乃相與謀曰今兵敗入朝一降人耳大隋天子豈禮我乎玷厥雖來本無寃隙（玷厥別部可汗名）若往投之必相存濟晟知其懷貳乃密遣從者入伏遠鎮速舉烽染干見四烽俱發問晟曰城上然烽何也晟紿之曰城高地迥必遥見賊來我國

家法若賊少舉二烽來多舉三烽大逼舉四烽使見多而又近耳染干大驚謂其衆曰追兵已逼且可投誠既入鎮晟留其達官執室以領其衆自將染干馳驛入朝帝大喜進授左勳衛驃騎將軍

裴矩爲内史侍郎煬帝遣將軍薛世雄城伊吾令矩共往經畧矩諷諭西域諸國曰天子爲蕃人交易懸遠所以城伊吾耳咸以爲然不復來競

崔君肅爲司朝謁者大業初處羅可汗爲鐵勒所敗裴矩在燉煌引致西域聞國亂復知處羅思其母氏因奏之煬帝遣君肅齎書慰諭之處羅甚倨受詔不肯起君肅謂處羅曰突厥本一國也中分爲二自相仇敵每歲交兵積數十年而莫能相尚者明知啓民與處羅國其勢敵耳今啓民舉其部落兵且百萬入臣天子甚有丹誠者何也但以切恨可汗而不能獨制故卑事天子以借漢兵連二大國欲滅可汗耳百官兆庶咸請許之天子弗違師出有日矣顧可汗母向氏本中國人歸在京師處于賓館聞天子之詔懼可汗之滅旦夕守闕哭泣悲哀是以天子憐焉爲其輟策向夫人又匍匐謝罪因請發使以召可汗令入内屬乞加恩禮同於啓民天子從之故遣使到此可

汗若稱藩拜詔國乃永安而母得延壽不然者向夫人爲誑天子必當所戮而傳首虜庭發大隋之兵資北藩之衆左提右挈以擊可汗死亡則無日矣奈何惜兩拜之禮剿慈母之命恡一句稱臣喪匈奴之國也處羅聞之矍然而起流涕再拜跪受詔書君肅又說處羅曰啓民内附先帝嘉之賞賜極厚故致兵强國富今可汗後附與之爭寵須深結於天子自表至誠既以道遠未得朝覲宜立一功以明臣節處羅曰如何君肅曰吐谷渾者啓民少子莫賀咄設之母家也今天子又以義城公主妻於啓民啓民畏天子之

威而與之絶吐谷渾亦因漢故職貢不脩可汗若請誅之天子必許漢擊其内可汗攻其外破之必矣然後身自入朝道路無阻因見老母不亦可乎處羅大喜遂遣使朝貢

唐陳大德爲職方郎中貞觀十五年大德使于高麗初入其境欲寬其國俗每至城邑輒以綾綺遺其官守莫不懽悅大德因謂之曰吾性好山水所不能忘在此何處有林泉勝地吾欲時往遊踐其國人信之遇有好山水之處輒引大德觀之遂得在道屈曲而行往往見中國人自云家在某郡隋大業末因平壤

敗遂没於此高麗妻以遊女子孫盈室與高麗錯居殆將半矣因謂親戚存不大德紿之曰汝之親屬悉無恙莫不垂涕而去更相告示數日之後大德在塗隋人望之而哭者徧於田野大德未至平壤五十里士女夾道而觀者如堵以屬於其都及與其王相見乃盛陳兵甲蓋懼中國而自强也

陸贄爲翰林學士德宗興元元年李懷光異志已萌欲激怒諸軍表論諸軍衣糧薄神策衣糧厚厚薄不均難以驅戰意在撓沮進軍李晟密奏恐其有變帝憂之遣贄使懷光宣諭使還贄奏事曰賊泚稽誅保聚宮院勢窮援絶引日偷生懷光總仗順之軍勢制勝之氣鼓行芟翦易若摧枯而乃寇奔不追師老不用諸帥每欲進取懷光輒沮其謀據兹事情殊不可解陛下意在全復委曲聽從觀其所爲亦未知感若不别爲規畧漸相制持唯以姑息求安終恐變故難測此誠事機危迫之秋也固不可以尋常容易處之今李晟奏請移軍適遇臣銜命宣慰懷光偶論此事臣遂汎問所宜懷光乃云李晟既欲别行某亦都不要藉臣雖慮有翻覆因美其軍强盛懷光大自矜誇轉有輕晟之意臣又從容問云昨發離行之日未知

有此商量在今者從此却廻或恐聖旨故問事之可否決定何如懷光已肆輕言不可中變遂云恩命許去事亦無妨要約再三非不詳審雖欲追悔固難爲辭伏望即以李晟表出付中書勑下依奏别賜懷光手詔示以移軍事繇其手詔大意云昨得李晟奏請移軍城東以分賊勢朕緣未知利害本欲委卿商量適會陸贄從彼宣慰廻云見卿論敘軍情訊及於此仍言許去事亦無妨遂勑本軍允其所請卿宜授以謀畧分路夾攻務使叶齊尅平寇孽如此辭婉而直理當而明雖蓄異端何繇起怨臣初奉使諭旨本緣

糧料不均偶屬移軍事相諧會又幸懷光詭對且無阻絕之言機宜合并若有幽贊一失其便後何可追幸垂裁察德宗初望懷光廻意破賊故晟屢奏移軍不許及贄縷陳懷光反狀乃可晟之奏遂移軍渭橋而鄜坊節度李建徽神策行營陽惠元猶在咸陽贄慮懷光併建徽等軍又奏曰懷光當管師徒足以獨制兇寇逗留未進抑有他繇所患太彊不資傍助比者又遣李晟李建徽陽惠元節度之衆附麗其營無益成功秖憂生事何則四軍接壘羣帥異心論勢力則懸絕高卑據職名則不相統屬懷光輕晟等兵微

位下而忿其制不從心晟等疑懷光養寇蓄姦而怨其事多凌已端居則千端飛謗欲戰則遞恐分功齟齬不和嫌釁遂搆俾之同處必不兩全彊者惡積而後亡弱者勢危而先覆敗亡之禍翹足可期舊寇未平新患方起憂歎所切實堪疚心太上消息於未萌其次救失於始兆況乎事情已露禍難垂成委而不謀何以制亂李晟見機慮變先請移軍就東建徽惠元執轉孤弱爲其吞噬理在必然他日雖有良圖恐不能自拔拯其危急惟在此時今因李晟願行便遣合軍同往託言晟兵素少慮爲賊所邀藉此兩軍迭爲犄角仍先諭旨密使促裝詔書至營即日進路懷光意雖不欲然亦計無所施是謂先人有奪人之心疾雷不及掩耳夫制軍馭將所貴見情離合疾徐各有宜適當離者合之則召亂當合者離之則寡功當疾而徐則失機當徐而疾則漏策得其要契其時然後舉無敗謀措無危勢今者屯兵而不肯爲用聚將而罔能叶心自爲鯨鯢變在朝夕留之不足以相制徒長厲階析之各競於擅能或成勳績事必有應斷無可疑德宗曰卿之所料極善然李晟移軍懷光必已惆悵若遣建徽惠元就東則見得爲辭且俟旬時

晟至東渭橋不旬日懷光果得兩節度兵建徽單騎遁而獲免惠元中路被執害之報至行在人情大恐翌日移幸山南贄練達兵機率如此類

册府元龜

巡按福建監察御史臣李嗣京　訂正

知閩縣事臣曹[illegible]臣參閱

知建陽縣事臣黃國琦較釋

奉使部十

才學　論薦　舉劾

夫周官行人之選漢儀使者之才應聘四方祇役千里委之專對理無失辭必資才高樽俎學備古今觀其啓齒相使之世玉帛結好之辰酬酢風生是非鋒

起不辱君命可謂士矣

晉趙孟爲卿與魯叔孫豹曹大夫入于鄭鄭伯兼享之鄭子皮戒趙孟（戒享期）禮終趙孟賦瓠葉及享乃用一獻趙孟爲客禮終乃宴穆叔賦鵲巢趙孟曰武不堪也

蜀費禕使于吳吳王饗之禕停食餅索筆作麥賦

馬良字季常先主辟爲左將軍掾後遣使吳良謂諸葛亮曰今銜國命協穆二家上爲良介於孫將軍亮曰君試自爲文良卽草曰寡君遣掾馬良通聘繼好以紹昆吾豕韋之勳奇人吉士荆楚之令鮮於造次之華而有克終之美願降心存納以慰將命吳太帝敬待之

吳張溫爲輔義郎中將使蜀至成都拜章于蜀主曰昔高宗諒闇昌殷祚於再興成王幼沖隆周德於太平功冒溥天聲冠罔極今陛下聰明之姿等契往古總百揆于良佐參列精之炳燿遐邇望風莫不忻賴吳國勤任旁力清澄江滸願與有道平壹海內委心協規有如河水軍事繁興使役乏少是忍鄙倍之羞使下臣溫通致情好陛下敦崇禮義未便耻忽臣自入遠境及卽近郊頻蒙勞賚恩詔輒加以榮爲懼悚

怛若驚臣謹奉所賫函書一封蜀甚貴其才

梁庾信爲通直散騎常侍聘于東魏文章辭令盛爲鄴下所稱

陳姚察爲通直散騎常侍報聘于周江左耆舊在關右者咸相傾慕沛國劉臻竊於公館訪漢書疑事十餘條並爲剖析皆有經據臻謂所親曰名下定無虛士著西聘道里記所序事甚詳使還補東宮學士

後魏李同軌孝靜興和中兼通直散騎常侍使梁梁武深耽釋學遂集名僧於其愛敬同泰二寺講涅槃大品經引同軌豫席梁武帝遣其朝臣並共觀聽同

執論難久之道俗咸以爲善
崔光兼太子少傅尋以本官兼侍中使持節爲陝西
大使巡方省察所經述敘古事因而賦詩三十八篇
還
李彪兼通直散騎常侍使齊齊武帝謂彪曰卿前使
還日賦詩云但願長閑暇後歲復來遊果如言今日
卿此還也復有來理否彪答曰使臣請重賦詩曰宴
衎清都中一去永矣哉帝惆然曰清都可爾一者何
事觀卿言似成長闊朕當以殊禮相送乃親至瑯邪
城登山臨水群臣賦詩以送

李業興爲通直散騎常侍孝靜天平四年與兼散騎
常侍李諧兼吏部郎盧元明使于梁梁散騎常侍朱
异問業興曰魏洛中委粟山是南郊耶業興曰委粟
是圓丘非南郊异曰比聞郊丘異所是用鄭義我此
中用王義業興曰然維京郊丘之處專用鄭解异曰
若然女子逆降傍親亦從鄭義不業興曰此之一事
亦不專從若卿此間用王義除禫應同二十五月何
以王儉喪禮禫用二十七月也异遂不答業興曰我
昨見明堂四柱房屋都無五九之室當是裴頠所制
明堂上圓下方裴唯除室爾今此上不圓何也异曰
圓方之說經典無文何怪於方業興曰圓方之言出
處甚明卿自不見見卿錄梁主孝經義亦云上圓下
方卿言豈非自相矛盾异曰若然圓方竟出何經業
興曰孝經援神契异曰緯候之書何用信也業興曰
卿若不信靈威仰叶光紀之類經典亦無出者卿復
信不异不答梁武帝親問業興曰聞卿善於經義儒
玄之中何所通達業興曰少爲書生正讀五典至於
深義不辨通釋又問詩周南王者之風系之周公召
南仁賢之風系之召公何名爲系業興對曰鄭注儀
禮云昔太王王季君于岐陽躬行召南之教以興王

業及文王行周南之教以受命作邑於酆分其故屬
立二公名爲系又問若是故地應自統攝何由分封
二公業興曰文王爲諸侯之時所化之本國今既登
九五之尊不可復守諸侯之地故分封二公又問乾
卦初稱潛龍二稱見龍至五飛龍初可名爲虎問意
小乖業興對學識庸淺不足仰酬又問尚書正月上
日受終文祖此是何正業興對此是夏正梁武言何
以得知業興曰案尚書中候運行篇云日月營始故
知夏正又問堯時以何月爲正業興對自堯以上書
典不載實所不知梁武又云寅賓出日即是正月日

中星鳥以殷仲春即是二月此出堯典何得云堯時不知用何正也業興對雖三正不同言時節者皆據夏時正月周禮仲春二月會男女之無室家者雖自周書月亦夏時堯之日月亦當如此但所見不深無以辯析明問梁武又曰禮原壤之母死孔子助其沐椁原壤叩木而歌曰久矣予之不託於音也貍首之斑然執女手之卷然孔子聖人而與原壤爲友業興對曰孔子即自解言親者不失其爲親故者不失其爲故又問原壤何處人業興對曰鄭注云原壤孔子幼少之舊故是魯人又問孔子聖人所在必可法原

壤不孝有逆人倫何以存故舊之小節廢不孝之大罪業興對曰原壤所行事自彰著幼少之交非是今始既無大故何容棄之孔子深敦故舊之義於理無失又問孔子聖人何以書原壤之事垂萬代業興對曰此是後人所錄非孔子自制猶合葬於防如此之類禮記之中動有百數又問易曰太極是有是無業興對所傳太極是有

北齊魏收兼通直散騎常侍副王昕使梁昕風流文辯收辭藻富逸梁主及其群臣咸加敬異在塗作聘游賦辭甚美麗

劉逖爲假儀同三司聘周使副二國始通禮儀未定逖與周朝議論往復斟酌古今事多合禮儀兼文辭可觀甚得名譽使還拜儀同三司

隋薛道衡爲內史舍人使陳江東雅好篇什陳王尤愛雕蟲道衡每有所作南人無不吟誦焉

唐裴度元和中爲司封郎中知制誥時魏博節度使田季安卒牙軍立小將田興爲留後憲宗遣度使魏州宣諭興承偕侈之後車服垣屋有踰制度視事齋閣尤加宏敞興惡之乃治舊採訪使廳居之請度爲壁記述興謙降奉法魏人深德之

後唐薛廷珪初仕唐昭宗乾寧中爲中書舍人晉太祖初平王行瑜歸藩天子冊封晉王以廷珪爲冊使廷珪富文才好爲篇什遇物屬詠獻詩於太祖嘉賞其才酬以幣馬復命

論薦

夫輶軒之使巡郡國而采謠俗蓋中古之制也非有精敏之識公忠之節固不得預茲選焉乃有高視廣聽簡才擇能或覩其表而知其賢或聞其言而壯其志或著尤異之績或馳清白之譽或當官強毅慾盜靡興或布政寬和黎民用乂以至教囿其行溫麗其

文假息乎衡茅隱遁乎林壑咸用推薦埸于王庭卒能叶力事經亮釆邦國爲時俊傑耀焯來裔知人之鑑於是乎在夫如是則勞之以四牡之詠褒之以上賞之明不爲覥娓矣

漢暴勝之武帝時爲直指使者督課郡國素聞雋不疑賢至勃海遣吏請與相見不疑進賢冠帶櫑具劒古者劒首以玉作井鹿盧形上刻木作山形如蓮花初生未敷古今大劒木首其狀以此佩環玦環玉環也玦即玉佩之玦也帶環而又著玉佩也褒衣博帶褒大裾也言著褒大之衣廣博之帶盛服至門上謁上謁若今通名也門下欲使解劒不疑曰劒者君子武備所以衛身不可解請退吏白勝之

勝之開閤延請望見不疑容貌尊嚴衣冠甚偉勝之躧履起迎履不著跟曰躧躧猶謂納履未正曳之而行言其遽也問當世所施行門下諸從事皆州郡選吏選州郡吏之最者乃得爲從事側聽不疑莫不驚駭至昏夜罷去勝之遂表薦不疑徵詣公車拜爲青州刺史又王訢濟南人以郡縣吏積功稍遷爲被被皮彼反陽令故千乘縣也時勝之持斧逐捕盜賊以軍興從事誅二千石以下勝之過被陽欲斬訢訢已解衣伏質質鍖也欲斬人皆伏於鍖上也仰言曰使君尊殺生之柄威震郡國爲使者故謂之使君今復斬一訢不足以增威不如時有所寬以明恩貸貸猶假也言饒假之令盡死力勝之壯其言貰不誅因與訢相結厚勝之使還薦訢徵爲右輔都尉

鄭寬中元帝時爲博士使行風俗時益州刺史王尊居部二歲懷來徼外蠻夷歸附服其威信寬中舉奏尊治狀遷爲東平相

後漢杜喬順帝時爲光祿大夫使巡察兖州表奏太山太守李固政爲天下第一

馬日磾獻帝時爲太帝持節安集關東在壽春以禮辟孫策表贈懷義校尉

趙岐爲太仆與平初衛將軍董承表遣岐使荊州督

租糧時北海孫嵩亦寓於荊州荊州牧劉表不爲禮岐乃稱嵩素行篤烈因共其爲青州刺史

宋孔默之王歆之文帝元嘉中俱兼散騎常侍巡行四方上宣威將軍陳南頓二郡太守李元德清勤均平姦盜止息彭城內史魏恭子廉恪修慎在公忘私安約守儉允而彌固前宋縣令成蒲治政寬濟遺詠在民前鲖陽令李熙國在事有方民思其政山桑令何道自少清廉白首彌堅應加褒賚以勸于後乃進元德號寧朔將軍恭子賜絹五十疋穀五百斛蒲熙國道各賜絹三十疋穀二百斛

沈演之元嘉中爲楊州治中從事史時東土饑文帝
遣演之廵行所在演之上表曰宰邑敷政必以簡惠
威能莅職閑治務以利民者績故王焕見紀於前叔
鄉流稱於後竊見錢塘令劉真道餘杭令劉道錫皆
奉公卹民恪勤匪懈百姓稱詠訟訴希簡又葺卤非
憂能檢獲災水之初餘杭高堤崩壞洪流迅激勢不
可量道錫躬先吏民親執板築塘旣還立縣邑獲全
經歷諸縣訪覈名實並爲二邦之首宬治民之良宰
帝嘉之各賜穀千斛以眞道爲步兵校尉
梁樂詢宋孝武孝建中爲散騎常侍廵行風俗時吳

郡錢塘人褚伯玉有高世行隱於剡之瀑布山三十
年詢表薦伯玉加徵聘本州議曹從事不就
隋梁子恭開皇中爲使者至齊州以別駕趙軌考績
連最狀上高祖嘉之
守文弼仁壽中爲刑部尚書廵省河北引儀同郭詢
爲副
十弘爲吏部尚書持節廵撫山東以邢州刺史陳穎
理行爲第一高祖嘉歎優詔褒揚
唐劉祥道太宗貞觀中爲廵察使時幽州司馬蔣儼
以善政爲祥道所薦擢爲會州刺史
韋損爲司勳郎中山劍黜陟使薦鳳州刺史嚴震理
行爲山南第一
閻立本高宗朝爲河南道黜陟使時汴州判佐狄仁
傑爲吏人誣告立本見而謝曰仲尼云觀過知仁矣
足下可謂海曲之明珠東南之遺寶薦授并州都督
府法曹
李大亮爲劍南廵察大使李義府祖爲梓州射洪縣
丞因家於永泰大亮以義府善屬文表薦之對策擢
第補門下省典儀
薛元超爲河北道安撫大使兗州瑕丘人徐彥伯以

文章擅名元超表薦之對策擢第
周興則天天授中爲江南道宣勞大使表薦隱士
史德義徵拜朝散大夫守正議大夫
張修憲長安中爲河東採訪使蒲州猗氏人張嘉貞
爲平鄉丞坐事免歸鄉里脩憲薦嘉貞才堪憲官請
以巳之官秩受之則天召見垂簾與之言嘉貞奏曰
以臣草茅而得入謁九重是千載一遇也咫尺之閒
如隔雲霧竟不覩日月恐君臣之道有所未盡則天
遽令卷簾與語又云嘉貞自平鄉丞免歸鄉里布悅還堵之中蕭然自得時人莫之知也
張修憲以御史出使還次蒲州使務有不決者意頗病之問驛吏曰此有客乎驛吏以嘉貞對修憲召相

見咨以使事稽時無滯應之莫不豁然乃命草表又出其意外它日則天以問脩惪脩惪具以實對因請以巳官讓與之

路敬潛中宗神龍初爲河南道廵察使以青州長史劉允濟爲吏清白稱薦之

韓朝宗玄宗開元中爲按察使通用刺史李適之以強幹見稱朝宗爲特表薦之擢拜秦州都督

劉知柔開元中爲河南道廵察使奏陳州刺史韋嗣立汝州刺史崔白用兗州刺史韋元珪亳州刺史蕭恩濮州刺史侯莫陳渙宋州刺史崔愼先汴州長史崔昇宋州司馬鄭崇順曹州司馬劉大明許州扶溝

縣令鄭博淄川縣令封措汴州陳留縣令鄭韜光豫州汝陽縣令明琇郾城縣令薛昭徐州彭城縣令薛惟翊符離縣令綦毋頎鄆縣令朱庭瑾滕縣令劉無玷宋州虞陵縣令崔昭鄭州新鄭縣令李光彥汝州郟城縣令張紹貞濮州濮陽縣令尹子正范縣令賀遂詳齊州亭山縣令趙懷敬青州臨淄縣令元孝問海州東海縣令元暖沂州臨城縣令徐嶠泗州連水縣令夏侯道等清白可陟之狀

李希言至德初爲江東採訪使肅宗卽位急於軍務諸道廉使隨才擢用時元載避地江左希言表載爲介拜祠部員外郎還洪州刺史

李希卿代宗永泰中爲吏部侍郎兼御史大夫奉命江南江淮宣慰振拔幽滯進用忠廉時人稱之時孔巢父隱於徂萊山希卿薦授左衛兵曹叅軍

趙贊永泰中爲黜陟使薦處士陳郡袁經授試挍書郎

劉晏大曆中爲鹽鐵轉運使薦越州人孔述睿有顏閔之行游夏之學授太常寺恊律郎

柳載德宗建中初爲黜陟使以泗州刺史馬炫清白聞徵拜右庶子

李行修穆宗長慶中爲宣撫使至楚州舉費冠卿鄉之至孝

舉劾

天節垂文著之於星曆皇華遣使垂之於風什故王者擇彼髦儁付之旌節俾循行郡國以釆謡俗者焉乃有竭忠亮之誠勵方正之操彰善癉惡咸震於列城遏彊撫弱惠綏於黎庶職修事舉人無間言允所謂使于四方不辱君命者矣

漢盖寬饒爲太中大夫使行風俗多所稱舉貶黜

後漢周舉爲諫議大夫順帝永和六年詔遣八使廵

行風俗於是劾奏貪猾表薦公清朝廷稱
杜喬爲侍中漢安元中以喬守光祿大夫使詢察兖
州奏陳留太守梁讓濟陰太守汜宮濟北相崔瑗等
贓罪千萬以上讓卽大將軍梁冀季父宮瑗皆冀所
善
張綱爲御史漢安元年與侍中杜喬等八人同日受
詔持節分出案行天下貪廉墨綬有罪便收刺史二
千石以驛馬聞威惠清忠名振郡國號曰八儁
雷義爲守灌謁者使持節都督郡國行風俗太守令
長坐者凡七十人

第五種桓帝永壽中以司徒掾清詔使冀州廉察災
害（王公府有清詔員以承詔使也廉察也）舉奏刺史二千石以下所刑
免甚衆棄官奔走者數十人
范滂舉孝廉光祿四行（漢官儀曰光祿舉敦厚質樸遜讓節儉此爲四行）時
冀州飢荒盜賊羣起乃以滂爲清詔使案察之滂登
車攬轡慨然有澄清天下之志及至州境守令自知
贓汚望風解印綬去其所舉奏莫不厭塞衆議後爲
大尉黄瓊所辟後詔三府掾屬舉謡言滂奏刺史二
千石權豪之黨二十餘人尚書責滂所劾猥多疑
有私故滂對曰臣之所舉自非叨穢姦暴深爲民害

豈以汙簡札哉間以會日迫促故先舉所急其未審
者方更參實臣聞農夫去草嘉穀必茂忠臣除姦王
道以清若臣言有二當受顯戮吏不能
晉桓彝爲散騎常侍時吳郡大饑郡守鄧攸表賑貸
未報乃輒開倉救之臺遣彝與虞騤慰勞饑人觀聽
善不乃劾攸以擅出穀俄而有詔原之
宋王鎮之晉末爲大將軍録事參軍時三吳饑荒遣
鎮之銜命賑䘏而會稽内史王愉不奏符旨鎮之依
事糾奏
後魏賀悦道武時封鉅鹿侯與北侯新安同持節行

并定二州劾奏并州刺史元顥等皆伏罪州郡肅然
崔光孝文時以散騎常侍兼侍中爲陝西大使時華
山太守趙覇酷暴非理光奏覇云不遵憲度威虐任
情至乃手擊吏人寮屬奔走不可以君人字下納之
軌物輒禁止在州詔免所居官
游肇以散騎常侍兼侍中爲畿内大使黜陟善惡賞
罰分明
源懷爲車騎大將軍持節巡行北邊時賀若文千勁
勢傾朝野勁兄祚與懷宿昔通婚時爲沃野鎮將頗
有受納懷將入鎮祚郊迎道左懷不與語卽劾祚免

官慘朔鎮將元尼須與懷有舊亦貪穢狼藉置酒請懷謂懷曰命之長短由卿之口豈可不相寛貸懷曰今日之集乃是源懷與故人飲酒之坐非鞫獄之所也明日公庭始爲使人撿鎮將罪狀之處尼須揮淚而已無以對之懷旣而表劾尼須其奉公不撓皆此類也

于忠宣武時以太府卿使持節兼侍中爲西道大使忠劾并州刺史高聰贓罪二百餘條論以大辟

陽固爲治書侍御史使懷荒鎮將萬貳望風逃走劾常農太守和詔亮馳馹安撫亮至劾昞處以大辟勞

賚綏慰百姓帖然

高恭之字道穆爲御史正光中出使州刺史李世哲卽尚書令崇之子貴盛一時多有非法逼買民宅廣興屋宇皆置鴟尾又於馬埒堠上木人執節道穆繩糾悉毀去之并發其贓貨具以表聞

北齊趙郡王叡爲河北巡省大使冀州治中羊肅以遲緩不任職解朝議以肅無罪尋復之

隋柳彧爲治書侍御史持節巡省河北五十二州奏免長史贓汚不稱職者二百餘人州縣肅然莫不震懼高祖嘉之賜絹布二百疋氈三十領拜儀同三司

唐唐儉武德中爲工部尚書并州道安撫大使先是并州摠管李仲文與突厥通謀率胡騎直入京師高祖聞之遣皇太子建成鎮蒲州以備之又令儉安撫太原權攝并州摠管府追仲文入朝儉密奏太原沙門志覺死經十日而蘇言多妖妄謂仲文曰公五色光見有金狗自衞仲文答曰關中十五邑上無事雒陽亢陽不雨穀食騰湧天意人事表裏可知若爲計今其時也高祖固疑之及儉使至又言於高祖曰仲文信惑妖邪自應讖及言有龍附巳卽於汾州置龍游府又娶陶氏之女以應桃李之歌謡事可汗甚得

其意可汗謂仲文曰我當以爾爲回可汗令據河北之地又在州黷貨很藉高祖於是令裴寂陳叔達蕭瑀等推治之事皆有驗

孫伏伽爲大理卿貞觀二十年太宗遣伏伽等二十二人以六條巡察四方以澄清爲務多所貶黜舉奏及使者還詣闕稱寃者前後相屬因令褚遂良一其類具狀以聞太宗親自臨決牧宰巳下以能官進擢者二十人以罪死者七人其流罪以下及免黜者數百千人

顏眞卿玄宗天寶中爲監察御史充河東朔方試覆

屯交兵使有鄭延祚者母卒二十九年殯僧舍垣地
眞卿劾奏之兄弟三十年不齒天下聳動
元稹爲監察御史憲宗元和四年奉使東蜀劾奏故
劍南東川節度使嚴礪擅籍没塗山甫等八十八戶
田宅一百一十一所奴婢二十七人税外徵草四十
一萬五千束錢七千貫米五千石勑旨田宅奴婢却
還本主其已貨賣亦贖今還税外所徵配並禁斷其
見任刺史各罰兩月俸料仍書下考
李行修穆宗長慶二年爲宣撫使至泗州舉刺史李
宜臣之贓犯時以爲奉使得人

冊府元龜

冊府元龜

巡按福建監察御史臣李嗣京　訂正
知甌寧縣事臣孫以敬參閱
知建陽縣事臣黄國琦較釋

奉使部　八

敏辯第一

古者誦詩三百可以專對奉命出境未嘗受辭蓋以其周知物情可利社稷之意也若夫勢均跨據飾智相高義有睦鄰交修盟好往來行李靡間於干戈申答情禮備述於樽俎務全國體爰騁口才應機而言

罔倦終日或徵古義而求勝或引時事以爲優綏頰抵掌殆乎燥吻雖論難之鋒起必逆折而響從至于譚戲之間猶存去就之分又乃宜威殊俗漸以身教昭示忠信指陳禍福革其倔強之心誘以嚮慕之道苟非大雅端方博達慷慨之士或取辱焉蓋使乎之任斯爲難矣

漢隋何爲謁者時漢王與楚大戰彭城不利出梁地至虞（今宋州虞城縣是也）謂左右曰如彼等者無足與計天下事者謁者隋何進曰不審陛下所謂漢王曰孰能爲我使淮南使之發兵背楚留項王於齊數月我之取天下可以萬全何曰臣請使之乃與二十人俱使淮南至大宰主之（淮南大宰作內主）三日不得見何因說太宰曰王之不見何必以楚爲強以漢爲弱此臣之所爲使（此事正是臣所爲來欲言之）使何得見言之而是邪是大王所欲聞也言之而非邪使何等二十人伏斧質淮南市（質鑕也言伏於鑕上而斧斬之）以明背漢而與楚也大宰迺言之王王見之隋何曰漢王使使臣敬進書大王御者竊怪大王與楚何親也淮南王曰寡人北鄉而臣事之何曰大王與項王俱列爲諸侯北向而臣事之必以楚爲強可以託國也項王伐齊身負版築（脾插版也築杵也）以

爲士卒先大王宜悉（盡也）淮南之衆身自將爲楚軍前鋒今乃發四千人以助楚夫北面而臣事人者固若是乎夫漢王戰於彭城項王未出齊也大王宜掃淮南之衆日夜會戰彭城下（掃者爲盡舉之如掃地然也）今撫萬人之衆無一人渡淮者陰拱而觀其孰勝（歛手曰拱言不動搖坐觀成敗）夫託國於人者固若是乎大王提空名以鄉楚（提舉也）而欲厚自託臣竊爲大王不取也然大王不背楚者以漢爲弱也夫楚兵雖強天下負之以不義之名（負加也加于身上若任被也）以其背盟約而殺義帝也然而楚王特以戰勝自強漢王收諸侯還守成皋滎陽下蜀漢

之粟深溝壁壘分卒守徼乘塞楚人還兵間以梁地梁在楚漢之中深入敵國八九百里羽從齊還當經梁地八九百里乃得羽地也
欲戰則不得攻城則力不能老弱轉糧千里之外楚
兵至滎陽成皋漢堅守而不動進則不得攻退則不
能解故楚兵不足罷也不足者言易也使楚兵勝漢則諸侯
自危懼而相救夫楚之強適足以致天下之兵耳故
楚不如漢其勢易見也今大王不與萬全之漢而自
託於危亡之楚臣竊爲大王惑之臣非以淮南之兵
足以亡楚也夫大王發兵而背楚項王必留留數月
漢之取天下可以萬全臣請與大王仗劒而歸漢王

漢王必裂地而分大王又況淮南必大王有也故漢
王敬使使臣進愚計願大王之留意也淮南王曰請
奉命陰許叛楚與漢未敢泄楚使者在在淮南王所也方急
責布發兵隋何直入曰九江王已歸漢楚何以得發
兵布愕然楚使者起何因說布曰事已構構結也言背楚之事已結成也獨可遂殺楚使毋使歸而疾走漢并力布曰如
使者教因起兵而攻楚
陸賈以客從高祖定天下名有口辯時人皆謂其口辯居左
右常使諸侯時中國初定尉佗平南越因王之高祖
使賈賜佗印爲南越王賈至尉佗魋結箕踞見賈魋音椎結讀曰髻椎髻者一撮之髻其形如椎箕踞謂伸其兩脚而坐亦曰箕踞其形似箕賈因說
佗曰足下中國人親戚昆弟墳墓在真定今足下反
天性棄冠帶背父母之歸無骨肉之恩是反天性也欲以區區之越與
天子抗衡爲敵國區區小貌禍且及身矣夫秦失其正正亦政也諸侯豪傑並起唯漢王先分關據咸陽項籍背約
自立爲西楚霸王諸侯皆屬可謂至強矣然漢王起
巴蜀鞭笞天下刼諸侯遂誅項羽五年之間海内平
定此非人力天之所建也天子聞君王王南越而不
助天下誅暴逆將相欲移兵而誅王天子憐百姓新
勞苦且休之遣臣授君王印剖符通使君王宜郊迎

北面稱臣郊迎謂出郊而迎乃欲以新造未集之越集猶成也屈
彊於此屈彊謂不柔服也漢誠聞之掘燒君王先人冢墓夷
種宗族夷平也謂平除其種族使一偏將將十萬衆臨越即越
殺王降漢如反覆手耳言其易于是佗乃蹶然起坐蹶坐驚起之貌也謝賈曰居蠻夷中久殊失禮儀
後漢陳遵初爲更始大司馬護軍與歸德侯劉颯俱
使匈奴單于欲脅詘遵遵陳利害爲言曲直單于大
奇之遣還
蜀費禕先主時爲昭信校尉使吳孫權性既滑稽嘲
啁無方諸葛恪羊衜等才博果辯論難鋒至禕辭順

義篤據理以答終不能屈權每別酌好酒以飲禕觀其已醉然後問以國事并論當世之務辭難累至禕輒以醉退而撰次所問事事條答無所遺失權甚器之乃以手中常所執寶刀贈之禕答曰臣以不才何以堪明命然刀以討不庭禁暴亂者也但願大王勉建功業同獎漢室臣雖闇弱終不負東顧

董恢字休緒爲宣信中郎將副費禕使吳孫權嘗大醉問禕曰楊儀魏延牧豎小人也雖嘗有鳴吠之益於時務然既已任之勢不得輕若一朝無諸葛亮必爲禍亂矣諸君憒憒曾不防慮于此豈所謂貽厥孫

謀乎禕愕然四顧不能即答恢目禕曰可速言儀延之不協起于私忿耳而無黥韓難御之心也今方掃除彊賊混一函夏功以才成業繇才廣若捨此不任防其後患是猶備有風波而逆廢舟楫非長計也權大笑樂諸葛亮聞之以爲知言還未滿三日辟爲丞相府屬

伊籍字機伯東使于吳孫權聞其才辯欲逆折以辭籍適入拜權曰事無道之君勞乎籍即對曰一拜一起未足爲勞籍之機捷類皆如此權甚異之

鄧芝爲尚書使吳孫權謂芝曰若天下太平二主分治不亦樂乎芝對曰夫天無二日土無二王如并魏之後大王未深識天命者也君各茂其德臣各盡其忠將提枹鼓則戰爭方始耳權大笑曰君之誠欵乃當爾邪

宗預字德豔爲諸葛亮丞相參軍亮卒吳慮魏或乘衰取蜀增巴丘守兵萬人蜀聞之亦益永安之守以防非常預使吳孫權問預曰東之與西譬猶一家而聞西更增白帝之守何也預對曰臣以爲東益巴丘之戍西增白帝之守皆事勢宜然俱不足以相問也權大笑嘉其抗盡甚愛待之見敬亞於鄧芝費禕後

爲屯騎校尉後東聘吳權捉預手涕泣而別曰君每銜命結二國之好今君年長孤亦衰老恐不復相見遺預大珠一斛預臨別謂孫權曰蜀土僻小雖云鄰國東西相賴吳不可無蜀蜀不可無吳君臣憑恃唯陛下重垂神慮又自説年老多病恐不復得奉聖顔

李密字令伯奉使聘吳吳主問蜀馬多少對曰官用有餘人間自足吳主與羣臣汎論道義謂願爲人弟密曰願爲人兄吳主曰何以爲兄密曰爲兄供養之日長吳主及羣臣皆稱善

吳鄭泉使蜀劉備問曰吳王何以不答吾書得無以

吾正名不宜乎泉曰曹操父子陵轢漢室終奪其位殿下託爲宗室有維城之責不荷戈執殳爲海內率先而於是自名未合天下之議是以寡君未復書耳備甚慙恧

陳化爲郎中令使魏魏文帝因酒酣嘲問曰吳魏峙立誰將平一海內者乎化對曰易稱帝出乎震加聞先哲知命舊說紫蓋黄旗運在東南帝曰昔文王以西伯王天下豈復在東乎化曰周之初基太伯在東是以文王能興于西帝笑無以難心奇其辭使畢當還禮送甚厚大帝以化奉命光國拜犍爲太守置官

屬

沈珩爲西曹掾文帝以珩有智謀能專對使至魏魏文帝問曰吳嫌魏東向乎珩曰不嫌曰何以曰信恃舊盟言歸于好是以不嫌若魏渝盟自有豫備又問聞太子當來寧然乎珩曰臣在東朝朝不坐宴不與若此之議無所聞也文帝善之乃引珩自近譚語終日珩隨事嚮應無所屈服

趙咨爲中大夫使魏文帝問曰吳王何等主也咨對曰聰明仁智雄畧之主也帝問其狀咨曰納魯肅於凡器是其聰也拔吕蒙於行陣是其明也獲于禁而不害是其仁也取荆州而兵不血刃是其智也據三州虎視於天下是其雄也屈身於陛下是其畧也文帝善之又嘲咨曰吳王頗知學乎咨曰吳王浮江萬艘帶甲百萬任賢使能志存經畧雖有餘閑博覽書傳歷史籍採奇異不效書生尋章摘句而已帝曰吳可征不咨對曰大國有征伐之兵小國有備豫之固又曰吳難魏不咨曰帶甲百萬江漢爲池何難之有又曰吳如大夫者幾人咨曰聰明特達者八九十人如臣之輩車載斗量不可勝數咨頻載使魏北人敬異太帝聞而嘉之拜騎都尉

紀陟爲光祿大夫後主遣陟與中郎將弘璆如魏陟璆入境而問諱入國而問俗壽春將王布示之馬射既而問之曰吳之君子亦能斯乎陟曰此軍人騎士肄業所及士大夫君子未有爲之者矣布大慙既至魏帝見之使儐問曰來時吳王何如陟對曰來時皇帝臨軒百僚陪位御膳無恙晉文帝饗之百僚畢會使儐者告曰某者安樂公也某者匈奴單于也陟曰西主失土爲君王所禮位同三代莫不感義匈奴邊塞難羈之國君王懷之親在坐席此誠威恩遠著又問吳之戍備幾何對曰自江都五千七百里又問曰

道里甚遠難爲堅固對曰疆界雖遠而其險要必爭之地不過數四猶人雖有八尺之軀靡不受患其護風寒亦數處耳文帝善之厚爲之禮

張儼使晉車騎將軍賈充尚書令裴秀侍中荀勖等欲傲以所不知而不能屈

晉張淳愍帝時爲涼州牧張駿治中從事初駿遣傅穎假道于蜀通表京師李雄弗許駿又遣淳稱藩于蜀託以假道焉雄大悅雄又有憾於南氏楊初淳因說曰南氏無狀屢爲邊害宜先討百頃次平上邽二國幷勢席卷三秦東清許雒掃氛燕趙拯二帝梓宮

於平陽反皇輿於雒邑此英霸之舉千載一時寡君所以遣下臣冒險通誠不遠萬里者以陛下義聲遠播必能愍寡君勤王之志天下之善一也惟陛下圖之雄謂淳曰貴主英名蓋世土險兵盛何不稱帝自娛一方淳曰寡君以乃祖乃父世濟忠良未能雪先人之大耻解衆庶之倒懸日旰忘食枕戈待旦以瑯琊中興江東故萬里翼戴將成桓文之事何言自娛邪雄有慙色曰我乃祖乃父亦是晉臣往與六郡避之此都爲同盟所推遂有今日瑯琊若能中興大晉於中州者亦當率衆輔之淳還至龍鶴募兵通表後皆達京師朝廷嘉之

俞歸爲侍御史使涼州拜張重華爲護羌校尉涼州刺史假節歸至涼州重華方謀爲涼王不肯受詔使親信人沈猛謂歸曰我家主公奕世忠於晉室而不如鮮卑矣臺加慕容皝燕王今甫授州主大將軍何以嘉勸有功忠義之臣乎明臺今宜移河右共勸州主爲涼王大夫出使苟利社稷專之可也歸對曰王者之制異姓不得稱王九州之內重爵不得過公漢高一時王異姓尋皆誅滅蓋權時之宜非舊體也故王陵曰非劉氏而王天下共伐之至于戎狄不從此

例春秋時吳楚稱王而諸侯不以爲非者蓋蠻狄畜之也假令齊魯稱王諸侯豈不伐之故聖上以貴公忠賢是以爵以上公位以方伯鮮卑北狄豈足爲比哉子失問也曰吾又聞之有殊勲絶世者亦有不世之賞若今便以貴公爲王者設貴公以河右之衆南平巴蜀東掃趙魏修復舊都以迎天子復以何爵何位可以加賞幸三思之猛具宜歸言重華遂止

涼州牧張駿遣參軍王騭聘于前趙劉曜曜謂之曰貴州必欲追蹤竇融款誠和好卿能保之乎騭曰不能曜侍中徐邈曰君來和同而云不能何也騭曰齊

桓貫澤之盟憂心兢兢諸侯不召而自至葵丘之會驕而矜誕叛者九國趙國之化嘗如今日可也若政教延遲尚未能察邇者之變況鄰州乎曜顧謂左右曰此凉州高士使乎得人禮而遣之

前凉韓博爲張天錫從事中郎與督節將軍康妙奉表并送盟文于晉大司馬桓温博有口才温甚稱之嘗大會温使司馬刁彝嘲之彝謂博曰君是韓盧後耶博曰卿是韓盧後温笑曰刁以君姓韓故相問焉他自姓刁那得韓盧後耶博曰明公脫未之思短尾者則爲刁也一坐推歎焉

前秦閻負梁殊俱爲苻生征東苻柳叅軍生聞凉州張祚見殺玄靚幼冲命負殊使凉州以書喻之負殊至姑臧玄靚年幼冲不見殊等其凉州牧張瓘謂負殊曰孤之本朝世執忠節遠宗大晉臣無境外之交君等何爲而至負殊曰晉王以鄰藩義好有自來矣雖擁阻山河然風通道會不欲使羊陸二公獨美於前主上以欽明紹統八表宅心光被四海格于天地晉王思與張王齊曜大明交玉帛之好兼與君公同金蘭之契是以不遠而來有何怪乎瓘曰羊陸一時之事亦非純臣之義也本朝六世重光固忠不二若與苻征東交玉帛之好者便是上違先公純誠雅志下乖河右遵奉之情負殊曰昔微子去殷項伯歸漢雖背君違親前史美其先覺亡晉之餘遠逃江會天命去之淪絶已久故尊先王翻然改圖北面二趙蓋神筭無方鑒機而作君公若欲稱制河西衆旅非秦之敵如欲宗歸遺晉深乖先君雅旨孰若遠蹤竇融附漢之規近述先王歸趙之事垂祚無窮永享遐祉乎瓘曰中州無信好食誓言往與石氏通好旋見寇襲中國之風誠在昔日不足復論通和之事也負殊曰三王異政五帝殊風趙多姦詐秦以義信豈可同

年而語哉張先楊初皆擅兵一方不供王貢先帝命將擒之宥其難恕之罪加以爵封之榮今上道合二儀慈弘山海信符陰陽御物無際不可以二趙相況也瓘曰秦若兵疆化盛自可先取江南天下自然盡爲秦有何辱征東之命負殊曰先帝以大聖神武開構鴻基彊燕納欵八州順軌主上欽明道必隆世慨徽號擁于西河正朔未加吳會以吳必須兵凉可以義故遣行人先申大好如君公不能蹈機而發者止可緩江南數年之命迴師西旆恐凉州弗可保也瓘曰我跨據三州帶甲十萬西包崑域東阻大河伐人

有餘而況自固秦何能爲患貞殊曰貴州險塞孰若崤函五郡之衆何如秦雍張蒨杜洪因趙之成資據天阻之固策三秦之鋭藉陸海之饒勁士風集驍騎如雲自謂天下可平關中可固先帝神矛一指望旗氷解人詠來蘇不覺易主燕雖虎視關東猶以地勢之義逆順之理北面稱藩貢不踰月致肅愼楛矢通九夷之珍單于屈膝名王内附控弦之士百有餘萬跋行而濟西河者君公何以抗之蓋追遵先王臣趙故事世享大美爲秦之西藩翟曰然秦之德義加於天下江南河以不賓貞殊曰文身之俗負阻江山道

汚先叛化盛後賓自古而然豈但今也故詩云蠢爾蠻荆大邦爲仇言其不可以德義懷也翟曰古秦據漢舊都地兼將相文武輔臣領袖一時者誰也貞殊曰皇室懿藩忠若公直者則大司馬武都王安征東大將軍晋王柳文武兼才神器秀拔入可允釐百工出能折衝萬里者衛大將軍廣平王黄眉後將軍清河王法龍驃將軍東海王堅之兄弟其耆年碩德德侔尚父者則太師録尚書事廣寗公魚遵其清素剛嚴骨鯁貞亮則左光祿大夫彊平金紫光祿程肱牛夷博聞強識探賾索幽則中書監胡文中書令王魚黄門侍郎李柔雄毅厚重權智無方則左衛將軍李威右衛將軍苻雅才識明達令行禁止則特進領御史中丞梁平老特進光祿大夫强汪侍中尚書呂婆樓文史富贍鬱爲文宗則尚書右僕射董榮秘書監王颺著作郎梁讜驍勇多權畧攻必取戰必勝關張之流萬人之敵者則前將軍新興王飛建節將軍鄧羌立忠將軍彭越安遠將軍范俱難建武將軍徐盛嘗伯納言卿校牧守則人皆文武莫非才賢其餘懷經世之才蘊佐時之畧守南山之操遂而不奪者王猛朱彤之倫相望于嵓谷濟濟多士焉可罄言姚襄

張平一時之傑各擁衆數萬狼顧偏方皆委忠獻款請爲臣妾小不事大春秋所誅惟君公圖之權歎曰此事決之主上非身所了貞殊曰凉王雖天縱英睿然尚幼冲君公居伊霍之任安危所係見機之義實在君公權新輔政河西所在兵起懼秦師之至乃言於玄靚遣使稱藩王因其所稱而授之

後秦張構與梁裴爲姚興使燉煌拜沮渠蒙遜鎮西大將軍沙州刺史西海侯時興亦拜禿髮傉檀爲車騎將軍封廣武公蒙遜聞之不悦謂裴等曰傉檀上公之位而身爲後者何也構對曰傉檀輕狡不仁款

誠未著聖朝所以加其重爵者褒其歸善即叙之義耳將軍忠貫白日勳高一時當入諧鼎味匡贊帝室安可以不信待也聖朝爵必稱功官不越德如尹緯姚晃佐命初基齊難徐洛元勳驍將並位幾二品爵止侯伯將軍何以先之乎竇融慇懃固讓不欲居故臣之右未解將軍忽有此問蒙遜曰朝廷何不即以張掖見封乃更遠封西海構曰蓋欲廣大將軍之國耳蒙遜大悅乃受拜

南凉麹梁明爲禿髮利鹿孤記室監利鹿孤旣紹兄位使梁明聘于叚業業曰貴主先王創業啓運功高先

世宜爲國之太祖有子何以不立梁明曰有子羌奴先王之命也業曰昔成王弱齡周召作宰漢昭歲幼金霍夾輔雖嗣子幼冲而二叔休明左提右挈不亦可乎梁明曰宋宣能以國讓春秋美之孫伯符委事仲謀終開有吳之業且兄終弟及殷湯之制也亦聖人之格言萬代之通式何必係己爲是紹兄爲非業曰美哉使乎之義也

關尚爲傉檀參軍姚興遣使拜傉檀爲車騎將軍廣武公傉檀以興之盛又密圖姑臧乃去其年號罷尚書丞郎官遣尚聘于興興謂尚曰車騎投誠獻欵爲國藩屛擅興兵衆輒造大城爲臣之道固若是乎尚曰王侯設險以自固先王之制也所以安人衛衆預備不虞車騎僻在遐藩密邇勍寇南則逆羌未賓西則蒙遜跋扈蓋爲國家重門之防不圖陛下忽以爲嫌興笑曰卿言是也

史暠爲傉檀西曹從事時姚興署傉檀車騎將軍凉州刺史傉檀遣暠聘于興興謂暠曰車騎坐定凉州衣錦本國其德我乎暠曰車騎積德河西少播英問王威未接投誠萬里陛下官方任才量功授職彝倫之常何德之有興曰朕不以州授車騎何從得之暠

曰使河西雲擾呂氏顚狽者實繇車騎兄弟傾其根本陛下雖鴻羅遐被凉州猶在天網之外故征西以周召之重力屈姑臧齊難以王旅之盛勢挫張掖王尚孤城獨守外逼戎狄陛下不連兵十年殫竭中國凉州未易取也今以虛名假人自收大利乃知妙筭自天聖與道合雖云遷授蓋亦時宜興悅其言拜騎都尉

南燕韓範仕慕容超超母妻先在長安爲後秦姚興所拘責超稱藩求太樂諸伎超因降尊號遣範使於興及至長安興謂人曰封愷前來燕王與朕抗禮及

婣至也欵然而附爲依春秋以小事大之義爲當專以孝敬爲毋屈人也曰昔周爵五等公侯異品小大之禮因而生焉今陛下命世龍興光宅西秦本朝主上承祖宗遺烈定鼎東齊中分天曜南西並帝通聘結好義尚謙冲便至矜誕苟折行人殊似吳晉爭盟滕薛競長恐傷大秦堂堂之盛有損皇燕巍巍之美彼我俱失竊未安之興怒曰若如卿言便是非爲大小而來範曰雖係大小之義亦緣寡君純孝過于重華願陛下體敬親之道沛然垂愍興曰吾久不見賈生自謂過之今不及矣于是爲範設舊交之禮申敘

冊府元龜　奉使部　敏辯一　卷之六百五十九　十七

平生謂範曰燕王在此朕亦見之風表乃可於機辯未也範曰大辯若訥聖人美之况爾日龍潛鳳戢和光同塵若使負日月而行則無繼天之業矣興笑曰可謂使乎延譽者也韓範承閒逞說姚興大悅賜範千金許以超母妻還之時慕容凝自梁父奔于姚興言於興曰燕王稱藩本非推德權爲母屈耳古之帝王甞與師徵質豈可虛還其母乎母若一還必不復臣也宜先制其送使然後歸之興意乃變

張華爲慕容超僕射超以毋在姚興所遣華與給事中宗王元入長安送太樂伎一百二十人於姚興興大悅延華入燕酒酣樂作興黃門侍郎尹雅謂華曰昔殷之將亡樂師歸周今皇秦道盛燕樂來庭興廢之兆見于此矣華曰自古帝王爲道不同權譎之理會於成功故老子曰將欲取之必先與之今總章西入必由余東歸禍福之兆此其驗乎興怒曰昔齊楚競人二國連師卿小國之臣何敢抗衡朝士華遜辭曰奉使之始實願交歡上國上國旣遺小國之臣辱及寡君社稷臣亦何心而不仰酬興善之於是還超母妻

宋張禕仕晉爲瑯琊王郎中甞使苻堅在陛下以手

冊府元龜　奉使部　敏辯一　卷之六百五十九　十八

障額看堅堅問曰視天子不過被（被交領也）卿何慢朕答曰臣在南中聞長安氏爲人主謂陛下頭上有角堅大笑

南齊明僧暠初仕宋孝武大明中再使後魏于時新誅司空竟陵王誕孝武謂曰若問廣陵之事何以答之對曰周之管蔡漢之淮南帝大悅及至魏魏問曰卿銜此命當緣上國無相踰者耶答曰聰明特達舉袂成帷比屋之甿叉無下僕晏子所謂看國善惡故再辱此庭

司馬憲爲殿中郎口辯有才地使魏見稱于北

雀慶遠朱還之俱爲豐城縣公遥昌征虜叅車海陵王建武二年後魏孝文攻壽春遣使呼城内人遥昌遣慶遠還之詣孝文慶遠曰㪍葢飄飄遠涉淮泗風塵慘烈無乃勞止孝文曰六龍騰躍倏忽千里經途未遠不足爲勞慶遠曰川境旣殊遠勞軒駕屈完有言不虞君之涉吾地也何故孝文曰故當有故卿欲使我含瑕依違爲欲指斥其事慶遠曰包荒之德本施北政未承來議無所含瑕孝文曰朕本欲有言會卿來問齊主廢立有例不慶遠曰廢昏立明古今同揆中興克昌豈惟一代主上與先武帝非唯昆季有

同魚水武皇臨終託以後事嗣孫荒迷廢爲鬱林功臣固請爰立明聖上逼太后之嚴令下迫群臣之稽顙俯從億兆踐登皇極未審聖旨獨何疑怪孝文曰聞卿此言殊解我心但哲婦傾城何足可用果如所言武帝子弟今皆何在慶遠曰七王同惡皆伏管蔡之誅其餘列藩二十餘國内列清階外典方牧哲婦之戒古人所惑然十亂盈朝寔惟文母孝文曰如我聞靡有孑遺卿言美而乖寔未足全信孝文又曰雲羅所掩六合宜一故往年與齊武書言有今日之事書似未達齊主命也南使旣反情有愴然朕亦休兵此段猶是本意不必專爲問罪若如卿言便可釋然慶遠曰見可而進知難而退聖人奇兵今旨欲憲章聖人不失其美豈不善哉孝文曰卿欲爲朕和親爲欲不和慶遠曰和親則二國交歡蒼生再賴不和則二國交惡蒼生塗炭和與不和裁餘聖衷孝文曰朕來爲復遊行曠境此去雒都率爾便至亦不攻城亦不伐塢卿勿以爲慮孝文設酒及羊炙雜果又謂慶遠曰卿主旣黜凶嗣不違忠孝何以不立近親如周公輔成王而苟欲自取慶遠答曰成王有亞聖之賢故周公得輔而相之今近藩雖無悖德未有成王之

賢霍光亦捨漢藩親而遠立宣帝孝文曰若爾霍光自爲君當復得爲忠臣不慶遠曰此非其類乃可宣帝立與不立義帝云何皇上豈得與霍光爲匹若爾何以不言武王伐紂何意不立微子而輔之苟貪天下孝文大笑明日列軍向城東遣道登道人進城内施衆僧絹五百疋慶遠還之各襚繒絡帶

巡按福建監察御史臣李嗣京訂正
新建縣舉人臣戴國士參閱
知建陽縣事臣黃國琦較釋

奉使部六

敏辯第二

梁徐陵爲湘東王記室兼通直散騎常侍使魏魏人授館宴賓是日甚熱其主客魏收嘲陵曰今日之熱當繇徐常侍來陵即答曰昔王肅至北魏始制禮儀今我來聘使卿復知寒暑收大慙

後魏燕鳳初爲道武代王佐長史時前秦苻堅遣使牛恬朝貢令鳳報之堅問鳳代王何如人鳳對曰寛和仁愛經略高遠一時之雄主常有并吞天下之志堅曰卿輩北人無鋼甲利器敵弱則進強即退走安能并兼鳳曰北人壯悍上馬持三仗驅馳若飛主上雄儁率服北土控弦百萬號令若一軍無輜重樵爨之苦輕行速捷因敵取資此南方所以疲弊而北方所以常勝也堅曰彼國人馬實爲多少鳳曰控弦之士數十萬見馬百萬匹堅曰卿言人衆可爾說馬大多是虛辭耳鳳曰雲中川自東山至西河二百里北山至南山百有餘里每歲孟秋馬常大集畧爲滿川以此推之使人之言猶當未盡鳳還堅厚加贈遺

泰王潢子儀有筭畧道武將圖慕容垂以儀觀之垂問儀道武不自來之意儀曰先人以來世據北土子孫相承不失其舊乃祖受晉正爵稱代王東與燕世爲兄弟儀之奉使理謂非失垂壯其對因戲曰吾威加四海卿主不自見吾云何非失儀曰燕若不修文德欲以兵威自強此乃本朝將帥之事非儀所知也

李孝伯大武時爲建義將軍真君末車駕南伐將出彭城宋文帝子安北將軍徐州刺史武陵王駿遣將

馬文恭率步騎萬餘至蕭城前軍擊破之文恭走免執其隊主蒯應宋聞大駕南巡又遣其弟太尉江夏王義恭率衆赴彭城帝至彭城登亞父冢以望城內遣送蒯應至小市門宣詔勞問義恭等并遣自陳蕭城之敗義恭等問應魏帝來與不應曰自來又問今在何處應曰在城西南又問士馬多少應曰中軍四十餘萬駿遣人獻酒二器甘蔗百挺并請駱駝帝明旦復登亞父冢遣孝伯至小市駿亦遣其長史張暢對孝伯孝伯遥問暢姓暢曰姓張孝伯曰是張長史也暢曰君何得見識李孝伯曰既涉北境何容不識

問孝伯曰君復何姓居何官也孝伯曰我戎行一夫
何足致問然足與君相敵主上有詔詔太尉安北可
暫出門欲與相見朕亦不攻彭城何爲勞苦將士城
上嚴備今遣暢送駱駝及貂裘雜物暢曰有詔之言
正可施於彼國何稱之於此孝伯曰卿家太尉安北
是人臣不暢曰是也孝伯曰我朝廷奄有萬國率土
之濱莫敢不臣縱爲鄰國之君何爲不稱詔於鄰國
之臣孝伯又問暢曰何至怱遽杜門絕橋暢曰二王
以魏帝壁壘未立將士疲勞此精甲十萬人思致命
恐輕相凌踐故且閉城耳待休息士馬然後共治戰
冊府元龜奉使部敏辯二 卷之六百六十 三
場克日交戰孝伯曰令行禁止主將嘗事宜當以法
裁物何用廢橋杜門窮城之中復何以十萬誇大我
亦有良馬百萬復何以此相矜暢曰侯王設險何但
法令而已我若誇君當言百萬所以言十萬者正是
二王左右素所畜養者耳此城內有數州士庶工徒
營伍猶所未論我本鬭人不鬭馬足且冀之北土馬
之所生君復何以逸足見誇也孝伯曰王侯設險誠
如來言開閉有嘗何爲杜塞絕橋之意義在何也且
城守君之所習野戰我之所長我之恃馬猶如君之
恃城耳城內有貝思者嘗至京師義恭遣視之思識

是孝伯思前問孝伯曰李尚書行塗有勞孝伯曰
此事應相與共知思答緣共知所以仰勞孝伯曰感
君至意既開門暢屏人却仗出受賜物孝伯曰詔以
貂裘賜太尉駱駝騾馬賜安北蒲桃酒及諸食味當
相與同進暢曰二王敬曰魏帝知欲垂見嘗願面接
但受命本朝忝居藩任人臣無境外之交故無容私
覿義恭獻皮袴褶一具駿奉酒二器甘蔗百挺孝伯
曰又有詔太尉安北久絕南信殊當憂悒若欲遣信
者當爲護送脫須騎者亦當以馬送之暢曰此方閭
路甚多使命日夕往來不復以此勞魏帝也孝伯曰
冊府元龜奉使部敏辯二 卷之六百六十 四
亦知有水路似爲白賊所斷暢曰君著白衣故稱白
賊也孝伯大笑曰今日白賊似異黃巾赤眉暢曰黃
巾赤眉不在江南孝伯曰雖不在江南亦不離徐方
也孝伯曰向與安北相聞何以久而不報暢曰二王
貴遠啓聞爲難孝伯曰周公握髮吐哺二王何獨貴
遠暢曰握髮吐哺不謂鄰國之人也孝伯曰本邦尚
爾鄰國彌應盡恭且賓主有禮主人宜以禮接暢曰
昨見衆賓至門未爲有禮孝伯曰非是賓至無禮直
是主人怱怱無待賓調度耳孝伯又言有詔程天祚
一介常人誠知非江南之選近於汝陽被九搶落在

般水我使牽而出之凡人骨肉分張並思集聚聞其弟在此如何不遣暫出尋白令反豈復苟留一人暢曰知欲程天祚兄弟集聚已勒遣之但其固辭不往孝伯曰豈有子弟聞其父兄而反不肯相見此便禽獸之不若貴土風俗何至如此帝又遣賜義恭駿等氈各一領鹽各九種并胡鼓孝伯曰各有所宜白鹽是食鹽主上自食黑鹽治腹脹氣滿味之六銖以酒而服胡鹽治目痛戎鹽治諸瘡赤鹽駮鹽臭鹽馬齒鹽四種並作食鹽太尉安北何不遣人來至朕問彼此之情雖不可盡要復見朕小大知朕老少觀朕爲

人暢曰魏帝久爲往來所見李尚書親自銜命不患彼此不盡故不復遣信義恭獻蠟燭十挺駿獻錦十疋孝伯曰君南土士人何爲著屩君而著此將士云何暢曰士人之言誠爲多愧但以不武受命統軍戎陣之間不容緩服孝伯曰永昌王自頃掌鎮長安今領精騎八萬直造淮南壽春亦固不敢相禦向送劉康祖首彼之所見王玄謨甚是所悉亦是常才耳何意作如此任使以致奔敗自入境七百餘里主人竟不能一相拒鄒山之險彼之所憑前鋒始得接手崔邪利便爾入穴將士倒曳出之主上丐其生命今從在此復何以輕脫遣馬文恭至蕭縣使望風退撓也彼之民人甚相忿怨言清平之時賦我租帛至有急難不能相拯暢曰知永昌已過淮南康祖爲其所破比有信使無此消息王玄謨南土偏將不謂爲才但以其北人故爲前驅引導耳大軍未至而河冰向合玄謨量宜反旆未爲失筭但因夜回歸致戎馬驚亂耳我家懸瓠小城陳憲小將魏帝傾國攻圍累旬不克胡盛之偏裨小帥衆無一旅始濟融水魏國君臣奔敗僅得免脫滑臺之師無所多愧鄒山小戍雖有微險河畔之民多是新附始慕政化姦盜未息亦使

崔邪利撫之而已今雖陷没何損於國魏帝自以十萬之師而制一崔邪利乃復言是也近聞蕭縣百姓並依山險聊遣馬文恭以十隊迎之耳文恭謂前以三隊出還走彼大營稽玄敬以百舸至留城魏軍奔敗輕敵致此亦非所郵王境人民列居河畔二國交兵當平加撫養而魏師入境事生意外官不負民民亦何怨知入境七百無相捍拒此自上繇太尉神筭次在武陵聖略軍國之要雖不豫聞然用兵有機間亦不容相語孝伯曰君藉此虛談支離相對可謂遁辭知其所窮且主上當不圍此城自率衆軍直造瓜

步南事若擁城固不待攻圍南行不捷彭城亦非所欲也我今當南欲飲馬江湖耳暢曰去留之事自適彼懷若魏帝遂得飲馬長江便爲無復天道孝伯曰自北而南實唯人化飲馬長江豈獨天道暢將還城謂孝伯曰冀蕩定有期相代無遠君若得還宋朝今爲相識之始孝伯曰今當先至建業以待君耳恐爾日君與二王面縛請罪不暇爲容孝伯風容閑雅應答如流暢及左右甚相嗟嘆帝大喜進爵宣城公

李彪孝文時爲散騎常侍使於南齊齊遣其王客郎劉繪接對并設讌樂乃辭樂及坐彪曰齊主既賜讌

樂以勞行人向辭樂者卿或未相體自喪禮廢替於茲已久我皇孝性自天追慕罔極故有今者喪除之議去三月晦朝臣始除衰裳猶以素服從事裴謝在北固應具此我今辭樂想卿無怪繪答言辭樂之事向以不異請問魏朝喪禮竟何所依彪曰高宗三年孝文踰月今聖上追鞠育之深恩感慈訓之厚德報於殷漢之間可謂得禮之變繪復問若欲遵古何爲不終三年彪曰萬機不可以曠故割至慕俯從群議服變不異三年而限同一朞可謂亡禮之禮繪言大哉叔氏專以禮許人彪曰聖朝自爲曠代之制何關許人繪言百官總已聽於冢宰萬機何慮於曠彪曰我聞載籍五帝之臣臣不若君故君親覽其事三王君臣智等故共理機務五霸臣過於君故事決於下我朝官司皆五帝之臣主上親覽蓋遠軌軒唐彪將還齊武帝親謂曰卿前使還日賦阮詩云但願長閑暇後歲復來遊果如今日卿此還也復有來理不彪答言使臣請重賦阮詩曰宴衎清都中一去永矣哉齊武泫然曰清都可通一去何事觀卿此言似成長闊朕當以殊禮相送遂親至瑯邪城登山臨水命群臣賦詩以送別其見重如此彪前後六度銜命南人

奇其謇諤

許赤虎涉獵經史善嘲謔孝文延興中爲著作郎使江南應對敏捷雖言不典故而南人頗稱機敏滑稽

東魏李諧爲衛將軍梁武求通和好朝廷盛選行人以諧兼散騎常侍爲聘使主諧至石頭梁遣其主客郎范胥當接諧問胥曰主客在郎官幾時胥答曰我本訓胄虎門適復今任諧言國子博士不應左轉爲郎胥答曰特爲應接遠賓故權兼耳諧言屈已濟務誠得事宜係我一介行人令卿左轉胥答曰自顧菲薄不足對揚盛美豈敢言屈胥問曰今猶尚暖北間

當小寒於此諧答曰地居陰陽之正寒暑適時不知多少肯曰所訪鄴下豈是測影之地諧答曰皆是皇居帝里相去不遠可得統而言之肯曰雖陽既稱盛美何事遷鄴諧答曰不常厥邑于茲五邦王者無外所在關河復何所怪肯曰殷人否危故遷相耿貴朝何爲而遷諧答聖人藏往知來相時而動何必俟於隆替肯曰金陵王氣兆於先代黃旗紫蓋本出東南君臨萬邦故宜在此諧答曰帝王符命豈得與中國比隆紫蓋黃旗終於入雒無乃自害也有卩之說乃是排諧亦何足道梁武親問諧曰魏朝人士德行四

科之徒凡有幾人諧對曰本朝多士義等如林文武賢才布在列位四科之美非無其人庸短造次無以備啓梁武曰武王有亂臣十人魏雖人物之盛豈得頓如卿言諧曰愚謂周稱十人本舉佐命至於濟濟多士實是文王之詩皇朝廊廟之才足與周人有競梁武曰若爾文足標異武有冠絕者便可指陳諧曰大丞相渤海王秉文經武左右皇極畫一九州縣衡四海錄尚書汝陽王元叔昭尚書令元世雋宗室之秀綰政朝端左僕射司馬子如右僕射高隆之並時譽民英戮力裨輔侍中高岳侍中孫勝勳賢忠亮宜贊王猷自餘才美不可具悉梁武曰故宜輔弼幼主永固基業深不可言江南稱其才辯又梁使陸晏來聘諧郊勞過朝歌晏曰殷之頑民正應在此諧曰永嘉東遷盡歸江東

北齊李繪初仕後魏武定初兼通直散騎常侍爲聘梁使至梁武帝問繪高祖今在何處繪曰今在晉陽肅遏邊寇梁武曰黑獺若爲形容高祖作何經略繪曰黑獺游魂關右人神厭毒連歲凶災百姓懷土丞相奇略不世畜銳觀釁攻昧取亡勢必不遠梁武曰如卿言極佳與梁人泛言氏族袁狎曰未若我本出

自黃帝姓在十四之限繪曰兄所出雖遠當共車千秋分一字耳一坐皆笑

後周杜杲太祖時爲司倉上士時陳文帝質子安成王頊在後梁梁平頊歸長安帝欲歸之乃使杲使陳陳人於是以魯山歸我帝乃拜頊柱國大將軍詔杲送之還國陳文帝謂杲曰家弟今蒙禮遣實是周朝之惠然不還彼魯山亦恐未能及此杲答曰安成之在關中乃咸陽一布衣耳然是陳之介弟其價豈止一城本朝親睦九族恕己及物上遵太祖遺旨下思繼好之義所以發德音者蓋爲此也若肯以魯山固

當不貪一鎰況魯山梁之舊地梁即本朝藩臣若以始末言之魯山自合歸國云以尋常之土易己骨肉之親使臣猶爲不可何以聞諸朝廷文帝慙恧久之乃曰前言戲之耳自是接遇有加嘗禮及杲還命引升殿親降御座執手以別朝廷嘉之後爲車騎大將軍時陳將華皎來附詔令衛公直督元定等援之與陳人交戰我師不利元定等沒自是連兵不息東南騷動高祖患之乃授杲御正中大夫使於陳論保境息民之意陳宣帝遣其黄門侍郎徐陵謂杲曰兩國通和本欲救患分災彼朝受我叛人何也杲答曰陳

主昔在本朝非慕義而至上授以柱國位極人臣子女玉帛備禮將送遂主社稷孰謂非恩郝烈之徒邊民狂狡曾未執德而先納之今受華氏正是相報過自彼始豈在本朝陵曰彼納華皎志圖吞噬此受郝烈容之而已且華皎方州列將竊邑叛亡郝烈一百許戶脫身逃竄大小有異豈得同年而語乎杲曰大小雖殊受降一也若論先後本朝無失陵曰周朝送主上還國既以爲恩衛公共元定渡江孰云非怨計恩之與怨亦足相當杲曰元定等軍敗身囚其怨已滅陳主負扆馮玉其恩猶在且怨繇彼國恩起本朝以怨酬恩未之聞也陵乃笑而不答杲因謂之曰今三方鼎立各圖進取苟有釁隙實啓敵心本朝與陳日敦鄰睦輶軒往反積有歲年比爲疆埸之事遂爲仇敵搆怨連兵略無寧歲鷸蚌狗兎勢不俱全若使齊寇乘之則彼此危矣孰與心念悔禍還慮改圖陳國息爭桑之心本朝弘灌瓜之義張旃拭玉修好如初共爲掎角以取齊氏非唯兩主之慶實亦兆庶賴之陵具以聞陳宣帝許之遂遣使來聘

唐鄭元璹武德中爲鴻臚卿時突厥寇并州高祖令元璹充使招慰突厥從介休至晉州數百里閒精騎

數十萬塡映山谷及見元璹責中國違背之事元璹隨機應對竟無所屈因數突厥背誕之罪突厥大慙不能報元璹又謂頡利曰漢與突厥其俗各異漢得突厥既不能臣突厥得漢復何所用且抄掠資財皆入將士在於可汗一無所得不如早收兵馬遣使和好國家必有重賞幣帛皆入可汗免有劬勞坐受利益大唐初有天下即與可汗結爲兄弟行人往來音問不絕今乃捨善取怨違多就少何也頡利納其言即引還太宗致書慰之曰知公已共可汗結和遂使邊亭息警烽火不燃和戎之功豈唯魏絳金石之錫

故當非遠

相里玄奬貞觀中爲司農丞使高麗初至平壤蓋蘇文已率兵破新羅兩城其王遣使召之及將兵還國玄奬謂蘇文曰主上令高麗罷兵勿擊新羅玄奬銜命而來正爲此耳蘇文曰高麗新羅怨隙已久往者隋室相侵新羅乘釁奪地高麗五百里城邑新羅皆據有之自非反地還城此兵恐未能已玄奬曰既往之事焉可追論至如遼東諸城舊並中國郡縣高麗今必求本地中國亦須復疆宇國家尚且不言高麗豈得違命蘇文竟不從

蕭昕代宗大曆初爲國子祭酒使迴紇迴紇恃功庭詰昕曰祿山思明之亂非我無以佐定唐國奈何市馬而失信不時歸價衆皆失色昕荅曰國家自平寇難賞功無絲髮之遺況鄰國乎且僕固懷恩我之叛臣乃者爾助爲亂聯西戎而犯郊畿及吐蕃敗走迴紇悔懼稽顙乞和非大唐存念舊功則當匹馬不得出塞矣是迴紇自絶非我失信迴紇慙退加禮

盧羣德宗貞元中爲兵部員外郎時淮西節度吳少誠擅開决刁河等水漕輓溉田遣中使止之少誠不從命又令羣往詰之少誠曰開此渠大利於人羣曰爲臣之道不合自專雖便於人須俟君命且人臣須以恭恪爲事若事君不盡恭恪卽責下吏恭恪固亦難矣凡數百千言論以君臣之分忠順之美少誠乃從命卽停工役群聰博有口辯好談論與少誠言古今成敗少誠歎伏之少誠又與群唱和賦詩自言以反側嘗蒙隔在恩外群醉復歌詩曰祥瑞不是在倉米飯太平須得邊將忠臣衛霍忠誠奉主貔虎十萬一身江河潛注息浪蠻貊款塞無塵但得百僚師長肝膽不用三軍羅綺金銀少誠大感悅

劉元鼎穆宗長慶初爲大理卿使吐蕃路經河州見

其都元帥尚書令尚綺心兒云迴鶻小國也我以丙申年踰磧討逐去其城郭二日程計到卽破滅矣會我本國有喪而還迴鶻之弱如此而唐國待之厚於我何哉元鼎云迴鶻於國家有救難之勳又不曾侵奪分寸土地豈得不厚乎

梁李振唐末爲太祖宣義節度副使天祐初太祖召振謂曰青州王師範來降易歲尚處故藩今將奏請徙授方面其爲我馳騎以慈意達之振至青州師範卽日出公府以節度觀察二印及文簿管鑰授於振師範雖已受代而疑撓特甚屢揮泣求貸其族振因

以功還論之曰公不念張繡事耶漢末繡屢與曹公立敵豈德之耶及袁紹遣使招繡賈詡曰袁家父子自不相容何能王天下英士曹公挾天子令諸侯其志大不以私讎爲意不宜疑之今梁王亦然豈以私怨害忠賢耶師範洸然大悟是日以其族西遷太祖乃表振爲青州留後未幾徵還

後唐李嚴爲客省使奉使于蜀時爲樞密使宋光嗣召嚴曲宴因以近事訊於嚴嚴對曰吾皇前年四月即位於鄴宮當月下鄆州十月四日親統萬騎破賊中都乘勝鼓行遂誅汴孽僞梁尚有兵三十萬謀臣

猛將解甲倒戈西盡甘涼東漸海外南踰閩浙北極幽陵牧伯侯王稱藩不暇家財入貢府實上供吳國本朝舊臣岐下先皇元老遣子入侍述職稱藩淮南之君卑辭厚貢湖湘荆楚杭越甌閩異貨奇珍府無虚月吾皇以德懷來以威欵附順則涵之以恩澤逆則問之以干戈四海車書大同非晚光嗣曰荆吳郎余所未知唯岐下宋公我之姻好洞見其心反覆多端專謀跋扈大國不足信也似聞契丹部族近日稍強大國可無慮乎嚴曰子言虜之強盛孰若僞梁曰比梁差劣也嚴曰吾國視北虜如蚤虱耳以其無害不足把搔吾朝良將勁兵布列天下彼不勞一郡之兵一較之衆則懸首槀街盡爲奴虜但以天生四夷終難絶類不在九州之本未欲窮兵黷武故也光嗣聞嚴辯對畏而奇之

姚坤爲供奉官先是契丹阿保機浮貯亂華之志欲收兵大舉慮渤海踵其後一年舉軍衆討渤海之遼東令禿餒盧文進據營平等州擾我燕薊明宗初纂嗣遣坤齎空函告哀至西樓屬阿保機在渤海又徑至愼州崎嶇萬里既謁見保機延入穹廬保機身長九尺被錦袍大帶垂後與妻對榻引見坤坤未致命

保機先問曰聞爾漢土河南北各有一天子信乎坤曰河南天子今年四月一日雒城軍變今凶問至矣河北總管令公比爲魏州軍亂先帝詔令除討既聞内難軍衆離心及京城無主上下堅册令公請主社稷今已順人望登帝位矣保機號咷聲淚俱發曰我與河東先是約爲兄弟河南天子吾兒也近聞漢地兵亂點得甲馬五萬騎比欲自往雒陽救助我兒又緣渤海未下我兒果致如此寃哉泣下不能已又謂坤曰如今漢土天子初聞雒陽有難何不急救致令及此坤曰非不急切地遠阻隔不及也又曰我兒既

無當合取我商量安得自便坤曰吾皇將兵二十年位至大摠管所部精兵三十萬衆口一心堅相推戴違之則立見禍生非不知稟天皇王意旨無奈人心何其子突欲在側謂姚坤曰漢使勿多談因引左氏牽牛蹊田之說以折坤坤曰應天順人不同匹夫之義只如天皇王初領國事豈是強取之耶保機因曰理當須此我漢國兒子致有此難我知之矣聞此兒有宮婢二千樂官千人終日放鷹走犬耽酒嗜色不惜人民任使不肖致得天下皆怒我自聞如此常憂傾覆一月前已有人來報知我便舉家斷酒解放鷹犬休罷樂官我亦有諸部家樂千人非公宴未嘗妄舉我若所爲似我兒亦應不能持久矣自此得以爲戒又曰漢國兒與我雖父子亦曾彼此讎讐俱有惡心與爾今天子彼此無惡足得歡好爾先復命我續將馬三萬騎至幽鎮已來與爾家天子面爲盟約我要幽州令漢兒把捉更不復侵汝漢界又問漢家收得西川信否坤曰去年九月出兵十六日收下東西兩川得兵馬二十萬金帛無筭皇帝初即位未辦送來續當遣使至矣保機欣然曰聞西川有劒閣兵馬從何過得坤曰川路信險然先朝收復河南有精兵四十萬騎但遇人行處便能去得視劒閣如平地耳

冊府元龜

巡按福建監察御史臣李嗣京　訂正

分守建南道左布政使臣胡維霖　條閱

知建陽縣事臣　黄國琦較釋

奉使部一十

守節

春秋傳曰聖達節次守節蓋士之亢志自守立義不侵可殺而不可辱也乃有膺使乎之選履不測之嶮或劓於威勢或遭乎羈縶淪跡於殊俗委躬於匪人乃能精懇內激直節彌厲刖目白刃而靡憚濱九死而

不悔雖艱阨備至而操守益固用能感動強敵震聳絕域宣皇靈而無辱折叛臣而自若挺然勁草之質確乎匪石之心斯足以標烈士之孤風為人倫之稱首者矣

解陽晉人楚子圍宋宋人使樂嬰齊告急于晉晉侯使解陽如宋使無降楚曰百師悉起將至矣鄭人囚之而獻于楚楚子厚賂之使反其言不許三而許之登諸樓車使呼宋人而告之遂致君命楚子將殺之使與之言曰爾既許不穀而反之何故非我無信汝則棄之速即爾刑對曰臣聞之君能致命為義臣能承命為信信載義而行之為利謀不失利以衛社稷民之主也義無二信信無二命（義不行兩信信不受二命也）君之賂臣不知命也奉命以出有死無貳又可賂乎臣之許君以承命也（成其命也）死而成命臣之祿也寡君有信臣下臣獲考死又何求楚子舍之以歸（考成也）

漢楊信武帝時使匈奴信為人剛直屈強素非貴臣也單于不親欲召入不肯去節乃坐穹廬外

蘇武字子卿為栘中廄監（栘中廄名馬之監也）天漢元年且鞮侯單于初立恐漢襲之乃曰漢天子我丈人行也（丈人尊老之稱）盡歸漢使路充國等武帝嘉其義乃遣武以中

郎將使持節送匈奴使留在漢者因厚賂單于答其善意武與副中郎將張勝及假吏常惠等（假吏猶言兼吏也時權為使之吏若今之差人充使典矣）募士斥候百餘人俱（募人以充士卒及在道為斥候者）既至匈奴置幣遺單于單于益驕非漢所望也方欲發使送武等會緱王與長水虞常等謀反匈奴中緱王者昆邪王姊子也與昆邪王俱降漢後隨浞野侯沒胡中（從趙破奴擊匈奴兵敗而降）及衛律所降者陰相與謀劫單于母閼氏歸漢會武等至匈奴虞常在漢時素與副張勝相知私候勝曰聞漢天子甚怨衛律常能為漢伏弩射殺之吾母與弟在漢幸蒙其賞賜張

勝許之以貨物與常後月餘單于出獵獨閼氏子弟
在虞常等七十餘人欲發其一人夜亡而告之單于
子弟發兵與戰緱王等皆死虞常生得（被執獲也）單于使
衛律治其事張勝聞之恐前語發以狀語武武曰事
如此此必及我見犯廼死重負國欲自殺（言被匈奴侵犯然後
廼死是爲更負漢因故欲先自殺也）勝惠共止之虞常果引張勝單于
怒召諸貴人議欲殺漢使者左伊秩訾曰（胡官之號）郎謀
單于何以復加（言謀殺衛律而殺之其罰大重也）宜皆降之單于使
衛律召武受辭（致單于之命而取其對也）武謂惠等屈節辱命雖
生何面目以歸漢引佩刀自刺衛律驚自抱持武馳

召鑿地爲坎置熅火（熅謂聚火無焱者也）覆武其上（覆身於坎上也）
蹈其背以出血武氣絶半日復息（息謂出氣也）惠等哭輿
歸營單于壯其節朝夕遣人候問武而收繫張勝武
益愈單于使使曉武（諭說令降也）會論虞常欲因此時降
武劒斬虞常已律曰漢使張勝謀殺單于近臣（衛律自謂
也）當死單于募降者赦罪舉劒欲擊之勝請降律謂
武曰副有罪當坐武曰本無謀又非親屬何謂相坐
復舉劒擬之武不動律曰蘇君律前負漢歸匈奴幸
蒙大恩賜號稱王擁衆數萬馬畜彌山富貴如此（彌滿
也）蘇君今日降明日復然空以身膏草野誰復知之

武不應律曰君因我降與君爲兄弟今不聽吾計後
雖欲復見我尚可得乎武罵律曰女爲人臣子不顧
恩義畔主背親爲降虜於蠻夷何以汝爲見（言何用見汝爲
也）且單于信女使決人死生不平心持正反欲鬬兩
主觀禍敗南越殺漢使者屠爲九郡宛王殺漢使者
頭懸北闕朝鮮殺漢使者即時誅滅獨匈奴未耳若
知我不降明（若汝也言汝知我不肯降明矣）欲令兩國相攻匈奴之
禍從我始矣律知武終不可脅白單于單于愈益欲
降之廼幽武置大窖中（一米粟之窖而空者也）絶不飲食天雨
雪武臥齧雪與旃毛并咽之（咽吞也）數日不死匈奴以

爲神乃徙武北海上無人處使牧羝羝乳乃得歸（羝牡
羊也羝不當產乳故設此言示絶其事若燕太子冊烏白頭馬生角之比也）別其官屬常
惠等各置他所武既至海上廩食不至（無人給餼也）掘地
鼠去草實而食之（取鼠所去草實而食之去謂藏之也）杖漢節牧羊臥
起操持節旄盡落積五六年單于弟於靬王弋射海
上武能網紡繳檠弓弩（繳生絲縷也可以弋射檠謂輔正弓弩也）於靬王
愛之給其衣食三歲餘王病賜武馬畜服匿穹廬（服匿
如罌小口大腹方底用受酒酪穹廬旃帳也河東北界人呼小石罌受三斗所曰服匿）王死後
人衆徙去其冬丁令盜武牛羊（丁令即上所謂丁零耳）武復窮
厄初武與李陵俱爲侍中武使匈奴明年陵降不敢

求武久之單于使陵至海上爲武置酒設樂因謂武
曰單于聞陵與子卿素厚故使陵來說足下虛心欲
相待終不得歸漢空自苦亡人之地信義安所見乎
前長君爲奉車武兄嘉從至雍棫陽宮扶輦下除除謂門屏之階觸柱折轅劾大不敬伏劍自刎刎斷也斷其頸賜二百萬
以葬孺卿從祠河東后土武弟賢騎與黃門駙馬爭船推墮
宦騎宦者而爲騎也黃門駙馬天子駙馬之在黃門者也駙副也金口磾傳曰養馬日黃門也
駙馬河中溺死宦騎亡詔使孺卿逐捕不得惶恐飲
藥而死來時大夫人已不幸不幸亦謂死陵送葬至陽陵
子卿婦年少聞已更嫁矣獨有女弟二人兩女一男

今復十餘年存亡不可知人生如朝露何久自苦如
此陵始降時忽忽如狂自痛負漢加以老母繫保宮
百官公卿表云少府屬官有居工武帝大初元年更名保宮子卿不欲降何以過
陵且陛下春秋高法令亡常大臣無罪夷滅者數十
家安危不可知子卿尚復誰爲乎願聽陵計勿復有
云武曰武父子亡功德皆爲陛下所成就位列將爵
通侯兄弟親近常願肝腦塗地今得殺身自効雖蒙
斧鉞湯鑊誠甘樂之臣事君猶子事父也子爲父死
無所恨願勿復再言陵與武飲數日復曰子卿一聽
陵言武曰自分已死久矣王必欲降武請畢今日之

懽効死於前陵見其至誠喟然歎曰嗟乎義士陵與
衛律之罪上通於天因泣下霑襟與武決去留匈奴
凡十九歲始以彊壯出及還鬚髮盡白
後漢來歙光武時大中大夫建武二年始使隗囂五
年復持節送馬援因奉璽書於囂既還復往說囂囂
遂遣子恂隨歙入質拜歙爲中郎將時山東略定帝
謀西收囂兵與俱伐蜀乃使歙喻旨囂將王元說囂
多設疑故久猶豫不決歙素剛毅遂發憤恚責囂曰
國家以君知臧否曉廢興故以手書暢意足下推忠
誠遣伯春委質囂子恂字伯春是臣主之交信也今反欲用

佞惑之言爲族滅之計叛主負子違背忠信乎吉凶
之決在於今日因欲前刺囂囂起入部勒兵將殺歙
歙隨杖節就車而去囂愈怒王元勸囂殺歙使牛邯
將兵圍守之囂將王遵諫曰愚聞爲國者愼器與名
爲家者畏怨重禍俱愼名器則下服其命輕用怨禍
則家受其殃今將軍遣子質漢內懷它志名器逆矣
外人有議欲謀漢使輕怨禍矣古者列國兵交使在
其間所以重兵貴和而不任戰也何況承王命藉重
而犯之哉君叔雖單車遠使而陛下之外兄也害之
無損於漢而隨以族滅昔宋執楚使遂有折骸易子

之禍小國猶不可辱況於萬乘之主重以伯春之命哉歙爲人有信義言行不違及往來游說皆可案覆西州士大夫皆信重之多爲其言故得免而東歸

鄭衆明帝永平中爲越騎司馬給事中是時北匈奴遣使求和親八年帝遣衆持節使匈奴衆至北庭虜欲令拜衆不爲屈單于大怒圍守閉之不與水火欲脅服衆拔刀自誓單于恐而止乃更發使隨衆還京師朝議復欲遣使報之衆上疏諫曰臣伏聞北單于之衆堅三十六國之心也又當揚漢和親誇示鄰敵今西域欲歸化者局足狐疑懷土之人絶望中國耳

漢使既到便偃蹇自若復遣之虜必自謂得謀其群臣駁議者不敢復言如是南庭動搖烏桓有離折旋爲邊害今幸有度遼之衆揚威北垂雖勿報荅不敢爲患帝不從復遣衆因上言臣前奉使不爲匈奴拜單于恚恨故遣兵圍臣今復銜命必見陵折臣誠不忍持大漢節對氊裘獨拜如令匈奴遂能服臣將有損大漢之强帝不聽衆不得已既行在路連上書固爭之詔切責衆追還繫廷尉會赦歸家其後帝見匈奴來者問衆與單于爭禮之狀皆言匈奴中傳衆意氣壯勇雖蘇武不過乃復召衆爲軍司馬

种劭靈帝中平末爲諫議大夫將軍何進將誅宦官召并州董卓至澠池而進意更狐疑遣劭迎勞之因避令還軍卓疑有變使其軍士以兵脅劭劭怒稱詔大呼叱之軍士皆披遂前責卓卓辭屈還軍夕陽亭

郭溥爲尚書郎時獻帝遣溥詣郭汜汜以屯部未定乞須留之溥因罵汜曰卿直庸人賤夫爲國上將今天子有命何須留之吾不忍見卿所請先殺我以章卿惡汜得溥言切意乃少喻

馬日磾爲太傅奉使山東及至淮南數有意於袁術術輕侮之遂奪取其節求去又不聽因欲逼爲軍師

日磾深自恨遂嘔血而斃

蜀劉巴零陵烝陽人初曹公征荆州辟爲椽使招納長沙零陵桂陽會先主略有三郡巴往零陵事不成欲游交州道還京師時諸葛亮在臨烝巴與亮書曰乘危歷險到値思義之民自與之衆承天之心順物之性非余身謀所能勸動若道窮數盡將託命於滄海不復顧荆州矣亮追謂曰劉公雄才蓋世據有荆土莫不歸德夫人去就已可知矣足下欲何之巴曰受命而來不成當還此其宜也足下何言邪先主深以爲恨

吳馮熈爲中大夫使于魏文帝問曰吳王若欲脩宿好宜當厲兵江關縣於巴蜀而聞復遣脩好必有變故熈曰臣聞西使直報問且以觀釁非有謀也又曰聞吳國比年災旱人物彫損以大夫之明觀之何如熈對曰吳王體量聰明善於任使賦政施役每事必咨敬養賓旅親賢愛士賞不擇怨仇而罰必加有罪臣下皆感恩懷德惟忠與義帶甲百萬穀帛如山稻禾沃野民無饑歲所謂金城湯池强富之國也以臣觀之輕重之分未可量也帝不悅以陳羣與熈同郡使群誘之啗以重利熈不爲迴送至摩陂欲困苦之

後又召還未至熈懼見迫不從必危身辱命乃引刀自刺御者覺之不得死文帝聞之垂涕曰此與蘇武何異竟死於魏

諸葛瑾爲中司馬漢獻帝建安二十年大帝遣使蜀通好劉備與其弟亮俱公會相見退無私面

晉張淳爲涼州牧張駿治中從事使於後蜀蜀司隷校尉景騫言於李雄曰張淳壯士宜留任之雄曰壯士豈爲人留且可以卿意觀之騫謂淳曰卿體大暑熱可且遣吏小住須涼淳曰寡君以皇輿幽辱梓宮未反天下之恥未雪蒼生之命倒懸故遣淳來表誠大國所論事重非下吏能傳若下吏所了者則淳本亦不來雖有火山湯海無所辭難豈寒暑之足避哉雄曰此人矯矯不可得用也厚禮遣之

前秦姜讓爲苻丕侍郎南燕慕容垂既僭僞位衆至二十餘萬齊自石門長驅攻鄴苻丕乃遣讓謂垂曰往歲大駕失據君保衛鑾輿勤王誠義邁跡前烈宜述脩前規終忠貞之節奈何棄崇山之功爲此過舉過貴能改先賢之嘉事也深宜詳思悟猶未晚垂謂讓曰孤受主上不世之恩故安全長樂公使盡衆赴京師然後脩復國家之業與秦永爲鄰好何故闇於

機運不以鄴見歸也大義滅親況於意氣之顧公若迷而不反者孤亦欲窮兵勢耳今事已然單馬乞命不可得也讓厲色責垂曰將軍不容於國家投命於聖朝燕之尺土將軍豈有分乎主上與將軍風殊類別臭味不同奇將軍於一見託將軍以斷金寵踰宗舊任齊一藩自古君臣冥契之重豈甚此邪方付將軍以六尺之孤萬里之命奈何王師小敗便有二圖夫師起無名終則弗成天之所廢人不能支將軍起無名之師而欲與天所廢竊未見其可長樂公主上之元子聲德邁於唐衛居陝東之任爲朝廷維城其

可束手輸將軍以百城之地大夫死王事國君死社稷將軍欲裂冠毀冕拔本塞源者自可任將軍兵勢何復多云但念將軍以七十之年縣首白旗高世之忠忽爲逆鬼竊爲將軍痛之垂默然左右勸垂殺之垂曰古者兵交使在其間夫各吠非其主何所問也乃遣讓歸

後燕梁琛聘於秦既至而秦主苻堅田于萬年將禮之琛辭焉秦主遣辛勁謂之曰賓至主裁君焉得辭且天子無外故曰行在所而春秋又有遇見之禮有何不可乎琛曰天子以四海爲家故可云然今靈命

既分乾光派別勢均義等理絶玆談況啓亡齒寒輔車之義乎故桓溫寇境而貴朝同恤弊邑愧賴以爲君憂秦人使臣未嘗不餔乾不食爵盈不飲而敬恭待命享禮有加今醜虜已獲繼尋舊好會遇之禮豈其時乎遐賓小成使勢屈於主然苟不以禮不敢聞命堅嘉琛有奉命之才乃以行宮具禮以見堅問琛曰燕人物爲誰琛曰大傅評明德茂親光輔王室吳王垂雄畧冠世秀邁絶倫内贊百揆外禦四國其餘或以文昇或以武進未有賢不受任官不求才者雖周文多士漢武得人未有過也琛從兄奕時爲秦尚書郎堅令琛就之琛曰昔孔明使吳與兄瑾惟公庭相見君子志之往賢盛事豈可忘乎堅乃勑奕就琛微訪燕之得失琛謂奕曰琛之在燕亦猶兄之在秦人臣之禮各爲本國燕之美事恐非秦所欲聞縱日月之過復非臣子所宜論也堅聞而嘉之堅令其太子宏見欲使琛拜琛曰昔太子以士禮者欲其由賤至貴以塞盈心在國不臣其父之臣況鄰國之臣乎且苟無純敬則禮有往來非敢答恭但懼降屈爲煩耳秦人不能對厚禮以歸

南齊顔幼明爲平南將軍武帝永明七年幼明及冗

從僕射留思敎使後魏時元會與高麗使相次幼明謂後魏主客郎裴叔業曰今日我等銜使上華來造鄉國所爲抗敵在乎一魏自餘外夷理不得望我之上況東夷小貊臣屬朝廷今日乃敢與我躡踵思敎謂魏尚書南部李思冲曰我聖朝處魏使未嘗與小國列卿亦應知思冲曰實如此但主副不得升殿耳此閒坐起甚高足以相報思敎曰李道固昔使正以衣冠致隔耳魏國必纓冕而至豈容見黜幼明又謂魏帝曰二國相亞唯齊與不人境小狄敢躡臣蹤

丘冠先永明中爲給事中時求使蠕蠕國尚書令王

儉言寇先雖名位未昇而義行甚重若爲行人則蘇武鄭衆之流也於是使蠕蠕蠕蠕逼令拜寇先執節不從以刃臨之寇先曰能殺我者爾也不能以天子使拜戎狄者我也遂見殺武帝以寇先不辱命賜其子雄錢一萬布三十疋雄不受詣闕上書曰臣父執節如蘇武守死如谷吉遂不書之良史甄不褒策萬代之後誰死社稷建元四年卑僧郎銜使不異抗節是同詔贈正員外郎此天朝舊准臣父成例也今僧郎反葬家塋臣父湮棄絶域語忠烈則亦不謝卑論萘苦則彼優而此劇名位不殊禮數宜等乞申哀贈

書奏不省

梁沈浚爲御史中丞時侯景逼京城外援並至景表請求和詔許之既盟景知城内疾疫復懷姦計遲疑不去數日皇太子使浚詣景所景曰即已向熱非復行時十萬之軍何去還欲立効朝廷君可見爲申聞浚曰將軍此論意在得城城内兵糧尚支百日將軍儲積内盡國家援軍外集十萬之衆將何所資而反設此言欲脅朝廷耶景横刀於膝瞋目叱之浚正色責景曰明公親是人臣舉兵向闕聖主申恩赦過已共結盟口血未乾而有翻背況浚六十之年且天子之使死生有命豈畏逆臣之刃乎不顧而出景曰此眞司空也然密銜之及破張嵊乃求浚害之

後梁袁敞爲吏部郎使于周時主者以敞班在陳使之後敞固不從命主者詰之對曰昔陳之祖父乃梁諸侯之下吏也棄忠與義盜有江東今大周朝朝宗萬國招攜以禮若使梁之行人在陳人之後便恐彝倫失序豈使臣之所望焉主者不能屈遂以狀奏高祖善之乃詔敞與陳使異日而進使還以稱旨遷侍中

後魏于什門代人也明元時爲謁者使喩馮跋及至

和龍住外不入使謂跋曰大魏皇帝有詔須馮主出受然後敢入跋使人追逼令入入見跋不拜跋令人按其頭什門曰馮主拜受詔吾自以賓主致敬何須苦見逼也與跋往復聲氣益厲然初不撓屈既而跋止什門什門於群衆之中廻身背跋披袴後襠以辱之既而拘留隨身衣裳敗壞略盡蟣蝨被體跋遺以衣服拒而不受和龍人皆歎曰雖古列士無以過也

朱長生于提者並代人也孝文時以長生爲員外散騎常侍與提俱使高車既至高車王阿伏至羅乃不以禮待長生以金銀器奉之至羅既受獻長生曰爲

臣內附宜盡臣禮何得口云再拜而實不拜呼出帳命衆中拜阿伏至羅軏其臣下大怒曰帳中何不教我拜而辱我於大衆奪長生等獻物納之叢石石兵脅之曰爲我臣則活不降則殺汝長生與于提瞋目厲聲責之曰我爲魏鬼不爲汝臣阿伏至羅大怒絕其飲食從者三十人皆求阿伏至羅乃給以肉酪長生與提又不從乃各分徙之三歲乃放還帝以長生等守節遠同蘇武拜長生河內太守于提隴西太守並賜爵五等男從者皆爲令長

程駿爲著作佐郎延興末高利王璉求納女於掖庭

獻文許之假駿散騎常侍賜爵安豐男加伏波將軍持節如高麗迎女賜布帛百疋駿至平壤或勸璉曰魏昔與燕婚既而伐之由行人具其夷險故也今若送女恐不異於馮氏璉遂謬言女喪駿與璉往復經年璉責以義方璉不勝其忿遂斷駿從者酒食璉欲逼辱之憚而不敢

北齊崔肇師東魏孝靜天平初爲通直侍郎爲慰勞青州使至齊州界爲土賊崔迦業等所虜欲逼與同事肇師執事不動諭以禍福賊遂捨之仍巡慰青部而還

陽斐字叔鸞北平漁陽人也東魏孝靜興和中除通部郎中兼通直散騎常侍聘於梁尚書羊侃魏之叛人也與斐有舊欲請斐至宅三致命而不答梁人曰羊來已久經貴朝人遷華李盧亦請宅相見卿何致難斐曰柳下惠則可吾不可梁主乃親謂斐曰羊侃極願相見二國和好天下一家安得復論彼此斐終辭焉使還除廷尉少卿

張華原爲高祖大丞相府屬周文帝始據雍州也高祖猶欲以逆順曉之使華原入關說焉周文密有拘留之意謂華原曰若能屈驥足於此當共享富貴不

爾命懸今日華原曰渤海王命世誕生始天所縱以明公蕞爾關右便自隔絕故使華原銜諭公肯明於不即日改除轉禍爲福乃欲賜角以死而已周文嘉其亮正使東還高祖以華原久而不返每歎惜之乃問其來喜見於色累遷兗州刺史

紇奚永安爲開府後主以并州使永安告急於突厥他鉢畧可汗及開齊滅他鉢處永安於吐谷渾使下永安抗言曰本國既敗永安豈惜殘命欲閉氣自絕恐天下不知大齊有死節臣唯乞一刀以顯示遠近他鉢嘉之贈馬七十匹歸之

後周李崇爲車騎大將軍自魏廢帝二年從尉遲迥伐蜀蜀人未戰即降崇乃應募先使諭之既入成都蕭撝問迥軍中委曲崇不對撝乃笞辱之冀獲其崇曰爾亡國餘燼不識安危奉命諭爾反見躓頓我王者忠臣有死而已義不爲爾移志也撝不能得其要旨遂害之

趙昶爲中軍都督太祖平弘農擢爲相府典籤大統九年大軍失律於芒山清水氐酋李鼠仁自軍逃還憑險作亂帝將討之先求可使者遂令昶使焉見鼠仁諭以禍福群凶或不從其命者復將加刃於昶而

神色自若志氣彌厲鼠仁感悟遂相率降

王慶武帝時爲左武伯奉使至突厥屬其可汗暴殂突厥謂慶曰前後使來逢我國喪者皆剺面表哀況今二國和親豈得不行此事慶抗辭不從突厥見其守正卒不敢逼帝聞而嘉之録慶前後使功遷開府儀同三司兵部大夫

隋鮑宏初仕周爲御正高祖爲丞相奉使出南會王謙舉兵於蜀路次潼州爲謙將奚甚所執逼送成都竟不屈節謙敗之後馳傳入京高祖嘉之賜以金帶

盧愷後周武帝時爲禮部大夫爲聘陳副先是行人多從其國禮及愷爲使一依本朝陳人莫能屈

辛公義高祖仁壽初爲楊州道黜陟大使豫章王暕恐其部内官僚犯法未入州境預令使屬公義答曰公義奉詔不敢有私至楊州皆無縱捨暕銜之

游元煬帝時爲侍御史奉使於黎陽督運楊玄感作逆乃謂元曰獨夫肆虐天下士大夫肝腦塗地加以陷身絶域之所軍糧斷絶此亦天亡之時也我今親率義兵誅無道卿意如何元正色答曰尊公荷國寵靈功參佐命高官重禄位古莫儔公之弟兄青紫交映當謂竭誠盡節上答鴻恩豈意墳土未乾親圖反

噬深爲明公不取願思禍福之端僕有死而已不敢聞命玄感怒而囚之屢脅以兵竟不屈節於是害之

唐屈突通在隋爲武侯車騎將軍煬帝遣通以詔徵漢王諒先是文帝與諒有密約曰若璽書召汝於敕字之傍别加一點又與玉麟符合者當就徵及發書無驗諒覺變詰通占對無所屈撓竟得歸長安

夏侯端高祖初擢授秘書監屬李密來降東關之地未有所屬端固請往招諭之乃加大將軍持節爲河道招慰使自澶泉濟河傳檄郡縣東至海南至淮二十餘州並遣使送款次譙會刺史丁叔則及汴州刺

史王要漢並降王世充路途隔絕端素得衆心所從二千人雖糧盡不繼而皆不忍去端乃坐大澤中盡殺私馬以會軍士因歔欷曰可斬吾首持歸於賊必獲富貴衆皆流涕曰公於唐家非有親屬但以忠義之故不辭於死豈有害公而取富貴耶竟冒榛梗晝夜兼行從者唯三十二人或墜崖溺水又死其半及至見高祖但謝無功高祖憫之復以爲秘書監

漢陽郡李瓌武德中齎布帛數萬段與突厥結和親頡利可汗初見瓌箕踞瓌餌以厚利頡利大悦改容加敬遣使隨瓌獻名馬後復將命頡利謂左右曰李

瓌前來恨不屈之今日必令下拜瓌微知之及見頡利長揖不屈節頡利大怒乃留瓌不遣瓌神意自若竟不爲之屈頡利知不可以威脅始禮遣之

崔敦禮爲撿校右驍衛長史武德九年太宗令敦禮往幽州召廬江王李瑗瑗舉兵反執敦禮問以京師消息敦禮竟無屈撓及瑗誅太宗壯之賜以良馬及黄金器物

蔣儼常州義興人也少以明經累遷右屯衛兵曹參軍太宗征遼東募有能使於高麗者人皆疑憚惟儼請行既至虜庭爲莫離支所執置於窟室中儼抗節不撓及高麗敗儼得還

陳行焉爲吉州長史使往吐蕃吐蕃大臣欽陵使行焉拜伏行焉擁節不屈臨之以兵竟不從因被拘留十餘年而卒至永隆二年喪還高宗深嘉歎之贈睦州刺史

田歸道爲左右衛郎將武后朝突厥默啜請入朝將至單于都護府乃令歸道攝司賓卿迎勞之默啜又奏請六胡州及單于都護府之地武后不許默啜深怨望遂拘繫歸道將害之歸道辭色不撓更責以無厭之請兼諭以禍福默啜意稍解會有制賜默啜粟

三萬石雜綵等并許結婚歸道乃得還

郭元振中宗神龍中爲左驍衛將軍兼撿校安西大都護時西突厥首領烏質勒部落强盛欵塞通和元振就其牙帳計會軍事時天大雪元振立於牙帳之前與烏質勒言議須臾雪深風凍元振未嘗移足烏質勒年老不勝寒苦會罷而死其子娑葛以元振故殺其父謀勒兵攻之副史御史中丞解琬知其謀勸元振夜遁元振曰吾以誠信待人何所疑懼且深在寇庭遁將安適乃安卧帳中明日親入虜帳哭之甚哀行弔贈之禮娑葛感義復與元振通好焉

顔眞卿爲太子太師德宗建中末李希烈陷汝州宰相盧杞奏曰顔眞卿四方所信使諭之可不勞師旅德宗從之朝廷失色宣武軍節度李勉聞之以爲失一元老貽朝廷羞乃密表請留又遣逆於路不及眞卿初見希烈欲宣詔旨希烈養子千餘人露刃爭前迫眞卿將食其肉諸將叢遶慢罵舉刃以擬之眞卿不動希烈遽以身蔽之而麾其衆衆退乃揖眞卿就館舍因逼爲章表令雪己罪願罷兵爲農遣眞卿兄子峴與從吏凡數輩繼來京師帝皆不報每與諸子書令嚴奉家廟恤諸孤而已希烈大宴逆黨召眞

卿坐觀使倡優斥黷朝政爲戲眞卿怒曰相公人臣也奈何使此曹如是乎拂衣而起希烈慙可呵止時幽州朱滔鎭州王武俊魏博田悅天平李納使皆在坐目眞卿謂希烈曰聞太師名德久矣相公欲建大號而太師至非天命乎欲求宰相孰先太師乎眞卿正色叱之曰是何宰相耶君等聞顔杲卿無是吾兄也祿山反首舉義兵反被害詬罵不絶於口吾今年向八十官至太師守吾兄之節死而後已豈受汝輩誘脅耶諸賊不敢復出口希烈乃拘眞卿令甲士十人守摑方丈坎於庭曰坑顔眞卿眞卿怡然不介意後張伯儀敗績於安州希烈令齎伯儀旌節首級誇示眞卿慟哭投地後其大將周曾等謀襲汝州因廻兵殺希烈奉眞卿爲節度事洩希烈殺曾等遂送眞卿於龍興寺眞卿度必死乃作遺表自爲墓誌祭文常指寢室西壁下云吾殯所也希烈旣陷汴州僭僞號使人問儀於眞卿眞卿曰老夫耄矣曾掌國禮所記者諸侯朝覲禮耳興元元年王師復振逆賊慮變起蔡州乃遣其將辛景臻安華至眞卿所積柴庭中沃以油且傳逆詞曰不能屈節當自燒眞卿乃投身赴火景臻等遽止之復告希烈德宗復官闕希烈弟

希倩在朱泚黨中泚休誅希烈聞之怒是歲八月三日乃使閹奴與景臻等殺眞卿先曰有敕眞卿拜奴曰宜賜卿死眞卿曰老臣無狀罪當死然不知使人何日從長安來奴曰從大梁來眞卿罵曰乃逆賊耳何謂敕耶遂縊殺之年七十七及淮西平貞元元年正月陳仙奇使護送眞卿喪歸京師德宗痛悼異常廢朝五日諡曰文忠

殷侑憲宗時爲太常博士時廻紇請和親乃命宗正少卿李孝誠奉使以侑爲副旣至虜庭廻紇驕倨見漢使盛陳甲兵與其相不拜欲受漢使禮侑堅立不

勳宣命旣畢虜使責之云欲留使者行人皆惶懼獨侑謂虜曰今可汗是漢家子婿坐受使臣禮是可汗無禮非使臣無禮也虜憚其嚴正卒不敢逼

胡証爲金吾大將軍穆宗長慶初太和公主下嫁詔以本官檢較工部尚書充和親使行及漢南虜騎繼至狼心犬態一日千狀欲以戎服遽變華服者欲以王臣疾驅徑路者証抗志不拔守漢儀黜夷法不辱君命使廻拜工部侍郎

後唐李承勳爲太原少尹劉守光之僭號也莊宗遣承勳往使伺其釁端承勳至幽州見守光如藩方交

聘之禮謁者曰燕王爲帝矣可行朝禮承勳曰吾大國使人太原亞尹自唐帝除授燕王自可臣其部人安可臣我哉守光聞之不悅拘留於獄數日出而訊之曰臣我乎承勳曰燕君能臣我王則我臣之吾有死而已安敢辱命會王師討守光承勳竟歿於燕

李光序爲散騎常侍莊宗初平中原與右拾遺曹琛往湖南馬殷冊命先是爲梁中使往如鄰國禮或稱臣呼殷爲殿下官幕皆有丞卽給舍之目光序等至客司先會謁殷之禮須遵梁朝舊事琛謂之曰豈有湖南令公稱藩事唐室復欲天使稱臣哉如不受唐冊命改圖即任所爲旣見殷但呼公而已其餘學士舍人但呼爲判官書記

晉陳乂後唐明宗長興中爲中書舍人銜命冊公主於太原（公主卽高祖后也）高祖深待之但訝其高岸人或有獻可於乂宜陳一謳頌以稱帝之美可邀其異待耳乂曰人生貧富咸有定分未有持天子命違禮以求利旣損國綱且虧士行乂今生所不爲也聞者無不嘉之

漢龍敏晉開運中以尚書左丞奉命抗越先是朝臣將命必陳

崔士和爲中散大夫武定末蕭寶寅之在關中以士和爲督府長史時莫折生遣使詐降寶寅表士和兼度支尚書爲隴右行臺令入奏撫慰爲念生所害

唐吳損爲諫議大夫兼御史中丞大曆中奉使吐蕃以疾殁于蕃中大宗憫之贈工部尚書

吳溆章敬皇后弟也德宗建中初爲左金吾大將軍時涇原兵叛駕幸奉天盧杞白志貞稱朱泚必當向順固無背叛之事德宗擇大臣可使者衆憚其行溆歎息謂親友曰國難不能死非人臣也吾忝恩戚知死所矣遂請使焉及至京城賊泚勉勞如嘗儀溆退

而洮逆謀已決因害漵於四方館之前帝聞而哀悼久之廢朝一日贈太子太傅實封一百戸葬事官給嫡子與正員五品官

孔巢父爲給事中興元二年李懷光擁兵河中巢父奉使宣慰既傳詔旨懷光以巢父嘗使魏博田悅已死帳下恐禍及己又朔方蕃渾之衆數千皆在行列頗驕悖不肅聞罷懷光兵權且懷光素服待命而巢父不止之衆咸忿恚喧噪日太尉盡無官矣懷光亦不禁止遂害巢父及中官啖守盈焉德宗聞而驚悼久之贈尚書左僕射賜其家布帛米粟甚厚仍授一

子正員官收復河中日所司備禮葬祭之

張薦爲秘書監貞元二十年吐蕃贊普死以薦爲工部侍郎兼御史大夫持節往弔贈卒於赤眉東嶺東統辟驛吐蕃傳歸其柩順宗即位贈禮部尚書

薛存慶爲給事中穆宗長慶元年爲幽州宣慰使卒於鎮州以其介左拾遺狄兼謩終事詔贈吏部侍郎以其將命歿於外加等也

冊府元龜

冊府元龜

巡按福建監察御史臣李嗣京 訂正
知長樂縣事臣夏允彝 參閱
知建陽縣事臣黃國琦 較釋

奉使部

便宜　請行　絕域

便宜

傳曰君之使臣也任之以事不制之以辭故古者大
夫出疆有可以安國家利社稷專之可也漢氏之後
乃有將命于外臨事有謀應變決機周物成務克寧

閫外之政善救民家之急或興功利以佐用度或宜
威罰以誅暴橫乃至發屬國之兵收功於異域草幕
府之檄揚威於鄰境置戍以禦羣盜矯命以全舊勳
斯固誠心之所存本於利國王事之靡盬彰乎匪躬
者焉

漢陳平爲護軍中尉從高祖擊黥布還至長安燕王
盧綰反帝使樊噲以相國將兵擊之既行人有短惡
噲者陳其短失過惡於上譖毀之 帝怒曰噲見吾病時高祖病創 廼幾我
死也幾幸我死也幾音冀 用平計召絳侯周勃受詔牀下曰陳
平乘馳傳載勃代噲將傳音張戀切 平至軍中即斬噲頭
二人既受詔馳傳未至軍行計曰樊噲帝之故人功
多行計謀於道中且計也 又呂后弟呂須夫有親且貴帝以忿
怒故欲斬之即恐後悔寧囚而致上令上自誅之未
至軍爲壇以節召樊噲噲受詔即反接反縛兩手也 載檻
車詣長安而令周勃代將

公孫遂前爲濟南太守時左將軍荀彘樓船將軍楊
僕征朝鮮兩將乖異以故久不決武帝使遂往征之
有便宜得以從事遂至左將軍日朝鮮當下久矣不
下樓船數期不會具以素所意告遂曰今如此不取
恐爲大害非獨樓船又且與朝鮮共滅吾軍遂亦以

爲然而以節召樓船將軍入左將軍軍計事即令左
將軍戲下執縛樓船將軍并其軍以報

汲黯爲謁者時河內失火燒千餘家武帝使黯往視
之還報曰家人失火屋比延燒比近也言屋相近故連延而燒也比音頻
寐切 不足憂臣過河內河內貧人傷水旱萬餘家或父
子相食臣謹以便宜持節發河內倉粟以賑貧民請
歸節伏矯制罪矯託也託奉制詔而行之 帝賢而釋之

徐偃爲博士使行風俗偃矯制矯託也託言受詔也 使膠東魯
國鼓鑄鹽鐵鑄銅鐵扇熾人謂之鼓 還奏事徙爲太常丞事具憲官
門彈劾

終軍爲謁者使行郡國所見便宜以聞還奏事武帝甚悅

馮奉世爲郎先是漢數出使西域多辱命不稱或貪汙爲外國所苦（苦謂困辱之）是時烏孫大有擊匈奴之功而西域諸國新輯（輯與集同和也）漢方善遇欲以安之選可使外國者前將軍韓增舉奉世以衛候使節送大宛諸國客至伊脩城（在鄯善國漢於其中置屯田也）都尉宋將言莎車與旁國兵攻殺漢所置莎車王萬年（莎車國名萬年其王名）并殺漢使者奚充國時匈奴大發兵攻車師城不能下而去莎車遣使揚言北道諸國已屬匈奴矣於是攻

刼南道與歃盟畔漢從鄯善以西皆絕不通（鄯音善）都護鄭吉校尉司馬意皆在北道諸國間奉世與其副嚴昌計以爲不亟擊之則莎車日彊（亟急也音居力切）其勢難制必危西域遂以節諭諸國王以發其兵南北道合萬五千人進擊莎車攻拔其城莎車王自殺傳其首詣長安諸國悉平威振西域奉世乃罷兵以聞宣帝召見韓增曰賀將軍所舉得其人奉世遂西至大宛大宛聞其斬莎車王敬之異於他使得其名馬象龍而還（言馬形似龍者）

常惠爲校尉持節護烏孫兵擊匈奴宣帝以惠奉使克獲封長羅侯復遣惠持金幣還賜烏孫貴人有功者惠因奏請龜茲國嘗殺校尉賴丹未伏誅請便道擊之帝不許大將軍霍光風惠以便宜從事（所至專命而行也）（風讀曰諷）惠與吏士五百人俱至烏孫還發西國兵二萬人令副使發龜茲東國二萬人烏孫兵七千人從三面攻龜茲兵未合先遣人責其王以前殺漢使狀王謝曰乃我先王時爲貴人姑翼所誤耳我無罪惠曰既如此縛姑翼來吾置王（置猶放也）王執姑翼詣惠惠斬之而還

後漢杜詩建武初爲侍御史安集雒陽時將軍蕭廣

放縱兵士暴橫民間百姓惶擾詩勑曉不改遂格殺廣還以狀聞光武召見賜以棨戟（棨戟前驅之器也以木爲之後代以赤油韜之謂之油戟王公以下通用之）

鍾離意辟大司徒侯霸府詔部送徒詣河內時冬寒徒病不能行路過弘農意輒移屬縣使作徒衣縣不得已與之而上書言狀意亦具以聞光武得奏以見霸曰君所使掾何乃仁於用心誠良使也

宋均爲謁者會武陵蠻反圍武威將軍劉尚光武詔使均乘傳發江夏奔命三千人（擢選精勇聞命奔走謂之奔也）往救之既至而尚已沒時會伏波將軍馬援至詔令均監

軍與諸將俱進賊拒抗不得前及馬援卒於師軍士多溫濕疾病死者大半均慮軍遂不反乃與諸將議曰今道遠士病不可以戰欲權承制降之何如諸將皆伏地莫敢應均曰夫忠臣出境有可以安國家專之可也乃矯制調伏波司馬呂种守沅陵長命种奉詔書入虜營告以恩信因勒兵隨其後蠻夷震懼卽共斬其大帥而降於是入賊營散其衆遣歸本郡爲置長吏而還均未至先自劾矯制之罪光武嘉其功迎賜以金帛令過家上冢其後每有四方異議數訪問焉

樊準和帝時爲光祿大夫使冀州到部開倉廩食慰安生業流人咸得蘇息

王誧爲議郎獻帝建安二年奉詔書以孫策爲騎都尉襲爵烏程侯領會稽守策自以統領兵馬但以騎都尉領郡爲甚輕欲得將軍號及使人諷誧誧便承制假策明漢將軍

賈逵爲太祖丞相主簿太祖征劉備先遣逵至斜谷觀形勢逢水衡載囚人數十車逵以軍事急輙竟重者一人皆放其餘太祖善之拜諫議大夫與夏侯尚並掌軍計

荀禹爲治書侍御史慰勞邊方時明帝始卽位吳孫權攻江夏郡太守文聘堅守禹到江夏發所經縣兵及所從步騎千人乘山舉火權退走

晉劉頌爲文帝丞相府掾奉使于蜀時蜀新平人饑土荒頌表求賑貸不待報而行

宋沈演之爲司徒左西掾文帝元嘉十二年東諸郡大水人民饑饉以演之巡行拯恤許以便宜從事演之乃開倉廩以賑饑民民有生子口賜米一斗刑獄有疑枉悉制遣之百姓蒙賴轉別駕從事

後魏辛子馥爲太尉府司馬長白山連接三齊瑕丘

數州之界多有盜賊子馥受使簡覆因辨山谷要害宜立鎭戍之所又諸州豪右在山鼓鑄姦黨多依之又得密造兵仗亦請破罷諸治朝廷善而從之

北齊張纂爲高祖行臺右丞從征王壁大軍將還山東行達晉州忽值寒雨士卒饑凍至有死者州以邊禁不聽入城于時纂爲別使遇見輙令開城内之分寄民家給其火食多所全濟高祖聞而善之

唐邕爲大司農武成河清元年突厥來寇遣邕驛赴晉陽纂集兵馬在路聞虜將逼邕斟酌事宜改勑更促期會縣此兵士限前畢集

白建爲大丞相騎兵叅軍河清三年突厥八境代忻牧悉是細馬合數萬匹在五臺山栢谷中避賊經二十餘日賊退後勑建就彼簡較續遣使人詣建問領馬送定州付民養飼建以馬久不得食瘦弱遠送恐多死損遂違勑以便宜從事隨近散付軍人啓知勑許焉戎乘無損建有力焉

後周柳帶韋爲太祖丞相參軍時侯景作亂江右太祖令帶韋使江郢二州與梁邵陵南平二王通好行至安州偵假實等反帶韋乃矯爲太祖書以撫安之並郎附降既至郢見邵陵具申太祖意邵陵使遂帶

韋報命以奉使稱旨授輔國將軍中散大夫

唐魏徵貞觀初爲諫議大夫奉使安輯河北許以便宜從事徵謂副使李桐客曰吾等受命之日前宮齊府左右皆令赦原不問今復送思行此外誰不自疑徒遣使往彼必不信此乃差之毫釐失之千里且公家之利知無不爲寧可慮身不可廢國家之大計今若釋遣思行不問其罪則信義所感無遠不臻古者大夫出疆苟利社稷專之可也况今日之行許以便宜從事主上既以國士見待安可不以國士報之乎既釋遣思行等仍以啓聞太宗甚悦

裴行儉爲吏部侍郎儀鳳太中高宗聞吐蕃贊普卒而嗣王未立詔行儉爲安撫使乘間經畧之行儉以贊普新立復委政於欽陵未有間隙乃止

嗣虢王巨天寶末爲河南節度使兼統領南陽節度事時有詔貶南陽節度使魯炤爲東毅巨奏曰若魯能存城其功足以補過則何以處之玄宗曰卿隨宜處置之巨至内鄉趣南陽賊將畢深開之解圍走巨使追何履光趙國珍同至南陽宣勑貶魯削其章服令隨軍効力至日晚以恩命命魯復位

栢耆爲諫議大夫代宗大暦初横海軍節度使李全

畧卒子同捷爲副大使居喪擅領留使仍重賂藩鄰以求繼襲詔授同捷兖海節度使以天平節度烏重胤爲滄州節度以代之詔下同捷託以三軍乞留拒命乃命重胤率鄆鄆兵加討鎮州王廷湊本畜狼心欲呑横海乃出兵於境以赴同捷同捷既窘王廷湊援之至慈州遇前宮千牛李志安齊王護軍李思行錮送詣京師徵不及又詔以李祐代爲横海節度三年三月詔耆軍前慰撫四月李祐收德州同捷乞降於祐祐疑其詐耆請以騎兵三百入滄州祐從之耆徑入滄州取同捷與其家屬赴京師其月二十六日

至德州界諜言延湊兵來劫篡者乃斬同提首傳而
獻提百寮稱賀
孔巢父德宗時爲給事中魏博宣慰使田悅背叛日
久其下厭亂且喜巢父之至數日田承嗣之子緒以
失職怨望因人心之搖動遂構謀殺悅而與大將邢
曹俊等稟命巢父巢父因其衆意令曰緒權知軍務
以紓其難

請行

古之王者在經綸之際志滅寇戎當臨御之初思拓
土宇莫不採拓衡之謀延離合之士則可以屈人之

兵而舉無遺筭也故有奮忠誠騁飛辯請以一介之
使宜乎萬乘之威發應對以應變蹈危機而制勝俾
梟雄革心殊俗請吏垂諸竹素亦士之難能也
漢隨何爲漢王謁者漢王與楚大戰彭城不利出梁
地至虞（今成州虞城縣）謂左右曰彼等皆無足與計天下事
者何進曰不審陛下所謂漢王曰孰能爲我使淮南
使之發兵背楚留項王於齊數月我之取天下可以
萬全何曰臣請使之乃與二十人俱使淮南
張騫漢中人武帝建元中爲郎時匈奴降者言匈奴
破月氏王以其頭爲飲器月氏遁而怨匈奴無與共
擊之（元元援助也）漢方欲事胡聞此言欲通使道必更匈
奴中迺募能使者騫以郎應募使月氏與堂邑氏奴
甘父（堂邑姓也漢人其奴名甘父一云堂邑之奴本胡人名甘父下云堂邑父者蓋取主之姓以爲氏而單稱其名曰父）俱出隴西
終軍武帝時爲謁者當發使匈奴（漢朝欲遣人使於匈奴也）爲軍
自請曰臣無橫草之功（言行草中使草偃臥故云橫草也）得列宿衛
食祿五年邊境時有風塵之警臣宜被堅執銳當矢
石啓前行駑下不習金革之事今聞將遣匈奴使者
臣願盡精厲氣奉佐明使盡吉凶於單于之前臣年
少材下孤於外官（孤遠也外官謂非侍衛之臣也）不足以亢一方之

任（亢當也）竊不勝憤懣詔問畫吉凶之狀帝奇軍對擢
爲諫議大夫南越與漢和親迺遣軍使南越
路溫舒爲右扶風丞武帝詔書令公卿選可使匈奴
者溫舒上書願給厮養暴骨方外（求爲卒而隨使至匈奴也）以盡
臣節事下度遼將軍范明友太僕杜延年問狀罷歸
故官（以其言無可取故罷而遣歸故官）
江充趙國邯鄲人武帝召見犬臺宮既至前問以當
世政事帝悅之充因自請願使匈奴詔問其狀充對
曰因變制宜以敵爲師事不可豫圖帝以充爲謁者
使匈奴

傳介子北地人昭帝時以從軍爲官先是龜兹樓蘭皆嘗殺漢使者至元鳳中介子以駿馬監求使大宛因詔令責樓蘭龜兹國

陳湯元帝時以薦爲郎數求使外國久之遷西域副校尉與甘延壽俱出

班伯爲奉車都尉家本北邊志節忼慨數求使匈奴河平中單于來朝成帝使伯持節迎於塞下

後漢來歙建武初爲太中大夫是時光武方以隴蜀爲憂獨謂歙曰今西州未附西州謂隗囂也子陽稱帝子陽公孫述字道途阻遠諸將方務關東思西州方畧未知所任

其計若何歙因自請曰臣嘗與隗囂相遇長安其人始起以漢爲名今陛下聖德隆興臣願得奉威命開以丹青之信囂必束手自歸則述自亡之勢不足圖也帝然之三年乃以歙使隗囂

蜀諸葛亮初從先主在樊聞荆州劉琮已降曹公遂率衆南行爲曹公所追破先主至於夏口亮曰事急矣請奉命求救於孫將軍吴大帝也及至吴郎遣水軍三萬隨亮詣先主

吳魯肅初事大帝以荆州劉表死進說曰夫荆楚與國鄰接水流順北外帶江漢内阻山陵有金城之固沃野萬里士民殷富若據而有之此帝王之資也今表新亡二子素不輯睦軍中諸將各有彼此加劉備天下梟雄與操有隙寄寓於表表惡其能而不能用也若備與彼協心上下齊同則宜撫安與結盟好如有離違宜别圖之以濟大事肅請得奉命弔表二子并慰勞其軍中用事者及說備使撫表衆同心一意共拒曹操備必喜而從命如其克諧天下可定也今不速往恐爲操所先帝即遣肅行到夏口聞曹公已向荆州晨夜兼道比至南郡而表子琮已降曹公

後魏鹿悆爲殿中侍御史監臨淮王彧軍時梁遣其

豫章王綜鎮徐州綜密信通彧云欲歸款綜梁帝愛子衆咸謂不然或募人入報驗其虛實悆遂請行曰若綜有誠心與之盟約如其詐也豈惜一人命乎

隋高熲爲高祖相府司録時劉昉爲司馬鄭譯爲長史尉迥起兵高祖令韋孝寬討之至武陟諸將不一高祖欲遣昉譯一人往監軍因謂之曰須得心膂以統大軍公等兩人誰當行者昉自言未嘗爲將譯又以母老爲請高祖不懌熲遂請行深合上旨遂遣之

陸知命開皇中爲儀同三司數年不得調詣朝堂上表請使高麗曰臣聞聖人當扆物色匹夫奔踶

朞陳狂瞽伏願蹔輟旋纊覽臣所謂昔軒轅御曆既緩夙沙之誅虞舜握圖猶稽有苗之伐陛下當百代之末膺千載之期四海廓清三邊底定惟高麗小豎狠顧燕垂王度含弘每懷遵養者良繇惡殺好生欲諭之以德也臣請以一節宣示皇風使彼君臣面縛闕下書奏天子異之

唐蔣儼貞觀中爲右屯衛兵曹參軍太宗將征遼東募使高麗者衆皆畏憚儼謂人曰主上雄畧華夷畏威高麗小蕃豈敢圖其使者縱其凌虐亦是吾死所也遂出請行及至高麗莫離支置於窟室脅以兵刄

終不屈撓會高麗敗得歸太宗奇之拜朝散大夫

喬寶明爲紀王府參太宗征遼寶明以乘輿暴露堅城之下賊久未平不勝其憤因至長安爲司空房玄齡陳取高麗之筭玄齡表送請行在謁太宗與語甚奇之謂曰今安市不降平壤尚遠飛虜三軍寒凍已命班師卿既遠來今者欲陳何策寶明曰昔魯連飛矢而燕將死陸賈使越而趙佗順臣願將命平壤申諭高麗承駐蹕之後心膽破裂臣得進說其必面縛而自致耳若懷不遜臣請爲傅介子斷蘇文之首以降其國太宗壯其言曰我之求人甚於人之求祿卿之輩終不投之死地也於是引寶明參侍從之列尋守通事舍人

吳溆章敬皇后之弟建中初爲左金吾大將軍時涇原兵叛德宗幸奉天盧杞白志貞稱朱泚必當向順固無背叛之事帝擇大臣可使者衆憚其行溆歎息謂親友曰國難不能死非人臣也吾忝恩戚知死所矣遂請使焉

栢耆將軍良器之子素負志畧學縱橫家流憲宗元和中王承宗以常山叛朝廷厭兵欲以恩澤撫之耆於蔡州行營以畫干裴度請以朝旨奉使鎮州乃自

處士充左拾遺充使

絕域

王者文明之治既成於中震疊之威將加乎外思布皇澤必選奇材若乃經畧遠夷懷柔絕域一介而往單車載馳齎三歲之糧通百金之貨泛浮金沒羽之水歷沍寒多雨之國窮山川之源覽氣象之異至於飲食非類言語靡通道閉不開兵阻攸隔而能周憚間遠志期宣導莫不慎乃風操奉其幣帛以結於驩好以致其琛賷至於死亡畧盡星紀屢周握節而歸不辱王命非乎心比金石志在功名者豈及此哉

漢婁敬高祖時爲中郎號奉春君高祖取家人子爲
公主妻單于使敬往結和親
張騫爲郎武帝遣使通西域使月支行時百餘人去
十三歲唯二人得還騫身所至者大宛大月氏大夏
康居而傳聞旁大國五六具爲天子言其地形所有
土地之形及所生之物也
吕越人武帝時與王然于栢始昌等十餘輩間出西
南夷求間隙而出也指求身毒國王滇滇王當羌廼留爲求
道當羌滇王名四歲餘皆閉昆明莫能通爲昆明所閉塞後南粤
破使王然于以粤破及誅南夷兵威風諭滇王入朝

司馬相如字長卿武帝時爲郎唐蒙已略通夜郎因
通西南夷道發巴蜀廣漢卒作者數萬人治道二歲
道不成士卒多物故物故死也費以億萬計蜀民及漢用
事者多言其不便帝乃召相如爲中郎將建節往使
副使者王然于壺充國吕越人馳四乘之傳因巴蜀
吏幣物以賂西南夷相如使畧定西南夷邛莋冉駹
斯榆之君皆請爲臣妾除邊關益斥西至沬若水沬水
出蜀廣平徼外若水出旄牛徼外南至牂柯爲徼徼以木石水爲界斯榆之君等自求
去邊關欲與牂柯作徼塞也通靈山道橋孫水鑿開靈山道孫水出臺登縣南至會
元入若水於孫水上作橋也以通邛莋還報天子大悅

王烏北地人元封中匈奴數使使好辭甘言求和親
漢又使揚信使於匈奴楊信旣歸漢使烏等如匈奴
匈奴復讇以甘言紿烏曰吾欲入漢見天子面結爲
兄弟烏歸報漢漢爲單于築邸于長安
蘇武爲移中廐監時匈奴留使郭吉路充國等匈奴
使來漢亦留之天漢元年且鞮侯單于初立盡歸漢
使路充國等武帝嘉其義乃遣武以中郎將持節送
匈奴使留在漢者武與副中郎將張勝及假吏常惠
募士斥候百餘人俱
常惠太原人少時家貧自奮應募隨蘇武使匈奴昭

帝時乃還宣帝本始二年使烏孫其後復遣惠持金
幣賜烏孫貴人有功者
王忠爲光祿大夫以馬宏爲副使西國
文忠爲關内尉時罽賓遣使奉獻漢使忠送其使其
後軍侯使罽賓
奚充國宣帝時爲使者送烏孫公主小子萬年爲莎
車王
馮奉世宣帝時以衛侯使持節送大宛諸國客至伊
脩城
魏和意宣帝時爲衛司馬副侯任昌送烏孫侍子

吉次爲謁者宣帝遣次以期門甘延壽爲副送烏孫楚主侍者馮夫人馮夫人錦車持節立楚主子元貴靡爲大昆彌

樂奉爲侍郎宣帝時烏孫公主遣女至京師學鼓琴漢遣奉送王女過龜茲

殷廣德爲侍郎宣帝時車師王奔烏孫烏孫留不遣漢遣廣德責烏孫求烏孫王

董忠爲長樂衛尉宣帝甘露三年單于來朝遣歸國漢遣忠與車騎都尉韓昌將騎一萬六千送單于出朔方雞鹿塞詔忠等留衛單于助誅不服元帝即位

漢復遣韓昌光祿大夫張猛送呼韓邪單于侍子

夏侯藩爲中郎將成帝綏和元年漢遣藩副校尉韓容使匈奴

韓況爲中郎將哀帝元壽二年單于來朝遣況送之單出塞到休屯井北度車田盧水道里回遠況等乏食單于乃給其糧失期不還五十餘日

王咸濟南人王莽前誅單于侍子登莽天鳳二年單于既和親莽選儒生能顓對者以咸爲大使五威將軍琅邪伏黯等爲帥使送登屍敕令掘單于知墓棘鞭其屍又令匈奴却塞於漢北止責單于馬萬匹牛三萬羊十萬頭及稍所略邊民生口在者皆還之莽好爲大言如此咸到單于庭陳莽威德責單于背畔之罪應敵縱橫單于不能詘遂致命而還咸入塞病死

陳遵爲河南尹免官更始至長安大臣薦遵爲大司馬護軍與歸德侯劉颯使匈奴匈奴亦遣使來獻漢復令視報命

段郴（丑吟切）爲中郎將建武二十六年南單于遣使詣闕奉稱藩臣遣郴副校尉王郁使南單于三十一年單于薨郴將兵赴弔祭以酒米

鄭衆爲越騎司馬明帝永平八年北單于遣使來朝命衆北使報命

甘英爲西域都護班超掾和帝永元九年超遣英使大秦抵條支臨大海欲度而安息西界船人謂英曰海水廣大往來者逢善風三月乃得度若遇遲風亦有三歲者故入海人皆齎三歲糧海中善使人思土戀慕數有死亡者英聞之乃止皆前世所不至山經所未詳莫不備其風土傳其珍怪焉

蜀馬良爲侍中時東征吳遣良入武陵招納五溪蠻夷蠻夷渠帥皆受印號

吳康泰爲中郎使扶南先是漢和帝時天竺數遣使
貢獻魏晉絶不復通唯吳時扶南王范旃遣親人蘇
勿使其國從南發投拘利口循海大灣中正西北入
歷言邊數國可一年餘到天竺江口逆水行七千里
乃至焉天竺王驚曰海極遠猶有此人乎即令觀視
國內仍差陳宋等二人以月支馬四匹報旃遣勿等
還積四年方至其時泰使扶南乃見陳宋等具問天
竺土俗云佛道所興也
劉咸會稽人爲吏黃武五年有大秦賈人秦論來到
交趾太守劉遐遣送詣大帝大帝問方土謠俗論具

以事對時諸葛恪討丹陽獲黝歙短人論見之曰大
秦希見此人大帝以男女各十人差咸送論咸於道
物故論乃徑還本國
南齊江景玄爲益州刺史劉悛使丁零宣國威德道
經鄯善于闐鄯善爲丁零所破人民散盡于闐尤信
佛法丁零僭稱天子勞接景玄使反命茵芮嘗縣河
南道而抵益州
後魏高徽宣武延昌中假員外散騎常侍使於嚈噠
西域諸國莫不敬憚之破雒侯烏孫並因之以獻名
馬

劉長文爲大鴻臚卿持節拜高麗王安
孫紹孝明正光初兼中書侍郎使高麗
元孚從出帝入關爲司空兼尚書令太保持蠕蠕主
與孚相識先請見孚然後遣女于是乃使孚行蠕蠕
君臣見孚莫不歡悅奉皇后來歸
北齊斛律羌舉爲東夏州刺史時高祖欲招懷遠夷
令羌舉使於阿至羅宣揚威德前後稱旨甚被知賞
張纂爲右光祿大夫使於茹茹
後周庫狄峙初爲西魏黃門侍郎時與東魏爭衡蠕
蠕衆數爲邊患朝議欲結和親乃使峙往

王慶爲將軍使吐渾與其分疆仍論和好之事
隋元暉初仕後周爲武伯下大夫時突厥屢爲寇患
朝廷時結和親令賫錦綵十萬使于突厥
長孫晟初仕後周爲司衛上士宣帝時突厥攝圖請
婚于周以趙王招女妻之然周與攝圖各相誇競妙
選驍勇以充使者因遣晟副汝南公宇文慶送千金
公主至于其牙前後使者數十輩攝圖多不禮見晟
而獨愛焉開皇四年爲奉車都尉副虞慶則使於攝
圖七年攝圖死晟持節拜其弟處羅侯莫何可汗八
年處羅侯死又遣晟往弔十三年又使焉

辛彦之仕周爲開府儀同三司奉使迎突厥皇后
賀若誼仕周爲直閤將軍嘗使詣杏城屬茹茹種落攜貳齊遣其舍人楊暢結好於茹茹太祖悉其并力爲邊境之患使誼聘茹茹誼因啗以厚利茹茹信之遂與周連和執暢付誼太祖嘉之
長孫平爲工部尚書時突厥達頭可汗與都藍可汗相攻各遣使請援高祖使平持節宣諭令其和解賜縑三百疋良馬一匹而遣之平至突厥所爲陳利害遂各解兵
柳謇之爲光禄少卿時吐谷渾來降朝廷以宗女光

化公主妻之以謇之兼散騎常侍送公主於西域俄而突厥啓民可汗求結和親復令謇之送義成公主於突厥
杜行滿爲司隷從事煬帝即位之後遣行蒲使於西域至安國得五色鹽而返
常駿爲屯田主事煬帝即位募能通絕域者大業三年駿與虞部主事王君政等請使赤土帝大悅賜駿等帛各百疋時服一襲而遣齎物五千段以賜赤土王其年十月駿等自南海郡乘舟晝夜二旬每值便風至焦石山而過東南泊陵伽鉢拔多洲西與林邑相對上有神祠焉又南行至獅子島自是島於赤土又行二三日西望見狼牙須國之山於是南達鷄籠島於赤土之界其王遣婆羅門鳩摩羅以船三十艘來迎吹蠡擊鼓以樂隋使進金鏁以纜駿船月餘至其都王遣其子那邪迦請與駿等禮見先遣人送金盤貯香花并鏡鑷金合二枚貯香油金瓶八枚貯香水白疊布四條以擬供使者盥洗其日未時那邪迦又將象二頭持孔蓋以迎使人并致金花金盤以藉詔函男女百人奏蠡鼓婆羅門二人道路至王宮駿等奉詔上閣王以下皆坐宣詔訖引駿等坐奏天竺

樂事畢駿等還館又遣婆羅門就館送食以草葉爲盤其大方丈因謂駿曰今是大國中人非復赤土國矣飲食疎薄願爲大國意而食之後日請駿等入宴儀衛導從如初見之禮王前設兩牀牀上並設草葉盤方一丈五尺上有黃白紫赤四色之餅牛羊魚鼈猪蝳蝐之肉百餘品延駿升牀從者坐於地席各以金鍾置酒女樂迭奏禮儀甚厚尋遣那邪迦隨駿貢方物并獻金芙蓉冠龍腦香以鑄金爲多羅葉隱起成文以爲表金函封之令婆羅門以香花奏蠡鼓而送之既入海見綠魚羣飛水上浮海十餘日至林邑

東南並山而行其海水濶千餘步色黃氣腥舟行一日不絶云是大魚糞也循海北岸達於交阯駁以六年春與那耶迦於引農謁帝帝大悅賜駁等物二百段俱授秉義尉迦那等官賞各有差

裴清爲文林郎煬帝遣清使於倭國渡百濟行至竹島南望耽羅國經都斯麻國迥在大海中又東至一支國又至竹斯國又至東秦王國其人同於華夏以爲夷洲疑不能明也又經十餘國達於海岸自竹斯國以東皆附庸於倭王

韋節爲侍御史與司隷從事杜行滿使於西藩諸國

至罽賓得碼碯杯王舍城得佛經史國得十儛女師子皮鼠毛而還

唐劉文靜爲晉陽司馬高祖起義文靜請連突厥以益兵威高祖因遣文靜使于始畢可汗

襄武公琛與大常卿鄭元璹齎女妓遺突厥始畢可汗以結和親

高表仁爲新州刺史貞觀中倭國朝貢太宗矜其道遠詔所司無令歲貢又遣表仁持節撫之表仁浮海數月方至云路經地獄之門親見其上氣色蓊鬱有烟火之狀若鑪鎚號叫之聲行者聞之莫不危懼

郭元振爲通泉尉則天聞其名召見與語甚奇之時吐蕃請和乃授元振右武衛鎧曹充使聘於吐蕃

蕭斯爲右散騎常侍武宗大曆九年爲迴鶻宣慰使

崔漢衡以簡較禮部員外郎大曆六年爲和吐蕃副使還遷右司郎中後爲鴻臚卿建中四年加簡較工部尚書復使吐蕃

韋倫爲郴州防禦使坐事貶隋州司馬建中初德宗選堪使絶域者擢拜倫太常少卿兼中丞持節充通和吐蕃使倫至蕃中宣諭皇恩次述國家威德遠振蕃人大悅贊普入獻方物使還遷大常卿再入吐蕃

西蕃畏服

樊澤爲都官員外郎充和蕃使蕃中用事宰相尚結贊深禮之

于頔以櫟陽主簿攝監察御史充入蕃使判官後爲司門員外郎兼侍御史充西蕃計會使

張薦爲太常博士貞元四年迴紇求和親使送咸安公主入迴紇以薦爲判官改授殿中侍御史累遷諫議大夫十一年冊迴紇可汗薦以秘書少監持節爲使還久之遷秘書監二十年吐蕃贊普死以薦爲工部侍郎兼御史大夫持節往弔贈卒於赤嶺東紇牌

驛吐蕃傳歸其柩順宗即位贈禮部尚書前後三使
異國
袁滋爲祠部郎中兼御史中丞充冊南詔使及還以
清平官尹輔酋來朝
呂溫爲左拾遺貞元二十年副工部侍郎張薦爲入
吐蕃使吐蕃以中國喪禍留溫經年
武少儀爲太常少卿元和四年命少儀兼御史中丞
持節充冊立南詔及弔祭使先是諫議大夫段平仲充使繼命諫議大夫呂元膺充湖南江西宣慰使議者以爲諫議盡去慮乖大體繇是元膺行平仲繼止乃遣少義
段佑爲太常博士元和中廻紇請和憲宗仍命宗正

少卿李孝誠奉使宣命以佑爲副
鄭權爲右散騎常侍長慶二年自廻鶻告哀廻穆宗
初即位欲重其使以權嘗歷顯位器質魁偉有詞辯
可以將命故選任之至虜庭詞氣頗得使臣之體虜
衆敬憚焉
劉元鼎爲大理卿長慶二年自吐蕃使還對於麟德
殿奏在來渡黃河上流在洪濟橋去西南千餘里其
水極爲淺狹春可揭涉秋夏則以船渡其南三百里
餘有三山形如鏊河源在其間水甚清冷流出六十
里然經一赤岸長五十餘里土色如頳河流經歷水
色遂赤續爲諸水所注漸就黃濁又其源西去蕃中
烈館約四驛每驛約二百餘里東北去莫賀延磧尾
約五百餘里其磧尾濶五十里向南漸狹小北自沙
州之西乃南入吐渾國至北轉微故號磧尾計其地
理當劍南之直西元鼎初見贊普於悶但盧川蓋贊
普夏衙之所其川在邏娑川南百里臧河之所流也
李從易爲宗正少卿文宗太和四年兼御史中丞賜
紫金魚袋充入吐蕃答賀正使
後唐李彦楷爲供奉官明宗天成元年與高品李光
裕使雲南

烏昭遠爲左金吾衛將軍天成二年以昭遠守左衛
上將軍充入蠻國信使

巡按福建監察御史臣李嗣京　訂正

知閩縣事　臣曹思臣　參閱

知建陽縣事　臣黄國琦　較釋

奉使部十二

羈留　死事

羈留

古者念國事之重愼出疆之選故欽旜拭璧著乎法制皇華四牡形於風什至若冒威强隣投身絶域遇責言之禍因加兵之勢國患未弭道閉不通拘留別

館燋悴窮海嬰縲紲之苦極羈愁之感乃有持節不屈誓志無苟與言懍慨以聳其聽移書引喻以動其心終受禮而遂歸能蒙恥而有守此固精剛内激忠純不二雖濱乎九死嬰是多難而保令名於將來爲良史之稱述不亦韙哉

石買孫蒯皆衛大夫魯襄公十七年伐曹取重丘曹人愬于晋十八年夏晋人執衛行人石買于長子執孫蒯于純留石買即是伐曹者宜即治本罪而晋因爲其行人執之故書行人以罪晋

陳無宇齊大夫魯昭公二十年四月送女致少姜齊韓須如齊逆女少姜有寵於晋侯謂之少齊爲立別號所以寵異之謂陳無宇非卿欲使齊以適夫人禮送少姜執諸中都中都晋邑在西河界休縣東南少姜爲之請曰送從逆班班列也畏大國也猶有所易是以亂作韓須公族大夫陳無宇上大夫言齊畏晋改易禮制使上大夫逆故此執辱之罪蓋少姜謙以示譏叔向言於晋侯曰彼何罪彼無宇君使公族逆之齊使上大夫送之猶曰不共君求以貪國則不共逆畢於送是晋國不共而執其使君刑已頗何以爲盟主且少姜有辭謂請無宇之辭冬十月陳無宇歸

蹶繇吳子之弟也魯昭公五年冬楚子伐吳以驛至於羅汭驛傳也羅水名吳子使蹶繇犒師楚人執之將以釁鼓王使問焉曰女卜來吉乎對曰吉寡君聞君將治

兵於敝邑卜之以守龜曰余亟使人犒師請行以觀王怒之疾徐而爲之備尚克知之言吳今龜如此龜兆告吉曰克可知也君若驩焉好逆使臣茲敝邑休怠休解也而忘其死亡無日矣今君奮焉震電馮怒馮盛也虐執使臣將以釁鼓則吳知所備矣敝邑雖羸若早脩完完器備其可以息師息楚師難易有備可謂吉矣且吳社稷是卜豈爲一人使臣獲釁軍鼓而敝邑知備以禦不虞其爲吉孰大焉國之守龜其何事不卜言甞卜一臧一否其誰能常之城濮之兆其報在邲城濮戰楚卜吉其効乃在邲今此行也其庸有報志言吳有報楚意乃弗殺是行遂

吳早設備楚無功而還以蹶繇歸十九年令尹子瑕言蹶繇於楚子曰彼何罪諺所謂室於怒市於色者楚之謂矣言靈王怒吳子而執其弟猶人忿於室家而作色於市人舍前之忿可也乃歸蹶繇

季孫意如魯大夫平子也昭公十三年平丘之會晉昭公使叔向辭昭公弗與盟子服惠伯曰晉信蠻夷而棄兄弟蠻夷晉也兄弟魯也其執政貳也報政之日有二心於莒而助之貳必失諸侯豈唯魯然夫失於政者必毒於人魯懼及焉不可以恭必使上卿從之季平子曰然則意如平若我往晉必患我誰爲之貳患謂見報二副也子服惠伯曰

椒既言之矣敢逃難乎椒請從椒惠伯名晉人執平子子服惠伯見韓宣子宣子晉正卿曰夫盟信之要也晉爲盟主是主信也若盟而棄魯信抑闕矣昔欒氏之亂齊人聞晉之禍伐取朝歌間侯也欒氏晉大夫欒盈也獲罪奔楚自楚奔齊魯襄二十三年齊莊公納盈不克秋伐晉取朝歌朝歌晉邑也我先君襄公不敢寧處使叔孫豹發師散賦踦跂畢行無有處人以從軍使次於雍渝晉地也與邯鄲勝擊齊之左邯鄲勝晉大夫趙旃之子須子勝也左布軍也掎止晏萊焉從後日掎止獲也晏萊齊大夫齊師退而後敢還非以求遠也非以遠求功也以魯之密邇於齊而又小國也齊朝駕則夕極於魯國至也至不敢憚其患而與晉

共其憂亦曰庶幾有益於魯國乎益謂得晉之力也今信蠻夷而棄之夫諸侯之免於君者將安勸矣若棄魯而苟固諸侯羣臣敢憚戮乎諸侯之事晉者魯爲勉矣若以蠻夷之故棄之其無乃得蠻夷而失諸侯之信乎子其利者小國共命宣子說乃歸季孫

叔孫婼魯大夫昭公二十三年正月邾師過武城遂取之獲鉏弱地邾人愬于晉晉人來討叔孫婼如晉晉人執之使與邾大夫坐坐訟曲直叔孫曰列國之卿當小國之君固周制也在禮卿得會伯子男故曰當小國之君邾又夷也邾雖有東夷之風寡君之命介子服回在子服回魯大夫爲叔孫之介副請

使當之不敢廢周制故也乃不果坐韓宣子使邾人聚其衆將以叔孫與之與邾使執之叔孫聞之去衆與兵而朝士彌牟謂韓宣子彌牟士景伯曰子弗良圖而以叔孫與其讎叔孫必死之魯亡叔孫必亡邾邾君亡國將焉歸特邾君在晉若亡國無所歸將益晉憂子雖悔之何及所謂盟主討違命也若皆相執焉用盟主聽邾衆取叔孫是爲諸侯皆得輙相執乃弗與使各歸一館分別叔孫子服回士伯聽其辭而愬諸宣子乃皆執之二子辭不屈故士伯愬而執之士伯御叔孫從者四人過邾館以如吏欲使邾人見叔孫之屈辱先歸邾子士伯曰以芻蕘之難從者之病將館子於都都別都謂箕也叔孫旦而

立期立待命也從且至旦爲期乃館諸箕舍子服昭伯於他邑別囚
之范獻子求貨於叔孫使請冠焉以求冠爲辭取其冠法
而與之兩冠曰盡矣既送作冠樣法又進二冠以與之爲若不解其意爲叔
孫故申豐以貨如晉欲行貨以免叔孫叔孫曰見我吾告汝
所行貨見如不出留申豐不使得出不欲以貨免二十四年正月晉
士彌牟逆叔孫于箕將我禮而歸之叔孫使梁其踁待于門
內踁叔孫家臣曰餘左顧而欬乃殺疑士伯來殺也故謀殺之右顧而
笑乃止叔孫見士伯士伯曰寡君以爲盟主之故是
以久子久執子以謝邾不腆敝邑之禮將致諸從者使彌牟
逆吾子叔孫受禮而歸

冊府元龜　奉使部　羈留　卷之六百六十三　五

樂祁宋大夫魯定公六年秋八月樂祁言於景公曰
諸侯唯我事晉今使不往晉其憾矣樂祁告其宰陳
寅以與公言告之陳寅曰必使子往它日公謂樂祁曰唯寡人
說子之言子必往陳寅曰子立後而行吾室亦不亡
唯君亦以我爲知難而不行寅即晉政多門往必有難故使樂祁立後而行
也見溷而行溷樂祁子也見於君立以爲後趙簡子逆而飲之酒於
緜上獻楊楯六十於簡子楊木名陳寅曰昔吾主范氏
今子主趙氏又有納焉以楊楯賈禍弗可爲也已知范氏必怨將得禍
然子死晉國子孫必得志於宋以其爲國死范獻
子言於晉侯曰以君命越疆而使未致使而私飲酒

不敬二君不可不討也乃執樂祁獻子知祁非趙氏經所以稱行人
八年二月趙鞅後言於晉侯曰諸侯唯宋事晉好逆
其使猶懼不至今又執之是絶諸侯也將歸樂祁士
鞅曰三年止之無故而歸之未必叛晉執樂祁在晉六年獻
子私謂子梁獻子已數子梁樂祁曰寡君懼不得事宋君是以
止子子姑使溷代子溷樂祁子子梁以告陳寅陳寅曰宋將
叛晉是棄溷也不如待之留待勿以子自代樂祁歸卒于太
行太行晉東南山士鞅曰宋必叛不如止其尸以求成焉乃
止諸州

漢張騫漢中人武帝建元中爲郎時匈奴降者言匈

冊府元龜　奉使部　羈留　卷之六百六十三　六

奴破月氏王月氏西域胡國也以其頭爲飲器匈奴傳云以所破月氏王
頭共飲血盟然則飲酒之器是也月氏遁而怨匈奴無與共擊之無人
援助也漢方欲事滅胡聞此言欲通使道必更匈奴中
更過也音工衡反乃募能使者騫以郎應募使月氏與堂邑
氏奴甘父堂邑氏之奴本胡人名甘父下云堂邑父者蓋取主之姓以爲氏而单稱其名曰父
俱出隴西經匈奴過由奴奴過匈奴得之傳詣单于单于
曰月氏在吾北漢何以得往使吾欲使越漢肯聽我
乎留騫十餘歲予妻有子然騫持漢節不失居匈奴
西騫因與其屬亡鄉月氏屬謂同使之官屬鄉讀曰向西走數十
日走趨也不指知其道里多少故以日數言之走音奏一曰走謂奔走也讀如本字至大宛

問漢之饒財欲通不得見騫喜欲問何之騫曰為漢使月氏而為匈奴所閉道今亡唯王使人道送我（道讀曰導）誠得至反漢漢之賂遺王財物不可勝言大宛以為然遣騫為發道譯抵康居（抵至也）康居傳致大月氏大月氏王已為胡所殺立其夫人為王既臣大夏而君之（以大夏為臣為之作君也）地肥饒少寇志安樂又自以遠遠漢殊無報胡之心（下遠音千萬切）騫從月氏至大夏竟不能得月氏要領（要衣要也領衣領也凡持衣者則執要與領言騫不能得月氏意趣無以持歸於漢故以要領為喻要音二功切也）留歲餘還並南山欲從羌中歸（並音步浪切）復為匈奴所得留歲餘單于死國內亂騫與胡

妻及堂邑父俱亡歸漢拜騫太中大夫堂邑父為奉使君騫為人彊力寬大信人（彊力言堅忍於事）蠻夷愛之堂邑父胡人善射窮急射禽獸給食（給供也）初騫行時百餘人去十三歲唯二人得還

郭吉（史不載何官）武帝元封元年十月親巡朔方歷上郡西河出長城北登單于臺勒兵十八萬以建武節使吉諷告單于吉既至匈奴匈奴主客問所使（主客主接諸客者也問以何事而來）郭吉卑體好言曰吾見單于而口言單于見吉曰南越王頭已縣於漢北闕下今單于即能前與漢戰天子自將兵待邊即不能亟南面而臣於漢（亟急也音居力反）何但遠走亡匿於幕北苦寒無水草之地為（但空也）語卒單于大怒立斬主客見者而留郭吉不歸遷辱之北海上而單于終不肯為寇於漢邊（又云征和四年匈奴單于遣使遺漢書漢遣使者報送單于使單于使左右漢難使者曰漢禮義國繇二師道前大子發兵反何也使者曰然乃丞相私與太子爭鬬太子發兵欲誅丞相丞相誣之故誅丞相此子弄父兵罪當笞小過耳孰與冒頓單于身殺其父代立帝妻后母禽獸行也單于留使者三歲）

蘇武字子卿初為移中廄監（移中廄名）時漢連伐胡故數通使相窺觀匈奴留漢使郭吉路充國等前後十餘輩匈奴使來漢亦留之天漢元年武帝遣武以中郎將使持節使匈奴使留在漢者武與副中郎將張勝

及假吏常惠等既至匈奴單于益驕武留單于庭十九歲廼還

宋桓榮祖為冗從僕射明帝遣說薛安都為安都所拘不得還因收集部曲為安都將領假署寇軍將軍安都引虜入彭城榮祖攜家屬南奔朐山虜遣騎追之不及榮祖懼得罪乃逃遁淮上

後梁庾信為右衛將軍散騎常侍聘于周屬大軍南討遂留長安江陵平拜使持節撫軍將軍右金紫光祿大夫都督

陳徐陵初仕梁武帝為通直散騎常侍使魏及侯景

寇京師父擒先在圍城內陵不奉家信會齊受魏禪
元帝承制於江陵復遣使於齊陵累求復命終拘留
不遣陵乃致書於僕射楊遵彥曰夫一言所感凝暉
照於魯陽一志冥通飛泉湧於疏勒況復元首康哉
股肱良哉鄰國相聞風教相期者也天道窮剝鍾亂
本朝情計馳惶公私哽懼而骸骨之請徒淹歲寒顛
沛之期空盈卷軸是所不圖也非所而望執事不聞
之乎昔分鼇命鳳之世觀河拜雒之年則有白鳥流
災風禽騁暴天傾西北地缺東南感旱坼三川長波
含五嶽我大梁應金圖而有亢纂王鏡而猶屯何則

聖人不能爲時斯固窮通之嘗理也至如荆州刺史
湘東王機神之所無寄名言陶鑄之餘猶爲堯舜雖
復六代之舞陳於總章九州之歌登於司樂虞夔拊
石晉曠調鍾未足頌此英聲無以宣其盛德者也若
使郊禋楚翼寧非夏杞之君戡定艱難便是㓜周之
霸豈徒鬭王徙雍朞月爲都姚帝遷河周年成邑方
今越裳藐藐馴雉北飛肅愼茫茫風牛南偃吾君之
子含識知歸而答旨云何投身如期斯所未喻一也
又晉熈等郡皆入貴朝去我尋陽徑途何幾至於鐙
鐙曉儵的的烽霄隔溆浦而相聞臨高臺而可望泉

流寶盌遥憶湓城峯號香爐依然廬嶽日者鄱陽嗣
王治兵匯泒屯戍淪波朝夕牋書春秋方物吾無從
而躡蹻彼何路而齊鑣豈其然乎斯不然矣又近者
邵陵王通和此國郢中上客雲聚魏都鄴下名卿風
馳江浦豈盧龍之徑於彼新開銅駝之街於我長閉
何彼途甚易非勞於五丁我路爲難如登於九折地
不私載何其爽歟而答旨云還路無從斯所未喻二
也晉熈盧江義陽安陸皆云欵附非復危邦計彼中
途便當靜晏自斯以北桴鼓不鳴自此以南封疆未
一如其境外脫殞輕軀幸非邊吏之羞何在匹夫之

命又此㞕賓遊通無貨殖委非韓起聘鄭私買玉鐶
吳札過徐躬掛寶劍𨪳來宴錫凡厥囊裝行役淹留
皆已虛罄散有限之餘財供無期之久客斯可知矣
且㓗圖刎首愚者不爲運斧全身庸流所鑒何則生
輕一髮死重千鈞不以貫盜明矣骨肉不任充咼俎
皮毛不足入貨財盜有道焉吾無憂矣又公家遣使
脫有資須本朝非隆平之時遊客豈皇華之勢輕裝
獨宿非勞聚橐之儀微騎間行寧望輶軒之禮歸人
將從私其驃驢緑道亭鄣唯希蔬𥹸若曰留之無煩
於執事遣之有費於官司或以顛沛爲言或云資裝

可懼雖非通論皆是外言斯所未諭三也又若以吾徒應還侯景侯景凶逆殲我國家天下含靈人皆憤厲既不獲投身社稷衛難乘輿四家磔蚩尤千剸剮王莽安所謂俛首頓膝歸奉寇讐佩弭腰鞭爲其皁隸日者通和方敦曩睦凶人徂詐遂駭猳心頗疑宋萬之誅彌懼荀罃之請所以奔蹄勁角專恣憑凌凡我行人偏膺讎憾正從葅醢骨抽舌探肝於彼凶情猶當未雪海内之所知也君侯之所見焉又聞本朝公王都人士女風行雨散東播西流京邑丘墟蓁蓬蕭瑟偃師還望咸爲草萊霸陵回首俱沾霜露此

又君之所知也彼以何義爭免寇讐我以何親爭歸委質昔鉅平貴將懸重於陸公叔向名流深知於駿篾吾雖不敏嘗慕前修不圖明庶有懷翻其以此量物昔魏氏將亡羣凶挺爭諸賢戮力想得其名爲葛榮之黨邪爲邢果之徒耶如日不然斯所未諭四也假使吾徒還爲凶黨侯景生於趙代家自幽當居則台司行爲連率山川形勢軍國彝章不勞請著爲籌便當屈指能算景以逋逃小醜羊豕同羣身寓江皋家流河朔春春井井如鬼如神其不然乎抑又君之所知也且夫宮闈秘事並若雲霄英俊訏謨寧非帷幄或揚鷙而定策或焚藁而奏書朝廷之士猶難參預羈旅之人何階耳目至於禮樂沿革刑政寬猛則謳謡已遠萬舞成風不知手之舞之足之蹈之也安在摇其齒牙爲間諜哉若謂復命西朝終奔東虜雖齊梁有隔尉候奚殊豈以河曲之難浮而曰江關之可濟河橋馬渡寧非宋典之姦關路鷄鳴皆曰田文之客何其通蔽乃爾相妨斯所未諭五也又兵交使在雖著前經儻同徇僕之尤追肆寒山之怒則凡諸元帥並釋縲囚爰及偏裨同無翦馘乃至鍾儀見赦明發遵途襄左蒙歸虞歌引路吾等張旝拭王修好

尋盟洙泗之與浮河郊勞至於矟賄公恩既被賓敬無違今者何譽翻蒙貶責若以爲言斯所未諭六也若曰妖氛永久喪亂悠然哀我奔波存與形魄固已銘茲厚德戴此洪恩譬渤澥而俱深方嵩華而猶重但山梁飲啄非有意於樊籠江海飛浮本無情於鍾懸況吾營魂已謝餘息空留悲黙爲生何能致久是即雖家養護更天天年若以此爲言斯所未諭七也若云逆豎殲夷當聽反命高軒繼路飛蓋相隨未解其言何能善謔夫屯亨治亂有意於前期謝嘗侍今年五十有一吾今四十有四介已知命賓又拭鄉評

彼後生肩隨而已豈銀臺之要彼未從師金竈之方
吾知其決正恐南陽菊水竟不延齡東海桑田無踪
可望若以此爲言斯所未諭八也足下清襟勝託書
圃文林凡有洪荒終乎幽厲如吾今日寧有其人爰
至春和微宜商畧夫宗基彌墜霸道昏凶或執政之
多門或陪臣之凉德故藏孫有禮翻囚與國之賓周
伯無訾空怒天王之使遷箕卿於兩館縶驥子於三
年斯非貪亂之風邪寧當今之高例也至於雙崤且
帝四海爭雄或搆趙而侵燕或連韓而謀魏身求盟
於楚殿躬奪璧於秦庭輸寶鼎以託齊王馳安車而

誘梁客其外膏脣販舌分路揚鑣無罪無辜如兄如
弟逮乎中陽受命天下同規巡省諸華無聞幽辱及
三方之霸也孫甘言以娬媚曹屈詐於羈縻旋軫歲
到於勾吳寇蓋年馳於庸蜀則客嘲殊險賓戲已深
共盡遊談誰云猜忤若使搜求故實脫有前蹤恐是
叔世之姦謀而非爲邦之勝畧也抑又聞之雲師火
帝澆淳乃異其風龍躍鱗驚王霸雖殊其道莫不從
君親以銘物敦敬養以治民預有邦司曾無隆替吾
奉違溫凊身屬亂離寇虜倡狂公私播越蕭軒靡御
王舫誰持瞻望鄉關何心天地自非生憑廪付源出

王桑行路貪情猶其相愍嘗謂擇官而仕非曰孝家
擇事而趨非云忠國况乎欽承有道驂駕前王郎吏
明經鵷鷺知禮巡省方化咸問高年東序西膠皆尊
耆耋至以珪璋王帛通聘來朝屬世道之屯期鍾生
民之否運兼年累載無申元直之私哭泣吞聲長對
公閭之怨情禮之訴將同逆鱗忠孝之言皆應封舌
是所不圖非所仰望也且天倫之愛何得忘懷妻子
之情誰能無累夫以清河公主之貴餘姚書佐之家
莫限高卑皆彼驅畧自東南醜虜抄販饑民臺署郎
官俱餧墻壁况吾生離死別多歷暄寒孀室嬰兒何

言可念如得生還鄉土躬自推求猶冀提携俱免凶
虞夫四通不違華陽君所謂亂臣百姓無寃孫叔稱
爲良相足下高才重譽參贊經綸非豹非貔聞詩聞
禮而中朝大義曾未矜論清禁嘉謀安能相及諤諤
非周舍容容頻胡廣何其無諍臣哉歲月如流平生
何幾晨看旅鴈心赴江淮昏望牽牛情馳楊越朝千
悲而掩泣夜萬緒而回腸不自知其爲生不自知其
爲死也足下素挺詞鋒兼長理窟漢丞相解頤之說
樂令君清耳之談向所諮疑請能曉諭若鄙言爲謬
來旨必通分請灰釘耳從斧鑊何但規規默默齰舌

低頭而已哉若一理存焉猶希矜眷何必期令我等必死齊都足趙魏之黄塵加幽并之片骨遂使東平拱樹長懷向漢之悲西雒孤墳常表思鄉之夢于祈以鳴咽慟增深遵彥更不報書及江陵陷齊送貞陽侯蕭淵明爲梁嗣乃遣陵隨還

袁憲武帝永平元年爲中書侍郎兼散騎常侍與黄門侍郎王瑜使齊數年不遣天嘉初乃還

後魏賀狄干爲北部大夫道武遣狄干致馬千匹結婚於姚萇會萇死興立因止狄干而絶婚

秦王觚翰之子也勇烈有膽氣少與兄儀從道武侍

衛左右使於慕容垂垂末年政在羣下遂止觚以求賂道武絶之觚率左右馳還爲垂子寶所執垂待之更厚 又云叔孫建隨秦王觚使慕容垂歷六載乃還

耿貳 史不載官 使於北燕馮跋跋遣其黄門郎常陋迎之于道跋爲不稱臣怒而不見及至跋又遣陋勞之貳忿而不謝跋散騎常侍申秀言於跋曰陛下接貳以禮而敢驕蹇若斯不可容也中給事馮懿以傾佞有幸盛稱貳之虔傲以激跋曰亦各有志也匹夫尚不可屈况一方之主乎請幽而降之跋乃留貳不遣

後周元偉爲小司寇武帝建德四年偉爲使報聘于齊是秋帝親戎東討偉遂爲齊人所執六年平齊偉方見釋帝以其久被幽縶加授上開府

伊婁謙爲宣納上士武帝將伐齊使謙聘齊觀釁帝尋發兵齊王知之令其僕射楊休之責謙曰貴朝盛夏徵兵馬首何向謙答曰僕馮式之始未聞興師設復西增白帝之城東益巴丘之戍人情常理豈足怪哉謙參軍高遵以情輸於齊遂拘留謙不遣

陳許善心爲直通散騎聘隋遇高祖伐陳禮成而不獲反命累表請辭高祖不許留繫賓館

唐鄭元璹爲太常卿時突厥始畢可汗弟乙力設代

其兄爲叱羅可汗又劉武周將宋金剛與叱羅共爲犄角來寇汾晋高祖詔元璹入蕃諭以禍福叱羅竟不納乃欲總其部落入寇太原以爲武周聲援未幾叱羅遇疾療之弗愈其下疑元璹令人毒之乃囚執元璹不得歸叱羅竟死頡利嗣立留元璹每隨其牙帳經數年頡利後聞高祖遺其財物又許結婚始放元璹來還高祖勞之曰卿在虜庭累載拘縶蘇武弗過也拜鴻臚卿 又云武德四年四月突厥寇并拘我行人漢陽公環大常卿鄭元璹左驍衛大將軍長孫順德高祖大怒亦留其使人後鄭元璹數歲得還高祖謂曰卿古之蘇武張騫弗之過也凡五使突厥幾於死者數焉

源休爲京兆尹弔冊迴紇使德宗建中初休奉使至振武軍使張光晟已殺迴紇突董等帝初欲遂絶其使令休還待命於太原久之方遣仍令休歸其突董騔密施大小梅録等四屍突董者卽武義可汗之叔父也屍旣至可汗令宰相已下具彩車及馬來迎其宰相頡于思迦等坐大帳外雪中詰殺突董等故休曰突董等自與張光晟忿鬬而死非天子命也又問使者皆唐國負罪死不能自戮耶不然何假手於我殺之也凡將殺者數矣言頗悖慢乃引去供饌甚薄留之五十餘日乃得還可汗使謂休曰我國人皆欲

殺汝唯我不然汝國已殺突董等吾又殺汝猶以血洗血汙益甚爾吾今以水洗血不亦善乎所欠吾馬直絹一百八十萬匹當速歸之遣散支將軍康赤心等隨休來朝休竟不得見可汗尋遣赤心等歸與之帛十萬匹金銀十萬兩償其馬直

郭降爲鴻臚卿貞元六年奉使冊忠貞可汗可汗爲其弟所殺而簒立時廻鶻大將頡于迦斯西擊吐蕃未廻及四月其次相率國人殺簒者而立忠貞之子爲可汗年方十六七及六月頡于迦斯西討廻將至牙帳次相等懼其復有廢立不欲漢使知之留降數月令廻及頡于迦斯之至也可汗等出迎於郊野盛陳降所送國信器幣可汗與次相等皆俯伏自言廢立之繇且請命曰惟大相生死之悉以所陳器幣贈頡于迦斯以悦之可汗又拜泣曰兒愚幼無知今幸得立唯仰食於阿爹國政悉不敢問也廻鶻謂父爲爹可汗以子事之頡于迦斯以其卑遜與感乃相將號哭遂執臣子之禮焉盡以所贈器幣頒賜左右諸行從將士已無所受自是其國稍安乃遣達北勒梅録將軍告忠貞可汗之哀於我且請冊新君也

魏寳義史不載官爲幽州楊志誠春衣使文宗太和七年

志誠以簡較工部尚書轉簡較吏部尚書中使傔奔迴奏曰志誠怒不得僕射三軍有怨言兼他使焦奉鸞尹士恭並爲志誠縶留矣

强文彩史不載官爲安南送冬衣使爲黄洞賊所留

死事

烈士之節可殺而不可辱也蓋有備使乎之任秉不測之嶮危言抗論厲聲正色臨白刃而不撓履虎尾而無憚卓然守節甘心死地斯可謂使於四方不辱君命也已其或中反間之謀値變故之勢淪陷異域遭罹非命際會世難以隕厥身誠可悲也至有奄忽

被疾遊於客館復命中途號於左穀亦詩人盡瘁之斯在而春秋加等之俊及咸用論次著之于篇

伯蠲鄭大夫魯成公九年晋欒書伐鄭鄭人使伯蠲行成晋人殺之非禮也兵交使在其間可也

漢酈食其爲高陽里監門（高陽聚邑名屬陳留圉監門門卒也）高祖初爲漢王使食其說齊時韓信虜魏王破趙伐降燕定三國引兵將東擊齊聞漢王使酈食其已說下齊韓信欲止范陽辯士蒯通說信曰將軍受詔擊齊而漢獨發閒使下齊寧有詔止將軍乎（閒使謂使人伺閒隙而單行）何以得無行也且酈生一士伏軾掉三寸舌下齊七十

餘城也（掉搖）將軍將數萬衆廼下趙五十餘城爲將數歲反不如一豎儒之功乎於是信然之從其計遂渡河齊已聽酈生即留之縱酒罷備漢守禦信因襲齊歷下軍遂至臨淄齊王以酈生爲欺已而烹之

朱建子（臣欽若等曰朱建之子也史闕名）文帝時爲中大夫使匈奴單于無禮建子罵單于遂死匈奴中

安國少季（姓安國字少季）霸陵人武帝時南粵王嬰齊死子興嗣立其母爲太后初嬰齊爲太子入宿衛取邯鄲樛氏女及即位立爲后太后自未爲嬰齊妻時嘗與少季通及嬰齊薨後元鼎四年漢使少季諭王王太后入朝令辯士諫議大夫終軍等宣其辭勇士魏臣等輔其決（助命決義也）衛尉路博德將兵屯桂陽待使者王年少太后中國人少季往復與私通國人頗知之多不附太后太后恐亂起亦欲倚漢威勸王及幸臣求內屬即因使者上書請比內諸侯三歲一朝除邊關於是天子許之王太后將入朝其相呂嘉數諫（止也）王王不聽有畔心數稱病不見漢使者使者注意嘉勢未能誅王王太后亦恐嘉等先事發欲介使者權謀誅嘉等（介特也）置酒請使者大臣皆侍坐飲嘉弟爲將卒居宮外酒行太后謂嘉南粵內屬國之利而相

君苦不便者何也以激怒使者使者狐疑相杖遂不敢發太后欲誅嘉等力又不能嘉與其弟將卒攻殺太后王盡殺漢使者

谷吉元帝時爲衛司馬會致支單于怨漢擁護呼韓邪而不助已初元四年遣使奉獻因求侍子願爲內附漢議遣吉送之御史大夫貢禹博士康衡以爲春秋之義許夷狄者不一而足（言節制之不皆稱其所求也）今郅支單于鄉化未醇（不雜曰醇醇一也厚也）所在絕遠宜令使者送其子至塞而還吉上書言中國與夷狄有羈縻不絕之義今既養全其子十年德澤甚厚宜絕而不送近

從塞還示棄捐不畜（畜謂愛養也）使無鄉從之心（鄉從謂向化而徭命也）棄前恩立後怨不便議者見前江廼始無應敵之數知勇俱困以致恥辱即豫爲臣憂臣幸得建彊漢之節承明聖之詔論厚恩不宜敢桀（言郅支暴威當不敢傑黠）也若懷禽獸加無道於臣則单于長嬰大罪（嬰猶帶也）必遁逃遠舍不敢近邊（舍止也）沒一使以安百姓國之計臣之願也願送至庭（單于庭）帝以示朝者禹復爭以爲吉往必爲國取悔生事不可許右將軍馮奉世以爲可遣帝許焉既至郅支單于怒竟殺吉等

後漢伏隆字伯文瑯邪東武人仕郡督郵建武二年

張步兄弟各擁强兵據有齊地光武拜隆光祿大夫使於步即拜東萊守而劉永亦遣使立步爲齊王步貪受王爵猶豫未決隆曉譬曰高祖與天下約非劉氏不王今可得爲十萬戶侯耳步欲留隆與共守二州（二州青徐也）隆不聽求得反命步遂執隆而受永封隆遣間使上書曰臣隆奉使無狀受執凶逆雖有困尼授命不顧又使人知步反畔心不附之願以時進兵無以臣隆爲念臣得生到闕庭受誅有司此其大願若令沒身寇手以父母昆弟長累陛下陛下與皇后太子永享萬萬與天無極帝得隆奏召父湛流涕以示之曰隆可謂有蘇武之節恨不且許而遽求還也其後步遂殺之時人莫不憐哀焉

胡母班獻帝初爲執金吾與大鴻臚韓融少府陰脩將作大將吳脩越騎校尉王瓌安集關東後將軍袁術河內太守王康各執而殺之（班字公節太山人輕財好施以任俠聞焉）（袁紹河內太守）唯韓融獲免

蜀馬良爲侍中先主征吳遣良入武陵招納五溪蠻夷會先主敗績於夷陵良亦遇害

晉王運爲南海太守元帝命陶侃討杜弢弢乞降帝使運受弢降宣詔書大赦凡諸反逆一皆除之加弢

巴東監軍弢受命後諸將徇功者攻擊之不已弢不勝憤怒遂殺運而使其將王眞領精卒三千爲奇兵出江南向武陵斷官軍運路陶侃使伏波將軍鄭攀邀擊大破之

前秦閻負爲苻堅遣負及梁殊銜命下書徵張天錫負等到涼州天錫自以晉之列藩志在保境命斬之

宋朱超石仕晉爲河東太守其兄齡石先持節督關中諸軍事關中擾亂高祖時爲車騎將軍遣超石慰勞河雒至蒲坂值齡石自長安東走至曹公壘超石濟河就之與齡石俱沒爲佛佛所殺（臣欽若等曰佛佛即赫連勃勃）

孫長度爲奉朝請明帝遣使業代孔覬行會稽太守事使長度送仗與之并令召募行達晉陵衣標就其求仗長度不與爲標所殺追贈給事中

崔元孫爲尚書度支郎泰始二年青州刺史沈文秀反明帝遣明僧暠等與平原諸郡義兵伐之使元孫慰勞諸義軍元孫隨僧暠戰敗見殺追贈寧朔將軍冀州刺史

南齊車僧朗太祖爲齊王時遣使于魏會宋順帝亦遣殷靈誕使于魏魏孝文大饗群臣僧朗以班在靈誕之後辭不就席宋降人解奉君刃僧朗於會中詔

誅奉君等

梁張載爲太府卿時王琳爲湘州刺史恃功縱暴爲元帝所徵至江陵以下吏乃使載與廷尉黃羅漢宣慰琳軍陸納等及軍人並哭對使者莫肯受命乃縶羅漢殺載載性深刻爲帝所信荆州疾之如讎納等因人之欲抽其腸繫馬脚使繞而走腸盡氣絶又臠割備五刑而斬之

後魏秦愍王觚明王翰之子觚使於慕容垂垂末年政在羣下遂止觚以求賂道武絶之道武之討中山慕容普驎既自立遂害觚以固衆心帝聞之哀慟及平中山發普驎冢斬其尸收議害觚者高霸程同等皆夷五族以大刃剉殺之乃改葬觚追謚秦愍王封子夔爲豫章王以紹觚

高吞字明珍爲員外郎散騎侍郎與叔徽俱使西域還至河州遇賊攻圍城陷見害

崔長謙東魏孝靜天平中爲主客郎兼散騎常侍使梁還卒於宿預時人歎惜之以死王事贈驃騎將軍南青州刺史

崔士和爲中散大夫武定末蕭寶寅之在關中以士和爲督府長史時莫折生遣使詐降寶寅表士和兼

度支尚書爲隴右行臺令入秦撫慰爲念生所害

唐吳損爲諫議大夫兼御史中丞大曆中奉使吐蕃以疾歿于蕃中代宗憫之贈工部尚書

吳淑章敬皇后弟也德宗建中初爲左金吾大將軍時涇原兵叛駕幸奉天盧杞白志貞稱朱泚必當向順固無背叛之事德宗擇大臣可使者衆憚其行淑歎息謂親友曰國難不能死非人臣也吾忝恩戚知死所矣遂請使焉及至京城賊泚勉勞如嘗儀淑退而泚逆謀已決因害淑於四方館之前帝聞而哀悼久之廢朝一日贈太子太傅實封一百戶葬事官給

嫡子與正員五品官

孔巢父爲給事中興元二年李懷光擁兵河中巢父奉使宣慰旣傳詔旨懷光以巢父嘗使魏博田悅已死帳下恐禍及已又朔方蕃渾之衆數千皆在行列頗驕悖不肅聞罷懷光兵權且懷光素服待命而巢父不止之衆咸忿恚咄嗒曰太尉盡無官矣懷光亦不禁止遂害巢父及中官啖守盈焉德宗聞而驚悼久之贈尚書左僕射賜其家布帛米粟甚厚乃授一子正員官收復河中白所司備禮葬祭之

張薦爲秘書監貞元二十年吐蕃普贊死以薦爲工

冊府元龜奉使部死事　卷之六百六十三　二十五

部侍郎兼御史大夫持節往弔贈卒於赤眉東嶺東

紇伻驛吐蕃傳歸其柩順宗即位贈禮部尚書

薛存慶爲給事中穆宗長慶元年爲幽州宣慰使卒於鎮州以其介左拾遺狄兼暮終事詔贈吏部侍郎以其將命殁於外加等也

巡按福建監察御史臣李嗣京　訂正
知甌寧縣事臣孫以敬叅閲
知建陽縣事臣黃國琦較釋

奉使部十二

失指　辱命　挫辱　專恣　受賂

失指

夫銜皇華之任通二國之好而乏其專對之能失彼綏遠之指或吐詞過佞致終身而見跡或撫邊不恭召羣羌之抵冒請救兵而發其忿覆民哭而言無損

罔宣朝命不沃主心繇是自掇悔尤多從遣謫信史是載所以顯其顓蒙後生覧之猶或爲之媿赧者矣

魯隱公五年鄭伐宋入其郛宋人使來告命公聞其入郛也將救之問於使者曰師何及對曰未及國忿云知而故問公怒乃止辭使者曰君命寡人同恤社稷之難今問諸使者曰師未及國非寡人之所敢知也責窮辭

漢公孫弘武帝時爲博士使匈奴還報不合意奏事不合天子之意帝怒以爲不能弘乃托病免歸

義渠安國宣帝時爲光祿大夫使行諸羌行音下更切先零豪言願時度湟水北一零音憐豪帥長也湟水出金城臨羌塞外東入河湟水之北是漢地湟音皇逐民所不田處畜牧安國以聞趙充國劾安國奉使不敬是後羌人旁緣前言抵冒度湟水旁依也抵冒犯突而前旁音步浪切冒莫比切郡縣不能禁

吳張溫太帝時以輔義中郎將使于蜀既至詣闕拜章曰昔高祖以諒闇昌殷祚於再興成王以幼冲隆周德於太平功冐溥天聲貫罔極今陛下以聰明之姿等契往古總百揆於良佐參列精之炳燿遐邇望風莫不欣頼吳國勤任旉力清澄江滸願與有道平一宇內委心叶規有如河水軍事興煩使役乏少是以忍鄙倍之羞使下臣溫通致情好陛下敦崇禮義

未便恥忽臣自入遠境及即近郊頻蒙勞來恩詔輒加以榮自瞿悚但若驚譴奉所齎函書一封蜀甚貴其才而大帝陰銜溫稱美蜀政後終斥之

南齊茹法亮武帝時爲竟陵王司徒中兵叅軍巴東王子響於荊州殺僚佐帝遣軍西上使法亮宣旨慰勞安撫子響法亮至江津子響呼法亮法亮疑畏不肯往又求見傳詔法亮又不遣故子響怒遣兵破尹略軍事平法亮至江陵刑賞處分皆稱勑斷決軍還帝悔誅子響法亮被責

唐高表仁太宗時爲新州刺史貞觀十一年十一月

倭國使至太宗矜其路遠遣表仁持節撫之浮海數月方至表仁無綏遠之才與其王爭禮不宣朝命而還繇是復絶

元彦冲玄宗時爲陳留郡太守充河南道處置採訪使天寶十二載坐失移官詔曰元彦冲頃以宿名俾爲連率澄清之内寂慝未分廵略之中紀綱不振至於洪河所歷湍悍是嘗每軫朕懷恐爲人患况先有處分早令隄防如聞脩塞之間責成官吏决溢之後致損黎甿曾不存撫使來朝計及別差廵問遽請旋歸字牧之方有損成寄去就之外未爲得所豈可尚

居雄鎮仍在輶軒宜從薄懲俾申後効可使持節南陽郡太守

趙計代宗時大曆末爲御史會京畿水旱京兆尹黎幹奏損田戶部侍郎判度支韓滉執奏幹不實乃命廵覆時渭南縣令劉澡曲附度支且干善名以縣界田並無損白于府及戶部分廵計不欲忤度支奏報協澡帝覽奏以爲水旱咸均不宜渭南獨免申命侍御史朱敖再覆命渭南損田三千餘頃帝歎息久之大怒澡因謂敖曰縣令職在字人不損猶宜稱損損而不問豈存恤隱之意耶卿之此得可謂稱職下有司訊覆澡及計並伏罪及貶澡爲萬州南浦縣員外尉計爲澧州員外司戶參軍

成抗敬宗寶曆初爲右庶子兼御史中丞充入吐蕃答賀正使而抗獻章請事滿署其名帝以其誠敬有乖恐不能將命故以光祿卿李銑代焉抗貶饒州長史

羅讓寶曆中爲吏部郎中充滄州宣慰使是時李全畧既死其子同捷竊主兵事弔贈使廻朝廷又命讓等宣慰蓋欲示以威信冀其革心而讓與判官欒坤等至滄州莫能措一言授其書詔而歸殊失奉使之

旨

李從簡文宗開成初爲左金吾衛將軍兼御史中丞將命虜庭不能專對貶復州刺史

辱命

傳曰使於四方不辱君命可謂士矣夫達一國之政繫一介之使或奉執圭之信或專持斧之威周旋揖讓之間觀聽幾宜之際而乃辯對失禮稽違過期是爲辱命不克奉公孔子曰誦詩三百不能專對亦奚以多爲也

仍叔爲周大夫桓王使仍叔之子聘于魯仍叔之子

弱也仍叔之子來聘童子將命無速反之心久留在魯
華耦爲宋大夫聘于魯文公與之宴辭曰君之先臣
督得罪於宋殤公名在諸侯之策臣承其祀其敢辱
君華耦督曾孫也督弑殤公在桓二年耦自以罪人子孫故不敢屈辱魯君對共宴會請承命
於亞旅亞旅上大夫也魯人以爲敏無故揚其先祖之罪是不敏魯人以爲敏明君
子所不
與也
王叔爲周卿士靈王使王叔陳叔愬戎于晉戎陵之周室故
告愬盟主晉人執之士魴如京師言王叔之貳于戎也王叔
反有二心于戎失奉使之義故晉執之
孫文子衛大夫聘于魯公登亦登禮登階臣後君一等叔孫穆

子相趨進曰諸侯之會寡君未嘗後衛君體敵並登今吾
子不後寡君寡君未知所過吾子其少安安徐也孫子
無辭亦無悛容
漢王翁孺武帝時爲繡衣御史逐捕魏郡羣盜堅盧
等黨與及吏畏懦逗遛當坐者翁孺皆縱不誅它郡
御史暴勝之等奏殺二千石誅千石以下二千石者奏而殺之
其一千石以下則得誅及通行飯食坐連及者大部至斬萬餘
人翁孺以奉使不稱免
車千秋爲高寢令上書訟戾太子冤立拜大鴻臚數
月爲丞相後漢使者至匈奴使者史不書姓名單于問曰聞
漢新拜丞相何用得之言此人何以得爲相也使者曰以上書
言事故單于曰如是漢置丞相非用賢也妄一男子
上書即得之矣使者還道單于語武帝以爲辱命欲
下之吏良久迺貰之
魏邢貞史不書官文帝黃初二年使吳拜孫權爲吳王貞
入門不下車軍師張昭謂貞曰夫禮無不敬故法無
不行而君敢自尊大豈以江南寡弱無方寸之刃故
邢貞即遽下車
後魏元孚爲北道行臺孚持白虎幡勞阿那瓌於柔
玄懷荒二鎮間阿那瓌衆號三十萬陰有異意遂拘

留孚載以轀車日給酪一升肉一段每集其衆坐孚
東廂稱爲行臺甚加禮敬瓌遂南過至舊京後遣孚
等還因上表謝罪有司以孚事下廷尉丞高謙之云
孚辱命處孚流罪
盧度世爲散騎侍郎使于宋宋孝武遣其侍中柳元
景與度世接對度世應對失理還被禁劾經年乃釋
東魏鄭伯猷爲光祿大夫孝靜元象初以本官兼散
騎常侍使梁前後使人梁武令其侯王於馬射之日
宴對申禮伯猷之行梁武令其領軍將軍臧盾與之
相接議者以此貶之

北齊魏收為通直散騎常侍副王昕聘梁收在館遂買奴婢入館其部下有買婢者收亦喚取遍行姦穢梁朝館司皆為之獲罪人稱其才而鄙其行

後唐李彥珣明宗天成初為通事舍人嘗遣使東川至其境從人為董璋所收彥珣竄還以失敬故也

烏昭遇為供奉官天成初使于兩浙每以朝廷事私於吳人仍目錢鏐為殿下自稱臣謁鏐行舞蹈之禮及使廻副韓玫具述其事

李仁矩為客省使左衛大將軍天成中奉使東川張宴以召之仁矩貪於館舍與娼妓酣飲日既中而不

至大為璋所詬焉自是深銜之

蘇繼顏為閤門副使長興四年六月繼顏自夏州使廻朝見初令繼顏入夏州宣諭與夏州押衙賈師溫同行繼顏請繇蘆關路入樞密使謂之曰尚平關路平北無蕃部結集蘆關路險蕃部阻兵為患況與夏州牙將同行不如繇尚平關為便繼顏堅請繇蘆關及至蘆關果為蕃部阻路繼顏遂以勅書手詔授賈師溫令入夏州自於延州候師溫而還既朝見明宗怒其不親至夏州謂左右曰頃年楊彥溫據河中令供奉官任宣諭不入河中顧望而還尋皆責長流蘇繼顏如何處斷延光等皆不對

漢郭允明為翰林茶酒使煬帝乾祐元年命允明宣賜荊南高保融旌節官誥允明出自羣小舉動驕縱奉命之行令本司官徒荷御酒數十罌至渚宮每保融宴席之際惟厲聲索御酒自飲嘗出郭遣人步量壕塹之深淺城壘之高下以動保融多希贈遺

張誼為中書舍人乾祐元年與兵部郎中馬承翰俱銜命于兩浙覩其驕僭之失形於議論兼乘醉有輕肆之言錢俶恥之摭其過以奏之朝廷以方務懷柔責授誼房州司戶承翰慶州司戶

周李損為諫議大夫太祖廣順三年正月命使兩浙損受命之後過備行李務極華楚在朝親識及前任侯伯皆詣之强有假貸衆憚其利口皃率俛僶應副或有告王峻者峻召損深責之損拜謝而去又陳啓事願改前過仍有詛誓之語峻稍解然損亦如故有賣王帶者邀價千緡應聲取之約以使廻償價遂帶之即路所經州府無不强貸遣人齎書青州借錢千緡屬符彥卿移鎮天平遇之於路獻詩進說懇求借貸彥卿辭以移任干祈不已終借三百緡及至青州又於知州張凝借貸及在郵驛行止穢雜張凝具事

以聞太祖謂王峻曰李損所爲如此爭堪更至海外
峻乃請行貶逐尋改太府少卿李玭爲兩浙弔祭使
以代李損主客郎中盧振爲兩浙起復副使
金彥英本東夷人爲尚輦奉御奉使高麗稱臣於夷
王恭帝顯德六年決杖一百配流商州

挫辱

古者兵交使在其間蓋所以尚禮義而重誠明也降
自周季忠信陵遲以侯衛而執王人以蠻夷而辱漢
使暨南北分峙好問交通或佻怨之未平則禮遇之
多闕苟執節靡屈蹈義不廻雖罹厥艱蓋非其恥若

乃臨難而變矢謀不臧自貽其憂又誰咎也
周游孫伯爲大夫襄王十三年鄭人伐滑王使游孫
伯請滑鄭人執之
漢郭吉（史不書官）武帝元封元年巡邊使吉風告單于曰
能戰自將兵待邊不能亟南面而臣單于大怒立斬
主客而留吉不歸遷辱之北海上而單于終不肯爲
寇於漢邊
蘇武爲移中廐監天漢元年武帝遣武以中郎將使
持節使匈奴單于使衛律廹武降武終不可脅單于
愈益欲降之迺幽武置大窖中絕不飲食天雨雪武
齧雪與旃毛并咽之數日不死匈奴以爲神乃徙武
北海上無人處使牧羝氏乳乃得歸其別官屬常惠
等各置他所
趙德爲軍候元帝時使罽賓與陰末赴相失（失意）陰
末赴鎖琅當德（琅當長鎖也若今之禁繫人鎖矣）殺副巳下數十餘
人遣使者上書謝帝以絕域不録放其使者於縣度
絕而不通
張正爲太中大夫成帝時夜郎王興相攻漢遣正和
解興等不從命刻木象漢吏道旁謝之
後漢伏隆爲太中大夫光武拜隆光祿大夫復使於

張步即拜步爲東萊太守而劉永亦復遣使立步爲
齊王步貪受王爵遂執隆而受永封
馬日磾爲太尉獻帝時奉使袁術術從日磾借節觀
之因奪不還備軍中十餘人使促辟之日磾謂術曰
卿先代諸公辟士云何而言促之謂公府掾可劫得
乎從術求去而術不遣既以失節屈辱憂恚而死
吳張彌爲大常大帝嘉和中與許晏使于公孫淵彌
晏等其到襄平官屬從者四百許人淵欲圖彌晏先
分其人衆置遼東諸郡縣以中使秦旦張群杜德黃
彊等及吏兵六十人置玄菟郡旦等皆舍於民家仰

其飲食積四十餘月旦等後踰城而走旦得達句驪
句驪王遣人送還吳
陳王瑜為侍中高祖永定元年使於北齊以陳郡袁
憲為副齊以王琳之故（瑜即琳弟）執而囚之文宣每行載
死囚以從齊人呼曰供御囚每有他怒則召殺之以
快其意瑜及憲並危殆數矣齊僕射楊遵彥憫其無
辜每祐護之天嘉二年還朝詔復侍中
後魏盧昶為太子中舍兼員外散騎常侍昶與副使
王清石等使南齊既至彼値明帝即位於是孝文南
討昶兄淵為別道將而齊以朝廷加兵遂酷遇昶等

昶等本非骨梗闇南人云兄既作將弟為使者乃大
恐怖淚汗交橫齊以腐米臭魚莖豆供之
唐歐陽喬封南海公高祖武德九年三月突厥寇靈
州喬為行人率行徒五十人將掩可汗牙帳謀泄為
虜所拘
崔漢衡為兵部尚書德宗貞元三年閏五月充吐蕃
會盟副使為吐蕃所執漢衡乃曳言謂執者曰我漢
使崔尚書也結贊與我善汝若殺我結贊亦殺汝乃
捨之盡裸而西行既已面縛各以一木自領至於身
以毛繩三束之又以繩連其髮而牽之夜皆踣之於
地以髮繩各繫於一橛又以毛罽都覆之守衛者卧
其上以防其亡逸也至故原州結贊坐於帳中召與
相見數讓國家因怒渾瑊曰武功之難皆我之力許
以涇州靈州相報竟食其言負我矣舉國所怨本劫
是盟在擒瑊也吾遣人以金銀飾桎梏待瑊將獻於
贊普既已失之虛致君等耳當遣君輩一二人歸報
家族也呂温蒂瘡亦至結贊嘉其義厚給賚之結贊
率其衆屯於石門遣中官俱文珍渾瑊之將馬寧馬
燧之將馬弇歸燧送漢衡鄭叔矩等囚於河州宰荣
扶余准等或囚於故廓州故鄯州分囚之漢衡與同

陷者並至河州結贊令召之與孟日華中官劉延邕
俱至石門而遣五騎送至境上且齎表請進及潘原
李觀使止之有詔不許更納蕃使受其表而反其人
晉盧損為左散騎常侍高祖天福三年使於閩國王
昶昶不郊迎不接見但遣其子繼恭陳王禮而已

專恣

周美行人漢稱使者皆愼選於王僚斯不辱於君命
若乃通聘結好則保其歡心省風察俗則蘇其民瘼
按姦糾慝則去其人患雖有專命之心亦待奇耦之
訓其或執度靡遵威福自肆奮其胸臆忽彼簡書奬

移於人罪盈於已以之擬答又何逃焉以之圖全非
所及爾
漢張翁爲車騎將軍長史昭帝時烏孫狂王復尚楚
主解憂生一男鴟靡不與主和又暴惡失衆漢使衛
司馬魏和意副候任昌送侍子公主言狂王爲烏孫
所患苦易誅也遂謀置酒會罷使士拔劍擊之劍旁
下不正下狂王傷上馬馳去其子細沈瘦瘦音搜會兵圍
和意昌及公主於赤谷城數月都護鄭吉發諸國兵
救之乃解去遣翁留驗公主與使者謀殺狂王狀主
不伏叩頭謝翁捽主頭馬詈上書翁還坐死

韓昌爲車騎都尉元帝時與光祿大夫張猛使匈奴
呼韓邪單于昌猛見單于民衆益盛塞下禽獸盡單
于足以自衛不畏郅支聞其大臣多勸單于北歸者
塞下無禽則射獵無所得又不畏郅支故欲北歸舊處恐北去後難約束不可更共
爲言要昌猛即與爲盟約曰自今以來漢與匈奴合爲
一家世世毋得相詐相攻有竊盜者相報行其誅償
其物漢人爲盜於匈奴匈奴人爲盜於漢皆相告報而誅償有寇發兵相助漢
與匈奴敢先背約者受天不祥令其世世子孫盡如
盟昌猛與單于及大臣俱登匈奴諾水東山諾水即今突厥
地諾眞水也刑白馬單于以徑路刀金留犁撓酒徑路匈奴寶刀

也金契金留犁飯上撓和也契金著酒中撓攪飲之契刻攪也音呼高反以老上單于所
破月氏王頭爲飲器者共飲血盟昌猛還奏事公卿
議者以爲單于保塞爲藩雖欲北去猶不能爲危害
昌猛擅以漢國世世子孫與夷狄詛盟令單于得以
惡言上告于天羞國家傷威重羞恥也不可行宜遣使
往告祠天與解盟昌猛奉使無狀罪至不道不狀蓋無善狀
帝薄其過以其罪過爲之薄有詔昌猛以贖論勿解盟
夏侯藩爲中郎將與副較尉韓容使匈奴時帝舅大
司馬驃騎將軍王根領尚書事或說根曰匈奴有斗
入漢地直張掖郡斗絕也直當也生奇材木箭竿就羽就大

鵰也黃頭赤目其羽可爲箭竿音工旱反如得之於邊甚饒國家有廣地
之實將軍顯功垂於無窮根爲上言其利帝直欲從
單于求之直猶正爾爲有不得傷命損威詔命不行故云傷命也根
即但以帝指曉藩令從所說而求之自以藩意說單于求之藩
至匈奴以語次說單于曰竊見匈奴斗入漢地直張
掖郡漢三都尉居塞上士卒數百人寒苦候望之勞
單于宜上書獻此地直斷閼之省兩都尉士卒數百
人以復天子厚恩復亦報其報必大漢得此地必厚報賞單于
日此天子詔語邪將從使者所求也藩曰詔旨也然
藩亦爲單于畫善計耳單于曰孝元皇帝哀憐父呼

韓邪單于從長城以北匈奴有之此温偶駼王所居地也偶音五口反駼音塗未曉其形狀所生請遣使問之所生謂之所出草木鳥獸爲利蕃客歸漢後復使匈奴至則求地單于曰父兄傳五世漢不求此地至知獨求何也已問温偶駼王匈奴西邊諸侯作穹廬及車皆仰此山材木謂諸小王爲諸侯者效中國之言耳仰音牛向切且先父地不敢失也蕃還爲太原太守單于遣使上書以蕃求地狀聞詔報單于曰蕃擅稱詔從單于求地法當死更大赦二更經也音工衡反今徙蕃爲濟南太守不令當匈奴

譙玄爲中散大夫平帝元始四年選明達政事能化

風俗者八人時並擧玄爲繡衣使者持節與太僕任惲等分行天下觀覽風俗所至專行誅賞事未及終而王莽居攝

後漢陳龜爲五原太守順帝永和中拜使匈奴中郎將時南匈奴左部反亂龜以單于不能制下外順內畔促令自殺坐徵下獄免

北齊司馬子如初仕東魏爲北道行臺巡簡諸州守令已下委其黜陟子如至定州斬深澤縣令至冀州斬東光縣令皆稽留時漏致之極刑若言有進退少不合意便令武士頓曳白刃臨項士庶惶懼不知所爲

隋武威爲右僕射文帝開皇九年持節巡撫江南得以便宜從事過會稽踰五嶺而還江表自晉已來刑法疏緩代族貴賤不相陵越平陳之後牧人者盡改變之無長幼悉使誦五教威加以煩鄙之辭百姓嗟怨使還奏言江表依內州責戶籍帝以江表初平召戶部尚書張嬰責以政急時江南州縣又訛言欲徙之入關遠近驚駭饒州吳世華起兵爲亂生臠縣令啗其肉於是舊陳率土皆反執長吏抽其腸而殺之曰更使儂誦五教耶尋詔內史令楊素討平之

王文同爲嘗山郡丞煬帝大業中征遼東令文同巡察河內諸郡文同見沙門齊戒菜食者以爲妖妄皆收繫獄北至河間召諸郡官人小有遲違者輒皆覆面於地而箠殺之有沙門相聚講論及長老共爲佛會者數百人文同以爲聚結惑衆盡斬之又悉裸僧尼驗有淫狀非童男女者數十俱復將殺之郡中士女號哭於路諸郡驚駭各奏其事帝聞而大怒遣使者達奚善意馳勑之斬於河間以謝百姓讐人剖其棺臠其肉而噉之斯須咸盡

唐洪經綸德宗建中初爲黜陟使至東都訪聞魏州

田悅食糧兵七萬人經綸素昧時機先以符停其兵四萬令歸農畝悅僞示順命即依符罷之既而大集所罷將士激怒之曰爾等久在軍旅各有父母妻子旣爲黜陟使所罷如何得衣食自資衆遂大哭悅乃盡出其財帛衣服厚給之各令還其部伍自此人堅叛心繇是罷職

栢耆爲諫議大夫文宗太和三年充德州行營諸軍計會使詔曰頃以德州未下俾宣朝旨慰勉將帥詢謀事機計日指程俟其速達而所至留滯請兵自隨假勢張皇乘險縱恣奏報蔑聞擅入滄州專殺大將

捕置逆狡潛送兇渠物議紛然遠近駭聽貶循州司戶參軍判官殿中侍御史沈亞之可處州南康縣尉

周李王爲贊善大夫世宗將用師於西南用王爲轉運判官行次永興王爲人所說欲襲取歸安鎭鎭在永興之南距永興三百餘里山路險阻不通車馬雖棣於永興其實蜀寇之狡宄也王素輕脫銳意邀功乃先以其事白於永興節度使王彥超彥超素知歸安路險深不之許王稱奉密旨彥超無以阻之王因移牒永興取本城兵士二百人徑往襲之旣入山行數百里前阻隘路蜀寇奄至軍士多死其逃歸者十無二三遂爲其所虜焉

受賂

夫奉皇華之命乘使者之車不畏簡書罔思廉愼恣彼貪饕之性廣求賂遺之貨而使君命不行臣節靡著至於是也不亦鄙矣詩云貪人敗類其是之謂乎

趙使者史失姓名廉頗旣奔魏之大梁趙以數困於秦兵趙王思復得廉頗廉頗亦思復用於趙趙王使使者視廉頗尚可用否廉頗之仇郭開多與使者金令毁之趙使者旣見廉頗廉頗爲之一飯斗米肉十斤被甲上馬以示尚可用趙使還報王曰廉將軍雖老尚

善飯然與臣坐頃之三遺矢矣趙王以爲老遂不召

漢司馬相如爲中郎將使蜀其後人有上書言相如使時受金失官居歲餘復召爲郎

晉李苾爲侍御史惠帝元康中頻大饑百姓流移入漢川旣至漢中上書求寄食巴蜀朝廷不許遣苾持節慰勞且監察之不令人劔閣苾至漢中受流人貨賂反爲表曰流人千萬餘口非漢中一郡所能振贍東下荆州水湍迅險又無舟船蜀有倉儲又復豐稔宜令就食朝廷從之繇是散在益梁不可禁止

宋沈勃爲侍中時欲北討使勃還鄉里募人多受貨

賄上怒下詔曰沈勃琴書藝業口有美稱而輕躁躭
循多罪愆比奢淫過度妓女數十輩沉酣放縱無復
剸限自恃吳興土豪北門義故脅士庶告索無已又
輙聽募將委役還西鄉討病叛遂有數百周旋門生
競受賕貨少者至萬多者千金考計贓物二百餘萬
便宜明罰勑法以正典刑
後魏翟黒子封遼東公有寵於大武奉使并州受布
千疋事尋發覺黒子請計於著作郎高允曰主上問
我首爲諱乎允曰公帷幄寵臣答詔宜實又入告忠
誠罪必無慮中書侍郎崔覽公孫質等咸言首實罪

不可測宜諱之黒子以覽等爲親已而反怒允曰如
君言誘我死何其不直遂與允絶黒子以不實對竟
爲大武所踈終獲誅戮
胡莫寒孝文時爲殿中尚書使西部勑勒簡豪富兼
丁者爲殿中武士而大納財貨衆怒殺莫寒及高平
假鎭將奚陵於是諸部悉勒悉叛
閭文祖爲中散孝文太和初南安王禎有貪累之響
遣文祖詣長安察之文祖受禎金寳之賂爲禎隱而
不言事發殺之
隋吳慶則爲尚書右僕射突厥主攝圖將内附高祖

使慶則出使勑之日我欲存立突厥披送公馬但取
五三匹攝圖見慶則贈馬千匹又以女妻之帝以慶
則勲高皆無所問
唐栢耆爲諫議大夫文宗太和初滄州李同捷叛山
東連兵日久耆銜命宣慰大肆生平所欲廣受金帛
妓女先是王稷爲德州刺史自元和中家稱大富爲
同捷之父全略刼之盡取其家金帛爲已有及同捷
兵破耆又納稷之女爲妓女宣慰使内養馬國亮奏
耆於逆賊李同捷處得人事奴婢大小共九人綾絹
一千五百匹奏進止委所在長吏尋勘勒住分析聞

奏帝赫怒俱竄殛及此受誅時人莫不稱快
梁曹守當爲廣州宣慰使廻進馬三匹銀二千兩及
香藥等合價凡四百餘萬夫王者之命降於侯國彼
以賄受此以賄上君子惜之
後唐史在德爲著作郎宋帝清泰中充太子少保致
仕朱漢賔弔祭使賻絹數百疋就亳州賜之在德移
文本州收木輿百餘擎張皇其事以邀饋遺漢賔之
子悉力以奉之

冊府元龜

巡按福建監察御史臣李嗣京　訂正
新建縣舉人臣戴國士參閱
知建陽縣事臣黃國琦較釋

內臣部一

總序

古者聖人作事創制仰則天象故宮室之度規於太紫將相之位法乎文昌洎井石所紀則纏次攸別名品斯著宦者四星實在帝座之側先王取象肇建厥官所以給事左右出入宮掖典司糾禁宣傳命令凡

中壼之庶務禁庭之衆職服位之別圖游之掌靡不領焉然太古之世湮滅罔絶夏商之際簡冊散逸典職之制其詳闕矣周監二代文物太備建邦之訓備于六典天官冢宰之屬有宮正掌王宮之戒令糾禁上士二人中士四人下士八人宮伯掌王宮之士庶子凡在版者中士二人下士四人皆有府史胥徒爲之給役又酒人漿人籩人醢人醯人幂人之職分掌五齊三酒六飲四籩四豆五齊七菹巾幂之事以奉宗廟天子皆以內臣參之又有宮人掌王之六寢之修中士四人下士八人內宰掌書版圖之法以治王內之政令下大夫二人上士四人中士八人亦皆有府史胥徒之屬又有內小臣掌王后之命正其服位上士四人有史徒焉閽人之職掌守王宮中門及囿游之禁門四人寺人掌王之內人及女宮之戒正內五人內豎掌內外之通令倍寺人之數內司服一人掌王后之六服縫人二人掌王宮之縫線平王東遷諸侯力政霸者間起多僭王制晉宋齊楚魯衛諸國皆有寺人司宮巷伯太子內師大閹內豎之名見於載籍而官號之次即無聞焉戰國之際趙有宦者令之職秦并天下並建官號少府之屬有中書謁者黃

門鉤盾尚方御府永巷內者宦者七官令丞諸僕射署長中黃門皆屬焉其詹事之屬又有中長秋私府永巷宮廐祠祀食官令長丞諸官皆屬焉又有將行爲皇后卿及中常侍之職漢因秦制置中常侍銀璫左貂給事殿省諸署之號悉仍其舊及高后稱制以張卿爲大謁者景帝中六年更將行爲大長秋武帝大初元年更永巷爲掖庭置八丞宦者增置七丞鉤盾增置五丞兩尉武帝好游宴後庭或出豫離館請奏機事多以中人主之其中書謁者遂典尚書奏事成帝建始四年更中書謁者令爲中謁者令鴻嘉三

年又省皇后詹事官并屬大長秋又加置太僕一人掌太后輿馬通謂之皇后卿皆隨太后宮爲官號在正卿上然西京已來宦官之職猶復參用他事世祖中興悉任宦者名器之數多所增益少府屬官有中常侍無員掌侍從左右從入內宮贊導內衆事黃門令主省中諸宦者小黃門無員掌侍左右受尚書上在內宮關通中外及中宮以下衆事丞從丞各一人黃門畫屋玉堂三署長各一人丙署長七人中黃門冗從僕射一人主中黃門冗從居則宿衞守門戶行則騎從夾乘輿車中黃門無員掌給事禁中掖庭令

一人掌貴人采女事左右各一人暴室丞一人主中婦人疾病就治及輸罪之事永巷令一人典官奴婢侍使丞一人御府令一人典官婢作中衣服及補浣之屬丞一人織室丞一人祠祀令一人典中諸小祠祀丞一人鉤盾令一人典諸近池苑囿游觀之處丞一人永安丞一人掌北宮東北永安宮苑中丞一人主苑中離宮果丞一人主果園鴻池丞一人南園丞一人湖熟監一人濯龍監一人直里監一人濯龍直里園名中藏府令一人掌中幣帛金銀諸貨物丞一人內者令一人掌中布張諸衣服左右丞各一人尚方令一人掌上手之作御刀劍諸好器物丞一人其諸僮役即有員吏從官符詔騶僕射家巫從官錄事之名分隸諸署又有大長秋一人職掌奉宣中宮命令凡給賜宗親當謁見者關通之中宮出則從丞一人中宮僕一人主馭中宮謁者令一人中宮謁者三人主報中宮尚書五人主中文書中宮私府令一人主中藏幣帛丞一人中宮黃門冗從僕射一人丞一人掖道丞一人主中閤道中宮藥長一人又有給事中署宮侍郎六人比尚書郎給事黃門四人比黃門侍郎給事羽林郎一人比羽林郎將又中宮令一人主中諸署天子又長樂宮有太僕太官丞食監諸侯王國有永巷長主宮中奴婢明帝永平中

始定置常侍員四人小黃門員十人和帝永元十四年以功封鄭衆爲鄛鄉侯中人封侯自此始也殤帝延平之間委用漸大而其員稍增增中常侍至有十人小黃門二十人改以金璫右貂兼領卿署之職自後孫程立順帝曹騰建桓帝績以五侯合謀梁冀受戮並賜封爵侯者益衆陽嘉四年初聽中人得世襲封爵永壽三年初以小黃門爲守宮令置冗從僕射又置顯陽苑丞靈帝熹平四年改平準爲中準使中人爲令列於內署自是諸署悉以中人爲令丞光和六年始置圃囿署以中人爲令中平五年初置西園八校尉以小黃

門巷碩爲上軍校尉諸校尉皆屬之魏文下令限中
人不過諸署令爲著令藏之屬有內侍黄門令中嘗
侍奉車都尉之職異唯有宦者之名晉受魏禪多循
舊式光祿勳之屬有守宮黄門掖庭清商華林園暴
室等令前趙劉聰亦有中宮僕射之職宋齊因之梁有大長秋主諸
宦者以司宫闈統黄門中署奚官暴室華林等署陳
氏之世遵用無改元魏之族起於雲朔從徙代土終
都雒宅厥初草創官名未具太和定令職制漸備內
官之品則有中嘗侍中尹中黄門令內者令中謁者
大夫中黄門中謁者僕射中黄門冗從僕射中謁者

小黄門謁者寺人閹人及大長秋等職列於階品並
置內氏長四人掌顧問拾遺應對北齊有中侍中省
掌出入門閤中侍中二人中嘗侍中給事中各四人
中尚藥典御史及丞中謁者僕射各二人中尚食局
典御丞各二人監四人內謁者局統丞各一人又有
長秋等掌諸宮閤卿中尹各一人丞二人亦有功曹
五官主簿錄事員皆其吏屬其所領中黄門掖廷晉
陽宮中山宮園池中宮僕奚官等署令丞及暴室局
丞中黄門又別有冗從僕射及博士四人掖廷晉陽
中山等署別有宮教博士二人中山署又別有麪豆
局丞園池署別有乘黄局都尉細馬車都尉奉乘部
丞奚官署別有染局丞然自元魏以來中人多授臺
省官及加封爵至高齊武成之間有至儀同食幹者
其後以至任參宰相豫掌國政後周六官之建有司
內上士巷伯中士等官隋革周制始置內侍省內省
內嘗侍各二人內給事四人內謁者監六人內侍伯
二人內謁省十二人寺人六人伺非八人領尚食掖
廷宫闈奚官內僕內府等及尚食監典御史丞各二
人餘各置令丞二人宫闈內僕加置丞各一人掖廷
別置宮教博士二人煬帝大業三年改內侍省爲長

秋監改內嘗侍爲內承奉員二人改內給事爲內承
直員四人罷內謁者官又署內僕署所領唯掖廷宫
闈奚官三署而已後復置內謁者員唐室之建多因
隋制有增益而有司之計吏屬咸備焉爲著令故用
詳紀內侍省內省四人內嘗侍六人內給事八人主
事二人令史八人書令史十六人內謁者監六人內
謁者十二人內典引十八人內寺伯二人寺人六人
亭長六人掌故八人掖廷局令二人丞三人書令史
四人書吏八人計吏二人宮教博士二人監作四人
典事十人掌故四人宮闈局令二人丞二人書令史

三人書吏六人內閣人二十人掌扇十六人內給使無常員掌故人奚官局令二人丞二人書令史三人書吏六人典事四人掌故四人內僕局令二人丞二人書令史二人書吏四人駕士一百四十人典事八人掌故八人內府局令二人丞二人書令史四人書吏四人典事六人掌故四人太宗貞觀中定制內侍不置三品官內侍爲長官階四品高宗龍朔二年改內侍省爲內侍監咸亨初復舊自貞觀至永淳末中人在閣門守禦黃衣廩食而已而定員之外復有品官給使之名武后稱制差增員位光宅元年改內侍省爲宮臺中宗神龍初

復舊號是時中官三千餘人超授七品已上員外官者凡千餘人然衣朱紫者尚寡明皇尊重宦閹中官稍稱旨者即授三品將軍門施棨戟至於持節討伐奉使宣傳內主書院殿頭供奉監軍入蕃教坊武德主當率以中人司之其監軍之勸過於節使品官黃衣已上三千餘人衣朱紫者不下千數又有內坊單身給事無品之者開元二十七年以太子內坊隸內侍省爲局晉有太子寺人監員齊太子三卿校各有寺人二人隋文帝始置太子內坊典內一人丞四人錄事一人令史三人書令史五人道客舍人六人閽師六人內閽八人內給使無員數內廄二人典事二人駕士三十人亭長二人掌故四人唐因其制者丞二人別置典直四人者也肅宗至

德中始置觀軍容宣慰處置使以統行營諸軍代宗朝復有天下觀軍容宣慰處置使肅宗時李輔國爲兵部尚書代宗賜號尚父授司空中書令又肅宗朝九節度討安慶緒於相州不立統帥以給事黃門魚朝恩爲觀軍容宣慰處置使常統禁軍代宗幸陝錄朝恩之功又加天下觀軍容處置使永泰二年始以中人掌樞密用事代宗用董秀專掌樞密德宗貞元四年增內給事二人內謁者監內侍伯各四員十二年立左右神策護軍中尉二員中護軍二員德宗分羽林衛置左右神策軍避地山南悉以委中人乃立此職其後兩中尉皆分領左右街功德使後又有知神策軍兵馬使左右神策軍護軍中尉副使時天下軍鎮節度諸使皆以內臣一人監之謂之監軍使十五年又增內給事二員二十年增掖

廷局令四員憲宗元和中始置樞密使二人劉光琦梁守謙皆爲之後有左右三軍闢仗使時以吐突承璀爲左右神策河中河陽浙西宣歙等道行營兵馬招討處置等使尋改爲鎮州已來招撫處置使十四年又以內侍姚文壽爲京西京北行營宣慰使蓋用兵之際權立使號兵罷則省十五年內省所管高品品官白身共四千六百一十八人內一千六百九人六人高品諸司諸使并內養諸司判官等穆宗長慶中始命中人監陣自後官軍討伐率命中人參護其軍號爲監陣時深州宣武相次用兵以中人爲諸道兵馬都監四面行營都監兵罷而省文宗時又有供奉官僖宗乾符中以中人爲排陣使廣明中置左右觀軍容使後率孫左右軍容入爲樞密使中和幸蜀以觀軍容使西門思恭爲大下行營兵馬都監田令孜爲觀軍容制

置左右神策護駕十軍等使後又以揚復光為同華等州管內制置使皆非常置之職蓋唐室中葉之後諸司諸使多以中人主之如宣徽使閤門使飛龍使內坊使內弓箭使鴻臚禮賓等使內教坊使五方使學士使糧料院館驛等使之比又有樞密承旨之名朱梁革命並廢衆職改樞密院為崇政院以士人為使後唐莊宗即位稍復本朝內省舊官時有內侍五百人復以中人居樞密使副使宣徽內客省等使之任增置內勾之目以主天下錢穀時以潞州監軍張居翰等為樞密使在藩中門使李紹寵為宣徽南院使兼掌內勾天下財穀皆委裁遣詔諸道悉遣中人赴闕至者僅千人皆委之事務復有內供奉之職明宗天成中廢諸道監軍并內勾司從中書門下之請自後樞密使專

用士人晉漢以來宣徽院有內班之名周循其舊而使閹官號原其親侍帷幄掌事禁環拱天極是為近臣其有宣翊佐之績著討伐之効彰幹蠱之業擅薦能之美規諫以救時政忠亮以罄臣節內稟賢明之行動昭淵穆之職罔不克享榮祿終全令名至有靡遵倫矩弗念兢厲朋比相附奢縱踰度貪昧無紀誣讕造端始構厲階終罹罪咎自貽之戚幸免蓋希其有出總兵旅外監閫政寔分心膂之任以參師律之要至於被寵獎之數以申褒勸蒙譴讓之典以懲違失皆用論次垂之勸誡凡內臣部十有六門

恩寵

夫宦人之在王朝其來舊矣故天文著象則居皇位之側周禮設職乃掌女宮之戒逮乎漢氏而降侍衛黃闥宣傳密命布列殿省分蒞職任則有定謀策以扶宸極豫盟誓以討凶慝積宿衛之勞守謹敏之節小心自處勤事匪懈故有苴茅分虎以奠侯封銀璫左貂並處崇秩開里第之賜累千金之賞寵及宗系恩加既往斯可以獎專良之行成親信之美自非紀意有守初終克固者亦何稱之哉

漢張卿為大謁者呂后所幸風大臣立呂產為呂王

太后賜卿千金

李延年中山人給事狗監中女弟得幸武帝號李夫人夫人生昌邑王延年繇是貴為協律都尉佩二千石印綬

石顯為中書元帝委以政事無大小因顯白決貴幸傾朝顯內自知擅權事柄在掌握恐天子一旦納用左右耳目有以間己迺時歸誠取一信以為驗顯嘗使至諸官有所徵發顯先自白恐後漏盡宮門閉請使吏開門帝許之顯故投夜還稱詔開門入後果有上書告顯專命帝聞之笑以其書示顯因泣曰臣願

歸樞密職帝以爲然而憐之數勞勉顯加厚賞賜及
賂遺皆一萬萬
後漢鄭衆字季産爲人謹敏有心機初給事太子家
章帝即位拜小黄門遷中嘗侍和帝初加位鉤盾
令時竇太后秉政后兄大將軍憲等並竊威權朝臣
上下莫不附之而衆獨一心王室不事豪黨帝親信
焉及憲兄弟圖作不軌衆遂首謀誅之以功遷大長
秋策勲班賞每辭多受少繇是嘗與議事與音預中官
用權自衆始焉十四年帝念衆功美封鄛鄉侯食邑
千五百戶鄛音士交加說文曰南郡棘陽縣有鄛鄉永初元年和熹皇后

益封三百戶
蔡倫爲中嘗侍安帝元初元年鄧太后以倫久宿衛
封爲龍亭侯龍亭縣故城在今洋州興執縣東明月池在其側食邑三百戶
後爲長樂大僕
孫程安帝時爲中黄門給事長樂宫小黄門江京等
與帝舅大將軍耿寶皇后兄大鴻臚閻顯共立皇太
子廢爲濟陰王北鄉侯帝甍程遂與王康等十八人
聚謀誅京等迎立濟陰王是爲順帝事定下詔曰表
功録善古今通義也故中嘗侍長樂太官江京黄門
令劉安鉤盾令陳達與故車騎將軍閻顯兄弟謀

惡逆傾亂天下中黄門孫程王康長樂大官丞王國
中黄門黄龍彭愷孟叔李達王成張賢史汎馬國王
道李元楊佗陳予趙封李剛魏猛苗光等懷忠憤發
戮力協謀遂掃滅元惡以定王室詩不云乎無言不
讎無惡不報程爲謀首康國協同其封程爲浮陽侯
食邑萬戶康爲華容侯國爲酈侯各九千戶黄龍爲
湘南侯五千戶彭愷爲西平侯孟叔爲中盧侯李建
爲復陽侯各四千二百戶王成爲廣宗侯張賢爲祝
阿侯史汎爲臨沮侯馬國爲廣平侯王道爲范縣侯
李元爲褒信侯楊佗爲山都侯陳予爲下雋侯趙封

爲析縣侯李剛爲枝江侯各四千戶魏猛爲夷陵侯
二千戶苗光爲東阿侯千戶是爲十九侯加賜車馬
金銀錢帛各有差永建元年程與虞詡訟罪懷表上
殿叱呵左右帝怒遂免程官悉遣十九侯就國三年
帝念程等功勲悉徵還京師程與王道李元皆拜騎
都尉餘悉奉朝請陽嘉元年程病甚即拜奉車都尉
位特進及卒使五官郎將追贈車騎將軍印綬賜謚
剛侯侍御史持節監護喪事乘輿幸北部尉傳北部尉之傳舍也傳音出悲反
瞻望車騎程臨終遺言上書以國傳弟美
帝許之而分程半封程養子壽爲浮陽侯初順帝見

廢爲濟陰王監太子家小黃門籍建傳高梵長秋長
趙熹成良賀藥長夏珍皆以無過獲罪建等生徙朔
方及帝即位並擢爲中常侍建後封東鄉侯三百戶
賀至大長秋及卒帝思賀忠封其養子爲都鄉侯三
百戶

曹騰與長樂太僕州輔等七人以定策功封亭侯司馬彪書云桓帝即位以騰先帝舊臣忠孝彰著封曹侯加位特進

單超河南人徐璜下邳人貝瑗魏郡人左悺河南人
唐衡潁川人桓帝初超璜瑗爲中常侍悺衡爲小黃
門史大將軍梁冀再世權戚威振天下帝召璜等五

人定議帝齧超臂出血爲盟於是詔收冀及宗親黨
與悉誅之封超新豐侯二萬戶璜武原侯瑗東武陽
侯各萬五千戶賜錢各千五百萬悺上蔡侯衡武陽
侯各萬三千戶賜錢各千三百萬五人同日封故世
謂之五侯又封小黃門劉普趙忠等八人爲鄉侯超
病帝遣使者就拜車騎將軍薨賜東國秘器棺中玉
具贈侯將軍印綬使者理喪及葬發五營騎士將軍
侍御史護喪將作大匠起塚塋唐衡卒亦贈車騎將
軍如超故事璜卒賻贈錢帛賜冢塋地

侯覽爲中常侍延熹中連歲征伐府帑空虛乃假百
官俸祿王侯租稅覽亦上縑五千疋賜關內侯又託
以與議誅梁冀功進封高鄉侯

趙忠者平安人少給事省中桓帝時爲小黃門忠以
與誅梁冀功封都鄉侯

曹節桓帝時遷中常侍奉車都尉建寧元年持節將
中黃門虎賁羽林千人北迎靈帝陪乘入官及即位
以定策封長安鄉侯六百戶

後魏宗愛歷碎職至中常侍正平元年正月太武大
會於江上班賞羣臣以愛爲秦郡公

仇雒齊本姓侯氏仇嵩養以爲子嵩長女有姿色爲

冉閔宮人閔破慕容儁以賜盧豚子生魯元有寵於
太武訪得雒齊太武聞其才用將授以官魯元曰臣
舅不幸爲閹人太武矜焉賜以奴爲引見拜武衛將
軍俄而賜爵文安子稍遷給事黃門侍郎後從征平
涼以功超遷散騎常侍又加中書令寧南將軍進爵
零陵公拜侍中平原將軍冀州刺史爲內都大官典
安二年卒謚曰康

段霸鴈門平原人霸少以謹敏見知太武時稍遷侍
中賜爵武陵公出爲安東將軍定州刺史

趙黑太武使進御膳出入承奉初無過行遷侍御典

監藏拜安遠將軍賜爵睢陽侯轉選部尚書能自謹
勵當官任舉頗得其人加侍中進爵河內公獻文將
傳位京兆王子推黑曰臣以死奉皇太子獻文遂傳
祚于孝文黑得幸兩宮祿賜優厚後爲假節鎭南大
將軍儀同三司定州刺史進爵爲王克已清儉憂濟
公私時有人欲私賂黑曰官高祿厚足以自給賣公
營私本非情願終無所納孝文文明太后幸中山聞
之賜帛五百疋穀一千五百石轉冀州刺史太和六
年秋薨于官詔賜絹四百五十疋穀一千斛車牛二
千乘致柩至都進贈司空公謚曰康

孫小字茂趣父瓚爲姚泓安定護軍見殺小沒入宮
刑初侍東宮以聰識有智畧未幾轉西臺中散每從
征伐屢有戰功多獲賞賜太武幸瓜步小左衛將軍
賜爵涇陽子除留臺軍將軍駕還遷給事中綰太僕
曹乃請父贈謚求更改葬詔贈振威將軍秦州刺史
石安縣子謚曰戴轉山領駕部課理有方畜牧蕃息
出爲冠軍將軍并州刺史進爵中都侯
張宗之河南鞏人以忠謹擢爲侍御中散賜爵鞏縣
侯遂歷右將軍中常侍儀曹庫部二曹尚書領中秘
書進爵彭城王父孟舒文成贈平康將軍維州刺史
鞏縣侯及宗之卒贈建節將軍懷州刺史謚曰敬
王琚小心守節久乃見叙稍除吏部尚書賜爵廣平
公加寧南將軍孝文以琚歷奉先朝志在公正授散
騎常侍後爲冀州刺史帝及文明太后東巡冀州親
幸其家存問周至還京拜散騎常侍養孝於家前後
賜以車馬衣服雜物不可稱計扶老自平城還雒邑
帝以其朝舊遣左右勞問之琚附表自陳初至多窘
乏帝賜帛二百疋及卒贈征南將軍冀州刺史謚曰
靖
王溫字桃陽孝文以其謹愼補中謁者小黃門轉中

黃門鉤盾令稍遷尚食典御累轉車騎將軍侍中封
武陽開國侯
劇鵬粗覽經史閑曉文事文明太后時亦見寵遇爲
給事中孝文遷雒鵬管宮事
張祐字安福安定石唐人父成扶風太守積勞至曹
監給事賜爵黎陽男稍遷散騎常侍領都管藏曹時
文明太后臨朝中官用事祐以左右供承合旨特遷
爲尚書加安南將軍進爵隴東公仍管內藏曹未幾
監都曹加侍中與王叡等俱入八議太后嘉其忠誠
爲造甲宅宅成孝文太后親率文武往燕會焉祐性

恭密出入機禁二十餘年未曾爲過遜是特被恩寵歲月賞賜家累巨萬與王質等七十人俱賜鐵券許以不死太和十年薨帝親臨之詔鴻臚典護喪事賜帛千疋贈征南大將軍謂司空公謚曰恭葬日車馬親送出都

杞嶷以忠謹被擢累遷中常侍中曹侍御尚書賜爵安定公自總納言職當機近諸所奏議必致伉値孝文文明太后喜之以爲殿中侍御尚書領中曹如故以統宿衛俄加散騎常侍帝太后每出遊幸嶷多驂乘入則後官導引太后旣寵之乃召其父瞎生拜太

中大夫賞賜衣馬瞎生將還見於黄信堂帝執手謂之曰老人歸途幾日可達好愼行路太和十二年遷都曹加侍中祭酒尚書領中曹侍御瞎生卒贈秦州刺史謚曰靖賜黄金八十斤贈綵及絹八百疋別使勞慰加嶷大長秋卿嶷老疾乞外禄乃以爲鎮西將軍涇州刺史特加右光禄大夫將之州帝餞於西郊樂陽殿以御白羽扇賜之十九年被詔赴雒以刺史從駕南征常參侍左右以嶷着舊每見勞問數追稱嶷之正直命乘馬出入行禁之間與司徒馮誕同例前後賞賜奴婢生馬盈數百千他物稱是

王遇字慶時本名他惡爲中散遷光禄大夫遇性巧强與杞嶷並爲文明太后所寵前後賜以奴婢數百人馬牛羊他物稱是二人俱號富室及卒贈使持節鎮西將雍州刺史

符承祖略陽氏也爲文明太后所寵自御廐令遷中部給事中賜爵略陽侯兼典選部事轉吏部尚書孝文爲造甲第數臨幸之進爵略陽公加侍中知都曹事許以不死

李豐文明太后之世與其徒數人皆被眷寵出入禁闈

王質字紹覲頗解書學文爲中曹吏內典監賜爵永昌子轉選部尚書累遷鎮遠將軍孝文頗念其忠勤宿舊每行留代故馮司徒亡廢馮后陸獻穆泰等事皆賜質以璽書手筆莫不委至同之戚貴質皆實掌以爲榮入爲大長秋未幾而卒

季堅字以壽高陽易人文明太后臨朝稍遷至給事中賜爵魏昌伯小心謹愼常在左右雖不及王遇王質等而亦見任用孝文遷雒轉被委授爲太僕卿檢課牧産多有滋息宣武初出爲安東將軍瀛州刺史本州之榮同於王質所在受納家産巨萬值京兆王

愉反於冀州堅勒衆征愉爲愉所破代還遇風疾拜光祿大夫數年卒贈撫軍將軍相州刺史賻帛五百疋以弟子曇景爲後襲爵魏昌伯爲羽林監直後

白整少歷官掖庭職以恭敏著稱稍遷至中嘗侍太和宋爲長秋卿賜爵雲陽男宣武封其妻王氏爲縣君卒贈平北將軍并州刺史

劉騰字青龍幼時補小黃門轉中黃門孝文在懸瓠騰使詣行在所帝問宮中事騰具言幽后私隱薛菩薩與陳留公主所告符協繇是進冗從僕射後與茹皓使徐充采召民女還遷中給事時加龍驤將軍大

長秋卿金紫光祿大夫太府卿孝明踐極之始以騰豫在宮衛封開國子是年靈太后臨朝以與于忠保護之勳除崇訓太僕加中嘗侍改封長樂開國公食邑一千五百戸拜其妻時氏爲鉅鹿郡君每引入內受賞賚亞於諸主外所養二子爲郡守尚書郎騰會疾篤靈太后慮或不救遷衛將軍儀同三司餘官仍舊疾瘳騰之拜命孝明當爲臨軒會其日大風寒甚而罷乃遣使持節授之後與領軍元乂廢靈太后又以騰爲司空遂與崔光同受詔乘步挽出入殿門正光四年卒賻帛七百疋錢四十萬蠟二百斤鴻臚少卿護喪事中官爲義息縗絰者四十餘人追贈使持節驃騎大將軍太尉公冀州刺史葬之日朝貴皆從軒蓋塡塞相屬郊野魏初以來權閹存亡之盛莫及焉

成軌字洪義少入事宮掖以謹厚稱除殿中謁者僕射季父南征專進御食帝不豫嘗居禁中車駕還賜帛百疋景明中敕侍東宮延昌末遷中嘗侍尚食典御轉崇訓太僕少卿遭母憂詔遣主書嘗景弔慰又起爲本官孝昌二年以勤舊封始平縣開國伯孝明所幸潘貴嬪以軌爲假父頗爲中官所敬憚莊帝建

義初軌迎於河陰詔令安慰宮內進爵爲侯遷衛將軍及卒贈車騎大將軍雍州刺史諡曰孝惠

賈粲字季宣酒泉人也頗涉書記宣武末漸被知識充內任自崇訓丞爲長兼給事中

孟鸞靈太后臨朝爲左中郎將給事中素被病面嘗黯黑於九龍殿暴疾半身不攝扶載歸家其夜亡鸞初出靈太后聞之曰鸞必不濟我爲之憂也及奏鸞死爲之下淚曰其事我如此不見我一日忻樂時也遂賜帛三百疋以供喪服七日靈太后爲設二百供齋賜助施五百疋同類者榮焉

楊範爲中謁者累轉崇訓太僕賜爵華陰子宮中侍貴者靈太后皆許其方岳以範年長拜覽爲難故早得華州刺史坐事廢於家靈太后念範勤舊以爲侍中安南將軍華州大中正卒贈秦州刺史

平季字稚穆爲小黃門累轉前將軍中給事中時四方多事太后每令季出使於外後與爾朱榮等議立莊帝即位超拜平北將軍肆州刺史尋除撫軍將軍中侍中以參謀之勳封元成縣開國使食邑七百戶永熙中加驃騎將軍天平中贈使持節都督幽燕平安四州諸軍事儀同三司幽州刺史中侍中張景嵩

毛暢者咸在孝明左右而並黠了甚見知遇俱爲小黃門

封津字醜漢渤海蓨人也靈太后令津侍孝明書超拜金紫光祿大夫封東光縣開國子食邑二百戶

北齊曹文摽鄧長顒輩武成時亦有至儀同食幹者

唐楊思勗中宗初從事內侍省預討李多祚功拜銀青光祿大夫行內常侍

高力士本姓馮則天召入禁中隸司宮臺玄宗在藩力士傾心奉之接以恩顧及平內難昇儲位力士居內坊日侍左右擢受朝散大夫內給事先天中又預誅蕭岑等功超拜銀青光祿大夫開元初爲右監門衛將軍知內侍省事力士嘗於寢殿側簾幃中休息殿側亦別有一院中有脩功德處彫瑩璀璨窮極精妙十七年又詔贈其父廣州大都督母麥氏夫人力士又娶宮玄晤女爲妻乃擢玄晤爲少卿刺史子弟皆爲王傅天寶初加冠軍大將右監門衛大將軍進封渤海郡公七載加驃騎大將軍十四載爲內侍省內侍監秩正三品及從幸成都還封齊國公加開府儀同三司實封五百戶至寶應元年卒贈揚州都督陪葬泰陵

陳德平爲右監門衛大將軍員外置同正開元十八年贈其妻趙氏鄅國夫人何行成爲內侍員外置同正贈其母勞氏渤海郡君郭元璦爲內侍員外置同正贈其母陳氏爲廣陵郡君雷楚珪爲內侍員外置同正知內侍使贈其母和氏馮翊郡君並賞竭陵扈蹕之勤許其推恩也

袁思藝天寶十四載爲內侍省內侍監秩正三品

李輔國本名靖忠天寶十五載玄宗幸蜀郡肅宗承命北巡輔國以閹宦從小心恭愼晝夜不離與衛粗識文字說姓名肅宗賞之留侍手役使及即位因令

掌四方文奏賜爲護國時四方徵兵朝務日殷輔國
兼掌宣傳之命恩遇稍崇累遷太子家令又改名輔
國宰臣及近侍不奏事皆因輔國上决旣復二京輔
國以功遷殿中監郕國公尋判元帥行軍司馬專掌
禁兵賜内宅居止拜開府儀同三司出入侍衛甲士
掌數百人權傾天下肅宗爲娶故吏部侍郎元希聲
姪擢女爲妻弟挹擠並引入臺省擢爲梁州刺史上
元二年八月癸丑詔曰入座位崇是資望實七兵寄
重必藉勳賢况見危致命爲臣之大節存舊録功有
國之嘗典况兹名器允屬當仁元從開府儀同三司

判院飾行軍司馬充閑廄五坊宫院營田栽接總監
等使兼隴右郡牧使京畿鑄錢使長春宫使勾當内
作少府監及殿中都使上柱國郕國公李輔國精明
洞物弘毅冠時鍾河岳之秀氣稟人倫之高識悉心
無隱應物推誠潔己不雜於風塵臨事無忘於夙夜
義形造次績著始終頃在殷憂備同艱苦身率先於
草創功有成於纘服洎大兵之後戎務實繁職統中
外事無大小克徇恭敬之節用申協贊之勳比陳利
害多所弘益禾言忠讜實表公才未嘗矜伐彌自謙
損星霜幾變夷險一心豈有業構經綸任兼軍國尚
居散列獨謝崇班宜膺喉舌之寵仍受腹心之託欽
乃攸司以副僉望加兵部尚書餘並如故乙未輔國
於尚書省上詔内厨造食自宰臣已下朝臣畢集於
都堂送之太常列樂酬宴竟日代宗即位輔國又與
程元振有翼戴功特賜號尚父寶應元年五月壬午
制曰論道之官兼平水土神化之本皆屬陶均伏以
勳賢執兹大政開府儀同三司行兵部尚書判元帥
行軍司馬閑廄等使上柱國尚父李輔國先聖同德
皇家保衛經綸雲雷負揭日月佐命之義格于蒼穹
親必造膝言皆投水功高彌損任重不矜芟夷内難

義形于色姦邪黜伏宗社獲安大厦再崇九鼎增重
肆予小子繼守萬方頃以寡薄賴於營救巖廊是倚
舟楫可乘且名冠雲臺未登公輔績參天造猶缺苴
茅久逐推挹恐乖彝典朝廷百辟屢進昌言乃申弼
亮之謨式副羣公之請主兹空土拜以專車更誓山
河用加井賦宜俞往諧之命允叶褒優之禮可司空
兼中書令兵部尚書食實封八百戶
程元振以宦者直内侍省累遷至内射生使代宗即
位以其誅越王并黨與功拜飛龍副使右監門衛將
軍知内侍省事尋代李輔國判元帥行軍司馬等制

禁兵加鎮軍大將軍封保定縣侯充寶應軍使尋加驃騎將軍封邠國公贈其父元帥貞爲司空毋郤氏爲趙國夫人

魚朝恩天寶末入內侍省初爲品官給事黄門至德中賞令監軍事九節度討安慶緒不立統帥以朝恩爲觀軍容宣慰處置使觀軍容使名目自朝恩始累加左監門衛大將軍廣德元年西蕃入犯京畿代宗陝北至華陰朝恩以大將軍至迎奉六師方振繇是深加寵異改天下觀軍容宣慰處置使永泰二年二月二十一日詔加內侍省監判國子監事充鴻臚相

禮賓等使封鄭國公食邑三千戶二十四日於國子監上詔宰相及中書門下官諸司常參官六軍將軍送上京兆府造食京兆音樂內教坊音樂竿木渾脫羅列於論堂前朝恩辭以中官不合知南衙曹務宰相僕射大夫皆勸之朝恩固辭乃奏之宰相引就食奏樂中使送酒及茶果充宴樂竟日而罷元載奏狀又使中使宣勅云朝恩既辭不止但任知學生糧料是日宰相將軍已下子弟三百餘人皆衣紫衣充學生房設食於廊下大曆三年録朝恩前後功封韓國公加內侍監仍加實封一百戶餘並如故以讓國子監禮賓使之故寵之也四年九月復兼撿挍國子監

董秀爲內常侍大曆七年加冠軍大將軍左衛將軍知內侍省事封魏國公

喬獻德爲中官大曆十二年十月特贈其亡妻李氏爲隴西郡夫人先是內侍董秀宣傳詔旨于中書門下秀誅以獻德代之獻德小心恭慎乃加寵焉時又賜中官劉清潭改名忠翼寵之也

澹守盈德宗時爲內侍卒興元元年十月贈右監門大將軍賜名定難功臣以其使河中遇害故也

竇文場霍仙鳴爲左右神策護軍中尉時竇霍之權

振於天下貞元六年南郊禮畢還宮德宗以禁衛齊整召文場仙鳴勞勉文場加驃騎大將軍仙鳴加監門衛將軍是歲仙鳴病帝賜馬十疋令於諸寺爲僧齋以祈福又病不愈十四年倉卒而卒帝疑左右小使正將食手加毒酖流者數十人

第五守進爲內侍省內常侍貞元十四年爲右神策軍護軍中尉仍賜名守亮

俱文珍從後義父姓劉名貞亮憲宗爲太子貞亮有輔翊功累遷至右衛大將軍知內侍省事元和中卒帝思其功贈開府儀同三司

吐突承璀幼以小黄門直東宮憲宗即位爲内常侍知内侍省事元和四年十月以護軍中尉將神策兵東討王承宗帝御通化門樓以送之後爲淮南監軍帝待承璀意厚以宰相李絳在翰林數論承璀之過故出之八年欲召承璀乃罷絳相位承璀復入爲神策中尉

劉光奇憲宗時累官至開府儀同三司内侍監致仕元和七年正月贈揚州大都督以掌宣轉樞密故也

敬宗以長慶四年正月壬申即位甲戌賜楊仲和等五人銀帶一條戊寅白身孫奉湍賜緑并銀青中官

張志和姜士幹孫從彦郭日通並賜緋白身元孝思等二十人賜緑己卯賜兩軍中尉樞密飛龍弓箭等使及諸供奉官錦綵金銀器有差庚辰高品郭日通袁孝恩並賜金紫玉帶内養袁義成賈叔方等五人並賜緋白身四十人並賜緑而元孝温劉仲孺昨日賜緑今日賜緋庚辰又賜兩中尉樞密洎諸綳錦餅盤倍於昨日之數品官張萬春郭廣應馬朝寛等五人並賜緋白身二十八人並賜緑戊子高品劉仲儀閻臣和並賜緋金紫辛丑朝罷幸飛龍監飛龍使及内官等賜物有差又賜品官許文瑞鞍馬銀器錦綵金銀賜品官閻志和永興坊宅一區錢一千貫壬寅賜中官郭日通等錢各五千貫癸未又賜内官魏弘簡李少端錦綵銀器丁未賜中官孫仲彦宅一區三月辛亥中官朱惟亮周文晟楊文晟各賜永興坊宅一區五月辛亥賜内官袁義成咸陽故新平公主一所

文宗以寶曆二年十二月即位增右軍中尉梁守謙食實封三百戶左軍中尉魏簡弘進階開府儀同三司樞密使楊承和飛龍使韋元素進弓箭庫使崔潭峻加上將軍並賞功也太和元年三月己巳詔右神

策軍護軍中尉兼右街功德使右衛上將軍知内侍省事梁守謙行右衛上將軍致仕仍全給俸祿命中使以綾絹三千疋錢三千貫文并粟麥薪草就宅宣賜守謙六月己酉内侍監魏弘簡爲左衛上將軍致仕仍全給俸禄

王守澄元和末文宗即位爲驃騎大將軍充左右神策軍中尉實封五百戶行右衛上將軍知内侍省事太和九年九月以守澄守本官知内侍省事充左右神策軍觀軍容使兼十二衛統軍散官實封如故及卒贈揚州大都督

馬存亮累開府儀同三司右領軍衛上將軍致仕開成元年九月贈揚州大都督存亮寶曆中爲左軍中尉當張韶之亂敬宗幸其軍有保衛之功寵任雖多不與王守澄輩同惡嘗以退身爲謀後遂稱疾致仕

仇仕良有翊文宗之功初爲左神策護軍中尉兼左街功德使開成三年正月加驃騎大將軍右神策軍護軍中尉兼右街功德使武宗會昌元年賜士良紀功碑詔右僕射李程爲其文

楊復恭樞密使玄翼之子也以父蔭入內侍省知書有學術每監諸鎮兵龐勳之亂監陣有功自河陽監

軍入爲宣徽使咸通中玄翼卒起復爲樞密使黃巢犯闕左軍中尉田令孜爲天下觀軍容制置使專制中外復恭每事力爭得失令孜怒左授復恭飛龍使乃稱疾退於藍田僖宗自蜀還京田令孜爲右軍中尉時行在制置內外經畧皆出於復恭車駕還京授觀軍容使封魏國公後迎立昭宗文德元年加開府金吾上將軍專典禁兵

後唐張承業初仕昭宗爲內常侍光啓三年昭宗將幸太原以承業與武皇善乃除爲河東監軍密令迎駕旣而昭宗幸華州就加左監門衛將軍駕在鳳翔承業累請出師晉絳以爲岐人掎角崔魏公之誅宦官也武皇僞戮罪人首級以奉詔匿承業於斛律等昭宗遇弒乃復請爲監軍莊宗嗣立兄事之親幸承業私第升堂拜母賜遺優厚天祐十九年十一月二日以疾卒于晉陽之第時年七十七貞簡太后聞喪遽至其第盡哀爲之行服如兒姪禮同光初贈左武衛上將軍謚曰貞憲

李紹宏爲宣徽南院使判內侍省兼內外特進左監門衛將軍同正上柱國同光二年四月加紹宏右領軍衛上將軍封隴西縣開國男食邑三百戶仍賜推

忠翊佐功臣紹宏爲帝龍潛時與孟知祥同爲中門使及周德威薨帝兼領幽州令紹宏權知州事即位之初郭崇韜勳望高舊在紹宏之下時徵潞州監軍張居翰與崇韜並爲樞密使紹宏失望乃爲宣徽使以己合當樞任志嘗鬱鬱側目於崇韜崇韜知其慊也乃置內句之目令天下錢穀簿書悉委裁遣

宋唐玉莊宗時爲樞密副使通議大夫行內侍省內侍賜紫同光二年四月加唐玉金紫光祿大夫左監門衛將軍同正仍賜推忠翊佐功臣依前充樞密副使

楊希助莊宗時爲內客省使通議大夫行內侍省內侍上柱國與宋唐王同日加金紫光祿大夫右監門衛將軍同正仍賜推忠協佐功臣依前內客省使

張居翰莊宗末爲樞密使官至驃騎大將軍賜號竭誠保運致理功臣明宗入雒居翰謁見於致德宮雪泣待罪乞歸田里詔許之乃辭居長長詔其子爲西京職事以供侍養

孟漢瓊明宗時爲右衛大將軍知內侍省事宣徽北院使長興末召閔帝於鄴閔帝即位尤恃恩寵應順元年閏正月加開府儀同三司賜忠貞扶運保泰功

臣漢瓊時權知魏博軍府既聞命表讓驅驛詔受官牒

册府元龜

巡按福建監察御史臣李嗣京　訂正
分守建南道左布政使臣胡維霖　參閱
知建陽縣事臣黃國琦　較釋

內臣部二

賢行　薦賢　忠直　才識

賢行

夫居宮掖之職親日月之光宣達是司出納惟允而乃謙虛爲性仁恕成風清約自居謹厚有裕斯固君子之所尚識者之攸宗者也歷代已還良史所述事

行所異斯可觀焉

漢北宮伯子（姓北宮名伯子）孝文時以長者愛人故親近

張賀車騎將軍安世之兄孝武時爲掖庭令而宣帝以皇曾孫收養掖庭賀內傷太子無辜而曾孫孤幼所以視養拊循恩甚密焉

後漢鄭衆字季產南陽犨人爲人謹敏和帝時爲中常侍以誅竇憲功遷大長秋策勳班賞每辭多受少繇是常與議事（與音預）

蔡倫字敬仲桂陽人和帝時爲中侍預參帷幄倫有才學盡心敦愼每至休沐輒閉門絕賓暴體田野

曹騰字季興沛國譙人安帝時爲黃門從官順帝在東宮鄧太后以騰年少謹厚使侍皇太子書特見親愛騰用事三十餘年奉事四帝未嘗有過及爲大長秋蜀郡太守因計吏賂遺於騰益州刺史种暠於斜谷關捜得其書上奏太守并以劾騰請下廷尉按罪帝曰書自外來非騰之過遂寢暠奏騰不爲纖介常稱暠爲能吏時人嗟美暠後爲司徒告賓客曰今身爲公乃曹常侍力焉

欒巴字叔元魏郡內黃人（神仙傳云巴蜀郡人）順帝世給事掖庭補黃門令非其好也性質直學覽經典雖在中官

不與諸常侍交接

良賀順帝時爲大長秋淸儉退厚陽嘉中詔九卿舉武猛賀獨無所薦引帝問其故對曰臣生自草茅長於宮掖既無知人之明又未嘗交加士類昔衛鞅因景監以見有識知其不終（史記趙良謂鞅曰君之見秦王也因嬖人景監非所以爲名也商君卒爲秦惠所車裂也）今得臣舉者匪榮伊辱辭之

呂強字漢盛河南成皋人自小黃門再遷中常侍爲人清忠奉公靈帝時例封宦以強爲都鄉侯辭讓懇惻固不敢當帝乃聽之

丁肅濟陰人靈帝時爲中官與下邳徐衍南陽郭耽

汝陽李巡北海趙祐等五人稱爲清忠皆在里巷不爭威權

吳伉茸陵人爲小黄門悖達有奉公稱知不得用嘗托病還寺舍從容養志

後魏趙黒字文静涼州人恭謹小心太后使進御膳出入承奉初無過行累遷鎮南大將軍儀同三司定州刺史封河内王尅巳清儉憂濟公私時有人欲私賂黒曰官高禄厚足以自給賣公營私本非情願終無所納

孫小字茂翹咸陽石安人太武時歴冀州并州刺史

所在清約當時牧伯無能及也小之爲并州以郭祚爲主簿重祚文才兼美任之以書記時人多之

張宗之字益宗河南鞏人以忠厚謹慎爲侍郎中散文成時爲東雍州刺史以在官有稱入爲内部坐大官

張祐字安福安定石唐人以積勞至曹監中給事累遷鎮南將軍尚書左僕射祐性恭密出入機禁二十餘年未曾有過繇是被孝文恩寵

杞嶷字道德安定石唐人小心愼密恭以奉上沉跡冗散經十九年後以忠謹被擢累遷中嘗侍中曹侍郎

李堅字次壽高陽易人文明太后臨朝堅爲給事中小心謹慎嘗在左右

仇儼柔和敦敏有長者風孝文太和中爲虎牢鎮將

王遇宣武初爲兼將作大匠廢后馮氏之爲尼也公私罕相供恤自以嘗更奉接往來祇謁不替舊敬衣食雜物每有薦奉后皆受而不讓又至其館遇夫妻迎送謁伏侍立執臣妾之禮

後唐張承業天祐中爲太原監軍時盧質在莊宗幕下嗜酒輕傲嘗呼莊宗諸弟爲豚犬莊宗深銜之承

業恐盧質被禍因乘間謂莊宗曰盧質多行無禮臣請爲大王殺之可乎莊宗曰予方招禮賢士以開霸業七哥何言之過也承業因聳立而言曰大王若能如此何憂不得天下其後盧質雖或縱誕莊宗終能容之盖承業爲之藻籍也及莊宗初行墨制凡除拜之命皆成於盧汝弼之手汝弼既自爲戸部侍郎乃請與承業改官及開國邑承業拒而不受其後終身但稱舊官而已

張居翰同光中爲樞密使時内職干政拜官之務皆出於郭崇韜居翰自以羈旅乘時擢居重地每於宣

授不敢有所是非承顏免過而已僞蜀王衍既降詔遷其族於雒陽行及秦川時關東已亂莊宗慮衍爲變遣中官向延嗣馳騎齎詔殺之詔云王衍一行並宜殺戮其詔已經印畫時居翰在密地覆視其詔即就殿柱揩去行字改書家字及衍就戮於秦川驛止族其近屬而已其僞官及從行者尚千餘人皆免其枉濫居翰之力也居翰性和而靜諳悉舊事在潞州累年每春課人育蔬種樹敦本惠農有仁者之心焉及明宗入雒陽居翰謁見於至德宮待罪雪涕乞歸田里遂還長安焉

薦賢

古者稽象緯建官名爰設內臣用謹宮戒秦漢仍襲親任以隆傳近帷幄之中受宣機密之命其有竭節幹用勤心納忠夙懷永圖克蘊明識推擇髦俊以揚于王庭薦述勳賢用熙乎帝載致國富良士野無遺材經濟大猷翊亮鴻業所以能上應四星之象者其在是乎

勃鞮晉之內臣晉侯問原守於勃鞮（勃鞮披也）對曰昔趙衰以壺飧從徑餒而弗食（言其忠且仁不忘君也徑猶行也）故使處原（從披言也衰雖有大功猶簡小善以進之示不遺勞）

景監秦孝公之寵臣孝公欲脩繆公之業下令國中求賢者公孫鞅因景監以求見孝公

繆賢爲趙謁者令時藺相如爲其舍人趙惠文王得楚和氏璧秦昭王聞之使人遺趙王書願以十五城請易璧趙王與大將軍廉頗諸大臣謀欲勿與即患秦兵之來計未定求人可使報秦者未得宦者令繆賢曰臣舍人藺相如可使王問何以知之對曰臣嘗有罪竊計欲亡走燕臣舍人相如止臣曰君何以知燕王臣語曰臣嘗從大王與燕王會境上燕王私握臣手曰願結友以此知之故欲往相如謂臣曰夫趙

彊而燕弱而君幸於趙王故燕王欲結於君今君乃亡趙走燕燕畏趙其勢必不敢留君而束君歸趙矣君不如肉袒伏斧質請罪則幸得脫矣臣從其計大王亦幸赦臣臣竊以爲其人勇士有智謀宜可使趙王召相如令使秦秦無意償趙城相如竟全璧而歸

後漢曹騰爲大長秋所進達皆海內名人陳留虞放邊韶南陽延固張溫弘農奐潁川棠谿趙典等

唐吐突承璀自神策中尉出爲淮南監軍使及徵入復爲中尉乃引節度使李鄘爲相元和十二年徵拜門下侍郎平章事鄘恥出入顯重素不以公輔自許

年侵勢邁頗安外鎮登湔延聞樂而泣且曰宰相之任非吾所長也行頗緩至京師又辭疾歸第旣朝謁亦不領政事竟以疾辭罷爲戶部尚書

崔潭峻爲荆南監軍使時監察御史元稹謫爲江陵府士曹參軍潭峻禮接不以掾吏遇之嘗徵其詩什諷誦之長慶初潭峻歸朝出稹連昌宮詞等百餘篇奏御穆宗大悅問稹安在對曰今爲南宮散郎卽日轉祠部郎中知制誥

後唐張承業爲太原監軍天祐中幽州劉守光敗其府掾馮道歸太原承業辟爲本院巡官承業重其文

章履行甚見待遇時有周玄豹者善人倫鑒與道不洽謂承業曰馮生無前程公不可過用管記盧質聞之曰我曾見杜黃裳司空寫眞圖道之狀貌酷類焉將來必副大用玄豹之言不足信也承業薦爲霸府從事焉

忠直

夫策名委質守節無二便蕃左右盡規竭力皆忠之屬也周官寺人之職蓋所以給事宮掖周旋禁闥出納王命爲之審侍所以親信者焉而有天資直諒居然異禀事君盡禮抗直無撓或託諷以補過或盡言而竭誠以至保持正人申其宛滯輔翼儲貳制其動揺或以成蕩寇之功或以立去惡之效伏節死難無所顧避史所記皆可稱述焉

履鞮晉獻公時人卽寺人披一云勃貂又名勃鞮字伯楚獻公使履鞮趣殺公子重耳踰垣履鞮遂斬其衣袪遂奔狄晉惠公立畏重耳乃使履鞮與壯士欲殺重耳重耳聞之遂奔齊後返國大臣呂省御苪欲謀殺文公文公不知始嘗欲殺文公鞮知其謀欲以告文公解前罪求見文公文公不見使人讓曰蒲城之事女斬予袪其後我從狄君獵女爲惠公來求殺我惠公與女期三

日至而女一日至何速也女其念之履鞮曰臣刀鋸之餘不敢以二心事君倍主故得罪於君君已反國其毋蒲翟乎且管仲射鉤桓公以霸今刑餘之人以事告而君不見禍又且及矣於是見之

管蘇楚人恭王有疾告諸大夫曰管蘇犯我以義違我以禮爲處不安不見不思然而有得焉吾死之後爵之於朝也

漢史游元帝時爲黃門令勤心納忠有所補益

後漢鄭衆和帝初自中常侍加位鈎盾令時竇太后秉政后兄大將軍憲等並竊威權朝臣上下莫不附

之而衆獨以一心王室不事豪黨帝親信焉

蔡倫和帝時爲中常侍盡心敦慎數犯嚴顔輔弼得失

孫程順帝時自中黄門擢拜騎都尉永建初虞詡爲司隷校尉中常侍張防每請託取受詡輒案之而屢寢不報詡乃自繫廷尉奏言防罪防流涕訴帝詡坐論輸左校防欲害之二日之中傳考四獄程與宦者張賢孟叔馬國等知詡以忠獲罪乃相率奏乞（事具内臣規諫門）時防立在帝後程乃叱防曰姦臣張防何不下殿防不得已趨就東廂程曰陛下急收防無令從阿

毋求請（阿毋宋娥也）帝問諸尚書尚書賈朗素與防善證詡之罪帝疑焉謂程曰且出吾方思之於是詡子顗與門生百餘人擧幡候中常侍高梵車叩頭流血訴言枉狀梵乃入言之防坐徙邊賈朗等六人或死或黜即日赦出詡

呂強靈帝時爲中常侍中平元年黄巾賊起帝問強所宜施行強欲先誅左右貪濁者大赦黨人料簡刺史二千石能否帝納之乃先赦黨人於是諸常侍人人求退又各自徵還宗親子弟在州郡者中常侍趙忠夏惲等共搆強云與黨人共議朝廷數讀霍光傳強兄弟所在貪穢帝不悦使中黄門持兵召強強聞帝怒曰吾死亂起矣丈夫欲盡忠國家豈能對獄吏乎遂自殺

後魏趙黒獻文時爲侍中帝將傳位京兆王子推訪諸群臣百官唯唯莫敢亢言者唯源賀等辭義正直不肯奉詔帝怒變色復以問黒黒曰臣愚無識信情率意伏惟陛下春秋始富如日方中天下恱其盛明萬物懷其光景元元之心願終萬歲若聖性淵遠欲頤神味道者臣黒以死奉戴皇太子不知其他獻文黙然良久遂傳祚于孝文黒得幸兩宫禄賜優厚是

時尚書李訢與黒對綰選部訢奏中書侍郎崔鑒爲東徐州北部主書郎孫處顯爲荆州選部監公孫處爲幽州皆曰有能也實有私焉黒嫉其虧亂選禮遂爭於殿廷

杞嶷孝文時自中常侍遷中曹侍御尚書自總納言職當機近諸所奏議必致抗直後爲涇州刺史從駕南征常參侍左右以嶷耆老每見勞問數追稱嶷之正直

劇鵬與王質等俱爲中官孝文遷雒鵬常爲宫官幽后之惑薛菩薩鵬密諫止之不從遂發憤而卒

張景嵩毛暢孝明時俱爲黄門每承閒陳元乂之惡於帝元乂之出景嵩暢頗有力焉靈太后反政以妹故未即戮乂（元乂太后妹夫也）時内外喧喧云乂還入知事暢等恐禍及已乃啓帝欲詔右衛將軍楊津密往殺乂詔書已成未及出乂妻知之告太后云景嵩暢與清河王息邵欲廢太后太后信之責暢暢出詔書草以呈太后讀之知無廢已狀意爲小解然乂妻搆之不已遂致疑惑未幾出暢爲頓丘太守後復出景嵩爲魯郡太守

北齊田敬宗爲中官後主之奔青州遣其西出參伺

動静爲周所獲問齊主何在紿云已去毆捶服之每折一體辭色愈厲竟斷四體而卒

唐竇文瑒德宗初爲中官涇師之亂帝召禁軍禦賊並無至者唯文瑒及宦官霍僊鳴率諸中官及親王左右從行

劉貞亮貞元末爲宦官性忠直蹈義順宗寢疾翰林學士王叔文欲奪宦者兵權每中官李忠言宣命内臣無敢言者唯貞亮建議與之爭知其朋徒日熾慮隳朝政乃與中官劉光琦薛文珍尚衍解至等謀奏請立廣陵王爲皇太子勾當軍國太事及太子受禪盡逐叔文之黨政事悉委舊臣時議嘉貞亮之忠藎累遷右衛大將軍知内侍省事

景忠信爲中使元和中宣武軍節度使韓弘爲平淮西都統諸軍使齊力攻討賊嘗徑攻烏重裔之壘重裔禦之中數搶馳請救於忠武李光顔以小溵橋賊之保也乘其無備使大將軍田穎宋朝隱襲而取之遂平其城壍豁是不充救重裔弘以光顔違令取穎及朝隱將戮之穎及朝隱勇而材軍中皆惋惜之光顔畏弘不敢留會忠信至知其情乃矯詔令所在械繫之走馬入見具其本末聞憲宗赦忠信矯詔罪即

徃釋穎及朝隱

馬存亮爲内飛龍使神策軍衙前虞候豆盧著狀告宰相宋申錫與漳王謀反中尉王守澄將以二百騎就靖恭里屠申錫之家存亮同入見爭於帝前曰今謀反者申錫爾何不召南司他相會議令卒然如此京師企足自亂矣守澄不能難乃止

楊復光乾寧中爲内侍巢寇之亂後光監忠武軍屯于鄧州以遏賊衛京師陷賊節度使周岌授僞命賊使徃來旁午岌嘗夜宴急召復光左右曰周公歸賊必謀害内侍不如勿徃復光曰事勢如此義不圖全

郎廿之酒酣岌言及本朝事復光因泣下艮乂曰丈夫所感者恩義所趣者利害如不顧恩義不規利害非夫也公自匹夫享公侯之貴而舍十八葉天子而北面臣賊何恩義利害之可言乎聲淚俱發岌亦爲之流涕岌曰岌不能獨力拒賊貌奉而已而心圖之故召公言事瀝酒爲盟是夜復光乃遣其假子贇守亮殺賊使於傳舍

後唐張承業爲太原監軍武皇屬以後事曰吾兒孤弱群庶縱横後事公善籌之承業奉遺顧援立嗣主平内難策畧居多莊宗深感其意兄事之親幸承業

私第時貞簡太后韓德妃伊淑妃諸宅王之貴介弟在晉陽宫或不以其道干於承業悉不聽踰法禁者必懲繇是貴戚歛手民俗不變或有中傷承業於莊宗者言專弄威柄廣納賂遺莊宗歲時還晉陽宫省太后須錢蒱博給伶官嘗置酒于泉府莊宗酒酣命興聖宫使李繼岌爲承業起舞既竟承業出寶帶幣馬奉之莊宗指錢積謂承業曰和哥(繼岌小字和哥)無錢使七哥(七哥謂承業也)與此一積寶馬非殊惠也承業謝曰郎君歌舞承業自出已俸錢此錢是大王庫物准擬支贍三軍不敢以公物爲私禮也莊宗不悦使酒侵承業承業曰臣老勅使非爲子孫之謀惜錢爲大王基業王若自要散施何訪老夫不過財盡兵散一事無成莊宗怒顧元行欽曰取劒來承業引莊宗衣泣而言曰僕荷先王遺顧誓爲本朝誅汴賊王爲惜庫物斬張承業首死亦無愧於先王今日請死閻寶解承業手令退承業詬寶曰黨温逆賊未嘗有一言効忠而敢依阿諂附揮拳踣之太后聞莊宗酒失急召入莊宗性至孝聞太后召叩頭謝承業曰吾杯酒之間忤於七哥太后必怪吾七哥爲吾痛飲兩卮分謗可乎莊宗連飲四鍾勸承業竟不飲莊宗歸宫太后使

人謂承業曰小兒忤特進已笞矣可歸第翌日太后與莊宗俱幸其第慰勞之

焦彦賓爲西川監軍使在同光世有軍功守道忠正爲巷伯之英秀

才識

語曰之才之美又曰多學而識若乃位居丹禁職重内庭性識通明學術優異或精於明法或審於音律或知星而察變或制藝以濟時信爲道不羣故希世而可貴者也

秦趙高始皇聞高强力通於獄法舉以爲中車府令

受詔教習胡亥使學以法事

漢趙談文帝時宦者以星氣幸

李延年中山人武帝時給事狗監中王獵犬也善歌爲新變聲是時帝方興天地祠欲造樂令司馬相如等作詩頌延年輒承意弦歌所造詩謂之新聲曲

弘恭宣帝時爲中黄門明習法令故事

史游元帝世爲黄門令作急就一篇

後漢蔡倫和帝時爲中常侍有才學自古書契多編以竹簡其用縑帛者謂之爲紙縑貴而簡重並不便於人倫乃造意用樹膚麻頭及敝布魚網以爲紙元

興元年奏上之帝善其能自後莫不從用焉故天下咸稱蔡侯紙元初四年帝以經傳之文多不正定乃選通儒謁者劉珍及博士良史詣東觀各讐校漢家法令倫監典其事

李延靈帝時爲中官以爲諸博士試甲乙科事第高下更相告言至有行賂定蘭臺漆書經字以合其私文者乃白帝與諸儒共刻五經文於石於是詔蔡邕等正其文字自後五經一定爭者用息

趙祐爲中官博學多覽著作校書諸儒稱之

吳伉爲小黄門善爲風角博達事奉公稱之

後魏劇鵬孝文時爲給事中粗通經史閑曉文事

王質頗解書學爲中曹吏內典監累遷至大長秋

賈粲頗涉書記宣武末漸被知識得充內任

北齊田敬宗年十四五便好讀書既爲門侍伺隙便周章詢請每至文林館氣喘汗流問書之外不暇他語及覩古人節義事未嘗不感激沉吟顏之推重其勤學甚加開獎後遂通顯

唐李輔國粗知書計爲僕事高力士年且四十餘令掌閑廐簿籍

孫知古爲內侍初田承嗣於魏州爲安祿山史思明

父子立祠宇知古因使宣慰潛諷承嗣毀除之知古使還具以聞以承嗣同平章事奬之也

魚朝恩天寶末入內侍省性黠慧善宣答通書計

楊復恭幼入內侍省知書有學術累遷至觀軍容使

巡按福建監察御史臣李嗣京　訂正
知長樂縣事　臣夏允彝叅閱
知建陽縣事　臣黄國琦較釋

將兵　監軍　立功　幹事

將兵

夫近侍之臣雖宜於命令統帥之任實寄於腹心當經畧之未靖惟材能之斯委觀其漢氏中微元魏多事逮兹唐室荐罹寇難寓縣挺災金華不息乃有稟

忠厚之性懷將領之材或付之禁衛之師或委之征伐之任或監示於方面或扈從於乗輿或能震耀天威愾張師律克施拱極之效聿成靖亂之勳論而次之齊諸簡冊俾後之觀者庶知前王之權畧矣

後漢蹇碩爲小黄門桓帝置西園八校尉以碩爲上軍校尉又以碩壯徤而有武畧特親任之以爲元帥督司隷校尉以下雖大將軍亦領屬焉

後魏孫小爲西臺中散太武幸瓜步慮有北寇之虞乃加小左衛將軍除留臺軍將

杷嶷爲中常侍孝文時累遷殿中侍御尚書以統宿衛

唐楊思勗玄宗時爲右監門衛將軍開元初安南首領梅玄成叛自稱黑帝與林邑真臘國通謀陷安南府詔思勗將討之十二年五溪首領覃行璋作亂思勗復受詔率兵討之十四年邕州賊帥梁大海擁賓横等數州反思勗又統兵討平之十六年瀧州首領陳行範何遊魯馮璘等聚徒作亂詔思勗率永連道等州兵及淮南弩手十萬討之

李輔國天寶末侍太子如朔方肅宗至德初擢爲太子家令判元帥行軍司馬專掌禁兵

程元振爲右監門衛將軍知內侍省事代宗寶應初代李輔國判元帥行軍司馬專制禁兵

魚朝恩爲品官給事黄門寶應初九節度討安慶緒於相州不立統帥以朝恩爲觀軍容宣慰處置使觀軍容使名自朝恩始累加左監門衛大將軍自相州之敗史思明再陷河雒朝恩當統禁軍鎮陜以殿東夏廣德初改爲天下觀軍容宣慰處置等使

竇文場德宗建中末與霍僊鳴從幸奉天左右禁旅委文場僊鳴主之文場累遷左監門衛大將軍知內侍省事監勾當左神策軍僊鳴累遷右監門衛將軍

知内侍省事監勾當右神策軍貞元十二年六月特立護軍中尉兩員中護軍兩員以帥禁軍乃以文瑒爲左神策軍護軍中尉僊鳴爲右神策軍中尉又以監左神威軍使内侍兼内謁者監張尚進爲左神威軍中護軍監右神威軍使内侍兼内謁者監焦希望爲右神威軍中護軍護軍中尉與中護軍古有其官自國朝未嘗置其員秩也帝以禁衛嚴密又崇寵中貴故異其名而授文瑒等

第五守亮爲開府内常侍貞元十四年霍僊鳴卒以守亮爲右軍中尉

楊志廉與孫榮義並爲内給事貞元十七年以志廉爲内常侍充左神策護軍中尉副使榮義爲内常侍右神策護軍中尉副使二十年以志廉爲特進左監門大將軍充左神策護軍中尉兼左街功德使榮義爲特進右武衛大將軍充右神策護軍中尉兼右街功德使

薛盈珍貞元末爲内侍省内侍知省事充右神策軍護軍中尉副使憲宗元和初遷右神策軍護軍中尉兼右街功德使

吐突承璀爲内常侍元和元年遷左監門衛將軍充左神策軍護軍中尉兼左街功德使累遷左衛上將軍四年鎮州王承宗拒命詔承璀爲左右神策河中河陽浙西歙等道行營兵馬使招討處置等使時諫官御史上疏相屬皆言自古無中貴人爲兵馬統帥者補闕獨孤郁段平仲言尤激切憲宗不獲已乃改充鎮州已東招撫處置等使出師經年無功乃密遣人告王承宗令上疏待罪許以罷兵承宗表至朝廷罷兵承璀班師爲禁兵中尉段平仲抗疏極論帝不獲已降爲軍器使出爲南監軍八年復爲神策中尉

第五國珍元和二年爲右監門將軍知内侍省事充

神策軍護軍中尉兼右街功德使

程文幹爲内侍省監知省事元和五年遷右監門衛將軍知内侍省事充右神策護軍中尉兼左街功德使

彭獻忠爲右武衛將軍知内侍省事元和七年充左衛神策護軍中尉兼右街功德使

梁守謙爲内常侍元和十三年遷右監門衛大將軍右神策護軍中尉兼右街功德使十五年十月涇州奏吐蕃大軍去州三十里下營命守謙充左右神策京西京北行營都監統神策兵四千人并發八鎮全

軍赴涇州救援
馬進潭元和末爲左神策軍護軍中尉
楊承和穆宗長慶初爲右神策軍副使
馬存亮長慶中爲左神策軍護軍中尉
劉弘規爲鴻臚禮賓使敬宗即位以弘規爲左神策護軍中尉
魏弘簡爲內弓箭庫使寶歷二年遷右神策軍護軍中尉
王守澄知樞密事文宗即位以守澄爲驃騎大將軍充右神策軍中尉

仇士良魚志弘太和末爲左右軍中尉又云太和九年士良等因甘露事率禁兵殺宰相王涯等二十一家自是權歸於士良志弘至宣宗即位復誅其泰甚者而閹寺之勢仍握軍權之重焉
楊欽義大中時爲神策中尉
楊玄寔僖宗乾符中爲左神策軍中尉
楊復光爲黃門累監諸鎮征討乾符中賊帥黃巢犯江西以復光爲排陣使時招討使宋威戰敗復光總其兵權中和中詔充天下兵馬都監押諸軍入定關輔
田令孜自諸司小使監諸鎮用兵累遷左神策軍中尉僖宗幸蜀以令孜爲觀軍容制置左右神策護駕十軍等使時自蜀中護駕令孜招募新軍五十四都都千人左右神策各二十七都分爲五軍令孜總領其權
王彥甫廣明中與田令孜爲左右觀軍容使率禁軍從幸興元
西門思恭中和中爲觀軍容使
楊復恭爲樞密使光啓二年代田令孜爲右軍中尉專典禁軍

劉景宣西門重遂昭宗大順二年爲左右神策軍中尉
駱全瓘景福二年代西門重遂爲神策右軍中尉
景務脩宋道弼光化元年爲左右軍中尉
劉季述王仲先光化二年爲兩軍中尉
韓全誨張弘彥天復初爲兩軍中尉

監軍

古稱兵者凶器戰者危事蓋不得已而用之也觀夫唐制始自肅宗參用內臣典制軍政或蒞戎於征討或護兵於鎮守中嚴有異則往無不濟愛克厥威則

功或罔成雖委以腹心誠無外顧而貞其師律或爽嘉猷信利害之相兼否臧之不一也

唐魚朝恩玄宗天寶末爲品官給事黄門肅宗至德中嘗令兼用軍事九節度討安慶緒於相州不立統帥以朝恩爲觀軍容宣慰處置使觀軍容使自朝恩始也

竇文場王希遷皆爲將軍德宗興元元年以文場兼神策軍左廂兵馬希遷兼神策軍右廂兵馬

盧介貞元八年爲宣武監軍

王定遠貞元十一年爲河東監軍節度使李自良卒

行軍司馬李說授任先是定遠以聞德宗授說告命定遠以始謀爲李說說深德之自是河東軍政多出於監軍焉貞元十四年吴少誠拒命詔徵十七鎮之師討之時軍無統帥兵無多少皆以內官監之師之進退不由主將

薛盈珍貞元中爲鄭滑監軍

吐突承璀爲左衛上將軍知內侍省事憲宗元和六年出爲淮南節度監軍使

梁守謙爲內常侍知樞密元和十一年命守謙宣慰淮西諸軍因留監進討授以虛名告身五百通及金銀錢帛以勸死士

王守澄元和中爲徐州監軍

崔潭峻元和末爲荆南監軍

楊承和爲右神策副使穆宗長慶元年十二月以李光顔爲陳許節度兼深州節度救承和充深州諸道兵馬都監長慶二年官軍討代鎮州率命中使參護其軍號爲監陣多選勁騎自衛觀望勝則乘驛急聞以邀爵賜敗則恐脅戎帥致其怗懼故以兩河之衆討數州之叛師老力屈終議赦之故因統馭非才亦由監陣撓之也

段文政爲內常侍長慶二年鎮州兵亂賊圍深州以文政充都監領鄭滑河陽陳許三道兵赴深州應援

馬存亮爲左神策護軍中尉長慶四年以存亮爲淮

南監軍使

楊叔元文宗太和中爲山南西道監軍使

李榮成太和四年興元軍亂節度使李絳被害命榮成充興元監軍使

王守涓守澄弟也太和中爲徐州監軍

田令孜本姓陳懿宗咸通後自諸司小使監諸鎮用兵僖宗乾符中盗起關中諸軍誅盗以令孜爲觀軍容等使後幸梁州永爲西川監軍

王建自爲蜀帥仍舊監軍事

楊玄价爲內常侍咸通中爲河南監軍

楊復恭幼入內侍省每監諸鎮兵龐勛之亂命復恭
監陣有功自河陽監軍入爲宣徽使
楊復光爲小黃門累監諸鎮征討乾符中王僊芝起
曹濮詔遣齊克讓討之復光監其軍後僊芝陷荆襄
以宋威爲招撫使復光又監其軍宋威敗詔以荆南
節度使王鐸代宋威復光監光武軍屯於鄧州中和
初復光赴援京師會河中王重榮入屯武功朝廷初
以觀軍容使西門思恭爲天下兵馬都監軍時老疾
不行詔令復光代之
袁季貞爲河中都監昭宗乾寧三年以季貞充邠寧

四面行營兵馬都監押
後唐張承業唐光啓中爲內供奉武皇之討王行瑜
承業累奉使渭北因留監武皇軍昭宗將幸太原以
承業與武皇善乃除爲河南監軍
張居翰唐末爲樞密承旨昭宗在華下起授內侍當
出監幽州軍事

立功

功名之立君子之所尚也故載之令甲藏於盟府以
垂乎不朽者焉乃有列職禁闈祗事帝右忠而能力
勇且知方應變矢謨克平於大憝或從行執銳屢摧
乎勍敵或竭誠而濟難或悉力以盪寇用能立事當
世流芳策書論而次之固亦以勸事君者之忠藎爾
後漢鄭衆爲內侍大將軍竇憲兄弟圖作不軌衆遂
首謀誅之以功遷大長秋
單超河南人徐璜下邳長城人具瑗魏郡元城人左
悺河南平陰人（悺音工與切又音館）唐衡潁川郾人也桓帝初
超璜瑗爲中常侍悺衡爲小黃門史初梁冀兩妹爲
順桓二帝皇后冀代父商爲大將軍再世權威威振
天下冀自誅太尉李固杜喬等驕橫益甚皇后乘勢
忌恣多所鴆毒上下拑口（周書曰賢智鉗口謂不言也拑與鉗古字通音其炎

反）皆莫有言者帝逼畏久常懷不平恐言泄不敢謀
之延熹二年帝因如廁獨呼衡問左右與外舍不相
得者有誰乎（外舍謂皇后家也）衡對曰單超左悺前詣河南
尹不疑禮敬小簡不宜收其兄弟送雒陽獄二人詣
門謝乃得解徐璜具瑗常私忿疾外舍放橫口不敢
道於是帝呼超悺入室謂曰梁將軍兄弟專固國朝
迫脅內外公卿以下從其風旨今欲誅之於常侍意
何如超等對曰誠國姦賊當誅日久臣等弱劣未知
聖意何如爾帝曰審然者常侍密圖之對曰圖之不
難但恐陛下復中狐疑（中音丁仲反）帝曰姦臣脅國當伏

其罪何疑乎於是更召璜瑗等五人遂定其意帝勑齧超臂出血爲盟於是詔收冀及宗親黨與悉誅之

趙忠少給事省中桓帝時爲小黃門以與誅梁冀功封都鄉侯

後魏孫小初內侍太武東宮以聰識有智畧轉西臺中散每從征伐屢有戰功

仇雒大武時爲給事黃門侍郎從征平凉以功超遷散騎常侍

唐楊思勗中宗初從事內侍省預討李多祚功超拜銀青光祿大夫開元初爲右監門將軍時安南首領

梅玄成叛自稱黑帝與林邑眞臘國通謀陷安南詔思勗將兵討之思勗至嶺表鳩募首領子弟兵馬十餘萬取伏波故道以進出其不意玄成遽聞兵至遑惑計無所出竟爲官軍所擒臨陣斬之盡誅其黨與積屍爲京觀而還十二年五谿首領覃行璋作亂思勗復受詔率兵募討之生擒行璋斬其黨三萬餘級以軍功累加輔國大將軍十四年邕州賊帥梁大海擁賓橫等數州反叛思勗又統兵討平之生擒梁大海等三十餘人斬黨二萬餘級復積屍爲京觀十六年瀧州首領陳行範何遊魯馮璘等聚衆作亂陷四十餘城行範自稱天子遊魯稱定國大將軍馮璘稱南越王割據嶺表詔思勗率永連道等兵及淮南弩手十萬人進討兵至瀧州臨陣擒遊魯馮璘斬之行範潛竄深州據雲際盤遼二洞思勗悉衆攻之生擒行範斬之斬其黨六萬級獲馬口金玉巨萬計

魚朝恩爲右監門衛將軍廣德元年西蕃入犯京畿代宗幸陝時禁軍不集徵召離散北至華陰朝恩大軍遽至迎奉六師方振繇是深加寵異改爲天下觀軍容宣慰處置使

皇甫政德宗時內臣也貞元中福建叛卒逐其觀察

使吳詵既而福州兵四百餘人潰亡入海延至溫台明州寇掠鄉閭頗爲人患帝憂其滋長令政設策備之政乃令從事常萬逖撫三州擇海浦形便起城柵修艦教弩選士豪者爲統將以招討之萬有方畧數月之間擒獲頗衆餘悉降之自是瀕海皆寧萬及將吏各加官賜帛各有差

楊復光咸通中樞密使楊玄翼之猶子也乾符中爲內侍王僊芝起曹濮詔遣齊克讓討之復光監其軍後僊芝陷荊襄以宋威爲招撫使復光又監其軍宋威敗復光乃總其衆控扼於襄鄧之間僊芝敗乃移

監許州中和初巢賊陷京師許州帥周岌稱臣二賊復光斬其僞使會許州秦宗權叛岌遂得衆三千人復說宗權赴難宗權遣其將王淑以兵八千從入至南陽淑遲留不進復光斬之併其衆分爲八部則鹿晏孔窠從韓建王建晉暉張造李師太是也簡一人未獲尋收鄧州復召徐州宋州壽州荊門等軍赴援京師皆從之衆踰二萬乃會河中王重榮入屯武功朝廷初以觀軍容使思恭爲天下兵馬都監時老疾不行詔令復光代之既破巢讓朝廷方議其功以其年六月暴終

馬存亮爲左神策軍護軍中尉敬宗長慶四年四月丙申有賊犯右銀臺門入宮時帝在清思殿擊毬聞之驚出避難至左軍存亮匍匐出迎捧帝足嗚咽流涕自負帝入軍既安堵存亮又令驍將康藝全率騎卒入宮討賊賊衆殲焉初帝始至軍憂太皇后之隔存亮復以二百騎迎二后至安於軍中丁酉帝還宮

幹事

內臣之職載於周官見於左氏秦漢而下乃有性質忠厚智識開敏或居出納之任或釐中外之務而能力心王室恪居官次夙夜匪懈風雨不巳提綱而衆目皆治投刄而盤根必解職脩而事舉功成而名著易曰貞固足以幹事其斯之謂矣

秦趙高者諸趙疏遠屬也趙高昆弟數人皆生隱宮爲宦者秦王聞高強力通於獄法舉以爲中軍府令高郎私事公子胡亥喻之決獄高有大罪秦王令蒙毅法治之毅不敢阿法當高罪死除其宦籍帝以高之敦於事也赦之復其官爵

漢石顯弘恭皆爲中黃門以選爲中尚書宣帝時皆任中書官明習法令故事善爲請奏能稱其職

侯淵以宦者有才辯任職元帝時佐石顯等領中書

號曰大嘗侍

後漢鄭衆字季產南陽人爲人謹敏有心機位大長秋

蔡倫有才學盡心敏愼爲尚方令和帝永元九年監作秘劍及諸器械莫不精工堅密爲後世法

曹騰爲大長秋加位特進用事省闥三十年餘事四帝未嘗有過

後魏仇雒齊中山人爲給事黃門侍郎魏初禁網疏闊民戶隱匿漏脫者多東州既平綾羅戶樂葵因是請採漏戶供爲絲緜自從逃戶占爲紬繭羅穀者非

一於是雜營戶師徧於天下不屬守宰發賦輕易民多私附戶口錯亂不可簡括雜齊奏議罷之屬郡縣

趙黑大武時以恭敬小心帝使進御膳出入承奉初無過差文遷侍御典監藏後轉選部尚書能自謹厲當官任舉頗得其人

孫小字茂翘咸陽人內侍東宮聰識有智畧累遷給事中領駕部課理有方畜牧蕃息出爲并州刺史州內四郡百餘人詣闕旌其政化

抱嶷爲中常侍安西將軍中曹侍御尚書自總納言職當機近諸所奏議必致伉直孝文文明太后嘉之

以爲殿中侍御尚書領中曹如故

王質高陽人爲鎮遠將軍瀛州刺史在州十年風化粗行察姦糾慝究其情狀民庶畏服之

張祐爲鎮南將軍尚書左僕射祐性恭密出入機禁二十餘年未曾有過

李堅初事文明太后稍遷給事中小心謹慎常在左右孝文遷雒轉被委授爲太僕卿簡課收產多有滋息

白整者少掌宮掖碎職以恭敏者稱遷中常侍太和末爲長秋卿

成軌者孝文時爲謁者僕射以謹厚稱時有奏發輒合帝心車駕南征專進御膳時帝不豫當居禁中晝夜無懈

王遇宣武初兼將作大匠性巧强於部分北都方山靈泉道俗居宇及文明太后陵廟雒京東郊馬射壇殿修廣文昭太后墓園太極殿及東西兩堂內外諸門制度皆遇監作雖年在耆老朝夕不倦跨鞍驅馳與少壯者均其勞逸

唐高力士性謹密能傳詔勅授宮闈丞開元初爲右監門將軍知內侍省事玄宗嘗曰力士當上我寢則

穩

李輔國知書計事高力士令掌閑廐中簿籍天寶中閑廐使王鉷嘉其畜牧之能薦入東宮爲

吐突承璀幼以小黃門值東宮性敏慧有力幹後爲神策中尉

楊復光慷慨負節義有籌畧僖宗中和初爲天下兵馬都監卒

後唐張承業初爲太原監軍莊宗在位太原事一委承業而積聚庾帑收兵市馬招懷流散勸課農桑成盡力焉

巡按福建監察御史臣李嗣京　訂正
知閩縣事臣曹出臣叅閱
知建陽縣事臣黃國琦較釋

內臣部四

翊佐　規諫

翊佐

夫垂統繼世荷三靈之睠協力諫議資中人之助自炎漢甫定外戚擅權積成姦咸幾易皇胄賴其忠言饗應群疑永釋輔正神器翊登天極降及於後益齊其美首公竭節扶危成安昭諸信書厥有丕績者焉

漢張澤爲宦者令太尉周勃與丞相陳平誅諸呂迎立代王是爲孝文帝初東牟侯與太僕滕公入清宫殿麾左右執戟者皆仆兵罷去有數人不肯去澤諭告示亦去兵

後漢孫程爲中黄門給事長樂宫遷中常侍順帝爲太子時安帝乳母王聖大長秋江京后兄車騎將軍閻顯等譖太子廢爲濟陰王延光四年三月北鄉侯立爲天子其年十月病篤程謂濟陰王謁者長興渠姓興名渠曰王以嫡統本無失德先帝用讒遂至廢黜若北鄉侯不起共斬江京閻顯事乃可成渠等然之又中黄門南陽王康先爲太子府史自太子之廢常懷歎憤又長樂太官丞京兆王國並附同於程至二十七日北鄉侯薨閻顯白太后徵諸王子簡爲帝嗣未及至十一月二日程遂與王康等十八人聚謀於西鍾下皆截單衣爲誓四日夜程等共會崇德殿上因入章臺門時江京劉安及李閏陳達等俱坐省門下程與王康共就斬京安達以李閏權勢積爲省內所服欲引爲主因舉刃脅閏曰今當立濟陰王無得搖動閏曰諾於是扶閏起俱於西鍾下迎濟陰王立之

是爲順帝

曹騰爲中常侍桓帝即位騰與長樂太僕州輔等七人以定策功皆封亭侯

曹節爲中常侍奉車都尉建寧元年持節將中黄門虎賁羽林千人北迎靈帝陪乘入宫及即位以定策功封侯

後魏趙黑字文靖爲侍中封河內公獻文將傳位京兆王子推訪諸羣臣百官唯唯莫敢亢言者唯源賀等辭義正直不肯奉詔獻文怒變色復以問黑黑曰臣愚無識信情率意伏惟陛下春秋始富如日方中

天下詵其盛明萬物懷其光景元元之心願終萬歲若聖性淵遠欲傾神味道者臣黑以死奉戴皇太子不知其他獻文黙然良久遂傳祚于孝文

王温字桃陽為尚食典御中給事中給事東宮延昌四年羣官迎孝明於東宮温於臥中起帝與保母扶抱入踐帝位

平季字稚穆為中給事中與爾朱榮等議立莊帝即位超拜平北將軍肆州刺史尋除撫軍中侍中以參謀之勳封元城縣開國侯食邑七百戶

唐李輔國少侍東宮天寶末玄宗幸蜀輔國侍太子

扈從至馬嵬乃獻策請分兵北如朔方以圖興復輔國從至靈武勸太子即帝位以係人心及肅宗即位擢為太子家令判元帥府行軍司馬事以心腹委之

程元振直内侍省為内射生使寶應元年四月肅宗大漸皇后張氏有寵無子慮失權勢結少子越王係密搆異謀將圖廢立是月乙丑皇后矯詔召太子元振知之潛發於李輔國輔國久典禁兵素與皇后嫌隙及聞元振言有自得色乃與元振定策伏兵於夌霄門擁太子請不赴召以兵翼太子入飛龍廐俟變而動既夜輔國元振乃勒兵會於三殿收捕越王係及同謀中官朱光輝馬英俊等百餘人禁錮之逼皇后幽於別殿丁卯肅宗疾不起元振等始迎太子於九僊門見羣臣行監國之禮已巳即皇帝位是為代宗

俱文珍從義父改姓劉名貞亮順宗自正月即位疾患不能言至四月益劇時王叔文韋執誼等專政雖時扶坐殿羣臣入閤望拜而已未嘗有進見者天下事皆專斷於叔文而中官李忠言特詔王伾為之內主執誼行之於外朋黨讙譁榮辱進退生於造次惟意所欲不拘程度既知內外厭毒慮其擯敗即謀兵

權欲以自固於是人情益疑懼不測其所為朝夕伺候會其與執誼交惡心腹內離外有韋臯裴均嚴綬等牋表而文珍與中官劉光奇薛盈珍尚演解玉等皆先朝任使舊人同心怨憤屢以啓帝帝固厭倦萬機族惡叔文等至七月乙未遂詔翰林學士鄭絪衛次公王涯等入至金鑾殿撰制詔命太子勾當軍國事及太子受內禪時議嘉其忠蓋累遷至右衛大將軍知內侍省事

王守澄元和末入侍憲宗疾大漸守澄與中尉馬進潭梁守謙劉承偕韋元素等定策立穆宗

楊復恭爲觀軍容使文德元年二月僖宗不豫未知所主羣臣以吉王最賢將立之復恭請以封王監國乃宣遺詔立爲皇太弟遂卽帝位是爲昭宗加復恭開府金吾上將軍

劉景宣與西門重遂爲兩軍中尉昭宗大順二年十二月天威軍使李順節恃恩恣橫出入以兵仗自隨景宣重遂懼其覬圖非望乃傳詔召順節節以甲士三百自隨至銀臺門門司傳詔止從者景宣重遂在伏舍邀順節坐次令部將伊先審斫順節頭隨劍落

後唐張承業昭宗時以寺人監河東軍及誅內官太

祖雖奉詔命實保憐之匿於斛律佛寺其後復以爲監軍待遇益至承業每覩欷感德後太祖病篤啓手之夕召承業屬之曰吾兒孤弱羣庶縱横後事公善籌之承業奉遺顧爰立莊宗初入聽大事時季父振武節度使克寧爲管內蕃漢馬步都知兵馬使典握兵柄莊宗以軍府事讓之曰兒年幼稚未通庶政雖承遺命恐未能彈壓季父勳德俱高衆情推伏請當制置以鎮羣心克寧曰亡兄遺命屬在我兒孰敢異議但嗣世中外之事何憂不辦因率先拜賀初太祖奬勵戎功多畜庶孽衣服禮秩如嫡者六七比之嗣王年齒又長各有部下之兵朝夕聚議欲謀爲亂及莊宗紹統或彊項不拜鬱鬱憤惋託疾廢事命李存顥以陰計干克寧曰兄亡弟及古今舊事季父拜姪理所未安克寧妻素剛很因激怒克寧陰圖禍亂存顥存實欲以克寧之弟謀害承業及李存璋等欲以幷汾九州歸附于梁送貞簡太后爲質克寧意將激發乃擅殺大將軍李存質請授巳雲州節度轄附朔應州爲屬郡莊宗悉俞允然知其陰禍有日克寧俟莊宗過其第則圖竊發幸臣史敬鎔者亦爲克寧所任盡得其情來告莊宗莊宗謂承業曰季父所爲如

此無猶子之情予常避路則禍亂不作矣承業曰臣受命先帝言猶在耳存顥輩欲以太后降賊公欲何路求生不卽誅除亡無日矣因召吳珙李存璋李存敬朱守殷諭其謀衆咸憤怒三月壬戌命存璋伏甲攻之遂平其難及莊宗平定河朔連歲出征軍國大事一以委承業夙夜在公以身犯難不畏強禦蒞官行法督賦徵租廩藏盈衍帝所倚賴以兄事之從周德威討劉守光令承業往視賊勢因請莊宗自行果成大捷承業感武皇厚遇自莊宗在魏州垂十年太原軍國政事一委承業而積聚庾帑收兵市馬招懷

流散勸課農桑成是覇基者承業之忠力也

規諫

夫通臣盡規不專在於守和而已繇東京已來乃有列官省之任在皇位之側處乎近習便嬖左右而植性忠厚飭躬方雅詳知前訓通曉吏事辯邪正之攸趣明理亂之所急繇是奮厲悃愊敷陳當否斥姦佞之首叙政治之失防禁非辟保全良傻建讜議以輿國贊經典以愛人或形於奏書辭義可舉或備於進對亮直不回斯足以參乎密侍而資乎訪問者也

後漢孫程順帝時爲中黄門拜騎都尉永建元年司

隷校尉虞詡以中常侍張防時用權勢每請託受取詡輒按之而屢寢不報乃自繫廷尉奏言其罪防流涕訴帝詡坐論輸左校程與張賢孟叔馬國等知詡以忠獲罪乃相率奏乞陛下見（一云懷表上殿）程曰陛下始與臣等造事之時（謂順帝爲太子被江京等廢爲濟陰王程等謀立之時也）常疾姦臣知其傾國今者即位而復自爲何以非先帝乎司隷校尉虞詡爲陛下盡忠而更被拘繫常侍張防贓罪明正反構忠良今客星守羽林其占宮中有姦臣宜急收防以塞天變詔出詡還假印綬程復上書陳詡有大功語甚切激帝感悟復徵拜議郎數日遷尚書僕射

呂彊爲中常侍靈帝時封都鄉侯彊辭讓懇惻不敢當帝乃聽之因上疏陳事曰臣聞諸侯上象四七下裂王土高祖重約非功臣不侯所以重天爵明勸戒也伏聞中常侍曹節王甫張讓等及侍中許相並爲列侯節等宦官祐薄品卑人賤讒諂媚主佞邪徼寵放毒人物嫉妬忠良有趙高之禍未被轘裂之誅（趙高指鹿爲馬而殺胡亥轘裂以車裂也）掩朝廷之明成私樹之黨而陛下不悟妄授茅土開國承家小人是用（易曰開國承家小人勿用）又兼及家人重金兼紫（金印紫綬重兼言累積也）相繼爲蕃輔受國

重恩不念爾祖聿修厥德（詩大雅云無念爾祖聿修厥德聿述也）而交結邪黨下比羣佞陛下或其瑣才（瑣小也）特加恩澤又授位乖越賢才不升素餐私倖必加榮擢陰陽乖剌稼穡荒蕪（鄭玄註周禮云蕪草有穢者）人用不康罔不繇茲臣誠知封事已行言之無逮所以冒死干觸陳愚忠者實願陛下損改既謬從此一止臣又聞後宮婇女數千餘人衣食之費日數百金比穀雖賤而戶有饑色按法當貴而今更賤者繇賦法繁數以解縣官（縣官調發既多故賤糴穀以供之）寒不敢衣饑不敢食民有斯戹而莫之恤宮女無用塡積後庭天下雖復盡力耕桑猶不能供

昔楚女悲愁則西宮致災公羊傳曰西宮災何以書記災也何休注云是時僖公爲齊桓公所脅以齊媵爲嫡楚女廢居西宮而不見恤悲愁怨曠所生也況終年積聚豈無憂怨乎夫天生蒸民立君以牧之君道得則民戴之如父母仰之猶日月左傳師曠對晉侯曰君養民如子蓋之如天容之如地人奉其君愛之如父母仰之如日月敬之如神明畏之如雷霆天生人而立之君使司牧之勿使失其性也雖時有征稅猶望其仁恩之惠易曰悅以使民民忘其勞悅以犯難民忘其死易兌卦彖辭儲君副主宜諷誦斯言南面當國宜履行其事易曰聖人南面嚮明而化杜預注左傳曰當國執政也又承詔書當於河間故國起解瀆之館陛下龍飛即位雖從藩國然既處九天之高豈宜有顧戀

之意楚辭曰圜則九重孰營度之圜謂天也且河間疏遠解瀆邈絕而當勞民單力未見其便又今外戚四姓貴倖之家及中官公族無功德者造起館舍凡有萬數樓閣連接丹青素堊郭璞注山海經曰堊似玉白色音惡雕刻之飾不可殫言喪葬踰制奢麗過禮競相放效莫肯矯拂矯正也拂戾也穀梁傳曰財盡則怨力盡則懟尸子曰尸子晉人也名佼秦相衛鞅客也鞅謀計未嘗不與佼規也商君被刑恐并誅乃亡逃入蜀作書二十篇十九篇陳道德仁義之紀一篇言九州險阻水泉所起也君如杅民如水杅方則水方杅圓則水圓上之化下猶風之靡草今上無去奢之儉下有縱欲之敝至使禽獸食民之甘土木衣民之帛昔師曠諫晉平公曰梁柱衣繡民無褐衣池有棄酒士有渴死廄馬秣粟民有饑色近臣不敢諫遠臣不得暢此之謂也說苑犯諫晉文公之辭也又聞前召議郎蔡邕對問於金商門而令中常侍曹節王甫等以詔書喻旨邕不敢懷道迷國而切言極對毀刺貴臣譏呵豎宦陛下不密其言至令宣露羣邪項領膏脣拭舌毛詩云駕彼四牡四牡項領註云項大也四牡者人所駕今但養大其領不肯爲用喻大臣自恣王不能使也膏脣拭舌謂所讒毀故也競欲咀嚼造作非條非條飛書也陛下回受誹謗致邕刑罪室家徙放老幼流離豈不負忠臣哉今羣臣皆以邕爲戒上畏不測之難下懼劍客之害謂蔡邕徙朔方時陽球使刺客追刺邕也

臣知朝廷不復得聞忠言矣故太尉段紀明武勇冠世習於邊事垂髮服戎功成皓首垂髮謂童子也歷事二主謂桓帝靈帝也勳烈獨昭陛下既已式序位登台司而爲司隸校尉陽球所見誣脅一身既斃而妻子遠播天下惆悵功臣失望宜徵邕更授任及紀明家屬則忠貞路開衆怨以弭矣帝知其忠而不能用時帝多稸私藏收天下之珍每郡國貢獻先輸中署名爲導行費中署內署貢獻外別有所入以爲所獻希之導引也彊上疏諫曰天下之財莫不生之陰陽歸之陛下萬物禀陰陽而生歸之陛下豈有公私而今中尚方斂諸郡之寶中御府積天

下之繒西園弘司農之藏中廐聚太僕之馬而所輸之府輒有導行之財調廣民困費多獻少姦吏因其利百姓受其弊又阿媚之臣好獻其私容諂姑息自此而進舊典選舉委任三府三府有選參議掾屬咨謀也其行狀度其器能受試任用責以成功若無可察然後付之尚書尚書舉劾請下廷尉覆按虛實行其誅罰今但任尚書或復敕用如是三公得免選舉之負尚書亦復不坐責賞無歸豈肯空自苦勞乎夫立言無顯過之咎明鏡無見玼之尤如惡立言以記過則不當學也不欲明鏡之見玼則不當照也韓子曰古人之

目短於自見故以鏡觀面智短於自知故以道正已鏡無見疵之罪道無明過之惡目失見則無以正鬚眉身失道則無以知迷惑玼與疵同也願陛下詳思臣言不以記過見玼爲責書奏不省中平初黃巾賊起讓言於帝曰黨錮久積人情多怨若久不赦宥轉與張角合謀爲變滋大悔之無及帝懼乃大赦黨人又云司隸校尉陽球奏收故太尉段紀明就獄詰責紀明飲鴆死強上疏追訟紀明功靈帝詔紀明妻子還本郡

後魏王叡孝文時爲中吏部尚書時沙門法秀謀逆事發多所牽引叡曰與殺不辜寧赦有罪宜梟斬首惡餘疑從赦不亦善乎帝從之免者千餘人

劇鵬高陽人粗覽經史閑曉文事與王質等俱充宦官文明太后時已見眷遇爲給事中孝文遷雒嘗爲宮官事幽后后之惑薛菩薩也鵬密諫止之不從遂發憤而卒

後唐張承業初爲太原監軍後事莊宗嘗從征討栢鄉之役王師既迫汴營大將周德威慮其奔衝堅請退舍帝怒其懦不聽垂帳而寢諸將不敢言事咸詣監軍請白承業遽至牙門褰帳而入撫帝曰此非王安寢時周德威老將洞識兵勢姑務萬全言不可忽帝蹶然而興曰予方思之其夕收軍保高邑帝初獲玉璽諸將勸帝復唐正朔承業自太原急趣謁帝從

容言曰老奴受先王顧命謹事郎君利害否臧盡合忠言殿下父子血戰三十餘年蓋緣報國復讎爲唐宗社今元凶未殄軍賦不充河朔數州弊於供億日望殿下掃除梁汴休戰息民今元惡未平遽先大號費養兵之事力困凋弊之生靈臣以此爲一未可也繇咸通中便在宮掖每見國家册命大禮儀仗法物百司庶務經年草定臨事猶闕今殿下既化家爲國新創廟朝典禮制度須取太常準約方今禮院未見其人儻失舊章爲人輕笑二未可也老臣愚懇未願殿下受人推戴者此也大凡舉事量力而行悠悠之

譚無益實事因泣下沾矜帝曰予非所願柰諸將何承業自是多病日加危篤卒於官𪧐問至帝悲慟連日輟食因言曰天奪孤之子布也按五代史承業天祐十九年十一月卒明年四月莊宗始即帝位

冊府元龜

冊府元龜　内臣部　規諫　卷之六百六十八　十三

巡按福建監察御史臣李嗣京訂正
知甌寧縣事臣孫以敬參閱
知建陽縣事臣黄國琦較釋

内臣部五

朋黨　恣横　譴責　貪貨

朋黨

夫親丹扆游黄閣上應𭡝次下聞諜議其來乆矣自兩漢之季五代已往或傾王道浸衰朝綱靡振本以宫闈之職遂參樞衡之任共相樹置遞爲表裏乃有

擢自行伍府節制之權拔於寒微踐公台之貴吹噓所至羽翼斯生故無益於爲邪但有紊於政治觀夫賢愚之用舍乃知時運之汚隆耳

漢石顯元帝時爲中書令與中書僕射牢梁少府五鹿充宗結爲黨友諸附倚者皆得寵位倚依也民歌之曰牢邪石邪五鹿客邪印何纍纍綬若若邪纍纍重積也若若長貌言其兼官據執也

後漢張讓靈帝時爲中常侍封列侯與中常侍趙忠曹節王甫等相表裏

後魏劉騰自小黄門遷侍中與領軍元乂廢靈太后使中常侍賈粲假言侍孝明書密令防乂以騰爲司空表裏擅權共相對置乂爲外禦騰爲内防迭直禁闥共裁刑賞及卒葬日内官爲乂服杖絰衰縞者以百數

賈粲自小黄門累遷爲光禄大夫與元乂劉騰等同共誅譏粲既乂黨威福亦震於京邑

唐魚朝恩代宗時爲觀軍容使鎮陝州與周智光昵狎朝恩以息從功恩渥崇厚奏請多允屢於上前賞拔智光智光本以騎射將後軍嘗有戎捷自行間登偏裨累遷同華二州節度使及潼關防禦使

薛盈珍憲宗時爲中貴人有權力於元和初薛謇爲代北營田水運使善畜牧有良馬時以賂朝權及中貴人以族人附進盈珍頗延譽以助之故自泗州刺史遷福建觀察使

魏弘簡穆宗時知樞密初元稹貶江陵士曹判南監軍崔潭峻甚禮接稹不以掾吏遇之長慶初潭峻歸朝出稹連昌宫辭等百餘篇奏御穆宗大悦即日轉祠部郎中知制誥無何召入翰林爲承旨學士中人以潭峻之故爭與稹交而弘簡尤與稹相善穆宗愈深知重河東節度使裴度三上疏言稹與弘簡爲刎

頸之交謀亂朝政言甚激訐穆宗乃罷稹內職以弘簡爲弓箭庫使

崔潭峻穆宗時爲內常侍京兆尹崔元略以宗人附之遷戶部侍郎外以元略板圖之拜出於宣授時諫官有疏指言潭峻方有權寵元略以諸父事之故雖彈劾而遽遷顯要元略亦上章自辯且曰一時府縣條流臺司舉劾孤立無黨謗言益彰不謂詔出宸衷恩延望外處南宫之重選列左右之清班豈臣庸愚敢自干冒天心所擇致驚特達之恩衆口相非遂致因緣之說詔荅之曰朕所命官豈非公選卿能稱職

奚恤人言然元略不能逃父事潭峻之名

王守澄爲內常侍穆宗暴得風恙與元節度使裴度三疏請立儲嗣宰相李逢吉亦請立敬宗爲皇太子時守澄掌樞密自穆宗不愈事權益隆翼城人鄭注自言能爲黃金藥服一刀圭可去痿弱重腿之疾後能使老年人如壯男子守澄得是藥頗効嘗神而親之注又有奇辯言必通夕出入禁中無時於是李逢吉用族子仲言之謀因注日與守澄通令守澄潛結敬宗於東宫且言逢吉實立殿下敬宗深德之逢吉既內倚守澄之助而外又有門館人張又新李續之輩爲籌畫郎廣進虛薄朋黨之徒置於班級謂之法流自丞郎已下多以黨進又新與續皆逢吉藩僚肩

後唐安希倫爲內官長興二年夏被誅以其受樞密使安重誨密旨令於內中伺帝起居故也

恣橫

周禮建寺人之官掌女宮之戒自茲厥後命數寖降宣帷幄之勤豫臺省之務其有任居要近性異專良忘兢慎之規昧貞素之理專與奪之柄總營衛之威謝任恩親光寵支附非復掖庭黃闥之職正內永巷之任亦有忌刻不顧崇侈滋豐獨坐之謗以興鉤黨

之誣斯起招纍羅患蓋自取焉

豎貂齊人僖公二年秋九月齊侯宋公江人黃人盟於貫服江黃也江黃楚與國也始來服齊故爲合諸侯齊寺人貂始漏師於多魚齊桓多嬖寵內則如夫人者六人外則幸豎貂易牙之等終以此亂國傳言貂於此始擅貴寵漏洩桓公軍事

秦趙高二世時爲郎中令所殺及報私怨衆多恐大臣入朝奏事毀惡之乃說二世不坐朝廷見大臣居禁中高常侍中用事事皆決於高高後欲爲亂乃先設驗持鹿獻於二世曰馬也二世笑曰丞相誤耶謂鹿爲馬問左右左右或默或言馬以阿順趙高或言

鹿者高因陰中諸言鹿者以法羣臣皆畏高
漢石顯元帝時爲中書令爲人巧慧習事能探人主
微指內深賊持詭辯以中傷人（詭違也遣道之辯）忤恨睚眦
輒被以危法（被加也音皮義及餘具內臣害賢門）
後漢孫程順帝時爲騎都尉永建元年程與張賢孟
叔馬國等爲司隸較尉虞詡訟罪懷表上殿呵叱左
右帝怒遂免程官
左悺（貋綰二音）桓帝時爲小黃門史以誅大將軍梁冀功
遷中常侍與單超具瑗徐璜唐衡五人同日封侯故
世謂之五侯超疾甍其後四侯轉橫天下爲之語曰

左回天具獨坐（獨坐言驕貴無偶也）徐臥虎唐兩墮（兩墮謂隨意所爲不定也今人謂持兩端而任意爲兩墮兩或作兩）多取良人美女以爲姬妾兄
弟姻戚皆宰州臨郡辜較百姓盜賊無異超弟安爲
河南太守弟子匡爲濟陰太守璜弟盛爲河內太守
悺弟敏爲陳留太守瑗兄恭爲沛相皆爲所在蠹害
璜兄子宣爲下邳令暴虐尤甚先是求故汝南太守
李暠女不能得及到縣遂將吏卒至暠家載其女歸
戲射殺之東海相黃浮按宣罪棄市璜於是訴怨於
帝帝大怒浮坐髡鉗輸作右校五侯宗族賓客虐徧
天下民不堪命起爲寇賊

侯覽桓帝時爲中常侍以誅梁冀功封高鄉侯小黃
門段珪家在濟陰與覽並立田業近濟北界僕從賓
客侵犯百姓刼掠行旅濟北相滕延一切收捕殺數
十人陳尸路衢覽珪大怒以事訴帝延坐多殺無辜
徵詣廷尉免覽等得此愈放縱靈帝建寧二年喪母
還家大起塋塚督郵張儉因舉奏覽虜奪良人妻畧
婦子及諸罪釁請誅之而覽伺候遮章竟不上儉遂
破覽冢宅籍沒資財具言罪狀又奏覽母生時交通
賓客干亂郡國復不得御（御進也）覽遂誣儉爲鉤黨夷
滅之

曹節靈帝時爲中常侍以定策迎帝封長安鄉侯時
竇太后臨朝后父大將軍武與太傅陳蕃謀誅中官
節與長樂五官史朱瑀從官史共普張亮（共音恭）中黃
門王尊長樂謁者騰是等十七人共矯詔以長樂食
監王甫爲黃門令將兵誅武蕃等節累轉大長秋熹
平元年有何人書朱雀闕（何人不知何人也）言天下大亂曹
節王甫幽殺太后常侍侯覽多殺黨人公卿尸祿無
有忠言者節女壻馮方上章言尚書郎桓彬與左丞
劉歆右丞杜希爲酒黨尚書令劉猛雅善彬等不舉
正節大怒劾奏阿黨請收下詔獄在朝者爲之寒心

猛意氣自若旬日得出免官禁錮彬遂以廢

張讓與趙忠夏惲郭勝孫璋畢嵐粟嵩段珪高望張恭韓悝宋典十二人皆爲中常侍封侯貴寵父兄子弟布列州郡所在貪殘爲人蠹害黄巾旣作盜賊糜沸郎中張均上書言張角所以能興兵作亂其源皆繇十常侍宜斬之縣頭南郊以謝百姓靈帝以均章示讓等復重上猶如前章輒寢不報詔使廷尉侍御史考爲張角道者御史承讓等旨遂誣奏均學黄巾道收掠死獄中而讓等實多與角交通後中常侍封諝徐奏事獨發覺坐誅帝因怒詰讓等曰汝曹常言

黨人欲爲不軌皆令禁錮或有伏誅今黨人更爲國用汝曹反與張角通爲可斬未皆叩頭云故中常侍王甫侯覽所爲帝乃止

蹇碩爲上林較尉碩雖擅兵於中而猶畏忌於大將軍何進乃與諸常侍共說靈帝遣進西擊邊章韓遂帝從之進亦不往

魏張當齊王時爲黄門齊王正始末大將軍曹爽專政當私出掖庭才人石英等十一人皆與曹爽爲伎人

後魏劉騰孝明時爲中常侍中吏部嘗望騰意奏其其弟爲郡帶戍人資乖越清河王懌抑而不與騰以爲恨遂與領軍元乂害懌乂以騰爲司空公表裏擅權共相樹置乂爲外禦騰爲內防迭直禁闥共裁刑賞騰遂與崔光同受詔乘步挽出入殿門四年之中生殺之威決於乂騰之手八坐九卿旦造騰宅參其顔色然後方赴省府亦有歷日不能見者

北齊陳德信後主時與數十人並肆其姦佞敗政害人古今未有多授開府甲正儀同亦有加光祿大夫金章紫綬者多帶侍中中常侍此二職神虎門外有朝貴憩息之所時人號爲解卿廳內臣暫放歸休所

乘之馬牽至神虎門階然後升騎飛鞭競走數十爲羣馬塵必坋諸朝貴爰至唐趙韓駱皆隱廳趨避不敢有言

唐李輔國肅宗初爲殿中監嘗在銀臺門受事置察事廳子數十人官吏有小過無不同知卽加推訊府縣按鞫三司制獄必詣輔國取決隨意區分皆稱制勅無敢異議者每出則甲士數百人衛從中貴人不敢呼其官但呼五郎後遷兵部尚書驕恣日甚求爲宰相帝曰以公勳力何官不可但未允朝望如何輔國諷僕射裴冕聯章薦已冕曰吾臂可截宰相不可

得也及代宗卽位輔國與元振有定策功愈恣横私奏曰大家但内裏坐外事聽老奴處置代宗怒其不遜以方握禁軍不欲遽責乃尊爲尚父政無巨細皆委參決

程元振代宗初代李輔國判元帥行軍司馬是時元振之權甚於輔國軍中呼爲中郎旣誣搆襄陽節度使來瑱坐誅宰相裴冕貶施州刺史天下方鎭皆解體元振猶以驕豪自處不顧物議

魚朝恩爲天下觀軍容察使專典神策軍出入禁中賞賜無算性本凡劣恃勳自伐靡所忌憚時引腐儒

及輕薄文士於門下講授經籍作爲文章粗能把筆釋義乃大言於朝士之中自謂有文武才幹以邀恩寵代宗優遇之加判國子監事侍詔給錢萬貫充食本以爲附學士厨料朝恩恣横求取無厭凡有奏請以必允爲度宰臣未有其比章敬太后忌日百寮於興唐寺行香朝恩置齋饌於寺門外之車坊延宰臣百寮就食朝恩恣口談時政公卿惕息

劉淸潭爲内侍監大曆十年九月代宗命賫金帛萬計宣慰河北諸軍淸潭所至躭嗜宴會頗稽程期甚沮人望

楊志廉德宗時與孫榮義代竇文塲霍仙鳴爲左右軍中尉亦踵竇霍之事怙寵驕恣貪利冒寵之徒利其納賄多附麗之

田全操文宗時爲辟仗使太和二年五月休祥坊百姓三百人詣於光宅坊西接宰相訴云當坊右龍武軍飛騎地勑賜百姓已久不出地課經今四十年被田全操詐刼徵索逡巡全操命角觝者五十人分捕所訴者遂鬭於通衢良久方散後數日帝以其地爲百姓居業矣不欲伏集因賜左右三軍錢各一千五百貫充當軍給用其休祥坊官地復盡歸於百姓

仇士良爲左軍中尉開成三年正月甲子宰臣李石遇盜於是石求出鎭除荆南節度使癸未石謝官便發赴鎭石與士良比相疑阻石之遇盜人多疑之以士良擁兵密近恃權恣横帝多姑息之故石忿遂赴鎭錫宴皆不及於常等

田令孜僖宗時爲觀軍容使中和三年天下兵馬都監楊復光卒於河中其部下忠武八都都頭鹿晏弘晉暉王建韓建等各以其衆散去復光兄復恭知内樞密令孜以復光立破賊功憚而惡之故賊平賞薄及聞復光死甚悦復擯復恭罷樞密爲飛龍使

楊復恭昭宗時爲內樞密使初復恭以文德元年冊帝於藩邸及自監國即位恃勳多養假子暱帝大政咸訪於宰臣尤忌復恭專柄帝元舅王瓌亦見委任復恭惡其導達外事奏授瓌黔南觀察使溺於吉柏江

後唐楊希朗復恭其叔祖也莊宗時爲學士使恃寵用事先是係制爲朱氏時權豪強占人田宅或陷害籍沒顯有屈塞者許人自理希朗自復恭獲罪伯仲竄迹太原武宗莊宗時皆中涓任事至是宦官方盛人皆畏避希朗治復恭之舊業田宅宰相趙光裔留

勅不行言復恭謀亂山南顯當國法本朝未經昭洗安得治認田園尤不可與僞朝枉害爲比希朗聞之泣訴於帝因令自見光裔言之希朗陳訴十餘紙言吾祖雖獲罪於前朝當時蓋彊臣掣肘國命不繇天子及行踰梟首天子顯降德音昭雪今制書尚在公博通故事安得謂之未雪予叔祖彥博洎伯仲連爲監獲者數人何也漸至聲色極抗光裔方恃名望忽爲所折悒悒不樂又以希朗幸臣慮摭他事危不自安病疽而薨

張居翰爲樞密使時蕭希甫知制誥有詔定內宴樞密使坐宴否希甫以爲不可坐居翰聞之怒名希甫責曰據子所言有何按據老夫事過三朝天子逮內宴數百子本田舍兒憑何所見有此横議如有按據即具奏聞希甫無以對繇是居翰及李紹宏等切齒怒之宰相豆盧革等亦希旨排斥乃以希甫爲駕部郎中

譴責

周官寺人列職於正內漢制常侍分任於黄闥自茲厥後名數寖擾或兼總于官嘗亦間領於兵政若奉命之不謹暨行已之違方官謗旣興吏議攸屬自貽

譴累用干刑書采諸簡編咸用論次

漢許廣漢武帝時爲宦者丞上官桀謀反廣漢部索（部分捜索罪人也）其殿中廬有索長數丈可以縛人者數千枚滿一篋緘封（殿中廬桀所止宿廬舍在宮中者也緘束篋也）廣漢索不得它吏往得之（須得此繩索者用爲桀之反具）廣漢論坐爲鬼薪輸掖庭

石顯元帝時爲中黄門累遷中書令成帝即位以顯爲長信宮太僕秩中二千石顯失倚離權數月丞相史條奏顯舊惡及其黨牢梁陳順皆免官顯與妻子徙歸故鄉憂懣（音悶）不食道病死

後漢蔡倫和帝時爲中常侍累遷長樂太僕倫初受竇后諷旨誣陷安帝祖母宋貴人及帝親萬機勑使自致廷尉倫恥受辱乃沐浴整衣冠飲藥而死

籍建安帝時爲小黃門監太子家太子廢爲濟陰王傳高梵長秋長趙熹丞良賀藥長夏珍皆以無過獲罪建坐朔方

黃龍爲中常侍與楊佗孟叔李建張賢史汎王道李元李剛及阿母宋娥等更相貨賂求高官增邑又誣罔曹騰孟賁等永和二年發覺並遣就國減租四分之一

貝瑗桓帝時爲中常侍封東武陽侯司隸校尉韓演奏瑗兄祁相恭臧罪徵詣廷尉瑗詣獄謝上還東武侯印綬詔貶爲都鄉侯卒於家

侯覽靈帝時爲中常侍累遷長樂太僕熹平元年有司舉奏覽專權驕奢策收印綬自殺阿黨者皆免

張讓與趙忠夏惲郭勝孫璋畢嵐栗嵩段珪高望張恭韓悝宋典十二人皆爲中常侍與張角交通後中常侍封諝徐奉事獨發覺坐誅靈帝因怒詰讓等曰汝曹常言黨人欲爲不軌皆令禁錮或有伏誅今黨人更爲國用汝曹反與張角通爲可斬未讓等皆叩頭云故中常侍王甫侯覽所爲帝乃止

後魏趙黑獻文時爲侍御典監藏累遷侍中與選部尚書李訢有隙訢列黑爲監藏時多所截沒先是法禁寬緩百司所典與官並食故多所損折遂黜爲門士

王遇孝文時爲中散累遷華州刺史封宕昌侯幽后之前廢也遇頗言其過及後進幸帝對僕射李沖等言申后無咎而稱遇謗議之罪沖言果爾遇合死也帝曰遇舊人未忍盡之當止黜廢耳遂遣御史馳驛免遇官奪其爵收衣冠以民還私第

符承祖爲侍中知都曹事初文明太后以承祖居腹心之任許以不死之詔後承祖坐贓應死孝文原之命削職禁錮在家授悖義將軍佞濁子月餘遂死

王溫孝明時爲左中郎高陽王雍既居冢宰慮中人朋黨出爲鉅鹿太守

唐程元振代宗時爲右監門衛大將軍充寶應軍使專掌禁軍吐蕃黨項入犯京畿車駕幸陝州太常博士柳伉上疏切諫請誅元振以謝天下代宗顧人情歸咎乃罷元振官放歸田里及車駕還京元振服縗麻於車中入京城以規任用時與御史大夫王仲昇

飲酒爲御史所彈詔長流溱州百姓
呂如金憲宗時爲翰林使元和四年杖四十配恭陵行至閿鄉而卒如金以密書請託於鹽鐵使李巽故有是責

吐突承璀爲左軍中尉鎭州王承宗叛以承璀爲鎭州以東招撫處置等使及罷兵班師仍爲禁軍中尉諫官段平仲等抗疏極論承璀輕謀弊賦請斬之以謝天下憲宗不獲已降爲軍器庫使俄復爲左衞上將軍知內侍省事時弓箭庫使劉希先取羽林大將軍孫璹錢以求方鎭事連承璀出爲淮南監軍使

吐突士昕敬宗時與武自和俱爲中官寶曆二年入新羅取鷹鷂各杖四十剝邑士昕流恭陵自和配南衙咸以受新羅問遺不進獻故也

楊文端與李孝溫俱爲內養寶曆中送幽州春衣節度使朱克融嫌疎弱執之以問敬宗時優容別命中人宣諭仍更賜衣服流文端崇陵孝溫元陵

劉承偕以穆宗長慶中爲澤潞監軍頗恃恩權嘗對衆辱節度使劉悟悟不能平異日有中使至承偕宴之請悟悟欲往左右皆曰往則必爲其困辱軍衆因亂朝廷不獲已貶承偕

楊叔元爲興元監軍文宗太和四年興元軍亂殺節度使李絳事因叔元以言激之溫造代絳盡殺亂卒叔元擁造靴以請命遣兵衞出以俟朝旨配流康州

田獻銛爲閤門使咸通十三年國子司業韋殷裕於閤門進狀論郭淑妃弟郭敬述陰事懿宗怒甚杖殺殷裕以獻銛受殷裕狀奪紫配橋陵

貪貨

夫天象著明四星侍於皇位周官作則五人典於正內沿襲既多登用亦廣增金璫石貂之貴豫紫闈清禁之謀有匪其人不稱是職因緣權寵寖恣驕貪前

史必書不無其迹後人斯覽足戒其非

齊夙沙衞寺人也魯襄公二年齊侯伐萊萊人使王輿子賂夙沙衞以索馬牛皆百匹（索簡擇好也）齊師乃還君子是以知齊靈公之爲靈也（謚法亂而不損曰靈言謚應其行）

漢石顯爲中書令貴幸傾朝賞賜及賂遺訾一萬萬（賂遺謂百官羣下賂遺也訾與貲同）

後漢李剛爲中常侍順帝即位剛等及中常侍黃龍楊佗孟叔李建張賢史汎王道李元九人與阿母山陽君宋娥更相貨賂求高官增邑

高梵爲中常侍坐贓罪減死一等

侯覽桓帝初爲中常侍以佞猾進倚勢貪放受納財遺以巨萬計

王甫爲中常侍渤海王悝旣貶爲癭陶王後因甫求復國許謝錢五千萬桓帝遺詔復爲渤海王悝知非甫功不肯還謝錢甫怒陰求其過誣奏大逆迫責自殺

張讓爲中常侍有監奴典任家事交通貨賂威形諠赫扶風人孟佗佗音駝資產饒贍與奴朋結傾竭饋問無所遺愛奴咸德之問佗曰君何所欲力能辦也曰吾望汝曹爲我一拜耳時賓客求謁讓者車常數百

千兩佗時詣讓後至不得進監奴乃率諸蒼頭迎拜於路遂共轝車入門賓客咸驚謂佗善於讓皆爭以珎玩賂之佗分以遺讓讓大喜遂以佗爲涼州刺史佗字伯郎一云以蒲萄酒一斗遺讓讓即拜佗爲涼州刺史

後魏李堅高陽易人也宣武初爲太僕卿瀛州刺史本州之榮同於王質王質者亦高陽易人高祖時爲瀛州刺史所在受納家產巨萬

劇買奴歷位幽州刺史是時有李豐之徒數人皆被眷寵出入禁闥亟致名位積資巨萬第宅華壯文明太后殂後乃漸衰矣

劉騰孝明帝時爲秋卿榮陽鄭雲諂事騰貨騰紫纈四百疋得爲安州刺史

唐牛仙童爲內謁者監玄宗開元二十七年以坐贓杖殺太子太師蕭嵩坐累貶官制曰王者立法所貴無私有過必懲古之令典太子太師蕭嵩累踐清資嘗居重任身寵茅土家榮姻戚人臣之貴莫二止足之分當知留不是思乃行非道城南別業地即膏腴畝直千金蓋謂於此遂將數頃輒遺仙童名位若斯恩遇亦甚昵於庸竪更欲何求靜言其情深所未諭但久經任使措在朝廷自不飾躬良用驚聽豈可輔

導太子頡頏正人宜從貶出以肅紀綱可青州刺史仙童又與幽州節度使張守珪財貨交通制曰張守珪本自戎行夙承任遇去歲軍務失實乃命謁者監牛仙童宣諭朕意輒便結託凡細令其詭詞賂以百金兼之數口恐懼邊塞或容苟求遣謁軒墀何不早自披露用茲奏國曷以爲顏猶念舊勳俾從寬典可括州刺史

輔璆琳天寶末宰相楊國忠韋見素等陳安祿山反狀玄宗潛使璆琳送柑子于范陽賜祿山私候其狀璆琳受其重賂還固稱無事後賄賂事泄玄宗怒因

祭龍堂遣備諸供責以不虔遂命左右撲殺之
馬日新爲內嘗侍代宗廣德中江左右荒詔日新領
汴滑軍五千人鎮之日新貪暴賊蕭延蘭將人怨訴
逐之而刼其衆
鄔光超德宗初加李希烈淮南節度使令光超授之
節希烈遺之僕馬及縑七百疋事發杖六十配流自
兵興已來中貴用事宣傳詔命於四方不禁其求取
旣輙鄔光超四方節度有以爨例賂中官者皆不敢
受
朱如玉爲內給事貞元初使于闐國得大珪一玉河

珮五副玉枕一玉帶胯靴帶胯各三百具玉簪四十
枝玉合三十玉釧十具杵三及瑟瑟三百斤幷金銀
寶刀刼琢藥等如玉稱是假道回紇遂隱藏之奏曰
恭爲回紇所奪及是爲其下所發搜獲在法絞論減
死杖一百流恩州
薛盈球憲宗元和中代北營田水運使薛謇善畜牧
有良馬時以賂中貴人盈球有權力於元和初謇以
族人附進盈球頗延譽以助之故自泗州刺史遷福
建觀察使
朱超晏王志忠皆品官爲五坊監多縱鷹隼入富人
家廣有求取憲宗知之並名晏忠二人笞二十奪其
職
劉希光元和中爲弓箭庫使受羽林將軍孫璹之錢
二十萬爲求方鎮又每年嘗受靈武庫衣糧六十分
事發賜死籍其家財
吐突士昕武自和皆中使也敬宗寶曆初入新羅取
鷹鷂咸受其問遺不以進獻各杖四十刹邑士昕流
恭陵自和配南衙
王踐言爲四川監軍節度使李德裕加徵蠻人三十
萬貫緡因踐言赴闕盡以錢行及踐言爲樞密使德

裕果爲宰相
李國澄爲太原監軍時李德裕爲本府司錄參軍時
謂國澄曰何不以近貴取事而自滯於外關乎國澄
曰登所不欲其如貧何乃許借錢十萬貫促國澄赴
闕國澄初爲未信及至闕咸如其諾尋除中尉遂爲
中人所稱

冊府元龜

巡按福建監察御史臣李嗣京　訂正

分守建南道左布政使臣胡維霖　參閱

知建陽縣事臣黃國琦　較釋

內臣部

誣構

皇居上體乎環極邇臣內法乎四星由古以還典掌有序兩漢而下寵任彌渥或參居重職或分幹諸局惟忠信所以絜矩惟謹厚可以守官在視聽而必公實聰明之攸賴而有履用弗率愛惡相攻萌邪僻之

端恣驕吝之氣罔懲私忿寖成厚誣素業用贖鄙志是逞消鑠媒孽梭蘖生於謀議朋比締搆機穽浚於城府觸類而長何可勝言虞典曰朕堲讒說殄行其來遠矣

惠牆伊戾宋寺人也（惠牆氏伊戾名）宋芮司徒生女子（芮司徒宋大夫）赤而毛棄諸堤下共姬之妾取以入（共姬宋伯姬也）名之曰棄長而美平公入夕（平公共姬子也）共姬與之食公見棄也而視之尤（尤甚也）姬納諸御嬖生佐（佐元公）惡而婉（佐貌惡而心順）太子痤美而很（貌美而心很戾）合左師畏而惡之（合左師向戌）伊戾爲太子內師而無寵楚客聘於晉過宋太子知之請野享之公使往伊戾請從之公曰夫不惡女乎（夫爲太子也）對曰小人之事君子也惡之不敢遠好之不敢近敬以待命敢有二心乎縱有共其外莫共其內（伊戾爲太子內師不行恐內侍廢闕）臣請往也遣之至則欿用牲加書徵之（詐作盟處爲太子反徵驗也）而騁告公（騁馳也）曰太子將爲亂既與楚客盟矣公曰爲我子又何求對曰欲速（言欲速得公位）公使視之則信有焉（有盟徵也）問諸夫人與左師（夫人佐母）則皆曰固聞之公囚太子太子曰唯佐也能免我（以其婉也）召而使請曰日中不來吾知死矣左師聞之聒而與之語（聒讙也欲使佐失期）過期乃縊而死佐爲太子公

徐聞其無罪也乃烹伊戾

寺人柳有寵於宋平公太子佐惡之華合比曰我殺之（欲以求媚太子）柳聞之乃坎用牲埋書（詐爲盟處）而告公曰合比將納亡人之族（亡人華臣也襄十七年奔衛）既盟于北郭矣公使視之有焉遂逐華合比合比奔衛於是華亥欲代右師（亥合比弟欲得合比處）乃與寺人柳比從爲之徵曰聞之久矣（聞合比欲納華臣）公使代之（代合比爲右師）

後漢曹節爲小黃門和帝時用事於中梁商爲大將軍遣子冀不疑與交友然宦者忌商寵任反欲陷之永和四年中常侍張逵蘧政內謁者令石光尚方令

傳稱冗從僕射杜永連謀共譖商及中常侍曹騰孟賁云欲徵諸王子圖議廢立請收商等案罪帝曰大將軍父子我所親騰賁我所愛必無是但汝曹共妬之耳逵等知不用懼迫遂出矯詔收縛騰賁於省中帝聞震怒勅宦者李歙急呼騰賁釋之逵等悉伏誅

李閏爲中黄門安帝少號聰敏及長多不德而乳母王聖以鄧太后久不歸政慮有廢置常與閏侯何左右及安帝親政宫人先有受罰者懷怨恚因誣告鄧后兄特進騭弟虎賁郎將悝侍中弘閶先從尚書鄧訪取廢帝故事謀立平原王德帝聞追怒令有司奏

悝等大逆無道遂廢西平侯廣宗葉侯廣德西華侯忠陽安侯珍都鄉侯甫德皆爲庶人騭以不與謀但免特進遣就國宗族皆免官歸故郡沒入騭等貲財田宅徙鄧訪及家屬於遠郡郡縣逼迫廣宗及忠皆自殺又徙封騭爲羅侯騭與子鳳並不食而死騭從弟河南伊豹廣遼將軍舞陽侯遵將作大匠暢皆自殺惟廣德兄弟以母閻后戚屬得留京師

樊豐爲中常侍順帝陽嘉中李固對策言不當封爵阿母王聖使樊豐之徒乘權放恣帝卽時出阿母還舍諸常侍悉叩頭謝罪而疾固言直因詐飛章以陷其罪事從中下大司農黄尚等請之於大將軍梁商又僕射黄瓊救明固事久乃得拜議郎

黄龍楊佗孟叔李建張賢史汎王道李元李剛等九人並爲中常侍順帝時與阿母山陽君宋娥更相貨賂求高官增邑又誣罔中常侍曹騰孟賁等永和二年發覺並遣就國減租四分之一

侯覽爲中常侍靈帝建寧二年喪母還家大起塋冢督郵張儉因舉奏覽貪侈奢縱前後請奪人宅三百八十一所田一十八頃起立第宅十有六區皆有高樓池苑堂閣相望飾以綺畫丹漆之屬制度重深僭

類宫省又豫作壽冢（生而自爲冢曰壽冢）石椁雙闕高廡百尺（廡廊下周屋也）破人居室發掘墳墓虜奪良人妻略婦子及諸罪釁請誅之而覽伺候遮截章竟不上儉遂破覽家宅籍沒資財具言罪狀又奏覽母生時交通賓客干亂郡國復不得御（御進也）覽遂誣儉爲鉤黨及故長樂少府李膺太僕杜密等皆夷滅之又苑康爲太山太守時張儉旣殺覽母案其宗黨賓客或有迸匿太山界者康旣常疾閹宦因此皆窮相收掩無得遺脫覽大怨之誣康與兗州刺史第五種及都尉壹嘉詐上賊降徵康詣廷尉獄減死罪一等徙日南又史弼

爲河東太守被一切詔書當舉孝廉弼知多權貴請託乃豫勅斷絕書屬覽果遣諸生齎書請之幷求假鹽稅積日不得通生乃說以他事譖弼而因達覽書弼大怒命左右引出楚捶數百遂付安邑獄卽日考殺之覽大怨遂詐作飛章下司隸誣弼誹謗檻車徵吏人莫敢近者惟前孝廉裴瑜送到淆澠之間大言於道傍曰明府摧折虐臣選德報國如其獲罪足以垂名竹帛願不憂不懼弼曰誰謂荼苦其甘如薺昔人刎頸九死不恨及下廷尉詔獄平原吏人奔走詣闕訟之又前孝廉魏劭毀變形服詐爲家僮贍護於

弼弼遂受誣事當棄市劭與同郡人賣郡邸行賂於覽得減死罪一等論輸左校時人或譏曰平原行貨以免君無乃蚩乎陶兵洪曰昔文王羑里南散懷金史弼遭患義夫獻寶亦何疑焉於是議者乃息

王甫靈帝時爲中常侍初桓帝時渤海王悝謀爲不道貶爲廮陶王後因甫求復國許謝錢五千萬後帝遺詔復爲渤海王悝知非甫功不肯還謝錢甫怒陰求其過初迎立靈帝道路流言悝恨不得立欲鈔徵書而中常侍鄭颯中黃門董騰竝任俠道剽輕數與悝交通甫伺察以爲有姦密言告司隸校尉段紀明熹平元年遂收颯送北寺獄使尚書令廉忠誣奏颯等謀迎立悝大逆不道遂詔冀州刺史收悝考實又遣大鴻臚持節與宗正廷尉之渤海迫責悝自殺妃妾一十人子女七十人妓女二十四人皆死獄中傅相以輔導王不忠悉伏誅悝立二十五年國除衆庶莫不憐之又靈帝宋皇后無寵而居正位後宮幸姬衆共譖毀初甫枉誅渤海王悝及妃宋氏妃卽后之姑也甫恐后怨之乃與大中大夫程阿共譖言皇后挾左道祝詛帝信之光和元年遂策收璽綬后自致暴室以憂死

曹節爲中常侍靈帝光和二年陽球爲司隸校尉奏誅中常侍王甫太尉段紀明等其冬司徒劉郃與球議收案張讓及節節等知之共誣白球等嘗與藩國交通有惡意數稱永樂聲勢取受狼籍步兵校尉劉納及永樂少府陳球交通書疏謀議不軌帝大怒遂收球送雒陽獄誅死妻子徙邊

趙忠夏惲竝爲中常侍靈帝中平元年黃巾賊起帝問中常侍呂強所宜施行強欲先誅左右貪濁者大赦黨人料簡刺史二千石能否帝納之於是忠惲等遂共構強云與黨人共議朝廷數讀霍光傳（言其欲謀廢立）

也強兄弟所在並皆貪穢帝不悅使中黃門持兵名
強強聞帝名怒曰吾死亂起矣丈夫欲盡忠國家豈
能對獄吏乎遂自殺忠惲復譖曰強見名未知所問
而就外草自屏有姦明審外草自屏謂在外野草自殺也遂收捕宗
親沒入財產焉
張讓爲中常侍時張角作亂侍中向栩上便宜頗譏
刺左右不欲國家興兵但遣將於河上北向讀孝經
賊自當消滅讓譖栩不欲令國家命將出師疑與張
角同心欲爲內應收送黃門北寺獄殺之
蜀黃皓宦人也以信任用事時劉永始封魯王建興

八年改封爲甘陵王祕永憎皓皓乃譖構永於後主
稍疏外永至不得朝見者十餘年
孟玖諂事成都王穎穎聽玖之言將害陸雲而江統
蔡克力諫穎遲迴者三日盧志又曰昔趙王殺中護
軍趙浚赦其子驤驤詣明公而擊趙即前事也蔡克
入至穎前叩頭流血曰雲爲孟玖怨隙遠近莫不聞
今果見殺罪無彰驗將令羣心疑惑竊爲明公惜之
僚屬隨克入者數十人流涕固請穎惻然有宥雲色
孟玖扶穎入催令殺雲
前趙郭猗劉聰時爲中宮僕射聰以弟北海王乂爲

皇太弟又以子晉王粲爲相國羽儀威尊踰於東宮
太師盧志等勸乂謀反乂不從東宮舍人荀裕告之
帝使寇威卜抽監守東宮禁乂朝賀猗有憾於乂謂
粲曰太弟于主上之世懷不逞之志此則殿下父子
之深讎四海蒼生之重怨也而主上過垂寬仁猶不
替二尊之位一旦有風塵之變臣竊爲殿下寒心且
殿下高祖之世孫主上之嫡統凡在含齒孰不係仰
萬機事大何事與人臣昨聞太弟與大將軍相見極
有言矣若事成許以主上爲太上皇大將軍爲皇太
子乂又許衛軍爲大單于二王已許之矣二王居不

疑之地並握重兵以此舉事事何不成臣謂二王茲
舉禽獸之不若也背父親人人豈親之今又苟貪其
一切之力耳事成之後主上豈有全理殿下兄弟故
在忌言東宮相國單于在武陵兄弟何肯與人許以
三月上巳因讌作難事淹變生宜早爲之所春秋傳
曰蔓草猶不可除況君之寵弟乎臣屢啓主上主上
性敦友于謂臣言不實刑臣刀鋸之餘而蒙主上殿
下成造之恩故不慮逆鱗之誅每所聞必言輿垂採
納臣當入言之願殿下不泄密表其狀也若不能信
臣言可呼大將軍從事中郎王皮衛軍司馬劉惇假

之恩願通其歸善之路以問之必可知也粲深然之猗密謂皮悖曰二王逆狀主相已具知之矣卿同之乎二人大驚曰無之猗曰此事必無疑吾憐卿親舊拜見族耳於是歔欷流涕皮悖大懼叩頭求哀猗曰吾爲卿作計卿能用不二人皆曰謹奉大人之教猗曰相國必問卿卿但云有之若責卿何不先啓卿郎答云臣誠負死罪然仰謂主上聖性寬慈殿下篤於骨肉恐言成詿僞故也皮敦許諾俄而名問二人至不同時而辭若畫一粲以爲信然初靳準從妹爲又孺子淫于侍人又怒殺之而屢以嘲準準深慚恚說

粲曰東宮萬機之副殿下宜自居之以領相國使天下知早有所繫望也至是準又說粲曰昔孝成距子政之言使王氏卒成簒逆可也粲曰何可之有準曰然誠如聖旨下官亟欲有所言矣但以德非更生親非皇宗恐忠言暫出霜威已及故不敢耳粲曰君但言之準曰聞風塵之言謂大將軍衛大將軍及左右輔皆謀奉太弟尅季春搆變殿下宜爲之備不然恐有商臣之禍粲曰爲之奈何準曰主上愛信於太弟恐卒聞未必信也如下官愚意宜緩東宮之禁固勿絕太弟賓客使輕薄之徒得與交遊太弟既素好待士必不思防此嫌輕薄小人不能無逆意以勸太弟之心小人有始無終不能無貫高之流也然後下官爲殿下露表其罪殿下與太宰拘太弟所與交通者考問之窮其事原主上必以無將之罪罪之不然今朝望多歸太弟主上一旦晏駕恐殿下不得立矣於是粲命卜抽引兵去東宮後遂搆成其罪

宋華願兒者內臣也前廢帝愛幸有盛寵時戴法興爲越騎較尉而廢帝年已漸長凶志轉成欲有所爲法興每相禁制每謂帝曰官所爲如此欲作榮陽王帝意不平又賜與願兒金帛無算法興嘗加裁減願

兒甚恨之帝使願兒出入市里察聽風謠而道路之言謂法興爲真天子帝爲應天子願兒因此告帝又云法興是孝武左右復久在官闈今將佗人作一家深恐此坐席非復官許帝遂發怒免法興官遣還田里尋賜死於家

後魏宗愛太武時爲秦郡公恭宗之監國也每事精察愛天性險暴行多非法恭宗每銜之給事阮道盛侍郎任平誠等任事東宮微爲權勢帝頗聞之二人與愛素不睦愛懼道盛等案其事遂搆告其罪詔斬道盛等於都街

趙縣文成時爲選部尚書仍加侍中是時尚書李訢亦有寵於獻文與黑對晉選部訢奏中書侍郎崔覽爲東徐州北部主書郎公孫處顯爲荆州選監公孫處最爲幽州皆曰有能也實有私焉黑疾其虧亂選體遂爭於殿庭曰以功授官因爵與祿國之常典中書侍郎尚書郎者曹監勲能俱立之不過列郡今訢皆用爲方州臣實爲惑獻文疑之曰公孫處顯公孫處最爲訢所厚於是黑與訢遂爲深隙訢竟列黑爲監藏時多所載沒先是法禁寬緩百司所典與官竝食故多所損折遂黜爲門士黑自以爲訢所陷歎恨

終日廢寢忘食規報前怨踰年還入爲侍御散騎常侍侍中尚書左僕射復兼選部如昔黑徵告訢專恣訢遂出爲徐州及其將獲罪也黑構成以誅之然後食并寢安志在於職

唐程元振爲內侍代宗即位自矜定策之功忌嫉宿將以郭子儀功高難制巧行離間請罷副元帥加實封七百戶充肅宗山陵使子儀既謝恩上表進肅宗所賜前後詔勅因自陳訴曰臣德薄蟬翼命輕鴻毛累蒙國恩假厠朝列會天地震盪中原血戰臣北自靈武冊先皇帝乃舉兵而南大蒐於岐陽先帝憂勤宗社託臣以家國俾陛下掃兩京之妖祲陛下雄圖丕斷再造區宇自後不以臣寡劣委文武之二柄外敷邦教內調鼎飪是以嘗許國家之死實荷日月之明臣本愚賤言多訐直慮此招謗上瀆冕旒陛下居高聽卑察臣不二皇天后土察臣無私伏以器忌滿盈日增兢惕焉敢偷全久妨賢路臣自受恩塞下制敵行間東西十年前後百戰天寒劒折濺血染衣野宿魂驚飲冰傷骨跋涉艱阻出沒死生所仗惟天以至今日陛下曲垂惠奬念及勤勞貽臣詔書一千餘首聖旨微婉慰諭綢繆錄微臣一時之功成子孫萬

代之寶自靈武河北河南彭原鄜坊河東鳳翔兩京絳州臣所經行賜手詔勅書凡二十卷昧死上進庶傾聽覽詔答曰朕不德不明俾大臣憂疑朕之過也朕甚自愧公勿以爲慮帝以子儀項同患難收復兩京禮之逾厚時史朝義尚據雒陽元帥雍王率師進討帝欲以子儀副之而魚朝恩程元振亂政毀裴茂來瑱子儀既爲所間其事遂寢乃留京師自西蕃入寇車駕東幸天下皆咎程元振諫官屢論之元振懼又以子儀復立功不欲天子還京勸帝且都洛陽以避蕃寇帝然之子儀累表請車駕還京乃止

呂太一大曆初爲嶺南矯詔募兵爲亂乃以台州刺史韋倫爲韶州刺史兼御史中丞韶連郴三州都團練防禦使竟遭太一賂貨反間貶信州司馬

薛盈珍德宗貞元十五年爲鄭滑監軍使姚南仲爲節度使盈珍怙勢干奪軍政南仲不從數爲盈珍讒搆於帝帝頗疑之十六年盈珍遣小使程務盈馳驛表奏南仲誣譖頗甚南仲裨將曹文洽時奏事赴京師竊知盈珍表中語文洽私懷忿怒遂晨夜兼道追務盈至長樂驛及之與同舍宿中夜殺務盈沉務盈表於廁中乃自殺日旰驛吏闢門見血傷滿地旁得

文洽二緘一緘狀末告於南仲一緘表理南仲冤且陳謝殺務盈帝聞其事頗駭動

高重昌憲宗元和九年爲江西監軍使誣奏李位決四十剩邑配役于建陵仍籍沒其家

許遂振爲嶺南監軍使時楊於陵爲節度使遂振悍戾貪恣干撓軍政於陵奉公潔已遂振無能奈何以飛語上聞憲宗初驚惑賴裴垍輩爲於陵申理帝感悟乃除吏部侍郎遂振終得罪

王守澄爲神策中軍尉文宗太和五年二月戊戌守澄奏得本軍衙前虞候豆盧著狀告宰相宋申錫與十宅漳王謀反末後帝令中人急名宰相入赴延英中人赴宰相牛僧孺私第至安邑里北街馬奔乏死於道即於僧孺里第易所乘馬趨以復命是日宰相路隨李宗閔牛僧孺宋申錫旬休在私第悉聞命赴名至中書東門中人曰所名無宋申錫始知被罪望延英以笏叩額而退隨等至帝以守澄所奏狀示隨等隨等相顧皆愕然初守澄於浴堂以鄭注所搆告於帝登時即於市里追捕又將以二百騎就靖恭里屠申錫之家會內官馬存亮同入見爭於帝曰今謀反者宋申錫耳盡不名南司他相會議今卒然爲此

京師企足自亂矣守澄不能難乃止三月巳亥右軍差人於宋申錫宅輔孔目官張全貞家人買子信緣等又於十六宅及市肆追捕胥吏以成其獄庚子詔以宋申錫爲太子右庶子辛丑上巳休假宰相竝入中書帝在延英中人復出宣事勅旨令名師保僕射尚書丞郎常侍給事諫議舍人御史中丞京兆尹大理卿同於中書及集賢院雜驗北軍豆盧著所告宋申錫反狀翌日壬寅國忌宰相復入中書便赴延英名對應昨日議事官帝竝名入親自詢訪太子太保趙宗儒以年老宣令不拜已而兩省諫官自嘗侍已

下至午時復於延英請對帝卽時名入於是左嘗侍
崔玄亮給事中李固言諫議大夫王質補闕盧鈞之
舒元褒羅泰蔣係裴休竇宗直韋溫拾遺李羣韋端
符丁居晦袁都等一十四人皆伏玉階下請北軍所
告不於中鞫帝曰吾巳謀於公卿大僚訖卿等且出
玄亮固言援引古今辭理懇切玄亮涕泣久之帝意
稍解乃日今卽與宰相商議玄亮等退卽於是日復
名宰相入議翌日癸卯詔漳王降封巢縣開國公又
詔宋申錫可守開州司馬員外置同正員仍馳驛發
遣內官飛龍使開府儀同三司馬存亮袁請致仕祕

守澄奏據當軍同正將兼衙前虞候豆盧著狀告前
供内品官市典朱訓與前十六宅宮市典晏敬則及
宰相宋申錫親事王師文等同謀反逆幷取受宋申
錫銀絹稱與漳王計會直上之事兼受漳王信物等
臣准告狀追晏敬則等推問咸伏取受及得支證人
貨賣銀絹櫃坊主人賣物牙郎及見晏敬則從十六
宅西門至漳王院取信累路往過所勾當門司所繇
十六宅判官張忠榮等不告報官司各得款狀百姓
朱訓得款稱取受絹五百二十疋銀五挺又責得朱
訓狀稱先與宰相宋中錫親事王師文知聞多時因
語話次共人稱伏狀宋申錫多年本使云聖人多疾
又緣太子小未堪成立其次合是漳王要結託佗日
之事問訓有何人通徹得訓卽云比與晏敬則兄弟
相識多時委知其人是十六宅官市使典曾伏事漳
王來王師文見訓說遂潛報宋申錫知至閏十二月
祕訓與晏敬則王師文同於宣平坊商量此事前後
約二十餘度去年閏十二月內一度見宋申錫云一
切委王師文君但與王師文計議訓前後三度於師
文邊領得銀三挺又於晏敬則得銀一挺又前後兩
件共領得絹二百八十疋轉分付晏敬則又正月內

訓謀王師文作人何公義同於十六宅門外待晏敬
則至午時敬則從十六宅出來便身上解下白吳綾
汗衫一幷白熟綫綾一疋充信宋申錫通徹漳王結
託佗日之事幷取受宋申錫銀絹之愆請准法科斷
又品官晏敬則兩度取受宰相宋申錫絹及銀共二
百八十五兩絹二百八十疋銀五挺賣得一百五十
七貫文去十二月內見朱訓說宋申錫有一事擬結
託取漳王至望在他日便說宋申錫欲與漳王進奉
銀結向後事王師文道宋申錫云國無皇太子恐後
漳王相忌所以教敬則向漳王邊取得白吳綾汗衫

于白熟線絲一疋充信物並付敬則上繫着王師文朱訓解下分付王師文因茲便說宋申錫意道國無太子欲擬商量阿郎爲太子恐阿郎不知他日相忌其漳王便言虛實敬則云實其憑虛搆詭譎如此甲辰勅宋申錫已從別勅處分朱訓晏敬則宜各決痛杖一頓處死作人何公義配流康州奴楊忠義配流春州並錮身所在差人防押遞過至彼到具月日聞奏王師文委御史臺下縣及諸道切捕捉獲日聞奏餘各委本司疎理處分其餘被誣註決杖配流追捕凡數十百人天下莫不寃之初申錫爲翰林學士帝

初卽位嘗患中人權柄太盛自元和寶曆比致官禁之禍及守澄領禁兵恃其宿舊睚眦尤甚有鄭注者依恃守澄爲姦利入軍禁賣官販權中外咸扼腕帝雅聞之不能堪申錫時居內庭帝察其忠厚可任之事嘗因召對從容言及守澄外縱鄭注無可奈何者以密旨諭申錫令與外廷朝臣謀爲去之計且約卽日當命爲相申錫頓首謝未幾自翰林出拜尚書右丞逾月加平章事內知申錫素謹直寵遇超輩數月之後剖斷循嘗望實不相副旣以鄭注附抑守澄貨賂大行乃除王璠爲京兆尹諭之中旨璠不能銜而注與守澄潛爲備漳王者帝之愛弟也賢而有人望有豆盧著者職屬禁軍與注親表注又告以其謀遂令著結成申錫與漳王反狀白於守澄翌日奏上其謀交織瑑密帝不省其詐遂罷申錫爲右庶子時京城恟恟衆庶讙言以爲宰相眞連十宅及百寮震駭居一二日方審其詐諫官伏閤懇論帝赫怒叱諫官出者數四時中外屬望大寮三數人廷辨其事僕射竇易直曰人臣無將將而必誅聞者愕然唯京兆尹崔琯大理卿王正雅連上疏請出內獄且曰王師文未獲卽獄未具且請出豆盧著與申錫同付外廷勘

當人情翕然推重初議申錫抵死顧物論不可又投於嶺表帝終寤外廷之言乃有開州之命初申錫旣被罪怡然不以爲意自中書歸私第止于外廳素服以俟命妻出謂之曰公爲宰相人臣位極於此何負天子反乎申錫對曰吾自書生被厚恩擢相位不能鉏去姦亂反爲所羅網夫人察申錫豈反者乎因相與泣數行下申錫自居內廷及爲宰相以時風侈靡居要位者尤取納不顧風俗不暇更方遠古且與貞元時甚相背矣申錫至此約身謹潔尤以公廉爲已任四方問遺悉無受者旣被罪爲有司驗劾多獲

其四方受領所還問遣之狀朝野為之歎息丁未詔曰朕以非德奉茲丕構雖虔恭修己不敢暇逸而誠亮格物未能弘敷遂使姦宄懷非覬之端藩威有陷君之責外註宰臣傍連禁吏怵惕自咎中宵靡寧親臨鞫訊攷寘刑典顧為大義實愧御家猶慮憸狡之徒忿怨相胥遂至誣引或連非辜載懷靦懟宜諭浮有應緣漳王及宋申錫等被論告事除今月六日已前准勅有處分并捕捉王師文一人外餘並一切不問宣示中外用體朕懷申錫雖為寃譖姦人尚未快其意是日詔下後中外為寬解

田令孜為神策軍中尉僖宗光啓元年十月壬子詔隨邠寧節度使朱玫以本軍隸統鳳翔兵共三百萬屯沙苑攻河中王重榮出師拒之先是其年春有詔追封王重榮父縱及加父母妻國邑號時以令孜假子為使重榮恃勲待之不厚及還乃謀于令孜令孜因奏兩池之利請歸正省重榮知之又有詔移鎮欲以太原軍送王處存至任重榮不自安乃抗表述令孜擅權復修僞詔以書諭太原云近奉密詔俟公送處存至此則令當鎮圖之皆朱溫朱玫與令孜謀朝廷也使者因出僞詔示之時太原與汴師有隙遂累上表請討溫玫朝廷務紓國難每降詔抑之繇是太原頗以私嫌積憤于帝既因河府之間遂起兵上章以誅田令孜朱玫為名

西門重遂為左觀軍容使勑天威都馬軍都將賈德晟以李順節非罪見殺曾宣怨言於人重遂誣以他罪奏帝帝遂誅之時都下馬千餘騎皆驚散西投鳳翔自是朝廷勢削鳳翔軍盛矣

後唐李延安李從襲呂知柔皆供奉中官也莊宗同光三年伐蜀魏王繼岌為都統郭崇韜為副十月十日下鳳州拔固鎮敗賊三泉收劍利興元梓州望

風納欵勢如破竹其招懷制置官吏補署師行籌畫軍書告諭皆出招討府繼岌承命而已時莊宗令延安從襲知柔為都統府綱紀見崇韜行府職事殷繁將吏請謁輻湊降人爭為賂遺其都統府惟大將省謁牙門索然繇是大為詬恥及軍至僞蜀六軍使王宗弼歸款行賂先詣討府洎王衍以成都降崇韜居王宗弼之府先是宗弼徙王衍於西宮衍之珍玩妓妾宗弼擇其善者邀留以奉崇韜求為蜀帥崇韜子廷誨令蜀人列狀見魏王請奏崇韜為蜀帥繼岌覽狀召崇韜謂曰主上倚侍中如衡華尊於廟堂之上

以制四夷必不置元老於蠻夷之地況予不敢議此請諸公詣闕自陳李從襲等謂繼岌曰郭公狡蜀部人情意在難測王宜自備繇是陰相猜察帝令中官向延嗣齎詔喻蜀促令班師詔使至崇韜不郊迎於禮稍倨延嗣情憤告從襲曰乃公何者魏王貴太子也主上萬福郭公專弄威柄旁若無人昨令蜀賊請巳爲帥令郭廷誨擁從出入貴擬王者所與遊狎無非軍中驍果蜀土兇豪晝夜妓樂相歡指天畫地近聞廷誨白父請表以爲蜀帥又曰兩川數百萬戶珍玩貨泉靡所不有地形阻固自是一秦大人何不善

自爲謀此語流聞遠近父子如此可見其心今諸軍將校無非郭氏之黨魏王懸軍孤弱一朝班師事恐紛擾吾屬莫知暴骨之所矣因相向垂涕向延嗣廻具以事奏劉皇后泣告於帝請保全繼岌帝復閱蜀簿且曰人言蜀中珠玉金銀不知其數何如是之微也延嗣奏曰臣聞到西川見招討府吏言蜀川珍貨皆積崇韜之門言崇韜自入蜀所得金萬兩銀四十萬兩錢百萬名馬千匹王衍愛妓六十樂工百犀玉奇帶百郭廷誨有金銀十萬兩犀玉帶五十藝色絕妓七十樂工七十佗財物稱是臣見魏王所居除公府外蜀人賂遺不過匹馬束帶唾壺麈柄而巳蜀府空竭無足爲怪帝初聞蜀人留崇韜巳不平之又聞所得妓樂寶馬怒見顏色即日命中官馬彥珪馳往蜀川視崇韜去就如恭命班師則巳若別有遲留跋扈之狀則與繼岌圖之彥珪請見劉皇后遽曰臣見向延嗣說蜀中事勢今巳不可主上遣臣偵視凡禍機之發間不容髮何能於三千里外緩急資決皇后再言之帝曰傳言未知事實吾以關外兵柄付之無故行事否則患生詎可便令果決皇后不得請因自爲教與繼岌令殺崇韜是時成都雖定諸州山林羣

盜結聚崇韜令任圜張筠分道招撫孟知祥未至慮發軍之後別生變故稍緩班師之期正月六日馬彥珪至時大軍定取十二日發離成都令任圜權知蜀事以俟知祥諸軍部署巳定彥珪出皇后教示繼岌曰大將軍發他無釁端安得爲此負心之事公輩勿復言從襲等泣白曰聖上既有密勅王若不行使彼沿路訪知則中途有變爲患轉深繼岌曰帝無詔書徒以皇后文字安得殺招討使從襲巧造事端以間繼岌既無英斷即僶俛從之詰旦從襲傳繼岌命召崇韜計事繼岌登樓以避之崇韜方昇階魏王爪牙

奮擿以碎其首小人延信從父請死郎殺之李從襲率兵圍招討府以攻延誨擒而殺之收其妓樂寶馬崇韜有子五人廷誨廷信從父死於蜀第三子廷說爲尚書郎在雒陽及馬彥珪報殺崇韜令楊彥琦誅於其家第四子廷讓誅於鄴第五子廷議誅於太原家產籍沒明宗即位詔令歸葬所有郭氏田宅皆賜崇韜妻周氏廷誨有男奴哥廷讓有男行奴皆稚齒姻族保之獲免令周氏鞠養於晉陽之故第崇韜服勤盡節左右王家草昧艱難功無與比西平巴蜀宣暢皇威誣搆而誅其禍已酷身死之日夷夏寃之

李存乂爲鄜州節度使同光四年伏誅於邸存乂莊宗異母弟也郭崇韜之子壻崇韜既誅其後朝野駭惋羣居州處議論紛然帝令閹豎網紀察訪外事言存乂於諸將坐上嘗訴郭氏無罪言詞怨望又於妖術人楊千郎所居飲酒聚會兇豪攘臂垂泣楊千郎者魏州賤民自言傳墨子術於婦翁能役使陰物帽下名食物果實之類又蒲博必勝人有拳握之物以法必取又說鍊丹乾水易人形破扃鐍或云可驗In在鄴都貴要間皆神奇之白於帝甚蒙待遇官至篩較尚書郎賜紫其妻出入宮掖頗承恩寵人士有憑之而仕宦者及在雒陽輕薄少年畢與之遊皇弟存乂存渥元行欽嘗朋淫於其家至是姦閹欲盡去郭氏之黨故誣告之千郎亦被其禍

冊府元龜　終